Nouvelles recherches sur les fonctions de l'intérêt général dans la jurisprudence administrative

5-7, rue de l'École polytechnique, 75005 Paris

http://www.harmattan.fr
diffusion.harmattan@wanadoo.fr
harmattan1@wanadoo.fr

ISBN : 978-2-343-05089-8
EAN : 9782343050898

Véronique Coq

Nouvelles recherches sur les fonctions de l'intérêt général dans la jurisprudence administrative

Préface de Benoît Plessix

L'Harmattan

Logiques Juridiques

Collection dirigée par Gérard Marcou

Le droit n'est pas seulement un savoir, il est d'abord un ensemble de rapports et pratiques que l'on rencontre dans presque toutes les formes de sociétés. C'est pourquoi il a toujours donné lieu à la fois à une littérature de juristes professionnels, produisant le savoir juridique, et à une littérature sur le droit, produite par des philosophes, des sociologues ou des économistes notamment.

Parce que le domaine du droit s'étend sans cesse et rend de plus en plus souvent nécessaire le recours au savoir juridique spécialisé, même dans des matières où il n'avait jadis qu'une importance secondaire, les ouvrages juridiques à caractère professionnel ou pédagogique dominent l'édition, et ils tendent à réduire la recherche en droit à sa seule dimension positive. A l'inverse de cette tendance, la collection *Logiques juridiques* des Éditions L'Harmattan est ouverte à toutes les approches du droit. Tout en publiant aussi des ouvrages à vocation professionnelle ou pédagogique, elle se fixe avant tout pour but de contribuer à la publication et à la diffusion des recherches en droit, ainsi qu'au dialogue scientifique sur le droit. Comme son nom l'indique, elle se veut plurielle.

Dernières parutions

Gabriel ECKERT et Jean-Philippe KOVAR (dir.), *L'interrégulation*, 2015.
Sébastien EVRARD, *Les Tables de la loi : de l'argile au numérique. La diffusion des la règle de droit à travers les âges*, 2014.
Laura TALLET-PREUD'HOMME, *L'articulation des voies de droit dans le contentieux de la commande publique à l'initiative des tiers au contrat*, 2014.
Guillaume MALLEN, *L'appréhension des pratiques restrictives par les autorités françaises et européennes de la concurrence, Analyse des pratiques contractuelles abusives entre professionnels à l'épreuve du droit des pratiques anticoncurrentielles,* 2014
Philippe SEGUR, *C'était la démocratie*, 2014.
Laurie SCHENIQUE, *La Réforme de la phase préparatoire du procès pénal*, 2014.
Valérie DA SILVA, *De l'incapacité à la protection en matière personnelle,* 2014.
Salma ABID MNIF, *L'option entre la responsabilité contractuelle et la responsabilité individuelle. Comparaison des droits français et tunisien,* 2014.

PRÉFACE

L'ouvrage que le lecteur s'apprête ici à lire est la version publiée d'une thèse de doctorat soutenue à l'automne 2013 à la Faculté de droit de Nancy (Université de Lorraine). Après avoir eu le plaisir de la diriger, son auteur, Mme Véronique Coq, me fait l'honneur de pouvoir la préfacer.

C'est un lieu commun de considérer que les thèses ressemblent à leurs auteurs et qu'elles échappent à leurs directeurs. Certains lieux ont beau être communs, ils n'en sont pas moins vrais. Lorsque je songeais à ce sujet de thèse dès mes premières années d'installation à la Faculté de droit de Nancy, j'étais alors sous l'influence de la toute récente politique jurisprudentielle du Conseil d'Etat qui, après avoir longtemps cantonné sa méthode du bilan coût-avantage au contentieux de l'expropriation, avait décidé, à l'aube de l'an 2000, de l'étendre à bien d'autres domaines de son activité contentieuse, et opérait désormais cette pesée des intérêts en présence en matière d'appréciation de l'urgence dans le contentieux des référés, de la nécessité de démolir un ouvrage public mal planté ou de la possibilité de tenir en échec le caractère automatique, brutal et rétroactif des annulations prononcées par le juge administratif, à l'égard tant des actes administratifs unilatéraux que des contrats publics. Au regard de cette confrontation inédite de l'intérêt général aux autres intérêts, privés ou publics, particuliers ou sectoriels, je me disais alors qu'il y avait là matière à remettre sur le chantier un ouvrage pourtant puissamment élaboré au milieu des années 1970 par les thèses célèbres de Didier Linotte et Didier Truchet, et aborder ainsi les nouvelles fonctions de l'intérêt général dans la jurisprudence administrative. Je me disais aussi que ce serait l'occasion pour un administrativiste refusant de se laisser enfermer dans un positivisme étroit d'adapter la théorie générale du droit administratif à l'évolution post-moderne, de tenir compte du rapprochement de l'intérêt général et des intérêts privés, de prendre en compte le pluralisme social imposant de faire toute sa place à la montée en puissance des intérêts particuliers ou de groupes, peut-être même de devoir dresser l'acte de décès de l'intérêt général à la française et d'annoncer le triomphe de l'utilitarisme anglo-saxon dans un pays qui s'était pourtant nourri de droit romain, de droit canon et de pensée rousseauiste pour dégager l'idée d'un intérêt général transcendantal dont l'Etat-nation souverain serait le seul dépositaire et le seul garant. Que cela me réjouisse ou me désole – peu importe –, peut-être était-il temps de savoir s'il fallait parler de la mort de l'*utilitas publica* de la *Res publica*.

Le hasard voulut que ce sujet tombe sur une candidate doctorante férue de philosophie et de théorie de droit et qui, armé de ces présupposés idéologiques et méthodologiques, détourna bientôt le sujet auquel j'avais superficiellement songé. A la lecture de la thèse de Madame Véronique Coq, le lecteur ne pourra que se réjouir de ce qu'un sujet de thèse échappe à son directeur et devienne ce que son auteur veut qu'il soit. J'avais songé à l'étude des nouvelles fonctions de l'intérêt général dans la jurisprudence administrative : Madame Véronique Coq nous propose plutôt, avec bien plus d'ambition, de nouvelles études sur les fonctions de l'intérêt général en droit public. Les champs d'étude de Madame Véronique Coq sont en effet bien plus vastes que la seule jurisprudence administrative : philosophie politique, théorie du droit, droit constitutionnel, droit européen : tout a été passé en revue, aux termes d'impressionnantes lectures, pour que son auteur se fasse une idée exacte des mutations de l'intérêt général en droit public. Le lecteur en hérite une somme, qui viendra s'ajouter légitimement aux célèbres écrits antérieurs sur l'intérêt général.

Il est délicat de résumer un travail si riche : on laissera au lecteur le soin de découvrir par lui-même le contenu de cet ouvrage, de se laisser convaincre par son auteur ou, au contraire, de ne pas le suivre sur certains points. Disons seulement que, de son goût pour la philosophie, Madame Véronique Coq en tire la conclusion que la conception continentale et volontariste de l'intérêt général n'a pas disparu, loin s'en faut. Plus platonicienne que héraclitienne ou habermasienne, Madame Véronique Coq adapte une conception ontologique, essentialiste, de l'intérêt général ; ce qui l'intéresse, comme elle le dit souvent elle-même, c'est ce qui reste par-delà ce qui change. Or, ce qui reste, c'est précisément, selon elle, le caractère transcendantal de l'intérêt général à la française et, s'il en va ainsi, c'est à raison du lien entre intérêt général et souveraineté, de sorte que, tant que nous vivrons dans le cadre d'un Etat-nation, la détermination de ce qui est bon pour tous restera un choix éminemment politique et souverain qui continuera d'échouer aux représentants de la Nation et ne pourra pas être, par définition, le produit de l'immixtion dans l'espace public de corps intermédiaires, de corporations ou de groupe de pression. De son goût pour la théorie du droit, Madame Véronique Coq, très adepte notamment des travaux de Catherine Thibierge sur la normativité, soutient que, si l'intérêt général revêt souvent les caractères d'un standard juridique, il peut parfois être lui-même une norme, comme le montre la manière dont l'intérêt général joue à titre dérogatoire, notamment dans la mise en œuvre du principe d'égalité, et c'est cette « normativisation » de l'intérêt général qui explique les nouveaux usages que le juge peut en faire, notamment pour apprécier les conséquences des illégalités administratives.

On ne peut dès lors que féliciter Mme Véronique Coq d'avoir su aller au bout d'un travail de grande ampleur, sur un sujet dangereusement vaste, avec une méthodologie propre, et des conclusions inattendues. Sur les rapports entre intérêt général et normativité, sur les liens entre intérêt général et souveraineté, Madame Véronique Coq relève le défi de livrer des réflexions originales et stimulantes tout en traitant des mutations contemporaines du droit administratif, de sorte que ni les intérêts des riverains dans la jurisprudence *Ville nouvelle Est* ni les intérêts des justiciables dans les récentes applications de la méthode de la balance des intérêts ne sont occultés. Seulement, ils sont replacés dans une hiérarchisation des intérêts qui n'altère en rien le caractère supérieur, transcendantal, volontariste et politique de l'intérêt général, et permet même, selon l'auteur, de justifier l'autonomie et l'exorbitance du droit administratif, précisément là où est en jeu cette *utilitas publica* supérieure et extérieure aux intérêts particuliers de chacun des membres de la collectivité. Que cette étude partie de l'extension de la théorie du bilan dans l'après-jugement administratif aboutisse à une réflexion générale sur le statut de l'intérêt général en droit public, c'est l'une des nombreuses conclusions inattendues de cet ouvrage dont on recommande vivement la lecture à tous ceux qui attendent d'un juriste qu'il leur livre tout à la fois une meilleure connaissance mais aussi une meilleure intelligibilité du droit positif. De ce point de vue, la lecture de la version publiée de la thèse de Madame Véronique Coq les comblera.

Benoît Plessix
Professeur à l'Université Panthéon-Assas (Paris II)

PRINCIPALES ABRÉVIATIONS

Aff.	Affaire
AJDA	Actualité juridique droit administratif
AJFP	Actualité juridique fonctions publiques
AJPI	Actualité juridique propriété immobilière
APD	Archives de philosophie du droit
BJCP	Bulletin juridique des contrats publics
BJDU	Bulletin juridique de droit de l'urbanisme
CA	Cour d'appel
CAA	Cour administrative d'appel
CE	Conseil d'État
CEDH	Cour européenne des droits de l'homme
CJCE	Cour de justice des communautés européennes
CJEG	Cahiers juridiques de l'électricité et du gaz
CJUE	Cour de justice de l'Union européenne
CMP	Contrats et marchés publics
D.	Recueil Dalloz
Dir.	Sous la direction de
EDCE	Études et documents du Conseil d'État
GACA	*Les grands arrêts du contentieux administratif* (J.-C. Bonichot, P. Cassia et B. Poujade, Paris, Dalloz, 2011)
GAJA	*Les grands arrêts de la jurisprudence administrative* (M. Long, P. Weil, G. Braibant, P. Delvolvé et B. Genevois, Paris, Dalloz, 2011)
Gaz. Pal.	Gazette du palais
GD	*Droit administratif. Les grandes décisions de jurisprudence* (J.-F. Lachaume, H. Pauliat et S. Braconnier, Paris, PUF, 2010)
JCP A	La Semaine juridique - Administrations et Collectivités territoriales
JCP E	La Semaine juridique - Entreprises
JCP G	La Semaine juridique – Edition générale
LGDJ	Librairie générale de droit et de jurisprudence
LPA	Les Petites Affiches
PUF	Presses universitaires de France
RA	Revue administrative
RDP	Revue du droit public et de la science politique
Rec.CE	Recueil des décisions du Conseil d'État (Lebon)
RFAP	Revue française de l'administration publique

RFDA	Revue francaise de droit administratif
RFDC	Revue francaise de droit constitutionnel
RGA	Revue générale d'administration
RJDA	Revue de jurisprudence de droit des affaires
RJEP	Revue juridique de l'économie publique
RTD Civ.	Revue trimestrielle de droit civil
TA	Tribunal administratif
TC	Tribunal des conflits
Trad.	Traduit

SOMMAIRE[1]

---

[1] Cet ouvrage est la reproduction d'une thèse présentée et soutenue publiquement le 21 novembre 2013 devant un jury composé de : Benoît Plessix, professeur à l'Université Panthéon-Assas (Paris II), Didier Truchet, professeur à l'Université Panthéon-Assas (Paris II), Norbert Foulquier, professeur à l'Université Panthéon-Sorbonne (Paris I), G. Clamour, professeur à l'Université de Montpellier I et C. Fardet, professeur à l'Université de Lorraine.

Partie seconde

La fonction-fin : les finalités de l'intérêt général

Titre 1. La prise en compte croissante des intérêts des justiciables par l'intérêt général

Chapitre 1. L'intérêt général dans l'appréciation de la légalité

Chapitre 2. La réserve d'intérêt général dans l'appréciation des conséquences des illégalités

Titre 2. La prise en compte constante des besoins de la collectivité par l'intérêt général

Chapitre 1. La puissance de la collectivité

Chapitre 2. Les activités de la collectivité

Introduction

1. Dans la jurisprudence administrative, l'intérêt général s'exprime en plusieurs sens. Il est multiple et contradictoire. C'est la raison pour laquelle il est justement présenté comme une notion « indéfinissable »[2], « floue »[3], « molle »[4], « évolutive »[5], « imprécise »[6], « introuvable »[7], « sans contenu intrinsèque »[8], « sans consistance propre »[9], « dénuée de sens »[10] voire « fuyante »[11].

---

[2] N. Kanayama, « Intérêt général : Le pays de Rousseau aujourd'hui », dans *L'intérêt général au Japon et en France*, Société de législation comparée, Dalloz, 2008, p. 53 s., spéc. p.55.

[3] G. Merland, « L'intérêt général dans la jurisprudence du Conseil constitutionnel », dans B. Mathieu et M. Verpeaux (Dir.), *L'intérêt général, norme constitutionnelle*, Cahiers constitutionnels de Paris 1, Thèmes et commentaires, Paris, Dalloz, 2007, p. 35 s., spéc. p. 36 : l'intérêt général est « une notion fuyante, insaisissable et floue ». De plus : « il faut bien comprendre que l'intérêt général est une notion dont il est difficile voire impossible de tracer les contours », *précit.*, p. 37. De même, G. Vedel estime que l'intérêt général est « indéfinissable en ce sens que selon les temps, les lieux et les opinions, il reçoit des contenus forts variables » : G. Vedel, « Préface », dans F. Rangeon, *L'idéologie de l'intérêt général*, Paris, Economica, coll. Politique comparée, 1986, p. 3.

[4] F. Kauff-Gazin, *La notion d'intérêt général en droit communautaire*, Thèse, Université Robert Schuman de Strasbourg, 2001, p. 382.

[5] M. Hauriou, *Précis de droit administratif et de droit public*, 12è Ed., Paris, Société anonyme du Recueil Sirey, 1933, p. 59 ; Y. Gaudemet, « Le partenariat public-privé en France », dans *L'intérêt général au Japon et en France*, *précit.*, p. 73 s., spéc. p. 74.

[6] D. Simon, « Usage des concepts élastiques dans la jurisprudence internationale : impressionnime ou réalisme ? », dans G. Lüke (Ed. sc.), *Rechtsvergleichung, Europarecht und Staatenintegration*, Gedächtnisschrift für L. J. Constantinesco, Köln, Berlin, Bonn, München, Heymanns, 1983, p. 707 s.

[7] Y. Brousolle, *La participation des personnes privées aux activités d'intérêt général*, Thèse, Université Panthéon-Assas (Paris II), 1993, p. 10.

[8] J. Chevallier et D. Loschak, *Science administrative*, tome 1, Paris, LGDJ, 1978, p. 359.

[9] G. Merland, *L'intérêt général dans la jurisprudence du Conseil constitutionnel*, Thèse, LGDJ, Bibliothèque constitutionnelle et de science politique, tome 121, 2004, p. 17.

[10] A. Demichel, *Le droit administratif. Essai de réflexion théorique*, Paris, LGDJ, 1978, p. 102.

[11] D. Simon, « L'intérêt général vu par les droits européens », dans B. Mathieu et M. Verpeaux (Dir.), *L'intérêt général, norme constitutionnelle*, Cahiers constitutionnels

2. Dès lors, c'est bien l'idée du changement qui caractérise le mieux l'intérêt général. Cette vision des choses est légitime et ancrée dans une réalité incontestable, eu égard à la diversité des déterminations matérielles de l'intérêt général. Dans la jurisprudence administrative, l'intérêt général renvoie par exemple à « la protection de la santé publique »[12], de « l'environnement »[13], de « la lutte contre le dopage »[14], de « la conservation des plages comme espaces naturels »[15], de « la promotion des activités culturelles »[16], des « travaux de curage et de confortement des berges par enrochement »[17], de « la stabilité juridique des stipulations conventionnelles applicables aux entreprises »[18], des « besoins de la population »[19], de « l'équilibre des familles lié au risque majeur de remettre en cause le caractère social et affectif de la filiation »[20] ou encore de « la sécurité juridique des collectivités publiques »[21].

3. Cette peine à saisir l'intérêt général s'accroît avec ses différents modes d'expression : « intérêt public »[22], « intérêt général du service »[23], « utilité publique »[24], « intérêt public local »[25], « intérêt de la commune »[26],

---

de Paris 1, *précit.*, p. 47 s., spéc., p. 48 : la difficulté s'agissant de l'intérêt général est liée à « son caractère fuyant ».

12 CE, 20 juin 2013, *Société Laboratoires Genevrier*, n° 369330, inédit.

13 CE, 26 juin 2013, *Communes de Roquefère, Labastide-Esparbairenque et Mas-Cabardès*, n° 360466, à paraître aux T. Rec. V. aussi pour l'objectif d'intérêt général qui « vise à assurer la coexistence des différentes catégories de pêcheurs et des différents modes de pêche, pour éviter une pratique anarchique de la pêche, protéger les milieux naturels et permettre une gestion rationnelle du patrimoine piscicole, tendant notamment à la reconstitution des populations de certaines espèces migratoires en voie de disparition » : CE, 5 juillet 2013, *Ass. agréée des pêcheurs amateurs aux engins et filets « la maille landaise »,* n° 359164, inédit.

14 Pour la protection de la santé des sportifs : CE, 29 mai 2013, *Mme A. B.*, n°364839, inédit.

15 CE, 22 mai 2013, *Association syndicale libre des résidences du port de Mandelieu-la-Napoule, dite ASL REMANA*, n°366750, inédit.

16 CE, 15 mai 2013, *Ville de Paris*, n°364593, à paraître au Rec.

17 CE, 10 juillet 2013, *M. B. A.,* n° 360901, inédit.

18 CE, 19 juin 2013, *Fédération professionnelle des entreprises du sport et des loisirs*, n°352898, à paraître aux T. Rec.

19 V. sur ce point Partie 2. Titre 2. Chapitre 2. Section 2.

20 CE, 13 juin 2013, *M. A.,* n°362981, à paraître au Rec.

21 CE, 24 aril 2013, *M. C. A.*, n°350705, à paraître aux T. Rec.

22 CE, 4 juin 2012, *La Poste*, n° 347563, à paraître aux T. Rec.

23 CE, 17 mai 2013, *M. T. et autres*, n°361535, inédit.

24 CE, 12 avril 2013, *Association coordination interrégionale stop THT*, n°342409, à paraître au Rec.

25 CE, 15 février 2013, *Associations Grande confrérie de Saint Martial, Confrérie de Saint Eloi en Limousin et Comité des ostensions de Saint Victurnien*, n° 347049, à paraître au Rec.

26 CE, 17 juillet 2013, *Commune d'Ollières*, n° 362022, inédit.

« intérêt du département »[27], « intérêt de la région »[28], « intérêt national »[29], « intérêt commun »[30], « intérêt de l'Union »[31]. S'ajoute encore la hiérarchie entre les différents intérêts généraux. L'intérêt général peut en effet être soit simple, soit majeur c'est-à-dire « impérieux »[32], « supérieur »[33], « impératif »[34] ou « essentiel »[35].

4. L'étude de la jurisprudence révèle alors que l'intérêt général est bien « protéiforme »[36]. Multiple, il porte en lui-même les plus grandes contradictions. Il est le lieu de rencontre « des pires antagonismes »[37]. De ce point de vue, l'intérêt général est source de conflits. F. RANGEON souligne d'ailleurs que l'intérêt général est « révélateur d'une ambivalence car il participe à la recherche d'un consensus à travers la permanence des conflits »[38]. Cette ambivalence s'explique par « le caractère *a priori* contradictoire de l'intérêt général qui peut être défini comme une somme consensuelle d'intérêts particuliers, et comme le dépassement dialectique de ces mêmes intérêts »[39].

5. Cette difficulté aboutit généralement à considérer qu'il ne peut pas être définissable. Par opposition aux « notions conceptuelles »[40], il serait davantage une « notion fonctionnelle »[41] en raison de son inachèvement. Cela expliquerait les difficultés du juge administratif confronté à la détermination

---

[27] CE, 4 mai 2012, *Fédération de la libre pensée d'action sociale du Rhône*, n° 336464, inédit.

[28] CE, 24 avril 2013, *Comité de sauvegarde de Clarency-Valensole*, n° 352592, inédit.

[29] CE, 1 mars 2013, *Association Sortir du nucléaire Cornouaille*, n°353009, inédit.

[30] CE, 21 nov. 2012, *Confédération paysanne*, n°346421, à paraître aux T. Rec.

[31] *Opus cit.*

[32] CE, 10 juillet 2013, *Société Stanley International Betting Limited*, n° 357359, à paraître aux T. Rec.

[33] CAA Paris, 11 avril 2006, *Commune de Papeete*, n° 02PA03952, inédit.

[34] CE 29 oct. 2010, *Ministre de l'alimentation, de l'agriculture et de la pêche*, n° 338001, *précit.*

[35] CE, Ass., 12 avril 2013, *Fédération Force Ouvrière Énergie et Mines*, n° 329570, à paraître au Rec. ; AJDA 2013, p. 1052, note X. Domino.

[36] M. Buydens, « Introduction. L'intérêt général, une notion protéiforme », dans M. Buydens et S. Dusollier (Eds.), *L'intérêt général et l'accès à l'information en propriété intellectuelle*, Bruylant, 2008, p. 1 s.

[37] *Opus cit.*, p. 9 s.

[38] F. Rangeon, *L'idéologie de l'intérêt général*, *précit.*, p. 8 à 10.

[39] *Opus cit.*, p. 9 s.

[40] G. Vedel, « La juridiction compétente pour prévenir, faire cesser ou réparer la voie de fait administrative », JCP 1950.I.851.

[41] V. sur les notions fonctionnelles, G. Tusseau, « Critiques d'une métanotion fonctionnelle. La notion trop fonctionnelle de "notion fonctionnelle"», RFDA, 2009, p. 641 s. V. aussi sur l'aspect fonctionnel de l'intérêt général, D. Truchet, *Les fonctions de la notion d'intérêt général dans la jurisprudence du Conseil d'État*, Paris, LGDJ, 1977, coll. Bibliothèque de droit public.

de l'intérêt général qui ne se réduirait à « aucune substance, ni à un simple catalogue »[42]. Sa réalisation et sa reconnaissance ne seraient que pragmatiques, ne reposant sur aucune logique préalable.

6. Plusieurs problèmes se posent alors pour expliquer les fonctions de l'intérêt général. Tout d'abord, de ce point de vue, le rôle du juge se réduit à un arbitrage entre différents intérêts en présence. Ensuite, si l'intérêt général demeure incompréhensible, comment saisir véritablement les mutations du contentieux au regard de cette notion ?

7. C'est pourquoi, si la doctrine moderne cherche légitimement à penser le multiple dans l'intérêt général[43], nous souhaitons mettre en lumière ce qui reste à travers ce qui change dans cette notion. En effet, si penser l'intérêt général par le multiple (vision fonctionnelle classique[44] ou pragmatique[45]) rend compte du changement, cette position aboutit à rejeter l'étude de l'intérêt général en lui-même. Cette approche, extrêmement riche, rend seulement compte de la diversité mais n'explique ni la cause du changement ni le point d'attache qui pourrait constituer une grille de lecture simplifiée de l'intérêt général.

8. Une autre approche est alors envisageable : redéfinir l'intérêt général à partir de ce qu'il est, de son essence (« l'un »). C'est à travers « l'un » que nous souhaitons expliquer le renouvellement des fonctions de l'intérêt général dans la jurisprudence administrative. Cette unité conceptuelle permettra en effet d'introduire du sens aux évolutions du contentieux. Cette unité sera à la fois normative (l'unité comme cause du changement) et ontologique (l'unité comme facteur d'explication rationnel du changement).

9. Au préalable, il faut revenir sur la nécessité de mener une nouvelle étude sur l'intérêt général dans la jurisprudence administrative. Cette nécessité naît de deux constats. D'une part, l'intérêt général change et s'enrichit matériellement de manière croissante. D'autre part, ses mutations traduisent

---

[42] M. Mekki, *L'intérêt général et le contrat. Contribution à une étude de la hiérarchie des intérêts en droit privé,* Thèse, LGDJ, 2004, coll. Bibliothèque de droit privé, p. 57.

[43] C. Clamour, *Intérêt général et concurrence. Essai sur la pérennité du droit public en économie de marché*, Dalloz, Nouvelle Bibliothèque de Thèses, p. 234 s. L'auteur propose une « méthodologie procédurale et dialogique de l'intérêt général ».

[44] D. Truchet, *Les fonctions de la notion d'intérêt général dans la jurisprudence du Conseil d'Etat, précit. ;* D. Mazeaud, « Action en justice et intérêt général en droit privé », dans L*'intérêt général au Japon et en France, précit.*, p. 37 s., spéc. p. 38 ; D. Linotte, *Recherches sur la notion d'intérêt général en droit administratif français*, Thèse, Université de Bordeaux I, 1975, partie 1 (« Le rôle de la notion d'intérêt général et des notions connexes en droit administratif français », p. 1 à 278) ; S. Pignon, *La prise en compte de l'intérêt général par le droit communautaire*, Thèse, Université de Nice-Sophia Antipolis, 1998, p. 7.

[45] B. Denis, « Avant-Propos », Problèmes politiques et sociaux (revue), *L'intérêt général à l'épreuve du pluralisme, précit.*, p. 4 s.

l'évolution de la jurisprudence. Ainsi, le multiple dans l'intérêt général fait apparaître de nouveaux conflits dans le contentieux (I). Cependant, on peut redéfinir l'intérêt général afin d'en saisir l'unité conceptuelle (l'un). C'est de cette manière que nous souhaitons rendre compte de la résolution des conflits posés par la démultiplication de l'intérêt général (II).

I. Le multiple, cause des conflits posés par l'intérêt général

10. Dans la jurisprudence administrative, l'intérêt général se dilue dans son contenu matériel (A). En effet, il semble aujourd'hui se confondre avec les intérêts particuliers et de groupes ; intérêts auxquels il est censé s'opposer traditionnellement. De ce point de vue, l'intérêt général n'a pas d'essence et peut tout devenir. Il est multiple et se dit en plusieurs sens (voire dans tous les sens). Ce renouvellement a des répercussions dans le contentieux qui évolue avec la notion d'intérêt général (B).

A. Le multiple dans l'intérêt général

11. Le multiple dans l'intérêt général s'explique d'une part par la dilution de la notion elle-même (1) et d'autre part par la hiérarchisation des intérêts généraux (2).

1. La dilution de la notion d'intérêt général

12. Traditionnellement, en France, c'est l'approche « volontariste de l'intérêt général qui prédomine »[46]. Plus précisément, la position volontariste de l'intérêt « promeut une conception de l'intérêt général qui ne soit pas la somme arithmétique des intérêts particuliers et ne se réduise pas à un simple calcul d'optimum économique »[47]. Cette idée suppose « qu'une communauté politique réclame davantage qu'une coalition d'intérêts particuliers »[48]. C'est la raison pour laquelle les « révolutionnaires ont vu, dans J.-J. ROUSSEAU[49], celui dont la pensée a permis l'avènement de l'intérêt

---

[46] *L'intérêt général*, Rapport public du Conseil d'Etat, 1999, *précit.*, p. 257 ; P.-L. Frier et J. Petit, *Précis de droit administratif*, 7e Ed., Montchrestien, 2012, coll. Domat droit public, n° 306.

[47] *L'intérêt général*, Rapport public du Conseil d'Etat, 1999, *précit.*, p. 257.

[48] *Opus cit.*

[49] J.-J. Rousseau, *Contrat social*, dans *Œuvres complètes*, Bibliothèque de la Pléiade, 5 vol. 1959-1995, Paris, II, 6, OC III, p. 379. V. aussi sur la vision de l'intérêt général de J.-J. Rousseau, F. Perrin, *L'intérêt général et le libéralisme politique. Entre droits et intérêts particuliers (XVIIe-XIXe siècles),* Thèse, philosophie, Fondation de Varenne, 2012, Collection des Thèses, p. 63.

général »[50]. En effet, selon l'auteur, l'objet du Contrat social est d'établir les fondements d'une autorité légitime, dont la forme est nécessairement républicaine, « parce que son unique finalité est l'intérêt public »[51]. Plus précisément, le Contrat social s'apparente à une « politique de l'intérêt »[52] qui fait entrevoir la possibilité « d'une union juste, qui ne soit pas un regroupement forcé mais une authentique société civile, gouvernée par le principe d'un intérêt commun »[53]. Dans cette optique, le pacte social a pour objectif de faire coïncider les intérêts, « non pas en les additionnant comme si un intérêt commun pouvait émerger d'une somme d'intérêts particuliers, mais en les rendant discernables »[54]. En effet, ce qui garantit que l'État soit au service de l'intérêt commun se déduit de la nature même du pacte par lequel les hommes s'engagent. Le contrat s'articule ainsi sur « l'égale obligation de chacun de telle sorte que l'intérêt de chacun est l'intérêt commun, au sens où il est également avantageux pour chacun d'appartenir à une communauté politique »[55]. De là, naît la distinction entre la « volonté générale »[56] (reposant sur la volonté du citoyen qui évalue les lois à l'aune de l'intérêt de la communauté) et la volonté de la majorité (composée de volontés particulières). Dans ce cadre, l'intérêt général est lié à la volonté générale et à la satisfaction de l'intérêt de la communauté. Il est destiné à satisfaire l'ensemble de la collectivité. Cette conception de l'intérêt général nécessite alors « une entité médiate, la société politique qui a pour but de faire ressortir un mobile universel qui fasse agir chaque partie pour une fin générale et relative au tout »[57]. La transcendance de l'intérêt commun est donc conçue comme un « argument pouvant emporter l'adhésion de tous et par là même fonder le pouvoir de l'État »[58].

13. L'entité étatique comme « instrument nécessaire à la formulation de l'intérêt général »[59] rappelle donc bien « la conception française volontariste »[60] qui imprègne, encore aujourd'hui, « la culture politique

---

[50] *L'intérêt général*, Rapport public du Conseil d'Etat, 1999, *précit.*, p. 257. V. aussi sur ce point, M. Clément, *Le sens de l'histoire*, Nouvelles éd. Latines, 1958, p. 42.
[51] J.-J. Rousseau, *Contrat social*, dans *Œuvres complètes*, Bibliothèque de la Pléiade, 5 vol. 1959-1995, Paris, II, 6, OC III, p. 379.
[52] *Opus cit.*, p. 63.
[53] J.-J. Rousseau, *Contrat social, précit.*, II, 1, OC III, p. 368.
[54] F. Perrin, *L'intérêt général et le libéralisme politique, précit.*, p. 65.
[55] *Ibid.*
[56] P.-L. Leon, « L'idée de volonté générale chez Rousseau et ses antécédents historiques », APD, 1936, p. 149 ; M. Troper, *La séparation des pouvoirs et l'histoire constitutionnelle française*, Thèse, Paris, LGDJ, 1973, p. 143 s.
[57] F. Rangeon, *L'idéologie de l'intérêt général, précit.*, p. 118. V. aussi, G. Clamour, *Intérêt général et concurrence, précit.*, p. 233 s.
[58] M.-P. Deswarte, « Intérêt général et bien commun », RDP 1988, p. 1291.
[59] G. Clamour, *Intérêt général et concurrence, précit.*, p. 233 s.
[60] *L'intérêt général*, Rapport CE, *précit.*, p. 261.

substantialiste, moniste, étatiste et nationale »[61]. Cette approche volontariste met en effet l'accent sur deux aspects de l'intérêt général. D'une part, il transcende les intérêts particuliers (il n'est pas la somme des intérêts particuliers et ne s'assimile pas à un seul de ces intérêts). D'autre part, il doit être transcendé et façonné par les pouvoirs publics.

14. Or, l'analyse du contentieux administratif contemporain contribue à remettre en cause cette approche de l'intérêt général qui se diluerait dans les intérêts privés. Pour un exemple représentatif, dans une affaire en date du 23 mars 1992, le Conseil d'État s'est prononcé sur la légalité des actes relatifs à la création et à l'installation du parc Eurodisneyland à Marne-la-Vallée[62]. Cette installation, qui nécessite la création d'une agglomération nouvelle et d'un établissement public chargé de l'aménager, fait l'objet de vives critiques des riverains qui défèrent devant le juge les décrets relatifs à cette opération. Pour justifier l'intérêt général de l'opération en cause, la Haute juridiction s'appuie notamment[63] sur la satisfaction de l'intérêt particulier de l'investisseur privé (société Walt Disney Company). Ainsi, dans la lignée de la jurisprudence *Ville de Sochaux*[64], l'intérêt général semble être satisfait dans l'intérêt privé.

15. Ces décisions jurisprudentielles contribuent à remettre en cause la suprématie de l'intérêt général qui s'assimilerait aux intérêts privés. Cette remise en cause s'explique, selon L. JAUME, « par l'expansion, dans les démocraties européennes, du droit de la particularité »[65]. Selon le penseur, « il n'est d'ailleurs plus ressenti comme illégitime, en France, de défendre un intérêt particularisé face au sacro-saint intérêt général : les revendications régionalistes, sexuelles, religieuses etc., de tous types, se déclarent face à l'État et au législateur comme porteuses d'une légitimité extérieure à la sphère publique, éventuellement extérieure à la délibération parlementaire en tout cas »[66]. C'est donc en « compétition plus ou moins vive avec l'intérêt général au sens ancien que s'affirment des identités diverses, qui réclament la

[61] B. Denis, « Avant-Propos », Problèmes politiques et sociaux (revue), *L'intérêt général à l'épreuve du pluralisme,* n° 946 – mars 2008, Dossier réalisé par B. Denis, La Doc. fr., p. 4 s.

[62] CE, 23 mars 1992, *M. Martin et autres et Fraboulet et autres*, n° 87600-87603, Rec. p. 130 ; AJDA 1992, p. 333, chron. C. Maugüé et R. Schwartz.

[63] Nous démontrerons dans nos développements ultérieurs que l'intérêt général ne s'assimile pourtant jamais totalement à l'intérêt privé. En l'espèce, le juge prend également en compte le rééquilibrage de la région parisienne vers l'Est et la création nette d'emplois résultant de cette opération.

[64] CE, 20 juillet 1971, *Ville de Sochaux*, Rec., p. 561.

[65] L. Jaume, « Quelques observations historiques et philosophiques », dans Société de législation comparée, *L'intérêt général au Japon et en France*, Dalloz, 2008, p. 181 s., spéc. p. 182.

[66] *Opus cit.,* p. 181 s.

reconnaissance publique »[67]. Ce constat est partagé par de nombreux auteurs[68]. N. KANAYAMA estime par exemple que « si auparavant, l'intérêt général était opposé aux intérêts particuliers, aujourd'hui, il est composé des intérêts particuliers »[69]. De même, Y GAUDEMET considère qu'avec « le développement du partenariat public-privé en France, il n'y a plus d'antagonisme, plus de rivalité, plus de querelle de préséance entre l'intérêt général et les intérêts particuliers. S'il reste acquis que la somme des seconds ne fait pas le premier, il est désormais acquis que les intérêts particuliers peuvent être utilement mobilisés au service de l'intérêt général ; symétriquement, l'entreprise citoyenne a sa part, à travers la réalisation de son objet social, à la satisfaction d'intérêts non marchands qui contribuent à l'intérêt général. L'ère de la collaboration est largement ouverte »[70].

16. Ainsi, l'intérêt général assimilé aux intérêts privés voire aux « intérêts collectifs »[71] ou « catégoriels »[72] semble perdre sa transcendance. Le phénomène s'accentue lorsque les particuliers « imposent cette vision de l'intérêt général aux autorités publiques »[73]. De cette manière, les deux faces

---

[67] *Opus cit.*, p. 181 s.

[68] V. par ex., J. Gervais, « Quand l'association professionnelle du corps des ponts et chaussées conjugue l'intérêt général au privé », dans X. Engels, M. Hély, A. Peyrin et H. Trouvé (Sous la dir. de), *De l'intérêt général à l'utilité sociale. La reconfiguration de l'action publique entre État, associations et participation citoyenne*, L'Harmattan, coll. Logiques Sociales, p. 129 s.

[69] N. Kanayama, « Intérêt général : Le pays de Rousseau aujourd'hui », dans L*'intérêt général au Japon et en France*, Société de législation compatée, Dalloz, 2008, p. 53 s., spéc. p.55.

[70] Y. Gaudemet, « Le partenariat public-privé en France », dans *L'intérêt général au Japon et en France, précit.*, p. 73 s., spéc. p. 75 et 76.

[71] J. Meynaud assimile l'intérêt collectif à « un intérêt de groupe comme une entité reconnue comme telle par ses propres membres et par la collectivité » (J. Meynaud, *Les groupes de pression en France*, FNSP, Armand Colin, 1958, p. 20). L. Boy estime dans cette lignée que l'intérêt collectif concerne plusieurs personnes (à la différence de l'intérêt privé) mais « représente seulement un groupe précis et non l'ensemble de la collectivité » (à la différence de l'intérêt général) : L. Boy, *L'intérêt collectif en droit français. Réflexions sur la collectivisation du droit*, Thèse, Université de Nice, 1979, p. XII à XVI. V. sur les intérêts collectifs, A. Tribes, *Le rôle de la notion d'intérêt en matière civile*, Thèse, Université de droit, d'économie et de sciences sociales de Paris (paris II), p. 227 s.

[72] G. Cousin, *Intérêt général et propriété industrielle*, Thèse, Université de Nantes, Faculté de droit et des sciences politiques, 2006, p. 17 s.

[73] J.-J. Laffont ajoute même que pour l'individu, l'intérêt général peut aussi être réalisé en partie par lui. En effet, « la poursuite de l'intérêt général, garant de l'avenir d'une communauté d'hommes, exige un effort constant d'adaptation des institutions. La réussite de ce processus repose plus que jamais sur la qualité du contrôle exercé par les citoyens et donc par le développement de systèmes d'informations indépendants des pouvoirs institutionnels » : J.-J. Laffont, « Intérêt général et intérêts particuliers »,

de la transcendance sont rompues. L'intérêt général se distingue difficilement de l'intérêt particulier et il n'est plus forcément façonné de manière descendante par le pouvoir politique. Dans un mouvement ascendant, l'intérêt général se dilue et pose problème dans son interprétation. La difficulté s'accroît encore davantage lorsqu'il faut prendre en compte la hiérarchie des intérêts généraux.

2. La hiérarchie des intérêts généraux

17. La hiérarchisation des intérêts généraux accentue la vision désordonnée et floue que l'on peut avoir de l'intérêt général ; et ce, d'autant plus que les différents intérêts généraux jouent parfois des rôles différents dans la jurisprudence administrative. Il conviendra alors de montrer quelle est la hiérarchie qui s'opère entre l'intérêt local et l'intérêt national (a), entre l'intérêt général et l'intérêt supranational (b), entre l'intérêt général, l'utilité publique et l'intérêt public (dans le cadre de la théorie du bilan) (c) ainsi qu'entre l'intérêt général et l'intérêt général supérieur (d). Enfin, nous proposerons un schéma récapitulatif de la hiérarchie des intérêts généraux au niveau interne afin d'expliquer leurs rôles dans le contentieux (e).

- *a. Intérêt local et intérêt national*

18. La notion d'intérêt local résulte « d'un long processus historique »[74]. Elle constitue le « fondement et la finalité »[75] de l'action des collectivités territoriales car c'est « dans le cadre territorial que se dégage le plus complètement la notion de bien commun, sous la forme d'intérêt général »[76]. Si aujourd'hui, la clause générale de compétence est remise en cause[77],

---

EDCE, 1999, *précit.*, n° 50, p. 427. Cette position remet en cause la vision volontariste qui nécessite la médiation de l'État.

[74] C. Courtecouisse, « Les enjeux historiques : évolution de la notion d'intérêt public local », dans N. Kada (Dir.), *L'intérêt public local. Regards croisés sur une notion juridique incertaine*, PUG, Centre d'Études et de Recherche sur le droit, l'Histoire et l'Administration Publique, 2009, p. 15 s.

[75] J.-M. Pontier, « Considérations générales sur la clause générale de compétence », Pouvoirs Locaux, n° 68/2006, p. 55.

[76] M. Hauriou, *Précis de droit constitutionnel*, 2è Ed., Paris, Librairie du Rec. Sirey, 1929, p. 555 et 556.

[77] V. sur la réforme du 16 déc. 2010, G. Marcou, « La réforme territoriale : ambition et défaut de perspective », RFDA 2010, p. 357 s. ; L. Janicot, « Les collectivités territoriales, une définition doctrinale menacée ? », RFDA 2011, p. 227 s. ; M. Verpeaux, « "Une" réforme ou "la" réforme des collectivités territoriales ? », RFDA 2011, p. 225 s. ; M. Verpeaux, « La réforme territoriale et les nouveaux élus », RFDA 2011, p. 246 s. ; B. Faure, « La nouvelle compétence générale des départements et des régions », RFDA 2011, p. 240 s.

l'intérêt local demeure nécessaire à l'action des collectivités[78] et à la mise en œuvre du principe de libre administration[79]. Néanmoins, l'intérêt local est strictement limité au champ d'action des collectivités et ne peut s'immiscer dans les affaires nationales. Une hiérarchie entre l'intérêt local et l'intérêt national s'impose donc. Elle se traduit dans la jurisprudence par la censure des décisions qui conduisent les collectivités à agir en-dehors de leurs compétences.

19. Par exemple, s'agissant de la consultation de la population locale sur les affaires intéressant spécialement la commune[80], le juge censure les délibérations portant sur des projets qui dépassent le cadre de l'action de la collectivité. Ainsi, en 1995, le Conseil d'État censure, pour incompétence, la consultation de la population d'une commune sur « le trajet d'une ligne de train à grande vitesse »[81]. Il en est de même pour la consultation sur l'attribution de « logements sociaux aux populations immigrées »[82]. Cette dernière consultation relève en effet de la compétence d'une commission instituée au sein des organismes HLM, sur la base de critères déterminés par le préfet.

20. La limitation de l'intérêt public local par l'intérêt général national se reflète encore par la nature « présumée administrative »[83] de l'intérêt local (article 72 de la Constitution). Dans cette optique, « la portée de l'intérêt public local se traduit par une compréhension territorialisée de l'action des collectivités et par le refus que celles-ci connaissent de certaines matières, qualifiées de politiques car relevant de l'exercice de la souveraineté de

---

[78] La loi n° 2010-1563 du 16 déc. 2010 de réforme des collectivités territoriales prévoit la spécialisation de leurs compétences (par la loi). Néanmoins, une exception est prévue. L'article L. 3211-1 al. 2 du CGCT dispose que le Conseil général (la même règle s'applique pour le Conseil régional), peut en outre, « par délibération spécialement motivée, se saisir de tout objet d'intérêt départemental pour lequel la loi n'a donné compétence à aucune autre personne publique ». L'intérêt local est donc encore lié à l'action des collectivités.

[79] F. Rangeon et N. Sanson, « Le maire et l'intérêt public local », dans N. Kada (Dir.), *L'intérêt public local. Regards croisés sur une notion juridique incertaine, précit.,* p. 71 s., spéc. p. 71.

[80] Avant la réforme constitutionnelle du 28 mars 2003, la loi du 6 février 1992 prévoyait déjà que « sur proposition du maire ou du Conseil municipal, le conseil pouvait décider de consulter les électeurs de la commune sur les décisions à prendre pour régler les affaires relevant de la compétence de la commune. Les décisions soumises à consultation étaient exclusivement celles qui relevaient de la compétence du Conseil municipal ou de la compétence du maire » : Loi d'orientation n° 92-125 du 6 février 1992 relative à l'administration territoriale de la République, JORF n°33 du 8 février 1992 p. 2064.

[81] CE, 14 avril 1995, *Commune de Ventabren*, n° 150163, T. Rec., p. 683.

[82] CE, 21 juin 2000, *Commune de Charvieu-Chavagneux*, n° 198237, T. Rec. p. 856.

[83] G. Protière, « Intérêt public local et politique », dans N. Kada (Dir.), *L'intérêt public local. Regards croisés sur une notion juridique incertaine, précit.*, p. 51 s.

l'État »[84]. Le Conseil d'État censure donc les décisions qui sont liées à un conflit politique qui relève de la compétence nationale[85].

21. Il existe alors bien une hiérarchie entre les intérêts généraux dans la mesure où l'intérêt national s'impose face à l'intérêt local. Cette logique hiérarchique est également présente entre l'intérêt général national et l'intérêt supranational.

- *b. Intérêt général national et intérêt supranational*

22. En 1975, D. LINOTTE précisait, à propos du droit français, que « la rationalisation des choix entre les diverses finalités d'intérêt public constitue l'essentiel de la tâche des autorités politiques et administratives du pays »[86]. De la même manière, D. TRUCHET rappelle que l'on « considère volontiers la définition de la poursuite de l'intérêt général comme monopole de l'État »[87]. Aujourd'hui, la détermination de l'intérêt général relève toujours de la compétence étatique. Néanmoins, lorsque l'État fait le choix de transférer certaines de ses compétences à des institutions supranationales, il accepte implicitement de se soumettre à l'intérêt général supranational. *A priori*, alors, aucun conflit entre les intérêts généraux nationaux et supranationaux ne peut survenir dans la mesure où c'est l'État qui décide, souverainement, d'exercer certaines compétences en commun.

23. Toutefois, la construction du droit de l'Union européenne provoque la réalisation d'un « intérêt général européen autonome »[88] (lié aux objectifs et aux valeurs des traités) qui n'est « pas forcément convergente avec la lecture nationale de l'intérêt général »[89]. De même, la Convention européenne des droits de l'homme « véhicule une conception d'un ordre public européen, au sein duquel la limitation des droits et des libertés garantis par la

---

[84] *Opus cit.*, p. 51 s.

[85] CE, 23 oct. 1989, *Commune de Pierrefitte-sur-Seine, Commune de Saint-Ouen et Commune de Romainville*, Rec. p. 209.

[86] D. Linotte, *Recherches sur la notion d'intérêt général, précit.*, p. 380.

[87] D. Truchet, *Les fonctions de la notion d'intérêt général dans la jurisprudence du Conseil d'État, précit.*, p. 19.

[88] D. Simon, *Le système juridique communautaire*, 3è Ed., PUF, coll. « Droit fondamental », 2001, p. 92 ; D. Simon, « Les fondements de l'autonomie du droit communautaire », dans J.-C. Gautron et L. Grard (Dir.), *Droit international et droit communautaire : perspectives actuelles*, Société française pour le droit international, colloque de Bordeaux, Paris, Pedone, 2000, p. 207 s. V. pour la même idée, C. Durand et F. Borella, « Les risques de chevauchements et d'imbrications de structures », dans *Limits and problems of european integration*, Grotius seminarium, Nijhoff, The Hague, 1963, p. 103 ; F. Kauff-Gazin, *La notion d'intérêt général en droit communautaire, précit.*, p. 217.

[89] D. Simon, « L'intérêt général national vu par les droits européens », dans B. Mathieu et M. Verpeaux (Dir.), *L'intérêt général, norme constitutionnelle*, Cahiers constitutionnels de Paris 1, Paris, Dalloz, 2007, p. 47 s.

Convention, peut être justifiée par des raisons d'intérêt général »[90] qui peuvent diverger des conceptions nationales de l'intérêt général. Il peut alors y avoir un conflit entre l'intérêt général national et l'intérêt général supranational. Dans ce cas, il convient de distinguer, dans la lignée de D. SIMON, deux hypothèses.

24. La première est relative à la « subordination »[91] de l'intérêt général national face à l'intérêt supranational dans des domaines dans lesquels les États membres se sont « engagés à exercer en commun certaines compétences qui relèvent exclusivement des institutions de l'Union »[92]. Par exemple, la Cour de justice estime que la politique commerciale commune[93] est « incompatible avec la liberté que les États membres pourraient se réserver, en invoquant une compétence parallèle, afin de poursuivre la satisfaction de leurs intérêts propres dans les relations extérieures, au risque de compromettre une défense efficace de l'intérêt global de la Communauté »[94]. L'intérêt général de l'Union s'impose donc ici complètement à l'intérêt général national. Il s'y « substitue »[95].

25. Dans les autres cas cependant, l'intérêt supranational « prime »[96] mais ne se substitue pas à l'intérêt national. Dans cette seconde hypothèse, la doctrine évoque alors le « contrôle »[97] ou « l'encadrement »[98] de l'intérêt

---

[90] *Opus cit.,* p. 47 s.

[91] *Opus cit.*, p. 47 s.

[92] *Opus cit.*, p. 47 s.

[93] La politique commerciale commune relève de la compétence exclusive de l'Union, article 207 TFUE.

[94] CJCE, Avis, 11 nov. 1975, *Avis rendu en vertu de l'article 228, paragraphe 1, alinéa 2, du traité CEE.*, aff. 1/75, Rec. 1355.

[95] D. Simon, « L'intérêt général national vu par les droits européens », *précit.*, p. 47 s.

[96] V. sur le principe de primauté, C.-E. Delvallez, *Le juge administratif et la primauté du droit communautaire*, Thèse, L'Harmattan, coll. « Logiques juridiques », 2011 ; J. Sirinelli, *Les transformations du droit administratif par le droit de l'Union européenne. Une contribution à l'étude du droit administratif européen*, Thèse, LGDJ, Bibliothèque de droit public, tome 266, 2011, p. 53 s. et 61 s. ; B. de Witte, « Retour à Costa, la primauté du droit communautaire à la lumière du droit international », RTDE, 1984, p. 425 s. ; R. Kovar, « La contribution de la Cour de justice à l'édification de l'ordre juridique communautaire », RCADE, IV-1, 15 ; J. Mertens de Wilmars, « Réflexions sur le système d'articulation du droit communautaire et du droit des États membres », dans Mélanges Boulouis, *précit.*, p. 391 s.

[97] F. Kauff-Gazin, *La notion d'intérêt général en droit communautaire, précit.*, p. 363 s. ; J.-M. Sauvé, « La notion de service d'intérêt économique général », dans J.-L. Dewost, (Coord.), *Les services d'intérêt économique général et le marché intérieur : régimes nationaux et cadre juridique européen*, actes du colloque du 14 oct. 2011, (Conseil d'État, Paris), Ed. Société de législation comparée, coll. « Colloques », vol. 16, 2012, p. 13 s.

[98] D. Simon, « L'intérêt général national vu par les droits européens », *précit.*, p. 47

général national. Les États membres jouissent en effet d'une réelle marge de manœuvre dans la détermination de l'intérêt général mais demeurent limités par l'intérêt supranational. Par exemple, au niveau du droit de l'Union européenne, les États membres disposent d'une « marge d'appréciation dans la qualification d'un service d'intérêt économique général »[99]. En effet, si le juge administratif français exerce un « contrôle entier »[100] sur la qualification d'une activité d'intérêt général, la « Commission, comme la Cour de justice, sanctionnent, de leur côté, l'erreur manifeste dans la qualification d'intérêt général d'une activité »[101]. Ce contrôle restreint est lié au « large pouvoir d'appréciation des États dans la détermination de l'activité d'intérêt général »[102]. Néanmoins, si elles restent particulièrement rares, les sanctions de la Cour sont bien effectives[103]. L'intérêt général national ne doit pas, en effet, porter atteinte à l'intérêt supranational lié au respect des règles du droit de l'Union.

26. Bien d'autres exemples démontrent l'encadrement de l'intérêt général national comme les différentes dérogations d'intérêt général aux règles du traité. Plus précisément, l'article 106 § 2 TFUE permet à un État membre d'accorder des droits spéciaux ou exclusifs à une entreprise à qui elle a confié la gestion d'un service d'intérêt économique général[104]. Néanmoins, la

---

s.

[99] J.-M. Sauvé, « La notion de service d'intérêt économique général », *précit.* ; V. plus largement sur la liberté controversée des États membres dans la définition du service d'intérêt général, D. Guinard, *Réflexions sur la construction d'une notion juridique : l'exemple de la notion de services d'intérêt général*, Thèse, L'Harmattan, coll. Presses universitaires de Sceaux, 2012, p. 172 s.

[100] CE, 30 avril 2003, *Union nationale des industries de carrière et des matériaux de construction et autres*, n° 244139, Rec. p. 192.

[101] J.-M. Sauvé, « La notion de service d'intérêt économique général », *précit.*

[102] Communication de la Commission, n° 2001/C 17/04, sur les services d'intérêt général en Europe, JOUE, C 17, 19.01.2001, p. 4 s. ; TPI, 15 juin 2005, *Fred Olsen, SA c. Commission des Communautés européennes*, aff. T-17/02, Rec. 2005 II-02031 ; TPI, 16 déc. 2010, *Royaume des Pays-Bas (T-231/06) et Nederlandse Omroep Stichting (NOS) (T-237/06) c. Commission européenne*, aff. jointes, T-231/06 et T-237/06, Rec. 2010 II-05993. Ces ex. sont cités par J.-M. Sauvé, *opus cit.*

[103] Selon la Cour, l'exploitation d'un port de commerce ne relève pas nécessairement de la gestion d'un service d'intérêt économique général. Une telle activité n'entraîne pas en l'espèce l'accomplissement de missions de service public : CJCE, 27 nov. 2003, *Enirisorse SpA c. Ministero delle Finanze*, aff. jointes C-34/01 à C-38/01, Rec. 2003 I-14243. Réf. citée par J.-M. Sauvé, art. cit.

[104] V. plus précisément sur cette dérogation, A. Meyer-Heine, « Les interactions entre le droit communautaire de la concurrence et la conception française du service public », dans J.-C. Escarras, Liber Amicomum, *La communicabilité entre les systèmes juridiques*, Bruylant, 2005, p. 623 s., spéc. p. 634 s. ; G. Tesauro, « Une lecture de la jurisprudence communautaire sur l'article 90 § 2 du traité [nouveau 106 § 2 TFUE] », dans R. Kovar et D. Simon (Dir.), *Service public et Communauté*

Commission veille à ce que les droits spéciaux et exclusifs accordés à une entreprise soient nécessaires à l'accomplissement de la mission particulière qui lui a été confiée par les États membres. De plus, elle s'assure que le développement des échanges ne soit pas contraire à l'intérêt de la Communauté. Ainsi, les États membres disposent bien d'une liberté dans la détermination de l'intérêt général[105]. Cependant, l'intérêt national est encadré car il ne doit pas porter atteinte à l'intérêt de la communauté[106]. La même logique s'applique aussi dans la jurisprudence de la Cour européenne des droits de l'homme qui concilie « l'autonomie nationale »[107] avec l'applicabilité des normes conventionnelles dans la détermination de l'intérêt général. La Cour estime en effet que l'intérêt général peut « varier dans le temps et dans l'espace en fonction des traditions culturelles »[108] ainsi que « des facteurs historiques ou politiques propres à chaque État »[109]. Néanmoins, la marge d'appréciation des États n'est pas illimitée. Par exemple, s'agissant des mesures d'intérêt général qui limitent les droits des justiciables, la Cour exerce un contrôle de « finalité, de nécessité et de proportionnalité des mesures nationales »[110].

27. L'intérêt général national demeure donc bien limité et encadré par l'intérêt supranational. Un processus hiérarchique similaire s'opère entre l'intérêt général, l'utilité publique et l'intérêt public (dans le cadre de la théorie du bilan).

---

européenne : entre l'intérêt général et le marché, Tome II : approche transversale et conclusions, Actes du colloque de Strasbourg 17-19 oct. 1996, La Doc. franç., Paris, 1998, p. 323 s.

105 La jurisprudence reconnaît bien la légalité de nombreuses activités d'intérêt général permettant cette dérogation. V. par exemple, CJCE 18 juin 1998, *Corsica Ferries France SA c. Gruppo Antichi Ormeggiatori del porto di Genova Coop. arl, Gruppo Ormeggiatori del Golfo di La Spezia Coop. arl et Ministero dei Trasporti e della Navigazione*, aff. C 266/96, Rec. p. I-3949, point 45. La même logique est appliquée en droit interne. V. s'agissant d'un référenciel qui répond aux besoins propres de l'Etat : CE 26 janvier 2007, *Syndicat professionnel de la géomatique*, n° 276928, Rec. p 20 ; RJEP, juillet 2007, p. 265 s., concl. N. Boulouis.

106 V. plus précisément sur ce point, D. Pichoustre, *L'intérêt communautaire*, Thèse, Université des Sciences sociales de Toulouse, 2004, p. 476 s.

107 F. Sudre, *Droit international et européen des droits de l'homme*, Paris PUF, 2012, coll. Droit fondamental, p. 21.

108 CourEDH, 25 février 1982, *Campbell et Cosans c. Royaume Uni*, A 48 - CourEDH, 24 février 1994, *Casado Coca c. Espagne*, A 285.

109 CourEDH, 1er juillet 1997, *Gitonas c. Grèce*, Rec. 1997-IV.

110 D. Simon, « L'intérêt général national vu par les droits européens », *précit.*, p. 47 s.

- *c. Intérêt général/utilité publique et intérêt public (dans le cadre du bilan)*

28. Souvent, l'intérêt général est assimilé à l'intérêt public[111] ou à l'utilité publique[112]. C'est le cas notamment lorsque l'intérêt général est envisagé d'un point de vue fonctionnel. Néanmoins, les différents intérêts généraux doivent être distingués. En effet, le Conseil d'État met parfois en concurrence les différents intérêts en présence. À travers la méthode du bilan, il oppose les intérêts privés/publics et l'intérêt général ou l'utilité publique. Par exemple, dans le cadre de la jurisprudence *Ville Nouvelle Est*[113], le juge précise qu' « une opération ne peut être déclarée d'utilité publique que si les atteintes à la propriété privée, le coût financier et éventuellement les inconvénients d'ordre social [ou « l'atteinte à d'autres intérêts publics »[114]] qu'elle comporte ne sont pas excessifs, eu égard à l'intérêt qu'elle présente »[115]. Le juge met ainsi en balance d'une part, les atteintes aux intérêts privés (droit de propriété) et aux intérêts sectoriels (intérêts publics) et d'autre part, l'utilité publique de l'opération, c'est-à-dire le bénéfice apporté par l'opération, dans l'intérêt général.

29. Dès lors, si les intérêts publics assimilent les intérêts sectoriels (alliance d'intérêts privés/groupes d'intérêts), ce n'est pas le cas de l'utilité publique qui procède encore, selon nous, d'une logique transcendantale. Elle dépasse en effet les intérêts particuliers. Comme l'intérêt général, l'utilité publique ne s'assimile jamais totalement à un intérêt particulier ni à un intérêt de groupe. Notons que dans le bilan, l'utilité publique est mise sur le même plan que l'intérêt général. Selon les affaires, le juge emploie tantôt l'intérêt général, tantôt l'utilité publique pour les opposer à l'intérêt public. L'utilité publique est donc juste située dans un domaine d'action particulier[116] mais elle a la même fonction que l'intérêt général ici.

30. D'ailleurs, en dehors du contrôle de la déclaration d'utilité publique, le juge met en balance l'intérêt général de la même manière que l'utilité publique face aux intérêts publics. Par exemple, dans le cadre du développement du bilan dans les mesures d'urgence[117], depuis les années

---

[111] D. Truchet , *Les fonction de la notion d'intérêt général, précit.*, p. 22 ; D. Mazeaud, « Action en justice et intérêt général en droit privé », dans *L'intérêt général au Japon et en France, précit.*, p. 37 s., spéc. p. 38 ; G. Tusseau, « L'intérêt général en droit constitutionnel. Discussion du rapport de M. Yamamoto », *précit.*, p. 131, spéc. p. 133 ; G. Cornu, *Vocabulaire juridique, précit.*, p. 561.

[112] D. Truchet , G. Tusseau, M. Yamamoto » et G. Cornu, *Opus cit.*

[113] CE Ass. 28 mai 1971, *« Ville nouvelle Est », précit.*

[114] CE Ass. 20 oct. 1972, *Société civile Sainte Marie de l'assomption*, Rec. p. 657.

[115] CE Ass. 28 mai 1971, *« Ville nouvelle Est », précit.*

[116] V. sur l'utilité publique, J. Belin, *Recherches sur la notion d'utilité publique en droit administratif français*, Thèse, Paris, Librairie Dalloz, 1933.

[117] B. Caviglioli, « Le recours au bilan dans l'appréciation de l'urgence », AJDA 2003

2000, le juge administratif met en balance d'une part, l'intérêt général lié à l'application de l'acte qui s'oppose à la procédure d'urgence et d'autre part, les intérêts privés des justiciables ainsi que les divers intérêts publics qui sont invoqués à l'appui du recours en référé. On voit bien, là encore, que l'intérêt public est censé faire remonter la voie de groupes de pression pour servir l'intérêt du justiciable. Au contraire, de l'autre côté de la balance, l'intérêt général leur fait face. D'un point de vue hiérarchique, c'est encore l'intérêt général justifiant l'exécution de la décision administrative qui prime globalement face aux intérêts privés (réclamant la mesure d'urgence)[118]. Tel est le cas encore récemment, dans une affaire en date du 5 juillet 2013, dans laquelle le juge estime « qu'eu égard à l'intérêt général qui s'attache aux mesures prises, la requérante n'établit pas que les dispositions de cet arrêté seraient de nature à caractériser une situation d'urgence »[119].

31. Dans le cadre du bilan, le juge met donc bien en opposition l'intérêt général ou l'utilité publique face à l'intérêt public. D'un point de vue matériel, l'intérêt public renvoie davantage à la satisfaction des besoins des justiciables en prenant en compte les revendications de groupes de pression (environnement, matière sociale etc.). D'un autre côté, l'intérêt général et l'utilité publique ne s'assimile pas aux intérêts particuliers ou de groupes. Ils les transcendent. Ce sont deux logiques qui s'opposent. Sur le plan hiérarchique, c'est l'intérêt général ou l'utilité publique qui prime. En effet, s'agissant de l'utilité publique dans le cadre du contrôle de la déclaration d'utilité publique, face à un projet régional ou national, malgré les inconvénients, le bilan conserve souvent son caractère d'utilité publique[120].

---

p. 642 s.

[118] En effet, entre 2010 et 2011, l'intérêt général a privé les requérants d'un recours en référé, faute d'urgence, dans de nombreuses affaires : CE, référé, 10 avril 2012, *Syndicat national des enseignements de second degré (SNES)*, n° 357417, inédit - CE, référé, 16 nov. 2011, *Union des syndicats de l'immobilier (UNIS)*, n° 3533541, à paraître aux T. Rec - CE, référé, 20 janv. 2012, *Syndicat national CGT des chancelleries et services judiciaires*, n° 355512, inédit – CE, référé, 6 sept. 2011, *Syndicat national de l'enseignement technique*, n° 352104, inédit – CE, référé, 18 oct. 2010, *Syndicat des directeurs généraux des établissements du réseau des chambres de commerce et d'industrie*, n° 343708, inédit – CE, référé, 5 mars 2010, *M. A.*, n° 335796, inédit.

[119] CE, référé, 5 juillet 2013, *Ass. pour la protection des animaux sauvages (ASPAS)*, n° 369669, inédit.

[120] CE 1 juin 1973, *Abraham*, Rec. p. 394 – CE Ass. 7 mars 1975, *Association des amis de l'abbaye de Fontevraud,* Rec. p. 179 – CE Ass. 5 mars 1976, *Tarlier*, Rec. p. 130 – CE 3 déc. 1990, *Ville d'Amiens*, Rec. p. 345 – CE 10 déc. 1982, *Comité régional d'information et de lutte antinucléaire de Basse-Normandie*, Rec. p. 416 – CE Ass. 3 mars 1993, *Commune de Saint-Germain-en-Laye*, Rec. p. 54 – CE Ass. 29 avril 1994, *Association Unimate 65*, Rec. p. 203 – CE 23 oct. 2009, *Normand,* BJCL n° 11/09, p. 764, concl. Bourgeois-Machureau, obs. Poujade.

Quant à l'intérêt général, on a vu en matière d'urgence de quelle manière il s'impose régulièrement face aux intérêts publics.

32. L'intérêt général et l'utilité publique s'imposent ainsi généralement face aux intérêts publics dans le cadre de la théorie du bilan. Néanmoins, la hiérarchie des intérêts généraux ne s'arrête pas là. L'intérêt général lui-même peut être simple ou supérieur.

- *d. Intérêt général et intérêt général supérieur*

33. Dans la jurisprudence administrative, l'intérêt général peut être simple ou supérieur, c'est-à-dire « prééminent »[121], « impérieux »[122], « vital »[123], « majeur »[124]. Cette hiérarchisation s'explique par le rôle de l'intérêt général dans le contentieux. En effet, l'intérêt général simple est un instrument traditionnel de conciliation et de limitation des droits et des libertés. S'il prend en compte les droits des justiciables, il peut y apporter des limites, dans l'intérêt de la collectivité[125].

34. Néanmoins, lorsque l'intérêt général viole les droits des justiciables de manière particulièrement grave, il doit être supérieur. Les adjectifs « prééminent », « impérieux », « majeur », traduisent la proportionnalité entre l'atteinte particulièrement grave et l'intérêt général particulièrement élevé qui la justifie. Le caractère supérieur de l'intérêt général met en avant son caractère indispensable pour le bon fonctionnement de la collectivité. L'intérêt général supérieur permet donc de légitimer[126] la violation des droits. Il est lié à son acceptabilité sociale, eu égard au préjudice qu'il cause.

35. Ainsi, l'intérêt général est supérieur lorsqu'il s'agit de porter atteinte à des droits particulièrement protégés. Tel est le cas par exemple de l'intérêt général impérieux qui justifie une validation législative[127] sans porter atteinte à l'article 6 de la Convention européenne des droits de l'homme[128]. De

---

[121] CE, Avis, 27 oct. 2000, *Mme Torrent*, Rec. p. 470.

[122] CE, 9 mai 2008, *Société Zeturf limited*, Rec. p. 179.

[123] CE, 28 mai 2003, *M. et Mme X...X*, n° 242 431, *précit.*

[124] CE, référé, 25 janvier 2010, *M. Claude A.*, n° 335034, inédit.

[125] V. sur ce point Partie 2. Titre 1. Chapitre 1.

[126] *L'intérêt général*, Rapport public 1999, *précit.*, p. 272 s. ; F. Rangeon, *L'idéologie de l'intérêt général, précit.*, p. 21 s.

[127] V. sur ce point, France Sénat, *Le régime juridique des validations législatives*, Paris, Sénat, 2006, coll. les documents de travail du Sénat. Série Études juridiques ; B. Mathieu, *Les « Validations » législatives. Pratique législative et jurisprudence constitutionnelle*, Economica, 1987 ; L. Milano, « Les lois rétroactives, illustration de l'effectivité du dialogue des juges », RFDA, 2006, p. 447 s. V. aussi, C. Puigelier, « Temps et création jurisprudentielle », APD, 50 (2006), p. 89 s.

[128] V. par ex., CE, 18 nov. 2009, *Société Établissements Pierre Fabre*, n° 307862, T. Rec. p. 624, 645 et 745 - CE, 21 déc. 2007, *Fédération de l'hospitalisation privée*, n° 298463, Rec. p. 532 - CE, 26 janvier 2011, *SAS Auxa*, n° 344204, à paraître aux T.

même, l'intérêt général doit être supérieur lorsqu'il permet de déroger aux règles fondamentales du droit de l'Union européenne. De cette manière, à l'instar de la Cour de justice, le juge administratif exige des motifs impérieux d'intérêt général lorsqu'il s'agit de déroger à la libre circulation des capitaux[129] ou à la libre circulation des travailleurs[130].

36. Il existe donc bien différents intérêts généraux qui peuvent être traités de manière hiérarchique. Néanmoins, par souci de clarté, nous proposons un schéma récapitulatif de la hiérarchie des intérêts généraux au niveau interne.

- *e. Schéma récapitulatif de la hiérarchie des intérêts généraux au niveau interne*

37. En droit interne, on peut hiérarchiser les intérêts généraux de la manière suivante :

1. L'intérêt général supérieur. Il a principalement pour fonction de justifier une atteinte particulièrement grave aux droits des justiciables. Il est cependant nécessaire pour la satisfaction des besoins de la collectivité.

2. L'intérêt général et les notions connexes. Dans ce cas, l'intérêt général est lié à la conciliation des droits des justiciables. Il peut les prendre en compte comme y faire obstacle. Néanmoins, l'atteinte est dite « normale » dans la mesure où elle viole moins gravement leurs droits. Elle peut porter par exemple sur une liberté ou un droit moins protégé. Les fonctions de l'intérêt général s'assimilent alors à des notions voisines comme l'utilité publique, l'intérêt public (en-dehors de la technique du bilan), l'intérêt local, l'intérêt national, l'intérêt du service ou du domaine.

   Néanmoins, si ces intérêts généraux ont les mêmes fonctions, certains demeurent liés à des domaines d'action bien déterminés. Par exemple, l'utilité publique trouvera davantage à s'appliquer dans le domaine de « l'octroi de la personnalité morale[131] ou du droit administratif des

---

Rec.

[129] CE, 23 mai 2011, *Société Santander asset management SGIIC SA*, n°344678, à paraître au Rec.

[130] V. par ex., CE, 8 mars 2012, *Association Racing Club de Cannes Volley*, n°343273, à paraître au Rec. - CE, 23 juillet 2010, *M. A.*, n° 320390, inédit.

[131] J. Belin, *Recherches sur la notion d'utilité publique en droit administratif français*, *précit.*, p. 19 s.

biens »[132]. L'intérêt du service reste, quant à lui, cantonné dans le domaine du service public.

De plus, les intérêts généraux peuvent également être délimités en fonction de leur champ d'application géographique. Les intérêts généraux poursuivent globalement des rôles similaires mais au niveau local (intérêt général local, intérêt de la commune, du département, de la région), national (intérêt national), ou supranational (intérêt de la communauté, intérêt commun, intérêt de l'Union).

3. L'intérêt public dans le cadre de la théorie du bilan. Ici, l'intérêt public est mis en opposition face à l'intérêt général. Comme on l'a vu, globalement, l'intérêt général cède rarement face aux différents intérêts publics. L'intérêt général est donc supérieur hiérarchiquement face à l'intérêt public.

38. À travers l'évolution de la notion d'intérêt général et la hiérarchisation des intérêts généraux, l'intérêt général se dilue dans son contenu. Une telle évolution a des répercussions dans le contentieux administratif qui s'enrichit et mute avec l'intérêt général.

B. Le multiple dans le contentieux administratif

39. L'étude de l'intérêt général dans la jurisprudence administrative est nécessaire aujourd'hui car elle permet d'expliquer le renouvellement du contentieux. En effet, le juge recourt de manière croissante à l'intérêt général depuis les années 90-2000 (1). Ce phénomène de grande ampleur est en réalité le signe de l'évolution du contentieux (2).

1. Le recours croissant à l'intérêt général dans le contentieux administratif

40. Depuis les années 90-2000, le juge administratif recourt, de manière croissante, à la notion d'intérêt général. Tout d'abord, l'intérêt général devient omniprésent dans la résolution des litiges avec le développement de la théorie du bilan. Au départ cantonnée dans le cadre de la jurisprudence *Ville Nouvelle Est*, cette méthodologie, liée à la prise en compte des différents intérêts en présence, s'applique désormais dans le contentieux des « dérogations aux règles d'urbanisme »[133], des « servitudes pour l'établissement du tracé des lignes électriques »[134], des « autorisations de

---

[132] *Opus cit.*, p. 62 s.

[133] CE ass. 18 juill. 1973, *Ville de Limoges*, Rec. p. 530.

[134] CE ass. 24 janv. 1975, *Gorlier et Bonnifay*, Rec. p. 354.

licenciement de salariés protégés »[135], de « la délimitation d'un périmètre de protection »[136], de « la légalité d'un plan de servitudes aéronautiques »[137], des « projets d'intérêt général »[138], des « prescriptions imposées dans une zone de protection d'un site »[139], de « l'appréciation de la régularité procédurale d'une déclaration de projet »[140] ou encore dans le contentieux des « décisions d'autorisation d'équipement commercial »[141].

41. De plus, cette technique du bilan est encore présente dans le contentieux relatif à l'appréciation de l'urgence depuis les années 2000[142]. Le juge administratif met en effet en balance d'une part, l'intérêt général lié à l'application de l'acte qui s'oppose à la procédure d'urgence et d'autre part, les intérêts privés des justiciables ainsi que les divers intérêts publics qui sont invoqués à l'appui du recours en référé. Néanmoins, loin de satisfaire davantage les justiciables, l'intérêt général permet de tenir en échec la procédure d'urgence en s'opposant aux intérêts publics et privés (ceux du requérant)[143].

42. Par ailleurs, depuis la reconnaissance en 2006 du principe général du droit à la sécurité juridique, le Conseil d'État développe encore la théorie du bilan et oppose l'intérêt public à l'intérêt général. Plus précisément, « il incombe à l'autorité investie du pouvoir réglementaire d'édicter, pour des motifs de sécurité juridique, des mesures transitoires qu'implique, s'il y a lieu,

---

[135] CE ass. 5 mai 1976, *SAFER d'Auvergne c/ Bernette,* Rec. p. 232.

[136] CE 3 févr.1992, *Cne de Soulom*, Rec., p. 52.

[137] CE 5 mai 1993, *Assoc. de défense des riverains de l'aéroport de Deauville-Saint-Gatien* n° 126450, T. Rec., p. 1057.

[138] CE 23 mars 1992, *Martin et Fraboulet*, Rec. p. 131 – CE, sect., 30 oct. 1992, *Min. des Affaires étrangères c/ Assoc. de sauvegarde du site Alma Champ de Mars*, Rec. p. 384.

[139] CE sect. 8 juill. 1977, *Dame Rié*, Rec. p. 317.

[140] CE 3 oct. 2011, *Synd. mixte des transports en commun Tisseo et Sté de la mobilité de l'agglomération toulousaine*, n° 350210, à paraître aux T. Rec. ; obs. R. Grand, AJDA 2011, p. 1929.

[141] CE, ass., 27 mai 2002, *SA Guimatho*, Rec., p. 178 ; AJDA 2002. 702, concl. R. Schwartz .

[142] B. Caviglioli, « Le recours au bilan dans l'appréciation de l'urgence », AJDA 2003 p. 642 s.

[143] CE, référé, 10 avril 2012, *Syndicat national des enseignements de second degré (SNES),* n° 357417, inédit - CE, référé, 16 nov. 2011, *Union des syndicats de l'immobilier (UNIS),* n° 3533541, à paraître aux T. Rec - CE, référé, 20 janv. 2012, *Syndicat national CGT des chancelleries et services judiciaires*, n° 355512, inédit – CE, référé, 6 sept. 2011, *Syndicat national de l'enseignement technique*, n° 352104, inédit – CE, référé, 18 oct. 2010, *Syndicat des directeurs généraux des établissements du réseau des chambres de commerce et d'industrie*, n° 343708, inédit – CE, référé, 5 mars 2010, *M. A.*, n° 335796, inédit.

une réglementation nouvelle »[144]. Le juge précise ensuite qu'une telle obligation s'impose « lorsque l'application immédiate de celle-ci serait susceptible d'entraîner, au regard de l'objet et des effets de ces dispositions, une atteinte excessive aux intérêts publics et privés en cause »[145]. Mais plus encore, la Haute juridiction examine concrètement les motifs d'intérêt général[146] qui exigeraient l'application immédiate des nouvelles mesures (les avantages) et met en balance ceux-ci avec les intérêts publics et privés en cause (les inconvénients). Cependant, ce recours à l'intérêt général tend à justifier, en pratique, la nouvelle règlementation malgré les inconvénients portés à l'ensemble des intérêts publics ou privés en cause[147].

43. De plus, dans les années 2000, la théorie du bilan se développe également dans « l'appréciation des conséquences des illégalités »[148]. La réserve d'intérêt général bouleverse en effet le principe selon lequel la sanction des illégalités est automatique[149]. La réserve d'intérêt général permet ainsi au juge de prendre en compte les conséquences des illégalités pour adapter la sanction juridictionnelle[150]. Ce processus est observable dans deux

---

144 CE Ass. 24 mars 2006, *Société KPMG et Société Ernst et Young et autres*, Rec. p. 154 ; RFDA 2006. 463, concl. Y. Aguila.

145 CE, 14 nov. 2011, *Mme Nicole E. et autres*, n° 345341, inédit – CE 14 nov. 2011, *J. Lansiaux*, n° 345340, à paraître aux T. Rec. - CE 14 nov. 2011, *Mme E.*, n° 345341, inédit - CE 11 févr. 2011, *Société Action conduite prévention sécurité*, n° 337018, à paraître aux T. Rec. - CE 19 juil. 2010, *Ministre de la Défense*, n° 334155, T. Rec. p. 619 et 933 - CE 16 juin 2010, *Syndicat de la magistrature*, n° 325669, T. Rec. p. 811 - CE 21 juil. 2009, *Fédération CGT des sociétés d'études*, n° 321546, inédit - CE 6 oct. 2008, C*ompagnie des architectes en chef des monuments historiques*, n° 310146, Rec. p. 341 – CE 23 juil. 2008, *Foucart et Mlle Couacault et autres*, n° 310157, T. Rec. p. 591 et 897 - CE 7 août 2007, *Association française des opérateurs de réseaux et de services de télécommunications (AFORS TELECOM)*, n° 298436, T. Rec. p 926, 984 et 1060 - CE 13 juil. 2007, *M. A.*, n° 385955, inédit – CE 25 juin 2007, *Syndicat CFDT du ministère des Affaires étrangères*, n° 304888, Rec. p. 277 - CE 12 févr. 2007, *Fédération de l'hospitalisation privée*, n° 285464, T. Rec., p. 644, 648, 649, 1087 et 1090.

146 CE, 25 juin 2007, *Syndicat CFDT du ministère des Affaires étrangères*, Rec. p. 277.

147 V. par ex., CE 16 nov. 2011, *Société ciel et Terre*, n° 344972, à paraître aux T. Rec. - CE 15 déc. 2010, *Association des petites villes de France*, n° 331036, inédit - CE 12 mai 2010, *Ordre des avocats du Barreau de Belley*, n° 325662, inédit – CE 12 mai 2010, *Commune de Cosne-Cours-sur-Loire*, n° 332838, inédit – CE 30 déc. 2009, *SARL Morgan Vernex*, n° 313281, inédit.

148 V. sur ce point, Partie 2. Titre 1. Chapitre 2.

149 L. Aucoc, *Conférences sur l'administration et le droit administratif*, 1ère Ed., Dunod, 1869, t. 1, p. 361 ; E. Laferrière, *Traité de la juridiction administrative et des recours contentieux*, t. 2, Berger-Levrault, 1ère Ed. 1888, p. 541.

150 B. Seiller, « Droits publics subjectifs des administrés et transformations contemporaines du contentieux », dans Travaux de l'AFDA, colloques et débats, *Les*

types de réserves d'intérêt général[151] : les réserves matérielle et temporelle. D'une part, la réserve d'intérêt général matérielle permet à l'administration de rester inactive alors qu'elle a commis une illégalité dont l'existence a été établie. Dans la jurisprudence, cela se traduit par la possibilité de maintenir un ouvrage public mal planté[152], de maintenir un contrat administratif entaché de vices[153] ou reposant sur un acte détachable illégal[154], de dispenser une collectivité préemptrice de l'obligation de proposer le bien illégalement préempté à l'ancien acquéreur ou à l'ancien propriétaire[155], ou encore d'éviter que le juge de l'excès de pouvoir ne prononce l'annulation d'un acte administratif illégal[156]. D'autre part, la réserve d'intérêt général temporelle permet, elle aussi, d'apprécier les conséquences d'une illégalité. Elle peut alors conduire à moduler dans le temps les effets de l'annulation d'un acte illégal. Une telle modulation a été créée dans le cadre du recours pour excès de pouvoir[157] puis étendue au contentieux de pleine juridiction permettant au juge de plein contentieux de différer, par exemple, la sanction d'un contrat entaché de vices[158].

44. Par ailleurs, l'intérêt général fait également son apparition, en dehors de la théorie du bilan, dans de nouveaux domaines liés à la conciliation des droits et des libertés des justiciables. L'intérêt général est par exemple intégré au contrôle de l'article 8 de la Convention européenne des droits de l'homme (droit au respect de la vie privée et de la vie familiale des étrangers)[159]

---

droits publics subjectifs des administrés, Lexis-Nexis, Litec, 2011, p. 191 s.

151 F. Brenet, « Les réserves d'intérêt général », dans *Le droit administratif : permanences et convergences*, Mélanges J.-F. Lachaume, Dalloz 2007, p. 139 s.

152 CE Sect. 29 janvier 2003, *Syndicat départemental de l'électricité et du gaz des Alpes-Maritimes et de la Commune de Clans*, n° 245239, Rec. p. 21.

153 CE Ass., 16 juillet 2007, *Société Tropic travaux signalisation*, n° 291545, Rec. p. 360, concl. D. Casas.

154 CE, 10 déc. 2003, *Institut de recherche pour le développement*, Rec. p. 501 ; RJEP, mai 2004, n° 609, p. 246, concl. Piveteau – CE, 21 février 2011, *Société Ophrys, n°* 337349, à paraître au Rec. – CE, 16 nov. 2011, *Société Sogedo*, n° 342903, inédit.

155 CE, Sect. 26 février 2003, *M. et Mme Bour*, Rec. p. 59 ; RJEP 2003, p. 346, concl. P. Fombeur – CE 29 déc. 2004, *SCI Desjardins KB*, n° 259855, *précit.* – CE 31 janvier 2007, *Consorts MAIA*, n° 277 715, inédit ; Com. P. Benoît Cattin, Réper. Notariat Defrénois, 30/1/2008, n° 2, p. 221. ; Note G. Godfrin, Construct. Urb., 1/5/2007, n° 5, p. 25 – CE 25 juin 2008, *Commune de Grandfontaine*, n° 293735, inédit ; Note P. Billet, JCP A, 22/9/2008, n° 39, p. 32.

156 TA Amiens, 24 mai 2005, *Dubruques et autres*, n° 0201856, 0201961, 0201962, 0201963, 0201925 ; Note F. Melleray, AJDA 2005, p. 2416 s.

157 CE Ass. 11 mai 2004, *Association AC ! et autres*, Rec ; p. 197, concl. Devys.

158 CE, 16 juillet 2007, *Société Tropic travaux signalisation précit.*

159 Par ex., l'article 8 s'applique à la délivrance d'un visa : CE sect., 10 avril 1992, *Aykan, Marzini, Minin*, Rec. p. 152 et 154 ; RFDA 1993, p. 541, concl. M. Denis-Lindon.

ou encore au contrôle des différentes libertés des justiciables comme le principe de laïcité[160].

45. Le juge administratif recourt donc bien, de manière croissante, à l'intérêt général dans la résolution des litiges. Instrument flexible du droit, l'intérêt général est lié aux nouvelles mutations du contentieux.

2. Les mutations du contentieux administratif liées à la notion d'intérêt général

46. Dans la jurisprudence administrative, l'intérêt général est lié à l'évolution du droit. Il est souvent invoqué par le juge dans le cadre de créations jurisprudentielles[161] ou de revirements de jurisprudence[162].

47. De plus, l'intérêt général permet de prendre en compte, de manière croissante, la satisfaction des droits des justiciables. En effet, l'intérêt général a pour fonction, traditionnellement, de limiter et de concilier leurs différents droits. Néanmoins, le contenu matériel de l'intérêt général se renouvelle sans cesse et intègre davantage leurs droits[163]. Cet enrichissement s'accentue avec le dialogue des juges qui conduit le Conseil d'État à adopter les mécanismes de la Cour européenne des droits de l'homme. P. MUZNY[164] estime d'ailleurs

---

160 CE 8 oct. 2004, *Union française pour la cohésion nationale*, Rec. p. 367.

161 V. par ex., CE, Ass., avis, 6 déc. 2002, *Syndicat intercommunal des établissements du second cycle du second degré du district de l'Haÿ-les-Roses*, Rec. p. 433, concl. G. Le Chatelier. En l'espèce, le Conseil d'État pose le principe d'une irrecevabilité des demandes d'homologation hors instance contentieuse pour admettre des exceptions. Ainsi, « dans l'intérêt général », l'Assemblée du contentieux a admis la recevabilité d'une telle demande d'homologation « lorsque la conclusion d'une transaction vise à remédier à une situation telle que celle créée par une annulation ou la constatation d'une illégalité qui ne peuvent donner lieu à régularisation, ou lorsque son exécution se heurte à des difficultés particulières. Tel peut être le cas en matière de marchés publics et de délégations de service public ». Le Coneil d'État accepte alors la demande d'homologation d'un contrat de transaction, hors instance contentieuse. Pour se faire, il légitime cette création jurisprudentielle en se fondant sur des considérations d'intérêt général.

162 V. par ex. dans le domaine des travaux public. En 1922, le Conseil d'État estime que des travaux entrepris par des concessionnaires privés de casinos municipaux sont considérés comme des travaux privés et non publics car ils ne correspondent pas à un objet d'utilité publique (CE 12 mai 1922, *Ville de Saint-Malo*, Rec. p. 413). En 1931, ces mêmes travaux ont été considérés comme des travaux publics en raison de leur intérêt pour le développement du tourisme dans la commune (CE, 1er février 1931, *Giacomi c. Ville de Chamonix*, Rec. p. 463).

163 V. pour le principe de laïcité : CE 8 oct. 2004, n° 269077, *Union française pour la cohésion nationale, précit.* V. aussi, CE 5 déc. 2007, *M. et Mme Ghazal*, n° 295671, Rec. p. 464.

164 P. Muzny, *La technique de proportionnalité et le juge de la convention européenne des droits de l'homme : essai sur un instrument nécessaire dans une société*

que la technique du bilan conduit le juge européen à rechercher un juste équilibre entre les intérêts individuels et l'intérêt général. Toutefois, ce mécanisme conduit, selon l'auteur, à l'absorption de l'intérêt général par les intérêts individuels. En effet, la volonté de « consécration de l'intérêt général de la communauté »[165] est liée à la « protection des droits fondamentaux »[166]. Il n'y aurait ainsi pas d'opposition entre l'intérêt général d'une part et « l'intérêt individuel qui se concrétiserait par l'effectivité des droits fondamentaux liée à l'idéologie des droits subjectifs de l'homme »[167]. La protection des droits fondamentaux renvoie à des intérêts généraux. Le droit à la « protection de la source du journaliste »[168] et le « droit à la préservation du secret professionnel des avocats »[169] constituent, par exemple, des intérêts généraux.

48. Mais finalement, ce qui ressort avec l'essor de l'intérêt général, c'est le développement significatif du contrôle de proportionnalité. Qu'il soit binaire ou global (bilan), l'intérêt général est un instrument de mesure qui limite les droits des justiciables en même temps qu'il les préserve, mais de manière proportionnelle. Par exemple, le Conseil d'État accepte l'indemnisation des propriétaires de terrains grevés d'une servitude d'urbanisme[170] ou d'utilité publique[171] en cas de charge spéciale et exorbitante hors de proportion avec l'intérêt général poursuivi. De même il accepte de limiter le droit de grève, par l'intérêt général, de manière proportionnelle, afin d'en éviter un usage abusif ou pour répondre, de manière satisfaisante, à des « nécessités d'ordre public ou aux besoins essentiels du pays »[172].

49. Ainsi, l'intérêt général est multiple et se dilue. L'enrichissement croissant et renouvelé de cette notion a alors des répercussions sur le

---

démocratique, thèse *précit., p. 327 s.*

[165] *Opus cit..,* p. 327.

[166] *Opus cit..,* p. 327.

[167] Cette opposition est pour l'auteur « irréalisable car irréaliste ». Thèse de P. Muzny, *précit.,* p. 327.

[168] CEDH, 27 mars 1996, *Goodwin c. RU*, Rec. 1996.II ; D. 1997, p. 211, obs. N. Fricero ; RTD Civ. 1996, p. 1026, obs. J.-P. Marguénaud ; Gaz. Pal. 1997.2, p. 466, note P. de Fontbressin ; JDI 1997, p. 212, obs. O. de Frouville ; AJDA 1996, p. 1018, obs. J.-F. Flauss ; RUDH 1997, p. 31, obs. F. Sudre et al.

[169] V. sur le secret professionnel des avocats, CE Sect., 10 avril 2008, *Conseil national des Barreaux*, Rec. p. 129, concl. M. Guyomar.

[170] CE Sect., 3 juillet 1998, *Bitouzet*, Rec. p. 288 ; BJDU, 4/1998, p. 300, note J.-C. Bonichot. En l'espèce, l'article L. 160-5 du Code de l'urbanisme ne fait pas obstacle à ce que soit indemnisée la personne qui, dans un cas exceptionnel, subit une charge spéciale et exorbitante hors de proportion avec l'objectif d'intérêt général poursuivi.

[171] CE Sect., 29 déc. 2004, *Société d'aménagement des coteaux de Saint-Blaine*, Rec. p. 478 ; BJDU, 3/2005, p. 180 s., concl. F. Séners.

[172] CE, Ass., 12 avril 2013, *Fédération Force Ouvrière Energie et Mines*, n° 329570, à paraître au Rec. ; AJDA 2013, p. 1052, note X. Domino.

contentieux administratif qui se subjectivise. Ce phénomène justifie d'envisager une nouvelle étude de l'intérêt général. Néanmoins, la dilution de cette notion, si elle est souvent invoquée comme un fait incontestable, rend impossible l'étude de l'intérêt général dans la jurisprudence. En effet, si l'intérêt général est multiple, sans essence, comment comprendre alors l'évolution du contentieux à travers lui ? Face à ce problème, nous proposons de mettre l'accent sur ce qui reste à travers ce qui change dans la notion de l'intérêt général. À travers la re-définition de l'intérêt général, nous souhaitons donc appréhender et expliquer ses nouvelles fonctions dans la jurisprudence. Mais ces fonctions reposeront ici sur la notion d'intérêt général. L'idée est de répondre à la question de son rôle par sa reconceptualisation. Dès lors, contrairement à l'approche fonctionnelle classique (selon laquelle l'intérêt général n'a pas d'essence : il est inutile de l'étudier matériellement), nous souhaitons traiter la question de son rôle à travers son unité.

50. Finalement, l'objectif est de redonner du sens à l'unité de l'intérêt général. Cette unité, ce qui le caractérise essentiellement rendra compte de son rôle dans la jurisprudence. Face au multiple, nous préférons l'un. L'un comme source d'unité conceptuelle de l'intérêt général. L'un comme facteur de résolution des conflits posés par l'intérêt général. Et l'un comme base d'explication des nouvelles fonctions de l'intérêt général dans la jurisprudence.

II. L'un, facteur de résolution des conflits posés par l'intérêt général

51. Nous proposons ici de définir, sous un nouveau jour, la notion d'intérêt général (A) pour expliquer les nouvelles recherches sur ses fonctions dans la jurisprudence administrative (B).

A. La redéfinition de l'intérêt général

52. L'intérêt général est guidé par la notion d'intérêt (notion de but)[173]. Or, l'intérêt est subjectivement ce qui provoque[174], ce qui cause. La nature de « l'intérêt » traduit donc l'essence même de l'intérêt général. Plus précisément, nous souhaitons d'abord envisager l'intérêt général sous l'angle normatif (1). En effet, l'intérêt général est une norme qui est cause du changement dans la jurisprudence. Néanmoins, il n'est pas une cause « vide » de sens malgré son apparente dilution. Nous mettrons alors l'accent sur ce qui reste à travers ce qui change dans l'intérêt général, c'est-à-dire sur son statut ontologique (2).

---

[173] A. Lalande, *Vocabulaire de philosophie, précit.*, v° intérêt. ; G. Cornu, *Vocabulaire juridique, précit.*, v° intérêt.

[174] A. Lalande, *Vocabulaire de philosophie précit.*

L'intérêt général sera donc un facteur d'explication rationnel du changement (ce qui provoque/ce qui donne forme).

1. Une valeur normative

53. L'idée selon laquelle l'intérêt général est une notion liée à l'évolution du droit administratif est aujourd'hui largement admise. Toutefois, un problème se pose sur la cause de ce phénomène. En effet, si l'intérêt général est souvent présenté comme un moteur dans le changement, on s'interroge moins sur son origine. Or, celle-ci est normative, selon nous. C'est parce que l'intérêt général est doté d'une valeur normative spécifique qu'il permet de faire évoluer le contentieux et plus largement la vision du droit administratif.

54. Ce questionnement normatif sur l'intérêt général a déjà été développé dans la doctrine qui considère qu'il est « une norme de mesure, de contrôle et de raison »[175]. Cette étude de l'intérêt général comme une norme est néanmoins réalisée d'un point de vue pratique et fonctionnel[176] et non théorique.

55. Pour notre part, nous souhaitons davantage questionner la valeur normative et théorique de l'intérêt général afin de saisir la cause, l'origine qui justifie l'évolution du droit. Nous envisagerons alors l'intérêt général comme une norme à géométrie variable façonnée par le juge administratif. En effet, la norme « intérêt général » est singulière. Elle s'exprime le plus souvent comme une norme non autonome (standard) mais aussi comme une norme juridique à part entière avec la technique de la dérogation.

56. Ainsi, l'intérêt général, en tant que norme, est cause parce qu'il détermine les nouvelles évolutions du contentieux administratif. Néanmoins, l'intérêt général n'est pas une cause « vide », une norme absolument indéterminée ni indéterminable. L'intérêt général est en effet doté d'un statut ontologique spécifique qui servira de grille de lecture aux nouvelles évolutions jurisprudentielles.

---

[175] D. Truchet, « L'intérêt général dans la jurisprudence du Conseil d'État : retour aux sources et équilibre », dans *Rapport public du Conseil d'État*, 1999, *précit.*, p. 361 s. ; M. Mekki, *L'intérêt général et le contrat. Contribution à une étude de la hiérarchie des intérêts en droit privé, précit.*, p. 19.

[176] D. Truchet, *Les fonctions de la notion d'intérêt général dans la jurisprudence du Conseil d'État, précit.* ; D. Truchet, « L'intérêt général dans la jurisprudence du Conseil d'État : retour aux sources et équilibre », *précit.*, p. 361 s. ; D. Mazeaud, « Action en justice et intérêt général en droit privé », dans *L'intérêt général au Japon et en France, précit.*, p. 37 s., spéc. p. 38 ; D. Linotte, *Recherches sur la notion d'intérêt général en droit administratif français*, Thèse, Université de Bordeaux I, 1975, partie 1 (« Le rôle de la notion d'intérêt général et des notions connexes en droit administratif français », p. 1 à 278).

2. Un statut ontologique

57. L'ontologie renvoie en philosophie à l'étude de l'être en tant qu'être, de « l'essence des choses »[177]. Elle pose donc la question de ce qui reste à travers ce qui change. Cette approche permet alors de spécifier, de singulariser un objet de pensée.

58. Auparavant, nous avons mis en évidence la dilution de l'intérêt général multiple et contradictoire dans la jurisprudence administrative. En effet, face à la montée des intérêts privés et de groupes, l'intérêt général perdrait sa nature transcendante. La doctrine adopte alors légitimement une conception « pragmatique »[178] et « dialogique »[179] de l'intérêt général qui pourrait tout devenir. Cette approche, qui permet de rendre compte de la diversité de l'intérêt général aboutit cependant à nier son caractère essentiel. De ce point de vue, il n'a pas d'essence, ni de nature propre. Il n'est ni prédéterminé, ni prédéterminable. Il est synonyme de changement perpétuel comme le Devenir d'HERACLITE.

59. Or, nous souhaitons revenir sur cette approche de l'intérêt général en nous intéressant davantage à ce qu'il est. Si d'un point de vue matériel, l'intérêt général est multiple dans la jurisprudence, d'un point de vue ontologique, il est animé d'une essence, d'une forme prédéterminée. Plus précisément, cette essence est de nature politique. Elle implique que l'intérêt général demeure, malgré les critiques, toujours transcendant, c'est-à-dire qu'il dépasse les intérêts particuliers. Finalement, la réinterprétation de la jurisprudence a pour objectif de montrer que, s'il prend en compte les intérêts des justiciables, l'intérêt général ne s'assimile jamais totalement à eux car il est de nature politique et donc médiatisé par les pouvoirs publics. Cette approche essentialiste permet d'expliquer ses fonctions dans la jurisprudence à travers les évolutions politiques. En effet, l'essence ou la « Forme »[180] de l'intérêt général permet non seulement de singulariser la notion mais aussi

---

[177] M. Blay (Dir.), *Grand dictionnaire de la philosophie*, Larousse, CNRS Ed., 2013, p. 442 ; M. Blay (Dir), *Dictionnaire des concepts philosophiques*, Larousse, CNRS Ed., 2006, p. 336. V. sur la question ontologique, B. Melkevik, *Horizons de la philosophie du droit,* L'Harmattan, Les Presses de l'Université Laval, 1998, p. 29.

[178] B. Denis, « Avant-propos », dans Revue Problèmes politiques et sociaux, *L'intérêt général à l'épreuve du pluralisme*, n° 946, mars 2008, Dossier réalisé par B. Denis, La doc. fr., p. 4 s. ; S. Rui, *La démocratie en débat, Les citoyens face à l'action publique*, Paris, Armand Colin-SEJER, 2004, p. 237 s.

[179] G. Clamour, *Intérêt général et concurrence. Essai sur la perennité du droit public en économie de marché,* Paris, Dalloz, Coll. Nouvelle Bibliothèque de Thèses, p. 215.

[180] Platon, *Parménide*, rééd., Paris Flammarion, 1994, trad. L. Brisson, 132 b. V. aussi sur la « Forme » platonicienne comme cause, A. de Libéra, *La querelle des universaux. De Platon à la fin du Moyen-Âge*, Le Seuil, 1996, p. 56.

d'être « cause »[181] des évolutions. Dans la jurisprudence, l'intérêt général n'est ainsi que l'expression d'une certaine vision de l'État et du pouvoir politique.

60. Dès lors, l'intérêt général qui est doté d'une valeur normative singulière et d'un statut ontologique, permet le renouvellement de la jurisprudence administrative. Cette approche orientera l'analyse des nouvelles recherches sur les fonctions de l'intérêt général dans la jurisprudence administrative.

B. Les nouvelles fonctions de l'intérêt général dans la jurisprudence administrative

61. Le renouvellement de la notion de « fonction » (1) permet de poser un regard différent sur les fonctions de l'intérêt général dans la jurisprudence administrative (2).

1. Le renouvellement de la notion de « fonction »

62. Dans le langage ordinaire, la « fonction » fait référence au « rôle d'un élément ou d'un organe dans un ensemble »[182]. De ce point de vue, la fonction peut correspondre à « une charge, à un emploi, à un métier ou à la place qu'occupe une personne »[183]. Rapportées à l'étude de l'intérêt général, les « fonctions » permettent d'observer quelle est sa place dans la jurisprudence. Dans cette optique, la doctrine a déjà expliqué dans quels domaines du contentieux l'intérêt général était significatif ainsi que son rôle dans l'ensemble du droit administratif[184].

63. Aujourd'hui, le renouvellement de l'intérêt général et sa place croissante dans le contentieux nous amène à reconsidérer la question de ses fonctions. Néanmoins, cette nouvelle étude n'est pas seulement fonctionnelle (au sens classique). Par opposition à l'approche matérielle, l'approche fonctionnelle classique a la lourde tâche de rechercher les fonctions de l'intérêt général dépourvu d'essence[185]. L'intérêt général est multiple et son rôle est

---

[181] *Opus cit.*

[182] J. Rey-Debove et A. Rey (Dir.), *Dictionnaire alphabétique et analogique de la langue française*, Le Petit Robert, 2011, p. 1068.

[183] A. Rey (Dir.), *Dictionnaire historique de la langue française*, Le Robert, 2010, p. 866.

[184] D. Truchet, *Les fonctions de la notion d'intérêt général dans la jurisprudence du Conseil d'État, précit.* ; D. Linotte, *Recherches sur la notion d'intérêt général en droit administratif français, précit.* : partie 1 (« Le rôle de la notion d'intérêt général et des notions connexes en droit administratif français », p. 1 à 278).

[185] Cela explique que les différents intérêts généraux sont assimilés et ont les mêmes fonctions (D. Truchet, *Les fonctions de la notion d'intérêt général dans la jurisprudence du Conseil d'État, précit.*, p. 22 : « Le même souci d'appréhension large du sujet a conduit à ne pas attacher plus d'importance qu'il ne paraît lui-même en

guidé par ses effets. Pour notre part, l'étude des fonctions de l'intérêt général mêle paradoxalement les deux approches : matérielle et fonctionnelle. Nous proposons alors de redéfinir l'intérêt général pour répondre à la question de ses fonctions. Cette approche hybride trouve son origine dans la notion même de la « fonction ». Dans la doctrine, la notion de fonction fait l'objet de multiples acceptions. Certains opèrent une division entre la conception organique ou formelle et la conception matérielle de la fonction[186]. D'un point de vue matériel, elle désigne une activité ou des actes. La conception organique, quant à elle, est, à l'opposé, « le résultat d'une double démarche, puisqu'elle commence par s'attacher aux actes, pour ensuite remonter des actes aux organes qui les ont accomplis »[187].

64. D'autres auteurs adoptent une approche de la fonction qui dissocie la « fonction-objet » de la « fonction-fin »[188] afin de tenir compte de la dualité de la notion de fonction. En effet, la « fonction-objet » désigne, dans le droit, « le produit, le résultat de l'activité de l'organe, c'est-à-dire l'acte d'un organe ou d'un agent, au terme d'une activité qui a précisément pour objet l'édiction de cet acte »[189]. Ainsi, dans la législation, la « fonction-objet » désigne l'acte législatif, c'est-à-dire la loi et dans l'administration, l'acte administratif[190]. Cependant, la « fonction-objet », définie par les actes mêmes qui en constituent l'accomplissement[191], apparaît comme un moyen d'obtenir un résultat donné, d'atteindre une fin déterminée, « se situant au-delà de la sphère du droit »[192]. C'est ce rôle que joue la « fonction-fin » ; fonction qui s'intéresse aux finalités du droit. La « fonction-objet » est dite objective alors que la « fonction-fin » est davantage finaliste.

65. Cette distinction entre les « fonctions-objets » et les « fonctions-fins » permet de mieux appréhender le nouveau rôle de l'intérêt général dans la jurisprudence administrative. En effet elle permet d'associer, à travers l'approche fonctionnelle, l'étude de l'objet et ses fins (approche hybride

---

accorder, aux termes employés par le juge : intérêt général, intérêt public, utilité publique, intérêt national, et même intérêt de la santé publique, de la sécurité de la circulation, de la défense nationale..., autant de mots qui désignent, sous des aspects divers, la même notion »).

186 A. de Laubadère, *Traité élémentaire de droit administratif*, Paris, LGDJ, 1953-1954, p. 144 s.

187 G. Timsit, *Le rôle de la notion de fonction administrative en droit administratif français*, Thèse, LGDJ, 1962, p. 4.

188 C. Eisenmann, *Droit administratif approfondi*, Paris, Cours de droit, 1953-1954, p. 67 à 70.

189 G. Timsit, *Le rôle de la notion de fonction administrative en droit administratif français, précit.*, p. 12.

190 *Opus cit.*, p. 12.

191 C. Eisenmann, *Droit administratif approfondi, précit.*, p. 68.

192 G. Timsit, *Le rôle de la notion de fonction administrative en droit administratif français, précit.*, p. 12.

choisie). Dans ce cadre, deux fonctions renouvelées ressortent de l'examen du droit positif.

2. Le renouvellement des fonctions de l'intérêt général

66. Tout d'abord, la valeur normative de l'intérêt général met l'accent sur la « fonction-objet ». Dans la jurisprudence administrative, la « fonction-objet » désigne *in fine* l'« intérêt général » mais entendu comme une norme. En effet, la « fonction-objet » nous amène à étudier l'objet « intérêt général ». Or, cet objet est normatif, selon nous. Nous proposons ainsi d'expliquer la formation de la norme « intérêt général ». Cette étude est fondamentale dans la mesure où elle révèle l'origine du changement du droit.

67. Certes, ce rôle normatif a toujours existé, de manière latente. Il n'est donc pas nouveau dans l'absolu. Il n'apparaît pas à un moment donné avec l'évolution du droit car il est consubstantiel à l'intérêt général et générateur de mouvement. Néanmoins, comme une maladie honteuse, il a constamment été écarté voire nié car il bouleverse les perceptions classique et légale de l'interprète. Dès lors, c'est davantage le regard porté sur l'intérêt général (comme objet) et la volonté de mettre en lumière sa nature normative que nous souhaitons faire apparaître. La fonction normative de l'intérêt général est donc bien nouvelle ici car elle fait référence à un rôle qui n'a pas été étudié (en tout cas pas dans une version théorique et normative) (Partie 1).

68. La norme « intérêt général » sortie de l'ombre, celle-ci est destinée à produire des effets en vue d'obtenir un résultat donné, d'atteindre une fin donnée. C'est cette nouvelle fonction que remplit l'intérêt général (« fonction-fin »). Ici, les fonctions de l'intérêt général sont évolutives, de prime abord, car elles s'expliquent par des changements d'événements et de situations dans le temps. Cependant, les finalités de l'intérêt général dans la jurisprudence ne sont pas seulement évolutives car elles demeurent conditionnées par la redéfinition de cette notion (son essence/son unité). L'intérêt général n'est pas vide de sens et ses finalités sont guidées par son statut ontologique. Il y a donc, là encore, un renouvellement de ses fonctions. En effet, d'essence politique, ses finalités renvoient à une certaine vision de l'État. C'est ainsi, à travers le principe de l'unité, de la nature de l'intérêt général (sa redéfinition conceptuelle) que nous examinerons ses finalités. Plus précisément, nous considérons aujourd'hui que, s'il prend en compte de manière croissante les droits des justiciables, conformément à l'idéologie individualiste, l'intérêt général ne s'assimile jamais totalement à eux. Il demeure transcendant et sert la satisfaction des besoins de la collectivité dans son ensemble (Partie 2).

- *Partie 1. La fonction-objet : la norme « intérêt général »*
- *Partie 2. La fonction-fin : les finalités de l'intérêt général*

Partie 1.

LA FONCTION-OBJET :

LA NORME « INTÉRÊT GÉNÉRAL »

69. La norme[193] est « un concept tiré d'une métaphore, la *norma* des romains étant l'équerre du maçon et du charpentier »[194]. Ce terme indiquait la « correspondance de fait d'un objet ou d'une situation à un type qui remplit les fonctions de paramètre »[195]. Ainsi, le terme « *norma* » apparaît lié à celui de « *regula* », fréquemment utilisé en « architecture »[196] dès l'Antiquité avant d'être « métaphoriquement transposé en philosophie morale où on le trouve dans les écrits de Cicéron »[197]. Toutefois, l'usage de ces termes demeure rare. Il ne se généralise qu'au cours du XIXe siècle avec « la naissance de la théorie du droit »[198] et fait l'objet d'une « véritable consécration »[199] avec les travaux de H. KELSEN au XXe siècle[200]. Aujourd'hui, au sens large, la norme fait référence à une vaste famille de dérivés[201]. Elle doit surtout se comprendre

---

[193] V. sur la norme, C. Alchourron et E. Bulygin, « The Expressive Conception of norms », dans R. Hilpinen (dir.), *New Studies in Deontic Logic*, Dordrechtn Reidel, 1981 ; P. Amselek et C. Grzegorczyk (dirs), *Controverses autour de l'ontologie du droit*, Paris, PUF, 1989 ; K. Binding, *Die Normen und ihre Übertretung : eine Untersuchung über die rechtmässige Handlung und die Arten des Delikts* (1982-1916), Aalen, Scientia Verlag, 1965 (réimpr.) ; J. Dancy (dir.), *Normativity*, Oxford, Blackwell, 2000 ; H. L. A. Hart, *The concept of Law*, Oxford Univ. Press, 1994 (2e éd.) ; J.-L. Petit (dir.), *La querelle des normes. Hommage à Georg Henrik von Wright*, Cahiers de philosophie politique et juridique de l'université de Caen, n° 27, 1995 ; L. Wittgenstein, *Philosophische Untersuchen*, Oxford, Basil Blackwell, 1958 ; N. Bobbio, *Teoria dell'ordinamento giuridico*, Torino, G. Giappichelli, 1960 ; U. Scarpelli, *Contributo alle semantica del linguaggio normativo*, Milano, Giuffrè , 1985.

[194] *Encyclopédie de théorie et de sociologie du droit*, *op. cit.*, p. 399.

[195] *Ibid.*

[196] *Dictionnaire de la culture juridique*, *op. cit.*, p. 1079.

[197] *Ibid.*

[198] *Ibid.*

[199] *Ibid.*

[200] V. par ex., H. Kelsen, *Allgemeine Theorie der Normen*, œuvre posthume, 1979 (*Théorie générale des normes*, trad. O. Beaud et F. Malkani, Paris, PUF, 1996). V. également, H. Kelsen, *General Theory of Law and State*, Cambridge (Mass.), 1945 (*Théorie générale du droit et de l'État*, trad. B. Laroche et V. Faure, Paris, LGDJ, 1997) ; H. Kelsen, *Reine Rechtslehre. Einleitung in der rechtswissenschaftlichen Problematik*, Leipzig-Vienne, 1934, 2e éd. rev. 1960 (*Théorie pure du droit*, trad. 2e éd., C. Eisenmann, rééd., Paris, LGDJ, 1999). V. enfin sur la question des normes dans la pensée de H. Kelsen, S. Paulson & B. Litschewski Paulson, *Normativity and Norms. Critical Perspectives on Kelsenian Themes*, Clarendon Press, Oxford, 1998 ; L. Vinx, *Hans Kelsen's Pure Theory of Law. Legality and Legitimacy*, Oxford University Press, Oxford, 2007.

[201] V. par ex., normal, normalité, normaliser, normatif.

« en termes de comparaison »[202] dans la mesure où elle permet de « juger la conformité d'une chose par rapport à une autre »[203].

70. Néanmoins, malgré son apparente unité, la norme supporte en réalité de multiples acceptions. Le *Dictionnaire encyclopédique de théorie et de sociologique du droit* en recense quatre[204]. Elle peut faire référence à « un instrument de mesure du déroulement du cours des choses, de texture purement psychique (P. AMSELEK) »[205], à un « énoncé impératif ou prescriptif appartenant à un ordre ou système normatif et obligatoire dans ce système »[206], à « la signification prescriptive d'un énoncé, quelle que soit sa forme, et en général de tout acte humain, au regard d'un certain ordre ou système normatif »[207], ou encore à un « modèle ou à un standard, auquel on peut se conformer dans la réalisation d'une opération technique »[208].

71. S'agissant de l'intérêt général, nous proposons de l'envisager ici comme cause du changement dans la jurisprudence administrative[209]. Or, l'intérêt général comme cause du changement s'explique par son caractère normatif. L'idée est donc de s'interroger sur l'intérêt général comme norme. Quelle est sa valeur normative ? Est-ce une norme et dans quel sens ?

72. En l'espèce, l'intérêt général peut tout d'abord être envisagé sous l'angle du standard. La jurisprudence administrative se réfère en effet souvent à l'intérêt général entendu comme un standard juridique (Titre 1), c'est-à-dire comme une norme non-autonome, selon nous. Toutefois, l'étude de la jurisprudence montre aussi que l'intérêt général n'est pas qu'un simple standard. Il contient, en lui-même une spécificité normative singulière (Titre 2).

- *Titre 1. Le standard « intérêt général »*
- *Titre 2. La spécificité normative de l'intérêt général*

---

202 *Dictionnaire de la culture juridique, op. cit.*, p. 1080.
203 *Ibid.*
204 *Encyclopédie de théorie et de sociologie du droit, op. cit.*, p. 399.
205 *Ibid.*
206 *Ibid.*
207 *Ibid.*
208 *Ibid.*
209 V. l'introduction de la thèse.

Titre 1.

LE STANDARD « INTÉRÊT GÉNÉRAL »

73. Le standard a fait l'objet de nombreuses études qui rendent compte de sa complexe définition[210]. Par exemple, selon R. POUND, le standard est « une mesure de conduite sociale correcte »[211]. Dans cette lignée, M. O. STATI estime que le standard a pour « objectif de permettre au juge de prendre en considération le type moyen de conduite sociale correcte pour la catégorie déterminée d'actes qu'il s'agit de juger »[212]. Selon C. PERELMAN, il est « un des critères fondés sur ce qui paraît normal et acceptable dans la société du moment où les faits doivent être appréciés »[213]. Dans un autre sens, D. BOURCIER considère que le standard « doit être abordé dans le cadre d'une méthode d'analyse de la décision administrative ». L'auteur définit ainsi le standard comme « un type de disposition faisant appel à un concept indéterminé d'origine législative, réglementaire et/ou jurisprudentielle dont la fonction consiste à relier certains faits à des règles en vue d'obtenir un effet déterminé suivant des schémas de raisonnement pouvant donner lieu à la création d'autres standards ou d'autres règles »[214]. Cette définition met alors en jeu la « fonction cognitive du standard, à la fois normative (auto-fondatrice) et décisionnelle (auto-justificative) »[215]. P. ROUBIER souligne encore différemment que le « standard aboutit [...] à donner un rôle plus considérable au juge, qui ne se bornera plus à appliquer d'une manière mécanique une règle [...] mais qui devra vérifier la conduite du défendeur et la comparer à un type-modèle »[216]. Sur les fonctions du standard, la doctrine estime alors qu'il est « une source de pouvoir discrétionnaire »[217] du juge, de son « pouvoir

---

210 J.-L. Bergel, « Avant-Propos », dans *Les standards dans les divers systèmes juridiques*, Cahiers de méthotologie juridique, n° 3, RRJ, Droit prospectif, PUAM, 1988-4, p. 805 s.

211 R. Pound, *An Introduction to the philosophy of law*, New Haven, Yale University press, 1922, p. 118.

212 M. O. Stati, *Le standard juridique*, Paris, Librairie de jurisprudence ancienne et moderne, E. Duchemin, 1927, p. 37.

213 C. Perelman, Le *raisonnable et le déraisonnable en droit. Au-delà du positivisme juridique*, Paris, LGDJ, Bibliothèque de philosophie du droit, 1984, p. 136.

214 D. Bourcier, *Analyse des standards de la police municipale. Approche décisionnelle*, Thèse, Université de Paris 1, Panthéon Sorbonne, 1988, p. 14.

215 *Ibid.*

216 P. Roubier, *Théorie générale du droit. Histoire des doctrines juridiques et des valeurs sociales*, 2e éd., Paris, Librairie du Rec. Sirey, 1951, p. 111 s. ; réimp. de la 2e éd. de 1951, Paris, Dalloz, 2005.

217 Al Sanhoury, *Les restrictions contractuelles à la liberté individuelle de travail dans la jurisprudence anglaise*, Paris, M. Giard, coll. « Décisions régulatrices de la politique du travail et du commerce des juges anglais », 1925 ; M. O. Stati, *précit.* Pour davantage de précisions sur ce point, v. Partie 1. Titre 2. de la thèse.

d'autolimitation »[218] ou encore de son « pouvoir normatif »[219]. Plus globalement, G. TIMSIT souligne que le standard contribue à « l'engendrement du droit »[220] car il relève de cette logique du « flou »[221]. Ce serait une notion « souple »[222], « élastique »[223], « à contenu variable »[224] voire « à sens multiple »[225].

74. Finalement, ce qui ressort de l'ensemble de ces positions, c'est l'absence d'une définition stable et clairement établie du standard. Déjà en 1927, M. O. STATI remarquait que « toutes les définitions du standard »[226] posaient problème. Selon l'auteur, « le standard juridique, peu susceptible d'une traduction française exacte, nous le paraît moins encore d'une définition »[227]. Aujourd'hui, la doctrine s'accorde également sur la difficulté de l'étude du standard en raison de « l'absence de définition univoque »[228].

75. Cette difficulté est liée à la volonté de transposer en droit français « une notion anglaise »[229] et à l'acception du standard dans la langue française.

---

[218] M. Hauriou, « Police juridique et fond du droit. À propos du livre d'Al Sanhoury : les restrictions contractuelles à la liberté du travail dans la jurisprudence anglaise et à propos des travaux de l'Institut de droit comparé de Lyon », RTD Civ., 1926, p. 265 s.

[219] S. Rials, *Le juge administratif et la technique du standard, op. cit.*, p. 285 s.

[220] G. Timsit, « Sur l'engendrement du droit », RDP, n° 1, 1988, p. 39 s.

[221] M. Delmas-Marty, « Les standards en droit criminel », dans *Les standards dans les divers systèmes juridiques, précit.*, p. 1019 s. V. aussi sur le flou du droit, M. Delmas-Marty, *Le flou du droit. Du Code pénal aux droits de l'homme*, Paris, PUF, coll. « Quadrige », 2004.

[222] L. Di Qual, *La compétence liée*, Thèse, Paris, LGDJ, 1964, p. 34.

[223] D. Simon, « Usage des concepts élastiques dans la jurisprudence internationale : impressionnime ou réalisme ? », dans G. Lüke (éd. sc.), *Rechtsvergleichung, Europarecht und Staatenintegration*, Gedächtnisschrift für L. J. Constantinesco, Berlin, Heymanns, 1983, p. 707 s.

[224] V. par ex. J. Carbonnier, « Les notions à contenu variable dans le droit français de la famille » dans C. Perelman et R. Vander Elst (études publiées par), *Les notions à contenu variable en droit*, Bruxelles, Bruylant, coll. « Travaux du Centre national de recherches de logique », 1984, p. 99 s.

[225] C. Puigelier, « Mots à sens multiple et règle de droit », APD, t. 48, 2004, p. 381 s.

[226] M. O. Stati, *Le standard juridique*, *op. cit.*, p. 36 s.

[227] *Ibid.*

[228] S. Leturcq, *Standards et droits fondamentaux devant le Conseil constitutionnel français et la Cour européenne des droits de l'homme*, Thèse, Paris, LGDJ, coll. « Bibliothèque constitutionnelle et de science-politique », 2005, p. 1. V. également pour le même constat, E. Bernard, *La spécificité du standard juridique en droit communautaire*, Thèse, Bruylant, coll. « Droit de l'Union européenne », 2010, p. 4, n° 3.

[229] V. sur le standard dans le système juridique anglais : W. Dale, « L'utilisation des standards dans le système juridique anglais », dans *Les standards dans les divers systèmes juridiques, précit.*, p. 887 s. Mais attention, Ph. Delebecque souligne que « le standard est également utilisé dans le droit romain » (Ph. Delebecque, « Les standards

En effet, dans le langage courant, le standard évoque une « norme fixe, souvent utilisée comme référence dans des domaines techniques »[230]. Il s'agit par exemple d'un « étalon de poids et de mesure »[231]. Le *Dictionnaire de la langue du XIXe et du XXe siècle* précise en ce sens que « le standard constitue un élément de référence, une règle fixée pour définir ou évaluer un produit, une méthode de travail, une quantité à produire, comme le montant d'un budget ou une norme de fabrication »[232]. Le standard est alors « d'origine technique »[233] et industrielle. Comme norme de fabrication, le standard renvoie bien à une norme stable. C. GODIN rappelle d'ailleurs dans le *Dictionnaire de philosophie* que le standard, « c'est l'ensemble des caractéristiques essentielles d'un dispositif ou d'un système technique »[234]. Il peut s'agir « d'un modèle type qui signifie concrètement qu'une pièce usée pourra être remplacée par une autre qui a les mêmes caractéristiques. D'où l'expression standardisation qui est liée à la soumission d'une production à des normes de fabrication pour ramener à un petit nombre de types standards »[235]. Ainsi, dans le langage usuel et technique, le standard, c'est « un instrument de contrôle, une norme ou un modèle »[236] de référence opérationnel. Le dictionnaire *Trésor de la langue française* rajoute de la même manière qu'en comptabilité, le standard est « l'élément de calcul normatif qui doit être l'expression d'une performance optimale permettant d'apprécier la

---

dans les droits romano-germaniques » dans *Les standards dans les divers systèmes juridiques*, *op. cit.*, p. 871 s., spéc., p. 873). Ce qui pose problème, « c'est surtout l'adaptation de la théorie du standard développée par la doctrine nord-américaine au début du XXe siècle par les juristes français ». V. sur ce point, S. Rials, *Le juge administratif et la technique du standard*, *op. cit.*, p. 15 s. V. aussi sur l'origine du standard, M. O. Stati, *Le standard juridique*, *op. cit.*, p. 66 s.

230 E. Bernard, *La spécificité du standard juridique en droit communautaire*, *op. cit.*, p. 9.

231 A. Rey (dir.), *Dictionnaire historique de la langue française*, Paris, Le Robert, 1992, p. 2014 ; A. Rey (dir.), *Dictionnaire culturel en langue française*, Paris, Le Robert, 20005, p. 996.

232 *Trésor de la langue française. Dictionnaire de la langue du XIXe et du XXe siècle*, *op. cit.*, p. 918 et 919.

233 V. sur la distinction entre standard juridique et technique, D. Bourcier et V. Tauziac, Rapport final. *Du standard technique à la norme juridique*. Impacts et enjeux, 1995, ministère de la Justice, mission de recherche Droit et justice, Contrat n° 930236, IDL, CNRS et Université Paris 1, p. 8 s.

234 C. Godin, *Dictionnaire de philosophie*, *op. cit.*, p. 1250 et 1251.

235 A. Rey (dir.), *Dictionnaire historique de la langue française*, *op. cit.*, p. 2014. V. également dans le même sens, A. Rey (dir.), *Dictionnaire culturel en langue française*, *op. cit.*, p. 996.

236 P. Robert, *Le grand dictionnaire de la langue française. Dictionnaire alphabétique et analogique de la langue française*, 2e éd., *op. cit.*, 2005, p. 948 et 949.

réalité du fonctionnement de l'entreprise et de servir d'instrument de contrôle »[237].

76. Au contraire, en droit, s'il est également censé servir de modèle, le standard « n'est pas un modèle fixe et préétabli »[238]. Il est variable et est, selon la doctrine, difficilement opérationnel. En tout cas, son utilisation pose question par rapport à la norme, au modèle qu'il est censé devoir exprimer. C'est pour cela que le standard juridique a fait l'objet de nombreuses études[239]. La doctrine estime d'ailleurs que « les standards sont des notions critiques du droit dans la mesure où ils obligent à s'aventurer dans ces zones difficiles où le droit "craque" [...], où ils permettent d'appréhender les grandes articulations de la matière et du travail juridique, où se manifestent leurs plus subtiles tensions »[240]. Or, cette manière d'appréhender le standard renvoie inéluctablement à l'intérêt général.

77. L'objectif en l'espèce est de démontrer dans quelle mesure l'intérêt général peut être appréhendé comme un standard juridique (Chapitre 1). Ensuite, nous relativiserons cette qualification car *in fine*, l'intérêt général dépasse les limites posées par le standard (Chapitre 2).

- *Chapitre 1. Le standard comme moyen d'identification de l'intérêt général*
- *Chapitre 2. Le dépassement du standard par l'intérêt général*

---

[237] *Trésor de la langue française. Dictionnaire de la langue du XIXe et du XXe siècles*, *op. cit.*, p. 918 et 919.

[238] D. Bourcier et V. Tauziac, Rapport final. *Du standard technique à la norme juridique*, *op. cit.*

[239] V. notamment sur le standard, J. Becquart, *Les mots à sens multiples en droit civil français. Contribution au perfectionnement du vocabulaire juridique*, Thèse, Lille, 1928 ; D. Bourcier, *Analyse des standards de la police municipale. Approche décisionnelle*, Thèse, Paris 1, 1988 ; E. Cashin-Ritaine et E. Maître-Arnaud (éd. sc.), *Notions-cadres, concepts indéterminés et standards juridiques en droit interne, international et comparé*, Séminaire du 3e cycle romand de droit, 4 au 6 oct. 2007, à Lausanne, organisé par l'Institut suisse de droit comparé, Bruxelles, Bruylant, Zurich, Schulthess, 2008 ; G. Cornu, *L'apport des réformes récentes du Code civil à la théorie du droit civil*. Cours de doctorat, 1970-1971, Les Cours du droit, p. 219 ; C. A. Blaevoet, « La place du normal et de l'anormal dans le droit », Gaz. du Pal., 1966, mars-avril, doctrine, p. 65 s. ; E. Macckay, « Les notions floues en droit ou l'économie de l'imprécision », Langages, mars 1979, n° 53, p. 33 ; S. Néron, « Le standard, un instrument juridique complexe », JCP G, 2011, n° 38, 1003.

[240] S. Rials, « Les standards, notions critiques du droit », dans C. Perelman et R. Vander Elst, *Les notions à contenu variable en droit*, *op. cit.*, p. 39 s., spéc., p. 45.

Chapitre 1.

Le standard comme moyen d'identification de l'intérêt général

78. D'un point de vue théorique, le standard peut « désigner une norme souple fondée sur un critère intentionnellement indéterminé [...] qu'il appartient au juge, en vertu du renvoi implicite de la loi, d'appliquer espèce par espèce, à la lumière de données extralégales ou même extrajuridiques »[241] comme les « besoins sociaux, économiques ou politiques »[242]. Plus précisément, le standard est d'origine anglaise et signifie « étalon, type, modèle ». Même si sa définition a fait l'objet de nombreuses remises en cause[243], S. RIALS considère par exemple que « l'unité conceptuelle de la notion »[244] doit être puisée dans l'idée de « normalité »[245] soit « à l'état pur »[246] soit « comme étalon de l'idée mise en œuvre »[247]. De ce point de vue, l'intérêt général peut être appréhendé comme un standard. Il en possède la principale caractéristique, celle d'être « un instrument de mesure en termes de normalité » (Section 1).

79. Cette approche en termes de normalité nous conduira à aborder la définition matérielle du standard « intérêt général ». À cette occasion, nous dissocierons le standard de la règle de droit. Cette question a été et est encore largement débattue dans la doctrine (celle de la valeur juridique du standard). Or, la solution que nous proposons aboutit à considérer le standard « intérêt général » comme une norme dans la norme, voire, une « norme non indépendante »[248]. De ce point de vue, l'intérêt général fait partie de la règle

---

[241] G. Cornu, *Vocabulaire juridique*, *op. cit.*, p. 869.
[242] *Ibid.*
[243] V. sur cette remise en cause, C. Bloud-Rey, « Standard », dans *Dictionnaire de la culture juridique*, *op. cit.*, p. 1439 s.
[244] S. Rials, « Les standards, notions critiques du droit », art. cit., p. 39 s., spéc., p. 43.
[245] Selon l'auteur, le standard se caractérise comme « un pur instrument de mesure [de situation et de comportement] en termes de normalité », S. Rials, *Le juge administratif français et la technique du standard*, *op. cit.*, p. 73.
[246] *Ibid.*
[247] S. Rials, « Les standards, notions critiques du droit », art. cit., p. 43.
[248] H. Kelsen, *Théorie pure du droit*, trad. C. Eisenmann, Paris, Dalloz, 1962, p. 61 s.

de droit et est tout au plus, une catégorie juridique, tout au moins, un critère juridique. Ainsi, l'étude définitionnelle et normative du standard « intérêt général » permet de mettre en évidence que celui-ci n'est qu'un simple instrument de qualification juridique[249] (Section 2).

- *Section 1. L'intérêt général, un instrument de normalité*
- *Section 2. L'intérêt général, un instrument de qualification*

SECTION 1.

LE STANDARD « INTÉRÊT GÉNÉRAL », UN INSTRUMENT DE NORMALITÉ

80. Dans le langage courant, la normalité renvoie à ce qui est « normal »[250], fréquent, « habituel »[251]. Cette référence à ce qui est normal fait écho à la définition philosophique de la normalité. En ce sens, la normalité se dit généralement d'un « phénomène naturel ou du fonctionnement d'une machine, d'une action, d'une pensée, d'une décision morale ou juridique, conforme à une loi, à une règle, à une fin visée »[252]. En psychologie, la normalité, c'est ce qui « ne manifeste pas de troubles de la personnalité ni généralement de handicap mental ou ce qui atteint le niveau intellectuel tel qu'il est établi par les tests »[253]. En sociologie, la normalité : « c'est ce qu'on observe régulièrement dans une société donnée »[254]. Selon E. DURKHEIM, « un fait social est normal pour un type social déterminé, considéré à une phase déterminée de son développement quand il se produit dans la moyenne des sociétés de cette espèce, considérées à la phase correspondante de leur

---

[249] Attention, selon la doctrine, « ce qui caractérise le standard, ce n'est [...] pas à proprement parler qu'il soit un instrument de mesure : toute qualification implique la mesure mais toute qualification n'implique pas la mise en œuvre d'un standard » (S. Rials, « Les standards, notions critiques du droit », art. cit., p. 73). Autrement dit, la qualification ne serait pas le propre du standard car elle peut s'opérer sur bien d'autres supports. Néanmoins, l'étude normative du standard intérêt général nous amène au contraire, au cœur de l'opération de qualification. Cette opération de qualification résulte en effet de la véritable valeur normative du standard intérêt général.

[250] A. Rey (dir.), *Dictionnaire culturel en langue française*, *op. cit.*, p. 1002.

[251] *Trésor de la langue française. Dictionnaire du XIXe et du XXe siècle*, *op. cit.*, p. 237.

[252] L.-M. Morfaux et J. Lefranc, *Vocabulaire de la philosophie et des sciences humaines*, Paris, Armand Colin, 2011, p. 380.

[253] *Ibid.*

[254] *Ibid.*

évolution »[255]. Cette idée de moyenne est également reprise en biologie. Dans ce domaine, la normalité se dit d'un « organisme vivant dont les organes sont conformes au type de l'espèce »[256]. A. COMTE estime par exemple, « dans le cadre de l'élaboration d'une théorie de l'homme biologique et social, que la normalité est une fréquence qui autorise à repérer les écarts »[257]. Seulement, elle est en tant que telle « un ordre défini d'abord par son caractère statique. La normalité, c'est donc le type, l'ordre intellectuel construit rendant concevables des formes appropriées de modifications »[258]. Au contraire, G. CANGUILHEM estime qu' « il n'y a de normalité que subjective, rapportée aux expériences de vie des vivants singuliers »[259]. Il n'y a « pas de normalité en soi ». Quoi qu'il en soit, cette étude de la normalité en biologie permet une étude de l'homme qui est censée dessiner les frontières du normal. Cette étude, qu'elle aboutisse à une « normalité objective »[260] ou « subjective »[261] suppose la reconnaissance d'un modèle type qui permet de repérer « les figures de l'anormal »[262].

81. Ce qui reste donc à travers ce qui change, malgré les différents domaines d'application de la normalité, c'est l'étalon de mesure, le modèle. Cette idée a été reprise en droit pour appréhender le standard[263]. S. RIALS considère d'ailleurs que l'unité conceptuelle du standard doit être puisée dans

---

[255] E. Durkheim, *Les règles de la méthode sociologique*, (1894), rééd., Paris, Flammarion, coll. « champs classiques », 2010. V. aussi sur la position de l'auteur, A. Lalande, *Vocabulaire technique et critique de la philosophie*, Paris, PUF, coll. « Quadrige », 3e éd., 2010, p. 688 et 689.

[256] L.-M. Morfaux et J. Lefranc, *Vocabulaire de la philosophie et des sciences humaines*, *op. cit.*, p. 380.

[257] V. la quatrième leçon du Cours de philosophie positive : A. Comte (1798-1857), *Cours de philosophie positive*, rééd., Paris, Hermann, 1998. V. aussi sur la théorie de l'homme biologique et social d'A. Comte, M. Blay, *Dictionnaire des concepts philosophiques*, Paris, Larousse, CNRS Éd., 2006, p. 566 s.

[258] M. Blay (dir.), *Grand dictionnaire de la philosophie*, Paris, Larousse, CNRS, Éd., 2013, p. 734 s.

[259] *Ibid.*

[260] V. la quatrième leçon du Cours de philosophie positive : A. Comte (1798-1857), *Cours de philosophie positive*, *op. cit.* V. aussi, A. Comte, *Système de politique positive*, rééd., Paris, Société positiviste, 1929, t. II, p. 441.

[261] G. Canguilhem, *Le Normal et le Pathologique*, Paris, PUF, 1966.

[262] M. Foucault, *Les Anormaux : cours au Collège de France (1974-1975)*, Paris, Gallimard-Seuil, 1999, p. 46.

[263] M. Delmas-Marty, *Pour un droit commun*, Paris, Seuil, 1994, coll. « La librairie du XXe siècle », p. 123 ; Ph. Delebecque, « Les standards dans les droits romano-germaniques », dans J.-L. Bergel (éd. sc.), *Les standards dans les divers systèmes juridiques*, *op. cit.*, p. 871 s. ; P. Malaurie et P. Morvan, *Introduction au droit*, Defrénois, Lextenso éditions, coll. « Droit privé » , n° 250, 4e éd., 2012, p. 219.

l'idée de « normalité »[264] soit « à l'état pur soit comme étalon de l'idée mise en œuvre »[265]. C'est donc bien la question de la mesure, du « modèle en termes de comportement et de situation » qui permet de saisir provisoirement le standard « intérêt général ». Cette idée permet en effet de rendre compte de la nature normative de l'intérêt général en tant que standard. Véritable instrument intégrant les valeurs extra-juridiques dans la norme de droit[266], le standard « intérêt général » doit être examiné tant d'un point de vue matériel (I) que fonctionnel (II).

I. L'approche matérielle du standard « intérêt général »

82. L'approche matérielle du standard a été adoptée par de nombreux auteurs[267]. Elle a pour objectif de saisir le contenu du standard, ce qu'il est. Cette manière de percevoir le standard a par exemple conduit la doctrine à s'interroger sur sa valeur juridique : c'est la fameuse question de la distinction entre le standard et la règle de droit. Cette approche matérielle s'avère alors nécessaire pour appréhender l'intérêt général. L'objectif sera d'aborder la définition matérielle du standard « intérêt général » (A) et de prendre position sur sa valeur juridique (B), étant entendu que sa valeur juridique éclaire indirectement la nature même du standard par rapport à la question de la règle de droit. Il s'agit donc bien du contenu matériel du standard « intérêt général ».

A La définition du standard « intérêt général »

83. Avant d'aborder le standard « intérêt général » en termes de normalité (2), il est nécessaire de revenir sur l'émergence du standard lui-même (1).

1. L'émergence du standard

84. À la fin du XIXe siècle, la doctrine s'élève contre « l'Exégèse »[268] afin de lutter « contre un système dans lequel la seule source admissible du

---

264 S. Rials, « Les standards, notions critiques du droit », art. cit., p. 39 s., spéc., p. 43.
265 *Ibid.*
266 V. sur les normes et les valeurs, M. Canto-Sperber (dir.), *Dictionnaire d'éthique et de philosophie morale*, t. 2, Paris, PUF, coll. « Quadrige », 2004, p. 1354 s.
267 V. sur l'historique de cette approche, S. Rials, *Le juge administratif et la technique du standard*, *op. cit.*, p. 15 s.
268 V. sur la méthode exégétique, J. Bonnecase, *L'école de l'exégèse en droit civil*, Paris, E. Boccard, 1924 ; E. Gaudemet, *L'interprétation du Code civil depuis 1804*, Bâle, 1935, rééd. Paris, La mémoire du droit, 2002 ; Ph. Rémy, « Éloge de l'exégèse »,

droit est la loi »[269]. Dans cette logique, F. GÉNY[270] critique la méthode traditionnelle et aboutit à une nouvelle définition du droit qui apparaît « comme un ensemble de règles, issues de la nature des choses, et devant être dégagées au moyen d'une interprétation, plus ou moins libre, des éléments sociaux, qu'il a pour objet d'ordonner en vue du bien commun. Directement inspiré par la justice et l'utilité générale, son essence le place donc fort au-dessus des sources formelles, qui n'en sont que des révélations empiriques, destinées seulement à diriger les jugements humains de façon plus précise, mais, en soi, toujours incomplètes et imparfaites »[271]. L'auteur propose une « démarche empirique »[272] qui s'inspire de « la libre recherche scientifique »[273]. Influencé par de nombreux auteurs[274], F. GÉNY montre comment, au niveau de la doctrine juridique, le sociologisme d'É. DURKHEIM et le bergsonisme[275] ont pu avoir des effets complémentaires

---

Droit, 1985, p. 115 s.

[269] C. Perelman, *Logique juridique, Nouvelle rhétorique*, Paris, Dalloz, coll. « Méthodes du droit », 1976, p. 51 s. ; A.-J. Arnaud, *Les juristes face à la société du XIXe siècle à nos jours*, Paris, PUF, 1975, p. 105 s.

[270] F. Gény, *Science et technique en droit privé positif, nouvelle contribution à la critique de la méthode juridique*, 4 t., 1914-1924, Paris, Société du Rec. Sirey ; F. Gény, *Méthode d'interprétation et sources en droit privé positif, essai critique*, Paris, LGDJ, 2 t., 2e éd., 1932.

[271] F. Gény, *Méthode d'interprétation..., op. cit.*, 2e éd., 1919, t. 2, p. 221.

[272] C. Thomasset, « Épilogue : l'actualité de François Gény et son œuvre », RTD Civ. 2010, p. 279 s.

[273] V. sur la libre recherche scientifique, P. A. de Palmari, « La norme juridique et la libre recherche scientifique : une analyse critique de l'œuvre de François Gény », dans C. Thomasset, J. Vanderlinden et P. Jestaz (dirs), *François Gény, Mythe et réalités*, 1899-1999, Centenaire de méthode d'interprétation et sources en droit privé positif, essai critique, Les Éd. Yvon Blais Inc, Paris, Dalloz, Bruylant, Bruxelles, 2000, p. 233 s. ; C. Thomasset et R. Laperrière, « François Gény, la libre recherche scientifique et la nature des choses », dans *François Gény, Mythe et réalités*, *op. cit.*, p. 251 s.

[274] La libre recherche scientifique est liée à l'influence de nombreux auteurs comme Ihering (F. Gény, *Méthode d'interprétation et sources en droit privé positif, essai critique*, t. 1, 2e éd., 1932, p. 8 s.), Savigny (F. Gény, *op. cit.*, p. 220), Durkheim (F. Gény, *Science et technique en droit privé positif, op. cit.*, t. 1, 1914-1924, p. 92 et 93) ou Bergson (v. sur l'influence du philosophe dans l'œuvre de F. Gény, G. Ripert, *La règle morale dans les obligations civiles*, 4e éd., Paris, LGDJ, 1949, p. 19 ; M. Toutsakovitch, « L'intuitionnisme bergsonien dans la philosophie du droit », APDSJ, 1939, p. 238 s. V. aussi, M. Toutsakovitch, *Élaboration scientifique du droit positif dans la conception de François Gény*, Thèse, Paris, P. Bossuet, 1939). V. aussi, sur les influences de F. Gény, C. Thomasset, *op. cit.*, p. 279 s. ; M. Auberger, « Un autre regard sur François Gény et son œuvre », RTD Civ. 2010 p. 261 s.

[275] H. Bergson, *La Pensée et le mouvant. Essais et conférences*, Paris, Alcan, 1959 ; H. Bergson, *Œuvres complètes*, Genève, A. Skina, 1946 ; V. Jankélévitch, *Henri*

dans la lutte contre la rigidité du droit[276]. Cette lutte l'amènera à « reconsidérer de rôle de l'interprète des règles de droit. L'interprète dispose en effet d'une relative liberté d'appréciation »[277]. C'est cette approche « novatrice » qui « préfigure »[278] la notion de standard, sans la dégager véritablement.

85. Toutefois, la notion de standard se développe avec l'école de Lyon, fondée et dirigée par É. LAMBERT. Dans, *Fonction du droit civil comparé,* en 1903, l'auteur pose « les grands principes des études comparatives » et affirme « l'importance du rôle de la jurisprudence »[279]. Dans, *Le mouvement des juges et la lutte contre la législation sociale aux États-Unis,* en 1921, il ouvre le mouvement du standard en France en analysant les « instruments du contrôle constitutionnel de la Cour suprême des États-Unis, au rang desquels le *rule of reasonableness* et le *due process of law »*[280].

86. Après avoir décrit le système américain, É. LAMBERT introduit en France la théorie du doyen de Harvard, R. POUND, relative à « l'utilisation fréquente de notions mal définies dans le champ du droit »[281]. C'est là que naît le mouvement du standard[282]. En effet, les thèses de R. POUND renvoient à l'idée selon laquelle le rôle du juge est de « confronter en permanence la technique juridique aux intérêts sociaux dont il doit se faire l'interprète »[283]. La notion de standard a ainsi pour objectif « d'aider à la manifestation des intérêts sociaux »[284]. L'auteur renvoie plus précisément à une tétralogie pour expliquer les différentes règles qui participent à l'application et à l'interprétation des normes juridiques : « *rules* », « *principles* »,

---

Bergson, Paris, PUF, 1959 ; H. Bergson, *L'Évolution créatrice*, Paris, PUF, 1959.

276 Il critique les « catégories logiques qui seraient inflexibles, insusceptibles par conséquent de s'assouplir aux exigences changeantes et variées de la vie », F. Gény, *Méthode d'interprétation et sources en droit privé positif, essai critique*, t. 1, 2e éd., 1932, p. 129.

277 C. Thomasset, « [...] l'actualité de François Gény et son œuvre », art. cit., p. 279 s.

278 S. Rials, *Le juge administratif français et la technique du standard, op. cit.*, p. 21.

279 É. Lambert, *Fonction du droit civil comparé*, Paris, V. Giard & E. Brière, 1903. Référence citée par S. Rials, *Le juge administratif français et la technique du standard, op. cit.*, p. 21 s.

280 É. Lambert, *Le Gouvernement des juges et la lutte contre la législation sociale aux États-Unis. L'expérience américaine du contrôle judiciaire de la constitutionnalité des lois,* Paris, Marcel Giard & Cie. , p. 48.

281 S. Rials, *précit.*

282 *Ibid.*

283 A. Brimo, *Les grands courants de la philosophie du droit et de l'État*, 1re éd, Paris, A. Pedone, 1968, coll. « Collection Philosophie comparée du droit et de l'État ».

284 R. Pound, *An Introduction to the philosophy of law, op. cit.*, p. 116 s. ; R. Pound, *Social control through law*, New Haven : Yale University press (the Printing office of the Yale University press), 1942, p. 42 s. V. aussi, G. Rogers, « Vers une solution scientifique du problème de la libre décision judiciaire », Rec. Gény, t. 2, p. 552 s.

« *conceptions* » et « *standards* ». C'est à partir de cette classification qu'une véritable définition du standard va apparaître[285].

87. Enfin, après l'introduction, dès 1921, du concept de standard et de l'œuvre de R. POUND, en France par É. LAMBERT, toute une génération d'élèves se penchera sur la question[286] et contribuera au développement de cette notion[287]. Pourtant, comme le remarque S. RIALS, « le travail français n'a pas véritablement contribué à expliciter la nature du standard »[288]. Mis à part M. HAURIOU, la « spécificité du droit administratif français a peu incité nos publicistes aux études comparatives, au moins jusqu'à une période récente »[289]. Les thèses des disciples d'É. LAMBERT ont néanmoins participé au développement de l'étude du standard qui se renouvelle dans la doctrine contemporaine[290].

88. Ainsi, de nombreux auteurs ont contribué à l'émergence de l'étude du standard dont la définition va prendre en compte l'idée de normalité ; idée adaptable à l'intérêt général.

2. Le standard « intérêt général » envisagé en termes de normalité

89. La définition du standard sera envisagée en termes de normalité (a). Elle permettra alors de rendre compte de la spécificité de l'intérêt général vu comme un standard (b).

---

285 S. Rials, *Le juge administratif français et la technique du standard, op. cit.*, p. 21.

286 A. A. Al Sanhoury, *Les restrictions contractuelles à la liberté individuelle de travail dans la jurisprudence anglaise*, Thèse, Paris, M. Giard, coll. « Bibliothèque de l'Institut de droit comparé de Lyon. Études et documents », 1925 ; R. Labatut, *Les restrictions conventionnelles expresses à la liberté individuelle du commerce, de l'industrie et du travail dans la jurisprudence française*, Thèse, Toulouse, Impr. Saint-Cyprien 1928 ; M. Markovitch, *La théorie de l'abus des droits en droit comparé*, Thèse, Lyon, Bosc frères : M. et L. Riou, 1936 ; A. Schneider, *De l'indivisibilité de la propriété et de la gérance dans les officines pharmaceutiques, contribution à l'étude du standard juridique*, Thèse, Paris, Société anonyme du Rec. Sirey, 1927 ; O. Stati, *Le standard juridique*, Thèse, Paris, 1927, É. Duchemin, ; H. Zaki, *L'imprévision en droit anglais*, Thèse, Paris, Rousseau, « Coll. d'études théoriques et pratiques de droit étranger, de droit comparé et de droit international », 1930. Réfs citées par S. Rials, *op. cit.*, p. 25.

287 Pour plus de précisions, v. S. Rials, *précit.*

288 *Ibid.*

289 *Ibid.*

290 V. par ex., E. Bernard, *La spécificité du standard juridique en droit communautaire*, Thèse, Bruylant, 2010 ; A. Lagelle, *Les standards en droit international économique*, Thèse, Nice, 2012 ; S. Leturcq, *Standards et droits fondamentaux devant le Conseil constitutionnel français et de la Cour européenne des droits de l'homme*, Thèse, Paris, LGDJ, 2005.

- *a. La définition du standard*

90. Pour beaucoup, le standard, c'est ce qui est « flou »[291]. Néanmoins, la doctrine a, depuis longtemps, cherché à tracer les frontières de cette notion. Par exemple, on a vu précédemment que R. POUND établissait une « tétralogie » qui renvoyait aux termes suivants : « *rule* », « *principles* », « *conceptions* » et « *standards* ». Par « *rule* », l'auteur entend « les solutions de détails dégagées des précédents judiciaires, les solutions jurisprudentielles dont chacune s'explique en vertu de la force du précédent, toutes les fois que la même espèce de litige, le même point de droit se représente devant les juges »[292]. Par « *principles* », il faut comprendre les fondements essentiels des *rules*, leur matrice. Il s'agit de « point de départ faisant autorité dans le raisonnement juridique »[293]. Les « *conceptions* » quant à elles « représentent un stade supérieur d'abstraction. Elles opèrent une classification rigoureuse de tous les rapports juridiques individuels en catégories, dont chacune est réglée par un précepte légal qui s'applique automatiquement à tous les cas rentrant dans cette catégorie sans prendre en considération quelque caractéristique concrète ou quelque implication sociale que ce soit »[294].

91. S'agissant du « *standard* », l'auteur estime qu'il est « un type de notion dont la vocation est d'être souple et de permettre la prise en compte de valeurs non proprement juridiques. Il s'agit d'une mesure moyenne de conduite sociale concrète »[295]. Il a trois caractéristiques : « il implique un certain jugement moral sur les conduites humaines ; il n'exige pas un véritable savoir juridique, mais du bon sens pour ce qui est des choses de la vie courante et une intuition bien entraînée pour ce qui est extérieur à l'expérience du commun des mortels ; il n'est pas formulé avec précision par le législateur, ni par le juge, mais varie avec le temps, le lieu et les circonstances »[296]. Il ne

---

[291] C'est le cas par ex. pour P. Bourdieu (P. Guibentif, *Foucault, Luhmann, Habermas, Bourdieu, Une génération repense le droit*, Paris, LGDJ, coll. « Droit et société », 2010, p. 283). V. aussi, *Dictionnaire encyclopédique de théorie et de sociologie du droit*, *op. cit.*, p. 581 ; P. Malaurie et P. Morvan, *Introduction au droit*, Defrénois, Lextenso éditions, coll. « Droit privé », 4e éd., 2012, p. 219, n° 250 ; J. Wróblewski, « Les standards juridiques : problèmes théoriques de la législation et d'application du droit », dans *Les standards dans les divers systèmes juridiques*, RRJ, Droit prospectif, 1988-4, p. 847 s., spéc., p. 867.

[292] É. Lambert, *Le mouvement des juges et la lutte contre la législation sociale aux États-Unis*, *op. cit*, p. 205.

[293] R. Pound, *Social control through law*, *op. cit.*, p. 45.

[294] *Ibid.*, p. 47.

[295] R. Pound, *An Introduction to the philosophy of law*, *op. cit.*, 1922, p. 118.

[296] *Ibid.* Cette idée est liée à la prudence. Selon J.-M. Favre (*Essai sur la notion de standard dans la jurisprudence internationale*, Thèse, Paris 1, 1994, p. 21), « les idées que Roscoe Pound synthétise dans les trois caractéristiques qu'il attribue au standard – celle d'un jugement moral sur la conduite humaine, celle de bon sens et celle de

saurait donc être mis en œuvre qu'en prenant en considération les faits de l'espèce. Le standard implique ainsi « une marge de discrétion pour celui qui l'applique »[297], encore qu'il doive être conçu « en conformité avec l'idéal en vigueur à un moment donné »[298]. Pour quelques exemples de standards, POUND renvoie aux notions de « raisonnabilité, de loyauté ou encore de bonne foi ».

92. Ainsi, le standard peut être compris comme ce qui varie selon les circonstances. Son contenu ne peut donc être prédéterminé de manière définitive. Cette idée est également présente dans la pensée des disciples d'É. LAMBERT qui ont tenté de s'approprier la définition du standard. Par exemple, A. A. AL-SANHOURY définit le standard (« aspect intrinsèque ») comme « une directive générale destinée à guider le juge dans l'administration du droit et à lui donner une idée de son but et de sa finalité »[299]. Plus précisément, le standard se « borne à donner, en termes généraux, la mesure de la conduite moyenne d'une personne normale dans des circonstances déterminées »[300]. Cette idée est liée à la fonction d'adaptabilité du standard qui a été reprise par d'autres auteurs[301]. Ce faisant, s'inspirant de R. POUND, M. O. STATI estime que « le standard permet au juge de statuer au regard d'un type moyen de conduite sociale »[302]. Dans cette perspective, R.-É. CHARLIER considère que le standard est « destiné à la fois à résoudre les

---

l'unicité de chaque cas à juger – comprennent l'essence de ce courant de la pensée éthique qui, à partir de l'éthique à Nicomaque d'Aristote jusqu'à certaines thèses développées par Ronald Dworkin ou par Jürgen Habermas, tourne autour de la prudence, en tant que vertu intellectuelle pratique, capable de saisir, par un procédé particulier qui mêle rationalité et intuition, ce qui est uniquement correct dans un contexte particulier. Le standard a donc une dimension éthique ».

[297] P. Roubier insiste sur le rôle du juge face au standard. Il explique que le sandard aboutit à lui donner un rôle considérable car « il ne se bornera plus à appliquer d'une manière mécanique la règle [...], mais [...] devra vérifier la conduite du défendeur et la comparer à un modèle-type » : P. Roubier, *Théorie générale du droit*, *op. cit.*, p. 111.

[298] R. Pound, *Social control through law*, *op. cit.*, 1942, p. 48.

[299] A. A. Al-Sanhoury, *Les restrictions contractuelles à la liberté individuelle de travail*, *op. cit.*, p. 23. L'auteur développera d'ailleurs l'idée selon laquelle « le standard est nécessaire au juriste. Il est lié à un besoin d'individualisation des solutions » : A. A. Al-Sanhoury, « Le standard juridique », dans Rec. Gény, t. 2 : *Les sources générales des systèmes juridiques actuels*, Paris, Duchemin, 1977, p. 145.

[300] *Les restrictions contractuelles à la liberté indivisuelle*, *op. cit.*, p. 40.

[301] J. Brèthe de La Gressaye et M. Laborde-Lacoste, *Introduction générale à l'étude du droit*, 1re éd. Paris, Recueil Sirey, 1947, p. 218.

[302] M. O. Stati, *Le standard juridique*, Thèse, Paris, Librairie de jurisprudence ancienne et moderne, E. Duchemin, 1927, p. 45 s. V. aussi sur la fonction sociale du droit, p. 13 s.

conflits »[303], mais aussi à orienter les « conduites conformément aux fins sociales »[304].

93. En droit public, la doctrine s'est montrée plutôt réfractaire[305] à l'égard du standard. Celui-ci a néanmoins été intégré dans l'œuvre d'auteurs majeurs[306]. M. HAURIOU par exemple estime que les idées de l'École de Lyon, relatives au standard, doivent se comprendre dans le contexte « du vieux dualisme de la police juridique et du fond du droit »[307]. Le standard et la directive sont donc des « procédés techniques propres à la police juridique par opposition à la règle de droit écrite qui relève du fond du droit »[308]. Néanmoins, l'auteur distingue le standard de la directive[309]. Le standard se définit comme un « élément de méthode comparable à cet instrument qui permet au commandement d'un navire de faire le point en longitude et en latitude. Après quoi se définira la route à suivre. La route à suivre, c'est la directive… Un procédé de préparation et d'organisation juridique pour mettre

---

303 Cette idée est indirectement présente dans l'œuvre de J. Dabin. D'ailleurs, selon l'auteur, les standards « se présentent en nombre beaucoup plus considérable dans les périodes de crise et d'évolution rapide, qu'aux époques de calme et de stabilité, en régime de *judge made law*, qu'en régime de droit légal » : J. Dabin, *La philosophie de l'ordre juridique positif spécialement dans les rapports de droit privé*, Paris, Librairie du Rec. Sirey, 1929, p. 27.

304 R-É. Charlier, « La technique de notre droit public est-elle appropriée à sa fonction ? », EDCE, 1951, n° 5, p. 32 s.

305 « La notion de standard paraît étrangère à notre droit public » : R. Latournerie, « Essai sur les méthodes juridictionnelles du Conseil d'État », dans *Le Conseil d'État. Livre jubilaire publié pour commémorer son cent-cinquantième anniversaire, 4 nivôse an VIII-24 décembre 1949*, Paris, R. Sirey, 1952, p. 177-276, spéc. p. 201.

306 V. par ex. Y. Gaudemet, *Les méthodes du juge administratif*, Thèse, Paris, R. Pichon et R. Durand-Auzias, 1972, p. 47 et 48 ; J.-J. Bienvenu, *L'interprétation juridictionnelle des actes administratifs et des lois : sa nature et sa fonction dans l'élaboration du droit administratif*, Thèse droit, Université Paris II, 1979, t. 1, p. XIX et p. 124 s. ; X. Philippe, *Le contrôle de proportionnalité dans les jurisprudences constitutionnelle et administrative françaises*, Thèse, Paris, Economica, Aix-en-Provence, PUAM, coll. « Science et droit administratifs », 1990, p. 251 s. V. aussi plus récemment, R. Bousta, *Essai sur la notion de bonne administration en droit public*, Thèse, Paris, L'Harmattan, coll. « Logiques juridiques », 2010, p. 290 s.

307 M. Hauriou, « Police juridique et fond du droit. À propos du livre d'Al Sanhoury : les restrictions contractuelles à la liberté du travail dans la jurisprudence anglaise et à propos des travaux de l'Institut de droit comparé de Lyon », RTD Civ., 1926, p. 265 s., spéc. p. 265. Texte reproduit dans, M. Hauriou, *Aux sources du droit. Le pouvoir l'ordre et la liberté*, Paris, Blond et Gay, 1933, Cahiers de la nouvelle journée, rééd. 1986, Centre de philosophie politique et juridique, Bibliothèque de Philosophie politique et juridique, p. 147 s. spéc. p. 147.

308 *Ibid.*

309 V. pour davantage de précisions sur ce point, M. O. Stati, *Le standard juridique*, *op. cit.*, p. 71. L'auteur consacre le chapitre IV à l'apparition du standard, p. 66 à 80.

sûrement en place toutes les données du problème que l'on a à résoudre »[310]. Plus précisément, le standard est lié « à la mobilité »[311] du droit. Il est alors « une source d'inspiration générale, puisée dans les valeurs fondamentales de la société ou dans les méthodes consacrées de raisonnement »[312].

94. Par la suite, la doctrine fournit plusieurs définitions du standard. Selon Y. GAUDEMET, les standards se définissent comme « des pôles de référence construits autour d'un comportement moyen, de l'attitude qui serait celle d'un individu moyen, qui par définition n'est personne mais un peu de chacun »[313]. J.-J. BIENVENU estime quant à lui que les standards sont des « règles d'appréciation élaborées par le juge à partir de situations concrètes et qui ont pour effet d'autolimiter ce pouvoir d'appréciation »[314]. Enfin, S. RIALS entérine l'existence du standard en droit public. La spécificité de l'auteur est de conceptualiser la notion de standard autour de l'idée de normalité. Dès lors, si la doctrine évoquait, dans les années 20, les questions relatives à la moralité, la rationalité, la normalité, dans la définition du standard, l'auteur estime qu'« une réduction des concepts habituellement considérés comme standards permet de retrouver l'unité conceptuelle de la notion puisque dans chacun on discerne l'idée de normalité, soit à l'état pur soit comme étalon de l'idée mise en œuvre qui ne peut se concevoir qu'en termes de normalité »[315]. L'idée de normalité à l'état pur se manifeste « dans des termes comme normal, anormal, exceptionnel »[316]. Il « n'en va pas différemment de l'utilité publique ou de l'urgence par exemple »[317]. Quant au standard comme « étalon et moyenne », l'auteur explique qu'il « s'exprime en

---

[310] M. Hauriou, *Aux sources du droit : le pouvoir l'ordre et la liberté*, *op. cit.*, p. 151.

[311] Il s'agit d'une mobilité du standard à l'origine des directives. V. sur ce point, M. Hauriou, note sous CE, 17 juillet 1925, *Ass. du personnel de la Banque de France*, S.1925.III. Note reproduite dans *Notes d'arrêts sur les décisions du Conseil d'État et du Tribunal des conflits publiées au Rec. Sirey de 1892 à 1928 par M. Hauriou*, Réunies et classées par A. Hauriou, t. 2, Librairie du Rec. Sirey, 1929, p. 90 et 91.

[312] S. Rials, *Le juge administratif français et la technique du standard*, *op. cit.*, p. 53, n° 58.

[313] Y. Gaudemet, *Les méthodes du juge administratif*, *op. cit.*, p. 47.

[314] J.-J. Bienvenu, *L'interprétation juridictionnelle des actes administratifs et des lois : sa nature et sa fonction dans l'élaboration du droit administratif*, Thèse droit, Université Paris II, 1979, t. 1, p. XIX. L'auteur reprend la thèse de A. A. Al-Sanhoury. Il se réfère directement à l'article de cet auteur (note 6, p. XIX) : A. A. Al-Sanhoury « Le standard juridique », mél. F. Gény, *op. cit.*, t. 2, p. 144 s. Il se réfère également à J. Maury, « Observations sur les modes d'expression du droit : règles et directives », dans *Études Éd. Lambert*, Paris, Sirey, LGDJ, 1938, t. I, p. 421 s.

[315] S. Rials, « Les standards, notions critiques du droit », *op. cit.*, p. 43.

[316] *Ibid.*

[317] *Ibid.*

termes de normalité »[318], c'est-à-dire comme un « instrument de mesure des comportements et des situations »[319].

95. L'auteur distingue néanmoins la « normalité descriptive » de la « normalité dogmatique ». La « normalité descriptive » tend davantage « à rendre compte de ce qui est »[320]. Elle « peut s'appuyer sur le mode ou bien sur la moyenne »[321] ou « être tenue par le produit des mentalités de l'époque »[322]. Cette idée a déjà été développée par Y. GAUDEMET qui estime que les standards permettent d'établir une sorte « d'échelle des comportements et de préciser, de façon générale et antécédente à chaque espèce, la limite du permis et du fautif »[323].

96. Quant à la « normalité dogmatique », « dogmatique veut simplement dire : qui pose des principes, des valeurs [ce qui doit être]. Les standards dogmatiques sont ceux qui visent d'abord à mettre en œuvre un jugement sur la réalité, par opposition aux standards descriptifs qui visent à assurer la diffusion de ce qui est d'ordinaire. Notons que le dogmatisme est aussi grand à vouloir faire prévaloir ce qui est qu'à vouloir faire prévaloir ce qui devrait être »[324]. Le standard dogmatique peut alors « s'alimenter à des sources plus ou moins rigoureuses : il peut s'appuyer sur ce qui est habituellement pensé (et qui est à l'évidence souvent distinct de ce qui est habituellement fait) ou sur ce que pensent certaines personnes plus exigeantes que ne l'est la société globalement. La gamme des possibles est ici infinie »[325].

97. Cette idée de normalité dans la conceptualisation du standard est aujourd'hui partagée par la doctrine[326]. Si le terme est polysémique[327], nombre

---

318 *Ibid.*, p. 44.
319 *Ibid.*
320 *Ibid.*, p. 130.
321 *Ibid.*, p. 44.
322 S. Rials, *Le juge administratif français et la technique du standard, op. cit.*, p. 76.
323 Y. Gaudemet, *Les méthodes du juge administratif, op. cit.,* p. 47.
324 S. Rials, *Le juge administratif français et la technique du standard, op. cit.*, p. 143.
325 S. Rials, « Les standards, notions critiques du droit », art. cit., p. 44.
326 V. par ex., P. Malaurie et P. Morvan, *Introduction au droit*, Defrénois, Lextenso éditions, coll. « Droit privé », 4e éd., 2012, p. 219, n° 250 ; C. Castets-Renard, *Notions à contenu variable et droit d'auteur*, Thèse, Paris, L'Harmattan, 2003, p. 98, n° 42 s. ; M. Delmas-Marty, *Pour un droit commun*, Paris, Seuil, coll. « La librairie du XXe siècle », 1994, p. 122 : « C'est pourquoi l'analyse des notions indéterminées amène à séparer les standards qui renvoient à la normalité, soit purement descriptive (ce qui est), soit dogmatique (ce qui est habituellement pensé), et les principes directeurs qui renvoient à une normativité extra-juridique ». V. aussi, X. Philippe, *Le contrôle de proportionnalité*, *op. cit.,* p. 252.
327 « La normalité est fuyante. Est-ce celle de la loi ? Est-ce celle de la pratique généralement suivie ? Il est difficile de répondre à cela. Là est l'incertitude. Les standards créent des difficultés par leur imprécision involontaire » : Ph. Delebecque, « Les standards dans les droits romano-germaniques », dans J.-L. Bergel (éd. sc.), *Les*

d'auteurs rendent compte de la singularité du standard de cette manière. La définition proposée ici du standard sera donc pour le moment celle de S. RIALS, reprise par la doctrine. J.-L. BERGEL rappelle notamment que les standards correspondent à des « critères fondés sur ce qui paraît normal et acceptable dans la société au moment où les faits doivent être appréciés ». Ce sont « des instruments de mesure des comportements et des situations, mis en œuvre par de véritables règles de droit, qui permettent d'intégrer dans l'ordre juridique, des réalités et des valeurs sociales du moment et de moduler ainsi la portée de la règle de droit »[328]. C. CORNU souligne que « leur indétermination est un facteur d'adaptation »[329].

98. Le standard ainsi examiné, il s'agit de vérifier maintenant si l'intérêt général peut être qualifié de cette manière.

- *b. Une définition du standard a priori en adéquation avec l'intérêt général*

99. Dans une thèse consacrée au standard en droit communautaire, E. BERNARD souligne que la « nature intentionnellement indéterminée de l'intérêt général en fait un standard juridique puisqu'il implique, de la part de l'interprète chargé de donner son contenu, un jugement en termes de normalité qui favorise le recours à des éléments exogènes au droit »[330]. Cette vision de l'intérêt général vu comme un standard en raison de son indétermination est récurrente dans la doctrine.

---

standards dans les divers systèmes juridiques, *op. cit.*, p. 871 s.

[328] J.-L. Bergel, *Théorie générale du droit*, *op. cit.*, 2012, p. 233, n° 174.

[329] G. Cornu, *Introduction au droit*, Paris, Montchrestien, coll. « Droit civil », 2007, 13e éd., p. 104 s. n° 188. V. aussi sur ce point, R. Rials, *op. cit.*, p. 120 : « Le standard est une technique de formulation de la règle de droit qui a pour effet une certaine indétermination *a priori* de celle-ci ».

[330] E. Bernard, *La spécificité du standard juridique en droit communautaire*, *précit.*, p. 132. L'auteur fait référence au standard « intérêt général » qui est « un standard homotypique car il aurait une substance spécifique à l'ordre juridique de l'Union européenne », p. 131 s. (par opposition au standard « intérêt général hybride qui émanerait d'une conception nationale et communautaire », p. 200 s.).

100. Souvent qualifié d' « indéfinissable », de « flou »[331] ou de « normativité molle »[332], l'intérêt général peut de prime abord être qualifié de standard, en raison notamment de sa nature matérielle indéterminée. En effet, l'intérêt général renvoie traditionnellement à des « termes indéfinis par essence dont le contenu est singulièrement mouvant et la portée irrémédiablement floue »[333]. Cette difficulté à saisir son contenu matériel aboutit généralement à la conclusion selon laquelle l'intérêt général est une notion « fonctionnelle ». L'intérêt général « est, en tant que notion, doué d'une existence juridique qu'il ne doit pas seulement au discours politique mais qu'il tient directement du droit positif »[334]. Plus précisément, par opposition aux « notions conceptuelles »[335], l'intérêt général serait une « notion fonctionnelle »[336] en raison de son inachèvement. Cela explique les difficultés du juge administratif face à la concrétisation du standard « intérêt général » qui ne se réduirait « à aucune substance, ni à un simple catalogue »[337].

101. Ainsi, dans la doctrine, nombreux sont les auteurs qui qualifient directement l'intérêt général comme un standard[338]. J.-L. BERGEL par

---

[331] G. Merland, « L'intérêt général dans la jurisprudence du Conseil constitutionnel », dans B. Mathieu et M. Verpeaux (dirs), *L'intérêt général, norme constitutionnelle*, Cahiers constitutionnels de Paris 1, Thèmes et commentaires, Paris, Dalloz, 2007, p. 35 s., spéc. p. 36 : L'intérêt général est « une notion fuyante, insaisissable et floue ». De plus : « il faut bien comprendre que l'intérêt général est une notion dont il est difficile voire impossible de tracer les contours », *op. cit.*, p. 37. De même, G. Vedel estime que l'intérêt général est « indéfinissable en ce sens que selon les temps, les lieux et les opinions, il reçoit des contenus forts variables », G. Vedel, « Préface », dans F. Rangeon, *L'idéologie de l'intérêt général, précit.*, p. 3. V. aussi D. Simon, « L'intérêt général vu par les droits européens », dans B. Mathieu et M. Verpeaux (dirs), *L'intérêt général, norme constitutionnelle, op. cit.*, p. 47 s., spéc., p. 48 : la difficulté s'agissant de l'intérêt général est liée à « son caractère fuyant ».

[332] F. Kauff-Gazin, *La notion d'intérêt général en droit communautaire*, Thèse, Université Robert Schuman de Strasbourg, 2001, p. 382.

[333] D. Simon, « Usage des concepts élastiques dans la jurisprudence internationale : impressionnime ou réalisme ? », art. cit., p. 707 s.

[334] J. Boulouis, « Préface » dans D. Truchet, *Les fonctions de la notion d'intérêt général dans la jurisprudence du Conseil d'État*, *op. cit.*, p. 15.

[335] G. Vedel, « La juridiction compétente pour prévenir, faire cesser ou réparer la voie de fait administrative », JCP, 1950.I.851.

[336] V. sur les notions fonctionnelles, G. Tusseau, « Critique d'une métanotion fonctionnelle. La notion (trop fonctionnelle de "notion fonctionnelle" », RFDA, 2009, p. 641 s. V. aussi sur l'aspect fonctionnel de l'intérêt général, D. truchet, *les fonctions de la notion d'intérêt général dans la jurisprudence, op. cit.*, p. 287.

[337] M. Mekki, *L'intérêt général et le contrat. Contribution à une étude de la hiérarchie des intérêts en droit privé,* Thèse, Paris, LGDJ, coll. « Bibliothèque de droit privé, 2004, p. 57.

[338] V. par ex., A. Lagelle, *Les standards en droit international économique*, Thèse, Nice, 2012, p. 131 s., spéc., p. 132.

exemple rappelle que les standards sont des « notions indéterminées et évolutives qui constituent les organes souples du système juridique. Ils échappent à une définition abstraite et se réfèrent à des comportements humains qui impliquent une comparaison avec la réalité »[339]. En droit français, l'auteur explique qu'il en est fait un usage important. Ainsi en est-il de l'intérêt général, « notion souple à contenu variable, comme l'équité, les bonnes mœurs, le bon père de famille »[340]. L'intérêt général serait alors une notion « indéterminée indispensable pour saisir *in concreto* la plasticité des comportements humains sous des normes adéquates »[341]. Dans le temps, il permet l'application « des règles des qualifications juridiques et donc l'application des règles correspondantes à l'évolution de la société »[342].

102. Cette fonction évolutive de l'intérêt général rappelle la conception du standard de R. POUND ; conception qui permet de « prendre en compte les conduites humaines susceptibles d'évoluer avec le temps, le lieu et les circonstances »[343]. L'auteur précise d'ailleurs que le standard implique « une marge de discrétion pour celui qui l'applique »[344], encore qu'il doive être conçu « en conformité avec l'idéal en vigueur à un moment donné »[345]. L'auteur fait référence à la notion « d'adaptabilité » et de « raisonnabilité ».

103. L'adaptabilité de l'intérêt général a déjà été démontrée par la doctrine. J. CAILLOSSE explique que l'intérêt général est lié à l'adaptation du droit. En effet, « la catégorie d'intérêt général va s'adapter aux nouvelles situations juridiques créées par le défi industriel, enregistrer et assumer les transformations successives que connaîtront les formes et le contenu de l'action administrative »[346]. Dans le même sens, C. LEGRAND, F. RANGEON et J.-C. VASSEUR estiment que « du point de vue du contenu, la notion d'intérêt général se caractérise par une très grande souplesse. Notion "caméléon", elle se présente sous un aspect différent selon les types de discours »[347]. Cette souplesse permet à J. CHEVALLIER d'affirmer que l'intérêt général, idéologiquement, « implique d'abord la possibilité de surmonter les antagonismes sociaux et de dégager un intérêt commun à

---

339 J.-L. Bergel, *Théorie générale du droit*, *op. cit.*, 2012, p. 233, n° 174.
340 *Ibid.*
341 *Ibid.*
342 *Ibid.*, p. 336, n° 366.
343 R. Pound, *Social control through law*, *op. cit.*, 1942, p. 48 s.
344 P. Roubier, *Théorie générale du droit*, *op. cit.*, p. 111.
345 R. Pound, *Social control through law*, *op. cit.*, 1942, p. 48.
346 J. Caillosse, *L'intérêt général, la croissance et les avatars du droit administratif des biens*, Thèse, Université de Rennes, 1978, t. 1, p. 14.
347 C. Legrand, F. Rangeon et J.-F. Vasseur, « Contribution à l'analyse de l'idéologie de l'intérêt général », dans *Discours et idéologie*, Centre universitaire et recherches administratives et politiques, Amiens, Paris, PUF, 1980, p. 181 s., spéc., p. 187.

l'ensemble des participants »[348] à la vie de la collectivité[349]. L'intérêt général est donc bien un outil d'adaptation du droit, qu'il s'agisse de « l'intérêt général » ou de « l'intérêt public local »[350].

104. Cette flexibilité est également présente dans la jurisprudence à travers les différentes évolutions des arrêts du Conseil d'État. Par exemple, l'intérêt général, instrument lié à la mobilité du droit « permet au juge d'adapter les contours de sa jurisprudence aux aspirations ou aux nécessités de son temps »[351]. J.-H. STAHL développe dans ses conclusions sur l'affaire *Commune de Gennevilliers*[352], les raisons qui conduisent à admettre une dérogation d'intérêt général au principe d'égalité devant l'accès aux services publics (école de musique municipale). Le commissaire du gouvernement précise bien que cette solution est liée à « l'évolution de la société française [en 1997], fragilisée [...], et aux profondes fractures sociales »[353].

105. Par ailleurs, le standard, selon POUND fait aussi référence à la notion de raisonnabilité. Cette position rappelle celle de D. TRUCHET face à l'intérêt général entendu comme une « norme de raison ». Selon l'auteur, « le Conseil d'État n'explique jamais l'intérêt général, il le déclare, en donnant le sentiment de faire un constat de bon sens, évident ou relevant de la nature des choses, même lorsqu'il change de jurisprudence »[354]. Ce « bon sens » rappelle encore la pensée de POUND mais aussi celle de S. RIALS à l'occasion du standard entendu comme un instrument de mesure des comportements en termes de normalité. Cette normalité peut se comprendre comme « l'étalon de mesure en s'appuyant sur une moyenne ou le produit des mentalités de l'époque »[355]. Dans le même sens, A. A. Al SANHOURY, considère que le

---

[348] J. Chevallier, « Réflexions sur l'idéologie de l'intérêt général », dans CURAPP, *Variations autour de l'idéologie de l'intérêt général*, vol. 1, Paris, PUF, 1978, p. 11 s., spéc., p. 13.

[349] La même position est partagée par d'autres auteurs. Par ex., l'intérêt général a pour fonction de « réaliser l'harmonie entre les intérêts fondamentalement antagonistes ». Cela s'explique par « la flexibilité et l'adaptabilité de l'intérêt général » : *Rapport public du Conseil d'État*, 1999, EDCE, n° 50, La Doc. fr., dans « L'intérêt général, concept fondateur de la société et de l'État », p. 247 s., spéc., p. 248.

[350] A. Baron (« Action sociale et intérêt public local, entre complexité et adaptabilité », dans N. Kada (dir.), *L'intérêt public local. Regards croisés sur une notion juridique incertainte*, PUG, 2009, p. 137 s.) rappelle que l'intérêt public local apparaît comme un instrument de flexibilité de l'action publique.

[351] Concl. J.-H. Stahl, sur CE, Sect., 29 déc. 1997, *Cne de Gennevilliers*, RFDA 1998, p. 539, spéc. p. 542.

[352] *Ibid.*

[353] *Ibid.*

[354] D. Truchet, « L'intérêt général dans la jurisprudence du Conseil d'État : retour aux sources et équilibre », dans *Rapport public du Conseil d'État*, *op. cit.*, 1999, p. 361 s., spéc., p. 370.

[355] S. Rials, *précit.*

standard se « borne à donner, en termes généraux, la mesure de la conduite moyenne d'une personne normale dans des circonstances déterminées »[356].

106. De plus, d'autres auteurs qualifient directement l'intérêt général (ou ses semblables) comme un standard. Par exemple, S. RIALS considère que « l'intérêt général est un standard dans la mesure où il ne peut se concevoir qu'en termes de normalité. Tout au plus est-il possible d'ajouter [...] que ce standard, lorsqu'il est mis en œuvre, ne livre pas, de par sa richesse conceptuelle, très aisément les limites de son contenu »[357]. Cette difficulté s'accentue lorsque « la doctrine retient pour équivalent des termes comme intérêt général, intérêt public ou utilité publique »[358]. Or, ces différentes notions constituent bien des standards. L'auteur estime, s'agissant de l'utilité publique, que lorsque l'on pose qu'une opération est d'utilité publique, on affirme « son adéquation aux valeurs de la société en la considérant en elle-même »[359]. Il n'est donc pas rare que la doctrine qualifie « l'utilité publique »[360], « l'intérêt public »[361], « l'intérêt du bien public »[362] voire « l'intérêt du service »[363] comme des standards.

107. La définition du standard en termes de normalité fait ainsi bien écho à l'intérêt général. Néanmoins, l'approche matérielle du standard conduit naturellement à tracer la frontière entre le standard et la règle de droit. Cela

---

[356] A. A. Al Sanhoury, *Les restrictions contractuelles à la liberté individuelle de travail dans la jurisprudence anglaise*, Thèse, 1925, *op. cit.*, p. 40.
[357] S. Rials, *Le juge administratif et la technique du standard*, *op. cit.*, p. 107.
[358] S. Rials fait référence à D. Truchet (*Les fonctions de l'intérêt général, précit.*), *Le juge administratif et la technique du standard, opus cit.*, p. 107.
[359] *Ibid.*
[360] M. Hauriou, « Police juridique et fond du droit », art. cit., p. 159 et 160 ; É. Lambert, *Le gouvernement des juges et la lutte contre la législation sociale aux États-Unis*, *op. cit.*, p. 218 ; J. Raux, « L'examen des faits par le juge administratif dans le contrôle de la légalité interne de la procédure d'expropriation », AJDA, 1967, p. 197 s., spéc., p. 198 ; M. O. Stati, *Le standard juridique*, *op. cit.*, p. 40.
[361] G. Vedel, *Essai sur la notion de cause en droit administratif français*, Thèse, Paris, Librairie du Rec. Sirey, 1934, p. 345. L'auteur ne se réfère pas directement au standard. Il évoque les procédés « plastiques » qui ont pour résultat d'enfermer les phénomènes de la vie sociale, conformément à la pensée de Gény. C'est à cette occasion que G. Vedel évoque « l'intérêt public qui se délimite *in concreto* et qui se fait par deux procédés : celui de la cause et celui du but ».
[362] M. Ueno, « Les standards juridiques au Japon. En particulier quant à la liberté d'opinion selon la Cour Suprême », dans *Les standards dans les divers systèmes juridiques*, RRJ, Droit prospectif, PUAM, 1988-4, p. 909 s., spéc., p. 918.
[363] Y. Gaudemet, *Les méthodes du juge administratif*, *op. cit.*, p. 48 : « certains standards ont leur origine dans la loi, ainsi de l'article 2 du décret du 23 mai 1951 portant Code des pensions prévoit que l'administration peut elle-même dans certains cas prononcer la mise à la retraite d'un fonctionnaire si ceci est justifié par "l'intérêt du service" ».

revient *in fine* à s'interroger sur la valeur juridique de l'intérêt général vu comme un standard.

B. La valeur juridique de l'intérêt général vu comme un standard

108. L'étude de la valeur juridique du standard (1) doit conduire à analyser l'intérêt général comme un étalon de mesure non autonome (2).

1. La valeur juridique du standard

109. Avant toute chose, il convient de retracer l'exposé du problème relatif à la valeur juridique du standard (a). L'étude de ce problème nous amènera à refuser l'assimilation entre le standard et la règle de droit (b).

- *a. L'exposé du problème relatif à la valeur juridique du standard*

110. Dans les années 20, les auteurs[364], confrontés au standard, remettent en question son caractère juridique[365]. S. RIALS rappelle qu'« obnubilés par la distinction règle/standard[366] [...], ils ne parviennent pas à trancher le point de savoir si le standard est une simple méthode de pensée, un outil, un sextant[367] [...] ou un mode de qualification floue, outil certes mal déterminé mais relevant alors peut-être du fond du droit »[368]. Ainsi, « à l'automaticité de la règle, à la fixité de sa solution et au raisonnement de pure

---

[364] Ce point ne sera pas davantage développé car il fait l'objet de nombreuses explications bien connues et répétées par l'ensemble de la doctrine qui écrit sur le standard. V. par ex., S. Rials, *Le juge administratif et la technique du standard, op. cit.*, p. 31 s. ; J.-S. Navarro, « Standards et règles de droit », RRJ, Droit prospectif, n° 3, *Les standards dans les divers systèmes juridiques, précit.*, p. 833 s. ; M. O. Stati, *Le standard juridique, op. cit.*, p. 66 s. : l'auteur consacre un chapitre sur l'apparition du standard juridique et rappelle la position de la doctrine des années 20.

[365] Attention, certains auteurs (minoritaires) contestent encore la valeur juridique du standard. Par ex., le standard « ne fait pas partie de la règlementation introduite par la règle de droit ». Il sert seulement « à assurer son interprétation et son application effective et efficace » : P. Pavlopoulos, « Le standard en droit public : les données de la jurisprudence administrative en Grèce », art. cit., RRJ, 1988, spéc., p. 963.

[366] V. par ex., la thèse de A. A. Al Sanhoury, *Les restrictions contractuelles à la liberté individuelle, op. cit.*

[367] La comparaison avec le sextant est tiré de M. Hauriou, « Police juridique et fond du droit », art. cit., RTD Civ., 1926, p. 265 s. Cette référence est citée par S. Rials, « Les standards, notions critiques du droit », art. cit., p. 42, note 8.

[368] S. Rials, « Les standards, notions critiques du droit », art. cit., p. 42. V. pour des précisions sur de point, *Le juge administratif et la technique du standard, op. cit.*, p. 26 s.

logique que son application requiert, on oppose volontiers l'intuition et l'expérience qui sont nécessaires, suivant l'esprit du standard, à la découverte de solutions variées, adaptées à chaque situation concrète. Parallèlement, le caractère juridique du standard est remis en cause »[369]. Si M. HAURIOU a déjà implicitement reconnu une certaine valeur juridique au standard[370], c'est S. RIALS qui renforce, à travers l'idée de normalité, sa valeur juridique et normative. Selon l'auteur, le standard apparaît comme « l'expression de la règle »[371], c'est une « technique »[372]. Plus précisément, le standard est une « technique de formulation de la règle de droit qui a pour effet une certaine indétermination *a priori* de celle-ci. Souvent d'origine jurisprudentielle, et en principe dénoté par l'utilisation de certaines formes, le standard vise à permettre la mesure des comportements et des situations en termes de normalité, dans la double acception de ce terme »[373]. De ce point de vue, la distinction entre la règle et le standard « perd tout intérêt ». Le standard est « alors un élément de la règle dont l'impérativité ne serait pas plus forte si au lieu de viser un délai raisonnable elle visait un délai de trois mois [...]. L'erreur du mouvement du standard [...] a donc consisté [selon l'auteur], à adopter une conception matérielle du droit et à en conclure que les prescriptions imprécises étaient par nature insusceptibles d'être des règles de droit »[374]. Il rappelle que « l'opposition règle/standard n'a pas de sens pour cette bonne raison que le standard est simplement une technique particulière d'expression de la règle »[375]. Cette position est adoptée aujourd'hui par de nombreux auteurs[376].

---

[369] C. Bloud-Rey, « Standard », dans *Dictionnaire de la culture juridique*, art. cit., p. 1440.

[370] M. Hauriou (« Police juridique et fond du droit », art. cit.), qui distingue le standard de la directive, ne nie pas toute valeur juridique au standard (L. Sfez, *Essai sur la contribution du doyen Hauriou au droit administratif français*, *op. cit.*, p. 153 ; S. Rials, *Le juge administratif et la technique du standard, op. cit.,* p. 53). Les standards sont du droit mais la « Cour de cassation n'a pas accès à leur contrôle puisque son rôle se réduit à celui de la violation de la loi. Ces éléments deviennent des questions de fait, au mépris de toute vérité » (S. Rials, *ibid.*). Dès lors, si le standard est conçu comme une méthode, il a « vocation à être traité comme une question de droit » et les « lacunes du contrôle ne peuvent être issues que de facteurs historiques et donc contingents ». Selon S. Rials (*ibid.*, p. 53), M. Hauriou aurait « *a fortiori* tranché en faveur de la valeur normative du standard, instrument de qualification, qu'il soit contenu dans une prescription textuelle ou simplement jurisprudentielle ».

[371] S. Rials, *Le juge administratif et la technique du standard, op. cit.,*p. 33.

[372] *Le juge administratif et la technique du standard, op. cit.,*p. 73.

[373] *Ibid.*, p. 120.

[374] *Ibid.*, p. 33.

[375] *Ibid.*, p. 33.

[376] V. par ex., X. Philippe, *Le contrôle de proportionnalité, op. cit.*, p. 252 : « le

111. Mais par règle de droit, que faut-il comprendre exactement ? C. CORNU définit la règle de droit comme « toute norme juridiquement obligatoire (normalement assortie de la contrainte étatique), quels que soient sa source (règle légale, coutumière), son degré de généralité (règle générale, spéciale), sa portée (règle rigide, souple etc.) »[377]. J.-L. BERGEL énonce de la même manière que la règle de droit peut être entendue au sens de « toute règle juridique imposée par voie d'autorité en y incluant, aux côtés de la loi proprement dite et des règlements, la Constitution, les traités, la coutume, et même, au risque d'être hérétique, les règles d'origine prétorienne »[378]. D'une certaine manière, S. RIALS précise que « la règle de droit est impérative : elle indique ce qui peut être fait ou pas, ce qui est permis ou interdit »[379]. L'auteur défend d'ailleurs l'idée selon laquelle l'indétermination *a priori* du standard ne peut être assimilée à la non impérativité de la norme qui le contient[380].

112. La règle de droit entendue comme une règle impérative a alors conduit une partie de la doctrine à assimiler le standard à la règle de droit[381]. E. BERNARD estime par exemple que si l'assimilation entre le standard et la règle de droit est souvent contestée, elle semble pourtant « pertinente dans le cadre d'une étude qui s'intéresse à la fois aux systèmes de *Common law* et aux systèmes de droit romain »[382].

113. Si la traditionnelle opposition entre règle de droit et standard est dépassée aujourd'hui, nous refusons pour autant d'assimiler totalement le standard à la règle de droit. En effet, nous verrons ultérieurement qu'une telle position n'est pas envisageable face à l'étude de l'intérêt général.

- *b. Le refus d'assimiler le standard à une règle de droit*

114. L'étude de la valeur juridique du standard, on l'a vu, peut aboutir à une considération extrême tendant à assimiler le standard à la règle de droit. Nous refusons pour notre part cette position. P. ORIANNE précise d'ailleurs,

---

standard est une technique de formulation de la règle de droit et non la règle elle-même » ; Ph. Delebecque, « Les standards dans les droits romano-germaniques », dans *Les standards dans les divers systèmes juridiques*, *op. cit.*, p. 871 s., spéc., p. 875 : l'auteur précise que « les standards constituent des modes privilégiés d'expression du droit contemporain ». Autrement dit, le standard n'est pas la règle « mais son mode d'expression ».

377 C. Cornu, *Vocabulaire juridique*, *op. cit.*, v° règle de droit.

378 J.-L. Bergel, *Théorie générale du droit*, *op. cit.*, point 230.

379 S. Rials, *précit.*

380 *Ibid.*

381 Voire à une règle de droit dont le modèle est complexe : A. Jeammaud, « La règle de droit comme modèle », Paris, Rec. Dalloz, Sirey, 1990, 28e cahier, chron. XXXIV, p. 199 s., spéc., point 17.

382 E. Bernard, *La spécificité du standard juridique en droit communautaire*, *op. cit.*, p. 55, n° 59.

dans le *Dictionnaire encyclopédique de théorie et de sociologie du droit*, que le standard est un « terme (...) inséré dans une règle de droit ou un acte juridique quelconque, en référence à un état de fait ou une qualité dont l'identification requiert une évaluation ou une appréciation »[383].

115. Dans le même sens, J.-S. NAVARRO rappelle que « les standards sont des notions juridiques incluses dans des règles de droit en ce sens qu'ils apparaissent dans l'énoncé juridique normatif même ; ils constituent l'un des éléments formels de la structure d'une proposition juridique ; ce qui les distingue des autres éléments c'est leur nature éminemment axiologique »[384]. Plus précisément, l'auteur estime que « l'inclusion des standards dans des règles de droit est d'une grande conséquence quant à leur nature juridique. Elle a pour conséquence de leur attribuer la nature de notion de droit »[385]. Cette idée fait écho à la position de G. BOLAND qui considère que « toute notion citée dans la loi devient juridique parce qu'elle constitue un des éléments de la règle et participe donc, qu'on le veuille ou non, à son caractère normatif »[386]. Ainsi, le standard contenu dans la règle ne s'assimile pas à la règle elle-même. M. UENO estime en ce sens que « le standard désigne un critère que les juges tirent des normes juridiques »[387] : il est alors sous-entendu que le standard n'est pas la norme juridique (synonyme de règle juridique ici) mais qu'il est bien dans la norme.

116. D'une autre manière, C. THIBIERGE a également démontré, mais dans une logique fonctionnelle, que le standard est un instrument de mesure en termes de normalité qui fait partie de la norme juridique mais qui ne constitue pas pour autant une norme de jugement, susceptible de fonder une décision de justice. Selon l'auteur, la norme juridique est à la fois « un modèle à l'action pour orienter le comportement, un modèle de référence » (le tracé) et « un étalon de mesure en termes de normalité » (moyenne/majorité) et de normativité (norme de jugement susceptible de fonder une décision de justice). Or, dans cette optique, le standard est dans la norme et ne doit pas être assimilé à celle-ci. En effet, le standard n'est pas une norme de jugement et constitue seulement « un instrument d'évaluation des comportements et des

---

383 *Dictionnaire encyclopédique de théorie et de sociologie du droit*, *op. cit*., p. 581.

384 J.-S. Navarro, « Standards et règles de droit », dans *Les standards dans les divers systèmes juridiques*, *op. cit.*, RRJ, Droit prospectif, 1988-4, p. 833 s., spéc., p. 837.

385 *Ibid*., p. 839.

386 G. Boland, « La notion d'urgence dans la jurisprudence du Conseil d'État de Belgique », *Le fait et le droit*. Études de logique juridique, Travaux du centre national de recherche de logique, Bruxelles, Bruylant, 1961, p. 187. La même idée ressort d'autres auteurs. V. aussi, A. Tunc, « Standards juridiques et unification du droit », RIDC, 1970, p. 247 s., spéc.,p. 260.

387 M. Ueno, « Les standards juridiques au Japon », art. cit., RRJ, Droit prospectif, 1988-4, p. 909, spéc., p. 916.

situations »[388] (normalité). L'auteur précise d'ailleurs que le standard ne figure pas dans le visa d'un arrêt de cassation. Le raisonnement est transposable devant la juridiction administrative. Le terme « intérêt général » ne figure jamais dans le visa d'un arrêt du Conseil d'État pour la simple et bonne raison que le standard « intérêt général » n'est pas une norme autonome d'un point de vue fonctionnel.

117. Cette position rejoint indirectement celle de B. GÉNIAUT qui définit la norme pragmatiquement[389]. De ce point de vue, la norme serait « une proposition pragmatiquement autonome, c'est-à-dire apte à fonder une opération de jugement »[390]. Selon l'auteur, le standard « demeure sous la dépendance d'une proposition »[391]. S'inspirant de H. KELSEN, il estime tout au plus que le standard pourrait être qualifié de « norme non indépendante »[392], voire de « principe norme non indépendant ». Ainsi, B. GÉNIAUT précise que « le standard ne constitue que l'élément d'un énoncé auquel une vocation normative est assignée »[393]. De cette manière, « le standard, qui constitue un élément de cet énoncé, doit être compris comme un instrument de qualification et non de jugement »[394]. Ce faisant, le standard n'est pas une norme autonome.

118. Certes, une partie de la doctrine rapproche le jugement selon une norme et l'opération de qualification[395] (en ce sens, le standard pourrait être

---

388 C. Thibierge, « Au cœur de la norme : le tracé et la mesure, Pour une distinction entre normes et règles de droit », dans *L'égalité*, APD, t. 51, Dalloz 2008, p. 341 s.

389 Pour davantage de précisions sur ce point lié à l'étude du langage, v. B. Géniaut, *La proportionnalité dans les relations du travail : de l'exigence au principe*, Thèse, Paris, Dalloz, 2009, coll. « Nouvelle bibliothèque de thèses », spéc., p. 235 s.

390 B. Géniaut, « La force normative des standards juridiques », dans C. Thibierge *et al.*, *La force normative, Naissance d'un concept*, Paris, LGDJ, Lextenso éd., Bruylant, 2009, p. 183 s., spéc., p. 190.

391 *Ibid.*

392 H. Kelsen, *Théorie pure du droit*, trad. C. Eisenmann, Paris, Dalloz, 1962, p. 61 s.

393 B. Géniaut, « La force normative des standards juridiques », art. cit., p. 189.

394 *Ibid.*

395 Par ex., P. Amselek (*Méthode phénoménologique et théorie du droit*, Thèse, Paris, LGDJ, 1964, p. 79) rapproche « le jugement selon une norme et l'opération de qualification sur la base d'un concept ». En effet, « le concept est un schème [...], un modèle, un instrument de jugement, une norme. L'objet conforme à ce modèle, l'objet subsumé au concept, c'est l'objet jugé sur la base du concept, c'est-à-dire l'objet dont la signification est conforme à tel contenu conceptuel ». L'auteur assimile ainsi le concept et la norme (Plus tard, il distinguera néanmoins le concept de la norme : P. Amselek, « La phénoménologie et le droit », APD, 1972, p. 221-222). Dans un sens voisin, O. Cayla (« La qualification ou la vérité du droit », Droits, 1993, n° 18, p. 3 s.) estime que « toute qualification se ramène à un fondamental acte d'évaluation, c'est-à-dire consiste à donner le nom non pas qui revient à la chose, mais que mérite la chose, ou encore qui convient non pas à la chose elle-même, mais au sort qu'on veut lui faire subir en vertu de détermination foncièrement politique ». V. pour des précisions sur ce point, B. Géniaut, « La force normative des standards juridiques »,

considéré comme une norme). Toutefois, une telle approche ne permet pas, selon nous, de saisir l'essence normative dépendante du standard dans le cadre d'une étude portant sur l'intérêt général. En effet, si le standard met en œuvre une opération de qualification, cette opération s'effectue sur un élément de l'énoncé normatif et non pas sur l'énoncé authentique. Nous rejoignons donc la position de B. GÉNIAUT et refusons d'adopter une vision trop extensive de la norme.

119. Au final, du point de vue de sa valeur juridique, nous considérons le standard comme un élément de la norme qui emprunte sa normativité à la norme de laquelle il dépend. V. PETEV qualifie d'ailleurs le standard de « catégorie normative incomplète »[396]. Le standard n'est donc pas une norme juridique[397] mais un élément ce celle-ci. Cet élément est lié à la qualification qui suppose un jugement. Or, ce jugement ne s'effectue pas en termes de normativité (instrument de jugement/norme de jugement susceptible de fonder une décision de justice), mais en termes de normalité, c'est-à-dire en tant qu'étalon d'évaluation des comportements et des situations. En effet, le standard « intérêt général », nous le verrons plus loin, suppose un jugement lié à une norme entendue comme un « modèle »[398] à tenir pour l'administration mais un modèle en termes de comportement et de situation, c'est-à-dire en termes de normalité uniquement. Ainsi, ce « modèle »[399], ce devoir être

---

art. cit. p. 190, note 32.

[396] V. Petev, « Standards et principes généraux du droit », dans *Les standards dans les divers systèmes juridiques*, *précit.*, p. 825 s., spéc., p. 829.

[397] V. sur la définition proposée de la norme juridique, Partie 1. Titre 2. Chapitre 1.

[398] V. par ex., sur la norme comme modèle, A. Jeammaud, « La règle de droit comme modèle », Paris, Rec. Dalloz, Sirey, 1990, 28e cahier, chron. XXXIV, p. 199 s. (selon l'auteur, la norme juridique est un modèle, c'est « sa vocation à servir de référence afin de déterminer comment les choses doivent être qu'un énoncé tire sa signification normative et non d'un prétendu contenu prescriptif, prohibitif ou permissif d'une conduite ». Il critique ainsi la logique déontique et estime que le modèle n'est pas uniquement un modèle de conduite (v. spé., p. 203). V. aussi pour la norme comme modèle, P. Amselek, *Méthode phénoménologique et théorie du droit*, *précit.*, p. 217 s. ; J.-F. Perrin, *Pour une théorie de la connaissance juridique*, Genèce, Droz, Paris, 1979, p. 21 s. ; J.-F. Perrin, « Règle », *Vocabulaire fondamental du droit*, APD, t. 35, Paris, Sirey, 1990, p. 245 s., spéc., p. 254 : La règle de droit est « d'abord en principe un arbitrage qui vise abstraitement les circonstances ; on peut dire un modèle de jugement, utile pour évaluer les données qui sont décrites par l'assertion qui lui sert de support. Cette évaluation est reconnue apte à faire pression sur les conduites des sujets qu'elle vise. Elle est également utile à celui qui doit déterminer les conséquences de ces comportements ». Mais attention, pour notre part, le standard, s'il renvoie à un modèle, ce n'est pas un modèle de jugement autonome. Le modèle s'apprécie dans notre étude seulement autour de l'idée de normalité car le standard n'est pas une règle de droit autonome.

[399] Selon J. Wróblewski (« Les standards juridiques : problèmes théoriques de la

« normatif » ne s'exprime qu'en termes de normalité : seul modèle qui permet de faire évoluer, à ce point, le droit au regard de données extra-juridiques[400].

120. Dès lors, si le standard ne s'oppose pas à la règle de droit, il ne s'assimile pas pour autant à celle-ci. Cette solution permet de rendre compte de la nature normative de l'intérêt général vu comme un standard : il s'agit d'un étalon de mesure non autonome.

2. Le standard « intérêt général », un étalon de mesure non autonome

121. Précédemment, nous avons expliqué que l'intérêt général pouvait présenter les caractéristiques du standard. Toutefois, un problème se pose dans la mesure où la doctrine qualifie l'intérêt général comme une « norme ». D. TRUCHET explique par exemple que l'intérêt général est « une norme de mesure et une norme de contrôle »[401]. Récemment encore, M. MEKKI désigne l'intérêt général comme une « norme de référence »[402].

122. Mais lorsque la doctrine se réfère à l'intérêt général, évoque-t-elle en réalité une norme ou un standard ? La question est essentielle car nous distinguerons clairement la norme juridique en tant que telle du standard.

123. Pour répondre à cette interrogation, il faut savoir ce qu'entend véritablement la doctrine par « la norme "intérêt général" ». M. MEKKI, comme les autres auteurs[403] qui se réfèrent à l'intérêt général, appuient leurs propos sur la position de D. TRUCHET[404]. C'est cette dernière que nous proposons alors d'examiner. Dans un article consacré au rôle de l'intérêt général dans la jurisprudence administrative, publié en 1999, l'auteur explique que l'intérêt général, comme « norme de contrôle », est lié au contrôle de l'action administrative. Apprécié dans le contentieux de l'excès de pouvoir et dans le plein contentieux, l'intérêt général « justifie indifféremment un acte

---

législation et de l'application du droit », dans *Les standards dans les divers systèmes juridiques*, *précit.*, p. 847 s., spéc. p. 858) « le standard est normatif car dans sa structure profonde, il vise à établir un modèle de ce qui doit être ». Toutefois, si le standard est un modèle nous considérons que ce modèle ne se concrétise qu'en termes de normalité et qu'il ne constitue pas pour autant la norme autonome pour le jugement. Il s'agit d'une norme non autonome qui est un étalon de mesure qui vise à établir un modèle en termes de normalité. C'est une norme dans la norme.

[400] V. sur le standard et la connaissance du monde extra-juridique, Ph. Jestaz, « Rapport de synthèse », dans *Les standards dans les divers systèmes juridiques*, art. cit., p. 1181 s., spéc., p. 1191.

[401] D. Truchet, « L'intérêt général dans la jurisprudence du Conseil d'État : retour aux sources et équilibre », art. cit., p. 363.

[402] M. Mekki, *L'intérêt général et le contrat*, *op. cit.*, Thèse, p. 19.

[403] V. par ex. G. Clamour, *Intérêt général et concurrence*, *op. cit.*, p. 16 s.

[404] D. Truchet, *Les fonctions de la notion d'intérêt général*, *op. cit.* ; D. Truchet, « L'intérêt général dans la jurisprudence du Conseil d'État : retour aux sources et équilibre », art. cit p. 361 s.

unilatéral, une mesure contractuelle ou un comportement dont le requérant demande réparation »[405]. Ainsi, l'intérêt général est une norme de contrôle (ou « de référence »[406]) qui permet « de justifier et de sanctionner l'action de l'administration ». Cette fonction de l'intérêt général est alors directement liée au « contrôle de la légalité administrative »[407].

124. Plus précisément, dans une thèse relative aux fonctions de l'intérêt général, l'auteur explique que le rôle de l'intérêt général comme facteur de légalité est double. En certaines hypothèses, « il constitue seulement une limite légale à l'action administrative »[408] et dans ce cas, la violation de l'intérêt général est cause d'illégalité comme dans le cadre du détournement de pouvoir par exemple. Il s'agit alors de l'aspect négatif des rapports entre l'intérêt général et la légalité administrative. En effet, il existe un rapport obligatoire de non contrariété entre l'intérêt général et les mobiles d'un acte administratif dans la mesure où les autorités publiques ne sauraient agir dans un intérêt privé.

125. En d'autres hypothèses, l'intérêt général « devient une condition précise de l'action administrative : celle-ci n'est légale que si elle satisfait l'intérêt public »[409]. Il s'agit, selon l'auteur, de « l'aspect positif des rapports entre l'intérêt général et la légalité administrative »[410]. Tel est le cas par exemple lorsque le juge rencontre l'intérêt général dans un texte mais qu'il s'« efforce de lui donner une portée efficace au double point de vue de l'action administrative et de son contrôle »[411]. Par exemple, l'auteur se réfère à la jurisprudence du Conseil d'État, en matière de contrôle des changes, qui exige « la satisfaction de l'intérêt général pour justifier la légalité de l'action administrative ». En l'espèce, la Haute juridiction a jugé « qu'en prohibant [...] pour la défense des intérêts nationaux et sauf autorisation préalable du ministre de l'Économie et des Finances les opérations de change en France tendant à la détention en France par un résident de moyens de paiement sur l'étranger, le gouvernement n'a pas excédé le pouvoir que lui conféraient les dispositions de l'article 3 de la loi du 28 décembre 1966 »[412].

126. Par ailleurs, l'auteur montre qu'en l'absence de texte, le juge peut créer, de manière prétorienne, « une norme d'intérêt général »[413]. Sur ce point,

---

[405] D. Truchet, « L'intérêt général dans la jurisprudence du Conseil d'État... », art. cit., p. 361 s., spéc., p. 366.

[406] M. Mekki, *L'intérêt général et le contrat*, *op. cit.*, p. 19.

[407] *Ibid.*

[408] D. Truchet, *Les fonctions de la notion d'intérêt général*, *op. cit.*, p. 87.

[409] *Ibid.*

[410] *Ibid.*, p. 111.

[411] *Ibid.*, p. 121.

[412] CE, Sect. 11 déc. 1970, *Sté des établissemts Sonauto et a.,* Rec. p. 478. Ex. cité par D. Truchet, *opus cit.*

[413] D. Truchet, *Les fonctions de la notion d'intérêt général*, *op. cit.*, p. 87.

il recourt à de nombreux exemples. Nous en retiendrons deux. Le premier pose « une règle d'intérêt général » d'application très étendue. En effet, « il appartient à l'autorité administrative, lorsqu'elle accorde des licences d'importation, d'assortir ces autorisations des modalités qui peuvent être justifiées par l'intérêt public »[414]. Le second est relatif au contrôle des déclarations d'utilité public. L'auteur se réfère à la célèbre solution posée par l'arrêt *Société Civile Sainte-Marie de l'Assomption*[415] qui annule la déclaration d'utilité publique d'une opération de construction d'un échangeur autoroutier, dont l'utilité publique n'était pas niable, mais dont la réalisation aurait porté une atteinte grave à l'intérêt général (bon fonctionnement du seul hôpital psychiatrique de la région). Ainsi le juge « crée »[416] et « impose »[417] l'intérêt général à l'administration.

127. Voilà globalement à quoi renvoie l'auteur et, sous son influence, la doctrine contemporaine lorsqu'elle évoque la « norme intérêt général ». Or, qu'est-ce qu'une norme ? Nous définirons avec davantage de précisions cette notion dans le titre suivant[418]. Néanmoins, nous nous appuierons ici sur « l'approche fonctionnelle »[419] de la norme dans l'objectif de montrer à quel point l'intérêt général, en tant que standard, ne peut être assimilé à la règle de droit. Ainsi, la norme juridique (ou règle de droit) est composée d'un instrument de tracé, c'est-à-dire un modèle pour l'action et d'un instrument de mesure. L'instrument de mesure se subdivise également en deux niveaux. D'une part, la mesure s'exerce en termes de normalité, c'est-à-dire comme une norme d'évaluation des comportements qui ne peut figurer à elle seule dans le visa d'un arrêt car il ne s'agit pas d'une norme de jugement autonome. D'autre part, la mesure renvoie à un étalon, à une norme de jugement qui justifie la légalité, la validité d'une autre règle de droit. Seul un instrument de mesure en termes de normativité peut véritablement fonder une décision de justice. Il s'agit d'une mesure qui permet le contrôle de la légalité de manière autonome.

128. Or, comment est traité l'intérêt général par la doctrine ? Est-ce une règle de droit ? Un instrument de mesure en termes de normativité ou de normalité ? Pour répondre à cette question, il conviendra de rependre les exemples donnés précédemment car ils fondent l'ensemble des positions doctrinales.

---

[414] CE, 16 mai 1951, *Bozerand*, Rec ; p. 268. Ex.développé par D. Truchet, *ibid.*
[415] CE Ass. 20 oct. 1972, *Sté civile Sainte Marie de l'assomption*, Rec. p. 657, concl. Morisot.
[416] D. Truchet, *Les fonctions de la notion d'intérêt général*, *op. cit.*, p. 131.
[417] *Ibid.*
[418] V. Titre 2 Chapitre 1 de la thèse.
[419] V. sur ce point, C. Thibierge, « Au cœur de la norme : le tracé et la mesure, Pour une distinction entre normes et règles de droit », art. cit.

129. Prenons le cas tout d'abord du détournement de pouvoir. L'idée développée par l'auteur consiste à montrer que l'intérêt général, s'il n'est pas poursuivi par les autorités administratives, conduira à l'illégalité des actes administratifs. En ce sens, l'intérêt général serait une norme, une norme de référence susceptible de censurer la légalité d'un acte. L'intérêt général serait alors le fondement de la décision de justice et pourrait être analysé comme une règle qui s'interprète en termes de normativité, qui fonde une décision de justice, un arrêt du Conseil d'État (une norme juridique d'un point de vue fonctionnel).

130. Or, nous ne le pensons pas. En effet, s'il se fonde sur des motifs d'intérêt général pour sanctionner la légalité d'un acte, le juge sanctionne celui-ci sur le moyen tiré du « détournement de pouvoir » et non de la règle « intérêt général ». Qu'est-ce à dire ? Comme l'indique C. THIBIERGE, la notion à contenu variable n'est pas la règle mais elle est « dans la règle »[420]. Ainsi, l'intérêt général qui permet de censurer l'acte n'est pas en lui-même, de manière autonome un « énoncé juridique impératif ou prescriptif » qui contient un modèle de tracé et de mesure. L'intérêt général, comme le standard, figure dans la règle.

131. En effet pour poursuivre notre exemple du détournement de pouvoir, la règle est que le « but poursuivi par l'administration ne doit pas être exclusivement privé ». Ainsi, l'intérêt général n'est pas toute la règle, il est dans la règle. Dans un arrêt en date du 5 mai 1972, *Ferdinand*, le Conseil d'État vérifie si le but déterminant du plan d'urbanisme n'est pas « entaché de détournement de pouvoir »[421]. Le juge ne prétend donc pas statuer sur l'intérêt général. En effet, si l'intérêt général était bien une norme autonome, le juge aurait statué ainsi : le but déterminant du plan d'urbanisme ne contrarie pas la norme « intérêt général ». Or, une telle formule dans la jurisprudence administrative n'existe pas. Le juge s'appuie sur la notion d'intérêt général qui constitue une « catégorie »[422] voire un « critère »[423] intégré à la norme. Ce faisant, l'intérêt général ne fonde pas à lui-seul la censure du juge. C'est la règle selon laquelle le « but poursuivi par l'administration ne doit pas être exclusivement privé » qui, n'étant pas respectée eu égard à l'intérêt général, condamne la légalité d'un acte. Ainsi, l'intérêt général permet de « mesurer » quel devrait être le comportement normal de l'administration (normalité), mais certainement pas de justifier, à lui seul, le jugement du juge en termes de normativité.

132. Pour mieux comprendre, on peut s'appuyer sur un autre exemple particulièrement développé par D. TRUCHET. L'auteur montre qu'en l'absence de texte, le juge peut créer, de manière prétorienne, « une norme

---

420 *Ibid.*

421 CE Sect., 5 mai 1972, *Ferdinand*, Rec. p. 339.

422 V. sur ce point la prochaine section relative à la qualification juridique.

423 V. sur ce point la prochaine section relative à la qualification juridique.

d'intérêt général »[424]. Il se réfère à l'arrêt *Société Civile Sainte-Marie de l'Assomption*[425] qui annule la déclaration d'utilité publique d'une opération de construction d'un échangeur autoroutier. Or, l'intérêt général est-il véritablement une « norme » entendue comme une règle de droit en l'espèce ?

133. Pour se faire, il faut rappeler que cette jurisprudence de 1972 permet pour la première fois de censurer une déclaration d'utilité publique suite à l'arrêt *Ville nouvelle Est*[426]. En effet, le Conseil d'État a eu à se prononcer sur l'utilité publique de la construction de l'autoroute nord de Nice destinée à relier la Provence à l'Italie ainsi que sur celle des ouvrages « destinés à relier cette autoroute à la voirie urbaine de Nive grâce à une bretelle de raccordement et à un échangeur »[427]. Or, cette opération menaçait l'hôpital psychiatrique Sainte-Marie. Il s'agissait « d'un établissement privé faisant face pratiquement à lui seul, aux besoins dans le département en matière de traitement des maladies mentales. Or, la construction de cette autoroute entraînait la destruction d'un bâtiment de quatre-vingt lits. De plus, l'échangeur imposait la démolition d'un réfectoire et privait l'hôpital de ses espaces verts et de son parc de stationnement »[428]. Ainsi, l'opération en cause « comportait un conflit entre deux intérêts publics : celui de la circulation et celui de la santé publique »[429]. S'il appartient en principe à l'administration d'arbitrer les intérêts publics contradictoires, le commissaire du gouvernement MORISOT proposa au Conseil d'État de « refuser de reconnaître l'utilité publique d'une opération qui, quel que soit son intérêt, porte une atteinte grave à un autre intérêt public important »[430]. Le Conseil d'État a ainsi suivi son commissaire du gouvernement en annulant la déclaration d'utilité publique litigieuse. Ce faisant, il a bien pris en compte l'intérêt général lié à la santé publique. Cependant, l'intérêt général n'est pas la norme autonome sur laquelle statue le juge ; l'intérêt général est compris dans le principe jurisprudentiel suivant selon lequel : « une opération ne peut légalement être déclarée d'utilité publique que si les atteintes à la propriété privée, le coût financier et éventuellement les inconvénients d'ordre social ou l'atteinte à d'autres intérêts publics qu'elle comporte ne sont pas excessif eu égard à l'intérêt qu'elle présente ». Ainsi, l'intérêt général n'est pas la norme comprise comme une règle de droit autonome. Le juge administratif ne censure pas la déclaration au nom de la règle « intérêt général » qui n'existe pas. Il statue sur le principe sus-évoqué en prenant en compte, notamment, l'intérêt général. Et là encore, l'intérêt général ne peut se comprendre qu'en

---

[424] D. Truchet, *Les fonctions de la notion d'intérêt général*, *op. cit.*, p. 87.
[425] CE *Sté civile Sainte Marie de l'assomption*, *précit.*
[426] CE Ass. 28 mai 1971, *« Ville nouvelle Est »*, *précit.*
[427] *GAJA*, *précit.*, p. 588.
[428] *Ibid.*
[429] *Ibid.*
[430] Rec. CE 1972, p. 657 concl. Morisot.

termes de normalité dans la mesure où il s'agit bien de savoir ce qui peut constituer une atteinte à l'intérêt général à un moment donné dans la société.

134. L'intérêt général est donc un instrument de mesure, mais en termes de normalité de comportement, de position à adopter à une époque donnée. Il s'avère que la prise en compte de la santé publique a davantage compté dans le choix du juge. Dès lors, si l'intérêt général permet de censurer une déclaration d'utilité publique, l'intérêt général n'est pas la norme juridique, c'est-à-dire la règle de droit sur laquelle le juge a opéré le contrôle de normativité. L'intérêt général fait juste partie de la norme. De nombreux exemples corroborent nos propos. En effet, le juge administratif se réfère fréquemment à l'intérêt général pour censurer ou non un acte dans le cadre du recours pour excès de pouvoir. Toutefois, l'intérêt général est contenu dans la règle ; il n'est pas la règle[431].

135. L'intérêt général ne s'analyse alors, pour le moment, qu'en termes de normalité. Il ne s'agit pas d'une norme juridique autonome. Et lorsque la doctrine se réfère à la « norme intérêt général », elle renvoie en pratique, selon notre schéma normatif, à un standard. L'intérêt général est donc bien une norme mais une norme à l'intérieure d'une autre norme, une norme non-autonome qui est un étalon de mesure du juge, mais uniquement en termes de normalité car l'intérêt général n'est pas la règle. Il est contenu dans celle-ci.

136. Ainsi, du point de vue de son contenu, l'intérêt général peut être qualifié de standard. Néanmoins, cette approche, même si elle est nécessaire, est insuffisante pour saisir la spécificité du standard « intérêt général ». Il convient alors d'aborder l'étude fonctionnelle du standard « intérêt général ».

---

[431] P. Pavlopoulos en ce sens, estime que l'intérêt général constitue « une notion juridique indéterminée qui fait partie intégrante des normes qui l'incorpore et qui permettent ensuite de concrétiser son contenu ». Plus précisément, l'intérêt général constitue « une pièce essentielle du cadre normatif des règles qui s'y réfèrent » (P. Pavlopoulos, « Le standard en droit public : les données de la jurisprudence administrative en Grèce », RRJ, 1988-4, p. 931 s. spéc., p. 972). Ainsi, l'intérêt général n'est pas la norme mais bien dans la norme. Néanmoins, une telle position entraîne l'auteur à refuser la qualification de standard pour l'intérêt général. En effet, selon lui, le standard est seulement un « outil d'interprétation et d'application » (P. Pavlopoulos, art. cit., p. 963) des règles. Autrement dit, le standard doit être examiné « non certes en dehors de la normalité établie par la règle de droit mais en marge de celle-ci, puisqu'il ne fait pas partie de la règlementation introduite par cette règle ». Ainsi, le refus de l'auteur de qualifier l'intérêt général comme un standard montre bien paradoxalement que l'intérêt général est « norme dans la norme ». Cela est donc bien conforme à notre définition du standard.

II. L'approche fonctionnelle du standard « intérêt général »

137. Selon H. DECUGIS, « le Droit positif sort peu à peu des traditions et des coutumes des peuples. Il est en somme le produit de leur organisation sociale et varie avec elle »[432]. L'intérêt général, parce qu'il est un standard juridique, corrobore parfaitement cette idée dans la mesure où il est lié aux évolutions du droit administratif. L'idée de normalité permet ainsi à l'intérêt général de devenir un instrument d'une incroyable plasticité pour le juge. Afin de saisir au mieux l'influence de l'intérêt général dans la jurisprudence administrative, il convient de revenir sur l'approche fonctionnelle du standard.

138. L'approche fonctionnelle a été développée par de nombreux auteurs[433]. Elle a pour objectif de définir le standard par son rôle, sa fonction. En l'espèce, face à l'intérêt général, deux fonctions, traditionnellement attribuées au standard, doivent être retenues : les fonctions morales et rhétoriques.

139. Plus précisément, E. PICARD énumère dix facteurs ou moteurs de l'évolution juridique : « la race, le milieu, l'intrusion étrangère, l'imitation, les grands jurisconsultes, l'atavisme, le progénisme, la technique juridique, la densité de la population et la solidarité des forces sociales »[434]. Si de nombreux auteurs[435] en citent d'autres, L. METZLER[436] fait remarquer que le facteur moral est particulièrement important dans l'évolution du droit. C'est à ce niveau qu'intervient le standard « intérêt général ». Lié à l'adaptabilité du droit, il a une fonction morale (A). Néanmoins, l'évolution du droit ne peut s'opérer sans acceptation sociale. C'est là le principal atout du standard « intérêt général » qui est à la fois source de mutation du droit et facteur d'acceptation de celui-ci. L'acceptabilité sociale de la décision juridique fait ainsi naturellement écho à la fonction rhétorique du standard « intérêt général » (B).

---

432 H. Fecugis, *Les étapes du droit*, *Des origines à nos jours*, Paris, Librairie du Rec. Sirey, 1942, p. 2.

433 A. A. Al Sanhoury (*Les restrictions contractuelles*, *op. cit.*, p. 23 ; J. Maury « Observations sur les motifs d'expression du droit : règles et directives » dans *Introduction à l'étude du droit comparé*, Rec. d'études en l'honneur d'É. Lambert, 5e partie, *Le droit comparé comme science sociale*, Paris, Librairie de la sté anonyme du Rec. Sirey, LGDJ, 1938, t. 1, p. 421 s., spéc., p. 423.

434 E. Picard, *Le Droit Pur*, Paris, Flammarion, coll. « Bibliothèque de philosophie scientifique », p. 238.

435 F. Gény, *Science et Technique en droit positif*, *op. cit.*, I, p. 14. L'auteur renvoie notamment à l'inconscient comme source de l'évolution juridique.

436 L. Metzler, *L'humanisme juridique. L'évolution du droit sous l'angle culturel*, Bruxelles, Bruylant, 1952, p. 33.

A. La fonction morale de l'intérêt général

140. Dans le *Dictionnaire alphabétique et analogique de la langue française*, la morale est définie comme « la science du bien et du mal ». Il s'agit d'une « théorie de l'action humaine en tant qu'elle est soumise au devoir et a pour but le bien »[437]. D'une autre manière, en sociologique, la morale renvoie à « un ensemble de règles de conduites jugées comme adéquates, dans une société donnée, par l'opinion dominante, étant entendu que ces règles sont variables selon les lieux et les temps »[438]. En philosophie, la morale est « la recherche par l'individu de la perfection intérieure de son être »[439]. En ce sens, la morale se confond avec « l'éthique entendu comme la théorie des valeurs »[440]. En effet, le *Dictionnaire culturel en langue française* relève que « la morale est souvent assimilée à l'éthique lorsqu'il s'agit de faire référence à la connaissance du bien et du mal »[441], aux « conceptions du comportement humain en fonction du devoir, de la recherche du bien »[442].

141. Pourtant, malgré cette « quasi-synonymie »[443], une distinction doit être opérée entre la morale et l'éthique. La morale en philosophie par exemple (KANT[444]) est dite « générale, transcendante, absolue »[445]. La morale se distingue alors de l'éthique qui serait davantage « pragmatique »[446] et « situé dans des domaines spécifiques »[447]. Le dictionnaire *Le Robert* définit d'ailleurs l'éthique comme « l'ensemble des valeurs, de règles morales propres à un milieu, une culture, un groupe »[448]. Autrement dit, « alors que la morale définit des principes ou des lois générales, l'éthique est une disposition individuelle à agir selon les vertus, afin de rechercher la bonne décision dans une situation donnée. La morale n'intègre pas les contraintes de la situation.

---

[437] J. Rey-Debove et A. Rey (dirs), *Dictionnaire alphabétique et analogique de la langue française*, Paris, Le Robert, 2013, p. 1634.

[438] *Dictionnaire encyclopédique de théorie et de sociologie du droit, op. cit.*, p. 383.

[439] *Ibid.*

[440] *Ibid.*

[441] A. Rey (dir.), *Dictionnaire culturel en langue française*, Paris, Le Robert, 2005, t. 3, p. 734.

[442] *Ibid.*

[443] *Ibid.*, p. 738.

[444] E. Kant, *Fondements de la métaphysique des mœurs* (1785), trad. par V. Delbos, Paris, Delagrave, 1985 ; E. Kant, *Critique de la raison pratique* (1788), trad. F. Picavet, Paris, PUF, 2012.

[445] A. Rey (dir.), *Dictionnaire culturel en langue française, op. cit.*, p. 738.

[446] *Ibid.*

[447] V. par ex. sur l'éthique juridique, J.-C. Rocher, *Aux sources de l'éthique juridique, les présocratiques*, Paris, Éd. Fac, coll. « Réfléchir », 2000-2001.

[448] J. Rey-Debove et A. Rey (dirs), *Dictionnaire alphabétique et analogique de la langue française, op. cit.*, p. 946. V. aussi pour la même position, A. Rey (dir.), *Dictionnaire culturel en langue française, op. cit.*, 2005, t. 2, p. 706 : voir « éthique ».

L'éthique au contraire n'a de sens que dans une situation. La morale ignore la nuance, elle est binaire. L'éthique admet la discussion, l'argumentation, les paradoxes »[449]. Par exemple, s'agissant de l'approche professionnelle, « l'éthique doit reposer à la fois sur la dimension morale (il ne peut s'agir d'ignorer les principes) et sur la dimension éthique (quelle décision est la meilleure dans le cas présent ?) »[450]. Rapporté au droit, l'éthique doit se comprendre comme une morale située et pragmatique qui doit s'adapter à chaque solution jurisprudentielle. Ainsi, dans la jurisprudence administrative, nous constatons que l'intérêt général permet au juge d'intégrer les valeurs, les principes de la morale[451], dans des situations concrètes, évaluées en fonction des données pragmatiques livrées par chaque espèce.

142. Dès lors, nous considérons que le standard « intérêt général » est situé dans une tradition de discours éthique (1) étant entendu que l'éthique est définie ici comme des conduites morales à adopter (l'éthique comme une morale pratique et pragmatique devant répondre à des principes adaptés à chaque cas concret). Ensuite, nous souhaitons expliquer que l'intérêt général est l'occasion pour le juge, de prendre en compte, en fonction des espèces, des données morales (2). Dans cette dernière hypothèse, la morale se comprend encore comme une morale située et pragmatique (une éthique pragmatique).

1. Le standard est situé dans une tradition de discours éthique

143. Le standard juridique s'inscrit dans une tradition de « discours éthique »[452] en se référant à « la prudence et à la sagesse du jugement ou de l'esprit »[453]. R. POUND intègre par exemple les idées de « prudence et de

---

[449] J.-J. Nillès, « L'éthique est une compétence professionnelle », dans *Le Journal du net*, http://www.journaldunet.com/management/0404/040432_ethique.shtml. (adresse Internet consultée le 1er sept. 2013).

[450] *Opus cit.* V. aussi J.-J. Nillès, « Quelle philosophie pour l'éthique en entreprise? », Revue Entreprise Ethique, Cercle d'étique des affaires, n° 20, Vettier, 2004 ; du même auteur, « L'éthique sans maître. Pour une pédagogie inductive de l'éthique », Revue Entreprise Ethique, Cercle d'étique des affaires, n° 18, Vettier, 2003.

[451] V. sur le standard et l'idée de moralité, V. Petev, « Standards et principes généraux du droit », dans *Les standards dans les divers systèmes juridiques*, *précit.*, p. 825 s., spéc., p. 826 ; Z. Ziembiński, « Les règles de vie en société en tant que standards des droits socialistes (L'exemple polonais) », dans *Les standards dans les divers systèmes juridiques*, *précit.*, p. 895 s., spéc., p. 901 s. V. aussi, H. L. A. Hart, *The Concept of Law*, Oxford, Clarendon Press, 1961, p. 163 : « It is [...] necessary to characterize, in general terms, those principles, rules and standards relating to the conduct of individuals which belong to morality and make conduct morally obligatory ».

[452] E. Pattaro, « Les dimensions éthiques de la notion de standard juridique », RRJ, Droit prospectif, Cahiers de méthodologie juridique n° 3, *Les standards dans les divers systèmes juridiques*, *précit.*, p. 813 s.

[453] P. Aubenque, *La prudence chez Aristote*, Paris, PUF, 1963, p. 44 et 45.

moralité » dans la définition du standard. En effet, il écrit : « les juristes romains élaborèrent certains standards ou modèles de conduite comme celui du bon père de famille, qui mène son ménage d'une façon attentive et diligente, ou celle du fermier prudent et diligent dans l'exploitation de son domaine. D'une manière analogue, l'*equity* anglaise élabora le standard de *fair conduct* du fiduciaire, et le droit anglo-saxon américain élabora, en ce qui concerne les dommages, le standard de la conduite d'une personne raisonnable dans des circonstances données. De la même manière, dans le droit des services publics, furent élaborés les standards de *reasonable service, reasonable facilities, reasonable incident of service.* Mais selon l'auteur, ce qui est intéressant n'est pas tellement la règle qui est fixée par le standard ; « ce qui est intéressant c'est la marge de discrétion que le standard entraîne et le fait qu'il se réfère aux circonstances du cas concret »[454].

144. Pour rappel, selon R. POUND, il y a trois caractéristiques du standard juridique :

1. Il entraîne un « certain jugement moral sur la conduite raisonnable, prudente ou diligente ».
2. Le standard n'est pas une question de « connaissance juridique précise ou appliquée avec précision ». Il demande au contraire « *common sense* » sur les « *common things* », ou encore de « l'intuition bien exercée à propos des choses qui sont au-delà de l'expérience de l'homme moyen ».
3. Le standard enfin « n'a pas de contenu exact ; il est relatif au temps, au lieu et aux circonstances, il doit être appliqué en tenant compte des faits » ; dans une certaine mesure il implique la reconnaissance « que chaque cas est d'une certaine manière unique »[455].

145. La définition du standard par R. POUND rappelle ainsi certains passages de B. PASCAL[456] qui oppose « l'esprit de finesse à l'esprit de géométrie et où il identifie dans l'esprit de justesse le moment de l'application de l'esprit de finesse, application qui se fait naturellement et sans art, non pas par des raisonnements mais d'une manière intuitive »[457]. En effet, comme l'explique E. PATTARO, dans ce passage de PASCAL, « on retrouverait les

---

454 R. Pound, *An Introduction to the Philosophy of law, revised edition*, 1955, *précit.*, p. 57 s.

455 *Ibid.*

456 B. Pascal, *Les Pensées*, études et analyses de F. Strowski, Paris, Éd. de la pensée moderne, coll. « Les chefs d'œuvres de la littérature expliquée », 1965. V. également P. Force, « Géométrie, finesse et premiers principes chez Pascal », Romance Quaterly, 50-2, 2003, p. 121 à 130.

457 Passage de Pascal cité par E. Pattaro, « Les dimensions éthiques de la notion de standard juridique », art. cit., p. 813 s.

idées synthétisées par R. POUND dans les trois caractéristiques qu'il attribue au standard juridique : l'idée d'un jugement moral sur la conduite prudente, diligente, attentive [...], l'idée du *common sense* et de l'intuition exercée ; l'idée de l'unicité de chaque cas à juger »[458].

146. Plus précisément, ces idées comprennent l'essence de ce courant de la pensée éthique qui, à partir de *l'Éthique à Nicomaque* d'ARISTOTE[459] jusqu'aux thèses de R. DWORKIN[460], en passant par C. PERELMAN[461], T. VIEHWEG[462], J. HABERMAS[463], ou encore A. AARNIO[464], « tourne autour de la prudence, en tant que vertu intellectuelle pratique, capable de saisir, par un procédé particulier mêlé de rationalité et d'intuition, ce qui est uniquement correct dans un cas déterminé »[465]. Ainsi, E. PATTARO souligne que « le standard juridique, non seulement tient de la morale, mais en particulier tient de la morale critique : c'est-à-dire de la morale qui découle non seulement de la conduite et de la coutume (ce qui constitue la morale positive), mais aussi de la réflexion, de l'analyse, de l'élaboration éthique théorique »[466].

147. De ce point de vue, la manière dont R. POUND définit le standard rappelle la pensée d'autres auteurs qui lient le droit et la morale. Cette position correspond bien à la fonction de l'intérêt général qui peut, d'un point de vue fonctionnelle, être considéré comme un standard juridique à travers l'analyse de la jurisprudence.

2. Le standard « intérêt général » et moralité dans la jurisprudence

148. Le standard « intérêt général » est intimement lié à la moralité au sens pratique et pragmatique. Cette fonction de l'intérêt général ressort tant de

---

458 E. Pattaro, « Les dimensions éthiques de la notion de standard juridique », art. cit., p. 813 s.

459 Aristote, *Éthique à Nicomaque, précit.*

460 V. pour les questions relatives à la moralité du droit de R. Dworkin et une comparaison avec la pensée de Kant : C. Chalanouli, *Kant et Dworkin, De l'autonomie individuelle à l'autonomie privée et publique*, L'Harmattan, 2010. V. particulièrement les moyens du droit, p. 85 s. ainsi que le périmètre du droit, p. 137 s.

461 C. Perelman, *Droit, morale et philosophie*, *précit.*

462 T. Viehweg, *Topik und Jurisprudenz*, Réf. citée par E. Pattaro, *précit.*

463 J. Habermas, *Raison et légitimité*, trad. J. Lacoste, Paris, Payot, coll. « Critique de la politique », 1978 (1re édition en 1973), p. 15.

464 A. Aarnio, *The rational as reasonnable, A Treatise on Legal Justification*, D. Reidel, Dordrecht, 1987, p. 133.

465 E. Pattaro, « Les dimensions éthiques de la notion de standard juridique », art. cit., p. 813 s.

466 E. Pattaro, « Les dimensions éthiques de la notion de standard juridique », art. cit., p. 813 s.

la jurisprudence administrative (a) que des jurisprudences judiciaire et européenne (b).

- *a. Le standard « intérêt général » et moralité dans la jurisprudence administrative*

149. F. OST et M. VAN DE KERCHOVE expliquent que « l'ordre juridique est lié à un développement dynamique qui fait place, à chaque étape du processus d'individualisation du droit, à une marge d'indétermination que les organes d'application du droit mettent à profit pour conforter des choix politiques ou des valeurs éthiques »[467]. Le standard « intérêt général » remplit cette fonction éthique liée à l'adaptation du droit aux réalités économiques, sociales et sociétales. En ce sens, on peut rappeler que selon R. POUND, le standard « est relatif au temps, au lieu et aux circonstances ; il doit être appliqué en tenant compte des faits et dans une certaine mesure, il implique la reconnaissance que chaque cas est d'une certaine manière unique »[468]. Cette vision du standard est en adéquation avec l'intérêt général qui permet de saisir « la plasticité des comportements humains ». « Il constitue une forme d'individualisation du droit et il dépend de la nature des situations considérées »[469]. S. RIALS évoque d'ailleurs « la mobilité diachronique ou *ratione temporis* du droit eu égard à l'aptitude du standard à épouser l'évolution des mœurs et à permettre l'adaptation que réclame le progrès technologique »[470]. Sur l'évolution des mœurs dans la jurisprudence administrative par exemple, l'intérêt général est un censeur qui permet de « lutter contre la multiplication des lieux de vente et de rencontre à caractère pornographique »[471].

150. Dans la jurisprudence administrative, l'intérêt général remplit bien une fonction morale. L'exemple de son rôle dans le cadre du détournement de pouvoir est représentatif. Par le détournement de pouvoir, le juge s'adonne à « un véritable contrôle de moralité » selon M. HAURIOU[472] et H. WELTER[473]. D'origine « purement doctrinale et prétorienne »[474], le

---

[467] F. Ost et M. van de Kerchove, *Jalons pour une théorie critique du Droit*, Bruxelles, Facultés Universitaires Saint-Louis, 1987, p. 35 s.

[468] R. Pound, *An Introduction to the Philosophy of law*, *op. cit.*, p. 55 s.

[469] F. Kauff-Gazin, *La notion d'intérêt général en droit communautaire*, Thèse, Université Robert Schuman de Strasbourg, 2001, p. 388.

[470] S. Rials, *Le juge administratif et la technique du standard*, *op. cit.*, p. 51.

[471] CE, 22 sept. 2010, *Société Manirys*, n° 341064, inédit.

[472] M. Hauriou, *Droit administratif*, Rép. Becquet, t. 14, 1897 ; M. Hauriou, note sous CE, 16 nov. 1900, *Maugras*, S. 1901.3.57.

[473] H. Welter, Le *contrôle juridictionnel de la moralité administrative*, Thèse, Nancy, 1929.

[474] R. Odent, *Contentieux administratif*, Les cours de droit, 1976-1981, fasc. VI, Les cours de droit, Institut d'études politiques de Paris, 1981, p. 2011.

détournement de pouvoir témoigne des « spécificités qui le destinent à une mise en œuvre aléatoire dépendante de l'appréciation souveraine des magistrats, dès lors que l'acte est pris discrétionnairement par l'administration »[475]. En effet, le détournement de pouvoir permet de « retenir l'annulation d'une décision qui émane d'une autorité dont le pouvoir qui lui est conféré a été détourné de l'objet en vue duquel il a été attribué »[476]. Ainsi, le juge sanctionne une irrégularité qui est constituée dès lors que l'acte est pris à « des fins privées »[477] ou dans un but d'intérêt général[478] étranger au but assigné à l'autorité administrative.

151. Plus précisément, soulever le détournement de pouvoir dans le cadre d'un recours contentieux « revient à permettre au juge d'apprécier le comportement de l'autorité administrative, d'examiner son intention »[479] et de « vérifier la licéité des motifs déterminants par référence à l'intérêt général qui domine toute l'idéologie du droit administratif »[480] ; domination liée à l'indétermination originelle de l'intérêt général « propice à une appréciation globale des choix de l'administration »[481]. Ainsi, l'intérêt général s'impose « comme le concept fondamental de l'action administrative en lui apportant l'aura de légitimité dont elle a besoin pour garantir la légalité des décisions »[482]. En ce sens, selon M. HAURIOU, l'intérêt général constitue « l'esprit de la moralité »[483], c'est-à-dire « la directive à imposer aux devoirs dans l'intérêt du bien »[484]. C. BALLANDRAS-ROZET précise d'ailleurs que l'intérêt général conditionne « la conduite de l'administration qui, en toute hypothèse, ne peut être déterminée que d'après lui et par lui »[485]. L'intérêt général apparaît alors « comme une valeur morale extérieure à

---

[475] C. Ballandras-Rozet, « Réflexions sur la dimension morale du détournement de pouvoir », AJDA, 2007, p. 2236 s.
[476] R. Odent, *Contentieux administratif*, Les cours de droit, 1976-1981, *op. cit.*, p. 2011.
[477] CE, 16 nov. 1900, *Maugras*, Rec., p. 617.
[478] CE, Sect., 5 mai 1972, *Ferdinand*, Rec., p. 339.
[479] P.-L. Frier et J. Petit, *Précis de droit administratif*, *op. cit.*, p. 487.
[480] J. Chevallier, « Réflexions sur l'idéologie de l'intérêt général », dans *Variations autour de l'idéologie de l'intérêt général*, CURAPP-PUF, vol. 1 ; J. Caillosse, *L'intérêt général, la croissance et les avatars du droit administratif des biens*, *précit.*
[481] D. Truchet, « L'intérêt général dans la jurisprudence du Conseil d'État... », art. cit., p. 361.
[482] C. Ballandras-Rozet, « Réflexions sur la dimension morale du détournement de pouvoir », AJDA, 2007, p. 2236 s.
[483] M. Hauriou, *Précis de droit administratif et de droit public*, 11e éd., Paris, Société Anonyme du Recueil Sirey, 1927, p. 442.
[484] M. Hauriou, *Précis de droit administratif et de droit public*, *op. cit.*, p. 442.
[485] C. Ballandras-Rozet, « Réflexions sur la dimension morale du détournement de pouvoir », art. cit.

l'administration, quoique ressentie par elle de l'intérieur et l'obligeant à son respect »[486].

152. D'autres exemples dans le contentieux illustrent la fonction morale de l'intérêt général. Tel est le cas dans le cadre de la domanialité publique où le « mobile »[487] d'intérêt général permet de justifier le refus, le retrait ou l'octroi des autorisations afin d'assurer une meilleure utilisation du domaine. La jurisprudence a diversifié ce motif d'intérêt général en y intégrant « l'intérêt de la moralité »[488].

153. De plus, le rôle moral de l'intérêt général est présent dans des contentieux assez spécifiques tel que le contentieux de la protection du droit moral de l'« auteur »[489] sur son œuvre. En effet, « lorsque c'est une collectivité publique qui achète une œuvre d'art, elle doit, bien plus qu'un particulier, veiller à ce qu'aucune atteinte ne soit portée aux droits de l'auteur. La collectivité n'est en quelque sorte, que la gardienne de l'œuvre d'art dans l'intérêt général. Elle ne peut en modifier l'expression sans violer, à la fois, les droits de l'auteur et ceux du public »[490]. Ce faisant, lorsqu'aucun autre intérêt supérieur n'y fait obstacle, le juge administratif fait « prévaloir le droit moral de l'artiste sur le droit de propriété dans la mesure où le droit moral contient un intérêt éminent : il permet la transmission de l'œuvre au public [...]. Le droit moral de l'artiste acquiert ainsi la dimension d'un intérêt général par sa contribution à l'accès de tous à la culture »[491]. Ce type de contentieux concernant notamment les « œuvres sculpturales »[492], met en lumière le lien étroit entre l'intérêt général et un aspect particulier de la moralité concrétisée dans le droit moral de l'artiste. Toutefois, les attributs du droit moral de l'artiste peuvent être confrontés à des règles de droit public supérieures. Le

---

486 *Ibid.*

487 A. Laget-Annamayer, « Occupation du domaine public et intérêt général. D'un pouvoir de gestion étendu des autorités domaniales à une liberté d'action encadrée », AJDA, 2003, p. 1201 s.

488 CE 20 déc. 1957, *SNEC*, *précit.*

489 C. Malwé, « Le droit moral de l'architecte et les bâtiments publics », RDI, 2011, p. 424 s. ; D. Vergely, « Concours d'architecture : originalité de l'œuvre et liberté contractuelle. De la défense des grands principes de la commande publique dans la phase précontractuelle », AJDA, 2007, p. 726 s. ; S. Trigon, « L'ouvrage public, une œuvre à respecter », AJDA, 2007, p. 889 s. ; J.-D. Dreyfus, « Le droit au respect de l'œuvre réalisée dans le cadre d'une commande publique », AJDA, 2006, p. 2189 s.

490 Concl. Josse sur CE 3 avril 1936, *Sudre*, D. 1936, III, p. 61.

491 C. Malwé, « Le droit moral de l'architecte et les bâtiments publics », RDI, 2011, p. 424 s.

492 CE, 3 avr. 1936, *Sudre* ; DP 1936. 3. 57, concl. Josse, obs. Waline – TA Montpellier, 29 nov. 1988, *Valiente c/ commune de Prats de Mollo*, Rec. p. 534 – CAA Bordeaux, 27 déc. 1990, *Valiente*, n° 89BX01321, T. Rec. p. 591, 772, 969 et 989 – TA Versailles, 24 mai 1994, *Popille* : DA., nov. 1994, n° 618 – TA Rennes, 31 mars 1993, *Briand* : Gaz. pal. 1994. Pan. 17.

bon fonctionnement des services publics permet au juge d'imposer des contraintes à l'auteur de l'œuvre. Dans ce cas, l'intérêt général lié au « fonctionnement des services publics »[493] fait obstacle à la protection du droit moral. Le contentieux du droit moral concernant les « architectes »[494] illustre ainsi le rôle contraignant de l'intérêt général.

154. Par ailleurs, l'intérêt général prend en compte la situation particulière des usagers afin de rétablir une égalité réelle dans l'accès des usagers au service public. Le juge administratif accepte en effet les modulations tarifaires fondées sur l'intérêt général concernant les « crèches collectives »[495] les « restaurants »[496] et les « cantines »[497] scolaires ainsi que les « écoles municipales de musique »[498]. Fruit d'une évolution jurisprudentielle, l'intérêt général participe à « affermir le lien social entre les différentes usagers » et contribue à la mise en œuvre d'une jurisprudence « équitable »[499] au service du juste. Indirectement, ces positions jurisprudentielles sont liées à une certaine idée de la moralité entendue comme un « ensemble de règles de conduites jugées comme adéquates, dans une société donnée, par l'opinion dominante, étant entendu que ces règles sont variables selon les lieux et les temps »[500].

155. De cette manière, l'intérêt général remplit une fonction morale dans la jurisprudence administrative. Toutefois, à titre de comparaison, d'autres juridictions se réfèrent également aux mêmes valeurs morales par le biais de l'intérêt général. Cela est lié à la nature même de l'intérêt général, qui, par sa flexibilité, conduit à l'adaptation du droit, que ce soit dans la jurisprudence administrative, judiciaire ou européenne

- *b. Le standard « intérêt général » et moralité dans les jurisprudences judiciaire et européenne*

156. Si l'intérêt général est omniprésent dans la jurisprudence administrative, il occupe une place significative dans les jurisprudences judiciaire et européenne. L'étude de l'intérêt général révèle alors, de nouveau,

---

[493] C. Malwé, « Le droit moral de l'architecte et les bâtiments publics », art. cit., p. 424 s.

[494] CE, 11 sept. 2006, *M. Agopyan*, n° 265174, T. Rec. p. 736, 868 et 950.

[495] CE, 20 janvier 1989, *Centre communal d'action sociale de La Rochelle*, Rec., p. 8.

[496] CE, 10 févr. 1993, *Ville de La Rochelle*, n° 95563, inédit.

[497] CE, 18 mars 1994, *Dejonckeere,* n° 140870, T. Rec. p. 762 et 838.

[498] Concl. J.-H. Stahl, sur CE, Sect., 29 déc. 1997, *Cne de Gennevilliers*, RFDA, 1998, p. 539, spéc. p. 542.

[499] V. sur l'égalité réelle entre les usagers comme facteur d'équité : L. Bohl, *L'équité dans la jurisprudence administrative*, Thèse, Université Paris Sud XI, 2000, p. 356 à 385.

[500] *Dictionnaire encyclopédique de théorie et de sociologie du droit, op. cit.*, p. 383.

sa fonction morale. Cela s'explique parce que l'intérêt général, en tant que standard, est lié à l'idée de normalité ; idée qui fait appel à des données extra-juridiques.

157. Tout d'abord, s'agissant du juge judiciaire, il convient de rappeler qu'il peut, comme le juge administratif, « faire référence à des règles juridiques mais aussi à des principes éthiques »[501] pour trancher un certain nombre de litiges. Il n'est donc pas rare qu'il se réfère implicitement à des « données économiques ou sociales »[502]. Toutefois, il semble plus étonnant que le juge judiciaire se fonde sur la notion d'intérêt général. Si l'habitude incite à penser que l'intérêt général se cantonne au domaine du droit public[503], cette notion constitue cependant un « principe fondateur du droit privé »[504]. Ainsi, dans la jurisprudence judiciaire, l'intérêt général est bien présent et contribue à véhiculer des valeurs éthiques et morales. C'est le cas par exemple s'agissant de la protection du droit de l'enfant. En effet, conformément à la loi

---

[501] P. Pedrot, « Le rôle créateur et les limites de la jurisprudence en matière de droit des personnes et de la famille, spécialement en matière de procréation assistée », RRJ Droit prospectif, PUAM, 1993-4, p. 1255 s. V. également, P. Deumier, « Création du droit et rédaction des arrêts par la Cour de cassation », APD, 50/2006, *Le pouvoir normatif du juge*, p. 49 s. V. enfin sur la nécessité pour la doctrine de se familiariser aux sciences sociales dans l'environnement juridique contemporain, Ph. Jestaz et Ch. Jamin, *La Doctrine*, Paris, Dalloz, 2004.

[502] P. Deumier, « Création du droit et rédaction des arrêts par la Cour de cassation », APD, 50/2006, *Le pouvoir normatif du juge*, p. 49 s.

[503] J. Rivero, « Droit public et droit privé : Conquête, ou statu quo ? », D. 1947, chron. p. 69 s. ; M.-P. Deswarte, « Intérêt général, bien commun », RDP, 1988, p. 1289 s. ; D. Linotte, Thèse, *op. cit.*, p. 15. L'auteur précise que l'intérêt général serait le « principe juridique du Droit public naissant ». V. également D. Truchet, Thèse, *op. cit.*, p. 31 s. V. aussi A. Esmein, qui, inspiré des théories de saint Thomas, entreprendra à travers la notion d'intérêt public, la construction du nouveau Droit public, A. Esmein, *Histoire du droit français*, 13e éd. Paris, Sirey, 1920, p. 385. V. Enfin F. Rangeon, *L'idéologie de l'intérêt général*, *op. cit.*, p. 21 s.

[504] M. Mekki, *L'intérêt général et le contrat. Contribution à une étude de la hiérarchie des intérêts en droit privé*, *op. cit.*, p. 21 s. V. également sur le rôle de la notion d'intérêt général en droit privé, Fr.-X. Testu, « La distinction du droit public et du droit privé est-elle idéologique ? », D. 1998, chron. p. 345 ; R. Guillien, « Droit public et droit privé », dans Mélanges J. Brethe de la Gressaye, Bordeaux, éd. Bière, 1967, p. 311 s. V. également pour une critique du critère finaliste, C. Eisenmann, *Droit public, Droit privé, en marge d'un livre sur l'évolution du droit civil français du XIXe au XXe siècle*, Paris, LGDJ, 1952, p. 903 à 979. V. également sur la frontière entre le droit public et le droit privé, E. Riezler, « Oblitération des frontières entre le droit privé et le droit public », trad. P. Roubier et H. Mankiewicz, dans *Introduction à l'étude du droit comparé*, 5e partie : *le droit comparé comme science sociale*, Études É. Lambert, Paris, Sirey, LGDJ, 1938, p. 117 s. ; J. Morellet, « L'interpénétration du droit public et du droit privé », dans *Introduction à l'étude du droit comparé,* art. cit., p. 137 s.

et à la jurisprudence, l'intérêt de l'enfant, ou plutôt « l'intérêt supérieur de l'enfant »[505] peut être considéré comme un « intérêt général »[506]. Concernant l'intérêt supérieur de l'enfant, la Cour d'appel de Paris, dans un arrêt en date du 25 octobre 2007[507], a permis de légitimer une position délicate en « raison de ses résonnances sociales et éthiques »[508]. En l'espèce, un couple a eu recours à une mère porteuse aux États-Unis. Suite à la naissance de l'enfant, un juge californien déclare le lien de filiation avec le couple de demandeur. En France, les parents sollicitent et obtiennent la transcription de cet état sur les actes d'état civil. Informé par les services de l'état civil, le parquet en sollicite l'annulation. Toutefois, la Cour d'appel de Paris rejette la demande du parquet au motif que « la non-transcription des actes de naissance aurait des conséquences contraires à l'intérêt supérieur des enfants qui, au regard du droit français, se verraient priver d'actes d'état civil indiquant leur lien de filiation, y compris à l'égard de leur père biologique ». Comme le souligne V. EDEL, la jurisprudence[509] et la doctrine[510] ont souvent témoigné « leur hostilité à l'égard de la maternité pour autrui »[511]. Toutefois, la Cour d'appel, dans l'intérêt supérieur de l'enfant et en fonction de considérations éthiques et morales, a privilégié, malgré les « critiques »[512], la maternité pour autrui. Ce faisant, à travers l'intérêt de l'enfant, l'intérêt général est lié à la prise en compte des valeurs éthiques et morales.

---

505 V. Edel, « L'intérêt supérieur de l'enfant : une nouvelle maxime d'interprétation des droits de l'enfant », RRJ, Droit prospectif, 2009/2, p. 579 s.

506 Pour un ex. récent, v. Ccass, civ. 1re, 12 oct. 2011, n° 11-40062, non publié au bull., QPC. « Que l'article 334-3 du code civil dans sa rédaction issue de la loi n° 93-22 du 8 janvier 1993, qui prévoyait la faculté de solliciter du juge aux affaires familiales la modification du nom attribué à l'enfant naturel par application des règles légales, a été abrogé rétroactivement par l'ordonnance 2005-759 du 4 juillet 2005 portant réforme de la filiation pour un motif d'intérêt général en rapport avec l'objet de la loi : assurer l'égalité de statut entre les enfants ».

507 CA Paris, 25 oct. 2007 ; D. 2007, p. 2953, obs. F. Luxembourg ; dr. Fam. 2007 focus n° 87, obs. Lamarche ; RDT civ. 2008, p. 93, obs. J. Hauser.

508 V. Edel, « L'intérêt supérieur de l'enfant… », art. cit., p. 579 s.

509 Ccass. Ass. Plen. 31 mai 1991 ; D. 1991, p. 417, rapp. Y. Chartier, note D. Thouvenin ; Revue crit. DIP, 1991, p. 712, note C. Labrusse-Riou – Ccass, civ 1re, 9 déc. 2003 ; D. 2004, p. 1998, note E. Poisson-Drocout.

510 C. Atias, « Le contrat de substitution de mère », D. 1986, chron. p. 67 ; J.-L. Baudouin et C. Labrusse-Riou, *Produire l'homme, de quel droit ?*, Paris, PUF, 1987, p. 111 ; I. Arnoux, Les *droits de l'être humain sur son corps*, PUB, 1995, p. 494. Réf. citées par V. Edel, « L'intérêt supérieur de l'enfant : une nouvelle maxime d'interprétation des droits de l'enfant », art. cit., p. 594.

511 *Ibid.*

512 M. Bandrac, G. Delaisi et V. Depadt-Sebag, « Repenser la prohibition de la gestation pour autrui ? », à propos de l'arrêt de la CA Paris, 25 oct. 2007, art. cit., D. 2008, p. 434.

158. Le même phénomène s'observe dans la jurisprudence judiciaire à propos de la lutte contre le blanchiment d'argent. En effet, la protection de l'intérêt général qui sous-tend la lutte contre le blanchiment d'argent, dans un but éthique, justifie la dérogation au secret bancaire qui tend au contraire à la préservation d'intérêts privés (ceux des banques)[513].

159. L'intérêt général, en tant que standard, permet donc au juge judiciaire de prendre en compte des facteurs éthiques et moraux. Il en est de même dans la jurisprudence de la Cour de Justice. Dans une thèse relative à *La notion d'intérêt général en droit communautaire*, F. KAUFF-GAZIN explique que l'intérêt général est lié à l'adaptation du droit de l'Union. En effet, « l'intérêt général communautaire »[514] comme l'intérêt général au niveau national est lié à la « mobilité du droit par son aptitude à intégrer de nouveaux faits et à les appréhender sous un angle juridique »[515].

160. Finalement, le juge tient bien compte, lorsqu'il est confronté à l'intérêt général, de la moralité entendue comme une fonction adaptatrice du droit. Toutefois, l'intérêt général a également une autre fonction, une fonction rhétorique.

B. La fonction rhétorique de l'intérêt général

161. Les origines de la fonction rhétorique des standards (1) permettent de mettre en lumière le rôle de l'intérêt général qui est lié à un processus de légitimation (2).

---

[513] V. sur ce point : J. Lasserre Capdeville, « Le secret bancaire face au juge pénal en droit français », Revue Lamy droit des affaires, mai 2010, n° 49, p. 64 s.

[514] F. Kauff-Gazin, *La notion d'intérêt général en droit communautaire*, *op. cit.*, p. 388 s. V. également sur la notion d'intérêt général en la matière, C. Boutayeb, » Une recherche sur la place et les fonctions de l'intérêt général en droit communautaire », RTDE, 2003, p. 587 s.

[515] S. Rials, *Le juge administratif et la technique du standard*, *op. cit.*, p. 51.

1. Les origines de la fonction rhétorique des standards

162. C. PERELMAN[516] assigne comme objectif à sa *Nouvelle rhétorique*, « la seule recherche de l'efficacité persuasive »[517]. Plus précisément, la Nouvelle rhétorique a pour objet « l'étude des techniques discursives permettant de provoquer ou accroître l'adhésion des esprits aux thèses qu'on présente à leur assentiment »[518]. Au-delà d'une dimension descriptive, « la Nouvelle rhétorique se revendique comme une philosophie du raisonnable »[519] où la valeur d'une « idée nouvelle se mesure à sa capacité d'emporter, ou non, l'accord des participants à la controverse qui naît obligatoirement de son introduction ». Ce régime de validité recouvre « l'ensemble du domaine de l'argumentation qui est celui du vraisemblable, du plausible, du probable, dans la mesure où ce dernier échappe aux certitudes du calcul »[520]. En effet, selon C. PERELMAN, « le meilleur raisonnement est le raisonnement le plus fort, la force étant comprise ici, au sens rhétorique, comme une notion qui lie l'efficacité psychologique et la validité logique »[521]. Toutefois, la portée de la Nouvelle rhétorique doit être relativisée dans la mesure où les thèses défendues ne sont pas fondées sur « des vérités objectives mais sur un rapport à un contexte argumentatif »[522]. En effet, « un argument n'est jamais isolé de son contexte et il n'est fort ou faible que dans le contexte ; en dehors du contexte, il n'est pas »[523].

---

[516] C. Perelman, *Logique juridique, Nouvelle rhétorique*, Paris, Dalloz, coll. « Méthodes du droit », 1976, p. 136 et 137. V. également C. Perelman, Le *raisonnable et le déraisonnable en droit. Au-delà du positivisme juridique*, Paris, LGDJ, coll. « Bibliothèque de philosophie du droit », 1984 ; C. Perelman et L. Olbrechts-Tyteca, *Traité de l'argumentation juridique. La nouvelle rhétorique*, Bruxelles, Éd. de l'Université de Bruxelles, 1983 ; M. Meyer, *De la métaphysique à la rhétorique. Essai à la mémoire de C. Perelman*, Bruxelles, Éd. de l'Univerité de Bruxelles, 1986 ; G. Vanier, *Argumentation et droit. Introduction à la Nouvelle Rhétorique de Perelman*, Paris, PUF, coll. « L'interrogation philosophie », 2001 ; C. Perelman, *Ethnique et droit*, Bruxelles, Éd. de l'Université de Bruxelles, 1990 ; C. Perelman, *Rhétoriques*, Ed. de l'Université de Bruxelles, 1989 ; C. Perelman, *L'empire rhétorique. Rhétorique et argumentation*, Vrin, 1977 ; C. Perelman, *Rhétorique et philosophie*, PUF, 1952 ; C. Perelman, *Justice et raison*, Bruxelles, Éd. de l'Univesrité de Bruxelles, 1963.

[517] G. Vanier, *Argumentation et droit. Introduction à la Nouvelle Rhétorique de Perelman*, Paris, PUF, coll. « L'interrogation philosophie », 2001, p. 59.

[518] C. Perelman et L. Olbrechts-Tyteca, *Traité de l'argumentation*, Paris, PUF, 1958, p. 5.

[519] C. Perelman, *Le raisonnable et le déraisonnable en droit, op. cit.*

[520] C. Perelman et L. Olbrechts-Tyteca, *Traité de l'argumentation, op. cit.*, p. 1.

[521] G. Vanier, *Argumentation et droit. Introduction à la Nouvelle Rhétorique de Perelman, op. cit.*, p. 60.

[522] *Ibid.*

[523] C. Perelman, « L'idéal de rationalité et la règle de justice », 1961, ED, p. 170 : réf;

163. Par ailleurs, l'auteur, démontre comment le droit s'élabore à travers « les controverses, les oppositions dialectiques et les argumentations diverses »[524]. Il précise que « le raisonnement juridique ne peut [en principe] aboutir comme [...] des démonstrations mathématiques, à une conclusion contraignante »[525]. C'est là que se pose le problème de « l'acceptabilité sociale de (sa) décision »[526]. Pour en arriver à une telle conclusion, il distingue trois phases dans l'idéologie judiciaire.

164. Dans la première phase, avant la Révolution française, « le raisonnement judiciaire met l'accent sur le caractère juste de la solution et n'accorde guère d'importance à la motivation. Le raisonnement judiciaire est néanmoins lié par la règle de justice qui exige le traitement égal de cas essentiellement semblables »[527].

165. À partir de la Révolution française, la deuxième phase commence. En effet, pendant plus d'un siècle, « la légalité et la sécurité juridique sont au premier plan ». L'importance se situe dans « l'aspect systématique du droit et l'aspect déductif du raisonnement judiciaire »[528]. Le droit, « proche des mathématiques, favorise une vision étatique et légaliste de la matière »[529].

166. Enfin, à partir des années 50 environ[530], la troisième phase apparaît. Il s'agit d'une réaction, selon l'auteur, qui, « sans aller jusqu'à un retour au droit naturel, confie la mission au juge de rechercher, pour chaque litige en particulier, une solution équitable et raisonnable, tout en lui demandant de rester, pour y parvenir, dans les limites de ce que son système de droit l'autorise à faire »[531]. On lui permet ainsi, « pour réaliser la synthèse recherchée entre l'équité et la loi, d'assouplir celle-ci grâce à l'intervention croissante des règles de droit non écrites (principes généraux du droit notamment) »[532]. Cette nouvelle conception « accroît l'importance du droit prétorien en faisant du juge l'auxiliaire et le complément indispensable du législateur. Elle accroît de ce fait la conception continentale du droit de la conception anglo-saxonne régie par la tradition de la *common low* »[533]. En effet, « depuis le procès de Nuremberg qui a mis en évidence le fait qu'un État et sa législation pouvaient être iniques, et mêmes criminels, la plupart des

---

citée par G. Vanier, *op. cit.*, p. 60.

524 C. Perelman, *Logique juridique, Nouvelle rhétorique, précit.*, 1976.

525 C. Perelman, *précit. Logique juridique, nouvelle rhétorique, op. cit.*, p. 7 et 9.

526 *Ibid.*

527 C. Perelman, *Logique juridique, Nouvelle rhétorique, op. cit.*, p. 136 et 137.

528 *Ibid.*

529 *Ibid.*

530 « Depuis quelques dizaines d'années » selon l'auteur qui écrit en 1976.

531 C. Perelman, *Logique juridique, Nouvelle rhétorique, op. cit.*, p. 136 et 137.

532 *Ibid.*

533 *Ibid.*

théoriciens du droit développent une position antipositiviste qui fait une place croissante dans l'interprétation et dans l'application de la loi, à la recherche d'une solution qui serait non seulement conforme à la loi, mais aussi équitable, raisonnable, acceptable »[534], c'est-à-dire une solution « juste et conciliable avec la rigueur du droit »[535]. La solution recherchée devrait non seulement pouvoir s'insérer dans le système, mais aussi se révéler « socialement et moralement acceptable par les parties et par le public éclairé »[536]. C'est ce qui rend « les techniques argumentatives »[537] indispensables.

167. En effet, « le droit s'élabore à travers les controverses et les oppositions dialectiques, les argumentations en sens divers »[538]. De ce fait, « le raisonnement juridique ne peut [en principe] aboutir comme [...] des démonstrations mathématiques, à une conclusion contraignante »[539]. C'est là que se pose le problème de « l'acceptabilité sociale de (sa) décision »[540].

168. Cette étude relative aux origines de la fonction rhétorique des standards[541] permet alors de poser les bases fonctionnelles de l'intérêt général vu comme un processus de légitimation.

2. L'intérêt général, un processus de légitimation

169. M.-P. DESWARTE considère que l'intérêt général est « un argument pouvant emporter l'adhésion de tous »[542]. En ce sens, l'intérêt général est lié à un « processus de légitimation favorisant le renforcement de l'adhésion des gouvernés et l'action des gouvernants »[543].

170. Selon F. RANGEON, sur le plan théorique, l'intérêt général recèle « une forte puissance évocatrice »[544]. « Le mot évoque un ensemble de sentiments et d'idées qui lui ont été depuis longtemps associés. L'analyse des consensus de la notion d'intérêt général, à travers ses nombreuses formulations, permet de découvrir, par-delà le mot, un ensemble de représentations par lesquelles chaque institution expose sa raison d'être et sa

---

534 *Ibid.*
535 *Ibid.*
536 *Ibid.*, p. 136.
537 *Ibid*, p. 136 et 137.
538 *Ibid.*
539 *Ibid.*
540 *Ibid.*, p. 7 et 9.
541 V. sur cette question, S. Rials sur *Le juge administratif et la technique du standard, op. cit. ;* D. Pinard, « Le droit et le fait dans l'application des standards et la clause limitative de la Charte canadienne des droits et libertés », RRJ, Droit prospectif, n° 3, *Les standards dans les divers systèmes juridiques, précit.*, p. 1070.
542 M.-P. Deswarte, « Intérêt général, bien commun », RDP, 1988, p. 1291.
543 *Ibid.*
544 F. Rangeon, *L'idéologie de l'intérêt général, op. cit.*, p. 8 à 10.

légitimité »[545]. Ainsi, l'intérêt général constitue « le condensé d'un ensemble de représentations cohérentes et structurées. La cohérence de la notion d'intérêt général se dégage[rait] ainsi à travers sa fonction idéologique »[546], c'est-à-dire au discours qu'évoque le terme « intérêt général »[547]. De cette manière, le discours sur l'intérêt général est à la fois, selon l'auteur, « idéologique et institutionnel »[548]. Il est idéologique dans la mesure où, « dans le cadre d'un système organisé de représentations ayant une fonction théorique et pratique, l'intérêt général permet à un groupe social de se représenter et de vivre son unité et son identité ». Il est institutionnel parce qu'il est « lié à un système social structuré visant à agencer et à maintenir des rapports sociaux contradictoires »[549]. L'institution est la « forme matérielle et symbolique de la nécessaire régulation des conflits sociaux »[550]. En ce sens, l'idéologie de l'intérêt général « serait un système de représentations constituant la base de tous les discours de légitimation des formes sociales instituées »[551].

171. Ainsi, de la même manière que l'intérêt général peut légitimer, renforcer l'adhésion des gouvernés à l'action des gouvernants, il permet de justifier et légitimer les actions de l'Administration. Parallèlement, l'intérêt général permet au juge administratif, par sa « forte puissance évocatrice »[552] et idéologique, de légitimer ses solutions jurisprudentielles. L'intérêt général est alors l'instrument nécessaire du juge pour « susciter l'adhésion de l'auditoire »[553] et rendre admissibles les positions qui permettent de porter atteinte aux droits des justiciables.

172. En principe, la fonction légitimatrice de l'intérêt général est implicite. La seule évocation de l'intérêt général permet, eu égard à son caractère idéologique, de rendre acceptable les solutions de justice. D'ailleurs, lorsqu'il pose un principe jurisprudentiel, le Conseil d'État peut se référer à l'intérêt général qui légitime ce pouvoir créateur et rend acceptable la nouvelle règle droit. Tel est le cas par exemple en matière d'homologation. Dans un avis en date du 6 décembre 2002, le Conseil d'État pose le principe d'une irrecevabilité des demandes d'homologation hors instance contentieuse pour admettre des exceptions « au champ fort large »[554]. Ainsi, « dans l'intérêt général », l'Assemblée du contentieux a admis la recevabilité d'une telle

[545] *Ibid.*
[546] *Ibid.*
[547] *Ibid.*
[548] *Ibid.*
[549] *Ibid.*
[550] *Ibid.*
[551] *Ibid.*
[552] *Ibid.*
[553] S. Rials, « Les standards, notions critiques du droit », art. cit., p. 39 s.
[554] Obs. R. S., BJCP, 01/01/2003, n° 26, p. 68 s., spéc. p. 69.

demande d'homologation « lorsque la conclusion d'une transaction vise à remédier à une situation telle que celle créée par une annulation ou la constatation d'une illégalité qui ne peuvent donner lieu à régularisation, ou lorsque son exécution se heurte à des difficultés particulières. Tel peut notamment être le cas en matière de marchés publics et de délégations de service public »[555]. Le Conseil d'État accepte alors la demande d'homologation d'un contrat de transaction, hors instance contentieuse. Pour se faire, il légitime cette création jurisprudentielle en se fondant sur des considérations d'intérêt général, considérations qui ne peuvent être remises en cause. Selon nous, c'est la fonction rhétorique de l'intérêt général qui est à l'œuvre de manière implicite.

173. Néanmoins, lorsque l'atteinte à un droit ou à une liberté est particulièrement grave, le juge administratif souligne explicitement la fonction légitimatrice de l'intérêt général. Tel est le cas par exemple lorsque l'intérêt général, lié au bon fonctionnement des services publics, limite le droit moral de l'auteur d'une œuvre. En effet, dans une affaire en date du 11 septembre 2006, le Conseil d'État estime « que si en raison de la vocation d'un stade, l'architecte qui l'a conçu ne peut prétendre imposer au maître de l'ouvrage une intangibilité absolue de son œuvre, ce dernier ne peut toutefois porter atteinte au droit de l'auteur de l'œuvre en apportant des modifications à l'ouvrage que dans la seule mesure où elles sont rendues strictement indispensables par des impératifs esthétiques, techniques ou de sécurité publique, légitimés par les nécessités du service public et notamment la destination de l'ouvrage ou son adaptation à des besoins nouveaux »[556]. Ainsi, l'intérêt général supérieur lié aux nécessités du service public justifie et « légitime », l'atteinte au droit de l'auteur de l'œuvre. La même logique est présente dans de nombreux domaines lorsque les droits et les libertés des justiciables sont gravement atteints.

174. Pour un autre exemple, dans le cadre d'un contrôle sur le fondement de l'article 1er du premier protocole additionnel à la convention européenne des droit de l'homme et des libertés fondamentales, un juste équilibre entre l'intérêt général et les impératifs de la sauvegarde à la propriété doit être assuré. Or, la justification d'une atteinte à la propriété doit bien être légitimée par des considérations d'intérêt général. En effet, la Cour administrative d'appel de Nantes, dans un arrêt en date du 19 avril 2013, estime que l'atteinte à la propriété privée est « légitimée, dans l'intérêt général, par le souci d'atteindre les objectifs poursuivis par la loi »[557] ; objectifs liés en l'espèce à la mise en œuvre d'une politique d'urbanisme nécessitant de réglementer l'usage des propriétés privées riveraines du domaine public

---

[555] CE, Ass., avis, 6 déc. 2002, *Synd. intercnal. des établissements du second cycle du second degré du district de l'Haÿ-les-Roses*, Rec. p. 433, concl. G. Le Chatelier.
[556] CE, 11 sept. 2006, *M. Agopyan, précit.*
[557] CAA de Nantes, 19 avril 2013, M. C. et A. n° 11NT03081, inédit.

maritime les plus proches du rivage en vue de rendre possible l'accès du public au rivage. La même logique est présente dans de nombreuses jurisprudences lorsqu'il est question de limiter l'exercice du droit de propriété[558].

175. Ainsi, l'intérêt général a bien une fonction de légitimation. Il est lié à l'acceptabilité de la solution jurisprudentielle. Elle est explicite et renforcée lorsque l'atteinte portée au justiciable est grave. Par exemple, dans un autre domaine, le Conseil d'État estime que « pour des motifs légitimes d'intérêt général »[559], l'État a pu étaler dans le temps « la réalisation des aménagements raisonnables destinés à permettre de satisfaire aux exigences d'accessibilité des locaux des palais de justice aux personnes handicapées ». Ces motifs légitimes résultent notamment des délais fixés par le code de la construction et de l'habitation. Or, on voit bien ici que l'atteinte à l'accessibilité des bâtiments publics aux personnes handicapées est suffisamment grave pour devoir être justifiée et légitimée par l'intérêt général. En effet, la légitimation implicite ne suffit pas, eu égard à l'atteinte. Le juge se réfère donc explicitement à un motif légitime d'intérêt général. Néanmoins, en l'espèce, eu égard à la gravité du préjudice causé à la victime (avocate handicapée), la responsabilité de l'État est engagée pour défaut d'accessibilité des palais de justice (rupture d'égalité devant les charges publiques).

176. L'intérêt général limitant gravement les droits des justiciables a donc bien une fonction légitimatrice. Il permet de passer du « normal au normatif »[560] afin d'emporter la conviction spontanée des justiciables. L'intérêt général a donc bien une fonction rhétorique particulière, eu égard à sa forte idéologie.

177. Finalement, d'un point de vue matériel et fonctionnel, l'intérêt général peut *a priori* être appréhendé comme un standard. Plus précisément, la définition matérielle du standard « intérêt général » a conduit à dissocier le standard de la règle de droit. En effet, le standard « intérêt général » doit être considéré, selon nous, comme une norme dans la norme, voire, une « norme non indépendante »[561]. De ce point de vue, l'intérêt général fait partie de la règle de droit et est tout au plus, une catégorie juridique, tout au moins, un critère juridique. Cette étude définitionnelle et normative du standard « intérêt général » met donc l'accent sur son rôle essentiel lié à la qualification juridique, étant entendu que ce rôle est intimement lié à sa valeur normative non autonome.

---

[558] V. par ex., CAA de Nantes, 11 avril 2013, *M. A. B.*, n° 12NT02115, inédit – CAA de Nantes, 14 déc. 2012, *M. Didier A.*, n°11NT00351, inédit – CAA de Marseille, 7 mai 2012, *Mme X*, n° 09MA03039, inédit – CAA De Lyon, 22 juin 2010, *M. A.*, n°08LY02039, inédit.

[559] CE Ass., 22 oct. 2010, *Mme Bleitrach*, Rec. p. 399.

[560] S. Rials, « Les standards, notions critiques du droit », art. cit., p. 39 s.

[561] H. Kelsen, *Théorie pure du droit*, trad. C. Eisenmann, Paris, Dalloz, 1962, p. 61 s.

SECTION 2.

LE STANDARD INTÉRÊT GÉNÉRAL,

UN INSTRUMENT DE QUALIFICATION JURIDIQUE

178. L'intérêt général, en tant que standard, est un instrument de normalité. Ce faisant, il est un composant d'une norme. L'intérêt général est doté d'un rôle technique lié à la qualification juridique des faits. En effet, l'intérêt général n'étant pas une norme autonome, il ne peut faire référence, en pratique, qu'à une catégorie juridique liée à la pénétration du fait dans le droit (I) ou à un simple critère composant d'une autre catégorie juridique (II).

I. La catégorie « intérêt général » liée à la pénétration du fait dans le droit

179. L'intérêt général peut être assimilé à une catégorie juridique (A). De cette manière, il joue un rôle majeur dans l'opération de qualification juridique des faits (B).

A. La nature catégorielle de l'intérêt général

180. En l'espèce, il s'agira de montrer que l'intérêt général est bien une catégorie (1) juridique (2).

1. La catégorie « intérêt général »

181. Selon le dictionnaire *Le Robert*, le terme « catégorie » renvoie à « la classe dans laquelle on range des objets de même nature »[562]. Plus précisément, il désigne « l'unité conceptuelle traitée comme fondamentale qui sert de base pour une typologie ou une classification des objets dans un discours »[563] et, par extension, « le résultat de tout effort de classification d'objets »[564]. « Lieu d'un concept »[565], désigné par un mot ou « une expression formée d'un groupe de mots constituant une unité parfois complexe, la

562 Dictionnaire *Le grand Robert*, *op. cit.*

563 A.-J. Arnaud, *Dictionnaire encyclopédique de théorie et de sociologie du droit*, Paris, LGDJ, 1993.

564 *Ibid.*

565 G. Cornu, *Droit civil. Introduction, les personnes, les biens*, Paris, Montchrétien, 12e éd., 2005, n° 187. Réf. citée par C. Vautrot-Scwarz, *La qualification juridique des faits*, Thèse, Paris, LGDJ, Lextenso éditions, 2009, p. 10.

catégorie est toujours l'un des sous-ensembles d'une classification »[566] qui consiste en « la répartition d'un ensemble d'objets en un certain nombre d'ensembles partiels coordonnés et subordonnés »[567].

182. La catégorie ainsi définie rappelle alors la notion d'intérêt général. En effet, l'intérêt général peut être considéré comme une catégorie dans la mesure où il permet de « ranger » différentes « activités/réalités »[568] ou objets de même nature.

183. Par exemple, la catégorie « intérêt général » peut renvoyer à l'activité qui :

- favorise l'intervention des « médecins dans les établissements hospitaliers privés participant au service public hospitalier »[569],
- « consiste à garantir à tous les assurés l'accès des soins de qualité dans le cadre d'honoraires opposables »[570],
- « s'attache à la protection de la santé publique »[571],
- est liée à la « préservation de la stabilité du territoire des associations communales de chasse agréées »[572],
- « vise à prévenir une pratique désordonnée de la chasse et à favoriser une gestion traditionnelle du patrimoine cynégétique »[573],
- favorise la « diversification de l'origine professionnelle des commissaires enquêteurs »[574],
- « s'attache à ce que des agents soient répartis sur le territoire en fonction des besoins de la population et des nécessités de services »[575],

---

[566] C. Vautrot-Schwarz, *La qualification juridique des faits*, *op. cit.*, p. 10.

[567] *Ibid.*

[568] On passe ainsi de l'individuel à la généralité. Ainsi, l'intérêt général joue un « rôle réducteur qui permet une indispensable unité de perception » : T. Fortsakis, *Conceptualisme et empirisme en droit administratif français*, Paris, LGDJ, 1978, p. 286.

[569] CE, 30 nov. 2005, *Syndicat des médecins d'Aix et Région*, Rec. p. 531.

[570] CE, 30 nov. 2005, *Syndicat des médecins d'Aix et Région, précit.*

[571] V. par ex., CE, 16 mars 2005, *Ministre de l'Outre-mer*, Rec. p. 168 – CE, Avis, 27 oct. 2000, *Mme Micheline, Mme Torrent*, n° 222 672, Rec. Dalloz, 2002, p. 448.

[572] CE, 9 nov. 2007, *Ass. pour la prot. des animaux sauvages,* T. Rec. p. 681 et 1011 ; note L. Fonbaustier, RDI 2008, p. 28 s.

[573] CE, 16 juin 2008, M. *Henerys d'Aubigny d'Esmards*, Rec. p. 578.

[574] CE, 10 janvier 2005, *Hardy et le Cornec*, n° 262419, Rec. p. 9.

[575] CE, 11 juillet 2001, *Synd. départemental CFDT de la DDE du Gard*, Rec. p. 339.

- « s'attache à ce que les élèves avocats puissent être accueillis en stage dans le plus grand nombre de cabinet »[576],
- « consiste à garantir à tous les assurés l'accès à des soins de qualité dans le cadre d'honoraires opposables »[577],
- « s'attache à l'accroissement du recrutement par les entreprises de salariés âgés de moins de vingt-six ans »[578],
- « s'attache aux actions de soutien à la prise en charge des détenus »[579],
- « s'attache à l'activité de la « protection des oiseaux d'eau présents dans les zones de grande nidification durant leur période de reproduction et de dépendance »[580]
- ou encore qui s'attache aux activités liées à « la propagation de la langue française »[581].

184. Ainsi, l'intérêt général est lié au rangement d'objets ou d'activités diverses dans un sous-ensemble de classification. L'intérêt général est un élément parmi d'autres qui participe à la qualification juridique des faits. Toutefois, il convient de démontrer que la catégorie à laquelle renvoie l'intérêt général est bien juridique.

2. Le caractère juridique de la catégorie « intérêt général »

185. Le caractère juridique de la catégorie est lié à « l'octroi d'un régime juridique ou au moins, d'un simple effet juridique »[582]. Autrement dit, la catégorie juridique « doit être portée par un énoncé juridique »[583]. Qu'en est-il de l'intérêt général ?

186. Dans la jurisprudence administrative, le caractère d'« intérêt général » permet de produire des effets juridiques. Ainsi en est-il par exemple des « projets d'intérêt général » dotés d'un régime juridique spécifique. L'article R. 121-4 du Code de l'urbanisme prescrit en effet au préfet ayant qualifié un projet d'intérêt général de préciser, pour l'application de l'article L. 123-14, les incidences du projet d'intérêt général sur les documents d'urbanisme. Il doit indiquer aux communes concernées les incompatibilités

[576] CE, 28 déc. 2009, *M. Christian Claude Guillot*, T. Rec. p. 672, 821, 912 et 973 ; AJDA, 2010, p. 806.
[577] CE, 20 nov. 2009, *Mme Chantal A.*, n° 324376, inédit.
[578] CE, Sect., 19 oct. 2005, *Conf. générale du travail*, Rec. p. 430.
[579] CE, 27 juillet 2001, *Synd. nat. pénitentiaire Force ouvrière-Direction*, Rec. p. 393.
[580] CE, 9 mai 2001, *Synd. départemental de la propriété Agricole*, n° 224 982, inédit.
[581] CE, 20 oct. 2000, *Mme RIAS-TIMS* , n° 194 739, T. Rec. p. 815, 878 et 1019.
[582] C. Vautrot-Schwarz, *La qualification juridique des faits*, *op. cit.*, p. 11.
[583] *Ibid.*

qu'il convient de lever pour que leurs documents d'urbanisme soient de nature à permettre la réalisation du nouveau projet d'intérêt général.

187. Le même raisonnement vaut aussi pour les opérations d'intérêt national liées à l'application de la loi du 7 janvier 1983[584]. Cette loi relative à la répartition des compétences décentralisées « attribue à l'État la compétence exclusive pour délimiter sur quelque point du territoire, des opérations d'intérêt national »[585]. Dans ce cadre, le décret en date du 18 mars 1986[586], complété en 1995 et en 2000, dresse « la liste des périmètres et des grandes opérations d'aménagement du territoire » correspondant à la qualification juridique d'« Opérations d'intérêt national ». Ainsi, la catégorie juridique trouve sa signification juridique dans le fait que la délimitation matérielle d'un périmètre d'« Opération d'intérêt national » emporte des effets juridiques modifiant les règles applicables, la répartition des compétences, la hiérarchie des normes et les procédures d'élaboration des règles et documents d'urbanisme.

188. L'intérêt général peut donc bien être considéré comme une catégorie juridique. Ce faisant, l'intérêt général jouera un rôle significatif dans l'opération de la qualification juridique des faits.

B. Le rôle de l'intérêt général dans l'opération de la qualification juridique des faits

189. L'intérêt général joue un rôle important dans la qualification juridique des faits. Il est un référent à cette qualification (1). Toutefois, la nature « subjective » de l'intérêt général conduit à complexifier cette opération de qualification (2).

1. L'intérêt général, un référent à la qualification juridique

190. L'intérêt général est un concept qualificateur utilisé fréquemment par le juge administratif (b). Cependant, il convient au préalable de définir la notion de qualification juridique (a).

- *a. La notion de qualification juridique*

191. Dans le langage courant, la qualification fait référence à « l'action ou à la manière de qualifier »[587]. L'action de qualifier se caractérise quant à elle par « un signe linguistique »[588] qui rappelle la manière d'appeler, de désigner ou nommer quelque chose. Ce faisant, le langage courant révèle

---

584 Loi modifiée notamment par l'article 15 de la Loi n° 2010-788 du 12 juillet 2010.
585 Articles L.121-2 et L.121-9 du Code de l'urbanisme.
586 Le décret n° 86-669 du 18 mars 1986.
587 J. Rey-Debove et A. Rey, *Le Petit Robert de la langue française*, *op. cit.*, p. 2079.
588 *Ibid.*

déjà les particularités de la qualification dans le domaine juridique. En effet, en droit, la qualification est « l'opération intellectuelle d'analyse juridique, outil de la pensée juridique, consistant à prendre en considération l'élément qu'il s'agit de qualifier (fait, acte, règle) et à le faire entrer dans une catégorie juridique préexistante (d'où résulte, par rattachement le régime juridique applicable) en reconnaissant en lui les caractéristiques essentielles de la catégorie de rattachement »[589].

192. Ces premières définitions mettent l'accent sur l'opération de qualification ; opération liée à la traduction juridique de données concrètes. Une telle acception de la qualification rappelle la définition juridique de nombreux auteurs. Y. GAUDEMET, considère par exemple qu'elle est « la traduction, en termes juridiques, de données concrètes de l'espèce »[590]. Selon F. RIGAUX, elle est « subsomption d'une situation particulière par l'hypothèse légale »[591]. Selon J.-M. VENEZIA, « elle a pour but de faire rentrer une situation de fait dans le cadre d'une notion juridique »[592]. Ces auteurs mettent ainsi en évidence l'opération par laquelle la qualification juridique se réalise. Dans le même sens, G. VEDEL précise que qualifier revient à « appliquer le droit aux faits »[593], J. FROSSARD, « à attribuer à des faits ou à des actes juridiques une certaine qualité prise en considération par le droit »[594], J. BORE à « identifier une situation de fait à une notion légale »[595]. De la même manière, J. DABIN explique que la qualification c'est « l'espèce en quête de sa norme »[596]. Récemment, C. VAUTROT-SCHWARZ propose de définir la qualification comme « l'opération du raisonnement juridique qui consiste à faire entrer un objet dans une catégorie juridique, préétablie ou non, dans le but d'ouvrir l'application de l'objet ainsi qualifié au régime juridique et à l'effet de droit attaché à la catégorie en cause »[597].

193. Plus précisément, la qualification juridique est « une opération intellectuelle de raisonnement »[598] qui nécessite une préalable

---

[589] G. Cornu, *Vocabulaire juridique*, *précit.*, p. 827.

[590] Y. Gaudement, *Les méthodes du juge administratif*, Paris, LGDJ, 1972, p. 25.

[591] F. Rigaux, *La nature du contrôle de la Cour de cassation*, Bruxelles, Bruylant, 1966, p. 233.

[592] J. M. Venezia, *Le pouvoir discrétionnaire*, Paris, LGDJ, 1956, p. 27.

[593] G. Vedel, *La notion de cause en droit administratif français*, Paris, Sirey, 1930, p. 18.

[594] J. Frossard, *La distinction des obligations de moyens et des obligations de résultat*, cité par C. Vautrot-Schwarz, *La qualification juridique des faits*, Thèse, Paris, LGDJ, Lextenso éditions, 2009, p. 18, note 80.

[595] J. Boré, *La cassation en matière civile,* Paris, Dalloz Action, 2003/2004, p. 474.

[596] J. Dabin, préf. à F. Rigaux, *La nature du contrôle de la Cour de cassation*, Bruxelles, Bruylant, 1966, p. XIII.

[597] C. Vautrot-Schwarz, *La qualification juridique des faits*, *précit.*, p. 23.

[598] D. Lagasse, *L'erreur manifeste d'appréciation en droit administratif, Essai sur les limites du pouvoir discrétionnaire de l'administration*, Thèse, Bruxelles, Bruylant,

« délimitation »[599]. En effet, avant de qualifier une situation de fait, avant de la faire rentrer dans un « moule juridique »[600], le juge doit d'abord délimiter les différents « moules juridiques », les diverses hypothèses légales voisines, en les définissant et en les « interprétant de la manière la plus correcte »[601]. Ce n'est qu'ensuite que s'opère le contrôle de la qualification juridique des faits, c'est-à-dire que le juge vérifie si les concepts abstraits, étrangers au vocabulaire légal, utilisés par l'auteur de l'acte attaqué pour décrire les circonstances de la cause, répondent à la définition légale de l'hypothèse ; « celle-ci étant déterminée par le concept qualificateur, c'est-à-dire le concept par lequel le législateur désigne la catégorie de situation qu'il entend soumettre à la règle »[602].

194. La qualification juridique étant définie, nous proposons maintenant de la mettre en relation avec l'intérêt général qui est bien un concept qualificateur.

- *b. L'intérêt général, un concept qualificateur utilisé par le juge administratif*

195. L'opération de qualification « ne doit pas s'assimiler à la catégorie sur laquelle repose cette qualification »[603]. Comme une catégorie juridique, l'intérêt général peut constituer le « référent de la qualification juridique »[604].

196. En effet, lorsque le juge administratif est confronté à l'intérêt général, il doit rechercher si les faits ou les actes en cause dans un litige sont bien constitutifs d'un intérêt général. Autrement dit, il cherche ou non à faire entrer les faits et les actes dans la catégorie « intérêt général ». Par exemple, dans un arrêt en date du 16 mars 2005[605], le Conseil d'État mentionne que le principe constitutionnel de laïcité ne fait pas obstacle à l'octroi d'une subvention pour un presbytère. Or, dans la présente affaire, le juge administratif précise qu'une telle subvention ne peut être accordée que si le

---

1986, p. 244.

[599] J. M. Venezia, *Le pouvoir discrétionnaire*, Paris, LGDJ, 1956, p. 28 ; M. Waline, « Étendue et limites du contrôle du juge administratif », EDCE, 1956, p. 31 ; V. Kornprobst, « L'erreur manifeste », D. 1965, chr. 123.

[600] C. Vautrot-Schwarz, *précit.*

[601] D. Lagasse, *L'erreur manifeste d'appréciation en droit administratif*, *op. cit.*, p. 244.

[602] D. Lagasse, *L'erreur manifeste d'appréciation en droit administratif*, *op. cit.*, p. 244.

[603] C. Vautrot-Schwarz, *La qualification juridique des faits*, Thèse, Paris, LGDJ, Lextenso éditions, 2009, p. 14.

[604] *Ibid.*

[605] CE, 16 mars 2005, *Ministre de l'Outre-Mer, c. Gouvernement de la Polynésie française*, Rec., p. 108.

bâtiment présente bien une fonction « d'intérêt général ». Il s'agit là du traditionnel principe selon lequel les collectivités ne peuvent accorder des subventions que pour autant que celles-ci concourent à la satisfaction d'un objectif d'intérêt général. En l'espèce, la Haute juridiction, en tant que juge de cassation, reprend l'appréciation souveraine effectuée par les juges du fond sur la qualification du presbytère en « intérêt général ». Il reprend les développements de la Cour administrative d'appel qui qualifie bien le presbytère litigieux en « intérêt général ». Pour se faire, elle a recours à un « faisceau d'indice »[606]. La Cour vérifie que le local était « le siège de nombreuses activités socioculturelles ». Construit en dur, il servait « d'hébergement à des familles sinistrées en cas de cyclone ». Il n'y avait donc pas d'usage privatif du presbytère pour le culte.

197. Ainsi, le Conseil d'État, conformément à la Cour d'appel, a retenu la qualification d'intérêt général pour le presbytère. Il s'agit d'une jurisprudence classique en la matière[607]. De cette manière, l'intérêt général est bien le référent, c'est-à-dire la catégorie juridique qui permet de faire entrer le fait, c'est-à-dire le presbytère dans le droit c'est-à-dire dans la catégorie juridique « intérêt général ». De la sorte, l'octroi de la subvention n'est pas illégal. L'intérêt général correctement qualifié a donc bien des effets juridiques qui conduisent à la légalité de la subvention.

198. D'autres exemples illustrent cela. L'arrêt du Conseil d'État, en date du 20 mars 1996, *M. Jean-Louis Y*, se réfère « à l'absence de droits acquis au renouvellement du titre d'occupation du domaine public »[608]. Il convient au préalable de rappeler qu'il résulte des principes généraux de la domanialité publique que les titulaires d'autorisation n'ont pas de droits acquis au renouvellement de leur titre. Il appartient à l'administration, sous le contrôle du juge, d'examiner les demandes de renouvellement. Or, en l'espèce, saisi du refus de renouveler l'autorisation d'occuper une parcelle du domaine public maritime sur le sol de laquelle était construit un bâtiment à usage d'hôtel-restaurant, le Conseil d'État a estimé que l'administration avait pu légalement se fonder sur ce que le bâtiment construit sur la parcelle avait été laissé sans entretien pour renouveler l'autorisation d'occupation. Dès lors, eu égard à l'« intérêt général » que présentait « le développement touristique du site, un tel motif était de nature à justifier légalement la décision ». Le juge administratif a donc bien qualifié « le développement touristique du site » comme un « intérêt général ». L'intérêt général constitue en ce sens une catégorie qui englobe le fait (le développement touristique).

---

[606] V. sur ce point : C. Durand-Prinborgne, « La laïcité n'exclut pas qu'un presbytère ait une fonction d'intérêt général », AJDA, 2005, p. 1463 s.

[607] CE, 11 oct. 1929, *Sieur Berton*, Rec., p. 894 – CE, 17 oct. 1980, *Mme Braesch*, T. Rec. p. 631, 636, 830 et 940 – CE, 21 juin 1993, *Cne de Chauriat*, Rec., p. 650.

[608] CE, 20 mars 1996, *M. J.-L. Y.*, n° 121601, inédit ; note J.-B. Auby et C. Maugüé, RDI, 1996, p. 556 s.

199. On constate ainsi, à l'instar de R. LEGROS et M. MAURY, que la qualification « approfondit les notions de droit contenues »[609] dans la catégorie de référence et *in fine*, « dans le contenu de la règle préexistante ». Le clivage fait/droit « apparaît alors superficiel »[610].

200. De la sorte, l'opération de qualification ne s'assimile « ni totalement à une opération de fait, ni totalement à une opération de droit »[611]. L'intérêt général illustre ce phénomène que J. RIVERO qualifie de « zone de passage »[612] entre le droit et le fait qui n'est ni tout à fait du fait, ni entièrement du droit.

201. L'intérêt général est donc bien un référent lié à la qualification juridique. Toutefois, sa spécificité conduit à complexifier cette opération de qualification.

2. L'intérêt général, résultat d'une qualification juridique complexifiée

202. Selon C. VAUTROT-SCHWARZ, l'intérêt général est une catégorie spécifique en droit administratif dans la mesure où elle est « exclusivement déterminée par un élément subjectif, c'est-à-dire par la volonté des personnes qui sont chargées de la déterminer »[613]. En effet, contrairement à d'autres catégories juridiques, l'intérêt général ne serait pas déterminé par des éléments objectifs. Cette subjectivité accentue alors la difficulté de l'opération de qualification juridique des faits. L'indétermination matérielle de l'intérêt général peut alors conduire à des revirements de jurisprudence[614].

---

[609] R. Legros, « Considération sur le fait et le droit », RDP, 1961-1962, p. 835 s : réf. citée par D. Lagasse, *L'erreur manifeste d'appréciation en droit administratif, op. cit.*, p. 245. V. également, Maury, « La distinction du droit et du fait devant la Cour de cassation », Revue critique de droit international privé, 1931, p. 589 : « Le contrôle sur la qualification (joue) dans la mesure où la décision du juge du fait permet au tribunal suprême de redresser ou de formuler un concept juridique ».

[610] D. Lagasse, *L'erreur manifeste d'appréciation en droit administratif, op. cit.*, p. 245.

[611] V. par ex. P. Foriers, « La distinction du fait et du droit devant la Cour de cassation de Belgique », dans *Le fait et le droit*, Ét. Log. Jurid., Bruxelles, Bruylant, 1961, p. 70 s. Réf. citée par D. Lagasse, *L'erreur manifeste d'appréciation en droit administratif, op. cit.*, p. 245.

[612] J. Rivero, « La distinction du droit et du fait dans la jurisprudence du Conseil d'État français », dans *Le fait et le droit*, *Opus cit.* p. 132 s. V. également dans le même sens, F. Terré, *L'influence de la volonté individuelle sur les qualifications*, Paris, LGDJ, 1957, p. 551.

[613] C. Vautrot-Schwarz, *La qualification juridique des faits*, *op. cit.*, p. 60.

[614] V. par ex. dans le domaine des travaux public. En 1922, le Conseil d'État estime que des travaux entrepris par des concessionnaires privés de casinos municipaux sont considérés comme des travaux privés et non publics car ils ne correspondent pas à un objet d'utilité publique (CE, 12 mai 1922, *Ville de Saint-Malo*, Rec. p. 413). En 1931,

203. Face à l'intérêt général, la complexité de l'énoncé a pour conséquence « l'érosion des effets de la qualification juridique »[615]. Dès lors, censée être un facteur de « sécurité juridique »[616], la qualification ne peut jouer pleinement ce rôle. L'intérêt général est donc bien lié à « la complexification de la qualification juridique »[617]. Cette complexité s'accroit lorsqu'une activité d'intérêt général peut être multiforme, c'est-à-dire « locale »[618], « communale »[619], « départementale »[620], « régionale »[621], « nationale »[622], « économique nationale »[623] ou « communautaire »[624].

204. De la même manière, la complexité s'accentue face à la hiérarchie des intérêts généraux qui peuvent être « prééminents »[625], « suffisants »[626], « impérieux »[627], « vitaux »[628], « majeurs »[629] ou même « futurs »[630].

---

ces mêmes travaux ont été considérés comme des travaux publics en raison de leur intérêt pour le développement du tourisme dans la commune (CE, 1er février 1931, *Giacomi c. Ville de Chamonix*, Rec. p. 463).

615 C. Vautrot-Schwarz, *La qualification juridique des faits*, *op. cit.*, p. 87.

616 *Ibid.*

617 *Ibid.*

618 CE, 4 oct. 2010, *Synd. interprof. des radios et télévisions indépendantes*, n° 336918, inédit.

619 V. pour des ex. de buts d'intérêts publics communaux : CE Ass., 19 juillet 2011, *Cne de Trelaze*, n° 308544, à paraître au Rec. ; CE, 5 juillet 2010, *Cté d'agglomération Saint-Étienne Métropole*, n° 315551, *précit.*

620 CE, 16 février 2011, *Dép. de la Seine-Saint-Denis*, n° 314096, inédit – CE, 30 déc. 2009, *Dépt du Gers*, n° 308514, T. Rec., p. 638, 643 et 878.

621 CE, 26 oct. 2011, *Sté global Carribean Network (GCN),* n° 346634, à paraître au T. Rec. – CE, 29 sept. 2010, *Sté Les Courriers Automobiles Picards*, n° 324531, *précit.*

622 CE, 14 oct. 2011, *Synd. nat. des enseignements du second degré*, n° 346396, à paraître aux T. Rec. – CE, 18 oct. 2010, *M. Isabelle K. et autres*, n° 343365, inédit.

623 CE, 10 janvier 2011, *Ass. oiseaux nature*, n° 317076, à paraître aux Tables du Recueil.

624 CE, 3 oct. 2011, *Cté d'agglomération Saint-Étienne Métropole*, n° 326460, à paraître aux T. Rec. – CE, 26 nov. 2010, *Sté GROUPE PIZZORNO ENVIRONNEMENT*, n° 331378, *précit.*

625 CE, Avis, 27 oct. 2000, *Mme Micheline, Mme Torrent*, n° 222 672, Rec. Dalloz, 2002, p. 448.

626 CE, 21 oct. 2011, *Ministre du budget, des comptes publics et de la fonction publique*, n° 314767, à paraître aux T. du Rec.

627 CE, 9 mai 2008, *Sté Zeturf limited*, n° 287503, Rec. p. 179.

628 CE, 28 mai 2003, *M. et Mme X...X*, n° 242 431, *précit.*

629 V. par ex. CE, référé, 25 janvier 2010, *M. Claude A.*, n° 335034, inédit.

630 CE, 18 mai 2005, *Territoire de la Polynésie française*, n° 254199, T. Rec., p. 748, 769 et 983.

205. Ainsi, l'intérêt général est bien doté d'une nature catégorielle. Il s'agit d'une catégorie juridique qui joue un rôle spécifique dans la qualification juridique des faits. Cependant, le plus souvent, l'intérêt général constitue un élément ou plutôt un critère qui fait partie d'une autre catégorie juridique (une sous-catégorie).

II. Le critère « intérêt général »

206. L'intérêt général peut être fréquemment utilisé dans la jurisprudence administrative (B) comme un critère (A) d'une catégorie juridique spécifique.

A. Le critère « intérêt général »

207. En 1975, D. LINOTTE a déjà relevé que l'intérêt général « pouvait intervenir dans la définition d'une catégorie juridique »[631]. En effet, l'auteur précise que l'intérêt général sert de « critère, c'est-à-dire de signe technique de reconnaissance permettant le classement d'un élément de la vie juridique dans la catégorie considérée »[632].

208. Plus récemment, C. VAUTROT-SCHWARZ reprend l'idée selon laquelle « toute catégorie juridique est composée d'un certains nombres d'éléments »[633]. Se plaçant sous l'angle de la qualification juridique des faits, l'auteur expose que la catégorie est « composée d'éléments qui deviennent les critères »[634] de la qualification juridique. En effet, « celui qui qualifie doit les mettre en œuvre et les caractériser pour le[s] faire entrer dans la catégorie juridique »[635].

209. Toutefois, parmi les différents éléments composant une catégorie, figurent les critères et les indices. Tous deux désignent « les caractères virtuellement observables dans l'objet à qualifier »[636]. Cependant, le critère se distingue de l'indice. En effet, le critère est « un élément que l'on doit nécessairement retrouver dans l'objet à qualifier pour le faire entrer dans la catégorie juridique »[637]. Il médiatise « l'inscription de la donnée dans la catégorie juridique »[638]. Au contraire, l'indice est un « élément qu'il n'est ni

---

631 D. Linotte, *Recherche sur la notion d'intérêt général en droit administratif français*, Thèse, Université de Bordeaux I, p1975,. 230 s.

632 *Ibid.*, p. 231.

633 C. Vautrot-Schwarz, *La qualification juridique en droit administratif*, *op. cit.*, p. 57.

634 *Ibid.*

635 *Ibid.*

636 *Ibid.*

637 *Ibid.*

638 *Ibid.*

nécessaire ni suffisant de retrouver dans l'objet à qualifier pour que ce dernier entre dans la catégorie juridique »[639].

210. Aussi, dans la présente étude, nous nous concentrerons uniquement sur l'analyse de l'intérêt général comme « critère » et non comme simple indice. En effet, la jurisprudence administrative se réfère très fréquemment au critère « intérêt général » pour la qualification d'une catégorie juridique.

B. L'application du critère « intérêt général » par le juge administratif

211. Le critère « intérêt général » comme composant d'une catégorie juridique est fréquemment utilisé dans la jurisprudence administrative ; d'autant plus que la notion d'intérêt général constitue le critère de nombreuses catégories juridiques. Toutefois, dans la présente étude, nous souhaitons montrer la nature qualificatrice de l'intérêt général et non pas faire une analyse exhaustive du critère « intérêt général » dans l'ensemble des catégories du droit administratif[640]. L'objectif en l'espèce est seulement de faire référence aux exemples représentatifs. C'est pourquoi nous nous attacherons uniquement au rôle du critère « intérêt général » dans les catégories « domaine public » (1), « ouvrage public », « travaux publics » (2) et « service public » (3).

1. Intérêt général et catégorie « domaine public »

212. Au XIXe siècle, la domanialité publique est limitée aux biens insusceptibles de propriété privée[641] et affectés à l'usage de tous[642]. Au XXe siècle, la doctrine, recherchant le critère du domaine public « en dehors du Code civil »[643], s'appuie sur des critères variés comme « la destination à

---

[639] *Ibid.*

[640] Cette analyse a déjà été effectuée. V. par ex. D. Linotte, thèse *précit.* D'ailleurs, dans de nombreux domaines, l'étude de l'intérêt général a déjà été menée. V. par ex. sur la place de l'intérêt général en matière contractuelle (F. Gartner, « Des rapports entre contrats administratifs et intérêt général », RFDA, 2006, p. 19 s.) ou sur la notion de personne publique (J.-B. Auby, La notion de personne publique en droit administratif, Thèse, Bordeaux 1, 1979).

[641] T. Ducrocq, *Cours de droit administratif et de législation française des finances*, IV, 7e éd., Paris, A. Fontemoing, 1897-1905, p. 95.

[642] J.-B.-V. Proudhon, *Traité du domaine public ou de la distinction des biens considérés principalement par rapport au domaine public*, I, Dijon, chez Victor Lagier, 1833-1824, p. 241.

[643] J.-M. Auby, P. Bon, J.-B. Auby et P. Terneyre, *Droit administratif des biens*, *op. cit.*, p. 36.

l'usage de tous »[644], « l'affectation à l'usage du public et aux services publics »[645], à « l'utilité publique »[646] ou encore à d'autres critères spécifiques[647]. Ainsi, globalement, comme le remarque D. LINOTTE, le rôle de l'intérêt général dans la qualification de la catégorie « domaine public » a été révélé depuis longtemps par la doctrine[648].

213. Aujourd'hui, selon l'article L. 2111-1 du code général de la propriété des personnes publiques, « sous réserve de dispositions législatives spéciales, le domaine public d'une personne publique est constitué des biens lui appartenant qui sont soit affectés à l'usage direct du public, soit affectés à un service public pourvu qu'en ce cas il fasse l'objet d'un aménagement indispensable à l'exécution des missions de ce service ».

214. Dès lors, qu'il s'agisse de « l'affectation à l'usage du public »[649] ou à un « service public », c'est toujours implicitement l'idée de l'intérêt général ou plus précisément de l'affectation à une « utilité publique »[650] qui

---

644 H. Berthélemy, *Traité élémentaire de droit administratif*, 11e éd., Paris, A. Rousseau, 1926, p. 475 s.

645 L. Duguit (*Traité de droit constitutionnel*, t. 3, Paris, Ancienne librairie Fontemoing et Cie Éd., 1930, p. 348) considère par ex. que le critère est lié à l'affectation au service public. D'autres auteurs distinguent au contraire les deux critères de l'affectation à l'usage du public et celui de l'affectation au service public (R. Bonnard, *Précis de droit administratif*, Paris, LGDJ, 1943, p. 539 ; H. Barckhausen, « Étude sur la théorie générale du domaine public », RDP, 1902, n° 2, p. 401 s. ; H. Barckhausen, « Étude sur la théorie générale du domaine public (2) », RDP, 1903, n° 1, p. 31 s.).

646 M. Hauriou, *Précis élémentaire de Droit administratif*, Paris, Librairie du Rec. Sirey, 1943, 5e éd. refondue et mise à jour par A. Hauriou, p. 357 : « On peut définir le domaine public comme étant l'ensemble des propriétés administratives affectées actuellement à l'utilité publique, soit par l'usage direct du public, soit par des décisions administratives, et qui, par quite de cette affectation, sont inaliénables, imprescriptibles et protégées par les règles de la voirie ». V. aussi, M. Waline, *Les mutations domaniales*, Thèse, Paris, Dalloz, 1925, p. 45 ; J.-M. Auby et R. Ducos-Ader, *Droit administratif*, Paris, Précis Dalloz, 1973, n° 156 s. ; A. de Laubadère, *Traité élémentaire de droit administratif*, t. II, 5e « d, 1970, LGDJ, n° 219 s.

647 V. par ex. sur le critère résidant dans l'existence du pouvoir de police, Alibert, note sous CE, 7 déc. 1928, *Tramways de Sète*, S. 1930.111.1. V. aussi sur le critère qui repose sur l'intention du législateur, L. Jansse, *Les traits principaux du régime des biens du domaine public*, Paris, Domat-Montchrestien, 1938. V. pour une critique de cette dernière position, A. de Laubadère, « Domanialité publique, propriété administrative et affectation », RDP, 1950, p. 5 s.

648 D. Linotte, *Recherche sur la notion d'intérêt général en droit administratif français*, *op. cit.*, p. 257.

649 CE, 28 juin 1935, *Marécar*, Rec. p. 734 - TC, 22 sept. 2003, *Grandidier c. Commune de Juiville*, AJDA, 2004, p. 930, note G. Jurie.

650 Y. Gaudemet, *Droit administratif des biens*, t. 2, Paris, LGDJ, Lextenso Ed., 2011, p. 80 s.

ressort des critères de la domanialité publique[651]. La doctrine partage encore largement l'idée selon laquelle l'intérêt général guide les critères de la domanialité[652]. C'est pourquoi, malgré les réformes et la volonté de restreindre le champ de la domanialité publique[653], l'intérêt général demeure fondamental dans la qualification de la catégorie « domaine public ». Il en est de même pour d'autres catégories comme les « ouvrages publics » et les « travaux publics ».

2. Intérêt général et catégories « ouvrage public » et « travail public »

215. En l'espèce, il sera question d'analyser le rôle du critère « intérêt général » en matière d'« ouvrage public » (a) et de « travail public » (2).

[651] V. pour les critères actuels, Ph. Yolka, « Identifier le domaine public », RJEP, 2006, p. 411 s. ; F. Melleray, « Définitions et critères du domaine public », RFDA, 2006, p. 907 s. ; H. Hubrecht, « Faut-il définir le domaine public et comment ? Méthode énumérative et méthode conceptuelle », AJDA, 2006, p. 598 s. ; C. Lavialle, « Remarques sur la définition législative du domaine public », RFDA, 2008, p. 491 s.

[652] N. Foulquier, *Droit administratif des biens*, Manuel, Lexis Nexis, 2011, p. 15 ; Y. Gaudemet, *Droit administratif des biens*, *op. cit.*, p. 80 s. ; J.-M. Auby, P. Bon, J.-B. Auby et P. Terneyre, *Droit administratif des biens*, *op. cit.*, p. 24 ; P. Godfrin et M. Degoffe, *Droit administratif des biens*, *op. cit.*, p. 30 ; J. Morand-Devillier, *Droit administratif des biens*, Paris, Montchrestien, Lextenso Ed., coll. « Cours », 2012, p. 9 ; R. Chapus, *Droit administratif général*, t. 2, Paris, Montchrestien, 15e éd., 2001, p. 384.

[653] Face au risque de l'accroissement de la catégorie des biens pouvant appartenir au domaine public, M. Waline (*Les mutations domaniales*, Thèse Paris, 1925, p. 45) a imaginé une notion technique, celle de l'aménagement spécial. Alors, en plus d'être affecté à un service public, la jurisprudence a exigé la condition d'aménagement spécial (P. Sandevoir, « La notion d'aménagement spécial dans la détermination du domaine public », AJDA, 1966, p. 84 ; F. Hervouet, « L'utilité de la notion d'aménagement spécial dans la théorie du domaine public », RDP, 1983, p. 135 s.). Toutefois, les auteurs du CGPPP, soucieux de restreindre le champ d'application de la domanialité publique des immeubles affectés aux services publics ont établi une condition plus stricte, celle de l'aménagement indispensable à l'exécution des missions de service public. V. sur ce point, C. Ballandras-Rozet, « L'aménagement indispensable, un critère discutable de réduction du domaine public », AJDA, 2007, p. 571 s. ; M. Canedo-Paris, « Feu le critère de l'aménagement « indispensable » ? », AJDA, 2008, p. 1145 s.

- *a. Intérêt général et catégorie « ouvrage public »*

216. Si la notion d'ouvrage public[654] a longtemps été absorbée par celle de travail public[655], la doctrine reconnaît aujourd'hui son autonomie[656]. Néanmoins, comme le travail public, la notion d'ouvrage public ne repose sur aucun texte. C'est la jurisprudence qui en fixe les critères[657]. Ainsi, est considéré comme un ouvrage public, un immeuble résultant d'un travail ou d'un aménagement et affecté à l'intérêt général.

217. Concernant l'affectation à l'intérêt général, celle-ci peut revêtir deux formes. Il peut être affecté à « l'usage du directe du public »[658] ou à « un service public »[659]. L'intérêt général est donc bien un critère nécessaire à la qualification de l'ouvrage public. En effet, sans l'affectation à l'intérêt général, la jurisprudence refuse cette qualification[660]. Cela s'explique parce que le caractère public de l'ouvrage est « censé assurer la protection d'un intérêt général dont la satisfaction passe par l'existence et l'intégrité physique de l'ouvrage »[661]. En effet, « seule l'affectation à l'intérêt général de l'ouvrage

---

654 V. sur la notion d'ouvrage public, G. Liet-Veaux, « Travail public et ouvrage public » RA, 1960, p. 133 ; L. Lucchini, « Le fonctionnement de l'ouvrage public », AJDA, 1994, p. 357 s. ; C. Cerutti-Maori, *L'ouvrage public*, Thèse, Paris, 1968 ; J. Petit et G. Eveillard, *L'ouvrage public, précit.* ; Y. Gaudemet, « À la recherche de l'ouvrage public », note sous CE, 29 avril 2010, Béligaud, RJEP, n° 680, novembre 2010, p. 24.

655 R. Capitant, « La double notion de Travail public », RDP, 1929, p. 507 s.

656 J.-M. Auby, « L'ouvrage public », CJEG, 1961, p. 61 et 1962, p. 1 ; J.-M. Auby et R. Ducos-Ader, *Droit administratif*, Paris, Précis Dalloz, 1973, n° 404 s. ; A. de Laubadère, *Traité élémentaire de droit administratif*, t. II, Paris, LGDJ, 1968, p. 269 s. ; M. Waline, *Précis de droit administratif*, 1969, *précit.* p. 188.

657 V. sur l'élargissement de la notion, CE, Avis, Ass., 29 avril 2010, *M. et Mme Béligaud*, Rec. p. 126. En l'espèce, le Conseil d'État estime que « la qualification de l'ouvrage public peut être déterminée par la loi. Présentent aussi le caractère d'ouvrage public notamment les biens immeubles résultant d'un aménagement affectés à un service public, y compris s'ils appartiennent à une personne privée chargée de l'exécution d'un service public ».

658 J.-M. Auby, P. Bon, J.-B. Auby et P. Terneyre, *Droit administratif des biens*, *op. cit.*, p. 226.

659 C'est le cas même s'il s'agit d'un service public industriel et commercial, CE, 30 sept. 1955, *Caisse régionale de Sécurité sociale de Nantes*, Rec. p. 459 – CE 7 nov. 1962, *Consorts Jacquet*, AJDA, 1963, p. 182, note A. de Laubadère.

660 CE, 1er oct. 1971, *Sté nouvelle foncière du Cap-Ferret*, Rec. p. 576 (absence d'affectation à l'intérêt général d'un immeuble résultant du travail de l'homme) – CE, 17 oct. 1952, *Ville D'Arras*, Rec. p. 453 (perte d'affectation d'intérêt général : galerie souterraine creusée par l'armée durant le premier conflit mondial mais abandonnée par la suite).

661 Y. Gaudemet, *Droit administratif des biens*, t. 2, Paris, LGDJ, Lextenso, 2011, p. 524 s.

public offre une justification véritable à son intangibilité »[662] : véritable protection exorbitante pouvant faire obstacle à toute décision de démolition[663]. Cela s'explique par la spécificité de l'intérêt général qui « est le support nécessaire d'une activité de service public ou d'intérêt général organisée et voulue par l'État »[664]. Comme l'écrit S. PIERRÉ-CAPS dans une étude consacrée aux tendances de la jurisprudence en matière d'ouvrages publics, à propos d'ouvrages propriété de concessionnaire, l'ouvrage est public parce que son utilisation « déborde l'intérêt privé exclusif du concessionnaire pour participer à l'exécution du service public concédé par l'administration afin de satisfaire l'intérêt général »[665].

218. Ainsi, lorsque le critère « intérêt général » est satisfait, de nombreux ouvrages peuvent entrer dans la catégorie « ouvrage public ». Tel est le cas par exemple[666] des « voies de communication publiques »[667], des « écluses »[668], « des installations portuaires »[669] ou « aéroportuaires »[670], « des canaux d'irrigation »[671] ou « de drainage »[672], « des barrages »[673], « des ouvrages de protection contre la mer »[674], « des ouvrages destinés à l'évacuation des eaux de pluie »[675], « des ouvrages d'assainissement »[676]

---

662 J. Petit et G. Eveillard, *L'ouvrage public, op. cit.*, n° 957.

663 En 2003, le Conseil d'État précise les conditions de mise en œuvre du principe d'intangibilité. En effet, l'ouvrage ne peut être détruit que si cette démolition n'entraîne pas une atteinte excessive à l'intérêt général, CE, 29 janvier 2003, *Syndicat départemental de l'électricité et du gaz des Alpes Maritimes et Commune de Clans, précit.* Pour des précisions sur les réserves matérielles d'intérêt général, Partie 2. TItre 1, Chapitre 2.

664 Y. Gaudemet, *Droit administratif des biens*, *op. cit.*, p. 524 s.

665 S. Pierré-Caps, « La notion d'ouvrage public, tendances de la jurisprudence récente », RDP, 1988, p. 1671 s.

666 La liste n'est pas exhaustive.

667 Y compris une autoroute construite et exploitée par un concessionnaire : TC 28 juin 1965, *Mlle Ruban c/ Sté de l'autoroute Estérel-Côte d'Azur*, Rec. p. 816.

668 CE, 28 mars 1980, *Sté Davenne et Caisse industrielle d'assurance mutuelle*, T. Rec. p. 919.

669 CE, 11 juin 1982, *Min. Transports c/ Sté British Railways Board*, Rec. p. 231.

670 TC, 13 déc. 1976, *Épx Zaoui c/ Aéroport de Paris*, Rec. p. 706.

671 CE, 2 juin 1976, *Cne de Loures-Barousse*, Rec. p. 290.

672 CE, ass. 27 avr. 1973, *Synd. de dessèchement des marais d'Arles et autres*, Rec. p. 305.

673 TC, 14 nov. 1960, *Pourcin*, T. Rec. p. 1152 – CE 30 janv. 1970, *Électricité de France c/ Sté des bateaux de la Côte d'Émeraude*, Rec. p. 76.

674 CE, 27 avr. 1966, *Cne d'Hossegor*, Rec. p. 287.

675 CE, 10 avr. 1974, *Ville de Cannes c/ Sté Ricordel*, Rec. p. 226.

676 CE, 17 mai 1974, *Cne de Bonnieux*, Rec. p. 295 - CE sect. 15 oct. 1976, *District urbain de Reims*, Rec, p. 421.

servant au « transport de l'électricité »[677] ou « du gaz «[678], « de réseau de distribution de la télévision par câble »[679] ou encore « d'un réseau de distribution électrique »[680].

219. Finalement, le critère « intérêt général » joue bien un rôle significatif dans la qualification de la catégorie « ouvrage public ». Ce rôle est aussi important concernant la catégorie « travail public ».

- *b. Intérêt général et catégorie « travail public »*

220. En l'absence de définition textuelle (la loi du 28 pluviôse en VIII), le Conseil d'État a fixé les différents principes qui définissent le travail public[681]. Traditionnellement, « un travail public est un travail immobilier exécuté pour le compte d'une personne publique dans un but d'intérêt général par une personne publique ou privée »[682]. Ensuite, le Tribunal des conflits a estimé que le travail public pouvait également être « un travail immobilier exécuté pour le compte d'une personne privée dans le cadre d'une mission de service public par une personne publique »[683].

221. Dans le cadre de la jurisprudence *Effimieff*, l'exigence d'intérêt général se limite à la reconnaissance d'une mission de service public. Avec la jurisprudence *Commune de Monségur*, l'intérêt général s'apprécie plus largement. En effet, le but d'intérêt général ne doit pas nécessairement faire référence à un service public[684]. De plus, l'intérêt général dépasse la notion du domaine public dans la mesure où, parfois, des travaux effectués sur le domaine public ne sont pas qualifiés de travaux publics lorsqu'ils sont effectués dans un intérêt privé[685]. *A contrario*, il arrive que des travaux

---

[677] CE, 19 févr. 1971, *Électricité de France c/ État et Mme Tronquoy*, Rec. p. 151.

[678] CE, 9 avr. 1975, *Entreprise Bionne et Gaz de France*, T. Rec. p. 1302.

[679] CE, 10 nov. 1993, *Cne de Mirebeau-sur-Bèze*, Rec. p. 314.

[680] TC, 12 avril 2010, *Electricité réseau distribution de France (ERDF) c/ Michel*, n° 3718 ; JCP A, 2010, n° 2173, note J. Moreau – CE, Avis, Ass., 29 avril 2010, *M. et Mme Béligaud*, n° 323179 ; DA 2010 comm. 132 J.-L. Pissaloux ; RJEP 2010, n° 54 note Y. Gaudemet et concl. M. Guyomar

[681] Très tôt, la notion d'utilité publique s'impose comme composante des travaux publics. En effet, dès 1809, le Conseil d'État affirmait que « les ouvrages qui ont pour objet l'utilité publique ou la jouissance du public [...] sont compris sous le nom de travaux publics », D. Linotte, *Recherche sur la notion d'intérêt général*, *op. cit*, p. 269.

[682] CE, 10 juin 1921, *Commune de Monségur*, Rec. p. 573.

[683] TC, 28 mars 1955, *Effimieff*, Rec. p. 82.

[684] Néanmoins, le Conseil d'État évoque encore le service public pour la reconnaissance d'un travail public, CE, 23 janvier 1959, *Commune d'Huez*, AJDA, 1959.II.65, concl. Braibant.

[685] CE, 19 nov. 1958, *Zagouatti*, Rec. p. 569 – CE 15 février 1989, *Mignot*, Rec. p. 53 – CE, 23 nov. 1921, *Cosson*, Rec. p. 964 – CE, 30 mars 1938, *Cie des polders de l'Ouest*, Rec. p. 497 – CE, 2 oct. 1970, *Dame Blasco*, Rec. p. 548.

effectués sur le domaine privé aient le caractère de travaux publics s'ils sont effectués dans l'intérêt général[686].

222. Quoi qu'il en soit, on peut ici aisément remarquer que l'intérêt général constitue bien l'un des critères nécessaires à la qualification du travail public. Cette exigence a conduit le juge administratif à refuser la qualification de travaux publics en l'absence d'intérêt général. Tel est le cas par exemple s'agissant « des travaux uniquement destinés à entretenir ou améliorer le patrimoine des collectivités publiques dans leur intérêt financier »[687] ou « des travaux réalisés dans un intérêt purement privé »[688]. Ainsi, la doctrine a depuis longtemps considéré que l'intérêt général était un élément nécessaire à la qualification du travail public[689]. Aujourd'hui encore, cette affirmation n'est pas remise en cause[690].

---

[686] TC, 18 février 1965, *Martin c. Sauvadet et autres*, Rec. p. 811 – CE, 5 nov. 1975, *Pélissier*, Rec. p. 537 – CE, 28 sept. 1988, *ONF c. Mlle Dupouy*, Rec. p. 317.

[687] CE, 18 janvier 1924, *Casino de Saint-Malo*, Rec. p. 58 – CE, 12 juillet 1944, *Godet*, Rec. p. 206.

[688] TC, 20 janvier 1945, *Suchet*, Rec. p. 276 – CE, 10 nov. 1933, *Toussaint*, Rec. p. 1037 – CAA, Versailles, 30 nov. 2006, *Juillard*, JCP A, 2007, n° 2110, note G. Pellissier.

[689] A. de Laubadère, *Traité élémentaire de droit administratif*, t. II, 5e éd, 1970, LGDJ, p. 262 s. ; J.-M. Auby et R. Ducos-Ader, *Droit administratif*, Paris, Précis Dalloz, 1973, p. 407 s. ; J.-M. Auby et R. Ducos-Ader, *Droit administratif*, Précis Dalloz, 1973, p. 407 s. ; H. Prieux, *Traité pratique du droit des travaux publics et des marchés publics*, t. I. 1968, Paris, Éd. du Moniteur des travaux publics, p. 48 s. V. également plus largement sur la notion de travail public, L. Noël, *La notion de travail public*, Thèse, Paris, 1924 ; G. Bloch, *La notion de travail public*, Librairie technique, 1965 ; M. Combarnous et J.-M. Galabert, « La notion de travail public », AJDA, 1960, p. 92 ; J. Dufau « À propos de l'arrêt Effimieff et de la notion de travail public », CJEG, 1983, p. 1 ; J. Fournier et G. Braibant, « L'extension de la notion de travail public », AJDA, 1957.II.272 ; G. Liet-Veaux, « Progrès ou décadence de la notion de travail public », RA, 1960, p. 605 ; J.-P. Maublanc, « De l'unité de la notion de travail public », dans Mélanges J.-M. Auby, Paris, Dalloz, 1990, p. 227 ; N. Questiaux, « Récents développements de la notion de travaux publics en tant que critère de compétence du juge administratif », EDCE, 1962, p. 73.

[690] N. Fouquier, *Droit administratif des biens*, *op. cit.*, p. 503 s. ; P. Godfrin et M. Degoffe, *Droit administratif*, *op. cit.*, p. 241 s. ; J.-M. Auby, P. Bon, J.-B. Auby et P. Terneyre, *Droit administratif des biens, précit.*, p. 207 s. ; Y. Gaudemet, *Droit administratif des biens*, *op. cit.*, Paris, LGDJ, 2011, p. 510 ; J. Morand-Deviller, *Droit administratif des biens*, Paris, Montchrestien, Lextenso, coll. « Cours », 2012, p. 505 ; R. Chapus, *Droit administratif général*, t. 2, Paris, Montchrestien, 15e éd., 2001, p. 545 s. ; C. Debbasch, J. Bourdon, J.-M. Pontier et J.-C. Ricci, *Droit administratif des biens*, *op. cit.*, p. 307 s. ; C. Lavialle, *Droit administratif des biens*, Paris, PUF, 1996, p. 181 s.

223. L'intérêt général est donc bien un critère des catégories « ouvrage public » et « travail public ». Il constitue également le critère majeur du service public.

3. Intérêt général et catégorie « service public »

224. Au XIXe siècle, « la direction des gouvernants »[691] pouvait caractériser à elle seule le service public. Au XXe siècle, l'élément déterminant de la notion du service public est l'intérêt général[692]. Aujourd'hui, encore, « c'est dans la notion de service public [...] que transparaît en tout premier lieu la place primordiale dévolue à l'intérêt général »[693]. En effet, s'il existe diverses définitions[694] de la notion de service public, c'est son acception

---

691 D. Linotte, *Recherche sur la notion d'intérêt général*, *op. cit.*, p. 91. V. également G. Bigot, *Introduction historique au droit administratif depuis 1789*, Paris, PUF, Droit, coll. « Droit fondamental », 2002, p. 147. En effet, au XIXe siècle, le service public « doit s'entendre comme la mise en œuvre d'une prérogative de puissance publique » car le droit administratif n'est pas un droit de fonction mais un droit de pouvoir (G. Bigot, *op. cit.*).

692 H. Berthélemy, « Défense de quelques vieux principes », Mél. M. Hauriou, 1929, *précit.*, p. 811 s. : v. plus spéc. « La notion de service », art. cit., p. 817 s. ; L. Duguit, « De la situation juridique du particulier faisant usage d'un service public », dans Mél. M. Hauriou, Paris, Librairie du Rec. Sirey, 1929, p. 251 s., spéc., p. 257 ; L. Sfez, *Essai sur la contribution du doyen Hauriou au droit administratif français*, Paris, LGDJ, 1966, p. 136 s. ; G. Jèze, *Les principes généraux du droit administratif*, 2, La notion de service public, les individus au service public, le statut des agents publics, 3e éd., Paris, Marcel Giard, 1930, p. 20 ; C. Eisenmann, *Cours de droit administratif (Définition et structures du droit administratif)*, t. 1, Paris, LGDJ, 1982, p. 115 s. ; C. Eisenmann, *Cours de droit administratif*, t. 2, Paris, LGDJ, p. 625 s. ; J. Chevallier, « Essai sur la notion juridique de service public », dans *Publications de la faculté de droit et des sciences politiques et sociales d'Amiens*, vol. 7, 1976-1977, p. 137 s. ; X. Bezançon, « Les grandes étapes de la notion de service public », Revue des concessions, 1998, n° 1, p. 53 s. ; C. Venezia, « G. Jèze et le service public », Rev. Hist. des Fac. de droit, 1991, n° 12, p. 93 ; M. Waline, « Vicissitudes récentes de la notion de service public », RA 1948, p. 23 s. ; J. Rivero, « Hauriou et l'avènement de la notion de service public », Mélanges Mestre, Paris, Sirey, 1956, p. 461 s. V. aussi, P. Esplugas, *Le service public*, Paris, Dalloz, 2e éd. 2002 ; M. Guenaire, *La fonction unificatrice du service public dans le droit administratif*, Thèse Paris II, 1985 ; E. Pisier-Kouchner, *Le service public dans la théorie de l'État de Léon Duguit*, Paris, LGDJ, 1972.

693 *L'intérêt général*, Rapport public du Conseil d'État, 1999, *op. cit.*, p. 272 s.

694 J. Chevallier, *Le service public*, Paris, PUF, coll. « Que sais-je ? », 2012 ; B. Stirn, « La conception française du service public », CJEG, 1993, p. 229 s. ; J.-M. Woehrling, « Réflexions sur le renouveau du service public », RA, 1992, p. 394 s. ; J.-M. Pontier, « La conception française du service public », D. 1996, chron. p. 9 ; G. J. Guglielmi, *Introduction au droit des services publics*, Paris, LGDJ, 1994 ; M. Long, « Service public, services publics : déclin ou renouveau ? », RFDA, 1995,

matérielle qui domine. De ce point de vue, le service public se comprend comme une « activité d'intérêt général, soit directement prise en charge par une personne publique, soit exercée sous son contrôle »[695]. Cette conception du service public est la plus couramment admise dans doctrine[696] et dans la jurisprudence[697]. L'intérêt général constitue donc bien un critère nécessaire à la qualification de la catégorie « service public ». En effet, en l'absence d'activité d'intérêt général, le juge administratif refuse une telle qualification[698].

225. L'importance du critère « intérêt général » dans la qualification du service public s'explique tout d'abord par sa nature politique. L'intérêt général légitime en effet « l'interventionnisme public »[699]. C'est le cas lorsque les pouvoirs publics ont entendu ériger expressément une activité d'intérêt

---

p. 497 s. ; F. Melleray, « École de Bordeaux, École du service public et École Duguiste. Proposition de distinction », RDP, 2001, n° 6 p. 1887 s. ; G. Bigot, « Les faillites conceptuelles de la notion de service public en droit administratif », RFDA, 2001, p. 1 s. ; R. Chapus, « Le service public et la puissance publique », RDP, 1968, p. 235 s. (V. aussi P. Amselek, AJDA, 1968, p. 492) ; P. Latournerie, « Sur un lazare juridique, Bulletin de santé de la notion de service public. Agonie ? Convalescence ? ou Jouvence ? », EDCE, 1960 n° 14, p.61s.

[695] *L'intérêt général*, Rapport public du Conseil d'État, 1999, *op. cit.*, p. 272 s.

[696] P. Chrétien et N. Chifflot, *Droit administratif*, *op. cit.*, p. 567 s. ; J. Waline, *Droit administratif*, *précit*, *op. cit.*, 2012, p. 369 s. ; S. Velley, *Droit administratif*, Vuibert, 2012, p. 92 ; G. Bernard, J.-P. Deschodt et M. Verpeaux, *Dictionnaire de la politique et de l'administration*, Paris, PUF, 2011, v. « service public », p. 267 ; M. Degoffe, *Droit administratif*, Paris, Ellipses, 2012, p. 209 s. ; R. Chapus, *Droit administratif général*, t. 1, *op. cit.*, p. 579 ; P.-L. Frier et J. Petit, *Précis de droit administratif*, *op. cit.*, p. 185 s. ; D. Truchet, *Droit administratif*, *op. cit.*, p. 325 ; S. Braconnier, *Droit des services publics*, Paris, PUF, Thémis droit, 2007 ; D. Linotte et R. Romi, *Droit du service public*, Paris, Litec, 2007, p. 169 ; G. Guglielmi, G. Kouby, *Droit du service public*, Paris, Montchrestien, 2011, p. 99 s. ; J.-L. de Corail, « L'approche fonctionnelle du service public : sa réalité et ses limites », AJDA, 1997, n° spécial, Le service public, unité et diversité, p. 20 s. ; M. Gentot, « L'identification du service public par le juge administratif », AJDA, 1997, n° spécial, *précit.*, p. 29 s.

[697] CE sect., 22 février 2007, *APREI, précit.* – CE, 5 oct. 2007, *UGC Ciné Cité, précit.* – CE, 25 juillet 2008, *Commisariat à l'énergie atomique, précit.* V. également en droit de l'Union, CJCE, 10 nov. 1998, *Gemeente Arnhem et Gemeente Rheden c. BFI Holding BV*, aff. C 360/96, Rec. I, p. 6821 ; BJCP 1999, n° 2, p. 155, concl. A. La Pergola.

[698] CE Sect., 27 oct. 1999, *Rolin*, Rec. p. 327. V. aussi, CE, 9 février 1979, *Sté d'encouragement pour l'amélioration des races de chevaux en France*, Rec. p. 46 – CE, 24 février 1999, *Wildenstein et autres*, T. Rec. p. 702, 703, 712 et 1045. V. encore, CE, 29 avril 2013, *Féd. des syndicats solidaires, unitaires et démocratiques des activités postales et de télécommunications (Fédération SUD-PTT)*, n° 357373 , à paraître aux T. Rec.

[699] S. Braconnier, *Droit des services publics*, *op. cit.*, p. 170.

général en service public[700]. Néanmoins, dans de nombreux cas, le service public, en l'absence de loi, est défini en dernier ressort par la jurisprudence qui est souvent confrontée à la gestion par des personnes privées, d'activités d'intérêt général auparavant réservées aux collectivités publiques.

226. De plus, l'importance de l'intérêt général dans la qualification du service public s'explique par sa naturelle flexibilité liée à son indétermination matérielle. Cela a deux conséquences. D'une part, de nombreuses activités d'intérêt général contribuent à enrichir la variété des services publics[701]. D'autre part, l'intérêt général permet aussi de s'adapter aux formes nouvelles du service public. Une activité d'intérêt général est par exemple nécessaire pour la qualification d'un « service public »[702], d'un « service public administratif »[703], d'un « service public industriel et commercial »[704], d'un service public social[705], d'un « service public transfuge »[706], d'un « service

---

[700] V. par ex. l'ordonnance n° 67-578 en date du 13 juillet 1967 relative à l'agence nationale pour l'emploi, JORF du 19 juillet 1967 p. 7238 ; la loi n° 91-662 en date du 13 juillet 1991 d'orientation pour la ville, JORF, n°167 du 19 juillet 1991 p. 9521.

[701] V. par ex. en matière culturelle, les théâtres (CE, Sect. 19 mars 1948, *Sté les amis de l'opérette*, Rec. p. 142 – CE, Sect. 12 juin 1959, *Synd. des exploitants de cinématographe de l'Oranie*, Rec. p. 363 – TC, 15 janvier 1979, *Dames Le Cachey et Guiguère*, Rec. p. 560 – CE Sect. 18 mai 1979, *Ass. urbanisme judaïque Saint-Seurin*, Rec. p. 218), festivals (CE, 25 mars 1988, *Comm. D'Hyères*, Rec. p. 668) et congrès (TC, 19 déc. 1988, *Ponce*, Rec. p. 497) ou encore d'exploitation d'une plage (CE, 21 juin 2000, *Sarl Plage « Chez Joseph »*, CJEG, 2000, p. 374, concl. Bergeal).

[702] V. par ex. CE, 17 juin 2011, *Centre hospitalier de l'agglomération de Nevers*, n° 343225, inédit (l'intérêt général s'attachant au bon fonctionnement du service public hospitalier) – CE, 19 juillet 2010, *M. A. et Mme B.*, n° 334014, *précit.*

[703] V. pour des ex. récents : CE 23 déc. 2010, *Conseil national de l'ordre des médecins*, *précit.*, (« le COFRAC assure sous le contrôle de l'État une mission d'intérêt général d'attestation de la capacité des laboratoires de biologie médicale à réaliser des examens dans de bonnes conditions, pour l'exécution de laquelle il a été habilité à délivrer, suspendre ou retirer l'accréditation conditionnant la possibilité, pour un laboratoire de biologie médicale, d'exercer son activité ; que, dans ces conditions, cette ordonnance a pour effet de charger le COFRAC de l'exécution d'une mission de service public administratif ») – CE 24 nov. 2008, *Synd. mixte des eaux et de l'assainissement de la région du Pic Saint Loup*, n° 290540, T. Rec., p. 648, 803 et 809.

[704] V. pour des ex. récents, CE, référé, 3 juin 2011, *Syndicat des directeurs généraux des établissements du réseau des chambres de commerce et d'industrie*, n° 349061, inédit – CE Sect., 6 avril 2007, *Cne d'Aix-en-Provence*, Rec. p. 155.

[705] TC, 22 janvier 1955, *Naliato*, Rec. p. 614.

[706] C'est-à-dire les services publics dont la qualification change de SPA à SPIC par ex. V. pour cette expression, J.-F. Lachaume, H. Pauliat, C. Boiteau et C. Deffigier, *Droit des services publics*, manuel, Lexis Nexis, 2012, p. 99 s.

d'intérêt économique général »[707], d'un « service d'intérêt général »[708] ou encore d'un « service universel »[709]. L'intérêt général est donc bien l'outil nécessaire aux mutations du service public.

227. Toutefois, si l'intérêt général est un critère nécessaire à la qualification du service public, il n'est pas pour autant un critère suffisant[710]. En effet, le Conseil d'État a déjà refusé d'attribuer le « label »[711] « service public » malgré la reconnaissance d'une mission d'intérêt général[712]. Le juge recherche également le contrôle de la personne publique, surtout lorsque le service public est géré par une personne privée. En effet, « indépendamment des cas dans lesquels le législateur a lui-même entendu reconnaître ou, à l'inverse, exclure l'existence d'un service public, une personne privée qui assure une mission d'intérêt général sous le contrôle de l'administration et qui est dotée à cette fin de prérogatives de puissance publique est chargée de l'exécution d'un service public ». Par ailleurs, « même en l'absence de telles prérogatives, une personne privée doit également être regardée, dans le silence de la loi, comme assurant une mission de service public lorsque, eu égard à l'intérêt général de son activité, aux conditions de sa création, de son organisation ou de son fonctionnement, aux obligations qui lui sont imposées ainsi qu'aux mesures prises pour vérifier que les objectifs qui lui sont assignés sont atteints, il apparaît que l'administration a entendu lui confier une telle mission »[713]. Dès lors, si les prérogatives de puissance publique constituent désormais un simple indice[714] dans la qualification du service public, l'intérêt général demeure un critère nécessaire dans la détermination de cette catégorie particulière, tant pour le juge administratif que pour le juge judiciaire[715].

---

[707] CE, 16 février 2011, *Syndicat FHP-MCO*, n° 339029, inédit – CE, 7 juillet 2010, *Syndicat FHP-MCO*, n° 327388, inédit.

[708] Sur le service d'intérêt général, D. Guinard, *Réflexions sur la construction d'une notion juridique : l'exemple de la notion de services d'intérêt général*, Thèse, Paris, L'Harmattan, 2012, coll. « Presses Universitaires de Sceaux ».

[709] CE, 1 juin 2011, *Sté fr. du radiotéléphone (SFR)*, n° 336533, inédit – CE, 19 mars 2010, *M.A.*, n° 321842, *précit.*

[710] V. par ex., CE, 20 mars 2006, *Sté Unibail Management*, n° 284802, inédit. V. aussi dans la juridiction judiciaire, Cass., 4 nov. 2002, n° 00-13524 : en l'espèce, l'intérêt général ne suffit pas - Cass. crim., 3 avril 2013, *Mme X.*, n° 12-82494, non publié au bull.

[711] D. Truchet, « Nouvelles récentes d'un illustre vieillard. Label de service public et statut de service public », AJDA, 1982, p. 427 s.

[712] CE, Sect. 22 février 2007, *APREI, précit.*

[713] CE, Sect. 22 février 2007, *APREI, précit.*

[714] CE, 20 juillet 1990, *Ville de Melun*, Rec. p. 220 - CE Sect. 22 février 2007, *APREI, précit.*

[715] V. par ex., Cass. civ. 1re, 26 janvier 1982, JCP G, 1983, II, 19942, obs. J. de Malafosse - Cass. 1re civ. 19 avril 1977, D. 1979, p. 197 s. - Ccass. 4 nov. 2002 ; AJDA, 2002, p. 1154 ; D. 2002, p. 3060 - Cass. crim. 12 déc. 2000, Rev. sc. crim.

228. Néanmoins, il apparaît parfois dans la jurisprudence que le critère « intérêt général » prime, voire suffit. En effet, la rédaction de certains arrêts est parfois laconique et s'appuie uniquement sur l'intérêt général pour la reconnaissance d'un service public. Tel est le cas par exemple dans l'affaire *Commune d'Hyères* dans laquelle le juge estime qu'en « tout état de cause, le festival de la bande dessinée était, à l'époque des faits invoqués par M. Serre, organisé par la commune d'Hyères : qu'eu égard à l'intérêt général d'ordre culturel et touristique que présente cette manifestation, l'organisation du festival avait le caractère d'une activité de service public »[716]. Le même raisonnement s'applique aussi dans la juridiction judiciaire qui semble promouvoir, dans certaines affaires[717], l'intérêt général « au rang de condition suffisante »[718].

229. Quoi qu'il en soit, l'intérêt général peut être considéré comme une catégorie liée à la pénétration du fait dans le droit. La notion d'intérêt général est en effet dotée d'une nature catégorielle qui joue un rôle majeur dans la qualification juridique des faits. Néanmoins, dans d'autres cas, l'intérêt général – et c'est la situation la plus fréquente – est seulement un élément d'une catégorie juridique. Il s'agit alors d'un simple critère juridique.

Conclusion du Chapitre 1.

230. Nous avons vu que l'intérêt général pouvait, en un certain sens, être appréhendé comme un standard juridique. Plus précisément, s'agissant de la définition du standard, deux approches ont été abordées : l'une est matérielle, l'autre est fonctionnelle. S'agissant de la seconde approche, l'objectif était de définir le standard par son rôle, sa fonction. En l'espèce,

---

2001.372, obs. B. Bouloc et 156, obs. Y. Mayaud D.2001.433. – Cass. crim. 18 juin 2002, D. 2002.244 – CA Lyon, 28 juin 2001, Rev. sc. crim.2001.804, obs. Y. Mayaud. Par ailleurs, sur le service public judiciaire, v. J. Cadart, *Les tribunaux judiciaires et la notion de service public : la notion judiciaire de service public*, Paris, Sirey, 1954 ; F. Melleray, « La notion judiciaire de service public. Développements récent », AJDA, 2003, p. 114 s.

[716] CE, 25 mars 1988, *Commune d'Hyères*, *précit.* - CE, 2 juin 1995, *Ville de Nice*, n° 123647, *précit.*

[717] Parfois, la Cour de cassation mentionne uniquement l'objet d'une activité d'intérêt général pour qualifier le service public : « l'aménagement et la gestion d'un camping municipal par une commune, dans l'intérêt général, pour promouvoir le tourisme, constitue en principe un service public » : Cass., civ 1re, 31 mars 2010, Mme X., n° 09-12821, Bull. 2010, I, n° 83 V. aussi pour un autre ex., Cass., ch. soc., 16 février 2011, *Mme X.*, n° 10-10465, Bull. 2011, V, n° 50. L'intérêt général semble donc primer sur les autres critères. V. également en ce sens, Rapport public du Conseil d'État, *L'intérêt général*, *op. cit.*, p. 274.

[718] *Ibid.*

nous avons constaté que l'intérêt général, eu égard à ses fonctions morales et rhétoriques, remplit certaines fonctions attribuées généralement au standard entendu comme un instrument de normalité.

231. S'agissant maintenant de la première approche du standard (matérielle), nous nous sommes confrontée au contenu et à la valeur juridique de l'intérêt général. En effet, la définition matérielle du standard « intérêt général » a conduit à dissocier le standard de la règle de droit. Le standard « intérêt général » doit alors être considéré, selon nous, comme une norme dans la norme, voire, une « norme non indépendante ». De ce point de vue, l'intérêt général fait partie de la règle de droit et est tout au plus, une catégorie juridique, tout au moins, un critère juridique. Cette étude définitionnelle et normative du standard « intérêt général » met donc l'accent sur son rôle essentiel lié à la qualification juridique ; qualification intimement liée à sa valeur normative non autonome. Ce faisant, l'intérêt général n'est pas une norme juridique autonome, mais tout au plus, une catégorie juridique, tout au moins, un critère permettant l'adaptation du fait du droit.

232. Néanmoins, si l'intérêt général peut être considéré comme un standard juridique, nous estimons, au regard de l'interprétation de la jurisprudence administrative, que cette notion dépasse, transcende le standard compris comme un simple instrument de normalité.

Chapitre 2.

Le dépassement du standard par l'intérêt général

233. Précédemment, on a vu que l'intérêt général pouvait être compris comme un standard en termes de normalité. Cette approche suppose que le standard soit évolutif. Elle permet au juge d'adapter la règle de droit en prenant en considération des données extra-juridiques. Le juge peut par exemple prendre en compte les valeurs sociales à travers le standard qui est une sorte de « coquille vide », de notion flexible susceptible de faire l'objet de déterminations multiples et contradictoires. Ainsi, l'intérêt général serait comme l'urgence, l'imprudence, l'inadmissible, l'insuffisant ou le raisonnable, c'est-à-dire un standard qui laisse au juge une marge de manœuvre importante en raison de son inachèvement. Cette vision de l'intérêt général est adoptée par une partie de la doctrine qui le définit comme une notion évolutive et changeante.

234. Néanmoins, nous proposons de dépasser cette position car l'intérêt général possède, malgré ce qui change au niveau matériel, un point de définition stable, fixe et permanent qui rend compte de sa nature intrinsèque et apporte de la cohérence à ses différentes évolutions dans la jurisprudence administrative. Il convient alors d'abord d'examiner quels sont les facteurs idéologiques qui conduisent encore aujourd'hui à confondre l'intérêt général avec le standard (Section 1). Nous considérons cependant qu'en raison de sa prédétermination ontologique, l'intérêt général dépasse largement la question du standard (Section 2). Plus précisément, l'enjeu sera de savoir si l'intérêt général a bien une essence propre. Dans la négative, il demeure un simple standard évolutif. Dans l'affirmative, il dépasse le standard. C'est la seconde hypothèse que nous souhaitons démontrer.

- *Section 1. Les facteurs idéologiques de confusion entre l'intérêt général et le standard*
- *Section 2. La prédétermination ontologique de l'intérêt général, marque de rupture avec le standard*

SECTION 1.

LES FACTEURS IDÉOLOGIQUES DE CONFUSION ENTRE L'INTÉRÊT GÉNÉRAL ET LE STANDARD

235. Le premier facteur de confusion entre le standard et l'intérêt général est lié à la remise en cause de l'idéologie traditionnelle de ce dernier (I). En effet, les conceptions volontariste et utilitariste ayant fait l'objet de nombreuses critiques, c'est une nouvelle idéologie qui émerge et qui déstructure l'intérêt général en l'assimilant parfois à des intérêts particuliers (II). Ainsi, l'intérêt général ne serait guidé par aucun principe interne. Il changerait sans cesse en fonction des demandes. Cette instabilité conceptuelle contribue alors à valider la thèse selon laquelle l'intérêt général serait indirectement, comme n'importe quel standard, une « coquille vide » qui évoluerait en fonction des besoins de la société, sans jamais contenir, en lui-même, la forme d'un principe d'auto-détermination.

I. La remise en cause de l'idéologie traditionnelle de l'intérêt général

236. L'idéologie traditionnelle de l'intérêt général est liée au choix de l'approche volontariste face à la conception utilitariste (A). Néanmoins, si l'on considère que la première approche est celle qui conviendrait le mieux au système français, par tradition, on constate que l'évolution de la jurisprudence la remet en cause (B).

A. Le choix de l'approche volontariste de l'intérêt général face à l'approche utilitariste

237. La doctrine s'accorde généralement à penser que la conception utilitariste de l'intérêt général ne convient pas au système français (1). Elle opte davantage pour l'approche volontariste (2).

1. Le refus d'adopter une conception utilitariste de l'intérêt général

238. L'utilitarisme correspond à une tradition de pensée « majoritairement anglophone »[719]. C'est une « doctrine relative à la morale »[720], élaborée entre « le milieu du XVIIIe et du XIXe siècle »[721]. Parmi les figures de proue de « l'utilitarisme classique »[722], J. BENTHAM a montré comment, à partir du principe de l'utilité, déduire toute une philosophie morale, juridique et politique[723]. Plus précisément, l'utilitarisme fonde « la moralité ou la justice d'une action ou d'une règle d'action sur son aptitude à conduire au plus grand bonheur le plus grand nombre de personnes concernées par l'action »[724]. Si d'un auteur à l'autre, le concept de bonheur défini en termes de plaisir acquiert une dimension plus qualitative[725] en fonction de

---

719 M. Canto-Sperber, *La philosophie morale britannique*, Paris, PUF, 1994 ; E. Halévy, *La formation du radicalisme philosophique*, 3 vol., Paris, 1901-1904, rééd., PUF, 1995.

720 *Dictionnaire de la culture juridique*, *op. cit.*, p. 1498.

721 P. Raynaud et S. Rials (dirs), *Dictionnaire de philosophie politique*, Paris, PUF, 2003, coll. « Quadrige », p. 827 s.

722 L'utilitarisme classique des XVIIIe et XIXe s'oppose à l'utilitarisme contemporain du XXe siècle. V. parmi les utilitaristes contemporains : J. Harsanyi, R. Hare et P. Singer. V. sur ce point, L. Thiaw-Po-Une, « Utilitarisme », dans A. Renaut (dir.), *Encyclopédie de la culture politique contemporaine*, t. III, Théories, Hermann, 2008, p. 505 s.

723 J. Bentham, *Introduction aux principes de morale et de législation* (1789), trad. du centre Bentham, M. Bozzo-Rey et A. Brunon-Ernst, Paris, J. Vrin, 2011. V. sur J. Bentham, M. Bozzo-Rey et G. Tusseau (dirs), *Bentham juriste. L'utilitarisme juridique en question*, acte du colloque international des 5 et 6 février 2009, Paris, Economica, coll. « Études juridiques », 2011 ; G. Tusseau, *Jeremy Bentham. La guerre des mots*, Paris, Dalloz, 2011 ; G. Tusseau, *Jeremy Bentham et le droit constitutionnel. Une approche de l'utilitarisme juridique*, Paris, L'Harmattan, coll. « Logiques juridiques », 2001 ; G. Tusseau, « La réception de l'œuvre de Jeremy Bentham par les juristes français : l'exemple de Michel Villey », dans E. de Champs, J.-P. Cléro (dirs), *Bentham et la France : fortune et infortunes de l'utilitarisme*, Oxford, Voltaire Foundation, 2009, p. 243 s. ; G. Tusseau, « Jeremy Bentham on Power-Conferring Laws » [Les règles qui confèrent des pouvoirs chez Jeremy Bentham], Revue d'études benthamiennes, n° 3, nov. 2007, p. 48 s. ; J.-P. Cléro, *Bentham, Philosophe de l'utilité*, Paris, Ellipses, coll. « Philo-philosophe (Paris) » , 2006 ; P. Gérard, F. Ost et M. Van de Kerchove, *Actualité de la pensée juridique de Jérémy Bentham*, Bruxelles, Bruylant, 1987.

724 *Encyclopédie de la culture politique contemporaine*, t. III, Théories, Hermann, 2008, p. 505 s.

725 J. S. Mill, *On Liberty*, 1859. V. pour la traduction française, J. S. Mill, *De la liberté*, trad. Dupont-White, L. Lenglet, Paris, Folio Essais, 1990. V. aussi du même auteur, *L'utilitarisme. Essai sur Bentham*. Présentation, trad. et notes par C. Audard et P. Thierry, Paris, PUF, coll. « Quadrige », 1998.

l'objet, l'utilitarisme peut être décrit autour de « trois axes »[726]. Tout d'abord, l'être humain est compris comme « le point d'ancrage de toute une série de recherches visant l'utilité, comme le lieu où se développent des activités désirantes à la faveur desquelles sont expérimentés des plaisirs »[727]. De plus, l'utilitarisme définit, « à partir de la poursuite du bonheur, la rationalité de l'action morale individuelle, puis la transpose au plan collectif »[728]. Enfin, l'utilitarisme est une « théorie conséquentialiste dans laquelle le choix d'agir ainsi plutôt qu'autrement doit s'opérer à partir des conséquences de l'action et seulement si nous pouvons l'évaluer positivement du point de vue de ce qui en résulte pour l'objectif de la maximisation du bonheur »[729].

239. Ainsi, selon l'approche utilitariste, l'intérêt commun « se définit comme la somme algébrique des intérêts individuels, c'est-à-dire comme le plus grand bonheur du plus grand nombre d'individus »[730]. Cette approche de l'intérêt général fait prévaloir « la solution économique du problème de l'intérêt sur la solution politique. C'est dans la sphère économique, en effet, que peuvent s'accorder intérêt privé et intérêt public »[731]. Ce faisant, « c'est le marché et non le contrat social »[732] qui devient le véritable régulateur des relations sociales[733].

240. Cette approche tend alors à distinguer l'intérêt général de l'intérêt public qui serait davantage lié à la tradition utilitariste. L'intérêt public est considéré, dans cette optique, comme la « résultante de l'harmonisation spontanée des intérêts économiques »[734]. De cette manière, il n'est « jamais mieux servi que lorsqu'on laisse, en réalité, les individus libres de travailler à satisfaire leurs intérêts égoïstes. Par ce libre jeu des intérêts privés, se réalise spontanément l'intérêt public »[735]. Cette idée, développée par A. SMITH, suppose de réduire l'intérêt public à l'avantage économique[736]. Néanmoins, cette analyse porte au-delà de la sphère économique car l'auteur

---

726 L. Thiaw-Po-Une, « Utilitarisme », art. cit., p. 505 s.

727 *Ibid.*

728 *Ibid.*

729 *Ibid.*

730 Conseil d'État, *L'intérêt général*. Rapport public 1999, *précit.,* p. 253.

731 *Ibid.*

732 M.-A. Frison-Roche, « Le modèle du marché », APD, 1996, *Droit et esthétique*, t. 40, p. 287.

733 P. Rosanvallon, *Le libéralisme économique*, Paris, Seuil, 1979.

734 Rapport Conseil d'État, *L'intérêt général*, *op. cit*., p. 253.

735 *Ibid.* V. aussi, M. Rothbard, *L'éthique de la liberté,* Paris, Les Belles Lettres, 1991, p. 268.

736 A. Smith, *Recherches sur la nature et les causes de la richesse des nations* (1776), trad. J. A. Roucher, rééd., Thomson, Gale, 2005. V. aussi, J. A. Mazères, « L'un et le multiple dans la dialectique marché-nation », dans B. Stirn (dir.), *Marché et Nation – Regards croisés*, CEDIN-Paris I, Perspectives internationales, Montchrestien, 1995, p. 126.

tend à faire de l'économie[737] le « principe de l'institution de la société »[738] en montrant comment la sphère des échanges suffit à constituer, puis à « réguler la société et sa richesse »[739].

241. Plus précisément, d'un point de vue historique, M.-H. FRAYSSINET rappelle qu'au XIXe siècle, on assiste à « l'essor du capitalisme et du libéralisme purement individualiste »[740] qui trouve sa source dans l'idéologie des Lumières, elle-même issue d'une « bourgeoisie en ascension et caractérisée par une mentalité socio-économique »[741]. Par la raison, on arrive à déterminer « l'intérêt public car, naturellement, les intérêts au sein de la société convergent. L'existence de l'intérêt public est posée comme postulat, par l'entremise de la convergence naturelle des intérêts de la société civile »[742]. Ce faisant, les libéraux, « n'ont pas vraiment de principe d'action mais bien plutôt une démarche négative qui consiste à ne pas porter atteinte à autrui. Il y a donc juxtaposition des particularismes plutôt qu'intégration, l'universel est défini négativement »[743]. En effet, la théorie libérale tend à exclure tout « volontarisme politique »[744]. L'idée est de défendre une « régulation spontanée à l'intérieur de la société civile »[745]. L'appartenance de l'individu à la société se résume donc aux « échanges économiques, c'est-à-dire privés »[746], qu'ils entretiennent avec les autres individus[747].

242. De cette manière, les utilitaristes définissent un sujet rationnel à la recherche de ces intérêts privés qui conduisent nécessairement à l'intérêt public. Tout individu a alors accès à la sphère publique. Néanmoins, M.-H. FRAYSSINET souligne que cette logique ne peut tenir, « en raison de l'accroissement du public qui va faire apparaître des contradictions dans ce

---

737 C. Larrere, *L'invention de l'économie au XVIIIe siècle*, Paris, PUF, coll. « Léviathan », 1992.

738 Le marché représente « un état de nature quasi-idyllique, porteur de toutes les promesses de félicité sociale » : F. Ost et M. van de Kerchove, *De la pyramide au réseau ? Pour une théorie dialectique du droit*, *op. cit.*, p. 161.

739 F. Perrin, *L'intérêt général et le libéralisme politique. Entre droits et intérêts particuliers (XVIIe-XIXe siècle)*, Thèse, philosophie, LGDJ, coll. « Thèses », Fondation Varenne, 2012, p. 285. V. aussi, P. Rosanvallon, *Le capitalisme utopique. Histoire de l'idée de marché*, Paris, Seuil, 1999, p. 70.

740 M.-H. Frayssinet, *La notion d'intérêt en droit administratif*, Thèse, Université Toulouse I, 2000, p. 38.

741 *Ibid.*

742 *Ibid.*

743 *Ibid.*

744 *Ibid.*

745 P. Manent, *Histoire intellectuelle du libéralisme*, Paris, Calmann-Lévy, 1987.

746 Rapport Conseil d'État, *L'intérêt général*, *op. cit.*, p. 255.

747 V. aussi, J. Habermas, L'*espace public. Archéologie de la publicité comme dimension constitutive de la société bourgeoise*, Paris, Payot, 1988, p. 85 s.

système »[748]. En effet, l'État libéral non interventionniste va évoluer vers une « action de plus en plus marquée, au sein de la sphère publique, de groupes d'intérêts concurrentiels qui ne peuvent résoudre les dissensions qui les opposent »[749]. L'intérêt public devient alors général, l'économie n'est plus garante du lien social. C'est donc la notion d'intérêt qui, au départ, strictement libérale, fait émerger la notion d'intérêt public.

243. Toutefois, « confronté à une dimension davantage sociale, l'État modifie son intervention pour améliorer la condition des membres de la société »[750]. La question économique ne peut donc répondre, à elle seule, à la satisfaction du bien commun. C'est l'État, par son intervention croissante, qui affirme une conception volontariste de l'intérêt qui devient général. Autrement dit, l'approche utilitariste, qui « laisse peu de place à l'arbitrage de la puissance publique et traduit une méfiance de principe envers l'État »[751], ne semble plus convenir avec la tradition française. La doctrine s'accorde en effet à penser qu'en France, c'est la conception volontariste qui « a toujours été prédominante »[752], même si elle a pu faire l'objet de profondes évolutions.

2. La traditionnelle approche volontariste de l'intérêt général

244. La vision volontariste de l'intérêt promeut « une conception de l'intérêt général qui ne soit pas la somme arithmétique des intérêts particuliers et ne se réduise pas à un simple calcul d'optimum économique »[753]. Cette idée suppose qu'une communauté politique réclame davantage qu'une coalition d'intérêts particuliers[754]. C'est la raison pour laquelle « les révolutionnaires ont vu, dans J.-J. ROUSSEAU, celui dont la pensée a permis l'avènement de l'intérêt général »[755].

245. Selon l'auteur, l'objet du *Contrat social* est d'établir les fondements d'une autorité légitime, dont la forme est nécessairement républicaine, parce que son unique finalité est l'intérêt public[756]. J.-J. ROUSSEAU envisage, dans son œuvre, l'origine et le fondement de l'État. Il donne « indifféremment comme raison d'être du corps politique l'utilité

---

[748] M.-H. Frayssinet, *La notion d'intérêt en droit administratif*, *op. cit.*, p. 39.
[749] M.-H. Frayssinet, *La notion d'intérêt en droit administratif*, *op. cit.*, p. 39.
[750] *Ibid.*
[751] Rapport Conseil d'État, *L'intérêt général*, *op. cit.*, p. 245.
[752] P.-L. Frier et J. Petit, *Précis de droit administratif*, *op. cit.*, p. 189.
[753] Rapport Conseil d'État, *L'intérêt général*, *op. cit.*, p. 257.
[754] H. Arendt, *La condition de l'homme moderne*, rééd., trad. G. Fradier, Paris, Presses Pocket, 1988.
[755] Rapport public CE 1999, *précit.* V. aussi, M. Clément, *Le sens de l'histoire*, Paris, Nouvelles éd. Latines, 1958, p. 42 ; G. Lebreton, RDP, 1986, n° 6, p. 1619 ; Rapport Conseil d'État, *L'intérêt général*, *op. cit.*, p. 257.
[756] J.-J. Rousseau, *Contrat social*, dans *Œuvres complètes*, Bibliothèque de la Pléiade, 5 vol. 1959-1995, Paris, II, 6, OC III, p. 379.

commune ou la forme de la convention originaire »[757]. Plus précisément, le Contrat social s'apparente à une « politique de l'intérêt »[758] qui fait entrevoir la possibilité d'une « union juste, qui ne soit pas un regroupement forcé mais une authentique société civile, gouvernée par le principe d'un intérêt commun »[759]. De ce point de vue, le pacte social a pour objectif de faire coïncider les intérêts, « non pas en les additionnant comme si un intérêt commun pouvait émerger d'une somme d'intérêts particuliers, mais en les rendant discernables »[760]. En effet, ce qui garantit que l'État soit au service de l'intérêt commun se déduit de la nature même du pacte par lequel les hommes s'engagent. Le contrat s'articule ainsi sur l'égale obligation de chacun envers chacun de telle sorte que l'intérêt de chacun est l'intérêt commun, au sens où il est également avantageux pour chacun d'appartenir à une communauté politique. De là, naît la distinction entre la « volonté générale »[761] et la volonté de la majorité. Si dans l'optique utilitariste, le risque de la tyrannie de la majorité pose problème, tel n'est pas le cas dans le contrat social dans la mesure où la volonté générale « n'est pas un compromis ni un composé de volontés particulières »[762]. La volonté générale s'appuie en effet sur « la volonté du citoyen, qui, en tant que membre du souverain, évalue les lois à l'aune de l'intérêt de la communauté et non en fonction de ses intérêts particuliers ». La volonté générale prétend donc à « l'universalité », comme « intérêt commun à l'unanimité »[763]. Au contraire, « l'intérêt de la majorité »[764] est composé d'intérêts purement privés. Elle n'est qu'une somme des « volontés particulières »[765]. Dans ce cadre, le citoyen, à travers le pacte social, n'agit pas en vue de satisfaire ses intérêts mais l'intérêt de la communauté. L'intérêt général n'est donc pas l'addition d'intérêts privés mais une volonté commune destinée à satisfaire l'ensemble de la collectivité. Dès lors, la volonté générale transcende les intérêts particuliers et « l'union du Tout social s'impose »[766].

246. Cette conception de l'intérêt général nécessite alors une « entité médiate, la société politique qui a pour but de faire ressortir un mobile universel qui fasse agir chaque partie pour une fin générale et relative au

---

[757] F. Perrin, *L'intérêt général et le libéralisme politique*, *op. cit.*, p. 63.
[758] *Ibid.*
[759] J.-J. Rousseau, *Contrat social*, *op. cit.*, II, 1, *OC* III, p. 368.
[760] F. Perrin, *L'intérêt général et le libéralisme politique*, *op. cit.*, p. 65.
[761] P.-L. Leon, « L'idée de volonté générale chez Rousseau et ses antécédents historiques », APD, 1936, p. 149.
[762] F. Perrin, *précit.*
[763] *Contrat social*, *op. cit.*, IV, 2, *OC* III, p. 439.
[764] P. Favre, « Unanimité et majorité dans le contrat social de Jean-Jacques Rousseau », RDP, 1979, p. 111.
[765] *Contrat social*, *op. cit.*, I, 3, *OC* III, p. 371.
[766] F. Perrin, *précit.*

tout »[767]. Ainsi, la transcendance[768] de l'intérêt commun est conçue comme un « argument pouvant emporter l'adhésion de tous et par là même fonder le pouvoir de l'État »[769].

247. De cette manière, la « figure de l'État »[770] comme instrument nécessaire à la formulation de l'intérêt général rappelle bien la conception française qui « s'inscrit sans conteste dans la filiation volontariste »[771] qui imprègne encore aujourd'hui la culture politique « substantialiste, moniste, étatiste et nationale »[772]. Historiquement[773], M.-H. FRAYSSINET considère que cette théorie volontariste dominante renvoie à « une conception de l'État plus interventionniste liée à l'apparition du discours social, développé au milieu du XIXe siècle en France »[774], suites aux critiques du libéralisme[775]. En effet, les « revendications des groupes sociaux de l'époque qui ne répondent plus aux prédicats libéraux, insistent sur une intervention étatique. Cela implique l'action d'un État régulateur social à la différence des premiers libéraux qui assimilaient le terme « social » à la société, sphère privée autonome face à l'État »[776]. La sphère privée n'est donc plus indépendante face à la sphère publique où elle pénètre. La « conception unitaire du social, fondée sur l'économie, tend à disparaître avec l'interpénétration croissante des deux sphères »[777].

248. Cela explique l'accroissement de l'interventionnisme étatique à la fin du XIXe siècle qui « restreint l'autonomie privée et porte atteinte au modèle libéral »[778]. Dès lors, « le public devient une fonction du privé alors que le privé devient affaire publique »[779]. D'une « société conçue comme un tout, comme un marché par les premiers économistes libéraux, on se dirige

---

767 F. Rangeon, *L'idéologie de l'intérêt général*, *op. cit.*, p. 118.

768 V. aussi sur ce point, G. Clamour, *Intérêt général et concurrence, précit.*, p. 233.

769 M.-P. Deswarte, « Intérêt général et bien commun », RDP, 1988, p. 1291.

770 G. Clamour, *op. cit.*

771 *L'intérêt général*, Rapport CE, *op. cit.*, p. 261.

772 B. Denis, « Avant-Propos », Problèmes politiques et sociaux (revue), *L'intérêt général à l'épreuve du pluralisme,* n° 946 – mars 2008, Dossier réalisé par B. Denis, La Doc. fr., p. 4 s.

773 Pour la vision historique de la conception volontariste de l'intérêt général, v. M.-H. Frayssinet, *précit.* p. 39 s.

774 M.-H. Frayssinet, thèse, *op. cit.* p. 39.

775 K. Marx, *La guerre civile en France*, Paris, Éd. Sociales, 1969, p. 60 s. ; Marx et Engels, *Écrits militaires*, traduit et présenté par Roger Dangeville, Théorie et stratégie l'Herm, 1970 ; L. Althusser, *Pour Marx*, François Maspero, 1980 ; F. Hegel, *La Philosophie de l'Histoire. précit.* ; J. Habermas, *L'espace public*, *op. cit* ; M.-H. Frayssinet, thèse, *op. cit.*, p. 43.

776 M.-H. Frayssinet, thèse, *op. cit.*, p. 43.

777 J. Habermas, *L'espace public*, *op. cit.* p. 153.

778 M.-H. Frayssinet, thèse, *op. cit.*, p. 43 s.

779 M.-H. Frayssinet, thèse, *op. cit.*, p. 43 s.

vers un social atomisé où se réunissent public et privé »[780] au profit d'une nouvelle sphère : « la sphère sociale »[781].

249. Ainsi, la conception volontariste de l'intérêt général est liée à « l'interpénétration des sphères privées et publiques, c'est-à-dire qu'à aucune de ces sphères ne correspond plus un contenu propre »[782]. L'intérêt général se démarque alors de l'intérêt public. Il n'a plus un contenu strictement économique car « la sphère sociale est le lieu de rencontre du public et du privé »[783]. L'intérêt général est global. Toutefois, ce phénomène d'interpénétration, caractéristique de la conception volontariste, tend, avec l'intervention croissante de l'État, à remettre en cause la transcendance de l'intérêt général. En effet, l'État qui est censé être le médiateur nécessaire à la réalisation de l'intérêt général transcendant, n'est plus perçu aujourd'hui comme agissant dans l'intérêt commun, mais dans l'intérêt de certain. S'instaure alors la confusion entre les intérêts qui conduit à la perte de la transcendance de l'intérêt général lui-même.

B. Les limites de l'approche volontariste de l'intérêt général

250. L'interpénétration des sphères privée et publique, on l'a vu, tendrait à priver, dans la pratique, l'intérêt général de son caractère transcendant. Plus précisément, la transcendance présente trois caractères essentiels. Une réalité est dite transcendante par rapport à une autre quand elle lui est « extérieure, supérieure et lorsqu' elle ne peut être atteinte à partir de la première par un mouvement continu »[784]. Ainsi, la transcendance est liée aux notions d'altérité, d'extériorité et de supériorité. Rapporté à l'intérêt général, cela signifie que ce dernier, « pur et unique »[785], se présente comme « extérieur et différent des intérêts particuliers, multiples et impurs »[786]. En effet, précise

---

[780] *Ibid.*

[781] « La contradiction entre privé et public, caractéristique des premières étapes de l'époque moderne, fut un phénomène temporaire qui annonçait l'effacement total de la différence même entre domaine public et domaine privé, l'un et l'autre résorbé dans la sphère du social » : H. Arendt, *Condition de l'homme moderne*, Paris, Calmann-Lévy, 1983, p. 110. V. également J. Habermas (*L'espace public*, *op. cit,* p. 156), « À la fin du XIXe siècle, dans le cadre de la société civile, on voit apparaître au sein de la sphère privée, dont l'importance sur le plan public n'a cessé de croître, une sphère sociale repolitisée où des institutions sociales et celles de l'État se fondent en un unique complexe de fonctions qu'il est plus possible de différencier selon les notions de public et de privé ». V. sur ces développements, M.-H. Frayssinet, *Ibid.*

[782] M.-H. Frayssinet, thèse *op. cit.*, p. 76.

[783] M.-H. Frayssinet, thèse *op. cit.*, p. 76.

[784] A. Lalande, *Vocabulaire technique et critique de la philosophie*, *précit.*, v° « transcendance ».

[785] F. Rangeon, *L'idéologie de l'intérêt général*, *op. cit*, p. 29.

[786] *Ibid.*

F. RANGEON, « s'il était identifiable à tel ou tel intérêt particulier, il serait toujours susceptible d'entrer en conflits avec d'autres intérêts »[787]. Or, l'interpénétration des sphères privée et publique, accentuée par l'intervention de l'État tendrait à réduire ou à « faire disparaître »[788] la transcendance de l'intérêt général.

251. Techniquement, cette idée ressort de l'étude de la jurisprudence administrative dans laquelle l'intérêt général semble être aspiré par les intérêts privés. Certes, l'idée selon laquelle l'intérêt général ne s'oppose pas forcément aux intérêts privés n'est pas nouvelle. La jurisprudence *Ville de Sochaux*[789] notamment[790] l'illustre bien. Comme le précise également D. TRUCHET, l'intérêt général et l'intérêt privé peuvent facilement se rejoindre[791]. Cela est normal et classique. Toutefois, l'évolution de la jurisprudence tend à montrer que ce phénomène s'accroit, de telle sorte que l'intérêt général semble réellement perdre son caractère transcendant, c'est-à-dire, extérieur et supérieur aux intérêts privés. Deux situations jurisprudentielles illustrent cela. L'une est liée à l'intervention du juge administratif dans l'économie (1) tandis que l'autre est liée à l'explosion de la notion d'intérêt public local (2).

1. Les limites liées à l'intervention du juge dans l'économie

252. Concernant les discriminations tarifaires en matière économique, le Conseil d'État refusait en 1947 de justifier une mesure administrative par un intérêt général assimilé à un intérêt particulier. En effet, si des considérations d'intérêt général peuvent justifier l'octroi d'avantages tarifaires sans violer le principe d'égalité, dans l'affaire *Compagnie navale des pétroles,* le juge administratif a exclu les justifications tirées de considérations d'intérêt général déduites de la poursuite d'un intérêt

[787] *Ibid.*

[788] M.-H. Frayssinet, thèse, *précit.*, p. 71.

[789] CE, 20 juillet 1971, *Ville de Sochaux*, Rec., p. 561 : l'intérêt général peut ici couvrir autant les intérêts privés que publics, dès lors que « l'opération d'aménagement répond aux exigences de développement économique d'un ensemble industriel tout en satisfaisant aux besoins de la circulation publique ».

[790] Pour d'autres ex. liés au rapprochement entre intérêt privé et intérêt général : CE, 23 mars 1992, *Martin*, Rec. p. 130. V. sur la question : J. Caillose, *L'intérêt général, la croissance et les avatars du droit administratif*, Thèse Rennes I, 1978, p. 266 s. ; I. Richer, « Service public et intérêt privé », APD, 1997, t. 47, *Le public et le privé*, p. 293 ; D. Truchet, « L'intérêt général dans la jurisprudence du Conseil d'État, retour aux sources et équilibre », art. cit. p. 361 s., spéc. p. 371.

[791] Tel est le cas lorsque l'administration délivre une autorisation à une personne. Alors, « l'autorisation litigieuse satisfait en même temps l'intérêt général en vue duquel la procédure d'autorisation a été instituée et l'intérêt privé de cette personne » : D. Truchet, *Droit administratif*, *op. cit.*, p. 71.

particulier. Plus précisément, concernant l'exclusion d'une seule société des opérations d'affrètement sur la réglementation de la marine marchande, « le ministre n'a pu se fonder sur aucun motif tiré soit de l'intérêt général soit d'une situation particulière de la compagnie navale des pétroles »[792]. De même, « en imposant aux importateurs de pommes et poires, [...] l'obligation de s'approvisionner en lentilles auprès des seuls producteurs isolés ou groupés en coopératives, à l'exclusion des négociants faisant le commerce de ce produit, et alors qu'une telle discrimination n'était justifiée par aucun intérêt public, le ministre de l'Agriculture a agi dans l'intérêt exclusif de certaines catégories particulières de commerçants en lentilles »[793]. Pour un autre exemple, le Conseil d'État a jugé que « dans les circonstances de l'affaire, la mesure contestée, qui ne peut être regardée comme ayant été justifiée par des considérations d'ordre général dont il appartenait à l'administration de faire état pour l'application de la législation en matière économique, a été édictée dans l'intérêt exclusif des coopératives agricoles »[794]. En l'espèce, il est question d'incitations en vue de favoriser une certaine partie de producteurs : les coopératives. Il s'agit donc bien d'une action de l'administration interventionniste. Ainsi, précise G. PELLISSER, la Haute juridiction rejette « l'établissement d'une discrimination dans la seule perspective d'une politique d'aide aux producteurs »[795]. L'intérêt général ne peut donc être recherché à travers le caractère exclusivement privé des buts poursuivis. De tels buts entraînent l'annulation de la mesure litigieuse.

253. Or, avec le développement des pratiques interventionnistes, la réserve d'intérêt général en matière économique fait l'objet d'une présomption. Toutes les mesures d'interventionnisme économique sont présumées poursuivre un intérêt général. De la sorte, l'intérêt général devient une source légitime de l'interventionnisme économique qui permet de porter atteinte au principe d'égalité. Ainsi, l'intérêt général peut justifier une différence de traitement au profit d'une seule entreprise, c'est-à-dire d'un intérêt particulier. L'arrêt en date du 21 juin 1951, *Syndicat de la raffinerie du soufre française*[796], complété plus tard par deux autres décisions sur requête du même syndicat, constitue un exemple topique. En l'espèce, le Conseil d'État reconnaît « la validité, dans un régime de péréquation, de la fixation, par l'administration d'un prix différent au bénéfice d'une seule entreprise ». Ce « privilège » a été octroyé à une société unique, la « Société languedocienne, seule productrice du soufre ». L'aménagement du système de péréquation permettait à l'entreprise litigieuse de vendre son minerai à un prix

[792] CE, 13 juin 1947, *Compagnie navale des pétroles*, Rec., p. 265.

[793] CE, 30 janvier 1948, *Syndicat départemental des industriels en lentilles de la Haute-Loire*, Rec., p. 42.

[794] CE, 6 mars 1959, *Société Totaliment*, Rec., p. 158.

[795] G. Pellisier, *précit.*

[796] CE, Sect., 21 juin 1951, *Syndicat de la raffinerie du soufre française*, Rec., p. 377.

inférieur au prix imposé aux autres sociétés vendant un minerai identique. Une telle discrimination est justifiée par « l'intérêt général de l'économie nationale à favoriser l'expansion d'une entreprise déterminée ».

254. De la même manière, dans une autre affaire, on peut relever que la protection des « intérêts de la France » dans ses relations commerciales avec l'étranger a justifié la rupture de la concurrence entre deux sociétés au moyen de mesures favorisant les activités de l'une d'elles[797]. De même, plus récemment, dans un arrêt en date du 10 novembre 2004, *Union des industries utilisatrices d'énergie (UNIDEN)*[798], le juge a accepté une différenciation tarifaire pour l'utilisation des réseaux publics de transport et de distribution d'électricité qui avait pour effet de favoriser EDF. En effet, les dispositions tarifaires mises en place par le décret du 19 juillet 2003, en application de la loi du 10 février 2000 relative « à la modernisation et au développement du service public de l'électricité, a fixé des tarifs d'utilisation des réseaux publics de transport et de distribution d'électricité qui aboutissent à dispenser les producteurs d'électricité (EDF) de toute charge pour l'utilisation des réseaux », du moins, pour l'électricité destinée à la consommation intérieure. Cette « faveur »[799] a été justifiée par « l'intérêt général qui s'attache à promouvoir cette exportation ».

255. Par ailleurs, dans un arrêt en date du 21 octobre 1988, *Syndicat national des transporteurs aériens*[800], le Conseil d'État marque « la fin de la présomption d'intérêt général en matière économique »[801]. Ce faisant, le juge « constate lui-même positivement l'intérêt général qui s'attache à favoriser une activité grâce à l'octroi d'un avantage »[802]. Tel est le cas dans de nombreux arrêts. Par exemple, dans une affaire en date du 15 décembre 2000,

---

[797] CE, 13 juillet 1963, *Aureille*, RDP, 1964, p. 205 : « Si le secrétaire d'État aux Affaires économiques a, par son intervention, défavorisé les activités du sieur Aureille au profit de son concurrent, la société Beaujolin, tant en ce qui concerne la vente de matériel français d'installation de sucreries en République dominicaine qu'en ce qui touche le bénéfice de l'assurance-prospection, dont a été privé le requérant, il résulte de l'instruction que la concurrence des groupes français, en face d'offres de pays tiers, pour la vente de ce matériel, était de nature à nuire aux intérêts français ; les mesures dont se plaint le sieur Aureille se trouvaient, ainsi, justifiées par l'intérêt général ».

[798] CE, 10 nov. 2004, *Union des industries utilisatrices d'énergie (UNIDEN)*, n° 250423, T. Rec. p. 554, 557, 560, 565, 569 et 710 ; note M. Lombard, DA, 1 janvier 2005, n° 1, p. 31.

[799] M. Lombard, « Les analyses économiques dans le contrôle juridictionnel des actes pris sur proposition des agences de régulation », DA, 1 janvier 2005, n° 1, p. 31.

[800] CE, 21 oct. 1988, *Synd. nat. des transporteurs aériens*, Rec., p. 375.

[801] P. Delvolvé, *Droit public de l'économie*, Paris, Précis Dalloz, coll. « Droit public Science politique », 1998, p. 198 ; V. également G. Pellissier, *Le contrôle des atteintes au principe d'égalité au nom de l'intérêt général par le juge de l'excès de pouvoir, précit.*, p. 259.

[802] *Ibid.*

Union générale des syndicats de grossistes du marché d'intérêt national de Paris-Rungis (UNIGROS)[803], le Conseil d'État justifie une différence tarifaire par un « intérêt général qui permet de justifier des avantages à des sociétés dans le but d'améliorer la productivité de marché d'intérêt général »[804].

256. Enfin, avec l'intégration de la concurrence dans la justification de l'intérêt général, la limite entre les intérêts particuliers des entreprises ont tendance à se confondre avec l'intérêt général. Influencé « par les évolutions libérales, la préservation et la direction de l'économie constituent des composantes de l'intérêt général »[805]. C'est l'intégration de préoccupations et d'impératifs économiques dans l'intérêt général qui génère une branche économique du droit public et qui justifie « l'intervention des pouvoirs publics »[806]. Dans un arrêt du 10 avril 2002, *Somatour*, le Conseil d'État a déjà qualifié les règles de la concurrence de « but d'intérêt général »[807]. Il a également jugé que l'« existence d'une situation de concurrence effective sur le marché » était constitutive d'« intérêt public »[808]. Par ailleurs, le motif économique peut constituer un motif régulier « d'une décision administrative »[809] ou d'une « loi de validation »[810]. Le développement économique a même été érigé en « service public »[811]. Ainsi, le Conseil d'État devient un arbitre avec l'intérêt général pour faire face aux nouveaux problèmes économiques.

257. Or, le problème ne réside pas dans la proximité des intérêts particuliers avec l'intérêt général (cela a été admis depuis longtemps) mais dans l'assimilation entre ces deux types d'intérêts. En effet, la difficulté naît ici de l'identification de l'intérêt général à un seul intérêt particulier. Si tel est le cas, alors, l'intérêt général ne peut plus être transcendant. Les caractères d'extériorité et de supériorité liés à la transcendance de l'intérêt général semblent être remis en cause. Par exemple, dans l'arrêt du 27 avril 2009,

---

[803] CE, 15 déc. 2000, *Union générale des syndicats de grossistes du marché d'intérêt national des Paris-Rungis (UNIGROS)*, Rec., p. 619 ; Concl. Bergeal, RFDA 1 août 2001, n° 4, p. 884.

[804] En l'espèce, le Conseil d'État juge conforme au principe d'égalité « la décision du Comité de tutelle des marchés d'intérêt national qui accordent à la société de vente en gros Métro, l'autorisation, par dérogation, d'installer plusieurs commerces de vente en gros dans le périmètre de protection du marché d'intérêt national de Rungis ».

[805] S. Nicinski, *Droit public des affaires*, *op. cit.*, p. 6.

[806] *Ibid.*

[807] CE, 10 avril 2002, *Somatour*, CMP 2002, n° 148, note Ph. Delelis ; JCP G, 2002, I, p. 169, note S. Braconnier.

[808] CE, 21 février 2005, *Fédération nationale UFC Que Choisir*, n° 277442.

[809] CE, 10 mai 1985, *SA Boussac Saint-Frères*, Rec., p. 145 – CE, 30 déc. 1998, *Sté laitière Bellevue*, Rec., p. 777.

[810] Cons. const., n° 96-75 du 9 avril 1996, *précit.*

[811] CE, 25 janvier 2006, *Cne de la Souche*, n° 184878, inédit.

Société Bouygues Télécom[812], le Conseil d'État justifie la discrimination imposée à la Société Bouygues Télécom par les considérations d'« intérêt général qui s'attache à l'entrée d'un quatrième opérateur ("Free") sur le marché de la téléphonie mobile dans des conditions techniques et économiques susceptibles de lui permettre de concurrencer les opérateurs existants dans des conditions équitables ». S'immisçant au cœur des activités concurrentielles, le juge administratif justifie donc une discrimination dans le but de permettre l'existence « d'un nouvel opérateur sur le marché »[813] (un intérêt particulier). Une démarche similaire est utilisée dans l'affaire *Compagnie nationale Air France*[814].

258. Ce faisant, l'intervention de l'État dans l'économie peut (pour le moment[815]) participer à la remise en cause de la transcendance de l'intérêt général. D'une autre manière, la notion d'intérêt public local produit des effets similaires.

2. Les limites liées à l'explosion de l'intérêt public local

259. L'apparition de la notion « d'intérêt public local » tend à accroître la confusion entre intérêt général et intérêts particuliers[816]. En effet, l'aspect transcendantal de l'intérêt général « paraît être de plus en plus remise en cause »[817]. Le rapport public du Conseil d'État de 1999, consacré à l'étude de l'intérêt général, précise d'ailleurs qu'au sein même de l'administration, « la confrontation d'un intérêt local et d'un intérêt national[818] rend souvent difficile la préservation de l'intérêt général »[819].

---

[812] CE, 27 avril 2009, *Sté Bouygues Télécom*, n° 312741, *précit.* ; RJEP, juillet 2009, p. 26 s., concl. F. Lénica.

[813] Pour plus de précisions v. RJEP, juillet 2009, p. 26 s., concl. F. Lénica.

[814] CE, 28 juillet 2000, *Cie nationale Air France*, n° 193195, *précit.*

[815] Nous reviendrons sur ce point car en réalité l'intérêt général ne perd pas sa transcendance. Les nouveaux modèles économiques conduisent seulement à redessiner les contours de l'action publique.

[816] V. sur la confusion entre l'intérêt local et l'intérêt privé : M. Long, « Les enjeux juridiques : clause générale de compétence et intérêt public », dans N. Kada (dir.), *L'intérêt public local, Regards croisés sur une notion juridique incertaine*, Grenoble, PUG, 2009, p. 27 s. spéc. p. 28 s. ; C. Devès, « Le juge administratif et l'intérêt public économique local », dans N. Kada, *L'intérêt public local, Regards croisés sur une notion juridique incertaine*, *op. cit.*, p. 183 s.

[817] Thèse M.-H. Frayssinet, *op. cit.*, p. 77.

[818] Cette opposition entre l'intérêt général national et l'intérêt local est manifeste encore aujourd'hui dans de nombreuses affaires. V. pour une illustration récente relative à l'opposition entre intérêt national et intérêt local : TA de Bordeaux, 1er mars 2007, *Ass. Aquitaine Alternative et autres*, n° 0603435, inédit. Le TA a annulé un projet de contournement autoroutier pour vice de procédure. Toutefois, le juge met en avant les oppositions manifestes entre intérêt local et intérêt national sur de tels sujets.

[819] Rapport public du CE, *L'intérêt général*, *op. cit.*, p. 322.

260. Plus précisément, souligne N. KADA, la confusion entre intérêt général et intérêt privé s'installe « dès l'origine, lorsque la notion d'intérêt public local est apparue. En effet, cette notion était déjà présente sous l'Ancien Régime, autour de la paroisse notamment et de sa communauté de vie, gérée par ses habitants avec une certaine autonomie. La Révolution, en entendant revenir sur les privilèges, aboutit à un compromis où les compétences exercées au niveau communal au nom de l'État sont relatives à l'intérêt général tandis que celles exercées pour le compte de la commune ne sont relatives qu'à des intérêts privés, à des affaires domestiques »[820]. Ainsi, précise l'auteur, le « dédoublement fonctionnel aboutit à une distinction entre intérêt général national et intérêt local privé »[821]. L'intérêt public local sème alors le trouble par son assimilation historique aux intérêts privés.

261. Dans la jurisprudence administrative, la confusion entre l'intérêt public, l'intérêt public local et l'intérêt privé est présente dès le début du XXe siècle avec l'existence des services publics industriels et commerciaux et l'interventionnisme local lié au socialisme municipal. Avec la jurisprudence *Chambre syndicale du commerce en détail de Nevers*[822] par exemple, les conseils municipaux peuvent pallier les insuffisances de l'initiative privée pour répondre aux besoins locaux de la population sans porter atteinte au principe de liberté du commerce et de l'industrie. Ce faisant, la frontière devient étroite entre l'intérêt public local (composante de l'intérêt général) et l'intérêt privé.

262. Aujourd'hui, dans la jurisprudence administrative, l'intérêt public local fait encore l'objet de confusion avec l'intérêt privé. L'octroi de subventions par une collectivité constitue un exemple représentatif des relations entre ces différents intérêts[823]. Dans une affaire en date du 4 avril 2005, le conseil municipal de la commune d'Argentan attribue « une subvention aux unions locales de syndicats de salariés en activité sur le territoire de la commune »[824]. En l'espèce, plusieurs intérêts contradictoires s'opposent. D'une part l'intérêt public local de la commune défini à l'article L. 2121-29 du code général des collectivités territoriales, qui dispose que « le conseil municipal règle, par ses délibérations, les affaires de la commune et

---

820 N. Kada, « Introduction », dans N. Kada (dir.), *L'intérêt public local, Regards croisés sur une notion juridique incertaine, op. cit.*, p. 7 s.

821 *Ibid.*

822 CE, 30 mai 1930, *Ch. synd. comm. en détail de Nevers*, Rec., p. 583.

823 V. par ex. sur le rôle de l'intérêt public local dans le subentionnement des associations : J.-L. Pissaloux, « L'intérêt public local face à l'intérêt général dans le subventionnement des associations », dans N. Kada, *L'intérêt public local. Regards croisés sur une notion juridique incertaine, op. cit.*, p. 197 s.

824 CE, 4 avril 2005, *Commune d'Argentan*, Rec., p. 137 ; E. Cadeau, RFDA, 2006, p. 51 s. ; note F. Saramito, Droit ouvrier, 1er nov. 2005, n° 688, p. 499 s. ; concl. E. Glaser, AJDA, 2005, p. 1295 s.

émet des vœux sur tous les objets d'intérêt local ». Sa compétence est donc fondée sur l'existence d'un intérêt public local. D'autre part, il est question des « intérêts catégoriels des syndicats »[825] (personnes morales de droit privé, associations diverses, organisations syndicales)[826].

263. Dans la présente affaire, les juges du fond considèrent qu'il n'appartient pas au conseil municipal, en application de l'article L. 2121-9 CGCT, d'accorder des subventions aux organisations syndicales en raison de l'absence d'intérêt public local[827] (présence d'intérêts catégoriels privés). Cette position a été censurée par le Conseil d'État qui estime que « les modalités de versement des subventions conclues avec ces organisations présentent un caractère social correspondant à des préoccupations d'intérêt local jugées prioritaires par la commune et bénéficiant au public local, comme l'élaboration de projets de formation professionnelle, la tenue de permanences d'information ou l'activité de conseil juridique en droit social et droit du travail »[828]. Ainsi, selon la Haute juridiction, « il n'est pas établi ni même allégué que ces subventions auraient été attribuées dans un but politique ou pour apporter un soutien à l'une des parties dans un conflit collectif du travail ; que dans ces conditions, ces subventions peuvent être regardées comme se rattachant à un intérêt public local »[829]. La confusion s'installe alors entre l'intérêt public local justifiant l'intervention de la commune et les intérêts catégoriels liés à la défense des syndicats.

264. Dans une autre affaire en date du 6 avril 2007, *Commune d'Aix-en-Provence*[830], le Conseil d'État considère qu'une activité initiée par une personne privée, sans lien juridique direct avec une personne publique au départ, peut recevoir le label de service public s'il ressort, en considération de l'intérêt et de l'implication en cours d'une personne publique, que cette dernière a entendu lui reconnaître un tel caractère[831]. Par conséquent, « la

---

825 E. Cadeau, « Intérêt public local et intérêts catégoriels. À propos du subventionnement des syndicats de salariés par les collectivités territoriales », RFDA, 2006, p. 51 s.

826 Concl. E. Glaser, AJDA, 2005, p. 1295 s.

827 V. pour des précisions sur ce point, N. Kada, *précit.* ; Concl. E. Glaser, AJDA, 2005, p. 1295 s.

828 CE, 4 avril 2005, *Commune d'Argentan*, n° 264596, *précit.*

829 CE, 4 avril 2005, *Commune d'Argentan*, n° 264596, *précit.*

830 CE, Sect., 6 avril 2007, *Commune d'Aix-en-Provence*, Rec., p. 155.

831 « Considérant en outre que, lorsqu'une personne privée exerce, sous sa responsabilité et sans qu'une personne publique en détermine le contenu, une activité dont elle a pris l'initiative, elle ne peut, en tout état de cause, être regardée comme bénéficiant de la part d'une personne publique de la dévolution d'une mission de service public ; que son activité peut cependant se voir reconnaître un caractère de service public, alors même qu'elle n'a fait l'objet d'aucun contrat de délégation de service public procédant à sa dévolution, si une personne publique, en raison de l'intérêt général qui s'y attache et de l'importance qu'elle revêt à ses yeux, exerce un

collectivité publique en cause n'a pas besoin de se trouver à la source de la création du service et/ou de sa dévolution »[832]. Il peut lui suffire, observe G. ORSONI, de « reconnaître qu'une personne privée, qui a initié une activité, poursuit bien un but d'intérêt général et qu'en conséquence, sous réserve du contrôle exercé par la personne publique, elle peut bénéficier de subventions sans connaître l'étape contrat de délégation de service public »[833]. Cette possibilité laissée à l'initiative des personnes privées tend à renforcer l'assimilation entre l'intérêt public local justifiant une subvention et l'intérêt privé de la personne privée. D'où la confusion des intérêts. Cette assimilation est dangereuse car l'intérêt public local est une variante de l'intérêt général[834]. S'instaure alors une confusion entre l'intérêt général, l'intérêt public local et l'intérêt privé. Par conséquent, le caractère privé de l'intérêt public local se transpose à la notion d'intérêt général qui perd son caractère transcendant.

265. Ainsi, la vision volontariste répond à l'idéologie traditionnelle de l'intérêt général. Néanmoins, la jurisprudence en fait apparaître ses limites. Cela conduit naturellement au renouvellement l'idéologie de l'intérêt général.

II. Le renouvellement déstructuré de l'idéologie de l'intérêt général

266. Pour faire face au renouvellement de l'intérêt général, la doctrine propose une nouvelle méthodologie pragmatique et dialogique qui renvoie à une conception procédurale (A). Cette idéologie permet de penser le multiple dans l'intérêt général et rend compte de la diversification de ses formes dans la jurisprudence administrative. Néanmoins, si elle rend compte d'une évolution réelle de l'intérêt général, cette nouvelle idéologie remet en cause son unité conceptuelle. Nous proposons alors de questionner cette approche qui bouleverse la notion même d'intérêt général (B).

A. La vision procédurale de l'intérêt général

267. L'évolution du contentieux administratif amène la doctrine à penser que l'intérêt général se désagrège (1). Elle se pose alors la question du

---

droit de regard sur son organisation et, le cas échéant, lui accorde, dès lors qu'aucune règle ni aucun principe n'y font obstacle, des financements » : CE, Sect., 6 avril 2007, *Commune d'Aix-en Provence, précit.*

[832] N. Kada, dans N. Kada, *L'intérêt public local*, *op. cit.*, p. 7 s.

[833] Chron. G. Orsoni, RTDC, 1/10/2007, n°4, p. 694 s.

[834] Dailleurs, la jurisprudence administrative est confuse et invoque tantôt « l'intérêt public communal » (CE, 29 juin 2001, *Commune de Mons-en-Baroeul*, n° 193716, Rec., p. 298), tantôt « l'intérêt général de la commune » (CAA Nantes, 30 juin 2000, *Préfet de la Vendée*, n° 98NT129, et CAA de Nantes 2e espèce, 30 juin 2000, *Préfet de la Vendée,* n° 00NT00040), de sorte que la confusion entre l'intérêt local et l'intérêt général est consommée depuis longtemps.

sens de l'intérêt général et aboutit parfois à une vision procédurale, fondée sur une méthodologie pragmatique (2).

1. La désagrégation de l'intérêt général

268. La vision traditionnelle de l'intérêt général s'est effritée au cours des dernières décennies. Selon B. DENIS, « si naguère encore, l'intérêt général était largement invoqué par l'État contre lequel on ne pouvait légitimement rien répliquer, cela ne semble plus être le cas. Cette référence ne fonctionne plus comme un "réflexe d'union républicaine" »[835]. En effet, la montée en puissance « des associations de riverains »[836], des « mouvements catégoriels et des minorités »[837], tend à « délégitimer » la notion d'intérêt général. De cette manière, la référence à l'intérêt général n'« emporte plus [forcément] l'adhésion de tous »[838] et n'est plus aussi souvent un argument d'autorité suffisant.

269. Dans la jurisprudence administrative, la perte de la suprématie de l'intérêt général peut s'illustrer à travers le développement de la théorie du bilan qui confronte l'intérêt général et les intérêts publics et privés de deux manières différentes. D'une part, l'intérêt public (variante de l'intérêt général) peut s'assimiler aux intérêts privés et de groupes (intérêts catégoriels). D'autre part, l'intérêt général peut céder, dans le bilan, face aux intérêts privés ou de groupes. L'intérêt général n'est donc plus extérieur ni supérieur aux intérêts privés qui peuvent l'emporter. Il y a alors une perversion au sein même de la notion d'intérêt général qui peut céder, voire s'assimiler à des intérêts privés. De cette manière, la théorie du bilan marque un pas supplémentaire dans la destruction de l'idéologie traditionnelle (volontariste) de l'intérêt général. En effet, si l'administration ne peut pas agir dans un intérêt exclusivement privé sous peine de commettre un détournement de pouvoir, dans le cadre du bilan, la « reconnaissance d'un intérêt général dépend parfois de sa confrontation avec des intérêts privés »[839]. Ce phénomène est d'autant plus marquant qu'il s'applique sans cesse à de nouveaux contentieux.

---

[835] B. Denis, « Avant-propos », dans Revue Problèmes politiques et sociaux, *L'intérêt général à l'épreuve du pluralisme*, n° 946, mars 2008, Dossier réalisé par B. Denis, La doc. fr., p. 4 s., spéc. p. 8.

[836] V. par ex. sur les associations de riverains s'élevant contre des projets d'aménagement ou d'infrastructures pourtant déclarées d'utilité publique : G. Novarina, « L'intérêt général : de nouvelles exigences. Débat autour d'une autoroute », dans *Intercommunalité et intérêt général*, Les recherches annales de la recherche urbaine, n° 99, déc. 2005, p. 7 s.

[837] D. Reynié, « La crise démocratique de l'obéissance », dans Pascal Perrineau (dir.), *Le désenchantement démocratique*, La Tour d'Aigues, Ed. de L'Aube, coll. « Essai », 2003, p. 47 s.

[838] B. Denis, art. cit., p. 8.

[839] D. Truchet, *Droit administratif*, *op. cit.*, p. 71.

270. Au départ cantonné au domaine de l'expropriation avec la jurisprudence *Ville Nouvel Est*[840], la méthode du bilan s'applique désormais dans le contentieux[841] des « dérogations aux règles d'urbanisme »[842], des « servitudes pour l'établissement du tracé des lignes électriques »[843], des « autorisations de licenciement de salariés protégés »[844], de « la délimitation d'un périmètre de protection »[845], de « la légalité d'un plan de servitudes aéronautiques »[846], des « projets d'intérêt général »[847], des « prescriptions imposées dans une zone de protection d'un site »[848], de « l'appréciation de la régularité procédurale d'une déclaration de projet »[849], des « décisions d'autorisation d'équipement commercial »[850] ou encore dans le contentieux relatif à « l'appréciation de l'urgence »[851].

271. Ainsi, l'intérêt général n'est plus l'argument ultime d'autorité. Il est intégré à un ensemble de valeurs privées ou collectives, qui doivent nécessairement être prises en compte dans la balance. L'intérêt général pèse donc de moins en moins face à ces différents intérêts en présence. C'est le cas, par exemple, dans l'arrêt *Syndicat départemental de l'électricité et du gaz des Alpes-Maritimes et commune de Clans*[852] dans lequel le Conseil d'État, saisi par des riverains, constate l'absence d'utilité publique d'un projet qui conduira à la démolition d'un ouvrage public[853]. Dans une autre affaire, *Ministre de*

---

[840] CE, Ass., 28 mai 1971, *« Ville nouvel Est », précit.*

[841] La liste n'est pas exhaustive.

[842] CE ass. 18 juill. 1973, *Ville de Limoges*, Rec. p. 530.

[843] CE ass. 24 janv. 1975, *Gorlier et Bonnifay*, Rec. p. 354.

[844] CE Ass. 5 mai 1976, *SAFER d'Auvergne c/ Bernette,* Rec. p. 232.

[845] CE 3 févr.1992, *Cne de Soulom*, Rec. p. 52.

[846] CE, 5 mai 1993, *Assoc. de déf. des riverains de l'aéroport de Deauville-Saint-Gatien*, T. Rec., p. 1057.

[847] CE, 23 mars 1992, *Martin et Fraboulet*, Rec. p. 131.

[848] CE, sect. 8 juill. 1977, *Dame Rié*, Rec. p. 317.

[849] CE, 3 oct. 2011, *Synd. mixte des transports en commun Tisseo et Sté de la mobilité de l'agglomération toulousaine*, n° 350210, à paraître aux T. du Rec. ; obs. R. Grand, AJDA 2011, p. 1929.

[850] CE Ass., 27 mai 2002, *SA Guimatho*, Rec. p. 178 ; AJDA, 2002. 702, concl. R. Schwartz .

[851] B. Caviglioli, « Le recours au bilan dans l'appréciation de l'urgence », AJDA, 2003 p. 642 s.

[852] CE, Sect., 29 janvier 2003, *Synd. départ. de l'électricité et du gaz des Alpes-Maritimes et commune de Clan*s précit.

[853] En effet, selon le Conseil d'État, « lorsque le juge administratif est saisi d'une demande d'exécution d'une décision juridictionnelle dont il résulte qu'un ouvrage public a été implanté de façon irrégulière, il lui appartient, pour déterminer, en fonction de la situation de droit et de fait existant à la date à laquelle il statue, si l'exécution de cette décision implique qu'il ordonne la démolition de cet ouvrage, de rechercher, d'abord, si, eu égard notamment aux motifs de la décision, une régularisation appropriée est possible ; que, dans la négative, il lui revient ensuite de

l'équipement, du logement et des transports contre Commune de Saint-Germain-en-Laye et autres[854], le juge administratif développe, dans le cadre de la théorie du bilan, une « conception extensive »[855] des intérêts publics susceptibles d'entrer en contradiction avec des projets de construction. Cette vision extensive de la théorie du bilan conduit la Haute juridiction à faire primer des considérations environnementales sur l'utilité publique d'un projet. En effet, outre le coût proprement dit et le caractère aléatoire des retombées positives, ce sont avant tout les incidences environnementales du projet qui contribuent à conférer au bilan de cette opération un caractère négatif et à priver par conséquent celle-ci de son caractère d'utilité publique. L'intérêt général/ou utilité publique n'est donc plus au centre de la balance des intérêts. Il est concurrencé par l'intérêt du justiciable et les intérêts sectoriels comme divers besoins en matière sociale, environnementale ou autres.

272. Cette situation met en lumière la « perte de valeur » de l'intérêt général face aux intérêts privés ou de groupes. R. DEBRAY explique ce phénomène par « la montée des égoïsmes et le triomphe d'un utilitarisme grossier, caractéristique d'une société atomisée et soumise au prosaïsme marchand »[856]. Sans aller jusque-là, estime B. DENIS, « on peut considérer qu'un sens excessif des réalités s'est imposé et diffusé à l'ensemble du corps social au détriment des grandes généralités. Ainsi, il n'est plus possible aujourd'hui d'exciper d'une finalité collective ou d'un principe supérieur sans qu'y soient décelées la trace d'un mobile, l'ombre d'un calcul ou la marque d'un intérêt »[857]. De la sorte, la conception volontariste ne semble pas donner toutes les grilles de lectures aux nouvelles évolutions jurisprudentielles de l'intérêt général. En effet, sous l'influence des critiques[858]

---

prendre en considération, d'une part, les inconvénients que la présence de l'ouvrage entraîne pour les divers intérêts publics ou privés en présence et notamment, le cas échéant, pour le propriétaire du terrain d'assiette de l'ouvrage d'autre part, les conséquences de la démolition pour l'intérêt général et d'apprécier, en rapprochant ces éléments, si la démolition n'entraîne pas une atteinte excessive à l'intérêt général ». En l'espèce, le juge a considéré qu'il n'y avait pas d'obstacle d'intérêt général nécessitant le maintien de l'ouvrage public litigieux.

[854] CE Ass., 3 mars 1993, *Ministre de l'équipement, du logement et des transports contre Commune de Saint Germain en Laye et autres*, n° 142226, Rec., p. 60 ; note F. Fines, Recueil Dalloz Sirey, 22/06/1995, n° 24, p. 335 ; note M.-C. Rouault, LPA, 30 avril 1993, n° 52, p. 16 ; note R. Hostiou, S. Glogowski et J. Saint Laurent, AJDA, 14/06/2004, n° 22, p. 1193 ; CJEG, 1993, p. 360 concl.Sanson ; AJDA, 1993, p. 340, chron. Maugüé et Touvet ; RFDA, 1994, p. 310 note Morand-Deviller.

[855] M.-C. Rouault, LPA, 30 avril 1993, n° 52, p. 16.

[856] R. Debray, « L'intérêt général démagnétisé », *Le Monde*, 7 février 2008.

[857] B. Denis, introduction, *précit.*, p. 8.

[858] V. pour les critiques de la notion d'intérêt général : J.-M. Pontier, « L'intérêt général existe-t-il encore ? », Recueil Dalloz, 1998, 35e Cahier, Chron., p. 327 s.

« philosophiques »[859], « sociologiques et économiques »[860], l'intérêt général est désacralisé. Il est réduit « à un masque idéologique, à une somme d'intérêts particuliers, voire à un simple procédé rhétorique »[861].

273. De cette manière, la conception volontariste, « liée historiquement à l'interventionnisme étatique »[862], a pris naissance avec la « confusion entre les sphères publique et privée »[863]. Il appartenait alors, dans cette logique, à la sphère politique de médiatiser les différents intérêts en présence et de porter, d'une seule voie, le nom de l'intérêt général. C'est l'intérêt général transcendant et transcendé au niveau politique. Néanmoins, aujourd'hui, on assiste à un double phénomène. D'une part, le développement de l'action publique conduit au débordement des différents intérêts à prendre en compte. D'autre part, ces intérêts privés ou sectoriels ont gagné en légitimité et atteignent ainsi « la légitimation de l'action publique »[864]. Autrement dit, « la conception française de l'intérêt général s'est effritée parce que la défense de certains intérêts particuliers est apparue légitime [...] et que l'autonomie politique s'est amenuisée »[865].

274. On constate alors que les mutations du contentieux administratif amènent la doctrine à s'interroger sur le renouvellement de l'idéologie de l'intérêt général. Ce phénomène peut aboutir, pour certain, à adopter une vision procédurale fondée sur une méthodologie pragmatique.

2. La méthodologie pragmatique de l'intérêt général

275. Confrontée aux mutations de la jurisprudence, la doctrine a tenté de réconcilier les différentes conceptions de l'intérêt général. En effet, face au dogme de l'intérêt général transcendant et pur (distinct des intérêts privés), lié à la tradition volontariste, les auteurs souhaitent désormais penser le « multiple »[866] au sein de l'intérêt général. C'est la naissance de l'intérêt général « néo-moderne »[867] qui prend en compte la pluralité des fins à travers la technique du bilan notamment. Ainsi, l'intérêt général ne peut plus être considéré comme unique mais multiple car il est lié à la mise en œuvre « des différentes politiques publiques »[868]. Les finalités de l'intérêt général

[859] F. Rangeon, *L'idéologie de l'intérêt général*, *op. cit.*

[860] C. Marchand, *Économie des interventions de l'État*, Paris, PUF, coll. « Que sais-je ? », 1999.

[861] B. Denis, *op. cit.*, p. 8.

[862] M.-H. Frayssinet, thèse, *op. cit.*

[863] *Ibid.*

[864] B. Denis, *op. cit.*, p. 9.

[865] B. Denis, *op. cit.*, p. 8.

[866] M. Delmas-Marty, *Pour un droit commun*, Paris, Seuil, 1994, p. 115 s.

[867] G. Clamour, *Intérêt général et concurrence*, *op. cit.*, p. 215.

[868] Ch.-A. Morand, « Buts et objectifs dans l'application et la mise en œuvre du droit public », dans *Le recours aux objectifs de la loi dans son application.* Actes du

traduisent, alors les nouvelles orientations de l'action publique et une nouvelle vision de l'État. Après la figure de l'État providence, « continuateur de l'État libéral »[869], c'est celle de « l'État propulsif »[870] qui émerge. Ce nouvel État est lié à une action publique « volontaire et autoritaire »[871] permettant la réalisation de « programmes finalisés »[872] et développant des objectifs opérationnels dans de très nombreux domaines[873]. Néanmoins, l'action étatique, à travers ces différents programmes, fait de plus en plus l'objet d'une concertation avec la société civile tant au niveau de l'élaboration des diverses règlementations qu'au niveau de leur application. L'État est alors aussi « réflexif »[874] ou « négociateur »[875], voire « entremetteur »[876].

276. C'est ainsi à la « démultiplication de l'intérêt général »[877] qu'il faut faire place. Il convient alors de repenser l'articulation des intérêts qui ne peut « demeurer binaire »[878] (par opposition à l'intérêt privé). J.-J. LAFFONT ajoute même que pour l'individu, l'intérêt général peut aussi être réalisé, en partie, par lui. En effet, « la poursuite de l'intérêt général, garant de l'avenir d'une communauté d'hommes, exige un effort constant d'adaptation des institutions. La réussite de ce processus repose plus que jamais sur la qualité du contrôle exercé par les citoyens et donc par le développement de systèmes d'informations indépendants des pouvoirs institutionnels »[879]. Cette position

---

congrès des 10-12 septembre 1990, à Louvain-la-Neuve, organisé par l'Association internationale de méthodologie juridique, Bruxelles, Stori-Scientia, 1992, p. 75.

869 P. Rosanvallon, *La crise de l'État providence*, Paris, Seuil, 1992 ; P. Rosanvallon, *La nouvelle question sociale, repenser l'État providence*, Paris, Seuil, 1995.

870 Ch.-A. Morand (éd. sc.), *L'État propulsif, contribution à l'étude des instruments d'action de l'État,* Paris, Publisud, 1991 ; Ch.-A. Morand, *Le droit néo-moderne des politiques publiques*, Paris, LGDJ, 1999, p. 71 s.

871 G. Clamour, *Intérêt général et concurrence, op. cit.*, p. 217.

872 Ch.-A. Morand, *Le droit néo-moderne des politiques publiques*, *op. cit.,* p. 71 s. ; F. Ost et M. Van de Kerchove, *De la pyramide au réseau ?*, *op. cit.*, p. 146 s.

873 P. Amselek évoque même la question de l'État totalitaire car il occupe désormais l'espace de tous les rapports sociaux : P. Amselek, « L'évolution générale de la technique juridique dans les sociétés occidentales », dans Ch.-A. Morand (dir.), *L'État propulsif*, *op. cit.*, 1991, p. 146.

874 G. Teubner, *Droit et réflexivité. L'autoréférence en droit et dans l'organisation*, *op. cit.* ; H. Willke, « Diriger la société par le droit », APD, 1986, t. 31, p. 189 ; F. Ost et M. Van de Kerchove, *De la pyramide au réseau ?*, *op. cit.*, p. 144.

875 J. Commaille et B. Jobert, « Introduction. La régulation politique : l'émergence d'un nouveau régime de connaissance », dans J. Commaille et B. Jobert (dirs), *Les métamorphoses de la régulation politique*, Paris, LGDJ, Droit et Société, n° 24, 1994, p.17 s.

876 F. Ost et M. Van de Kerchove, *De la pyramide au réseau ?*, *op. cit.*, p. 144.

877 J.-M. Pontier, « L'intérêt général existe-t-il encore ? », art. cit*.*, spéc. p. 130.

878 D. Truchet, « la structure du droit administratif peut-elle rester binaire ? », dans Université Panthéon-Assas, *Clés pour le siècle*, Paris, Dalloz, 2002, p. 443 s.

879 J.-J. Laffont, « Intérêt général et intérêts particuliers », art. cit., EDCE, n° 50, 1999,

remet totalement en cause la vision volontariste qui nécessite la médiation de l'État. L'intérêt général multiple, changeant et démocratique (façonné par le citoyen lui-même) n'est donc plus forcément transcendant et descendant.

277. Comment définir alors réellement l'intérêt général, malgré « l'éparpillement des intérêts publics »[880] qui s'assimilent aux intérêts privés, composant eux-mêmes avec les divers « intérêts sociaux »[881] ?

278. Pour répondre à cette interrogation, de nombreux auteurs expliquent que dans « un contexte démocratique de fort pluralisme »[882], la définition de l'intérêt général est « moins souvent l'œuvre du législateur que de formes alternatives de représentation de l'opinion »[883]. Ainsi, S. RUI précise que « dans la plupart des champs d'intervention de la puissance publique, l'appel à l'engagement pratique et discursif des individus est envisagé comme une façon de résoudre la perte de légitimité des projets [...]. L'intérêt général ne peut s'imposer sans débat préalable. Et, de ce point de vue, le débat public signe la sortie d'un mode de gouvernement substantialiste de l'action publique : à un processus de légitimation impulsé par le haut et prenant la nation pour seul horizon des choix collectifs succède une logique ascendante, pragmatique et dialogique »[884]. Cette représentation de l'État comme un « arbitre ultime » conduit à la vision « procédurale »[885] de l'intérêt général.

279. Plus précisément, le modèle procédural du droit est issu de « la philosophie de la communication »[886]. J. HABERMAS explique par exemple qu'une proposition normative est « tenue pour vraie, en vertu du principe de

---

p. 427.

880 P. Moor, « Intérêts publics et intérêts privés », dans Ch.-A. Morand (éd. sc.), *La pesée globale des intérêts. Droit de l'environnement et de l'aménagement du territoire*, Bâle, Francfort-sur-le-Main, Helbing et Lichtenhahn, Genève, Faculté de droit, 1996, coll. genevoise, p. 17 s. ; P. Moor, « Définir l'intérêt public : une mission impossible », dans J. Ruegg, S. Decoutère et N. Mettan (dirs), *Le partenariat public-privé, un atout pour l'aménagement du territoire et la protection de l'environnement*, Lausanne, Presses polytechniques et universitaires romandes 1994, p. 217 s.

881 Ch.-A. Morand, *Le droit néo-moderne des politiques publiques*, *op. cit.*, p. 146 ; Rapport public du Conseil d'État, *L'intérêt général*, *op. cit.*, p. 264.

882 J. Leca, « La démocratie à l'épreuve des pluralismes », Revue française de science politique, vol. 46, n° 2, 1996, p. 232 s.

883 Sondages, médias, contrôle constitutionnel : D. Rousseau, *La démocratie continue*, Paris, LGDJ-Bruylant, 1995.

884 S. Rui, *La démocratie en débat*, *Les citoyens face à l'action publique*, Paris, Armand Colin-SEJER, 2004, p. 237 s.

885 V. sur ce point, F. Ascher, *La société évolue, la politique aussi*, Paris, Odile Jacob, 2007, p. 93 s. et p. 110 s. ; V. également, B. Denis, *op. cit.* p. 10.

886 J.-M. Ferry, *Habermas : l'éthique la communication*, Paris, PUF, 1987, coll. « Recherches Politiques » ; B. Melkevik, *Droit et agir communicationnel : penser avec Habermas*, Paris, Buenos Books international, 2012.

discussion »[887]. Ainsi, la vérité n'apparaît plus comme un critère transcendant mais comme « la rationalisation des moyens, comme le produit d'un accord, d'une entente, ou encore comme le résultat d'une échelle de contradiction »[888]. Cette méthode d'analyse pragmatique, issue de la pratique de la discussion, signifie que l'intérêt général « se définit au travers d'un processus, avec des débats et des confrontations publiques, avec des expertises et des contre-expertises et des itérations de toutes sortes »[889].

280. Dès lors, le risque de cette conception est d'aboutir à une « définition cacophonique, contingente et instable de l'intérêt général, sans cesse contestée et soumise aux pressions des intérêts les mieux organisés »[890], surtout à l'heure du développement de l'intercommunalité, de l'intérêt public local, communautaire et même « intergénérationnel »[891].

281. L'intérêt général serait alors une « coquille vide » (standard) qui pourrait se déterminer en tout sens, à partir du moment où cette détermination résulte d'un choix collectif et pragmatique. Cette nouvelle méthodologie, qui rend bien compte du caractère pluraliste de l'intérêt général, participe donc néanmoins à sa totale dilution. C'est la raison pour laquelle nous souhaitons la questionner.

B. La remise en cause de la vision procédurale de l'intérêt général

282. La vision procédurale de l'intérêt général, même si elle est admise par la doctrine contemporaine[892], conduit à certaines difficultés. Tout d'abord, elle aboutit à diluer totalement la notion d'intérêt général (1). De plus, elle ne tient pas compte de la distinction entre les différents intérêts généraux (2).

1. Une solution qui dilue la notion d'intérêt général

283. La vision procédurale de l'intérêt général a l'avantage d'expliquer ses multiples déterminations. L'intérêt général se dit en effet en plusieurs sens. Cette méthode pragmatique et dialogique rend alors compte d'un phénomène qui se traduit dans la jurisprudence administrative par le

---

[887] J. Habermas, *De l'éthique à la discussion*, Paris, Éd. du Cerf, 1992, p. 17.

[888] P. Idoux, *La contradiction en droit administratif français*, Thèse, Montpellier 1, 2003.

[889] F. Ascher, *La société évolue, la politique aussi*, Paris, Odile Jacob, 2007, p. 112 s.

[890] B. Denis, *op. cit.* p. 10.

[891] C. Gautier et J. Valluy, « Générations futures et intérêt général. Éléments de réflexion à partir du débat sur le « développement durable », dans *Définir l'intérêt général*, Politix, n° 42, 1998, p. 7 s.

[892] G. Clamour, *Intérêt général et concurrence*, *op. cit.*, p. 234 s.

développement de la théorie du bilan notamment. Néanmoins, cette conception de l'intérêt général pose deux problèmes majeurs.

287. D'une part, l'intérêt général est mis en balance avec d'autres intérêts privés ou sectoriels (intérêt environnemental/social par exemple). Et parfois, comme on l'a vu, ce sont les intérêts sectoriels ou privés qui l'emportent face à l'intérêt général ou à l'utilité publique d'un projet. L'intérêt général est alors mis sur le même plan que les intérêts privés ou sectoriel. Il perd ainsi en transcendance dans la mesure où l'action publique ne semble plus en mesure de dégagée, « d'une voie, la route de l'intérêt général » qui dépasse les intérêts privés. Ce faisant, la concurrence entre ces différents intérêts aboutirait presque, dans le fond, à revenir à une vision utilitariste de l'intérêt général. En effet, après la discussion (méthode procédurale) et la mise en balance des différents intérêts, c'est l'intérêt de la majorité ou du plus fort qui l'emporte. L'intérêt général perd alors son caractère unique et transcendant.

284. D'autre part, dans la vision procédurale, la réalisation de l'intérêt général procède d'une logique ascendante et non plus descendante. En effet, les différents débats publics nécessaires à la discussion et à la démocratisation de la prise de décision conduisent à remettre en cause une vision volontariste de l'intérêt général nécessairement médiatisé et façonné par le pouvoir politique (traditionnelle vision descendante).

285. Ainsi, la méthode procédurale de réalisation de l'intérêt général rend bien compte du multiple dans l'intérêt général. Néanmoins, cette réussite se réalise au détriment de l'unité de l'intérêt général qui peut être dans tout et dans rien. Confronté, voire assimilé aux intérêts privés et sectoriels, il n'y aurait donc pas d'essence de l'intérêt général. La méthode procédurale ne réussit donc pas à sauvegarder l'unité de l'intérêt général, d'autant plus qu'elle assimile les différents intérêts généraux.

2. Une solution qui ne tient pas compte de la hiérarchie entre les intérêts généraux

286. L'exemple le plus représentatif pour illustrer la méthodologie procédurale de l'intérêt général est la méthode du bilan. Dans ce cas, le juge met en balance les différents intérêts en présence. Se confrontent alors, les intérêts privés, les intérêts sectoriels consacrés par les intérêts publics et l'intérêt général ou l'utilité publique. Par exemple, dans le cadre de la jurisprudence *Ville Nouvelle Est*[893], le juge précise qu'« une opération ne peut être déclarée d'utilité publique que si les atteintes à la propriété privée, le coût financier et éventuellement les inconvénients d'ordre social [ou « l'atteinte à

[893] CE Ass. 28 mai 1971, *« Ville nouvelle Est », précit.*

d'autres intérêts publics »[894]] qu'elle comporte ne sont pas excessifs eu égard à l'intérêt qu'elle présente »[895].

287. Ainsi, le Conseil d'État met en balance d'une part les atteintes aux intérêts privés (droit de propriété) et aux intérêts sectoriels (intérêts publics) et d'autre part, l'utilité publique de l'opération, c'est-à-dire le bénéfice apporté par l'opération, dans l'intérêt général. Dès lors, si les intérêts publics assimilent les intérêts sectoriels (alliance d'intérêts privés rassemblés), ce n'est pas le cas de l'intérêt général ou de l'utilité publique.

288. Nous souhaitons donc rétablir ici une hiérarchie entre les différents intérêts généraux. En effet, si l'intérêt public, qui a pour rôle d'assimiler les intérêts sectoriels répond à la méthodologie procédurale, l'intérêt général au contraire, procède encore, selon nous, d'une logique transcendantale. Il convient alors de distinguer l'intérêt public, qui procède à l'origine d'une vision utilitariste et qui est le réceptacle des différents intérêts sectoriels, de l'intérêt général (et les notions assimilées comme l'utilité publique) qui transcende et dépasse les intérêts privés.

289. En effet, le juge administratif ne mettrait pas en balance l'intérêt public face à l'utilité publique (ou l'intérêt général) si tel n'était pas le cas. Cette confrontation dans le bilan est le reflet de fonctions différentes entre les intérêts généraux. L'intérêt public, par son aptitude originelle à recevoir les intérêts privés et de groupes, les élève et les protège lorsqu'ils deviennent l'objet de revendications fortes dans la société. C'est le cas par exemple de l'environnement qui constitue un intérêt public avec le développement de nouvelles revendications[896]. Ainsi, l'intérêt public fait remonter les forces des groupes de pression afin de porter leur voie face à l'intérêt général[897]. Quant à lui, l'intérêt général, malgré les évolutions, se situe au-dessus des intérêts publics, il les transcende. En effet, dans le bilan, c'est le plus souvent l'intérêt général d'une opération (son utilité publique) qui domine face aux divers intérêts privés ou publics. De la sorte, face à un projet régional ou national, le bilan est négatif et conserve son caractère d'utilité publique[898].

---

[894] CE Ass. 20 oct. 1972, *Société civile Sainte Marie de l'assomption*, Rec. p. 657.

[895] CE Ass. 28 mai 1971, *« Ville nouvelle Est », précit.*

[896] Revendications accompagnées de nouvelles normes institutionnaliées. V. par exemple la constitutionnalisation de la Charte de l'environnement.

[897] Cela explique que parfois, l'utilité publique d'un projet cède pour des raisons environnementales par exemple : CE, 9 déc. 1977, *Ministre de l'équipement c. Weber*, Rec. p. 497 ; RJE, 1978, p. 181, note Flauss : un lotissement communal portait une atteinte excessive à l'environnement eu égard à l'intérêt de l'opération – CE, 26 mars 1980, *Premier ministre c. Veuve Beau de Loménie*, Rec. p. 171 : la réalisation d'un site touristique dans un site inscrit porte une atteinte grave à l'environnement.

[898] CE, 1 juin 1973, *Abraham*, Rec. p. 394 – CE Ass., 7 mars 1975*, Ass. des amis de l'abbaye de Fontevraud,* Rec. p. 179 – CE Ass., 5 mars 1976, *Tarlier*, Rec. p. 130 – CE, 3 déc. 1990, *Ville d'Amiens*, Rec. p. 345 – CE, 10 déc. 1982, *Comité régional*

290. Celle hiérarchie entre les intérêts publics et l'intérêt général est présente dans l'ensemble des domaines visés par la théorie du bilan. Par exemple, dans le cadre du développement du bilan dans les mesures d'urgence[899], depuis les années 2000, le juge administratif met en balance d'une part, l'intérêt général lié à l'application de l'acte qui s'oppose à la procédure d'urgence et d'autre part, les intérêts privés des justiciables ainsi que les divers intérêts publics qui sont invoqués à l'appui du recours en référé. Là encore, l'intérêt public est censé faire remonter la voie de groupes de pression pour servir l'intérêt du justiciable. Au contraire, de l'autre côté de la balance, l'intérêt général fait face aux intérêts privés et aux divers intérêts sectoriels (intérêts publics). Le juge les place dans une situation de confrontation. D'ailleurs, d'un point de vue hiérarchique, c'est encore l'intérêt général justifiant l'exécution de la décision administrative globalement qui prime face aux intérêts privés (réclamant la mesure d'urgence). En effet, entre 2010 et 2011, l'intérêt général a privé les requérants d'un recours en référé, faute d'urgence, dans de nombreuses affaires[900]. L'intérêt général dépasse donc les intérêts sectoriels.

291. Pour un autre exemple récent, en matière de sécurité juridique, le juge administratif développe encore la théorie du bilan et oppose l'intérêt public à l'intérêt général. En effet, il explique qu'« il incombe à l'autorité investie du pouvoir réglementaire d'édicter, pour des motifs de sécurité juridique, des mesures transitoires qu'impliquent, s'il y a lieu, une réglementation nouvelle »[901]. Ensuite, le Conseil d'État précise qu'une telle obligation s'impose « lorsque l'application immédiate de celle-ci serait susceptible d'entraîner, au regard de l'objet et des effets de ces dispositions, une atteinte excessive aux intérêts publics et privés en cause »[902]. Mais plus

---

d'info. et de lutte antinucléaire de Basse-Normandie, Rec. p. 416 – CE, Ass. 3 mars 1993, *Cne de Saint-Germain-en-Laye*, Rec. p. 54 – CE Ass., 29 avril 1994, *Ass. Unimate 65*, Rec. p. 203 – CE 23 oct. 2009, *Normand,* BJCL n° 11/09, p. 764, concl. Bourgeois-Machureau, obs. Poujade.

[899] B. Caviglioli, « Le recours au bilan dans l'appréciation de l'urgence », AJDA, 2003 p. 642 s.

[900] CE, référé, 10 avril 2012, *Synd. nat. des enseignements de second degré (SNES),* n° 357417, inédit – CE, référé, 16 nov. 2011, *Union des syndicats de l'immobilier (UNIS),* n° 3533541, à paraître aux T. Rec – CE, référé, 20 janv. 2012, *Synd. nat. CGT des chancelleries et services judiciaires*, n° 355512, inédit – CE, référé, 6 sept. 2011, *Synd. nat. de l'enseignement technique*, n° 352104, inédit – CE, référé, 18 oct. 2010, *Synd. des directeurs généraux des établissements du réseau des chambres de commerce et d'industrie*, n° 343708, inédit – CE, référé, 5 mars 2010, *M. A.*, n° 335796, inédit.

[901] Affaire *KPMG*, *précit.*

[902] La formule est utilisée dans de nombreux arrêts : CE, 14 nov. 2011, *Mme Nicole E. et autres*, n° 345341, inédit – CE 14 nov. 2011, *J. Lansiaux*, n° 345340, à paraître aux T. Rec. – CE, 14 nov. 2011, *Mme E.,* n° 345341, inédit – CE, 11 févr. 2011,

encore, la Haute juridiction, à la manière de la jurisprudence *Ville Nouvelle Est,* examine concrètement les motifs d'intérêt général[903] qui exigeraient l'application immédiate des nouvelles mesures (les avantages) et met en balance ceux-ci avec les intérêts publics et privés en cause (les inconvénients). Néanmoins, en pratique, l'intérêt général justifiant la nouvelle règlementation tend à s'imposer malgré les inconvénients portés à l'ensemble des intérêts publics ou privés en cause[904].

292. Il existe donc bien une hiérarchie entre les différents intérêts généraux. L'intérêt public ne s'assimile pas à l'intérêt général (ou utilité publique).

293. Par rapport à la méthode procédurale alors, si l'intérêt public peut être appréhendé selon une méthode pragmatique, ascendante et dialogique, l'intérêt général au contraire demeure transcendant. Nous refusons donc d'assimiler les intérêts généraux qui sont d'origines idéologiques différentes et qui jouent des rôles spécifiques dans la jurisprudence administrative. Plus précisément, nous proposons, à la différence de l'approche procédurale, de mettre l'accent sur ce qui reste à travers ce qui change dans l'intérêt général. Au multiple, nous préférons l'un. En effet, l'intérêt général demeure, malgré les critiques, transcendant parce qu'il est doté d'un statut ontologique prédéterminé. L'intérêt général a alors une essence qui permet de réfuter l'idée selon laquelle il ne peut être appréhendé que sous l'angle du standard.

Société Action conduite prévention sécurité, n° 337018, à paraître aux T. Rec. – CE, 19 juil. 2010, *Ministre de la Défense,* n° 334155, T. du Rec. p. 619 et 933 – CE, 16 juin 2010, *Syndicat de la magistrature,* n° 325669, T. Rec. p. 811 – CE, 21 juil. 2009, *Fédération CGT des sociétés d'études,* n° 321546, inédit – CE, 6 oct. 2008, *Compagnie des architectes en chef des monuments historiques,* n° 310146, Rec. p. 341 ; concl. C. Vérot, RJEP, janv. 2009, p. 25 s. – CE, 23 juil. 2008, *Foucart et mlle Couacault et autres,* n° 310157, T. Rec. p. 591 et 897 – CE 7 août 2007, *Ass. fr. des opérateurs de réseaux et de services de télécommunications (AFORS TELECOM),* n° 298436, T. Rec. p 926, 984 et 1060 – CE, 13 juil. 2007, *M. A.*, n° 385955, inédit – CE 25 juin 2007, *Synd. CFDT du Ministère des affaires étrangères,* n° 304888, Rec. p. 277 – CE, 12 févr. 2007, *Fédération de l'hospitalisation privée,* n° 285464, T. Rec., p. 644, 648, 649, 1087 et 1090.

903 CE, 25 juin 2007, *Syndicat CFDT du ministère des Affaires étrangères,* Rec. p. 277.

904 V. par ex., CE, 16 nov. 2011, *Société ciel et Terre,* n° 344972, à paraître aux T. Rec. – CE 15 déc. 2010, *Association des petites villes de France,* n° 331036, inédit – CE, 12 mai 2010, *Ordre des avocats du Barreau de Belley,* n° 325662, inédit – CE, 12 mai 2010, *Commune de Cosne-Cours-sur-Loire,* n° 332838, inédit – CE, 30 déc. 2009, *SARL Morgan Vernex,* n° 313281, inédit.

SECTION 2.

LA PRÉDÉTERMINATION ONTOLOGIQUE DE L'INTÉRÊT GÉNÉRAL, MARQUE DE RUPTURE AVEC LE STANDARD

294. Si l'intérêt général est évolutif, changeant et fait l'objet de multiples déterminations matérielles dans la jurisprudence administrative, nous souhaitons revenir sur son essence même. L'enjeu ici est de savoir si l'intérêt général s'assimile toujours au standard. S'il n'a pas d'essence, il est uniquement un standard. Au contraire, s'il a une essence propre, il dépasse l'idée du standard.

295. Or, si l'intérêt général résulte uniquement d'une méthodologie procédurale, il peut devenir tout et rien. Il n'a pas d'essence et s'assimile au standard. Néanmoins, cela n'est pas notre position. Selon nous, l'intérêt général a bien une essence propre. Il dépasse de ce fait la question du standard compris en termes de normalité.

296. En effet, malgré la remise en cause de sa nature transcendantale, l'intérêt général demeure ontologiquement doté d'une Forme prédéterminée (I). L'intérêt général ne peut donc pas tout devenir ni subir toute les interprétations possibles et inimaginables. Nous proposons donc de retenir, au-delà des définitions matérielles multiples et contradictoires (ce qui pose problème : l'absence de sens face la diversité), un sens ontologique[905] de l'intérêt général, c'est-à-dire un sens qui porte son l'essence, sur l'être en tant qu'être, sur sa substance. Cette dernière permettra de réconcilier les intérêts (au niveau matériel : les diverses déterminations jurisprudentielles des intérêts généraux) par l'intérêt général (au niveau ontologique : la Forme de l'intérêt général) (II).

I. La Forme de l'intérêt général

297. La « forme » vient du latin *forma* (moule, modèle ou figure) qui « provient probablement du grec »[906] *morphè* (forme) ou *eidos* (forme, aspect, idée). La forme (*eidos*) est littéralement ce qui se voit, ce qui délimite les

---

[905] V. sur la question ontologique, B. Melkevik, *Horizons de la philosophie du droit, L'Harmattan*, Laval, Les Presses de l'Université Laval, 1998, p. 29.

[906] M. Blay (dir.), *Grand dictionnaire de la philosophie*, Larousse, CNRS Éd., 2013, p. 442 ; M. Blay (dir), *Dictionnaire des concepts philosophiques*, Larousse, CNRS Ed., 2006, p. 336.

contours d'un individu. Dans le langage courant, la forme peut tout d'abord désigner, au sens propre, la « configuration, le moule présentant en creux la forme que l'on veut reproduire »[907]. Il peut s'agir de la « configuration extérieure »[908] comme « la forme d'un arbre »[909]. Au sens figuré, la forme renvoie à la « modalité particulière sous laquelle se présente ou s'exprime une chose »[910] (par exemple, les différentes formes de gouvernement).

298. Si l'on rapporte cette définition à l'intérêt général, l'étude de sa forme reviendrait à tracer son contour, déterminer son essence. Or, si l'intérêt général, on l'a vu, s'exprime bien en différentes formes[911] (sens figuré), l'objectif ici est de révéler ce qui reste à travers ce qui change dans cette notion. Pour cela, nous proposons de poser l'existence d'un statut ontologique de l'intérêt général (A). La reconnaissance d'un tel statut conduira logiquement à la rupture entre l'intérêt général et le standard (B). En effet, si l'intérêt général a bien une essence, il ne peut donc plus être déterminable dans tous les sens.

A. Le statut ontologique de l'intérêt général

299. Face aux nouvelles idéologies déstructurées de l'intérêt général qui mettent l'accent sur le multiple, nous souhaitons prendre le parti selon lequel l'intérêt général a bien une essence (1) déterminée (2).

1. Le parti pris selon lequel l'intérêt général a une essence

300. Afin de savoir si l'intérêt général a bien une essence, s'il est ceci plutôt que cela, il faut s'interroger sur l'idée même de substance. Existe-t-il toujours une substance des choses ? Pour répondre à cette problématique, nous proposons de retracer les différentes positions philosophiques qui permettront, *in fine*, de résoudre la problématique de l'un et du multiple dans la détermination de l'intérêt général.

301. On peut noter tout d'abord que l'objet de la philosophie première est de répondre à la question suivante : « qu'est-ce que l'être ? »[912]. Cette interrogation conduit alors à l'étude de la réalité ou de la substance des choses. En effet, qu'est-ce que telle chose est véritablement ? A-t-elle une essence ?

---

907 I. Mourral et L. Millet, *Petite encyclopédie philosophique*, Éd. Universitaires et Éd. Marne, 2e éd., 1995, p. 127.

908 N. Baraquin, A. Baudart, J. Dugué, J. Laffitte, F. Ribes et J. Wilfert, *Dictionnaire de philosophie*, 4e éd., Armand Colin, 2011, p. 236.

909 I. Mourral et L. Millet, *Petite encyclopédie philosophique*, *op. cit.*, p. 127.

910 P. Foulquié (Dir.), *Dictionnaire de la langue philosophique*, Paris, PUF, 1962, p. 286 s.

911 C'est une norme à géométrie variable. V. sur ce point Partie 1. Titre 2 de la thèse.

912 M. Canto-Sperber (Dir.), *Philosophie grecque*, Paris, PUF, 1997, p. 379.

Est-elle reconnaissable parmi d'autres choses ? Toutes ces questions aboutissent au fond au débat relatif à l'un et au multiple. Il conduit à s'interroger sur ce qui reste à travers ce qui change dans les choses, la substance.

302. Selon les « physiocrates présocratiques » par exemple, la substance première qui constitue toutes les choses est « une substance matérielle dont les modifications expliquent différents aspects de la réalité »[913]. Néanmoins, « la recherche d'un principe d'intelligibilité permettant de rendre compte des changements survenant au sein de cette réalité est en grande partie restée étrangère à l'ensemble des penseurs présocratiques »[914]. Ainsi PARMÉNIDE a posé l'Etre et les Pythagoriciens ont posé l'Un, comme étant la seule réalité effectivement réelle, soustraite au devenir et au changement. Ces penseurs, en recherchant la substance, ne rendent cependant pas compte de la diversité présente au sein de la réalité.

303. Afin d'expliquer cette relation entre l'un (substance) et le multiple (la diversité des réalités), PLATON souhaite établir « une théorie de la connaissance fondée sur une certaine stabilité »[915] qui se situe au-delà du sensible. Il cherche un « principe d'intelligibilité » permettant de rendre compte des changements susceptibles de survenir au sein de la réalité. Il élabore la « théorie des Formes » sur laquelle il fonde à la fois une « éthique, une théorie de la connaissance et une ontologie »[916]. En effet, toute réalité à laquelle nous accédons dans le monde sensible procède d'un archétype. Tout objet « de notre connaissance ici-bas correspond à un modèle, un paradigme ; il n'est pas séparable de son essence »[917]. Son essence, c'est la Forme intelligible qui par-delà le sensible, est susceptible de fonder la véritable connaissance. Cela s'explique dans la mesure où les Formes sont les seules réalités « authentiques, immuables ». De plus, les Formes permettent de viser « une réalité exempte de contradictions »[918]. Ainsi, seul peut être connu « ce qui est entièrement ce qu'il est d'une façon qui exclut toute possibilité de qualification contraire »[919]. Par exemple, la Forme de la beauté est éternelle et

---

[913] V. sur les présocratiques, J. Bernet, *L'aurore de la philosophie grecque*, Paris, Payot, 1970.
[914] *Ibid.*, p. 326.
[915] V. par ex. P. Platon, *Cratyle*, rééd., Paris, Flammarion, 1998, trad. C. Dalimier, 386 a : dans le dialogoque, Socrate fait admettre l'existence, dans les choses qui changent, d'une « certaine stabilité de leur propre essence ». Lorsque « l'artisan fabrique une navette, c'est les yeux tournés vers la forme ou essence de cette navette qu'il a les yeux tournés » : 389 a-b.
[916] J.-P. Zarader, *Le vocabulaire des philosophes*, Paris, Ellipses, 2002, p.79.
[917] Y.-M. Adeline, *La pensée antique, Mythes, sagesses orientales et philosophie grecque*, Paris, Ellipses, Ed. Marketing, 2008, p. 81.
[918] M. Canto-Sperber (dir.), *Philosophie grecque*, *op. cit.*, p. 228.
[919] *Ibid.*

inaltérable. Elle n'est pas « belle en ce point, laide en cet autre »[920]. Néanmoins, pour saisir cette vérité, PLATON recourt à « la théorie de la réminiscence »[921]. En effet, la connaissance procède d'une « réminiscence »[922] de la « mémoire que nous avons de les avoir contemplées, non pas dans une incarnation antérieure, mais entre deux incarnations, quand l'âme fait un séjour dans un monde supérieur [...], où l'intelligence est bien mieux qu'empirique »[923]. Cette idée met donc en opposition « deux mondes »[924]. L'un est sensible, changeant : le monde sensible. L'autre est intelligible et immuable, parfait. Il ne faudrait cependant pas croire « qu'il n'y aurait pas de lien entre ces deux mondes »[925] car PLATON souligne le caractère réel des formes structurelles « dont nous ne percevons que le reflet lointain, dégradé par le monde en devenir »[926]. Ainsi, les « Idées sont plus réelles que les apparences qui en émanent mais encore ce sont elles qui engendrent ce que nous voyons et sentons. Elles sont génératrices de la réalité »[927]. Par exemple, la Forme de la Justice est exigence d'actions justes. D'ailleurs, s'il advient quelque justice dans la Cité, ce sera toujours comme participant au Juste par essence[928]. Les Formes « n'existent donc pas que dans l'esprit »[929]. Néanmoins, seul l'esprit, « l'intelligence intelligible » peut tenter d'y accéder. Selon A. DE LIBERA, « les Formes sont [donc] non seulement causes des choses, mais causes éponymes. L'éponymie signale que les choses sensibles tiennent leur nom d'une Forme. [...] La dénomination d'une chose est censée exprimer sa relation ontologique de participation à la Forme »[930]. Il en résulte que les noms « ne sont pas arbitraires », mais au contraire « expriment l'essence des objets désignés », ce qui rend possible de les identifier.

304. D'une manière différente, ARISTOTE répond également à la question de l'essence des choses. Il rejette néanmoins la théorie des Formes de PLATON. Selon le penseur, la substance « n'est pas totalement séparée du sensible »[931]. Il propose de concevoir « une réalité première en laquelle on

---

920 Cet ex. développé par Platon dans le *Banquet* est repris dans M. Canto-Sperber (Dir.), *Philosophie grecque*, *op. cit.*, p. 228.

921 Platon, *Ménon*, rééd., Paris, GF Flammarion, 1993, trad. M. Canto-Sperber, 81 d.

922 V. sur ce point, E. Bréthier, *Histoire de la philosophie*, Paris, PUF, coll. « Quadrige », 2e éd., 2012, p. 105 s.

923 Y.-M. Adeline, *La pensée antique*, *op. cit.*, p. 81.

924 L. Jerphagnon, *Histoire de la pensée. Antiquité et moyen-âge*, Tallandier, 1989, t. 1, p. 126 s., spéc., p. 130.

925 M. Canto-Sperber (dir.), *Philosophie grecque*, *op. cit.*, p. 326.

926 L. Jerphagnon, *Histoire de la pensée*, *op. cit.*., p. 128.

927 *Ibid.*

928 *Ibid.*

929 Platon, *Parménide*, rééd., Paris, Flammarion, 1994, trad. L. Brisson, 132 b.

930 A. de Libéra, *La querelle des universaux. De Platon à la fin du Moyen-Âge*, Paris, Seuil, 1996, p. 56.

931 Aristote, *Seconds Analytiques*, *op. cit.*, Z, 12, 1037 b, 10-18.

puisse saisir la cause immanente du changement en même temps que son principe d'intelligibilité »[932]. Il estime que la substance ou quiddité est l'« unité objective, qui fonde la signification des mots [...]. La permanence de l'essence est ainsi présupposée comme le fondement de l'unité du sens : c'est parce que les choses ont une essence que les mots ont un sens »[933]. Ainsi, pour penser l'un à travers le multiple, ARISTOTE attribue également « un statut ontologique spécifique à la substance qui ne s'altère pas face à la matière »[934].

305. Au Moyen-Âge cependant, la « philosophie nominaliste » rejette la théorie platonicienne, comme tout réalisme métaphysique qui accorde aux termes généraux une existence séparée. Autrement dit, il n'existerait pas de monde métaphysique permettent de rendre compte de la véritable réalité des choses. La vérité est « ici-bas, dans les choses et dans les mots eux-mêmes ». S'il existe des différences majeures entre les nominalistes[935], il est néanmoins, admis, « *a minima*, qu'un étant est nécessairement un étant de quelque chose ». Autrement dit, « il existerait une propriété des choses et des mots qui permettrait de les caractériser »[936]. Ainsi, souligne J.-M. DENQUIN, le « terme général possède une extension car il est vrai d'une collection d'objets. En effet, si cette condition [minimale] n'est pas réalisée, on retombe dans l'héraclitéisme : tout est dans tout, donc plus rien n'existe pour nous, car il n'existe plus rien qui soit porteur de sens et dont on puisse parler »[937].

306. Si aujourd'hui, la querelle des universaux fait encore débat, on peut considérer que la philosophie nominaliste exerce une large influence. Mais alors, que faire de cette problématique face à l'intérêt général ?

307. On a vu précédemment que la vision procédurale de l'intérêt général avait pour conséquence de vider la notion de sa substance. L'intérêt général peut être ceci, cela, s'assimiler à un intérêt privé, catégoriel ou encore à tout autre chose. Une telle conception implique qu'il n'a pas d'essence. Il serait dénué de tout contenu matériel et ne serait doté d'aucun statut ontologique.

308. Pour notre part, sans pour autant admettre toutes les caractérisques d'une Forme d'intérêt général, conformément à la théorie

---

932 M. Canto-Sperber (dir.), *Philosophie grecque*, *op. cit.*, p. 326.

933 P. Aubenque, *Le problème de l'être chez Aristote*, Paris, PUF, 5e éd., 1983, p. 127-128. V. aussi, Aristote, *Métaphysique*, *précit.*, livre Γ, 1006 a 30 – 1006 b 15 (Trad. Tricot p. 125-127).

934 E. Bréthier, *Histoire de la philosophie*, *op. cit.*, p. 171 s.

935 A. de Libéra, *La querelle des universaux...*, *op. cit.*, p. 352 à 355 ; A. de Libéra, *La philosophie médiévale*, Paris, PUF, 1993, p. 440 s.

936 J.-M. Denquin, « Que veut-on dire par "démocratie" ? L'essence, la démocratie et la justice constitutionnelle », dans Jus Politicum, n° 2, 2009, Revue internationale de droit politique : http://www.juspoliticum.com/Que-veut-on-dire-par-democratie.html (consulté le 1 septembre 2013).

937 J.-M. Denquin, *Opus cit.*

platonicienne, nous considérons qu'il est bien doté d'un statut ontologique (une essence). Cette essence explique que telle chose fait référence à l'intérêt général et non à autre chose. Il existerait alors des caractéristiques propres à l'ensemble des intérêts généraux, malgré la multitude de déterminations matérielles qui existent dans la jurisprudence administrative. En effet, nier l'essence de l'intérêt général reviendrait à « tomber dans l'héraclisme »[938]. Les mots n'auraient plus de sens. Dans ce cas, pourquoi le Conseil d'État se référerait à la notion d'intérêt général. Pourquoi n'utiliserait-il pas d'autres termes comme « chaise », « table », « assiette » ou « pigeon » ? On voit bien que cela n'a pas de sens car dans chaque mot, il y a des caractéristiques communes qui sont nécessaires pour rendre intelligibles le langage et toute vie en société. Nous considérons que l'intérêt général dans la jurisprudence est donc bien doté d'une essence malgré ses déterminations matérielles contradictoires.

309. Finalement, si l'intérêt général peut matériellement faire référence à des besoins contradictoires, multiples (la défense du justiciable, l'égale concurrence, les besoins de la population, la sécurité publique, les besoins du département...), il est doté d'une essence propre. Cette essence, telle une Forme, est cause. Elle a donc des répercutions dans ses déterminations matérielles. Néanmoins, quelle est cette Forme de l'intérêt général ? Comment déterminer son essence ?

2. La détermination de l'essence de l'intérêt général

310. À l'instar de J.-M. DENQUIN qui oppose « la démocratie en tant que concept à la démocratie en tant qu'individu »[939], nous souhaitons opposer l'intérêt général en tant que substance à l'intérêt général matériel. Mais plus précisément, quelle est cette Forme, cette essence de l'intérêt général qui perdure face aux changements, face aux multiples déterminations matérielles dans la jurisprudence administrative ?

311. Nous considérons en l'espèce que l'intérêt général n'est pas seulement une notion évolutive en termes de normalité. Elle contient en elle, une essence, une nature ontologique. En effet, en substance, l'intérêt général demeure, malgré tout changement, un instrument politique qui implique qu'il ne peut s'incarner dans un seul intérêt particulier. Si l'intérêt général s'inspire,

---

938 Expression de J.-M. Denquin, « Que veut-on dire par "démocratie" ? L'essence, la démocratie et la justice constitutionnelle », art. cit.

939 L'auteur cherche l'essence de la démocratie. Il oppose « la démocratie en tant que concept (terme universel qui vise la démocratie en général) à la démocratie en tant qu'individu, c'est-à-dire les différents types de démocratie ». De cette manière, l'auteur répond à la question de l'un et du multiple. Il existe des caractéristiques communes à la démocratie (concept) qui s'exerce sous plusieurs formes (individus). V. sur ce point, J.-M. Denquin, « Que veut-on dire par "démocratie" ? », *op. cit.*

depuis longtemps des intérêts privés et « n'est pas étranger à la recherche de profit »[940] (sens matériel), il n'est pas uniquement cela. C'est ici que se joue la principale différence avec la conception procédurale. Nous ne nions pas que l'intérêt général évolue et prend en compte naturellement de multiples intérêts. Nous refusons seulement la perte de la transcendance de l'intérêt général qui dépasse et transcende toujours les intérêts particuliers. Ainsi, l'intérêt général est doté d'un statut ontologique spécifique. Il est transcendé par le pouvoir politique et ne s'assimile jamais uniquement à un simple intérêt particulier.

312. J. CHEVALLIER note d'ailleurs à quel point l'intérêt général « dans tous les pays est à la base des représentations politiques »[941]. Seulement, au regard de l'évolution des nouvelles idéologies de l'intérêt général (vision procédurale et dialogique) et de la jurisprudence, nous souhaitons renforcer cette position et la hisser au rang de principe premier, ontologique, supérieur. C'est en effet ce principe premier qui détermine, avec force, l'ensemble des solutions jurisprudentielles confrontées à l'intérêt général du XIXe siècle à aujourd'hui. C'est ce critère qui permettra encore demain, d'élaborer, de prévenir, voire d'anticiper les positions jurisprudentielles fondées sur l'intérêt général.

313. Ainsi, l'intérêt général est doté d'un contenu ontologique fixe, stable, permanent qui rend compte, à travers ses multiples expressions, de son unicité. Cette solution permet de répondre à la question de l'un et du multiple. Si l'intérêt général se dit en plusieurs sens dans la jurisprudence administrative, sa détermination matérielle est indirectement orientée par son essence politique. La forme de l'intérêt général est donc cause (comme chez Platon finalement) de la matière. C'est en effet la nature politique qui guide les orientations jurisprudentielles dans les multiples déterminations de l'intérêt général. L'intérêt général a donc bien une essence.

314. Cette essence est politique. Elle implique que l'intérêt général demeure toujours transcendant[942]. Il ne peut donc jamais s'assimiler totalement à un intérêt particulier[943]. Il les dépasse et est médiatisé par les pouvoirs publics.

---

[940] A. Antoine, *Prérogatives de puissance publique et droit de la concurrence*, Thèse, LGDJ, 2009, bibliothèque de droit public, t. 261, p. 145 s.

[941] J. Chevallier, « Réflexions sur l'idéologie de l'intérêt général », art. cit., p. 11 et 12.

[942] M. Mekki, *L'intérêt général et le contrat*, *op. cit.*, p. 57 ; Ch. Jarroson, *La notion d'arbitrage*, Thèse, Lille 3, ANRT, 1986, p. 241 ; M. Lauré, *Traité de politique fiscale*, Paris, PUF, 1956, p. 27. Le même point de vue sur l'intérêt général est partagé en droit de l'Union (E. Honorat, « La notion d'intérêt général dans la jurisprudence de la Cour de justice des communautés européennes », Rapport public CE, 1999, p. 387 s. spéc. p. 388 et 389).

[943] V. sur ce point, « L'intérêt genréal, concept fondateur de la société et de l'État », dans Rapport public CE, 1999, art. cit., p. 247 s. V. aussi sur l'intérêt général et les

315. Or, conçu de cette manière, l'intérêt général ne peut plus être considéré comme un standard qui s'exprime en termes de normalité. L'intérêt général, par sa nature ontologique, dépasse le standard.

B. Une vision en rupture avec l'idée de standard

316. Précédemment, on a vu que le standard pouvait se comprendre en termes de normalité. Plus précisément, S. RIALS distingue deux types de standard : les « standards descriptifs » qui prennent en compte « ce qui est » et les « standards dogmatiques » qui posent davantage « ce qui doit être ». Selon l'auteur, l'intérêt général et les notions similaires comme l'utilité publique sont bien des standards. Par exemple, s'agissant de l'utilité publique, « il n'y a pas d'utilité publique en soi, mais seulement en fonction d'un monde de valeurs situé, ce qui explique assez les inflexions historiques de la notion »[944]. L'utilité publique peut alors en un certain sens être qualifiée de « standard dogmatique » car elle fait référence aux « valeurs de la société »[945] qu'elle doit prendre en compte et évaluer. L'auteur précise d'ailleurs que l'utilité publique, comme l'intérêt général, sont des « standards inclusifs secondaires dans la mesure où ils sont moins polyvalents que les standards inclusifs primaires »[946]. Ce type de standard est en effet constitué par des termes dont le contenu est plus riche, « qui sont étalonnés en termes de normalité, mais qui n'ont pas de vocation eux-mêmes à devenir des étalons à multiple application »[947].

317. Maintenant, s'agissant de l'intérêt général, l'auteur estime qu'il est « plus vaste, plus global que l'utilité publique. Il n'en demeure pas moins un standard car il se conçoit toujours en termes de normalité »[948]. En effet, comme l'utilité publique, le standard « intérêt général » a un « caractère dogmatique car il est lié aux valeurs de la société »[949]. Plus précisément, le « standard dogmatique » peut être doté « d'une certaine transcendance par

---

intérêts particuliers, J.-J. Laffont, « Intérêt général et intérêts particuliers », rapport public CE 1999, *op. cit.*, p. 421 s. Attention, l'auteur développe une vision utilitariste de l'intérêt général. Cette position est opposée à celle que nous proposons. Elle permet néanmoins d'enrichir la compréhension de la relation entre l'intérêt général et l'intérêt particulier. Nous partageons davantage avec G. Clamour (*Intérêt général et concurrence, op. cit.*, p. 164 s.) l'idée selon laquelle l'intérêt général, même en matière économique, peut être qualifié de transcendant.

[944] S. Rials, *Le juge administratif et la technique du standard, op. cit.*, p. 94.

[945] *Ibid.*, p. 107.

[946] *Ibid.*

[947] *Ibid.*, p. 78.

[948] *Ibid.*, p. 107.

[949] *Ibid.*, p. 107.

rapport à ce qui est fait »[950]. Néanmoins, cette relative transcendance n'est pas absolue, elle est liée à une certaine vision de la société à un moment donné. Selon l'auteur, dogmatique veut simplement dire « qui pose des principes, des valeurs ». Ce sont ceux qui « visent d'abord à mettre en œuvre un jugement sur la réalité, par opposition au standard descriptif qui vise à assurer la diffusion de ce qui est d'ordinaire »[951]. Cependant, le dogmatisme n'est pas synonyme d'arbitraire. En effet, « le juge s'exprime "au nom du peuple français". Cela ne veut pas dire qu'il fasse une jurisprudence sociologique, dégageant méthodiquement les valeurs morales : ce qui se pense n'a pas plus de valeur que ce qui se fait une légitimité juridique *a priori* »[952]. Finalement, S. RIALS s'appuie sur les travaux D. LOSCHAK, telle que résumés par son préfacier : « Cette recherche débouche non pas sur la découverte d'une quelconque constante idéologique, mais sur l'affirmation que le Conseil d'État suit les fluctuations du consensus politique dominant à chaque moment »[953]. Le juge, « immergé dans la société, ne saurait pas ne pas la comprendre, la subir, la vivre et donc mettre en œuvre ses valeurs »[954]. Sur ce point, nous avons vu précédemment que l'intérêt général, d'un point de vue matériel, pouvait s'analyser comme un standard, voire un standard dogmatique.

318. Mais là n'est pas la question. En effet, le standard examiné en termes de normalité suppose une évolution, une adaptation du juge aux valeurs sociales. Nous proposons ici de voir ce qui reste de manière constante et fixe à travers ce qui change. Or, l'intérêt général doté d'un statut ontologique a une essence de nature politique. Il est donc doté de caractéristiques propres quelques soit ses déterminations matérielles multiples. L'intérêt général dépasse alors le standard vu comme un « instrument de normalité ». Il n'est pas qu'évolutif et changeant. Il est doté d'une essence permanente incompatible avec le statut du standard évolutif.

319. Avec ce critère fixe, l'intérêt général permet d'expliquer rationnellement le multiple, c'est-à-dire ses contradictions. C'est la position proposée dans cette étude dans la mesure où l'intérêt général au niveau politique (niveau premier, au niveau de l'être, de son essence) permet de réconcilier les différents intérêts matériels confus. En effet, telle la Forme

---

950 *Ibid.*, p. 130.

951 *Ibid.*, p. 143.

952 *Ibid.*, p. 144.

953 Préface de M. Weil à Loschak, p. XIII. dans D. Loschak, *le rôle politique du juge administratif français*, *op. cit.* Cette idée ressort également des travaux de l'auteur à propos des bonnes mœurs : D. Loschak, « Le droit à l'épreuve des bonnes moeurs. Puissance et impuissance de la norme juridique », dans *Les Bonnes moeurs*, colloque organisé le 14 mai 1993 à Amiens par le Centre universitaire de recherches administratives et politiques de Picardie (CERAPP), Paris, PUF, 1994 p. 15 s.

954 *Le juge administratif et la technique du standard*, *op. cit.*, p. 144.

platonicienne, l'intérêt général est à la fois substance et cause. Ses différentes déterminations matérielles dans la jurisprudence s'expliquent par son statut ontologique (politique).

II. La réconciliation des intérêts par l'intérêt général

320. Dans la jurisprudence administrative, l'intérêt général ne s'assimile jamais totalement à un intérêt privé. Même diversifié, l'intérêt général conserve toujours un caractère transcendantal (A). Ce faisant, il demeure paradoxalement un facteur d'unification et de réconciliation des intérêts. Pour preuve, nous étudierons le rôle de l'intérêt général à travers la politique économique sous l'angle du principe d'égalité (B).

A. La persistance du caractère transcendantal de l'intérêt général

321. La vision procédurale de l'intérêt général conduit à la dilution radicale de l'intérêt général concurrencé, voire assimilé aux intérêts privés et catégoriels. Fondé sur une logique dialogique et ascendante, elle remet en cause l'idéologie volontariste.

322. Ainsi, l'intérêt général serait dépourvu d'essence et résulterait seulement d'un arbitrage après débats-publics. Finalement, cette approche rejoint indirectement l'idéologie américaine de l'intérêt général qui repose sur une association des intérêts publics et privés. Selon F. RANGEON, cette idéologie, qui « alimente le discours néo-libéral conservateur »[955], est plus « matérialiste »[956] que la conception française. En effet, « le pluralisme qu'elle défend est fondé sur la diversité des intérêts à l'intérieur de la société »[957]. L'intérêt public ne serait donc pas transcendant. Il ne s'imposerait pas aux intérêts particuliers mais résulterait au contraire de leur arbitrage. L'auteur précise d'ailleurs que, « imperméable aux subtilités de la dialectique hégélienne, l'idéologie américaine de l'intérêt général repose sur le principe de l'équilibre harmonieux des intérêts »[958]. L'intérêt général se présenterait ainsi comme la résultante du libre jeu des intérêts particuliers.

323. Néanmoins, au regard de la jurisprudence, nous pensons que l'intérêt général demeure transcendant. Façonné par le pouvoir politique, il ne s'assimile jamais totalement aux intérêts privés ou catégoriels. En effet, lorsque l'étude de la jurisprudence administrative nous permet de constater le

---

955 F. Rangeon, *L'idéologie de l'intérêt général*, *op. cit.*, p. 200.
956 *Ibid.*
957 P. Birnbaum, *La structure du pouvoir aux États-Unis*, Paris, PUF, 1971, p. 95.
958 F. Rangeon, *L'idéologie de l'intérêt général*, *op. cit.*, p. 200.

lien étroit entre les intérêts privés et l'intérêt général, cet intérêt particulier ne suffit pas, à lui seul, à englober la notion d'intérêt général.

324. Dans l'affaire *Ville de Sochaux*[959] par exemple, il est question d'une expropriation destinée à permettre la déviation d'une route nationale. L'opération procure un avantage certain à une entreprise privée : la société Automobiles Peugeot. Elle sert donc, *in fine*, un intérêt privé. Toutefois, l'intérêt général n'est pas absent de l'opération. Comme le fait justement remarquer A. HOMONT, « si la déviation de la route en question procure à la société automobile Peugeot un avantage direct et certain, il est conforme à l'intérêt général de satisfaire à la fois les besoins de la circulation publique et les exigences du développement d'un ensemble industriel qui joue un rôle important dans l'économie régionale »[960]. Ainsi, le Conseil d'État rejette la demande de la ville de Sochaux. Aucun détournement de pouvoir n'a donc été commis dans la mesure où le projet n'entrave pas l'intérêt général. Dès lors, l'intérêt général ne se résume pas à un seul intérêt privé. Derrière de dernier, se cache toujours un intérêt plus global, général (ici le développement d'un ensemble industriel qui se cache derrière l'apparence d'un intérêt privé), lié à la tradition française.

325. La même logique s'opère dans de nombreuses affaires. Par exemple, dans un arrêt en date du 27 avril 2009, *Société Bouygues Télécom,* le Conseil d'État justifie une discrimination imposée à la Société Bouygues Télécom par des considérations d'intérêt général[961]. En l'espèce, la société BOUYGUES TÉLÉCOM demande au Conseil d'État d'annuler les dispositions de la décision 4 décembre 2007 de l'Autorité de régulation des communications électroniques et des postes (ARCEP) fixant les conditions de renouvellement de l'autorisation d'utilisation de fréquences de BOUYGUES TÉLÉCOM dans les bandes 900 et 1800 MHz. Plus précisément, la décision du 4 décembre 2007 a conditionné pour Bouygues Télécom la possibilité de réutiliser ses fréquences pour développer son réseau en norme UMTS à la restitution d'une partie des fréquences dont elle est assignataire. Pour justifier cette décision, qui au final permettra à un nouvel opérateur d'intervenir sur le marché (Free), le Conseil d'État se fonde sur des considérations d'intérêt général. Néanmoins ici, l'intérêt général ne s'assimile pas à l'intérêt privé ou au profit d'un seul opérateur (Free). L'intérêt général est bien plus global car il « s'attache à l'entrée d'un quatrième opérateur sur le marché de la téléphonie mobile dans des conditions techniques et économiques susceptibles de lui permettre de concurrencer les opérateurs existants dans des conditions équitables ». Autrement dit, l'intérêt général n'est pas lié à l'intérêt du

[959] CE, 20 juillet 1971, *Ville de Sochaux*, *précit.*

[960] A. Homont, obs. sur CE, 20 juillet 1971, *Ville de Sochaux*, *précit.*, AJ, 1972, p. 227 s.

[961] CE, 27 avril 2009, *Société Bouygues Télécom*, n° 312741, *précit.* ; RJEP, juillet 2009, p. 26 s., concl. F. Lénica.

quatrième opérateur en tant que tel, mais au renforcement de la concurrence dans un secteur où les prix demeurent élevés. Il s'agissait là, précise B. DELAUNAY, « d'une volonté des pouvoirs publics de chercher un quatrième attributaire de licence UMTS pour diminuer les prix sur le marché »[962].

326. Ainsi, l'intérêt général ne s'assimile jamais totalement aux intérêts privés. Il résulte d'une volonté politique (politique économique ici) mise en place par les pouvoirs publics. L'intérêt général est donc bien transcendant.

327. C'est donc au niveau politique que la réunification des intérêts généraux peut s'opérer. C'est en effet sur ce plan que l'harmonisation les différentes politiques jurisprudentielles de l'intérêt général[963] s'opère. Cette analyse s'avère pertinente dans l'explication des différentes tendances jurisprudentielles face à l'intérêt général. À titre de démonstration, nous étudierons la réconciliation des intérêts par l'intérêt général au niveau politique à travers l'exemple de la politique économique sous l'angle du principe d'égalité.

B. Une transcendance guidée par l'essence politique de l'intérêt général : l'exemple de la politique économique française sous l'angle du principe d'égalité

328. La jurisprudence administrative mute en fonction des évolutions politiques. La politique jurisprudentielle s'harmonise donc autour d'une politique nationale commune ; ce qui permet à l'intérêt général d'être multiple dans le cadre de la libre interprétation du juge mais en même temps de retrouver une certaine unité. L'exemple de la politique économique, pris sous l'angle du principe d'égalité nous semple être représentatif des évolutions jurisprudentielles de l'intérêt général. Pour se faire, il est nécessaire de revenir sur les principes économiques français dans la mesure où ceux-ci conditionnent les évolutions générales de l'intérêt général dans la jurisprudence.

329. Plusieurs modèles économiques existent. Et lorsqu'un État veut encadrer l'économie, il se réfère à une idéologie. Le droit trahit donc l'idéologie économique particulière d'un État. L'histoire du rôle de l'État français dans l'économie est paradoxale dans la mesure où il oscille entre une tradition interventionniste et libérale. En fonction des politiques économiques, le juge appréhende l'intérêt général de manière différente. Il conviendra alors d'analyser l'intérêt général qui constitue à la fois la marque de l'interventionnisme classique (1) et néolibéral (2) pour expliciter nos propos.

---

[962] Note B. Delaunay, AJDA, 29 juin 2009, n° 23, p. 1248.
[963] F. Rangeon, *L'idéologie de l'intérêt général*, *op. cit.*, p. 29.

1. L'indétermination de l'intérêt général, marque de la tradition interventionniste

330. En France, le « dirigisme économique apparaît dès la fin de la Seconde Guerre mondiale »[964]. On évoque plus communément l'interventionnisme étatique ou « l'interventionnisme économique de l'État »[965]. L'État interventionniste met en œuvre des prérogatives destinées à encadrer le marché, l'orienter, le diriger, voire le réglementer et le contraindre. Il s'agit d'une véritable administration de l'économie dans laquelle l'État devient le principal « investisseur du pays et s'engage dans la planification ».

331. Dans le même temps, dans la jurisprudence administrative, l'intérêt général, lorsqu'il est censé justifier les atteintes au principe d'égalité fait l'objet d'une présomption afin de permettre à l'État français d'intervenir dans le domaine économique. En effet, l'intérêt général ici est exactement « l'intérêt général économique »[966], développé déjà dans la jurisprudence du Conseil constitutionnel[967]. Avec le développement des pratiques interventionnistes de l'administration, la réserve d'intérêt général en matière économique fait l'objet d'une présomption. Toutes les mesures d'interventionnisme économique sont présumées poursuivre un intérêt général. De la sorte, l'intérêt général devient une source légitime de l'interventionnisme et permet de porter atteinte au principe d'égalité. L'arrêt du Conseil d'État, *Syndicat de la raffinerie du soufre française*[968] constitue un exemple topique. En l'espèce, le juge reconnaît la validité, dans un « régime de péréquation, de la fixation, par l'administration d'un prix différent au bénéfice d'une seule entreprise ». Ce « privilège » a été octroyé à une société unique, la Société languedocienne, seule productrice du soufre à une époque de pénurie où « les pouvoirs publics avaient besoin d'encourager cette production ». L'aménagement du système de péréquation permettait à l'entreprise litigieuse de vendre son minerai à un prix inférieur au prix imposé aux autres sociétés vendant un minerai identique[969]. Une telle discrimination est justifiée par « l'intérêt général de l'économie nationale à favoriser l'expansion d'une entreprise déterminée ». Plus précisément, en l'espèce, « il n'était pas établi que ce privilège n'ait pas été justifié par des considérations

---

[964] S. Nicinski, *Droit public des affaires*, *op. cit.* p. 23.

[965] V. sur ce point M.-L. Pavia, « Un essai de définition de l'interventionnisme », Études en l'honneur du doyen G. Péquignot, Université de Montpellier I, CERAM, mai 1984, t. 2, p. 549 s.

[966] P. delvolvé, *précit.,* p. 197.

[967] Cons. const. 81-132 DC, 16 janvier 1982, Rec., p. 18 – Cons. const. 87-232 DC, 7 janvier 1988, Rec., p. 17 – Cons. const. 84-184 DC, 29 déc. 1984, Rec., p. 94 – Cons. const. 93-320 DC, 21 juin 1993, Rec., p. 146 – Cons. const. 94-358 DC, 26 janvier 1995, Rec., p. 183.

[968] CE, Sect. 21 juin 1951, *Syndicat de la raffinerie du soufre française*, Rec., p. 377.

[969] Thèse G. Pellisier, thèse, *op. cit.*, p. 261.

d'intérêt général dont il appartenait à l'administration de tenir compte dans les mesures qu'elle était appelée à prendre pour l'application de la législation en matière économique ». Si déjà, avant, certaines décisions marquaient « le peu de volonté »[970] du juge administratif de déterminer l'intérêt général invoqué, notamment dans les domaines particuliers des contingentements d'après-guerre et de « l'administration des colonies »[971], le développement de l'interventionnisme étend à tous les domaines de l'activité économique la réserve d'intérêt général, qui reste indéterminée et présumée. Les exemples sont nombreux[972]. Dans ces affaires, l'intérêt général présumé est laissé à l'appréciation des autorités publiques qui sont libres d'intervenir en matière économique avec un « contrôle restreint du juge »[973].

332. Toutefois, la jurisprudence évolue et le juge accepte de déterminer la notion d'intérêt général en matière économique, lorsqu'il justifie les dérogations au principe d'égalité. Ainsi, la détermination de l'intérêt général est liée à un véritable contrôle juridictionnel des finalités des interventions économiques des autorités administratives. Cela traduit le renouveau de l'idéologie économique. En effet, dans les années 90, suite à l'acte unique de 1986 et la nouvelle politique économique liée au néolibéralisme, les interventions de l'État dans l'économie deviennent « plus suspectes ». La matière économique se rapproche de la règle du principe d'égalité. L'intérêt général devient alors l'occasion de mêler les traditions interventionnistes et néolibérale. La détermination de l'intérêt général est ainsi liée à un changement de politique économique. Il est en rapport étroit avec les nouvelles fonctions étatiques en la matière : une fonction de régulation économique ou d'interventionnisme néolibéral.

2. La détermination de l'intérêt général, signe du développement de l'interventionnisme néolibéral

333. C'est dans les années 80 que le néolibéralisme s'impose en France. Il repose sur un mouvement de « désengagement de l'État », marqué par une « vague de privatisation et de dérèglementation », dont l'exemple le plus typique demeure l'ordonnance du 1er décembre 1986 relative à la liberté des prix. Certains auteurs évoquent alors l'avènement de l'« État

[970] Thèse G. Pellisier, thèse, *op. cit.*, p. 261.
[971] CE, 27 mai 1949, *Blanchard et Dachary*, Rec., p. 245 – CE, 15 mars 1946, *Cie d'exportation de Madagascar*, *précit.*
[972] CE, 3 juillet 1953, *Société CENPA*, Rec., p. 342 – CE, 23 mars 1956, *Société Léon Clays*, Rec., p. 135 - CE, 8 oct. 1958, *Société CERIFA*, Rec., p. 472 – CE, Sect. 27 janvier 1967, *Synd. nat. des importateurs français de produits laitiers*, Rec., p. 41 - CE, 3 février 1975, *Rabot*, Rec., p. 82 - CE, 9 juillet 1958, *Sieurs Gisquet et autres*, n° 18147, Rec., p. 420.
[973] Thèse G. Pellisier, thèse, *op. cit.*, p. 261.

régulateur »[974]. Marqué par le droit de l'Union européenne, l'Europe s'est construite sur de solides principes libéraux, lesquels s'opposent à certaines manifestations de l'État interventionniste. Il s'agit ainsi de faire respecter les règles de la concurrence, c'est-à-dire, celles qui ont pour objet le maintien de la libre concurrence entre les entreprises sur le marché. Elles visent à « sauvegarder les structures d'entreprises et à imposer des comportements qui sont de l'essence de l'économie de marché »[975]. « Leur finalité est, par suite, l'intérêt général. Elles n'assurent la protection d'intérêts particuliers que comme moyen de maintien de la libre concurrence »[976]. Toutefois, comme l'explique justement S. NICINSKI, « si la France est liée sans aucun doute à cette influence néolibérale, la présence de l'État en matière économique s'avère encore nécessaire »[977]. De sorte qu'il est préférable d'évoquer « le terme de régulation, voire même d'interventionnisme libéral pour caractériser la synthèse qui s'opère entre la tradition libérale classique et la tradition interventionniste »[978]. Cependant, quelle que soit la sémantique employée pour décrire le renouveau de la matière économique à partir des années 80, on constate aujourd'hui que l'État n'est pas absent du domaine économique, au contraire. Il est appelé à préserver, garantir, stabiliser le jeu du marché plus qu'à en diriger l'évolution. C'est là le changement majeur avec l'interventionnisme économique. Désormais, l'État devra veiller au respect des règles de la concurrence. Il devra contrôler la structure du marché, son accès ou assurer son bon fonctionnement. Il engage pour cela « des mesures de soutien à certains marchés ou catégories d'opérateurs, puis inflige des sanctions à ceux qui méconnaissent les règles de la concurrence »[979]. De la sorte, « si certains analysent l'émergence d'un État régulateur comme le signe d'un recul de l'État. Il […] semble que loin d'opérer un repli, l'État organise plutôt un redéploiement de ses prérogatives »[980]. Ainsi, la conception française est, malgré l'influence néolibérale, « loin de l'État minimal des Anglo-Saxons. Elle reste celle d'un « État paternel »[981] qui réussit à faire la synthèse entre les

---

[974] V. Notamment S. Nicinski, *Droit public des affaires*, Paris, Montchrestien, *précit.* p. 26 ; P.-L. Frier et J. Petit, *Précis de droit administratif*, *op. cit.*, p. 5 et 6 ; J.-P. Colson et P. Idoux, *Droit public économique*, LGDJ, *op. cit.*, p. 16 s.

[975] S. Nicinski, *Droit public des affaires, précit.*

[976] A. Decocq et G. Decocp, *Droit de la concurrence, Droit interne et droit de l'Union européenne, op. cit.*, p. 9 s.

[977] S. Nicinski, *Droit public des affaires*, *op. cit.*, p. 27 s.

[978] *Ibid.*

[979] *Ibid.*

[980] *Ibid.*

[981] Expression de P. Legendre, *Trésor historique de l'État en France*, Paris, Fayard, 1992, p. 195. Même si l'auteur utilise ce terme pour qualifier le rôle de l'État avant 1914, cette fonction de l'État reste d'actualité.

aspirations fondamentales de la société : assurer une égalité abstraite et absolue entre les opérateurs économiques et une liberté sans risque »[982].

334. Cette transition idéologique et juridique marque l'évolution des conceptions jurisprudentielles de l'intérêt général. En effet, on observe qu'à partir du moment où on passe de l'État interventionniste à l'État régulateur, dans les années 80, le Conseil d'État commence à déterminer le contenu de l'intérêt général en matière économique. Cela est lié au renouvellement du contrôle juridictionnel de l'intérêt général qui n'est désormais plus présumé. Instrument flexible, légitimant les interventions économiques des autorités administratives, l'intérêt général est le témoin d'une évolution philosophique et politique. Ainsi, l'intérêt général ne justifiera plus quasi-systématiquement les atteintes au principe d'égalité.

335. La détermination croissante de l'intérêt général dans ce cadre sera dès lors liée à une égalité concrète entre les acteurs économiques alors qu'avant, la même notion justifiait un traitement différencié au profit de certaines entreprises. En effet, c'est l'arrêt du Conseil d'État en date du 21 octobre 1988, *Syndicat national des transporteurs aériens*, qui marque la fin de la présomption d'intérêt général en matière économique. Le juge constate lui-même positivement « l'intérêt général qui s'attache à favoriser une activité grâce à l'octroi d'un avantage ». Alors qu'auparavant la Haute juridiction se contentait de justifier les interventions des autorités administratives en raison de « l'intérêt général de l'économie française »[983], de « l'intérêt supérieur de l'État »[984] ou encore d'un « intérêt local »[985] ou « régional »[986], il précise en 1988 de quel intérêt général il s'agit exactement. Il explique alors que celui-ci « s'attache à la promotion des vols intérieurs, des vols non commerciaux, des vols de recherche, de sauvetage, d'instruction, d'essai et justifie des réductions ou exonérations de la redevance à la charge des exploitants d'aéronefs »[987]. Comme le précise P. DELVOLVE, « c'est déjà [là] un signe que l'intérêt général ne peut justifier n'importe quelle différence de traitement »[988]. Depuis, le juge apprécie de manière concrète les finalités d'intérêt général pouvant conduire à ne pas justifier des différences de

---

982 P.-L. Frier et J. Petit, *Précis de droit administratif, op. cit.*, p. 8.

983 CE, 13 juillet 1963, *Sieur Aureille*, RDP, 1964, p. 205 – CE 27 janvier 1967, *Syndicat national des importateurs français de produits laitiers*, Rec., p. 41.

984 CE, 29 juin 1962, *Société des manufactures des machines du Haut-Rhin*, Rec., p. 432.

985 CE, 15 mars 1946, *Compagnie d'exportation de Madagascar*, Penant, 1947, p. 7, concl. Detton.

986 CE, 20 oct. 1967, *Époux Dommée*, AJDA 1968, p. 18 – CE, 3 février 1975, *Sieur Rabot*, AJDA 1975, p. 467, note Sabiani.

987 CE, 21 octobre 1988, *Syndicat national des transporteurs aériens*, Rec., p. 375.

988 P. Delvolvé, *Droit public de l'économie*, Précis, Dalloz, coll. « Droit public Science politique », 1998, p. 198.

traitement de la part des autorités administratives française en matière économique.

336. C'est le cas notamment dans un arrêt en date du 26 septembre 2005, *Mutuelle générale des services publics*[989]. En l'espèce, la mutuelle générale des services publics a convaincu le juge de l'illégalité de mesures de soutien à la Mutualité Fonction publique. Après avoir constaté que les deux catégories de mutuelles n'étaient pas placées dans des situations différentes, la Haute juridiction constate que « l'administration n'invoque aucun motif d'intérêt général de nature à justifier cette différence ». Des considérations d'intérêt général peuvent toujours justifier une différence de traitement en matière économique, mais l'analyse des finalités de la mesure économique fait l'objet d'un examen très poussé. L'intérêt général est examiné avec précision, conduisant le juge à prendre position. Il dispose désormais d'un réel pouvoir dans le contrôle juridictionnel de l'intérêt général car il exerce un contrôle de proportionnalité de la mesure qui le conduit, à travers l'intérêt général, à vérifier sa nécessité et son utilité. Tel est le cas par exemple dans un arrêt en date du 13 mars 2006, *Société télé Monte Carlo et Société Pathé*[990].

337. La détermination de l'intérêt général est ainsi marquée par l'approfondissement du contrôle juridictionnel et par la volonté d'instaurer une sorte d'égalité réelle entre les acteurs économiques. Cette égalité concrète est d'autant plus assurée que le contenu de la notion d'intérêt général comprend désormais en elle-même, les principes de l'égale concurrence. L'arrêt en date du 27 avril 2009, *Société Bouygues Télécom*[991], est explicite. En effet, le Conseil d'État justifie la discrimination imposée à la Société Bouygues Télécom par les considérations d'« intérêt général qui s'attache à l'entrée d'un quatrième opérateur sur le marché de la téléphonie mobile dans des conditions techniques et économiques susceptibles de lui permettre de concurrencer les opérateurs existants dans des conditions équitables ».

338. Il s'agit d'un paradoxe dans la mesure où à l'origine, la tradition interventionniste française permettait, sur le fondement de l'intérêt général, de déroger à l'égale concurrence en vue de favoriser une entreprise particulière. Avec le renouveau du contenu matériel de l'intérêt général, le juge administratif, même s'il justifie évidemment encore des dérogations au principe d'égalité en matière économique, dans le souci d'établir une conciliation entre divers intérêts en présence[992], se transforme en véritable

---

[989] CE, 26 sept. 2005, *Mutuelle générale des services publics*, Rec., p. 393.

[990] CE, 13 mars 2006, *Société télé Monte Carlo et Société Pathé régie*, n° 262348 et 262381, Rec., p. 142.

[991] CE 27 avril 2009, *Société Bouygues Télécom*, n° 312741, *précit.* ; RJEP, juillet 2009, p. 26 s., concl. F. Lénica ; note B. Delaunay, AJDA, 2009, n° 23, p. 1248 ; note F. Forster, La Gazette du Palais, 21 oct. 2009, n° 294-295, p. 38-40.

[992] L'intérêt général permet de justifier des discriminations pour réduire les inégalités territoriales (CE, 8 juin 2010, *Fédération française des télécommunications et des*

maître de la régulation économique devant concilier les traditions antinomiques. L'intérêt général se situe alors au cœur des plus importantes mutations de la politique économique.

339. Cela s'explique dans la mesure où la notion d'intérêt général remplit une même fonction : « la recherche d'une solidarité sociale, d'un consensus et le dépassement des conflits, des oppositions et des particularismes »[993]. L'intérêt général « est révélateur de cette ambivalence : la recherche d'un consensus à travers la permanence des conflits ». Cela explique le caractère *a priori* contradictoire inhérent à la notion d'intérêt général car elle est « traditionnellement définie comme une somme consensuelle d'intérêts particuliers, et comme le dépassement dialectique de ces mêmes intérêts ». En effet, selon F. RANGEON, toute société « repose sur une dialectique du consensus et du conflit ». Ce paradoxe est lié à la fonction théorique et pratique de l'intérêt général. En effet, « l'universalité de la notion s'expliquerait par la nécessité pratique, pour toute société, de dépasser ses antagonismes afin de reconnaître sa propre identité ». Cette analyse s'avère nécessaire concernant le rôle de l'intérêt général au regard du principe d'égalité sous l'angle économique. En effet, dans la jurisprudence administrative, cette notion est un instrument nécessaire au dépassement des conflits entre les différentes visions économiques. C'est l'outil indispensable permettant le passage de la tradition interventionniste classique à l'interventionnisme néolibérale.

340. L'intérêt général a donc bien une essence : une essence politique. L'intérêt général n'est pas seulement multiple, mais aussi unique. C'est cette unicité, cette essence qui conduit au dépassement du standard par l'intérêt général. En effet, l'intérêt général n'est pas qu'un instrument qui s'exprime en termes de normalité. Il est aussi doté d'un mode de fonctionnement propre qui dépasse cette idée.

Conclusion du chapitre 2.

341. S'il possède certaines caractéristiques communes avec le standard, l'intérêt général ne peut pas être assimilé totalement à l'idée de normalité. Néanmoins, plusieurs facteurs concourent à enliser l'intérêt général dans le cadre fermé du standard. Le premier facteur idéologique de confusion entre l'intérêt général et le standard est lié à la remise en cause de l'idéologie traditionnelle de l'intérêt général. En effet, la conception volontariste ayant fait l'objet de nombreuses critiques, c'est une nouvelle idéologie qui émerge

---

communications électroniques, n° 327062, T. Rec. p. 882 et 948) ou encore pour répondre aux besoins propres de l'État ou des collectivités territoriales (CE, 26 janvier 2007, *Synd. prof. de la Géomatique*, Rec. p. 20).

[993] F. Rangeon, *L'idéologie de l'intérêt général*, *op. cit.*, 1986, p. 8 à 10.

et qui déstructure l'intérêt général en l'assimilant parfois à des intérêts particuliers. Ainsi, l'intérêt général ne serait guidé par aucun principe interne, propre. Il changerait sans cesse. Cette instabilité conceptuelle contribue à valider la thèse selon laquelle l'intérêt général serait indirectement, comme n'importe quel standard, une « coquille vide » qui évoluerait en fonction des besoins de la société, sans jamais contenir, en lui-même, la forme d'un principe d'auto-détermination.

342. C'est cette idée que nous souhaitons remettre en cause. En effet, si la définition du standard, liée au changement, permet de rendre compte des déterminations matérielles de l'intérêt général dans la jurisprudence, elle ne rend pas compte qu'à un autre niveau, il demeure guidé par un point d'orientation stable, fixe et permanent. Plus précisément, l'intérêt général demeure ontologiquement prédéterminé. Il existe en effet un intérêt général transcendant qui oriente indirectement ses déterminations multiples. Ce statut ontologique permet alors de mettre en évidence le caractère intrinsèquement politique de l'intérêt général. Ce caractère politique permet d'expliquer ce qui reste à travers ce qui change dans la jurisprudence. Il guide les évolutions du contentieux et empêche l'intérêt général, malgré les apparences, de se concrétiser uniquement dans un pur intérêt particulier. L'intérêt général dépasse donc les limites du standard.

Conclusion du Titre 1.

343. Dans le présent titre, nous avons vu que l'intérêt général pouvait, en un certain sens, être appréhendé comme un standard juridique. En effet, d'un point de vue fonctionnel, l'intérêt général, eu égard à ses fonctions morales et rhétoriques, remplit certaines fonctions attribuées généralement au standard entendu comme un instrument de normalité. De plus, d'un point de vue matériel, le standard « intérêt général » a été distingué de la règle de droit. Ce faisant, l'intérêt général est considéré comme une norme dans la norme, ou une norme non indépendante. En effet, il fait partie de la règle de droit et est tout au plus, une catégorie juridique, tout au moins, un critère juridique. Cette étude définitionnelle et normative du standard « intérêt général » met donc l'accent sur son rôle essentiel lié à la qualification juridique ; qualification intimement liée à sa valeur normative non autonome.

344. Néanmoins, si l'intérêt général, peut être considéré comme un standard juridique, nous estimons, au regard de l'interprétation de la jurisprudence administrative, que cette notion le dépasse, le transcende. Si plusieurs facteurs idéologiques concourent à l'enliser dans le domaine du standard, l'intérêt général demeure ontologiquement prédéterminé. L'intérêt général transcendant (politique) oriente donc et donne du sens à ses multiples déterminations matérielles dans la jurisprudence.

345. L'analyse de l'intérêt général comme un standard était nécessaire pour saisir à la fois sa valeur normative mais aussi, indirectement, son statut ontologique. Toutefois, un problème se pose avec l'intérêt général. En effet, dans la jurisprudence, il n'est pas seulement une norme entendue comme un standard. Il contient, en lui-même, une force normative qui dépasse celle du standard. C'est la raison pour laquelle nous souhaitons examiner désormais la question de la spécificité normative de l'intérêt général.

Titre 2

LA SPÉCIFICITÉ NORMATIVE DE L'INTÉRÊT GÉNÉRAL

346. L'examen de la jurisprudence administrative permet de mettre en évidence qu'en principe, l'intérêt général s'exprime uniquement en termes de normalité. Cela signifie que l'intérêt général n'est pas une norme juridique à part entière mais seulement un standard, c'est-à-dire un élément parmi d'autres qui compose la norme juridique.

347. L'étude de la jurisprudence permet également de mettre en lumière que l'intérêt général, sous certaines conditions, s'actualise comme une norme à part entière. Cette norme renvoie, dans son contenu, à la signification d'un énoncé prescriptif lié à un ordre normatif efficace et sanctionné. Elle est également dotée de plusieurs fonctions dans la mesure où elle est destinée à être un instrument de tracé et de mesure.

348. Il existe donc une échelle normative de l'intérêt général. Celui-ci s'exprime tantôt en termes de normalité et tantôt comme une véritable norme juridique autonome. L'existence de cette échelle normative s'explique par le rôle majeur que joue l'intérêt général dans l'évolution de l'ensemble des domaines du droit administratif[994]. Or, ces évolutions ne sont réalisables que si l'intérêt général est doté d'un potentiel normatif suffisant. Nous constatons que les domaines du droit administratif les plus novateurs (l'usage du bilan dans l'après-jugement, les problèmes économiques, la pénétration du droit international en droit interne, les conflits des normes notamment), sont régis par la technique de la dérogation d'intérêt général. C'est dans ces domaines que le juge administratif a besoin d'un pouvoir normatif supérieur, afin d'intégrer les nouvelles matières, les nouvelles techniques à l'ancien système. Entre alors en jeu la norme « intérêt général ». Cette norme façonnée par le juge permettra d'intégrer les changements les plus importants du droit administratif. La présence d'une dérogation d'intérêt général doit alors être considérée comme un indice censé nous mettre en garde sur les mutations profondes du droit administratif.

349. Ainsi, nous considérons qu'en puissance (potentiellement), l'intérêt général peut devenir une norme juridique (Chapitre 1). Il s'agit en effet d'une norme à géométrie variable. Toutefois, l'intérêt général ne s'actualise réellement comme une norme dans la jurisprudence que lorsqu'il est question de la technique dérogatoire. Par exception au principe, la norme « intérêt général » est mise en œuvre. Celle-ci permet au juge de créer une norme juridique à part entière (Chapitre 2).

- *Chapitre 1. L'intérêt général, une norme en puissance*
- *Chapitre 2. L'intérêt général, une norme en action*

---

[994] V. sur ce point Partie 1. Titre 1. Chapitre 2. Relatif à l'intérêt général lié à la qualification juridique.

Chapitre 1.

L'intérêt général, une norme en puissance

350. La normativité de l'intérêt général est singulière. En principe, l'intérêt général, s'il est doté d'une certaine force normative[995], n'est pas en tant que tel, une norme juridique à part entière. Toutefois, s'il n'est pas une norme juridique, c'est-à-dire un instrument de tracé et de mesure autonome, il peut le devenir. En ce sens, l'intérêt général est une norme en devenir, une norme potentielle, c'est-à-dire qui « existe en puissance »[996] même si elle n'est pas encore « réalisée »[997] ou effective. En effet, l'intérêt général pourra s'exprimer comme une norme « moyennant certaines conditions »[998] seulement. Sa réalisation relève alors du possible.

351. Ce faisant, nous pouvons comparer la norme « intérêt général » en puissance à une sorte de « délinéament »[999]. Le délinéament fait référence au « contour »[1000], à la « ligne »[1001], ou encore au « tracé »[1002]. Il rappelle l'action de « dessiner »[1003] le contour de quelque chose. De la même manière

---

[995] V. sur la force normative, G. Géniaut *précit. ;* G. Canivet, « Le juge et la force normative », dans C. Thibierge *et al.*, *La force normative, Naissance d'un concept, précit.*, p. 23 s. ; C. Groulier, « La distinction de la force contraignante et de la force obligatoire des normes juridiques. Pour une approche duale de la force normative », dans *La force normative, op. cit.*, p. 199 s. ; S. Chassagnard-Pinet, « Normalité et norme juridique : d'une force normative à l'autre », dans *La force normative, op. cit.*, p. 153 s. ; P. Deumier, « La force normative optionnelle », dans *La force normative, op. cit.*, p. 165 s. ; S. Mauclair, « La force normative de l'adage *specialia generalibus derogant* », dans *La force normative, op. cit.*, p. 223 s.

[996] C. Godin, *Dictionnaire de philosophie*, Paris, Paris, Fayard, éd. du temps, 2004, p. 1012.

[997] *Ibid.*

[998] P. Foulquié, *Dictionnaire de la langue philosophique*, *précit.*, p. 557 s.

[999] A. de Lamartine, *Voyage en Orient*, t. 1, 1835, p. 224.

[1000] A. Rey (dir.), *Dictionnaire culturel en langue française*, Paris, Dictionnaire le Robert, 2005, p. 2214.

[1001] *Ibid.*

[1002] *Ibid.*

[1003] J. Rey-Debove et A. Rey (dir.), *Le nouveau petit Robert de la langue française*, Paris, Le Robert, 2007, p. 661.

que le délinéament, l'intérêt général contient intrinsèquement la marque de la norme. Sa ligne normative est inscrite, dessinée. Toutefois, le contenu de cette ligne est manquant. L'intérêt général, par nature, contient les lignes directrices du tracé et de la mesure propre à la norme. Son contenu ne se réalise comme une norme que sous certaines conditions. En l'espèce, il s'agit d'étudier l'intérêt général comme une norme potentielle, en devenir. En effet, dans la jurisprudence, l'intérêt général est une norme à géométrie variable (Section 1) façonnée par le juge administratif (Section 2).

- *Section 1. L'intérêt général, une norme à géométrie variable*
- *Section 2. Une norme façonnée par le juge administratif*

SECTION 1.

L'INTÉRÊT GÉNÉRAL, UNE NORME À GÉOMÉTRIE VARIABLE

352. L'expression « à géométrie variable » renvoie au sens propre à la « configuration d'un avion »[1004], de ses « ailes »[1005] (la géométrie d'une aile). Plus précisément, cela renvoie à « un appareil dont la voilure peut être modifiée en fonction des besoins en vol »[1006]. Au sens figuré, cette expression fait référence à « ce qui peut varier dans ses dimensions, son fonctionnement »[1007].

353. Rapporté à l'intérêt général, cela signifie que cette notion est un instrument normatif particulièrement flexible. En effet, en fonction des besoins, il peut changer de nature normative comme l'avion peut modifier la voilure en cours de vol. Pour expliquer ce phénomène, il convient de faire référence à la distinction aristotélicienne puissance/action.

354. Cette distinction est en effet l'instrument théorique nécessaire au développement de l'idée selon laquelle l'intérêt général a la potentialité de devenir une norme à part entière. Il s'agit alors d'une véritable norme juridique à géométrie variable qui s'exprime en puissance et en action (I). Cette échelle normative de l'intérêt général aura alors de lourdes conséquences (II).

[1004] A. Rey (dir.), *Dictionnaire culturel en langue française*, Paris, Dictionnaire le Robert, 2005, p. 1330.

[1005] *Ibid.*

[1006] *Ibid.*

[1007] *Ibid.*

I. L'intérêt général, une norme en « puissance » et en « action »

355. L'intérêt général est une norme à géométrie variable. Il s'exprime en action et en puissance. Il s'agira alors, avant d'étudier l'échelle normative de l'intérêt général (B), de se concentrer sur les fondements philosophiques de la distinction entre « puissance » et « action » (A).

A. Les fondements philosophiques de la distinction entre « puissance » et « action »

356. La distinction entre « puissance » et « action » (2) trouve son origine dans la philosophie aristotélicienne (1).

1. Les origines aristotéliciennes de la distinction

357. ARISTOTE divise les choses du monde en objets non vivants, végétaux et animaux. Ayant ensuite examiné l'homme, « il s'aperçu que tout ce que cet animal singulier produisait, pouvait être catalogué comme matériel, moral et théorétique, selon que l'objet de sa pensée s'appliquait au monde de la physique, de l'éthique ou de la métaphysique »[1008].

358. Concernant la métaphysique, ARISTOTE, comme la plupart des philosophes « de PARMÉNIDE à HEIDEGGER »[1009], s'est intéressé à la question de l'être. Mais qu'est-ce que l'être ? Ce n'est pas seulement un verbe, il peut aussi renvoyer à un substantif. Par exemple, dans l'expression l'homme est un être vivant, la première manière d'être de l'être est un verbe (est), la seconde est utilisée comme substantif (être). ARISTOTE affirme que la métaphysique est la science ayant pour objet l'être en tant qu'être. Il s'agira ainsi de se concentrer sur le substantif.

359. D'abord défini comme immuable, unique et éternel, l'être selon PARMÉNIDE est lié à l'origine du fait que les choses sont. L'être est absolu, indivisible, entier, continu, identique à lui-même et en lui-même, immobile en son lieu. Mais, « puisque existe aussi une limite extrême, il est de toute part borné et achevé »[1010]. L'être ouvre alors la « voie de la sagesse »[1011], de telle sorte que selon PARMÉNIDE, « l'être est et le non être n'est pas ». Cette affirmation tautologique (définition par l'identité) de l'être pose cependant problème. En effet, après avoir dit qu'une chose est identique à elle-même, comment dire autre chose sans entrer dans le contradictoire car l'être n'est pas

---

[1008] L. de Crescenzo, *Les grands philosophes de la Grèce antique*, 2. De Socrate à Plotin, Julliard, 1989, p. 136.

[1009] L. de Crescenzo, *opus cit.*, p. 136.

[1010] Parménide, *Le Poème*, dans J.-P. Dumont, *Les présocratiques*, Paris, Paris, Gallimard, Bibliothèque de la Pléiade, 1988.

[1011] *Ibid.*

en mouvement, il n'est rien d'autre que ce qu'il est. Selon PLATON, au contraire, l'être est multiple. Il est constitué par des Formes, c'est-à-dire « des entités transcendantes et universelles, dont le démiurge s'est inspiré pour construire le monde »[1012]. Le philosophe oppose le monde sensible au monde intelligible. Le monde des sens est sous le signe du changement et rien n'y est permanent alors que les Formes, éternelles, identiques à elles-mêmes, universelles et indivisibles, sont censées fonder la réalité de ce monde. Absentes du sensible, seul l'esprit peut les atteindre (participation). Ce sont elles qui permettent la résolution du multiple, sensible, dans l'un. L'être suprême réside par conséquent dans le monde des Formes intelligibles.

360. Enfin selon ARISTOTE, l'être est quelque chose de transcendant, « qui a bien affaire avec le monde suprasensible [comme Platon], mais, en même temps, il est aussi individuel, donc immanent, c'est-à-dire dont l'être s'identifie à un autre être »[1013]. Selon l'auteur, l'être peut acquérir les significations suivantes :

- « Être selon les dix catégories »[1014].
- « Être comme acte ou puissance ».
- « Être comme vrai ou faux ».
- « Être comme substance ou accident fortuit ».

361. Nous nous intéresserons en l'espèce seulement à l'être comme acte ou puissance.

2. La distinction puissance/action

362. La notion d'acte est inséparable de celle de puissance. L'acte est envisagé de deux manières différentes. Il s'agit tout d'abord d'une « activité d'actualisation de quelque chose – substance ou propriété – qui passe d'un état potentiel à un état actuel »[1015]. ARISTOTE évoque alors « l'*energeia* ». Quand l'état de pleine actualité est atteint, il parle « d'*entelecheia* ». Dans *Métaphysique*, ARISTOTE définit « l'acte par rapport à la puissance qui désigne toute forme de capacité, de pouvoir, de force. La puissance, qui réside notamment dans la catégorie ontologique de l'être en puissance, est liée au fait que le changement serait impensable et impossible si l'être ne pouvait être qu'en acte »[1016]. ARISTOTE précise alors que l'être peut être en puissance selon toutes les catégories : la génération d'une substance nouvelle fait passer

---

1012 L. de Crescenzo, *Les grands philosophes de la Grèce antique*, *op. cit.*, p. 136.
1013 *Ibid.*
1014 Aristote, *Catégories*, Trad. et com. F. Ildefonse et J. Lallot, Paris, Seuil, 2002.
1015 P. Pellegrin, *Dictionnaire Aristote*, Ellipses, 2007, p. 17.
1016 Aristote, *Métaphysique*, Δ, 12, 1019a15, Nouvelle éd. refondue, Paris, J. Vrin, 1974.

une substance en puissance à l'acte, mais une qualité, une quantité, etc. peuvent aussi appartenir en puissance à une substance[1017].

363. Ainsi, la puissance, lorsqu'elle n'est pas effectivement exercée, ne peut pas être considérée comme vraiment actualisée. ARISTOTE établit dès lors une différence entre « le savant qui exerce sa science (savant en acte) et celui qui ne le fait pas, lorsqu'il dort par exemple ». Même s'il n'utilise pas sa science en dormant (savant en puissance), le savant détient les connaissances de son domaine, contrairement à celui qui n'a pas encore acquis cette science (non savant).

364. Autrement dit, l'être est dit en puissance lorsqu'il a la possibilité de devenir quelque chose qu'il n'est pas encore. Par exemple, « un enfant de neuf ans est en puissance un joueur de football, un député ou encore un criminel. Lorsqu'il sera devenu adulte, une de ces choses (en supposant qu'il le devienne), on dira qu'il est en acte »[1018]. Un arbre est en acte et, en même temps, il est une table en puissance. Pour un autre exemple, « un pistolet, au moment où il sort de la fabrique, est un objet métallique en acte, mais c'est aussi un corps du délit en puissance. Pour transformer son être de puissance en acte, il suffit simplement d'appuyer sur la détente et de tirer sur le premier venu »[1019].

365. Il était nécessaire d'insister sur la distinction aristotélicienne car elle constitue le fondement de la conception proposée de l'intérêt général. En effet, l'intérêt général est une norme en puissance qui doit s'actualiser par le biais du juge administratif. Sa potentialité à être norme ne s'actualise alors qu'à certaines conditions. Cette distinction « en acte » et « en puissance » conduit alors à reconnaître l'existence d'une véritable échelle normative de l'intérêt général.

B. L'échelle normative de l'intérêt général

366. Globalement, nous distinguerons deux manières d'être de l'intérêt général.

367. L'intérêt général s'exprime en principe, en action, en tant qu'instrument de mesure « en termes de normalité »[1020] seulement, c'est-à-dire comme une norme d'évaluation des comportements qui n'est pas autonome (standard). De ce point de vue, l'intérêt général peut être considéré comme une « norme » dans la norme (1).

[1017] Aristote (0384-0322 Av. JC), *Physique*, livre 1, nouvelle éd., par P. Pellegrin, Paris, Flammarion, 2002.

[1018] L. de Crescenzo, *Les grands philosophes de la Grèce antique*, *op. cit.*, p. 138.

[1019] *Ibid.*

[1020] Pour plus de précision, v. Titre 1 Chapitre 1.

368. Dans d'autres cas, l'intérêt général peut s'actualiser comme une norme juridique autonome. Nous entendons par « norme juridique »[1021], la « signification d'un énoncé impératif ou prescriptif appartenant à un ordre ou système normatif, et obligatoire dans ce système »[1022]. D'un point de vue fonctionnel[1023], la norme que nous proposons est définie comme une règle de droit. Cette règle est composée d'un instrument de tracé, c'est-à-dire un modèle pour l'action et d'un instrument de mesure. Dans cette hypothèse, la norme « intérêt général » est autonome. (2).

1. L'intérêt général, une « norme » dans la norme

369. Comme on l'a vu précédemment, l'intérêt général, en tant que standard, c'est-à-dire en tant qu'instrument de mesure en termes de normalité ne s'assimile pas à la règle de droit[1024]. Si de nombreux auteurs rapprochent le standard de la règle de droit[1025], nous avons déjà posé que l'intérêt général, en principe, n'est pas la règle car il est dans la règle.

370. Ainsi en est-il par exemple du rôle de l'intérêt général dans le cadre du détournement de pouvoir. En effet, l'intérêt général, comme le standard, figure dans la règle selon laquelle « le but poursuivi par l'administration ne doit pas être exclusivement privé ». Ainsi, l'intérêt général n'est pas toute la règle, il est dans la règle et la valeur normative de référence qui se dégage ne s'exprime qu'en termes de normalité. Pour reprendre un exemple déjà étudié, dans un arrêt en date du 5 mai 1972, *Ferdinand*, le Conseil d'État vérifie si le but déterminant du plan d'urbanisme n'est pas « entaché de détournement de pouvoir »[1026]. Le juge ne prétend donc pas statuer sur l'intérêt général uniquement. En effet, si l'intérêt général était bien une norme autonome, le juge aurait statué ainsi : le but déterminant du plan d'urbanisme ne contrarie pas la norme « intérêt général ». Or, une telle formule dans la jurisprudence administrative n'existe pas. Le juge s'appuie

---

[1021] V. sur ce point Titre 2 Chapitre 2.

[1022] A.-J. Arnaud (dir.), *Dictionnaire encyclopédique de théorie et de sociologie du droit*, Paris, LGDJ, 1993, p. 399.

[1023] V. sur ce point, C. Thibierge, « Au cœur de la norme : le tracé et la mesure, Pour une distinction entre normes et règles de droit », dans *L'égalité*, APD, t. 51, Paris, Dalloz, 2008, p. 341 s.

[1024] Partie 1. Titre 1. Chapitre 1. Section 1. de la thèse.

[1025] Selon S. Rials (*Le juge administratif et la technique du standard*, *op. cit.*, p. 33), « le standard est simplement une technique particulière d'expression de la règle ». É. Bernard (*La spécificité du standard juridique en droit communautaire*, *op. cit.*, p. 55, n° 59) estime quant à elle que « si l'assimilation entre le standard et la règle de droit est souvent contestée, elle semble pourtant pertinente dans le cadre d'une étude qui s'intéresse à la fois aux systèmes de *Common law* et aux systèmes de droit romain ».

[1026] CE, Sect., 5 mai 1972, *Ferdinand*, Rec. p. 339.

sur la notion d'intérêt général qui constitue davantage une « catégorie »[1027] voire un « critère »[1028] intégré à la norme. Ce faisant, l'intérêt général ne fonde pas à lui-seul la censure du juge. L'intérêt général permet donc de « mesurer » quel devrait-être le comportement normal de l'administration (normalité), mais pas de justifier, à lui seul, le jugement en termes de normativité.

371. Ce faisant, même si l'intérêt général est lié à la légalité ou l'illégalité d'un acte, il ne l'est qu'en tant qu'instrument de normalité, c'est-à-dire qu'en tant qu'instrument de mesure du comportement moyen que doit avoir l'administration afin de ne pas violer le principe selon lequel « le but poursuivi par l'administration ne doit pas être exclusivement privé ». Ce principe est la règle qui constitue, selon notre schéma, le tracé et la mesure en termes de normativité car la censure du juge s'effectue sur ce fondement-là.

372. L'intérêt général n'est donc pas une règle de droit complète. Il « manque de ... pour »[1029]. Du point de vue de sa valeur juridique, il est un élément de la norme qui emprunte sa normativité à la norme de laquelle il dépend. C'est donc « catégorie normative incomplète »[1030].

373. Dès lors, l'intérêt général, en principe, est seulement un instrument de normalité, un standard. S'il est doté d'une certaine « force normative »[1031], il ne constitue pas pour autant une norme autonome. Or, par la technique dérogatoire, cet état de fait se bouleverse. L'intérêt général devient, en action, l'occasion pour le juge de créer une véritable norme juridique autonome.

2. L'intérêt général, une norme juridique à part entière

374. L'étude normative de l'intérêt général nous amène à observer des phénomènes paradoxaux. Si en principe, il n'est pas une norme autonome,

---

1027 V. sur ce point Partie 1. Titre 1. Chapitre 1. Section 2.
1028 V. sur ce point *ibid.*
1029 Expression de J.-P. Sartre, *L'être et le Néant*, Paris, Gallimard, p. 145 : « Toute conscience manque de [...] pour ». Selon l'auteur, « toute conscience est intentionnelle, elle est conscience de quelque chose ». Elle est « dépourvue de toute intériorité » (J.-P. Sartre, *Situations*, Paris, Gallimard, 1947, p. 32). Toute conscience est donc « constituée par la tension hors de soi ». On peut l'appeler « "pour soi" qui est toujours marqué par le manque. Ainsi, toute conscience manque de ... pour dans la mesure où sans manque intrinsèque, il n'y a pas de conscience. Le désir permet en effet d'orienter la conscience vers l'altérité, l'autre, vers le monde. La conscience n'est donc rien en elle-même, elle est vide ». L'intérêt général peut être alors comparé à la conscience car en lui-même il « manque de ... pour ». Il n'est pas une norme pleine et entière car il ne s'exprime qu'en termes de normalité.
1030 V. Petev, « Standards et principes généraux du droit », dans *Les standards dans les divers systèmes juridiques*, RRJ, Droit prospectif, 1988-4, PUAM, p. 825 s., spéc., p. 829.
1031 V. sur ce point, Titre 2. Chapitre 2. Section 1.

dans la jurisprudence, il peut devenir une norme juridique à part entière avec la technique de la dérogation. En effet, la dérogation d'intérêt général permet au juge d'ériger, lui-même, sous certaines « contraintes »[1032], une véritable règle de droit. L'intérêt général devient alors une norme juridique tant d'un point de vue fonctionnel que matériel. D'un point de vue fonctionnel, on le verra, l'intérêt général devient un instrument de mesure en termes de normativité (et non plus seulement en termes de normalité). D'un point de vue matériel, l'intérêt général sera appréhendé comme la signification d'un énoncé prescriptif et impératif. La règle « intérêt général » va donc faire référence à un énoncé impératif et prescriptif au même titre que l'article 1382 du Code civil.

375. À titre d'illustration, nous pouvons évoquer le rôle normatif de la dérogation d'intérêt général aux obligations statutaires de protection des fonctionnaires. Dans un arrêt en date du 20 avril 2011, le Conseil d'État accepte le refus de protection pour des raisons d'intérêt général tirées « de ce que l'État ne saurait couvrir de son autorité les agissements d'un agent ayant recueilli sur des personnalités publiques des informations sans lien avec les missions de service public dont il avait la responsabilité et gravement attentatoire à l'intimité de leur vie privée »[1033]. En l'espèce, M. Bertrand, « directeur des renseignements généraux à la retraite, a conservé à son domicile des notes prises à l'occasion de l'exercice de ses fonctions ». La divulgation de ces « carnets secrets par la presse l'a conduit à subir des attaques injurieuses et diffamatoires ». Il sollicita par conséquent la protection de la collectivité publique conformément à l'article 11 de la loi du 13 juillet 1983. Face au refus du ministre de l'intérieur, M. Bertrand demande au Conseil d'État l'annulation de la décision du ministre en date du 24 juillet 2009. Si la Haute juridiction a accepté le premier recours du requérant en 2009[1034], dans la présente espèce, il se fonde sur des motifs d'intérêt général pour justifier la décision dérogatoire du ministre. En effet, selon le Conseil d'État, l'intérêt général « ne couvre pas de son autorité les agissements d'un de ses agents ayant accueilli sur des personnalités publiques des informations sans lien avec les missions de service public dont il avait la responsabilité et au surplus gravement attentatoire à l'intimité de leur vie privée »[1035].

376. Ainsi, lorsque la dérogation d'intérêt général a clairement été concrétisée par le juge, il apparaît plus nettement qu'elle renvoie à un énoncé impératif. L'intérêt général qui est lié ici « à ce que l'État ne saurait couvrir de son autorité les agissements d'un agent ayant recueilli sur des personnalités

---

[1032] Titre 2 Chapitre 2 Section 2.

[1033] CE, 20 avril 2011, *M. Bertrand*, n° 332255, à paraître au Rec., AJDA, 2011, note P. Lagrange.

[1034] CE, 19 juin 2009, *M. Bertrand*, n° 323745 ; AJDA, 2009, p. 1734.

[1035] P. Lagrange, « Reconnaissance d'un motif d'intérêt général justifiant qu'il soit dérogé à l'obligation statutaire de protection », AJDA, 2011, p. 1441 s.

publiques des informations sans lien avec les missions de service public dont il avait la responsabilité et gravement attentatoires à l'intimité de leur vie privée », peut très bien s'analyser comme un « énoncé impératif ou prescriptif »[1036]. Ce faisant, l'intérêt général n'est pas une mesure aléatoire. Lorsqu'il est concrétisé, dans le cadre de la technique de la dérogation, il énonce la norme, le modèle. Il devient alors un instrument de mesure en termes de normativité. En l'espèce, le juge administratif a justifié la légalité de la décision de refus du ministre sur des considérations d'intérêt général. L'intérêt général concrétisé a alors bien servi de modèle pour l'annulation d'un acte dans le cadre d'un recours pour excès de pouvoir.

377. Il y a donc bien une échelle normative de l'intérêt général qui est en principe un instrument de normalité. Cependant, grâce à la technique de la dérogation, il devient une règle de droit autonome.

378. La distinction aristotélicienne « puissance »/« action » permet de ne pas de déchirer la notion d'intérêt général qui s'exprime en plusieurs sens. Nous proposons alors la lecture normative schématique suivante de l'intérêt général :

- L'intérêt général est, en puissance, une norme à géométrie variable, c'est-à-dire qu'elle porte en elle la capacité à être à la fois un instrument de mesure en termes de normalité et un instrument de mesure en termes de normativité (norme juridique autonome).
- L'intérêt général est, en principe, en action, un instrument de mesure en termes de normalité.
- L'intérêt général est, par exception, en action, un instrument de mesure en termes de normativité (règle de droit autonome liée à la technique dérogatoire).

379. L'intérêt général est donc bien une norme à géométrie variable qui s'actualise différemment en fonction des techniques. Toutefois, quelles sont les conséquences de la nature normative si particulière de l'intérêt général ?

II. Les conséquences de l'échelle normative de l'intérêt général

380. L'échelle normative de l'intérêt général a un impact sur les finalités (A) et sur la nature autopoiétique (B) du droit administratif.

[1036] *Dictionnaire encyclopédique de théorie et de sociologie du droit*, *op. cit.*, p. 399.

A. L'impact de l'échelle normative de l'intérêt général sur les finalités du droit administratif

381. L'intérêt général est une norme à géométrie variable qui s'exprime de manière différente, en fonction des techniques, en puissance et en action. Lorsqu'il s'actualise comme une norme autonome (dérogation d'intérêt général), son rôle est plus déterminant dans l'évolution du droit administratif (1). Son rôle demeure important mais cependant différent lorsqu'il est une « norme » dans la norme (standard) (2).

1. La norme « intérêt général », liée aux profondes mutations du contentieux administratif

382. Il semble, à travers l'étude de la jurisprudence, que les principaux bouleversements du droit administratif sont liés au phénomène dérogatoire conjugué avec la notion d'intérêt général. La dérogation d'intérêt général dans l'appréciation des conséquences des illégalités[1037] constitue un exemple patent. Par exemple, la dérogation d'intérêt général permet notamment[1038], dans ce cadre, de protéger de la démolition un « ouvrage public dont l'implantation s'est réalisée dans des conditions irrégulières »[1039], de « dispenser une collectivité préemptrice de l'obligation de proposer le bien illégalement préempté à l'ancien acquéreur ou à l'ancien propriétaire »[1040], « d'éviter que le juge de plein contentieux ne prononce la nullité d'un contrat administratif reposant sur un acte détachable illégal »[1041] ou encore « de dispenser l'autorité préfectorale de faire procéder à la vente forcée des biens »[1042]. Ce faisant, la réserve d'intérêt général permet de déroger à des principes fondamentaux du contentieux : le principe de légalité, le droit à un recours effectif ou encore parfois le droit à l'exécution des décisions de

---

[1037] V. sur ce point Partie 2 Titre 1 Chapitre 1.

[1038] Pour une étude sur ce sujet, v. Partie 2. Titre 1. Chapitre 2.

[1039] CE, Sect., 29 janvier 2003, *Syndicat départemental de l'électricité et du gaz des Alpes-Maritimes et de la commune de Clans*, Rec. p. 21.

[1040] CE, Sect. 26 février 2003, *M. et Mme Bour*, Rec. p. 59 ; RJEP, 2003, p. 346, concl. P. Fombeur.

[1041] CE, 10 déc. 2003, *Institut de recherche pour le développement*, Rec. p. 501 ; concl. D. Piveteau, RJEP, 01/05/2004, n° 609, p. 246 – CE, 21 février 2011, *Société Ophrys*, n° 337349, à paraître au Rec. ; J.-P. Pietri, Contrats et MP, 1/8/2011, n° 8-9, p. 17 – CE, 11 mai 2011, *Société Lyonnaise des eaux de France*, n° 337927, à paraître aux T. Rec. ; E. Glaser, Revue Lamy CT, 1/9/2011, n° 71, p. 34.

[1042] CE, Sect. 18 nov. 2005, *Société fermière de Campoloro*, n° 271898 ; note P. Bon, RFDA, 1/3/2006, n° 2, p. 341 – TA Montpellier, 23 sept. 2008, *Poyarkovo LTD (Sté) North of England Protection and Indemnity LTD (Sté)*, n° 072647, inédit.

justice. La dérogation d'intérêt général contribue alors à bouleverser les règles du contentieux administratif[1043].

383. Par ailleurs, la dérogation d'intérêt général intervient pour modifier de nombreux domaines essentiels du droit administratif[1044]. Elle a par exemple permis de renouveler certains principes traditionnels comme le principe d'égalité (de l'égalité formelle à l'égalité réelle)[1045].

384. Ainsi, la technique de la dérogation qui permet à l'intérêt général de se réaliser comme une norme autonome, traduit les profondes mutations du droit administratif. L'intérêt général est alors une cause de changement. C'est lui qui est à la source des grandes évolutions du contentieux.

385. La dérogation d'intérêt général peut alors servir d'indice, de critère devant attirer l'attention. Sa présence peut constituer un baromètre des nouveaux enjeux, des nouvelles problématiques fortes qui renouvellent la matière. Toutefois, lorsque l'intérêt général n'est pas actualisé comme une véritable norme juridique autonome, il joue un rôle différent dans le contentieux administratif.

2. La norme non-autonome « intérêt général », liée aux évolutions sociétales du contentieux administratif

386. Lorsque l'intérêt général n'est pas lié à la technique dérogatoire, il contribue également, mais dans une moindre mesure, à la transformation et à l'évolution du droit administratif. En tant qu'instrument de normalité, l'intérêt général permet d'introduire les nouvelles normes sociales et sociétales, afin de pouvoir légitimer l'action administrative. Ainsi, de la même manière qu'un standard classique, l'intérêt général est doté de « fonctions idéologiques »[1046], « morales »[1047] et « rhétoriques »[1048]. Il permet d'introduire du « normal » dans le droit, c'est-à-dire des données extra-juridiques.

387. Le rôle de l'intérêt général dans la reconnaissance des services publics illustre bien ce phénomène. En effet, jusque dans les années 20, conformément à la logique libérale, « le meilleur État était celui qui limitait strictement les services publics »[1049]. Les services publics étaient principalement conçus comme « l'élément indispensable d'un minimum de cohésion et de paix sociale »[1050]. Cela explique pourquoi le Conseil d'État a

---

[1043] V. sur la subjectivisation du contentieux, Partie 2. Titre1 chapitre 2.

[1044] V. pour davantage de précisions sur la richesse et sur l'étendue de la dérogation d'intérêt général, Partie 1. Titre 2. Chapitre 2. Section 2.

[1045] V. Partie 2, Titre 2, Chapitre 2.

[1046] V. sur ce point Partie 1. Titre 1. Chapitre 2.

[1047] V. sur ce point Partie 1. Titre 1. Chapitre 1. Section 2.

[1048] V. sur ce point Partie 1. Titre 1. Chapitre 1. Section 2.

[1049] J.-F. Lachaume, C. Boiteau et H. Pauliat, *Droit des services publics*, Paris, Lexis Nexis, 2012, p. 36.

[1050] *Ibid.*

jugé qu'un palais philharmonique n'était pas destiné à assurer un service public ni à pourvoir à un objet d'utilité publique[1051]. Néanmoins, à partir des années 20, porté par la nécessité de faire face aux conséquences économiques et sociales de la Première Guerre mondiale, le juge administratif ouvre la notion d'intérêt général à des domaines d'activités plus sociales[1052]. Il reconnait de nouveaux services publics comme « la sécurité sociale »[1053], « les centres de lutte contre le cancer »[1054] ou « les centres de placement des mineurs délinquants »[1055].

388. À partir des années 20, c'est également l'extension de l'intérêt général qui intervient dans le domaine économique. Avec l'idée de pallier les insuffisances de l'initiative privée, l'intérêt général permet la création de services publics facultatifs pour satisfaire les nouveaux besoins de la population locale[1056].

389. Après la Seconde Guerre mondiale, une autre évolution est notable dans « la reconnaissance croissante des services publics dans les domaines du sport et de la culture »[1057]. Ainsi, contrairement à la jurisprudence du début du siècle, sont reconnues comme des activités d'intérêt général, « les théâtres »[1058], « les festivals »[1059] et « congrès »[1060] ou encore « les grandes parades de jazz »[1061]. Mais dans le domaine des loisirs, c'est surtout à partir des années 60-70 que l'intérêt général s'adapte le plus à de nouvelles préoccupations de l'action publique. Dans ce cadre, sont reconnus comme des

---

[1051] CE, 7 avril 1916, *Astruc et Soc. Du Théâtre des Champs-Élysées*, Rec. p. 163.

[1052] S. Braconnier, *Droit des services publics*, *op. cit.*, p. 174.

[1053] CE, 13 mai 1938, *Caisse primaire « Aide et Protection », précit.*

[1054] TC, 20 nov. 1961, *Centre régional de lutte contre le cancer « Eugène Marquis »*, Rec. p. 879.

[1055] CE, 19 déc. 1969, *Établissements Delannoy*, Rec. p. 396.

[1056] CE, Sect., 30 mai 1930, *Ch. synd. de commerce en détail de Nevers*, Rec. p. 583.

[1057] J.-M. Pontier, « Le service public culturel existe-t-il ? », AJDA, n° spécial, *Culture et Service Public*, 20 sept. 2000, p. 8 ; J.-F. Auby, « Services publics culturels et concurrence », AJDA, n° spécial, *Culture et Service Public*, 20 sept. 2000, p. 22 ; J. Rigaud, « Service public culturel et mécénat », AJDA, n° spécial, *Culture et Service Public*, 20 sept. 2000, p. 29 ; D. Roman, « L'accès à la culture dans les politiques de lutte contre l'exclusion sociale », dans Écrits en hommage à P.-L. Frier, *L'art et le droit* (M. Deguergue, dir.), Paris, Publications de la Sorbonne, 2010, p. 343 s.

[1058] CE, Sect. 19 mars 1948, *Société les amis de l'opérette*, Rec. p. 142 – CE, Sect. 12 juin 1959, *Syndicat des exploitants de cinématographe de l'Oranie*, Rec. p. 363 – TC, 15 janvier 1979, *Dames Le Cachey et Guiguère*, Rec. p. 560 – CE, Sect. 18 mai 1979, *Ass. urb. judaïque Saint-Seurin*, Rec. p. 218 – Cass. Crim., 3 avril 2002, *Société SGTE Travaux électriques et Commune de Saint-Maur-des-Fossés*, CMP 2002, comm., n° 191 ; *LPA*, 2 août 2002, p. 10, note Coffyde Boisdeffre.

[1059] CE, 25 mars 1988, *Comm. D'Hyères*, Rec. p. 668.

[1060] TC, 19 déc. 1988, *Ponce*, Rec. p. 497.

[1061] CE, 2 juin 1995, *Ville de Nice*, Rec. p. 1050.

services publics, « les fêtes communales »[1062], « les tirs de feux d'artifice organisés par les communes à l'occasion du 14 juillet »[1063] ou « d'une fête locale »[1064], le « lâcher de taureaux »[1065] ou encore « l'exploitation d'une plage »[1066].

390. De cette manière, l'intérêt général, en tant que norme dans la norme (norme non-autonome) permet l'évolution du droit. Il contribue à son évolution mais seulement en termes de normalité, c'est-à-dire une évolution liée aux mutations de la société et des mœurs. Néanmoins, le rôle de l'intérêt général sera plus limité que dans le cadre de la dérogation (norme autonome) car il permet seulement l'évolution des différentes notions du droit administratif comme le service public par exemple. Pour les mutations les plus importantes[1067], la dérogation d'intérêt général demeure nécessaire, eu égard à sa complétude normative.

391. Dès lors, l'intérêt général participe à la régénération du droit administratif parce qu'il est cause du changement (normatif). L'échelle normative de l'intérêt général explique donc les différentes évolutions du contentieux. Néanmoins, cette échelle normative n'est pas sans conséquence sur la nature du système juridique administratif.

B. L'impact de l'échelle normative de l'intérêt général sur la nature du système juridique

392. L'échelle normative de l'intérêt général modifie la manière de concevoir le système juridique qui est doté d'une nature monadique (1) et autopoiétique (2).

1. L'intérêt général et la nature monadique du système juridique

393. Dans un ouvrage intitulé *Principes de la Nature et de la Grâce Monadologie*[1068], LEIBNIZ souhaite unifier l'ensemble des connaissances dans un système, c'est-à-dire un ensemble organisé de connaissances à partir d'un nombre déterminé de principes universels. Pour se faire, il établit la théorie générale des monades. La monade se définit objectivement et subjectivement.

[1062] CE, 25 nov. 1981, *Cne de La Roche-sur-Foron*, RDP, 1982, p. 1713.

[1063] CE, 22 nov. 1946, *Cne de Saint-Priest-La Plaine*, D. 1947, p. 375, note C. Blaevoet ; S. 1947.3.105 note F.-P. Bénoit.

[1064] CE, Sect. 14 nov. 1948, *Jacquin*, Rec. p. 213.

[1065] TC, 22 avril 1985, *Laurent*, Rec. p. 541.

[1066] CE, 21 juin 2000, *Sarl Plage « Chez Joseph »*, CJEG 2000, p. 374, concl. Bergeal.

[1067] Par exemple, la subjectivisation du contentieux V. sur ce point Partie 2. Titre 1. Chapitre 1 et 2.

[1068] Leibniz, *Principes de la Nature et de la Grâce Monadologie et autres textes (1703-1716)*, Paris, GF – Flammarion, 1996.

394. D'un point de vue « objectif »[1069] (externe), la monade est une substance régie par « le principe d'unicité »[1070]. Comme l'atome, la monade constitue l'élément premier de la nature. Elle est donc ce qui persiste à travers ce qui change. Toutefois, la monade n'est pas uns substance physique mais métaphysique. LEIBNIZ lui donne un sens ontologique. Caractérisée par « sa simplicité, son inextension, son incapacité à naître ou à mourir naturellement, la monade est également fermée, sans fenêtre ». Elle est « inaltérable » car elle est sans partie. Imperméable, close sur elle-même, elle n'obéit qu'à sa propre loi d'évolution interne. Elle seule peut donc provoquer ses propres changements.

395. D'un point de vue « subjectif »[1071], c'est-à-dire interne, LEIBNIZ précise que la monade est intérieure et qu'elle est dotée de qualités spirituelles : les « facultés de perception et d'appétition ». Dès lors, même si la monade est unique et simple, elle a une « infinité d'affections (perception, désir) qui provoque du changement en elle ». Ce changement est lié à « la faculté de perception, c'est-à-dire un état qui enveloppe dans une substance le multiple ». Plus précisément, « c'est inclure du multiple dans l'un. C'est intégrer de la modification, du changement sans pour autant que la monade ne soit altérée ». En effet, lorsque la monade perçoit le monde, elle s'imprègne de ce qui lui arrive sans perdre son unité.

396. La monade est donc dotée « d'un principe actif interne qui permet le changement ; changement qui peut être également lié à l'appétition »[1072]. L'appétit est « une force interne, une tension, une tendance dynamique psychique qui rend possible le changement »[1073].

397. Cette vision des choses permet de rendre compte de la spécificité de l'intérêt général. En effet, contrairement à l'idée selon laquelle l'intérêt général serait dépourvu d'essence, nous considérons que cette notion est régie par des principes propres. La singularité de l'intérêt général réside alors, selon nous, d'abord dans sa nature normative (l'intérêt général comme norme) mais aussi dans son statut ontologique. On l'a vu précédemment, l'intérêt général est doté d'une essence politique qui guide la diversité des finalités de l'action publique.

398. Dès lors, l'intérêt général, telle la monade, est un, unique, c'est-à-dire doté d'une valeur normative et ontologique précise. Mais en même temps, cette unicité n'est pas imperméable au changement. Telle la monade apte à percevoir le multiple, l'intérêt général intègre le changement, mais sous le prime de ce qu'il est, c'est-à-dire une notion normative et politique. De la

---

1069 Leibniz, *op. cit.*, p. 223 s. V. plus précisément les paragraphes 1 à 7, c'est-à-dire p. 223 à 228.

1070 *Ibid.*, p. 223, paragraphe 1.

1071 Leibniz, *op. cit.*, p. 228 à 233, § 8 à 17.

1072 *Ibid.*, p. 223.

1073 *Ibid.*

sorte, l'intérêt général, comme la monade, est bien lié au monde extérieur. Cette extériorité ne change cependant pas sa nature profonde. Au contraire, cette extériorité, ce multiple, est façonné par l'intérêt général qui lui donnera du sens et une direction propre. C'est la nature normative de l'intérêt général qui donnera alors naissance au changement. L'intérêt général porte alors en lui-même, la cause du changement (l'intérêt général comme norme).

399. Ainsi, l'intérêt général peut être comparé à une monade parce qu'il est à la fois unique mais aussi porteur de changement. Il permet, selon nous, l'auto-régénération du système, à la manière du « paradigme autopoiétique »[1074] de M. Van De KERCHOVE et F. OST.

2. L'intérêt général et la nature autopoiétique du système juridique

400. Contrairement à un système allopoiétique, « un système autopoiétique peut être compris comme une machine organisée selon un réseau de processus de production de composants qui, du fait de leurs interactions et transformations permanentes, régénèrent sans arrêt le réseau de processus de production des composants et qui, dans cette mesure, confèrent à la machine une unité spatiale déterminée »[1075]. La machine autopoiétique est donc « un réseau de processus enchevêtrés ou bouclés qui assure une régénération constante de ses éléments constitutifs et définit ainsi son unité dans l'espace »[1076].

401. Plus précisément, le système autopoiétique est tout d'abord, comme la monade autonome. Il est en effet capable de « subordonner tout changement au maintien de son auto-organisation »[1077]. De plus, ce système est « individualisé dans la mesure où il maintient constante son identité au travers d'un procès d'ajustement permanent »[1078]. Cette identité est « autoproduite et ne doit rien à l'intervention d'un observateur extérieur »[1079]. Enfin, « le système autopoiétique est dépourvu d'*inputs* et d'*outputs* »[1080] car « le système peut connaître des chocs endogènes ». Il maintiendra cependant « l'équilibre homéostatique qui caractérise le système »[1081].

402. Plus précisément, selon M. VAN DE KERCHOVE et F. OST, la « pensée scientifique classique, pour penser les rapports du système à son

[1074] M. van de Kerchove et F. Ost, *Le système juridique. Entre ordre et désordre*, Paris, PUF, coll. « Les voies du droit », 1988, p. 149 s.
[1075] H. Maturana et F. Varela, *Autopoiesis and cognition. The realization of the living*, Dordrecht-Boston – Londres, p. 89. Réf. citée par M. van de Kerchove et F. Ost, *Le système juridique..., op. cit.*, p. 151.
[1076] M. van de Kerchove et F. Ost, *Le système juridique..., op. cit.*, p. 151.
[1077] *Ibid.*
[1078] *Ibid.*
[1079] *Ibid.*
[1080] *Ibid.*
[1081] *Ibid.*

environnement, s'en tient à un paradigme de couplage par *inputs* »[1082] car « l'extérieur détermine les changements du système ». Rapporté à l'intérêt général, une telle proposition reviendrait à considérer que ses mutations viendraient uniquement de l'extérieur, c'est-à-dire du contexte dans lequel le juge est amené à statuer. Or, l'intérêt général conserve malgré tout une certaine unicité[1083] (normative et ontologique).

403. Ainsi, nous considérons, de la même manière que la monade est régie par des principes internes, et que le système autopoiétique s'auto-organise, que l'intérêt général est lié à un fonctionnement qui lui est propre. M. VAN DE KERCHOVE et F. OST précisent d'ailleurs que « le système autopoiétique est un paradigme de couplage par clôture »[1084]. Et, c'est la « cohérence interne du système qui détermine son développement. Son environnement est donc seulement générateur de perturbation que le système absorbe et digère, grâce à son auto-organisation »[1085].

404. Une telle perspective est fondamentale dans l'étude de la fonction de l'intérêt général dans la jurisprudence administrative. En effet, au-delà même de son fonctionnement et de son caractère propre, l'intérêt général permet la régénération du système administratif. L'intérêt général constituerait alors l'un des éléments autonome du droit administratif qui est régi par des principes monadiques spécifiques (interne). Mais en même temps, l'intérêt général permet, comme la monade, d'ouvrir le droit administratif de l'intérieur. En effet, l'intérêt général est un principe interne au droit public. Par sa faculté de « perception » et « d'appétition », il perçoit les changements du monde extérieur et bouleverse le droit administratif de l'intérieur. De la sorte, le système juridique est régi par des règles propres et s'auto-organise par le biais de l'intérêt général : notion flexible, désirante et appétissante.

405. Cependant, pour en arriver à cette finalité, l'intérêt général doit contenir, en lui-même, les armes nécessaires à un tel rôle. Cette arme est ici tout simplement l'échelle normative. Tout comme la monade s'exprime en différents niveaux (entéléchies ou monade « toute nue », âmes, esprits), l'intérêt général s'exprime en termes de normalité (norme non-autonome) ou en tant que norme juridique totale (norme autonome).

406. Cette échelle normative permet ainsi à l'intérêt général de remplir sa fonction de régénération du système administratif car toutes les évolutions du droit ne supposent pas les mêmes efforts. Lorsque ceux-ci sont plus importants, en matière de dérogation par exemple, l'intérêt général doit s'actualiser en une véritable norme juridique dans les mains du juge.

407. L'intérêt général rend donc possible l'évolution du droit. Mais cette évolution s'effectue de l'intérieur, de sorte que la mutation de cette

---

[1082] *Ibid.*, p. 152.

[1083] V. par ex. Titre 1 Chapitre 1 Section 1.

[1084] M. van de Kerchove et F. Ost, *Le système juridique...*, *op. cit.*, p. 152.

[1085] *Ibid.*

notion entraîne, par extension, la mutation du système lui-même, sans l'anéantir.

408. Finalement, le rôle de l'intérêt général fait écho à la pensée de J.-L. BERGEL qui observe que « la continuité du Droit n'est pas une immobilité ; elle exprime à la fois sa profonde permanence et sa constante mutabilité. Il faut en effet souligner, selon l'auteur, que le Droit subit sans cesse une évolution, mais sans révolution »[1086]. C'est là la substance même de l'intérêt général dans la jurisprudence administrative : permettre le changement sans renverser le système. Une telle conception des choses implique nécessairement un fort pouvoir du juge dans la conception de la norme « intérêt général » à géométrie variable.

SECTION 2.L'INTÉRÊT GÉNÉRAL,

UNE NORME FAÇONNÉE PAR LE JUGE ADMINISTRATIF

409. Lorsqu'il est confronté à l'indétermination de l'intérêt général, le juge administratif exerce un pouvoir normatif (I). Il doit en effet dégager la norme de référence implicite cachée derrière la particulière imprécision de l'intérêt général. Néanmoins, dans l'élaboration de cette norme de référence (II), il doit prendre en compte de nombreux paramètres.

I. L'existence d'un pouvoir normatif du juge face à l'indétermination de l'intérêt général

410. Face à l'indétermination de l'intérêt général, le juge administratif doit exprimer la norme de référence nécessaire au jugement. Dans ce cas, il exerce un pouvoir normatif (A) qui a de lourdes conséquences (B).

A. La manifestation de ce pouvoir normatif

411. La particulière indétermination de l'intérêt général pose problème dans le processus normatif (1). En effet, le juge doit dégager la norme de référence cachée derrière l'indétermination de l'intérêt général (2). Cette norme de référence dégagée de manière prétorienne, est dotée d'une nature particulière (3).

[1086] J.-L. Bergel, « La relativité du droit ? », Conférence faite aux étudiants du Centre de Philosophie du Droit d'Aix-Marseille le 11 décembre 1985 ; RRJ, Droit prospectif, Presses universitaires d'Aix-Marseille n° XI-26, 1986-3, p. 13 s.

1. Les difficultés posées par l'indétermination de l'intérêt général dans le processus normatif

412. La France, « comme les pays issus des systèmes juridiques de la famille *romano-germanique*, est marquée par la prépondérance de la loi écrite, qui, sans être la source exclusive du droit, y a eu et y conserve une très grande importance »[1087]. Cette tendance s'appuie sur « les principes de la démocratie »[1088] et sur l'idée selon laquelle la « loi constitue la meilleure technique pour établir des règles de droit suffisamment claires »[1089].

413. Ainsi, en France, le juge n'a pas le pouvoir d'ériger des règles générales. Ceci résulte de « la prohibition des arrêts de règlement » contenue dans l'article 5 du Code civil. En effet, « il est défendu aux juges de statuer par voie de dispositions générales et réglementaires sur les causes qui lui sont soumises ». Hérité de la Révolution française et du « principe de séparation des pouvoirs »[1090], le « pouvoir du juge est celui de mettre fin à un litige »[1091], non de créer le droit.

414. Pourtant, depuis longtemps, la doctrine reconnaît au Conseil d'État un pouvoir normatif. Certains auteurs voient par exemple, dans l'article 4 du Code civil[1092], la « reconnaissance d'un pouvoir propre lui permettant de créer lui-même du droit, lorsque cela est nécessaire, pour trancher un litige »[1093]. C. ATIAS rappelle alors que « les juridictions sont réputées avoir reçu du législateur délégation de créer des normes »[1094]. Il s'agirait « d'un

---

[1087] J.-L. Bergel, *Théorie générale du droit*, Paris, Dalloz, 2012, coll. « Méthodes du droit », p. 66, n° 49.

[1088] R. Carré de Malberg, *La loi, expression de la volonté générale*, Sirey, 1931, rééd. Economica, coll. « Classiques », 1984.

[1089] J.-L. Bergel, *Théorie générale du droit*, *op. cit.*, p. 66, n° 49.

[1090] V. notamment, A. Bollet-Ponsignon, *La notion de séparation des pouvoirs dans les travaux préparatoires de la Constitution de 1958*, Travaux et recherches Panthéon-Assas, Paris 2, LGDJ, Sciences politiques, 1993, p. 18 s.

[1091] X. Labbée, *Les critères de la norme juridique*, Presses Universitaires de Lille, 1994, p. 96 et 97.

[1092] « Le juge qui refusera de juger, sous prétexte du silence, de l'obscurité ou de l'insuffisance de la loi, pourra être poursuivi comme coupable de déni de justice ».

[1093] R. Carré de Malberg, *Contribution à la théorie générale de l'État*, Sirey, 1920, reproduction CNRS, 1962, T. 1, p. 719 ; M. Waline, « Le pouvoir normatif de la jurisprudence », Mél. Scelle, LGDJ, 1950, T. 2, p. 613 ; P. Hébraud, « Le juge et la jurisprudence », mél. Couzinet, Toulouse, 1974, p. 329 ; S. Belaid, *Essai sur le pouvoir créateur et normatif du juge*, thèse, Paris, LGDJ, 1974, p. 271 ; C. Eisenmann, « Juridiction et logique », Mél. Marty, Toulouse, 1978, p. 477 ; C. Perelman, *Logique juridique, Nouvelle rhétorique*, Paris, Dalloz, 2e éd., 1979, p. 45.

[1094] C. Atias, *Epistémologie juridique*, Paris, PUF, coll. « Droit fondamental », 1985, p. 35.

pouvoir qui serait une compétence implicite de sa fonction juridictionnelle et une conséquence de la notion même de juridiction »[1095].

415. Néanmoins, face à l'obstacle majeur selon lequel l'organisation constitutionnelle de la France prive le juge du pouvoir de statuer par voie générale, la doctrine est divisée[1096]. Suivant le « courant formaliste classique, la jurisprudence ne serait pas une source formelle du droit positif mais qu'un phénomène sociologique »[1097]. Suivant le « courant réaliste moderne, la jurisprudence serait source de droit »[1098] mais des divergences demeurent sur son fondement.

416. Pour résoudre ce problème du pouvoir normatif du juge, une autre logique apparaît. Elle consiste à prendre en compte l'article 5 du Code civil précité et l'article 1351 du même Code posant la relativité de la chose jugée et empêchant que l'acte juridictionnel ait une portée générale, c'est-à-dire dépassant le cadre du litige. À partir de ces différents textes, l'idée consiste alors à reconnaître un pouvoir normatif du juge, mais un pouvoir non général, un « pouvoir normatif individuel »[1099], inhérent à la fonction

---

[1095] M. Deguergue, *Jurisprudence et doctrine dans l'élaboration du droit de la responsabilité administrative*, Thèse, LGDJ, Bibliothèque de droit public, t. 171, 1994, p. 6. L'auteur rappelle que « l'attribution au Conseil d'État de la justice déléguée et de l'absence de codification ont été des facteurs lié à l'élaboration du droit administratif ». V. sur ce dernier point, J. Cruet, *Étude juridique de l'arbitraire administratif*, thèse, Paris, Rousseau, 1906, p. 301 ; G. Jèze, « De l'utilité pratique des études théoriques de jurisprudence pour l'élaboration et le développement de la science du droit public », RDP, 1914, p. 311 ; G. Jèze, « Collaboration du Conseil d'État et de la doctrine dans l'élaboration du droit administratif français », Livre Jubilaire du Conseil d'État, Sirey, 1952, p. 347.

[1096] Cette présentation est dressée par O. Dupeyroux, « La doctrine française et le problème de la jurisprudence source de droit », Mél. Marty, Toulouse, 1979, p. 463. Elle est reprise par J. Roche, « Les réactions de la doctrine du droit par les juges », Travaux de l'Association Capitant, t. 31, 1980, éd. Economica, p. 555.

[1097] F. Gény, R. Carré de Malberg, Carbonnier, Roche : réf. citées par O. Dupeyroux, « La doctrine française et le problème de la jurisprudence source de droit », art. cit.

[1098] Belaid, Boulanger, Chapus, Lambert, Lebrun, Marty, Maury, Planiol, Raynaud, Vedel, Waline. Réf. citées par O. Dupeyroux, « La doctrine française et le problème de la jurisprudence source de droit », *précit.*

[1099] F. Gény, *Méthodes d'interprétation et sources en droit privé positif*, LGDJ, 2e éd., 1919 (nouveau tirage 1932), 2 vol., t. 1, p. 210 s. ; R. Carré de Malberg, *Contribution à la théorie générale l'État, op. cit.*, p. 719 à 745. ; H. Kelsen, *Théorie pure du droit, op. cit.*, p. 320. Cette solution a été reprise par de nombreux auteurs français qui déduisent que « l'article 5 du Code civil, prohibant les seuls arrêts de règlement, ne s'opposent pas à la création de normes individuelles par la juge » : M. Waline, « Le pouvoir normatif de la jurisprudence », Mél. Scelle, LGDJ, 1950, T. 2, p. 613 s., spéc., p. 615 ; P. Hébraud, « Le juge et la jurisprudence », Mél. Couzinet, Toulouse, 1974, p. 329 s. ; O. Dupeyroux, « La doctrine française et le problème de la jurisprudence source de droit », Mél. Marty, Toulouse, 1979, p. 463 s. ; B. Jeanneau, *Les principes*

juridictionnelle. Dans ce cas, il n'y a plus de contradiction car le Code civil prohibe seulement les normes générales.

417. Toutefois, face à l'indétermination de l'intérêt général, l'étude de la norme dégagée par le juge se complique. Il appartient en effet au juge, non seulement d'appliquer une norme générale au litige en cours mais encore, de révéler (ou feindre de découvrir) la norme générale de référence. En effet, lorsqu'il statue sur l'intérêt général, en l'absence d'indication législative, le juge est confronté à un vide qu'il est obligé de combler pour statuer. C'est donc la spécificité de l'intérêt général, notion particulièrement indéterminée et omniprésente dans les divers domaines du droit administratif, qui conduit le juge à déterminer la norme de référence nécessaire à tout jugement.

2. L'obligation pour le juge de révéler la norme de référence cachée derrière l'indétermination de l'intérêt général

418. Pour expliquer le rôle du juge dans la détermination de l'intérêt général, nous proposons de présenter l'application de la norme sous la forme « d'un syllogisme dont chacune des prémisses répond à une question précise »[1100]. La proposition majeure est constituée par une norme de référence à l'aune de laquelle sont jugés, soit une autre norme, soit un comportement (la mineure). Le résultat de la confrontation bâtit ainsi la conclusion du syllogisme : c'est « la signification de la décision de justice elle-même »[1101]. Partant de ce syllogisme, D. DE BÉCHILLON souligne que le pouvoir normatif du juge paraît potentiellement impliqué deux fois.

419. D'une part, il peut l'être « au moment de la formulation de la proposition majeure, lorsqu'il crée une règle jurisprudentielle ». Le juge forme donc « la norme de référence du contrôle »[1102]. D'autre part, conformément à l'approche visée par la *Stuffentheorie*, « le pouvoir normateur du juge s'exprime également et nécessairement au stade de la conclusion du syllogisme. Signification décisoire d'un acte de volonté (ici exprimé au travers d'une interprétation), la chose jugée est toujours une norme »[1103].

420. Ainsi, l'intérêt général pose problème car il n'est pas seulement lié à la conclusion du syllogisme, il constitue aussi la norme de référence au

---

généraux du droit dans la jurisprudence administrative, Thèse, Sirey, 1954, p. 245 ; M. Djuvara, « Droit rationnel et droit positif », Mél. Gény, Sirey, 1935, t. 1, p. 245 s. V. aussi, M. Deguergue, *Jurisprudence et doctrine dans l'élaboration du droit de la responsabilité administrative*, *op. cit.*, p. 15.

1100 V. par ex., X. Dijon, *Méthodologie juridique. L'application de la norme*, E. Story-Scientia, 1990, p. 7.

1101 D. de Béchillon, *Hiérarchie des normes et hiérarchie des fonctions normatives de l'État*, Thèse, Economica, coll. « Droit public positif », 1996, p. 116.

1102 *Ibid.*

1103 *Ibid.*

jugement (proposition majeure dans le syllogisme), en raison de sa profonde indétermination.

421. Par exemple, dans un arrêt du 20 avril 2011, le Conseil d'État accepte le refus de protection des fonctionnaires pour des raisons d'intérêt général tirées « de ce que l'État ne saurait couvrir de son autorité les agissements d'un agent ayant recueilli sur des personnalités publiques des informations sans lien avec les missions de service public dont il avait la responsabilité et gravement attentatoire à l'intimité de leur vie privée »[1104].

422. La norme de référence est bien liée à la détermination jurisprudentielle de l'intérêt général : « l'État ne saurait couvrir de son autorité les agissements d'un agent ayant recueilli sur des personnalités publiques des informations sans lien avec les missions de service public dont il avait la responsabilité et gravement attentatoire à l'intimité de leur vie privée ».

423. À partir de cette norme de référence (proposition majeure dans le syllogisme), le juge va examiner les faits (un comportement : la mineure). En l'espèce, s'agissant du comportement, M. Bertrand, directeur des renseignements généraux à la retraite, a conservé à son domicile des notes prises à l'occasion de l'exercice de ses fonctions. La divulgation de ces « carnets secrets » par la presse l'a conduit à subir des attaques injurieuses et diffamatoires.

424. Enfin, le juge confronte le comportement litigieux à la norme de référence (la décision de justice elle-même, la conclusion du syllogisme). Dans la présente affaire, le Conseil d'État se fonde sur des motifs d'intérêt général pour justifier la décision dérogatoire du ministre. En effet, l'intérêt général « ne couvre pas de son autorité les agissements d'un de ses agents ayant accueilli sur des personnalités publiques des informations sans lien avec les missions de service public dont il avait la responsabilité et au surplus gravement attentatoire à l'intimité de leur vie privée »[1105].

425. Ce faisant, l'intérêt général intervient bien avant la conclusion du syllogisme. Il est une norme de référence d'origine jurisprudentielle sur laquelle se fonde le juge pour rejeter la demande du justiciable.

426. Mais alors, quelle est la nature de cette norme de référence ? Est-ce une norme générale ou individuelle ?

[1104] CE, 20 avril 2011, *M. Bertrand*, n° 332255, à paraître au Rec., AJDA, 2011, note P. Lagrange.

[1105] P. Lagrange, « Reconnaissance d'un motif d'intérêt général justifiant qu'il soit dérogé à l'obligation statutaire de protection », AJDA, 2011, p. 1441 s.

3. La nature de la norme de référence dégagée par le juge

427. Au regard de la place de la « norme de référence »[1106] dégagée par le juge dans le syllogisme lors de la détermination de l'intérêt général, on peut estimer qu'il s'agit là de la création d'une véritable règle[1107]. Dans une étude consacrée à la règle de droit en droit administratif en Belgique, H. BUCH considère d'ailleurs que le Conseil d'État a dû vérifier « si l'intérêt général dont il était fait état existait réellement ». Ainsi, se trouvait ouverte, « la voie vers un droit prétorien, vers la formulation de règles »[1108]. En l'espèce, nous considérons, à l'instar de l'auteur, que le Conseil d'État (français ici), lorsqu'il détermine l'intérêt général, formule bien, en réalité, une norme de référence, un modèle normatif nécessaire au jugement.

428. La doctrine reconnaît d'ailleurs, parfois, que « dans les motifs, le juge formule au besoin, en la créant, la règle de droit dont la décision procède »[1109]. M. HAURIOU nomme cela « directive », c'est-à-dire un « embryon de règle de droit » qui « possède une virtualité d'extension à tous les cas similaires »[1110].

429. D'autres auteurs estiment, quant à eux, que « le juge, saisi d'un litige et ne disposant pas, par hypothèse, d'une règle de droit pour trancher le cas d'espèce, va exprimer la volonté qu'un certain fait social soit forcément suivi d'un certain effet social et par application de la règle qu'il formule, il va statuer »[1111]. Ce faisant, le juge créerait une « règle de décision »[1112] et non pas

---

[1106] Cette norme de référence, ce modèle au jugement peut soit s'apprécier en termes de normalité lorsque l'intérêt général est une norme non autonome, soit en termes de normativité lorsque l'intérêt général est une norme dans le cadre de la technique dérogatoire. La norme de référence, le modèle du jugement doit être compris comme une règle générale, seulement dans la mesure où il peut potentiellement s'appliquer à différents justiciables, dans différents litiges, pour les mêmes faits.

[1107] Attention, la règle s'entend ici comme une référence applicable à différents individus pour les mêmes faits, à l'occasion de différents litiges. Cette règle peut s'exprimer en termes de normalité (norme intérêt général non-autonome) ou de normativité (norme intérêt général autonome).

[1108] H. Buch, « La règle de droit en droit administratif », dans C. Perelman, (études publiées par), *La règle de droit*, Travaux du centre national de recherches de logique, Bruxelles, Bruylant, 1971, p. 260 s., spéc. p. 275.

[1109] R. Guillien, *L'acte juridictionnel et l'autorité de la chose jugée*, Thèse, Bordeaux, 1931, p. 359 ; L. Goldenberg, *Le Conseil d'État, juge du fait*, Thèse, Paris, Dalloz, 1932, p. 41 ; J.-C. Venezia, *Le pouvoir discrétionnaire*, thèse, Paris, LGDJ, 1956, p. 166.

[1110] M. Hauriou, « Police juridique et fond du droit », art. cit., *RTD civ.*, 1926, p. 265, spéc., p. 311.

[1111] P. Foriers, « Règles de droit. Essai d'une problématique », dans C. Perelman (études publiées par), *La règle de droit*, *op. cit.*, p. 7 s., spéc. p. 9.

[1112] J. Wróblewski (« La règle de décision dans l'application judiciaire du droit », dans C. Perelman, (études publiées par), *La règle de droit*, *op. cit.*, p. 68 s.) examine la

complètement une règle de droit « car il ne peut y avoir de règle juridique que lorsqu'il y a répétition ». En effet, « ce n'est qu'à la longue que la règle de décision deviendra une règle de droit »[1113] entendue comme « l'expression de la volonté qu'un certain fait social soit suivi forcément d'un certain effet social »[1114]. La distinction entre la règle de droit et la règle de décision reposerait alors sur la régularité et la répétition[1115] de la règle de décision afin que celle-ci devienne une règle de droit.

430. Or, cette seule circonstance ne suffit pas, selon nous, à refuser la qualification de règle pour la norme de référence dégagée par le juge face à l'intérêt général. En effet, comme le rappelle L. SILANCE, « la règle établie par le juge est bien sanctionnée par la force exécutoire et sera exécutée, au besoin avec l'aide de la force publique »[1116]. Elle a donc « forcément un effet social, celui qu'a voulu le juge, celui que dans la thèse du juge, le législateur a voulu dans un tel cas »[1117]. Mais cette définition de la règle de droit est encore insuffisante, J. BRETHE DE LA GRESSAYE et M. LABORDE-LACOSTE rajoutent que « la règle de droit est une ligne de conduite des hommes »[1118]. J. DABIN explique encore que « le droit est une norme de conduite en ce sens que son objet est de régir la conduite des individus particuliers. Les règles de

---

question de la règle de droit avec l'exemple polonais. Il considère que « les organes appliquant le droit ne créent pas le droit conçu comme normes suffisamment abstraites et générales mais formulent les décisions comme actes juridiques ou comme normes concrètes et individuelles ».

[1113] *Ibid.*, p. 13.

[1114] Selon la formule de Roguin, v. sur ce point, P. Foriers, « Règles de droit. Essai d'une problématique », art. cit., p. 7 s. V. aussi F. Dumon, « La formation des règles de droit dans les communautés européennes », dans C. Perelman (études publiées par), *La règle de droit*, *op. cit.*, p. 159 s., spéc. p. 161.

[1115] Cette idée conduit de nombreux auteurs à considérer que « ce n'est pas le juge mais la jurisprudence qui crée des normes générales. Cela implique de distinguer la décision individuelle du juge des inductions abstraites susceptibles de généralisation » (P. Hébraud, « Le juge et la jurisprudence », art. cit., p. 335). Or, « cette généralisation nécessite l'intervention d'un tiers, la doctrine » (Y. Gaudemet, *Les méthodes du juge administratif*, *op. cit.*, p. 27 s. ; A. Rouast, *Du fondement de la responsabilité des dommages causés aux personnes par les travaux publics*, Thèse, Lyon, Éd. Rousseau, 1910, p. 5 ; M. Deguergue, *Jurisprudence et doctrine dans l'élaboration du droit de la responsabilité administrative*, *op. cit.*, p. 13 s.).

[1116] L. Silance, « La règle de droit dans le temps », dans C. Perelman (études publiées par), *La règle de droit*, *op. cit.*, p. 50 s., spéc. p. 59 et 60 ; J. Masquelin, « La formation de la règle de droit », dans C. Perelman (études publiées par), *La règle de droit*, *op. cit.*, p. 21 s., spéc. p. 21 ; P. Goffrin, « Le droit disciplinaire des groupes sociaux », dans C. Perelman (études publiées par), *La règle de droit*, *op. cit.*, p. 281 s., spéc. p. 282.

[1117] L. Silance, « La règle de droit dans le temps », art. cit., p. 50 s., spéc. p. 59 et 60.

[1118] J. Brèthe de La Gressaye et M. Laborde-Lacoste, *Introduction à l'étude générale du droit*, Paris, Recueil Sirey, 1947, p. 2.

droit comme les normes, sont donc des dispositions prises pour un nombre indéfini de cas »[1119]. La règle de droit suppose alors une possible régularité et continuité indépendante des cas particuliers (donc généralité). De cette manière alors, la norme de référence peut être assimilée à une règle. L'auteur considère d'ailleurs justement que « légale ou jurisprudentielle, la règle n'est prise à l'intention d'une personne en particulier »[1120].

431. Ainsi, si l'on reprend l'exemple donné précédemment dans l'affaire en date du 20 avril 2011, on voit bien que la norme de référence ne vise pas particulièrement M. Bertrand (le requérant). Elle est plus large et s'applique potentiellement à toutes les personnes visées par la règle. La formulation du Conseil d'État est explicite sur ce point lorsqu'il précise la règle selon laquelle « l'État ne saurait couvrir de son autorité les agissements d'un agent ayant recueilli sur des personnalités publiques des informations sans lien avec les missions de service public dont il avait la responsabilité et gravement attentatoire à l'intimité de leur vie privée ». De cette manière, le Conseil d'État vise tout agent qui a recueilli des informations sans lien avec les missions de service public et non pas l'agent M. Bertrand en particulier. Cela signifie bien que la norme de référence dégagée par le juge peut s'appliquer à différents individus/agents, dans différents litiges.

432. Néanmoins, que penser si en pratique, la norme de référence dégagée par le juge, lors de la détermination de l'intérêt général ne se répète pas dans le temps, dans d'autres jurisprudences ? Cette seule circonstance affecte-t-elle le caractère général de la norme de référence ?

433. Pour répondre à cette interrogation, il faut revenir sur la notion de pouvoir jurisprudentiel qui s'exerce en présence de l'intérêt général. Si la jurisprudence peut désigner certaines décisions de justice créatrice de droit en raison du simple fait de la régularité de leur répétition, c'est une acception plus restrictive qu'il s'agit d'adopter ici. En effet, « le pouvoir jurisprudentiel »[1121] est lié à la création par le juge d'une norme de référence, peu importe que cette norme fasse l'objet de nombreuses applications ultérieures. « Une seule application suffit à lui conférer ce statut de norme

---

[1119] J. Dabin, *Théorie générale du droit*, Paris, Dalloz, 1969, coll. « Philosophie du droit », p. 77.

[1120] J. Dabin, *Théorie générale du droit*, Bruxelles, Bruylant, 1953, p. 73, n° 56.

[1121] Le pouvoir jurisprudentiel est compris ici comme la règle jurisprudentielle, c'est-à-dire la norme de référence créée par le juge (la proposition majeure dans le syllogisme). D. de Béchillon oppose d'ailleurs « ce pouvoir jurisprudentiel au pouvoir juridictionnel, c'est-à-dire à la formulation de la conclusion du syllogisme en posant une décision de justice » (D. de Béchillon, *Hiérarchie des normes et hiérarchie des fonctions normatives de l'État*, *op. cit.*, p. 117 s.). Cette dichotomie est reprise par de nombreux auteurs (Y. Gaudemet, *Les méthodes du juge administratif*, *précit.*, p. 11 ; J.-J. Bienvenu, *L'interprétation juridictionnelle des actes et des Lois, sa nature et sa fonction dans l'élaboration du Droit administratif*, Thèse, Paris 2, 1979, p. XVIII).

juridique créatrice de droit ». Ainsi, selon D. DE BÉCHILLON, « l'entassement des précédents fournit sans doute un effet de publicité, de pérennité et surtout de stabilité à la règle, mais elle ne saurait lui conférer une normativité qui lui serait étrangère par défaut »[1122]. En ce sens, S. RIALS souligne « les vices d'une théorie du pouvoir normatif jurisprudentiel qui introduirait la naissance de la règle au regard du nombre de ses applications »[1123]. Selon l'auteur, « il ne peut y avoir application d'une règle si celle-ci n'existe pas encore. Tout jugement suppose une évaluation de conformité à une norme ; et de fait, aucun jugement ne peut avoir lieu en l'absence d'une disposition normative de référence »[1124]. Ce sont donc bien les applications qui se déduisent d'une règle originelle, posée dès la première fois[1125].

434. Ce faisant, l'intérêt général, eu égard à sa particulière indétermination, suppose l'existence d'un pouvoir jurisprudentiel. Le juge fixe alors, lorsqu'il détermine l'intérêt général, le modèle normatif de référence qui s'exprime en termes de normalité (norme de référence extra-juridique)[1126] ou en termes de normativité (norme autonome dans le cadre dérogatoire). Néanmoins, une telle conception aboutit à de lourdes conséquences sur les pouvoirs du juge.

B. Les conséquences de ce pouvoir normatif

435. Le pouvoir normatif du juge, lié à l'indétermination de l'intérêt général, pose problème. En effet, ce pouvoir bouleverse les principes légaux, constitutionnels et théoriques (1). D'ailleurs, ce pouvoir normatif est spécifique. Il est distinct de l'exercice d'un pouvoir discrétionnaire (2).

1. Un pouvoir normatif contraire aux données légales, constitutionnelles et théoriques

436. Face à l'indétermination de l'intérêt général, le juge administratif doit, en l'absence de précisions législatives, dévoiler la norme de référence nécessaire au jugement. Il découvre alors une règle de droit entendue comme

---

[1122] D. de Béchillon, *Hiérarchie des normes et hiérarchie des fonctions normatives de l'État*, *op. cit.*, p. 117.

[1123] S. Rials, *Le juge administratif et la technique du standard*, *op. cit.*, p. 197.

[1124] *Ibid.*

[1125] Le Doyen Carbonnier souligne d'ailleurs que « l'autorité de chose jugée, en s'accumulant, devient jurisprudence. Mais en s'accumulant, elle ne peut acquérir une efficacité qu'elle n'avait pas à l'état isolé » (dans *Loi étrangère et jurisprudence étrangère*, Clunet, 1935, p. 482). Réf. citée par D. De Béchillon, *op. cit.*, p. 117, note 27.

[1126] Sur ce point, nous rejoignons la position de S. Rials, « Sur une distinction contestable et un trop réel déclin », art. cit., p. 115 s.

« l'expression d'une volonté qu'un certain fait social soit forcément suivi d'un certain effet social »[1127]. Ce faisant, le juge ne crée non pas une règle de décision, c'est-à-dire une décision concrète et individuelle, mais une règle de droit, c'est-à-dire une norme de conduite générale (qui peut potentiellement s'appliquer à différentes personnes dans différents litiges) sanctionnée et applicable. En effet, la généralité de la norme s'impose car sans généralité, il n'y a pas de norme de référence qui pourrait s'appliquer à différents justiciables, dans différents litiges.

437. De plus, reconnaître le caractère individuel de la norme de référence accentuerait le sentiment d'arbitraire du juge. Cela impliquerait qu'il puisse dévoiler des normes générales à portée individuelle qui ne seraient pas susceptibles de s'appliquer dans d'autres affaires pour les mêmes faits. À chaque affaire appartiendrait une norme de référence spécifique. Une telle situation deviendrait ubuesque. La norme de référence, censée fonder le jugement, doit donc être générale ou ne pas être. Elle doit avoir vocation à s'appliquer à plusieurs justiciables pour les mêmes faits, justement pour éviter l'arbitraire. On ne peut donc pas, selon nous, à la fois reconnaître l'existence de la formation d'une norme de référence (majeure dans le syllogisme) par le juge dans la détermination de l'intérêt général et nier sa portée générale, nécessaire à tout jugement.

438. Néanmoins, un tel pouvoir dans l'élaboration de la norme de référence est totalement prohibé. On l'a déjà dit, l'article 5 du Code civil prohibe les arrêts de règlement. C'est la raison pour laquelle la doctrine préfère considérer, avec raison, que le juge, lorsqu'il statue, dispose « d'un pouvoir de créer des normes individuelles », et non pas des normes générales, même lorsqu'il crée la norme de référence. H. KELSEN souligne d'ailleurs que « dans l'hypothèse où la juridiction ne peut se déterminer sur la base de normes générales, en l'absence de prescriptions législatives, il est inexact de prétendre que le juge joue le rôle de législateur et crée des normes juridiques générales. En effet, les tribunaux sont habilités uniquement à créer des normes simplement individuelles, valables seulement chacune pour un cas, celui à l'occasion duquel et pour lequel elle est posée. Seulement, cette norme individuelle, le tribunal la crée en application d'une norme générale qu'il tient personnellement pour souhaitable, pour juste, alors que le législateur ne l'a pas posé »[1128]. Cette nature individuelle de la norme juridictionnelle coïncide d'ailleurs avec l'autorité de la chose jugée attachée au dispositif du jugement. On l'a déjà vu, elle vaut alors pour un cas concret donné à un litige. C'est là la condition nécessaire au respect du principe de légalité et au principe de séparation des pouvoirs.

[1127] P. Foriers, « Règles de droit. Essai d'une problématique », art. cit., spéc. p. 9.

[1128] H. Kelsen, *Théorie pure du droit*, trad. française de la 2e éd. de la *Reine Rechtslehre* par C. Eisenmann, Paris, Dalloz, coll. « Philosophie du droit », p1962,. 327.

439. Néanmoins, H. KELSEN ajoute plus loin[1129], dans la *Théorie pure du droit*, qu'il se peut que les Tribunaux, « en particuliers les Cours suprêmes, reçoivent le pouvoir de créer par leurs décisions, non pas simplement des normes individuelles ne valant que pour la seule espèce concrète à laquelle elles se rapportent, mais également des normes générales. Tel est le cas lorsque les décisions juridictionnelles créent ce qu'on appelle des précédents, c'est-à-dire lorsque la décision rendue sur un cas concret est obligatoire pour les décisions à rendre sur les cas semblables qui se présenteront ultérieurement »[1130]. L'auteur précise qu' « une décision juridictionnelle peut avoir un tel caractère de précédent lorsque le contenu de la norme posée par la décision n'est pas prédéterminée par une norme générale créée par voie de législation ou de coutume, lorsque ce contenu n'est pas déterminé d'une façon univoque, ce qui laisse ouverte la possibilité de différentes interprétations. Dans le premier cas, le tribunal crée par sa décision « précédentielle » du droit de fond nouveau ; dans le second cas, l'interprétation qui se trouve donnée dans la décision prend le caractère d'une norme générale »[1131].

440. L'auteur reconnaît alors implicitement l'existence d'un pouvoir jurisprudentiel permettant au juge de dévoiler des normes de référence générales, « lorsque le contenu de la norme posée par la décision n'est pas prédéterminé par une norme générale créée par voie de législation ou lorsque ce contenu n'est pas déterminé d'une façon univoque ». Une telle hypothèse répond parfaitement au rôle du juge dans l'élaboration de la norme de référence issue de l'intérêt général qui, soit est créée de manière prétorienne et ne trouve son fondement dans aucun texte législatif, soit est créée par un texte qui ne fixe pas de contenu précis (il est alors définissable de façon univoque).

441. Par exemple, s'agissant de la première hypothèse, lorsqu'elle est posée de manière prétorienne, la norme de référence « intérêt général » ne repose sur aucun texte législatif. Tel est le cas dans une affaire en date du 6 décembre 2002 en matière d'homologation. En effet, le Conseil d'État pose le principe d'une irrecevabilité des demandes d'homologation hors instance contentieuse pour admettre des exceptions. Ainsi, « dans l'intérêt général », le juge admet la recevabilité d'une telle demande d'homologation « lorsque la conclusion d'une transaction vise à remédier à une situation telle que celle créée par une annulation ou la constatation d'une illégalité qui ne peuvent donner lieu à régularisation, ou lorsque son exécution se heurte à des difficultés particulières. Tel peut notamment être le cas en matière de marchés

---

[1129] L'auteur évoque « le rôle de l'interprète dans un second système qui ignore tout organe central de législation », *ibid.*, p. 337.

[1130] *Ibid.*, p. 334 et 335.

[1131] *Ibid.*

publics et de délégations de service public »[1132]. Le Conseil d'État accepte alors la demande d'homologation d'un contrat de transaction, hors instance contentieuse. Pour se faire, il fonde cette création jurisprudentielle sur des considérations d'intérêt général. Or, on voit bien que la règle dégagée par le juge n'a pas seulement vocation à s'appliquer dans ce seul cas d'espèce. Figurant dans la majeure dans le syllogisme, la norme générale de référence peut potentiellement s'appliquer à différents justiciables, au cours de différents litiges, pour les mêmes faits.

442. S'agissant maintenant de la seconde hypothèse, on peut faire référence à l'intérêt général posé par le législateur ou le pouvoir réglementaire mais qui ne détermine pas son contenu. Le juge, confronté à l'indétermination de l'intérêt général qui ne peut être découvert de façon univoque (c'est d'ailleurs toujours le cas lorsqu'il s'agit de l'intérêt général), pose alors également une règle, une norme de référence pour le jugement. Par exemple, l'article L. 111-1 du Code de l'urbanisme habilite le pouvoir réglementaire à fixer par décret en Conseil d'État les règles générales d'utilisation des sols. Plusieurs règlements[1133] ont été pris sur ce fondement. Toutefois, en raison du champ d'application des règles générales, des dérogations ont été aménagées sur le fondement des articles R. 111-11 et R. 111-20 du Code de l'urbanisme. Face au laconisme de ces articles, le juge administratif a érigé « l'intérêt général »[1134] comme le fondement majeur de la dérogation d'urbanisme. Dès lors, même si « les motifs d'intérêt général invoqués doivent se rattacher à l'ordre urbanistique »[1135], le juge administratif en a une vision extensive[1136]. Ainsi, malgré les textes, l'intérêt général peut toujours faire l'objet de définitions équivoques, eu égard à son indétermination. Il donne l'occasion au juge de créer une norme de référence potentiellement générale, c'est-à-dire applicable pour les mêmes faits à différents litiges.

443. Si un tel pouvoir est difficilement reconnaissable théoriquement car il bouleverse la hiérarchie[1137] des normes et s'oppose à la logique de notre

---

[1132] CE, Ass., avis, 6 déc. 2002, *Synd. intercnl. des établissements du second cycle du second degré du district de l'Hay-les-Roses*, Rec. p. 433, concl. G. Le Chatelier. Même s'il s'agi d'un avis, la logique du juge dans la détermination de la norme de référence issue de l'intérê général est significative. C'est le mécanisme qu'il faut noter.

[1133] V. le décret n° 2007-18 du 5 janv. 2007 qui regroupe un ensemble de prescriptions sous l'intitulé de règlement national d'urbanisme.

[1134] CE, 16 déc. 1977, *Cluzeau*, Rec., p. 509.

[1135] CE, 10 janv. 1968, *Daudens*, Rec., p. 24.

[1136] V. par ex., CE, 24 juillet 1981, *Mme Woll Brett*, Rec., p. 316 – CE, 23 déc. 1976, *Ministre de l'Equipement c/ Casseau*, Rec. p. 579 – CE, 8 déc. 1976, *Ministre de l'Équipement c. Époux Guihur*, Rec., p. 538.

[1137] En effet, l'intérêt général, qui emprunte sa valeur soit à la norme de laquelle il est issu (norme de référence générale qui s'apprécie en termes de normalité) soit à la norme à laquelle il déroge (norme de référence générale qui s'apprécie en termes de normativité), permet de se compléter ou de se substituer à des principes législatifs,

système français[1138] (loi[1139], Constitution, séparation des pouvoirs[1140], démocratie, idéologie[1141]), il s'avère néanmoins nécessaire pour justifier une pratique de fait.

444. J. DABIN explique d'ailleurs que « si indépendants qu'ils soient de tout autre pouvoir, les tribunaux sont institués par l'État pour rendre la justice au nom de l'État. Ils sont alors évidemment dépositaires d'une part de l'autorité publique »[1142]. D'un autre côté, rajoute l'auteur, « le droit qu'ils appliquent est bien le droit de l'État, soit qu'ils le trouvent formulé dans la loi, soit que, à défaut de loi, ils aient à l'élaborer eux-mêmes (...). La possibilité de formuler des normes de références (générales) existe donc dans notre système français de fait alors qu'il est reconnu de droit dans les pays de *Judge made law* »[1143].

445. Ainsi, dans la détermination de l'intérêt général, le juge exerce bien un pouvoir normatif. Ce pouvoir normatif doit cependant être distingué de l'exercice d'un pouvoir discrétionnaire (2).

---

constitutionnels et supranationaux.

1138 Traditionnellement, « le juge ne peut être créateur du droit dans la mesure où par la nature même de ses fonctions, il ne peut pas être considéré comme un pouvoir politique » (D. Lochak, *Le rôle politique du juge administratif français*, Paris, LGDJ, 1972), qualité nécessaire pour mener une pareil activité normative. R. carré de malberg, précise d'ailleurs que « la fonction juridictionnelle ne saurait être envisagée comme un troisième pouvoir principal de l'État, comme une puissance égale aux deux autres organes et irréductiblement distincte d'avec elle » (R. Carré de Malberg, *Contribution à la théorie générale de l'État*, *op. cit.*, p. 691). V. pour la même position, P. Laband, *Le Droit public de l'empire allemand*, trad. française, II, Paris, V. Giard & E. Brière, p. 507.

1139 Selon Montesquieu, « les juges de la Nation ne sont [...] que la bouche qui prononce les paroles de la loi » (Montesquieu, texte établi et présenté par J. Brethe de la Gressaye *L'esprit des Lois*, Paris, Les Belles Lettres, 1955, p. 341). V. dans le même sens, H. Berthélémy, *Traité élémentaire de Droit administratif*, Paris, Rousseau, 1933, p. 11 ; G. Burdeau, *Traité de science politique*, IV, Paris, R. Pichon et R. Durand-Auzias, p. 290.

1140 V. sur les problèmes liés à la séparation des pouvoirs, R. Carré de Malberg, *Contribution à la théorie générale de l'État*, II, *précit.*, p. 280 ; A. Esmein, « La jurisprudence et la loi », *Revue Trimestrielle du droit*, 1902, p. 19 ; G. Vedel, *Droit constitutionnel*, Paris, Cours de droit, 1952, p. 104.

1141 S. Belaid, *Essai sur le pouvoir créateur et normatif du juge*, *op. cit.*, p. 68 s. L'auteur explique que « la doctrine positivo-volontariste dès le début du XIXe siècle s'oppose aux pouvoirs du juge ». V. sur ce courant, H. Batiffol, *La Philosophie du droit*, Paris, PUF, coll. « Que sais-je ? », 1993, p. 8-11 ; M. Waline, *L'individualisme et le droit*, 2e éd., Paris, Éd. Domat Montchrestien, 1949 ; Marty et Raynaud, *Introduction au droit civil*, *op. cit.*, 1960, I., p. 33.

1142 J. Dabin, *Théorie générale du droit*, Bruxelles, Bruylant, 1953, p. 30.

1143 *Ibid.*, p. 30.

2. Un pouvoir normatif distinct du pouvoir discrétionnaire

446. Traditionnellement, la doctrine[1144] estime, s'agissant des notions indéterminées *a priori*, qu'elles ouvrent la voie à un pouvoir discrétionnaire de l'administration[1145]. Dans ce cas, soit le juge n'exerce pas son contrôle ou le limite[1146], soit il exerce lui-même le pouvoir discrétionnaire de l'administration qui se transfert de l'administration à lui-même[1147].

[1144] La théorie est dite « classique » parce qu'elle est avancée pour justifier l'absence de contrôle juridictionnel. V. sur ce point, D. Lagasse, *L'erreur manifeste d'appréciation en droit administratif. Essai sur les limites du pouvoir discrétionnaire de l'administration*, Thèse, Bruxelles, Bruylant, 1986, p. 243.

[1145] L Michoud, « Études sur le pouvoir discrétionnaire de l'administration », *Rev. gén. adm.*, sept.-déc. 1914, p. 11 s. ; R. Bonnard, *Précis de droit administratif*, 4e éd., Paris, LGDJ, 1943, p. 80 ; C. Eisenmann, *Cours de droit administratif*, t. 2, Paris, LGDJ, 1983, p. 295 ; M. Stassinopoulos, *Traité des actes administratifs*, Athènes, Institut français d'Athènes, coll. « Institut français d'Athènes »,1954, p. 147 s. ; L. Goldenberg, *Le Conseil d'État, juge du fait*, étude sur l'administration des juges, thèse, Paris, Dalloz 1932, p. 217. V. plus récemment, M.-C. Rouault, *Manuel de droit administratif*, *op. cit.*, p. 144 ; R. Bousta, *Essai sur la notion de bonne administration en droit public*, Paris, L'Harmathan, 2010, p. 187. V. également pour un récapitulatif sur ce point, S. Rials, « Pouvoir discrétionnaire », *Répert. cont. adm.*, éd. Dalloz 2011.

[1146] V. sur ce point, F. Rigaux, *La nature du contrôle de la Cour de cassation*, Bruxelles, Bruylant, 1966, p. 89 et 257 ; D. Lagasse, *L'erreur manifeste d'appréciation en droit administratif*, *op. cit.*, p. 246 ; J.-C. Venezia, *Le pouvoir discrétionnaire*, thèse, Paris, LGDJ, 1956, p. 30 ; G. Marty, *La distinction du fait et du droit précit.*, 1929, p. 200 et 201 ; R. Bonnard, *Précis de droit administratif*, *op. cit.*, 4e éd., 1943, p. 80 ; C. Eisenmann, *Cours de droit administratif*, EDS, 1949-1950, p. 429 ; M. Stassinopoulos, *Traité des actes administratifs*, *précit.*, 1954, p. 147 s. ; B. Pacteau, *Le juge de l'excès de pouvoir et les motifs de l'acte administratif*, Paris, LGDJ, 1977, p. 209 à 221 ; R. Odent, *Contentieux administratif*, Paris, Les cours de droit, 1970-1971, fasc. 6, p. 1544 ; M. Letourneur, « L'étendue du contrôle du juge de l'excès de pouvoir », *EDCE*, 1962, p. 51 s. V. également certains auteurs belges qui partagent la position de J.-C. Venezia, C. Huberlant, « Le contrôle des actes administratifs par les Cours et tribunaux en Belgique », IXe CICD, 1974, p. 482 et 483 ; L. Mourreau, « Les limites du pouvoir discrétionnaire des autorités administratives », VIIe CICD, 1966, p. 451 ; F. Remion, « Le juge de l'acte administratif et les creux du droit », dans *L'hypothèse du non droit*, Commission droit et vie des affaires, Liège, 1977, n° 34, p. 454 ; H. Buch, « Le droit et le fait dans la jurisprudence du Conseil d'État de Belgique », dans *Le fait et le droit*, éd. Logique juridique, 1961, p. 149 s., spéc., p. 170 ; R. Dekkers, « Le fait et le droit. Problèmes qu'ils posent », dans *Le fait et le droit*, éd. Logique juridique, Bruxelles, Bruylant, 1961, p. 7 s. spéc., p. 11.

[1147] L. Goldenberg, *Le conseil d'État, juge du fait*, *op. cit.*, p. 217 et 276 ; R. L. de Lacharrière, *Le contrôle hiérarchique de l'administration dans la forme juridictionnelle*, Paris, Thèse, Librairie du Recueil Sirey, 1937, p. 3 et 91 ; C. Pasbecq, « De la frontière entre la légalité et l'opportunité dans la jurisprudence du juge de

447. Implicitement, cette théorie repose sur « la distinction entre les normes précises qui seraient proprement juridiques et impératives et les normes imprécises qui ne seraient pas véritablement juridiques »[1148]. Cela expliquerait soit l'absence de contrôle du juge, soit la substitution de son appréciation à celle de l'administration.

448. Cette idée est intéressante lorsqu'il s'agit d'étudier l'élaboration de la norme de référence issue de l'intérêt général, notion particulièrement indéterminée. Néanmoins, à l'instar d'autres auteurs[1149], nous refusons d'assimiler l'indétermination de l'intérêt général (notion indéterminée) à sa non-impérativité et la détermination à son impérativité. En effet, si l'impérativité se définit par « le caractère contraignant et obligatoire d'une notion »[1150], l'intérêt général ne saurait en être dépourvu. On l'a déjà constaté soit lorsque l'intérêt général s'exprime en termes de normalité (norme non-autonome) soit lorsqu'il se manifeste comme une norme à part entière dans le cadre dérogatoire[1151]. L'intérêt général est toujours impératif en ce sens qu'il a des conséquences juridiques et peut justifier l'annulation ou la censure d'un acte administratif. La distinction entre les notions imprécises et précises ne saurait alors justifier l'absence d'impérativité de l'intérêt général. D'ailleurs cette distinction entre les notions précises et imprécises rappelle les vifs débats relatifs à l'impérativité de la Charte de l'environnement[1152]. Hormis l'article 5 lié au « principe de précaution »[1153], le contenu de la Charte a fait l'objet de

---

l'excès de pouvoir », RDP, 1980, p. 803 s. V. plus récemment, A. Rouyère, *Recherche sur la dérogation en droit public*, Thèse Bordeaux 1, 1993, p. 160 s. ; G. Pellissier, *Le contrôle des atteintes au principe d'égalité au nom de l'intérêt général par le juge de l'excès de pouvoir, précit.*

1148 C. Eisenmann, t. 2, *op. cit.*, p. 296.

1149 L. di Qual, *La compétence liée*, LGDJ, 1964, p. 173 ; E. Forsthoff, *Traité de droit administratif allemand*, traduit par M. Fromont, Bruxelles, Bruylant, 1969, p. 148 s. ; S. Rials, *Le juge administratif français et la technique du standard, op. cit. ;* D. Lagasse, *L'erreur manifeste d'appréciation en droit administratif, op. cit.*, p. 248 s. ; G. Marty, *La distinction du droit et du fait : essai sur le pouvoir de contrôle de la Cour de Cassation sur les juges du fait*, Thèse, Recueil Sirey, 1929, p. 271.

1150 G. Cornu, *Vocabulaire juridique, précit.*, p. 459.

1151 Dans le cadre de la dérogation par ex., l'intérêt général peut devenir une norme autonome, pouvant conduire, à lui-seul, à la censure d'un acte. V. sur ce point la prochaine section.

1152 JO 2 mars 2005, loi constitutionnelle n° 2005-205 du 1er mars 2005, *relative à la Charte de l'environnement.*

1153 L'article 5 de la Charte de l'environnement a fait l'objet de peu de critiques. La précision du principe de précaution a contribué à unir la doctrine dans le même sens : « l'article 5 est suffisamment précis pour être réellement normatif. Il a un caractère impératif et obligatoire. Il s'applique devant les juridictions administratives ». V. sur ce point P. Stoffel-Munck, « La théorie des troubles du voisinage à l'épreuve du principe de précaution : observations sur le cas des antennes relais », Paris, Rec.

« nombreuses controverses »[1154] eu égard à son aspect « non normatif », « non impératif », en raison « du caractère vague et imprécis du contenu de ses articles »[1155]. Or, la jurisprudence administrative montre bien que l'imprécision de la Charge ne la prive pas d'impérativité. En 2008, le Conseil constitutionnel[1156] et le Conseil d'État[1157] ont explicitement affiché leur volonté d'appliquer la Charte de l'environnement. Ainsi, comme le précise V. CHAMPEIL-DESPLATS, « les jurisprudences constitutionnelle et administrative ont permis de clore des débats qui visaient à opérer des distinctions entre des droits et des libertés suffisamment précis [...] et ceux essentiellement sociaux, culturels ou environnementaux, qui auraient été trop abstrait pour y prétendre »[1158].

449. Nous refusons donc d'assimiler ici l'indétermination de l'intérêt général à son absence d'impérativité. La première base censée ouvrir la voie du pouvoir discrétionnaire pose alors problème étant donné que ce pouvoir repose sur la distinction entre détermination/impérativité et non-détermination/non-impérativité.

450. De plus, un autre problème se pose avec la théorie du pouvoir discrétionnaire. En effet, si nous estimons que le juge, en raison de la particulière indétermination de l'intérêt général, élabore une norme de référence au jugement, cette norme de référence présente un caractère général au regard de sa place dans le syllogisme et non un caractère individuel. Or, comme le note S. RIALS, « la norme dégagée dans le cadre d'un pouvoir discrétionnaire a vocation à épuiser ses effets dans la décision discrétionnaire »[1159]. Dès lors, contrairement à de nombreux auteurs qui voient

---

Dalloz, 2009 p. 2817 ; P. Soler-Couteaux, « Application du principe de précaution à la délivrance des autorisations d'urbanisme », obs. sur CE, 19 juillet 2010, n° 328687 *Ass. Quartier les Hauts de Choiseul, précit.*

[1154] De nombreux commentateurs ont invoqués l'imprécision des articles de la Charte pour considérer que celle-ci était inapplicable devant un juge. V. sur ce point, B. Mathieu, « La portée de la Charte pour le juge constitutionnel », AJDA, 2005, p. 1170 s. ; Y. Jegouzo, « De certaines obligations environnementales : prévention, précaution et responsabilité », AJDA, 2005, p. 1167 ; Y. Jegouzo, « La Charte de l'environnement », AJDA, 2005, p. 1156 ; Y. Jegouzo et F. Loloum, « La portée juridique de la Charte de l'environnement », DA, éd. juris-Classeur, mars 2005, p. 5 s. ; Y. Jegouzo et F. Loloum, « La portée juridique de la Charte de l'environnement », DA, mars 2004, n° 3, p. 6 s.

[1155] V. l'article 6 de la Charte par ex..

[1156] Cons. const., n° 2008-564 DC, 19 juin 2008, *Loi relative aux organismes génétiquement modifiés*, Rec., p. 313.

[1157] CE, Ass., 3 oct. 2008, *Cne d'Annecy*, Rec., p. 322.

[1158] V. Champeil-Desplats, « La Charte de l'environnement prend son envol aux deux ailes du Palais-Royal », *RJE*, n° 2/2009. V. pour une position similaire, M.-A. Codendet, *Droit constitutionnel, précit.*, n° 23-6.

[1159] S. Rials, « Les standards, notions critiques du droit », art. cit., spéc. p. 49 ; S. Rials,

dans l'indétermination de l'intérêt général, « l'exercice d'un pouvoir discrétionnaire »[1160], nous estimons, à l'instar du professeur RIALS, qu'il ouvre davantage « la voie du pouvoir normatif du juge, un pouvoir dont la norme de référence dégagée ne s'épuise pas dans le jugement ».

451. Néanmoins, si en raison de la portée de la norme de référence dégagée, le juge exerce un pouvoir normatif, il s'agit de savoir exactement comment celui-ci procède dans la détermination de l'intérêt général. En effet, le juge est-il totalement lié dans la formulation de la norme de référence ou dispose-t-il d'une certaine marge d'appréciation ? Autrement dit, quelle est la genèse de la norme de référence ? À partir de quoi est-elle révélée par le juge ?

II. La genèse de la norme de référence dégagée par le juge

452. Le pouvoir normatif du juge dans la détermination de la norme de référence pose le problème de la genèse de cette norme. En effet, comment cette norme de référence, issue de l'intérêt général, est-elle réalisée ? Le juge dispose-t-il pour se faire d'un total pouvoir créateur ou bien est-il limité dans l'exercice de ce pouvoir ? Ces interrogations nous amènent alors plus

---

« Sur une distinction contestable et un trop réel déclin. À propos d'un récent article sur le pouvoir normatif du juge », AJDA, 1981, p. 115 s.

[1160] Certains auteurs estiment par ex. que « la catégorie de l'intérêt public est fondamentalement différente de toutes les autres catégories employées par la loi, celles-ci signifiant liaison, celle-là est la négation de la liaison, elle signifie la libération de la puissance exécutive du devoir d'obéissance envers la puissance législative. C'est un blanc-seing, une norme en blanc ; l'administration doit remplir le vide selon sa propre conviction », Von Laun, référence citée par S. Rials, v. Pouvoir discrétionnaire, Rép. cont. adm. Dalloz, *précit.*, n° 22. V. aussi, F. Fleiner, *Les principes généraux du droit administratif allemand*, Paris, Delagrave, 1933, p. 94 ; E. Forsthoff, *Traité de droit administratif allemand*, *op. cit.*, p. 159. Par ailleurs, selon M. Hauriou (« Le pouvoir discrétionnaire et sa justification », dans Mélanges R. Carré de Malberg, Paris, Recueil Sirey, 1933, p. 234), « le pouvoir discrétionnaire se justifie par la marge de liberté dont dispose tout chef d'entreprise par rapport à la notion d'intérêt public et aux directives internes qui en découlent. Le pouvoir discrétionnaire est ainsi lié à l'idée d'institution ». J. Lodovici (*L'Évolution de la Notion de Pouvoir Discrétionnaire*, Thèse, Université de Lille, Imp. Douriez – Bataille, Lille, 1937, p. 47) rappelle également qu'au XIXe siècle, « le pouvoir discrétionnaire de l'administration était fondé sur l'intérêt général qui en même temps constitue une limite de son pouvoir ». V. aussi sur l'intérêt général justifiant l'utilisation du pouvoir discrétionnaire de l'administration pour la doctrine française (R. Bousta, *Essai sur la notion de bonne administration en droit public*, *op. cit.*, p. 189 s.) et pour la doctrine espagnole (M. Beltràn de filipe, *Discrecionalidad administrativa y constituciòn*, Madrid, Tecnos, coll. « Temas clave de la Constituciòn española », 1995, p. 529 ; G. Fernàndez farreres, *La subvenciòn : concepto y regimen juridico*, Madrid, Instituto de estudios fiscales, 1983).

généralement au problème de la liberté de l'interprète. Le juge est-il réellement libre dans l'élaboration de la norme issue de l'intérêt général (acte de volonté) ou est-il totalement contraint (acte de connaissance)[1161] ?

453. Pour répondre à ces interrogations, la doctrine peut considérer que « l'action d'interpréter se rapporte au fait de découvrir un sens dans une proposition »[1162]. Plus largement, l'idée défendue est celle selon laquelle il n'y aurait jamais qu'un seul sens à donner aux textes juridiques que l'on a à interpréter ; ce sens s'imposerait objectivement. L'interprète n'aurait alors, de ce fait, « aucune démarche créative, aucune marge de choix »[1163]. Cette idée, selon laquelle l'interprétation est un « acte de connaissance » a déjà été développée en France, au XIXe siècle, avec « l'École de l'exégèse »[1164] et « la théorie de la plénitude de la législation écrite »[1165]. On la retrouve également, à la même époque « en Allemagne avec la *Begriffsjurisprudenz* (jurisprudence des concepts) ou en Angleterre avec l'*Analytical School of Jurisprudence* fondée par J. AUSTIN »[1166].

1161 V. sur cette question, M. Troper, « Le problème de l'interprétation et la théorie de la Supralégalité constitutionnelle », dans Mél. Waline, *op. cit.* ; H. Kelsen, « La théorie de l'interprétation et la structure de l'Ordre juridique », *Rev. int. de philosophie*, 1981, n° 136, p. 518 ; D. de Béchillon, « L'ordre de la hiérarchie des normes et la théorie réaliste de l'interprétation », *RRJ, Droit prospectif*, 1994-1, p. 248 s. ; D. de Béchillon, *Hiérarchie des normes et hiérarchie des fonctions normatives de l'État*, *op. cit.*, p. 121 s. ; P. Amselek, *Cheminements philosophiques dans le monde du droit et des règles en général*, Paris, Armand Colin, coll. « Le temps des idées », 2012, p. 503 s. ; M. Van de Kerchove (dir.), *L'interprétation en Droit, Approche pluridisciplinaire*, Bruxelles, Pub. St. Louis, n° 13, 1978.

1162 F. Rigaux, « Le juge, ministre du sens », dans *Justice et argumentation*, Mél. C. Perelmann, *op. cit.*, p. 79. V. aussi, G. Kalinowski, « L'interprétation du Droit, ses règles juridiques et logiques », *APD*, 1985-30, p. 172.

1163 V. pour l'exposé de cette thèse, P. Amselek, *Cheminements philosophiques dans le monde du droit et des règles en général*, *op. cit.*, p. 508 s. V. aussi l'analyse de C. Eisenmann sur ce point, Cours, 1949-1950, dans *Cours de droit administratif*, *op. cit.*, t. II, p. 311.

1164 V. sur la conception exégétique, J. Bonnecase, *L'école de l'Exégèse en droit civil*, Paris, 1924 ; A. Bürge, « Le Code civil et son évolution vers un droit imprégné d'individualisme libéral », *RTD civ.*, janvier-mars 2000, p. 1 ; J.-L. Halpérin, « L'enseignement du droit civil dans les années 1880 à travers les notes de Louis Stouff », *MSHDB*, 57, 2000, p. 197 ; Ph. Rémi, « Éloge de l'exégèse », *Droits*, I, 1985, p. 115 ; E. Gaudemet, *L'interprétation du code civil depuis 1804 : conférences données à l'université de Bâle le 30 novembre, 7, 14 et 21 décembre 1923*, Bâle, Helbing et Lichtenhahn, Paris, Librairie du Rec. Sirey, 1935.

1165 Cette idée est alimentée, historiquement, par les idées de Montesquieu (le juge serait la bouche du législateur) et des révolutionnaires. V. sur ce dernier point, P. Raynaud, « La loi et la jurisprudence, des Lumières à la Révolution française », *APD*, 1985-35, p. 61.

1166 P. Amselek, *Cheminements philosophiques dans le monde du droit*, *op. cit.*, p. 510

454. Néanmoins, cette vision des choses a fait l'objet de « graves critiques »[1167]. J.-J. BIENVENU souligne ainsi que « l'interprétation peut se déployer dans un vaste espace séparant deux pôles »[1168]. Le premier consiste à « révéler le sens que possède intrinsèquement une proposition alors que le second tend davantage à conférer un sens à une proposition qui n'en a pas ». P. RICŒUR estime d'ailleurs que « le sens d'un texte n'est pas derrière le texte mais devant lui »[1169].

455. Ainsi, avec une notion particulièrement indéterminée comme l'intérêt général, souvent d'origine jurisprudentielle, on peut avoir tendance à considérer que le juge fait en réalité œuvre d'une certaine liberté créatrice. En effet, le sens profond de l'intérêt général n'existant pas, il a une marge de manœuvre dans la détermination de la norme de référence (A). Néanmoins, cette marge de manœuvre demeure limitée, strictement encadrée. Le juge administratif n'est en effet pas un démiurge et la détermination de la norme de référence issue de l'intérêt général suppose de prendre en compte les sources écrites du droit (B).

A. Une relative liberté dans la détermination de la norme de référence issue de l'intérêt général

456. À l'opposé des théories selon lesquelles l'interprétation d'une proposition résulte d'un acte de connaissance, certaines théories, dites « subjectivistes »[1170], adoptent une position qui confère une forte liberté à l'interprète. Ainsi en est-il par exemple de « l'École réaliste du droit qui s'est développée dans la pensée américaine à partir de la fin du XIXe siècle »[1171]. Néanmoins, c'est dans les années 70 que « les thèses subjectivistes »[1172] se sont propagées. Aux États-Unis, les idées déconstructionnistes de J. DERRIDA sont liées à la thèse de « la liberté absolue de l'interprète

et 511.

1167 V. sur les critiques de la méthode exégétique, L. Husson, « Analyse critique de la méthode de l'exégèse », dans *Nouvelles études sur la pensée juridique*, Paris, Dalloz, p. 173 ; F. Gény, *Méthode de l'interprétation et sources en droit privé positif*, Paris, A. Chevallier-Maresq et Cie, 1899, 2e éd., Paris, LGDJ, 1919.

1168 J.-J. Bienvenu, « Les idées de Charles Eisenmann en matière d'interprétation juridique », dans *La pensée de C. Eisenmann, op. cit.*, p. 72.

1169 P. Ricœur, *Interprétation Theory. Discourse and the Surplus of Meaning*, The Texas Christian University Press, Forth Worth, 1976.

1170 Expression de P. Amselek, *Cheminements philosophiques dans le monde du droit*, *op. cit.*, p. 530.

1171 V. par ex., J. Chipman Gray, *The Nature and the Sources of the Law*, New York, 1927, *précit.*, p. 102.

1172 P. Amselek, *précit.*

juridique »[1173]. En Europe, c'est l'influence de H. KELSEN qui prédomine et plus particulièrement en France, la « théorie réaliste développée par M. TROPER »[1174].

457. Ces différentes théories sont nécessaires à l'analyse de la genèse de la norme de référence, révélée par le juge, à l'occasion de la détermination de l'intérêt général. En effet, pour la fabrication de la norme dégagée, nous considérons que le juge dispose d'une relative marge de manœuvre. L'apport de la théorie de l'interprétation de H. KELSEN (1) et de la théorie réaliste (2) permettront de mettre en évidence de quelle manière la révélation de la norme de référence issue de l'intérêt général procède en partie, d'un acte de volonté.

1. L'apport relatif de la théorie de l'interprétation de H. KELSEN

458. Contrairement à la « théorie courante »[1175] de l'interprétation, H. KELSEN, dans le Titre VIII de la *Théorie pure du droit*[1176] considère que « l'organe d'application du droit a toujours un caractère authentique : elle crée du droit »[1177]. Il y a « création authentique par un organe d'application du droit, même lorsqu'elle ne crée du droit que pour un cas concret, c'est-à-dire lorsque l'organe ne crée une norme individuelle, ou ne fait que réaliser une sanction »[1178]. Ainsi, le juge peut être considéré comme « un interprète authentique et non comme un interprète scientifique »[1179]. Selon l'auteur, « l'interprétation est une démarche intellectuelle qui accompagne la procédure d'application du droit dans son parcours d'un niveau supérieur vers un niveau inférieur »[1180]. Toute norme « doit être interprétée dans la mesure où elle doit

---

1173 J. Derrida, « Signature événement contexte », *Marges de la philosophie*, Paris, Éd. de Minuit, 1972, coll. « Critique », p. 381 ; J. Derrida, « Vers une éthique de la discussion », dans Limited Inc., présentation et trad. E. Weber, Galilée, 1990, p. 252 ; C. Ferrié, *Pour quoi lire Derrida ? Essai d'interprétation de l'herméneutique de Jacques Derrida*, Éd. Kimé, 1992.

1174 P. Amselek, *Cheminements philosophiques dans le monde du droit, op. cit.*, p. 530 s.

1175 Cela fait référence à la conception exégétique. La conception selon laquelle l'interprétation est un acte de connaissance. H. Kelsen (*Théorie pure du droit*, *op. cit.*, 1962, p. 457) renvoie pour désigner cette conception traditionnelle à l'expression suivante, « la théorie courante de l'interprétation ».

1176 H. Kelsen, *Théorie pure du droit*, *op. cit.*, p. 453 s.

1177 *Ibid.*, p. 461.

1178 *Ibid.*

1179 V. pour la distinction entre « interprétation authentique et scientifique », H. Kelsen, *Théorie pure du droit*, *op. cit.*, p. 462 s.

1180 H. Kelsen, *Reine Rechtslehre*, 2e éd., Vienne, Deuticke, 1960, p. 346, trad. Otto Pfersmann.

être appliquée »[1181]. Ainsi, « l'interprétation authentique est un acte créateur de droit, c'est un acte de volonté »[1182].

459. Plus précisément, H. KELSEN considère que l'application d'une norme consiste dans la création d'une autre norme. Il y a donc toujours une part de création. Ainsi, l'interprétation est un choix entre plusieurs sens possibles. Ce qui revient à conférer à l'interprète « un pouvoir discrétionnaire »[1183]. Cette position est particulièrement claire dans la deuxième édition de la *Théorie pure du droit*. En effet, « la création de l'acte de droit à l'intérieur du cadre de la norme juridique à appliquer est libre, c'est-à-dire placé dans le pouvoir discrétionnaire »[1184]. L'auteur admet ainsi que « la Cour constitutionnelle exprime une volonté et exerce une fonction politique »[1185]. Transposé à la juridiction administrative, ce raisonnement conduit à affirmer que le Conseil d'État serait en réalité « co-administrateur »[1186].

460. Cette hypothèse, qui confère une marge de manœuvre dans la solution à adopter au litige, peut être transposable au rôle du juge dans l'élaboration de la norme de référence issue de l'intérêt général. Néanmoins, nous l'avons vu précédemment, le pouvoir du juge n'est pas discrétionnaire, selon nous, mais normatif. En effet, la norme de référence ne s'épuise pas dans

---

1181 H. Kelsen, *Théorie pure du droit*, 1re éd., adaptée de l'allemand par Henri Thevenaz, Neuchâtel, La Braconnière, 1953 et 1988, p. 148.

1182 H. Kelsen, *Théorie pure du droit*, *op. cit.*, 1962, p. 459.

1183 V. sur le pouvoir discrétionnaire, B. Pacteau, *le juge de l'excès de pouvoir et les motifs de l'acte administratif*, Paris, LGDJ, 1977 ; J.-C. Ricci, Le *pouvoir discrétionnaire dans l'administration fiscale*, Presses Universitaires d'Aix-en-Provence, 1977 coll. « Travaux et mémoires de la faculté de droit et des sciences politiques d'Aix-Marseille » ; J.-C. Venezia, *Le pouvoir discrétionnaire*, Paris, LGDJ, 1959 : M. Waline, « le pouvoir discrétionnaire de l'administration et sa limitation par le contrôle juridictionnel », art. cit. ; Giraud, « Étude sur la notion de pouvoir discrétionnaire », *Rev. Gén. Admin.*, 1924, p. 183 et 298 ; A. Hauriou, « Le pouvoir discrétionnaire et sa justification », Mél. Carré de Malberg, 1933, p. 231 s. ; A. de Laubadère, « Le contrôle juridictionnel du pouvoir discrétionnaire dans la jurisprudence du Conseil d'État français », *Études Cons. d'Ét.*, 1962, p. 51 ; Michoud, « Étude sur le pouvoir discrétionnaire de l'administration », *Rev. Gén. Admin.*, Sept.-déc. 1914, p. 5 s.

1184 *Ibid.*, p. 460.

1185 H. Kelsen, « La garantie juridictionnelle de la Constitution », RDP, 1928, p. 197 s. Toutefois, « pour préserver une hiérarchie entre la Constitution, la loi et le juge constitutionnel, Kelsen préconise d'interdire au juge de contrôler la constitutionnalité des lois par rapport aux déclarations des droits ou aux préambules qui sont trop vagues ». Explication donnée par M. Troper, « La liberté d'interprétation du juge constitutionnel », dans P. Amselek (dir.), *Interprétation et Droit, précit.*, spéc. p. 241.

1186 O. Cayla, « La théorie de la signification de l'acte dans la pensée normativiste », *Droits*, n° 7, 1988, p. 59 s.

la décision d'espèce du juge. Cependant, dans la formation de la norme de référence, nous estimons que le juge administratif dispose d'une relative liberté. Ainsi, dans la formation de cette norme, sa genèse, nous considérons qu'il dispose non pas d'un pouvoir discrétionnaire mais d'une certaine « marge de discrétionnalité, c'est-à-dire, d'un certain choix entre plusieurs possibles »[1187]. Si la particulière indétermination de l'intérêt général n'est pas insurmontable, elle demeure extrêmement délicate, au regard des possibilités ouvertes au juge. La formation de la norme de référence procède donc d'une relative liberté de la part du juge administratif.

461. En effet, le juge peut choisir de retenir ou non des « considérations d'intérêt général », en raison de sa particulière indétermination. Par exemple, en l'absence de qualification législative, il appartient au juge de déterminer si une activité peut ou non être qualifiée d'intérêt général et de ce fait, constituer l'existence d'un service public. Le Conseil d'État a jugé au début du siècle qu'un palais philharmonique n'était pas destiné à assurer un service public « ni à pourvoir à un objet d'utilité publique »[1188]. Le doyen M. HAURIOU s'était alors félicité de ce refus[1189]. Toutefois, le juge administratif a par la suite admis le caractère d'intérêt général de théâtres municipaux, créés en vue d'« assurer un service permanent de représentations théâtrales de qualité, d'après un répertoire établi avec le souci de choisir et de varier les spectacles, en faisant prédominer les intérêts artistiques sur les intérêts commerciaux de l'exploitation »[1190], ou même « pour mettre pendant les mois d'été et pour un prix modique à la disposition de la population de larges possibilités de distraction en plein air »[1191]. On voit bien ici que le juge peut ou non, en fonction des époques, retenir la qualification d'intérêt général pour toutes sortes d'activités.

462. De plus, le juge administratif peut aussi déterminer le contenu de l'intérêt général. Par exemple, concernant les dérogations d'intérêt général au principe d'égalité, le juge estime qu'elle peut être liée au « logement par nécessité absolue de service »[1192], ou encore à la diversification de l'origine professionnelle des commissaires enquêteurs[1193]. L'intérêt général peut aussi

---

[1187] A. Bockel, « Contribution à l'étude du pouvoir discrétionnaire de l'administration », AJDA, 1978, p. 355 s.

[1188] CE, 7 avril 1916, *Astruc et Soc. du Théâtre des Champs-Élysées*, Rec. p. 163.

[1189] « Les tribunaux ne veulent pas que le pain et les spectacles deviennent, chez nous, comme à l'âge de la décadence romaine, matière à service public » note sous CE, 7 avril 1916, *Astruc précit.*

[1190] CE, 21 janvier 1944, *Léoni*, Rec. p. 26

[1191] CE, Sect. 12 juin 1959, *Synd. des exploitants de cinématographes de l'Oranie*, Rec. p. 363.

[1192] CE, 29 déc. 2006, *Synd. nat. du personnel administratif de l'ONF FO*, n° 289818, Rec. T., p. 1188.

[1193] CE, 10 janvier 2005, n° 262419, *Hardyle Cornec*, Rec., p. 9.

s'attacher « l'équité »[1194], « à ce que des agents soient répartis sur le territoire en fonction des besoins de la population et des nécessités de services »[1195] ou encore à encourager « les candidatures » à certaines fonctions[1196].

463. Ainsi, le juge dispose d'une certaine marge de manœuvre dans la détermination de l'intérêt général. Il a même considéré dans un arrêt de 1997 que des considérations d'intérêt général pouvaient s'attacher à ce qu'un « conservatoire de musique municipal puisse être fréquenté par les élèves qui le souhaitent, sans distinction selon leurs possibilités financières »[1197]. Dans l'affaire *Commune de Gennevilliers*[1198], le juge a opéré un revirement de jurisprudence pour prendre en compte la situation particulière des usagers afin de rétablir une égalité réelle dans l'accès au service public. Cette évolution met en avant la relative liberté dont dispose le juge dans l'appréciation et dans la détermination du contenu de l'intérêt général. Cela permet, selon J.-H. STAHL, « d'adapter les contours de la jurisprudence aux aspirations ou aux nécessités du temps »[1199]. Or, cette évolution n'est possible qu'avec l'exercice d'un « pouvoir normatif » et créateur du juge. En effet, comme on l'a vu précédemment, « il n'y a pas de jugement sans norme préalable »[1200]. Toute décision se fonde sur une norme que le juge crée ou feint de découvrir. De cette manière, lorsqu'il statue sur l'intérêt général, le juge, en déterminant matériellement son contenu, révèle la règle initiale nécessaire à tout jugement (la prémisse dans le syllogisme).

464. L'exemple de la dérogation d'intérêt général à l'ouverture des officines pharmaceutiques est patent à cet égard. On le verra[1201], l'ouverture des officines pharmaceutiques est réglementée depuis la loi du 11 septembre 1941 qui met fin à « une longue période de liberté totale d'établissement »[1202]. À partir de cette date, toute implantation d'une officine est « subordonnée à la délivrance d'une licence par l'autorité administrative qui dispose ainsi du moyen de contrôler la répartition des officines ». L'ordonnance du 23 mai 1945, afin de satisfaire au mieux les besoins effectifs de la population en médicaments, « autorise, par dérogation aux quotas, de nouvelles créations d'officines ainsi que de nouveaux transferts ». Plus précisément, « cette

---

[1194] CE, 21 février 2003, *M. Jean-Claude URAN*, Rec., p.15.

[1195] CE, 11 juillet 2001, *Syndicat départemental CFDT de la DDE du Gard*, Rec., p. 339.

[1196] CE, 17 déc. 2003, *Syndicat autonome du personnel enseignant des sciences juridiques, politique, économique et de gestion des universités*, Rec., p. 418.

[1197] Concl. J.-H. Stahl, sur CE, Sect., 29 déc. 1997, *Cne de Gennevilliers et Cne de Nanterre*, RFD adm. 1998, p. 539, spéc. p. 542.

[1198] CE, 1997, *Commune de Gennevilliers*, *précit.*

[1199] Concl. Stahl *précit.*

[1200] V. sur ce point, S. Rials, *op. cit.*

[1201] V. sur ce point Titre 2 chapitre 2 Section 2.

[1202] V. *Répertoire de législation Dalloz*, t. XXXI, 1852, *v° Médecine*, p. 561 et s.

dérogation peut être accordée si les besoins de la population l'exigent »[1203]. Comme le précise P.-A. LECOCQ, cette formule « coïncide bien avec la notion d'intérêt général »[1204]. Dans cette hypothèse, « la finalité de la dérogation et les conditions dont elle est assortie se confondent : la "condition" est l'exigence des besoins de la population, le "but" est de satisfaire cette exigence de l'intérêt général »[1205]. Toutefois, l'imprécision de l'article L. 571 du Code de la santé publique, selon lequel une création dérogatoire peut être accordée « si les besoins de la population l'exigent », a contribué à une inflation des licences accordées par voie dérogatoire. Ainsi, l'octroi de celles-ci peut être justifié par « la création d'un port de plaisance »[1206] en raison du fait que « la pharmacie déjà ouverte dans la localité ne fonctionnait qu'une partie de l'année »[1207], par « l'existence d'un encadrement médical suffisant »[1208] ou par « la création imminente d'un centre médical »[1209]. Le juge administratif prend également en compte « les besoins de la population de passage » pour accorder les licences obligatoires. Cela permet l'implantation d'officines dans « les gares »[1210] et dans « les centres commerciaux »[1211]. Or, c'est à ce moment que le juge dispose d'une marge de liberté dans l'appréciation des motifs de la dérogation. En effet, « l'analyse du juge devient décisive » et plusieurs auteurs évoquent même « la crainte de la substitution de l'appréciation de l'Administration par le juge »[1212]. H. C. AMIEL précise d'ailleurs qu'« en pratique [avec l'avènement du contrôle normal], la juridiction chargée d'examiner l'affaire procédera à un contrôle de l'opportunité de la création ou du refus en se renseignant notamment sur la façon dont la population est desservie, sur la distance des officines existantes ou encore sur la configuration géographique des lieux »[1213]. L'auteur s'interroge alors sur la « marge d'appréciation qui reste à l'Administration et sur laquelle le juge s'abstiendra de faire porter son

---

1203 Article L. 571 du Code de la santé publique.

1204 P.-A. Lecocq, *Le pouvoir de dérogation de l'administration*, thèse, Université de Droit et de la Santé de Lille, 1971, tome 2, p. 659 s.

1205 *Ibi.*

1206 CE, 15 nov. 1985, *Mme Papocchia*, LPA, 16 juillet 1986, p. 5, obs. F. Moderne.

1207 CE, 3 nov. 1982, *Dame Dambass*, LPA, 28 oct. 1983, p. 7, obs. F. Moderne.

1208 CE, 19 nov. 1980, *M. Wendling*, RDSS, 1981, p. 65, obs. J.-M. Auby.

1209 CE, 3 juin 1983, *Mme Gommez-Vaez*, RDSS, 1984, p. 199, obs. J.-M. Auby.

1210 CE, 10 février 1978, *Cons. Ordre pharm. Région parisienne*, Bull. Ordre pharm, 1978, n° 215, p. 1206, obs. R. Denoix de Saint-Marc et D. Labetoulle.

1211 CE, 30 janvier 1981, *Michalet*, Rec., p. 44.

1212 A. Rouyère, *Recherche sur la dérogation en droit public*, Thèse, *op. cit.*, p. 350 ; H. Amiel, *op. cit.*, p. 41 ; F. Goliard, « L'appréciation des besoins de la population dans le contentieux des licences d'ouvertures dérogatoires d'officines pharmaceutiques », *RDSS*, 1996, p. 300 s.

1213 H. Amiel, *op. cit.*, p. 41.

contrôle »[1214]. De notre point de vue, il est nécessaire de souligner que les craintes de H. C. AMIEL sont totalement justifiées et fondées parce qu'avec la notion d'intérêt général, le juge a substitué la dérogation à la règle.

465. Il dispose ainsi d'un pouvoir d'appréciation dans la détermination de la norme de référence, norme qui permet de censurer le choix de l'administration. Ce faisant, l'auteur véritable de la norme qui se dégage de l'interprétation de l'intérêt général est le juge administratif. Celui-ci détermine le sens « véritable », « authentique »[1215] de la norme « intérêt général ». Néanmoins, si la théorie de H. KELSEN permet de rendre compte du rôle relativement libre du juge dans la détermination de la norme de référence issue de l'intérêt général, il convient également de s'intéresser à l'apport de la théorie réaliste de l'interprétation.

2. L'apport limité de la théorie réaliste de l'interprétation

466. Il existe « plusieurs théories réalistes de l'interprétation »[1216]. Toutefois, adopter un discours réaliste sur le droit consiste d'abord à « écarter toute approche idéaliste de celui-ci »[1217]. Cela revient à « rejeter toute spéculation métaphysique sur le droit et donc toute construction qui ne reposerait pas sur une stricte observation des faits ». En France, la théorie réaliste de l'interprétation est souvent représentée par M. TROPER[1218] qui, dans la lignée[1219] de H. KELSEN, considère la norme comme « la signification d'un acte de volonté ». Lié à l'héritage de H. KELSEN[1220] selon lequel la norme est considérée comme étant la signification d'un acte, M. TROPER propose sa propre conception de la science du droit qui porte « sur les discours et les raisonnements juridiques des organes d'application du droit »[1221].

467. Selon l'auteur, « les énoncés normatifs sont par principe indéterminés » (principe de l'indétermination textuelle). Il est donc possible

---

[1214] *Ibid.*, p. 41.

[1215] H. Kelsen, *Théorie pure du droit*, *op. cit.*, p. 462 s.

[1216] V. sur les différentes théories réalistes, O. Jouanjan (textes réunis par), Présentation de l'ouvrage de F. Müller, *Discours de la méthode juridique*, Paris, PUF, coll. « Léviathan », 1994, p. 7.

[1217] X. Magnon, *Théorie (s) du droit*, Paris, Ellipses, coll. « Université-Droit », 2008, p. 129.

[1218] M. Troper, « Une théorie réaliste de l'interprétation », dans *La Théorie du droit, le droit, l'État*, Paris, PUF, coll. « Léviathan », 2001, p. 69 ; M. Troper, *Pour une théorie juridique de l'État*, Paris, PUF, coll. « Léviathan », 1994. Toutefois, M. Troper n'est pas le seul réaliste français. O. Cayla (*La notion de « signification » en droit*, Thèse, Paris II, 1992) propose également des variantes. Nous nous concentrerons essentiellement lors de notre étude sur la thèse particulièrement achevée de M. Troper.

[1219] C. Leben, « Troper et Kelsen », *Droits*, n° 37, p. 18 s.

[1220] *Ibid.*

[1221] X. Magnon, *Théorie (s) du droit*, *op. cit.*, p. 140.

de dégager « plusieurs normes à partir d'un seul énoncé prescriptif ». En effet, « préalablement à l'interprétation, les textes n'ont encore aucun sens, mais sont seulement en attente de sens »[1222]. Autrement dit, « c'est parce que tout énoncé est par nature indéterminé que ce n'est pas celui qui édicte l'énoncé mais celui qui l'applique qui devient l'auteur de la norme. C'est donc bien l'interprétation [...] et donc l'application [...] qui peuvent conférer [...] la signification objective des normes »[1223]. Dès lors, « l'interprète apparaît comme le seul auteur de la norme. Il est à l'origine de la production réelle du droit »[1224]. Plus précisément, l'interprétation apparaît comme « un acte de volonté ». En effet, « tout texte est affecté d'un certain coefficient d'interprétation et est porteur de plusieurs sens entre lesquels l'organe d'application peut choisir, et c'est dans ce choix que consiste l'interprétation »[1225]. Plus précisément, « l'idée selon laquelle l'interprétation est un acte de volonté conduit à reconnaître au juge [...] un pouvoir considérable. En effet, si interpréter, c'est déterminer la signification d'un texte et si cette signification n'est pas autre chose que la norme exprimée par le texte, c'est l'interprète qui détermine la norme. Celle-ci n'est pas réellement posée par l'auteur du texte interprété [...] mais par l'interprète authentique. C'est pourquoi il résulte de la théorie réaliste classique que s'il y a une Cour souveraine, le véritable législateur n'est pas le Parlement, mais l'interprète de la loi »[1226].

468. Une telle théorie permet de mettre en évidence le rôle singulier du juge dans l'élaboration de la norme de référence issue de l'intérêt général. Nous considérons que le juge dispose d'une certaine marge de liberté dans l'élaboration ou la révélation de cette norme, en raison de sa particulière indétermination. Cette position atteste alors que, pour l'élaboration de cette norme de référence, le juge fasse preuve d'un relatif « acte de volonté ».

469. Cette conception rappelle celle développée par R. GUASTINI qui distingue « le texte normatif qui fait l'objet de l'interprétation de la signification de ce texte ». La norme se situe « non dans l'énoncé mais dans l'interprétation du juge »[1227] car il n'y a pas de signification avant l'interprétation. « Cela ne signifie pas qu'avant l'interprétation, les textes

---

[1222] M. Troper, « Une théorie réaliste de l'interprétation », art. cit., p. 74.

[1223] M. Troper, « Le problème de l'interprétation et la théorie de la supra-légalité constitutionnelle », dans Mélanges Eisenmann, Cujas, 1975, p. 143.

[1224] D. de Bechillon, « Réflexions critiques », *RRJ-DP*, 1994, n° 1, p. 251.

[1225] *Ibid.*, p. 135.

[1226] M. Troper, « Interprétation », dans *Dictionnaire de la culture juridique*, *précit.*, p. 843 s.

[1227] R. Guastini, « Interprétation et description de normes », dans P. Amselek, *Interprétation et Droit*, *précit*, p. 89 s.

normatifs sont dépourvus de toute dignification, mais que le sens que tout texte normatif en exprime potentiellement plusieurs »[1228].

470. Néanmoins, une telle théorie pose des difficultés face à l'intérêt général car « intérêt général » n'est pas, en soi, un énoncé normatif. L'expression « intérêt général » (non déterminé) est bien différente de l'article 1382 du Code civil qui renvoie lui, à un énoncé normatif. En effet, un énoncé normatif est un énoncé « qui formule un ordre, en permettant, obligeant ou interdisant une conduite »[1229]. Or, nous considérons que « intérêt général », non seulement n'est pas un « énoncé normatif »[1230] mais en plus, n'est pas un « énoncé »[1231] tout court car il est dépourvu de sens préalable.

471. Nous ne considérons donc pas, à l'instar de la théorie réaliste que la norme issue de l'intérêt général soit la signification prescriptive d'un énoncé (défini *a minima* comme un élément porteur de sens)[1232] car « intérêt général » n'est pas un énoncé, il n'a pas de sens en lui-même. Toutefois, la théorie réaliste demeure intéressante dans la mesure où elle permet de rendre compte, malgré tout, du processus normatif en présence de l'intérêt général. En effet, même si « intérêt général » n'est pas un énoncé normatif, ni même un énoncé, son interprétation, sa détermination jurisprudentielle aboutit à la création d'une véritable norme juridique. Le juge créera alors, toutes les composantes de la norme[1233]. Ainsi, ce n'est pas seulement l'interprétation en tant que telle est qui est créatrice, mais le processus particulier mis en œuvre par l'intérêt général[1234].

472. Ce faisant, la théorie réaliste de l'interprétation contribue seulement à démontrer que dans la pratique, c'est l'interprétation jurisprudentielle de l'intérêt général qui est liée à la création de la norme issue de celui-ci. Cette théorie est d'autant plus intéressante face à l'intérêt général que certains réalistes modérés admettent même un tel processus normatif, en l'absence d'énoncé[1235].

[1228] R. Guastini, « Théorie de l'interprétation : réalisme et anti-réalisme », dans P. Amselek, *Interprétation et Droit*, *op. cit.*, p. 432.

[1229] V. Champeil-Desplats, « N'est pas normatif qui peut », *Cahiers du Conseil constitutionnel*, 2006, n° 21, p. 93.

[1230] V. sur ce point Titre 2. Chapitre 2. Section 1.

[1231] *Ibid.*

[1232] *Ibid.*

[1233] *Ibid.*

[1234] *Ibid.*

[1235] R. Guastini, *L'interpretazione dei documenti normativi*, Milan, Giufrè, 2004. L'auteur distingue « les normes explicites des normes implicites ». Dans le dernier cas, « la norme réellement appliquée ne peut constituer l'interprétation d'un texte. Toutefois, il s'agit malgré tout d'une norme dans le sens de signification prescriptive résultant d'actes de volonté ». V. également sur ce point, E. Millard, « Qu'est-ce qu'une norme juridique ? », art. cit., p. 59 s.

473. La théorie réaliste de l'interprétation permet donc de mettre en avant le rôle du juge dans le processus lié à la création de la norme « intérêt général ». Toutefois, cette théorie contribue également à rappeler les contraintes qui pèsent dans l'élaboration de la norme « intérêt général ». En effet, si le juge dispose d'une relative liberté dans son élaboration, il ne s'agit pas d'un pouvoir arbitraire, mais d'un pouvoir strictement conditionné.

B. Des contraintes certaines dans la détermination de la norme de référence issue de l'intérêt général

474. Dans l'élaboration de la norme de référence, l'action du juge n'est pas démiurgique, loin de là. S'il dispose d'une relative liberté dans la formation de cette norme, son action est strictement conditionnée et encadrée. La solution mixte de H. KELSEN relative à la théorie de l'interprétation (1) ainsi que la théorie des contraintes issue du courant réaliste (2), permettent de mieux appréhender les limites du juge.

1. L'apport de la solution mixte de H. KELSEN

475. La distinction entre acte de volonté et acte de connaissance dans l'interprétation de l'intérêt général peut conduire à certaines difficultés. En effet, la détermination de l'intérêt général par le juge administratif n'est pas démiurgique. Il ne crée pas du droit *ex-nihilo*. Il convient alors de faire appel à une opération de connaissance. Dans la *Théorie pure du droit*, H. KELSEN intègre l'opération de la connaissance à l'acte de volonté. L'interprète authentique, on l'a vu, est un « créateur de droit »[1236] car dans sa fonction, il est « relativement libre »[1237]. Le « processus d'application du droit est [donc] une fonction du vouloir, en tant qu'elle consiste à remplir le cadre général d'une norme »[1238]. Toutefois, selon l'auteur, « dans la mesure où dans l'application du droit, une activité de connaissance de l'organe d'application peut encore trouver place par-delà la détermination [...] du cadre à l'intérieur duquel l'acte à poser doit se tenir, cette activité n'est pas connaissance du droit positif, mais connaissance d'autres normes qui peuvent y déboucher dans la procédure de création du droit : normes de la morale, de la justice, jugements de valeur sociaux que l'on a accoutumé de désigner par les slogans : bien du peuple, intérêt de l'État, progrès etc. »[1239].

476. Voilà des formules qui rappellent la nature même de l'intérêt général. En effet, l'intérêt général permet au juge de prendre en compte, comme nous l'avons déjà vu, la morale, les valeurs idéologiques, les sociales

---

[1236] H. Kelsen, *Théorie pure du droit*, *op. cit.*, 1962, p. 460.
[1237] *Ibid.*
[1238] *Ibid.*
[1239] *Ibid.*

et sociétales[1240]. Toutes ces données relèvent des connaissances des faits moraux ou sociaux que le juge peut prendre en considération. Par exemple, c'est après une crise sociale que le juge administratif accepte dans les années 90, de revenir sur une jurisprudence constante, dans l'intérêt des usagers des services publics. Dans l'affaire *Commune de Gennevilliers*, le Conseil d'État estime qu' « eu égard à l'intérêt général qui s'attache à ce que le conservatoire de musique puisse être fréquenté par les élèves qui le souhaitent, sans distinction selon leurs possibilités financières », le « conseil municipal de Gennevilliers a pu, sans méconnaître le principe d'égalité entre les usagers du service public, fixer des droits d'inscription différents selon les ressources des familles »[1241]. Cette évolution liée au développement de l'égalité réelle permet au juge « d'adapter les contours de sa jurisprudence aux aspirations ou aux nécessités de son temps »[1242], pour faire face à une « crise sociale ».

477. Toutefois, H. KELSEN précise que l'opération de connaissance réside dans d'autres normes, c'est-à-dire qu'il ne s'agit pas de la connaissance du droit positif. Contrairement à l'auteur, nous considérons que celui-ci se réfère également à l'état du droit positif. La détermination de la norme de référence issue de l'intérêt général n'est en effet pas un total acte de volonté. C'est un acte qui s'appuie souvent sur les textes préexistants. Il n'est toutefois pas question de revenir ici à la conception exégétique selon laquelle l'interprétation est réduite à élucider le sens véritable de la loi. Néanmoins, le juge administratif, lorsqu'il détermine l'intérêt général, peut se référer à certains textes législatifs ou internationaux. Le contexte issu du droit positif permet ainsi au juge d'interpréter l'intérêt général, non en fonction de son vouloir propre, en mais en prenant particulièrement en compte de l'environnement juridique au sein duquel il statue.

478. L'évolution de l'accès des femmes aux emplois publics constitue un exemple patent. En effet, le juge administratif justifiait encore, au début du XXe siècle, les discriminations fondées sur le sexe dans le cadre de l'accès des femmes aux emplois publics sur le fondement de « l'intérêt du service »[1243] (intérêt général sectoriel, dans le service). De telles discriminations sont désormais davantage prohibées, en raison de l'évolution des mœurs, mais aussi en raison des textes constitutionnels. À partir de 1946, avec la protection constitutionnelle de l'égalité des sexes affirmée dans le préambule de la Constitution, l'égalité « mathématique »[1244] se développe dans la jurisprudence pour l'accès des femmes à la fonction publique.

1240 V. sur ce point, Partie 1. Titre 1. Chapitre 1. Section 1.
1241 CE, 1997, *Commune de Gennevilliers*, *précit.*
1242 Concl. Stahl, *précit.*
1243 A. de Laubadère et Y. Gaudement, *Traité de droit administratif*, t. 5, La fonction publique, 12e éd., LGDJ, 2000, p. 99.
1244 F.-X. Fort, « De l'égalité à la parité dans l'accès à la fonction publique », AJDA, 2009 p. 1181.

G. PELLISSIER rappelle ainsi que « lorsque l'accès des femmes à la fonction publique n'était considéré que comme une aptitude, l'intérêt du service pouvait constituer une justification générale au refus d'accès. Dès lors que cet accès est un droit individuel, la relation entre ce droit et l'intérêt du service change de nature »[1245]. Il appartient alors au juge non seulement « d'exercer un contrôle effectif, mais encore de définir strictement les conditions de régularité des exceptions »[1246]. Ainsi, le juge peut censurer l'administration au nom du principe d'égalité, refusant des dérogations injustifiées. Des considérations d'intérêt général ou d'intérêt du service ne peuvent alors plus justifier des dérogations extensives au principe d'égalité des femmes dans l'accès aux emplois publics[1247].

479. Ce faisant, pour clarifier la place de l'opération de connaissance face à l'acte de volonté en présence de l'intérêt général, on peut dire, à l'instar de H. KELSEN, que « l'interprétation du droit à appliquer, par une opération de connaissance, s'unit à un acte de volonté par lequel l'organe applicateur de droit fait un choix entre les possibilités révélées par l'interprétation à base de connaissance ». Autrement dit, l'interprétation de l'organe d'application du droit est un acte de volonté qui résulte d'une opération de connaissance. Une telle démarche, comme nous l'avons vu, s'applique parfaitement au travail du juge face à l'intérêt général.

480. La théorie de l'interprétation de KELSEN contribue de cette manière à rendre compte de la genèse, de la formation de la norme de référence issue de l'intérêt général. Toutefois, cette théorie ne met pas l'accent sur une véritable méthode d'interprétation, d'où la nécessité d'examiner l'apport de la théorie réaliste de l'interprétation à l'intérêt général.

2. L'apport de la théorie des contraintes issue du courant réaliste de l'interprétation

481. La recherche d'une théorie des contraintes juridiques « part du présupposé que les acteurs du droit se comportent librement au sein du système juridique, lorsqu'ils décident d'accomplir des actes juridiques, en particulier lorsqu'ils produisent ou contribuent à produire des normes juridiques »[1248]. Toutefois, malgré l'existence de cette liberté, « les acteurs juridiques ne font pas tout ce qui est possible de faire, mais s'oriente vers un

---

[1245] G. Pellissier, Thèse, *op. cit*, p. 117 s.

[1246] *Ibid.*

[1247] CE, Sect. 2 mai 1959, *Dame Viauroux*, n° 37974, Rec., p. 280 – CE, Sect., 11 mars 1960, n° 3874, *Ville de Strasbourg*, Rec., p. 194 – CE, Sect. 9 nov. 1960, *Cne de Clohars-Carnoët*, n° 67973, Rec., p. 591.

[1248] M. Troper, V. Champeil-Desplats et C. Grzegorczyk (dirs), *Théorie des contraintes juridiques*, Bruxelles, Bruylant, 2005, coll. « La pensée juridique », p. 11.

nombre restreint de solutions »[1249]. Cette théorie semble alors pouvoir apporter une contribution à l'étude de la détermination de l'intérêt général par le juge administratif. En effet, celui-ci dispose d'un pouvoir normatif, non pas d'un pouvoir arbitraire (sans règles). Ainsi, la théorie des contraintes mise en avant dans la théorie réaliste de l'interprétation met en évidence les limites méthodologiques des pouvoirs du juge dans la détermination de l'intérêt général. Ces contraintes sont davantage législative (a) et théorique (b).

- *a. La contrainte législative*

482. Dans de nombreux domaines, l'intérêt général est exigé par des textes réglementaires, législatifs ou internationaux[1250]. Le plus souvent, ces textes se réfèrent à l'intérêt général sans pour autant le définir. Dans ce cas, la référence textuelle à l'intérêt général, qu'elle soit règlementaire ou législative, importe peu. En effet, l'intérêt général est suffisamment indéterminé pour laisser un champ d'action au juge. Par exemple, l'article L. 111-1 du Code de l'urbanisme habilite le pouvoir réglementaire à fixer par décret en Conseil d'État les règles générales d'utilisation des sols. Plusieurs règlements ont été pris sur ce fondement. Toutefois, en raison du champ d'application des règles générales, des dérogations ont été aménagées sur le fondement des articles R. 111-11 et R. 111-20 du Code de l'urbanisme. Face au laconisme de ces articles, le juge a érigé l'intérêt général[1251] comme le fondement majeur de la dérogation d'urbanisme. Dès lors, même si les motifs d'intérêt général invoqués doivent se rattacher à « l'ordre urbanistique »[1252], le juge administratif en a une vision extensive[1253]. Malgré les textes, le juge dispose toujours, par l'indétermination de l'intérêt général, d'une liberté d'interprétation. Cette liberté est démontrable par les différents revirements de jurisprudence face à l'intérêt général[1254].

1249 *Ibid.*

1250 V. sur ce point, TA Toulon, 26 août 2010, n° 0805213, *Sté nat. de protection de la nature et d'acclimatation de France (SNPN), précit.*

1251 CE, 16 déc. 1977, *Cluzeau*, Rec., p. 509.

1252 CE, 10 janvier 1968, *Daudens*, Rec., p. 24.

1253 CE, 24 juillet 1981, *Mme Woll Brett*, Rec., p. 316 – CE, 23 déc. 1976, *Ministre de l'Equipement c/ Casseau*, Rec. p. 579 – CE, 8 déc. 1976, *Ministre de l'Equipement c. Époux Guihur*, Rec., p. 538.

1254 Par ex. dans le domaine des travaux public, en 1922, le Conseil d'État estime que des travaux entrepris par des concessionnaires privés de casinos municipaux sont considérés comme des travaux privés et non publics car ils ne correspondent pas à un objet d'utilité publique (CE, 12 mai 1922, *Ville de Saint-Malo*, Rec. p. 413). En 1931, ces mêmes travaux ont été considérés comme des travaux publics en raison de leur intérêt pour le développement du tourisme dans la commune (CE, 1er février 1931, *Giacomi c. Ville de Chamonix*, Rec. p. 463). Pour un autre exemple représentatif, on peut citer un arrêt du Conseil d'État de 1985 qui refuse de moduler les tarifs d'inscription dans une école de musique en raison notamment de l'absence d'intérêt

483. Néanmoins, le juge adaptera son jugement en fonction du domaine dans lequel il statue. L'intérêt général dans l'exemple développé devra être lié à des « considérations urbanistiques ». Voilà un exemple de contrainte qui pèse sur le juge face à la détermination de l'intérêt général. Cette contrainte, on le voit bien, n'ôte pas au juge tout pouvoir dans l'élaboration de la norme de référence. Entre plusieurs contraintes d'ordre urbanistique, un choix demeure possible. C'est l'existence de ce choix entre plusieurs possibles qui rend compte de la relative liberté du juge dans l'élaboration de la norme de référence issue de l'intérêt général.

484. Par ailleurs, si le juge administratif ne s'estime pas lié à l'interprétation de l'intérêt général établie dans les textes règlementaires, il s'inclinera au contraire, comme le juge judiciaire[1255], devant la loi, lorsqu'elle est particulière, claire et explicite. Ce processus est normal dans la mesure où en principe, il appartient aux pouvoirs publics et surtout au législateur de fixer les contours de l'intérêt général. Cela peut être le cas pour la qualification d'une activité d'intérêt général en service public.

485. En effet, la qualification de la notion de service public relève du législateur[1256]. Le législateur et l'administration peuvent, dans le cadre de leurs compétences, ériger une activité en « service public ». Il en est ainsi par exemple, de l'article L. 111-1 du Code de l'éducation qui renvoie au « service public de l'éducation »[1257], de la loi du 31 décembre 1970 portant « réforme hospitalière »[1258], de la loi du 28 juillet 1982 sur « la communication audiovisuelle »[1259], de la loi du 30 décembre 1982 « d'orientation des transports intérieurs »[1260], de la loi du 26 janvier 1984 sur « l'enseignement

---

général pouvant justifier une dérogation au principe d'égalité devant le service public (CE, 26 avril 1985, *Ville de Tarbes*, Rec., p. 119) et l'arrêt de 1997 qui revient sur cette solution en admettant la dérogation d'intérêt général (CE, Sect., 29 déc. 1997, *Cne de Gennevilliers*, *précit.*). Dès lors, pour des faits similaires, si l'appréciation de l'intérêt général évolue c'est bien que le juge dispose d'une marge d'appréciation.

[1255] Le juge judiciaire par ex. qualifie l'intérêt de l'enfant d'intérêt général en vertu d'une loi. Un arrêt récent de la Cour de cassation, en date du 12 octobre 2011, fait en effet référence à un « motif d'intérêt général en rapport avec l'objet de la loi : assurer l'égalité de statut entre les enfants ». Ccass, civ. 1re, 12 octobre 2011, n° 11-40062, non publié au bulletin, QPC.

[1256] J.-F. Auby et O. Raymundie, *Le service public*, *op. cit.*, p. 169 s. ; R. Chapus, *Droit administratif général*, *op. cit.*, p. 579 ; D. Truchet, *Droit administratif*, *op. cit.*, p. 333.

[1257] Article L. 111-1 du Code de l'éducation : « Le service public de l'éducation est conçu et organisé en fonction des élèves et des étudiants ».

[1258] Il s'agit du « service public hospitalier ».

[1259] L'article 5 de cette loi consacre « le service public de la radiodiffusion sonore et de la télévision ».

[1260] Il s'agit du « service public des transports ».

supérieur »[1261], de la loi du 29 juillet 1990 relative à « la réglementation des télécommunications »[1262] ou encore de la loi du 30 décembre 2005 relative à « la collecte des déchets d'abattoirs »[1263]. Ainsi, le législateur peut décider librement – sauf cas particulier des services publics constitutionnels[1264] –, d'accorder « le label »[1265] de service public à une activité.

486. Toutefois, la contrainte législative dans la détermination de l'intérêt général porte-t-elle atteinte au pouvoir normatif du juge lorsque celui-ci est confronté à cette notion ?

487. Nous ne le pensons pas. Beaucoup de services publics – pour continuer avec l'exemple proposé ci-dessus – « ne sont pas qualifiés par un texte »[1266]. Le juge, à partir d'un faisceau d'indices bien connu, pourra alors déterminer si une personne publique a entendu faire d'une activité d'intérêt général qu'elle organise ou contrôle un service public[1267].

488. Pour l'appréciation de l'intérêt général, le juge est censé s'en remettre à l'appréciation des personnes publiques[1268]. Toutefois, lorsqu'il est confronté à la notion d'intérêt général, le juge dispose toujours d'une certaine marge de manœuvre. Il peut d'ailleurs faire évoluer sa jurisprudence dans la reconnaissance de l'intérêt général nécessaire à la qualification d'un service public[1269].

489. Il est vrai néanmoins que le Conseil d'État doit prendre en compte, lorsque cela est possible, l'exigence législative. Cette exigence catégorique de révéler la volonté du législateur le conduit à adopter des solutions parfois paradoxales. En effet, pour des activités similaires, il accepte ou refuse la présence d'un intérêt général, parce qu'il s'appuie en premier lieu sur l'interprétation de la loi. Ainsi, le Conseil d'État reconnaît l'intérêt général de « l'activité des casinos » dans le cadre du service public mais refuse cette qualification pour « les missions de sociétés de courses »[1270]. Il ressort, par

---

1261 Il s'agit du « service public de l'enseignement supérieur ».

1262 Il s'agit du « service public des télécommunications ».

1263 Selon l'article L. 226-8 du Code rural, « constitue une mission de service public qui relève de la compétence de l'État la collecte, la transformation et l'élimination des cadavres d'animaux ou lots de cadavres d'animaux d'élevage ».

1264 R. de Bellescize, *Les services publics constitutionnels*, Thèse Paris, LGDJ, 2005.

1265 D. Truchet, « Label de service public et statut de service public », AJDA, 1982, p. 427.

1266 D. Truchet, *Droit administratif*, *op. cit.*, p. 333.

1267 V. pour tous ces critères Titre 1 Chapitre 1 Section 2. Il convient toutefois de préciser que les difficultés d'identification concernent surtout les activités confiées par les personnes publiques à des personnes privées. V. sur ce point CE, Sect. 22 février 2007, *APREI, précit.*

1268 D. Truchet, *Droit administratif*, *op. cit.*, p. 334.

1269 CE, 7 avril 1916, *Astruc*, S. 1916.3.41 note M. Hauriou – CE, 27 juillet 1923, *Gheusi*, D. 1923.3.57 note J. Appleton.

1270 CE, 9 février 1979, *Sté d'encouragement pour l'amélioration des races de*

exemple, s'agissant des missions des sociétés de courses, « tant des dispositions de la loi du 2 juin 1891 que de la réglementation applicable au pari mutuel, que les sociétés de courses, en tant qu'elles sont chargées d'organiser les courses et le pari mutuel, ne sont pas investies d'une mission de service public ». Il en est de même concernant l'activité de la « Loterie nationale »[1271]. Le juge administratif a estimé que les textes institutifs de ces jeux (notamment dans la loi du 31 mai 1933), ne renvoyaient pas à une activité d'intérêt général[1272].

490. Les textes législatifs constituent donc bien une base nécessaire dans l'appréciation du juge. Son appréciation dans l'élaboration de la norme de référence issue de l'intérêt général n'est donc pas sans limite, la première étant d'origine législative, lorsqu'elle existe et qu'elle est suffisamment claire (ce qui n'est pas souvent le cas). Cette imprécision législative conduit alors le juge à interpréter, parfois avec difficulté, l'intention du législateur. La liberté du juge sera encore plus importante alors en l'absence de loi spéciale. Tel est le cas par exemple lorsqu'il s'agit de reconnaître une activité d'intérêt général au niveau local dans le cadre de la qualification d'un service public facultatif[1273].

491. Ainsi, le pouvoir normatif du juge dans l'élaboration de la norme de référence n'est pas totalement créateur. Il doit prendre en compte, lorsque cela est possible, la contrainte législative, mais aussi les contraines théoriques.

- <u>*b. Les contraintes théoriques*</u>

492. Dans le cadre de la théorie réaliste de l'interprétation, M. TROPER a développé une théorie des contraintes. L'auteur explique que le juge, malgré sa liberté interprétative est soumis à « des contraintes juridiques »[1274]. Certaines résultent de « règles constitutives, c'est-à-dire de règles qui ne se bornent pas à prescrire une conduite, mais la constituent en ce sens que c'est l'observation de ces règles, qui permettent de la qualifier[1275] »[1276]. Toutefois, cela ne résout en rien les problèmes liés au comportement normatif du juge face à l'intérêt général. M. TROPER

---

chevaux en France et autres, Rec. p. 46 – CE, 25 sept. 1996, *Bellenger*, T. Rec. p. 1178 – CE, 24 février 1999, *Wildenstein et autre*, T. Rec. p. 702, 703, 712 et 1045.

[1271] CE, Sect. 27 ocT. 1999, *Rollin*, Rec. p. 327 ; RDP, 1999.1845, concl. Daussun ; P. Fombeur et M. Guyomar, AJDA, 1999, p. 1008 s.

[1272] P. Fombeur et M. Guyomar, art. cit. *supra*, p. 1008 s.

[1273] CE, Sect., 30 mai 1930, *Chambre syndicale de commerce en détail de Nevers*, *précit.* Pour plus de précisions sur cette question, v. G. Durand, « Les services publics locaux », *Encyclopédie des collectivités locales*, avril 2010.

[1274] M. Troper, « La liberté d'interprétation du juge constitutionnel », art. cit., p. 243.

[1275] J.-R. Searle, *Les actes de langage*, trad.f, Paris, Hermann, 1972, p. 72. Réf. citée par M. Troper, « La liberté d'interprétation du juge constitutionnel », art. cit., p. 243.

[1276] M. Troper, art. cit., p. 243.

reconnait lui-même qu'il « n'existe aucune règle dont l'observation permettrait de qualifier un acte d'interprétation juridique et encore moins de la qualifier d'interprétation juste »[1277]. Il considère alors « qu'il existe des contraintes juridiques au sens faible lorsque des normes ont placé un individu ou un organe dans une situation telle qu'il lui faut se comporter d'une certaine manière pour agir de façon raisonnable et efficace ». Une « telle situation se rencontre d'abord au sein des juridictions collégiales, lorsque l'un des membres entend persuader ses collègues »[1278]. Elle se rencontre également « lorsque les normes organisent les rapports entre autorités de telle manière que le pouvoir discrétionnaire des uns dissuade les autres d'exercer leur propre pouvoir discrétionnaire de façon excessive »[1279]. On voit alors d'emblée que par rapport à l'interprétation de l'intérêt général, les contraintes au sens faible n'apportent pas de véritable solution face au pouvoir du juge.

493. Face à cette impasse, il est bon de se questionner sur la manière dont le juge utilise sa liberté d'appréciation lorsqu'il est face à l'intérêt général. Les courants réalistes américains considèrent en général que « le sens des textes est par nature indéterminé et par conséquent, ils sont à la merci de la seule volonté de l'interprète »[1280].

494. Au contraire, R. DWORKIN considère que « le juge est soumis à des contraintes dans l'interprétation des normes juridiques. Dans ce cadre, le droit est considéré non comme un ensemble de règles posées mais comme une pratique discursive dont on ne peut cerner le sens qu'en interprétant les usages »[1281]. Le penseur développe alors une « herméneutique juridique issue de la pensée du philosophe H.-G. GADAMER »[1282]. Sans pour autant adhérer à la conception du droit de l'auteur, la méthode d'interprétation qu'il développe s'avère utile du point de vue des contraintes de l'interprète. En effet, il distingue trois phases dans sa méthode d'interprétation. C'est à l'occasion de l'exposé de la deuxième phase que l'auteur aborde la théorie des contraintes juridiques. Selon l'auteur, l'interprète est soumis à « des

---

1277 *Ibid.*

1278 *Ibid.*

1279 *Ibid.*

1280 P.-A. Côté, « Fonction législative et fonction interprétative : conceptions théoriques de leurs rapports », dans P. Amselek (dir.), *Interprétation et droit*, *op. cit.*, p. 189. V. également X. Magnon, *Théorie (s) du droit*, *op. cit.*, p. 130 s.

1281 L'auteur peut être qualifié « d'objectiviste idéaliste » (P. Amselek, *Cheminements philosophiques dans le monde du droit*, *op. cit.*, p. 515 s.). V. pour les idées de R. Dworkin, la présentation claire de l'un de ses adversaires (S. Fish, *Respecter le sens commun*, trad. par O. Nerthot, Diegem (BE), E. Story-Scientia, Paris, LGDJ, 1995, coll. « La pensée juridique », p. 35).

1282 V. pour la conception herméneutique du droit de Dworkin, l'article de C. Sintez et J. Andino Dorato, « La conception herméneutique du droit de Dworkin », *APD*, 51, 2008, p. 319 s.

contraintes qui découlent du contexte historique et de la tradition en droit. Il prend ainsi en compte l'importance de l'histoire institutionnelle comme contrainte dans l'interprétation »[1283]. En effet, « à la manière des écrivains »[1284], l'interprète ne peut commencer de zéro à chaque fois. Il doit tenir compte « des interprétations antérieures des méthodes d'interprétation déjà utilisées »[1285]. Cela est lié à la valeur des précédents ; valeur importante dans sa théorie ancrée dans la *common law*. Par ailleurs, l'auteur renvoie à la notion de « contexte historique ». Toujours inspiré de l'œuvre de GADAMER, il s'agit de faire référence à « l'horizon »[1286] de l'interprète. Cet horizon est double. Il est composé de « celui de l'interprète et de celui du texte à interpréter ». Ainsi, R. DWORKIN ne néglige pas le sens du texte d'origine et estime que « la part de l'interprète doit fusionner avec l'horizon du texte ». Cependant, le travail d'interprétation a pour but de « tendre vers une signification subjective qui doit déboucher sur la recherche d'une bonne réponse »[1287].

495. Concernant l'attitude du juge face à l'intérêt général, on peut considérer qu'il existe certaines contraintes. Sans être dans un pays de *common law*, le juge administratif tient compte de la jurisprudence antérieure, ne serait-ce que pour des considérations tenant à la sécurité juridique. La lecture des conclusions des rapporteurs publics révèlent d'ailleurs à quel point le juge ne statue pas de « zéro » mais construit son raisonnement dans une logique jurisprudentielle. Dans la détermination de l'intérêt général, le juge demeure alors tenu par un certain contexte juridique. Comme le rappelle M. TROPER, « si le juge est en pratique libre de modifier à tout moment sa propre jurisprudence, ce n'est pas dans son intérêt de le faire. Le pouvoir du juge est alors à la mesure de sa modération »[1288].

496. De plus, même si l'intérêt général est une notion indéterminée et que l'horizon de ce terme est incertain, il demeure toujours lié à une certaine tradition. L'intérêt général n'est pas une notion totalement neutre. Il est

---

1283 R. Dworkin, *L'Empire du droit*, Paris, PUF, coll. « Recherches politiques », 1994, p. 250 s.

1284 R Dworkin s'inspire de H.-G. Gadamer, *Vérité et méthode*, éd. intégrale revue et corrigée par P. Fruchon, J. Grondin et G. Merlio, Paris, Le Seuil, 1996, p. 108.

1285 C. Sintez et J. Andino Dorato, « La conception herméneutique du droit de Dworkin », art. cit., p. 319 s.

1286 H.-G. Gadamer, *Vérité et méthode*, *op. cit.*, p. 143. V. également C. Taylor, « Gadamer on Human Sciences », dans R. J. Dostal (Ed.), *The Cambridge Companionto Gadamer*, Cambridge University Press, 2002, p. 136 s.

1287 R. Dworkin, « Les contraintes argumentatives dans l'interprétation juridique, 2, Y-a-t-il une bonne réponse en matière d'interprétation juridique ? », dans P. Amselek, *Interprétation et Droit*, *op. cit.*, p. 227 s.

1288 *Ibid.*, p. 243.

ontologiquement prédéterminé (nature politique). Cela implique que sa détermination suivra les grandes évolutions politiques et sociétales.

497. Ainsi, l'œuvre de DWORKIN nous aide partiellement à comprendre les contraintes qui s'imposent au juge dans l'interprétation de l'intérêt général. Néanmoins, ces contraintes théoriques demeurent extrêmement fragiles. L'intérêt général ouvre donc la voie à un pouvoir normatif du juge qui dispose d'une certaine marge de liberté dans l'élaboration de la norme de référence.

498. Pour saisir toutefois la part de liberté et de contrainte dans ce pouvoir, nous pouvons établir un parallèle entre le juge administratif et le « musicien »[1289]. De ce point de vue, nous considérons que le juge ne peut être comparé à un interprète classique qui n'a pas de réelle marge de manœuvre dans l'écriture de la partition. En effet, lorsque GLENN GOULD interprète une sonate ou une étude de F. CHOPIN ou encore lorsque D. HELFGOTT interprète un concerto pour piano de RACHMANINOV, que font-ils ? À cette question, nous répondons que l'interprète, aussi brillant soit-il n'est pas l'auteur de l'œuvre dans la mesure où les notes, le rythme et même les nuances sont préalablement dictées. La liberté d'interprétation existe (vitesse, intensité), mais elle est insuffisante pour rendre compte du rôle du juge dans la détermination de l'intérêt général. C'est pourquoi, le juge, en faisant œuvre normative, peut être davantage comparé à l'artiste de jazz. Tout en respectant le thème imposé, l'artiste improvise, change les notes et le rythme. Cette comparaison permet de situer le comportement du juge face à l'intérêt général. Face à l'intérêt général, le juge révèle la norme de référence nécessaire au jugement. Il s'agit alors d'une « détermination création/connaissance » car il élabore la norme de référence, dans le respect des règles imposées par le droit public.

Conclusion du Chapitre 1.

499. L'intérêt général est une norme à géométrie variable qui s'actualise différemment en fonction des techniques juridiques utilisées par le juge administratif. Cette échelle normative de l'intérêt général suppose l'intervention du juge qui dispose d'un pouvoir normatif. En effet, il élabore la norme de référence nécessaire au jugement qui s'exprime, soit en termes de normalité, soit dans sa globalité. Ce pouvoir normatif s'exerce donc tantôt sur l'intérêt général en tant que standard (norme non-autonome), tantôt sur l'intérêt général en tant que norme autonome. Dans le second cas, le juge élaborera tous les contours de la norme générale, en termes de normativité.

[1289] V. sur l'interprétation des textes et l'interprétation dans la musique, J. Combacau, « Interpréter des textes, réaliser des normes : la notion d'interprétation dans la musique et dans le droit », *dans* Mélanges P. Amselek *op. cit.*, p. 261 s.

Néanmoins, l'élaboration de la norme intérêt général autonome n'existe que dans un seul cas, dans l'hypothèse de la dérogation.

Chapitre 2.

L'intérêt général, une norme en action

500. La « norme »[1290] est « un concept tiré d'une métaphore, la *norma* des romains étant l'équerre du maçon et du charpentier »[1291]. Ce terme indiquait la « correspondance de fait d'un objet ou d'une situation à un type qui remplit les fonctions de paramètre »[1292]. Ainsi, le terme *norma* apparaît lié à celui de *regula,* fréquemment utilisé en « architecture dès l'Antiquité avant d'être métaphoriquement transposée en philosophie morale où on le trouve dans les écrits de Cicéron »[1293]. Toutefois, l'usage de ces termes « demeure rare (...). Il ne se généralise qu'au cours du XIXe siècle avec la naissance de la théorie du droit »[1294] et fait l'objet d'une « véritable consécration » avec les travaux de H. KELSEN au XXe siècle[1295]. Aujourd'hui, au sens large, la norme

---

1290 V. sur la norme, C. Alchourron et E. Bulygin, « The Expressive Conception of norms », dans R. Hilpinen (dir.), *New Studies in Deontic Logic*, Dordrecht, Reidel, 1981 ; P. Amselek et C. Grzegorczyk (dirs), *Controverses autour de l'ontologie du droit*, Paris, PUF, 1989 ; K. Binding, *Die Normen und ihre Übertretung : eine Untersuchung über die rechtmässige Handlung und die Arten des Delikts* (1982 - 1916), Aalen, Scientia Verlag, 1965 (réimpr.) ; J. Dancy (dir.), *Normativity*, Oxford, Blackwell, 2000 ; H. L. A. Hart, *The concept of Law*, Oxford Univ. Press, 1994 (2e éd.) ; C. Korsgaard, *The Sources of Normativity*, Cambridge, Univ., Press, 1996 ; J.-L. Petit (dir.), *La querelle des normes. Hommage à Georg Henrik von Wright*, Caen, Cahiers de philosophie politique et juridique de l'université de Caen, n° 27, 1995 ; S. A. Kripe, L. Wittgenstein, *On rules and Private Language (Des règles et du Langage privé)*, Oxford, 1982 ; L. Wittgenstein, *Philosophische Untersuchen*, Oxford, Basil Blackwell, 1958 ; N. Bobbio, *Teoria della norma giuridica*, Torino, 1958 ; A. G. Conte, « Regola costitutiva, condizione, antinomia », dans *La teoria generale del diritto. Problemi et tendenze attuali*, Milano, 1983 ; G. Gavazzi, *Norme primarie e secondarie*, Torino, 1967 ; U. Scarpelli, *Contributo alle semantica del linguaggio normativo* (1959), 2e éd., Milano, 1985.

1291 *Encyclopédie de théorie et de sociologie du droit*, *op. cit.*, p. 399.

1292 *Ibid.*

1293 *Dictionnaire de la culture juridique*, *op. cit.*, p. 1079.

1294 *Ibid.*

1295 V. par ex., H. Kelsen, *Théorie générale des normes*, trad. O. Beaud et F. Malkani, Paris, PUF, 1996. V. également, H. Kelsen, *General Theory of Law and State*,

fait référence à une « vaste famille de dérivés »[1296]. Elle doit surtout se comprendre « en termes de comparaison »[1297] dans la mesure où elle permet de « juger la conformité d'une chose par rapport à une autre »[1298].

501. En l'espèce, il s'agira de s'intéresser à la naissance de la norme « intérêt général » dans la jurisprudence administrative. En effet, lorsque l'intérêt général est lié à la technique dérogatoire, il s'actualise, se révèle comme une norme juridique à part entière. Néanmoins, la définition de la norme peut varier selon les époques et les doctrines. Il convient alors d'examiner concrètement l'acception choisie de la norme « intérêt général » (Section 1) qui est intrinsèquement liée à la technique dérogatoire (Section 2).

- ➢ *Section 1. La définition de la norme intérêt général*
- ➢ *Section 2. La technique dérogatoire liée à la réalisation de la norme intérêt général*

SECTION 1.

LA DÉFINITION DE LA NORME INTÉRÊT GÉNÉRAL

502. D'un point de vue fonctionnel, la norme « intérêt général » est un instrument de tracé et de mesure. Cette approche fonctionnelle est nécessaire dans la mesure où elle permet de démontrer comment la norme juridique (tracé + mesure) se distingue du standard (instrument de normalité) (I).

503. Toutefois, cette conception de la norme mérite des approfondissements. Après avoir dit qu'une norme constitue un instrument de tracé et de mesure, concrètement, à quoi renvoient ces notions ? Pour davantage de précisions, nous nous intéresserons au contenu même de la norme « intérêt général ». De ce point de vue, la norme sera entendue comme

---

Cambridge (.), 1945 (*Théorie générale du droit et de l'État*, trad. B. Laroche et V. Faure, Paris, LGDJ, 1997) ; H. Kelsen, *Reine Rechtslehre. Einleitung in der rechtswissenschaftlichen Problematik*, Leipzig-Vienne, 1934, 2e éd. rev., 1960 (*Théorie pure du droit*, trad. 2e éd., C. Eisenmann, rééd. L.G.D.J., 1999). V. enfin notamment sur la question des normes dans la pensée de H. Kelsen, S. Paulson & B. Litschewski Paulson, *Normativity and Norms. Critical Perspectives on Kelsenian Themes*, Oxford, Clarendon Press, 1998 ; L. Vinx, *Hans Kelsen's Pure Theory of Law. Legality and Legitimacy*, Oxford, Oxford University Press, 2007.

[1296] V. par ex., normal, normalité, normaliser, normatif.

[1297] *Dictionnaire de la culture juridique*, *op. cit.*, p. 1080.

[1298] *Ibid.*

la « signification d'un énoncé prescriptif lié à un ordre normatif efficace et sanctionné » (II).

I. Les fonctions de la norme « intérêt général »

504. Pour définir une norme, plusieurs conceptions existent. Si l'on opte pour une « conception positiviste et formelle »[1299] du droit, « la normativité découle de l'appartenance de la norme à un ordre normatif, ce qui suppose qu'elle émane de l'autorité compétente et qu'elle ait été édictée dans le respect des procédures requises ». Si l'on opte pour une « conception déontique »[1300], la normativité se manifeste dans la formulation de l'énoncé de la norme, qui interdit, oblige ou permet.

505. Toutefois, afin de saisir la spécificité de la norme « intérêt général », il est nécessaire d'abord de s'appuyer sur l'étude de la conception fonctionnelle. Celle-ci permet de rendre compte de la place qu'occupe une véritable norme par rapport à un simple standard. Or, tel est bien l'enjeu en l'espèce de démontrer, que dans certains cas, l'intérêt général ne s'exprime plus seulement en termes de normalité mais aussi comme une norme juridique pleine et entière.

506. Ainsi, il conviendra d'étudier l'approche fonctionnelle de la norme (A) puis d'expliquer en quoi l'intérêt général correspond bien à un instrument de tracé et de mesure (B).

A. L'approche fonctionnelle de la norme « intérêt général »

507. Il convient de s'intéresser en l'espèce à la définition de la norme (1) avant de s'arrêter aux fonctions celle-ci (2).

1. La définition de la norme

508. En ce qui concerne sa définition, la norme renvoie à deux notions : la normativité et la normalité.

[1299] V. sur ce point la théorie de H. Kelsen, *Théorie pure du droit*, 2e édition traduite par C. Eisenmann, Paris, Dalloz, 1962.

[1300] V. par ex., J. L. Austin, « Ifs and Cans », dans Philosophical Papers, Oxford, 1961 ; H. L. A. Hart, *Le concept de droit*, Bruxelles, Bruylant, 1976, trad. M. Van De Kerchove, coll. « Publication des Facultés universitaires Saint-Louis » ; A. ROSS, « Imperatives and Logic », *Theoria*, VII/VIII, 1941, p. 53-71, § 2 et 3, trad. française par E. Millard et E. Matzner, dans A. Ross, *Introduction à l'empirisme juridique*, textes réunis par E. Millard, Paris, LGDJ, 2002 ; A. Ross, *Directives and Norms*, London, Routledge & Kegan Paul, 1968, p. 1 à 8 ; V. Champeil-Desplats, « Alf Ross : droit et logique », *Droit et société*, 2002/1, n°50, p. 29-42.

509. La normativité peut être définie comme un « type concret ou une formule abstraite de ce qui doit être »[1301]. Il s'agit d'un « type idéal (ou [d'une] règle) par rapport auquel sont portés des jugements de valeur »[1302]. Il s'agit « de ce qui doit ou devrait être »[1303]. En ce sens, la norme peut, comme le souligne C. THIBIERGE, « se concevoir diversement comme idéal, comme but, comme règle ou principe, et de manière synthétique et unitaire, comme un modèle »[1304]. L'intérêt du terme « norme » étant précisément « de fournir un nom générique pour ces différentes idées d'idéal, de but, de règle, de principe »[1305]. La normativité met ainsi l'accent sur la norme comme « un modèle à suivre » qui renvoie à « un type ou à une formule ». La norme relève alors clairement du devoir être.

510. Quant à la normalité, il s'agit de « l'état habituel, régulier, conforme à la majorité des cas ou à ce qui doit être »[1306]. Ce qui est « conforme à une moyenne, au type le plus fréquent, à ce qui se produit d'habitude, et à ce qui devrait être »[1307]. Elle se réfère pour partie « à ce qui est, en termes de statistique, de référence, de régularité, autrement dit de moyenne, et pour une autre partie à ce qui devrait être »[1308]. La voie de la normalité est donc celle du « modèle existant », né de la moyenne ou de la majorité, et/ou celle du modèle à suivre. S. RIALS précise d'ailleurs que « la normalité renvoie à ce qui permet de juger les comportements ». Il s'agit « de normes simplement induites des comportements les plus nombreux, et de ce fait, en principe, dépourvues de toute transcendance »[1309]. Ainsi, la normalité fait plus référence à un « état »[1310]. Il s'agit de la « fusion de l'être et du devoir être : ne se laissant ni réduire à une pure moyenne, ni à un idéal »[1311].

511. Par définition, la norme est donc liée à l'idée de normalité et de normativité. Toutefois, afin de saisir au mieux cette notion, il convient également de faire état des fonctions de la norme.

1301 A. Lalande, « Normatif », *Vocabulaire technique et critique de la philosophie*, Paris, PUF, coll. « Quadrige », 2002 ; *Dictionnaire Robert*, 2008.

1302 P. Foulquié, *Dictionnaire de la langue philosophique*, Paris, PUF, 1982.

1303 A. Lalande, « Normatif », art. cit.

1304 C. Thibierge, « Au cœur de la norme : le tracé et la mesure, Pour une distinction entre normes et règles de droit », dans *L'égalité*, APD, t. 51, Paris, Dalloz 2008, p. 341 s.

1305 *Ibid.*

1306 C. Thibierge, « Au cœur de la norme (...) », art. cit., p. 341 s.

1307 *Ibid.*

1308 S. Chassagnard, *La notion de normalité en droit privé français*, Thèse, Toulouse, 2000, p. 12.

1309 S. Rials, *Le juge administratif français et la technique du standard*, *op. cit.*, p. 61.

1310 C. Thibierge, « Au cœur de la norme : le tracé et la mesure, Pour une distinction entre normes et règles de droit », art. cit., p. 341 s.

1311 S. Chassagnard, *La notion de normalité en droit privé français*, *op. cit.*, p. 10.

2. Les fonctions de la norme

512. En ce qui concerne les fonctions de la norme, il convient de faire la distinction suivante entre la *norma*, « modèle concret pour tracer et/ou mesurer » et la norme, « modèle abstrait pour guider et/ou juger ».

513. Nous nous intéresserons pour commencer à la *norma,* « modèle concret pour tracer et/ou mesurer »[1312]. L'expression *norma* au sens de l'outil matériel est « une équerre en forme de T servant à réaliser et à vérifier les angles droits et les lignes droites »[1313]. Cela renvoie à la fonction de tracé. Il s'agit de fournir un modèle de tracé. Dans ce cas, la *norma* sert à l'action, en guidant le tracé en train de s'accomplir. De plus, en tant qu'instrument de mesure, la *norma* permet de vérifier « si deux droites formant un angle sont bien rectilignes et perpendiculaires. Elle sert donc, une fois l'action faite, à la vérification de ce qui a été accompli. Elle permet la comparaison »[1314].

514. Ces deux fonctions se sont transposées à la norme abstraite. Le tracé cohabite alors avec la mesure. Deux éléments coexistent en effet : la norme et l'action de son destinataire, en train de se faire. Dans « son rôle de direction, la norme sert l'action »[1315]. Le tracé, « en tant que modèle pour l'action, sert à orienter directement ou indirectement un comportement »[1316].

515. Ensuite, en ce qui concerne la norme, « modèle abstrait pour guider et/ou juger », celle-ci fournit « un modèle de référence en ce qu'elle permet de tracer des lignes ». Il ne s'agit pas de lignes droites ou perpendiculaires, mais « des lignes de conduites, d'action ou d'idéal »[1317]. Elle permet de soutenir « l'action en elle-même » (le tracé lui-même) et de donner « une direction vers un but » (la finalité du tracé). C'est « un type à imiter »[1318], « une direction à suivre »[1319]. C'est la fonction principale « du modèle qui est nécessaire pour agir »[1320]. Autrement dit, elle fournit « un modèle pour l'action ». La norme, en l'espèce, sert de « référence dans la mesure où elle

---

1312 *Dictionnaire encyclopédique de théorie et de sociologie du droit, op. cit.*, p. 39 s.

1313 F. Borella, « Le système métrique et la problématique des normes », *Droits*, 17, 1993, p. 91.

1314 C. Thibierge, « Au cœur de la norme : le tracé et la mesure, Pour une distinction entre normes et règles de droit », art. cit., p. 341 s.

1315 « Le noyau de la règle n'est pas l'idée d'une certaine mesure mais celle d'une direction » : L. Husson, « Le fait et le droit », *APD*, 1964, t. IX, p. 237.

1316 C. Thibierge, « Au cœur de la norme : le tracé et la mesure, (...) », art. cit., p. 341 s.

1317 *Ibid.*

1318 C. Thibierge, « Au cœur de la norme : le tracé et la mesure (…) », art. cit., p. 341 s.

1319 P. Amselek, « Le droit technique de direction publique des conduites humaines », *Droits*, n° 10, 1989, p. 7 ; J. Chevallier, « La normativité. Études et doctrines », *Cahiers du Cons. const.*, 2006, n° 21 : « Le droit doit être conçu comme un dispositif normatif, visant à agir sur les comportements sociaux : […] il indique les règles à observer, trace les lignes de conduite à suivre ».

1320 C. Thibierge, « Au cœur de la norme : le tracé et la mesure (…) », art. cit., p. 341 s.

permet de vérifier, de mesurer, d'évaluer, de comparer ce qui a été tracé : une action accomplie, comme un comportement ou un acte »[1321]. C'est alors un « modèle pour juger », pour apprécier une conformité, une comptabilité. La mesure guide ainsi le tracé, l'action. Elle fournit « le cadre, les indications, l'orientation pour agir »[1322]. Et une fois l'action accomplie, « elle permet d'en vérifier la rectitude car elle constitue aussi un outil de comparaison, à confronter à la variété des cas réels possibles »[1323].

516. Ainsi, la norme renvoie à l'idée de normativité et de normalité par définition, et concerne des modèles concrets et abstraits d'un point de vue fonctionnel. Toutefois, où se situe l'intérêt général dans un tel mécanisme. Dans la présente conception, la norme « intérêt général » se présente comme un véritable instrument de tracé et de mesure.

B. L'intérêt général, un instrument de tracé et de mesure

517. Précédemment, nous avons vu que l'intérêt général, en tant que standard, était un instrument de mesure en termes de normalité, c'est-à-dire « une mesure d'évaluation des comportements et des situations »[1324]. Le standard intérêt général est donc une norme non-autonome contrairement à la règle de droit (tracé + norme) qui est une norme de jugement de ces mêmes faits (mesure en termes de normativité). Le standard n'est donc pas la règle de droit, la *norma* puisqu'il ne dispose pas d'une faculté autonome de tracé. En effet, le standard n'est qu'une composante limitée de la norme. Dénuée de tracé, il ne donne pas « le modèle à l'action pour orienter le comportement »[1325]. Il ne peut donc pas diriger l'action, c'est-à-dire être « le modèle de référence pour la guider ».

518. Néanmoins, avec la technique dérogatoire, l'intérêt général s'actualise comme une véritable norme d'un point de vue fonctionnel. L'intérêt général s'apprécie alors en termes de normativité (règle de droit autonome). La mesure prise en ce sens correspond au contrôle de légalité. L'intérêt général devient alors une véritable « norme de jugement » à part entière. C'est un instrument de mesure juridique, un étalon qui permet de mesurer la légalité et la validité d'un acte, de manière autonome.

519. Pour illustrer nos propos, nous pouvons faire référence à l'arrêt du Conseil d'État en date du 19 novembre 2010, *SCI START IMMO*[1326] dans lequel il est question de la restriction de la liberté d'établissement ou de la libre circulation des services. Dans cet arrêt, l'intérêt général peut être

---

1321 *Ibid.*
1322 *Ibid.*
1323 C. Thibierge, « Au cœur de la norme : (...) », art. cit., p. 341 s.
1324 S. Rials, *précit.*
1325 C. Thibierge, « Au cœur de la norme : (...) », art. cit., p. 341 s.
1326 CE, 19 nov. 2010, *SCI START IMMO*, n° 314366, inédit.

considéré comme une norme juridique, d'un point de vue fonctionnel, dans la mesure où il devient un instrument de tracé et de mesure en termes de normativité. Nous proposons d'examiner ces deux phases de manière successive.

1. Le tracé = la direction, le modèle de référence pour guider l'action

- En l'espèce, il s'agit de la « préservation des petites entreprises, de l'emploi et de l'aménagement du territoire » qui permettent de restreindre la liberté d'établissement ou la libre prestation des services. Cela constitue un « motif d'intérêt général ». Tel est le modèle qui doit guider l'action.

2. La mesure en termes de normativité = une règle de droit susceptible de fonder une décision de justice

- En l'espèce, le juge administratif s'appuie sur la préservation des petites entreprises (sur l'intérêt général donc) pour justifier ou non une mesure administrative. Ce faisant, la censure de l'acte peut se produire uniquement en raison de la règle suivante : la « préservation des petites entreprises, de l'emploi et de l'aménagement du territoire » permettent de restreindre la liberté d'établissement ou la libre prestation des services. En effet, le juge fonde sa décision sur cela. La tracé devient alors un étalon de mesure qui permet de mesurer la légalité de la décision du 18 décembre 2007 par laquelle la commission nationale d'équipement commercial a refusé de lui accorder l'autorisation préalable requise en vue de la création d'un ensemble commercial d'une surface de vente de 3 100 m² spécialisé en équipement de la personne à l'enseigne Le Château des Marques à Mer (Loir-et-Cher).

520. De cette manière, la norme d'intérêt général se définit par divers composantes liées au tracé et à la mesure en termes de normativité. Toutefois, si la définition fonctionnelle de la norme « intérêt général » est nécessaire, elle se révèle insuffisante. En effet, à quoi renvoie plus précisément ce tracé et cette mesure en termes de normativité ? Pour le saisir, il conviendra de faire référence au contenu même de la norme intérêt général.

II. Le contenu de la norme « intérêt général »

521. Précédemment, nous avons vu que la norme « intérêt général » prenait naissance par un relatif « acte de volonté »[1327] de la part du juge administratif[1328]. Celui-ci dispose en effet d'un d'une marge d'appréciation dans l'élaboration de la norme de référence issue de l'intérêt général. La norme « intérêt général » prend alors naissance par la détermination du juge[1329].

522. Toutefois, une telle conception est insuffisante dans la mesure où elle ne renvoie qu'à l'auteur de la norme. Elle ne rend pas compte de la spécificité du contenu matériel de la norme « intérêt général ». Or, afin de saisir concrètement la nature de la norme « intérêt général », telle qu'elle existe dans la jurisprudence administrative, il convient de faire appel aux « moyens »[1330] par lesquels la norme prend naissance. Or, d'un point de vue normativiste, la norme peut être définie comme la « signification d'un énoncé prescriptif »[1331] ayant « pour objet de rendre pour autrui obligatoire, interdit, permis ou habilité un certain comportement »[1332].

523. Cette approche normativiste est intéressante pour cerner le contenu de la norme « intérêt général » telle qu'elle existe dans la jurisprudence administrative. Ainsi, le premier élément de la norme « intérêt général » renvoie à « la signification d'un énoncé prescriptif » qui doit faire l'objet d'une interprétation spécifique (A). De plus, pour qu'il s'agisse d'une norme juridique, « la norme doit faire partie d'un ordre normatif globalement efficace et sanctionné »[1333] (B).

1327 « L'acte, dont la signification est que quelque chose est ordonné ou prescrit, est un acte de volonté » : H. Kelsen, *Théorie générale des normes*, trad. française éditée en 1996, *op. cit.,* p. 2.

1328 Titre 2. Chapitre 1 Section 2.

1329 V. sur ce point Titre 2. Chapitre 1. Section 2.

1330 Selon H. Kelsen (*Théorie générale des normes*, *op. cit.* p. 2), « l'expression linguistique de la norme est un impératif ou une proposition normative ». L'auteur évoque plus particulièrement les « moyens » de l'expression de la norme dans le chapitre 38 de l'ouvrage précité : H. Kelsen, *Théorie générale des normes*, *précit.* p. 197.

1331 E. Millard, *Théorie générale du droit*, *op. cit.* p. 104 ; X. Magnon, *Théorie(s) du droit*, *op. cit.* p. 35 s.

1332 H. Kelsen, *Théorie pure du droit*, trad. française de la 2e éd. par C. Eisenmann, 1962, Bruxelles, Bruylant, Paris, LGDJ, coll. « La pensée juridique », 1999, p. 13 et 23. V. également, H. Kelsen, *Théorie générale des normes*, 1979, traduit de l'allemand par O. Beaud et F. Malkani, Léviathan, Paris, PUF, 1996, p. 1 et 2.

1333 V. par ex., N. Bobbio, *Teoria delle' ordinamento giuridico*, Torino, Giapppichelli, 1960, § 54. Pour l'auteur, « c'est l'appartenance à un ordre juridique qui permet de distinguer les normes juridiques des normes non juridiques » : X. Magnon, *Théorie(s) du droit*, *op. cit.*, p. 33. V. également sur ce point, O. Pfersmann, « Le statut de la

A. La norme intérêt général comme signification d'un énoncé prescriptif

524. La norme relève du « devoir-être » (*sollen*) et non de l'« être » (*sein*). La norme prescrit un certain comportement mais ne le décrit pas. Cette dissociation normativiste entre l'être et le devoir être repose sur un postulat ou Loi de HUME[1334] selon lequel « il n'est pas possible de dégager des conséquences prescriptives à partir de prémices seulement descriptives »[1335]. Ainsi, la norme peut être définie comme « la signification d'un énoncé prescriptif ayant pour objet de rendre pour autrui obligatoire, interdit, permis ou habilité, un certain comportement »[1336]. Cela suppose alors la présence d'un « énoncé prescriptif susceptible de prescrire quatre comportements différents : rendre obligatoire, interdit, permis ou habilité »[1337]. Ensuite, cela suppose une interprétation dans la mesure où la norme n'est pas l'énoncé mais la signification de celui-ci. En ce qui concerne l'intérêt général, il convient de préciser d'emblée que celui-ci n'est pas un énoncé prescriptif en tant quel tel (1). Néanmoins, la détermination de l'intérêt général par le juge administratif permettra l'émergence de la signification d'un énoncé potentiellement prescriptif (2).

1. L'impossible rencontre entre l'intérêt général et l'énoncé normatif

525. Si l'on se réfère à la théorie normativiste, la norme résulte de « la signification d'un énoncé prescriptif ». Or, en tant que tel, un problème majeur apparaît avec l'intérêt général. En effet, « intérêt général » n'est pas un énoncé prescriptif (a) ni même un énoncé quel qu'il soit (b).

- *a. « Intérêt général » n'est pas un énoncé prescriptif*

526. Plusieurs types d' « énoncés »[1338] existent dans le langage courant. L'énoncé prescriptif se singularise par rapport aux autres dans la mesure où il n'est ni vrai ni faux. Il se distingue alors des énoncés scientifiques[1339] ou « vérifonctionnels »[1340]. D'un point de vue normativiste,

---

volonté dans la définition positiviste de la norme juridique », *Droits*, n° 28, 1999, p. 86 s.

[1334] D. Hume, *Traité sur la nature humaine*, trad. franç., A. Leroy, 1950, Paris, Aubier-Montaigne, 1946, t. II, p. 572 s.

[1335] X. Magnon, *Théorie(s) du droit*, *op. cit.*, p. 39.

[1336] *Ibid.*

[1337] *Ibid.*

[1338] Pour plus de précision sur la définition de l'énoncé, v. le b. qui suit.

[1339] V. notamment sur les énoncés scientifiques, R. Poincaré, *La Science et l'hypothèse*, Paris, Flammarion, 1902, p. 223 ; P. Amselek, « Lois juridiques et lois scientifiques », *Droits*, n° 6, 1987, p. 131 s.

[1340] X. Magnon, *Théorie(s) du droit*, *op. cit.*, p. 36.

H. KELSEN, précise que « les normes [...] ne sont pas vraies ou fausses, mais seulement valables ou non valables. [...] La norme [...] n'est pas une assertion, elle n'est pas la description, les normes ne sont pas liées entre elles par une relation de causalité comparable à celle qui réunit les faits (Si A., alors B. sera), mais par un lien d'imputation : si A., alors il est obligatoire que B. advienne »[1341].

527. La notion d'obligation constitue alors un point essentiel du caractère impératif de l'énoncé. X. MAGNON considère par exemple que « le caractère prescriptif de l'énoncé doit conduire à obliger, interdire, permettre ou habiliter un comportement »[1342]. B. de BECHILLON considère également que « l'arrière-pensée du discours normatif juridique, c'est l'obligation, le fait qu'une norme aboutit le plus souvent à interdire, à réduire le champ du possible à l'alternative du licite et de l'illicite, du permis et de l'interdit. En ce sens, l'assise du discours normatif juridique, c'est l'impératif »[1343]. Cette conception de la notion d'impératif, non partagée par l'ensemble de la doctrine[1344], rappelle aussi celle de R. CAPITANT qui évoque « l'obligation et le devoir, le pouvoir et le droit »[1345].

528. Cependant, face à la norme « intérêt général », un problème se pose. L'intérêt général n'est pas un énoncé impératif et prescriptif. En effet, « l'intérêt général » ne peut rien imposer en tant que tel. Il s'agit d'un terme particulièrement vague et indéterminé, composé de deux mots (« intérêt » et « général ») qui sont insuffisants *a priori* pour faire sens et imposer une obligation à ses destinataires. Autrement dit, l'intérêt général, en lui-même, ne renvoie à aucun énoncé impératif et prescriptif. Il n'énonce rien. Il ne prescrit rien contrairement à l'article 1382 du code civile qui présente bien un énoncé prescriptif, obligatoire : « Tout fait quelconque de l'homme, qui cause à autrui un dommage, oblige celui par la faute duquel il est arrivé à le réparer ». Même si cet énoncé peut faire l'objet de nombreuses interprétations, il existe et peut faire « facilement » sens d'un point de vue normatif. L'intérêt général, à l'opposé de l'article 1382 du code civil, n'énonce rien en lui-même. Il n'est pas un « énoncé normatif »[1346] dont il résulte que « quelque chose doit, peut

[1341] H. Kelsen, *Théorie pure*, *op. cit.*, p. 95-149. V. plus particulièrement, p. 96 s.

[1342] X. Magnon, *Théorie(s) du droit*, *op. cit.*, p. 36.

[1343] D. de Béchillon, *Qu'est-ce qu'une règle de Droit ?*, Paris, Éd. Odile Jacob, 1997, p. 175.

[1344] Le droit-contrainte ainsi véhiculé par la notion d'impératif s'oppose dans une large mesure à la vision de nombreux auteurs. P. Amselek par ex. est opposé à la vision d'un droit-contrainte : P. Amselek, *Méthode phénoménologique et théorie du droit*, Paris, LGDJ, 1964, p. 228 s.

[1345] R. Capitant, *L'impératif juridique*, Paris, Dalloz, 1928, p. 63 s.

[1346] V. notamment sur l'énoncé normatif, V. Champeil-Desplats, « N'est pas normatif qui peut », *Cahiers du Conseil constitutionnel*, n° 21, 2006, p. 93.

ou ne doit pas être fait »[1347]. En effet, le caractère normatif de l'énoncé doit être introduit par des « auxiliaires déontiques »[1348] tels que « devoir et pouvoir »[1349]. Or, « intérêt général », ne renvoie pas à ces auxiliaires déontiques de prime abord.

529. Ainsi, le premier élément du contenu de la norme (un énoncé impératif) fait défaut avec l'intérêt général. Mais en plus, « intérêt général » ne peut pas être considéré non plus comme un énoncé, qu'il soit normatif ou non.

- *b. « Intérêt général » n'est pas un énoncé*

530. Selon H. KELSEN, l'énoncé se distingue de la norme. En effet, la norme, « qui est la signification de l'acte de volonté, est le sens d'une proposition qui est elle-même le produit d'un acte de langage, par lequel est exprimée la signification de la volonté »[1350]. Plus précisément, l'auteur distingue « l'acte de volonté et l'acte de pensée »[1351]. Contrairement à la norme, l'énoncé, « qui est la signification de l'acte de pensée, est le sens de la proposition, qui est le produit d'un acte de langage, dans lequel est exprimée la signification de l'acte de pensée »[1352]. Autrement dit, l'énoncé est la

---

[1347] P. Stockinger, « Possibilités d'une représentation conceptuelle de la situation normative », *Droits et Société, Revue internationale de théorie du droit et de sociologie juridique*, n° 8, 1988, *Le discours juridique. Langage, signification et valeurs*, LGDJ/CRIV, p. 29 s. (v. plus particulièrement p. 30). V. également, G. H. Von Wright, « The Foundation of Norms and Normative Statements », *Philosophical Papers*, Oxford, Blackwell, 1983, p. 67 s. V. du même auteur, G. H. Von Wright, *Norme and Action. A logical enquiry*. Londres, Routledge and Kegan, the Humanities Press, 1963.

[1348] G. Kalinowski, *La logique des normes*, Paris, PUF, 1972, p. 19. V. également sur la logique déontique, G. Kalinowski, *Études de logiques déontiques I.* (1953-1969), Paris, LGDJ. V. plus largement, G. Kalinowski, *Introduction à la logique juridique. Éléments de sémiotique juridique, logique des normes et logique juridique*, Paris, LGDJ, 1965.

[1349] « Une seule catégorie d'énoncé, catégorie définie par la structure syntaxique de ceux-ci, est la formule linguistique propre aux normes en tant que telles et le reste même si en réalité elle n'est pas le plus souvent employée. Appartiennent à cette catégorie, les expressions construites au moyens des verbes devoir ou pouvoir, selon le cas, avec ou sans une négation antécédente ou subséquente [...]. Elles constituent les propositions normatives (déontiques) proprement dites. Toute norme parce que norme peut être signifiée par une telle proposition et seule une norme peut l'être » : G. Kalinowski, *La logique des normes*, *op. cit.*, p. 19 s.

[1350] H. Kelsen, *Théorie générale des normes*, *op. cit.*, p. 217.

[1351] Pour une explication claire de la distinction, v. O. Cayla, « La théorie de la signification de l'acte dans la pensée normativiste », *Droits*, n° 7, 1988, p. 59 s.

[1352] H. Kelsen, *Théorie générale des normes*, *op. cit.*, p. 217.

« signification d'un acte de pensée »[1353] et la norme, la « signification d'un acte de volonté réglant le comportement d'autrui »[1354]. Ainsi, l'énoncé est compris « non comme une expression linguistique mais comme sa signification spécifique ». Il désigne à la fois « l'acte de l'énonciation, la formulation d'un énoncé »[1355] et « la signification (*Sinn*) de l'acte, le sens (*Bedeutung*) d'une proposition parlée »[1356]. L'énoncé est donc « porteur de sens ». C'est le sens d'une proposition.

531. La définition de H. KELSEN rejoint celle des langages usuels et philosophiques selon lesquels l'énoncé peut être considéré comme un « ensemble de formules exprimant quelque chose »[1357]. Il peut s'agir de l'énoncé d'une loi, d'un problème, d'un texte. En ce sens, l'énoncé fait référence à une expression ou à des termes « dans lesquels une pensée est exprimée »[1358].

532. De ce point de vue, l'expression « intérêt général » peut difficilement constituer les termes dont une pensée est exprimée. En effet, « intérêt général » est bien trop vague. Il ne peut s'agir par exemple de l'énoncé d'une loi ou d'un problème. Il n'est pas suffisant, à lui seul, pour créer du sens, une idée. Il peut faire partie d'un énoncé mais ne peut, en lui-même, suffire à constituer un énoncé porteur de sens et de signification. Ce n'est pas le sens d'une proposition parlée. De ce point de vue donc, « intérêt général » n'est pas un énoncé.

533. Par ailleurs, en linguistique, le mot *énoncé* peut faire référence à « l'énonciation »[1359]. Il désigne alors « toute suite finie de mots d'une langue émise par un ou plusieurs locuteurs. La clôture de l'énoncé est assurée par une période de silence avant et après la suite de mot »[1360]. Un énoncé peut ainsi être formé d'une ou plusieurs phrases, voire d'un « segment de la chaîne parlée

---

1353 *Ibid.*, p. 218.

1354 *Ibid.*

1355 *Ibid.*, p. 217.

1356 *Ibid.*

1357 P. Robert, *Le grand Robert de la langue française*, 2e éd. revue et enrichie par A. Rey, t. III, Paris, Éd. Dictionnaire Le Robert, 1985, p. 1008 ; P. Foulquié, *Dictionnaire de la langue philosophique*, Paris, PUF, 1962, p. 214.

1358 C. Godin, *Dictionnaire de philosophie*, Paris, Fayard, éditions du temps, 2004, p. 408.

1359 L'énoncé peut faire référence à « l'action d'énoncer » (P. Robert, *Le grand Robert de la langue française*, *op. cit.*, p. 1008), c'est-à-dire à « l'énonciation » (P. Imbs (dir.), *Trésor de la langue française. Dictionnaire de la langue du XIXe et du XXe siècle (1789-1960)*, Paris, CNRS Éditions, 1979, p. 1153) ou à « un fragment d'expérience linguistiquement structuré, actualisé dans une situation d'énonciation, et constituant une réalisation individuelle d'un système d'expression » (F. Neveu, *Dictionnaire des sciences du langage*, 2e éd., Paris, Armand Colin, 2011, p. 144).

1360 J. Dubois (dir.), *Dictionnaire de linguistique et des sciences du langage*, Paris, Larousse, coll. « Trésors du français », 1994, p. 180.

délimité nettement par des marques formelles : prise de parole d'un locuteur suivant un silence durable »[1361]. Dans l'échange de mots, *As-tu pris un manteau ? – Oui. – Alors mets-le pour sortir parce qu'il fait froid*, il y a trois énoncés :

1. *As-tu pris un manteau ?*

2. *Oui.*

3. *Alors mets-le pour sortir parce qu'il fait froid*

534. Or, de ce point de vue, « intérêt général » ne peut toujours pas constituer un énoncé. En effet, « intérêt général » ne peut pas être installé entre deux silences. Il est toujours accompagné d'autres termes qui permettent de créer une signification.

535. Quelle que soit la définition de l'énoncé, normatif ou non, « intérêt général » n'en remplit pas les critères. Toutefois, l'intérêt général, nous le verrons plus précisément dans le paragraphe II, renvoie à un processus normatif inversé qui prend sa source dans le fait. L'intérêt général n'est donc pas un énoncé prescriptif. Mais l'interprétation que le juge en fait révèle la présence de la « signification d'un énoncé potentiellement prescriptif ». Autrement dit, c'est l'interprétation du juge qui actualisera le potentiel normatif de l'intérêt général.

2. La présence de la signification d'un énoncé prescriptif par la détermination de l'intérêt général

536. L'intérêt général n'est ni un énoncé prescriptif ni un énoncé en tant que tel, normatif ou non. Cette vision de l'intérêt général s'oppose donc *a priori* à la définition normativiste de la norme. En effet, si « intérêt général » n'est pas un énoncé, il ne peut en aucun cas faire référence à une norme entendue comme la « signification d'un énoncé ».

537. Toutefois, l'examen de la jurisprudence administrative permet de constater, que parfois, une norme se dégage de l'interprétation de l'intérêt général. Une fois créée, la norme « intérêt général » correspond, dans son contenu, à une norme telle que définie par la conception normativiste du droit, c'est-à-dire, à la « signification d'un énoncé prescriptif ». Toutefois, comment parvenir à un tel résultat ?

538. Afin de démontrer l'existence d'une telle norme, il convient de revenir sur la nature de l'intérêt général qui n'est pas un énoncé. En effet, l'intérêt général s'apparente en l'espèce à un « réceptacle »[1362], c'est-à-dire, à

1361 *Ibid.*, p. 180.

1362 Platon, *Œuvres complètes*, tome X, *Timée-Critias*. Texte établi et traduit par

un socle capable de recevoir, de réaliser un énoncé prescriptif et impératif. Plus précisément, la naissance de la norme « intérêt général » est liée à trois phases.

539. La première renvoie à l'intérêt général lui-même en tant que réceptacle.

540. La deuxième consiste à interpréter l'intérêt général, c'est-à-dire, à donner de la matière qui sera accueillie par le socle formel du réceptacle. C'est l'interprétation, la détermination de l'intérêt général qui aboutira à la création d'un énoncé prescriptif. Autrement dit, c'est l'interprétation, c'est-à-dire l'opération intellectuelle qui vise à donner du sens, qui permet l'émergence de la norme « intérêt général ». La norme prend donc naissance par l'interprétation de l'interprète, en l'espèce, le juge administratif. La question de l'interprétation a déjà été évoquée à l'occasion des pouvoirs du juge dans le chapitre précédent. Pour rappel, nous considérons que l'interprétation de l'intérêt général relève d'un relatif acte de volonté. Selon cette conception, il n'existe pas de norme sans interprète. Celui-ci devient l'auteur véritable de la norme. Une telle vision de l'interprète, auteur de la norme correspond à l'idée que nous avons défendue. En effet, le juge administratif est bien, selon nous, l'auteur ultime de la norme « intérêt général ». Le juge dispose alors d'un pouvoir normatif lorsqu'il s'agit de révéler le contenu de l'intérêt général. Or, c'est précisément la détermination de l'intérêt général par le juge qui conduira à la formation de la norme qui s'exprime à travers la « signification d'un énoncé potentiellement prescriptif ». Cela nous amène alors à la troisième phase.

541. La troisième phase correspond à la signification de l'énoncé prescriptif. Toutefois, la signification de l'énoncé prescriptif est relativement limitée dans la mesure où l'énoncé prescriptif a été créé, pour s'adapter à un fait spécifique. L'énoncé prescriptif étant particulièrement clair et précis, sa signification renverra mécaniquement à l'acte de concrétisation de l'énoncé. Ainsi, lorsque le juge détermine l'intérêt général, celui-ci propose un énoncé prescriptif pour lequel il donne une signification. L'énoncé prescriptif n'est donc pas dans l'intérêt général proprement dit, mais résulte de l'interprétation du juge qui lui donnera ensuite une signification. En ce sens alors, nous pouvons bien considérer que la norme « intérêt général » renvoie bien dans son contenu matériel, à la « signification d'un énoncé prescriptif », conformément à la vision normativiste.

542. Pour expliquer ce phénomène, nous nous appuierons sur une illustration jurisprudentielle représentative. Par exemple, dans un arrêt en date du 11 mai 2011, *Société Lyonnaise des eaux de France*, le Conseil d'État a

---

A. Rivaud, Paris, Les Belles Lettres, 925, 51 a-b. V. également sur la question du réceptacle, J. Moreau, « L'idée platonicienne et le réceptacle », *Revue Philosophique de Louvain*, vol. 86, n° 70, 1988, p. 137 s.

statué sur la réserve d'intérêt général qui s'inscrit dans la logique de la traditionnelle jurisprudence *Institut de recherche pour le développement*[1363] « adaptée aux conséquences de l'arrêt *commune de Béziers*[1364] par la décision *Ophrys précitée*[1365] de 2011 »[1366]. En l'espèce, le Conseil d'État rappelle qu'il appartient au juge de l'exécution, après avoir pris en considération la nature de l'illégalité commise, « soit de décider que la poursuite de l'exécution du contrat est possible [...], soit après avoir vérifié que sa décision ne portera pas une atteinte excessive à l'intérêt général, d'enjoindre à la personne publique de résilier le contrat, le cas échéant avec un effet différé [...] »[1367]. Nous sommes donc bien en présence d'une réserve d'intérêt général, c'est-à-dire d'une dérogation d'intérêt général permettant d'éviter que le juge de plein contentieux ne prononce la nullité d'un contrat administratif reposant sur un acte détachable illégal. En appel dans la présente affaire, la Cour administrative de Bordeaux a estimé « que dans le cadre de l'appréciation de l'atteinte excessive à l'intérêt général, il appartient au juge de l'exécution de rechercher si l'entreprise qui le saisit de conclusions tendant à ce qu'il soit enjoint au pouvoir adjudicateur de saisir le juge du contrat pour voir constater la nullité de ce contrat se prévaut de manquements susceptibles de l'avoir lésée, fût-ce de façon indirecte en avantageant une entreprise concurrente »[1368].

543. L'arrêt de la Cour administrative d'appel va nous permettre de distinguer les différentes phases du processus normatif lorsqu'il est question de statuer sur l'intérêt général. Par souci de clarté, nous proposons d'exposer les différentes phases liées à l'émergence de la norme « intérêt général » de la matière suivante :

<u>Phase 1. Le « réceptacle »</u>

- « intérêt général »

[1363] CE, 10 déc. 2003, *Institut de recherche pour le développement, précit.*

[1364] CE, 2009, *Cne de Béziers, précit.*

[1365] CE, *Ophrys, précit.*

[1366] Pour reprendre les termes de la note d'E. Glaser, « Appréciation par le juge des conséquences de l'annulation de l'acte détachable sur le contrat », Revue Lamy CT, 1/9/2011, n° 71, p. 34.

[1367] CE, *Sté Lyonnaise des eaux, précit.* Le même considérant figure dans la jurisprudence *Ophrys, précit.*

[1368] CAA Bordeaux, 25 février 2010, *Sté Lyonnaise des eaux de France*, n° 08BX01411, inédit.

Phase 2. L'énoncé prescriptif et impératif

- Il est déduit de la détermination de l'intérêt général = « il appartient au juge de l'exécution de rechercher si l'entreprise qui le saisit de conclusions tendant à ce qu'il soit enjoint au pouvoir adjudicateur de saisir le juge du contrat pour voir constater la nullité de ce contrat se prévaut de manquements susceptibles de l'avoir lésée, fût-ce de façon indirecte en avantageant une entreprise concurrente ». Cela constitue l'énoncé impératif et prescriptif créé de manière prétorienne par le juge administratif. Toutefois, l'énoncé ne s'assimile pas à la norme. L'énoncé doit encore être interprété

Phase 3. La signification de l'énoncé prescriptif

- Elle est déduite de l'analyse du juge administratif = si l'entreprise qui le saisit de telles conclusions se prévaut de manquements susceptibles de l'avoir lésée, alors, la nullité du contrat reposant sur un acte détachable illégal ne sera pas prononcée. Cette formule rappelle la définition de la norme juridique développée par H. MOTULSKY selon laquelle une norme juridique est « un système conditionnel (une implication) composé d'un antécédent et d'un conséquent unis par une conjonction conditionnelle : si..., alors... »[1369]. Or, dans l'affaire de la Cour administrative d'appel, la reformulation de l'énoncé, ou plutôt sa signification est nécessaire pour finaliser la norme juridique. Ainsi interprété, l'intérêt général s'actualise comme une norme juridique pleine et entière.

544. Ce faisant, on peut remarquer que la norme issue de l'intérêt général « n'est la signification d'aucun autre énoncé que l'acte de concrétisation[1370] »[1371] duquel elle est issue. E. MILLARD explique ce phénomène par la distinction entre la norme juridique explicite et implicite. La norme juridique est « explicite lorsqu'elle constitue le choix d'une interprétation d'un énoncé présenté comme juridique[1372] (Constitution, loi), dans un cadre d'interprétation acceptable d'un point de vue strictement

---

[1369] G. Kalinowski, « Le syllogisme d'application du droit », *APD*, 1964, p. 274 s.

[1370] Un acte de concrétisation, pour l'auteur est « une décision D formalisée ou implicite par laquelle une autorité tranche une question de fait en donnant des raisons juridiques, c'est-à-dire en se référant à une Norme juridique N. Ainsi, tout acte de concrétisation = D parce que N » : E. Millard, *Théorie générale du droit*, *op. cit.*, p. 101.

[1371] *Ibid.*, p. 105.

[1372] Un énoncé normatif pour suivre notre précédent schème normatif.

linguistique, hors de toute considération axiologique »[1373]. Ainsi, l'acte de concrétisation du juge (D parce que N) est dans ce cas « distinct de l'énoncé dont N est la signification ». Au contraire, la norme implicite « ne constitue pas le choix d'une interprétation d'un énoncé (principe non-écrits par exemple) alors même que l'acte de concrétisation est présenté comme juridique »[1374]. Dans ce cas, « N n'est la signification d'aucun autre énoncé que l'acte de concrétisation (D parce que N) »[1375]. Tel est le cas ici pour l'intérêt général qui n'est pas un énoncé. Le juge administratif a dû en effet créer un énoncé normatif de référence pouvant objectivement avoir un sens qui n'a rien à voir avec le support textuel de référence « intérêt général ». De cette manière, la signification (phase 3) de l'énoncé normatif de référence (phase 2) renvoie ici à l'acte de concrétisation (D : phase 2) du juge administratif. Autrement dit, la norme N ici n'est la signification que de l'acte de concrétisation du juge. Cela explique que les phases 2 et 3 soient si proches et liées entre elles.

545. Toutefois, malgré l'existence de ce mécanisme singulier, la norme « intérêt général » peut bien être définie comme la « signification d'un énoncé prescriptif ».

546. Le même raisonnement est transposable pour de nombreuses jurisprudences. Voir pour un autre exemple, l'arrêt du Conseil d'État en date du 31 juillet 2009, *Ville de Grenoble*[1376] dans lequel il est question de savoir si la réserve d'intérêt général permet ou non de moduler dans le temps les effets de l'annulation. Dans cet arrêt, nous pouvons relever l'existence de plusieurs phases nécessaires à la réalisation de la norme « intérêt général ».

Phase 1. Le réceptacle

- « intérêt général »

Phase 2. L'énoncé impératif et prescriptif

- « l'intérêt qui s'attache à la continuité du fonctionnement du service public de l'électricité et du gaz et de l'éclairage public est de nature à justifier que le juge fasse usage de son pouvoir de modulation des effets dans le temps de l'annulation des clauses réglementaires de l'avenant n° 3 et de ses annexes »

1373 E. Millard, *Théorie générale du droit*, *op. cit.*, p. 104.
1374 E. Millard, *Théorie générale du droit*, *op. cit.*, p. 105.
1375 *Ibid.*
1376 CE, 31 juillet 2009, *Ville de Grenoble* et Société *Gaz électricité de Grenoble (GEG)*, T. Rec. p. 642 et 832 ; BJCP, n° 67, 2009, p. 460, concl. N. Boulouis.

Phase 3. La signification de l'énoncé

- « si » il est porté atteinte à la continuité du fonctionnement du service public de l'électricité et de l'éclairage public, « alors », le juge pourra faire usage de son pouvoir de modulation des effets de l'annulation dans le temps.

547. Ainsi, la détermination de l'intérêt général par le juge administratif permet de révéler l'existence de la norme « intérêt général » entendue comme la « signification d'un énoncé prescriptif ». Toutefois, cette condition est nécessaire mais insuffisante pour caractériser le contenu de la norme « intérêt général ». En effet, un énoncé prescriptif interprété doit encore s'inscrire dans un ordre normatif efficace, effectif et sanctionné.

B. La sanction de la norme « intérêt général »

548. D'un point de vue normativiste, la norme juridique n'est pas seulement la signification d'un énoncé. Il convient également que la signification de cet énoncé s'inscrive dans un ordre normatif efficace et sanctionné. La sanction comme critère de juridicité a fait l'objet de nombreuses critiques. Toutefois, l'objet de notre étude est de rendre compte de la spécificité normative de l'intérêt général. Dans cet objectif, nous choisirons d'inclure ce critère de juridicité (1) qui s'applique parfaitement à la norme « intérêt général » (2).

1. La sanction, un critère de juridicité

549. Quel est le véritable critère de la juridicité d'une norme ? Nous avons évoqué plus haut la question de l'énoncé prescriptif. Toutefois, l'existence d'un tel énoncé ne suffit pas à produire une norme en tant que telle. La norme juridique, pour se différencier des normes morales ou religieuses, doit prendre en compte d'autres critères.

550. La recherche du critère de la juridicité a conduit à différents résultats. N. BOBBIO par exemple considère que « la spécificité de la norme juridique repose sur son appartenance à un ordre juridique »[1377]. Dans la même logique, une partie de la doctrine a distingué « les normes primaires et secondaires ». Ainsi, selon H. KELSEN, « les règles secondaires ne prescrivent qu'en cas de violation du comportement imposé, un acte de contrainte doit être réalisé par un organe déterminé »[1378]. H. L. A. HART

[1377] N. Bobbio, « Nouvelles réflexions sur les normes primaires et secondaires », dans *Essais de théorie du droit*, traduit par M. Guerret, Bruxelles, Bruylant, LGDJ, 1998, p. 159 s.

[1378] H. Kelsen, *Théorie générale des normes*, *op. cit.*, p. 189.

utilise également la notion de « normes secondaire afin de préciser le critère de la juridicité »[1379].

551. Toutefois, notre approche ne consistera pas à distinguer entre l'existence de normes primaires et secondaires. Nous nous appuierons seulement sur deux indices pour établir le critère de juridicité, celui d'un « ordre juridique efficace et sanctionné »[1380]. La question de « l'efficacité »[1381] et de la « sanctionnabilité » des normes juridiques a fait l'objet de nombreux débats[1382].

552. Cependant, l'étude de la sanction de l'intérêt général par le juge administratif permettra de démontrer la spécificité normative de l'intérêt général par rapport aux autres normes juridiques. L'intérêt général renvoie en effet à une norme juridique pleine et entière qui est efficace et sanctionnée par le juge. Cette étude est d'autant plus légitime que les doctrines civiliste[1383] et publiciste[1384] ont largement reconnu, de manière constante, la sanction et l'efficacité comme des critères de juridicité des normes.

[1379] H. L. A. Hart, *Le concept de droit*, *op. cit.*, p. 119 s.

[1380] X. Magnon, *Théorie(s) du droit*, *op. cit.*, p. 65 s.

[1381] V. sur la question de l'efficacité de la norme juridique, M.-A. Cohendet, « Légitimité, effectivité et validité », dans Mélanges P. Avril, *La République*, Montchrestien, 2001, p. 201 s.

[1382] J.-L. Bergel, *Théorie générale du droit*, *précit.*, p. 44 ; G. Héraud, *L'ordre juridique et le pouvoir originaire*, Thèse, Rec. Sirey, 1946. V. plus globalement sur la question du système juridique, H. Dupeyroux, « Les grands problèmes du Droit, quelques réflexions personnelles en marge », APDSJ, 1938, p. 37. ; E. Morin, *La Méthode*, t. 1, *précit.* ; L. Von Bertalanffy, *Théorie générale des systèmes*, Paris, Bordas, 1973, Paris, Dunod, 1987 ; D. de Béchillon, *Qu'est-ce qu'une règle de Droit ?*, Paris, Odile Jacob, 1997, p. 250.

[1383] V. par ex., F. Gény, *Science et technique en Droit privé positif*, t. 1, Paris, Sirey, 1913, p. 47 ; J. Brethe de La Gressaye et M. Laborde-Lacoste, *Introduction générale à l'étude du Droit*, Paris, Rec. Sirey, 1947, p. 4 ; G. Ripert, *La règle morale dans les obligations civiles*, LGDJ, 1927, 2e éd., n° 6 ; P. Guiho, *Cours de droit civil. Introduction générale*, Lyon, L'Hermès, 1978, p. 10 ; J.-L. Aubert, *Introduction au droit et thèmes fondamentaux du droit civil*, Paris, Armand Colin, 1984, p. 20 ; R. Cabrillac, *Introduction générale au Droit privé*, Eyrolles, 1993, p. 9 ; X. Labbée, *Les critères de la norme juridique*, Lille, PU Lille, 1994, p. 11.

[1384] V. par ex. R. Carré de Malberg, *Contribution à la théorie générale de l'État*, Paris, Sirey, 1920, Réédition CNRS, 1962, p. 57 ; D. Touret, La *violence du Droit : une introduction bio-juridique*, La Tournelle, 1980, p. 221 ; H. Kelsen, *Théorie pure du droit*, *op. cit.* p. 39 ; J. Combacau, *Le pouvoir de sanction de l'ONU*, *étude théorique de la coercition non militaire*, Pédone, 1974 ; L. Duguit, *Traité de droit constitutionnel*, t. 1, 3e éd., 1927, p. 187 ; B. Noyer, *Essai sur la contribution du doyen Bonnard au Droit public français*, Thèse, Bordeaux I, 1984, p. 238.

2. La sanction de la norme « intérêt général »

553. Aux trois phases étudiées précédemment (réceptacle, énoncé impératif et prescriptif, signification de l'énoncé), on peut en rajouter une quatrième : l'effectivité de la norme « intérêt général ». L'effectivité renvoie à l'application directe que le juge administratif opère face à la norme « intérêt général ». Les justiciables peuvent ainsi s'en saisir devant le juge pour faire droit à leur demande. À titre d'illustration, on peut reprendre la jurisprudence *Ville de Grenoble*[1385].

Phase 1. Le réceptacle

- l'« intérêt général »

Phase 2. L'énoncé impératif et prescriptif

- « l'intérêt qui s'attache à la continuité du fonctionnement du service public de l'électricité et du gaz et de l'éclairage public est de nature à justifier que le juge fasse usage de son pouvoir de modulation des effets dans le temps de l'annulation des clauses réglementaires de l'avenant n° 3 et de ses annexes »

Phase 3. La signification de l'énoncé

- « si » il est porté atteinte à la continuité du fonctionnement du service public de l'électricité et de l'éclairage public, « alors », le juge pourra faire usage de son pouvoir de modulation des effets de l'annulation dans le temps.

Phase 4. Effectivité de la norme « intérêt général »

- En l'espèce, l'atteinte à la continuité du fonctionnement du service public est constatée par le juge. Il procède donc à la modulation des effets de l'annulation dans le temps.

554. La norme « intérêt général » étant effective, elle peut alors être invoquée par les justiciables. Ainsi, la norme « intérêt général » permet de justifier ou refuser les requêtes de ceux-ci. Par exemple, en présence de la dérogation (ou norme) « intérêt général », le juge modulera dans le temps les effets de l'annulation[1386]. En l'absence d'intérêt général, la dérogation est

---

[1385] CE, 31 juillet 2009, *Ville de Grenoble*, n° 296964, *précit.*

[1386] V. par ex., CE, Ass., 11 mai 2004, *Ass. AC ! précit.* – CE, 31 juillet 2009, *Ville de Grenoble, précit.* – CE, Sect., 30 déc. 2010, *M. B., précit.* – CE, Ass. 11 avril 2012,

comme privée de « base légale » et conduit le juge à refuser la modulation des effets de l'annulation dans le temps[1387].

555. Par ailleurs, la question de la sanction de l'intérêt général permet de distinguer la catégorie, voire le critère « intérêt général » de la norme « intérêt général ». En effet, nous avons vu que l'intérêt général était une norme à géométrie variable. Il est une norme en puissance, potentielle, qui s'actualise seulement lorsqu'il est question de la technique dérogatoire. En dehors de la dérogation, l'intérêt général demeure un instrument de normalité lié à la qualification juridique des faits. Dans ce cas précis, l'absence d'intérêt général ou la présence de l'intérêt général conditionne la qualification juridique. On a vu précédemment que l'intérêt général pouvait être un critère d'une catégorie juridique, c'est-à-dire un des éléments qui compose la norme juridique. Toutefois, dans cette configuration, l'intérêt général n'est pas une norme pleine et entière. Nous l'avons déjà démontré. L'intérêt général est dans la norme. Ainsi, par exemple, le Conseil d'État peut estimer que la Cour administrative d'appel a commis une erreur de droit en ne qualifiant pas les « travaux immobiliers effectués par une collectivité publique dans un but d'intérêt général »[1388] de travaux publics. Le but d'intérêt général permet en effet une telle qualification. Son absence permet de censurer l'arrêt de la Cour administrative d'appel pour erreur de droit. Toutefois, l'intérêt général n'étant pas la norme, l'erreur de droit ne repose pas ici sur la mauvaise interprétation de la norme « intérêt général ». Elle est liée à la qualification des travaux publics qui sont effectués dans un but d'intérêt général. Plus précisément, selon le Conseil d'État, « en jugeant que les travaux d'aménagement, par les services de la commune de Lattes, d'un chemin à travers les terres de M. A [...], ne présentaient pas le caractère de travaux publics et que le litige opposant M. A à cette collectivité publique, sur la remise en état de sa propriété dans l'état où elle se trouvait avant l'exécution de ces travaux, ne relevait pas de la compétence de la juridiction administrative, la cour a commis une erreur de droit »[1389].

556. Toutefois, en présence de la dérogation d'intérêt général, la sanction change de nature. Ce qui est sanctionné, ce n'est plus le défaut de qualification d'un critère ou de la catégorie juridique « intérêt général », c'est la norme « intérêt général » en tant que telle, pleine et entière. Ainsi pour reprendre l'exemple de l'arrêt du 11 mai 2011, *Société Lyonnaise des eaux de*

Groupe d'information et de soutien des immigrés (GISTI), n° 322326, à paraître au Rec.

1387 CAA Lyon, 10 avril 2012, *Société civile immobilière (SCI) LCF*, n° 11LY01845, inédit – CAA Bordeaux, 9 février 2012, *Syndicat intercommunal d'alimentation en eau potable de la région de Fleurance*, n° 10BX00257, inédit.

1388 CE, 16 mai 2012, *M. Célestin A.*, n° 342896, à paraître aux T. Rec.

1389 CE, 16 mai 2012, *M. Célestin A.*, n° 342896, à paraître aux T. Rec.

France[1390], le Conseil d'État censure le raisonnement de la Cour administrative d'appel[1391] qui a commis une erreur dans l'interprétation de la « base légale » applicable, c'est-à-dire en l'espèce, de la norme « intérêt général ». En effet, en intégrant dans l'appréciation de la dérogation d'intérêt général, la référence à l'intérêt lésé du candidat évincé, la Cour d'appel « a commis une erreur de droit ».

557. Ainsi, l'intérêt général n'est pas qu'un instrument de normalité. Il peut devenir une norme juridique autonome. Cette norme peut être définie de manière fonctionnelle en mettant l'accent sur le rôle du « tracé » et de la mesure en termes de normativité. D'un point de vue matériel, plus concrètement, la norme « intérêt général » peut être définie comme la signification d'un énoncé prescriptif. Néanmoins, si l'intérêt général peut être considéré comme une véritable norme juridique autonome, c'est uniquement dans le cadre de la technique dérogatoire.

SECTION 2.

LA TECHNIQUE DÉROGATOIRE COMME CONDITION NÉCESSAIRE

À LA RÉALISATION DE LA NORME « INTÉRÊT GÉNÉRAL »

558. Dans le cadre de la dérogation, l'intérêt général devient une norme juridique autonome qui impose et s'impose dans l'ordre juridique. Toutefois, une telle autonomie normative ne peut s'observer, dans la jurisprudence administrative, que dans le cadre de la technique de la dérogation. Il conviendra tout d'abord d'expliquer pourquoi la dérogation d'intérêt général est liée à un système normatif créateur (I). Ensuite, nous verrons de quelle manière la technique dérogatoire est liée à la naissance concrète de la norme « intérêt général » (II). Un tel mécanisme n'est pas sans conséquence sur le système normatif (III).

I. La dérogation d'intérêt général liée à un système normatif créateur

559. La dérogation d'intérêt général est liée à un système normatif créateur (B). Cela signifie qu'à l'occasion de la technique de la dérogation,

---

[1390] CE, 11 mai 2011, *Société Lyonnaise des eaux de France, précit.*

[1391] CAA Bordeaux, 25 février 2010, *Société Lyonnaise des eaux de France, précit.*

l'intérêt général se révèle comme une norme autonome actualisée par le juge administratif. Toutefois, une telle démonstration nécessite d'étudier les mécanismes mêmes de la notion de dérogation d'intérêt général (A).

A. La notion de dérogation d'intérêt général

560. Avant toute chose, il convient de cerner les éléments constitutifs du mécanisme dérogatoire (1). Ainsi, nous pourrons encadrer notre objet d'étude lié à la dérogation d'intérêt général. Mais pour se faire, il est nécessaire d'examiner les différents procédés distincts de la dérogation d'intérêt général (2).

1. Les éléments constitutifs du mécanisme dérogatoire

561. Plusieurs éléments caractérisent les mécanismes de la dérogation. Afin de les appréhender au mieux, nous étudierons la notion de dérogation (a) avant d'examiner les effets dérogatoires (b).

- *a. La notion de dérogation*

562. La dérogation suppose l'existence de « deux règles juridiques opposées ». En ce sens, « elle se caractérise par la présence d'un conflit de normes »[1392]. Toutefois, elle n'aboutit pas à la suppression d'une des deux règles. Elle « n'implique pas non plus en principe l'absorption d'une règle par l'autre ni la fusion de l'une et de l'autre. Au contraire, la dérogation respecte la positivité des deux solutions en leur donnant deux valeurs différentes refusant d'en nier une »[1393]. En effet, « chacune des règles continue à exister et à produire des effets dans l'ordonnancement juridique mais leur chevauchement est devenu impossible car la règle dont la solution n'a pas été retenue subit une limitation de son domaine d'application proportionnelle à l'ampleur du conflit. Sa portée est ainsi réduite et la partie contestée de son domaine matériel échappe à sa maîtrise pour le temps d'applicabilité de l'autre règle »[1394].

563. Toutefois, tant que durera le temps d'applicabilité de la règle dérogatoire, la disposition à laquelle il est dérogé se trouvera évincée. Dès lors, la règle initiale est comme « dépossédée du droit de régir comme elle l'entend une partie de son hypothèse pour le motif qu'une autre règle est présente dans une autre solution : la solution dérogatoire »[1395]. C'est pourquoi, « plus qu'un blocage dans son application, c'est une éviction qu'elle subit car

---

[1392] F. Leurquin-de-Visscher, *La dérogation en droit public*, Bruxelles, Bruylant, 1991, Centre d'études constitutionnelles et administratives, p. 55.
[1393] H. Batifol, *Problèmes de base de philosophie du droit*, Paris, LGDJ, 1979, p. 260.
[1394] F. Leurquin-de-Visscher, *La dérogation en droit public*, *op. cit.*, p. 55.
[1395] *Ibid.*

la situation affectée par le conflit ce n'est pas seulement le caractère obligatoire de la règle qui est contesté, c'est son contenu même »[1396]. De cette manière, « la règle sera atteinte non seulement dans son effectivité mais plus profondément dans son droit de commandement »[1397]. En effet, « pour la situation qui relève du conflit, le droit de déterminer la conduite à tenir sera reconnu à la règle dérogatoire »[1398].

564. Ainsi, la notion de dérogation est liée à l'existence d'un conflit de normes. Toutefois, il est nécessaire d'analyser l'effet de la dérogation afin de mieux appréhender ses différents éléments constitutifs.

- *b. L'effet dérogatoire*

565. Pour qu'un effet dérogatoire se produise, trois conditions doivent être réunies. Tout d'abord, la situation envisagée doit mettre en présence deux règles de droit. De plus, ces règles de droit doivent être applicables et appartenir à un même ordre juridique. Enfin, ces deux règles doivent être pour partie inconciliables[1399].

566. En premier lieu, la dérogation met en avant deux règles de droit. Elle prend alors « tout son sens dans la limitation que provoque une règle sur le domaine d'application d'une autre règle »[1400]. Pour que puisse se produire l'effet dérogatoire, la « présence de deux règles de droit s'impose ». Ces deux règles doivent avoir « pour objet de définir une conduite à tenir dans un ordre juridique »[1401]. F. LEURQUIN-DE VISSCHER explique de cette manière que « seuls les actes créateurs de règles juridiques peuvent être pris en compte dans la dérogation »[1402]. En effet, ils contiennent des « règles de conduite c'est-à-dire que l'on y retrouve la détermination du contenu positif ou négatif (acte abrogatoire) des droits, des obligations ou des pouvoirs. L'auteur de l'acte définit pour une situation qu'il circonscrit, générale ou particulière, une conduite à tenir »[1403]. Autrement dit, la dérogation « suppose essentiellement intervention par rapport à une situation déterminée contractuelle ou non d'un acte de volonté décrétant un règlement particulier différent du règlement légal »[1404]. Ainsi, « seules des règles de droit peuvent être prises en compte afin de former les termes du conflit, à condition toutefois que toutes deux

---

1396 *Ibid.*
1397 *Ibid.*
1398 *Ibid.*
1399 *Ibid.*
1400 *Ibid.*
1401 *Ibid.*
1402 *Ibid.*
1403 *Ibid.*, p. 67
1404 J. Dabin, « Autonomie de la volonté et lois impératives, ordre public et bonnes mœurs, sanction de la dérogation aux lois en droit privé interne », Ann. Dr. Sc. Pol., 1940, p. 202.

définissent pour une même situation une ligne de conduite au contenu contradictoire »[1405].

567. En deuxième lieu, les deux règles de droit en cause doivent « appartenir au même ordre juridique »[1406]. Cela suppose tout d'abord que dans un même ordre juridique, « deux règles de droit soient simultanément applicables, c'est-à-dire qu'elles soient susceptibles de régir à un même moment la situation décrite dans leurs hypothèses respectives »[1407]. De plus, ces règles en conflit doivent être « valides ». Il est nécessaire qu'elles respectent « la légalité de l'ordre duquel elles relèvent ». Cela signifie que « l'ordre juridique dans lequel ces règles prétendent s'appliquer doivent permettre aux juridictions de procéder au contrôle de validité »[1408]. Toutefois, ces règles valides dans un ordre juridique doivent être « efficaces ». En effet, « pour être applicables, elles doivent être revêtues de leur caractère obligatoire et répondre aux conditions imposées en ce domaine par l'ordre juridique dans lequel elles prétendent s'appliquer »[1409].

568. Enfin, deux règles de droit appartenant au même ordre juridique doivent aussi être « inconciliables entre elles pour partie »[1410]. Cela signifie que « les règles aient pour partie un même domaine d'application ». En effet, un « chevauchement » doit exister entre leurs hypothèses respectives. Il est nécessaire que « la réalité à laquelle elles renvoient leur soit en partie commune »[1411]. Ce sera le cas « lorsque les éléments de deux règles aux matières similaires ou contiguës convergent pour se fixer sur une même

---

1405 F. Leurquin-de-Visscher, *La dérogation en droit public, op. cit.*, p. 67.

1406 *Opus cit..*, p. 79 s. V. également, Fr. Rigaux, *Droit international privé*, t. 1, 2e éd., Bruxelles, Larcier, 1987, p. 3, n° 1 ; Fr. Rigaux, *Droit public et droit privé dans les relations internationales*, Paris, Pedone, 1977, p. 64 ; Fr. Rigaux, « Les problèmes de validité soulevés devant les tribunaux nationaux, par les rapports juridiques existant entre la constitution de l'État, d'une part, et les traités et les principes généraux de droit international d'autre part », dans *Problèmes contemporains de droit comparé*, Tokyo, 1962, t. 1, p. 210 ; J. Masquelin, *Le droit des traités dans l'ordre juridique et dans la pratique diplomatique belges*, Bruxelles, Bruylant, 1980, n° 350 ; S. Romano, *L'ordre juridique*, traduction française par L. François et P. Gothot, Paris, Dalloz, 1975, p. 106 ; R. Hayoit de Termicourt, « Le conflit "traité-loi interne" », JT, 1963, p. 481.

1407 *A contrario*, L.-J. Chapuisat estime que « dès lors qu'il s'agit d'une règle en gestation – tel un plan en cours d'élaboration – ou *a fortiori* d'un usage ou d'une pratique administrative dépourvue de valeur juridique, il est erroné de parler de dérogation » : L.J. Chapuisat, « Le droit administratif à l'épreuve de l'urbanisme dérogatoire », AJDA, 1974, p. 3.

1408 F. Leurquin-de-Visscher, *La dérogation en droit public, op. cit.*, p. 78.

1409 *Ibid.*, p. 78 s.

1410 *Ibid.*

1411 *Ibid.*

situation juridique ou un même rapport de droit »[1412]. Toutefois, il ne suffit pas que les règles en cause aient pour partie un même domaine d'application. Celles-ci doivent aussi se révéler « contradictoires » dans la mesure où les solutions présentées sont différentes. La dérogation porte en effet « en échec une règle par une autre qui lui est opposée »[1413].

569. Ainsi, l'acte dérogatoire doit être situé par rapport à l'acte auquel il déroge. Il n'existe que parce que ce dernier préexiste, provoque son apparition et fonde sa validité. Cette acception de l'acte dérogatoire est nécessaire mais se révèle néanmoins insuffisante pour cerner l'ensemble du mécanisme. L'étude des notions distinctes de la dérogation permettra de mieux appréhender le processus mis en œuvre par la technique dérogatoire.

2. Les procédés distincts de la dérogation d'intérêt général

570. L'analyse des mécanismes dérogatoires est nécessaire mais insuffisante pour cerner concrètement la dérogation d'intérêt général. En effet, il existe des procédés distincts de la dérogation qui peuvent, en l'absence de clarification conceptuelle, poser problème lors de nos démonstrations ultérieures. Il s'agira alors de se demander dans quelle mesure la dérogation d'intérêt général se différencie de l'autorisation (a), de l'abrogation (b) et de l'exception (c) d'intérêt général.

- *a. Dérogation d'intérêt général et autorisation d'intérêt général*

571. L'autorisation est « un acte individuel délivré par l'administration qui constitue le préalable à l'exercice d'une activité ou d'un droit »[1414]. Il s'agit d'accorder un droit ou de « reconnaître la possibilité d'exercer un droit préexistant sans porter atteinte à la légalité en vigueur »[1415]. Par ailleurs, l'autorisation peut s'inscrire dans un « contexte spécifique ». Tel est le cas par exemple « des autorisations d'occupation du domaine public où l'intérêt général joue un rôle majeur »[1416]. En effet, le régime juridique de l'occupation du domaine public s'appuie sur « la technique juridique de l'autorisation d'occupation » qui est d'origine jurisprudentielle. La jurisprudence a ainsi utilisé la « notion d'intérêt général comme justification du refus, du retrait ou de l'octroi des autorisations »[1417] de l'occupation du

---

[1412] F. Leurquin-de-Visscher, *La dérogation en droit public*, *op. cit.*, p. 84 et 85.
[1413] *Ibid.*
[1414] *Ibid.*
[1415] *Ibid.*
[1416] J. Caillosse, *L'intérêt général, la croissance, les avatars du droit administratif des biens*, Thèse, Rennes, 1978 ; G. Gonzalez, « Domaine public et droit de la concurrence », AJDA, 1999, p. 387 s.
[1417] A. Laget-Annamayer, « Occupation du domaine public et intérêt général. D'un pouvoir de gestion étendu des autorités domaniales à une liberté d'action encadrée »,

domaine public[1418]. Tel est le cas, par exemple, dans un arrêt en date du 1944, *Compagnie maritime de l'Afrique orientale*[1419], dans lequel la Haute juridiction invoque l'intérêt général pour « justifier le retrait d'une autorisation privative d'occupation »[1420]. Les arrêts sont nombreux en la matière[1421]. D'autres domaines illustrent également l'importance de l'intérêt général dans l'octroi d'autorisations[1422].

572. Toutefois, il existe plusieurs formes d'autorisation. Certaines interviennent « dans des hypothèses où un droit est reconnu mais contrôlé *a priori,* en raison des dommages que son exercice peut causer »[1423]. Tel est le cas en matière de « police spéciale »[1424] ou concernant le « permis de construire »[1425]. Dans d'autres cas, « l'autorisation peut être liée à un contexte

---

AJDA, 2003 p. 1201 s.

[1418] V. par ex., CE, Sect., 20 déc. 1957, *Sté nationale d'éditions cinématographiques*, n° 7365, Rec., p. 702 – CE, 16 juin 1933, *Ramel*, S. 1933, p. 113 – CE, 13 juillet 1951, *Sté nationale de la Jetée-promenade de Nice*, Rec. p. 404 – CE, 11 juin 1952, *Setler*, Rec. p. 25.

[1419] CE, Sect., 5 mai 1944, *Compagnie maritime de l'Afrique orientale*, n° 66679, Rec., p. 129.

[1420] Les prémisses de cette évolution étaient déjà visibles dans une jurisprudence antérieure. L'expression « intérêt général » apparaît dans un arrêt *Compagnie des mines de Courrières* du 26 mai 1911 (DP 1913, 3, p. 92), et de façon plus nette dans l'arrêt CE, 20 mai 1927, *Fabre*, Rec. p. 581.

[1421] CE, 20 déc. 1957, *Société nationale d'Éditions cinématographiques*, Rec., p. 702 ; JCP 1959, II, n° 10913, note Mimin ; RD publ. 1958, p. 347. Le Conseil d'État consacre le concept de pouvoir de gestion du domaine public. En effet, « il appartient à l'autorité chargée de la gestion du domaine public de fixer, tant dans l'intérêt dudit domaine et de son affectation que dans l'intérêt général, les conditions auxquelles elle entend subordonner les permissions d'occupation ; que ni le principe de la liberté du commerce et de l'industrie, ni celui de la liberté de la presse, ni les règles établies pour la surveillance et le contrôle des publications destinées à l'enfance et à l'adolescence, ne sauraient faire obstacle à l'exercice de ces pouvoirs de gestion ».

[1422] L'octroi d'un visa pour les étrangers. V. par ex., CE, 1 juillet 2011, *M. et Mme Zoubir A*, n° 338080, inédit – CE, 18 février 2011, *M. Abdulah A*, *précit.* – CE, 23 déc. 2010, *Mme Ourda B*, n° 337003, inédit – CE, 15 déc. 2010, *M. Saïd A*, n° 334299, inédit. V. également, E. Aubin, *Droit des étrangers*, Master pro, lextenso édition, 2009, p. 144 s. ; A. Toppino, *Les droits des étrangers en France*, ESF éditeur Issy-les-Moulineaux, 2005 ; V. Tchen, *Droit des étrangers*, Paris, Ellipses, 2e éd. 2011 ; H. Labayle, « Le droit des étrangers au regroupement familial, regards croisés du droit interne et du droit européen », RFDA, 2007 p. 101 s.

[1423] A. Rouyère, *Recherche sur la dérogation en droit public, op. cit.*, p. 170 et 171.

[1424] V. l'ex. des fédérations sportives, G. Simon, *Puissance sportive et ordre juridique étatique. Contribution à l'étude des relations entre la puissance publique et les institutions privées*, Paris, LGDJ, 1990, coll. « Bibliothèque de droit public », t 156. Réf. citée par A. Rouyère, *op. cit.*, p. 170 et 171.

[1425] Le permis de construire est « une décision administrative qui a pour objet

de prohibition »[1426]. Elle s'inscrit alors « dans une démarche préventive consistant à contrôler *a priori* la satisfaction de certaines conditions »[1427]. Certains auteurs considèrent alors que, « située dans le prolongement d'une interdiction, l'autorisation peut être considérée comme une dérogation »[1428].

573. Néanmoins, nous souhaitons ici distinguer nettement la dérogation de l'autorisation. En effet, l'autorisation, selon A. ROUYÈRE, est « un acte individuel conditionnant et attestant la régularité juridique d'une action »[1429]. Il s'agit « d'un procédé formel permettant de garantir le respect de règles de fond contrairement à la dérogation qui est un mécanisme de contournement de la règle de principe »[1430]. Si par exemple l'intérêt général est un critère lié à l'autorisation d'occupation du domaine public, il n'est pas question de contourner la règle de la domanialité publique. L'intérêt général a simplement pour but ici de fixer des critères liés à la règle. Au contraire, dans la dérogation d'intérêt général, l'intérêt général est censé être guidé par le contournement de la règle. Tel est le cas notamment dans le principe d'égalité devant le service public où la dérogation d'intérêt général justifie une différente de traitement[1431].

574. Dès lors, si l'autorisation est « un procédé destiné à garantir le respect de la légalité, la dérogation est une technique de fond visant à écarter la règle applicable »[1432]. Néanmoins, l'autorisation n'est pas le seul mécanisme visant à se distinguer de la dérogation. Celle-ci se démarque aussi de l'abrogation.

- *b. Dérogation d'intérêt général et abrogation*

575. Pour comprendre les effets de l'acte dérogatoire, il convient de les comparer avec ceux de l'abrogation. La principale distinction réside dans le fait que dans l'abrogation, il y a « substitution inconditionnée de la norme abrogeante sur la norme abrogée »[1433]. Au contraire, avec la dérogation, « l'existence de la règle dérogatoire est conditionnée, et ne se substitue pas totalement à la règle de principe qui existe encore »[1434].

---

d'autoriser certaines opérations dont il a été vérifié qu'elles s'accordaient avec certaines règles » : J.-B. Auby, *Droit de l'urbanisme et de la construction*, Paris, Montchrestien, coll. « Domat Droit public », 2008.

[1426] A. Rouyère, *Recherche sur la dérogation en droit public, op. cit.*, p. 170 et 171.

[1427] *Ibid.*

[1428] P. Livet, *L'autorisation administrative préalable et les libertés publiques*, Bibliothèque de droit public, Thèse, Paris, LGDJ, 1974, p. 19.

[1429] A. Rouyère, *Recherche sur la dérogation en droit public, op. cit.*, p. 171.

[1430] *Ibid.*

[1431] CE, Sect., 29 déc. 1997, *Commune de Gennevilliers*, *précit.*

[1432] *Recherche sur la dérogation en droit public précit*, p. 173.

[1433] A. Rouyère, *Recherche sur la dérogation en droit public, op. cit.*, p. 174 s.

[1434] *Ibid.*

576. Plus précisément, la chronologie est différente. L'abrogation fixe « le nouveau point de départ de la vie juridique d'une règle »[1435]. La dérogation intervient quant à elle à « des moments successifs et provoque une suspension de la règle initiale, c'est-à-dire une fracture et non pas une disparition de son existence »[1436]. En effet, la dérogation, contrairement à l'abrogation, « ne fait pas disparaître définitivement la norme initiale »[1437]. Celle-ci est écartée « à la faveur des circonstances qui conditionnent l'acceptabilité du processus au plan juridique »[1438]. Ainsi, avec la dérogation, « l'atteinte portée à la règle initiale est totale mais conditionnée et ponctuelle »[1439]. L'exemple de « l'ouverture d'officine »[1440] dans la jurisprudence administrative est représentatif. En effet, l'intérêt général, lié aux « besoins de la population »[1441], permet de déroger au *quorum* qui repose sur des « critères démographiques ». Or, la loi de 1999[1442] met un terme à ce dispositif afin de

---

[1435] *Ibid.*

[1436] F. Leurquin-de-Visscher, *La dérogation en droit public, op. cit.*, p. 57 s.

[1437] La doctrine prend en compte « le champ d'intervention matériel de la dérogation car l'acte dérogatoire serait de moindre généralité ». L'abrogation supprimerait définitivement pour l'avenir toute existence juridique de la règle dans la mesure où elle porte « une atteinte radicale à la totalité du domaine d'application de la règle de droit » (F. Leurquin de Visscher, *La dérogation en droit public, op. cit.*, p. 59 s.). Or, « cette conséquence que produit l'abrogation [...] ne se retrouve point comme conséquence dans la dérogation pour la raison que cette dernière n'atteint jamais qu'une partie de la règle. Même si cette atteinte est radicale, il restera toujours à la règle à laquelle il est dérogé un domaine matériel d'application », *op. cit.*, p. 59 s. V. pour la même position, H.-M. Crucis, *Les combinaisons de normes dans la jurisprudence administrative française*, t. 161, Paris, LGDJ, coll. « Bibliothèque de droit public », 1991, p. 101.

[1438] F. Leurquin-de-Visscher, *La dérogation en droit public, op. cit.*, p. 57 s.

[1439] A. Rouyère, *Recherche sur la dérogation en droit public, op. cit.*, p. 178.

[1440] V. sur ce point H.-C. Amiel, « À propos des créations de pharmacies par dérogation », D. 1985.Chron.39, p. 41 ; E. Fouassier, « Le transfert des officines de pharmacie. Portée de l'article L. 5125-3 du Code de la santé publique », Bull. de l'ordre 386, avril 2005, p. 109 s. ; P. Nocquet, « Le régime juridique des ouvertures d'officines de pharmacie. Une logique de santé publique », Bull. de l'ordre 373, déc. 2001, p. 545 s.

[1441] V. sur le rapport entre l'intérêt général et les besoins de la population : P.-A. Lecocq, *Le pouvoir de dérogation de l'administration, op. cit.*, t. 2, p. 659 s. V. aussi, F. Goliard, « L'appréciation des besoins de la population dans le contentieux des licences d'ouvertures dérogatoires d'officines pharmaceutiques », RDSS, 1996, p. 300 s.

[1442] Loi n° 99-641 du 27 juillet 1999 (JO, 28 juillet). V. sur ce point, J. Peigné, « Les nouvelles règles de répartition des officines de pharmacie, une logique de santé publique », Bull. Ordre pharm., n° 373, déc. 2001, p. 545 ; M. Deletraz et G. Viala, « La nouvelle législation sur la répartition géographique des officines », Gaz. Pal., 29-30 oct. 1999, p. 15 ; D. Dioque, « Les nouvelles règles de création, de transfert et de

faire prévaloir la règle qui repose désormais sur des « critères quasi arithmétiques ». Dès lors, « cette suspension d'exécution, n'est en rien comparable avec la disparition définitive de l'ordonnancement juridique commandé par l'abrogation »[1443] car l'applicabilité de la règle reste « formellement inchangée »[1444].

577. Ainsi, la dérogation se distingue bien de l'abrogation. Toutefois, afin de cerner au mieux les effets de l'acte dérogatoire, il convient encore d'établir une distinction entre la dérogation et l'exception.

- *c. Dérogation d'intérêt général et exception*

578. La doctrine emploie fréquemment les termes de « dérogation » et d'« exception »[1445] pour désigner le même mécanisme. J.-M. GLATT, à l'occasion de « la consécration de l'exception *in house »*[1446], J.-C. VIDELIN, à propos « des biens des établissements publics de coopération intercommunale »[1447], G. RAOUL-CORMEIL dans le cadre « des embryons *in vitro »*[1448], et bien d'autres auteurs[1449], assimilent les deux termes.

579. Malgré l'absence de frontière stable, un critère permet néaanmoins de différencier la dérogation de l'exception. A. ROUYÈRE explique que l'exception est « une composante de la norme initiale [...] non une concurrente de celle-ci, le préfixe "ex" n'ayant de sens que par rapport à la règle de principe »[1450]. Elle « s'impose à l'autorité chargée de la mettre en œuvre »[1451]. Cela signifie que « l'auteur de la norme initiale dispose seul, du

regroupement des officines de pharmacie », LPA, 30 sept. 1999, p. 5. Par ailleurs, le législateur est intervenu en 2007 afin de simplifier le système de calcul de quota (Loi n° 2007-1786 du 19 déc. 2007, *Loi de financement de la sécurité sociale de 2008*) mais sans véritablement changer l'esprit de la loi de 1999 *précit.*

1443 J.-M. Auby, « Le problème de la création par voie dérogatoire d'une officine pharmaceutique dans un centre commercial », RTDSS, 1982, p. 68.

1444 F. Leurquin-de-Visscher, *La dérogation en droit public, op. cit.*, p. 60.

1445 V. pour une analyse institutionnelle et politique de la notion d'exception, D. Vergely, *La notion d'"exception" en droit*, Thèse, Parix X, 2006.

1446 J.-M. Glatt, « La loi pour le développement des sociétés publiques locales : le "*in house*" à la française », LPA, 30/08/2010, n° 172, p. 5 s.

1447 J.-C. Videlin, « Les biens des établissements publics de coopération intercommunale », AJDA, 2001 p. 829 s.

1448 G. Raoul-Cormeil, « Le sort des embryons in vitros, post mortem patris », JCP G, n° 21, 23 mai 2011, 608.

1449 G. Canivet, « L'expérience de la Cour de cassation française », LPA, 21 déc. 2006, n° 254, p. 23 s. ; Ch. Guettier, « L'anéantissement du contrat administratif », Revue des contrats, 01/01/2008, n° 1, p. 81 s.

1450 *Recherche sur la dérogation en droit public, op. cit*, p. 71.

1451 *Ibid.*

pouvoir normatif comportant la possibilité d'aménager le principe édicté par des exceptions »[1452].

580. On peut alors rapprocher le titulaire de l'exception au titulaire de l'exécution. F. LEURQUIN de VISSCHER distingue par exemple la dérogation de l'exécution par un critère lié au « titulaire du pouvoir en cause ». En effet, « le titulaire d'un pouvoir d'exécution est lié par la règle à exécuter en ce sens que c'est dans cette règle qu'il puise la mesure de son pouvoir »[1453]. Il lui reviendra alors « d'exercer l'activité qui lui échoit de manière telle qu'entre la règle à exécuter et la règle d'exécution, s'établisse sinon un rapport de conformité ou un rapport de conciliabilité »[1454].

581. Au contraire, la faculté dont dispose le titulaire d'un pouvoir de dérogation est différente. Il se voit investi d'un « pouvoir délié »[1455]. En effet, ce qui lui est demandé, « ce n'est pas de rendre possible ou de faciliter l'application d'une règle mais à l'opposé d'éventuellement l'infirmer partiellement en restreignant son domaine d'application par l'émission d'une règle spéciale contraire. Le rapport que l'autorité est en droit d'établir entre la règle, point de référence et la règle prise sur la base d'un pouvoir de dérogation est un rapport de contrariété. Tout en étant juridiquement conformes, les règles se révèleront matériellement contraires »[1456].

582. Ainsi, l'intérêt général, notion déterminable mais indéterminée par nature, constitue le terrain privilégié de la dérogation et non de l'exception car son imprécision incite son auteur à s'écarter, dans une relative liberté, de la norme d'origine vers autre chose que ce qui est prévu dans la norme initiale. Cela explique pourquoi Y. JEGOUZO et J.-C. HELIN estiment que « l'alinéa dernier de l'article L. 111-1-2 du code de l'urbanisme renvoie à une dérogation et non à une exception »[1457]. En effet, « l'intérêt de la commune », par son imprécision ouvre la voie à une large part de liberté. Ces auteurs évoquent même « un pouvoir d'opportunité de l'auteur de la dérogation »[1458]. H.-G. HUBRECHT met, dans le même sens, l'accent sur « la nécessité d'une certaine souplesse dans la mise en œuvre de la constructabilité limitée »[1459]. Nous ajouterons que cette souplesse et cette part de liberté laisse alors bien ouverte, la porte du pouvoir normatif du juge dans l'élaboration de la norme de référence issue de l'intérêt général.

583. Ce faisant, on peut mieux comprendre le critère de distinction proposé par P.-A. LECOCQ. Selon l'auteur, « l'exception serait davantage

---

1452 *Ibid.*
1453 F. Leurquin-de Visscher, *La dérogation en droit public*, *op. cit.*, p. 170.
1454 *Ibid.*
1455 *Ibid.*
1456 *Ibid.*
1457 Y. Jegouzo et J.-C. Helin, « Urbanisme et Décentralisation… », art. cit., p. 145 s.
1458 F. Leurquin-de Visscher, *La dérogation en droit public*, *op. cit.*, p. 170.
1459 H.-G. Hubrecht, « La constructabilité militée en 1986… », art. cit., p. 146 s.

liée à la mise en œuvre d'une compétence liée tandis que la dérogation supposerait l'exercice d'un pouvoir discrétionnaire »[1460]. Ce critère pourrait s'expliquer en raison de la « différence de niveau par rapport à la règle initiale »[1461]. En effet, « la règle d'exception est non seulement déterminée, mais fait surtout partie de la règle initiale dont elle est une branche »[1462], contrairement à la règle dérogatoire qui s'en distingue. La conséquence profonde de ces deux niveaux normatifs serait liée « au pouvoir du titulaire de l'exception et de la dérogation. Le premier ne disposerait pas d'une grande marge de manœuvre tandis que le second disposerait d'une plus grande liberté »[1463].

584. Malgré les difficultés d'une telle distinction[1464], ce critère nous guidera dans la compréhension de la dérogation d'intérêt général liée à l'exercice d'un pouvoir normatif du juge. C'est là, en effet, que se situe la clef de l'autonomie normative de la dérogation d'intérêt général. En effet, de notre point de vue, le pouvoir du juge dans l'élaboration ou la découverte de la dérogation d'intérêt général ne réside pas dans l'exercice d'un pouvoir discrétionnaire mais d'un pouvoir normatif. Toutefois, cette distinction, reposant sur la liberté relative de l'auteur de la norme dérogatoire, permet de mieux appréhender le rôle du juge face à la dérogation d'intérêt général. Nous considérerons alors qu'il y a dérogation d'intérêt général chaque fois que le juge dégage une norme autonome, distincte de la règle initiale, en faisant œuvre normative.

585. La dérogation est ainsi liée à l'existence de deux règles de droit inconciliables mais applicables et appartenant au même ordre juridique. Ce procédé se distingue de l'autorisation, de l'abrogation ou encore de l'exception. Toutefois, l'analyse de la notion de dérogation ne sert, dans la présente étude, que dans la mesure où elle est liée à l'existence d'une norme dérogatoire autonome par rapport à la règle d'origine. Il convient alors d'examiner les effets créateurs de la dérogation d'intérêt général.

[1460] P. A. Lecocq, *Le pouvoir de dérogation de l'administration*, Thèse, Lille, 1971, p. 111

[1461] *Ibid.*

[1462] *Recherche sur la dérogation en droit public*, *op. cit*, p. 186.

[1463] *Ibid.*

[1464] P. A. Lecocq souligne néanmoins la complexité de la distinction. En effet, « l'action d'une autorité n'est ni complètement liée ni complètement discrétionnaire. Elle se résume en une addition de compétences liées et discrétionnaires »[1464]. Toutefois, il consent à admettre que dans l'exception, le pouvoir du titulaire est davantage lié que dans le cadre d'une dérogation : P. A. Lecocq, *Le pouvoir de dérogation de l'administration*, *op. cit.*, p. 111.

B. Les effets créateurs de la dérogation d'intérêt général

586. La dérogation d'intérêt général met en œuvre un processus dynamique (1) qui produit différents effets dans l'ordre juridique (2).

1. La dérogation d'intérêt général, un processus de création dynamique du droit

587. Dans une thèse consacrée à l'étude de la dérogation, P.-A. LECOCQ revient sur les origines latines (« *rogare* »[1465]) et grecques (« *o-ρεYco* »[1466]) de la dérogation révèlent la volonté de « s'étendre vers » et de « désirer »[1467]. L'étymologie de ce terme renvoie alors au « caractère dynamique de la dérogation »[1468]. En effet, le verbe déroger est issu de l'addition du préfixe « de », qui signifie « hors de », et du verbe « *rogare* »[1469], se traduisant par « demander » mais aussi « porter une loi ». Plus précisément, dans le dictionnaire Robert, « déroger » signifie « s'écarter de ce qu'édicte la loi, la règle ou la convention »[1470]. Le substantif « dérogation » se définit plutôt quant à lui comme « l'action de déroger à une loi, à une convention ou à une règle » et comme « le résultat de cette action »[1471].

588. Le même processus, souligne P.-A. LECOCQ, est notable dans le dictionnaire allemand[1472]. En effet, les termes « *ab weichen* » ou « *ab gehen* » renvoient à l'idée de séparation, ou d'éloignement dans le cadre de la dérogation à la loi. « *Weichen* » signifie « reculer » ou « fléchir ». On s'écarte donc du contenu de la loi. Le verbe « *gehen* » est davantage lié à l'action dans la mesure où il suppose un « mouvement délibéré pour celui qui déroge à la loi » : « sortir de la loi » ou « franchir le domaine d'application de celle-ci ». Toutefois, le dictionnaire allemand distingue la dérogation à la loi et la dérogation à l'usage qui se traduit par « *zuwider handeln* », c'est-à-dire, « agir à l'encontre de cet usage ». Il y a donc là « l'idée d'une transgression, voire d'une infraction (« *verstossen gegen* ») dans la mesure où l'on choque et heurte quelque chose. La dérogation est donc l'occasion de s'arracher à quelque chose »[1473].

1465 F. Gaffiot, *Le grand Gaffiot, Dictionnaire latin français*, Paris, Hachette 2000.
1466 Th. Rosgovas, *Nouveau dictionnaire grec moderne-français, précit.*
1467 *Dictionnaire de la Langue française Littré, précit.*
1468 P.-A. Lecocq, *Le pouvoir de dérogation de l'administration, op. cit.*, t. 1, p. 55 s.
1469 F. Gaffiot, *Dictionnaire Latin-Français*, Hachette, 1989.
1470 J. Rey-Debove et A. Rey, *Le petit Robert, Dictionnaire alphabétique et analogique de la langue française, précit.*
1471 *Ibid.*
1472 K. W. R. von Rotteck, G. Kister et J. V. Servotte, *Dictionnaire allemand-français et français-allemand*, Paris, Garnier frères, 1980.
1473 P.-A. Lecocq, *Le pouvoir de dérogation de l'administration, op. cit.*, t. 1, p. 55 s.

589. Par nature, la dérogation est donc une notion dynamique, destinée à « s'arracher de la norme d'origine pour aller vers autre chose, vers la création d'une nouvelle norme juridique »[1474]. En effet, nous avons vu précédemment, lors de la définition de la dérogation, que celle-ci suppose l'existence de deux règles juridiques opposées. La dérogation se caractérise par la présence d'un « conflit de normes » sans pour autant aboutir à la suppression de l'une des deux règles. Elle « respecte [ainsi] la positivité des deux solutions en leur donnant deux valeurs différentes refusant d'en nier une »[1475].

590. Toutefois, l'effet dérogatoire se caractérise par la présence de deux règles de droit qui s'imposent dans un système juridique donné. L'existence de normes opposées est bien la marque de la pleine valeur normative de l'acte dérogatoire. En effet, les normes dérogatoires sont « des normes créatrices et non des normes d'application »[1476] en raison du « rôle intellectuel joué par leurs auteurs, dans leur participation à la détermination des éléments formant une situation juridique donnée, des obligations et des droits qui sont le contenu des normes »[1477]. C'est de cette manière que nous souhaitons aborder la question de la dérogation d'intérêt général qui sera liée à son autonomisation normative.

2. Les effets de la dérogation d'intérêt général dans l'ordre juridique

591. La dérogation d'intérêt général est liée à l'érosion de la norme initiale (a). Ce faisant, cette dérogation risque de se substituer à la norme d'origine (b). Cela est alors la preuve que la dérogation d'intérêt général est bien une norme juridique autonome.

- *a. Dérogation d'intérêt général et érosion de la norme initiale*

592. La dérogation, par sa mise à l'écart de la règle initiale, ronge la normativité de celle-ci. En effet, l'acte dérogatoire est animé par une logique différente de la norme d'origine. La dérogation d'intérêt général met clairement en avant ce phénomène.

593. Prenons par exemple la dérogation d'intérêt général au principe d'égalité. Le principe d'égalité renvoie de prime abord à une vision universaliste liée au « libéralisme classique »[1478] qui tend à refuser les

[1474] P.-A. Lecocq, *Le pouvoir de dérogation de l'administration*, *op. cit.*, t. 1, p. 55 s.
[1475] H. Batifol, *Problèmes de base de philosophie du droit*, Paris, LGDJ, 1979, p. 260.
[1476] V. sur ce point : I. Poirot-Mazères, « Les décisions d'espèce », RDP, 1992, p. 486 s.
[1477] *Ibid.*, p. 488.
[1478] F. Edel, « Linéaments d'une théorie générale du principe d'égalité », Droits, n° 49, 2009, p. 213 s.

différences. Ainsi, « l'égalité devant la loi »[1479] est liée à « l'obligation d'appliquer les normes juridiques générales aux cas concrets, en conformité avec ce que celles-ci établissent, même s'il en résulte une discrimination »[1480]. Il s'agit du « respect de la règle de justice concrète à chacun selon ce que la loi lui attribue »[1481].

594. Au contraire, la dérogation d'intérêt général au principe d'égalité formelle est animée par une logique contradictoire. Elle renvoie à « l'égalité dans la loi », c'est-à-dire l'égalité qui n'est pas absolue et admet des discriminations : égalité réelle ou « sociale »[1482]. Ainsi, lorsque l'intérêt général prend en compte la situation particulière des usagers afin de rétablir une égalité réelle dans « l'accès des services publics »[1483], le juge favorise une idée de l'égalité qui est en contradiction avec le principe arithmétique d'origine. La dérogation d'intérêt général marque donc bien une rupture avec l'égalité formelle qui s'érode.

595. Le même processus s'observe dans « l'appréciation des conséquences des illégalités »[1484] lorsque la dérogation d'intérêt général permet d'éviter la sanction automatique d'un acte illégal. De ce point de vue, la dérogation d'intérêt général entre en conflit avec le principe de légalité et avec le droit à un recours effectif[1485].

596. Pléthore d'exemples peuvent être mentionnés dans d'autres domaines, très différents, tels que le droit de « l'environnement »[1486], « le

---

[1479] *L'égalité*, vol. I, Études publiées sous la direction de H. Buch, P. Foriers et C. Perelman, Bruxelles, Bruylant, 1971, p. 196-225.

[1480] H. Kelsen, *Justice et Droit naturel*, trad. E. Mazingue, dans *Le Droit naturel Annales de Philosophie politique III*, Paris, PUF, 1959, p. 52-57.

[1481] C. Perelman, *Justice et Raison*, Bruxelles, PUB, 1963, p. 36-38.

[1482] C. Perelman, *Ethique et droit*, *précit.*, p. 274 ; C. Perelman, « égalité et intérêt général », dans C. Perelman (dir), *L'égalité*, *vol.* VIII, Bruxelles, Bruylant, 1982, p. 615 s.

[1483] CE, 20 janvier 1989, *Centre communal d'action sociale de La Rochelle*, *précit.* - CE, 10 févr. 1993, *Ville de La Rochelle*, *précit.* - CE, 18 mars 1994, n° 140870, *Dejonckeere*, *précit.*

[1484] V. sur ce point Partie 2. Titre 1. Chapitre 2.

[1485] F. Brenet, « Les réserves d'intérêt général », dans *Mélanges* J.-F. Lachaume, *Le droit administratif : permanences et convergences*, Paris, Dalloz 2007, p. 139 s.

[1486] V. par ex., TA Toulon 26 août 2010, *Société nationale de protection de la nature et d'acclimatation de France (SNPN)*, *précit.* En l'espèce, des « raisons impératives d'intérêt public majeur » peuvent justifier la destruction d'espèces protégées. C'est ici le droit à la préservation des espèces qui fait face à des considérations d'intérêt général qui peuvent être liées à la construction d'un projet de construction de grande ampleur.

principe de la liberté du commerce et de l'industrie »[1487] ou encore « le droit de la concurrence »[1488].

597. La dérogation d'intérêt général met ainsi la norme initiale en échec au profit d'une logique différente. Le même phénomène s'observe dans la jurisprudence judiciaire où le rôle de l'intérêt général est similaire. En effet, la protection de l'intérêt général qui sous-tend la lutte contre le blanchiment d'argent justifie la dérogation au secret bancaire qui tend à la préservation d'intérêts privés (ceux des « banques »)[1489]. De même « l'intérêt général permet d'écarter une infraction lorsque qu'un magistrat »[1490] ou « un homme d'affaires »[1491] est confronté à l'existence d'un « débat d'intérêt général ». J. LAPOUSTERLE souligne alors que « deux logiques contradictoires s'affrontent »[1492]. L'une repose sur « la protection de la réputation ou des droits d'autrui »[1493] ou de « la présomption d'innocence »[1494], l'autre se fonde sur « l'existence d'un débat d'intérêt général qui fait prévaloir les impératifs de la liberté d'expression »[1495].

598. Ainsi, par les valeurs distinctes de la norme initiale qu'elle impose, la dérogation d'intérêt général « entame très ponctuellement [mais certainement] l'autorité de la norme initiale »[1496]. A. ROUYÈRE estime plus précisément que l'acte dérogatoire « dévoile une possibilité de contournement de la norme et modifie [par conséquent] l'image de cette dernière, de sorte

---

1487 Selon A. Rouyère (*Recherche sur la dérogation en droit public*, *op. cit.*, p. 246 s.) et A. Mathiot (« La théorie des circonstances exceptionnelles », Mélanges Mestre, Paris, Sirey, 1956,p. 413), « l'intervention économique des collectivités locales constitue une dérogation au principe de la liberté du commerce et de l'industrie ». L'intérêt général justifiant ces interventions, il peut alors être considéré comme une dérogation à ce principe : CE, 30 mai 1930, *Chambre syndicale du commerce en détail de Nevers*, *précit.*

1488 L'intérêt général permet également de déroger aux règles de la concurrence pour satisfaire aux besoins propres des collectivités territoriales ou de l'État : CE 26 janvier 2007, *Synd. prof. de la Géomatique*, Rec. p. 20.

1489 V. sur ce point : J. Lasserre Capdeville, « Le secret bancaire face au juge pénal en droit français », Revue Lamy droit des affaires, mai 2010, n° 49, p. 64 s.

1490 Ccass. Crim, 12 mai 2009, n° 08-85732, Comm. Com. Electr. 2009, n° 82, note A. Lepage.

1491 Cass. crim., 11 mars 2008, n° 06-84712, Rec. Dalloz 2008, p. 2256, note J. Lapousterle

1492 J. Lapousterle, « Diffamation : l'infraction écartée en présence d'une interview d'intérêt général », Paris, Recueil Dalloz 2008 p. 2256.

1493 CEDH 7 nov. 2006, *Mamère c/ France*, D. 2007. Jur. 1704, note J.-P. Marguénaud.

1494 CEDH 7 juin 2007, *Dupuis et autres c/ France*, D. 2007. Jur. 2506, note J.-P. Marguénaud ; RSC 2007. 563, obs. J. Francillon.

1495 J. Lapousterle, « Diffamation : (...) », art. cit., p. 2256.

1496 *Recherche sur la dérogation en droit public*, *op. cit.*, p. 471.

qu'elle apparaît faillible »[1497]. La norme dérogatoire prend donc le « relais de la norme initiale »[1498]. Les deux normes deviennent « non pas complémentaires mais concurrentes »[1499]. Cet aspect concurrentiel des deux normes en cause est intimement lié au mécanisme de la dérogation. Cependant, il est accentué par la nature même de l'intérêt général imprécis. De ce fait, l'auteur de la norme dérogatoire peut s'engouffrer dans cette « faille » et « déployer ses effets dans un champ factuel très proche de celui de la norme initiale »[1500].

599. Par sa profonde indétermination, l'intérêt général pourra accentuer ce phénomène d'érosion face à la norme initiale. La dérogation d'intérêt général sera alors perçue et vécue « non comme une technique normative de secours, mais comme une alternative à la norme initiale »[1501].

600. De cette manière, la dérogation d'intérêt général est liée à « l'érosion de la norme initiale par la mise en place d'une logique contradictoire »[1502]. Or, cette érosion peut avoir des conséquences sur le champ d'action même de la norme initiale lorsque la dérogation d'intérêt général tend à se substituer à la norme d'origine.

- *b. Dérogation d'intérêt général et risque de substitution de la norme initiale*

601. Dans la jurisprudence administrative, la dérogation d'intérêt général peut se substituer à la norme d'origine. L'exemple le plus patent concerne les règles de l'ouverture des officines pharmaceutiques. Afin de montrer comment la dérogation d'intérêt général se substitue au principe de répartition arithmétique des officines, il est nécessaire de revenir sur les règles régissant les conditions de cette répartition.

602. L'ouverture des officines pharmaceutiques est réglementée depuis la loi du 11 septembre 1941, « qui met fin à une longue période de liberté totale d'établissement »[1503]. À partir de cette date, toute implantation d'une officine est « subordonnée à la délivrance d'une licence par l'autorité administrative qui dispose du moyen de contrôler la répartition des officines ». Afin de satisfaire au mieux « les besoins effectifs de la population en médicaments », l'ordonnance du 23 mai 1945 autorise, par dérogation aux quotas, de nouvelles créations d'officines ainsi que de nouveaux transferts.

[1497] *Ibid.*

[1498] *Ibid.*, p. 472.

[1499] *Ibid.*, p. 472.

[1500] *Ibid.*, p. 473.

[1501] *Ibid.*, p. 474.

[1502] *Ibid.*

[1503] *Répertoire de législation Dalloz*, t. XXXI, 1852, *v° Médecine*, p. 561 et s. Référenc citée par A. Rouyère, *op. cit.*, p. 474.

603. Plus précisément, cette dérogation peut être accordée « si les besoins de la population l'exigent »[1504]. P.-A. LECOCQ précise que cette formule « coïncide bien avec la notion d'intérêt général »[1505]. En effet, dans cette hypothèse, « la finalité de la dérogation et les conditions dont elle est assortie se confondent : la condition est l'exigence des besoins de la population, le but est de satisfaire cette exigence de l'intérêt général »[1506]. Le jugement du Tribunal administratif de Caen illustre bien que l'octroi de la dérogation doit satisfaire un but d'intérêt général car l'autorité qui l'accorde peut, « compte tenu des besoins de la population, déterminer à quel endroit doit être installée l'officine »[1507]. De même, en 2010 le Conseil d'État prend en compte « l'intérêt qui s'attache à ce que les quartiers autres que le centre-ville soient dotés d'un nombre de pharmacies suffisant »[1508] pour vérifier si « les besoins en médicaments de la population sont satisfaits ». Il s'agit alors pour la jurisprudence de raisonner dans l'optique de « l'intérêt général global des besoins de la population considérée, dans son ensemble, au nom de la santé publique »[1509].

604. Toutefois, l'imprécision de l'article L. 571 du Code de la santé publique, selon lequel une création dérogatoire peut être accordée « si les besoins de la population l'exigent », a contribué à une « véritable inflation des licences accordées par voie dérogatoire »[1510]. En effet, l'octroi de celles-ci a pu être justifié, par exemple, pour « la création d'un port de plaisance »[1511] en raison du fait que « la pharmacie déjà ouverte dans la localité ne fonctionnait qu'une partie de l'année »[1512], pour « l'existence d'un encadrement médical insuffisant »[1513] ou encore pour « la création imminente d'un centre médical »[1514]. Le juge administratif prend également en compte « les besoins de la population de passage » pour accorder les licences obligatoires. Cela

---

1504 Article L. 571 du Code de la santé publique.

1505 P.-A. Lecocq, *Le pouvoir de dérogation de l'administration, op. cit.*, t. 2, p. 659 s.

1506 *Ibid.*

1507 TA Caen, 13 juillet 1954, dans « Documents pharmaceutiques », 1954, Tx adm., n° 7. Réf. citée par P.-A. Lecocq, *Le pouvoir de dérogation de l'administration, op. cit.*, t. 2, p. 660.

1508 CE, 10 février 2010, *Ministre de la santé, de la jeunesse, des sports et de la vie associative*, n° 318542, inédit. Cet arrêt concerne les transferts mais la réflexion aide également à saisir la nature des intérêts en cause dans le cadre de la création d'officine car il s'agit d'une démarche similaire.

1509 P.-A. Lecocq, *Le pouvoir de dérogation de l'administration, op. cit.*, t. 2, p. 660.

1510 H.-C. Amiel, « A propos des créations de pharmacies par dérogation », *D.* 1985.Chron.39, p. 41.

1511 CE, 15 nov. 1985, *Mme Papocchia*, LPA, 16 juillet 1986, p. 5, obs. F. Moderne.

1512 CE, 3 nov. 1982, *Dame Dambass*, LPA, 28 octobre 1983, p. 7, obs. F. Moderne.

1513 CE, 19 nov. 1980, *M. Wendling*, RDSS, 1981, p. 65, obs. J.-M. Auby.

1514 CE, 3 juin 1983, *Mme Gommez-Vaez*, RDSS, 1984, p. 199, obs. J.-M. Auby.

permet « l'implantation d'officines dans les gares »[1515] et dans « les centres commerciaux »[1516].

605. H.-C. AMIEL précise alors que « la multiplication des dérogations est liée au renforcement du contrôle[1517] des octrois de dérogations par le fait que le pouvoir d'autoriser la dérogation est subordonné à une condition : l'exigence des besoins de la population. Le juge vérifie donc non seulement l'existence de ces besoins mais aussi évalue si leur importance justifie la dérogation. Il suffit que l'administration en fasse une appréciation erronée pour que son acte encourt la censure du juge »[1518]. C'est à ce moment que le juge « capture » le pouvoir dans l'appréciation des motifs de la dérogation d'intérêt général.

606. La doctrine s'accorde alors à penser que l'analyse décisive du juge conduit d'une part à « la substitution »[1519] de l'appréciation de « l'Administration par le juge »[1520], d'autre part, à « la substitution de la dérogation sur la règle d'origine »[1521].

607. En effet, l'examen de la jurisprudence dévoile « les pratiques déviantes des créations par dérogation dans une logique commerciale ». Ces pratiques déviantes sont dues « au comportement des autorités administratives délivrant les dérogations et à celui du juge qui, par son refus d'annulation, ne sanctionne pas les décisions de l'Administration qui accordent facilement des dérogations »[1522]. Dès lors, le « garde-fou nécessaire »[1523] incarné par la Haute juridiction n'a pas su limiter l'interprétation de la notion de « besoins de la population pour éviter la substitution de la dérogation à la règle. En effet, dans les années 90, 80 % des créations d'officines sont effectuées par la voie

---

1515 CE, 10 février 1978, *Cons. Ordre pharm. Région parisienne*, Bull. Ordre pharm 1978, n° 215, p. 1206, obs. R. Denoix de Saint-Marc et D. Labetoulle.

1516 CE, 30 janvier 1981, *Michalet*, Rec., p. 44.

1517 Contrôle normal de l'octroi (CE, 27 nov. 1970, *Dame Comiti-Bouillin*, Rec. p. 720) et du refus (CE, 19 mai 1983, Ministre de la Santé c/ Thévenot ; D. 1985.p.45, note J-B Auby) des dérogations.

1518 H.-C. Amiel, « À propos des créations de pharmacies par dérogation », *D.* 1985.Chron.39, p. 41.

1519 *Recherche sur la dérogation en droit public*, *op. cit.*, p. 350 ; H. Amiel, *op. cit.*, p. 41 ; F. Goliard, « L'appréciation des besoins de la population dans le contentieux des licences d'ouvertures dérogatoires d'officines pharmaceutiques », RDSS, 1996, p. 300 s.

1520 En pratique, « la juridiction chargée d'examiner l'affaire procédera à un contrôle de l'opportunité de la création ou du refus en se renseignant sur la façon dont la population est desservie, sur la distance des officines existantes ou encore sur la configuration géographique des lieux » : H. Amiel, *op. cit.* p. 41.

1521 H.-C. Amiel, « À propos des créations de pharmacies par dérogation », *D.* 1985.Chron.39, p. 41.

1522 *Recherche sur la dérogation en droit public*, *op. cit.*, p. 350.

1523 F. Goliard, « L'appréciation des besoins de la population […] », art. cit., p. 300 s.

dérogatoire[1524]. Ainsi, la « voie dérogatoire l'emporte, [à l'époque], sur la voie normale au point de devenir le mode commun des créations d'officines »[1525].

608. Cette pratique jurisprudentielle rappelle le « caractère dynamique »[1526] de la dérogation qui, selon H. KELSEN, est lié à la volonté de son auteur « d'émettre une norme nouvelle s'écartant de l'ancienne et s'y substituant »[1527]. En effet, malgré les législations intervenues avant 1999 pour réduire le champ d'interprétation de la notion de « besoins de la population », la jurisprudence a développé un important contentieux qui a contribué à « la substitution de la dérogation à la règle du quorum ». Il faudra attendre la loi du 27 juillet 1999[1528] pour mettre un terme à ces dérives.

609. Le même mécanisme est présent dans d'autres domaines du droit administratif sans pour autant entraîner une substitution totale de la norme initiale. On observe ainsi en matière d'urbanisme, une « conception extensive »[1529] de la dérogation d'intérêt général. L'article L. 111-1 du Code de l'urbanisme, par exemple, habilite le pouvoir réglementaire à fixer, par décret en Conseil d'État, les règles générales d'utilisation des sols. L'habilitation est très large puisque « le pouvoir réglementaire est autorisé à établir les règles générales applicables en matière d'utilisation du sol, notamment en ce qui concerne la localisation, la desserte, l'implantation et l'architecture des constructions, le mode de clôture et la tenue décente des propriétés des constructions ». Plusieurs règlements ont guidé le champ d'application de cette disposition législative. Toutefois, en raison du champ d'application des règles générales, des dérogations ont été aménagées sur le fondement des articles R. 111-11 et R. 111-20 du Code de l'urbanisme. Face

---

1524 R. Poplawski, J.-M. Auby et F. Coustou, *Droit pharmaceutique*, Paris, Juris-classeurs, coll. « Librairies techniques », 1950-1955. Réfé. citée par *Recherche sur la dérogation en droit public*, *op. cit.*, p. 350.

1525 P. Nocquet, « Le régime juridique des ouvertures d'officines de pharmacie. Une logique de santé publique », Bull. de l'ordre 373, déc. 2001, p. 545 s.

1526 *Recherche sur la dérogation en droit public*, *op. cit.*, p. 350.

1527 H. Kelsen définit la dérogation comme « une technique permettant de repousser la validité d'une norme valide par une autre norme », H. Kelsen, « Derogation », dans *Essays in Jurisprudence in Honor of Roscoe Pound*, R. A. Newman (éd. sc.), Indianapolis – Bobbs Merrill, 1962, p. 339.

1528 Loi n° 99-641 du 27 juillet 1999 (JO 28 juillet). V. sur ce point, J. Peigné, « Les nouvelles règles de répartition des officines de pharmacie... », art. cit., p. 545 ; M. Deletraz et G. Viala, Gaz. Pal., 29-30 oct. 1999, p. 15 ; D. Dioque, LPA, 30 sept. 1999, p. 5. Par ailleurs, le législateur est intervenu en 2007 afin de simplifier le système de calcul de quota (Loi n° 2007-1786 du 19 déc. 2007, *Loi de financement de la sécurité sociale de 2008*) mais sans véritablement changer l'esprit de la loi de 1999, *précit.*

1529 V. Lecoq, *Contribution à l'étude juridique de la norme locale d'urbanisme*, Thèse, Pulim, 2004, PUL, coll. « Droit public », p. 333 s.

au laconisme de ces articles, le juge a érigé « l'intérêt général »[1530] comme le fondement majeur de la dérogation d'urbanisme.

610. Dès lors, même si les motifs d'intérêt général invoqués doivent se rattacher à « l'ordre urbanistique »[1531], le Conseil d'État adopte une vision extensive. Il admet ainsi comme motifs d'intérêt général, les dérogations liées à « des raisons d'esthétique architecturale »[1532], « à l'objectif de rendre une construction plus conforme à la réglementation en vigueur »[1533] ou encore « à des considérations économiques »[1534]. Toutefois, c'est dans l'arrêt *ville de Limoges*[1535] que le juge exerce un véritable contrôle de proportionnalité en mettant en « balance »[1536] l'intérêt général garanti par la règle d'urbanisme et l'intérêt général assumé par la dérogation. L'intensité de ce contrôle a contribué à « élargir davantage les dérogations justifiées par l'intérêt général ». En effet, les motifs d'intérêt général peuvent désormais être liés « au relogement d'un groupe de population »[1537], « à l'esthétique d'un ensemble d'habitation »[1538], « au respect du caractère des immeubles et des voies d'une vieille cité »[1539], « aux contraintes imposées par la configuration des parcelles »[1540], « à l'activité d'une entreprise en faveur du service public »[1541], « à la remise en marche, après incendie, d'une entreprise rattachée aux activités traditionnelles d'une région »[1542] ou encore « au développement de laboratoire de recherche dans une zone affectée à la fonction universitaire »[1543]. L'ampleur de la dérogation d'intérêt général permet alors de s'interroger sur la remise en cause de la norme d'origine.

611. Ce phénomène, lié à l'« érosion » de la norme d'origine, est bien la preuve que la dérogation d'intérêt général engendre du droit. Elle est donc une norme qui s'autonomise par rapport à la norme initiale. Ainsi, par sa définition et son utilisation par le juge, la dérogation d'intérêt général est liée à un système normatif créateur. Toutefois, a quoi ressemble concrètement la norme « intérêt général » liée à la technique dérogatoire ? Il s'agira en l'espèce

---

[1530] CE, 16 déc. 1977, *Cluzeau*, Rec., p. 509.
[1531] CE, 10 janvier 1968, *Daudens*, Rec., p. 24.
[1532] CE, 24 juillet 1981, *Mme Woll Brett*, Rec., p. 316.
[1533] CE, 23 déc. 1976, *Ministre de l'Equipement c/ Casseau*, Rec. p. 579.
[1534] CE, 8 déc. 1976, *Ministre de l'Equipement c. Époux Guihur*, Rec., p. 538.
[1535] CE, Ass., 18 juillet 1976, *Ville de Limoges*, Rec., p. 530.
[1536] CE, 29 juin 1990, *Vve Aline Raymond*, LPA, 23 janvier 1991, p. 19 – CE, 7 déc. 1990, *MUL c. Dame Renzetti*, Gaz. Pal. 2-3 oct. 1991, p. 74.
[1537] CE, 7 juillet 1978, « *Association de sauvegarde des intérêts de Saint-Martin-du-Touch* », Rec., p. 304.
[1538] CE, 25 octobre 1978, *Bolot*, Rec., p. 393.
[1539] CE, 9 mai 1980, « *SCI le toit tulliste* », Rec. p. 934.
[1540] CE, 15 mai 1981, *Mme Castel*, Rec., p. 227.
[1541] CE, 24 nov. 1978, *Société Legrand*, Rec., p. 475.
[1542] CE, 27 juillet 1979, *Société Confiserie Azuréenne*, Rec. p. 355.
[1543] CE, 13 juin 1979, *Martin*, Rec. T., p. 614, 804, 830 et 926.

de montrer comment, par la dérogation, la norme « intérêt général » prend naissance dans la jurisprudence.

II. La dérogation d'intérêt général et naissance concrète de la norme « intérêt général »

612. Par la technique dérogatoire, l'intérêt général devient une norme juridique. Toutefois, par souci de clarté, il est nécessaire de montrer concrètement, par des illustrations précises, comment la dérogation d'intérêt général est liée à la naissance de la norme « intérêt général ». Nous retiendrons en l'espèce deux types d'exemples représentatifs qui relèvent du droit interne seulement (A) ou qui sont parfois liés au droit de l'Union européenne (B).

A. Les dérogations d'intérêt général relevant du droit interne

613. Deux types de dérogations d'intérêt général seront analysés : la dérogation d'intérêt général aux obligations statutaires de protection des fonctionnaires (1) et aux contraventions de grandes voiries (2).

1. La dérogation d'intérêt général aux obligations statutaires de protection des fonctionnaires

614. L'article 11 de la loi du 13 juillet 1983 établit, « à la charge de la collectivité publique, une obligation de protection au profit des fonctionnaires lorsque ces derniers ont été victimes d'attaques à l'occasion de leurs fonctions sans qu'une faute personnelle puisse leur être imputée »[1544]. Toutefois, cette obligation de protection n'est pas absolue dans la mesure où la collectivité publique peut y déroger pour des motifs d'intérêt général. En effet, le Conseil d'État, depuis l'arrêt *Teitgen*, réserve l'intérêt général comme « une justification de l'abstention de l'administration dans l'application des dispositions statutaires »[1545]. Cependant, comme le souligne J. BOURDON, « la jurisprudence n'est pas très explicite sur l'intérêt général qui empêcherait légalement l'administration de remplir son obligation de protection »[1546]. Le juge administratif ne donne ainsi aucune précision sur le contenu de cette cause d'exonération. Il se refuse « à construire une théorie des motifs d'intérêt général qui se révèlerait même hasardeuse »[1547]. Cela explique que la Haute juridiction apprécie au cas par cas les manquements à l'obligation de

---

[1544] Loi n° 83-634 du 13 juillet 1983, *portant titre Ier du statut général des fonctionnaires de l'État et des collectivités territoriales.*

[1545] CE, Sect., 14 février 1975, *Teitgen*, Rec. p. 111.

[1546] J. Bourdon, « La protection fonctionnelle de l'agent public », AJFP, 1996 p. 21 s.

[1547] Concl. Renaud Denoix de Saint Marc sur CE, 24 juin 1977, *Dame Deleuse*, Rec. p. 294.

protection justifiés par l'intérêt général, sans pour autant accepter l'existence d'un tel motif dérogatoire[1548]. L'absence de reconnaissance d'un tel motif est alors « une cause récurrente »[1549] d'annulation de refus de protection de la part de la collectivité publique[1550].

615. Toutefois, dans un arrêt du 20 avril 2011, le Conseil d'État accepte le refus de protection pour des raisons d'intérêt général tirées « de ce que l'État ne saurait couvrir de son autorité les agissements d'un agent ayant recueilli sur des personnalités publiques des informations sans lien avec les missions de service public dont il avait la responsabilité et gravement attentatoire à l'intimité de leur vie privée »[1551]. En l'espèce, M. Bertrand, directeur des renseignements généraux à la retraite, « a conservé à son domicile des notes prises à l'occasion de l'exercice de ses fonctions. La divulgation de ces carnets secrets par la presse l'a conduit à subir des attaques injurieuses et diffamatoires »[1552]. Il sollicite par conséquent la protection de la collectivité publique, conformément à l'article 11 de la loi du 13 juillet 1983. Face au refus du ministre de l'intérieur, M. Bertrand demande au Conseil d'État l'annulation de la décision du ministre en date du 24 juillet 2009. Si la Haute juridiction a accepté le premier recours du requérant en 2009[1553], dans la présente espèce, il se fonde sur des motifs d'intérêt général pour justifier la décision dérogatoire du ministre. En effet, « l'intérêt général ne couvre pas de son autorité les agissements d'un de ses agents ayant accueilli sur des personnalités publiques des informations sans lien avec les missions de service public dont il avait la responsabilité et au surplus gravement attentatoire à l'intimité de leur vie privée »[1554].

616. Lorsque la dérogation d'intérêt général a clairement été concrétisée par le juge, il apparaît plus nettement qu'elle renvoie à un énoncé impératif. L'intérêt général qui est lié ici « à ce que l'État ne saurait couvrir de son autorité les agissements d'un agent ayant recueilli sur des personnalités publiques des informations sans lien avec les missions de service public dont il avait la responsabilité et gravement attentatoires à l'intimité de leur vie privée », peut très bien s'analyser comme un « énoncé impératif ou prescriptif »[1555]. Lorsqu'il est concrétisé dans le cadre de la technique de la

---

[1548] CE, 24 juin 1977, *Deleuze précit.* – CE, 16 déc. 1977, *Vincent*, Rec. p. 507 ; AJDA, 1978, p. 577, concl. Renaud Denoix de Saint Marc.

[1549] P. Lagrange, « Reconnaissance d'un motif d'intérêt général justifiant qu'il soit dérogé à l'obligation statutaire de protection », AJDA, 2011, p. 1441 s.

[1550] CE, 17 mai 1995, *Kalfon*, n° 141635, *Rec. jur. CIDG de la Petite Couronne*, 1996, p. 403 – CE, 28 mai 2003, *Lamande*, n° 245069, D. 2004, p. 245, note Petit.

[1551] CE, 20 avril 2011, *M. Bertrand, précit.*

[1552] Concl. sous CE 20 avril 2011, *précit.*

[1553] CE, 19 juin 2009, *M. Bertrand*, n° 323745 ; AJDA, 2009, p. 1734.

[1554] P. Lagrange, « Reconnaissance d'un motif d'intérêt général… », art. cit., p. 1441 s.

[1555] *Dictionnaire encyclopédique de théorie et de sociologie du droit*, *op. cit.*, p. 399.

dérogation, l'intérêt général énonce la norme, le modèle de conduite à suivre. Il devient alors un instrument de mesure en termes de normativité. En l'espèce, le juge a justifié la légalité de la décision de refus du ministre sur des considérations d'intérêt général.

617. Ainsi, la détermination de l'intérêt général conduit le juge à révéler la norme de référence nécessaire au jugement. La norme formée renvoie matériellement à la signification d'un énoncé prescriptif. On retrouve alors les différentes phases examinées dans la Section 1 relative au processus normatif de l'intérêt général.

Phase 1. « Intérêt général » constitue un réceptacle, pouvant accueillir un énoncé prescriptif

Phase 2. Un énoncé prescriptif né de la détermination de l'intérêt général : l'intérêt général « ne couvre pas de son autorité les agissements d'un de ses agents ayant accueilli sur des personnalités publiques des informations sans lien avec les missions de service public dont il avait la responsabilité et au surplus gravement attentatoire à l'intimité de leur vie privée »

Phase 3. La signification de l'énoncé : si les agissements d'un agent ayant recueilli sur des personnalités publiques des informations sans lien avec les missions de service public dont il avait la responsabilité, alors, la protection des fonctionnaires issue de la loi de 1983 ne s'applique pas. Nous retrouvons donc la règle véhiculée par l'intérêt général. Cette règle qui rappelle là encore la pensée de MOTULSKY[1556] selon laquelle une norme juridique est « un système conditionnel (une implication) composé d'un antécédent et d'un conséquent unis par une conjonction conditionnelle : si..., alors... »[1557]. Ainsi, l'intérêt général, devient bien, par la concrétisation du juge, un énoncé normatif qui impose une obligation aux sujets de droit (un agent ne doit pas recueillir sur des personnalités publiques des informations sans lien avec les missions de service public dont il avait la responsabilité) et qui s'impose devant le juge (en l'espèce, le refus du ministre est justifié et la protection ne s'applique pas : d'où le passage à la phase 4).

Phase 4. L'effectivité de la norme « intérêt général » : le juge administratif applique concrètement la norme « intérêt général ». En l'espèce, la norme de référence issue de l'intérêt général justifie la décision dérogatoire du ministre.

[1556] V. pour plus de précisions sur ce point, Titre 2. Chapitre 2. Section 1.

[1557] G. Kalinowski, « Le syllogisme d'application du droit », APD, 1964, p. 274 s.

618. D'autres exemples jurisprudentiels révèlent le même mécanisme comme la dérogation d'intérêt général aux contraventions de grandes voiries.

2. La dérogation d'intérêt général aux contraventions de grandes voiries

619. La contravention de grande voirie « a pour objet de sanctionner les atteintes au domaine public non routier et de permettre la réparation des dommages qui lui sont causés »[1558]. L'article L. 2131-2 du CGPPP prévoit en ce sens que « les contraventions de grande voirie sont instituées par la loi ou par décret, selon le montant de l'amende encourue, en vue de la répression des manquements aux textes qui ont pour objet, pour les dépendances du domaine public n'appartenant pas à la voirie routière, la protection soit de l'intégrité ou de l'utilisation de ce domaine public, soit d'une servitude administrative mentionnée à l'article L. 2131-1. Elles sont constatées, poursuivies et réprimées par voie administrative ».

620. D'un point de vue procédural, « un procès-verbal doit d'abord être dressé par l'administration ou la police judiciaire, afin que le préfet puisse engager les poursuites dans les conditions définies par l'article L. 774-2 du code de justice administrative »[1559]. Le préfet est en principe « tenu d'engager les poursuites »[1560], sauf si l'intérêt général ou l'ordre public s'y oppose.

621. Le motif d'intérêt général justifiant le refus de poursuivre un contrevenant a déjà été admis « en raison des inconvénients d'ordre économique et des répercussions d'ordre social qu'aurait provoquée une interruption de l'activité industrielle d'une conserverie installée depuis plus de vingt ans sur le domaine public maritime »[1561] ou pour « un cas où le stationnement abusif des bateaux et des péniches sur les bords de la Seine porte atteinte aux droits des pêcheurs en l'absence d'autres emplacements disponibles pour les bateaux affectés au logement »[1562].

622. Récemment, le Conseil d'État a retenu un motif d'intérêt général permettant au préfet de ne pas dresser une contravention de grande voirie. Ce motif est fondé sur l'existence « d'un accord conclu avec le responsable, au terme duquel celui-ci s'engage à participer à la réparation dans de brefs

---

[1558] R. Chapus, *Droit administratif général*, T. II, La fonction publique, le domaine public, les travaux publics, 2001, Montchrestien ; J.-B. Auby, « Les droits réels conférés par le titre, un précédent : le droit réel conféré aux occupants du domaine public des collectivités territoriales », JCP N, 1996. I. 1235.

[1559] J. Michel et J.-P. Delvigne, « Occupations domaniales (cont. des) », Rép. cont. adm., juin 2011, n° 250 s.

[1560] A. Kouévi, « L'obligation de poursuite en matière de contravention de grande voirie », AJDA, 2000, p. 393 s.

[1561] CE, 6 févr. 1981, *Comité de défense des sites de la forêt de Fouesnant*, T. Rec., p. 746.

[1562] CE, 19 nov. 1990, *Fédération interdépartementale des associations agréées de pêche et de pisciculture de Paris*, n° 72008, Rec. p. 332.

délais »[1563]. Dans cette affaire, M. Cacheux, se prévalant de sa qualité d'usager habituel du domaine public maritime au travers de la « pratique de divers sports nautiques »[1564], a demandé aux préfets du Finistère et du Morbihan de dresser une contravention de grande voirie à l'encontre de l'armateur, du capitaine et de l'affréteur de l'Erika. Il a également demandé qu'une contravention soit dressée à l'encontre du groupe Total, propriétaire de la cargaison. Toutefois, si le préfet du Finistère a laissé naître un rejet implicite, le préfet du Morbihan a, quant à lui, rejeté sa demande au motif « qu'une telle procédure risquait de gêner le processus conventionnel d'indemnisation conduit par le Fonds international d'indemnisation pour les dommages dus à la pollution des hydrocarbures (FIPOL) »[1565]. Au final, la Haute juridiction a, elle aussi, retenu un motif d'intérêt général dans l'affaire de la pollution par hydrocarbure causée par le naufrage du pétrolier Erika dans la mesure où l'administration pouvait estimer que « devait être préservée la coopération avec une société pétrolière pour assurer le traitement des conséquences du naufrage ». Ladite société s'était en effet engagée, « dans le cadre d'un accord avec l'État, à prendre en charge techniquement et financièrement le traitement des déchets et les opérations de pompage de la cargaison de fuel transporté par ce navire et à contribuer au financement du nettoyage et de la remise en état du littoral et ayant honoré ses engagements »[1566].

623. Dès lors, la concrétisation de la dérogation d'intérêt général fait bien apparaître, là encore, les termes d'un énoncé normatif et impératif. En effet, le Conseil d'État met bien en évidence que s' « il existe d'un accord conclu avec le responsable, au terme duquel celui-ci s'engage à participer à la réparation dans de brefs délais, et qu'une procédure de contravention de grande voirie risque de mettre en cause »[1567], alors, le préfet n'est pas obligé de dresser une contravention de grande voirie. Mais reprenons les différentes phases pour préciser davantage l'élaboration de la norme de référence issue de l'intérêt général.

Phase 1. Réceptacle : « Intérêt général »

Phase 2. Énoncé prescriptif : L'existence « d'un accord avec l'État, à prendre en charge techniquement et financièrement le traitement des déchets et les

---

[1563] CE, 30 sept. 2005, *Cacheux*, nº 263442, Rec. p. 406 ; concl. P. Collin, AJDA, 2005, p. 2469 s.
[1564] Concl. P. Collin, « Les motifs d'intérêt général qui permettent au préfet de ne pas dresser une contravention de grande voirie », AJDA, 2005, p. 2469 s.
[1565] Concl. P. Collin, *précit.*, p. 2469 s.
[1566] J. Michel et J.-P. Delvigne, « Occupations domaniales... », art. cit., Rép. cont. adm., n° 250 s.
[1567] CE, 30 sept. 2005, *Cacheux*, *précit.*

opérations de pompage de la cargaison de fuel transporté par le navire Erika, opération qui a été réalisée entre le 5 juin et le 6 septembre 2000, et à contribuer au financement du nettoyage et de la remise en état du littoral », peut justifier le refus de la part du préfet de dresser une contravention de grande voirie.

Phase 3. Interprétation de l'énoncé prescriptif : si l'administration pouvait estimer que devait être préservée la coopération avec une société pétrolière pour assurer le traitement des conséquences du naufrage, alors, la contravention de grande voirie n'a pas à être dressée.

Phase 4. Effectivité : en l'espèce, la société s'était engagée, dans le cadre d'accord avec l'État, à prendre en charge techniquement et financièrement le traitement des déchets et les opérations de pompage de la cargaison. Ainsi, par application de la norme N (phase 3), le juge justifie le refus du préfet de ne pas dresser une contravention de grande voirie.

624. Par conséquent, l'intérêt général concrétisé renvoie bien à l'existence d'une norme autonome construite de manière prétorienne et casuistique par le juge administratif. La même logique s'opère s'agissant des dérogations d'intérêt général liées au droit de l'Union européenne

B. Les dérogations d'intérêt général liées au droit de l'Union européenne

625. Les dérogations d'intérêt général liées au droit de l'Union européenne (dérogations représentatives dans notre schéma normatif) peuvent être tirées de deux exemples : le cas de la dérogation d'intérêt général à l'interdiction des destructions d'espèces végétales et animales (1) et le cas de la dérogation d'intérêt général au principe de libre circulation des capitaux (2).

1. La dérogation d'intérêt général à l'interdiction des destructions d'espèces végétales et animales

626. Le jugement du Tribunal administratif de Toulon en date du 26 août 2010 est significatif quant au rôle de la dérogation d'intérêt général à l'interdiction des destructions d'espèces végétales et animales. En l'espèce, la SAS Savatram « exploite au Cannet-des-Maures une installation de stockage de déchets sur le site dit du Balançan qui assure le traitement de près de 30 % des déchets produits de 92 communes du département »[1568]. Pour faire face aux nécessités d'exploitation, « la société filiale du groupe Pizzorno souhaite développer un quatrième casier d'exploitation du traitement et de

[1568] AJDA, 2011, p. 620 s. concl. M. Revert.

l'élimination des déchets »[1569]. Elle a donc déposé une demande d'autorisation d'exploiter auprès du préfet. Après un premier refus, la société litigieuse en dépose un nouveau en se fondant sur les dérogations à l'interdiction des destructions d'espèces végétales et animales. C'est l'arrêté préfectoral en date du 21 mars 2008 qui accorde l'autorisation pour un an qui est contestée par des associations de protection de l'environnement. Le Tribunal administratif annule l'arrêté autorisant une dérogation à l'interdiction de destruction d'espèces protégées pour permettre « l'extension d'une installation de stockage de déchets non dangereux dans la mesure où le préfet ne justifie d'aucune raison impérative d'intérêt public majeur au sens des articles L. 411-1 et suivants du code de l'environnement, seule à même de fonder une telle dérogation »[1570].

627. Plus précisément, le juge administratif ne remet pas en cause le caractère d'intérêt public du projet d'extension prévu par l'arrêté du 7 octobre 2008. Toutefois, « à la date de cet arrêté, l'autorisation d'exploitation, réduite [...] à cinq ans, n'avait pas été délivrée ». Dès lors, « en dépit de l'intérêt public indiscutable du projet qui s'attache à la continuité du service public de stockage, à la date de l'arrêté attaqué [...], le préfet du Var ne justifie d'aucune raison impérative d'intérêt public majeur »[1571].

628. Or, dans cette affaire, l'imprécision de la notion de « raisons impératives d'intérêt public majeur » conduit le juge à en déterminer le contenu par rapport aux avis de la Commission des Communautés européennes.

629. Les « raisons impératives d'intérêt public majeur » sont en effet liées à l'existence d'un « projet à long terme »[1572]. Cette interprétation de l'intérêt public majeur est reprise par le jugement du Tribunal administratif de Toulon qui s'attache « à la durée de l'exploitation, objet de la dérogation »[1573]. Il faut ainsi comprendre que la nécessité d'un projet à long termes peut renvoyer à la satisfaction de l'« intérêt public majeur ». Or, en l'espèce, la dérogation fondée sur des « raisons impératives d'intérêt public majeur n'est pas retenue par le juge : « la continuité du traitement des déchets dans le centre Var au moyen d'une extension supplémentaire d'un centre de déchets ne

---

[1569] *Ibid.*

[1570] TA Toulon, 26 août 2010, *Société nationale de protection de la nature et d'acclimatation, précit.*

[1571] TA Toulon, *Société nationale de protection de la nature et d'acclimatation de France, précit.*

[1572] Commission des Ctés europ., avis du 27 avril 1995, concernant « le franchissement de la vallée commune du Trebel et du Recknitz et celle de la Peene par l'autoroute A 20 en projet (Rép. Féd. All.) au titre de l'article 6 § 4 de la directive du Conseil 92/43 CEE concernant la conservation des habitats naturels ainsi que de la faune et de la flore sauvages », JOCE, n° C 178/3, 13 juillet 1995.

[1573] AJDA, 2011, p. 620 s. concl. M. Revert.

constituait pas une raison impérative d'intérêt public majeur »[1574]. Plus précisément, les requérants soutiennent dans la présente affaire que l'arrêté du préfet se trouve entaché d'une « erreur manifeste d'appréciation » au regard « de la courte durée de l'exploitation objet de la dérogation », c'est-à-dire au regard des conditions requises pour satisfaire à des raisons impérieuses d'intérêt public. Le Conseil d'État accueille favorablement la demande des requérants. En effet, « en dépit de l'intérêt public indiscutable qui s'attache à la continuité du service public de stockage des déchets non dangereux, à la date de l'édiction de l'arrêté attaqué du 21 mars 2008, le préfet du Var ne justifie d'aucune raison impérative d'intérêt public majeur au sens des articles L. 411-1 et suivants du code de l'environnement, seule susceptible de permettre de délivrer une dérogation dans les conditions énoncées dans ces dispositions ». « Les requérants sont [donc] fondés à soutenir que cette décision est, pour ce motif [uniquement], [...] entaché d'illégalité »[1575]. C'est donc bien la courte durée de l'exploitation (condition nécessaire selon la commission européenne[1576] pour retenir des « raisons impératives d'intérêt public majeur ») qui conduit à l'illégalité de l'arrêté attaqué.

630. Dès lors, la décision du préfet est entachée d'illégalité pour ne pas avoir respecté le « modèle » imposé par une certaine idée de l'intérêt général. L'intérêt général est donc bien une norme autonome qui impose et s'impose dans l'ordre juridique lorsqu'il se mêle à la technique de la dérogation. La dérogation d'intérêt général concrétisée n'est donc pas un droit mou comme la doctrine a pu le penser ni une « norme juridique sans impératif »[1577]. Ce phénomène est possible grâce à la concrétisation jurisprudentielle de l'intérêt général ; concrétisation liée à son imprécision ; imprécision qui le rend si proche du fait[1578].

631. Ainsi, la technique d'autonomisation normative de la dérogation, combinée à l'intérêt général, conduit à l'avènement d'une norme qui constitue un modèle à l'action pour orienter le comportement (tracé) et un étalon de mesure en termes de normativité (et pas seulement en termes de normalité) par le contrôle de légalité opérer afin de fonder une décision de justice. En effet, c'est bien la concrétisation de l'intérêt général qui impose un délai long

---

[1574] AJDA, 2011, p. 620 s. concl. M. Revert.

[1575] TA Toulon, 26 août 2010, *Société nationale de protection de la nature et d'acclimatation*, *précit.*

[1576] Commission des Ctés europ., avis du 27 avril 1995, *précit.*

[1577] C. Groulier, « Peut-on penser la norme juridique sans l'impératif ? », Droits, 50, 2009, p. 247 s.

[1578] L'intérêt général ne doit pourtant pas être confondu avec le fait juridique car à ces faits, s'attachent des conséquences juridiques (interdiction/obligation etc.) (V. sur la composition de la règle juridique et le fait juridique, Cl. du Pasquier, *Introduction à la théorie générale et à la philosophie du Droit*, 2e éd., Neuchatel et Paris, Delachaux et Niestlé SA, 1942, p. 85 s.).

en matière de dérogation qui pose problème et amène le Tribunal administratif à censurer l'arrêté du préfet pour non-conformité avec l'impératif de durée, c'est-à-dire pour non-respect de la règle implicitement posée par « les raisons impérieuses d'intérêt public ». Nous retrouvons alors tous les éléments de notre définition de la norme au sens fonctionnel (tracé et mesure en termes de normativité). Nous souhaitons également démontrer que les différentes phases du processus normatifs sont, là encore, applicables.

Phase 1. Réceptacle : « Intérêt général »

Phase 2. Énoncé prescriptif : La courte durée de l'exploitation, objet de la dérogation peut justifier la destruction d'espèces végétales et animales.

Phase 3. Signification de l'énoncé prescriptif = norme « intérêt général » N : si l'arrêté n'est pas prévu pour un long délai, alors la destruction d'espèces végétales et animales est prohibée. Il devra être annulé par le juge administratif.

Phase 4. L'effectivité de la norme « intérêt général » : en l'espèce, l'arrêté n'est pas prévu pour un long délai. Il a donc été annulé par le juge.

632. Le rôle normatif de l'intérêt général par rapport à l'interdiction des destructions d'espèces végétales et animales est ainsi significatif. Un second exemple, toujours lié au droit de l'Union, est lié à la dérogation d'intérêt général au principe de libre circulation des capitaux.

2. La dérogation d'intérêt général au principe de libre circulation des capitaux au sein de l'Union européenne

633. L'arrêt du Conseil d'État, en date du 13 février 2009, *Sté Stichting Unilever Pensioenfonds Progress et a*[1579], apporte une contribution à la dérogation d'intérêt général pouvant justifier une discrimination au principe de libre circulation des capitaux au sein de l'Union européenne. En l'espèce, par une décision ministérielle de 1971, la France avait « admis de faire bénéficier les fonds de pension et organismes d'investissement collectif d'un certain nombre de pays européens d'un remboursement de l'avoir fiscal attaché aux dividendes de source française qu'ils percevaient. Ce transfert partiel d'avoir fiscal avait pour effet d'effacer la retenue à la source française

---

[1579] V. Agulhon, J. Day et N. Sénéchault, « Placements financiers en France des organismes étrangers à but non lucratif : le Conseil d'État juge discriminatoire l'application de la retenue à la source de l'article 119 bis, 2 du CGI », Droit fiscal, n° 12, 19 mars 2009, comm. 253 sous CE, 13 févr. 2009, *Sté Stichting Unilever Pensioenfonds Progress et a.*, n° 298108, *précit.*

sur les dividendes ». Toutefois, la loi de finances pour 2004 ayant définitivement « supprimé le mécanisme de l'avoir fiscal »[1580], deux instructions sont venues commenter, en 2005, « les conséquences de cette suppression pour les actionnaires non-résidents et, en particulier, les fonds de pension néerlandais »[1581]. Tirant les conséquences de la réforme du régime fiscal des distributions, ces instructions ont précisé que « les actionnaires non-résidents ne bénéficieraient plus, à compter de 2005, d'un quelconque remboursement au titre de l'avoir fiscal ». Inquiet de voir le rendement de leurs placements financiers en actions françaises amputé, certains fonds de pension néerlandais ont demandé au ministre français de modifier les instructions administratives afin de revenir à la situation antérieure à 2005 et par conséquent de prévoir en leur faveur une exonération de la retenue à la source sur dividendes de source française, dans la mesure où l'application d'une telle retenue constituait une entrave à la libre circulation des capitaux, violant ainsi l'article 56 du Traité CE (nouvel article 63 TFUE). Le refus implicite du ministre de satisfaire à leur demande a, par la suite, fait l'objet d'un recours pour excès de pouvoir.

634. Le Conseil d'État décide tout d'abord que « l'application de la retenue à la source au versement de dividendes de sociétés françaises à des fonds de pension néerlandais constitue une restriction à la liberté de circulation des capitaux ». Par ailleurs, la dérogation d'intérêt général pouvant justifier une telle discrimination entre les organismes français et néerlandais n'a pas été retenue. En effet, « l'existence d'une raison impérieuse d'intérêt général, telle que la nécessité de sauvegarder la cohérence du régime fiscal ou l'efficacité des contrôles fiscaux, n'est pas démontrée en l'absence d'un lien direct entre l'exonération d'impôt dont bénéficient les organismes français et la compensation de cet avantage par un prélèvement fiscal déterminé ou l'impossibilité d'exercer un contrôle fiscal efficace sur les organismes néerlandais »[1582]. La discrimination litigieuse méconnaît donc les stipulations de l'article 56 du traité.

635. En l'espèce, la concrétisation de l'intérêt général, (ici les « raisons impérieuses d'intérêt général »), qui résulte de la nécessité de sauvegarder la cohérence du régime fiscal ou l'efficacité des contrôles fiscaux, rappelle le cadre théorique lié à l'existence d'un énoncé prescriptif qui s'impose au juge. Par souci de clarté, là encore, le processus normatif de l'intérêt général se résume en quatre phases :

[1580] Loi n° 2003-1311, 30 déc. 2003, art. 93 : Dr. fisc. 2004, n° 1-2, comm. 24.

[1581] Instr. 25 févr. 2005 : BOI 4 J-1-05, § 7 ; Dr. fisc. 2005, n° 11, instr. 13313.

[1582] CE, 13 févr. 2009, *Sté Stichting Unilever Pensioenfonds Progress et a.*, n° 298108, *précit.*

Phase 1. Réceptacle : « Intérêt général »

Phase 2. Énoncé prescriptif : La nécessité de sauvegarder la cohérence du système fiscal ou l'effectivité des contrôles fiscaux justifie une discrimination à la liberté de circulation des capitaux.

Phase 3. Signification de l'énoncé prescriptif : s'il existe une nécessité de sauvegarder la cohérence du système fiscal ou l'effectivité des contrôles fiscaux, alors, l'article 56 du traité instituant la Communauté européenne sera violé.

Phase 4. Effectivité de la norme « intérêt général » : en l'espèce, en raison de l'absence d'un lien direct entre l'exonération d'impôt et la compensation de cet avantage, il n'existe pas de nécessité de sauvegarder la cohérence du système fiscal ou l'effectivité des contrôles fiscaux. Ainsi, l'article 56 du traité instituant la Communauté européenne est violé.

636. Ainsi, la dérogation d'intérêt général permet bien de mettre en évidence la naissance concrète de la norme « intérêt général », quel que soit le type de dérogation. Mais alors, quelles sont les conséquences de l'existence d'un processus normatif qui s'avère être totalement inversé ?

III. Les effets de la dérogation d'intérêt général liés à un processus normatif inversé

637. L'intérêt général est lié à l'acceptabilité de la règle juridique. En effet, la dérogation d'intérêt général met en place un processus normatif inversé par la prise en compte de l'adhésion du destinataire de la norme (A). Ce faisant, la dérogation d'intérêt général témoigne d'un attachement particulier aux faits. Elle contribue alors à devenir un instrument du pluralisme dialectique (B).

A. Dérogation d'intérêt général liée à l'adhésion du destinataire du processus normatif

638. La théorie normativiste de H. KELSEN repose sur « la validité de la norme au sein de la pyramide »[1583]. Ce faisant, l'auteur « néglige l'importance du pouvoir d'adhésion de la norme qui ne se caractérise pas par son contenu mais par son appartenance à un ordre juridique »[1584]. Inspiré par

---

[1583] H. Kelsen, *Théorie pure du droit*, trad. C. Eisenmann, 1962, *op. cit.*, p. 299 s.
[1584] E. Millard, *Théorie général du droit*, *op. cit.*, p. 72.

« la dimension dynamique »[1585] du droit, « le droit n'est pas seulement un système de normes ordonnées mais un système qui prévoit ses propres conditions d'évolution »[1586]. En effet, « la norme fondamentale [...] ne contient rien d'autre que l'institution d'un fait créateur de normes »[1587]. Ainsi, la validité d'une norme « est mise totalement en relation formelle ou procédurale avec la validité d'une autre norme du même système »[1588]. La « validité d'une norme ne peut alors avoir d'autre fondement que la validité d'une autre norme »[1589], c'est-à-dire de la « norme supérieure »[1590]. Cela renvoie au « concept de hiérarchie des normes »[1591].

639. H. L. A. HART, quant à lui, estime que « le droit résulte de l'union de deux types de normes, les normes primaires, qui imposent des obligations et les normes secondaires qui confèrent des pouvoirs ou attribuent des compétences »[1592]. Dans la lignée de KELSEN, HART est soucieux de l'effectivité des règles juridiques. Les normes primaires supposent alors, « pour constituer un ordre juridique, qu'elles bénéficient d'une norme de reconnaissance qui joue le même rôle que la norme fondamentale dans la construction kelsénienne. Toutefois, cette norme de reconnaissance ne repose pas sur un présupposé « logico-transcendantal » comme pour KELSEN mais sur un fait empirique, le consensus normatif, en quelque sorte, les destinataires de la norme primaire »[1593].

640. Plus précisément, selon H. L. A. HART, « le droit ne peut être entièrement ramené à un ensemble de commandements assortis de sanctions. Il convient de s'assurer que ces commandements ont bien la valeur de règles de droit régulièrement édictées. Aussi, il est nécessaire d'établir une règle de reconnaissance qui déterminera un ou plusieurs traits qui peuvent être considérés comme indiquant d'une manière positive et décisive que la règle visée qui les possède, constitue bien une règle du groupe »[1594]. Dès lors, l'auteur invite « à fixer les conditions de l'impérativité des normes »[1595].

1585 *Ibid.*, p. 258 s.
1586 E. Millard, *Théorie général du droit*, *op. cit.*, p. 72.
1587 H. Kelsen, *Théorie pure du droit*, *op. cit.*, p. 259.
1588 E. Millard, *Théorie général du droit*, *op. cit.*, p. 72.
1589 H. Kelsen, *Théorie pure du droit*, *op. cit.*, p. 256.
1590 *Ibid.*, p. 256.
1591 *Ibid.*, p. 72.
1592 H. L. A. Hart, *Le concept de droit*, Bruxelles, 1976, trad. de l'anglais par M. Van De Kerchove, coll. « Publication des Facultés universitaires Saint-Louis », p. 78 s.
1593 B. Oppétit, *Philosophie du droit*, 1re éd. Paris, Dalloz, Précis, 1999, p. 64.
1594 H. L. A. Hart, *Le concept de droit*, *op. cit.*, p. 120.
1595 C.-M. Pimentel, « Reconnaissance et désaveu en droit politique (I) : l'avènement de ce qui est dans l'ordre de ce qui doit être », 2008, Jus Politicum, Revue électronique de droit politique, n° 1.

641. Toutefois, sur quoi repose réellement cette règle de reconnaissance ? C.-M. PIMENTEL met l'accent sur « les limites de cette reconnaissance qui ne serait finalement qu'une simple attestation de la valeur juridique, effectuée à partir de critères formels »[1596]. Il s'agirait là « d'une limite à la règle de reconnaissance qui fonde la validité de la règle sur un étalon de mesure sans s'interroger sur les origines de cet étalon »[1597]. D'où vient alors que cet étalon est respecté ? Selon HART, « la règle de reconnaissance est effectivement admise »[1598]. Cela pose problème dans la mesure où « un étalon de mesure, pour être admis, ne peut reposer uniquement sur un critère formel de reconnaissance »[1599]. Mais alors, quel doit être le critère de la règle de reconnaissance ? Comment peut-on reconnaitre la validité du critère de la validité ?

642. Si J. L. AUSTIN, dans la théorie des actes de langage, se réfère à « la notion de « Convention » pour apporter un élément de réponse à cette interrogation »[1600], il est nécessaire d'aller plus loin. C.-M. PIMENTEL propose par exemple l'idée d'une « reconnaissance substantielle comme condition de la reconnaissance formelle »[1601]. Ce qui fonde « la validité du critère de la validité, c'est *in fine* la reconnaissance par les sujets de droit »[1602]. Ainsi, pour que « les actes de droit soient regardés comme ayant une valeur juridique, il est nécessaire que les institutions politiques soient elles-mêmes reconnues par les sujets de droit »[1603].

643. Ce mécanisme peut être utile à la compréhension du fonctionnement de l'intérêt général. En effet, nous avons vu que l'intérêt général comportait une forte « évocation idéologique »[1604]. C'est justement ce caractère-là qui porte « l'adhésion des destinataires de la norme »[1605]. En effet, dans la jurisprudence administrative, l'intérêt général porte des valeurs collectives et sociales qui rappellent le critère substantiel de la validité d'une norme.

644. Ainsi, l'intérêt général est lié à l'acceptabilité de la norme en s'adaptant à ses destinataires. C'est pour cela qu'il prend en compte les

---

[1596] *Ibid.*

[1597] *Ibid.*

[1598] *Ibid.*

[1599] *Ibid.*, p. 4.

[1600] J. L. Austin, *Quand dire, c'est faire*, trad. française, Paris, Le Seuil, coll. « Essais », 1970, troisième conférence, p. 58 s.

[1601] C.-M. Pimentel, « Reconnaissance et désaveu en droit politique… », art. cit., p. 5.

[1602] *Ibid.*

[1603] *Ibid.*

[1604] V. Partie 1. Titre 2. Chapitre 1. Section 1. de la thèse.

[1605] L. Drai et D. Hiez, « La réception du droit : le droit des sujets », RRJ. Droit prospectif, 2007-1, p. 141 s.

« valeurs sociales et morales »[1606]. La technique de la dérogation accentue ce mécanisme. Par exemple, lorsqu'une dérogation d'intérêt général est censée remettre gravement en cause les droits des justiciables (droit au principe de légalité, droit à un recours effectif dans l'appréciation des conséquences des illégalités)[1607], elle compensera cette atteinte par la prise en compte croissante de leurs droits subjectifs et de leurs situations subjectives[1608]. De cette manière, la dérogation d'intérêt général, pour s'imposer, s'immisce dans le fait et dans la situation des justiciables, comme une condition implicite d'acceptabilité de la règle juridique.

645. La validité de la norme « intérêt général » ne provient donc pas directement de la validité de la norme supérieure mais de son « acceptabilité »[1609]. La norme « intérêt général », liée au processus dérogatoire renvoie à un « système normatif inversé »[1610]. Ici, la théorie de KELSEN ne tient plus lorsqu'il s'agit de la valeur objective, c'est-à-dire de la validité de la norme « intérêt général ». Pour rendre concrètement compte de ce phénomène, il convient de se référer à un arrêt en date du 20 avril 2011, relatif à la dérogation d'intérêt général permettant de refuser « la protection d'un fonctionnaire » sur le fondement de la loi du 13 juillet 1983. Nous avons vu précédemment que le juge administratif avait admis « le refus de protection du ministre pour des raisons d'intérêt général tirées de ce que l'État ne saurait couvrir de son autorité les agissements d'un agent ayant recueilli sur des personnalités publiques des informations sans lien avec les missions de service public dont il avait la responsabilité et gravement attentatoire à l'intimité de leur vie privée »[1611].

646. Le sens conceptuel de la norme dérogatoire d'intérêt général est donc bien : « l'État ne saurait couvrir de son autorité les agissements d'un agent [...] sans lien avec les missions de service public [...] ». Toutefois, ce sens, ici, n'est pas valide par rapport à une autre norme juridique supérieure. Elle ne tire sa validité dynamique que par l'autorité qui l'énonce (le juge *in fine*).

647. La norme de référence issue de la dérogation d'intérêt général ne peut être fixée à l'avance par une disposition législative car l'intérêt général est trop indéterminé. De plus, le juge n'applique pas la loi, en l'espèce, puisque la loi rappelle le principe de protection. L'intérêt général concrétisé permet au contraire de déroger au principe législatif. Or, dans l'élaboration de la norme de référence issue de l'intérêt général, le juge s'appuie notamment

---

1606 Pour les fonctions morales de l'intérêt général, v. Titre 1, Chapitre 1, Section 1 de la thèse.

1607 V. Partie 2. Titre 1. Chapitre 2. de la thèse.

1608 *Opus cit.*

1609 A. Rouyère, *Recherche sur la dérogation en droit public*, *op. cit.*, p. 500 s.

1610 Nous rejoignons ici la thèse d'A. Rouyère, *Ibid.*

1611 CE, 20 avril 2011, *M. Bertrand*, n° 332255, *précit.*

sur les faits à partir desquels le requérant fonde sa demande. La formulation de la règle de droit provient donc « d'en bas »[1612], elle est issue de « la demande des requérants »[1613] et non de l'application de la loi proprement dite puisque l'intérêt général déroge à la loi. Autrement dit, aucune norme supérieure à la norme de référence issue de l'intérêt général ne peut, « dans le cadre dérogatoire, poser la validité objective de l'énoncé normatif dégagé »[1614] car cet énoncé est né de l'interprétation du juge face à un cas concret et non en raison de l'application d'une norme supérieure qui n'existe pas.

648. L'intérêt général est donc lié à une « création » normative issue des faits et non de l'application d'une autre norme juridique supérieure. La norme « intérêt général », permet d'ailleurs aisément de censurer un décret[1615] et même une disposition législative[1616]. Ainsi, la norme de référence issue de l'intérêt général, norme générale et non individuelle, ne peut se réduire à un pur « acte d'application »[1617], telle une « décision d'espèce »[1618]. Le juge détermine la signification objective de l'acte « intérêt général » à partir du « fait »[1619] et non à partir d'une norme supérieure qui déterminerait sa validité objective.

1612 A. Rouyère, *Recherche sur la dérogation en droit public*, *op. cit.*, p. 500 s.

1613 A. Rouyère, *op. cit.*, p. 500 s.

1614 A. Rouyère, *op. cit.*, p. 500 s.

1615 Annulation d'un décret par la dérogation d'intérêt général : CE, 19 déc. 1979, *M. Meyet*, *précit.* En l'espèce, « aucune nécessité d'intérêt général ne justifie une tarification particulière des communications établies à partir des recettes auxiliaires. Par suite, le décret du 28 mars 1977 est illégal ». V. également, CE, Ass. 31 mai 2006, *GISTI*, *précit. :* le Conseil d'État annule le décret du 27 août 2004 en raison de « l'absence de motifs d'intérêt général pouvant justifier la dérogation au principe d'égalité ».

1616 L'absence de considérations d'intérêt général permet à la Haute juridiction de s'opposer à une validation législative. V. par ex., CE, 21 déc. 2007, *Fédération de l'hospitalisation privée*, Rec. p. 532.

1617 Une large partie de la doctrine considère que l'ensemble des décisions jurisprudentielles ne renvoient qu'à des « normes d'application » : C. Fardet, « La place des décisions de justice dans la hiérarchie des normes », Droits, n° 50, 2009, p. 221 s. spéc. p. 227. ; F. Terré, « Un juge créateur de droit ? Non merci ! », APD, 2007, n° 50, p. 305 s. ; J. Ghestin, « L'autorité de chose jugée des motifs d'une décision judiciaire en droit privé », Mélanges M. Waline, Paris, Dalloz 2002, p. 575 ; J. Héron, « Localisation de l'autorité de la chose jugée ou rejet de l'autorité positive de la chose jugée », Mélanges Perrot, Paris, Dalloz 1996, p. 131 s.

1618 V. Sur le statut de la décision d'espèce comme un acte d'application du droit : I. Poirot-Mazères, « Les décisions d'espèce », RDP, 1992, p. 443 s. ; C. Eisenmann, *Cours de droit administratif*, LGDJ Tome 2, 1954-1955, p. 372 ; M. C. Bergerès, « Les actes non réglementaires », AJDA, 1980, p. 3 s. ou encore M. Hauriou, *Principes de droit public*, 2e éd., Paris, Sirey, 1916, p. 137 s.

1619 L'intérêt général ne doit pas être confondu avec le fait juridique car à ces faits, s'attachent des conséquences juridiques (interdiction/obligation etc.). V. sur la

649. Toutefois, pour réfuter la théorie de la création jurisprudentielle de la norme « intérêt général », on pourrait objecter qu'une telle création serait impossible en raison de la « théorie des lacunes »[1620]. Cet argument est irrecevable dans la mesure où la dérogation d'intérêt général est liée à un processus normatif inversé. De ce fait, peu importe l'existence d'une norme supérieure. La norme « intérêt général » n'est pas créée par le principe de conformité du droit préexistant. Sa création est liée au « pluralisme dialogique »[1621], c'est-à-dire à « un mécanisme normatif qui prend en compte le fait et la situation des requérants »[1622]. Alors, la norme « intérêt général » est en rupture avec la traditionnelle présentation de la hiérarchie des normes. La norme dérogatoire, comme l'a déjà démontré A. ROUYÈRE, « vient d'en bas et n'est pas validée par la norme supérieure »[1623]. Ce faisant, le processus normatif imposé par la dérogation d'intérêt général rend caduque l'argument de l'inexistence du vide juridique puisque justement, la norme « intérêt général » se construit à partir de ce vide.

650. Ainsi, la dérogation d'intérêt général met en relief un processus normatif inversé dans la mesure où il prend en considération les destinataires de la norme. C'est ici la spécificité de la dérogation d'intérêt général qui rappelle un processus dialectique pluraliste.

B. La dérogation d'intérêt général, un instrument du pluralisme dialectique

651. Le Dictionnaire de Philosophie de C. GODIN souligne que « la dialectique s'oppose à la conception statique du réel et des idées »[1624]. En ce sens, « la dialectique qualifie le processus de leur transformation et le leur effectuation grâce au travail du négatif »[1625]. Au sens plus général, la dialectique, conforme à l'étymologie grecque (« *dialektikê* »), renvoie « à l'art du dialogue dans lequel des points de vue s'affrontent »[1626]. Définie par Platon, la dialectique devient une « science »[1627]. Elle s'analyse comme une sorte de

---

composition de la règle juridique et le fait juridique, Cl. du Pasquier, *Introduction à la théorie générale et à la philosophie du Droit, précit.*, p. 85 s.).

1620 H. Kelsen, *Théorie pure du droit*, 1962, *précit.*, p. 329 .

1621 V. sur ce point le prochain paragraphe.

1622 A. Rouyère, *Recherche sur la dérogation en droit public*, *op. cit.*, p. 500 s.

1623 *Ibid.*

1624 C. Godin, *Dictionnaire de Philosophie*, Paris, Fayard, Éditions du temps, 2004, p. 330 s.

1625 *Ibid.*

1626 V. par ex. sur l'art du dialogue : Platon, *Platon par lui-même*, textes choisis et traduits par L. Guillermit, Paris, GF-Flammarion, 1994. V. également Platon, *Gorgias, précit.*

1627 M. Blay, *Dictionnaire de concepts philosophiques*, Paris, Larousse, CNRS

« dialogue intérieur ». Elle prend le sens de « l'art de raisonner grâce à la confrontation de thèses différentes sur un sujet donné »[1628]. Rapporté au domaine juridique, la dialectique traduit « la tension qui innerve le système juridique »[1629]. En effet, la norme juridique est le fruit d'une tension, « d'un ordre de contrainte »[1630]. Dans ce cadre, elle s'impose à des destinataires. Toutefois, la dialectique met l'accent sur « la réception de cette norme par les destinataires. Ce sont eux, qui contribuent à la légitimité juridique de celle-ci »[1631]. La dialectique est donc liée au pluralisme.

652. Par pluralisme, il s'agit de faire référence à l'intervention de « plusieurs acteurs dans le processus normatif »[1632] : les autorités normatives, les autorités juridictionnelles et les sujets de droit. En effet, « le système juridique s'exprime dans une pluralité d'expression ou plutôt selon une polysystémie simultanée »[1633] selon l'expression de A. J. ARNAUD[1634].

653. Rapportée à la dérogation, A. ROUYÈRE explique bien en quoi cette technique est « un instrument du pluralisme ». En effet, « l'acte dérogatoire consacre la diversité des expressions concrètes du fait. Elle ménage une place au fait inédit [...] qui s'ajoute à la liste des hypothèses casuelles [...] et l'intègre dans un champ normatif »[1635]. Cette hypothèse est intéressante avec la dérogation d'intérêt général dans la mesure où l'intérêt général est particulièrement indéterminé. Il englobe par conséquent une pluralité supplémentaire de faits. Le modèle véhiculé par l'intérêt général, lié à cette adaptation aux faits, renvoie à l'existence d'une potentialité normative luxuriante.

654. La dérogation d'urbanisme est révélatrice à cet égard. En effet, V. LECOQ, dans une thèse relative à la *Contribution à l'étude juridique de la norme locale d'urbanisme*, révèle bien la « conception extensive »[1636] de la dérogation d'intérêt général qui s' « adapte » aux faits. L'auteur montre que l'intérêt général, lié à l'« adaptation »[1637] du plan d'occupation des sols, peut « faciliter l'implantation d'une activité économique »[1638], avoir pour objet « de

---

Éditions, 2006, p. 213 s.

1628 C. Godin, *Dictionnaire de Philosophie*, *op. cit.*, p. 332.

1629 *Recherche sur la dérogation en droit public précit.*, p. 499 et 500.

1630 *Recherche sur la dérogation en droit public précit.*, p. 499 et 500.

1631 *Ibid.*

1632 *Ibid.*

1633 A. J. Arnaud, *Critique de la raison juridique*, Paris, LGDJ, 1981, p. 25.

1634 Expression d'A. Rouyère, *Recherche sur la dérogation en droit public*, *op. cit.*, p. 500.

1635 *Ibid.*, p. 501.

1636 Pour plus de précision sur ce point, V. Lecoq, *Contribution à l'étude juridique de la norme locale d'urbanisme, précit.*, p. 333 s.

1637 Nous pouvons considérer ces adaptations comme une dérogation par leurs effets liés au pouvoir discrétionnaire du juge, lié à la notion d'intérêt général.

1638 P.-P. Danna et P. Popesco, « La dérogation aux documents d'urbanisme : atteinte

permettre l'implantation d'un hypermarché »[1639], « l'exploitation rationnelle d'une carrière »[1640], « l'installation d'un village de vacances »[1641], « l'aménagement d'un équipement hôtelier »[1642], « l'installation de la Régie Renault dans une zone boisée »[1643] ou « l'établissement d'un golf »[1644]. Plus globalement, le juge administratif peut ériger en motif d'urbanisme toute opération présentant un intérêt pour la commune[1645]. On voit donc bien que le fait est inépuisable. Or, puisqu'il est inépuisable, il rend infinies les possibilités normatives de la dérogation d'intérêt général. Ceci est l'illustration d'une alliance entre la règle liée à l'intérêt général et la place du fait. L'intérêt général attire le fait à l'intérieur de la règle. La norme ne vient plus d'en haut, c'est-à-dire d'une instance supérieure, extérieure aux faits, mais d'en bas (faits invoqués par les requérants). Nous rejoignons donc sur ce point la position soutenue par A. ROUYÈRE[1646] sur la dérogation.

655. L'intérêt général est donc lié à l'acceptabilité de la règle juridique par la mise en place d'un processus normatif inversé lié à l'adhésion du destinataire de la norme. Cette démarche premet au juge d'adapter le droit à « des réalités changeantes »[1647] en prenant en compte « les valeurs socialement »[1648] admises comme la notion « d'équité »[1649]. Finalement, la

---

à l'orthodoxie juridique ou tentative de conciliation de rationalités différentes », dans *La règle et l'urbanisme*, ADEF 1987, p. 527 s.

1639 CE, 27 avril 1984, *Société Hypermarché Continent*, DA, 1984, n° 250 : « La délibération décidant la création d'une zone UF destinée à recevoir des activités de nature commerciale et le classement dans cette zone de deux parcelles n'est entachée d'aucune erreur manifeste ; que cette délibération, adoptée pour permettre l'implantation d'un centre commercial destiné à satisfaire les besoins de la population de la commune, présente un caractère d'intérêt général et n'est pas entaché de détournement de pouvoir ». – CE, 10 nov. 1993, *SCI Le Marmont*, DA, 1993, n° 591.

1640 CE, Sect., 7 février 1986, *Colombet*, Rec., p. 29, RDP, 1986, p. 1161, concl. M. Dandelot.

1641 CE, 3 février 1987, *Ministre de l'Urbanisme et du Logement c/ association pour la protection de l'environnement et des habitants de Châteauneuf-de-Grasse*, AJDA, 1987, p. 695, note J.-B. Auby.

1642 CE, 11 oct. 1989, *M. et Mme Kallenbrunnen*, LPA, 21 janvier 1991.

1643 CE, 17 mars 1993, *Villiers-sur-le-Roule*, Mon. TP, 16 avril 1993, p. 44.

1644 CE, 7 juillet 1993, *Kerbriand*, Guide de la légalité des POS, EFE, 1995, p. 76.

1645 Ph. Billet, « L'intervention par le droit de l'urbanisme », dans *Les collectivités locales et l'entreprise*, LGDJ 2002, p. 132.

1646 *Recherche sur la dérogation en droit public précit.*, p. 499 et 500.

1647 B. Tardivel, *op. cit.,* p. 126.

1648 *Ibid.*

1649 Le souci d'adaptation du juge et son souci de l'équité s'exprime dans de nombreux arrêts. La jurisprudence *URAN* de 2003 est représentative car le juge estime qu'« eu égard au montant des sommes dont le législateur devait fixer les règles de répartition entre les porteurs de titres, des considérations d'intérêt général tirées de l'équité ont justifié que l'article 48 de la loi du 30 décembre 1999 pose des règles différentes pour

technique dérogatoire, par sa faculté à s'arracher à la norme d'origine, permet de constater l'autonomisation de la norme « intérêt général ». La technique dérogatoire est donc une condition nécessaire à l'élaboration de cette norme atypique.

Conclusion du Chapitre 2.

656. La notion de norme peut conduire, en fonction de l'idéologie choisie, à différentes définitions. En l'espèce, l'examen de la jurisprudence administrative nous a conduit a adopté un point de vue fonctionnel considérant la norme comme un instrument de tracé et de mesure en termes de normalité et surtout, de normativité. Cette norme renvoie également à la « signification d'un énoncé impératif » qui impose des obligations et s'impose devant le juge. Dans la jurisprudence, nous avons constaté que sous la forme de la technique dérogatoire, l'intérêt général remplissait toutes les conditions de la norme ci-dessus définie. La technique dérogatoire conduit donc à l'autonomisation normative de l'intérêt général. Il s'agit en l'espèce d'un processus normatif particulier qui ne tient pas sa validité d'une norme supérieure mais de l'adaptation aux faits. La dérogation d'intérêt général met donc en œuvre un mécanisme normatif inversé.

Conclusion du titre 2.

657. L'examen de la jurisprudence administrative permet de mettre en évidence qu'en principe, l'intérêt général s'exprime uniquement en termes de normalité. Cela signifie que l'intérêt général n'est pas une norme juridique à part entière mais seulement un standard, c'est-à-dire un élément parmi d'autres qui compose la norme juridique. Toutefois, sous certaines conditions, l'intérêt général s'actualise comme une norme à part entière. Cette norme renvoie, dans son contenu, à la « signification d'un énoncé prescriptif lié à un ordre normatif efficace et sanctionné ». Elle est également dotée de plusieurs fonctions dans la mesure où elle est destinée à être un instrument de tracé et de mesure. Il existe donc une échelle normative de l'intérêt général. L'intérêt général s'exprime en effet tantôt en termes de normalité, tantôt comme une véritable norme juridique. Ce faisant, l'intérêt général est bien « cause » dans la jurisprudence administrative. Par sa nature normative singulière, il peut faire évoluer le contentieux.

---

les petits porteurs et les titulaires de portefeuilles importants » (CE, 21 février 2003, n° 226489, *URAN*, Rec., p. 45). Ainsi, « ces règles ne sont pas incompatibles avec les stipulations de l'article 14 de la convention européenne ».

Conclusion de la Partie 1.

658. L'intérêt général a tout d'abord été considéré comme un standard juridique. En ce sens, il constitue un instrument de normalité au service du juge administratif. En tant que standard, l'intérêt général est doté de fonctions idéologiques, morales et rhétoriques. Il permet ainsi au juge d'adapter le droit à son environnement. Toutefois, l'intérêt général ne s'assimile pas totalement au standard dans la mesure où il demeure ontologiquement prédéterminé. Il n'est donc pas une notion totalement vide, dépourvue d'essence. L'intérêt général est par nature, politique.

659. Par ailleurs, dans la jurisprudence, l'intérêt général ne s'exprime pas uniquement en termes de normalité (norme non-autonome). Le juge s'y réfère également en tant que norme juridique véritable. La technique de la dérogation permet en effet à l'intérêt général de s'élever au rang de règle de droit impérative et prescriptive autonome. Ce faisant, l'intérêt général devient une norme à géométrie variable. Il existe une échelle normative de l'intérêt général. Ainsi, la nature normative de l'intérêt général permet de l'envisager comme une cause de changement dans la jurisprudence. Néanmoins, s'il est bien un moteur d'évolution du droit, l'intérêt général constitue également l'indicateur qui fixe les finalités de celui-ci. Ces modalités seront néanmoins guidées, orientées, par son statut politique. De cette manière, l'essence du politique détermine les finalités politiques de l'intérêt général.

Partie 2

LA FONCTION-FIN :

LES FINALITÉS DE L'INTÉRÊT GÉNÉRAL

660. Les finalités de l'intérêt général dans la jurisprudence sont intimement liées à celles du droit administratif[1650]. S'agissant des finalités du droit, l'école du droit social considère par exemple que « le droit dérive essentiellement de la vie en société. Il a donc pour but de tracer des règles de discipline qui s'imposent à chacun pour le maintien des relations sociales »[1651].

661. Le droit administratif s'accommode bien avec l'école du droit social « dès son développement au XIXe siècle car il s'est développé sur la base de logiques autoritaires »[1652]. G. BIGOT précise d'ailleurs que « deux empires ont forgé le droit administratif dont les autres régimes politiques du XIXe siècle se sont fort bien accommodés. Ils organisent un droit dont la principale caractéristique est d'assurer une domination »[1653]. Le droit administratif repose donc, à l'origine, sur la suprématie du pouvoir étatique. En effet, « le droit administratif a essentiellement été bâti depuis des décennies sur des notions plus communautaires qu'individuelles »[1654]. Il est ainsi « apparu et apparaît encore aujourd'hui, comme un droit de la communauté plus qu'un droit de l'individu »[1655].

662. Toutefois, ce qui reste à travers ce qui change lorsqu'on évoque le droit administratif, c'est sa perpétuelle évolution. En effet, au XXe siècle déjà, « ses caractères autoritaire et dominateur sont remis en cause par différents facteurs »[1656] : « l'invention du social »[1657], le « développement de l'État providence », « l'interventionnisme public »[1658]. De plus, depuis les années 1970, suite à « la "crise de l'État providence"[1659], se développent les

---

[1650] En effet, l'intérêt général innerve l'ensemble du droit administratif qu'il fait évoluer grâce à sa valeur normative. V. sur ce point, Partie 1.

[1651] P. Roubier, *Théorie générale du droit, Histoire des doctrines juridiques et philosophiques des valeurs sociales*, Dalloz, 2005, p. 285 s.

[1652] F. Melleray, « L'exorbitance du droit administratif en question(s) », AJDA 2003, p. 1961 s. V. aussi sur ce point, L. Jaume, *L'individu effacé ou le paradoxe du libéralisme français*, Fayard, 1997 ; L. Dumont, *Essais sur l'individualisme*, Le Seuil, 1983.

[1653] G. Bigot, *Introduction historique au droit administratif français depuis 1789*, PUF, 2002, p. 47.

[1654] *Ibid.*

[1655] S. Braconnier, *Jurisprudence de la Convention européenne des droits de l'homme et droit administratif français*, Bruylant, 1997, p. 306.

[1656] V. également sur ce point l'influence de l'école du service public : É. Pisier-Kouchner, *Le service public dans la théorie de l'État de Léon Duguit*, Paris, LGDJ, 1972, coll. « Bibliothèque de philosophie du droit ».

[1657] J. Donzelot, *L'invention du social. Essai sur le déclin des passions politiques*, Seuil, coll. « Points Série Essais », 1994.

[1658] P. Rosanvallon, *L'État en France de 1789 à nos jours*, Seuil, 1990 ; H.-G. Hubrecht, *Droit public économique*, Dalloz, 1997, p. 11-81.

[1659] P. Rosanvallon, *La crise de l'État providence*, Points Seuil, 1982.

thèses libérales et individualistes, aux niveaux économique et politique »[1660]. Ainsi, comme l'évoque F. MELLERAY, « les aspirations contemporaines sont très nettement inverses [de ce système autoritaire], d'essence individualiste, privilégiant les individus et non plus la collectivité »[1661]. Cela explique, souligne l'auteur, le développement des thèses relatives « aux droits subjectifs des administrés »[1662] ou encore à « la sécurité juridique »[1663]. Aujourd'hui, « les relations entre l'administration et les administrés sont donc désormais conçues sur un mode moins inégalitaire car nombre de prérogatives de l'administration sont contestées et progressivement limitées »[1664].

663. Dès lors, « l'État perd de sa transcendance et voit désormais la contestation de ses prérogatives exorbitantes se développer »[1665]. Plus, se comportant maintenant comme « un entrepreneur, il est réputé être géré efficacement en appliquant les règles du droit privé »[1666]. L'influence du libéralisme, accru par le rôle du droit de l'Union européenne, a ainsi profondément modifié le droit administratif. P. ROUBIER explique même que « le régime qui caractérise le mieux le droit public, est un régime de coordination, d'essence individualiste, justement pour parer à sa nature autoritaire »[1667]. En effet, en ce qui concerne « l'organisation intérieure de l'État, l'école du droit individuel a apporté des garanties aux gouvernés »[1668]. Il s'agit dès lors « moins de créer un organisme de grande puissance pour servir les intérêts généraux du peuple que de chercher à sauvegarder des droits des particuliers »[1669]. En ce sens, l'État, selon P. ROUBIER, a avant tout « pour but de protéger et de défendre le droit »[1670]. De là naît une tendance au développement du contentieux administratif qui permet de soumettre les actes des pouvoirs publics à l'examen du juge. Cela est en totale adéquation avec l'évolution des prérogatives du juge administratif et du « recours pour excès de pouvoir »[1671]. La thèse d'A. CLAYS témoigne d'ailleurs de l'évolution de

---

[1660] F. Melleray, « L'exorbitance du droit administratif en question(s) », art. cit., p. 1961.
[1661] *Ibid.*
[1662] N. Foulquier, *Les droits publics subjectifs des administrés*, Thèse, Dalloz, 2003.
[1663] B. Pacteau, « La sécurité juridique, un principe qui nous manque ? », AJDA 1995, n° spécial p. 151.
[1664] J. Chavallier, « La transformation de la relation administrative : mythe ou réalité ? », à propos de la loi du 12 avril 2000 relative au droits des citoyens dans leurs relations avec les administrations, D. 2000, chron. P. 575.
[1665] F. Melleray, « L'exorbitance du droit administratif en question(s) », art. cit., p. 1961.
[1666] *Ibid.*
[1667] P. Roubier, *Théorie générale du droit, opus cit.*, p. 285 s.
[1668] *Ibid.*, p. 264.
[1669] *Ibid.*
[1670] *Ibid.*
[1671] A. Clays, *L'évolution de la protection juridictionnelle de l'administré au moyen*

la protection juridictionnelle de l'administré au moyen du « recours pour excès de pouvoir »[1672]. De la sorte, l'école du droit individuel, fondée sur un « régime de coordination »[1673], tend à innerver le droit administratif moderne dont le caractère exorbitant (inégalitaire) décline au profit de l'individu.

664. Pour autant, « si on assiste bien à l'éviction progressive du droit administratif ainsi qu'à sa banalisation, cette éviction n'est que partielle et cette banalisation en voie de dépassement spécialement par une publicisation des moyens inspirés du droit privé »[1674]. De la sorte, si le courant individualiste a profondément modifié le droit administratif, celui-ci demeure néanmoins, par essence, « l'ombre de l'État éclairé par la lumière du siècle. L'ombre varie avec le siècle et ses lumières mais vouloir s'en défaire relève moins du libéralisme que de l'utopie »[1675]. Dès lors, même si le droit administratif, par ses mutations a pu être comparé aux tableaux consacrés par Paolo UCCELO à « la bataille de San Romano »[1676], il n'en demeure pas moins, selon J. BOULOUIS, que « l'ombre de l'État subsiste, malgré les lumières de l'école individualiste ». Ainsi, le droit administratif moderne semble osciller entre deux pôles, l'un historiquement et intrinsèquement lié à l'idée de puissance, en souvenir de l'école du droit social, l'autre lié au développement d'un droit plus égalitaire destiné à la protection des justiciables, en hommage à l'école du droit individuel.

665. La doctrine contemporaine est donc dite modératrice. Elle nous met en présence de deux données fondamentales. D'une part, le respect de la personne humaine anime le champ du droit individuel, droit de coordination entre les intérêts considérés comme égaux, dans lequel prévaut la justice commutative. D'autre part la tendance socialisante, nous place en face « d'une série de groupements nantis d'un droit de puissance »[1677]. J.-L. BERGEL note en ce sens « qu'aujourd'hui, en Europe occidentale, des formules intermédiaires associent à la fois la protection de l'individu et les exigences de la société »[1678]. Cette vision médiane conduit alors, selon nous, à rendre compte de l'action des pouvoirs publics et donc de la finalité de l'intérêt général dans la jurisprudence administrative.

666. En effet, les finalités de l'intérêt général renvoient à une certaine vision de l'État car rappelons-le, l'intérêt général est doté d'un statut

---

du recours pour excès de pouvoir, thèse, Université de Poitiers, 2005.

1672 *Ibid.*

1673 P. Roubier, *op. cit.*

1674 F. Melleray, « L'exorbitance du droit administratif en question(s) », art. cit., p. 1961 s.

1675 J. Boulouis, « Supprimer le droit administratif ? », Pouvoirs, 1988, n° 46, p. 12.

1676 J.-B. Auby, « La bataille de San Romano. Réflexions sur les évolutions récentes du droit administratif », AJDA 2001, p. 912.

1677 P. Roubier, *op. cit.* p. 264 s.

1678 *Ibid.*, p. 38.

ontologique qui le lie intiment au pouvoir politique. Ce statut essentialiste guidera alors naturellement ses finalités dans la jurisprudence. Plus précisément, si aujourd'hui on constate que l'intérêt général prend en compte, de manière croissante, les droits des justiciables (Titre 1) conformément à l'idéologie individualiste, il ne se limite jamais à la satisfaction de leurs intérêts propres. En effet, comme on l'a vu dans la partie précédente, l'intérêt général est naturellement politique et transcendant. Par conséquent, s'il prend en compte les intérêts particuliers, il ne s'assimile jamais totalement à eux. *In fine*, l'intérêt général sert la satisfaction des besoins de la collectivité dans son ensemble (Titre 2).

667. Finalement, pour reprendre les propos de J. BOULOUIS, « malgré les lumières individualistes, l'ombre de l'État » subsiste et l'intérêt général s'en fait naturellement l'écho. C'est d'ailleurs « cette ombre » que l'on cherche si souvent à cacher qui justifie et légitime, à travers la notion d'intérêt général, l'existence d'un droit administratif exorbitant (c'est-à-dire lié au pouvoir politique)[1679].

- *Titre 1. La prise en compte croissante des intérêts des justiciables par l'intérêt général*
- *Titre 2. La prise en compte constante des besoins de la collectivité par l'intérêt général*

[1679] Partie 2. Titre 2. Chapitre 2. Section 2. de la thèse.

TITRE 1.

LA PRISE EN COMPTE CROISSANTE DES INTÉRÊTS DES JUSTICIABLES PAR L'INTÉRÊT GÉNÉRAL

668. Traditionnellement, l'intérêt général est destiné à limiter les droits et les libertés des justiciables. Il est en effet lié à la sauvegarde des besoins de la collectivité, aux dépens des individus[1680]. Il semble alors paradoxal de prêter à l'intérêt général une fonction visant à protéger leurs droits. Pourtant, dans la jurisprudence administrative, plusieurs mécanismes expliquent de quelle manière l'intérêt général peut être lié à la protection des droits des justiciables.

669. En effet, le développement du contrôle de proportionnalité constitue une technique efficace pour le juge dans la prise en compte de leurs intérêts. Cette technique permet au Conseil d'État de rejeter toute considération d'intérêt général qui serait hors de proportion avec le but poursuivi. Les limitations des droits et des libertés des justiciables par l'intérêt général demeurent donc strictement encadrées par une technique qui permet de prendre en compte les différents intérêts en présence. Il faut encore noter que la technique de la proportionnalité a également contribué à l'enrichissement du contenu de l'intérêt général. Celui-ci concrétise désormais, dans son contenu même, les droits des justiciables. Dès lors, l'intérêt général sera considéré comme un instrument de concrétisation et de conciliation des droits et des libertés.

670. Il convient néanmoins de distinguer deux types de contrôle de proportionnalité. En effet, si l'intérêt général conduit dans tous les cas au renforcement des droits et des libertés des justiciables, les modes opératoires divergent selon que le juge examine l'intérêt général dans l'appréciation de la légalité (Chapitre 1) ou la réserve d'intérêt général dans l'appréciation des conséquences des illégalités (Chapitre 2).

- *Chapitre 1. L'intérêt général dans l'appréciation de la légalité*
- *Chapitre 2. L'intérêt général dans l'appréciation des conséquences des illégalités*

[1680] V. sur ce point le titre 2 de la présente Partie 2.

Chapitre 1.

L'intérêt général dans l'appréciation de la légalité

671. À travers la notion d'intérêt général, le juge administratif prend en compte les droits et les libertés des justiciables. Toutefois, dans l'appréciation de légalité, cette prise en compte s'effectue de deux manières. Tout d'abord, l'intérêt général permet de protéger et d'intégrer les droits des justiciables (Section 1). Ensuite, l'intérêt général ne servira plus seulement à protéger mais également à transformer leurs droits. Cette fonction est particulièrement présente dans l'évolution du principe d'égalité que l'intérêt général a modifié de manière significative. L'objectif sera alors de démontrer comment la notion d'intérêt général contribue à la mutation du principe d'égalité (Section 2) dans l'intérêt croissant du justiciable.

- *Section 1. Un instrument de protection des droits*
- *Section 2. Un instrument de transformation des droits : l'exemple du principe d'égalité*

SECTION 1.

UN INSTRUMENT DE PROTECTION DES DROITS

672. Traditionnellement, le contrôle de proportionnalité peut se présenter sous deux formes. Une « approche dualiste »[1681] permet en effet de

[1681] V. sur cette position, M. Fromont, « Le principe de proportionnalité », AJDA, juin 1995, n° spécial, p. 156 s. ; J. Moreau, *Droit administratif*, PUF, 1989, n° 145, p. 204 ; G. Vedel et P. Delvolvé, *Droit administratif*, tome 2, 12ᵉ éd., 1992, PUF, p. 705 ; J.-P. Costa, « Le principe de proportionnalité dans la jurisprudence du Conseil d'État », AJDA 1988, p. 434 s. ; X. Philippe, *Le contrôle de proportionnalité dans les jurisprudences constitutionnelles et administratives françaises*, Economica, Presses Universitaires d'Aix-Marseille, 1990, p. 342 s. L'auteur distingue le contrôle de proportionnalité dans le domaine des libertés fondamentales (p. 342 s.) et dans le contentieux de l'expropriation (p. 370 s.).

différencier le contrôle de proportionnalité, d'une part, tel qu'il est opéré entre l'intérêt général et l'exercice d'une liberté fondamentale (binaire) et, d'autre part, le contrôle du bilan associé à la jurisprudence *Ville Nouvelle Est*.

673. Cependant, d'autres auteurs estiment, au contraire, que « la technique du bilan est une simple application du principe de proportionnalité »[1682]. Or, dans la jurisprudence administrative, ces deux types de contrôle (binaire et bilan) jouent des fonctions différentes par rapport à la notion d'intérêt général. C'est donc l'approche dualiste qui sera choisie ici.

674. En effet, le premier contrôle (binaire) permet de montrer que les droits et libertés des justiciables ne peuvent pas être démesurément limités par l'intérêt général. Dans un rapport binaire, l'intérêt général constitue une limite traditionnelle à leurs droits. Néanmoins, avec la technique de la proportionnalité, la limitation par l'intérêt général est proportionnée et donc encadrée. Le contrôle binaire de proportionnalité permet alors de préserver indirectement les droits et les libertés des justiciables face à l'intérêt général (I).

675. Le second contrôle (bilan) fait quant à lui jouer un rôle différent à l'intérêt général. En effet, le rapport n'est plus binaire ici mais multipolaire (II). Si ce mécanisme permet une appréciation encadrée de l'intérêt général au profit des droits des justiciables, il favorise en plus la mutation de cette notion indéterminée matériellement. Cette technique contribue donc à l'enrichissement du contenu l'intérêt général qui deviendra un instrument de concrétisation et de conciliation des droits et des libertés.

I. La préservation des droits des justiciables par un contrôle binaire de proportionnalité

676. Traditionnellement, l'intérêt général justifie les atteintes aux droits et aux libertés des justiciables (A). Toutefois, la technique de la proportionnalité permet de sauvegarder les droits et les libertés de ceux-ci (B).

A. L'intérêt général, un motif traditionnel justifiant les atteintes aux droits et libertés des justiciables

677. L'intérêt général remplit traditionnellement deux fonctions dans le contrôle de légalité. Il constitue à la fois « l'étalon de mesure permettant de justifier l'illégalité de l'action administrative »[1683] et « l'instrument nécessaire

---

[1682] R. Chapus, *Droit administratif général*, t. 1, *op. cit.*, p. 1074 s. (la théorie du bilan est une « expression commode et adéquate pour désigner, en toutes matières, le plein contrôle de proportionnalité », p. 1078).

[1683] R. Vidal, « L'évolution du détournement de pouvoir dans la jurisprudence administrative », RDP 1952, p. 275 s.

de sa légitimation »[1684]. Ce dernier point explique alors pourquoi l'acte administratif, qui peut atteindre les conditions d'exercice de certains droits et libertés, est légal à partir du moment où l'intérêt général le justifie. Ainsi, l'intérêt général est un instrument classique permettant la « limitation »[1685] des droits et des libertés des justiciables[1686].

678. Au niveau national, le Conseil constitutionnel « recourt fréquemment à l'intérêt général dans ce but »[1687]. Il tient en effet compte des « fins d'intérêt général » ou des « objectifs de valeur constitutionnelle » pour « définir la protection à accorder à des droits fondamentaux entrant en collision avec ces intérêts ou objectifs »[1688]. De cette manière, le Conseil a par exemple concilié :

- Le droit de grève avec « la continuité des services publics »[1689] (intérêt général).
- La liberté individuelle d'aller et venir avec « ce qui est nécessaire pour la sauvegarde des fins d'intérêt général dont la poursuite motive la vérification d'identité »[1690].
- La liberté de communication avec « les objectifs de valeur constitutionnelle que sont la sauvegarde de l'ordre public, le respect d'autrui et la préservation du caractère pluraliste des courants d'expression socioculturels »[1691].
- Le droit de propriété avec des considérations d'intérêt général[1692].

[1684] *L'intérêt général*, Rapport public 1999, *précit.*, p. 272 s. ; F. Rangeon, *L'idéologie…*, *op. cit.*, p. 21 s.

[1685] L. Favoreu, P. Gaïa, R. Ghevontian, F. Mélin-Soucramanien, A. Pena-Soler, O. Pfersmann, J. Pini, A. Roux, G. Scoffoni et J. Tremeau, *Droit des libertés fondamentales*, *précit.*, p. 280, n° 200 et 201.

[1686] P. Wachsmann, « De la légitimité de l'atteinte à un droit individuel pour des motifs d'intérêt général », AJDA 1991, p. 382 s.

[1687] G. Merland, « L'intérêt général, instrument efficace de protection des droits fondamentaux ? », Cah. Cons. const., n° 16, juin 2004. V. également, G. Merland, *L'intérêt général dans la jurisprudence constitutionnelle*, Thèse, Paris, LGDJ 2004, coll. « Bibliothèque constitutionnelle et de science politique ».

[1688] *Droit des libertés fondamentales*, *op. cit.* p. 280, n° 201.

[1689] Cons. const., 25 juillet 1979, 79-105 DC, *Droit de grève à la radio-télévision*, Rec. 33, RJC I-71.

[1690] Cons. const., 19-20 janvier 1981, n° 81-127 DC, *Sécurité et liberté*, Rec. 15 ; RJC I-91.

[1691] Cons. const., 27 juillet 1982, n° 82-141 DC, *Communication audiovisuelle*, Rec. 48 ; RJC I-126.

[1692] Des considérations d'intérêt général ou d'ordre public peuvent imposer la procédure d'autorisation préalable concernant le droit de propriété. V. par ex. Cons. const. 26 juillet 1984, déc. n° 84-172 DC, *Contrôles des structures des exploitations agricoles* (§ 7) : RJC I- 185. V. aussi L. Favoreu, « La jurisprudence du Conseil

679. Dans une démarche similaire, le juge administratif utilise l'intérêt général pour limiter l'exercice des droits et des libertés des justiciables. Par exemple, le Conseil d'État fait référence à l'intérêt général pour limiter « l'exercice de la liberté du commerce et de l'industrie »[1693] ou encore « l'exercice de la liberté de communication garantie par la loi du 30 septembre 1986 »[1694]. De même, dans le domaine de la police administrative, la Haute juridiction tente de « concilier les intérêts généraux dont le ministre a la charge avec le respect dû aux libertés publiques, et notamment à la liberté de la presse »[1695]. On voit bien ici que l'intérêt général justifie les atteintes aux libertés publiques. Le contenu de l'intérêt général ne s'assimile donc pas en l'espèce à la défense d'une autre liberté à protéger. Il renvoie « aux restrictions imposées pour assurer la discipline qu'exige la vie sociale »[1696].

680. Enfin, la Haute juridiction utilise également l'intérêt général pour justifier les atteintes aux droits garantis par la Convention européenne des droits de l'Homme. En effet, le « réalisme européen permet des dérogations aux droits de l'homme ; d'autant plus que la plupart des droits garantis par la Convention sont des droits conditionnels »[1697]. Dans ce cas, la limitation des droits garantis est permise « si elle est prévue par la loi, si elle poursuit un but légitime et si elle est proportionnée et nécessaire dans une société démocratique »[1698]. Or, « les objectifs d'intérêt général poursuivis par la communauté »[1699] peuvent tout à fait être considérés par la Cour comme des buts légitimes. L'intérêt général renvoie alors à « la sécurité »[1700], « la

---

constitutionnel et le droit de propriété proclamé par la Déclaration de 1789 », dans *Conseil constitutionnel, La Déclaration des droits de l'homme et du citoyen et la jurisprudence*, PUF, coll. « Recherches politiques », 1989, p. 123.

1693 CE, 30 mai 1930, *Chambre syndicale du commerce en détail de Nevers*, Rec., p. 583, *précit.* – CE, Sect. 20 nov. 1964, *Ville de Nanterre,* p. 563 – CE, Ass., 31 mai 2006, *Ordre des avocats au barreau de Paris*, n° 275531, Rec., p. 272.

1694 CE, 2 février 2011, *Société TV numeric*, n° 329254, à paraître au Rec.

1695 CE, Sect., 9 juillet 1997, *Association Ekin*, Rec. p. 300.

1696 P.-L. Frier et J. Petit, *Précis de droit administratif*, *op. cit.*, p. 253 s.

1697 J.-F. Renucci, *Traité de droit européen des droits de l'homme*, LGDJ, 2007, p. 759 s.

1698 J. Andriantsimbazovina, « L'État et la société démocratique dans la jurisprudence de la Cour européenne des droits de l'homme », dans Mél. Cohen-Jonathan, Bruylant, 2004, p. 57 s. V. aussi Ph. Vegleris, « Valeur et signification de la clause « dans une société démocratique dans la CEDH" », RTDH, 1968, vol. I, p. 227 s. V. également, CEDH, 13 juin 1979, *Marckx c. Belgique*, § 58, A, n° 31 ; AFDI 317, note Pelloux ; JDI 1982, p. 183, obs. Rolland.

1699 J.-F. Renucci, *op. cit.*, p. 759 s.

1700 V. par ex. « sur la sécurité et la cohérence juridique pour la protection des droits d'autrui » (CEDH, 30 juillet 1998, *Sheffield et Horsham c/ Royaume-Uni*, RTDH 1999, p. 646, note M. Levinet). Pour « la protection de la sécurité nationale et de la préservation de la discipline militaire »[1701], « la volonté d'éviter l'anarchie syndicale et d'assurer une politique du personnel cohérente et équilibrée »[1702] ou encore à « la sûreté, l'ordre public, l'intégrité territoriale, la défense, le bien-être économique du pays, la protection de la santé ou de la morale, la prévention des infractions, la divulgation d'informations confidentielles, la garantie de l'autorité ou encore à l'impartialité de la justice »[1703]. Ainsi, la Cour européenne comme la Cour de Justice[1704] prennent en compte des considérations d'intérêt général pour justifier les atteintes aux droits des justiciables.

681. Cela explique alors la primauté de l'intérêt général sur les libertés garanties par la Convention. Par exemple, des « motifs d'intérêt général » justifient des atteintes au « droit d'accès au juge et au droit à voir les affaires jugées dans un délai raisonnable garantis par l'article 16 de la déclaration des droits de l'homme et du citoyen et les stipulations des articles 6 et 13 de la Convention »[1705]. Dans la même logique, le juge administratif peut faire primer l'objectif de valeur constitutionnelle de bonne administration de la justice dans le but de « procéder à une meilleure affectation des moyens de la justice, de limiter l'isolement des juges et de renforcer la continuité du service public de la justice » face aux articles 6 et 13 de la Convention[1706]. Dans d'autres cas, l'intérêt général peut aussi justifier des atteintes à la liberté

---

défense de l'ordre » (CEDH, 31 mai 2007, *Grande Oriente d'Italia di Palazzo Giustiniani c. Italie (n° 2)* ; CEHD, 27 juillet 2004, *Sidabras et Dziautas c/ Lituanie*, § 55).

[1701] CEDH, 8 juin 1972, *Engel c/ Pays-Bas*, A. 22.

[1702] CEDH, 27 octobre 1975, *Syndicat national de la police belge c/ Belgique.*

[1703] J.-F. Renucci, *Traité de droit européen des droits de l'homme*, *op. cit.*, p. 763.

[1704] L'intérêt général poursuivi par la communauté permet de justifier les atteintes au droit de propriété. V. CJCE, 15 avril 1997, *The Irish Farmes Association et autres contre Minister for Agriculture, Food and Forestry, Ireland et Attorney General*, Aff. C-22/94, Rec. p. I-1809 – CJCE, 17 déc. 1998, *Stefan Demand c/ Hauptzollamt Trier*, C-186/96 Rec. CJCE, p. I-8529. L'intérêt général permet également de justifier les atteintes au libre exercice des activités professionnelles. V. CJCE, 17 juil. 1997, *SAM Schiffahrt GmbH et Heinz Stapf contre Bundesrepublik Deutschland*, Affaires jointes C-248/95 et C-249/95, Rec. p. I-4475.

[1705] CE, 19 févr. 2010, *Molline et autres*, n° 322407, Rec. p. 20 – CE, 15 déc. 2010, *Commune de Fougères*, n° 336981, inédit.

[1706] CE, 19 févr. 2010, *Molline, précit.* – CE, 15 déc. 2010, *Commune de Fougères, précit.* Sur l'atteinte à l'article 6 justifiée par l'intérêt général, v. CE, 28 mars 2011, *Ordre des avocats au barreau de Strasbourg*, n° 334533, à paraître aux T. Rec. Sur l'atteinte à l'article 13 de la Conv., v. CE, 12 mai 2010, *Association de défense et d'information des citoyens pour une justice de proximité*, n° 315081, inédit.

d'expression garantie par l'article 10 de la Convention[1707] ou encore à l'article 1er du premier protocole additionnel à la convention européenne[1708].

682. Ainsi, l'intérêt général constitue une justification traditionnelle aux atteintes aux droits des justiciables. Néanmoins, cette atteinte n'est jamais illimitée car elle s'exerce dans le cadre d'un contrôle de proportionnalité ; contrôle permettant *in fine* de préserver leurs droits.

B. La conciliation binaire de l'intérêt général face aux droits des justiciables

683. Dans une thèse intitulée *La technique de la proportionnalité et le juge de la Convention européenne des droits de l'homme*, P. MUZNY souligne que la « proportionnalité est consubstantielle à la nature des droits fondamentaux en ce qu'elle constitue la méthode naturelle de réalisation de leur signification »[1709]. Ce lien logique, observable également dans le droit de l'Union européenne[1710], permet de constituer « un moyen de protection des particuliers »[1711].

684. La démarche du juge administratif français est comparable à celle des juridictions européennes. Toutefois, le Conseil d'État s'attache davantage au contrôle de la nécessité lorsqu'il est question d'encadrer l'exercice d'une liberté. Ainsi, lorsque l'intérêt général et une liberté publique s'opposent, la poursuite de l'intérêt général peut justifier l'atteinte à la liberté, à condition seulement que l'atteinte portée soit strictement nécessaire[1712]. Dans ce rapport binaire (administration/individu), le juge cherchera alors à défendre « les attentes normatives des individus »[1713], c'est-à-dire, « une représentation de la norme telle qu'elle est attendue »[1714] ou qu'on se la représente. Or, dans un État de droit, la liberté prime[1715] et l'intérêt général qui y déroge devra être

---

[1707] CE, 16 mars 2011, *Société Télévision Française 1 (TF1),* n° 334289, à paraître au Rec..

[1708] CE, 21 oct. 2011, *Ministre du budget, des comptes publics et de la fonction publique*, n° 314768, inédit.

[1709] P. Muzny, *La technique de la proportionnalité et le juge de la Convention européenne..., op. cit.*, p. 82.

[1710] S. Berrada, *Recherches sur le principe de proportionnalité dans l'ordre juridique communautaire*, thèse, Université Montesquieu, Bordeaux IV, 2003, spéc., p. 245 s.

[1711] *Ibid.*, p. 249 s.

[1712] CE, 16 nov. 1977*, Sevin*, Rec. p. 436 – CE, 10 déc. 1993 *Mme Maes*, Rec. p. 918.

[1713] B. Bolaños, *Attentes normatives et proportionnalité. Eléments de théorie de la décision juridique*, thèse, Université Paris I Panthéon-Sorbonne, UFR de Philosophie, 2007, p. 313.

[1714] *Ibid.*, p. 319.

[1715] V. en matière de police administrative, « La liberté est la règle et la restriction de police l'exception », concl. Corneille sur CE, 10 août 1917, *Baldy, précit.*

strictement nécessaire. C'est de cette manière que l'intérêt du justiciable est préservé.

685. En effet, en droit interne, le principe de proportionnalité permet une juste conciliation entre l'intérêt général et les droits des justiciables. Les exemples du droit de grève (1) et du respect de la vie privée des étrangers (2) face à l'intérêt général sont représentatifs d'une telle conciliation.

1. L'intérêt général face au droit de grève

686. Au début du XXe siècle, la grève des agents publics était prohibée[1716]. Elle entraînait le licenciement immédiat de l'agent gréviste et autorisait l'administration à utiliser tous les moyens pour y faire face[1717]. Cette position radicale contre le droit de grève était approuvée par la doctrine. M. HAURIOU y voyait par exemple « un droit de guerre privée qui dresse une partie de la nation […] contre l'autre »[1718] alors que L. DUGUIT compare la grève à un « crime »[1719].

687. Toutefois, la Constitution de 1946 a posé dans son préambule le principe selon lequel « le droit de grève s'exerce dans le cadre des lois qui le réglementent ». Pour le Conseil d'État, « l'Assemblée constituante a entendu inviter le législateur à opérer la conciliation nécessaire entre la défense des intérêts professionnels dont la grève constitue une modalité et la sauvegarde de l'intérêt général auquel elle peut être de nature à porter atteinte »[1720]. Cette formule a permis au juge de reconnaître le droit de grève aux agents des services publics, et notamment aux fonctionnaires tout en considérant que, dans l'intérêt général, il devait être concilié « avec des nécessités d'ordre public »[1721]. Autrement dit, le pouvoir réglementaire[1722] et le chef de service[1723] peuvent limiter l'exercice du droit de grève « pour des motifs tenant à l'intérêt général et, plus précisément, à la continuité du service public »[1724]. Néanmoins, il faut bien prendre garde, souligne M. WALINE, « de ne pas restreindre le droit de grève de manière disproportionnée au but recherché, qui

---

[1716] CE, 7 août 1909, *Winkell* et *Rosier*, Rec. p. 826, concl. Tardieu – CE, sect. 22 oct. 1937, *Delle Minaire et autres*, Rec. p. 843.

[1717] CE, 18 juillet 1913, *Syndicat national des chemins de fer de France et des colonies*, Rec. p. 875.

[1718] Note M. Hauriou sous CE, 7 août 1909, *Winkell, précit.*, S. 1909. 3. 145.

[1719] L. Duguit, *Traité de droit constitutionnel*, Boccard, t. 3, 1927, 3e éd., p. 221.

[1720] CE, Ass. 7 juillet 1950, *Dehaene*, Rec. p. 426 ; RDP 1950, p. 691, concl. Gazier, note M. Waline.

[1721] CE, Ass. 7 juillet 1950, *Dehaene, précit.*

[1722] CE, 14 mars 1956, *Hublin*, Rec. p. 117 – CE, 9 juillet 1965, *Pouzenc,* Rec. p. 421.

[1723] CE, 7 février 1936*, Jamart*, Rec. p. 172.

[1724] S. Braconnier, *Droit des services publics, précit.*, p. 310. V. également, G. J. Guglielmi, G. Koubi et G. Dumont, *Droit du service public, précit. ;* D. Linotte et R. Romi, *Droit du service public, précit.*

est de sauvegarder la continuité essentielle à la vie nationale »[1725]. Il s'agit alors d'un contrôle de proportionnalité binaire mis en place par le juge devant vérifier si la défense de l'intérêt général poursuivi justifie l'atteinte au droit de grève.

688. Malgré les évolutions jurisprudentielles[1726] et législatives[1727], la solution apportée par l'arrêt *Dehaene* demeure encore applicable[1728]. Cela permet au juge de concilier les différents intérêts en présence. Dans le cadre d'un contrôle de « proportionnalité et de nécessité »[1729], il vérifie que l'atteinte portée au droit de grève n'est pas excessive et est bien nécessaire. En effet, le Conseil d'État vérifie si les limites au droit de grève sont bien indispensables à la sauvegarde de l'intérêt général ou de l'ordre public. Il annule alors « les interdictions permanentes et absolues de la grève des agents publics chargés de la manœuvre des écluses de la section internationale de la Moselle ». En l'espèce, la grève « ne mettait pas nécessairement en péril, [...] la conservation des installations [...] et le fonctionnement d'un service dont la continuité est indispensable à l'action gouvernementale ou à l'ordre public »[1730]. Dans la même logique, la Haute juridiction rejette « le recours des usagers du service public des transports qui contestent la légalité du refus des dirigeants de la RAPT d'organiser un service minimum en cas de grève »[1731]. La Haute juridiction exige des perturbations suffisamment répétées et importantes pour considérer que les besoins essentiels en matière de transport collectifs ne soient pas satisfaits. Le juge exerce alors un « contrôle de la nécessité de l'atteinte »[1732]. Il convient en effet de démontrer que « seule l'instauration d'un service minimum avec la limitation du droit de grève permet de satisfaire aux nécessités de la continuité du service public »[1733]. Un tel contrôle permet de rejeter la demande des usagers car « l'obligation de garantir l'effectivité du

---

1725 RDP 1950, p. 691 s. note M. Waline, spéc. p. 701.

1726 *GAJA, précit.*, n° 63, p. 399.

1727 V. la loi du 21 août 2007 (L. n° 2007-1224, 21 août 2007, *Le dialogue social et la continuité du service public dans les transports terrestres de voyageurs* : JCP G 2007, I, 192, R. Vatinet ; AJDA 2007, p. 1752, comm. F. Melleray) ou encore la loi du 20 août 2008 qui fait bénéficier les élèves des écoles maternelles et élémentaires d'un service d'accueil lorsque les enseignements ne peuvent être dispensés, notamment du fait d'une grève.

1728 *GAJA, précit.*, n° 63, p. 399.

1729 G. Terrien, « RATP et droit de grève », JCP A, n° 24, 14 juin 2011, 2218.

1730 CE, 4 fév. 1981, *Féd. CFDT des pers. de l'env., de l'équipt. et du logt., des transp. et du tour.*, Rec. p. 45.

1731 CE, 8 mars 2006, *Onesto et autres*, n° 278 999, Rec. p 113 ; Concl. R. Keller, RFDA 2006 p. 1236.

1732 Concl. R. Keller sous CE, 8 mars 2006, *Onesto*, RFDA 2006, p. 1236 s.

1733 *Ibid.*

principe de continuité du service public n'implique pas celle d'édicter à tout moment une réglementation du droit de grève »[1734].

689. Toutefois, la conciliation entre « la défense des intérêts des agents et la sauvegarde de l'intérêt général »[1735] peut conduire le juge à limiter, lorsque cela est strictement nécessaire, l'exercice du droit de grève. Dans un arrêt en date du 11 juin 2010, « le président-directeur général de la RATP disposait, en tant que chef de service, de la compétence pour déterminer la nature et l'étendue des limites à apporter au droit de grève afin d'en éviter un usage abusif ou contraire aux nécessités de l'ordre public »[1736]. Il a ainsi, par une « instruction générale IG 519 »[1737], imposé « aux agents de la Régie qui souhaiteraient rejoindre un mouvement de grève, de le faire à l'intérieur du préavis, à n'importe quelle prise de service mais exclusivement au début de la prise de service ». Le syndicat conteste cette restriction qui impose de rejoindre le mouvement de grève au début d'une prise de service. Examinant la proportionnalité et la nécessité de l'atteinte, le Conseil d'État met en balance la préservation de l'exercice constitutionnel du droit de grève avec les nécessités du service. En l'espèce, « la limitation apportée à l'exercice du droit de grève » est « justifiée par les nécessités du fonctionnement du service public de transport assumé par la RATP et vise à prévenir un usage abusif du droit de grève ». Un tel contrôle permet donc de rendre l'atteinte au droit de grève proportionnelle et strictement nécessaire[1738]. De la sorte, le droit de grève, principe invocable par les justiciables devant le juge, est préservé.

690. Néanmoins, en fonction des besoins du service, les réglementations peuvent être plus rigoureuses mais toujours proportionnées. Tel est le cas par exemple « de notes prises par le directeur général délégué d'EDF qui a décidé de maintenir à leur poste de travail les salariés en charge des opérations d'arrêts de tranches de centrales nucléaires ». En l'espèce, le Conseil d'État, statuant dans le cadre d'un référé suspension, a estimé que les « notes litigieuses ont entendu proportionner les contraintes exercées à l'encontre des salariés aux besoins de la mission du service public électrique en n'exigeant la présence au service que des agents de six tranches sur les 17 placées en arrêt, en ne concernant en moyenne que la moitié des agents présents sur les sites de ces six tranches, et en n'imposant le maintien au

---

[1734] M. Lombard, « La continuité du service public n'impose pas à la RATP d'organiser un service minimum en cas de grève », DA, 01/06/2006, n° 6, p. 29 .

[1735] CE, 11 juin 2010, *Syndicat Sud RATP*, n° 333262, T. Rec. p. 606, 798, 819 et 1003 ; note G. Terrien, JCP A, 14/6/2011, n° 24, p. 37 ; concl. F. Lenica, RJEP, 1/12/2010, n° 681, p. 23.

[1736] G. Terrien, « RATP et droit de grève », JCP A, n° 24, 14 juin 2011, 2218.

[1737] CE, 11 juin 2010, *Syndicat Sud RATP*, n° 333262, *précit.*

[1738] V. pour un autre ex. du contrôle de la nécessité de la limitation du droit de grève, CE, juge des référés, 7 juillet 2009, *Fédération nationale des mines et de l'énergie CGT*, n° 329284, inédit.

service que de la moitié, en moyenne, des agents grévistes sur chacune de ces tranches »[1739]. Plus précisément, compte tenu de « la nature du service de production d'électricité et des impératifs de sécurité qui lui sont liés [...], la direction d'EDF [...] qui ne sauraient avoir pour objet et pour effet de contraindre l'ensemble des personnels des tranches visées à remplir un service normal mais seulement de répondre de la continuité des fonctions indispensables pour assurer la remise en service des réacteurs arrêtés [...] et éviter des conséquences graves dans l'approvisionnement électrique du pays, n'a pas porté une atteinte manifestement illégale à la liberté fondamentale que constitue le droit de grève pour les salariés concernés ». Dans le cadre d'un recours en excès de pouvoir, la même affaire amène le Conseil d'État à confirmer la compétence de principe des organes dirigeants d'une société privée (EDF) responsable d'un service public, pour limiter le droit de grève, dans la lignée de la jurisprudence *Dehaene*. Le juge exerce ici un contrôle de proportionnalité détaillé[1740] entre d'une part, la défense des intérêts professionnels dont la grève constitue l'une des modalités et l'intérêt général auquel elle ne peut être de nature à porter atteinte (contrôle binaire). En l'espèce, le juge vérifie l'adéquation des mesures prises par les dirigeants. Tout d'abord, le droit de grève ne peut être limité que « pour éviter de graves conséquences dans l'approvisionnement du pays en électricité » (point 13). De plus, les mesures ne sont légalement justifiées que si « des solutions alternatives [...] font défaut ». Par ailleurs, s'ajoute au contrôle de proportionnalité (adéquation), le contrôle de la nécessité des mesures de réquisition. En l'espèce, elles ont été jugées « indispensables »[1741] pour assurer le redémarrage des réacteurs dont l'interruption prolongée du fonctionnement aurait porté atteinte aux « besoins essentiels du pays ».

691. Finalement, c'est donc bien le contrôle de proportionnalité qui préserve l'exercice du droit de grève même si des restrictions peuvent y être apportées, dans l'intérêt général. Si des limitations sont admises, elles ne sauraient justifier la disparition du droit de grève qui est aussi un droit protégé par le droit européen depuis 2009[1742]. Celui-ci est désormais rattaché à l'article

---

[1739] CE, juge des référés, 7 juillet 2009, *Fédération nationale des mines et de l'énergie CGT,* n° 329284, inédit.

[1740] Le contrôle de proportionnalité est dit normal ici, en 2013, car l'affaire est jugée dans le cadre d'un recours pour excès de pouvoir. Au contraire, en 2009, dans le recours en référé, le juge exerce seulement un contrôle de l'erreur manifeste.

[1741] CE, Ass., 12 avril 2013, *Fédération Force Ouvrière Énergie et Mines*, n° 329570, à paraître au Rec. ; AJDA 2013, p. 1052, note X. Domino.

[1742] Dans le prolongement des jurisprudences *Demir et Baykara* (CEDH, Gd ch., *Demir et Baykara c. Turquie*, 12 nov. 2008, JCP 2009.II.10018, note F. Sudre), la Cour européenne consacre pour la première fois le droit de grève dans une affaire en date du 21 avril 2009 : CEDH, 21 avril 2009, *Enerji Yapi Yol Sen c. Turquie*, aff. N° 68959/01 ; Droit ouvrier, 1/8/2010, n° 745, p. 453 s., note M. Bonnechère ; chron.

11 de la Convention. Ainsi, selon J.-P. MARGUENAUD et J. MOULY, « pour l'Europe des droits de l'homme, c'est le droit de grève qui prime et ce sont les atteintes qui lui sont portées qui doivent être strictement justifiées »[1743]. Si des divergences de jurisprudences existent entre la Cour européenne qui privilégie le droit de grève et la Cour de Justice de l'Union européenne qui tend à favoriser « les libertés économiques » contre les « motifs impérieux d'intérêt général »[1744] que la grève peut poursuivre, le Conseil d'État prend davantage en compte la nécessité de préserver un droit garanti par la Constitution. Le droit de grève est alors protégé, en pratique, grâce au contrôle de proportionnalité.

692. Dès lors, si l'intérêt général vise de prime abord à restreindre l'exercice du droit de grève, en pratique, celui-ci sera préservé par le contrôle exercé. Un raisonnement similaire s'observe concernant le droit au respect de la vie privée et de la vie familiale des étrangers.

2. L'intérêt général face au droit au respect de la vie privée et de la vie familiale des étrangers

693. Si le juge administratif a longtemps refusé aux étrangers le droit d'invoquer l'article 8 de la Convention[1745], il accepte désormais de leur accorder ce droit, qu'il s'agisse du « refus de visas »[1746] ou de « titre de séjour », de « rétention administrative »[1747], de « reconduite à la frontière »[1748], « d'expulsion »[1749], « d'extradition »[1750] ou encore « de mesures d'interdiction du territoire »[1751].

J.-P. Lhernould, D. Martin et M. Schmitt, RJS, 1/11/2009, n° 11, p. 734 s. ; note J.-P. Marguénaud et J. Mouly, *Revue de droit du travail*, 2009 p. 499 s. ; chron. F. Sudre, JCP G, 13/7/2009, n° 29, p. 36 s.

[1743] J.-P. Marguénaud et J. Mouly, *op. cit.*, RDT, 2009 p. 499 s.

[1744] Le droit de l'Union consacre les libertés économiques. À titre dérogatoire, des motifs impérieux d'intérêt général peuvent justifier la poursuite d'une grève. V. sur l'existence de ces motifs impérieux d'intérêt général, CJCE, gde ch., 11 déc. 2007, *Viking*, aff. C-438/05, et 18 déc. 2007, *Laval*, aff. C-341/05, JCP S 2008. 1075, étude B. Teyssié, et 1086 et 1087, notes Cavallini ; JCP G 2008. II. 10060, note C. Vigneau. V. également, B. Edelman, « Droit du travail, droit de la concurrence. Un nouveau contrat social », *D.* 2009. Chron. 1547.

[1745] CE, 25 juillet 1980, *Touami ben Abdeslen*, T. Rec. p. 820.

[1746] CE, Sect. 10 avril 1992, *Aykan et Marzini*, Rec. p. 152 et 154 ; RFDA 1993, p. 541, Concl. M. Denis-Lindon.

[1747] D. Turpin, *Libertés publiques et droits fondamentaux, précit.*, p. 83.

[1748] CE, Ass. 19 avril 1991 *Babas*, Rec. p. 162.

[1749] CE, Ass. 19 avril 1991, *Belgacem*, Rec. p. 152.

[1750] CE, 15 juin 2001, *M. Di Bella*, n° 222654, T. Rec., p. 746. V. également, CE, Ass. 18 mars 2005, *Battisti*, n° 273714, Rec. p. 114.

[1751] V. sur l'interdiction de territoire, CE, 12 sept. 1994, *M. X.*, n° 144493, inédit. V. sur l'application de l'article 8 à l'interdiction de retour, CE, Avis, 12 mars 2012, *M.*

694. Plus précisément, le juge a d'abord consacré « l'application de l'article 8 dans le domaine de la police des étrangers concernant les mesures d'éloignement liées à l'ordonnance du 2 novembre 1945 »[1752]. Exerçant auparavant un contrôle restreint[1753] puis un contrôle normal[1754] en fonction de l'État d'origine de l'étranger, le Conseil d'État recourt à partir de 1991 « au contrôle de proportionnalité lorsqu'il s'agit de préserver le respect du droit à la vie privée et familiale de l'étranger »[1755]. Le juge concilie alors l'intérêt de l'ordre public et « les retombées négatives pour l'intérêt privé de la personne concernée par la décision ». C'est seulement lorsque l'ordre public l'emporte que la décision pourra être légale. Dans l'affaire *Belgacem*, par exemple, l'atteinte portée à la vie familiale a « excédé ce qui était nécessaire à la défense de l'ordre public »[1756]. M. VIGROUX-ECHEGUT souligne ainsi que « toute décision visant à sauvegarder l'intérêt général qui portera une atteinte excessive à l'intérêt privé du justiciable, sera entachée d'illégalité »[1757]. Tel est le cas en l'espèce car « si l'intéressé s'est rendu coupable de plusieurs vols [...], il ressort [...] que, compte tenu de son comportement, postérieurement aux condamnations prononcées à raison de ces faits, la mesure d'expulsion prise à son encontre était excessive »[1758]. Ce faisant, le contrôle de proportionnalité permet de mettre en balance les différents intérêts en présence et de préserver les droits des justiciables (contrôle binaire : l'intérêt général de la décision face au droit du justiciable lié à l'application de l'article 8).

695. Ce contrôle de proportionnalité n'est pas étonnant, eu égard à la jurisprudence européenne qui encadre l'exercice des droits des justiciables. En effet, l'exercice des droits et des libertés peut être limité, à condition de répondre à « des objectifs d'intérêt général poursuivis par la Communauté »[1759]. Ainsi, le droit au respect de la vie privée et familiale peut faire l'objet de dérogations si l'ingérence poursuit un but légitime. Tel est le cas « des mesures de police prises à l'encontre des étrangers, fondées sur la notion d'ordre public »[1760]. L'ordre public concerne ici des « intérêts généraux

---

A., n° 354165, à paraître au Rec.

[1752] R. Chapus, *Droit administratif*, *op. cit.*, p. 1063 s.

[1753] CE, 3 février 1975, *Ministre de l'intérieur c. Pardov,* Rec. p. 83.

[1754] CE, 24 oct. 1990, *Ragusi*, Rec. p. 290 (refus de carte de séjour) – CE, 19 nov. 1990, *Raso*, T. Rec. p. 775 (refus d'abroger un arrêté d'expulsion).

[1755] F. Julien-Laferrière, « Les étrangers ont-ils droit au respect de leur vie familiale ? (L'article 8 de la Convention européenne de sauvegarde des droits de l'homme et des libertés fondamentales et le Conseil d'État) », *D.* 1992 p. 291 s.

[1756] CE, Ass. 19 avril 1991, *Belgacem*, Rec. p. 152.

[1757] M. Vigroux-Echegut, « le contrôle de la qualification juridique des faits dans le contentieux de l'expulsion des étrangers », RTD hom., 2000, p. 479 s.

[1758] *Ibid.*, p. 479 s., spéc., p. 497.

[1759] J.-F. Renucci, *Traité de droit européen des droits de l'homme*, *op. cit.* p. 761.

[1760] *Ibid.*, p. 763 note 26.

qui doivent être pris en compte dans l'intérêt de la vie étatique ou sociale »[1761]. Dans l'affaire *Belgacem*, le juge examine alors l'ingérence « au regard de l'intérêt public en jeu »[1762]. En effet, il exerce un « contrôle de proportionnalité entre l'atteinte à la vie privée et familiale des mesures d'éloignement et les motifs tirés de ce que de telles mesures sont, dans une société démocratique, nécessaires à l'intérêt public »[1763], c'est-à-dire « à la sécurité nationale, à la sûreté publique, au bien-être économique du pays, à la défense de l'ordre et à la prévention des infractions pénales, à la protection de la santé et de la morale, ou à la protection des droits et libertés d'autrui »[1764]. Ainsi, la mesure d'éloignement sera légale si, compte tenu de la gravité de l'atteinte portée au droit au respect de la vie privée et familiale, elle a « excédé ce qui est nécessaire à la défense de l'ordre public »[1765] ou bien si elle a porté aux droits en cause une atteinte disproportionnée aux buts[1766] en vue desquels elle a été prise.

696. Dit autrement, le juge exerce un contrôle de « proportionnalité »[1767] entre l'intérêt public qui fonde la décision d'expulsion ou de reconduite à la frontière, et le droit du justiciable (le droit au respect de la vie familiale). L'intensité du contrôle permet d'encadrer le pouvoir de l'administration dans l'objectif de protéger les droits et libertés dans la lignée de la jurisprudence de la Cour européenne[1768]. Ce processus permet ainsi d'annuler des « mesures de reconduites à la frontière »[1769] ou

---

[1761] *Ibid.*, p. 763.

[1762] C. Maugüé et R. Schwartz, « Intégration des décisions relatives au séjour et à l'entrée des étrangers dans le champ d'application de l'article 8 de la Convention européenne des droits de l'homme », AJDA 1992 p. 332 s.

[1763] *Ibid.* p. 332 s.

[1764] V. Coussirat-Coustère, « Article 8, § 2 », dans L.-E. Pettiti, E. Decaux et P.-H. Imbert (dirs), *La Convention européenne des droits de l'homme,* Economica, 1999, p. 323 s. V. aussi, CEDH, 25 février 1993, *Funke c. France*, Série A n° 256-A, p. 22 - CEDH 22 oct. 1981, *Dudgeon c. Royaume-Uni*, Série A, n° 45, p. 18 - CEDH, 17 oct. 1986, *Rees c. Royaume-Uni*, Série A, n° 106, p. 19 - CEDH, 25 mars 1992, *B c. France,* série A, n° 232-C.

[1765] CE, Ass. 19 avril 1991, *Belgacem*, Rec. p. 152.

[1766] CE, Ass. 19 avril 1991 *Babas*, Rec. p. 162.

[1767] R. Chapus, *Droit administratif*, *op. cit.*, p. 1079 s.

[1768] CEDH, 18 février 1991, *Moustaquim c. Belgique*, Série A, n° 193. V. également, H. Labayle, « L'éloignement des étrangers devant la Cour européenne des droits de l'homme », RFDA 1997, p. 977 s. ; E. Corouge, « Expulsion des étrangers et article 8 de la Convention européenne des droits de l'homme », RFDA 1997, p. 320 s. ; M. Levinet, « L'éloignement des étrangers et l'article 8 de la Convention européenne des droits de l'homme », RTDH 1999, p. 89 s.

[1769] CE, Sect. 26 juillet 1991, *Mlle Hadad*, Rec. p. 984 – CE, 15 avril 1992, *Cifci* et CE, 31 juillet 1992, *Loko*, Rec. p. 980 – CE, 29 déc. 1993, *Mlle Bali*, D. 1994 IR, p. 39 ; RFDA 1994, p. 195 – CE, 13 mai 1994, *Mme Ben Youcef*, D. 1994 IR, p. 229.

« d'expulsion »[1770] lorsque l'atteinte aux droits des étrangers n'est pas nécessaire au maintien de l'ordre public. L'intérêt public concrétisé par la notion d'ordre public cède alors devant le droit au respect de la vie privée.

697. Par ailleurs, l'article 8 s'applique également à la délivrance d'un visa, d'un titre de séjour et à la demande d'abrogation d'un arrêté d'expulsion[1771]. S'agissant de la délivrance d'un visa, le juge expose, dans l'affaire *Aykan,* qu'« en l'absence de toute disposition conventionnelle, législative ou réglementaire déterminant les cas où le visa peut être refusé à un étranger désirant se rendre en France, et eu égard à la nature d'une telle décision, les autorités françaises disposent d'un large pouvoir d'appréciation et peuvent fonder leur décision non seulement sur des motifs tenant à l'ordre public, mais sur toute considération d'intérêt général »[1772]. La formulation plus large du Conseil d'État qui se réfère à l'ordre public mais aussi à toutes considérations d'intérêt général s'explique par la nature de la décision administrative qui ne constitue pas une mesure de police. L'administration dispose ici d'un pouvoir discrétionnaire dans l'appréciation de l'intérêt général. Néanmoins, dans une logique similaire aux mesures d'éloignement, le juge exerce un contrôle de proportionnalité entre l'intérêt général poursuivi par la mesure administrative et l'atteinte à l'article 8. Dès lors, « si l'étranger, par son comportement, a gravement troublé l'ordre public ou risque de le troubler gravement en cas d'entrée ou de retour sur le territoire, l'atteinte à la vie familiale cédera le pas devant l'impératif de l'intérêt général[1773] »[1774]. Dans la pratique, l'intérêt général justifie quasi-systématiquement les refus de visa au détriment du droit au respect de la vie privée et familiale de d'étranger[1775]. DENIS-LINDON explique que « c'est l'économie même de l'article 8 qui le veut : la famille ne prévaut sur l'intérêt général que quand elle ne le met pas en péril. Ce qui revient à subordonner la première au second et donc, pratiquement, à ne lui reconnaître qu'une valeur subsidiaire »[1776]. Par

---

[1770] CE, 19 mars 1997, *Soudani*, Rec. p. 858. V. aussi pour une mesure d'expulsion, CE, 28 juill. 2000, *Préfet de police c/ Diaz Orozco*, n° 212729 T. Rec. p. 1000 et 1044.

[1771] CE, sect., 10 avril 1992, *Aykan, Marzini, Minin*, Rec. p. 152 et 154 ; RFDA 1993, p. 541, concl. M. Denis-Lindon – TA Nancy, 3 déc. 1991, *Achouri*, LPA 18 déc. 1992, p. 13, note Y. Petit – CE, 1 déc. 1993, *Kotani,* Rec. p. 332 – CE, Sect., 27 mai 1994, *Oncul*, Rec. p. 268.

[1772] CE, sect., 10 avril 1992, *Aykan, précit.*

[1773] CE, 10 avr. 1992, *Minin* (*D.* 1992. *IR.*148), pour un refus d'abrogation d'un arrêté d'expulsion.

[1774] Concl. M. Denis-Lindon, *précit.* p. 541 s.

[1775] CE, 1 juil. 2011, *M. et Mme A.,* n° 338080, inédit – CE, 19 oct. 2010, *M. A.,* n° 327857, inédit – CE, 25 juil. 2008, *M. et Mme Issaiden.*, n° 305697, T. Rec. p 765 – CE, 14 déc. 2005, *Mme A.*, n° 274390, inédit – CE, 26 mars 2001, *Mlle X.,* n° 213259, inédit – CE, 19 févr. 2001, *Aouichi.,* n° 210877, Rec. p. 77 – CE, 30 juin 2000, *M. Z. et autres*, n° 211982, inédit.

[1776] Concl. M. Denis-Lindon, *précit.*, p. 541 s.

conséquent, même si l'intérêt général fait face aux droits des justiciables, le contrôle de proportionnalité permet malgré tout de sanctionner les mesures administratives qui portent atteintes, de manière excessive, au droit au respect de la vie privée et familiale des étrangers. En effet, la mise en balance de l'intérêt général par le contrôle de proportionnalité a permis l'annulation de nombreuses mesures d'éloignement. Ce faisant, la mise en balance de l'intérêt général face aux droits du justiciable, a indirectement contribué à la revalorisation de ces derniers.

698. Ainsi, l'intérêt général constitue bien un obstacle traditionnel à l'exercice des droits et des libertés ; obstacle encadré et limité par le contrôle de proportionnalité binaire. Néanmoins, l'intérêt général n'est pas totalement extérieur aux droits des justiciables dans la mesure où l'enrichissement de son contenu va permettre la concrétisation et la conciliation de leurs droits avec le contrôle du bilan.

II. La préservation des droits des justiciables par le contrôle du bilan

699. En mettant en balance les avantages et les inconvénients de la mesure administrative en cause, la technique du bilan permet de prendre en compte les différents intérêts en présence. Cette approche, en termes de proportionnalité permet alors au juge d'enrichir le contenu de l'intérêt général (A). Ce faisant, l'intérêt général n'est plus un obstacle (extérieur) aux libertés mais les intègre dans son contenu. Il concrétise alors les droits des justiciables (B) et devient un instrument de conciliation.

A. La technique du bilan et la prise en compte des différents intérêts en présence

700. Dans la jurisprudence *Ville Nouvelle Est,* le Conseil d'État élabore explicitement la technique du bilan (1). Cette technique, étendue à de nombreux domaines (2) permet de prendre en compte les intérêts des justifiables.

1. La prise en compte des intérêts en présence dans la jurisprudence *Ville Nouvelle Est*

701. C'est dans la jurisprudence *Ville Nouvelle Est*[1777] que s'est développée la théorie du bilan dans l'appréciation de la légalité des

[1777] CE, Ass. 28 mai 1971, *Ministre de l'équipement et du logement c/ Fédération de défense des personnes concernées par le projet actuellement dénommé « Ville nouvelle Est »*, Rec. p. 409, concl. Braibant.

déclarations d'utilité publique. Auparavant, le Conseil d'État exerçait « un contrôle *in abstracto* sur l'utilité publique d'une opération d'expropriation. Le juge n'examinait pas les circonstances propres de chaque affaire »[1778]. Il vérifiait seulement si l'opération correspondait, en elle-même, à un but d'utilité publique mais refusait d'examiner le contenu concret du projet, et notamment le choix des parcelles à exproprier[1779]. Toutefois, si le Conseil d'État acceptait parfois, au-delà d'un contrôle abstrait, de vérifier la conformité de l'opération projetée avec l'intérêt général[1780], l'arrêt *Ville Nouvelle Est* marque un tournant vers la généralisation du contrôle *in concreto* et vers la prise en compte des différents intérêts en présence. La Haute juridiction précise en ce sens qu'« une opération ne peut être déclarée d'utilité publique que si les atteintes à la propriété privée, le coût financier et éventuellement les inconvénients d'ordre social [ou "l'atteinte à d'autres intérêts publics"[1781]] qu'elle comporte ne sont pas excessifs eu égard à l'intérêt qu'elle présente »[1782].

702. Plus précisément, « la théorie du bilan »[1783] correspond à « une méthode exigeante d'appréciation de la qualification des faits par laquelle le juge confronte les avantages d'une décision administrative par rapport à ses inconvénients »[1784]. Si les effets positifs (l'utilité publique de l'opération) l'emportent sur les retombées négatives (atteintes à la propriété privée, le coût financier et éventuellement les inconvénients d'ordre social ou l'atteinte à d'autres intérêts publics), le bilan est dit « positif et les faits dont la décision procède seront reconnus comme de nature à la justifier juridiquement »[1785].

[1778] R. Chapus, *Droit administratif général*, t. 1, *op. cit.*, p. 1074, n° 1264 s.

[1779] CE, Ass. 30 juin 1961, *Groupement de défense des riverains de la route de l'intérieur*, Rec . p. 452 – CE, 13 mai 1964, *Malby et Bedouet*, AJ 1965, p. 35, note Laporte – CE, 27 février 1970, *Chenu*, Rec. p. 148 – CE, 4 mars 1964, *Dame Vve Borderie*, Rec. p. 157.

[1780] CE, 10 février 1958, *Bô*, Rec. p. 918 – CE, 27 mai 1964, *Groupt de déf. de l'îlot de Firminy-centre*, Rec. p. 299 – CE, 15 mars 1968, *Cne de Cassis*, Rec. p. 189 – CE, Ass. 23 janvier 1970, *Epoux Neel*, Rec. p. 44.

[1781] CE, Ass. 20 oct. 1972, *Sté civile Sainte Marie de l'assomption*, Rec. p. 657, concl. Morisot.

[1782] CE, Ass. 28 mai 1971, *« Ville nouvelle Est », précit.*

[1783] V. sur la théorie du bilan, I. Savarit-Bourgeois, *Tentative d'évaluation de l'efficacité d'une technique juridictionnelle de contrôle : l'exemple du bilan coûts-avantages*, thèse, Poitiers 1995 ; C. Boutayeb, « Le contrôle de l'utilité publique par le juge administratif en matière d'expropriation », RDP 1997, p.1385 ; J.-P. Gilli, « Le rôle du juge administratif en matière d'expropriation », AJ 1973, p. 13 ; A. Holleaux, « La jurisprudence du bilan », RA 1980, p. 593 ; J. Waline, « Le rôle du juge administratif dans la détermination de l'utilité publique justifiant l'expropriation », dans Mélanges M. Waline, *op. cit.*, p. 811.

[1784] R. Chapus, *Droit administratif général*, t. 1, *op. cit.*, p. 1074, n° 1264 s.

[1785] *Ibid.*, n° 1264 s.

Ainsi, pour être légale, « la décision doit être adéquatement proportionnée aux faits »[1786]. Cela signifie que le juge exerce « un contrôle de proportionnalité »[1787] fondé sur le rapport existant entre la situation de fait et le contenu de la décision[1788].

703. Cette technique permet au juge d'analyser les différents intérêts publics et privés afin de savoir s'ils peuvent faire obstacle à l'intérêt général, à l'utilité publique de l'opération. De cette manière, le Conseil d'État prend indirectement en compte la situation subjective des justiciables. Dans l'affaire *Grimaldi* par exemple, il annule la déclaration d'utilité publique en raison de « l'atteinte ou de la gêne subie par des riverains qui est hors de proportion avec l'intérêt d'une opération d'aménagement d'un chemin communal »[1789]. Dans une autre affaire, le juge censure une déclaration d'utilité publique en prenant en compte « la situation de riverains pouvant subir des nuisances accrues liées à l'aménagement d'un créneau de dépassement sur une route nationale destinée à supprimer un carrefour dangereux mais ayant pour effet un report de la circulation sur d'autres voies »[1790]. Cette méthode du bilan conduit alors à prendre davantage en compte les intérêts des justiciables.

704. De plus, le juge renouvelle, en fonction des besoins, le contenu des intérêts à prendre en compte. Tel est le cas par exemple lorsqu'il annule la déclaration d'utilité publique d'un projet qui ne présente pas un intérêt général suffisant au regard « des atteintes aux intérêts économiques »[1791] ou de « l'atteinte à la propriété privée »[1792] des justiciables. Concrètement, dans

---

[1786] Le juge ne sanctionne pas uniquement le caractère manifestement disproportionné de la décision mais le caractère proportionné de celle-ci. Il n'exerce donc pas un contrôle restreint de proportionnalité mais un « plein contrôle de proportionnalité ». R. Chapus, *Droit administratif général*, *op. cit.*, n° 1264 s.

[1787] G. Braibant, « Le principe de proportionnalité », dans Mélanges Waline, *op. cit.* p. 297 ; M. Guibal, « De la proportionnalité », AJ 1978, p. 477 s. ; J. Lamasurier, « Vers un nouveau principe général du droit ? Le principe "bilan-coût-avantage" », dans Mélanges Waline, *op. cit.*, p. 551 s. ; M. Fromont, « Le principe de proportionnalité », AJ 1995, n° spécial, p. 156 ; J. Ziller, « le principe de proportionnalité », AJ 1996, n° spécial, p. 185 ; X. Philippe, *Le contrôle de proportionnalité dans les jurisprudences constitutionnelle et administratives françaises, précit.* ; G. Xynopoumos, *Le contrôle de proportionnalité dans le contentieux de la constitutionnalité et de la légalité en France, en Allemagne et en Angleterre*, LGDJ, 1995.

[1788] X. Philippe, *Le contrôle de proportionnalité (...), opus. cit.*, p. 179.

[1789] CE, Sect., 4 oct. 1974, *Grimaldi*, Rec. p. 465.

[1790] CE, 19 mars 2003, *M. Ferrand*, Rec. p. 816.

[1791] CE, 27 mai 1987, *Ville de Villeneuve-Tolosane*, Rec. p. 770 – CE, 20 février 1987, *Cne de Lozane*, Rec. p. 67.

[1792] CE, 22 février 1993, *Ville de Courbevoie c. Consorts Sanse*, Rec. p. 821. En l'espèce, « eu égard à cet intérêt très limité, l'atteinte portée à la propriété privée de Mme Y…, qui se traduirait par la démolition de sa maison, a pour effet de retirer à

le bilan, c'est l'intérêt du justiciable, ici son droit de propriété qui prime face à l'insuffisance de l'intérêt général. Dans une autre affaire en date du 7 octobre 1994, le juge préserve également le droit de propriété du justiciable face à l'intérêt général. Il estime en l'espèce que « l'élargissement destiné à faciliter l'accès pour les véhicules automobiles de l'impasse des Cèdres, compte tenu de la voirie existante, ne présentait pas, à lui seul, un intérêt général suffisant pour compenser les atteintes portées à la propriété de Mme X »[1793]. Le contrôle de proportionnalité est alors multipolaire car il prend en compte une multitude d'intérêts en présence.

705. Toutefois, malgré un examen *in concreto* croissant[1794], le juge annule rarement la déclaration d'utilité publique d'un projet de grande ampleur[1795]. En effet, l'importance de l'opération peut justifier proportionnellement, autant d'inconvénients pour les intérêts en cause[1796]. L'intérêt général majeur de l'opération justifie alors les nombreuses atteintes aux droits des justiciables. Néanmoins, G. BRAIBANT, dans ses conclusions dans l'affaire *Ville Nouvelle Est*, rappelle qu'à côté du coût financier, il convient de prendre en compte le coût social de l'opération. En effet, « à un moment où il est beaucoup question [...] d'environnement et de cadre de vie, il faut éviter que des projets par ailleurs utiles viennent aggraver la pollution ou détruire une partie du patrimoine naturel et culturel du pays ; la tentation est grande de sacrifier la tranquillité des habitants d'une banlieue à un aérodrome, la forêt de Fontainebleau à une autoroute, ou les pavillons de Baltard à une station de métro. Il importe que, dans chaque cas, le pour et le

---

cette opération son caractère d'utilité publique ». V. pour un autre ex. CE, 7 oct. 1994, *Cne de Saint-Étienne*, Rec. p. 982.

1793 CE, 7 oct. 1994, *Cne de Saint-Étienne*, Rec. p. 982. *précit.*

1794 V. pour un ex. récent lié à l'approfondissement du contrôle du juge, CE, 28 mars 2011, *Collectif contre les nuisances du TGV de Chasseneuil, du Poitou et de Migne-Auxances*, n° 330256, à paraître aux T. Rec. ; BJCL n° 5/11, p. 338, concl. M. Guyomar. Le juge exerce un contrôle sur les avantages et les inconvénients du tracé retenu par l'administration sans toutefois contraindre l'administration à adopter le tracé qui correspondrait à l'utilité publique « optimum » (*GAJA*, *précit.*, p. 590).

1795 Le plus souvent, un projet régional ou national est négatif et la déclaration conserve son caractère d'utilité publique : CE, 1 juin 1973, *Abraham*, Rec. p. 394 – CE, Ass. 7 mars 1975, *Association des amis de l'abbaye de Fontevraud*, Rec. p. 179 – CE, Ass. 5 mars 1976, *Tarlier*, Rec. p. 130 – CE, 3 déc. 1990, *Ville d'Amiens*, Rec. p. 345 – CE, 10 déc. 1982, *Comité régional d'information et de lutte antinucléaire de Basse-Normandie*, Rec. p. 416 – CE, Ass. 3 mars 1993, *Cne de Saint-Germain-en-Laye*, Rec. p. 54 – CE, Ass. 29 avril 1994, *Association Unimate 65*, Rec. p. 203 – CE, 23 oct. 2009, *Normand*, BJCL n° 11/09, p. 764, concl. Bourgeois-Machureau, obs. Poujade.

1796 V. les concls. Braibant sous la jurisprudence *Ville Nouvelle Est*, *précit.*, Rec. p. 409.

contre soient posés avec soin, et que l'utilité publique de l'opération ne masque pas son éventuelle nocivité publique »[1797].

706. Selon l'auteur, « le coût social » est aussi lié au coût environnemental qui rappelle la préservation d'un certain cadre de vie. Cette logique explique le développement de la jurisprudence qui prend en compte les atteintes à l'environnement pour annuler les déclarations d'utilité publique de projets de portée limitée[1798], voire même de projets de grande importance[1799]. Plus précisément, dans l'affaire *Association SOS Rivières et environnement,* il s'agissait d'un « projet de barrage de la Trézence qui ne présentait pas un intérêt général suffisant au regard du coût de l'opération et des atteintes à l'environnement ». Le droit à l'environnement fait ainsi partie des intérêts publics à prendre en compte. Le même processus s'opère en 2006[1800] lorsque le Conseil d'État a de nouveau annulé une « déclaration d'utilité publique relative à l'établissement de servitudes nécessaires à la réalisation d'un projet de ligne électrique empruntant le site classé des gorges du Verdon, en raison d'une atteinte grave à l'environnement excédant l'intérêt public de l'opération ». Cette jurisprudence contribue de nouveau à faire primer le droit à l'environnement considéré comme un véritable « droit subjectif »[1801] désormais consacré par la Constitution[1802].

707. Ainsi, l'appréciation *in concreto* des avantages pour l'intérêt général de l'opération et des inconvénients pour les intérêts publics et privés en cause conduisent le juge à prendre en compte, voire à faire primer les droits des justiciables sur l'utilité publique de l'opération. Cette technique du bilan, inaugurée en 1971, fait l'objet d'une extension significative dans la jurisprudence administrative.

2. L'extension significative de la prise en compte des intérêts en présence dans d'autres domaines

708. La méthode du bilan, liée à la prise en compte des différents intérêts en présence, s'applique désormais dans le contentieux « des

---

[1797] Rec. p. 409, concl. Braibant, *précit.*

[1798] CE, 9 déc. 1977, *Ministre de l'équipement c. Weber*, Rec. p. 497 ; RJE 1978, p. 181, note Flauss : un lotissement communal portait une atteinte excessive à l'environnement eu égard à l'intérêt de l'opération – CE, 26 mars 1980, *Premier ministre c. Veuve Beau de Loménie*, Rec. p. 171 : la réalisation d'un site touristique dans un site inscrit porte une atteinte grave à l'environnement.

[1799] CE, 22 oct. 2003, *Ass. SOS Rivières et environnement*, Rec. p. 417.

[1800] CE, 10 juillet 2006, *Ass. interdépart. et intercommunale pour la protection du lac de Sainte-Croix, des lacs et sites du Verdon*, Rec. p. 332.

[1801] B. Deflesselles, « La Charte de l'environnement, une valeur commune européenne », rapport d'information, AN 21 janvier 2004, n° 1372, p. 57 et 83 ; M. Prieur, « les nouveaux droit », AJDA 2005, p. 1157 s.

[1802] M. Prieur, « les nouveaux droit », art. cit*.*, p. 1157 s.

dérogations aux règles d'urbanisme »[1803], « des servitudes pour l'établissement du tracé des lignes électriques »[1804], « des autorisations de licenciement de salariés protégés »[1805], « de la délimitation d'un périmètre de protection »[1806], « de la légalité d'un plan de servitudes aéronautiques »[1807], « des projets d'intérêt général »[1808], « des prescriptions imposées dans une zone de protection d'un site »[1809], « de l'appréciation de la régularité procédurale d'une déclaration de projet »[1810], « des décisions d'autorisation d'équipement commercial »[1811] ou encore dans le contentieux relatif à « l'appréciation de l'urgence »[1812].

709. Nous nous concentrerons ici sur le contentieux représentatif des projets d'intérêt général. En effet, un projet ne peut être déclaré d'intérêt général que s'il est d'utilité publique. Il constitue une décision qui peut faire l'objet d'un recours pour excès de pouvoir. Dans ce cadre le juge exerce « un contrôle du bilan »[1813]. Si les inconvénients du projet l'emportent sur ses avantages, il prononce l'annulation de l'arrêté de déclaration du projet d'intérêt général. Pour se faire, il prend en compte les intérêts en présence, dont les droits des justiciables. Par exemple, il fait entrer dans la balance des intérêts, « les atteintes au droit de propriété garanti par l'article 1 protocole 1 de la Convention européenne des droits de l'homme »[1814], ou encore les

---

1803 CE, ass. 18 juill. 1973, *Ville de Limoges*, Rec. p. 530.

1804 CE, ass. 24 janv. 1975, *Gorlier et Bonnifay*, Rec. p. 354.

1805 CE, ass. 5 mai 1976, *SAFER d'Auvergne c/ Bernette,* Rec. p. 232.

1806 CE, 8 juill. 1977, *Dame Rié*, Rec. p. 317 - CE 3 févr.1992, *Cne de Soulom*, Rec. p. 52.

1807 CE, 5 mai 1993, *Assoc. de déf. des riverains de l'aéroport de Deauville-Saint-Gatien*, T. Rec., p. 1057.

1808 CE, 23 mars 1992, *Martin et Fraboulet*, Rec. p. 131. Sur l'inscription d'un programme d'intérêt général dans un POS (PLU) : CE, 3 février 1992, *Cne de Soulom*, Rec. p. 152 – CE, sect., 30 oct. 1992, *Min. des Affaires étrangères c/ Assoc. de sauvegarde du site Alma Champ de Mars*, Rec. p. 384.

1809 CE, sect. 8 juill. 1977, *Dame Rié*, Rec. p. 317.

1810 CE, 3 oct. 2011, *Synd. mixte des transports en commun Tisseo et Sté de la mobilité de l'agglomération toulousaine*, n° 350210, à paraître aux T. Rec. ; obs. R. Grand, AJDA 2011, p. 1929.

1811 CE, ass., 27 mai 2002, *SA Guimatho*, Rec. p. 178.

1812 B. Caviglioli, « Le recours au bilan dans l'appréciation de l'urgence », AJDA 2003 p. 642 s.

1813 F. Moderne, « Les projets d'intérêt général dans le droit de l'urbanisme », CJEG 1996-301 ; E. Le Cornec, « Le clair-obscur des projets d'intérêt général », *Droit et ville*, 1998, n° 45, p. 252 s. ; B. Poujade et J.-C. Bonichot, *Droit de l'urbanisme*, Montchrestien, p. 134 s.

1814 CE, 11 février 2004, *Schiocchet*, n° 211510, Rec. p. 65. V. également pour la référence à l'art. premier du premier protocole additionnel à la Conv., CE, 19 juillet 2010, *M. D. et autres*, n° 318465, à paraître aux T. Rec.

atteintes à l'environnement. Dans un arrêt *Commune de la Courneuve*, le Conseil d'État a ainsi estimé excessive « l'atteinte portée au parc de la Courneuve, eu égard à d'importantes nuisances [...] tant en ce qui concerne le bruit que la qualité de l'air »[1815]. Les droits des justiciables sont donc bien pris en considération par cette technique.

710. Globalement, le développement de la théorie du bilan a pour conséquence une meilleure prise en compte de la situation et des droits et des justiciables dans le mesure où le juge examine *in concreto* les avantages et les inconvénients d'une mesure administrative, au regard de considérations d'intérêt général. Il prend par exemple en compte la « satisfaction des besoins des consommateurs »[1816] ou à l'atteinte à « l'équilibre du commerce »[1817].

711. Toutefois, cette avancée significative pour les intérêts des justiciables doit être nuancée. En effet, le recours à l'intérêt général dans les mesures d'urgence contribue au contraire à priver le justiciable d'une intervention rapide du juge lorsque l'action de l'administration est illégale, afin qu'il prononce de manière immédiate les mesures qui s'imposent. Dès lors, si « les référés contribuent à l'amélioration du droit au recours »[1818], l'intérêt général tend à y faire face. En effet, « l'appréciation *in concreto* de l'urgence »[1819] a contribué au développement de la théorie du bilan à partir de 2001[1820]. M. GUYOMAR et P. COLLIN expliquent que le Conseil d'État exerce « une forme de contrôle de proportionnalité entre les conséquences dommageables de la décision et la situation personnelle du requérant »[1821]. Le requérant pourra alors justifier de l'urgence « par tout moyen et non plus seulement par rapport à sa propre situation »[1822]. Il pourra invoquer des

---

[1815] CE, 21 juin 1999, *Commune de la Courneuve*, n° 179612, Rec. p. 208.

[1816] CE, ass., 27 mai 2002, *SA Guimatho, précit.*

[1817] *Ibid.*

[1818] B. Seiller (« Droits publics subjectifs des administrés... » art. cit., p. 198) a d'ailleurs déjà démontré le lien existant entre les procédures d'urgence et le droit à un recours effectif(CEDH 19 mars 1997, *Hornsby c. Grèce*, Rec. 1997, I, p. 495).

[1819] B. Caviglioli, « Le recours au bilan dans l'appréciation de l'urgence », *art. cit.*, p. 642. V. également, M.-C. Rouault, « La loi du 30 juin 2000 : un petit pas vers un traitement efficace de l'urgence par le juge administratif », D. 2001, Chron. p. 398 s. ; P. Cassia et A. Béal, « Les nouveaux pouvoirs du juge des référés », JCP 2001, I, n° 319. Pour une application du contrôle *in concreto* sur l'urgence, CE, 28 février 2001, *Préfet des Alpes-Maritimes c/ Société Sud-Est Assainissement*, n° 229562, Rec. p. 110.

[1820] CE, 19 janvier 2001, *Confédération nationale des radios libres*, n° 228815, Rec. p. 29.

[1821] M. Guyomar et P. Collin, obs. sous CE, 19 janvier 2001, *Confédération nationale des radios libres, précit.*, AJDA 2001, p. 150 s.

[1822] B. Caviglioli, « Le recours au bilan dans l'appréciation de l'urgence », AJDA 2003 p. 642 s.

atteintes à l'intérêt public[1823]. Toutefois, l'évolution de la jurisprudence montre que l'intérêt public invoqué par le requérant à l'appui de son recours en référé peut être concurrencé par des considérations d'intérêt général qui s'oppose à la procédure d'urgence[1824]. Ainsi, à « l'urgence de suspendre s'oppose [...] l'urgence d'exécuter (...). Le juge opère alors un bilan de l'urgence au regard de l'intérêt qu'il peut y avoir à ce que l'acte s'applique, et de l'intérêt à ce qu'il ne s'applique pas »[1825].

712. Ce phénomène permet au juge d'examiner l'ensemble des atteintes aux intérêts publics et privés en cause ainsi que l'intérêt des tiers[1826]. Dès lors, si l'intérêt public rejoint l'intérêt privé du requérant, le bilan sera plus favorable au prononcé de la suspension[1827]. Le droit au recours effectif du requérant, lié à l'amélioration du recours par la procédure du référé, sera alors aisément satisfait. Toutefois, B. CAVIGLIOLI constatait déjà en 2003 que « l'intérêt général lié à la poursuite de l'exécution primait globalement sur les intérêts pouvant caractériser l'urgence ». L'analyse de l'auteur se confirme avec force aujourd'hui dans la mesure où l'intérêt général justifiant l'exécution de la décision administrative empêche la caractérisation de l'urgence. Pour preuve, entre 2010 et 2011, l'intérêt général a privé les requérants d'un recours en référé, faute d'urgence, dans de nombreuses affaires. Le juge estime par exemple que :

- « l'intérêt général qui s'attache à l'affectation des enseignants dans les établissements Eclair pour la rentrée 2012 [...] n'est pas de nature à caractériser l'existence d'une situation d'urgence pouvant justifier une mesure de suspension »[1828],

---

1823 En effet, « la condition d'urgence n'est remplie que lorsque l'exécution de la décision dont la suspension est demandée porte atteinte, de manière suffisamment grave et immédiate, à un intérêt public, à la situation du requérant ou aux intérêts qu'il entend défendre », CE, référé, 7 avril 2011, *Syndicat national des ingénieurs de l'industrie et des Mines Force ouvrière,* n° 347973, inédit. V. également TA Toulouse 10 juillet 2002, *A. et autres c/ Préfet de Haute-Garonne,* RJE 2002, n° 12, p. 21, n° 131.

1824 CE, 10 déc. 2001, *Ministre de l'Intérieur c/ Perignon,* n° 234896, T. Rec. p. 1070 et 1110 – CE, 20 mars 2001, *Synd. nat. des horlogers, bijoutiers, joailliers, orfèvres et spécialistes de la table Saint-Éloi et autre,* Rec. p. 143 - CE, 13 nov. 2002, *Ass. Alliance pour les droits de la vie,* Rec. p. 393.

1825 C. Debouy, « La suspension des décisions en matière d'urbanisme par la procédure du référé administratif », CJEG 2002, n° 584, Chron. p. 65, spéc. p. 72. V. pour la même position, Concl. sur CE, 21 février 2001, *Préfet des Alpes-Maritimes c/ Société Sud-Est Assainissement, précit.*

1826 CE, 14 oct. 2002, *SARL Détroit,* n° 246583 ; BJDU 2002. 365.

1827 CE, 22 août 2002, *SFR,* n°245623, inédit ; AJDA 2002. 1300, note P. Binczak – CE, 2 juillet 2008, *Société française de radiotéléphone,* n° 310548, Rec. p. 260.

1828 CE, référé, 10 avril 2012, *Syndicat national des enseignements de second degré (SNES),* n° 357417, inédit.

– « l'intérêt général qui s'attache à la mise en place immédiate d'une protection sociale complémentaire en faveur de l'ensemble des salariés de la branche, [...] n'est pas de nature à caractériser l'existence d'une situation d'urgence pouvant justifier une mesure de suspension ; que, par suite, la requête de l'Union des syndicats de l'immobilier doit être rejetée »[1829].

713. Le même processus est présent dans de nombreux arrêts[1830]. Ainsi, le rôle de l'intérêt général dans l'appréciation de l'urgence conduit à une amélioration de la situation des justiciables extrêmement relative.

714. Pourtant, globalement, la généralisation de la méthode du bilan dans les autres domaines (projet d'intérêt général par exemple) contribue à prendre à compte les intérêts et les droits des justiciables. Même si ce phénomène reste limité (faible annulation des déclarations d'utilité publique, urgence par exemple), il permet néanmoins une meilleure gestion des intérêts des justiciables sur deux points. D'une part, divers droits subjectifs comme le droit de propriété ou le droit de l'environnement sont intégrés dans le contrôle du bilan. D'autre part, l'invocation de ces intérêts renforcent le droit au recours des justiciables dans la mesure où il permet à celui-ci de faire annuler l'acte administratif litigieux à l'appui d'un recours pour excès de pouvoirs, voire dans une moindre mesure, de contribuer à caractériser l'urgence dans la procédure des référés et donc de justifier la suspension d'une mesure administrative (lorsqu'un intérêt public rejoint l'intérêt privé du requérant).

715. La méthode du bilan est alors liée à l'examen des différents intérêts en présence conduisant indirectement à faire prévaloir les droits des justiciables. Cette méthode conduit également à l'enrichissement progressif du contenu de l'intérêt général.

B. La concrétisation des droits des justiciables par l'intérêt général

716. Par la technique du bilan, le juge recherche le juste équilibre entre les différents intérêts en présence. Or, à l'occasion d'un tel contrôle, le contenu même de l'intérêt général s'enrichit pour intégrer concrètement la défense des droits des justiciables. L'intérêt général devient alors un instrument lié à la concrétisation des droits. Tel le cas dans trois cas

---

[1829] CE, référé, 16 nov. 2011, *Union des syndicats de l'immobilier (UNIS),* n° 3533541, à paraître aux T. Rec.

[1830] V. récemment, CE, référé, 20 janv. 2012, *Syndicat national CGT des chancelleries et services judiciaires*, n° 355512, inédit – CE, référé, 6 sept. 2011, *Syndicat national de l'enseignement technique*, n° 352104, inédit – CE, référé, 18 oct. 2010, *Syndicat des directeurs généraux des établissements du réseau des chambres de commerce et d'industrie*, n° 343708, inédit – CE, référé, 5 mars 2010, *M. A.*, n° 335796, inédit.

représentatifs dans lesquels l'intérêt général préserve la sécurité juridique (1), le droit de la représentation syndicale (2) ou encore le principe de laïcité (3).

1. Intérêt général et préservation du droit au principe de sécurité juridique

717. L'intérêt général a souvent pour objectif de concilier des principes et des logiques antinomiques. Tel est son rôle en l'espèce par rapport au principe de sécurité juridique. En effet, l'intérêt général permet à la fois l'application immédiate d'une disposition législative nouvelle à des situations contractuelles en cours et justifie en même temps l'obligation pour le pouvoir règlementaire de prendre des « mesures transitoires »[1831] lorsque des atteintes à des considérations d'intérêt public ou privé sont excessives. Pour rappel, « la sécurité juridique implique que la règle de droit soit prévisible, lisible et accessible »[1832]. Or, on constate dans la jurisprudence que l'intérêt général est à la fois opposé à la prévisibilité de la norme législative, et à la fois lié paradoxalement à l'effectivité du principe de sécurité juridique. Toutefois, la terminologie utilisée par le juge permet de bien distinguer ces deux hypothèses. Dans le premier cas, il fait référence à des justifications impérieuses d'intérêt général (a). Dans le second cas, il renvoie simplement à des considérations d'intérêt public (b).

- *a. L'impérieuse nécessité d'intérêt général face à la sécurité juridique*

718. En principe, toute disposition législative ou réglementaire entre en vigueur immédiatement[1833]. Toutefois, la portée de ce principe est limitée dans le domaine contractuel. En effet, les contrats sont régis par les dispositions législatives et règlementaires applicables à la date de leur

---

[1831] P. Roubier, *Le droit transitoire. Conflits de lois dans le temps*, 2e éd., 1960, réimp. Dalloz, 2008 ; J. Petit, *Les conflits de lois dans le temps en droit public interne*, LGDJ, 2002 ; G. Éveillard, *Les dispositions transitoires en droit public français*, Dalloz, 2007.

[1832] P. Cassia, « La sécurité juridique, un nouveau principe général du droit aux multiples facettes », D. 2006, n° 18, p. 1190 s. ; T. Piazzon, *La sécurité juridique*, thèse, Defrénois, Lextenso éditions, 2009, p. 84 s. ; P. Raimbault, *Recherche sur la sécurité juridique en droit administratif français*, Thèse, LGDJ, Lextenso éditions, coll. « Bibliothèque de droit public », t. 256, 2009.

[1833] Art. 1er du Code civil : « les lois et, lorsqu'ils sont publiés au Journal officiel de la République française, les actes administratifs entrent en vigueur à la date qu'ils fixent ou, à défaut, le lendemain de leur publication ». Ce principe se combine avec celui selon lequel Nul n'a droit au maintien d'une réglementation, la loi nouvelle s'applique immédiatement aux situations en cours qui n'ont pas un caractère contractuel : CE, sect. 19 déc. 1980, *Revillod et a.*, Rec. p. 479, concl. B. Genevois.

conclusion[1834]. Or, des considérations d'intérêt général ou d'ordre public peuvent s'opposer à la prévisibilité de la norme applicable. L'arrêt *Société KPMG* rappelle ainsi qu' « une disposition législative peut, pour des raisons d'ordre public, autoriser l'application de la norme nouvelle à de telles situations contractuelles »[1835]. Une telle situation n'est pas inédite. En effet, en dehors des cas où le contrat le prévoit lui-même, la loi peut prévoir de façon expresse qu'elle s'appliquera à des situations contractuelles en cours. Dans cette conjecture, le juge constitutionnel vérifie que « la rétroactivité est bien justifiée par un motif d'intérêt général et ne porte pas une atteinte excessive à la liberté contractuelle »[1836]. Toutefois, lorsque la loi ne le prévoit pas expressément, elle peut s'appliquer aux situations contractuelles en cours lorsque des « motifs d'ordre public le justifient »[1837].

719. Dans la même logique, l'arrêt *Compagnie générale des eaux c. Commune d'Olivet* justifie l'application « immédiate »[1838] d'une disposition législative nouvelle par un « motif d'intérêt général suffisant lié à un impératif d'ordre public »[1839]. Répond à un tel motif, « la loi du 29 janvier 1993 qui a pour objectif de garantir, par une remise en concurrence périodique, la liberté d'accès des opérateurs économiques aux contrats de délégation de service public et la transparence des procédures de passation ». Par conséquent, la nouvelle durée de vingt ans relative à l'application de la loi Barnier de 1995 peut prendre effet « immédiatement ». La « formule sibylline »[1840] du Conseil d'État se référant aux « motifs d'intérêt général suffisants lié à un impératif d'ordre public » rappelle ainsi les influences judiciaires[1841] et européennes[1842]

[1834] CE, Sect. 29 janvier 1971, *Emery et autre*, n° 73932, Rec. p. 80.

[1835] CE, Ass. 24 mars 2006, *Société KPMG et Société Ernst et Young et autres*, Rec. p. 154 ; RFDA 2006. 463, concl. Y. Aguila.

[1836] Cons. const., 10 juin 1998, n° 98-401 DC, *Loi d'orientation et d'incitation relative à la réduction du temps de travail*, Rec. p. 258 – Cons. const. 23 juill. 1999, n° 99-416 DC, *Loi portant création de la couverture maladie universelle*, Rec. p. 100 – Cons. const. 16 août 2007, n° 2007-556 DC, *Loi sur le dialogue social et la continuité du service public dans les transports terrestres réguliers de voyageurs*, Rec. p. 319.

[1837] Notamment des nécessités impérieuses fortement présentes dans les matières économiques et sociales, CE, 21 mai 1969, *Entreprise Marc Varnier*, Rec. p. 261 – CE, Sect. 19 juillet 1950, *Dilly*, Rec. p. 443.

[1838] V. sur la distinction en matière contractuelle entre l'effet rétroactif et l'effet immédiat, les concl. Geffray *précit.*, Rec. p. 116 ; P. Roubier, *Le droit transitoire*, Dalloz, 2e éd. 1960, rééd. 2008, p. 177.

[1839] CE, Ass. 8 avril 2009, *Compagnie générale des eaux c. Commune d'Olivet*, n° 271737 et 271782, Rec. p. 116, concl. Geffray.

[1840] P. Deumier, *précit.*, RTD civ., 1/1/2010, n° 1, p. 58 s.

[1841] Civ., 20 mars 1952, D. 1952.453 – Civ. 1re, 4 déc. 2001, RTD. civ. 2002. 507, obs. J. Mestre et B. Fages.

[1842] La Cour de Justice (V. par ex. sur les validations législatives, CJCE, 5 juin 1997, *SETTG*, aff. C-398/95, Rec. CJCE, p. I-3091 – CJCE, 4 déc. 1986, *Commission c/*

permettant la rétroactivité de la loi en matière contractuelle. Quoi qu'il en soit, l'objectif ici est de justifier l'application d'une loi à des contrats en cours. Ce faisant, l'intérêt général fait face à l'objectif de prévisibilité de la norme.

720. L'intérêt général s'oppose donc bien au principe de sécurité juridique. Néanmoins, des considérations d'intérêt public peuvent justifier, au contraire, la prise de mesures transitoires dans l'objectif de préserver le principe de sécurité juridique.

- *b. L'intérêt public, outil lié à la préservation de la sécurité juridique*

721. Lorsqu'il a consacré le principe de sécurité juridique en principe général du droit, le Conseil d'État a souhaité « éviter les inconvénients pour les administrés de la remise en cause brutale d'une réglementation sur laquelle ils croyaient pouvoir compter »[1843]. Pour se faire il précise qu'« il incombe à l'autorité investie du pouvoir réglementaire d'édicter, pour des motifs de sécurité juridique, des mesures transitoires qu'implique, s'il y a lieu, une réglementation nouvelle »[1844]. Il en va ainsi lorsque « les règles nouvelles sont susceptibles de porter une atteinte excessive à des situations contractuelles en cours qui ont été légalement nouées »[1845]. Dans l'affaire *KPMG*, le juge estime ainsi que le « défaut de toute disposition transitoire dans le décret attaqué, les exigences et interdictions qui résultent du code apporteraient, dans les relations contractuelles légalement instituées avant son intervention, des perturbations qui, du fait de leur caractère excessif au regard de l'objectif poursuivi, sont contraires au principe de sécurité juridique ».

722. Ce faisant, le juge « exerce bien un contrôle de proportionnalité »[1846] dans la mesure où il doit établir une balance entre l'objectif poursuivi par la réglementation nouvelle et les perturbations résultant de cette même règle. C'est le caractère excessif des inconvénients qui conduit le Conseil d'État à exiger des mesures transitoires. Il s'agit donc là d'un contrôle du bilan-coût-avantage destiné à mettre en balance les différents intérêts en présence. Le juge prend alors en compte la situation subjective et les droits des justiciables ; d'autant plus que le principe de

---

Allemagne, aff. 205/84, Rec. CJCE, p. 3755 – CJCE, 26 févr. 1991, *Commission c/ Italie*, aff. C-180/89, Rec. CJCE, p. I-709) et la CEDH (V. par ex. en matière de validation législative : les impérieux motifs d'intérêt général, CEDH 28 oct. 1999, *Zielinski et autres c/ France*, req. n° 24846/94, 34165/96 et 34173/96, Rec. 1999-VII.6).

[1843] D. Truchet, *Droit administratif*, *op. cit.*, p. 249.

[1844] CE, ass., 24 mars 2006, *Société KPMG précit*

[1845] *Ibid.*

[1846] *GAJA*, *précit.*, n° 113, p. 884.

sécurité juridique ne s'applique pas seulement aux situations contractuelles mais à l'ensemble des domaines du droit administratif[1847].

723. Après l'affaire *KPMG*, le juge a davantage explicité le contrôle de proportionnalité exercé. Il rappelle tout d'abord qu'« il incombe à l'autorité investie du pouvoir réglementaire d'édicter, pour des motifs de sécurité juridique, des mesures transitoires qu'implique, s'il y a lieu, une réglementation nouvelle ». Ensuite, il précise « qu'une telle obligation s'impose lorsque l'application immédiate de celle-ci serait susceptible d'entraîner, au regard de l'objet et des effets de ses dispositions, une atteinte excessive aux intérêts publics et privés en cause »[1848]. Mais plus encore, la Haute juridiction, à la manière de la jurisprudence *Ville Nouvelle Est,* examine concrètement les motifs d'intérêt général qui exigeraient l'application immédiate des nouvelles mesures (les avantages) et met en balances ceux-ci avec les intérêts publics et privés en cause (les inconvénients).

724. Cette technique permet au juge d'exiger des mesures de transposition et d'annuler les actes administratifs qui méconnaissent le principe de sécurité juridique, en prenant en compte les intérêts publics et privés des justiciables. Par exemple, dans l'arrêt *Syndicat CFDT du ministère des Affaires étrangères*, le Conseil d'État a mis en balance d'une part « des motifs d'intérêt général »[1849] qui exigeraient l'application immédiate des arrêtés qui introduisent des nouveautés substantielles dans les épreuves de concours, avec l'objectif poursuivi par ceux-ci. Il vérifie alors les différents intérêts en présence. Dans le cadre d'un examen *in concreto*, il estime, à l'instar du commissaire du gouvernement[1850], qu'en « contraignant les candidats à modifier les matières sur lesquelles doit porter leur préparation, dans des conditions susceptibles de les affecter de manière inégalitaire, ces

---

[1847] CE, Sect. 13 déc. 2006, *Mme Lacroix*, Rec. p. 541, concl. Guyomar.

[1848] La formule est utilisée dans de nombreux arrêts : CE, 14 nov. 2011, *Mme Nicole E. et autres*, n° 345341, inédit – CE, 14 nov. 2011, *J. Lansiaux*, n° 345340, à paraître aux T. Rec. – CE, 14 nov. 2011, *Mme E.*, n° 345341, inédit –– CE, 11 févr. 2011, *Société Action conduite prévention sécurité*, n° 337018, à paraître aux T. Rec. – CE, 19 juil. 2010, *Ministre de la Défense*, n° 334155, T. du Rec. p. 619 et 933 – CE, 16 juin 2010, *Syndicat de la magistrature,* n° 325669, T. Rec. p. 811 – CE, 21 juil. 2009, *Féd. CGT des sociétés d'études,* n° 321546, inédit – CE, 6 oct. 2008, *Cie des architectes en chef des monuments historiques*, n° 310146, Rec. p. 341 ; Concl. C. Vérot, RJEP, janv. 2009, p. 25 s. – CE, 23 juil. 2008, *Foucart et mlle Couacault et autres,* n° 310157, T. Rec. p. 591 et 897 - CE, 7 août 2007, *Ass. fr. des opérateurs de réseaux et de services de télécommunications (AFORS TELECOM),* n° 298436, T. Rec. p 926, 984 et 1060 – CE, 13 juil. 2007, *M. A.*, n° 385955, inédit – CE, 25 juin 2007, *Synd. CFDT du Ministère des affaires étrangères*, n° 304888, Rec. p. 277 – CE, 12 févr. 2007, *Féd. de l'hospitalisation privée*, n° 285464, T. Rec., p. 644, 648, 649, 1087 et 1090.

[1849] CE, 25 juin 2007, *Syndicat CFDT du ministère des Affaires étrangères, précit.*

[1850] Concl. I. de Silva, AJDA, 1 oct. 2007, p. 1823 s.

arrêtés causent, de ce fait, à ces candidats des perturbations excessives par rapport à l'objectif poursuivi ». Il n'y avait en l'espèce aucune atteinte à des intérêts publics mais seulement des atteintes aux intérêts privés des candidats. Toutefois, eu égard à l'absence d'intérêt général qui exigerait l'application immédiate des mesures en cause, l'atteinte aux intérêts privés des candidats a été jugée excessive. Les règles nouvelles fixées par arrêtés sont donc annulées pour méconnaissance du principe de sécurité juridique. Plus précisément, « en ne prévoyant pas le report, d'une année à tout le moins, de l'entrée en vigueur de ces arrêtés, afin de permettre aux candidats de disposer d'un délai raisonnable pour s'y adapter, le ministre des affaires étrangères a méconnu le principe de sécurité juridique ». Le syndicat requérant est, dès lors, fondé à demander l'annulation de ces arrêtés. Le principe de sécurité juridique est donc bien un droit invocable par les justiciables devant le juge, protégé éventuellement par l'intérêt public ou par l'absence d'intérêt général.

725. La même logique s'opère dans un arrêt en date du 12 janvier 2009, en faveur des intérêts environnementaux (intérêts publics). Les requérants demandent l'annulation du décret du 13 septembre 2005 modifiant le décret du 21 septembre 1977 pris pour l'application de la loi de 19 juillet 1976 relative aux installations classées pour la protection de l'environnement. Ils soutiennent que les mesures nouvelles mises en place par le décret de 2005 relevaient de la seule compétence du législateur. Le juge rappelle alors qu'il « incombe à l'autorité investie du pouvoir réglementaire d'édicter, pour des motifs de sécurité juridique, les mesures transitoires qu'implique, s'il y a lieu, une réglementation nouvelle ; que les dispositions transitoires en cause, qui n'écartent pas la possibilité pour le préfet de prendre en tant que de besoin des arrêtés fixant des prescriptions complémentaires, n'affectent aucun principe fondamental de la préservation de l'environnement »[1851]. L'association requérante n'est donc pas fondée à soutenir que les dispositions litigieuses relevaient de la seule compétence du législateur. Le Conseil d'État a pris le soin de vérifier ici si le principe fondamental de la préservation de l'environnement qui constitue un intérêt public était atteint. En l'espèce, le décret litigieux permet bien au préfet d'« imposer à tout moment à l'exploitant [...] les prescriptions nécessaires à la protection des intérêts mentionnés à l'article L. 511-1 du code de l'environnement ». Celui-ci n'est donc pas annulé.

726. Néanmoins, en pratique, l'intérêt général justifiant la nouvelle réglementation tend à s'imposer, dans la plupart des cas, malgré les inconvénients portés à l'ensemble des intérêts publics ou privés en cause. Par exemple, le juge estime qu'au regard de « l'intérêt général qui s'attachait à redéfinir les conditions d'achat de l'électricité issue de l'énergie radiative du

---

[1851] CE, 12 janvier 2009, *Association France Nature Environnement*, n° 289080, inédit.

soleil et des effets limités dans le temps de la mesure de suspension prononcée [...] », l'application immédiate de la règle nouvelle « ne peut être regardée comme ayant entraîné une atteinte excessive aux intérêts en cause »[1852]. De la même manière, eu égard à des considérations d'intérêt général qui motivent la nouvelle réglementation, « le décret attaqué ne méconnaît pas le principe de sécurité juridique »[1853]. Le même processus s'opère dans de nombreuses jurisprudences[1854]. Dès lors, la prise en compte des intérêts publics et privés peuvent conduire à l'obligation, pour les autorités compétentes, de prendre les mesures transitoires nécessaires à assurer le principe de sécurité juridique. Toutefois, comme en matière d'urgence, les considérations d'intérêt général justifiant les mesures nouvelles peuvent s'opposer aux intérêts publics et privés et donc éviter la mise en œuvre de mesures transitoires. Malgré tout, l'usage du bilan a conduit à l'annulation de plusieurs actes règlementaires dénués de mesures transitoires.

727. Pour résumer alors, les intérêts publics en cause favorisent l'exercicela mise en œuvre du principe de sécurité alors que l'intérêt général s'y oppose. Toutefois, là encore, le rôle de l'intérêt général n'est pas aussi simple dans la mesure où dans d'autres jurisprudences, le juge intègre la sécurité juridique dans le contenu même de la notion d'intérêt général afin de la confronter avec l'article 6 de la Convention européenne[1855]. L'intérêt général est donc un instrument de concrétisation des droits des justiciables. Il est aussi lié à la « recherche du juste équilibre entre les intérêts opposés en vue de leur explicitation »[1856] et de leur « conciliation »[1857]. Ainsi, l'intérêt général est bien un instrument de concrétisation des droits. Une logique similaire peut être démontrée à propos du droit à la représentation syndicale.

2. Intérêt général et préservation du droit à la représentation syndicale

728. Dans l'arrêt *Société d'aménagement foncier et d'établissement rural d'Auvergne et ministre de l'agriculture c. Bernette*, le Conseil d'État étend la théorie du bilan au contentieux « des licenciements des salariés protégés »[1858]. En effet, « lorsque le licenciement d'un salarié investi de fonctions représentatives est motivé par un comportement fautif [ou une

---

[1852] CE, 16 nov. 2011, *Société ciel et Terre*, n° 344972, à paraître aux T. du Rec.

[1853] CE, 15 déc. 2010, *Association des petites villes de France*, n° 331036, inédit.

[1854] V. CE, 12 mai 2010, *Ordre des avocats du Barreau de Belley*, n° 325662, inédit – CE, 12 mai 2010, *Cne de Cosne-Cours-sur-Loire,* n° 332838, inédit – CE, 30 déc. 2009, *SARL Morgan Vernex*, n° 313281, inédit.

[1855] CE, 5 déc. 2005, *Tassius,* n° 278183, T. Rec. p. 815, 816 et 884.

[1856] P. Muzny, *La technique de proportionnalité*, *op. cit.*, p. 324.

[1857] *Ibid.*

[1858] CE, Ass. 5 mai 1976, *Sté d'aménagement foncier et d'établissement rural d'Auvergne et minitre de l'agriculture c. Bernette*, Rec. p. 232.

situation économique[1859]], il appartient à l'inspecteur du travail ou à l'inspecteur des lois sociales [...] et le cas échéant, au ministre compétent de rechercher, sous le contrôle du juge de l'excès de pouvoir, de rechercher si les faits reprochés au salarié justifie le licenciement ». Pour refuser l'autorisation (de licenciement) sollicitée, « l'autorité administrative a la faculté de retenir des motifs d'intérêt général relevant de son pouvoir d'appréciation, sous réserve qu'une atteinte excessive ne soit pas portée à l'un ou l'autre des intérêts en présence »[1860].

729. Ce faisant, le juge exerce un contrôle de proportionnalité. Il s'agit du contrôle du bilan-coût-avantage utilisé dans l'affaire *Ville Nouvelle Est*. En effet, l'administration dispose d'un pouvoir discrétionnaire « sous réserve qu'une atteinte excessive ne soit pas portée à l'un ou l'autre des intérêts en présence ». Ainsi, le Conseil d'État a, par exemple, refusé de voir un motif d'intérêt général dans « le souci d'empêcher la disparition d'une formation syndicale dans l'entreprise »[1861], « dans la nécessité de maintenir les bases d'un certain pluralisme syndical »[1862], « dans le risque de compromettre le fonctionnement d'un comité d'entreprise alors que les membres de ce comité faisant l'objet du licenciement pouvaient être normalement remplacés »[1863], « dans le souci de faire cesser une grève »[1864], ou encore « dans le licenciement du seul délégué titulaire ne faisant pas disparaître toute présence syndicale dans l'entreprise dès lors que le suppléant de ce délégué y demeure »[1865].

730. Plus précisément, le contrôle du juge permet de mettre en balance le droit de l'employeur souhaitant licencier un salarié protégé avec la sauvegarde de la liberté syndicale. En refusant les motifs d'intérêt général invoqués, la Haute juridiction permet alors indirectement de sauvegarder la liberté de l'employeur.

731. Néanmoins, dans d'autres affaires, le juge retient que le motif d'intérêt général justifie le refus de licenciement. L'intérêt général porte alors atteinte au droit de l'employeur dans la mesure où son contenu préserve l'exercice d'un autre droit, celui de la liberté syndicale. La liberté syndicale fait alors implicitement partie du contenu de l'intérêt général qui concrétise les droits des justiciables. En effet, le Conseil d'État prend en compte, dans le

---

1859 CE, sect., 18 févr. 1977, *Abellan*, Rec. CE, p. 96.

1860 CE, Ass. 5 mai 1976, *Sté d'aménagement foncier et d'établissement rural d'Auvergne et minitre de l'agriculture c. Bernette, précit.*

1861 CE, 20 février 1987, *Ministre du travail, de l'emploi et de la formation professionnelle c. Louat*, Rec. p. 70.

1862 CE, 8 nov. 1993, *Les mutuelles de Bretagne*, T. Rec. p. 1068.

1863 CE, 2 juin 1989, *Sté Cie fr. de l'azote c. Boutet, Caucanas, Delmas, Escot et Gauthier*, Rec. p. 966.

1864 CE, 25 févr. 1987, *Ministre du travail, de l'emploi et de la formation professionnelle c. Société Carnaud emballage*, Rec. p. 75.

1865 CE, 18 déc. 1991, *Sté Adge Distribution Intermarché*, T. Rec. p. 1233.

bilan, le souci « de maintenir une présence syndicale au sein de l'entreprise »[1866] ou encore le souci « de maintenir une présence syndicale au sein même d'un établissement d'une entreprise »[1867].

732. Ce faisant, le juge ne limite pas au sens propre l'exercice des droits des justiciables, il les concrétise et les concilie par l'intérêt général, à l'aide de la technique du bilan. Une logique comparable est observable dans le contrôle contentieux du principe de laïcité.

3. Intérêt général et préservation du principe de laïcité

733. Dans un arrêt en date du 8 octobre 2004, le Conseil d'État rejette le recours contre la circulaire d'application de la loi du 15 mars 2004 relative à « la prohibition du port de signes qui constituent une manifestation ostensible d'une appartenance religieuse »[1868]. Cette prohibition est conforme aux prescriptions de la Convention européenne et au pacte des droits civils et politiques. En effet, « les dispositions de la circulaire attaquée ne méconnaissent ni les stipulations de l'article 9 de la Convention européenne de sauvegarde des droits de l'homme et des libertés fondamentales, ni celles de l'article 18 du pacte international des droits civils et politiques, relatives à la liberté de pensée, de conscience et de religion, dès lors que l'interdiction édictée par la loi et rappelée par la circulaire attaquée ne porte pas à cette liberté une atteinte excessive, au regard de l'objectif d'intérêt général poursuivi visant à assurer le respect du principe de laïcité dans les établissements scolaires publics »[1869].

734. La liberté d'expression est affirmée tout d'abord par l'article 10 de Déclaration des droits de l'homme et du citoyen de 1789 selon lequel « nul ne doit être inquiété pour ses opinions, même religieuses, pourvu que leur manifestation ne trouble pas l'ordre public ». Qualifié de « bien précieux »[1870], lié « au pluralisme consubstantiel à une société démocratique »[1871], le droit à la liberté de pensée, de conscience et de religion[1872] est également protégé par

---

[1866] CE, 9 oct. 1987, *Ministre du travail, de l'emploi et de la formation professionnelle c. Société Corning France,* Rec. p. 308.

[1867] CE, sect., 11 févr. 2005, M. *Marcel*, n° 247673, Rec. p. 56, conl. Olléon.

[1868] Loi n° 2004-228 du 15 mars 2004 encadrant, en application du principe de laïcité, le port de signes ou de tenues manifestant une appartenance religieuse dans les écoles, collèges et lycées publics ; J.-P. Camby, « Le principe de laïcité : l'apaisement par le droit ? », RDP, 1/1/2005, n° 1, p. 3 s. ; comm. E. Tawil, JCP A, 2/11/2004, n° 54, p. 1412.

[1869] CE, 8 oct. 2004, n° 269077, *Union fr. pour la cohésion nationale,* Rec. p. 367.

[1870] CEDH, 18 février 1999, *Buscarini et autres c. Saint-Martin*, Rec. 1999-I, § 34.

[1871] CEDH, 13 déc. 2001, *Église métropolitaine de Bessarabie et autres c. Moldova*, Rec. 2001-XII, § 114 ; JDI 2002, p. 313, obs. E. Decaux et P. Tavernier ; AJDA 2002, p. 503, obs. J.-F. Flauss.

[1872] V. sur la liberté de pensée, de conscience et de religion, au regard eu droit

l'article 9 de la Convention. Ce droit « implique la liberté de changer de religion ou de conviction, ainsi que la liberté de manifester sa religion ou sa conviction individuellement ou collectivement, en public ou en privé, par le culte, l'enseignement, les pratiques et l'accomplissement des rites ». Or, ce droit peut faire l'objet de restrictions lorsque la loi le prévoit, afin de préserver l'ordre ou la protection des droits et libertés d'autrui. Ainsi, le droit à la liberté de pensée, de conscience et de religion peut être concilié avec le principe de laïcité, principe législatif[1873], constitutionnel[1874] et conventionnel[1875]. Autrement dit, pour le Conseil d'État qui se réfère à la Convention, le principe de laïcité constitue bien un but légitime dans une société démocratique pouvant limiter l'exercice du droit à la liberté de pensée, de conscience et de religion.

735. En effet, le principe de laïcité est intégré dans le contenu matériel de l'intérêt général qui permet au Conseil d'État de le concilier avec le droit à la liberté de pensée, de conscience et de religion. Toutefois, en l'espèce, s'il ne s'agit pas réellement de l'application de la théorie du bilan (proportionnalité multipolaire), il ne s'agit pas non plus d'un contrôle de proportionnalité binaire. Traditionnellement, l'intérêt général constitue « une entrave aux droits et libertés des justiciables pour les besoins de la société »[1876]. Or, dans plusieurs affaires, le contenu de l'intérêt général se subjectivise, c'est-à-dire qu'il intègre la préservation des droits des justiciables. L'intérêt général n'est alors plus une entrave ou une limite traditionnelle aux droits et libertés. Cette concrétisation bouleverse son rôle. Celui-ci devient un conciliateur, un arbitre des droits concrétisés dans la mesure où plusieurs droits et libertés s'affrontent.

---

européen, M. De Salvia, « Liberté de religion, esprit de tolérance et laïcité dans la jurisprudence de la Cour européenne des droits de l'homme », Mélanges Cohen-Jonathan, Bruylant, 2004, p. 591 s. ; M. D. Evans, *Religious liberty and international law in Europe*, Cambridge University Press, 1997 ; J.-F. Flauss, *La protection international de la liberté religieuse*, Bruylant, 2002 ; G. Gonzalez, *Laïcité, liberté religieuse et Convention européenne des droits de l'homme,* Bruylant, 2006 ; Th. Massise et Ch. Pettiti, *La liberté religieuse et la Convention européenne des droits de l'homme*, Bruylant, 2004 ; J.-F. Renucci, « L'article 9 de la Convention européenne des droits de l'homme », *Dossier des droits de l'homme*, n° 20, Conseil de l'Europe, 2005.

[1873] Loi du 28 mars 1882 substituant une instruction civique à l'instruction morale et religieuse imposée en 1850 ; la loi du 30 oct. 1886 excluant les ministres du culte de l'enseignement dans les écoles publiques ; loi n° 2004-228 du 15 mars 2004, *précit.*

[1874] Article 1 de la Constitution de 1958.

[1875] CEDH, 24 janv. 2006, *Köse et 93 autres requérants c. Turquie*, déc. n° 2662502, non publié, D. 2006, Pan., p. 1720, obs. J.-F. Renucci – CEDH, 24 janvier 2006, *Kurtulmus c. Turquie*, déc. n° 65500/01, non publié, D. 2006, Pan., p. 1720, obs. J.-F. Renucci.

[1876] V. Section 1, § I, A. du présent chapitre.

736. Dans un autre exemple, l'arrêt *Ghazal*, reprend la même formule qu'en 2004. En l'espèce, le Conseil d'État explique que « la sanction de l'exclusion définitive de l'établissement scolaire prononcée à l'encontre de Mlle A [...] ne méconnaît pas les stipulations de l'article 9 de la convention européenne de sauvegarde des droits de l'homme et des libertés fondamentales relatives à la liberté de pensée, de conscience et de religion, dès lors qu'elle ne porte pas à cette liberté une atteinte excessive au regard de l'objectif d'intérêt général poursuivi visant à assurer le respect du principe de laïcité dans les établissements scolaires publics ; qu'ainsi, cette sanction ne saurait par elle-même méconnaître ces stipulations »[1877]. Ce faisant, l'intérêt général est bien un instrument lié à la conciliation des droits subjectifs, des « droits à... »[1878] des justiciables.

737. Un tel mécanisme rappelle encore « le rôle de l'intérêt général dans jurisprudence européenne »[1879]. P. MUZNY[1880] explique d'ailleurs que « la technique du bilan conduit le juge européen à rechercher un juste équilibre entre les intérêts individuels et l'intérêt général. Toutefois, ce mécanisme conduit, selon l'auteur, à l'absorption de l'intérêt général par les intérêts individuels. En effet, la volonté de consécration de l'intérêt général de la communauté est liée à la protection des droits fondamentaux. Il n'y a pas d'opposition entre l'intérêt général et l'intérêt individuel qui se concrétise par l'effectivité des droits fondamentaux liée à l'idéologie des droits subjectifs de l'homme »[1881]. En effet, la protection des droits fondamentaux constitue des intérêts généraux. Il en est ainsi par exemple de « l'intérêt public capital que constitue la protection de la source du journaliste »[1882].

738. Nous rejoignons la pensée de l'auteur sur le rapprochement entre les intérêts généraux et les droits individuels. Ce processus participe ainsi à la subjectivisation croissante du contentieux administratif. D'ailleurs, la thèse de l'auteur permet d'éclairer la jurisprudence du Conseil d'État qui, par l'intérêt général, concrétise et concilie les droits garantis par la Convention. Par exemple, l'intérêt général peut restreindre l'exercice de l'article 8 relatif au respect du droit à la vie privée et familiale en privilégiant « la prévention et la recherche des infractions fiscales »[1883] ou la « lutte contre le dopage (la

---

[1877] CE, 5 déc. 2007, *M. et Mme Ghazal*, n° 295671, Rec. p. 464 ; concl. R. Keller, RFDA 2008, p. 529 s.

[1878] Article de D. Cohen relatifs « aux droits à... », art. cit.

[1879] V. notamment sur ce point la thèse de P. Mutny, *op. cit.*, p. 321 s.

[1880] Thèse de P. Mutny, *op. cit.*

[1881] Cette opposition est pour l'auteur « irréalisable car irréaliste ». Thèse de P. Mutny, *op. cit.*, p. 327.

[1882] CEDH, 27 mars 1996, *Goodwin c. RU*, Rec. 1996.II ; D. 1997, p. 211, obs. N. Fricero.

[1883] CE, 24 août 2011, *sté HSBC PRIVATE BANK (SUISSE) SA*, n° 336382, à paraître aux T. Rec.

protection de la santé des sportifs ainsi que la garantie de l'équité et de l'éthique des compétitions sportives) »[1884]. Cependant, l'intérêt général peut, en même temps, « préserver le secret professionnel des avocats »[1885] garanti par l'article 8 et constituer une raison impérieuse justifiant « des limitations à la libre prestation de services »[1886]. Ce faisant, le secret professionnel des avocats lié à l'article 8 fait partie du contenu de l'intérêt général. Cela explique alors le rôle conciliateur de l'intérêt général qui intègre et concrétise les droits garantis par la Convention.

739. Toutefois, si l'intérêt général absorbe les droits et libertés des justiciables, nous ne considérons pas pour autant que sa nature transcendante soit remise en cause. Nous souhaitons en ce sens dissocier les droits des justiciables des intérêts particuliers de ceux-ci. En effet, le juge ne satisfait par l'intérêt particulier de tel justiciable mais intègre seulement de nouvelles valeurs sociales qui s'expriment par l'octroi croissant de droits subjectifs. Plus précisément, si le contenu de l'intérêt général se subjectivise, cette subjectivisation n'atteint pas le cœur ontologique transcendant de l'intérêt général ; nature transcendante qui vise au dépassement des intérêts particuliers[1887]. Cette subjectivisation matérielle est certes significative mais elle n'est pas liée à la défense d'un intérêt particulier. Elle correspond tout simplement au renouvellement de l'action publique. Rappelons-le, les finalités de l'intérêt général sont guidées, orientées par sa nature politique. L'enrichissement de l'intérêt général n'est donc pas lié à la prise en compte d'un intérêt particulier en tant que tel (Monsieur X., Madame Y.), mais à la défense de valeurs communes nouvelles qui gouvernent aujourd'hui les décisions des pouvoirs publics (laïcité, principe de sécurité juridique, secret professionnel des avocats etc.). Il ne faut donc pas confondre l'enrichissement de l'intérêt général par la concrétisation de nouveaux « droits à » avec la soi-disant défense des intérêts particuliers. Ainsi, la subjectivisation de l'intérêt général ne remet pas sa transcendance en cause, loin de là.

740. L'intérêt général concilie et concrétise donc les droits et les libertés des justiciables par le biais du contrôle de proportionnalité. Toutefois, dans la jurisprudence administrative, l'intérêt général permet également de transformer leurs droits. Tel est le cas du principe d'égalité.

[1884] CE, 24 févr. 2011, *Union nationale des footballeurs professionnels*, n° 340122, à paraître aux T. Rec.

[1885] V. sur le secret professionnel des avocats, CE, Sect., 10 avril 2008, *Conseil national des Barreaux*, n° 296845, Rec. p. 129, concl. M. Guyomar.

[1886] CE, 15 nov. 2006, *Krikorian,* n° 283475, T. Rec. p 869, 873 et 940.

[1887] Sur la transcendance de l'intérêt général et le pouvoir politique, Partie 2. Chapitre 1. Section 1, § 1. de la thèse.

SECTION 2.

UN INSTRUMENT DE TRANSFORMATION DES DROITS :

L'EXEMPLE DU PRINCIPE D'ÉGALITÉ

741. De prime abord, l'égalité se définit comme une « relation d'interchangeabilité entre deux ou plusieurs êtres »[1888]. Néanmoins, les différentes expressions juridiques de l'égalité ont leur fondement dans deux principes : l'égalité devant la loi et l'égalité dans la loi.

742. L'égalité devant la loi est liée à « l'obligation d'appliquer les normes juridiques générales aux cas concrets, en conformité avec ce que celles-ci établissent, même s'il en résulte une discrimination »[1889]. Il s'agit du « respect de la règle de justice concrète à chacun selon ce que la loi lui attribue »[1890]. Elle trouve son origine dans « l'époque médiévale où l'égalité est celle de tous devant Dieu »[1891]. Devenue « laïque, l'égalité deviendra celle de tous devant la loi à partir de la Déclaration de 1789 dans le cadre du courant libéral classique »[1892]. En effet, dans l'histoire de la Révolution française, l'égalité est abstraite et rejette l'idée de différence hors du droit.

743. L'égalité dans la loi exige quant à elle que dans une norme juridique générale, il n'y ait pas de discriminations fondées sur des critères de distinction dont l'utilisation soit interdite. D'après H. SIDGWICK, « la caractéristique la plus évidente de justes lois consiste dans le fait qu'elles sont égales »[1893]. Cependant, « l'égalité dans la loi n'est plus abstraite et tolère les discriminations basées sur des critères de distinction autorisés par le droit positif »[1894]. Cette égalité dite réelle trouve son fondement dans « le principe d'égalisation sociale, ou de l'égalisation des conditions »[1895] qui prend en

---

[1888] *Dictionnaire encyclopédique de théorie et de sociologie du droit, op. cit.*

[1889] H. Kelsen, *Justice et Droit naturel*, trad. E. Mazingue, dans *Le Droit naturel Annales de Philosophie politique III*, PUF, 1959, p. 52-57.

[1890] C. Perelman, *Justice et Raison*, PUB, 1963, p. 36-38 ; *L'égalité* vol. V. Études publiées sous la dir. de R. Dekkers, P. Roriers, C. Perelmann, par L. Ingber, Bruylant, 1977, p. 325-326.

[1891] F. Edel, « Linéaments d'une théorie générale du principe d'égalité », *Droits*, n° 49, 2009, p. 213 s.

[1892] *Ibid.*

[1893] H. Sidgwick, *L'Égalité II*, p. 274. *L'Égalité* vol. II, E. Griffin-Collart, « Égalité et justice dans l'utilitarisme : Bentham, J.-S. Mill, H. Sidgwick », Bruylant, 1975, p. 274.

[1894] *F. Edel, précit.*

[1895] C. Perelman, *Ethique et droit,* Éd. de l'Université de Bruxelles, 1990, p. 274 ; C. Perelman, « Égalité et intérêt général », dans C. Perelman (dir.), *L'Égalité*, vol. VIII, Bruylant, 1982, p. 615 s.

compte « l'équité »[1896] et « l'équilibre harmonieux d'une société »[1897]. L'égalité dans la loi peut ainsi être assimilée au « courant libéral légaliste »[1898] où « l'identique est débordé par le différent »[1899].

744. Aujourd'hui le libéralisme contemporain, influencé par la Convention européenne des droits de l'homme[1900], mêle les traditions classique et légaliste. La loi doit en effet être la même pour tous (en principe) mais tolère (par exception) les différences. L'objectif sera alors de démontrer comment l'intérêt général, qui constitue *a priori* une dérogation au principe d'égalité[1901], a rendu possible la mutation de ce principe. Une telle transformation par l'intérêt général a permis d'introduire dans le droit les évolutions politiques et philosophiques de la notion d'égalité. Ce faisant, en participant à l'évolution du principe d'égalité, l'intérêt général contribue à améliorer le sort des justiciables qui sont les « bénéficiaires »[1902] d'un « droit subjectif »[1903] protégé. Ainsi, la prohibition de la dérogation d'intérêt général permet, dans un premier temps, le respect l'égalité formelle, liée au courant libéral classique (I). Dans un second temps, la jurisprudence administrative fait ressortir que l'admission de la dérogation d'intérêt général au principe d'égalité favorise, au contraire, la différence. L'intérêt général sert alors l'égalité réelle, dans le cadre du courant libéral légaliste (II).

I. La sauvegarde du principe d'égalité formelle par l'intérêt général

745. Lorsqu'il porte sur un objet constitutionnellement prohibé, le principe d'égalité ne tolère aucune différence de traitement. Dans ce cas, l'intérêt général ne peut justifier aucune atteinte au principe d'égalité. Le refus de la dérogation d'intérêt général contribue alors à renforcer l'égalité formelle. Ainsi, la prohibition ou la détermination constitutionnelle de l'intérêt général renforce le traditionnel principe d'égalité (A). La même logique s'opère en droit européen. En effet, la prohibition conventionnelle de l'intérêt général (B)

[1896] J. Rawls, *Théorie de la justice*, trad. C. Audard, réed. Point, 2009, p. 29 s. (La justice comme équité). V. également, p. 131 s. sur le principe de différence.

[1897] H. Buch, P. Foriers et C. Perelman (dirs), *L'Égalité,* vol. I, Bruylant., p. 324-326.

[1898] V. O. Jouanjan, *Le principe d'égalité devant la loi en droit allemand*, Economica, 1992, p. 69 à 71.

[1899] F. Edel, art. cit.

[1900] CEDH, *Affaire linguistique belge*, 23 juillet 1968, série A, n° 6, p. 34, § 10.

[1901] CE, Sect., 10 mai 1974, *Denoyer et Chorques*, Rec., p. 274.

[1902] Rapport de la délégation française au I Congrès de l'Association des cours constitutionnelles ayant en partage l'usage du français, Paris, 10-11 avril 1997, « Le principe d'égalité dans les jurisprudences des cours constitutionnelles ayant en partage l'usage du français », RFDA 1997 p. 227

[1903] *Ibid.*

conduit à la protection du principe d'égalité mathématique lorsque son objet est particulièrement protégé.

A. La prohibition constitutionnelle de la dérogation d'intérêt général

746. G. PELLISSIER a déjà montré comment « certains principes ne peuvent souffrir d'aucune discrimination »[1904], eu égard à leur « protection constitutionnelle »[1905]. En effet, l'égalité est un principe absolu lorsqu'il concerne la race, l'origine et la religion[1906]. Dans ce cas, la jurisprudence administrative prohibe toute discrimination en fonction des confessions religieuses, des mœurs ou des opinions politiques[1907]. La Haute juridiction censure également les discriminations fondées sur la race ou la nationalité, lorsqu'elles sont contraires à un texte pris en application des principes constitutionnels[1908]. Ainsi, lorsqu'il est saisi d'un acte édictant une discrimination reposant sur un objet prohibé, le Conseil d'État ne peut la justifier par des considérations d'intérêt général. Le contrôle juridictionnel des discriminations fondées sur la race, l'origine ou la religion est donc « simplifié par la généralité de l'interdiction »[1909]. En effet, le juge « se borne à constater que l'objet sur lequel porte la discrimination est prohibé pour l'annuler. L'intérêt général n'intervient donc pas dans le raisonnement juridique, puisqu'il agit comme une justification et qu'une telle discrimination n'en admet aucune »[1910]. L'absence de justification des discriminations par l'intérêt général préserve donc l'égalité formelle.

747. La dérogation d'intérêt général prohibée traduit ainsi la protection des droits des justiciables en garantissant l'effectivité de l'égalité formelle. Cette vision universaliste de l'égalité se prolonge lorsque l'intérêt général justifie paradoxalement certaines dérogations au principe d'égalité. C'est le cas lorsque le contenu de l'intérêt général est strictement encadré et déterminé par la Constitution. En effet, l'objet sur lequel porte certaines

---

1904 G. Pellissier, *Le principe d'égalité en droit public*, LGDJ, coll. « Droit public », 1996, p. 52 et 53.

1905 F. Lemaire, « La notion de non-discrimination dans le droit français : un principe constitutionnel qui nous manque ? », RFDA 2010 p. 301 s.

1906 L'article 1er de la Constitution de 1958 « assure l'égalité devant la loi de tous les citoyens sans distinction d'origine, de race ou de religion ».

1907 CE, Ass., 28 mai 1954, *Barel*, Rec., p. 308.

1908 Violation directe de la loi : TA Paris, 16 février 1989, *Ass. M. R. A. P.*, Rec. T., p. 460. Dans ce cas, il s'agit d'une violation directe de la loi et le Conseil d'État ne cherche aucune justification à la rupture de l'égalité : CE, 21 nov. 1962, *République Malgache c/ Dame Razafindranaly,* Rec., p. 618.

1909 G. Pellissier, *opus. cit.*

1910 V. G. Pellissier, thèse, *op. cit.*, p. 115.

différences de traitement tolère des justifications fondées sur l'intérêt général. L'évolution de la jurisprudence démontre que la dérogation d'intérêt général s'apprécie de manière restrictive, de sorte à faire obstacle à la différence de traitement et favorisant ainsi l'égalité formelle. L'exemple de l'accès aux emplois publics est topique. En effet, le principe d'égal accès à la fonction publique découle de l'article 6 de la Déclaration de 1789. Constitutionnellement garanti, il « interdit d'utiliser un système de sélection fondé sur des critères étrangers à la capacité des candidats »[1911]. Ainsi, « les dérogations au principe d'égal accès aux emplois public seront admises en fonction de la situation des candidats ou des besoins du service »[1912]. Dans le droit de la fonction publique, le juge se réfère davantage à l'intérêt du service plutôt qu'à l'intérêt général. Cela renvoie à « une détermination du concept d'intérêt général, due à la notion de service »[1913]. G. PELLISSIER[1914] et J.-P. MAUBLANC expliquent justement que « l'intérêt général est situé par référence au domaine juridique dans lequel il est appliqué (la fonction publique, ensemble des personnels du service public). L'intérêt du service est donc une manifestation spécifique, de l'intérêt général »[1915]. Il s'exprime de différentes manières : « nécessité du service »[1916], « raisons du service »[1917], « bon fonctionnement du service »[1918], « besoin du service »[1919]. Dans ce contexte, l'intérêt général est toujours lié au service. Ces expressions sont donc équivalentes[1920] et « manifestent la concrétisation de l'intérêt général dans le contexte juridique du service »[1921]. Toutefois, si l'intérêt du service permet de déroger au principe constitutionnel d'égal accès aux emplois publics, il est strictement encadré par la Constitution. Il est en effet limité à deux de ses expressions : la nature des fonctions et les conditions d'exercice de celles-ci, conformément à l'article 6 de la Déclaration de 1789. Ainsi déterminé, l'intérêt du service préservera paradoxalement l'égalité formelle dans l'accès aux emplois publics des femmes (1) et dans l'appréciation des

---

[1911] O. Dord, *Droit de la fonction publique, précit.*, p. 46.

[1912] Cons. const., 14 janvier 1983, n° 82-153-DC, *Troisième voie d'accès à l'ENA,* Rec., p. 35.

[1913] G. Pellissier, *opus cit.*

[1914] G. Pellissier, thèse, *op. cit.*, p. 132.

[1915] J.-P. Maublanc, « L'intérêt du service dans le droit de la fonction publique », Études offertes à P. Jaubert, PUB, 1992, p. 524.

[1916] CE, 27 avril 1850, *Dyé* ; Rec., p. 400

[1917]CE, ass. 3 juill. 1936, *Demoiselle Bobard et autres*, Rec., p. 721.

[1918] CE, 2 déc. 1936, *Plessy*, Rec., p. 1051.

[1919] CE, 9 déc. 1879, *Dame Thomas*, Rec., p. 796

[1920] A. Baldous, « L'intérêt du service dans le droit de la fonction publique », RDP 1985, p. 936 s.

[1921] G. Pellissier, thèse, *op. cit.*, p. 132.

conditions d'aptitude physique et de moralité des candidats aux emplois publics (2).

1. Intérêt du service et égal accès des femmes aux emplois publics

748. Pendant longtemps, l'intérêt du service a permis d'exclure les femmes des emplois publics. Avant 1946, certaines fonctions pouvaient être réservées aux hommes[1922] « pour des raisons tirées de l'intérêt du service »[1923]. Ainsi, les femmes qui n'avaient pas « le droit de vote et ne disposaient pas de la liberté du travail sans l'accord de leur époux »[1924], ont été pour partie « exclues des fonctions publiques »[1925]. Dans ce contexte, le juge administratif laisse à l'administration le soin d'apprécier si « des raisons de service nécessitent [...] des restrictions à l'admission et à l'avancement du personnel féminin »[1926].

749. À partir de 1946, avec la protection constitutionnelle de l'égalité des sexes affirmée dans le préambule de la Constitution, l'égalité « mathématique »[1927] se développe dans la jurisprudence pour l'accès des femmes à la fonction publique. G. PELLISSIER souligne que « lorsque l'accès des femmes à la fonction publique n'était considéré que comme une aptitude, l'intérêt du service pouvait constituer une justification générale au refus d'accès. Dès lors que cet accès est un droit individuel, la relation entre ce droit et l'intérêt du service change de nature »[1928]. Il appartient alors au juge non seulement « d'exercer un contrôle effectif mais encore de définir strictement les conditions de régularité des exceptions »[1929]. Ainsi, le juge peut censurer l'administration au nom du principe d'égalité en refusant des dérogations injustifiées. Dans l'affaire *Dame Viauroux,* il estime par exemple que le poste d'inspecteur ne peut « être regardé comme excluant normalement

---

[1922] La raison découlait d'une « loi naturelle de la division du travail : il appartient à l'homme de travailler pour entretenir le ménage et à la femme de s'occuper du foyer et des enfants » : P. Auvret, « L'égalité des sexes dans la fonction publique », RD publ. 1983. 1571. Cette idée était soutenue par Esmein qui affirmait que l'exclusion des femmes de la fonction publique n'était point arbitraire mais dérivait « d'une loi naturelle de la fondamentale division du travail entre les deux sexes, qui est aussi ancienne que l'humanité, du moins que la civilisation » : A. Esmein, *Droit constitutionnel*, 8e éd., 1927.

[1923] A. de Laubadère et Y. Gaudement, *Traité de droit administratif,* t. 5, La fonction publique, 12e éd., L.G.D.J. 2000, p. 99.

[1924] F.-X. Fort, « De l'égalité à la parité dans l'accès à la fonction publique », AJDA 2009 p. 1181.

[1925] G. Morange, « La femme dans la fonction publique », *D.* 1955, p. 125.

[1926] CE, ass. 3 juill. 1936, *Demoiselle Bobard et autres*, Rec., p. 721.

[1927] F.-X. Fort, art. cit., *supra* n. 283, p. 1181.

[1928] G. Pellissier, thèse, *op. cit*, p. 117 s.

[1929] *Ibid.*

la nomination audit emploi des agents de sexe féminin »[1930], en raison des « fonctions effectivement remplies [...] et de la nature ou des conditions d'exercice ». Ainsi, l'appréciation de la nature des fonctions ou des conditions d'exercice de celles-ci, expression de la nécessité du service, conduisent à favoriser l'égalité formelle. Dans le même sens, la Haute juridiction condamne l'éviction des femmes « des emplois communaux »[1931] ainsi que le manquement à « l'impartialité dont doit faire preuve tout jury de recrutement à des postes de la fonction publique »[1932].

750. Érigée en principe général du droit, l'égalité des sexes interdit toute discrimination au principe d'égalité[1933]. Le juge peut toutefois accepter des différences de traitement lorsqu'elles sont objectivement justifiées. Selon A. PLANTEY, « la société contemporaine fait progressivement disparaître toute discrimination entre les sexes. Dans la fonction publique d'État, de 1922 à 1990, la proportion de femmes est passée du cinquième à la moitié de l'ensemble des fonctionnaires (57 % en 1998) »[1934]. Cette tendance ne cessera de se confirmer avec le droit de l'Union européenne[1935]. Dans cette optique, le Conseil d'État censure « une décision refusant à une femme le droit de se porter candidate à une affectation dans un emploi d'enseignant spécialisé dans une maison d'arrêt »[1936] et annule « les dispositions statutaires instaurant une discrimination entre les élèves de sexe féminin ou masculin pour l'accès au corps des officiers »[1937] ainsi que « les dispositions qui limitaient à 20 % le recrutement des femmes dans le corps des commissaires de l'armée de terre »[1938]. Selon A. FITTE-DIVAL, « l'évolution est incontestable, et on est loin de l'arrêt *Demoiselle Bobard* qui, bien qu'affirmant la capacité des femmes à l'exercice de la fonction publique, légitimait le pouvoir du gouvernement de restreindre leur recrutement et leur avancement pour des raisons tirées de l'intérêt du service »[1939]. De telles considérations ont conduit

1930 CE, Sect. 2 mai 1959, *Dame Viauroux*, n° 37974, Rec., p. 280.

1931 CE, Sect., 11 mars 1960, *Ville de Strasbourg*, Rec., p. 194.

1932 CE, Sect., 9 nov. 1960, *Cne de Clohars-Carnoët*, Rec., p. 591.

1933 CE, 5 déc. 1984, *Synd. indép. du personnel sédentaire de la Cnie gén. maritime*, n° 22499, T. Rec., p. 471, 483, 678 et 701.

1934 A. Plantey, *La fonction publique*, Traité général, *précit.*, p. 134.

1935 Sanction du système des recrutements distincts dans les corps de la police nationale contraire à l'égalité de traitement entre hommes et femmes : CJCE, 30 juin 1988, *Commission c/ République française*, aff. C-316/86 ; RFDA 1988, p. 976, note J.-C. Bonichot. V. aussi, S. Slama, « La discrimination indirecte : du droit communautaire au droit administratif », AJFP, juillet 2003, p. 4 ; O. Couvert-Castéra, « L'égalité de traitement entre hommes et femmes en droit communautaire », *Cah. Fonc. Publ.*, sept. 2004, n° 237, p. 16.

1936 CE, 7 déc. 1990, *Ministre de l'éducation nationale c/ Mme Buret*, T. Rec., p. 557.

1937 CE, 29 déc. 1993, *Mlle Martel*, Rec., p. 377.

1938 CE, 11 mai 1998, n° 185049, *Mlle Aldige*, Rec., p. 708.

1939 A. Fitte-Duval, « Le fonctionnaire et la discrimination : approche administrative

le juge à appliquer ces principes « au-delà de l'accès aux emplois publics afin de garantir l'égalité de traitement entre hommes et femmes »[1940]. Ainsi, l'égal accès des femmes aux emplois publics bénéficie d'une protection juridictionnelle effective. La dérogation d'intérêt général étant strictement encadrée, c'est l'égalité formelle qui est préservée. « Ce mouvement témoigne de la mutation du concept d'État de droit qui ne se limite plus au respect d'une hiérarchie des normes assurée par des juridictions nationales et internationales »[1941].

751. Ainsi concrétisé dans l'intérêt du service, l'intérêt général, lorsqu'il est conditionné par la Constitution (article 6 de la Déclaration de 1789), participe au développement de l'égalité formelle. Le même processus s'opère concernant l'égal accès lorsqu'il est lié à l'aptitude physique et la moralité des candidats aux emplois publics.

2. Intérêt du service et égal accès lié à l'aptitude physique et à la moralité des candidats aux emplois publics

752. Le chef de service peut exclure, pour des considérations liées à l'intérêt du service, l'accès de certains candidats en raison de conditions tenant à la moralité (a) ou à l'aptitude physique (b). Dans ce cas, l'intérêt du service constitue une dérogation à l'égalité formelle entre les candidats. Néanmoins, l'interprétation restrictive croissante du juge face à l'intérêt du service permet paradoxalement de renforcer l'égalité formelle dans l'accès des candidats aux emplois publics, surtout à partir des années 80.

- *a. Intérêt du service et moralité, légalité formelle inachevée*

753. Il s'agira en l'espèce de s'intéresser au « refus d'agrément de candidature »[1942]. En effet, avant tout concours, l'administration arrête la liste des candidats admis à concourir[1943]. À cette occasion, comme l'illustrent les arrêts *Rouget*[1944] et *Abbé Bouteyre*[1945], elle peut écarter d'un concours celui qui remplirait néanmoins les conditions prévues par les textes, « pour des motifs tirés de l'intérêt du service »[1946].

---

et pénale », AJFP 2003 p. 6.

1940 CE, 29 juillet 2002, *Griesmar*, Rec. p. 284.

1941 J. Bougrab, « L'égalité entre les femmes et les hommes dans les jurisprudences des cours suprêmes européennes et nationales », AJDA 2003 p. 1640.

1942 S. Salon et J.-C. Savignac, *La Fonction publique*, Documents d'études, n° 2.01, 2002, p. 24 ; J.-M. Lemoine de Forges, « Le système français de fonction publique », dans *À propos de l'administration*, Doc. fr., 1998, p. 37.

1943 J.-M. Auby, J.-B. Auby, D. Jean-Pierre et A. Taillefait, *Droit de la fonction publique, précit.*, p. 182.

1944 CE, 5 juillet 1851, *Rouget*, Rec., p. 498.

1945 CE, 10 mai 1912, *Abbé Bouteyre*, Rec., p. 553.

1946 CE, 4 mai 1948, *Connet*, S. 1949, 3, 42, note J. Rivero. V. également

754. Pourtant, lorsqu'il statue sur l'intérêt du service, le juge s'en tient à la lettre de l'article 6 de la Déclaration de 1789 en admettant les dérogations à l'admission au concours qui sont liées, d'une manière ou d'une autre, à la nature des fonctions des candidats. De la sorte, le juge applique ici la même logique qu'en matière d'égalité des sexes dans l'accès aux emplois publics. De cette manière, l'intérêt du service ne constitue pas une véritable dérogation au principe constitutionnel d'égalité car il est fondé par des exceptions prévues par la Constitution. C'est pourquoi l'intérêt du service prenant en compte la nature des fonctions sert paradoxalement une égalité formelle entre les candidats ; une égalité respectueuse de l'esprit de la Déclaration de 1789. Par exemple, le juge se fonde sur la nature des fonctions pour justifier l'exclusion de la candidature d'un prêtre catholique à un concours d'agrégation dont l'objet est « d'assurer aux maîtres, qui l'ont obtenu après concours, des avantages particuliers dans la carrière de l'enseignement public »[1947]. Ainsi, l'appréciation de l'intérêt du service demeure lié « aux garanties requises pour l'exercice des fonctions auxquelles donnent accès les études poursuivies »[1948].

755. Cependant, dans les années 80, le contrôle du juge s'intensifie. Après avoir été regardé comme un acte discrétionnaire[1949], le refus d'admission à concourir fait désormais l'objet d'un contrôle normal[1950]. Cela permet au Conseil d'État de sanctionner l'exclusion d'un candidat à un concours « estimant que [sa] participation, plusieurs années avant le dépôt de sa candidature, à des manifestations d'étudiants de caractère véhément mais accompagnées d'aucune violence, ne révélait pas l'inaptitude de l'intéressé à exercer les fonctions judiciaires »[1951]. Dans une affaire similaire, le juge estime que « l'ancienneté des faits révélant la personnalité et l'aptitude du candidat à un concours ne peuvent systématiquement participer à la sanction d'une décision de refus d'admission à concourir »[1952]. Il en est ainsi de « faits anciens d'éthylisme non renouvelés depuis qui ne sont pas de nature à fonder un refus de candidature »[1953].

756. Pour autant, malgré les critiques doctrinales[1954], l'intérêt du service justifie encore de nombreuses entorses à l'égal accès aux fonctions

---

A. de Laubadère et Y. Gaudemet, *Traité de droit administratif*, t. 5, *La fonction publique*, LGDJ, 12e éd., 2000, p. 115, n° 127-1.

[1947] CE, 10 mai 1912, *Bouteyre* , n° 46027, Rec., p. 553.

[1948] CE, 29 juil. 1953, *Lingois*, Rec., p. 413.

[1949] CE, 5 juillet 1851, *Rouget*, Rec., p. 498.

[1950] CE, 18 juin 1983, *Raoult*, Rec., p. 251.

[1951] CE, 18 mars 1983, *Mulsant*, Rec. p. 125.

[1952] CE, 21 mai 1986, n° 40975, *Ministre de la Solidarité nationale c/ Lungaretti*, inédit.

[1953] CE, 10 juin 1991, *Garde des Sceaux c/ Vizier*, Rec., p. 239.

[1954] P. Moukoko, « La responsablité de l'État du fait de la violation du principe d'égalité d'accès aux emplois publics », AJFP 2009, p. 10 s.

publiques[1955]. Par exemple, dans un arrêt en date du 25 octobre 2004, le Conseil d'État a jugé légal « le refus d'agréer une candidature au concours d'agent de surveillance fondé sur des faits de vol à l'étalage qui n'avaient pas été inscrits au bulletin n° 2 du casier judiciaire »[1956]. Dans cette affaire, « trois années se sont écoulées entre l'infraction commise et l'inscription au concours ». Cela « n'a pas suffi à inciter le préfet de police, puis le juge, à l'indulgence »[1957]. L'affaire de 2004 rappelle alors l'idée autrefois défendue par M. HAURIOU d'une « incorporation des fonctionnaires à leur fonction, et par là à l'institution administrative »[1958].

757. Ainsi, l'interprétation de l'intérêt général laisse apparaître des relatives tolérances quant aux discriminations fondées sur la moralité des candidats. Cette tolérance est plus difficilement acceptée concernant l'appréciation de l'aptitude physique des candidats dans l'accès à la fonction publique.

- *b. Intérêt du service et aptitude physique, légalité formelle achevée*

758. Les candidats à la fonction publique doivent remplir « les conditions d'aptitude physique indiquées dans les statuts particuliers »[1959]. Le juge effectue un contrôle normal[1960] des conditions établies par les statuts et recherche si elles sont justifiées par « les exigences de la fonction »[1961]. En effet, selon le Conseil d'État, « si le principe d'égalité impose que, dans les concours d'accès aux emplois publics, il ne soit tenu compte que des mérites des candidats, il ne s'oppose pas à ce que les règles de recrutement destinées

---

[1955] CE, 10 juin 1983, *Raoult précit.*, Rec., p. 251 – CE, 11 déc. 1987, *Ministre de l'Intérieur c/ Patema*, Rec. p. 778 – CE, 29 janv. 1982, *Ministre des Affaires étrangères*, n° 12458, inédit – CE, 28 juill. 1995, n° 85734, *Min. Int. c/ Casanovas,* inédit.

[1956] CE, 25 oct. 2004, n° 256944, *Préfet de Police contre Mme S.* T. Rec., p. 732 ; note P. Planchet, AJDA 16/05/2005, n° 18, p. 1016 ; note D. Jean-Pierre, JCP A, 13/12/2004, n° 51, p. 1640.

[1957] P. Planchet, « Les garanties morales requises des candidats à la fonction publique », AJDA 2005 p. 1016 s.

[1958] P. Planchet, « Les garanties morales… », art. cit., p. 1016 s.

[1959] J.-M. Auby, J.-B. Auby, D. Jean-Pierre et A. Taillefait, *Droit de la fonction publique*, *op. cit.,* p. 166-167.

[1960] CE, 19 juin 1970, *Ministre des finances c/ Clary*, Rec. p. 740.

[1961] M. Bernard, « Le contrôle du Conseil d'État sur l'appréciation par l'administration de l'aptitude professionnelle ou physique des fonctionnaires », EDCE, 1957, p. 55. Par ex., « la cécité n'est pas une cause d'exclusion de l'enseign. sup. » (CE, 25 juil. 1952, Loubeyre, D. 1953, p. 5, concl. Guionin) ni « le fait d'être hémophile » (CE, Ass. 24 janv. 1975, *Ass. fr. des hémophiles*, Rec., p. 52) ou « amputé d'un bras » (CE, 12 nov. 1965, *Davéo*, Rec. p. 610). V. également, O. Schramek, « Le SIDA et la fonction publique », AJDA 1988, p. 270.

à permettre l'appréciation des aptitudes et des qualités de ceux-ci à l'entrée dans un corps de fonctionnaires soient différenciées pour tenir compte de la variété des situations, et en particulier des études suivies ou des expériences professionnelles antérieures, ainsi que des besoins du service public »[1962]. L'intérêt du service est donc lié à la capacité, aux vertus et aux talents. Le juge administratif sanctionnera d'ailleurs les décisions fondées sur un intérêt général qui n'est pas en rapport avec le mérite, même lorsqu'il s'agit d'un « intérêt à caractère social »[1963].

759. La jurisprudence administrative évolue alors dans le sens d'une protection accrue des personnes malades ou handicapées. Leurs différences peuvent de moins en moins être invoquées comme constituant un intérêt du service justifiant l'exclusion de l'accès à la fonction publique. Dans l'arrêt *Pageaux* par exemple, « une personne handicapée admise à concourir ne peut se voir appliquer une disposition réglementaire qui permet d'attribuer d'office la note 0 à un candidat n'ayant pas passé l'épreuve d'aptitude physique »[1964]. De même, en 2008, le Conseil d'État limite la possibilité offerte au pouvoir réglementaire « d'exclure pour les besoins du service public la participation de personnes atteintes d'une affection évolutive au concours d'accès à la fonction publique »[1965]. Toutefois, si le contrôle du juge permet d'améliorer l'égalité formelle dans l'accès aux emplois publics, la Haute autorité pour la lutte contre les discriminations (Halde) révèle « qu'en 2006, l'emploi représentait plus de 40 % des réclamations et plus de 50 % en 2007 (...). Pour ce qui est du motif de discrimination, le critère santé-handicap représente plus de 20 % des réclamations »[1966].

760. Malgré tout, la détermination constitutionnelle de l'intérêt général permet de préserver une vision universaliste du principe d'égalité car la dérogation au principe est appréciée restrictivement, en fonction de la norme constitutionnelle. Un raisonnement similaire s'opère avec les normes conventionnellement garanties.

1962 CE, 2 mars 1988, *Blet et Sabiani* ; DA 1988, comm. n° 250 – CE, ass., 21 déc. 1990, *Amicale des anciens élèves de l'ENS de Saint-Cloud et a., Assoc. des anciens élèves de l'ENA*, Rec. p. 378 - CE, ass., 12 déc. 2003, *Billiemaz et a.,* Rec., p. 504. Le Conseil constitutionnel adopte la même position : Cons. const., 14 janv. 1983, n° 82-153 DC, *Troisième voie d'accès à l'ENA*, Rec. p. 35 – Cons. const., 21 févr. 1992, n° 92-305 DC, *Réforme du statut de la magistrature* : RJC I-483. V. aussi F. Mélin-Soucramanien, « Le principe d'égalité en matière de fonction publique dans la jurisprudence du Conseil constitutionnel », RFD const. 1994, p. 241.

1963 CE, 14 févr. 1990, *Féd. synd. FO de la Défense des ind. de l'armement et secteurs assimilés*, T. Rec. p. 556.

1964 CAA Paris, 20 janv. 2000, *Pageaux*, n° 97PA02354, inédit.

1965 P. Moukoko, « La responsablité de l'État... », art. cit., p. 10 s.

1966 Rapports annuels de la Halde, particulièrement celui de 2006, p. 81 à 98.

B. La prohibition conventionnelle de la dérogation d'intérêt général

761. Le principe de non-discrimination « suppose initialement qu'un traitement égal soit réservé à des individus égaux et implique l'existence d'une norme prescrivant l'égalité de traitement »[1967]. Toutefois, l'article 14 de la Convention européenne n'interdit pas toute distinction de traitement dans l'exercice des droits reconnus. Le juge européen retient deux critères cumulatifs permettant de justifier une discrimination[1968] : « une différence de traitement »[1969] dans l'exercice ou la jouissance d'un droit reconnu et « un manque de justification objective et raisonnable ». La justification objective et raisonnable à une discrimination est « celle qui poursuit un but légitime dans une société démocratique et respecte un rapport raisonnable de proportionnalité entre les moyens employés et le but visé »[1970]. Un tel contrôle trouve ses similitudes dans l'appréciation de l'intérêt général en droit interne face au principe d'égalité qui doit poursuivre une fin acceptable et être proportionné au but poursuivi (1). Cette technique de proportionnalité va alors permettre d'interdire les discriminations fondées sur la nationalité (2) ou les orientations sexuelles (3). De la sorte, l'égalité formelle et le principe de non-discrimination sont préservés, dans l'intérêt des justiciables.

1. Un contrôle de proportionnalité lié à la préservation des droits des justiciables

762. Selon R. LATOURNERIE, « le devoir du juriste est de se forger des instruments assez fermes et assez souples pour régir [...] la mobilité inhérente à la nature des choses (...). Ainsi, l'élément de finalité ne gouverne pas moins la technique même que les institutions et le fond du droit. La technique en effet, n'a de sens qu'en fonction des buts qu'elle sert à atteindre : les moyens doivent être adaptés aux fins »[1971] ; voilà donc posées les bases du principe de proportionnalité reprises par le juge administratif et par le juge européen.

763. L'examen des justifications objectives et raisonnables permet en effet à la Cour européenne d'exercer un contrôle de proportionnalité entre la différence de traitement et sa justification. L'exigence de proportionnalité,

---

[1967] F. Sudre, *Droit européen et international des droits de l'homme, précit.*, n° 152 s.

[1968] *Affaire linguistique belge, précit.*, GACEDH, n° 8, §10.

[1969] C. Picheral, « L'incertaine détermination des différences de traitement », F. Sudre (dir.), *Le droit à la non-discrimination au sens de la Convention européenne des droits de l'homme*, actes du colloque des 9 et 10 nov. 2007, Bruylant 2008, Droit et Justice, 81, p. 87.

[1970] F. Sudre *op. cit.*, n° 152. ; *Aff. Linguistique belge*, § 10, *précit.*

[1971] R. Latournerie, « Essai sur les méthodes juridictionnelles du Conseil d'État », dans *Livre jubilaire du Conseil d'État*, Recueil Sirey, 1949, p. 246 et 247.

appliquée à la protection des droits fondamentaux énoncés dans la Convention « se traduit par un double rapport de nécessité et de comparaison entre les intérêts poursuivis et les droits protégés »[1972]. En effet, des « dérogations peuvent y être apportées dans la mesure où elles sont nécessaires dans une société démocratique »[1973]. La nécessité de la mesure conduit donc le juge à vérifier que « l'État n'avait pas d'autres moyens moins attentatoires au droit protégé pour parvenir aux mêmes fins ». La référence à la société démocratique suppose également « une appréciation qui ne prenne pas seulement en considération les moyens d'atteindre un but déclaré au préalable légitime, mais qui embrasse l'ensemble des intérêts que la mesure concerne »[1974]. Ce faisant, même nécessaire, une mesure peut paraître « excessive »[1975]. L'exigence de proportionnalité constitue par conséquent « l'une des conditions de régularité des limites apportées aux droits fondamentaux »[1976]. Ainsi en est-il du principe de non-discrimination qui est violé lorsqu'il est clairement établi qu'il « n'existe pas de rapport raisonnable de proportionnalité entre les moyens employés et le but visé »[1977].

764. Lorsqu'il est saisi sur le fondement de l'article 14 de la Convention, le juge administratif reprend le même raisonnement que la Cour européenne. Dans l'arrêt *Boulme* par exemple, il considère que les « atteintes indirectes éventuellement portées aux intérêts économiques de certains huissiers au profit d'autres huissiers ne sont pas excessives au regard des motifs d'intérêt général inspirant la réforme »[1978]. Il s'agit ici d'une affaire liée à la question de la revalorisation des tarifs des huissiers. Elle porte plus précisément sur la redéfinition du ressort territorial dans lequel peuvent exercer les huissiers de justice. En l'espèce, il estime que « le moyen tiré de ce que le décret litigieux serait incompatible avec l'article 14 de la convention ne peut, en tout état de cause, qu'être écarté dès lors que les atteintes indirectes éventuellement portées aux intérêts économiques de certains huissiers au profit d'autres huissiers ne sont pas excessives au regard des motifs d'intérêt

---

[1972] J. Velu et R. Ergec, *La Convention européenne des droits de l'homme*, Buylant, 1990, p. 150 s.
[1973] V. P. Muzny, *La technique de proportionnalité et le juge de la Convention européenne..., op. cit.*, p. 13.
[1974] *Ibid.*, p. 13 s.
[1975] CEDH, 26 avril 1979, *Sunday Times*, *précit.* - CEDH, 22 oct. 1981, *Dudgeon*, *op. cit.*
[1976] P. Muzny, *La technique de proportionnalité et le juge de la Convention européenne..., op. cit.*, p. 13 s.
[1977] CEDH 23 juil. 1968, *Affaire linguistique belge*, § 10 – CEDH 19 juil. 1995, n° 516/1992, *Simunek et autres c/ République tchèque*, A/50/40, vol. II, p. 94 – CEDH 4 avril 2002, n° 965/2000, *Karakurt c/ Autriche*, A/57/40, vol. II, p. 289.
[1978] CE, 14 nov. 2008, n° 307365, *Mme Boulme et autres*, inédit.

général inspirant la réforme »[1979]. L'atteinte à l'article 14 de la Convention n'est donc pas disproportionnée eu égard à l'intérêt général poursuivi. Ainsi, le Conseil d'État adopte bien un raisonnement similaire au juge européen. Par l'intérêt général, l'atteinte au principe de discrimination poursuit un but légitime. Le juge examine ainsi le caractère « raisonnable » de la disposition attaquée dans le cadre de son contrôle de proportionnalité. Le même type de contrôle est notable dans de nombreuses affaires[1980].

765. Toutefois, lorsqu'il est saisi sur le principe d'égalité en droit interne (et non pas sur le fondement de l'article 14 de la Convention), le juge administratif exerce également un contrôle de proportionnalité[1981]. En effet, toute référence à l'intérêt général ne saurait justifier une différence de traitement. Un rapport logique et de proportionnalité doit alors exister entre la mesure discriminatoire et l'intérêt général[1982] poursuivi par l'objet de la loi[1983].

766. Néanmoins, le rapport de proportionnalité est variable en fonction des droits concernés tant en droit européen qu'en droit interne. Par exemple, la Cour européenne estime que certaines discriminations sont jugées « illégitimes » ou « inacceptables »[1984] : celles portant sur « la nationalité »[1985], « le sexe »[1986] ou « la race »[1987]. Dans ce cas, « seules de très fortes raisons peuvent justifier une discrimination »[1988]. Dans un sens comparable, le Conseil d'État refuse les dérogations au principe d'égalité fondé sur des principes constitutionnellement ou conventionnellement protégés. En l'espèce, il s'agira

---

1979 Affaire *Boulme, précit.*

1980 CE, 13 mars 1998, n° 184770, *Mme Bodin*, inédit : « l'article 16 de la loi du 26 juillet 2000 ne revêt « pas un caractère disproportionné au but même d'intérêt général poursuivi ».

1981 CE, Ass. 28 juin 2002, n° 220361, *Villemin,* Rec., p. 229.

1982 V. par ex., CE, Ass., 5 mars 1999, *Confédération des groupes autonomes de l'enseignement public*, Rec., p. 40 – CAA Lyon, 2e ch., du 13 avril 2000, *Cne de Saint-Sorlin d'Arves*, RFDA 2002 p. 352, note H. Pongérard.

1983 J.-P. Carton, « Le principe d'égalité de traitement des fonctionnaires », AJFP 2002, p. 4.

1984 H. Surrel, « L'appréciation contingente des justifications », *Le droit à la non-discrimination, op. cit.*, p. 123.

1985 CEDH, 16 sept. 1996, *Gaygusuz c/ Autriche*, § 45, D. 1998, p. 438, note J.-P. Marguénaud et J. Mouly.

1986 CEDH, 24 juin 1993, *Schuler-Zgraggen c/ Suisse*, A. 263, §67, JCP G, 1994, I, 3742, n° 10 et 37, chron. F. Sudre - CEDH, 24 juin 1994, *Karlheinz Schmidt c/ Allemagne*, § 27-29, JCP G, 1995, I, n° 47 et 49, chron. F. Sudre - CEDH, 4 juin 2002, *Wessels-Bergervoet c/ Pays-Bas*, JCP G, 2002, I, 157, n° 22, chron. F. Sudre - V. aussi, H. Surrel, « Les juges européens confrontés à l'interprétation des différences de traitement fondées sur le sexe », RTDH, 2004, p. 153 s.

1987 CEDH, 13 déc. 2005, *Timishv c/ Russie,* §56 et 58, RDP 2006, p. 793, obs. F. Sudre.

1988 CEDH, 28 mai 1985, *Abdulaziz, Cabales et Balkandi.*

de montrer comment le juge encadre rigoureusement les dérogations d'intérêt général touchant à la nationalité. Les discriminations en ces domaines sont alors difficilement justiciables, voire injustifiables. Cela préserve alors, *in fine*, le principe d'égalité au sens formel et le principe de non-discrimination.

2. L'illégitimité des buts et des intérêts généraux liés à la nationalité

767. Aucun but légitime au niveau européen (a) ni aucun intérêt général en droit interne (b) ne peuvent justifier une discrimination fondée sur la nationalité. Le juge administratif favorise donc l'égalité formelle. Cette égalité formelle se justifie au regard de l'objet sur lequel repose la discrimination : la nationalité (objet également préservé par la Constitution[1989]).

- *a. Illégitimité des buts liés à la nationalité dans les lois de cristallisation des pensions militaires*

768. En droit européen, « la différence de traitement fondée sur la nationalité ne poursuit pas un but légitime »[1990]. Le contrôle ainsi exercé par la Cour ne laisse « de place à aucune marge d'appréciation nationale »[1991]. « Seules de très fortes raisons »[1992] peuvent justifier une différence de traitement. Dès lors, saisi sur le fondement de l'article 14 combiné avec l'article premier du premier protocole additionnel, le Conseil d'État, refuse, à l'instar de la Cour européenne, de justifier une différence de traitement, dans le domaine des pensions sur le seul critère tiré de la nationalité[1993].

769. Ainsi, dans l'affaire *Ministre de la Défense contre Diop*[1994], le Conseil d'État a écarté, pour la première fois[1995], la loi nationale sur le fondement de l'article 14 de la Convention combiné avec l'article 1er du premier protocole additionnel. En l'espèce, Monsieur Diop avait été engagé dans l'armée française. En rémunération de ses services, une pension militaire

---

1989 Article 1er de la Constitution de 1958.

1990 CEDH 16 sept. 1996, *Gaygusuz c/ Autriche*, D. 1998, p. 438, note J.-P. Marguénaud et J. Mauby.

1991 F. Sudre, *Droit européen et international des droits de l'homme*, *précit.*, p. 286.

1992 A. Gouttenoire et F. Sudre, « La France est condamnée pour discrimination fondée sur l'homosexualité de la requérante », JCP G n° 15, 9 avril 2008, II 10071.

1993 CE, 18 déc. 2009, *Mme Dally A., veuve B.*, n° 318594, inédit – CE, 10 déc. 2009, *Mme Djemâa*, n° 298760, inédit – CE, 22 oct. 2009, *Mme A.*, n° 289836, inédit – CE, 1er juil. 2009, *M. A.*, n° 294118, inédit – CE, 11 mars 2009, *M. A.*, n° 294587, inédit – CE, 4 mars 2009, *Ministre de la Défense*, *précit.*

1994 CE, Ass. 30 nov. 2001, *Ministre de la Défense contre Diop,* Rec., p 605, concl. Courtial.

1995 Pour la jurisprudence antérieure, CE, 11 juil. 1986, *Mammadou Sambre*, DA., 1986, comm. 400 – CE, avis 15 avril 1996, *Doukouré*, Rec. p. 126 – CE, 19 févr. 1992, n° 131887, *Rakotosalama*, DA., 1992, comm. 175.

de retraite lui a été concédée à compter de cette date au taux proportionnel en vigueur pour tous les agents. Mais après l'accession du Sénégal à l'indépendance, il a perdu la nationalité française et sa pension a été remplacée à compter du 2 janvier 1975 par une indemnité non susceptible d'être revalorisée dans les conditions prévues par le code des pensions civiles et militaires de retraite. Il considérait que ces dispositions étaient à l'origine d'une différence de traitement entre les anciens agents publics selon leur nationalité. Après un recours hiérarchique, M. Diop a engagé un recours contentieux à l'issu duquel la Cour administrative d'appel a fait droit à sa demande. C'est contre cette décision que les ministres de la Défense, de l'Économie, des Finances et de l'Industrie ont exercé un recours en cassation. La Haute juridiction a rejeté les demandes d'annulation en considérant que « les dispositions de l'article 71 de la loi du 26 décembre 1959 étaient incompatibles avec les stipulations de l'article 14 et 1er du Protocole n° 1 ». Cet arrêt « permet [alors] de confirmer que les juges français condamnent sans nuance l'usage du critère de la nationalité pour distinguer les traitements faits aux nationaux et assimilés de ceux réservés aux ressortissants étrangers en matière sociale »[1996].

770. Le juge applique ici le raisonnement du juge européen. En effet, il examine d'abord la différence de traitement et constate que les lois de cristallisation ne laissent pas de doute quand elles se réfèrent aux « nationaux ». Il s'agit bien d'un critère fondé sur la nationalité. Ainsi, à l'instar de la Cour européenne[1997], le Conseil d'État examine si la « différence est fondée sur une justification objective et raisonnable ». Or, seules « des considérations très fortes » peuvent être invoquée en matière de nationalité. Il considère alors « que les pensions de retraite constituent, pour les agents publics, une rémunération différée destinée à leur assurer des conditions matérielles de vie en rapport avec la dignité de leurs fonctions passées [et] que la différence de situation existant entre d'anciens agents publics de la France, selon qu'ils ont la nationalité française ou sont ressortissants d'États devenus indépendants, ne justifie pas, eu égard à l'objet des pensions de retraite, une différence de traitement ». C'est donc « indirectement le but illégitime fondé sur la nationalité qui a été sanctionné »[1998]. Le domaine des pensions militaires a donné, à de nombreuses reprises[1999], l'occasion au juge d'écarter

---

[1996] I. Daugareilh, « L'incompatibilité de la loi de cristallisation des pensions de militaires avec la Convention européenne des droits de l'homme », RDSS, 2002, p. 611 s.

[1997] CEDH, 16 sept. 1996, *Gayguzuz c/ Autriche, précit.*

[1998] H. Surrel, « L'appréciation contingente des justifications », art. cit., p. 119 s.

[1999] CE, 10 déc. 2009, *Mme A.*, n° 298760, inédit - CE, 22 oct. 2009, *Mme A.*, n° 289836, inédit - CE, 1er juil. 2009, *M. A*, n° 294118, inédit - CE, 11 mars 2009, *M. A.*, n° 294587, inédit - CE, 4 mars 2009, *Ministre de la Défense c. Mme Lebrache veuve Tazamoucht*, n° 302058, T. Rec., p. 749 - CE, 3 sept. 2008, *M. A.*, n° 281439,

l'application d'une loi incompatible avec l'article 14 combiné avec l'article 1er du premier protocole additionnel en raison du but illégitime lié à la nationalité. Dans l'affaire *Ministre de l'économie, des finances et de l'industrie contre Monsieur Bab Hamed* par exemple, l'article L. 58 du code des pensions civiles et militaires de retraite est jugé incompatible avec l'article 14 en tant qu'« il n'excluait pas du champ de la suspension du droit à l'obtention ou à la jouissance de la pension en cas de perte de la qualité de Français l'hypothèse d'une perte collective de nationalité à l'occasion d'un transfert de la souveraineté sur un territoire »[2000]. Ensuite, le juge a étendu la jurisprudence *Diop* « aux pensions militaires d'invalidité »[2001].

771. Dans un autre domaine, des dispositions issues d'une loi du 11 juin 1994 subordonnant l'octroi de secours aux harkis à la détention de la nationalité française ont également été jugées inconventionnelles[2002], de même que les dispositions des articles 6 et 9 de la loi du 23 février 2005 en tant qu'elles subordonnent la revalorisation ou la sortie en capital de l'allocation de reconnaissance instituée par l'article 67 de la loi de finances rectificative du 30 décembre 2002 aux conditions dans lesquelles les intéressés ont obtenu la nationalité française. Le Conseil d'État estime en effet, qu'« une différence de traitement quant à l'octroi de ces allocations selon que les intéressés ont opté en faveur de l'adoption de la nationalité française ou se sont abstenus d'effectuer un tel choix, ne justifie pas, eu égard à l'objet de cette allocation, une différence de traitement ; que par suite, les articles 6 et 9 de la loi du 23 février 2005, en tant qu'ils établissent une différence de traitement en fonction de la date d'acquisition de la nationalité française par le demandeur, sont de ce fait incompatibles avec les stipulations de l'article 14 »[2003]. La même démarche est constatée par le juge judiciaire concernant « les pensions de retraite des marins »[2004].

772. Les discriminations sont toutefois parfois justifiées en matière de pension sur le fondement des articles 14 et 1 Protocole 1, lorsque le législateur évite de recourir au critère de la nationalité. Tel est le cas lorsque le législateur substitue le critère de résidence (critère légitime) à celui de la nationalité[2005].

---

inédit - CE, 21 déc. 2007, *M. A.,* n° 292616, inédit - CE, 28 nov. 2007, *M. A.,* n° 296691, inédit - CE, 25 juil. 2007, *M. Lakhdar A,* n° 287246, inédit.

2000 CE, 6 février 2002, n° 219383, *Ministre de l'économie, des finances et de l'industrie c/ M. Bab Hamed,* Rec., p. 26. V. dans un sens comparable, CE, 6 février 2002, n° 216172, *Ministre de l'économie, des finances et de l'industrie et Ministre de la Défense c/ Mme Doukouré,* T. Rec. p. 722.

2001 CE, 7 juillet 2004, n° 246277, *Tahar Hendiri,* T. Rec. p. 696.

2002 CE, 27 juin 2005, n° 215766, *Bahri,* Rec., T. p. 252.

2003 CE, 6 avril 2007, n° 282390, *Comité Harkis et Vérité,* Rec., T., p. 639 ; AJDA 2007, p. 1408, concl. Landais.

2004 Ccass. 2e civ., 3 mai 2007, *Magueur c/ Rousseau,* JCP G, 2007, IV, p. 2133.

2005 CE, Sect. 18 juil. 2006, n° 274664, (avis), *KA,* Rec., p. 349 – CE, Sect., *Gisti,*

773. Dès lors, si l'illégitimité des buts d'intérêt général sont liés à la nationalité dans les lois de cristallisation des pensions militaires au regard de la Convention, il est également lié au refus de déroger au principe d'égalité en raison de la nationalité en droit interne. Un lien au service de l'« universalisme abstrait »[2006] existe donc bien entre le « but légitime » d'origine conventionnel et l'intérêt général en droit interne.

- *b. Intérêt général et refus de déroger au principe d'égalité en raison de la nationalité*

774. Le juge administratif refuse la dérogation d'intérêt général au principe d'égalité pour justifier une différence de traitement fondée sur la nationalité[2007]. Par exemple, dans l'arrêt *Ville de Paris*, est illégale « la délibération relative à la création d'une allocation de congé parental aux seuls parents de nationalité française ». En l'espèce, « le Conseil de Paris a créé une allocation de congé parental d'éducation, prestation d'aide sociale facultative, versée pendant une durée maximale d'un an aux pères et mères de famille se consacrant à l'éducation au foyer de leur enfant, à l'occasion de la naissance de leur troisième enfant et des suivants sous réserve que les bénéficiaires habitent à Paris depuis trois ans, n'exercent aucune activité professionnelle et que l'enfant pour lequel le droit est ouvert ne fasse pas l'objet d'un placement dans un mode de garde permanent »[2008]. La délibération du 26 novembre 1984 réserve quant à elle « le bénéfice de l'allocation de congé parental d'éducation aux seuls parents de nationalité française ». Le bureau d'aide social de Paris invoque l'illégalité de la dernière délibération au nom du principe d'égalité. Le juge estime qu'« eu égard à l'objet de l'allocation de congé parental d'éducation, qui est d'encourager le développement géographique de la population parisienne et de permettre à cette fin aux parents de se consacrer plus aisément au soin de leurs jeunes enfants, les préoccupations invoquées par la ville, et relatives à la préservation de l'équilibre démographique de la cité et au désir de remédier à l'insuffisance des familles nombreuses françaises, ne peuvent être regardées comme des nécessités d'intérêt général en rapport avec l'objet de l'allocation susmentionnée ». En effet, « elles n'étaient pas de nature à permettre l'instauration de différences de traitement

---

précit. Rec., p .353.

[2006] R. Libchaber, « L'adoption par les homosexuels et le principe d'égalité : une nouvelle rhétorique dans le débat public », RTD Civ. 2002 p. 611 ; Ch. Taylor, *Multiculturalisme. Différence et démocratie*, Aubier, 1994 ; S. Mesure et A. Renault, *Alter ego. Les paradoxes de l'identité démocratique*, Aubier, 1999.

[2007] Refus justifié par la protection conventionnelle et constitutionnelle de l'objet de la discrimination.

[2008] CE, 30 juin 1989, n° 78113, *Ville de Paris et Bureau d'aide sociale de Paris c/ Lévy ;* Rec. p. 157 ; Dr. soc. 1989. 767, note X. Prétot ; RFDA 1990. 575, concl. D. Lévis.

entre résidents parisiens, selon la nationalité de ceux-ci ». Le juge sanctionne donc les différences de traitement reposant sur un but d'intérêt général illégitime.

775. Une autre affaire de 2003 relative à la médaille de la famille française corrobore cette analyse concernant l'exclusion des discriminations fondées sur la nationalité. En l'espèce, « le décret du 28 octobre 1982 crée une médaille de la famille française mais en réserve l'attribution aux parents de nationalité française »[2009]. Le premier ministre n'ayant pas répondu à la demande d'abrogation de cette disposition par le Groupe d'information et de soutien des immigrés (GISTI), celui-ci invoque la violation du principe d'égalité. Le Conseil d'État estime alors qu'« au regard de cet objet [la nationalité française], la circonstance que les parents des enfants concernés possèdent ou non la nationalité française [...] ne peut être regardée comme dictée par des nécessités d'intérêt général en rapport avec l'objet honorifique de la mesure ».

776. Dans un sens comparable, l'arrêt du 31 mai 2006[2010] confirme la lignée jurisprudentielle reconnaissant aux étrangers « le droit de participer, en tant en tant que candidats, aux élections non politiques en annulant des dispositions réglementaires excluant les ressortissants étrangers non communautaires de la participation à l'élection des membres des chambres des métiers et de l'artisanat ». Elle réserve toutefois « le cas où les ressortissants étrangers ne pourraient accéder à certaines fonctions publiques électives en raison de la nature et de l'ampleur des prérogatives de puissance publique exercées au titre des fonctions ». En l'espèce, « le décret du 27 août 2004 prévoit que les étrangers non ressortissants d'États appartenant à la Communauté européenne ou à l'Espace économique européen ne pourraient être ni électeurs ni candidats aux élections des chambres des métiers ». Concernant la qualité d'électeur, le Conseil d'État, relève que « le ministre chargé de l'artisanat n'invoque aucune nécessité d'intérêt général résultant du rôle de ces établissements qui serait de nature à justifier que les artisans de nationalité étrangère qui ne sont pas ressortissants d'un État membre de la Communauté européenne ou d'un État signataire de l'accord sur l'Espace économique européen ne bénéficient pas du droit de vote pour ces élections ». Tout d'abord, le juge vérifie qu'il n'existe aucune « différence de situation entre les artisans résultant de leur nationalité » pour se consacrer ensuite à l'examen de la condition relative à l'intérêt général. Cet intérêt en l'espèce ne peut justifier une discrimination car il est lié à la nationalité des artisans. Le commissaire du gouvernement rappelle « les limites qui peuvent s'imposer aux étrangers »[2011] et relève que « ces élections ne sont pas de nature

---

[2009] CE, 17 déc. 2003, n° 248238, *GISTI*, T. Rec. p. 414.

[2010] CE, Ass. 31 mai 2006, n° 273638, *GISTI*, Rec., p. 269 ; RFDA 2006, p. 1194, concl. D. Casas.

[2011] RFDA 2006, p. 1194, concl. D. Casas.

politique »[2012]. Le Conseil d'État estime alors « qu'eu égard à la mission des chambres des métiers et de l'artisanat […], il n'existe pas de différence de situation entre les artisans résultant de leur nationalité qui justifie une différence de traitement pour l'attribution du droit de vote aux élections des membres de ces chambres ». Comme cette différence de traitement ne résulte pas non plus de la loi et que l'État n'invoquait en défense aucune considération d'intérêt général la justifiant, l'exclusion des étrangers du droit de vote est jugée illégale. Concernant l'éligibilité, les « différentes prérogatives [de puissance publique] ne sont pas d'une nature et d'une ampleur telles qu'elles puissent fonder légalement une différence de traitement entre les artisans quant à leur éligibilité […] reposant sur leur nationalité […] ». Le décret du 27 août 2004, « en tant qu'il prive certains artisans étrangers de l'éligibilité aux élections des chambres des métiers et de l'artisanat, méconnait donc le principe d'égalité ».

777. Cette décision est ainsi liée à « l'objectif d'égalité des droits entre Français et étrangers »[2013]. Ce faisant, le juge développe, à l'instar du juge européen, un « véritable mouvement jurisprudentiel en faveur de la consécration du principe de non-discrimination à raison de la nationalité »[2014]. Une démarche analogue se développe s'agissant des discriminations fondées sur les orientations sexuelles.

3. L'illégitimité croissante des buts liés aux orientations sexuelles

778. Après avoir considéré que l'orientation sexuelle était « un motif de distinction couvert par l'article 14 de la Convention »[2015], la Cour européenne a « durci »[2016] son contrôle sur les « justifications objectives et raisonnables ». Face « aux critiques »[2017] et à un « nouveau contexte politique »[2018], le contrôle des buts légitimes a évolué. L'état du droit admet

---

[2012] *Ibid.*

[2013] M. Long, « Le principe d'égalité et les étrangers », rapport public du Conseil d'État pour 1996, p. 355.

[2014] Note J. C. Kissangoula sous CE, 23 févr. 2009, *Office français de protection des réfugiés et apatrides (OFPRA) c/ M. Abdelkhak Boularouf*, RFDA 2010 p. 580. Ce mouvement est relayé par la jurisprudence constitutionnelle : Cons. const. n° 89-269 DC du 22 janv. 1990, *Loi portant diverses dispositions relatives à la sécurité sociale et à la santé*, Rec. p. 33 – Cons. const., n° 93-325 DC du 13 août 1993, *Loi relative à la maîtrise de l'immigration et aux conditions d'entrée, d'accueil et de séjour des étrangers en France*, Rec., p. 224.

[2015] CEDH, 21 déc. 1999, Salgueiro *Da Silva Mouta c/ Portugal* : RTD civ. 2000, p. 313, obs. J. Hauser ; Dr. famille 2000, comm. 45, obs. A. Gouttenoire-Cornut.

[2016] CEDH, Gd ch., 2 janvier 2008, n° 43546/02, *M. B*, Rec. Dalloz 2008, p. 2038 ; comm. A. Gouttenoire et F. Sudre, JCP G, n° 15, 9 Avril 2008, II 10071.

[2017] J. Hauser, « Conditions d'accueil pour adopter », RTD Civ. 1997 p. 408.

[2018] D. Borrillo et F. Gaspard, « Adoption et homosexualité : les juges contre la loi »,

l'agrément à l'adoption à des personnes homosexuelles en 2008. Auparavant, le Conseil d'État, dans la lignée du juge européen[2019], refusait « l'agrément à l'adoption de personnes vivant une relation homosexuelle »[2020]. Dans l'arrêt *Berthet* par exemple, le juge estime que l'autorité administrative compétente pour délivrer l'agrément nécessaire à l'adoption d'un enfant par un célibataire peut se fonder sur « le défaut de repères identificatoires dû à l'absence d'image ou de référent paternel et sur l'ambiguïté de l'investissement de chaque membre du foyer par rapport à l'enfant accueilli ». Ainsi, la « Cour administrative d'appel, en faisant implicitement référence aux orientations homosexuelles de la candidate à l'adoption, n'a méconnu ni les articles 8 et 14 de la Convention européenne ni les dispositions de l'article L. 225-2 du Code pénal, prohibant les discriminations à caractère sexuel ». La même position de refus d'agrément a déjà été retenue « eu égard aux conditions de vie » du requérant, malgré « des qualités humaines et éducatives certaines »[2021].

779. Toutefois, en 2008[2022], empruntant la démarche qu'il avait jusque-là suivi pour les distinctions fondées sur « la naissance »[2023] ou sur « le sexe »[2024], le juge européen a étendu aux différences de traitement fondées sur l'orientation sexuelle l'exigence selon laquelle « seules de très fortes raisons peuvent les justifier dans une législation nationale »[2025]. En l'espèce, la Cour se réclamant d'une « interprétation évolutive », affirme « qu'une distinction fondée uniquement sur des considérations tenant à l'orientation sexuelle ne saurait être tolérée et constitue une discrimination au regard de la

---

Le Monde, 12 janv. 2001. V. également les revendications sociales nouvelles : P. Kremer, « Une pétition sur l'adoption relance le débat sur l'homoparentalité », *Le Monde*, 3 mai 2001 ; Rapport d'information de P. Bloche et J.-P. Michel sur l'application de la loi du 15 nov. 1999 relative au pacte civil de solidarité, AN, nov. 1983, n° 3383. V. aussi les concl. P. Fombeur qui rappellent les évolutions des pays voisins sur le mariage et l'adoption des couples homosexuels, concl. Fombeur, *précit.*

2019 CEDH, 26 avril 2002, n° 36515/97, *Fretté c/ France :* RTD civ. 2002. 280, obs. J Hauser ; JCP G 2002. II. 10074, note A. Gouttenoire et F. Sudre.

2020 CE, 9 oct. 1996, 168342, *Département de Paris c/ Fretté,* Rec, p. 390 (célibataire) – CE, 5 juin 2002, n° 230533, *Mlle Berthet*, Rec., p 195.

2021 CE, 9 oct. 1996, *Département de Paris c/ Fretté,* Rec., p. 390. V. pour une position similaire, CE, 12 févr. 1997, *Mme P.*, n° 161454, inédit - CE, 12 février 1997, *Mme B.*, n° 161455, inédit.

2022 CEDH, Gd ch., 2 janvier 2008, n° 43546/02, *M. B, précit.*

2023 Marckx préc., § 41.

2024 CEDH, 28 mai 1985, *Abdulaziz, Cabales et Balkandali c/ Royaume-Uni*, § 78 : JDI 1986, p. 1084, obs. P. Rolland.

2025 CEDH, 9 janv. 2003, *L. et V. c/ Autriche* : JCP G 2003, I, 160, n° 16, chron. F. Sudre. – CEDH, 24 juill. 2003, *Karner c/ Autriche*, § 42 : JCP G 2004, I, 107, n° 18, chron. F. Sudre.

Convention ». En effet, un « tel motif fondé sur l'orientation sexuelle est illégitime » (§ 78 à 80).

780. Ce revirement illustre de vision finaliste des buts légitimes, qui, comme l'intérêt général en droit interne, sont porteurs d'une certaine idée de la normalité. En effet, en jugeant, contrairement au Conseil d'État, que la présence d'un motif légal suffisant ne permet pas de neutraliser un motif illégal (fondé sur les orientations sexuelles), la « Cour européenne [...] neutralise l'argument fondé sur la réticence de la compagne de la requérante pourtant fondé sur l'intérêt de l'enfant »[2026]. Le juge européen semble, « poser *in abstracto* une interdiction absolue telle qu'aucune raison ne saurait être assez forte ou convaincante pour justifier une différence de traitement fondée exclusivement sur l'orientation sexuelle en matière d'accès à l'adoption par une personne célibataire. C'est dire qu'en ce domaine, la marge nationale d'appréciation est réduite à néant »[2027]. Désormais, « l'homosexualité ne peut donc pas constituer un obstacle à l'adoption d'un enfant, de même qu'elle ne peut pas constituer une limite à l'exercice des droits parentaux »[2028]. Cette solution a d'ailleurs été reprise par le Tribunal administratif de Besançon[2029] qui a répondu favorablement à la demande de Madame Berthet. L'appréciation de l'intérêt général et des buts légitimes a ainsi conduit au refus des discriminations fondées sur la nationalité ou sur les orientations sexuelles.

781. Ainsi, lorsqu'il est prohibé ou déterminé par des normes constitutionnelles ou conventionnelles, l'absence de dérogation d'intérêt général mène à la défense du principe d'égalité formelle ou au principe de non-discrimination. En sanctionnant ainsi toute atteinte au principe d'égalité lorsque l'objet sur lequel porte la discrimination est protégé, le juge administratif assure la garantie juridictionnelle dudit principe à la demande des justiciables. Toutefois, l'intérêt général a également pour vocation de justifier les discriminations. Il est alors lié aux mutations de ce principe. La dérogation d'intérêt général va favoriser une égalité réelle, au dépend de l'égalité formelle. De la sorte, l'intérêt général tend à favoriser l'égalité dans la loi à travers la tendance au différencialisme. Cela bouleverse la conception classique du principe d'égalité mais permet aux justiciables d'invoquer de nouveaux droits à travers la dérogation d'intérêt général. En ce sens, la vision

---

[2026] Comm. A. Gouttenoire et F. Sudre, « La France est condamnée pour discrimination fondée sur l'homosexualité de la requérante », art. cit.

[2027] *Ibid.*

[2028] Salgueiro Da Silva Mouta, *précit.* Pour un raisonnement identique à propos de l'orientation religieuse d'un parent : CEDH, 23 juin 1993, *Hoffman c/ Autriche* : RTDH 1994, p. 405, obs. J. Morange – CEDH, 16 déc. 2003, Palau-Martinez c/ France : JCP G 2004, II, 10122, note A. Gouttenoire.

[2029] TA Besançon, 10 nov. 2009, n° 0900299, *Madame B*, inédit ; note P. Murat, *Droit de la famille*, 01/01/2010, n° 1, p. 23.

positive (acceptation de la dérogation) de l'intérêt général mène au développement du principe d'égalité renouvelé.

II. La naissance de l'égalité réelle liée à l'évolution du contenu de l'intérêt général

782. Si le droit public a été largement influencé par le « substrat universaliste »[2030], la jurisprudence administrative révèle qu'il prendra en compte, de manière croissante, les différences entre les justiciables. Le différencialisme renvoie alors ici à la prise en compte des différences de fait entre les individus. Or, dans la jurisprudence, l'intérêt général qui justifie les dérogations au principe d'égalité va permettre d'introduire le différencialisme en favorisant désormais une égalité concrète, réelle, liée à la compensation des inégalités sociales (A), territoriales et géographiques (B).

A. Différencialisme compensateur en matière sociale

783. Le principe d'égalité devant le service public est le corollaire du principe général d'égalité devant la loi qui figure à l'article 6 de la Déclaration de 1789. Après avoir appliqué le principe d'égalité qui régit l'organisation et le fonctionnement des services publics aux rapports entre le service et ses usagers[2031], le Conseil d'État, érige le principe d'égalité devant les services publics au rang de « principe général du droit »[2032]. Ce faisant, il étend ses effets aux rapports entretenus par le service avec toute personne contribuant à son fonctionnement. Toutefois, le principe d'égalité « trouve principalement à s'appliquer dans les rapports entre le service et ses usagers »[2033]. Ce principe implique que le service fournisse une prestation identique à tous ceux qui se trouvent dans « une situation identique »[2034]. Néanmoins, l'administration peut y déroger notamment lorsque l'intérêt général le justifie[2035]. Il s'agira ainsi de comprendre comment l'intérêt général permet de justifier les différenciations tarifaires dans l'accès au service public. De cette manière, l'intérêt général permettra de compenser les inégalités en vue de la satisfaction directe (1) et globale des usagers (2).

[2030] O. Bui-Xuan, *Le droit public français entre universalisme et différencialisme*, *op. cit.*, p. 5.

[2031] CE, 29 déc. 1911, *Chomel*, Rec., p. 1265 – CE, 1 avril 1938, *Société d'Alcool dénaturé de Coubert*, Rec., p. 337.

[2032] CE, Sect. 9 mars 1951, *Société des concerts du conservatoire*, Rec., p. 151.

[2033] S. Braconnier, *Droit des services publics*, *précit.*, p. 300.

[2034] CE, Sect., 9 mai 1951, *Société des concerts du conservatoire*, *précit.*

[2035] CE, Sect., 24 avril 1964, *Société anonyme de livraisons industrielles et commerciales*, Rec., p. 239.

1. Intérêt général et satisfaction directe des usagers

784. Si le principe d'égalité des usagers devant le service public exige que le service fournisse une prestation identique à tous ceux qui se trouvent dans une situation identique, l'administration peut procéder à des discriminations lorsqu'il existe « des différences de situation appréciables entre les usagers d'un même service public »[2036], lorsqu'une loi ou une convention internationale permet ou impose « des inégalités de traitement »[2037] ou encore « lorsque l'atteinte est commandée par une nécessité d'intérêt général en rapport avec les conditions d'organisation ou de fonctionnement du service »[2038].

785. Pendant longtemps, le juge a refusé de justifier les dérogations par l'intérêt général. Par exemple, dans l'affaire *Meyet*, le Conseil d'État conclut à la violation du principe d'égalité en raison de l'absence de différence de situation et d'intérêt général concernant une différence tarifaire entre les services postaux. En effet, « aucune nécessité d'intérêt général en rapport avec les conditions d'exploitation du service des télécommunications ne justifie une tarification particulière des communications établies à partir des recettes auxiliaires »[2039]. La même solution négative a été appliquée à « la tarification du service du réveil par téléphone »[2040], « aux tarifs d'inscription dans une école de musique »[2041] et à de multiples domaines[2042].

786. Toutefois, l'intérêt général va progressivement prendre en compte la situation particulière des usagers afin de rétablir une égalité réelle dans l'accès de ceux-ci au service public. Le juge accepte en effet les modulations tarifaires fondées sur l'intérêt général concernant « les crèches

---

2036 CE, *Denoyer et Chorques*, *précit.*

2037 CE, sect., 4 déc. 1964, *Syndicat général du commerce en fruits et légumes du marché des Capucins de Bordeaux et de sa région,* Rec., p. 613 – CE, Sect., 13 mars 1964, Vassile, Rec., p. 179.

2038 CE, Sect. 23 mars 1956, *Société Léon Claeys et Sieur Claeys*, Rec., p. 135 – CE, Sect., 12 mars 1965, *Club aérien Les Gerfauts, Fédération nationale des élus républicains municipaux et cantonaux*, Rec., p. 644.

2039 CE, 19 déc. 1979, *M. Meyet*, n° 07746, Rec .p. 475.

2040 CE, 8 avril 1987*, Association Etudes et consommation CFDT*, Rec. p. 128.

2041 CE, 26 avril 1985, *Ville de Tarbes*, Rec., p. 119, AJDA, 1985, p. 409 s. Chr. Ch. S. Hubac et J.-E. Schoettl.

2042 CE, 21 févr. 1986, *Commune de L'Ile Saint-Denis* n° 59032, inédit - CE, 12 nov. 1993, *Commune de Carrières-sur-Seine*, n° 103128, inédit - CE, 12 oct. 1994, *Ass. des parents d'élèves du conservatoire de Montluçon*, n° 145161, inédit - CE, 15 févr. 1995, *Commune d'Argenteuil*, n° 124965, inédit - CE, 25 juin 1990, *Ville du mans*, n° 61145 inédit - CE, 18 déc. 1991, *Cne d'Argenteuil*, n° 90144 inédit - CE, 4 mars 1992, *Cne de Romainville*, n° 91794, inédit - CE, 21 juin 1995, *Cne de Clichy*, n° 157775, inédit.

collectives »[2043], « les restaurants »[2044] et « les cantines »[2045] scolaires. Cependant, la tarification des écoles de musique pose toujours problème. Face aux « vives critiques »[2046] liées à l'arrêt *Ville de Tarbes*, le Conseil d'État revient sur cette jurisprudence dans les affaires et *Commune de Nanterre et Commune de Gennevilliers*[2047]. Les collectivités publiques peuvent donc désormais moduler les tarifs de l'ensemble des services publics locaux administratifs et facultatifs en fonction du revenu des usagers, en se fondant sur des considérations d'intérêt général. En l'espèce, les conseils municipaux de deux communes du département des Hauts-de-Seine, les communes de Gennevilliers et Nanterre, ont fixé les tarifs de leur école de musique communale en proportion des revenus des familles. Les barèmes adoptés varient quelque peu mais ils sont d'inspiration analogue : ils comportent plusieurs tranches déterminées par le quotient familial afférent à l'impôt sur le revenu acquitté par les familles. Dans les deux affaires, le préfet a déféré les délibérations adoptant les tarifs, en invoquant la décision *Ville de Tarbes*. Or, le Conseil d'État constate tout d'abord qu'il n'existe « aucune différence de situation pouvant justifier une atteinte au principe d'égalité ». Dans des situations identiques, c'est donc « eu égard à l'intérêt général qui s'attache à ce que le conservatoire de musique puisse être fréquenté par les élèves qui le souhaitent, sans distinction selon leurs possibilités financières » que le « conseil municipal de Gennevilliers a pu, sans méconnaître le principe d'égalité entre les usagers du service public, fixer des droits d'inscription différents selon les ressources des familles, dès lors notamment que les droits les plus élevés restent inférieurs au coût par élève du fonctionnement de l'école »[2048]. Même si l'appréciation de l'intérêt général reste conditionnée par l'objet du service et le prix de la prestation fournie, d'autres arrêts illustrent la possibilité de déroger au principe d'égalité, dans la lignée de la jurisprudence *Gennevilliers*[2049].

787. Cette évolution, « caractérisée par le développement de l'égalité réelle »[2050] dans l'accès aux services publics, est manifeste dans les secteurs visés par « le service universel »[2051]. Selon F.-C. BERNARD, « au même titre

---

[2043] CE, 20 janvier 1989, n° 89691, *Centre communal d'action social de La Rochelle* ; AJDA 1989, p. 398 s.

[2044] CE, 10 févr. 1993, n° 95563, *Ville de La Rochelle*, inédit.

[2045] CE, 18 mars 1994, n° 140870, *Dejonckeere,* Rec. T. p. 762 et 838.

[2046] Chr. Ch. S. Hubac et J.-E. Schoettl (sur CE, *Ville de Tarbes, précit.*), AJDA, 1985, p. 409 s.

[2047] CE, Sect. 29 déc. 1997, *Commune de Gennevilliers*, Rec. p. 499 ; RFDA 1998, p. 539, concl. Sthal.

[2048] CE, 1997, *Commune de Gennevilliers*, *précit.*

[2049] V. par ex. CE, 25 février 1998, *Commune de Colombes*, n° 157347, *précit.*

[2050] V. Donier, « Les droits de l'usager et ceux du citoyen », RFDA 2008, p. 13 s.

[2051] M.-L. Basilien-Gainche, « La libéralisation communautaire des marchés de

que la notion de discrimination positive à la française, le service universel favorise l'exigence d'égalité entre les usagers du service puisqu'il repose sur la volonté de mieux prendre en compte la réalité économique et sociale »[2052]. Dans cette idée, le service public doit être accessible à tous, même aux plus démunis. L'administration doit donc les aider à y accéder. En effet, « les autorités publiques ont pris conscience que l'application stricte et uniforme du principe d'égalité pouvait conduire à des disparités et des inégalités très importantes à tel point qu'un nombre considérable de personnes ont pu apparaître menacées par leur exclusion du service public »[2053]. Ainsi, les jurisprudences *Centre communal d'action social de la Rochelle*[2054], *Ville de La Rochelle*[2055], *Dejonckeere*[2056] ou encore *Gennevilliers*[2057], permettent la transformation du principe d'égalité grâce à la dérogation d'intérêt général, dans l'intérêt de l'usager du service public. L'intérêt général permet donc de révéler une idéologie favorable au justiciable.

788. En effet, la mutation profonde du principe d'égalité à travers la notion d'intérêt général traduit une vision particulière de la société française. L'intérêt général, instrument lié à la mobilité du droit « permet au juge d'adapter les contours de sa jurisprudence aux aspirations ou aux nécessités de son temps »[2058]. J.-H. STAHL développe en effet dans ses conclusions sur l'affaire *Commune de Gennevilliers* « les raisons qui ont conduit à un tel revirement de jurisprudence. Certaines sont liées à l'évolution de la société française [en 1997], fragilisée […] et aux profondes fractures sociales »[2059]. Le rapport public pour 1996 du Conseil d'État a d'ailleurs témoigné, au plan juridique, d'une réflexion renouvelée sur le principe d'égalité. « Dans ce contexte, admettre en 1997 qu'est d'intérêt général tout ce qui contribue à affermir ou rétablir le lien social semble tout à fait justifié »[2060]. En effet, « la fréquentation des écoles de musique, pour marginale et anecdotique qu'elle puisse paraître, peut y prendre sa part car les requêtes montrent, au travers de certaines opérations qui ont été menées, l'impact positif que l'enseignement de la musique peut avoir dans certains quartiers défavorisés »[2061]. Il lui semble

---

l'électricité et du gaz. Une reconfiguration des obligations de service public », AJDA 2007, p. 74.

2052 F.-C. Bernard, « L'égalité d'accès aux services publics », APD, 51, 2008, p. 63 s.

2053 *Ibid*

2054 CE, 20 janvier 1989, n° 89691, *Centre communal d'action social de La Rochelle, précit.*

2055 CE, 10 févr. 1993, n° 95563, *Ville de La Rochelle*, inédit.

2056 CE, 1994 *Dejonckeere, précit.*

2057 CE, 1997, *Commune de Gennevilliers et commune de Nanterre, précit.*

2058 Concl. Stahl, *précit.*

2059 Concl. Stahl sur *Gennevilliers, précit.*

2060 Rapport CE, 1996, *précit.*

2061 Concl. Stahl sur *Gennevilliers, précit.*

donc « souhaitable de reconnaître qu'il est d'intérêt général de permettre à tous les enfants, quelle que soit leur condition et leur origine sociale, d'accéder à cette activité culturelle coûteuse que constitue l'enseignement musical, en les faisant bénéficier au besoin de tarifs préférentiels »[2062]. Le commissaire du gouvernement a été suivi sur ce point.

789. Ainsi l'intérêt général est lié au rétablissement du lien social. Ce motif d'intérêt général rappelle indirectement la théorie de L. DUGUIT car selon l'auteur, la règle de droit est « essentiellement changeante comme les sociétés humaines ; elle dérive de leur structure, infiniment variable ; c'est-à-dire qu'elle varie avec les formes de vie si diverses que nous présentent les sociétés humaines »[2063]. Dans le cadre du positivisme sociologique, il considère que « le monde est changeant et sa variabilité le conduit à définir le droit comme un produit de ce changement. En posant cet axiome, il livre une première définition du droit : le droit est le résultat normatif de l'évolution sociale »[2064]. Cette référence à L. DUGUIT peut sembler surprenante alors qu'il s'agit dans le présent titre de démontrer comment l'intérêt général est un instrument lié à la reconnaissance de droits subjectifs (droits des justiciables). Or, pour l'auteur, la notion de service public ne crée pas des droits subjectifs pour l'individu. Elle imprègne le droit objectif car ce qui compte, « ce n'est pas la satisfaction des besoins individuels mais la réalisation du lien social »[2065]. Toutefois, en privilégiant une égalité réelle sur une égalité plus formelle, le Conseil d'État semble renouer d'une certaine manière avec la démarche sociale, de telle sorte que la prise en compte des intérêts des justiciables n'empêche pas une certaine recherche plus globale fondée sur le lien social. Voilà la lourde tâche du juge administratif qui, à travers l'intérêt général, doit concilier les intérêts des justiciables avec ceux de tous. Ce qui persiste finalement à travers ce qui change dans les finalités poursuivies par la notion d'intérêt général, c'est la volonté de tendre vers un équilibre une certaine équité[2066]. L'intérêt général permet donc de concilier des intérêts antagonistes avec mesure et en fonction de « l'esprit sociétal », c'est-à-dire, l'évolution des mœurs et de la société en général influencé par d'autres disciplines (historique, philosophique ou sociologique). L'exemple de la dérogation d'intérêt général en matière tarifaire en constitue une illustration.

[2062] *Ibid.*

[2063] L. Duguit, *Le Droit social, le droit individuel et les transformations de l'État*, Alcan, 1911, p. 10.

[2064] J.-M. Blanquer, « Léon Duguit et le lien social », dans *Service public et lien social*, actes du colloque organisé à Lille les 23 et 24 oct. 1997 par la Section régionale Nord-Pas de Calais de l'Institut Français des Sciences Administratives (IFSA), L'Harmattan, 1999, p. 77 s.

[2065] *Ibid.*

[2066] L. Bohl, *L'équité dans la jurisprudence administrative*, Université Paris sud XI, Faculté « Jean Monnet » à Sceaux, 2000.

790. Ainsi, la dérogation d'intérêt général liée au développement de l'égalité réelle participe à la satisfaction directe des usagers. Elle favorise également, d'une manière différente, leurs satisfactions globales.

2. Intérêt général et satisfaction globale des usagers

791. Dans l'arrêt du Conseil d'État *Union Fédérale des consommateurs*[2067], la notion d'avantage tarifaire est l'occasion de repenser le statut de l'usager du service public concernant les services des transports. En l'espèce, « par une décision en date du 25 juillet 1995, le conseil d'administration du Syndicat des transports parisiens (STP) crée une zone de tarification urbaine, délimitée par le boulevard périphérique, à l'intérieur de laquelle, tout voyageur doit posséder un titre de transport urbain valable en zone urbaine ». Sont supprimés les notions de « gare tête de ligne, les billets banlieue-Paris et les billets banlieue-section urbaine. Un titre unique de transport banlieue-zone urbaine permet désormais aux usagers d'effectuer un trajet entre une gare de banlieue et Paris ou un trajet sur les prolongements des lignes de métro desservant la banlieue »[2068]. L'Union fédérale des consommateurs conteste alors la légalité de cette décision au motif qu'auparavant un usager pouvait acheter uniquement un billet banlieue-Paris tête de ligne, sans acheter avec un billet section urbaine. Elle invoque la rupture d'égalité entre usagers.

792. En rejetant la demande des requérants, le Conseil d'État permet de constater que le statut de l'usager évolue. En effet, le principe d'égalité devant le service public est traditionnellement conçu comme protecteur des usagers en assurant l'égalité de traitement dans l'accès et dans le fonctionnement des services publics. Mais « dans sa mise en œuvre, il peut s'agir d'une prérogative de puissance publique aménagée par les gestionnaires de services publics, qui recherchent une égalité effective et non formelle »[2069]. En effet, si des nécessités d'intérêt général, en rapport avec les conditions d'exercice du service, permettent aux gestionnaires des services publics de différencier les usagers dans des situations identiques[2070], dans l'objectif de tenir compte d'impératifs sociaux, « il faut en revanche de réelles nécessités d'intérêt général pour tenir en échec une différenciation (plus protectrice de l'égalité réelle ou effective) au profit de l'égalité réelle »[2071]. En l'espèce l'intérêt général qui a pour objet de mettre un terme à des disparités tarifaires,

---

[2067] CE, 13 mars 2002, n° 177509, *Union Fédérale des consommateurs*, Rec. p. 74 ; note C. Deffigier, RFDA, 2003, n° 4, p. 772.

[2068] C. Deffigier, RFDA 2003 p. 772.

[2069] C. Deffigier, « Protection des consommateurs (...) », RFDA 2003 p. 772.

[2070] CE, 1997, *Commune de Gennevilliers, précit.*

[2071] C. Deffigier, « Protection des consommateurs... », art. cit., p. 772.

harmonise les tarifs en tenant compte de l'organisation et du fonctionnement du service des transports.

793. Ainsi, l'intérêt général n'est pas lié à une « différenciation utile aux usagers. Il est lié aux nécessités du service »[2072]. Cette jurisprudence poursuit donc une logique différente de l'affaire *Gennevilliers* qui tend à ajuster le plus possible les prestations aux situations individuelles. G. GUGLIELMI et G.KOUBI développent alors la thèse selon laquelle « ce n'est pas à l'idée de “majorité des usagers” effectifs ou potentiels, que le Conseil d'État se réfère, mais plutôt à une notion émergente de “service collectif” qui rejoint le présupposé initial de la création de tout service public, en ce qu'il se doit d'assurer la satisfaction des besoins collectifs »[2073]. Dès lors, « dans les services publics industriels et commerciaux, l'idée de prix ne correspond plus seulement au choix du mode de gestion, mais aussi à la nature du service et à la qualité de la prestation »[2074]. L'appréciation de l'intérêt général conduit alors à remettre en cause le statut de l'usager. Celui-ci ne se détermine « pas seulement en fonction du prix, mais également en fonction de la nature du service dans l'objectif de satisfaire les besoins de l'ensemble des usagers qui n'ont pas de droit au maintien aux avantages tarifaires »[2075]. L'intérêt général se voit ainsi doté d'une mission d'envergure, protéger les droits des justiciables/usagers du service public.

794. Finalement, en dérogeant au principe formel d'égalité, l'intérêt général permet de compenser les inégalités sociales de fait entre les usagers. L'intérêt général permet également au juge de compenser les inégalités en matière territoriale et géographique.

B. Différencialisme compensateur en matière territoriale et géographique

795. La dérogation d'intérêt général peut justifier des différences de traitement en favorisant l'égalité réelle au détriment de l'égalité formelle. Ce faisant, le juge administratif tend à développer les mutations du principe d'égalité. Une telle évolution concerne la prise en compte des spécificités territoriales et géographiques tant en ce qui concerne l'égalité de suffrage (1) que l'égalité de traitement des fonctionnaires (2).

[2072] *Ibid.*

[2073] G. Guglielmi et G. Koubi, « La simplification tarifaire au prisme du principe d'égalité et du droit de la consommation », AJDA, 14/10/2002, n° 14, p. 976.

[2074] *Ibid.*

[2075] *Ibid.*

1. Intérêt général et égalité devant le suffrage

796. En vertu de l'article L. 3113-2 du CGCT, « il appartient au Premier ministre, procédant par décret en Conseil d'État, de modifier les limites territoriales des cantons ou de procéder à leur création ou à leur suppression ». Or, à partir des années 70, la carte cantonale a été régulièrement modifiée. Le juge administratif a alors encadré ces opérations de remodelages, dans le silence du législateur. Au départ, sans aucune référence au principe d'égalité devant le suffrage, le Conseil d'État s'est référé à la notion d'intérêt général pour assouplir des règles rigides d'organisation administrative du territoire[2076]. Plus tard, la Haute juridiction a fixé les critères à prendre en compte pour assurer le respect du principe d'égalité des citoyens devant le suffrage. Issu de l'égalité de tous devant la loi[2077], l'égalité de suffrage[2078] signifie que « tout citoyen placé dans une situation identique à l'égard de la loi électorale doit être régi selon les mêmes règles »[2079]. Ce principe pose toutefois le problème du poids de chaque électeur dans une circonscription. Il implique que « la délimitation des circonscriptions électorales repose sur des bases essentiellement démographiques »[2080]. Cela n'exclut cependant pas l'intervention d'autres justifications dans le choix du découpage, « dès lors que les écarts de représentation ne sont ni manifestement injustifiables, ni disproportionnés de manière excessive »[2081]. Dans ce cadre, l'intérêt général permet en théorie de justifier les disparités démographiques en tenant compte des spécificités propres à chaque territoire sans toutefois porter atteinte au principe constitutionnel de l'égalité devant le suffrage même si en pratique, de telles considérations d'intérêt général ne sont généralement pas admises.

797. En effet, de telles considérations d'intérêt général ne suffisent pas, à elles-seules, à légaliser un décret qui a pour effet d'accroître excessivement les écarts démographiques. Par exemple, dans un arrêt en date du 21 janvier 2004[2082], Madame Boulanger conteste le refus implicite opposé à sa demande de redécoupage et « demande à ce qu'il soit enjoint au Premier

---

[2076] CE, Ass. 18 nov. 1977, n° 01967, *Communes de Fontenay-sous-Bois et autres*, Rec., p. 448.

[2077] Article 6 de la déclaration de 1789.

[2078] Alinéa 3 de l'article 3 de la Constitution de 1958.

[2079] J. Gicquel, *Droit constitutionnel et institutions politiques*, *précit.*, p. 505 à 506.

[2080] Cons. const. 1er et 2 juil. 1986, n° 86-208 DC, *Loi relative à l'élection des députés et autorisant le Gouvernement à délimiter par ordonnance les circonscriptions électorales*, Rec. p. 78 ; AJDA 1987, p. 263, note J. Boulouis – Cons. const. 8 janv. 2009, n° 2008-573 DC, *Loi relative à la commission prévue à l'article 25 de la Constitution et à l'élection des députés* ; AJDA 2009, p. 645, note B. Maligner ; JCP A 2009 (11-12), p. 52, note V. Barbé.

[2081] Cons. const., 7 juil. 1987, n° 87-227 DC, *Loi modifiant l'organisation administrative et le régime électoral de la ville de Marseille*, Rec., p. 41.

[2082] CE, Ass. 21 janvier 2004, *Boulanger*, n° 254645, *précit.*

ministre de modifier les limites cantonales avant les prochaines échéances électorales ». Le juge examine d'abord, pour chacun des cantons en cause, s'il existait, « des écarts démographiques excessifs »[2083]. Dans l'affirmative, il s'assure[2084] que cette disparité démographique ne peut s'expliquer par des impératifs d'intérêt général, en particulier par la prise en compte des spécificités de telle ou telle composante du département. En l'espèce, « concernant les cantons des Saintes-Maries-de-la-Mer et de Port-Saint-Louis, les chiffres font apparaître un fort déséquilibre »[2085]. Le gouvernement « fait valoir que le maintien de ces cantons se justifie par la nécessité d'assurer la représentation de la Camargue au sein du conseil général et de tenir compte de la spécificité géographique et culturelle de cette zone unique en France. Toutefois, la carte cantonale ne respectant pas l'unité territoriale de la Camargue au sein des Bouches-du-Rhône qui se trouve morcelée entre trois cantons différents, les spécificités territoriales ne suffisent pas, à elles seules, à justifier le maintien d'une situation aussi déséquilibrée au regard du principe d'égalité devant le suffrage »[2086].

798. L'absence d'intérêt général conduit en revanche plus radicalement à la censure d'un décret qui a pour effet d'accroître les écarts démographiques. Si l'intérêt général n'est pas en pratique une condition suffisante, elle n'en demeure pas moins nécessaire. Dans l'arrêt *Le Déaut*, le décret du 21 février 1997 porte « modification et création de cantons dans le département de Meurthe-et-Moselle ». Si le nouveau découpage réduisait des disparités d'ordre démographiques par rapport à la moyenne départementale, il accroissait « l'écart de population entre les cantons touchés par l'opération de remodelage, sans qu'aucun motif d'intérêt général ne le justifie ». Le Conseil d'État censure donc le décret en l'absence d'intérêt général. Le même raisonnement conduit la Haute juridiction à censurer « la décision implicite par laquelle le Premier ministre refuse de modifier des limites cantonales lorsqu'il apparaît que le maintien du découpage en vigueur est illégal en l'absence d'intérêt général »[2087]. Dans l'affaire *Lavaurs,* « le ministre de l'intérieur n'invoque aucune raison d'intérêt général ni aucune difficulté particulière qui s'opposerait à ce qu'il soit procédé à un nouveau découpage cantonal »[2088].

[2083] CE, 8 janv. 1999, *Lavaurs*, n° 178 608, Rec., p. 1.

[2084] Conformément à l'arrêt du CE, Ass. 13 nov. 1998, *Commune d'Armoy et autres Amalric, Le Déaut, Commune de Saint-Denis et Département de la Réunion,* Rec. p. 395 ; RFDA 1999, p. 826, concl. L. Touvet.

[2085] V. concl. *précit.*

[2086] *Ibid.*

[2087] CE, sect. 30 nov. 1990, *Ass. Les Verts*, *précit.*, et CE, 8 janvier 1999, *Lavaurs, précit.*

[2088] CE, 8 janvier 1999, *Lavaurs, précit.*

799. L'absence d'intérêt général aboutit donc à la censure des actes réglementaires afin de respecter le principe d'égalité devant le suffrage. Cette censure peut également être liée au contrôle exercé par le juge. En effet, pour pouvoir admettre les inégalités démographiques, le juge constitutionnel vérifie que « les écarts ne soient ni manifestement injustifiables ni disproportionnés de manière excessive »[2089]. Ce « contrôle restreint »[2090] sur les écarts de représentation entre les circonscriptions se justifie dans la mesure où le juge constitutionnel « ne dispose pas d'un pouvoir général d'appréciation identique à celui du parlement »[2091]. De plus, « l'appréciation de l'intérêt général appartient au législateur »[2092]. À l'instar du Conseil constitutionnel, le Conseil d'État exerce alors un contrôle restreint et de proportionnalité[2093] concernant le découpage électoral qui le conduit à refuser la dérogation d'intérêt général. Dans l'arrêt *Guinde et Préfet des Bouches-du Rhône*[2094] par exemple, « il existe une détérioration de la situation du canton par rapport à l'évolution générale du département, puisqu'un canton déjà trop peuplé voit sa population s'accroître encore, alors que la population cantonale moyenne se réduit. Il s'agit donc manifestement d'un écart significatif et disproportionné »[2095]. Or, le gouvernement n'invoquant aucune considération d'intérêt général de nature à justifier l'accroissement des écarts dans l'agglomération d'Aix, la disposition réglementaire litigieuse doit être annulée sur ce point. En revanche, dans la même affaire, s'agissant de l'article 3 du décret portant remodelage des cantons situés dans l'agglomération de Marseille, le Conseil d'État estime que « l'écart n'est pas significatif » et qu'il n'y a par conséquent aucune d'entrave au principe d'égalité. L'intérêt général n'a pas à être étudié car il ne sert qu'à justifier des « écarts « excessifs »[2096]. Le contrôle restreint du juge permet alors difficilement de prendre en compte les particularités territoriales justifiées par des considérations d'intérêt général. Cela se justifie par la protection constitutionnelle du principe d'égalité devant le suffrage ; principe renforcé par la décision du Conseil constitutionnel en date du 8 janvier 2009[2097].

2089 Cons. const., 7 juillet 1987, n° 87-227 DC, *précit.*
2090 B. Genevois, *La jurisprudence du Conseil constitutionnel*, Ed. STH Paris, 1988, p. 295 s .
2091 Cons. const., 15 janvier 1975, n° 54 DC – Cons. const., 25 juillet 1984, n° 176 DC.
2092 Cons. const., 19 et 20 juillet 1983, n° 162 DC.
2093 CE, 9 juin 1978, Rec. p. 245 ; AJDA 1978, p. 573, concl. Genevois, note S.S. – CE, 1er mars 1991, *Le Cun, Rec.* p. 70.
2094 CE, Ass. 21 janv. 2004, *Guinde*, n° 255375, Rec., p. 11 ; concl. Boissard, AJDA 2004, p. 451.
2095 Concl. *précit.*
2096 CE, 18 déc. 1991, n° 125338, *M. Berthelot, précit.*
2097 Cons. const., 8 janv. 2009, n° 2008-573 DC, *Loi relative à la commission prévue*

800. L'intérêt général permet ainsi de ne pas porter atteinte au principe d'égalité de suffrage tout en adaptant celui-ci à la réalité et à l'équilibre des territoires. La même démarche concerne l'égalité de traitement dans la mesure où le juge tentera par l'intérêt général de pallier les inégalités territoriales ou géographiques.

2. Intérêt général et égalité de traitement

801. Si le principe d'égal accès aux emplois publics est directement issu de l'article 6 de la Déclaration des droits de 1789, aucun texte n'impose spécifiquement le respect de l'égalité de traitement des agents publics. Le juge applique donc, de manière prétorienne, ce « principe général du droit »[2098]. Plus précisément, traditionnellement, le Conseil d'État estimait que seules « des circonstances exceptionnelles »[2099] ou, en certains cas, l'intérêt du service, pouvaient justifier les différences de traitements entre les agents d'un même corps. Aujourd'hui, suite à « l'autonomisation » de l'intérêt général[2100], la jurisprudence prend davantage en compte la situation particulière des fonctionnaires.

802. Dans l'affaire *Syndicat départemental CFDT de la direction départementale de l'équipement du Gard,* le Conseil d'État juge légale l'utilisation d'incitations financières à l'égard des agents en vue d'obtenir une meilleure adéquation « géographique »[2101] entre leurs demandes d'affectation (affectations initiales, mutations) et les vacances d'emplois[2102]. En l'espèce, « le Syndicat départemental CFDT de la direction départementale de l'équipement du Gard a demandé l'annulation d'un décret et d'un arrêté au motif que la modulation d'une prime en fonction du département d'affectation suivant un critère géographique méconnaîtrait le principe d'égalité ». Le syndicat requérant contestait « le coefficient de 0, 85 affecté au département du Gard. En défense, le ministre de l'équipement explique que ce dispositif vise à rendre plus attractives les régions où apparaissent des difficultés à pourvoir des postes et où un taux de rotation des agents élevé porte préjudice

---

à l'article 25 de la Constitution et à l'élection des députés ; note V. Barbé, JCP A, 2009 (11-12), p. 52-58 ; note B. Maligner, AJDA, 2009, p. 645 s.

2098 Le Conseil constitutionnel l'a dégagé de l'article 6 de la Déclaration des droits de l'homme des 1789 : Cons. const., 76-67 DC du 15 juil. 1976, *Loi portant statut général des fonctionnaires*, Rec., p. 35.

2099 CE, 6 mars 1959, *Synd. gén. CGT de l'administration centrale du ministère des Finances*, Rec., p. 163.

2100 À l'origine, l'intérêt général pouvait être lié à l'existence de circonstances exceptionnelles.

2101 V. pour la position antérieure contraire : CE, 31 janvier 2000, n° 201907, *Ajolet*, Rec. T., p. 814, 1061, 1062, 1067 ; DA 2000, n° 66, obs. GLC.

2102 CE Sect. 11 nov. 2001, *Synd. départ. CFDT de la dir. départ. de l'équipement du Gard,* Rec. p. 339 ; AJFP, p. 28, note C. Moniolle.

au fonctionnement du service »[2103]. Le Conseil d'État a rejeté les requêtes car « la modulation mise en place ne méconnaissait pas le principe d'égalité ». Cette solution ne repose pas sur la différence des situations objectives dans lesquelles sont placés les agents du ministère de l'équipement car « les avantages pécuniaires accordés ne sont liés ni à une pénibilité ni à une difficulté particulières des tâches à accomplir mais simplement à l'attractivité relative des départements ». C'est « l'intérêt général qui s'attache à ce que les agents publics soient répartis sur le territoire en fonction des besoins de la population et des nécessités du service »[2104] qui fonde la discrimination opérée entre les différents départements d'affectation.

803. D'autres critères sont également pris en compte par la dérogation d'intérêt général tels que : le « logement par nécessité absolue de service ou par utilité de service »[2105], « l'adaptation du temps de travail aux contraintes locales »[2106], « l'exigence de soins de qualité et de sécurité »[2107] ou encore « la valorisation d'une activité à temps plein au sein des établissements publics de santé »[2108].

804. Ainsi, conformément à l'image utilisée par F. LUCHAIRE, le principe d'égalité dans droit de la fonction publique évoque davantage l'image d'un « kaléidoscope que celle de Janus »[2109]. Dans la jurisprudence du Conseil d'État, l'égalité ne doit en effet « pas être confondue avec l'uniformité »[2110]. Cela explique les dérogations d'intérêt général au principe d'égalité pour adapter la règle au réel.

Conclusion du Chapitre 1.

805. Dans l'appréciation de la légalité, l'intérêt général est un outil lié à la préservation des droits et des libertés des justiciables par le biais du contrôle de proportionnalité. L'intérêt général constitue alors un instrument de conciliation et de concrétisation des droits. De plus, la jurisprudence administrative met également en avant le rôle de l'intérêt général dans la

---

2103 Concl. *précit.*

2104 CE Sect. 11 nov. 2001, *Synd. départ. CFDT de la dir. départ. de l'équipement du Gard, précit.*

2105 CE, 29 déc. 2006, *Synd. nat. du personnel adm. de l'ONF FO*, n° 289818, Rec. T., p. 688, 725, 924 et 927.

2106 CE, 31 mars 2004, *Syndicat Sindicatu di i travagliadori Corsi*, n° 242858, inédit.

2107 CE, 30 déc. 2009, *Confédération des praticiens des hôpitaux*, n° 306040, *précit.* ; comm. M.-L. Moquet-Anger, AJDA 2010 p. 1276.

2108 CE, 26 juin 2009, *M. Raffi, M. Quarello*, n° 307369, Rec., p 237 ; JCP Adm. 2010. 21, obs. M.-L. Moquet-Anger ; AJDA 2009. 2009, note G. Peiser.

2109 F. Luchaire, « Un Janus constitutionnel : l'égalité », RD publ. 1986, p. 1229.

2110 E. Aubin, « Les avantages de carrière des fonctionnaires, les quartiers urbains difficiles et le principe d'égalité », AJDA 2005 p. 1238

transformation des droits. En effet, afin de prendre davantage en compte l'intérêt et la situation subjective du justiciable, l'intérêt général permet de transformer le principe d'égalité. Toutefois, les droits des justiciables sont également préservés par une technique de proportionnalité particulière dans le cadre de l'appréciation des conséquences des illégalités.

Chapitre 2.

La réserve d'intérêt général

dans l'appréciation des conséquences des illégalités

806. La réserve d'intérêt général bouleverse un principe traditionnel du contentieux selon lequel la sanction des illégalités est automatique. L. AUCOC, dans ses *Conférences sur l'administration et le droit administratif*, affirmais déjà que « la juridiction administrative n'a qu'une chose à vérifier : l'administrateur est-il resté dans la limite de ses pouvoirs ? S'il y est resté, elle laisse subsister l'acte ; s'il en est sorti, elle l'annule »[2111]. Sa position rejoint celle d'É. LAFERRIÈRE qui considère que le juge administratif est tenu par une « alternative »[2112] : « rejeter le recours ou prononcer l'annulation de l'acte attaqué »[2113]. Or, l'analyse de l'intérêt général permet de remettre en cause cette conception classique de la sanction automatique des illégalités. En effet, depuis plusieurs années, la réserve d'intérêt général permet au juge de prendre en compte, de manière significative, les conséquences des illégalités pour adapter la sanction juridictionnelle. Un tel processus s'opère par deux types de réserves d'intérêt général[2114] : matérielle et temporelle.

807. D'une part, la réserve d'intérêt général matérielle permet à l'administration de rester inactive alors qu'elle a commis une illégalité dont

---

[2111] L. Aucoc, *Conférences sur l'administration et le droit administratif*, 1re éd., Dunod, 1869, t. 1, p. 361.

[2112] B. Seiller, « Droits publics subjectifs des administrés et transformations contemporaines du contentieux », dans Travaux de l'AFDA, colloques et débats, *Les droits publics subjectifs des administrés*, Lexis-Nexis, Litec, 2011, p. 191 s.

[2113] É. Laferrière, *Traité de la juridiction administrative et des recours contentieux*, t. 2, Berger-Levrault, 1re éd. 1888, p. 541.

[2114] V. sur la réserve d'intérêt général, F. Brenet, « Les réserves d'intérêt général », dans *Le droit administratif : permanences et convergences*, Mélanges J.-F. Lachaume, Dalloz, 2007, p. 139 s.

l'existence a été établie. Dans la jurisprudence, cela se traduit par exemple par la possibilité « de maintenir un ouvrage public mal planté »[2115], « de maintenir un contrat administratif entaché de vices »[2116] ou « reposant sur un acte détachable illégal »[2117], « de dispenser une collectivité préemptrice de l'obligation de proposer le bien illégalement préempté à l'ancien acquéreur ou à l'ancien propriétaire »[2118], ou encore « d'éviter que le juge de l'excès de pouvoir ne prononce l'annulation d'un acte administratif illégal »[2119].

808. D'autre part, la réserve d'intérêt général temporelle permet elle aussi d'apprécier les conséquences d'une illégalité. Elle peut alors conduire à moduler dans le temps les effets de l'annulation d'un acte illégal. Une telle modulation a été créée dans le cadre du « recours pour excès de pouvoir »[2120] puis étendue au contentieux de pleine juridiction permettant au juge de plein contentieux de différer par exemple « la sanction d'un contrat entaché de vices »[2121].

809. Or, il est important de noter que de prime abord, la prise en compte des conséquences de l'illégalité entraine « une atteinte au principe de légalité qui veut que l'acte illégal disparaisse de l'ordonnancement juridique »[2122]. Néanmoins, paradoxalement, l'appréciation des conséquences des illégalités par les réserves d'intérêt général, qui conduit à l'adaptation des sanctions juridictionnelles, permet *in fine*, de prendre davantage en compte les droits des justiciables. Si les réserves d'intérêt général peuvent conduire, pour une partie de la doctrine, à protéger « les intérêts de l'administration »[2123], nous considérons au contraire qu'il s'agit là, par la mise en place d'un contrôle

---

[2115] CE, Sect. 29 janvier 2003, *Syndicat départemental de l'électricité et du gaz des Alpes-Maritimes et de la Commune de Clans*, n° 245239, Rec. p. 21 ; Rec. p. 21, concl. Maugüé.

[2116] CE, Ass., 16 juillet 2007, *Société Tropic travaux signalisation*, n° 291545, Rec. p. 360, concl. D. Casas.

[2117] CE, 10 déc. 2003, *Institut de recherche pour le développement*, Rec. p. 501 ; RJEP, mai 2004, n° 609, p. 246, concl. Piveteau – CE, 21 février 2011, *Société Ophrys, n°* 337349, à paraître au Rec. – CE, 16 nov. 2011, *Société Sogedo*, n° 342903, inédit.

[2118] CE, Sect. 26 février 2003, *M. et Mme Bour*, Rec. p. 59 ; RJEP 2003, p. 346, concl. P. Fombeur – CE, 29 déc. 2004, *SCI Desjardins KB*, n° 259855, *précit.* – CE, 31 janvier 2007, *Consorts MAIA*, n° 277 715, inédit ; com. P. Benoît Cattin, Rép. Not. Def., 30/1/2008, n° 2, p. 221 – CE, 25 juin 2008, *Cne de Grandfontaine*, n° 293735, inédit ; note P. Billet, JCP A, 22/9/2008, n° 39, p. 32.

[2119] TA Amiens, 24 mai 2005, *Dubruques et autres*, n° 0201856, 0201961, 0201962, 0201963, 0201925 ; note F. Melleray, AJDA 2005, p. 2416 s.

[2120] CE, Ass. 11 mai 2004, *Association AC ! et autres*, Rec., p. 197, concl. Devys.

[2121] CE, 16 juillet 2007, *Société Tropic travaux signalisation, précit.*

[2122] B. Seiller, « Droits publics subjectifs des administrés (...) », art. cit., p. 191 s.

[2123] F. Brenet, « Les réserves d'intérêt général », art. cit., p. 160 s.

de proportionnalité spécifique, de prendre en compte, de manière croissante, les droits et libertés des justiciables[2124].

810. Il s'agira alors de montrer que l'appréciation *in concreto* de la réserve d'intérêt général permet tout d'abord au juge de prendre directement au compte les droits des justiciables par l'appréciation restrictive de l'atteinte à l'intérêt général (Section 1). *A contrario*, la préservation des droits des justiciables peut aussi être liée à la reconnaissance d'une atteinte excessive à l'intérêt général (Section 2).

SECTION 1.

LES DROITS DU JUSTICIABLE GARANTIS PAR L'APPRÉCIATION RESTRICTIVE DE L'ATTEINTE À L'INTÉRÊT GÉNÉRAL

811. La protection des droits des justiciables implique en principe de respecter le droit au principe de légalité et de tirer toutes les conséquences de l'annulation de l'acte qui y porte atteinte. Par conséquent, la réserve d'intérêt général peut apparaître comme un obstacle aux droits des justiciables. La réserve d'intérêt général permet en effet d'éviter ou de différer l'annulation d'un acte illégal. Toutefois, il apparaît au contraire que l'interprétation restrictive du caractère excessif de l'intérêt général permet de respecter au mieux les droits des justiciables (principe de légalité, droit à un recours effectif, voire droit à l'exécution des décisions de justice). La réserve d'intérêt général est alors un instrument de conciliation des intérêts au service des droits des justiciables (I). Une telle conciliation est le fruit d'un contrôle spécifique de proportionnalité (II).

I. L'intérêt général, un instrument de conciliation au service des droits des justiciables

812. Lorsque la réserve d'intérêt général prend en compte les conséquences des illégalités et permet d'éviter l'annulation d'un acte illégal

---

[2124] Plusieurs auteurs considèrent que la réserve d'intérêt genréal conduit davantage à la prise en compte des droits subjectifs des justiciables : B. Seiller, art. cit.,; P. Delvolvé, « Propos introductifs. Droits publics subjectifs des administrés et subjectivisation du droit administratif », dans *Les droits publics subjectifs des administrés*, *op. cit.*, p. 3 s.

ou de la différer, il y a là, manifestement, une atteinte aux droits des justiciables (principe de légalité, droit à un recours effectif, voire droit à l'exécution des décisions de justice). Ce faisant, l'intérêt général dont l'atteinte est excessive prime par rapport aux droits des justiciables (A). Néanmoins, l'appréciation restrictive du juge de l'atteinte excessive à l'intérêt général permet de préserver leurs droits (B).

A. La primauté de l'intérêt général dont l'atteinte est excessive face aux droits des justiciables

813. Le contenu matériel variable de la réserve d'intérêt général peut affecter les droits des justiciables. En effet, le Conseil d'État ne retient pas un critère exclusif permettant de justifier le maintien d'un contrat irrégulier ou de moduler dans le temps les effets de l'annulation d'un acte illégal. Il peut prendre en compte divers critères[2125]. Toutefois, au-delà des appréciations casuistiques contingentes, deux principaux éléments se dégagent du contenu de la réserve d'intérêt général pouvant porter atteinte aux droits des justiciables. Le juge privilégie en effet la continuité du service public (1) avec les exigences du droit de l'Union européenne (2) face à leurs droits.

1. Intérêt général et continuité du service public

814. La notion d'intérêt général est liée à « la poursuite de l'action publique »[2126]. Ainsi, le juge administratif « s'oriente vers une acception large des finalités d'intérêt général autorisant le maintien d'un contrat irrégulier »[2127]. En effet, la raison d'être des personnes publiques est « d'assurer les activités nécessaires à la réalisation des missions de service public dont elles sont investies »[2128]. Comme le rappelle J.-F. LAFAIX, « en contractant, elles cherchent à se procurer les moyens d'accomplir leurs missions ou à en confier la charge à une personne plus apte à y parvenir. Le

---

[2125] Tels que « l'inutile remise en question des flux financiers » (CE, 11 mai 2011, *Société Lyonnaise des eaux de France*, n° 337927, à paraître aux T. Rec. ; note E. Glaser, *Revue Lamy des CT*, 1/9/2011, n° 71, p. 34), « l'exécution de la convention » ou encore « différents travaux publics » (CAA Bordeaux, 21 déc. 2010, *Réseau Ferré de France*, n° 10BX01012, *inédit*).

[2126] M. Canedo, « L'exorbitance du droit des contrats administratifs », dans F. Melleray (dir.), *L'exorbitance du droit administratif en question(s)*, LGDJ, coll. de la Faculté de droit et des sciences sociales de Poitiers, 2004, p. 133 ; D. Truchet, *Les fonctions de la notion d'intérêt général dans la jurisprudence du Conseil d'État, op. cit.* p. 639 ; J.-F. Lafaix, *Essai sur le traitement des irrégularités dans les contrats de l'Administration*, Thèse, Dalloz, coll. « Nouvelle Bibliothèque de Thèses », 2009, p. 663.

[2127] J.-F. Lafaix, *Essai sur le traitement des irrégularités..., op. cit.*, p. 663.

[2128] CE, Ass. 31 mai 2006, *Ordre des avocats au barreau de Paris*, *op. cit.*

service public justifie donc le régime de droit public des contrats de l'administration, dérogatoire au droit commun[2129] »[2130]. Ce lien entre « contrat et service public explique donc que la nullité du contrat soit susceptible de porter atteinte à l'intérêt général [...] lorsque cela risque de troubler la continuité du service public »[2131].

815. La « continuité du service public »[2132] ainsi contenue dans la réserve d'intérêt général rappelle alors que le droit administratif est « un droit de sujétions »[2133]. Les missions d'intérêt général confiées à l'administration doivent en effet, « en raison de leur importance même pour la société, être remplie »[2134]. Par conséquent, la continuité du service public va permettre au juge de porter légitimement atteinte aux droits des justiciables : droit au principe de légalité et droit à l'exécution des décisions de justice principalement.

816. Un tel raisonnement est particulièrement clair concernant la réserve d'intérêt général matérielle en matière contractuelle. L'arrêt du Conseil d'État en date du 21 février 2011, *Société Véolia Propreté*[2135], lié à la théorie de l'acte détachable dans le prolongement des jurisprudences *Institut de recherche pour le développement*[2136] et *Ophrys*[2137], s'appuie en effet sur la continuité du service public pour éviter de prononcer la nullité d'un contrat. En l'espèce, la nullité du contrat pourrait entraîner « une rupture dans la continuité du service public du traitement des déchets dans la mesure où l'autorisation d'exploitation de certaines des structures de traitement existantes expire prochainement ». De plus, « la durée importante de la mise en place hypothétique de solutions de remplacement contribue à l'incertitude de pouvoir assurer la continuité de ce service public ».

[2129] G. Clamour, « Esquisse d'une théorie générale des contrats publics », dans Mélanges M. Guibal, Montpellier, Presses de la faculté de droit, 2006, vol. II, p. 637 s.

[2130] J.-F. Lafaix, *Essai sur le traitement des irrégularités...*, *op. cit.*, p. 664.

[2131] *Ibid.*

[2132] V. sur le principe de continuité du service public, J.-M. Bollé, *Le principe de continuité des services publics*, Thèse, Paris, 1975 ; A. Dupié, « Le principe de continuité des services publics », dans *Sur les services publics,* Études coordonnées par M.-J. Guédon, Economica, 1982, p. 39 ; J.-P. Gilli (dir.), *La continuité des services* publics, PUF, 1973.

[2133] V. Dufau, *Les sujétions exorbitantes du droit commun en droit administratif, op. cit.*

[2134] P.-L. Frier et J. Petit, *Précis de droit administratif, op. cit.*, 20110, p. 29.

[2135] CE, 21 février 2011, *Société Véolia Propreté*, n° 335306, à paraître aux T. Rec. ; M.-C. Vincent-Legoux, AJDA, 19/9/2011, n° 30, p. 1739.

[2136] CE, *Institut de recherche pour le développement, précit.* Dans le même lignée, v. par exemple, CAA Lyon, plén. 13 juillet 2004, *Moreau*, n° 99LY00005 ; note F. Bourrachot, AJDA 2004, p. 1824 s.

[2137] CE, 21 février 2011, *Société Ophrys,* n° 337349, à paraître au Rec.

817. Cette jurisprudence rappelle que le « principe de continuité »[2138] suppose que « tous les services publics doivent fonctionner sans heurts, sans à-coups, sans arrêts »[2139]. Cela participe à l'idée selon laquelle « le principe de continuité a également pour corollaire le principe de pérennité des services publics »[2140] qui permet à l'administration de « prendre toute mesure propre à juguler les effets néfastes d'une situation mettant en péril l'existence même d'un service public que les pouvoirs publics n'ont pas entendu supprimer »[2141]. Ce principe « permet en réalité à l'administration d'agir afin de ne pas paralyser le fonctionnement du service, mais il ne signifie en aucun cas le maintien éternel de l'activité »[2142].

818. La même logique de pérennité du service public se prolonge dans de nombreux arrêts concernant la résiliation d'un contrat. La Cour administrative d'appel de Bordeaux a par exemple estimé en 2012 que la « nullité des conventions conclues entre la régie des transports de l'est et les entreprises de transport sélectionnées, si elle était constatée, porterait une atteinte excessive à l'intérêt général qui exige que soit assurée la continuité sans interruption du service public de transports publics de personnes »[2143]. Ainsi, « l'annulation de la délibération d'attribution des délégations de service public des réseaux de transports publics de personnes et des décisions de signer les conventions correspondantes avec les entreprises de transports n'impliquait pas nécessairement la résolution des conventions passées avec les entreprises de transport ». Toutefois, d'autres réserves d'intérêt général[2144] permettent quant à elles d'affiner le lien entre la continuité et l'« accessibilité tarifaire »[2145] du service public. Sont ainsi reçus par exemple, les arguments

---

2138 Le principe de continuité du service public est élevé au rang de « principe général » (CE, Ass. 7 juillet 1950, *Dehaene*, Rec. p. 426), de principe « fondamental » (CE, 13 juin 1980, *Mme Bonjean*, Rec. p. 274). Il est doté d'une valeur constitutionnelle (Cons. const., 25 juillet 1979, *Droit de grève à la radio et à la télévision*, Rec. p. 33).

2139 L. Rolland, *Précis de droit administratif*, 11e éd., 1957, Dalloz, p. 18.

2140 J.-F. Lachaume, C. Boiteau et H. Pauliat, *Droit des services publics*, *précit.*, p. 328 ; S. Braconnier, *Droit des services publics*, *précit.*, p. 283.

2141 S. Braconnier, *Droit des services publics*, *op. cit.*, p. 284.

2142 CE, 18 juin 2003, *Société Tiscali Télécom*, AJDA 2003, p. 1888, note N. Foulquier.

2143 CAA Bordeaux, 31 janvier 2012, *SARL Transport Saint Rosien*, n° 10BX02851, inédit.

2144 TA Paris, 15 février 2005, *Ville de Paris*, DA juin 2005, n° 84, p. 20. Ici, « la résolution du contrat porterait une atteinte excessive à l'intérêt général et serait de nature à affecter la continuité du service public ».

2145 V. sur le lien entre la continuité et l'accessibilité du service public, V. Donier, « Les lois du service public : entre tradition et modernité », RFDA 2006 p. 1219 s. V. également sur la question, M. Voisset, « La reconnaissance, en France, d'un droit des citoyens à la qualité dans les services publics », RFDA 1999, p. 743 ; M. Voisset, « Qualité, adaptabilité, mutabilité », dans R. Kovar et D. Simon (dirs), *Service public et*

liés à « continuité du service public [des eaux] dans des conditions de coût acceptables par la population »[2146].

819. Par ailleurs, il est à noter que la continuité du service public sera d'autant plus prise en compte que le service dont il est question présente un intérêt public. Tel est le cas par exemple du « service de transport routier de desserte des établissements d'enseignement de la Martinique »[2147]. *A contrario*, l'absence de rupture dans la continuité du service public ne saurait entraîner une atteinte excessive à l'intérêt général permettant d'éviter la nullité du contrat. Dans l'arrêt *Société Ophrys*[2148] par exemple, le Conseil d'État estime qu'il ne « résulte de l'instruction aucune circonstance de nature à démontrer une atteinte excessive à l'intérêt général dans la mesure où l'annulation de la relation contractuelle ne prive pas la communauté d'agglomération Clermont communauté de sa capacité de gestion des installations existantes ». Autrement dit, la société requérante n'a pas pu démontrer que la sanction impliquerait une rupture dans continuité du service public relatif à « l'extension et l'exploitation du centre d'enfouissement technique du Puy-Long ». Il en va de même lorsque l'atteinte excessive à l'intérêt général « qui s'attache notamment à l'exécution du service public »[2149] n'est pas avérée.

820. Ainsi, la réserve d'intérêt général matérielle s'appuie régulièrement sur la continuité du service pour éviter de prononcer la nullité ou la résiliation d'un contrat. L'atteinte excessive à l'intérêt général caractérisée remet donc en cause les droits des justiciables.

821. La remise en cause de leurs droits se renforce par la réserve d'intérêt général temporelle qui concerne les contrats comme aussi l'ensemble des actes administratifs. Dans ce cas, la continuité du service public permet de différer dans le temps les effets de l'annulation contentieuse. L'arrêt *AC !* a ainsi permis au juge de l'excès de pouvoir de moduler dans le temps les effets de l'annulation contentieuse eu égard notamment à « la nécessaire continuité

Communauté européenne : entre l'intérêt général et le marché, La Doc. fr., t. 2, p. 397 ; M. Voisset, « Le service public autrement. Des effets du droit communautaire sur le droit français des services publics industriels et commerciaux », RFDA 1995, p. 304.

2146 CAA Bordeaux, 10 nov. 2011, *Synd. intercom. d'eau potable et d'assainissement (SIEA) de Ludon-Macau-Labarde*, n° 10BX01443, inédit.

2147 CAA Bordeaux, 20 oct. 2011, *Départ. de la Martinique*, n° 10BX01145, inédit, concl. Normand non publiée.

2148 CE, 21 février 2011, *Société Ophrys*, n° 337349, à paraître au Rec. ; note J.-P. Pietri, CMP, 1/8/2011, n° 8-9, p. 17 ; concl. B. Dacosta, BJCP, 1/3/2011, n° 75, p. 133. V. pour une application récente, CE, 16 nov. 2011, *Société Sogedo*, n° 342903, inédit.

2149 CAA Bordeaux, 13 oct. 2011, *SARL Labhya*, n° 10BX02465, inédit.

du régime d'indemnisation du chômage »[2150]. En effet, l'annulation rétroactive des arrêtés litigieux « déboucherait sur la situation de vide juridique qui porterait atteinte à la continuité du régime d'assurance chômage »[2151]. D'application constante, cette solution s'applique aussi « au fonctionnement du service public de la justice »[2152], de « l'enseignement supérieur et de la recherche »[2153], de « l'électricité et du gaz et de l'éclairage public »[2154] (moduler dans le temps l'annulation des dispositions réglementaires d'un contrat, dans la lignée des jurisprudences *IRD* et *Ophrys*), de « la desserte maritime de Corse »[2155] ou encore de la « nécessité d'assurer la continuité des prestations de nettoyage des locaux durant le délai nécessaire »[2156] (pour différer la résiliation d'un contrat, dans la lignée de la jurisprudence *Tropic*).

822. Toutefois, le juge ne limite pas la possibilité de maintenir le contrat ou l'acte en cause dans le seul but d'assurer la continuité du service public. Il opte pour une interprétation casuistique de l'intérêt général qui le conduit à accepter d'autres arguments comme l'exigence d'appliquer le droit de l'Union européenne.

2. Intérêt général et exigences du droit de l'Union européenne

823. Dans un arrêt en date du 25 février 2005, *France Télécom*[2157], le Conseil d'État, en application de la jurisprudence *AC !*, reporte d'un délai de deux mois la prise d'effet de l'annulation prononcée du fait que l'application du droit communautaire aboutit paradoxalement à une plus grande violation de ce droit. En l'espèce, la Haute juridiction, saisie par France Télécom, devait examiner la légalité d'une décision de l'Autorité de régulation des télécommunications du 16 avril 2002 qui modifiait, sur le fondement des dispositions communautaires et nationales, les tarifs 2002 proposés par l'opérateur historique aux autres opérateurs pour le dégroupage de l'accès à la

---

[2150] CE, Ass. 11 mai 2004, *Association AC ! et autres*, Rec ; p. 197, concl. Devys.
[2151] RFDA 2004, p. 454, concl. Devys, *précit.*
[2152] CE, 12 déc. 2007, *M. Sire*, n° 296072, Rec. p. 471 ; concl. M. Guyomar, AJDA, 31/3/2008, n° 12, p. 638 – CE, Sect. 30 déc. 2010, *M. B.*, n° 329513, 329515, à paraître au Rec. ; concl. M. Guyomar, *La Gazette du Palais*, 19/1/2011, n° 19-20, p. 16 – CE, 24 juin 2011, *Mme Danielle B.*, n° 342997, inédit.
[2153] CE, Ass. 23 déc. 2011, *M. Claude A. et autres*, n° 335033, à paraître au Rec., concl. G. Dumortier, non publiée à ce jour.
[2154] CE, 31 juillet 2009, *Ville de Grenoble*, n° 296964, T. Rec. p. 642 et 832 ; AJDA 2009, p. 1522 ; BJCP n° 67, 2009, p. 460, concl. N. Boulouis.
[2155] Dans la lignée de la jurisprudence *Tropic*, CAA Marseille, ch. Réun., 7 nov. 2011, *Sté Corsica Ferries*, n° 08MA01604, à paraître au Rec. ; note S. Nicinski, AJDA, 26/12/2011, n° 44, p. 2508.
[2156] CAA Versailles, 30 juin 2011, *Société STEM Propreté*, n° 09VE01384, inédit.
[2157] CE, Sect., 25 février 2005, *France Télécom*, n° 247866, Rec., p. 86 ; concl. E. Prada-Bordenave, RFDA 2005, p. 802.

boucle locale. Or, l'annulation rétroactive de la décision litigieuse « aurait pour conséquence, d'une part, de permettre [...] l'application, à titre rétroactif, de tarifs de dégroupage qui ne sont pas orientés vers les coûts, en violation de l'article 4, paragraphe 1, du règlement communautaire du 18 décembre 2000, d'autre part, de remettre en cause l'ouverture de la boucle locale par l'avantage économique indu ainsi conféré à FRANCE TÉLÉCOM au détriment de ses concurrents ». Or, de tels effets « porterait une atteinte manifestement excessive à l'intérêt qui s'attache au respect du droit communautaire et au développement de la concurrence sur les marchés des nouveaux services de télécommunications, notamment de l'internet haut débit ». L'appréciation de l'atteinte excessive à l'intérêt général prend donc fréquemment en compte les objectifs du droit de l'Union européenne et les exigences liées à la « concurrence »[2158]. En l'espèce, il s'agissait du risque de déstabilisation du secteur de l'internet haut débit par l'octroi à France Télécom d'un avantage économique injustifié.

824. Dans le même esprit, la Haute juridiction a pris en compte la violation du droit de l'Union européenne dans l'appréciation de la modulation des effets dans le temps « d'une décision chargée de fixer la rémunération pour copie privée »[2159]. En l'espèce, l'acte litigieux a bénéficié de l'annulation à effet différé pour éviter de « faire revivre des situations antérieures qui n'ont pas été abrogées par la commission [...] et qui méconnaissent encore plus le droit communautaire »[2160]. En effet, « outre qu'elles comportent le même vice, elles incluaient les copies illicites mais ne s'appliquaient pas à des matériels qui représentent aujourd'hui la plus grande part de ceux servant à la réalisation de copies privées. La rémunération serait encore moins équitable que celle issue de la décision n° 11 »[2161]. Ainsi, « la gravité de la méconnaissance des exigences du droit de l'Union affectant les délibérations antérieures étant supérieure à celle de la délibération attaquée, cette circonstance, ajoutée aux difficultés d'exécution qui porteraient atteinte à l'existence même du système de rémunération du droit de copie privée régi par la directive 2001/29/CE du 22 mai 2001 crée [...] une nécessité impérieuse de différer pour une période de 6 mois l'effet de la présente décision ».

825. L'intégration du droit de l'Union européenne dans le contenu de l'atteinte excessive à l'intérêt général justifiant l'annulation différée d'un acte administratif n'est pas sans lien avec l'exigence « constitutionnelle de

---

[2158] V. pour d'autres ex. dans lesquels la réserve d'intérêt général est liée au droit de la concurrence : CE, 5 mars 2008, *Société NRJ TV,* n° 281451, *précit.*

[2159] CE, 17 juin 2011, *Société Canal + Distribution*, n° 324816, à paraître au Rec. ; note A. Troianiello, LPA, 16/11/2011, n° 228, p. 5.

[2160] Concl. D. Hedary, publiée sous l'article d'É. Bouchet-Le Mappian, « Commission "copie privée" devant le Conseil d'État : un blâme ! », *Revue Lamy droit de l'immatériel*, 1/8/2011, n° 74, p. 12 s.

[2161] *Ibid.*

transposition des directives »[2162] résultant de l'application de l'article 88-1 de la Constitution[2163]. Le juge administratif l'a expressément rappelé, dans l'arrêt *Comité de recherche et d'informations indépendantes sur le génie génétique (CRIIGEN)*[2164] : l'annulation immédiate d'un décret transposant une directive « serait de nature à méconnaître l'exigence constitutionnelle de transposition en droit interne des directives communautaires et à entraîner des conséquences manifestement excessives »[2165]. Dès lors, « afin de permettre au gouvernement de prendre les initiatives nécessaires pour remédier à l'irrégularité constatée, il y a lieu de ne prononcer l'annulation des dispositions du décret attaqué mentionnées ci-dessus qu'à compter du 30 juin 2010 ».

826. Ainsi, la réserve d'intérêt général matérielle ou temporelle peut limiter l'exercice des droits des justiciables au nom de la continuité du service public ou du respect du droit de l'Union européenne. Toutefois, l'atteinte à ces droits demeure limitée car le Conseil d'État apprécie restrictivement l'atteinte à l'intérêt général.

B. La primauté des droits des justiciables face à l'intérêt général dont l'atteinte n'est pas excessive

827. Dans la jurisprudence *AC !*, le juge administratif souligne que la protection des droits subjectifs « substantiels »[2166] impose de tirer toutes les conséquences de l'annulation de l'acte qui y porte atteinte. En effet, le droit au principe de légalité et le droit des justiciables à un recours effectif suppose de tirer toutes les conséquences de l'annulation. Cela signifie que l'acte en cause « est réputé n'être jamais intervenu »[2167].

[2162] CE, Ass. 8 février 2007, *Société Arcelor Atlantique et Lorraine et autres*, Rec. p. 55, concl. M. Guyomar.

[2163] V. sur l'exigence constitutionnelle de transposition des directives du point de vue du Conseil constitutionnel, Cons. const., n° 2004-496 DC du 10 juin 2004, *Loi sur l'économie numérique*, Rec. p. 101 – Cons. const., n° 2004-505 DC du 19 nov. 2004, *Traité établissant une Constitution pour l'Europe*, Rec. p. 173 – Cons. const., n° 2006-540 DC du 27 juillet 2006, *Loi sur le droit d'auteur*, Rec ; p. 88.

[2164] CE, 24 juillet 2009, *Comité de recherche et d'informations indépendantes sur le génie génétique (CRIIGEN)*, n° 305314, Rec. p. 294.

[2165] CE, 24 juillet 2009, *Comité de recherche et d'informations indépendantes sur le génie génétique, précit.*

[2166] B. Seiller, « Droits publics subjectifs des administrés… », art. cit.

[2167] CE, *Association AC ! précit.*

828. Le « principe de légalité »[2168] est lié, à l'origine, à « l'État de droit »[2169]. Il s'agit d'un « principe fondamental du libéralisme politique »[2170], conformément à l'idéologie de 1789 selon laquelle la légalité désigne « l'ensemble des règles juridiques »[2171] et implique que « l'administration doit agir conformément au droit »[2172]. Il renvoie alors à une obligation de « non-contradiction »[2173] ou de « conformité » entre les règles fixées par l'administration avec les normes qui lui sont supérieures.

829. Quant au « droit des justiciables à un recours effectif », l'expression rappelle le droit au recours prévu par l'article 13 de la Convention[2174]. D'une manière générale, le droit au recours s'inscrit « dans l'objectif de rendre possible la défense des droits et libertés affirmés par la

---

2168 C. Eisenmann, « Le droit administratif et le principe de légalité », EDCE, 1957, n° 11, p. 25 ; G. Peisier, « Le développement de l'application du principe de légalité dans la jurisprudence du Conseil d'État », Mélanges R. Chapus, Montchrestien, 1992, p. 517 ; S. Velley, *Les origines du principe de légalité en droit public français*, Thèse, Paris 10, 1988 ; D. Labetoulle, « Principe de légalité et principe de sécurité », Mélanges Braibant, Dalloz, 1996, p. 403 ; J. Rivero, « Le juge administratif : gardien de la légalité administrative ou gardien administratif de la légalité », Mélanges M. Waline, LGDJ, 1974, p. 701 ; J. Chevallier, « La dimension symbolique du principe de légalité », RDP 1990, p. 1651 ; D. Loschak, « Le principe de légalité. Mythes et mystifications », AJDA 1981, p. 387 ; G. Vedel et P. Delvolvé, *Le système français de protection des administrés contre l'administration*, Sirey, 1991 ; H.-M. Crucis, *Les combinaisons de normes dans la jurisprudence administrative française. Contribution à l'étude du pouvoir normatif du juge de l'excès de pouvoir*, LGDJ, 1991.

2169 J. Chevallier, « L'État de droit », RDP 1998, p. 313 ; J. Chevallier, *L'État de droit*, Montchrestien, coll. « Clefs », 5e éd. 2010, p. 16 s. ; D. Rousseau, « L'État de droit est-il un État de valeurs particulières ? », Mélanges P. Pactet, p. 885 ; A. Barilari, *L'État de droit : réflexion sur les limites du juridisme*, LGDJ (Systèmes), 1999 ; C. Emeri, « L'État de droit dans les systèmes polyarchiques européens », RFDC 1992, p. 27 ; C. Goyard, « État de droit et démocratie », Mélanges R. Chapus, *op. cit.*, 1992, p. 299 ; L. Hamon, « L'État de droit et son essence », RFDC, 1990, p. 699 ; B. Luisin, « Le mythe de l'État de droit », Mélanges F. Borella, Presses universitaires de Nancy, 1999, p. 249 ; W. Leisner, « L'État de droit. Une contradiction ? », Mélanges Eisenmann, Cujas, 1975, p. 65 ; M.-J. Redor, *De l'État légal à l'État de droit. L'évolution des conceptions de la doctrine publiciste française (1879-1914)*, Economica, 1992. V. également pour les prémisses du principe de légalité sous l'Ancien Régime, J.-L. Mestre, *Introduction historique au droit administratif*, PUF, 1985.

2170 J. Rivero et J. Waline, *Droit administratif*, *op. cit.*, p. 24.

2171 *Ibid.*

2172 *Ibid.*

2173 R. Chapus, *Droit administratif général*, *op. cit.*, t. 1, p. 2011 et 2012, n° 1201.

2174 CEDH 6 sept. 1978, *Klass,* série A. n° 28, p. 17 - CEDH 27 avril 1988, *Boyle and Rice c/ Royaume-Uni,* Série A., n° 131, p. 23.

Convention »[2175] pour tout grief « défendable »[2176]. Toutefois, il a progressivement acquis une « existence autonome »[2177]. Pour être effectif, « le recours doit présenter la double qualité d'être à la fois accessible et adéquat c'est-à-dire adapté à la satisfaction recherchée »[2178]. Cependant, le droit au recours effectif ne se cantonne pas à la jurisprudence de la Cour européenne. Consacré en tant que « principe général du droit de l'Union par la Cour de justice »[2179], le vocabulaire de l'article 13 de la Convention rappelle également les termes du Conseil constitutionnel[2180] lorsqu'il évoque l'affirmation du « droit d'exercer un recours effectif devant une juridiction »[2181], du « droit à un recours juridictionnel effectif »[2182], du « droit de recours »[2183] du « droit d'exercer des recours »[2184], ou du « droit au recours »[2185]. Enfin, le Conseil d'État, lui aussi, a déjà consacré le droit à un recours effectif. Il évoque alors le « droit d'exercer un recours effectif devant une juridiction »[2186], ou le « droit à un recours juridictionnel effectif »[2187]. Toutefois, la Haute juridiction se

---

[2175] CEDH 30 oct. 1991, *Vilvorajah et autres c/ Royaume-Uni*, série A, n° 215 § 122 - CEDH 15 nov. 1986, *Chahal c/ Royaume-Uni*, Rec. 1996-V, p. 1831, § 145. Réf. citée par R. Vandermeeren, « Permanence et actualité du droit au juge », AJDA 2005, p. 1102 s.

[2176] V., par ex., CEDH 4 mai 2000, *Rotaru c/ Roumanie*, req. n° 28341/95, Rec. 2000-V, p. 61, § 67 ; CEDH 5 février 2002, Conka c/ Belgique, req. n° 51564/99, Rec. 2002-I, p.47, § 76.

[2177] L. Favoreu, P. Gaïa, R. Ghevontian, F. Mélin-Soucramanien, A. Pena-Soler, O. Pfersmann, J. Pini, A. Roux, G. Scoffoni et J. Tremeau, *Droit des libertés fondamentales*, *précit.*, p. 449.

[2178] *Ibid.*, p. 450.

[2179] CJCE, 15 mai 1986, aff. 222/84, Johnston, rec. 1986, p. 1651; voir aussi les arrêts du 15 oct. 1987, aff. 222/86, Heylens, rec. 1987, p. 4097, et du 3 déc. 1992, C-97/91, Borelli, rec. 1992 , I-6313.

[2180] V. sur le droit au recours de la jurisprudence constitutionnelle, R. Vandermeeren, *précit.*, p. 1102 s.

[2181] Cons. const. 9 avril 1996, n° 96-373 DC, Rec. p. 43, § 83 - Cons. const. 23 juillet 1999, n° 99-416 DC, Rec. p. 100 - Cons. const. 27 nov. 2001, n° 2001-451 DC, Rec. p. 145.

[2182] Cons. const. 7 déc. 2000, n° 2000-436 DC, Rec. p. 176 - Cons. const. 19 déc. 2000, n° 2000-437 DC, Rec. p. 190 - Cons. const. 2 mars 2004, n° 2004-492 DC, JO 10 mars p. 4637, § 125.

[2183] Cons. const. 17 janvier 1989, n° 88-248 DC, Rec. p. 18 - Cons. const. 13 août 1993, n° 93-325 DC, Rec. p. 224, § 63.

[2184] Cons. const. 21 janvier 1994, n° 93-335 DC, Rec. p. 40.

[2185] Cons. const. 16 juin 1999, n° 99-411 DC, Rec. p. 75 - Cons. const. 28 déc. 2000, n° 2000-441 DC, Rec. p. 201.

[2186] CE, Ass. 30 oct. 1998, *Sarran et Levacher et autres*, Rec. p. 368 - CE, 29 déc. 1999, avis, *Leboulch*, Rec. p. 426 - CE, 21 déc. 2001, *Hofmann*, Rec. p. 652.

[2187] CE, 26 février 2003, *Mekhantar*, Rec. p. 57 ; AJDA 2003, p. 1234, concl. P. Fombeur.

réfère aussi à l'article 6 § 1 de la Convention[2188]. Il reste alors à noter que le Conseil d'État, « au prix d'un syncrétisme audacieux, parvient à fusionner les affirmations constitutionnelles et européennes du droit au juge »[2189]. Le juge administratif expose en effet que le « droit de disposer d'un recours effectif » résulte, à la fois, « des dispositions de l'article 16 de la Déclaration des droits de l'homme et du citoyen [et] des stipulations de l'article 6 § 1 »[2190].

830. Or, en l'espèce, les réserves matérielles et temporelles qui conduisent à maintenir ou différer la validité d'un contrat ou d'un acte illégal, s'opposent aux droits des justiciables sus mentionnés. Toutefois, le juge apprécie la réserve d'intérêt général (matérielle ou temporelle) de manière très restrictive. Par conséquent, les droits à la légalité, au droit à un recours effectif voire à l'exécution des décisions de justice[2191] restent préservés. De cette manière, les droits des justiciables priment face à l'atteinte à l'intérêt général qui n'est pas excessive lorsque des critères liés à l'intérêt du service, à l'exécution du contrat (4), à l'intérêt lésé d'un candidat évincé (3) ou à l'intérêt financier (2) sont invoqués. Par ailleurs, il convient de souligner avant tout que la condition relative à la continuité du service public permettant de justifier une atteinte excessive à l'intérêt général s'apprécie de manière très restrictive (1).

1. L'appréciation restrictive du critère lié à la continuité du service public

831. Nous avons précédemment expliqué que l'atteinte à la continuité du service public pouvait caractériser une atteinte excessive à l'intérêt général

---

2188 CE, 29 juillet 1998, *Syndicat des avocats de France*, Rec. p. 313 ; AJDA 1998 p. 1010, concl. R. Schwartz (« droit d'accès à un juge consacré par les stipulations de l'article 6 »), ou à l'article 13 (CE, 9 février 2000, *Chevalier et autres*, Rec. p. 45 : stipulations qui garantissent « le droit de former un recours contentieux »).

2189 R. Vandermeeren, *op. cit.*, p. 1102 s.

2190 CE, 30 juillet 2003, *M'Bow et autres*, T. Rec. p. 639. Dans la même logique, le juge rappelle que le principe du droit de recours, s'il a valeur constitutionnelle, n'en est pas moins « rappelé par les stipulations de l'article 6 § 1 » (CE, Sect. 28 juillet 2000, *E.A.*, Rec. p. 347 – CE, 17 déc. 2003, *Meyet et autres*, AJDA 2004, p. 712, note J.-P. Markus – CE, Sect. 22 avril 2005, *Magerand*, AJDA 2005, p. 921).

2191 En principe, les décisions de justice doivent être exécutées (la notification du jugement suffit à imposer l'obligation d'exécuter (CE, 9 février 1955, *Cne de Joinville-le-Pont*, Rec. p. 79 – CE, 26 oct. 1966, *Dlle Fourtet,* Rec. p. 1094 – CE, 16 oct. 1985, *Cne de la Garenne-Colombes*, Rec. p. 679). V. également, J.-P. Costa, « L'exécution des décisions de justice », AJDA, 1995, n° spécial, p. 227. Le droit à l'exécution des décisions de justice est également lié aux règles du procès équitable. L'inexécution d'un jugement définitif emporte donc violation de l'article 6 § 1 : CEDH *Hornsby c. Grèce*, 19 mars 1997, GACEDH, n° 32 – CEDH, *Antonetto c. Italie*, 20 juillet 2000, JCP G, 2001.I.291, n° 26, obs. F. Sudre.

justifiant la mise en place d'une réserve d'intérêt général matérielle ou temporelle. Toutefois, le juge administratif ne sanctionne pas toutes les atteintes au principe de continuité du service public. Il tolère en effet certaines atteintes. Par exemple, en matière contractuelle (théorie des actes détachables), dans l'arrêt *Société Ophrys*[2192], le Conseil d'État refuse de qualifier l'atteinte à la continuité du service public invoquée par les requérants comme une atteinte excessive à l'intérêt général. En effet, si une atteinte à la continuité était invoquée, « l'annulation de la relation contractuelle ne prive pas la communauté d'agglomération Clermont communauté de sa capacité de gestion des installations existantes ». Autrement dit, la société requérante n'a pas pu démontrer que la sanction impliquerait « une rupture brutale dans continuité du service public relatif à l'extension et l'exploitation du centre d'enfouissement technique du Puy-Long ». En effet, si la communauté d'agglomération Clermont communauté n'avait pas compétence pour autoriser la signature du contrat de délégation de service public, la dite communauté n'est cependant pas dépourvue de lien avec le service. Elle conserve sa capacité de gestion des installations existantes. Dès lors, l'atteinte à la continuité du service public ne saurait être excessive. De la même manière, la Cour administrative d'appel a considéré dans un autre arrêt que « la continuité du service et le risque de ne pouvoir obtenir à l'avenir les conditions avantageuses faites par la société SAUR ne pouvaient être regardés comme une atteinte excessive à l'intérêt général »[2193].

832. Ainsi, de jurisprudence constante, tant que l'atteinte à la continuité du service public ne constitue pas une rupture radicale, le juge refuse de mettre en œuvre la réserve d'intérêt général qui empêche l'exercice des droits subjectifs des requérants[2194]. En effet, la continuité du service n'est pas excessive si elle n'est pas « interrompue totalement »[2195]. Elle n'est pas non plus excessive dès lors que des « mesures transitoires pour assurer la continuité du service d'alimentation en eau potable durant la période nécessaire à la passation d'une nouvelle convention d'affermage »[2196] est possible.

[2192] CE, 21 février 2011, *Société Ophrys*, *précit.*

[2193] CAA Bordeaux 14 février 2006, *Syndicat intercommunal d'alimentation en eau potable du Confolentais*, n° 04BX02064, inédit.

[2194] CAA Lyon, 25 juin 2009, *Synd. communal des eaux du Nord-est-de Lyon (SIENEL),* n° 07LY01811, inédit ; CAA Marseille, 16 oct. 2008, *Cté d'agglomération Montpellier*, n° 08MA01375, inédit.

[2195] « Que la nullité du contrat de concession conclu entre la ville de Pau et la S.E.C.P., si elle est constatée, ne porte pas une atteinte excessive à l'intérêt général dès lors que l'exploitation du casino municipal s'est poursuivie sans interruption » : CAA Bordeaux, 28 oct. 2010, *Sté d'expl. du casino de Pau (SECP),* n° 09BX02127, inédit.

[2196] CAA Bordeaux, 1 juillet 2010, *Synd. mixte départ. d'équipt. des communes de Landes*, n° 08BX01968, inédit.

833. Le même raisonnement est transposable dans d'autres domaines (en dehors des contrats). Dans l'arrêt, *Commune de Peille*[2197] par exemple, un ouvrage public était lié au « maintien de la continuité du service public et de la desserte en électricité des habitants du lotissement concerné par cette ligne »[2198]. Toutefois, en l'espèce, « les nécessités de la continuité du service public ne suffisent pas caractériser l'atteinte excessive à l'intérêt général ». En effet, après un examen *in concreto*, le commissaire du gouvernement explique que le lotissement en question est « modeste, tout comme l'est à la vérité, la ligne litigieuse de 135 mètres »[2199]. De plus, il existe d'autres solutions alternatives pour assurer la desserte en électricité de ce lotissement. Ainsi, « eu égard aux caractéristiques de cette ligne et, en particulier, à l'existence de possibilités techniques alternatives permettant de maintenir la desserte du lotissement en électricité et à l'intérêt public qui s'attache à faire cesser l'atteinte portée à un paysage protégé que la loi a entendu protéger, la dépose de la ligne aérienne telle qu'elle a été autorisée par l'arrêté préfectoral, n'entraîne pas une atteinte excessive à l'intérêt général ». La réserve d'intérêt général matérielle n'est alors pas mise en œuvre et permet donc de préserver les droits des justiciables.

834. La même analyse ressort en matière de préemption. En effet, en application de la jurisprudence *Bour*[2200], le Conseil d'État a considéré en 2010[2201], qu'aucune atteinte excessive à l'intérêt général ne permettait de « dispenser une collectivité préemptrice de l'obligation de proposer le bien illégalement préempté à l'ancien acquéreur ou à l'ancien propriétaire ». En effet, « le projet d'aménagement initialement envisagé par la commune a été mené à bien sur d'autres parcelles ». Il n'y a donc pas d'atteinte excessive à la continuité du service public.

835. Finalement, une atteinte à la continuité du service public est tolérée pour faire primer le principe de légalité, le droit à un recours effectif et le droit à l'exécution des décisions de justice. Ce sont alors les droits des justiciables qui priment ici face à une atteinte modérée à l'intérêt général. Seules les ruptures brutales et insurmontables constituent une atteinte excessive à intérêt général[2202]. Faisant ainsi l'objet d'une appréciation restrictive, l'atteinte à l'intérêt général ne saurait non plus résulter de l'unique critère financier.

[2197] CE, 9 juin 2004, *Cne de Peille*, n° 254691, Rec. p. 244, CJEG, 1/11/2004, n° 614, p. 494 concl. F. Donnat.

[2198] Concl. F. Donnat sous CE, 9 juin 2004, *Cne de Peille*, *précit.*, CJEG, n° 614 nov. 2004, p. 494 s.

[2199] *Ibid.*

[2200] CE, Sect. 26 février 2003, *M. et Mme Bour*, Rec. p. 59 ; RJEP 2003, p. 346, concl. P. Fombeur.

[2201] CE, 26 février 2010, *M. A.*, n° 327345, inédit.

[2202] V. par ex. sur ce point CE, 2004 *AC ! précit.* – CE, 2005 *France télécom*, *précit.*

2. L'insuffisance du critère financier

836. Dans quelle mesure l'intérêt financier d'une collectivité publique peut caractériser une atteinte excessive à l'intérêt général ? Pour répondre à cette interrogation, il convient, à l'instar du commissaire du gouvernement N. BOULOUIS[2203], d'établir un parallèle avec les impérieux motifs d'intérêt général pouvant justifier une validation législative. Pour une validation législative, le motif financier est insuffisant à lui-seul pour caractériser une atteinte à l'intérêt général[2204]. Dès lors, si un tel motif est exclu pour les validations, « il est probable que le juge administratif observe une rigueur particulière à l'égard d'un motif simplement financier »[2205] pour justifier l'atteinte à la réserve d'intérêt général matérielle et temporelle.

837. Ce raisonnement permet de comprendre l'arrêt de la Cour administrative d'appel de Bordeaux qui a estimé en matière contractuelle que les « conséquences financières importantes, qui pèseraient en définitive sur les usagers »[2206], ne sauraient, à elles seules, être de nature « à démontrer une atteinte excessive à l'intérêt général pouvant justifier le maintien d'un contrat dont les vices affectent la validité ». Le même raisonnement s'opère de manière constante. En effet, dans l'arrêt *Société SAREA-Alain Sarfati Architecture*, la Cour a également estimé que « d'importantes répercussions financières ne sont pas de nature à démontrer une atteinte excessive à l'intérêt général »[2207] pour maintenir le contrat irrégulier. La jurisprudence *Institut de recherche pour le développement* corrobore aussi cette idée de l'insuffisance du critère financier. En effet, « si l'Institut de recherche pour le développement fait valoir qu'une telle nullité compliquerait le règlement des différents litiges auxquels a donné lieu la livraison du navire, cette seule circonstance n'est pas de nature à démontrer une atteinte excessive à l'intérêt général »[2208]. Les juges

---

[2203] Concl. N. Boulouis, BJCP, 1/4/2008, n° 57, p. 123 sous CE, *Syndicat intercommunal d'alimentation en eau potable du Confolentais*, *précit.*

[2204] V. par ex., CE, 28 juillet 2000, *Tête et Association du « Collectif pour la gratuité contre le racket »*, Rec. p. 319 – CE Ass. 8 février 2007, *Gardedieu*, Rec. p. 78 concl. L. Derepas. Dans l'affaire *Gardedieu*, « l'intérêt finanicer auquel ont entendu répondre les dispositions de l'article 41 de la loi du 25 juillet 1994 ne peut suffire à caractériser un motif impérieux d'intérêt général permettant de justifier la validation législative des appels de cotisations intervenus sur la base du décret du 27 février 1995 ».

[2205] J.-F. Lafaix, *Essai sur le traitement des irrégularités dans les contrats...*, *op. cit.*, p. 666, n° 709.

[2206] CAA Bordeaux 14 février 2006, *Syndicat intercommunal d'alimentation en eau potable du Confolentais*, n° 04BX02064, inédit, dans CMP, oct. 2006, p. 19, n° 252, note J.-P. Pietri.

[2207] CAA Versailles, 20 février 2007, *Société SAREA-Alain Sarfati Architecture*, n° 06VE02363, inédit.

[2208] CE, 10 déc. 2003, *Institut de recherche pour le développement*, *op. cit.*

du fond s'attachent à appliquer ce principe pour les contrats de manière constante[2209].

838. Dans un sens similaire mais concernant cette fois la démolition d'un ouvrage public, le commissaire du gouvernement explique, dans l'affaire *Commune de Peille*[2210], que « si certaines solutions techniques sont plus coûteuses »[2211], « cela ne semble pas en l'espèce suffisant pour faire pencher notre appréciation dans le sens du maintien de cette ligne en l'état »[2212]. Ainsi, comme l'affirme N. ACH, « la remise en cause du principe d'intangibilité de l'ouvrage public va de pair avec une moindre protection des deniers publics »[2213].

839. Toutefois, si le critère financier est à lui seul insuffisant pour justifier à une atteinte à l'intérêt général, combiné à d'autres critères, il est susceptible d'être accueilli par le juge. Tel est le cas par exemple dans un arrêt en date du 10 juin 2010. En l'espèce, eu égard aux « répercussions financières importantes pour le DEEDR »[2214] et à l'objet de la convention litigieuse qui « présente un intérêt public »[2215], l'annulation de la délibération du 24 avril 2007 n'implique pas de mesure d'exécution.

840. Par conséquent, seul, le critère financier reste insuffisant pour justifier une atteinte excessive à l'intérêt général. Le même raisonnement prévaut de manière plus radicale dans le contentieux de l'excès de pouvoir en application de la jurisprudence *AC !*. En effet, « la seule circonstance que la rétroactivité de l'annulation pourrait avoir une incidence négative pour les finances publiques et entraîner des complications pour les services administratifs chargés d'en tirer les conséquences ne peut, par elle-même, suffire à caractériser une situation de nature à justifier que le juge fasse usage de son pouvoir de modulation dans le temps des effets de cette annulation »[2216]. Ainsi, de simples incidences financières sont insuffisantes, à elles seules pour justifier une atteinte aux droits des justiciables. Une telle formule, empruntée à la jurisprudence de la Cour de justice de l'Union

---

[2209] TA Paris, 15 février 2005, *Ville de Paris,* dans DA, juin 2005, n° 84, p. 20.
[2210] CE, 9 juin 2004, *Commune de Peille*, *précit.*
[2211] Concl. F. Donnat sour CE, 9 juin 2004, *Commune de Peille*, CJEG 2004, p. 496.
[2212] Concl. F. Donnat sour CE, 9 juin 2004, *Commune de Peille*, CJEG 2004, p. 496.
[2213] N. Ach, « L'intangibilité de l'ouvrage public, un principe ébranlé mais loin d'être enterré », RFDA 2003, p. 1633 s. Réf. citée par J.-F. Lafaix, *Essai sur le traitement des irrégularités dans les contrats de l'administration*, thèse, *op. cit.*, p. 667, n° 709.
[2214] CAA Lyon, 10 juin 2010, *Syndicat d'étude et d'élimination des déchets du Roannais (SEEDR),* n° 09LY01098, inédit.
[2215] *Ibid.*
[2216] CE, 2004, *Association AC !, précit.*

européenne[2217], est constamment rappelée par le Conseil d'État[2218]. Le commissaire du gouvernement, suivi par le Conseil d'État dans l'affaire *AC !*, explique en effet que la « voie normale doit rester l'annulation rétroactive[2219] »[2220]. La réserve d'intérêt général est alors admise dans les « cas supposés exceptionnels, où les effets de situations juridiques non définitives concernées et de la complexité de leur régularisation, dans les cas donc où ces effets déstabilisateurs rendraient le recours à une loi de validation à la fois inévitable et admissible[2221] »[2222].

841. Ainsi, les droits des justiciables sont respectés lorsque l'atteinte à l'intérêt général n'est pas excessive. Le même raisonnement s'opère lorsque le juge refuse de prendre en compte l'intérêt lésé du candidat évincé pour admettre l'atteinte excessive de l'intérêt général.

3. L'insuffisance du critère lié à l'intérêt lésé du candidat évincé

842. Dans un arrêt en date du 11 mai, 2011, *Société Lyonnaise des eaux de France*[2223], le Conseil d'État a précisé que l'intérêt lésé du candidat évincé d'un contrat n'entrait pas en compte dans l'appréciation de la réserve d'intérêt général. En l'espèce, le pourvoi principal de la société Lyonnaise des eaux s'inscrit dans la logique de la jurisprudence *Institut de recherche pour le développement*[2224] « adaptée aux conséquences de l'arrêt *commune de Béziers*[2225] par la décision *Ophrys précitée*[2226] de 2011 »[2227]. En effet, le Conseil d'État rappelle qu' « il appartient au juge de l'exécution, après avoir pris en considération la nature de l'illégalité commise, soit de décider que la poursuite de l'exécution du contrat est possible, éventuellement sous réserve

---

2217 « De simples répercussions sur les finances publiques ou des difficultés pratiques résultant du nécessaire réexamen de nombreux dossiers ne sauraient justifier à elles seules une limitation dans le temps des effets de ses décisions » : CJCE, 19 oct. 1995, *Richardson*, aff. C-137/94 – CJCE, 29 nov. 2001, *Griesmar,* aff. C-366/99 – CJCE, 12 oct. 2000, *Cooke et Sons,* C- 372/98.

2218 CE, 25 février 2005, *France Télécom*, *précit.*

2219 CE, 26 déc. 1925, *Rodière*, Rec. p. 1065.

2220 Concl. Devys sous l'arrêt *AC ! précit.*, Rec. p. 202 s.

2221 V. par ex. les commentaires d'O. Schrameck sous la décision n° 95-369 du 28 déc. 1995, *précit.*, AJDA 1996, p. 36.

2222 Concl. Devys sous l'arrêt *AC ! précit.*, Rec., p. 202 s.

2223 CE, 11 mai 2011, *Société Lyonnaise des eaux de France,* n° 337927, à paraître aux T. Rec. ; note E. Glaser, Revue Lamy CT, 1/9/2011, n° 71, p. 34.

2224 CE, 10 déc. 2003, *Institut de recherche pour le développement*, *précit.*

2225 CE, 2009, *Commune de Béziers*, *précit.*

2226 CE, Ass. 28 déc. 2009, *Commune de Béziers*, *précit.*

2227 Pour reprendre les termes de la note d'E. Glaser, « Appréciation par le juge des conséquences de l'annulation de l'acte détachable sur le contrat », *Revue Lamy CT*, 1/9/2011, n° 71, p. 34.

de mesures de régularisation prises par la personne publique ou convenues entre les parties, soit après avoir vérifié que sa décision ne portera pas une atteinte excessive à l'intérêt général, d'enjoindre à la personne publique de résilier le contrat, le cas échéant avec un effet différé, soit eu égard à une illégalité d'une particulière gravité, d'inviter les parties à résoudre leurs relations contractuelles ou, à défaut d'entendre sur cette résolution, à saisir le juge du contrat afin qu'il en règle les modalités s'il estime que la résolution peut être une solution appropriée »[2228].

843. En appel dans la présente affaire, la Cour[2229] a fait entrer dans les éléments de l'appréciation du juge de l'injonction ou de l'exécution, la « circonstance que l'annulation de l'acte détachable a été obtenu par un concurrent évincé et le point de savoir si le motif d'annulation est susceptible de l'avoir lésé »[2230]. Elle explique que « l'illégalité des délibérations attribuant les délégations de service public en cause à la société Agur et des décisions du président du comité syndical du SIEA du canton de Guîtres de signer les conventions d'affermage y afférentes, n'était pas susceptible de porter atteinte aux droits patrimoniaux de la société appelante ». Selon N. BOULOUIS, « la prise en compte de l'intérêt lésé »[2231] du requérant « se situe dans le cadre de l'appréciation de l'atteinte excessive ou non à l'intérêt général qui gouverne les conséquences à tirer de l'annulation sur le contrat »[2232].

844. Toutefois, le Conseil d'État, saisi par la société Lyonnaise des eaux en cassation d'un pourvoi dirigé contre le rejet de ses conclusions à fin d'injonction, a censuré un tel raisonnement pour erreur de droit. L'intérêt lésé du candidat évincé ne saurait alors caractériser une atteinte excessive à l'intérêt général. N. BOULOUIS explique d'ailleurs que « dans une matière déjà complexe, c'est brouiller les repères que de faire de ces éléments – qui ne sont en principe pertinents que devant le juge du référé précontractuel, n'ont par eux-mêmes aucun lien avec l'intérêt général, et peuvent n'être qu'une toile de fond – de véritables point d'appui de l'analyse qui doit être menée par le juge de l'acte détachable »[2233].

2228. CE, *Société Lyonnaise des eaux, précit.* Le même considérant figure dans la jurisprudence *Ophrys, précit.*

2229 CAA Bordeaux, 25 février 2010, *Société Lyonnaise des eaux de France*, n° 08BX01411, inédit.

2230 Concl. N. Boulouis sous CE, *Société Lyonnaise des eaux, précit.* Concls. non publiées à ce jour.

2231 La prise en compte de l'intérêt lésé rappelle l'arrêt du CE, Sect. 3, oct. 2008, *Syndicat mixte intercommunal de réalisation et de gestion pour l'élimination des ordures ménagères du secteur Est de la Sarthe (Smirgeomes)*, n° 305420, Rec. p. 324.

2232 Concl. N. Boulouis sous CE, *Société Lyonnaise des eaux, précit.* Concls. non publiées.

2233 Concl. N. Boulouis, *précit.* non publiées.

845. Ainsi, en refusant d'intégrer l'intérêt lésé du candidat évincé dans l'appréciation de l'intérêt général, le juge contribue à apprécier restrictivement l'atteinte à l'intérêt général. Ce faisant, les atteintes aux droits des justiciables sont considérablement limités. La même logique est respectée lorsque le juge refuse de considérer que l'intérêt du service ou encore l'exécution d'un contrat, suffisent à eux seuls, à justifier une atteinte excessive à l'intérêt général.

4. L'insuffisance des critères liés à l'intérêt du service et à l'exécution du contrat

846. Dans l'arrêt *Institut de recherche pour le développement*[2234], le Conseil d'État précise que l'atteinte excessive à l'intérêt général ne peut être déduite du fait que la nullité du contrat « compliquerait le règlement des différents litiges auxquels a donné lieu la livraison du navire ». Toutefois, la Haute juridiction ajoute qu'une atteinte excessive à l'intérêt général ne peut pas non plus être déduite « du seul fait que le responsable du marché exerce des missions de service public ». En effet, le commissaire du gouvernement explique que l'Institut de recherche pour le développement invoquait, dans son mémoire du 22 janvier 1999 devant la Cour d'appel, un intérêt général justifiant la survie du contrat. Il invoque l'intérêt du service dont l'Institut a la charge. Toutefois, le Conseil d'État, à l'instar de son commissaire[2235], refuse cet argument. L'exercice d'une mission de service public ne peut, à elle seule, suffire à porter atteinte à l'intérêt général.

847. Par ailleurs, l'Institut de recherche pour le développement soutient que le fait que le marché ait à l'époque du jugement achevé, fait obstacle à ce que soit engagée une action en déclaration de nullité. Or, le commissaire du gouvernement précise bien que « la nullité d'un contrat peut faire l'objet d'une déclaration juridictionnelle à toute époque, sauf prescriptions, mais en tout cas sans qu'y fasse obstacle la seule circonstance que les relations contractuelles ont cessé. De tels constats de nullité sont d'ailleurs assez fréquents par voie d'exception[2236] et se rencontrent par voie d'action[2237] »[2238]. Dès lors, l'argument tiré de l'exécution du contrat à la date du jugement est insuffisant à lui seul, pour justifier une atteinte excessive à l'intérêt général. Une jurisprudence constante corrobore parfaitement cette

---

[2234] CE, 2003, *Institut de recherche pour le développement, précit.*

[2235] Concl. D. Piveteau, BJCP, 01/03/2004, n° 33, p. 136, *précit.*

[2236] CE, Sect. 20 oct. 2000, *Société Citécable Est*, Rec. p. 457.

[2237] CE, 14 déc. 1988, *Établissement public d'aménagement de Saint-Quentin-en-Yvelines*, T. Rec. p. 890.

[2238] Concl. D. Piveteau, BJCP, 01/03/2004, n° 33, p. 136, *pré cit.*

idée tant concernant la théorie des actes détachables[2239] que le recours *Tropic*[2240].

848. Concernant la théorie des actes détachables, le Cour administrative d'appel estime par exemple qu'« aucune atteinte excessive à l'intérêt général n'est démontrée dans la mesure où la circonstance que le marché a été entièrement exécuté ne fait pas obstacle à sa résolution »[2241]. De même, elle considère que « l'annulation des décisions de les signer implique nécessairement que soit recherchée la nullité de ces contrats sans que puisse y faire obstacle la circonstance qu'ils auraient été entièrement exécutés »[2242]. Dans une logique identique, la Cour rappelle en 2011 que la réalisation de « travaux de voirie et réseaux divers » ainsi que la signature avec diverses sociétés de compromis de vente « ne sont pas de nature à démontrer que la résolution de la convention d'aménagement de la ZAC porterait une atteinte excessive à l'intérêt général »[2243]. Cependant, le juge administratif n'écarte pas totalement le critère tiré de l'exécution du contrat. Dans un arrêt en date du 20 octobre 2011, la Cour d'appel prend en considération, dans l'appréciation de l'intérêt général, « la durée du contrat restant à courir »[2244]. Toutefois, une fois encore, un tel critère est insuffisant pour justifier une atteinte excessive à l'intérêt général. Dès lors, l'argument tiré de l'exécution du contrat à la date du jugement est insuffisant à lui seul pour justifier une atteinte excessive à l'intérêt général. Cela restreint ainsi le champ d'application de la réserve et permet de limiter l'atteinte aux droits des justiciables.

849. Cette logique jurisprudentielle est similaire lorsqu'il s'agit d'appliquer l'arrêt *Tropic*. En effet, cet arrêt ouvre une nouvelle voie de recours en plein contentieux pour les concurrents évincés. « Indépendamment des actions dont les parties au contrat disposent devant le juge du contrat, tout concurrent évincé de la conclusion d'un contrat administratif est recevable à former devant ce même juge un recours de pleine juridiction contestant la validité de ce contrat ou de certaines de ses clauses, qui en sont divisibles, assorti, le cas échéant, de demandes indemnitaires »[2245]. « Saisi de telles

---

2239 CE, 2003, *Institut de rechercher pour le développement, précit.* – CE, 2011 *Ophrys, précit.*

2240 CE, 2007, *Société Tropic travaux signalisation, précit.*

2241 CAA Bordeaux, 8 déc. 2011, *Ch. de commerce et d'industrie de Pointe-à-Pitre*, n° 10BX03166, inédit.

2242 CAA Lyon, 6 oct. 2011, *Synd. nat. des entreprises du second œuvre (SNSO)*, n° 10LY01121, inédit.

2243 CAA Marseille, 7 nov. 2011, *Cté d'agglomération de Montpellier*, n° 09MA04726, inédit.

2244 CAA Bordeaux, 20 oct. 2011, *Départ. de la Martinique*, n° 10BX0114, inédit, concl. M. Normand non publiée.

2245 CE, Ass., 16 juillet 2007, *Société Tropic travaux signalisation*, n° 291545, Rec.

conclusions par un concurrent évincé, il appartient au juge, lorsqu'il constate l'existence de vices entachant la validité du contrat, d'en apprécier les conséquences ; qu'il lui revient, après avoir pris en considération la nature de l'illégalité éventuellement commise, soit de prononcer la résiliation du contrat ou de modifier certaines de ses clauses, soit de décider de la poursuite de son exécution, éventuellement sous réserve de mesures de régularisation par la collectivité contractante, soit d'accorder des indemnisations en réparation des droits lésés, soit enfin, après avoir vérifié si l'annulation du contrat ne porterait pas une atteinte excessive à l'intérêt général ou aux droits des cocontractants, d'annuler, totalement ou partiellement, le cas échéant avec un effet différé, le contrat »[2246]. L'arrêt renvoie donc à des réserves d'intérêt général matérielles et temporelles[2247].

850. Concernant la réserve matérielle qui permet d'éviter l'annulation du contrat dont les vices affectent la validité, la pratique jurisprudentielle met en évidence l'appréciation restrictive de l'atteinte à l'intérêt général. En effet, outre les jurisprudences d'application qui ne se réfèrent pas à l'intérêt général[2248], lorsque celui-ci est évoqué, il n'est pas retenu par le juge[2249]. Et là encore, le juge refuse d'accepter la réserve matérielle d'intérêt général pour empêcher l'annulation d'un contrat qui « a été entièrement exécuté à la date du jugement attaqué »[2250]. Une logique similaire s'impose au juge du fond lorsque « les contractants ont poursuivi l'exécution du contrat depuis trois ans, nonobstant l'annulation prononcée par le jugement de première instance »[2251].

---

p. 360, *préit.*

2246 *Ibid.*

2247 V. sur ce point le § 1.A.

2248 CE, Avis 11 mai 2011, *Société Rebillon Schmit Prevot*, n° 347002, à paraître au Rec. ; note E. Glaser, *Revue Lamy des CT*, 1/7/2011, n° 70, p. 41 ; concl. N. Boulouis, BJCP, 1/5/2011, n° 76, p. 226 – CE, 16 nov. 2009, *Ministre de l'immigration, de l'intégration, de l'identité nationale et du développement solidaire*, n° 328826, à paraître aux T. Rec. ; concl. N. Boulouis, BJCP, 1/2/2010, n° 68, p. 49.

2249 V. par ex. sur le refus d'appliquer la réserve matérielle d'intérêt général pour éviter l'annulation du contrat : CAA Nantes, 16 déc. 2010, *Cne d'Epron*, n° 09NT02195, concl. S. Degommier, AJDA, 27/6/2011, n° 22, p. 1272 s. ; TA Caen, 9 juillet 2009, *Sté foncière d'investissements immobiliers (FONCINVESTIS)*, n° 0800458, inédit.

2250 CAA Marseille, 10 oct. 2010, *Départ. de la Corse du Sud*, n° 09MA04637, inédit. V. pour un autre ex. où la CAA refuse de retenir la réserve matérielle d'intérêt général lorsque les contrats en cause ont été entièrement exécutés : « Considérant que la circonstance qu'une annulation des marchés litigieux, qui ont été entièrement exécutés, priverait le centre hospitalier de Vichy des garanties post-contractuelles qui y sont attachées ne constitue pas une atteinte excessive à l'intérêt général ou aux droits des cocontractants de nature à faire obstacle à ce que, eu égard à la gravité des vices exposés ci-dessus, il soit prononcé une annulation des contrats » : CAA Lyon, 24 nov. 2011, *Société Crystal SA*, n° 10LY02005, inédit.

2251 CAA Marseille, 21 oct. 2011, *Société Scam TP*, n° 08MA04767, inédit.

La gravité des vices du contrat invite logiquement le juge à privilégier l'annulation au détriment de la réserve d'intérêt général.

851. Ainsi, le juge apprécie strictement l'atteinte à l'intérêt général[2252], en raison notamment de la gravité des irrégularités en matière contractuelle. À ce jour, aucune jurisprudence (Cours administratives d'appel, Tribunaux administratifs et Conseil d'État) n'a accueilli favorablement la réserve matérielle d'intérêt général pouvant empêcher l'annulation d'un contrat, dans la lignée de la jurisprudence *Tropic*. La pratique jurisprudentielle affaiblit donc l'objectif de sécurité juridique visé par la réserve d'intérêt général. Il permet paradoxalement de préserver les droits des justiciables précédemment évoqués. Un tel phénomène est lié à la méthode utilisée par le juge dans l'appréciation de l'intérêt général.

II. La méthode utilisée dans l'appréciation de l'intérêt général

852. Concernant la méthode du bilan utilisée dans l'appréciation des conséquences des illégalités, la doctrine[2253] opère classiquement une distinction entre la réserve d'intérêt général matérielle et la réserve d'intérêt général temporelle afin d'en déduire deux modes de contrôle de proportionnalité distincts[2254]. Toutefois, nous observons dans la jurisprudence que la *summa divisio* qu'il s'agit d'opérer ne concerne pas tant la nature de la réserve d'intérêt général en cause (matérielle ou temporelle) mais le contentieux dans lequel la réserve d'intérêt général est contrôlée. En effet, dans le plein contentieux, le juge exerce un contrôle normal d'adéquation (A) tant en ce qui concerne les réserves matérielles que les réserves temporelles. Dans le contentieux de l'excès de pouvoir au contraire, les réserves d'intérêt général temporelles et matérielles font l'objet d'un contrôle restreint d'adéquation (B).

A. Un contrôle normal de proportionnalité par le juge de plein contentieux

853. Le juge de l'exécution (1) et le juge du contrat (2) exercent un contrôle normal de l'adéquation concernant le choix à opérer pour tirer les conséquences d'une irrégularité ou d'une illégalité.

[2252] V. pour l'appréciation stricte de l'intérêt général, CAA Versailles, 12 mars 2009, *Cne de Clichy-la-Garenne*, n° 07VE02221 ; AJDA 2009, p. 1201, note J.-D. Dreyfus.

[2253] F. Brenet, « Les réserves d'intérêt général », dans Mélanges J.-F. Lachaume, *Le droit administratif : permanences et convergences*, Dalloz, 2007, p. 139 s.

[2254] Contrôle de proportionnalité simple pour les réserves d'intérêt général matérielles et contrôle de proportionnalité double s'agissant des réserves d'intérêt général temporelles.

1. Le juge de l'exécution

854. « Lorsque le juge administratif est saisi d'une demande d'exécution d'une décision juridictionnelle dont il résulte qu'un ouvrage public a été implanté de façon irrégulière, il lui appartient, pour déterminer, en fonction de la situation de droit et de fait existant à la date à laquelle il statue, si l'exécution de cette décision implique qu'il ordonne la démolition de cet ouvrage, de rechercher, d'abord, si, eu égard notamment aux motifs de la décision, une régularisation appropriée est possible ; que, dans la négative, il lui revient ensuite de prendre en considération, d'une part, les inconvénients que la présence de l'ouvrage entraîne pour les divers intérêts publics ou privés en présence et notamment, le cas échéant, pour le propriétaire du terrain d'assiette de l'ouvrage, d'autre part, les conséquences de la démolition pour l'intérêt général, et d'apprécier, en rapprochant ces éléments, si la démolition n'entraîne pas une atteinte excessive à l'intérêt général »[2255]. Par ce considérant de principe issu de l'arrêt *Syndicat départemental de l'électricité et du gaz des Alpes-Maritimes et de la Commune de Clans*, le juge de l'exécution consacre pour la première fois, la possibilité de prendre en compte, grâce à l'intérêt général, les conséquences de la disparition d'une situation irrégulière.

855. Faisant œuvre de « pédagogie »[2256], le Conseil d'État, met en place la méthode du « bilan coût-avantage »[2257]. Il prend alors en compte l'ensemble des intérêts en présence. Néanmoins, contrairement à l'idée parfois défendue selon laquelle la réserve matérielle fait l'objet d'un « simple contrôle de proportionnalité »[2258], nous considérons en l'espèce que le juge met en place un double contrôle de proportionnalité. En effet, en l'absence de régularisation possible, il met en balance, d'une part, « les inconvénients que

---

[2255] CE, Sect., 29 janvier 2003, *Syndicat départemental de l'électricité et du gaz des Alpes-Maritimes et de la Commune de Clans* n° 245239, Rec. p. 21 ; Rec. p. 21, concl. Maugüé.

[2256] A. Van Lang, « De l'usage du bilan dans l'après-jugement », dans Mélanges J.-F. Lachaume, *Le droit administratif : entre permanences et convergences*, Dalloz, 2007, p. 1053 s.

[2257] F. Brenet, « Les réserves d'intérêt général », art. cit. p. 139 s. ; A. Van Lang, « De l'usage du bilan dans l'après-jugement », art. cit., p. 1053 s. ; concl. Braibant sous CE, 1971 *Ville Nouvelle Est*, *précit.*, Rec. p. 410 s. ; G. Braibant, « Le principe de proportionnalité », dans Mélanges M. Waline, LGDJ, 1974, p. 297 ; M. Guibal, « De la proportionnalité », AJDA 1978, p. 477 ; J.-P. Costa, « Le principe de proportionnalité dans la jurisprudence du Conseil d'État », AJDA 1988, p. 434 ; X. Philippe, *Le contrôle de proportionnalité dans les jurisprudences constitutionnelles et administratives françaises*, *précit.* ; G. Xynopoulos, *Le contrôle de proportionnalité dans le contentieux de la constitutionnalité et de la légalité, en France, Allemagne et Angleterre*, LGDJ, coll. « Bibliothèque de droit public », 1995.

[2258] F. Brenet, « Les réserves d'intérêt général », art. cit., p. 139 s.

la présence de l'ouvrage entraîne pour les divers intérêts publics[2259] ou privés en présence et notamment, le cas échéant, pour le propriétaire du terrain d'assiette de l'ouvrage » et d'autre part, les conséquences de la démolition pour l'intérêt général (premier contrôle). Ensuite, il apprécie, « en rapprochant ces éléments, si la démolition n'entraîne pas une atteinte excessive à l'intérêt général » (second contrôle).

856. Ainsi, par une interprétation littérale de l'arrêt, on peut en déduire que le juge contrôle deux types d'inconvénients qui s'opposent à la démolition de l'ouvrage. Le premier, dans le cadre du premier contrôle fait référence aux inconvénients liés à la présence de l'ouvrage irrégulièrement implanté. Il s'agit des inconvénients subis par le propriétaire du terrain concerné et les diverses atteintes aux intérêts publics ou privés (environnement). Ensuite, le juge prend en compte dans le cadre du second bilan, l'inconvénient à la démolition. Cet inconvénient plus global renvoie à l'intérêt général plus « impérieux »[2260] auquel il ne peut être porté une « atteinte excessive ». Dès lors, si l'ouvrage public répond à un motif d'intérêt général impérieux « lié en particulier à la préservation de l'ordre public, à des considérations de santé publique ou encore au fonctionnement d'un service public »[2261], l'atteinte à l'intérêt général sera jugée excessive[2262].

857. Le même type de contrôle a été opéré un mois plus tard par le juge de l'exécution dans l'affaire *Bour*[2263]. En effet, « lorsque le juge administratif est saisi, sur le fondement des dispositions précitées de l'article L. 911-1 du code de justice administrative, de conclusions tendant à ce qu'il prescrive les mesures qu'impliquent nécessairement l'annulation de la décision de préemption, il lui appartient, après avoir le cas échéant mis en cause la ou les parties à la vente initialement projetée qui n'étaient pas présentes à l'instance et après avoir vérifié, au regard de l'ensemble des intérêts en présence, que le rétablissement de la situation initiale ne porte pas une atteinte excessive à l'intérêt général, de prescrire à l'auteur de la décision annulée de prendre les mesures ci-dessus définies, dans la limite des

---

[2259] La défense d'autres intérêts publics tels quels que « la protection de l'environnement d'un site ou monument classé » : Note C. Lavaille sous *Commune de Clans*, *précit.*, « La "tangibilité" de l'ouvrage public », RFDA 2003, p. 484 s.

[2260] C. Guettier, « Conditions auxquelles le juge peut ordonner la démolition d'un ouvrage public "mal planté" », Responsabilité civile et assurances, 1/4/2005, n° 4, p. 25 s.

[2261] *Ibid.*

[2262] Eu égard à des atteintes excessives à l'intérêt général, l'ouvrage mal planté ne peut pas être détruit. V. par ex., CE, 13 février 2009, *Cté de Communes du Canton de Saint-Malo de la Lande*, n° 295885, T. Rec. p. 906, 907 et 914 ; concl. É. Geffray, BJDU, 1/2/2009, n° 1, p. 31.

[2263] CE, Sect. 26 février 2003, *M. et Mme Bour*, Rec. p. 59 ; RJEP 2003, p. 346, concl. P. Fombeur.

conclusions dont il est saisi »[2264]. Toutefois, à la différence de l'arrêt *Commune de Clans*, le Conseil d'État reste plus laconique par rapport au raisonnement à suivre s'agissant du contrôle de proportionnalité exercé. Néanmoins, le commissaire du gouvernement[2265] explique bien que ces deux jurisprudences expriment des logiques similaires. En effet, dans le cadre du premier contrôle, le juge examine les différents intérêts en présente. Ensuite, lors d'une seconde phase, le juge vérifie que le rétablissement de la situation initiale ne porte pas une atteinte excessive à l'intérêt général. Nous pouvons donc, par analogie, considérer que le juge effectue un second contrôle, eu égard aux « atteintes excessives à l'intérêt général ».

858. Enfin, la même technique du bilan s'applique devant le juge de l'exécution concernant la théorie des actes détachables avec les jurisprudences *Institut de recherche pour le Développement*[2266] et *Ophrys*[2267]. En effet, il « appartient au juge de l'exécution, saisi d'une demande d'un tiers d'enjoindre à une partie au contrat de saisir le juge compétent afin d'en constater la nullité, de prendre en compte la nature de l'acte annulé ainsi que le vice dont il est entaché et de vérifier que la nullité du contrat ne portera pas, si elle est constatée, une atteinte excessive à l'intérêt général »[2268]. Si les pouvoirs du juge de l'exécution ont été modifiés en 2011, la logique jurisprudentielle demeure similaire quant à l'appréciation de l'intérêt général. En effet, il appartient désormais au juge de l'exécution « après avoir pris en considération la nature de l'illégalité commise, soit de décider que la poursuite de l'exécution du contrat est possible, éventuellement sous réserve de mesures de régularisation prises par la personne publique ou convenues entre les parties, soit, après avoir vérifié que sa décision ne portera pas une atteinte excessive à l'intérêt général, d'enjoindre à la personne publique de résilier le contrat, le cas échéant avec un effet différé, soit, eu égard à une illégalité d'une particulière gravité, d'inviter les parties à résoudre leurs relations contractuelles ou, à défaut d'entente sur cette résolution, à saisir le juge du contrat afin qu'il en règle les modalités s'il estime que la résolution peut être une solution appropriée »[2269].

859. S'il ne le précise pas explicitement, le Conseil d'État renvoie à la même technique du bilan, dans la lignée des jurisprudences *Commune de Clans* et *Bour*. En effet, il prend en compte en pratique, l'existence des différents intérêts en présence pour examiner les avantages et les inconvénients du maintien d'un contrat reposant sur un acte détachable illégal. Pour exemple, dans un arrêt en date du 21 février 2011, le Conseil d'État

[2264] CE, Sect. 26 février 2003, *Bour*, *précit.*
[2265] Concl. P. Fombeur, BJDU, 2/2003, p. 106 s.
[2266] CE, 2003, *Institut de recherche pour le développement*, *précit.*
[2267] CE, 2011, *Ophrys*, *précit.*
[2268] CE, 2003, *Institut de recherche pour le développement*, *précit.*
[2269] CE, 2011, *Ophrys*, *précit.*

rejette les conclusions à fin d'injonction « eu égard, d'une part, au vice affectant la délibération litigieuse et, d'autre part, à l'état d'avancement des conventions en cause, à leur intérêt public, à l'expiration prochaine de l'autorisation d'exploitation de certaines des structures de traitement existantes et à la durée importante de la mise en place hypothétique de solutions de remplacement, la constatation éventuelle de la nullité des conventions litigieuses porterait une atteinte excessive à l'intérêt général »[2270]. Ainsi, le juge examine bien les différents intérêts en présence dont les divers intérêts publics (contrôle un) et l'atteinte excessive à l'intérêt général (contrôle deux). Le raisonnement du juge concorde donc avec les jurisprudences précédentes, même si le considérant de principe reste plus lapidaire.

860. En matière contractuelle cependant, le contrôle des intérêts en présence est sensiblement différent. Comme le rappelle J.-F. LAFAIX, dans un tel domaine, « l'intérêt de l'administration ressort plus nettement que les autres. En effet d'une part, le cocontractant pourra être indemnisé de la perte du contrat et, d'autre part, les tiers requérants tirent rarement un avantage direct de la disparition du contrat (...). Ainsi, le juge se rattachera moins à l'examen des intérêts privés et publics qui sont affectés par l'irrégularité commise qu'aux seuls intérêts publics invoqués »[2271]. Tel est le cas par exemple dans un arrêt en date du 20 octobre 2011 dans lequel la Cour prend en compte « l'intérêt public » que représente « le service de transport routier de desserte des établissements d'enseignement du département de la Martinique » (premier contrôle des différents intérêts en présence) pour estimer que « la nullité du contrat présenterait une atteinte excessive à l'intérêt général » (second contrôle)[2272]. Dans d'autres arrêts, la Cour d'appel explique plus clairement que l'atteinte excessive à l'intérêt général s'apprécie « au regard de l'ensemble des intérêts en présence »[2273] tout en continuant à mettre l'accent sur les divers « intérêts publics »[2274] en jeu dans l'appréciation de l'atteinte excessive à l'intérêt général.

[2270] CE, 21 février 2011, *Société Véolia Propreté*, n° 335306, à paraître aux T. Rec. ; note M.-C. Vincent-Legoux, AJDA, 19/9/2011, n° 30, p. 1739.

[2271] J.-F. Lafaix, *Essai sur le traitement des irrégularités…*, *op. cit.*, p. 673.

[2272] CAA Bordeaux, 20 oct. 2011, *Département de la Martinique*, n° 10BX01145, *précit.*

[2273] « que réseau férré de France soutient pour la première fois en appel que la nullité du contrat, si elle était constatée par le juge du contrat, porterait une atteinte excessive à l'intérêt général appréciée au regard de l'ensemble des intérêts en présence, en faisant valoir que la cession en cause a permis de réaliser le contournement routier par l'Ouest de l'agglomération de Parthenay, de renforcer l'axe routier Niort-Parthenay-Thouars-Maine et Loire, ainsi que d'aménager une voie verte reliant Parthenay à Bressuire réservée aux déplacements non motorisés » : CAA Bordeaux, 21 déc. 2010, *Réseau Ferré de France*, n° 10BX01012, inédit.

[2274] CAA Lyon, 10 juin 2010, *Syndicat d'étude et d'élimination des déchets du Roannais (SEEDR)*, n° 09LY01098, inédit – CAA Lyon, 5 nov. 2009, *Société Véolia*

861. Ainsi, le juge de l'exécution n'admet être en présence d'une réserve d'intérêt général matérielle[2275] ou temporelle[2276], qu'après avoir procédé à un double bilan coût-avantage. Toutefois, le juge de l'exécution, contrairement à la jurisprudence *AC !* (juge de l'excès de pouvoir) ne prend pas en compte les atteintes « manifestement » excessive à l'intérêt général. Il s'attache à toutes les « atteintes excessives à l'intérêt général ». Il exerce donc un contrôle normal de proportionnalité. En effet, le juge contrôle l'exacte proportionnalité des effets de la mesure illégale prise par l'administration et non pas la disproportion manifeste de tels effets.

862. Ce mécanisme rappelle le contrôle du juge dans l'affaire *Ville Nouvelle Est*[2277]. Dans ce cadre, certains auteurs ont d'ailleurs estimé que le juge exerçait un « plein contrôle de proportionnalité »[2278], un « contrôle maximal d'adéquation »[2279] ou encore un « contrôle normal des déductions des conséquences de la qualification juridique »[2280]. Certes, avec la réserve d'intérêt général, la démarche est bien différente dans la mesure où c'est le juge de l'exécution qui intervient et non le juge de l'excès de pouvoir. De plus, il s'agit de contrôler l'adéquation des effets de l'annulation d'une mesure déjà qualifiée d'illégale ou d'irrégulière. Néanmoins, le juge de l'exécution exerce bien un contrôle de la même intensité, c'est-à-dire un contrôle normal d'adéquation, comme dans l'arrêt *Ville Nouvelle Est*. Le juge contrôle en effet l'exacte proportionnalité des effets de la mesure illégale. Le contrôle normal exercé par le juge de l'exécution est compréhensible. En effet, saisi en application de la loi du 8 février 1995, le juge administratif, lorsqu'il statue sur des conclusions à fin d'injonction, « n'intervient pas en qualité de juge de l'excès de pouvoir mais se prononce en qualité de juge de plein

---

Propreté, n° 07LY02662, inédit.

[2275] CE, 2003, *Cne de Clans* – CE, 2003, *Bour* – CE, 2003, *Institut de recherche pour le développement.*

[2276] CE, 2011, *Ophrys*, *précit.* : le juge de l'exécution « après avoir pris en considération la nature de l'illégalité commise, soit de décider que la poursuite de l'exécution du contrat est possible, éventuellement sous réserve de mesures de régularisation prises par la personne publique ou convenues entre les parties, soit, après avoir vérifié que sa décision ne portera pas une atteinte excessive à l'intérêt général, d'enjoindre à la personne publique de résilier le contrat, le cas échéant avec un effet différé ». La réserve d'intérêt général permet ainsi en l'espèce soit d'empêcher la nullité du contrat, soit de différer la sanction dans le temps. Il s'agit donc bien deux réserves d'intérêt général, l'une temporelle et l'autre matérielle.

[2277] CE, Ass. 28 mai 1971, *Ville Nouvelle Est*, Rec. p. 409, concl. Braibant, *précit.*

[2278] R. Chapus, *Droit administratif général*, t. 1, *op. cit.*, p. 1074.

[2279] P.-L. Frier et J. Petit, *Précis de droit administratif*, *op. cit.* p. 494.

[2280] *La qualification juridique en droit administratif*, *op. cit.* p. 501. V. également, P. Wachsmann, « Un bilan du bilan en matière d'expropriation. La jurisprudence Ville nouvelle est, trente ans après », dans Mélanges J. Waline, Dalloz, 2002, p. 739 s.

contentieux »[2281]. À ce titre, « il remplit un office qui lui est propre et qui lui impose de rechercher, en procédant au besoin à des mesures d'instruction spécifiques, si l'annulation d'une décision administrative par le juge de l'excès de pouvoir impose à l'administration de prendre une mesure dans un sens déterminé[2282] »[2283]. À cet effet, l'office du juge de l'exécution le porte davantage à s'interroger « sur l'utilité de ses décisions »[2284], du point de vue de « l'ensemble des circonstances de fait et de droit »[2285] appréciées au jour où il se prononce. Un raisonnement similaire est observable avec le juge du contrat.

2. Le juge du contrat

863. S'agissant des recours devant le juge du contrat, les jurisprudences *Tropic*, *Commune de Béziers I* et *II* et *Ministre de l'intérieur, de l'Outre-Mer, des Collectivités Territoriales et de l'Immigration* relèvent de la même logique que les affaires portées devant le juge de l'exécution. Le juge exerce un entier contrôle de proportionnalité.

864. En effet, concernant le recours par le concurrent évincé tout d'abord, « il appartient au juge, lorsqu'il constate l'existence de vices entachant la validité du contrat, d'en apprécier les conséquences ; qu'il lui revient, après avoir pris en considération la nature de l'illégalité éventuellement commise, soit de prononcer la résiliation du contrat ou de modifier certaines de ses clauses, soit de décider de la poursuite de son exécution, éventuellement sous réserve de mesures de régularisation par la collectivité contractante, soit d'accorder des indemnisations en réparation des droits lésés, soit enfin, après avoir vérifié si l'annulation du contrat ne porterait pas une atteinte excessive à l'intérêt général ou aux droits des cocontractants, d'annuler, totalement ou partiellement, le cas échéant avec un effet différé, le contrat »[2286].

865. En l'espèce, deux types de réserves d'intérêt général sont mises en œuvre. L'intérêt général pourra soit empêcher l'annulation du contrat (réserve matérielle) soit la différer (réserve temporelle). Il prendra en compte pour se faire les « différents intérêts »[2287] en présence (contrôle de proportionnalité premier). Puis, dans un second temps, le juge prendra en

---

[2281] Concl. Maugüé, RFDA 2003, p. 477 s.

[2282] CE, 4 juillet 1997, Époux *Bourezak*, Rec. p. 278 – CE, 4 juillet 1997, *Leveau*, Rec. p. 282 – CE, Sect. Avis, 30 nov. 1998, *Berrard*, Rec. p. 451.

[2283] Concl. Maugüé, RFDA 2003, p. 477 s.

[2284] *Essai sur le traitement des irrégularités dans les contrats de l'administration*, thèse, *op. cit.*, p. 646.

[2285] *Ibid.*, p. 646.

[2286] CE, Ass., 16 juillet 2007, *Société Tropic travaux signalisation, précit.*

[2287] *Essai sur le traitement des irrégularités dans les contrats de l'administration*, *op. cit.*, p. 673.

compte les atteintes excessives à l'intérêt général ou au droit des cocontractants (contrôle de proportionnalité second). Le juge exerce donc bien là encore implicitement, un double contrôle de proportionnalité. Ce contrôle de proportionnalité est normal dans la mesure où le juge ne se limite pas au contrôle de la disproportion manifeste. Le même processus, avec quelques différences[2288], s'opère s'agissant du recours des parties qui contestent la validité du contrat[2289] ou d'une mesure de résiliation et tendant à la reprise des relations contractuelles[2290].

866. Récemment, le Conseil d'État a transposé cette logique pour les recours dirigés contre un contrat, dans le cadre du déféré préfectoral. Si traditionnellement, un tel recours présente le caractère d'un recours pour excès de pouvoir[2291], désormais, il relève, eu égard à son objet, du contentieux de pleine juridiction. Il appartient alors au juge, « lorsqu'il constate l'existence de vices entachant la validité du contrat, d'en apprécier les conséquences ; qu'il lui revient, après avoir pris en considération la nature de l'illégalité éventuellement commise, soit de prononcer la résiliation du contrat ou de modifier certaines de ses clauses, soit de décider de la poursuite de son exécution, éventuellement sous réserve de mesures de régularisation par la collectivité contractante, soit enfin, après avoir vérifié si l'annulation du contrat ne porterait pas une atteinte excessive à l'intérêt général ou aux droits des cocontractants, d'annuler, totalement ou partiellement, le cas échéant avec un effet différé, le contrat »[2292]. Malgré la formule laconique du juge, par analogie, on peut considérer que le juge exerce le même contrôle de proportionnalité.

867. Ainsi, devant le juge du contrat, la nature du contrôle de proportionnalité est similaire au contrôle exercé par le juge de l'exécution. Il s'agit d'un contrôle normal de proportionnalité des effets de la mesure illégale prise par l'administration. En effet, les formules du juge du plein contentieux contractuel[2293] sont identiques aux expressions employées par le juge de l'exécution. Il s'agit de contrôler toutes les « atteintes excessive à l'intérêt

---

2288 Le juge ne se réfère plus par exemple au droit des cocontractants à la différence de la jurisprudence *Tropic*.

2289 CE, Ass. 28 déc. 2009, *Cne de Béziers*, n° 304802, Rec. p. 509, concl. E. Glaser.

2290 CE, Sect. 21 mars 2011, *Cne de Béziers (II)*, n° 304806, à paraître au Rec. ; concl. É. Cortot-Boucher, BJCP, 1/5/2011, n° 76, p. 170.

2290 CE, 23 déc. 2011, *Ministre de l'Intérieur, de l'Outre-Mer, des Collectivités Territoriales et de l'Immigration*, n° 348647 et 348648, à paraître au Rec. V. pour application : TA Paris, 6 janvier 2012, *Préfet de la Région Île-de-France, Préfet de Paris c/ Société Sempariseine*, n° 1111213 ; AJDA 2012, p. 126.

2291 CE, Sect., 26 juillet 1991, *Cne de Sainte-Marie*, Rec. p. 302.

2292 CE, 23 déc. 2011, *Ministre de l'Intérieur, de l'Outre-Mer, des Collectivités Territoriales et de l'Immigration, précit.*

2293 V. sur ce point L. Richier, *Droit des contrats administratif, précit.*, p. 165.

général ». De plus, le contrôle de proportionnalité à deux niveaux marque bien la difficulté de mettre en œuvre, en pratique, les réserves d'intérêt général ; d'autant plus que l'intérêt général doit être motivé par les juges du fond[2294]. De cette manière, les droits des justiciables sont préservés car la réserve d'intérêt général n'est pas systématique. Une logique similaire est observable dans le contrôle de proportionnalité exercé par le juge de l'excès de pouvoir.

B. Un contrôle restreint de proportionnalité par le juge de l'excès de pouvoir

868. Dans la jurisprudence *Association AC !*, le Conseil d'État permet de différer les effets de l'annulation dans le temps grâce à la mise en place d'une réserve temporelle. Pour se faire, nous considérons, à l'instar de nombreux auteurs[2295], que le juge exerce un double contrôle de proportionnalité.

869. En effet, la Haute juridiction rappelle que « l'annulation d'un acte administratif implique en principe que cet acte est réputé n'être jamais intervenu ». Toutefois, « s'il apparaît que cet effet rétroactif de l'annulation est de nature à emporter des conséquences manifestement excessives en raison tant des effets que cet acte a produits et des situations qui ont pu se constituer lorsqu'il était en vigueur que de l'intérêt général pouvant s'attacher à un maintien temporaire de ses effets, il appartient au juge administratif [...] de prendre en considération, d'une part, les conséquences de la rétroactivité de l'annulation pour les divers intérêts publics ou privés en présence et, d'autre part, les inconvénients que présenterait, au regard du principe de légalité et du droit des justiciables à un recours effectif, une limitation dans le temps des effets de l'annulation ; qu'il lui revient d'apprécier, en rapprochant ces éléments, s'ils peuvent justifier qu'il soit dérogé à titre exceptionnel au principe de l'effet rétroactif des annulations contentieuses et, dans l'affirmative, de prévoir dans sa décision d'annulation que, [...] tout ou partie des effets de cet acte antérieurs à son annulation devront être regardés comme définitifs ou même, le cas échéant, que l'annulation ne prendra effet qu'à une date ultérieure qu'il détermine »[2296].

[2294] CE, 19 juillet 2010, *Centre hospitalier de Béziers*, n° 327155, à paraître aux T. Rec. ; J.-P. Pietri, CMP, 1/10/2010, n° 10, p. 46. V. également sur ce point un document récapitulatif : J.-P. Pietri, « Un an de droit du contentieux de la commande publique », CMP, n° 8-9, août 2011.

[2295] V. par ex., F. Brenet, « Les réserves d'intérêt général », art. cit. p. 139 s. ; A. Van Lang, « De l'usage du bilan dans l'après-jugement », art. cit., p. 1053 s. O. Dubos et F. Melleray, note sous CE, 2004, *Association AC ! précit.*, DA, août-sept. 2004, p. 10.

[2296] Jurisprudence *AC ! précit.*

870. Le juge de l'excès de pouvoir procède alors bien en deux temps. Tout d'abord, il examine le caractère excessif des conséquences de la rétroactivité en prenant en compte les effets de cet acte, les situations qui ont pu se constituer lorsqu'il était en vigueur et l'intérêt général pouvant s'attacher à un maintien temporaire de ses effets. Ensuite, « s'il apparaît au terme de ce premier bilan que l'annulation rétroactive n'est pas la solution adéquate, alors le juge administratif devra procéder à un second bilan »[2297]. Il devra alors comparer « les conséquences de la rétroactivité de l'annulation pour les divers intérêts publics ou privés en présence avec les inconvénients que présenterait, au regard du principe de légalité et du droit des justiciables à un recours effectif, une limitation dans le temps des effets de l'annulation »[2298]. Ce n'est qu'à ce moment-là que le juge de l'excès de pouvoir procédera ou non à la modulation dans le temps de l'annulation.

871. Un arrêt d'application en date du 12 décembre 2007[2299] est particulièrement explicite quant à la méthode utilisée du « double bilan coût/avantage »[2300]. En effet, il était question en l'espèce d'une demande d'annulation d'un décret du 25 juillet 2006 portant nomination d'un magistrat. Tout d'abord, le juge détermine dans quelle mesure l'annulation rétroactive est susceptible de porter atteinte aux situations qui ont pu se constituer. Il lui apparaît alors clairement que l'annulation rétroactive de la nomination d'un magistrat, entraînant *ipso facto* l'annulation de tous les jugements auxquels il a contribué, porterait « une atteinte manifestement excessive au fonctionnement du service public de la justice » (phase un : premier contrôle). Ensuite, le juge « étudie la portée de la modulation et, lorsqu'il procède à cet exercice, deux catégories d'intérêts entrent en conflits »[2301]. En l'espèce, le Conseil d'État identifie d'une part les intérêts publics ou privés en présence et d'autre part, le respect du principe de légalité et du droit des justiciable à un recours effectif (second bilan). Par conséquent, le Conseil d'État a estimé que l'annulation du décret litigieux devrait courir « qu'à compter d'un délai d'un mois consécutif à la date de la décision ».

872. Le juge exerce ainsi un double contrôle de proportionnalité pour déterminer si la réserve temporelle permet de moduler les effets de l'annulation. Toutefois, une telle méthode en excès de pouvoir ne concerne pas uniquement la réserve d'intérêt général temporelle, mais aussi la réserve

---

[2297] F. Brenet, « Les réserves d'intérêt général », art. cit.

[2298] *Ibid.*

[2299] CE, 12 déc. 2007, *M. Sire*, n° 296072, Rec. p. 471 ; note F. Bottini, RDP, 1/9/2009, n° 5, p. 1518 ; F. Bottini, RRJ. Droit prospectif, 1/1/2009, n° 1, p. 509 ; concl. M. Guyomar, AJDA, 31/3/2008, n° 12, p. 638.

[2300] F. Dieu, « La modulation des effets des annulations contentieuses ou comment concilier principe de légalité et principe de sécurité juridique », AJDA 2006, p. 2428 s.

[2301] *Ibid.*

d'intérêt général matérielle. En effet, dans un jugement en date du 24 mai 2005, *Dubruques et autres*[2302], le juge offre à l'administration la possibilité de régulariser un acte illégal (permis de construire régularisable) si un motif d'intérêt général le justifie. La réserve d'intérêt général matérielle permet alors d'éviter que le juge de l'excès de pouvoir ne prononce l'annulation d'un acte administratif illégal. Dans cette affaire, le juge effectue un double contrôle de proportionnalité, similaire à la jurisprudence *AC !,* alors qu'il est question d'une réserve matérielle et non temporelle. En effet, constatant qu'un permis de construire est entaché d'une illégalité facilement régularisable, le juge examine tout d'abord le caractère excessif des conséquences de la rétroactivité. Il vérifie, « d'une part, que l'annulation est de nature à emporter des conséquences manifestement excessives eu égard à la portée du moyen d'annulation retenu et que, d'autre part, la décision administrative est susceptible d'être régularisée à bref délai, sans porter atteinte aux droits des requérants à un recours effectif ». Il s'agit du premier contrôle.

873. Ensuite, le juge procède au second bilan en comparant, « d'une part, les conséquences de l'annulation pour l'intérêt général en cause et, d'autre part, les inconvénients que présenterait, au regard du principe de légalité et du droit des justiciables à un recours effectif, une régularisation de l'acte ». Il lui revient alors d'apprécier, en rapprochant ces éléments, s'ils peuvent justifier qu'il soit dérogé, à titre exceptionnel, à une annulation immédiate et, dans l'affirmative, de surseoir à statuer sur la requête afin de permettre, le cas échéant, une régularisation de l'acte, dans le respect du droit au recours des requérants, dans un délai qu'il détermine ».

874. Ainsi, malgré les différences (réserve temporelle d'une part et réserve matérielle d'autre part), les jurisprudences *AC !* et *Dubruques* se rejoignent quant au double contrôle de proportionnalité exercé. En effet, dans les deux cas, la réserve d'intérêt général n'est admise que dans des cas exceptionnels. Le juge contrôle uniquement les « atteintes manifestement excessives à l'intérêt général ». La formule change par comparaison avec le plein contentieux qui recherche toutes les « atteintes excessives à l'intérêt général ». Ce changement sémantique est lié à la nature même du contentieux de l'annulation. Dans ce cadre en effet, le juge de l'excès de pouvoir est traditionnellement décrit comme un juge qui doit assurer le respect de la légalité[2303].

[2302] TA Amiens, 24 mai 2005, *Dubruques et autres*, n° 0201856, 0201961, 0201962, 0201963, 0201925 ; note F. Melleray, « L'annulation conditionnelle d'un permis de construire », AJDA 2005, p. 2416 s.

[2303] CE, Ass. 17 février 1950, Ministre de l'Agriculture c/ Dame Lamotte, Rec. p. 110 ; RDP 1951, p. 479, concl. J. Delvolvé, note M. Waline. V. également sur ce point, R. Chapus, *Droit du contentieux administratif*, *op. cit.*, p. 209.

875. Ne pouvant aller au-delà de l'annulation[2304], contrairement au recours de plein contentieux[2305], le recours pour excès de pouvoir, recours « objectif », n'est en effet, à l'origine qu'« un procès fait à un acte »[2306]. Ainsi, dans cadre du recours pour excès de pouvoir, s'établit un lien nécessaire, « inéluctable »[2307], entre l'annulation et la reconnaissance d'une illégalité. R. BONNARD et L. DUGUIT évoquent par exemple en ce sens « la suite logique et nécessaire »[2308] que constitue l'annulation. Or, ce paradigme traditionnel du recours pour excès de pouvoir a été « déformé »[2309] par l'arrêt d'Assemblée *AC !*. Le juge peut désormais moduler les effets de l'annulation dans le temps. Toutefois, comme le rappelle le commissaire du gouvernement C. DEVYS, « la modulation ne doit pouvoir être utilisée par le juge qu'à titre exceptionnel, le principe selon lequel l'annulation d'un acte emporte pour conséquence que ce dernier est réputé n'être jamais intervenu restant la règle »[2310].

876. Cette règle, pour être respectée, ne tolèrera alors des dérogations qu'à titre exceptionnel, c'est-à-dire, lorsque le juge de l'excès de pouvoir constatera une « atteinte manifestement excessive à l'intérêt général » et non pas une simple « atteinte excessive à l'intérêt général »[2311]. L'adverbe « manifestement » renvoie à un contrôle restreint de proportionnalité des effets de la décision de l'administration illégale. Le juge ne sanctionnera ainsi que la disproportion « manifeste ». Autrement dit, il sanctionnera « l'erreur manifeste »[2312] de disproportion. En l'espèce, le contrôle restreint s'explique

---

2304 CE, 19 avril 2000, *Borusz,* Rec. p. 157 : « un recours pour excès de pouvoir dirigé contre un acte administratif n'a d'autre objet que d'en faire prononcer l'annulation avec effet rétroactif ». V. également sur ce point, D. Bailleul, *L'efficacité comparée des recours pour excès de pouvoir et de plein contentieux objectif en droit public français*, thèse, *op. cit.*, p. 270 s.

2305 Concernant le pouvoir de reformation du juge de pleine juridiction, v. R. Chapus, *Droit du contentieux administratif, op. cit.*, p. 227 s.

2306 É. Laferrière, *Traité de la juridiction administrative et des recours contentieux*, t. 2, 2e éd., Berger-Levrault, 1896, p. 561.

2307 J. Gourdou et P. Terneyre, « Pour une clarification du contentieux de la légalité en matière contractuelle », CJEP, 1999, p. 250. V. également dans le même sens, D. Bailleul, « Les nouvelles méthodes du juge administraif », AJDA 2004, p. 1626.

2308 R. Bonnard, *Le contrôle juridictionnel de l'administration*, Delagrave, 1934, réimprimé, Dalloz 2006, p. 81 ; L. Duguit, *Traité de droit constitutionnel*, t. 2, 3e éd., É. de Boccard, 1928, p. 431 s.

2309 *Essai sur le traitement des irrégularités dans les contrats de l'administration*, thèse, *op. cit.*, p. 654.

2310 Concl. C. Devys sous l'arrêt *AC !, précit.*, Rec. Lebon 2004, p. 202 s.

2311 V. sur ce point la réserve d'intérêt général utilisée par le juge de l'exécution et par le juge du contrat : CE, 2003, *Institut de recherche pour le développement, précit.* – CE, 2007, *Tropic, précit* – CE, 2003, *Bour, précit.*

2312 V. sur le contrôle de l'erreur manifeste d'appréciation, J.-Y. Vincent, « L'erreur

par la nature du contentieux en question, le contentieux de l'annulation. Si le juge de l'excès de pouvoir dans la jurisprudence *Ville Nouvelle Est* vu précédemment exerce un contrôle normal de proportionnalité, le contrôle restreint dans la jurisprudence *AC !* se justifie aisément par le domaine lié à l'exécution des décisions de justice. En effet, la décision en cause est déjà jugée illégale. Le juge ne contrôle que l'adéquation des effets de l'annulation de la décision illégale. Devant alors respecter le principe de rétroactivité de l'annulation, le contrôle restreint de la dérogation se justifie par la nature du contentieux de l'excès de pouvoir et par la nature du domaine en cause.

877. Ainsi, la *summa divisio* concernant la nature du contrôle du juge sur la réserve d'intérêt général n'est pas liée la nature de la réserve (matérielle ou temporelle), mais à la nature du contentieux. Le contrôle de proportionnalité permet néanmoins dans tous les cas d'apprécier restrictivement l'atteinte excessive à l'intérêt général, dans l'objectif de préserver les droits des justiciables (droit au principe de légalité, droit à l'exécution des décisions de justice notamment). Néanmoins, même lorsque la réserve d'intérêt général est admise, on observe que l'intérêt du justiciable demeure préservé de manière indirecte. En effet, si certains droits sont violés, d'autres sont préservés par l'intérêt général qui concilie les intérêts les plus contradictoires.

SECTION 2.

LES DROITS DU JUSTICIABLE GARANTIS PAR LA RECONNAISSANCE D'UNE ATTEINTE EXCESSIVE À L'INTÉRÊT GÉNÉRAL

878. Le juge administratif prend en compte les différents intérêts en présence dans le cadre de la technique du bilan, pour apprécier l'atteinte excessive à l'intérêt général. Une telle technique permet la préservation indirecte des droits des justiciables par l'enrichissement du contenu même des

---

manifeste d'appréciation », RA, 1971, p. 407 ; M. Letourneur, « le contrôle de l'erreur manifeste d'appréciation dans la jurisprudence du Conseil d'État de France », dans Mélanges Ganshof van der Meersch, Bruylant, LGDJ, 1972, t. 3, p. 576 ; Kornprobst, « L'erreur manifeste », D. 1965, chron. XIX ; A. de Laubadère, « Le contrôle juridictionnel du pouvoir discrétionnaire dans la jurisprudence récente du Conseil d'État », dans Mélanges M. Waline, t. 2, *op. cit.*, p. 531 ; B. Pacteau, *Le juge de l'excès de pouvoir et les motifs de l'acte administratif*, 1977, *précit.*, p. 233 s. ; J.-Y. Vincent, « pour une nouvelle fonction de l'erreur manifeste », AJDA 1979, p. 17.

réserves d'intérêt général (I). Ce mécanisme n'est pas sans incidence sur le contentieux administratif (II).

I. La préservation indirecte des droits des justiciables par les réserves d'intérêt général

879. Lorsque la réserve d'intérêt général est acceptée par le juge, elle est censée porter une atteinte aux droits subjectifs des justiciables. En effet, la réserve d'intérêt général porte atteinte au droit au principe de légalité, au droit à un recours effectif ou encore au droit à l'exécution des décisions de justice. Toutefois, le juge opère un contrôle de proportionnalité qui permet de prendre en compte les différents intérêts en présence. Par conséquent, paradoxalement, le juge va prendre en compte de manière indirecte d'autres droits. Ces droits nouveaux reconnus aux justiciables varient sensiblement selon qu'est en cause la réserve d'intérêt général matérielle (A) ou temporelle (B).

A. La réserve d'intérêt général matérielle

880. Plusieurs types de droits ressortent globalement de la prise en compte de la réserve d'intérêt général matérielle. Nous retiendrons en l'espèce deux exemples représentatifs. Tout d'abord, en matière contractuelle, la réserve d'intérêt général fait indirectement droit à la stabilité des relations contractuelles (1). Dans d'autres domaines, la réserve d'intérêt général peut faire référence au droit au développement de l'économie locale (2).

1. Intérêt général et droit à la stabilité des relations contractuelles

881. En matière contractuelle, la réserve d'intérêt général matérielle est souvent liée au droit à la stabilité des relations contractuelles. Tel est le cas par exemple dans la jurisprudence *Institut de recherche et de développement.* En effet, lorsque c'est l'acte détachable autorisant la conclusion du contrat qui est annulé, « tout devrait [...] être rétroactivement remis en cause, le contrat disparaissant de ce fait »[2313]. Toutefois, le juge opte pour une autre solution qui prend en compte « la nécessité d'assurer la stabilité des relations contractuelles »[2314]. C'est pour cela que « l'annulation d'un acte détachable d'un contrat n'implique pas nécessairement la nullité dudit contrat »[2315]. Il « appartient au juge de l'exécution, saisi d'une demande de tiers, d'enjoindre à une partie au contrat de saisir le juge compétent afin d'en constater la nullité, de prendre en compte la nature de l'acte annulé ainsi que le vice dont il est

[2313] P.-L. Frier et J. Petit, *Droit administratif, op. cit.*, 2010, p. 381.
[2314] P.-L. Frier et J. Petit, *op. cit.*, 2010, p. 381.
[2315] CE, 10 déc. 2003, *Institut de recherche pour le développement, précit.*

attaché et de vérifier que la nullité du contrat ne portera pas, si elle est constatée, une atteinte excessive à l'intérêt général »[2316]. Dans la continuité, la jurisprudence *Société Ophrys* contribue à une « nouvelle distribution des rôles entre le juge de l'exécution et le juge du contrat »[2317]. Néanmoins, le juge de l'exécution conserve toujours la possibilité de maintenir le contrat qui repose sur un acte détachable illégal. La réserve d'intérêt général pourra éviter le prononcé de la résiliation du contrat. Or, si le juge ne l'évoque pas explicitement, nous considérons, à l'instar de F. BRENET, que « l'objectif poursuivi ici est la stabilité des relations contractuelles »[2318].

882. Mais c'est l'arrêt *Tropic*[2319] qui consacrera explicitement ce droit à la stabilité des relations contractuelles. En effet, le juge met en balance le principe de légalité qui vise à sanctionner le contrat et le principe de stabilité des relations contractuelles, lié au « principe de sécurité juridique »[2320] rappelé explicitement dans l'arrêt[2321]. La réserve d'intérêt général qui empêche l'annulation du contrat est alors liée au développement du droit à la stabilité des relations contractuelles dans le prolongement de la sécurité juridique. Dans cette perspective, nous considérons, à l'instar d'autres auteurs[2322] qu'« ouvrir le contentieux contractuel aux tiers ne revient pas à privilégier les exigences du principe de légalité sur celles de la sécurité juridique »[2323] par l'ouverture d'un nouveau recours.

883. Dans la même logique que dans l'arrêt *Tropic*, l'affaire *Commune de Béziers I* permet également au juge de faire le bilan entre l'intérêt général lié à la stabilité des relations contractuelles et le principe de légalité en matière contractuelle. Autrement dit, « le juge met en balance les impératifs de rétablissement de la légalité qui dépendent [...] de la gravité de l'illégalité commise »[2324] et les atteintes à l'intérêt général « que ce rétablissement peut entraîner, notamment l'interruption ou la perturbation du service public qui peut en résulter »[2325]. Concrètement, l'intérêt général permet

---

2316 *Ibid.*

2317 F. Brenet, « Répartition des rôles entre le juge de l'exécution et le juge du contrat », DA, 1/5/2011, n° 5, p. 31.

2318 *Ibid.*, p. 31.

2319 CE, Ass., 16 juillet 2007, *Société Tropic travaux signalisation*, n° 291545, Rec. p. 360, concl. D. Casas.

2320 CE, Ass. 24 mars 2006, *Société KPMG, précit.*

2321 « L'impératif de sécurité juridique tenant à ce qu'il ne soit pas porté une atteinte excessive aux relations contractuelles en cours » : CE, Ass., 16 juillet 2007, *Société Tropic travaux signalisation, précit.*

2322 Concl. D. Casas, RDP, n° 5, 2007, p. 1402 s.

2323 Note F. Melleray sous la jurisprudence *Tropic Travaux, précit. :* F. Melleray, « Vers un nouveaux contentieux de la commande publique », RDP n° 5, 2007, p. 1383 s. (V. spécialement p. 1395).

2324 Concl. E. Glaser sous *Commune de Béziers I, précit*, RFDA 2010, p. 506 s.

2325 *Ibid.*

au cocontractant lésé de lutter contre l'exception tirée de la nullité du contrat. La nullité permettait en l'espèce à la commune de Villeneuve-lès-Béziers de se défaire de ses obligations contractuelles. C'est alors que le Conseil d'État évoque « l'exigence de loyauté des relations contractuelles ». Ainsi, en présence d'irrégularités, il convient d'en apprécier l'importance et les conséquences. La nullité n'est donc pas automatique et la réserve d'intérêt général permet, en ultime recours, d'empêcher la nullité du contrat. L'intérêt général intégre le droit à la stabilité contractuelle.

884. L'expression « stabilité des relations contractuelles », si elle figure explicitement dans l'arrêt *Commune de Béziers I*, ne figure pas dans l'arrêt *Commune de Béziers II*[2326]. Néanmoins, nous considérons, là encore, que « l'idée n'y est pas moins sous-jacente en ce qu'elle conduit à déterminer si, en cas de résiliation du contrat, il y a matière à ordonner la reprise des relations contractuelles, de la même manière que, si une irrégularité entache la conclusion du contrat, il peut y avoir lieu d'en maintenir l'exécution »[2327]. Dans les deux cas, est également « sous-jacente l'idée des droits acquis résultant de la conclusion du contrat, qui plus explicitement, détermine les conditions du retrait et de l'abrogation des actes administratifs[2328] »[2329].

885. Plus globalement, à travers la notion de stabilité des relations contractuelles, c'est le principe de sécurité juridique qui est en cause. Consacré en « principe général du droit »[2330], ce principe « était sous-jacent depuis bien plus longtemps »[2331]. Cela peut expliquer la référence implicite à ce principe dans la jurisprudence *Institut de recherche pour le développement*. En effet, la sécurité juridique a guidé, bien avant 2006 la jurisprudence administrative relative au retrait des actes administratifs illégaux[2332] et aux conséquences emportées par les annulations contentieuses[2333]. C'est la même logique qui conduit le juge à moduler les effets de l'annulation dans le temps[2334]. Ainsi, la sécurité juridique guide la jurisprudence administrative

---

[2326] CE, Sect. 21 mars 2011, *Commune de Béziers (II),* n° 304806, à paraître au Rec.
[2327] *GAJA*, *précit*., p. 950.
[2328] V. notamment sur ce point, CE, Ass. 26 oct. 2001, *Ternon*, *précit.*
[2329] *GAJA*, *précit*., p. 950.
[2330] CE, Ass. 24 mars 2006, *Société KPMG*, *précit.*
[2331] M. Canedo-Paris, « Contrats administratifs et sécurité juridique : nouvelles avancées jurisprudentielles », RFDA 2007, p. 935 s.
[2332] CE, 3 nov. 1922, *Dame Cachet*, Rec. p. 790 – CE, Sect., 14 nov. 1969, *Sieur Eve*, Rec. p. 498 – CE, Ass. 26 oct. 2001, *Ternon*, *précit.*
[2333] V. par ex. CE, Sect., 10 oct. 1997, *Lugan*, Rec. p. 346. En l'espèce, l'annulation d'un concours n'a pas de conséquences sur les décisions individuelles de nomination devenues définitives dès lors que ces décisions n'ont pas été attaquées dans le délai de recours contentieux.
[2334] CE, 2004, *Association AC !*, *précit.*

sous l'influence du droit de l'Union européenne[2335]. En matière contractuelle, elle se traduit par le droit à la stabilité des relations contractuelles.

886. Finalement, la réserve d'intérêt général est liée à la prise en compte du droit à la stabilité des relations contractuelles. Elle permet également l'invocation du droit au développement de l'économie locale.

2. Intérêt général et droit au développement de l'économie locale

887. Dans un arrêt en date du 13 février 2009, *Communauté de communes du Canton de Saint-Malo de la Lande*[2336], le Conseil d'État reconnaît, à travers une réserve d'intérêt général matérielle permettant d'éviter la démolition d'un ouvrage public irrégulièrement planté, le droit au développement de l'économie locale. En l'espèce, au printemps 1999, la communauté de communes de Saint-Malo-de-la-Lande a fait édifier une cale d'accès à la mer, au lieu-dit « Les Moulières », sur la place d'Agon-Coutainville. Saisi par l'association de protection de l'environnement Manche-Nature, le président de la communauté de communes a refusé de démolir l'ouvrage par une décision du 20 août 2002. Ce faisant, l'association intente un recours en réparation devant le Tribunal administratif qui juge l'implantation irrégulière. Toutefois, celui-ci n'ordonne pas sa démolition. L'association Manche-Nature interjette alors appel. La cour administrative d'appel de Nantes fait droit à l'association et ordonne la démolition de l'ouvrage. La communauté de communes du Canton de Saint-Malo de la Lande demande par conséquent au Conseil d'État d'annuler l'arrêt de la cour ordonnant la démolition de l'ouvrage.

888. Pour la première fois, le Conseil d'État reconnaît l'existence d'une « atteinte excessive à l'intérêt général » empêchant la démolition d'un ouvrage public irrégulièrement implanté. Pour se faire, il invoque que « l'activité conchylicole du secteur concerné occupe une place importante dans l'économie locale et qu'elle représente une part notable de la production conchylicole nationale ». Ainsi, l'économie locale fait partie des droits invoqués cette fois par les personnes publiques. Néanmoins, ce droit à l'économie locale ne bénéficie pas seulement à la communauté de commune. Il va faciliter, pour l'ensemble des administrés, « l'exploitation des nombreux parcs qui sont situés à proximité ». De plus, « en permettant d'éviter les mouvements fréquents de tracteurs et autres engins sur l'estran et sur des cales utilisées pour la navigation de plaisance, il présente un intérêt certain pour la sécurité des exploitants, des plaisanciers et des estivants ». Toutefois, les

---

[2335] Le principe de sécurité juridique est un principe général du droit communautaire : CJCE, 16 juin 1993, *République française c/ Commission des Communautés européennes*, C-325/91, Rec. CJCE, I-3283, point 30.

[2336] CE, 13 février 2009, *Cté de Communes du Canton de Saint-Malo de la Lande*, n° 295885, *précit.*

considérations économiques sont confrontées à des données environnementales. Ainsi, paradoxalement, le contrôle du bilan qui permet de prendre en compte les différents intérêts en présence, de manière casuistique, a conduit le Conseil d'État a rejeté en 2011[2337] la réserve d'intérêt général matérielle reposant sur les mêmes considérations économiques.

889. Pour finir, il convient de retenir que globalement, la réserve d'intérêt général matérielle est difficilement admise par le juge. S'agissant de l'arrêt *Commune de Peille*, F. DONNAT explique que « l'atteinte à l'intérêt général doit être excessive et donc particulièrement difficile à atteindre. En effet, pour le commissaire du gouvernement, seuls des cas exceptionnels pourront conduire au maintien en l'état de l'ouvrage public mal planté justifié par les considérations d'intérêt général ». Il considère que l'intérêt général serait atteint de manière excessive alors pour « un hôpital, un barrage dont l'existence répond à un motif suffisamment impérieux, ou encore un ouvrage dont l'importance est telle qu'il sera difficile de considérer que les graves inconvénients de sa démolition seront plus que compensés par la sauvegarde d'un autre intérêt »[2338]. Ainsi, lorsque l'intérêt peut être retenu, « l'intérêt général sera forcément, indirectement favorable aux intérêts du plus grand nombre d'administrés ». Autrement dit, la prise en compte de la réserve d'intérêt général en la matière prend nécessairement en compte les divers droits subjectifs et la situation subjective des administrés. Tel est le cas en l'espèce en 2009 dans la mesure où l'activité économique va bénéficier à l'ensemble des administrés (exploitants, plaisanciers et estivants).

890. La réserve d'intérêt général matérielle permet donc de prendre indirectement en compte le droit à la stabilité des relations contractuelles et le droit au développement de l'économie locale. Toutefois, la réserve d'intérêt général temporelle prend elle aussi en considération les droits des justiciables.

B. La réserve d'intérêt général temporelle

891. Dans la jurisprudence *AC !*, le Conseil d'État peut moduler dans le temps les effets de l'annulation contentieuse. Pour se faire, il exerce un contrôle de proportionnalité en mettant en balance d'une part les conséquences de la rétroactivité pour les divers intérêts publics ou privés en présence et d'autre part, les inconvénients que présenteraient, au regard du principe de légalité et du droit des justiciable à un recours effectif, une limitation dans le temps des effets de l'annulation. Ainsi, la réserve temporelle d'intérêt général, lorsqu'elle est admise, prive les justiciables de certains droits subjectifs.

[2337] CE, 20 mai 2011, *Cté d'agglomération du Lac du Bourget*, n° 325552, à paraître au Rec. ; concl. J. Trémeau, BJDU, 1/11/2011, n° 5, p. 362.

[2338] Concl. F. Donnat sous CE, 9 juin 2004, *Cne de Peille*, *précit.*, CJEG, n° 614 nov. 2004, p. 494 s.

892. Toutefois, l'admission d'une telle réserve permet également de favoriser indirectement les intérêts des justiciables. Le juge peut par exemple prendre implicitement en compte le principe de sécurité juridique. Le rapporteur public C. DEVYS précise en ce sens que l'objectif du juge en l'espèce est bien de concilier « le principe de légalité avec le principe de sécurité juridique »[2339]. En effet, « l'annulation des arrêtés litigieux pourrait conduire à de graves incertitudes quant à la situation et aux droits des allocataires et des cotisants ». L'objectif est alors de préserver la viabilité du régime d'assurance chômage afin de préserver le versement des allocations. « Les effets produits à l'égard des particuliers s'avèrent ainsi déterminants dans l'appréciation. La rupture du paiement de l'allocation chômage justifie seule la limitation des effets de la rétroactivité »[2340].

893. La même logique anime le juge dans un l'arrêt *Département du Val-de-Marne*[2341]. En effet, pour différer dans le temps l'annulation du décret du 26 décembre 2005 portant transfert des personnels dits TOS auprès des collectivités territoriales, le juge prend en compte l'intérêt qui s'attache « à la sécurité juridique des collectivités territoriales et des personnels concernés, auxquelles une annulation rétroactive des dispositions du décret attaqué porterait une atteinte manifestement excessive ». Le rapporteur public précise « que les services en cause, employant environ 85 000 fonctionnaires, ont été transférés aux collectivités territoriales en janvier 2006 [...]. Il est à craindre que de nombreux actes individuels d'intégration n'aient pas encore été pris ou ne soient pas devenus définitifs et la situation des intéressés serait directement affectée par la disparition de la base légale du transfert. Dès lors que la loi fixe les règles relatives à l'évolution statutaire de ces agents par référence à l'entrée en vigueur du décret attaquée, son application serait paralysée par l'annulation du règlement, de sorte que la situation de très nombreux fonctionnaires serait en suspens pour une durée indéterminée. Pour les milliers d'agents qui n'ont pas exercé leur droit d'option au 31 décembre 2007, le dispositif législatif[2342] serait également bloqué »[2343].

894. Le juge prend donc bien en compte la sécurité juridique et la situation subjective des justiciables. F. BOTTINI rappelle également que « l'appréciation du juge ne permet pas seulement en l'espèce de préserver les droits des agents tiers par rapport aux actions formées, en assurant le maintien

---

[2339] Concl. C. Devys, *précit.*, Rec. p. 202 s.

[2340] P. Montfort, « Le pouvoir juridictionnel de modulation dans le temps des effets de l'annulation contentieuse d'un acte administratif. L'annulation contentieuse pour l'avenir » », LPA, 17 nov. 2004, n° 230, p. 14 s.

[2341] CE, 16 mai 2008, *Département du Val-de-Marne*, n° 290416, T. Rec. p. 579, 581, 619 et 883 ; note F. Bottini, RDP, 1/9/2009, n° 5, p. 1518 ; concl. F. Séners, JCP A, 15/9/2008, n° 38, p. 36.

[2342] L. n° 2005-1719 de finances pour 2006, loi du 30 déc. 2005 ; JO 31 Déc. 2005.

[2343] Concl. F. Séners, JCP A, 15/9/2008, n° 38, p. 36 s.

des actes administratifs individuels les concernant. Elle permet également le préserver ceux des agents ayant exercé un recours contre l'acte administratif réglementaire irrégulier »[2344]. Selon l'auteur, « tout paraît donc bien fait pour assurer la prise en compte des intérêts des justiciables »[2345] ; d'autant plus que cette solution sera appliquée dans de nombreuses jurisprudences[2346].

895. Dans d'autres cas, la réserve d'intérêt général temporelle permet de préserver d'autres droits des justiciables comme le droit d'auteur. En effet, dans l'affaire *Société Canal + Distribution* en date du 17 juin 2011, le Conseil d'État estime qu'« une annulation rétroactive serait à l'origine des plus graves incertitudes quant à la situation et aux droits des ayants droit comme des entreprises contributrices »[2347]. Indirectement, le Conseil d'État, comme son rapporteur public, considèrent que « l'intérêt général qui s'attache au maintien des effets de la décision est certain : la rémunération pour copie privée est

---

[2344] F. Bottini, « La sécurité juridique et la modulation dans le temps des annulations contentieuses », RDP, n° 5, 2009, p. 1517 s.

[2345] *Ibid.*

[2346] CE, 4 nov. 2009, *Département du Pas-de-Calais*, n° 312520, inédit – CE, 17 mars 2010, *Départ. de Meurthe-et-Moselle*, n° 307406, inédit – CE, 10 nov. 2010, *Départ. de l'Ariège*, n° 337380, inédit – CE, 10 nov. 2010, *Région Nord-Pas-de-Calais*, n° 335455, inédit – CE, 10 nov. 2010, *Départ. du Lot*, n° 337379, inédit – CE, 21 mai 2010, *Départ. de l'Essonne*, n° 334645, inédit - CE, 17 mars 2010, *Départ. de Meurthe-et-Moselle*, n° 307406, inédit – CE, 4 nov. 2009, *Départ. de la Réunion*, n° 326861, inédit – CE, 4 nov. 2009, *Départ. de la Haute-Saône*, n° 326935, inédit – CE, 4 nov. 2009, *Départ. de la Seine-Saint-Denis*, n° 328959, inédit – CE, 4 nov. 2009, *Départ. du Pas-de-Calais*, n° 312520, inédit – CE, 4 nov. 2009, *Départ. de la Seine-Saint-Denis*, n° 312892, inédit – CE, 4 nov. 2009, *Départ. de l'Oise*, n° 321264, inédit – CE, 14 oct. 2009, *Région Midi-Pyrénées*, n° 310594, inédit – CE, 29 août 2008, *Départ. de la Haute-Garonne*, n° 292335, inédit – CE, 29 août 2008, *Départ. des Alpes de Haute-Provence*, n° 292410, inédit – CE, 29 août 2008, *Région Midi-Pyrénées*, n° 292469, inédit – CE, 29 août 2008, *Départ. du Nord*, n° 292557, inédit – CE, 29 août 2008, *Départ. de la Saône-et-Loire*, n° 295745, inédit – CE, 29 août 2008, *Départ. de la Seine et Marne*, n° 296397, inédit – CE, 29 août 2008, *Départ. du Finistère*, n° 298890, inédit – CE, 29 août 2008, *Départ. du Tarn*, n° 291828, inédit – CE, 29 août 2008, *Départ. des Pyrénées-Orientales*, n° 291875, inédit – CE, 29 août 2008, *Départ. des Landes*, n° 291877, inédit – CE, 7 mars 2011, *Féd. départ. des chasseurs de la Drome*, n° 325657, inédit ; note T. Tauran, *Revue de droit rural*, 1/5/2011, n° 393, p. 33. Le juge évoque « l'intérêt qui s'attache notamment au maintien des effets de la convention collective nationale des personnels des structures associatives cynégétiques et de l'accord national professionnel sur le régime de retraite supplémentaire pour les personnels concernés » – CE, 21 déc. 2006, *Union syndicale solidaires fonctions publiques et assimilés*, n° 287812, Rec. p. 576. En l'espèce, l'annulation du décret litigieux risquait de mettre en cause la situation des nombreux fonctionnaires concernés.

[2347] CE, 17 juin 2011, *Société Canal + Distribution*, n° 324816, à paraître au Rec. ; note A. Troianiello LPA, 16/11/2011, n° 228, p. 5.

légitime dans son principe et son objectif de compenser le droit d'auteur »[2348]. La réserve d'intérêt général temporelle « évite en effet ici de faire revivre des décisions antérieures qui incluent des copies illicites »[2349]. De la sorte, la « rémunération aurait été « encore moins équitable »[2350]. L'intérêt général vise alors indirectement la protection du droit d'auteur.

896. De plus, la réserve d'intérêt général intègre aussi le droit à l'accès des personnes handicapées et à mobilité réduite. Dans un arrêt en date du 3 mars 2009, *Association française contre les myopathies*, la réserve d'intérêt général temporelle a justifié la modulation des effets de l'annulation dans le temps qui portait sur « l'accessibilité des véhicules de transport public guidé urbain aux personnes handicapées et à mobilité réduite »[2351].

897. Enfin, la Haute juridiction va même jusqu'à inclure dans la réserve d'intérêt général temporelle le « respect du droit de propriété des autres intéressés qui résulterait d'une remise en cause générale des opérations d'aménagement foncier »[2352]. Dans l'arrêt *Ministre de l'Agriculture et de la Pêche contre Blondeau*, le juge précise en effet, en matière de remembrement, que l'atteinte doit être portée tout à la fois à l'intérêt général ainsi qu'au respect du droit de la propriété des autres intéressés. Dès lors, comme le précise P. CHRESTIEN, « la réserve mise en avant par le juge ne fait pas que révéler une tendance à la recherche d'un meilleur équilibre entre les droits des justiciables et les prérogatives des personnes publiques. L'essentiel est ailleurs, dans le souci d'éviter une remise en cause général des transferts de propriété ».

898. Au final, en raison du contrôle de proportionnalité exercé, le juge administratif prend en compte les différents intérêts en présence pour admettre l'existence d'une réserve d'intérêt général. Ce faisant, il intègre la protection d'autres droits des justiciables. Toutefois, quelles sont les effets de la prise en compte de ces nouveaux droits dans le contentieux administratif ?

[2348] Concl. D. Hedary, publiée sous l'article d'É. Bouchet-Le Mappian, « Commission "copie privée" devant le Conseil d'État : un blâme ! », *Revue Lamy droit de l'immatériel*, 1/8/2011, n° 74, p. 12 s.

[2349] *Ibid.*

[2350] *Ibid.*

[2351] CE, 3 mars 2009, *Association française contre les myopathies*, n° 314792, Rec. p. 69.

[2352] CE, Sect., 6 avril 2007, *Ministre de l'Agriculture et de la Pêche contre Bondeau*, n° 265702 ; Rec. p 151 ; concl. D. Chauvaux, RFDA, 2007, n° 4, p. 736 s. ; note P. Chrestien, AJDA 2007, p. 1988 s.

II. Les effets de la réserve d'intérêt général sur le contentieux administratif

899. La prise en compte des droits des justiciables par la réserve d'intérêt général bouleverse le contentieux administratif. En effet, elle met fin au principe de la sanction automatique des illégalités. Elle est désormais au service de la « sanction adaptée » (A). Ensuite, l'appréciation même de la réserve d'intérêt général remet en cause les pouvoirs traditionnellement accordés au juge lorsqu'il statue au contentieux (B).

A. La réserve d'intérêt général au service de la sanction « adaptée »

900. La réserve d'intérêt général bouleverse un principe traditionnel du contentieux selon lequel la sanction des irrégularités est automatique. Toutefois, il s'agira de revisiter la jurisprudence administrative pour s'apercevoir que des prémisses jurisprudentielles mettent en place des techniques visant à ne pas sanctionner automatiquement les irrégularités. En ce sens, la sanction « adaptée »[2353] des irrégularités ne constitue pas une innovation jurisprudentielle (1). L'innovation porte sur l'étendue significative du recul de la sanction automatique des irrégularités par la réserve d'intérêt général au début du XXIe siècle (2).

1. La fausse modernité du recul de la sanction automatique des irrégularités

901. L. AUCOC, dans ses *Conférences sur l'administration et le droit administratif*[2354] partage avec É. LAFERRIÈRE la position selon laquelle le juge administratif est tenu par une « alternative simple »[2355] : « rejeter le recours ou prononcer l'annulation de l'acte attaqué »[2356]. Cette annulation doit être rétroactive. Bien avant la jurisprudence *Rodière*, J.-H. STAHL et A. COURRÈGES, constatent l'ancienneté et la constance avec laquelle l'annulation contentieuse avait pour effet de faire disparaître rétroactivement la décision annulée. Ils expliquent que « l'effet rétroactif des décisions d'annulation est la règle dans le contentieux de l'excès de pouvoir et dans celui de la cassation ; il joue également un rôle dans certains contentieux de pleine

---

[2353] Étude J.-F. Lafaix, « La nouvelle directive recours ou l'esquisse d'une exigence de sanction adaptée », *Contrats et Marchés publics*, n° 4, avril 2008, étude 4.

[2354] L. Aucoc, *Conférences sur l'administration et le droit administratif*, 1re éd., Dunod, 1869, t. 1, p. 361.

[2355] B. Seiller, « Droit publics subjectifs… », art. cit., p. 191 s.

[2356] É. Laferrière, *Traité de la juridiction administrative et des recours contentieux*, t. 2, Berger-Levrault, 1re éd. 1888, p. 541.

juridiction. Il n'est peut-être pas sans rapport avec la pratique ancienne de la justice retenue, l'intervention du Conseil d'État s'apparentant alors à une forme de recours hiérarchique permettant au supérieur de faire table rase de ce qui avait été décidé par son subordonné »[2357]. Dès lors, si le recours pour excès de pouvoir, qui permet d'annuler rétroactivement un acte illégal fut longtemps « portée au pinacle par la doctrine publiciste »[2358] avec G. JÈZE[2359] et A. de LAUBADÈRE[2360] notamment, l'insuffisance de l'effectivité des annulations a également été très critiquée[2361]. Aujourd'hui, de nombreux auteurs ont dénoncé les limites de l'efficacité du contrôle du juge de l'excès de pouvoir[2362].

902. La jurisprudence *AC !* constitue alors une avancée dans l'office de l'excès de pouvoir. Dans le même sens, les jurisprudences *Institut de recherche pour le développement*, *Ophrys*, *Bour*, *Commune de Clans* pour le juge de l'exécution et les jurisprudences *Tropic* et *Commune de Béziers* pour le juge du contrat, constituent une avancée significative des pouvoirs du juge dans l'ensemble des contentieux afin de d'éviter la sanction automatique des illégalités ou des irrégularités.

2357 J.-H. Stahl et A. Courrèges, « La modulation dans le temps des effets d'une d'annulation contentieuse », RFDA 2004, p. 438 s.

2358 F. Blanco, *Pouvoir du juge et contentieux administratif de la légalité*, *op. cit.*, p. 160.

2359 Le recours pour excès de pouvoir est « la plus merveilleuse création des juristes ». C'est « l'arme la plus efficace, la plus pratique, la plus économique qui existe au monde pour défendre les libertés individuelles », G. Jèze, « Les libertés individuelles », *Annuaire de l'Institut International de Droit Public*, 1929, p. 162 s. V. plus précisément, p. 180.

2360 L'auteur considère le recours pour excès de pouvoir comme « l'orgueil de notre droit administratif », A. de Laubadère, *Pages de doctrines*, LGDJ, 1980, t. II, p. 176.

2361 Pour J. Cruet par ex., le recours pour excès de pouvoir n'est qu'un « moyen d'assurer la pleine subordination de l'autorité administrative à la légalité : rien de plus mais rien de moins » : J. Cruet, *Étude juridique de l'arbitraire administratif*, thèse, Paris, Librairie nouvelle de droit et de jurisprudence, Arthur Rousseau Éditeur, 1906, p. 296. Ces critiques sont anciennes, v. L. Marie, « De l'avenir du recours pour excès de pouvoir en matière administrative », 1er article, RDP, 1901, p. 265 s. ; 2e article, RDP 1901, p. 476 s. ; L. Marie, *Le droit positif et la juridiction administrative (Conseil d'État et Conseils de préfecture). Étude critique de législation et de jurisprudence*, Librairie Marescq Ainé, 1903, t. 1, p. 633 et t. 2, p. 951. Pour des critiques plus modernes, v. J. Rivero, « Le Huron au Palais-Royal, ou réflexions naïves sur le recours pour excès de pouvoir », Dalloz, 1962, chron. p. 37 s. ; J. Rivero, « Nouveaux propos naïfs d'un Huron sur le contentieux administratif », EDCE, 1979-1980, n° 31, p. 27 s.

2362 V. pour l'insuffisance du recours pour excès de pouvoirs d'une manière générale, F. Blanco, thèse *précit.*, p. 159 s. ; S. Boissard, « Comment garantir la stabilité des situations juridiques individuelles sans priver l'autorité administrative de tous moyens d'action et sans transiger sur le respect du principe de légalité ? Le difficile dilemme du juge administratif », *Les cahiers du Conseil constitutionnel*, 2001, n° 11, p. 71 s.

903. Toutefois, ces innovations jurisprudentielles sont ancrées dans une certaine tradition doctrinale et jurisprudentielle. Concernant la tradition doctrinale, G. JÈZE, en 1913, décrit un mécanisme moderne lors de l'élaboration d'une théorie général sur la sanction des irrégularités qui entachent les actes juridiques. Il estime que « la conciliation des intérêts multiples et variés ne peut être obtenue que par une théorie très nuancée. Dès lors, on peut prévoir que, dans un système juridique très perfectionné, les sanctions des irrégularités vont varier avec les circonstances [...]. La sanction adéquate est celle qui fait à chaque intérêt sa part légitime »[2363]. Une telle remarque n'est pas anodine dans la mesure où plus tard, il commentera l'affaire *Couitéas*[2364] à propos du refus régulier du gouvernement de prêter le concours de la force publique pour l'exécution d'une décision de justice. En l'espèce, le gouvernement avait mis en balance le respect de la chose jugée et le maintien de l'ordre et de la sécurité publique. Ce faisant, il a différé dans le temps les conséquences à tirer de la chose jugée. Selon A. VAN LANG, « nous ne sommes [donc] pas loin de l'annulation avec effet différé admise par le Conseil d'État dans l'affaire *AC !* »[2365].

904. Concernant la tradition jurisprudentielle maintenant, C. DEVYS rappelle le contexte juridique interne qui a permis « un relâchement du lien entre annulation et effet rétroactif »[2366] avant l'avènement de la jurisprudence *AC !*. Des tempéraments à la règle selon laquelle un acte annulé est réputé n'avoir jamais existé afin d'assurer la stabilité des situations juridiques existe par exemple dans « la théorie des fonctionnaires de faits »[2367]. Le juge peut aussi, lorsqu'il constate l'illégalité d'une décision, moduler dans le temps l'étendue des conséquences qu'il entend tirer dans le cadre de « la théorie des vices substantiels »[2368], de « l'annulation partielle »[2369], « en tant que »[2370] ou « en tant que ne pas »[2371] des décisions administratives. Enfin, le juge peut étendre son office aux effets de la décision d'annulation[2372]. Il a ainsi, selon C. DEVYS, « ouvert une première brèche à la question de la modulation dans

---

2363 G. Jèze, « Essai d'une théorie générale de la sanction des irrégularités qui entachent les actes juridiques », RDP 1913, p. 294 s.

2364 CE, 30 nov. 1923, *Couitéas*, Rec. p. 789.

2365 A. Van Lang, « De l'usage du bilan dans l'après-jugement », art. cit., p. 1053 s.

2366 Concl. Devys sous l'arrêt *AC !, précit.*, Rec. Lebon 2004, p. 202 s.

2367 Les actes accomplis antérieurement par un agent public dont la nomination a été annulée sont réputés valables : CE, Ass. 2 nov. 1923, *Ass. des fonctionnaires de l'administration centrale des postes et télégraphes*, Rec. p. 699.

2368 *Ibid.*, p. 202 s.

2369 CE, Ass. 10 oct. 1958, *Union de la propriété bâtie*, Rec. p. 480.

2370 CE, 10 février 1995, *Royer et Magnat*, Rec. p. 642 – CE, Sect. 13 mars 1998, *Féd. nat. des sociétés d'économie mixte*, Rec. p. 74.

2371 CE, Ass. 1 juillet 1998, *Sté immobilière de la ville de Paris*, Rec. p. 274.

2372 CE, Ass. 29 juin 2001, *Vassilikiotis*, Rec. p. 303.

le temps des effets des décisions d'annulation, en introduisant une technique d'annulation à effet différé[2373] »[2374].

905. Toutefois, malgré cet élan jurisprudentiel, J.-L. MESTRE montre également que des arrêts du Conseil du roi du XVIIIe siècle permettait déjà d'« adapter les effets dans le temps de l'annulation qu'il prononce »[2375]. L'auteur s'appuie sur un arrêt du Conseil du roi en date du 21 juin 1723[2376] dans lequel le roi en son Conseil annule une ordonnance de 1720 qu'il juge contraire à un précédent arrêt du 13 octobre 1686, mais uniquement en ce qui concerne cette exploitation : annulation partielle. L'auteur évoque également l'arrêt en date du 13 avril 1776 par lequel le Conseil du roi annule le marché passé par l'intendant de Saint-Domingue avec un chirurgien[2377]. Mais l'arrêt précise que le chirurgien cocontractant cessera de « jouir de ladite entreprise » à la fin de la troisième année d'exécution de son contrat, qui avait été conclu pour cinq ans. C'est-à-dire que le contrat, bien qu'annulé pour le vice de sa conclusion, continuera d'être exécuté jusqu'au 30 septembre 1776. « L'annulation est dépourvue d'effet rétroactif. Elle laisse même le contrat s'exécuter encore pendant plus de cinq mois. Qu'il s'agisse d'une décision unilatérale ou d'un contrat, l'arrêt du Conseil du roi peut adapter les effets dans le temps de l'annulation qu'il prononce »[2378].

906. Ainsi, les nouvelles jurisprudences prenant en compte par l'intérêt général les conséquences des illégalités sont issues d'une tradition jurisprudentielle qui, par un souci de concilier différents intérêts en présence, ne sanctionnait pas de manière systématique les irrégularités. Toutefois, la jurisprudence du début du XXIe siècle a marqué un tournant majeur dans l'avènement de la sanction adaptée. La particularité de la jurisprudence récente est qu'elle s'appuie essentiellement sur des considérations d'intérêt général.

[2373] CE, 27 juil. 2001, *Titran*, Rec. p. 411 : possibilité de fixer la date d'effet de l'annulation. Dans une logique voisine, CE, 21 janv. 2002, *Ministre de l'aménagt. du terr. et de l'env. c/ Société Schweppes France*, Rec. p. 13 : le juge censure un jugement qui prononce « l'annulation d'un arrêté imposant la remise en état d'un site après fermeture d'une installation classée au motif qu'à la date du jugement, la remise en état n'était plus nécessaire compte tenu des travaux effectués par le nouveau propriétaire », jugeant implicitement que l'appréciation des faits prévalant à la date du jugement justifiait l'annulation de l'arrêté préfectoral contesté pour l'avenir, mais non son annulation rétroactive.

[2374] Concl. Devys sous l'arrêt *AC !*, *précit.*, Rec., p. 202 s.

[2375] J.-L. Mestre, « 50e anniversaire des Grands arrêts de la jurisprudence administrative. Les grands arrêts antérieurs à 1873 », RFDA 2007, p. 230 s.

[2376] Conseil du roi, 21 juin 1723, Centre des Archives d'Outre-Mer (CAOM), A 1, n° 13, f° 30. Réf. citée par J.-L. Mestre *précit.*

[2377] Conseil du roi, 13 avril 1776, CAOM, A 15, n° 1646, f° 201. Réf. citée par J.-L. Mestre *précit.*

[2378] J.-L. Mestre, *op. cit.*, p. 230 s.

2. L'étendue significative du recul de la sanction automatique des irrégularités par la réserve d'intérêt général

907. Depuis plusieurs années, le juge administratif prend en compte, de manière croissante, les conséquences des illégalités. La réserve d'intérêt général matérielle ou temporelle permet ainsi d'éviter la sanction automatique. Toutefois, une telle remise en cause conduit, paradoxalement, comme on l'a vu, à la prise en compte des droits des justiciables. Si le recul de la sanction automatique n'est pas inédit, son étendu significative doit au contraire attirer notre attention.

908. On peut tout d'abord noter que la réserve d'intérêt général a conduit au net recul de la sanction automatique dans le contentieux contractuel. La réserve d'intérêt général permet à la fois d'éviter que le juge de plein contentieux ne prononce la nullité d'un contrat administratif reposant soit sur « un acte détachable illégal »[2379] soit sur « un contrat dont les vices affectent la validité »[2380]. Ce faisant, la réserve d'intérêt général s'inscrit « dans un mouvement jurisprudentiel qui tend à écarter la disparition du contrat »[2381], malgré l'illégalité de l'acte détachable ou les vices affectant la validité du contrat. Sur ce dernier point, l'arrêt *Commune de Béziers* est significatif. En effet, comme le remarque J.-F. LAFAIX, « la jurisprudence met en évidence trois niveaux d'irrégularités. Le premier concerne l'absence de sanction en raison de l'irrégularité en cause qui n'est pas substantielle. Le deuxième correspond aux irrégularités substantielles qui doivent en principe faire l'objet d'une sanction. Toutefois, le contrat pourra être maintenu par des mesures de régularisation visant à réparer le vice initial. Enfin, le troisième mouvement intéresse la réserve d'intérêt général. C'est seulement lorsque l'irrégularité substantielle est irréparable, c'est-à-dire lorsqu'aucune mesure de régularisation n'est possible, que la sanction peut être prononcée »[2382]. Et dans ce cas ultime, l'intérêt général peut une fois de plus, empêcher la sanction du contrat. De la sorte, la réserve d'intérêt général s'inscrit dans un mouvement de « lutte contre la sanction automatique des irrégularités, mêmes graves »[2383]. En effet, après avoir mis en œuvre un mécanisme de régularisation permettant la poursuite du contrat pour les vices non substantiels, l'intérêt général permet le maintien du contrat malgré la présence de vices les plus graves.

[2379] CE, 2003, *Institut de recherche pour le développement, précit.* – CE, 2011, *Ophrys, précit.*

[2380] CE, 2007, *Tropic, précit.* (concurrent évincé) – CE, 2009, *Commune de Béziers, précit.* (parties au contrat).

[2381] J.-F. Lafaix, « Le juge du contrat face à la diversité des contentieux contractuels », RFDA 2011, p. 1089 s.

[2382] *Ibid.*

[2383] *Ibid.*, p. 1089 s.

909. Une telle logique ressort également de « l'ordonnance du 7 mai 2009 »[2384] relative « aux procédures de recours applicables aux contrats de la commande publique ». Transposant la directive 2007/66/CE du 11 décembre 2007 dite « nouvelle directive recours »[2385], l'ordonnance de 2009 « contribue à refaçonner le contentieux des contrats »[2386]. Elle modifie « certains aspects du référé précontractuel et crée sur ses fondations le nouveau référé contractuel »[2387]. Or, cette ordonnance prévoit elle aussi une réserve d'intérêt général empêchant l'annulation du contrat lorsque la passation ne respecte pas les obligations les plus graves. Tel est le cas « lorsqu'aucune des mesures de publicité requises pour sa passation n'a été prise, ou lorsque a été omise une publication au Journal officiel de l'Union européenne dans le cas où une telle publication est prescrite »[2388]. Ces obligations concernent également « les modalités de remise en concurrence prévues pour la passation des contrats fondés sur un accord-cadre ou un système d'acquisition dynamique »[2389] ou encore « la signature du contrat avant l'expiration du délai exigé après l'envoi de la décision d'attribution aux opérateurs économiques ayant présenté une candidature ou une offre ou pendant la suspension prévue à l'article L. 551-4 ou à l'article L. 551-9 »[2390]. En principe, la nullité « ou l'annulation »[2391] en présence d'atteintes « gravissime »[2392], s'impose. Néanmoins, selon l'ordonnance de 2009, le juge du référé contractuel peut, pour des « raisons impérieuses d'intérêt général »[2393], empêcher l'annulation dont la passation ne respecte pourtant pas les « obligations de publicité et de mise en

---

2384 Pour des applications de la réserve d'intérêt général temporelle (annulation avec effet différé) sur le fondement de l'ordonnance de 2009 : CE, 30 nov. 2011, *sté DPM PROTECTION*, n° 350788, à paraître au Rec. – CE, 23 nov. 2011, *la Sté GIHP Lorraine Transports*, n° 349746, à paraître aux T. Rec. – CE, 1 juin 2011, *Sté KONE*, n° 346405, à paraître au Rec.

2385 PE et Cons. UE, dir. n° 2007/66/CE, 11 déc. 2007 modifiant les directives 89/665/CEE et 92/13/CEE du Conseil en ce qui concerne l'amélioration de l'efficacité des procédures de recours en matière de passation des marchés publics : JOUE n° L 335, 20 déc. 2007, p. 31.

2386 T. Pez, « Transposition de la nouvelle directive "recours"… », art. cit., DA, n° 6, juin 2009, comm. 92.

2387 J.-F. Lafaix, « La systématisation inachevée du contentieux de la commande publique », CMP, n° 7, juillet 2009, étude 8 ; T. Pez, « Transposition de la nouvelle directive "recours"… », art. cit., comm. 92.

2388 Article L. 551-18 du Code de justice administrative.

2389 *Ibid.*

2390 *Ibid.*

2391 T. Pez, « Transposition de la nouvelle directive "recours"… », art. cit., comm. 92.

2392 E. Glaser, concl. *Commune de Béziers I* : RFDA 2010, p. 506 s.

2393 Article 551-19 du Code de justice administrative.

concurrence »[2394]. Dans ce cas, d'autres sanctions peuvent être prononcées[2395] dans l'objectif « d'assurer dans le temps la sécurité juridique des décisions prises par les pouvoirs adjudicateurs et les entités adjudicatrices »[2396].

910. Ainsi, en matière contractuelle, la réserve d'intérêt général illustre parfaitement le recul significatif de la sanction des irrégularités dans l'objectif de satisfaire au mieux les exigences de la stabilité des relations contractuelles. La même logique du recul de la sanction automatique des irrégularités est également présente dans d'autres domaines.

911. La réserve d'intérêt général évitera par exemple la démolition d'un ouvrage public mal planté[2397]. L'objectif est également lié ici au souci d'éviter une sanction automatique. Si l'arrêt *Commune de Clans* permet aux intéressés de demander la démolition d'un ouvrage public devant le juge de l'exécution, la réserve d'intérêt général s'opposera à la démolition. Toutefois, le juge adopte une démarche similaire au domaine contractuel. En effet, il doit chercher d'abord si une régularisation[2398] a été initiée ou a abouti. C'est seulement dans le cas contraire, qu'il recourt à l'intérêt général pour empêcher, en ultime recours, la démolition de l'ouvrage mal planté.

912. Le même processus s'opère concernant la réserve d'intérêt général matérielle en de nombreux domaines. Ainsi, la réserve d'intérêt général permet de dispenser une collectivité préemptrice de l'obligation de proposer le bien illégalement préempté à l'ancien acquéreur ou à l'ancien propriétaire[2399], d'éviter que le juge de l'excès de pouvoir ne prononce l'annulation d'un acte administratif illégal[2400]ou encore de dispenser l'autorité préfectorale de faire procéder à la vente forcée des biens[2401].

913. Enfin, c'est la modulation dans le temps des effets de l'annulation par le juge de l'excès de pouvoir qui remet également en cause, de manière significative, la sanction automatique des illégalités. Certes, la réserve temporelle semble avoir un impact plus limité que la réserve matérielle. Néanmoins, au regard du nombre de jurisprudences concernés, un tel mécanisme remet en cause le principe de la sanction automatique dans la mesure où l'intérêt général empêche (temporairement) l'application de la sanction. Toutefois, la jurisprudence *AC !* n'a pas fait irruption dans la

---

2394 T. Pez, « Transposition de la nouvelle directive "recours"… », art. cit., comm. 92.
2395 Article 551-19 du Code de justice administrative.
2396 § 25 de la directive du 11 décembre 2007, *précit.*
2397 CE, 2003, *Cne de Clans*, *précit.*
2398 Sur la régularisation, v. la note de H. Périnet-Marquet, *op. cit.*, JCP G, 22/10/2003, n° 43, p. 1865.
2399 CE, Sect., 26 février 2003, *Bour*, *précit.*
2400 TA Amiens, 24 mai 2005, *Dubruques et autres*, *précit.*
2401 CE, Sect. 18 nov. 2005, *Sté fermière de Campoloro* ; TA de Montpellier, 23 sept. 2008, n° 072647, *Poyarkovo LTD (Sté) North of England Protection and Indemnity LTD (Sté)*, Concls. P. de Monte.

jurisprudence sans précédent. Au niveau international, c'est le juge américain qui s'est « arrogé le précieux pouvoir de restreindre dans le temps la portée de ses arrêts »[2402] à partir de 1932[2403]. L'objectif est alors « d'assurer l'équilibre entre exigence de légalité et exigence de stabilité des situations juridiques »[2404] dans le cadre d'une « conception extensive de l'office du juge »[2405]. Le même souci d'équilibre est présent dans le Traité de Rome qui permet à la Cour de Justice de moduler les effets de ses décisions dans le temps[2406]. Adoptant une « interprétation particulièrement extensive »[2407], la Cour a appliqué ce mécanisme « aux règlements », mais aussi « aux directives »[2408], « au budget des Communautés »[2409] ou encore « aux décisions »[2410]. De plus, la Cour a dépassé le cadre du recours en annulation et s'est reconnu le pouvoir de limiter dans les temps les effets de ses décisions statuant sur des recours préjudiciels, qu'il s'agisse du « contentieux d'interprétation »[2411] du droit communautaire ou du « contentieux d'appréciation de la validité »[2412] d'actes communautaires dans l'objectif d'assurer, comme toujours « la stabilité des situations juridiques »[2413]. En effet, seules « d'impérieuses considérations de sécurité

[2402] P. Morvan, « Le revirement de jurisprudence pour l'avenir : humble adresse aux magistrats ayant franchis le Rubicon », Recueil Dalloz, 2005, p. 247 s.

[2403] Cour suprême des États-Unis, *Grat Northern Railway Vs Sunburst Oil and Refining Company*, 287 U.S. 358 (1932).

[2404] Concl. Devys sous l'arrêt *AC ! précit.*

[2405] *Ibid.*

[2406] « Si le recours est fondé, la Cour de justice de l'Union européenne déclare nul et non avenu l'acte contesté. Toutefois, la Cour indique, si elle l'estime nécessaire, ceux des effets de l'acte annulé qui doivent être considérés comme définitifs » : article 264 TUE. Ex article 231 TCE.

[2407] Concl. Devys sous l'arrêt *AC ! précit.*, Rec. Lebon 2004, p. 202 s.

[2408] CJCE, 7 juillet 1992, *Parlement c/ Conseil*, aff. 295/90, Rec. p. 4616 – CJCE, 5 juillet 1995, *Parlement c/ Conseil*, aff. 21/94.

[2409] CJCE, 3 juillet 1986, *Conseil c/ Parlement*, aff. 34/86, Rec. p. 2155

[2410] CJCE, 28 mai 1998, *Parlement c/ Conseil*, aff. C-22/96, Rec.I, p. 3231 – CJCE, 19 novembre 1998, *Portugal c/ Commission*, aff. C159/96, Rec. I p. 7379.

[2411] CJCE, 8 avril 1976, *Melle Defrenne c/ Sabena*, aff. 43/75, Rec. p. 455. En l'espèce, l'article 199 CEE relatif à l'égalité entre les hommes et les femmes ne peuvent, pour éviter de désorganiser complètement les rapports sociaux, être invoqué à l'appui de revendications relatives à des périodes de rémunérations antérieures à la date de son arrêt. Pour d'autre application, v. CJCE, 27 mars 1980, *Salumi*, aff. 127-128/79, Rec. p. 219 – CJCE, 27 mars 1980, *Denkavit Italiano*, aff. 61/79, concl. G. Reischl, Rec. p. 1223 (en l'espèce, le juge se réfère au principe général de sécurité juridique inhérent à l'ordre juridique communautaire).

[2412] CJCE, 15 oct. 1980, *Providence agricole de Champagne*, aff. 4/79, Rec. p. 2823 – CJCE, 15 oct. 1980, *Maïseries de Beauce*, aff. 109/79, Rec ; p. 2883 – CJCE, 15 oct. 1980, *Roquette frères*, aff. 145/79, Rec. p. 2917.

[2413] CJCE, 27 février 1985, *Société de produits de maïs*, aff. 112.83, Rec. p. 713.

juridique »[2414] permettent de moduler les effets de la décision du juge de l'Union européenne qui maintient « les effets de l'acte incriminé dans l'attente de l'adoption d'un nouvel acte »[2415] ou encore « déclare définitifs les effets des règlements annulés »[2416]. De la même manière que la Cour de Justice, la Cour européenne des droits de l'homme accueille cette technique de la modulation au nom du principe de « sécurité juridique, nécessairement inhérent au droit de la Convention comme au droit communautaire »[2417]. Toutefois, la Cour en fait un usage « parcimonieux »[2418].

914. Par ailleurs, la réserve d'intérêt général guide encore la jurisprudence du Conseil constitutionnel qui participe au recul de la sanction automatique des lois inconstitutionnelles depuis une décision en date du 15 décembre 2005. En l'espèce, le Conseil constitutionnel a estimé qu' « en raison de l'intérêt général de valeur constitutionnelle qui s'attache à la protection sanitaire de la population, il convient de ne pas censurer les dispositions législatives en cause »[2419]. Il enjoint néanmoins « au législateur le soin de modifier le financement de ce fonds dans la loi de financement pour 2007 afin de respecter les prescriptions de la loi organique ». Reprenant la jurisprudence *AC !,* le Conseil constitutionnel confirme en 2008[2420] sa position qui n'est pas totalement novatrice dans la mesure où il avait déjà, en 1985[2421], « ouvert une brèche dans le système »[2422]. Par ailleurs, O. DORD fait justement remarquer « qu'en créant une procédure de renvoi préjudiciel en exception d'inconstitutionnalité (article 61-1 de la Constitution), la loi constitutionnelle du 23 juillet 2008 renforce la légitimité de l'évolution prétorienne »[2423]. En effet, le nouvel article 62 alinéa 2 de la Constitution dispose : « Une disposition déclarée inconstitutionnelle sur le fondement de

---

2414 CJCE, 8 avril 1976, *Defrenne*, aff. 43/75 – CJCE, 15 janvier 1986, *Pinna I*, aff. 41/84 – CJCE, 17 mai 1990, *Barber,* aff. C. 262/88.

2415 CJCE, 5 juin 1973, *Commission c/ Conseil*, aff. 81-72, Rec. p. 575. En l'espèce, le maintien est prononcé « afin d'éviter une discontinuité dans le régime des rémunérations ».

2416 Malgré la lettre de l'article 264 TUE : CJCE, 26 mars 1987, *Com. c/ Conseil*, aff. 45/86, Rec. p. 1493.

2417 CEDH, 13 juin 1979, *Marckx*, § 58, Série A., n° 31, JT 1979, 513, obs. F. Rigaux – CEDH, 29 nov. 1991, *Vermeire c/ Belgique* Série A n° 214-C.

2418 P. Morvan, « Le revirement de jurisprudence pour l'avenir… », art. cit., p. 247 s.

2419 Cons. const., 15 déc. 2005, n° 2005-528 DC, *Loi qui fixait pour 2005 et 2006, une contribution obligatoire des caisses d'assurance maladie*, Rec. p. 157 ; obs. S. Brondel, AJDA 2005, p. 2428.

2420 Cons. const., n° 2008-564 DC, du 19 juin 2008, *Loi relative aux organismes génétiquement modifiés*, *précit.*

2421 Cons. const., 25 janvier 1985, n° 85-187 DC, Rec. p. 43, cons. 10.

2422 O. Dord, « La loi OGM devant le Conseil constitutionnel ou la dissémination de la jurisprudence *AC !* », AJDA 2008, p. 1614 s.

2423 *Ibid.*

l'article 61-1 est abrogé à compter de la publication de la décision du Conseil constitutionnel ou d'une date ultérieure fixée par cette décision. Le Conseil constitutionnel détermine les conditions et limites dans lesquelles les effets de la disposition a produits sont susceptibles d'être remis en cause ».

915. Dès lors, si la réserve d'intérêt général implique le recul de la sanction automatique des illégalités, elle permet paradoxalement de prendre davantage en compte les intérêts des justiciables. Ce phénomène est d'autant plus remarquable que l'intérêt général joue un rôle similaire dans les jurisprudences administratives, européennes et constitutionnelles. Toutefois, une telle généralisation met en lumière les pouvoirs sans cesse accrus du juge lorsque celui-est est confronté à la dérogation d'intérêt général.

B. Les effets de la réserve d'intérêt général sur les pouvoirs du juge administratif

916. La doctrine, à l'occasion de l'analyse des pouvoirs du juge face à la réserve d'intérêt général dans l'appréciation des conséquences des illégalités, utilise des expressions très générales pour rendre compte de ses « larges »[2424] pouvoirs. En effet, les auteurs expliquent que le juge administratif fait « preuve d'une créativité dont les limites sont sans cesse repoussées »[2425]. Ils considèrent que « la seule référence à la notion d'intérêt général qui se trouve au cœur du bilan permet au juge de s'affranchir des bornes du strict contrôle de légalité [...]. [Ce faisant], il se transforme en juge administrateur[2426] »[2427], voire en « super-administrateur »[2428]. D'une certaine manière, l'intérêt général permet de mettre en évidence, à l'occasion de l'appréciation des conséquences des illégalités, « une vision très large de l'office du juge »[2429]. Il s'agirait d'un phénomène qui « s'intègre dans une évolution d'ensemble marquée par une conception extensive de l'office du

[2424] DA juillet 2004, n° 115, p. 26, note M. Lombard sous CE, *AC !*, *précit.*

[2425] A. Met-Domestici, « La sécurité juridique : consécration nouvelle d'une exigence ancienne. Précisions sur les enjeux de la reconnaissance par le Conseil d'État du principe de sécurité juridique », RRJ Droit Prospectif, 2007-4, p. 1873., v. spéc. P. 1889.

[2426] J. Lemasurier, « Vers un nouveau principe général du droit ? Le principe ''bilan coût-avantages'' », dans Mélanges M. Waline, LGDJ, 1974, p. 551 s. ; G. Xynopoulos, *Le contrôle de proportionnalité dans le contentieux de la constitutionnalité et de la légailté en France, Allemagne et Angleterre*, LGDJ, coll. « Bibliothèque de droit public », 1995, p. 83.

[2427] A. Van Lang, « De l'usage du bilan dans l'après-jugement », art. cit., p. 1067 et 1068.

[2428] F. Brenet, « Les réserves d'intérêt général », art. cit., p. 139 s.

[2429] DA juillet 2004, n° 115, p. 26, note M. Lombard sous CE, *AC !*, *précit.*

juge administratif »[2430]. Autrement dit, « l'intérêt général n'est [...] plus la chose de l'administration », le juge y « fonde son pouvoir juridictionnel »[2431]. Ainsi, globalement, l'ensemble de la doctrine reconnaît que la réserve d'intérêt général est l'occasion pour le juge d'exercer un pouvoir « supplémentaire ». C. DEVYS évoque même l'expression de « pouvoir normatif du juge »[2432]. Toutefois, ces auteurs ne précisent pas de quel pouvoir « normatif » il s'agit exactement.

917. Or, dans la première partie de notre thèse, nous avons expliqué que l'intérêt général, combiné à la technique dérogatoire[2433], permettait au juge d'exercer un pouvoir normatif spécifique[2434]. Un tel pouvoir est, selon nous, bien exercé en l'espèce dans la mesure où la réserve d'intérêt général, dans l'appréciation des conséquences des illégalités, constitue bien une dérogation au principe de légalité. Le juge administratif exerce un pouvoir normatif spécifique. C'est en ce sens que nous proposons de traduire l'affirmation de F. BRENET lorsqu'il évoque la réserve d'intérêt général. Selon l'auteur, le « juge ne se contente plus de limiter la marge de manœuvre de l'administration. Il s'approprie purement et simplement l'intérêt général pour en faire la base d'un pouvoir juridictionnel qui peut avoir pour effet de porter atteinte »[2435] au principe de légalité notamment. De la sorte, l'auteur considère qu'en « s'octroyant le pouvoir de neutraliser les conséquences d'une illégalité, le juge s'immisce dans la chasse gardée du législateur »[2436]. En effet, le Conseil d'État peut décider, concernant la démolition d'un ouvrage public par exemple, de faire prévaloir en 2009 « des exigences économiques au nom de l'intérêt général sur l'intérêt environnemental »[2437], puis faire évoluer la jurisprudence en fonction des faits et des textes qui lui sont soumis. La réserve d'intérêt général matérielle aura alors pour but de préserver en 2011 « l'intérêt environnemental au détriment de l'intérêt économique »[2438]. Et lorsque les juges du fond n'interprètent pas la norme d'intérêt général dans le sens convenu, le Conseil d'État les censure par le biais de l'erreur de droit[2439]. Une

---

2430 A. Van Lang, « De l'usage du bilan dans l'après-jugement », art. cit., p. 1073.
2431 F. Melleray et O. Dubos, « La modulation dans le temps des effets de l'annulation d'un acte administratif », art. cit., p. 14.
2432 Concl. C. Devys sous CE, 2004, *AC !*, *précit.*
2433 V. sur la question de la norme et de la dérogation la thèse d'A. Rouyère, *op. cit.*
2434 V. la partie 1 pour davantage d'explications.
2435 F. Brenet, « Les réserves d'intérêt général », art. cit., p. 139 s.
2436 *Ibid.*
2437 CE, 13 février 2009, *Cté de Communes du Canton de Saint-Malo de la Lande*, n° 295885, *précit.*
2438 CE, 20 mai 2011, *Cté d'agglomération du Lac du Bourget*, n° 325552, à paraître au Rec. ; concl. J. Trémeau, BJDU, 1/11/2011, n° 5, p. 362.
2439 CE, 11 mai 2011, *Sté Lyonnaise des eaux de France,* n° 337927, à paraître aux T. Rec. ; E. Glaser, *Revue Lamy CT*, 1/9/2011, n° 71, p. 34.

telle logique s'explique, selon nous, par la technique normative du juge qui permet, à l'aide d'un double contrôle de proportionnalité, de prendre en compte de manière croissante les droits des justiciables. Nous avons déjà expliqué que les nouveautés jurisprudentielles s'exprimaient souvent par la technique dérogatoire qui permet de mettre en œuvre un pouvoir spécifique du juge ; pouvoir nécessaire en l'espèce pour préserver l'intérêt du justiciable et faire évoluer en profondeur le contentieux administratif.

918. Toutefois, une telle position pose problème tout d'abord concernant la séparation du juge avec « l'administration active »[2440]. Selon B. PACTEAU, « juger l'administration, c'est bien aussi devoir non pas seulement censurer et réparer, mais aussi faire, et à tout le moins dire précisément quoi faire »[2441]. La réserve d'intérêt général accentue le phénomène qui aboutit à considérer le juge comme un « super-administrateur »[2442] au sens propre. Le risque est alors que l'intérêt général devienne un « prétexte permettant au juge de décider à la place de l'administration active et que l'équilibre établi entre celui-ci et celui-là à la fin du XIXe siècle et au début du XXe siècle soit ainsi rompu[2443] »[2444]. Ensuite, se pose un second problème car le juge ne se comporte pas seulement en « super-administrateur ». Par la réserve d'intérêt général, il déroge à des principes législatifs, au principe de la légalité. Lorsque le juge empiète sur les pouvoirs du législateur, le principe de « séparation des pouvoirs »[2445] est menacé. Si la justice administrative est rendue au nom du peuple français, celle-ci doit veiller à l'application de la Loi. Or, il appartient en principe au Parlement, sous le contrôle du juge de déterminer l'intérêt général. En effet, le Parlement a pour mission de voter les lois qui sont « l'expression de la volonté générale », conformément à la lettre de l'article 6 de la Déclaration des droits de l'homme et du citoyen de 1789. Le Rapport public du Conseil d'État de 1999 rappelle

---

2440 J. Chevallier, *L'élaboration historique du principe de séparation de la juridiction administrative et de l'administration active*, LGDJ, 1970, coll. « Bibliothèque de droit public », t. 97.

2441 B. Pacteau, « Vicissitudes (et vérification… ?) de l'adage "Juger l'administration, c'est encore l'administrer" », dans Mélanges F. Moderne, Dalloz, 2004, p. 317 s., v. spéc. p. 325.

2442 F. Brenet, « Les réserves d'intérêt général », art. cit., p. 139 s.

2443 F. Melleray, note sous CE, Sect. 27 oct. 2006, *Société Techna*, *précit.* ; J. Chevallier, *L'élaboration historique du principe de séparation*, *op. cit.*

2444 F. Brenet, « Les réserves d'intérêt général », art. cit., p. 139 s.

2445 M. Troper, La *séparation des pouvoirs et l'histoire constitutionnelle française*, thèse, Paris, 1967 ; M. de La Bigne de Villeneuve, *La fin du principe de séparation des pouvoirs. Les nouvelles formules de la statologie sociale*, Librairie du Recueil Sirey, 1934 ; X. Boissy, *La séparation des pouvoirs, œuvre jurisprudentielle. Sur la construction de l'État de droit postcommuniste*, Bruylant, 2003 ; Association française de droit constitutionnel, Journée d'étude 2005, Agen, *La séparation des pouvoirs. Théorie contestée et pratique renouvelée*, Dalloz, 2007.

qu'il « appartient au législateur de déterminer l'intérêt général »[2446]. Ainsi, la tradition juridique française s'oppose de droit, au pouvoir normatif de fait du juge administratif tel que nous l'avons défini. Toutefois, en réalité, la réserve d'intérêt général semble légitimer ce pouvoir normatif du juge (illégitime et anti-démocratique) par la prise en compte des droits des justiciables[2447]. Cela explique que pour certains auteurs, le juge œuvre « pour la bonne cause », voire dans l'intérêt de la démocratie. De ce point de vue, « l'intérêt général a encore de beaux jours devant lui »[2448].

919. Néanmoins, cette « légitimité démocratique »[2449] matérielle, reposant sur la défense des droits des justiciables, pose problème lorsque le juge administratif peut indirectement servir le pouvoir politique. La question a pu être posée dans un arrêt en date du 12 décembre 2007[2450] à l'occasion de l'application de la jurisprudence *AC !* à une nomination dans la magistrature illégale car contraire au principe de l'égalité de traitement. F. BOTTINI souligne à cet égard que « la nomination litigieuse était préoccupante » car elle servait « le pouvoir politique »[2451]. Dans un tel cas, la réserve d'intérêt général qui justifie le maintien temporaire de la nomination illégale n'est plus au service des justiciables, « mais validée par un fait du prince »[2452]. Se pose alors une question plus générale liée au pouvoir du juge face à la réserve d'intérêt général qui est de savoir quelle place doit occuper le juge au sein de la démocratie française. Pour le moment, la jurisprudence s'achemine vers un plein pouvoir normatif du juge lorsqu'il est confronté à la réserve d'intérêt général. Les nouvelles jurisprudences de 2011 qui étendent la réserve d'intérêt général en matière contractuelle vont en ce sens. Toutefois, conscient du problème posé par l'importance de ces pouvoirs, le juge a choisi de « déléguer » l'appréciation de la réserve d'intérêt général aux autorités administratives. En effet, quand la construction d'un ouvrage public sur le domaine public est constitutive d'une contravention de grande voirie, il appartient au préfet (et non au juge) « d'apprécier si la situation de l'ouvrage

---

[2446] Conseil d'État, Rapport public 1999, *précit.*, p. 307.
[2447] V. sur ce point le § 1 ; de la présente section.
[2448] F. Brenet, « Les réserves d'intérêt général », art. cit., p. 139 s.
[2449] L. Doré, *La notion de démocratie dans la jurisprudence du conseil constitutionnel*, thèse, Montpellier 1, 2003.
[2450] CE, 12 déc. 2007, *M. Sire*, n° 296072, *précit.* Pour des applications, v. CE, Sect. 30 déc. 2010, *M. B.*, n° 329513, 329515, à paraître au Rec. ; concl. M. Guyomar, *La Gazette du Palais*, 19/1/2011, n° 19-20, p. 16 – CE, 24 juin 2011, *Mme Danielle B.*, n° 342997, inédit.
[2451] F. Bottini, « Une nouvelle illustration du renforcement du pouvoir normatif du juge administratif », RRJ, 1/1/2009, n° 1, p. 509 s.
[2452] *Ibid.*

est régularisable et si sa démolition entraînerait une atteinte excessive à l'intérêt général »[2453].

Conclusion du Chapitre 2.

920. Dans l'appréciation des conséquences des illégalités, la réserve d'intérêt général permet de prendre en compte, de manière croissante, les droits des justiciables de deux manières. La première est directe dans la mesure où l'appréciation restrictive de l'intérêt général permet d'éviter la mise en œuvre des réserves matérielles et temporelles. Ce faisant, le principe de légalité, le droit des justiciables à un recours effectif et le droit à l'exécution des décisions de justice demeurent préservé. La seconde est indirecte parce que l'intérêt général est accepté par le juge. Il est alors censé paralyser et faire obstacle au droit à un recours effectif notamment. Toutefois, l'examen approfondi des réserves d'intérêt général matérielles et temporelles permettent de mettre en évidence les droits subjectifs indirectement pris en compte par le juge. En effet, le contenu même de la réserve d'intérêt général se subjectivise, comme dans l'appréciation de légalité. Ce faisant, l'intérêt général est l'occasion pour le juge de concrétiser les droits subjectifs et de concilier les différents intérêts en présence. Un tel phénomène n'est pas sans conséquence sur la nature même du contentieux administratif qui se subjectivise. Le juge revient alors sur certains principes traditionnels au profit d'une sanction des irrégularités qui n'est plus automatique mais adaptée en fonction des intérêts en présence. De telles prérogatives contribuent, là encore, à conférer au juge administratif un fort pouvoir créateur dans le domaine de la dérogation d'intérêt général.

Conclusion du Titre 1.

921. Dans l'appréciation de la légalité, l'intérêt général contribue à préserver les intérêts des justiciables de deux manières. D'une part il permet de protéger leurs droits avec l'exercice du contrôle de proportionnalité. D'autre part, il permet au juge de transformer leurs droits, comme le principe d'égalité, dans l'objectif de répondre au mieux à leurs nouveaux besoins. De plus, le renouvellement du contenu de l'intérêt général dans l'appréciation des conséquences des illégalités participe, dans le cadre d'un contrôle de proportionnalité spécifique, à la protection de leurs droits. Néanmoins, s'il

---

[2453] CE, 23 déc. 2010, *Ministre d'État, Ministres de l'économie, du développement et de l'aménagement durables*, n° 306544, à paraître au Rec. ; note G. Éveillard, JCP G, 2/5/2011, n° 18, p. 887.

prend en compte de manière croissante les droits des justiciables, l'intérêt général doit aussi satisfaire les besoins de la collectivité dans son ensemble.

Titre 2.

LA PRISE EN COMPTE CONSTANTE DES BESOINS DE LA COLLECTIVITÉ PAR L'INTÉRÊT GÉNÉRAL

922. Selon « l'école du droit social »[2454], le droit dérive essentiellement de la « vie en société »[2455]. Il ne peut « apparaître qu'à partir du moment où il existe une vie en société »[2456]. Alors, le droit a pour but de « tracer les règles de discipline qui s'imposent à chacun pour le maintien des relations sociales »[2457]. Ce système objectiviste est donné par le droit objectif, c'est-à-dire par le droit « envisagé en tant que règle de vie en société »[2458]. Si le droit objectif est généralement associé au droit positif[2459], nous ne l'y assimilerons pas ici parce qu'il est question de rendre compte des finalités du droit[2460]. P. MALAURIE considère d'ailleurs que le droit objectif intègre des valeurs sociales[2461] et comporte deux éléments caractéristiques : « l'existence d'une contrainte et l'idéal de justice et d'ordre qu'il recherche »[2462]. Ainsi, il doit aussi assurer « la survie du groupe, en maintenir l'organisation, la cohérence et l'ordre »[2463]. Cette idée, selon laquelle le droit est porteur de valeurs sociales, est présente dans la pensée de nombreux auteurs[2464]. C. GRZEGORCZYK considère par exemple que la finalité des règles juridiques peut être liée à une « valeur collective suprême » qui est la

---

2454 P. Roubier, *Théorie générale du droit. Histoire des doctrines juridiques et philosophie des valeurs sociales*, Paris, Dalloz, 2005, p. 253.
2455 *Ibid.*
2456 *Ibid.*
2457 *Ibid.*
2458 *Ibid.*
2459 J. Ghestin, « Les données positives du droit », RTD Civ., 2002, p. 11 s. ; A.-J. Arnaud (dir.), *Dictionnaire encyclopédique de théorie et de sociologie du droit*, *op. cit.*, v. « Droit », p. 190 ; F. Terré, *Introduction générale au droit*, 9e éd., n° 3, Paris, Dalloz, 2012, p. 3 ; J.-L. Sourioux, *Introduction au droit*, Paris, PUF, 2e éd. 1990, n° 76, p. 86 ; J.-L. Bergel, *Théorie générale du droit*, 5e éd., n° 2, Paris, Dalloz, 2012, p. 2.
2460 Le droit fournit des règles de conduite destinées à certaines « finalités », F. Terré, *Introduction générale au droit*, *op. cit.*, n° 8, p. 8. V. aussi, P. Amselek, *Cheminements philosophiques dans le monde du droit et des règles en général*, Paris, Armand Colin, coll. « Le temps des idées », 2012, p. 139 s. ; M. Villey, *Philosophie du droit*, t. 1 (définitions et fins du droit), Paris, Dalloz, 1986, p. 6 s.
2461 Contrairement au droit positif qui peut être défini comme l'ensemble des « règles qui émanent de sources formelles, c'est-à-dire édictées par un pouvoir qui s'applique effectivement » : J. Ghestin, « Les données positives du droit », RTD Civ., 2002, p. 11 s. V. par ex. sur le droit intégrant des valeurs sociales, J.-L. Bergel, *Théorie générale du droit*, *op. cit.*, n° 14, p. 20 s. ; C. Atias, *Philosophie du droit*, Paris, PUF, 2e éd., 2004, p. 5. V. aussi sur le but et le fondement du droit, C. Atias, *Épistémologie juridique*, Paris, PUF, 1985, n° 33.
2462 P. Malaurie, *Droit civil, Introduction générale*, n° 18, Paris, Cujas, 1994/95, p. 26.
2463 *Op. cit.*, n° 30-31, p. 30.
2464 V. par ex., S. Cotta, *Le droit dans l'existence. Éléments d'une ontophénoménologie juridique*, Bière, coll. « Bibliothèque de philosophie comparée », 1996, p. 139.

« cohésion sociale ». Elle implique deux valeurs dérivées « que l'on appelle traditionnellement la sécurité […] et […] la justice »[2465]. Selon M. VIRALLY, la fin du droit est aussi « d'ordonner la société »[2466]. Elle commande « l'action des autorités publiques » et peut poursuivre des « valeurs sociales »[2467] qui se réfèrent à « l'ordre social » constitué notamment par des questions « d'ordre public »[2468] légitimé par la notion « d'intérêt général ou encore d'intérêt national »[2469]. J.-L. BERGEL note dans le même sens que la finalité du droit, si elle est souvent liée à l'idée de justice, peut aussi être guidée uniquement par l'ordre et la sécurité[2470]. Le droit s'inspire donc à la fois de l'utile et du juste[2471]. Dans son discours préliminaire, PORTALIS observait que certaines libertés de contracter pouvaient ainsi être limitées par la justice ou par l'utilité publique. C'est donc l'intervention de l'État, s'inspirant de l'utilité publique ou de l'intérêt général[2472].

923. Dès lors, traditionnellement, la fin du droit oscille entre deux pôles. L'un est individualiste[2473] et considère que la personne humaine constitue la fin suprême du droit. L'autre est dite collectiviste[2474] et conduit indirectement à un droit au service de la communauté : le droit de l'État qui

---

[2465] C. Grzegorczyk, *La théorie générale des valeurs et le droit*, Paris, LGDJ, coll. « Bibliothèque de philosophie du droit », 1982, p. 267.

[2466] M. Virally, *La pensée juridique*, Paris, LGDJ, Montchrestien, 1960 ; rééd. Panthéon-Assas, LGDJ, Paris, 2010, p. 28.

[2467] *Ibid.*, p. 29.

[2468] *Ibid.*

[2469] *Ibid.*, p. 31.

[2470] J.-L. Bergel, *Théorie générale du droit*, n° 25, *op. cit.*, p. 35.

[2471] *Ibid.*

[2472] Cette référence est citée par J.-L. Bergel, *ibid.*, p. 35. V. aussi, J. Ghestin, « L'utile et le juste dans le droit des contrats », APD, t. XXVI, 1981, p. 35 s.

[2473] V. par ex. M. Villey, *Philosophie du droit, les fins du droit*, *op. cit.*, p. 136 s., n° 82. Par ex., selon Kant, le droit est l'ensemble des conditions qui permettent la coexistence des libertés individuelles et celle de la faculté d'agir de chacun avec celle des autres. La liberté est donc considérée comme le « droit inné » de l'homme que l'État doit protéger : M. Villey, *Philosophie du droit*, *op. cit.*, n° 82. V. aussi sur Kant, M. Villey, *Leçons d'histoire de la philosophie du droit*, Paris, Dalloz, 1957, p. 285 s. V. encore sur l'individualisme et la philosophie juridique moderne, M. Villey, *La formation de la pensée juridique moderne*, Paris, PUF, coll. « Léviathan », 2003, p. 181 s.

[2474] V. par ex. la pensée de Hegel qui considère qu'au terme du cheminement dialectique, le droit de l'État l'emporte sur les droits subjectifs des particuliers car l'individu est « immolé à la chose publique » (G. W. F. Hegel, *Principes de la philosophie du droit*, 1821, trad. de l'allemand par A. Kaan, rééd., Paris, Gallimard, 1989). V. pour davantage de développements sur la pensée collectiviste, M. Villey, *Leçon d'histoire de la philosophie*, *op. cit.*, n° 78. V. aussi sur les philosophies juridiques marxistes, M. Villey, *Critique de la pensée juridique moderne. Douze autres essais*, Paris, Dalloz, 1976, rééd. Dalloz, 2009, p. 161 s.

l'emporte sur les droits subjectifs des particuliers. Plus précisément, les doctrines sociales affirment « la supériorité de la société sur l'homme et confient au droit l'organisation de la discipline à laquelle les individus doivent se conformer au nom de l'intérêt général »[2475]. J.-L. BERGEL note alors qu'aujourd'hui, en Europe occidentale, « des formules intermédiaires associent à la fois la protection de l'individu et les exigences de la société »[2476]. Cette vision médiane conduit à rendre compte de l'action des pouvoirs publics et donc de la finalité de l'intérêt général dans la jurisprudence administrative.

924. En effet, notion à la frontière du politique et du juridique, l'intérêt général n'est pas seulement un instrument qui prend en compte la satisfaction de l'intérêt des justiciables (Titre 1). Cet intérêt participe certes à l'enrichissement de l'intérêt général mais celui-ci demeure toujours transcendant, c'est-à-dire qu'il est toujours l'expression de l'action publique qui agit pour l'ensemble de la collectivité. Ainsi, l'intérêt général est lié à la satisfaction des besoins de la collectivité entendue comme une entité politique. L'intérêt général est alors transcendant, lié à l'action publique et dépasse les intérêts particuliers pour les besoins de l'ensemble.

925. Nous verrons alors que l'intérêt général dans la jurisprudence administrative (au niveau juridique) est le reflet de la volonté de l'action publique (politique). Il est donc nécessaire de s'intéresser à l'exercice des pouvoirs publics pour rendre compte des finalités de l'intérêt général. Ces finalités s'expriment de deux manières. Tout d'abord, l'intérêt général est un instrument qui reflète l'exercice de la puissance de la collectivité (intérêt général fin/moyen : Chapitre 1) mais aussi les différentes activités de la collectivité (intérêt général fin/fin : Chapitre 2).

- *Chapitre 1. La puissance de la collectivité*
- *Chapitre 2. Les activités de la collectivité*

[2475] J.-L. Bergel, *Théorie générale du droit*, *op. cit.*, p. 38.

[2476] *Ibid.*

Chapitre 1.

La puissance de la collectivité

926. Dans un article relatif à l'analyse de la notion de service public comme mythe étatique, L. NIZARD met en avant que « l'intérêt général »[2477] et le « service public ont en commun de nous donner une image »[2478] idéologique de l'État. Cette idée est particulièrement présente dans la doctrine lorsqu'il s'agit d'étudier la portée idéologique des critères du droit et du contentieux administratif. J. CHEVALLIER met ainsi en avant que « le problème des critères du droit et du contentieux administratif n'est pas seulement de nature technique : il met en réalité en jeu toute une conception de l'État »[2479]. En effet, les notions utilisées en droit administratif « sont indissolublement liées au système de représentations sur lequel s'appuie l'institution étatique »[2480]. Parce que l'administration est « l'appareil chargé de mettre en œuvre la puissance d'État, les principes qui déterminent les conditions et les formes de sa soumission au droit, l'étendue et les limites de ses pouvoirs, impliquent nécessairement une certaine vision de l'État, de la position qu'il occupe dans la société, de ses relations avec les individus »[2481].

927. L'auteur rappelle alors que traditionnellement, les deux principaux critères du droit administratif (puissance publique et service public) sont intimement liés à la notion d'intérêt général. Si le critère de la puissance publique traduit l'idéologie de la puissance, il est ancré

2477 L. Nizard, « À propos de la notion de service public : mythes étatiques et représentations sociales », dans Recueil d'Études en hommage à Charles Eisenmann, Paris, Cujas, 1975, p. 91 s., spéc. p. 91.

2478 *Ibid.*, p. 91 s.

2479 C. Chevallier, « Les fondements idéologiques du droit administratif français », dans J. Chevallier (dir.), *Variations autour de l'idéologie de l'intérêt général*, vol. 2, Paris, PUF, 1979, p. 3 s., spéc. p. 31.

2480 *Ibid.*, p. 31.

2481 *Ibid.*

dans l'histoire d'un droit administratif gouverné par le « dogme de la toute-puissance de l'État »[2482]. L'administration est alors dotée de « moyens d'action privilégiées, et notamment du pouvoir de commandement et de contrainte »[2483], parce qu'elle est « l'instrument, le bras séculier » d'une entité supérieure, « l'État »[2484] dont elle est « chargée de mettre en œuvre la puissance »[2485]. Cette idée de puissance sera d'ailleurs présente dans la théorie française de la souveraineté[2486]. Dans ce cas alors, l'État apparaît « pour répondre aux besoins collectifs »[2487]. Plus précisément, l'organisation du pouvoir de contrainte devient « indispensable et est acceptée, reconnue ou seulement supportée par les membres du groupe ; c'est la mise en place d'un système structuré de domination qui crée l'État »[2488] qui repose lui-même sur le consentement du groupe. Ainsi, l'intérêt général collectif renvoie tout d'abord à satisfaction des besoins de la puissance publique, c'est-à-dire de la puissance étatique.

928. D'un autre côté, l'autre principal critère du droit administratif, lui aussi, guidé par la notion d'intérêt général, est celui du service public. Dans ce cas, le support étatique établi à l'appui des gouvernants et de l'administration est mis à mal. La « désacralisation »[2489] de l'État ébranle ainsi « l'ensemble de la théorie libérale érigée sur ce soubassement fondamental »[2490]. Ce faisant, la « puissance des gouvernants n'est justifiée que par la satisfaction des besoins collectifs du public »[2491]. L'objectif n'est plus alors d'établir un rapport de domination mais de « servir »[2492]. L'intérêt général est lié ici à la satisfaction des besoins collectifs du public. Aujourd'hui, les idées de puissance publique et de service public, sont toujours présentes dans le contentieux administratif. D'un point de vue idéologique, elles reflètent un système de « légitimation de l'État » structuré autour de « deux pôles » qui s'entremêlent l'un l'autre. L'un rappelle que

---

2482 *Ibid.*, p. 32.
2483 *Ibid.*
2484 *Ibid.*, p. 33.
2485 *Ibid.*
2486 V. par ex. sur la théorie française de la souveraineté liée à l'idée de puissance, R. Carré de Malberg, *Contribution à la théorie générale de l'État*, t. 1, Paris, Sirey, 1930. Selon l'auteur, seul l'État détient la puissance de conférer à certaines règles force obligatoire, et la source du droit positif ne saurait donc être recherchée « au-delà de la puissance et de la volonté de l'État », p. 239.
2487 C. Chevallier, « Les fondements idéologiques du droit administratif français », art. cit.
2488 *Ibid.*, p. 31.
2489 *Ibid.*, p. 38.
2490 *Ibid.*, p. 37 et 38.
2491 *Ibid.*, p. 38.
2492 *Ibid.*

l'administration est liée à la mise en œuvre de la puissance de l'État. L'autre que cette puissance doit s'exercer, *in fine*, dans un État de droit démocratique. Elle doit donc satisfaire les besoins du public.

929. Aujourd'hui, le problème est que l'intérêt général est examiné uniquement sous l'angle de la satisfaction des besoins du public[2493] (la finalité du pouvoir dans un État démocratique). Nous proposons au contraire de revenir aux sources de la notion de collectivité qui s'exprime à travers des moyens de puissance publique, c'est-à-dire par la force et l'autorité nécessaire à l'exercice du pouvoir politique. En effet, dans la jurisprudence administrative, nombreux sont les exemples et les domaines dans lesquels l'intérêt général vise à satisfaire la puissance de la collectivité, qu'elle soit étatique (Section 1) ou européenne (Section 2).

- *Section 1. La satisfaction des besoins de la puissance étatique*
- *Section 2. La satisfaction des besoins de la puissance européenne*

[2493] Selon D. Truchet, l'intérêt général ne peut renvoyer qu'à la satisfaction des besoins de la population (D. Truchet, « Avons-nous encore besoin du droit administratif ? », dans *Le droit administratif : permanences et convergences*, Mélanges en l'honneur de J.-F. Lachaume, Paris, Dalloz, 2007, p. 1039 s., spéc. p. 1048 ; D. Truchet, *Le droit public*, 2e éd., Paris, PUF, coll. « Que sais-je ? », 2010, p. 101 ; D. Truchet, *Droit administratif*, *op. cit.*, p. 70). Néanmoins, l'auteur relativise cette définition en précisant que « l'intérêt général exprime [aussi] l'idée que la collectivité a des exigences qui dépassent les intérêts des groupes ou des individus qui la composent et se traduisent par des mesures qui peuvent froisser ces intérêts » (D. Truchet, « l'intérêt général dans la jurisprudence du Conseil d'État : retour aux sources et équilibre », dans Rapport public du Conseil d'État, 1999, *op. cit.*, p. 361 s., spéc., p. 370). Par ailleurs, si l'auteur précise généralement que l'intérêt général ne peut renvoyer qu'à la satisfaction des besoins de la population, il évoque aussi la question de l'équilibre entre les pouvoirs de l'administration et les droits des citoyens. Dans l'ouvrage de *Droit administratif*, il précise par ex. que l'activité administrative doit satisfaire « l'intérêt général c'est-à-dire la solidarité sociale, par des procédés de puissance publique conformément à la loi et sous le contrôle du juge » (*Droit administratif*, *op. cit.*, p. 41). Ainsi, l'intérêt général renvoie à la satisfaction des besoins de la population ou de la société et la puissance publique s'impose dans l'intérêt général aux personnes privées (*ibid.*, p. 73). Toutefois, la doctrine semble se rallier à l'idée générale selon laquelle l'intérêt général ne peut être compris que comme la satisfaction des besoins de la population. V. par ex., Y. Broussolle, *La participation des personnes privées aux activités d'intérêt général*, Thèse, Université Panthéon-Assas (Paris II), 1993, p. 11. ; P.-L. Frier et J. Petit, *Précis de droit administratif*, *op. cit.*, p. 190 : « Ainsi, à l'heure actuelle, il est d'intérêt général de répondre aux besoins [...] de la population ». Le même point de vue est présent dans l'ensemble des ouvrages de droit administratif contemporains. V. pour un ex. représentatif, P. Gonod, F. Melleray et P. Yolka, *Traité de droit administratif*, *op. cit.*, p. 130 : « Ce but [d'intérêt général] est donc de satisfaire les besoins de la population par l'intervention publique ».

SECTION 1.

LA SATISFACTION DES BESOINS DE LA PUISSANCE ÉTATIQUE

930. Si aujourd'hui la question de l'intérêt général n'est plus envisagée sous l'angle des moyens de la puissance étatique[2494], d'autres auteurs ont déjà mis en avant cette idée[2495]. D. LINOTTE, par exemple, a pris

---

[2494] *Ibid.*

[2495] M. Hauriou établit par ex. une distinction, dans l'intérêt général, entre les « intérêts du public » et les « grands intérêts nationaux ». Celle-ci est d'ailleurs liée à la distinction entre la fonction administrative et la fonction gouvernementale. En effet, « la fonction administrative consiste essentiellement à faire les affaires courantes du public. La fonction gouvernementale consiste à solutionner les affaires exceptionnelles qui intéressent l'unité politique et à veiller aux grands intérêts nationaux. Les intérêts du public et les intérêts nationaux ne se confondent pas toujours car le public est une formation individualiste dont les besoins, quoique satisfait par une organisation collective, sont individualistes, tandis que la nation est une collectivité organique dont les intérêts sont en eux-mêmes collectifs », M. Hauriou, *Précis de droit administratif et de droit public à l'usage des étudiants en licence (2e et 3e années et en doctorant ès-Sciences Politique*, Paris, Recueil Sirey, 11e éd., 1927, p. 15. V. également pour des développements similaires, M. Hauriou, *Précis élémentaires de droit administratif*, 4e éd., Paris, Librairie du Recueil Sorey, 1938, p. 10 ; M. Hauriou, *Précis de droit administratif*, *op. cit.*, 12e éd., 1933, p. 15 s.). De même, selon L. Aucoc, l'autorité administrative « a deux pôles », (L. Aucoc, *Conférences sur l'administration et le droit administratif*, 3e éd., Paris, Vve Ch. Dunod, Éditeurs, Librairie des corps des Ponts et Chaussées, des Mines et des télégraphes, 1885, t. premier, p. 21). D'une part, elle est liée à la satisfaction des besoins collectifs « nécessaires à l'existence de la société » (*ibid.*, p. 22). D'autre part, elle est liée à la satisfaction « des besoins collectifs des citoyens » (*ibid.*, p. 23). V. également l'œuvre de L. A. Macarel, *Cours de droit administratif*, 2e éd., 1848, Paris, G. Thorel, t. 1, p. 9 s. Selon l'auteur, l'intérêt général n'est pas seulement défini par son contenu, il entraîne des conséquences de droit qui sont reconnues et constatées par la puissance publique. V. aussi H. Berthémély qui définit la fonction de l'autorité administrative en liaison avec la satisfaction des intérêts généraux qui peuvent nécessiter des sacrifices aux intérêts particuliers (H. Berthélémy, *Traité élémentaire de droit administratif*, *op. cit.*, 13e éd., 1933, p. 28 et 106). V. encore plus récemment J. Rivero (« Existe-t-il un critère du droit administratif ? », *RDP,* 1953, p. 279 s) qui explique que la spécificité du droit administratif est liée à la satisfaction optimum de l'intérêt général. Or, les règles du droit administratif sont dérogatoires du droit privé « soit dans le sens d'une majoration au profit des personnes publiques, des droits reconnus aux particuliers, soit dans le sens d'une réduction de ces droits » au détriment de ces personnes publiques. V. enfin le doyen Vedel qui considère que l'intérêt public est l'élément commun à la Police et au Service public. Il est aussi le principe de

position pour une construction dualiste de l'intérêt général en mettant l'accent sur la satisfaction de l'intérêt de la puissance publique[2496]. Cependant, à travers le critère de l'intérêt général « médiat », l'auteur semble assimiler les intérêts de la puissance étatique et les intérêts du public[2497]. De plus, s'il établit l'existence d'intérêts de la puissance publique au sens strict, l'auteur n'en explique ni les origines, ni les causes, ni l'intérêt pratique[2498] (conséquences de cette distinction pour reconstruire par exemple ou retravailler le rôle de l'intérêt général comme un critère satisfaisant d'application du droit administratif ou de compétence administrative juridictionnelle[2499]). En l'espèce, nous proposons d'examiner les origines, les causes et les manifestations de la puissance de l'État qui s'exprime à travers l'intérêt général. Plus précisément, nous pensons que les besoins de la puissance étatique sont tout d'abord fondés sur le caractère transcendantal de l'intérêt général (I). Ce caractère transcendantal est l'occasion de saisir, à travers l'intérêt général, la supériorité concrète du pouvoir politique (II). C'est en ce

---

l'action de l'administration (G. Vedel, *Droit administratif*, Paris, PUF, coll. « Thémis Droit », 1973, p. 25 et 311).

2496 L'intérêt du public renvoie à l'intérêt collectif des citoyens, envisagé individuellement tandis que l'intérêt de la puissance publique fait référence à l'intérêt de la collectivité en elle-même. Toutefois, l'intérêt de la collectivité « ne peut pas être pris en considération en soi, comme détaché ou sans rapport avec l'intérêt collectif des administrés ; au contraire, il en est une manifestation ». Selon l'auteur, le dualisme subsiste au moins alors sous la forme d'une distinction entre les intérêts généraux immédiats et les intérêts généraux médiats. L'intérêt collectif des citoyens « peut être servi au second degré [...] grâce à la médiatisation d'une collectivité, d'un groupe ou d'une catégorie. Plus l'intérêt général est immédiat, plus le sujet de droit intéressé s'imagine concrètement : c'est le public, l'usager, l'habitant, l'administré. Plus l'intérêt est médiatisé, plus le sujet de droit intéressé ou le support de la médiatisation risque d'être abstrait : c'est l'intérêt de la sûreté de l'État, l'intérêt du service, l'intérêt de l'économique nationale etc... », D. Linotte, *Recherche sur la notion d'intérêt général*, *op. cit.*, p. 391 et 392.

2497 Il mélange dans la même catégorie (intérêt public médiat) l'intérêt de la puissance publique au sens strict et les intérêts catégoriels de la population (D. Linotte, Thèse, *op. cit.*, p. 396 s.). Nous proposons au contraire ici d'agrandir davantage la fracture entre ces intérêts généraux pour reconstruire le critère et les fonctions de l'intérêt général dans la jurisprudence administrative.

2498 Pour les conséquences de notre vision dualiste de l'intérêt général sur le droit administratif, v. la dernière section du présent titre.

2499 L'auteur relate l'ensemble des doctrines anciennes et contemporaines liées à l'intérêt général comme critère d'application du droit administratif ou de critère de compétence administrative juridictionnelle. Toutefois, il ne renouvelle pas le rôle de l'intérêt général en s'appuyant sur son caractère dualiste. La dualité de l'intérêt général est certes étudiée, mais l'auteur ne s'en sert pas pour retravailler son rôle dans le droit administratif. C'est ce que nous tenterons de faire dans le chapitre suivant.

sens que l'intérêt général est alors lié à la satisfaction des besoins de la puissance étatique.

I. Des besoins collectifs fondés sur le caractère transcendantal de l'intérêt général

931. La satisfaction des besoins collectifs est intimement liée au caractère transcendantal de l'intérêt général. La permanence de ce caractère transcendantal (A) s'avère être, en réalité, un moyen nécessaire à l'identification du pouvoir politique (B).

A. La permanence du caractère transcendantal de l'intérêt général

932. Dans la première partie, nous avons déjà évoqué la question de la transcendance de l'intérêt général à travers son statut ontologique[2500]. Il ne sera donc pas question ici de reprendre les développements précédents. Nous rappellerons juste brièvement la position qui a été retenue afin d'en tirer des conclusions essentielles sur les finalités de l'intérêt général.

933. Précédemment, nous avons expliqué que deux approches de l'intérêt général coexistent : l'approche utilitariste et l'approche volontariste. Même si une partie de la doctrine tend à considérer que l'intérêt général a perdu son caractère transcendant[2501], nous avons observé, à travers la jurisprudence administrative que l'intérêt général ne se limitait pas à l'assimilation d'un intérêt particulier. Ce qui reste à travers ce qui change, dans le contenu de l'intérêt général, c'est donc son caractère transcendant, c'est-à-dire, un intérêt général qui dépasse les intérêts particuliers.

934. Pour rappel, la transcendance se caractérise par son extériorité et sa supériorité[2502]. Rapporté à l'intérêt général, cela signifie que celui-ci dépasse les intérêts particuliers dans la mesure où il est extérieur et supérieur à eux. Or, quel est le fondement de cet intérêt général transcendant ? D'où vient-il ? Du pouvoir politique. En effet, malgré son apparente hétérogénéité, nous avons constaté que l'unité transcendantale de l'intérêt général dans la jurisprudence administrative se concrétisait au niveau politique[2503]. Comme nous l'avons déjà démontré, la matrice idéologique jurisprudentielle de l'intérêt général est liée à l'action politique.

935. Ce faisant, l'intérêt général est un instrument « trans-frontière » qui traduit juridiquement les idéologies politiques. Autrement dit, il est le

---

[2500] V. Partie 1. Titre 1. Chapitre 2. Section 2.

[2501] V. sur ce point, Partie 1, Titre 2. Chapitre 2. Section 1 de la thèse.

[2502] A. Lalande, *Dictionnaire de philosophie*, *op. cit.*

[2503] Partie 1. Titre 1. Chapitre 2. Section 2 de la thèse.

moyen d'identification du pouvoir politique à travers la jurisprudence administrative.

B. L'intérêt général transcendant, moyen d'identification du pouvoir politique

936. L'identification du pouvoir politique à travers l'intérêt général n'est pas étonnant[2504]. En effet, « l'intérêt général apparaît le plus souvent dans des discours tendant à légitimer l'action des gouvernants »[2505]. Dès lors, bien avant la naissance de l'expression « intérêt général » qui remonte au XVIIIe siècle, des notions assimilées[2506] comme le « commun profit »[2507], ou le « bien

[2504] En effet, l'intérêt général est à mi-chemin entre le juridique et le politique. V. sur la question de la frontière entre le Droit et la Politique, *Le Droit investi par la Politique*, *APD*, t. 16, Paris, Sirey, 1971 ; H. Batiffol, « Problèmes de frontières : Droit et politique », *APD*, *op. cit.*, p. 1 s. ; J. Freund, « Droit et Politique. Essai de définition du droit », *APD*, *op. cit.*, p. 15 s. ; R. Maspetiol, « Le droit et le politique : deux visions partielles et fragmentaires d'une même réalité sociale », *APD*, *op. cit.*, p. 37 s. ; J. Dabin, « Droit et politique », dans Mélanges R. Savatier, Paris, Dalloz 1965, p. 183 s. Pour le point de vue contraire, v. G. Del Vecchio, « Sur le prétendu caractère "politique" du droit" », dans *Déontologie et discipline professionnelle*, *APD*, 1953-1954, p. 145 s. Selon l'auteur, le droit est apolitique et la politique ajuridique.

[2505] F. Rangeon, *L'idéologie de l'intérêt général*, *op. cit.*, p. 21.

[2506] F. Saint-Bonnet explique en effet qu'avant le XVIIIe siècle, date de la naissance de l'expression « intérêt général », la « fonction juridique de la notion existait » déjà sous d'autres formulations. V. F. Saint-Bonnet, « L'intérêt général dans l'ancien droit constitutionnel », dans B. Mathieu et M. Verpeaux (dirs), *L'intérêt général, norme constitutionnelle*, Paris, Dalloz, 2007, coll. « Cahiers constitutionnels de paris 1 », p. 9 s.

[2507] V. sur la notion de commun profit au Moyen-Âge, F. Saint-Bonnet, « L'intérêt général dans l'ancien droit constitutionnel », art. cit. p. 9 s. V. également A. Esmein, *Cours élémentaire d'histoire du droit français à l'usage des étudiants de première année*, 11e éd. mise à jour par R. Génestal, Paris, Librairie du Recueil Sirey, 1925, p. 167 s. (V. sur Esmein et l'histoire du droit, J.-L. Halpérin, « Adhémar Esmein et les ambitions de l'histoire du droit », Rev. hist. droit, 1997, p. 415 s.).

commun »[2508] au Moyen-Âge[2509] ou encore l' » utilité commune » dès l'Antiquité, sont intrinsèquement liées au pouvoir politique[2510et2511]. Ainsi, ARISTOTE considère déjà que la communauté politique s'est constituée en fonction de la notion « d'utilité »[2512], d'utilité commune. H. TORRIONE rappelle d'ailleurs dans le cadre d'un colloque consacré à l'étude de l'État et du bien commun, comment la philosophie d'ARISTOTE fonde le commandement et le pouvoir sur la notion de « service »[2513]. L'État est ainsi

---

2508 Selon saint Thomas d'Aquin, « la cité est, de toutes les collectivités, celle qui [...] a pour objet le bien commun, lequel est meilleur et plus divin que le bien individuel ». V. Thomas d'Aquin, *In Aristotelis libros politicorum expositio*, chapitre I, lecture 1, n° 11. Référence cité par L. Lachance, *L'humanisme politique de Saint Thomas d'Aquin. Individu et État*, Paris, Sirey, p. 237. V. comment la notion de bien commun est liée au pouvoir politique dans la philosophie de Saint Thomas d'Aquin, A. Brimo, *Les grands courants de la philosophie du droit et de l'État*, Pedone, 1968, p. 54 s. ; J. Imbert, *Histoire des idées politiques jusqu'à la fin du XVIIIe*. Les courants de Droit, 1969-1970, p. 154 s. ; M. Villey, *Leçon d'histoire de la philosophie du droit*, Paris, Dalloz, 1957, p. 237 s. ; J.-C. Ricci, « La théorie thomiste du régime mixte », RDP, 1974, p. 1559 s.

2509 Au Moyen-Âge, la notion de « commun profit » a permis au roi d'établir et d'affirmer un pouvoir normatif dont il était privé à l'époque féodale (S. Petit-Renaud, *Faire Loy au royaume de France de Philippe VI à Charles V, 1328-1380*, Paris, De Boccard, 2003. Référence citée par F. Saint-Bonnet, art. cit., note n° 6.). Le commun profit est alors lié, lui-aussi, comme la notion d'intérêt général, au pouvoir politique. V. sur ce point, F. Saint-Bonnet, « L'intérêt général dans l'ancien droit constitutionnel », art. cit. p. 9 s.

2510 L. Lachance (*L'humanisme politique de Saint Thomas d'Aquin. Individu et État*, *op. cit.*, p. 16) montre que « l'étude des rapports entre l'un et le multiple ont forgé la métaphysique grecque. Cette étude a permis de dégager une méthode grâce à laquelle ont pu émerger des lois générales qui ont donné naissance aux sciences biologiques, mathématiques, physiques mais aussi sociales et notamment politique ». V. d'ailleurs sur ce point, les œuvres de Platon et d'Aristote qui placent la politique de la cité autour de la recherche de la conciliation de l'un et du multiple. Cela permet à Platon d'expliquer que dans son organisation politique, les individus doivent être au service de la Cité qui seule permettra à chacun d'atteindre le bonheur et la plénitude (J. Luccioni, *La pensée politique de Platon*, Paris, PUF, 1958, p. 109 et s.). V. aussi sur ce point, C. de Aranjo, « Le général et le particulier dans le droit constitutionnel moderne », RFDC, 2/2008 (n° 74), p. 239-261.

2511 L'intérêt général est également intimement lié au pouvoir religieux. V. sur ce point, A. Batbie, *Traité théorique et pratique de droit public et administratif*, t. III, Paris, Cotillon, Librairie du Conseil d'État, 1862, p. 1 s. sur la liberté religieuse.

2512 Aristote, *Éthique à Eudème*, 1245 b 3 et 1242 a 6, Trad. Viannery Décarie, Paris, Montréal, Librairie philosophique J. Vrin/Les presses de l'Université de Montréal, 1978, p. 183 s.

2513 H. Torrione, « Peut-on se passer de la notion de bien dans la pensée juridique et politique ? », dans A. Gavric et G. W. Sienkiewicz (éds.), *État et bien commun : perspectives historiques et enjeux éthico-politiques*. Colloque en hommage à Roger

conçu comme « service public »[2514]. Il est « défini par rapport à l'utilité commune »[2515]. Plus précisément, dans un ouvrage intitulé *Les Politiques*, ARISTOTE développe l'idée selon laquelle le pouvoir s'exerce seulement pour l'utilité commune[2516]. L'auteur distingue les constitutions droites (conçues en vue de l'utilité commune, de l'ensemble) des constitutions déviées dans lesquelles « le pouvoir s'exerce en faveur des gouvernants »[2517]. Cette association entre l'exercice du pouvoir politique et la notion d'intérêt général (ou plutôt les notions assimilées à l'intérêt général) est présente dans la pensée de nombreux auteurs du XVIe[2518] au XXe siècle[2519].

Berthouzoz, Berne, Peter Lang SA, Éditions scientifiques internationales, 2008, p. 85 s.

2514 *Ibid.*

2515 *Ibid.*

2516 Aristote, *Les Politiques*, Livre III, 6, 1279 b 17, trad. P. Pellegrin, Paris, GF-Flammarion, 1993, p. 227 s. Selon l'auteur, la communauté politique est liée à la notion de bien commun. En effet, « Puisque toute cité, nous le voyons, est une certaine communauté, et que toute communauté a été constituée en vue d'un certain bien (car c'est en vue de ce qui leur semble un bien que tous les hommes font ce qu'ils font), il est clair que toutes les communautés visent un certain bien et que, avant tout, c'est le bien suprême entre tous que vise celle qui est la plus éminente de toutes et qui contient toutes les autres. Or, c'est celle que l'on appelle la cité, c'est-à-dire la communauté politique ». Aristote, *Les politiques*, I, 1, *op. cit.*

2517 H. Torrione, « Peut-on se passer de la notion de bien dans la pensée juridique et politique ? », art. cit., p. 85 s.

2518 C'est en effet à cette époque que la notion de souveraineté s'est précisée, « en rapport direct avec l'apparition et la consolidation de l'État au sens propre, moderne du mot », A. Truyol Serra, « Souveraineté », APD, t. 35, Paris, Sirey, 1990, p. 313. V. également, C. Colliot-Thélène, « État et société civile », dans P. Raynaud et S. Rials (dirs), *Dictionnaire de philosophie politique*, Paris, PUF, coll. « Quadrige », 2003, p. 247. Comme le fait justement remarquer É. Saillant, « le pouvoir de commander aux hommes a en effet été formulé, en tous les cas assurément à partir des XVe et XVIe siècles comme la résultante de la vie en groupe » (*L'exorbitance en droit public*, Thèse, *op. cit.*, p. 137). Cela explique les développements doctrinaux sur la notion d'intérêt général (ou notions assimilées) à la même époque qui permet de fonder ou légitimer le pouvoir politique. J. Chevallier rappelle également que le XVIe siècle est lié à un tournant avec « l'émergence de la figure de l'État souverain et la concentration des pouvoirs », J. Chevallier, « Le Conseil d'État, au cœur de l'État », Pouvoirs, Revue française d'études constitutionnelles et pouvoirs politiques, *Le Conseil d'État*, nov. 2007, n° 123, p. 5 s., spéc., p. 6. V. également sur l'émergence de la raison d'État au XVIe siècle, G. Bigot, « La dictature administrative au XIXe siècle : théorie historique du droit administratif, (Définir le droit administratif /2) », RFDA, 2003, p. 435.

2519 V. par ex., F. de Vitoria, *Leçon sur le pouvoir politique*, (1528), introd. et trad. par M. Barbier, Paris, Vrin, 1980, p. 44 « Si, en effet, tous étaient égaux et si personne n'était soumis à aucun pouvoir, chacun allant de son côté à son gré et à sa guise, l'État serait nécessairement disloqué et la cité détruite, à moins qu'il n'y ait une institution pour veiller et pourvoir au bien commun » ; T. Hobbes, *Léviathan ou Traité de la*

937. Récemment, F. RANGEON rappelle que l'intérêt général « joue toujours le rôle de principe de légitimation du pouvoir d'État »[2520], qu'il soit lié à l'explication du fondement légal et rationnel du pouvoir[2521] ou qu'il « investisse le domaine de l'irrationnel »[2522]. C'est justement par cette fonction de légitimation que la notion d'intérêt général « semble s'inscrire dans un processus idéologique »[2523]. Plus précisément, selon l'auteur, l'idéologie de l'intérêt général remplit une triple fonction politique. Il constitue « le fondement, la finalité et la limite du pouvoir d'État »[2524].

938. Cette idée a déjà été développée par J. CHEVALLIER[2525] qui a mis en évidence les torsions que l'idéologie de l'intérêt général faisait subir

---

matière, de la forme et du pouvoir de la république ecclésiastique et civile, trad. annotée et comparée avec le texte latin par F. Tricaud, Paris, Sirey, 1971, réimp. Paris, Dalloz, 1999, p. 177 s. Le pouvoir doit être dirigé vers « un avantage commun » ; J.-J. Rousseau, « À l'instant, au lieu de la personne particulière de chaque contractant, cet acte d'association produit un corps moral et collectif composé d'autant de membres que l'assemblée a de voix, lequel reçoit de ce même acte son unité, son moi commun, sa vie et sa volonté », J.-J. Rousseau, *Du contrat social* (1762), Paris, rééd. GF Flammarion, 1966, p. 52. Ce corps sera le lieu d'expression d'un « intérêt supérieur commun » *opus cit.*, p. 51 ; J. Locke, *Traité du gouvernement civil*, Paris, Chez Calixte Volland, 1802, ch. VI, p. 148. C. Loyseau, « la Seigneurie publique doit estre reglé par Justice, voire estre dirigé à la propre utilité et nécessité du peuple », C. Loyseau, *Traité des seigneuries*, Paris, A. Langelier, 1608, ch. 2, p. 62 ; J. J. Burlamaqui, « Les princes perdent souvent de vue la fin pour laquelle ils sont établis, et au lieu de penser que la souveraineté n'est établie que pour le maintien et la sureté de la liberté des hommes, c'est-à-dire, pour les faire jouir d'un solide bonheur, ils la tournent souvent à des fins toutes contraires et à leur avantage particulier », J. J. Burlamaqui, *Principes du droit politique*, t. 1, Amsterdam, Chez Zacharie Chatelain, 1751, p. 20 s. ; H.-F. d'Aguesseau, *Essai d'une institution au droit public*, rééd. par L. Rigaud, Paris, Sirey, 1955, p. 110 ; M. Mey, *Maximes du droit public français*, 2e éd., t. 1, Amsterdam, chez Marc-Michel Rey, 1775, ch. III, p. 211. ; P. Pradier-Fodéré, *Précis de droit administratif*, 7e éd., Paris, Guillaumin et Pedone, 1872, p. 1 ou encore G. Jèze : Les « éléments essentiels de l'État sont l'organisation d'une force publique et l'existence, au milieu des individus groupés en société sur un territoire, d'hommes disposant de cette force publique pour atteindre certains buts d'intérêt général ; ces hommes sont les gouvernants », G. Jèze, *Éléments du droit public et administratif à l'usage des étudiants en droit*, Paris, Giard et Brière, 1910, p. 1.

[2520] *Ibid.* p. 21.

[2521] M. Weber, *Le savant et le politique*, *op. cit.*, p. 102.

[2522] F. Rangeon, *L'idéologie de l'intérêt général*, *op. cit.*, p. 21.

[2523] *Ibid.*

[2524] *Ibid.*, p. 21.

[2525] J. Chevallier, « Réflexions sur l'idéologie de l'intérêt général », dans Centre universitaire de recherches administratives et politiques, Amiens, *Variation autour de*

« à la réalité politique dans les pays occidentaux »[2526]. En effet, « l'idéologie de l'intérêt général ne saurait être considérée seulement comme un système contingent de légitimation politique lié à un certain contexte socio-économique [...] ; elle semble répondre en fait à des exigences beaucoup plus profondes, puisqu'on la retrouve, sous des expressions diverses, dans l'ensemble des formes d'organisation sociales et politiques modernes ». Transcendant les particularismes, elle « est dans tous les pays à la base des représentations politiques : son développement a suivi les étapes de constitution de l'État »[2527]. Ainsi, « l'idéologie de l'intérêt général apparaît bien comme une couverture indispensable à l'exercice du pouvoir étatique »[2528]. Une telle idée est intimement liée à la logique idéologique transcendante de l'intérêt général qui participe au « principe de totalisation de l'État »[2529], c'est-à-dire à « l'unité de la société [qui] s'incarne dans une personne juridique abstraite, à qui tous les actes de puissance seront rapportés et imputés ».

939. L'État, « soudure centraliste »[2530], est alors à l'origine de l'émergence d'un intérêt spécifique, transcendant les intérêts particuliers[2531]. Une telle conception rappelle la dialectique de HEGEL[2532] selon laquelle l'État est l'instance conciliatrice des intérêts particuliers qui seront « orientés

---

l'idéologie de l'intérêt général, vol. 1, Paris, PUF, 1978, p. 11 s.

2526 *Ibid.*

2527 *Ibid.*

2528 *Ibid.*, p. 12.

2529 *Ibid.*, p. 12. V. également, V. Bolgar, « L'intérêt général dans la théorie et dans la pratique », Rev. inter. dr. comp., vol. 17, n° 2, avril-juin 1965, p. 329 s.

2530 P. Legendre, « La royauté du droit administratif. Recherche sur les fondements traditionnels de l'État centraliste en France », Rev. hist. dr. franç. et étranger, 1974, reproduit dans P. Legendre, *Trésor historique de l'État en France. L'administration classique*, Paris, Fayard, 1992, p. 607.

2531 L. Nizard, « À propos de la notion de service public : mythes étatiques et représentations sociales », art. cit., p. 91 s.

2532 Hegel a montré comment l'État pouvait devenir l'instance conciliatrice de l'ensemble des intérêts individuels qui composent la société civile. L'auteur, loin d'aboutir à la négation des volontés individuelles (ce point de vue a été développé par F.-P. Bénoit, *Les idéologies politiques modernes, le temps de Hegel*, Paris, PUF, 1980, p. 156 s.), se réfère à l'État comme un instrument de médiation qui permet de dépasser, transcender les intérêts particuliers divisés et désordonnés de la société civile. En effet, « un État est bien ordonné et fort en lui-même quand l'intérêt privé des citoyens est uni à la fin général de l'État, quand l'intérêt privé et la fin de l'État trouvent l'un dans l'autre leur satisfaction et leur réalisation » (Hegel, *La raison dans l'histoire*, *op. cit.*, chap. 2, § 2). Dans cette optique, l'intérêt général est lié aux intérêts particuliers qui sont « orientés » (termes employés par J. Chevallier, « Réflexions sur l'idéologie de l'intérêt général », art. cit., p. 19) vers l'universel. V. pour des précisions, Hegel, *Principe de la philosophie du droit*, 1821, Paris, rééd. Gallimard, 1940, trad. de l'Allemand par A. Kaan, p. 270 s. (Section troisième : « L'État »).

vers l'universel »[2533] afin de prendre la forme de l'intérêt général. L'État n'est plus alors le défenseur de ses propres intérêts[2534] mais de ceux de « l'ensemble de la société globale »[2535], c'est-à-dire, de l'intérêt général. De la sorte, L. COHEN-TANUGI met en avant qu'un déséquilibre demeure au profit de l'État ; un déséquilibre « destiné à refléter la prééminence de l'intérêt général sur les intérêts particuliers »[2536].

940. Le processus lié à la promotion d'un intérêt spécifique a également marqué la pensée de R. CARRÉ DE MALBERG. Il estime que l'État poursuit un intérêt commun spécifique qui est la condition de l'unification politique. En effet, « ce qui caractérise cette sorte de communauté (étatique), c'est qu'elle est une collectivité publique, se superposant à tous les groupements particuliers »[2537]. En effet, « les communautés étatiques se sont formées [...] en une corporation unique, fondée sur la base de l'intérêt général et commun »[2538]. Une telle vision de l'intérêt général est également notable dans l'œuvre de M. HAURIOU. L'auteur considère qu'à l'origine de « l'institution »[2539] politique, se trouve une « idée d'œuvre ou

---

2533 J. Chevallier, « Réflexions sur l'idéologie de l'intérêt général », art. cit., p. 19. V. également sur l'État hégélien, F. Rosenzweig, *Hegel et l'État*, Paris, PUF, 1991 ; L. Ponton, « Hegel et Aristote. La souveraineté de l'État », Laval théologique et philosophique, vol. 52, n° 1, 1996, p. 155 s. V. également, F. Dubois *et al.*, « La contestation du droit administratif dans le champ intellectuel et politique », dans *Le droit administratif en mutation*, Centre universitaire de recherches administratives et politiques de Picardie, Paris, PUF, 1993, p. 149 s.

2534 J. Bodin considère que « si la justice est la fin de la loy, la loy oeuvre du Prince, le Prince image de Dieu, il faut par mesme suite de raison, que la loy du Prince soit faicte au modelle de la loy de Dieu ». Ainsi, la loi n'est pas établie dans l'intérêt du Prince (J. Bodin, *Les six livres de la Républiques*, Lyon, Jean de Tournes, 1579, Livre 1, ch. VIII, p. 112). V. notamment sur l'intérêt de l'État, N. O. Keohane, *Philosophy and the state in France : The Renaissance to enleightenment*, Princeton, Princeton UP, 1980, p. 174 ; M. Viroli, *From politics to reason of state*, Cambridge, Cambridge University Press, 1993, ch. I et II ; H. de Rohan, *De l'interest des princes et Estats de la chrestienté*, 1646 publiée à Paris, édition établie, introduite et annotée par C. Lazzeri, *L'intérêt des princes et des États de la chrétienté*, Paris, PUF 1995, coll. de philosophie politique « Fondements de la politique », p. 4-5 s. et p. 71 s. notamment. V. indirectement sur la raison d'État, E. Thuau, *Raison d'État et pensée politique à l'époque de Richelieu*, Paris, A. Colin, 1966, p. 312.

2535 J.-W. Lapierre, *Essai sur le fondement du pouvoir politique*, Publications des annales de la Faculté des Lettres Aix-en-Provence, Éd. Ophrys, Nouvelle série n° 63, 1968, p. 74.

2536 L. Cohen-Tanugi, *Le droit sans l'État*, 3e éd., Paris, PUF, 1987, p. 96.

2537 R. Carré de Malberg, *Contribution à la théorie générale de l'État*, Paris, Librairie du Recueil Sirey, 1920, t. premier, p. 2.

2538 R. Carré de Malberg, *Contribution à la théorie générale de l'État, Opus cit.*, p. 2.

2539 V. sur la théorie de l'institution, M. Hauriou, *Principes de droit public*, Paris, Sirey, 1910, ch. III, p. 123 ; G. Renard, *La théorie de l'institution*, Paris, Sirey, 1930 ;

d'entreprise »[2540]. Toutefois, l'institution se détache des volontés individuelles qu'elle rassemble. « À l'intérêt commun se substitue l'intérêt public, celui de la collectivité politique »[2541] qui transcende les intérêts particuliers. La même idée sera reprise plus tard dans le *Traité de science politique* de G. BURDEAU lorsqu'il précise que « l'institution est une entreprise au service d'une idée, organisée de telle sorte que l'idée étant incorporée dans l'entreprise, celle-ci dispose d'une puissance et d'une durée supérieure à celles des individus par lesquels il agit »[2542]. Plus loin, l'auteur explique que « l'idée reste extérieure à l'entreprise, c'est un but ou une fonction. L'organisme est bien aménagé de manière à les servir, mais il demeure en dehors de lui »[2543]. Ainsi, dans l'institution étatique, la puissance est mise au service d'un but transcendant, qui rappelle la notion d'intérêt général[2544].

941. Dans une telle perspective alors, l'idéologie de l'intérêt général transcendant fait apparaître l'État comme un « centre d'intégration et d'unification de la société »[2545]. Plus précisément, l'État apparaît comme étant « d'essence différente : à la fois extérieure et supérieure à la société, il joue par rapport à elle le rôle d'instituant symbolique ; c'est par lui que la société s'ordonne et acquiert son identité »[2546]. C'est donc l'État qui « constitue le principe d'unification de la société »[2547]. Il est de ce fait, seul véritable

---

G. Renard, « le droit constitutionnel et la théorie de l'institution », Mélanges R. Carré de Malberg, 1933, p. 490 ; G. Renard, *La philosophie de l'institution*, Paris, Librairie du Recueil Sirey, 1939 ; A. Desqueyrat, *L'institution, le droit objectif et la technique positive. Essai théorique et doctrinal*, Thèse, Paris, 1933 ; G. Morin, *Pour une révision de la technique juridique, la théorie de l'institution et la technique juridique*, 20e cahier de la Nouvelle journée, 1934 ; R. Loureau, *L'analyse institutionnelle*, Thèse, Paris 10, 1969.

[2540] M. Hauriou, « La théorie de l'institution et de la fondation », dans M. Hauriou, *La cité moderne et les transformations du droit*, Paris, Librairie Bloud et Gay, 1925, p. 10.

[2541] F. Rangeon, *L'idéologie de l'intérêt général*, *op. cit.*, p. 28.

[2542] G. Burdeau reprendra la théorie de l'institution de M. Hauriou : dans G. Burdeau, *Traité de science politique*, t. II, *L'État*, Paris, LGDJ, 3e éd. 1980, p. 255. V. par ailleurs sur l'État en tant qu'institution dans l'œuvre de G. Burdeau, *L'État*, *op. cit.*, p. 252 s., n° 170 s.

[2543] *Ibid.*, p. 255.

[2544] J. Chevallier interprète l'œuvre de G. Burdeau en ce sens, v. « Les fondements idéologiques du droit administratif français », art. cit., p. 43, note 116. Cette idée d'intérêt général ou d'intérêt commun transcendant ressort également dans l'œuvre d'autres auteurs qui se sont appuyés sur la théorie de l'institution. V. par ex. G. Renard, *op. cit.* ; M. Bouvier, « La symbolique du corps dans la pensée juridique et politique de Georges Renard », dans *Pouvoir du symbole*, éd. L'âge d'or, coll. « Politica Hermetica », n° 11, 1997, p. 127 s.

[2545] J. Chevallier, « Réflexions sur l'idéologie de l'intérêt général », art. cit., p. 19.

[2546] *Ibid.*, p. 18.

[2547] *Ibid.*

« dépositaire de l'intérêt général »[2548]. Ainsi, l'intérêt général est le reflet d'une certaine idéologie politique qui exprime une vision singulière de l'État ; un État qui s'inscrit dans la « prééminence de la « filiation "volontariste"[2549] »[2550]. Comme le rappelle le rapport public du Conseil d'État de 1999 consacré à l'étude de l'intérêt général, dans la tradition politique française, « l'intérêt général s'inscrit principalement dans une filiation volontariste et républicaine qui conçoit l'État unitaire comme son garant. Défini par le législateur, il inspire la politique du gouvernement et justifie l'action de l'administration dont il permet le contrôle attentif par le juge administratif[2551] »[2552].

942. L'identification du pouvoir politique dans la jurisprudence administrative s'explique parfaitement car le juge administratif « est amené à défendre une conception de l'intérêt général qui va au-delà de la synthèse des intérêts particuliers »[2553]. Il contrôle l'action administrative par rapport aux finalités d'intérêt général[2554]. Or, si le juge exerce un contrôle de légalité, il se reconnaît la possibilité « d'apprécier le bien-fondé de l'action administrative. Il contribue donc à définir le contenu de l'intérêt général. Il s'agit alors pour lui, non de se substituer aux instances légitimement en charge de cette formulation, mais d'expliciter, à partir des textes, une conception qui demeurait implicite. Cette explication permet de renforcer la cohérence de l'action de l'État, tout comme elle assure l'unité de la notion d'intérêt général en encadrant, dans des limites étroites, le processus auquel concourent d'autres acteurs »[2555]. Cette situation met l'accent sur la nature plurifonctionnelle de l'intérêt général qui reflète, retranscrit une vision de l'action politique dans la jurisprudence administrative, c'est-à-dire au niveau juridique. Cette fonction « trans-frontière » de l'intérêt général entre le

---

[2548] *Ibid.*

[2549] Cette approche volontariste est nuancée par la doctrine. Elle ne doit pas sous-estimer « la participation de l'ensemble des acteurs sociaux » : C. Legrand, F. Rangeon et J.-F. Vasseur, « Contribution à l'analyse de l'idéologie de l'intérêt général », dans Centre universitaire de recherches administratives et politiques – Aliens, *Discours et idéologie*, Paris, PUF, 1980, p. 181 s. V. plus particulièrement, p. 193.

[2550] Conseil d'État, Rapport public 1999, *L'intérêt général*, *op. cit.*, p. 265.

[2551] R. Catherine et G. Thuillier, *Introduction à une philosophie de l'administration*, Paris, A. Colin, 1969, p. 15. Référence citée par Rapport public CE, *op. cit.*, p. 266.

[2552] *Ibid.*

[2553] *Ibid.*, p. 267.

[2554] D. Truchet, *Les fonctions de l'intérêt général dans la jurisprudence du Conseil d'État*, *op. cit.* ; D. Linotte, *Recherche sur la notion d'intérêt général en droit administratif français*, *op. cit* ; Rapport public CE, sur l'intérêt général, *op. cit.*, 1999 p. 239 s.

[2555] *Ibid.*, p. 267.

juridique et le politique n'est pas novatrice[2556]. D. LINOTTE l'a déjà évoqué à l'occasion de l'étude de la formation du droit administratif français[2557]. L'auteur montre notamment comment la formation du droit administratif français s'est construite autour de l'intérêt général et justifie son caractère exorbitant. L'intérêt général reflète par exemple, selon l'auteur, au XIXe siècle, la puissance d'un État autoritaire[2558]. Le droit administratif se caractérise alors comme un droit inégalitaire en raison de considérations d'intérêt général[2559]

[2556] F. Rangeon met en avant les fonctions juridique et politique de l'intérêt général, dans *L'idéologie de l'intérêt général*, *op. cit.*, p. 14 et 19.

[2557] D. Linotte, Thèse, *op. cit.*, p. 18 s. Selon l'auteur, « l'une et l'autre de ces conceptions tenant au rôle de la notion d'intérêt général à l'égard de la puissance publique, se retrouvent à des degrés divers dans le Droit Public français. Et surtout dans le Droit Administratif moderne qui va s'ébaucher en une période où il faut bien concilier "L'Ancien Régime et La Révolution" : le XIXe siècle », *Recherches sur la notion d'intérêt général*, *op. cit.*, p. 17.

[2558] V. sur ce point, G. Bigot, « La dictature administrative au XIXe siècle : théorie historique du droit administratif, (Définir le droit administratif /2) », RFDA, 2003, p. 435 ; G. Bigot, « Les bases constitutionnelles du droit administratif avant 1875 », RFDA, 2003, p. 218 s. ; G. Bigot, *Introduction historique au droit administratif français depuis 1789*, Paris, PUF, coll. « Droit fondamental », 2002, p. 49 s. V. également, P. Legendre, *Histoire de l'administration de 1750 à nos jours*, Paris, PUF, 1968, coll. « Thémis », p. 48 s. ; P. Rosanvallon, *L'État en France de 1789 à nos jours*, Paris, Seuil, 1990, coll. « L'univers historique », p. 139 s.

[2559] D'autres auteurs préfèrent la puissance publique à la notion d'intérêt général : E. Laferrière, *Traité de la juridiction administrative et des recours contentieux*, Paris, Berger-Levrault, 1887, rééd., LGDJ, t. 1, p. 429 s. : « On ne doit pas considérer comme échappant de plein droit à la compétence judiciaire, tout acte émané de l'administration, toute opération accomplie ou prescrite par elle en vue d'un intérêt général ; mais seulement les actes et les opérations qui se rattachent à l'exercice de la puissance publique et qui excèdent, à ce titre, les facultés des citoyens. Ces facultés, qui sont égales pour tous dans les rapports des individus entre eux, le sont aussi dans leurs rapports avec l'administration, lorsque celle-ci fait, en vue d'intérêts généraux, ce qu'un simple citoyen pourrait faire en vue d'intérêts particuliers ».

en s'appuyant principalement[2560] sur les œuvres de L.-A. MACAREL[2561] et de L. AUCOC[2562].

943. Aujourd'hui, malgré les évolutions[2563], le droit administratif demeure intimement lié, voire « soumis »[2564] à l'État et au pouvoir politique[2565]. A. HEYMANN-DOAT et D. LOCHAK précisent d'ailleurs que « le droit administratif [...] constitue la matrice des dogmes relatifs à l'État et

2560 L'intérêt général est donc lié à l'idée de puissance. V. sur d'autres auteurs qui, au XIXe, lient l'intérêt général et la puissance publique : A. Batbie, *Traité théorique et pratique de droit public et administratif*, 2e éd. Paris, Larose, 1885, t. 1, p. 59 et 327 ; V. du même auteur, *Introduction générale au droit public et administratif*, Paris, Cotillon, 1861, p. 23 et 24 ; P. Pradier-Fodéré selon lequel, pour se développer, l'État « a dû substituer à l'empire aveugle et désordonné des forces individuelles, une force intelligente et suprême, la puissance publique, chargée de satisfaire l'intérêt général » (P. Pradier-Fodéré, *Précis de droit administratif*, 7e éd., Paris, Guillaumin et Pedone, 1872) ; T. Ducrocq, *Cours de droit administratif*, 6e éd., t. 1, Paris, Thorin, 1881, p. 235 s. : « La mission de l'administration active est de donner satisfaction aux besoins de l'intérêt général ; et, dans les litiges administratifs, cet intérêt général est représenté par l'acte administratif proprement dit qui a heurté les droits ou les intérêts privés réclamant contre lui ».

2561 Selon L.-A. Macarel (*Cours de droit administratif*, 2e éd., t. 1, 1848, p. 9 et 29 s), l'intérêt général entraîne la conception d'un droit spécifique reconnu par la puissance publique.

2562 L. Aucoc explique que la création de la juridiction administrative a été principalement motivée par la nécessité de laisser à l'administration sa liberté d'action sous le contrôle du pouvoir législatif. Cependant, L. Aucoc estime que la juridiction administrative est nécessaire en raison de « l'intérêt public qui imposerait des sacrifices à l'intérêt privé » (L. Aucoc, *Conférences sur l'Administration et le droit administratif faites à l'école impériale des Ponts et Chaussées*, Paris, Dunod, Librairie corps impériaux des Ponts et Chaussées et des Mines, 3e éd., 1885, p. 438, n° 269. V. dans le même sens, M. Vivien, *Études administratives*, 3e éd., Paris, Librairie de Guillaumin & Cie, t. I, 1859, p. 140 s.).

2563 V. sur l'évolution de la conception de l'État, P. Legendre, *Histoire de l'administration, op. cit.*, p. 70 s. ; P. Rosanvallon, *L'État en France de 1789 à nos jours, op. cit.*

2564 F.-P. Bénoît distingue deux « personnalités de l'État ». L'État-nation correspond à des chapitres dédiés au droit constitutionnel. L'État-nation a pour mission l'émission des normes juridiques primaires (Constitution, loi, décret) ainsi que la conception et l'action générale touchant aux affaires du pays, tant à l'intérieur qu'à l'extérieur. Ce sont des missions exercées par le Parlement et le Gouvernement. Or, l'auteur distingue l'État-nation de l'État-collectivité ; ce dernier renvoyant à des chapitres portant sur le droit administratif. Or, dans son ouvrage intitulé, *Le droit administratif français* publié en 1968, F.-P. Bénoît explique que l'ensemble des missions de l'État-collectivité se caractérise par « sa subordination aux normes et aux directives émanant des autorités de l'État-Nation », *Le droit administratif français*, Paris, Dalloz, 1968, p. 29.

2565 V. sur ce point, J. Jiang, *Théorie du droit public*, Paris, L'Harmattan, 2010, p. 81 s.

à l'administration et joue un rôle capital dans leur diffusions – ce qui s'explique fort bien historiquement si l'on considère que l'administration et le droit administratif, en France, se sont construits simultanément, se conditionnant et se confortant mutuellement »[2566]. É. SAILLANT rappelle encore récemment qu'il marque « la spécificité de l'État parce qu'il n'est pas le droit des particuliers »[2567]. J. CHEVALLIER a également relevé comment l'idéologie de l'intérêt général continue à gouverner, structurer le droit administratif en révélant une certaine conception de l'État. Dans un article consacré à l'idéologie du droit administratif, l'auteur rappelle comment les principaux critères du droit administratif (puissance publique et service public) sont irrémédiablement liés à des conceptions spécifiques de l'État[2568]. Cela peut par ailleurs expliquer pourquoi le droit administratif, malgré sa notable indépendance[2569], ne peut résister aux changements politiques[2570] ; les deux domaines étant liés. Dès lors, si la doctrine administrative contemporaine a cessé, comme le relève O. BEAUD, « de mettre l'État au centre du droit administratif »[2571], il n'en demeure pas moins que le lien entre

---

[2566] A. Heymann-Doat et D. Lochak, « les fonctions du droit administratif », dans *L'administration dans son droit. Genèse et mutation du droit administratif français*, Paris, Publisud, 1985, p. 154 ; J. Caillosse, « Sous le droit administratif, quelle(s) administration(s) ? Réflexions sur l'enseignement actuel du droit administratif », dans Mélanges G. Peiser, Grenoble, PUF, 1995, p. 63 s.

[2567] E. Saillant, *L'exorbitance en droit public*, *op. cit.*, p. 328.

[2568] J. Chevallier, « Les fondements idéologiques du droit administratif français », art. cit. p. 3 s.

[2569] G. Vedel oppose la stabilité du droit administratif à l'instabilité du droit constitutionnel : dans G. Vedel, « Discontinuité du droit constitutionnel et continuité du droit administratif », dans Mélanges M. Waline, Paris, LGDJ, 1974, p. 177 s. V. également sur la stabilité d'un droit administratif qui permet de protéger les libertés fondamentales menacées par les évènements politiques, R. Cassin, EDCE, 1947, p. 10 ; T. Bouffandeau, « La continuité et la sauvegarde des principes du droit public français », EDCE, 1947, p. 23 ; M. Letourneur, « Les progrès récents de la jurisprudence du Conseil d'État », dans *Études juridiques en l'honneur du professeur Colmeiro*, La Coruna, Moret, 1950, p. 115 s . V. également sur la « sagesse » du juge administratif, E. Pisier et P. Bouretz, « Le retour des sages », dans *La France en politique*, Paris, Esprit-Fayard-Seuil, 1998 ; P. Bouretz, « Comités de sages, pluralisme et démocratie », Pouvoirs locaux, n° 2, 1989, p. 86 s.

[2570] J. Chevallier, « Changement politique et droit administratif », dans Centre universitaire de recherches administratives et politiques de Picardie (CURAPP), *Les usages sociaux du droit*, Paris, PUF, 1989, p. 293 s.

[2571] V. la contribution d'O. Beaud sur l'État, dans P. Gonod, F. Melleray et P. Yolka, *Traité de droit administratif*, Paris, Dalloz, 2011, t. 1, p. 207 s., spéc. p. 218. L'auteur explique que l'oubli de l'État dans la doctrine administrative contemporaine a commencé avec G. Jèze (*Principes généraux du droit administratif*, Paris, Berger-Levrault, 1904), s'est poursuivi avec M. Waline (*Manuel élémentaire de droit administratif*, Paris, Sirey, 1936) qui s'attèle davantage à la question de l'autonomie

les deux branches du droit ressurgit avec une profonde vigueur à travers l'analyse de l'intérêt général dans la jurisprudence administrative. En effet, si l'État n'est plus au centre de la doctrine contemporaine, il continue à innerver, à travers la notion d'intérêt général, le droit administratif français[2572].

944. Ainsi, l'intérêt général transcendant est lié à l'identification du pouvoir politique dans la jurisprudence administrative. Toutefois, il convient de vérifier désormais comment s'exprime concrètement le pouvoir politique dans la jurisprudence.

II. Les besoins collectifs, manifestation concrète de la supériorité du pouvoir étatique

945. Si l'intérêt général n'est pas doté d'un contenu matériel fixe, il est néanmoins, contrairement à ce qui est souvent avancé, ontologiquement prédéterminé. Cette prédétermination s'exprime par sa transcendance ; transcendance qui le lie, par essence, au pouvoir politique. Ce pouvoir politique est en effet lié à la satisfaction des besoins collectifs qui reflètent la supériorité concrète du pouvoir étatique. Plus précisément, cette idée repose sur une théorie de l'État selon laquelle l'idée de puissance publique représente le pouvoir de commandement[2573] unilatéral qui permet à l'État d'imposer ses décisions aux sujets de droit. Ce pouvoir de commandement[2574] constitue l'un des attributs essentiels de la nation et révèle indirectement la souveraineté[2575] cachée de l'État.

---

du juge administratif et s'est éteint avec G. Vedel (« Les bases constitutionnelles du droit administratif », EDCE, n° 8, rééd. *Pages de doctrines*, LGDJ, 1980, t. II, p. 129 s.) qui néglige même la fonction spécifique que réalise l'État quand il agit en tant qu'autorité administrative.

2572 J. Chevallier, « Les fondements idéologiques du droit administratif français », art. cit. p. 3 s.

2573 Cette vision des choses est inspirée de la conception de J. Bodin. L'auteur caractérise la souveraineté comme le pouvoir unilatéral d'imposer la loi puis comme un ensemble de droits qui seraient les droits essentiels de l'État (J. Bodin, *Les six livres de la République* (1576), Paris, Fayard, 1986). Il s'agit d'une « définition formelle fondée sur la puissance de commandement, renvoyant directement à l'idée de puissance publique et une définition substantielle renvoyant à la notion bien connue des droits régaliens » (J.-A. Mazères, « Qu'est-ce que la puissance publique ? », dans P. Raimbault (dir.), *La puissance publique à l'heure européenne*, *op. cit.*, p. 9 s.).

2574 G. Vedel, « Les bases constitutionnelles du droit administratif », EDCE, 1954, n° 8, p. 21 s.

2575 V. sur la souveraineté, A. Haquet, *Le concept de souveraineté en droit constitutionnel français*, Thèse, Paris, PUF, coll. « Les grandes thèses du droit français », spéc. p. 27 ; A. Haquet, « La (re)définition du principe de souveraineté »,

946. S'agissant de la souveraineté, R. CARRÉ DE MALBERG en a distingué trois sens[2576]. Elle désigne d'abord le « caractère suprême d'une puissance pleinement indépendante », puis « l'ensemble des pouvoirs compris comme la puissance d'État » et enfin, le « titulaire suprême de la puissance étatique »[2577]. En l'espèce, l'intérêt général lié à la satisfaction des besoins collectifs recouvre les deux premières acceptions, c'est-à-dire la puissance d'État liée à l'indépendance. C'est d'ailleurs l'idée développée par O. BEAUD qui explique dans une thèse relative à *La puissance de l'État* que les deux acceptions traduisent la monopolisation du pouvoir politique par l'État qui serait une puissance indépendante vis-à-vis des autres États. L'État souverain est alors « une puissance de commandement unique, exclusive et irrésistible »[2578].

947. Toutefois, si de nombreux auteurs[2579] distinguent la souveraineté de la puissance publique[2580], nous assimilerons en l'espèce les deux notions pour répondre à la spécificité des finalités de l'intérêt général. G. BURDEAU, L. HAMON et M. TROPER estiment d'ailleurs que « le troisième critère de l'État, cette expression d'un pouvoir de commandement dont jouit l'État sur ses sujets, n'est rien d'autre que la souveraineté »[2581]. On

---

Pouvoirs, n° 94, 2000, p. 141 s. ; G. Antalffy, Le *concept de la souveraineté dans la théorie générale de l'État et du droit*, 1968, Hongrie, Szeged ; R. Gosalbo Bono, « Sur la théorie de la souveraineté et son application à (et dans) l'Union européenne », dans *A Man for All Treaties*, Liber Amicorum en l'honneur de J.-C. Piris, Bruylant, Bruxelles, 2012, p. 195 s., spéc., p. 236 ; A. Truyol Serra, « Souveraineté », APD, t. 35, Sirey, 1990p. 313 s.

2576 R. Carré de Malberg, *Contribution à la théorie générale de l'État*, t. 1, *op. cit.*, p. 79.

2577 *Ibid.*

2578 O. Beaud, *La puissance de l'État*, Thèse, Paris, PUF, 1994, coll. « Léviathan », p. 18 s.

2579 R. Carré de Malberg, *Contribution à la théorie générale de l'État*, *op. cit.*, t. 1, p. 79 ; Ch. Rousseau, « L'indépendance de l'État dans l'ordre international », Recueil des cours de l'Académie de dr. inter., 1948, vol. II, p. 167 s. ; Ch. Rousseau, *L'indépendance de l'État dans l'ordre international*, Paris, Sirey, 1949 ; C. Denizeau, *L'idée de puissance publique à l'épreuve européenne*, *op. cit.*, p. 9 s.

2580 V. Sur l'étendue du débat, J.-A. Mazères, « Qu'est-ce que la puissance publique ? », dans P. Raimbault (dir.), *La puissance publique à l'heure européenne*, *op. cit.*, p. 9 s., spéc., p. 14.

2581 G. Burdeau, L. Hamon et M. Troper, *Droit constitutionnel*, Paris, LGDJ, 27e éd., 2001, p. 21. V. encore récemment : « on n'emploie pas habituellement le terme d'État pour parler des sociétés sans histoire, dites « primitives » ou en Europe occidentale de la société féodale ; il faut encore que cette population et ce territoire soient soumis à une forme spécifique de pouvoir politique. Cette troisième condition d'existence est généralement appelée la puissance publique ou encore souveraineté » (F. Hamon et M. Troper, *Droit constitutionnel*, Paris, LGDJ, Lextenso Éditions, 2012, p. 12).

dit alors que « ce qui caractérise l'État, c'est qu'il exerce un pouvoir d'une essence particulière, un pouvoir supérieur à tous les autres qu'on appelle souverain »[2582].

948. Cette idée ressort également des pensées d'O. BEAUD[2583] et de S. RIALS[2584] qui, dans la lignée de L. DUGUIT, considèrent que les « expressions de souveraineté, pouvoir politique, pouvoir de domination sont synonymes et que l'on peut aussi dire dans le même sens puissance publique »[2585].

949. Cette vision de la souveraineté, attachée à la puissance de l'État, permet ainsi de rendre compte du rôle de l'intérêt général entendu comme la satisfaction des besoins de la puissance étatique dans la jurisprudence administrative. En effet, celui-ci permet de révéler, dans de nombreux domaines du contentieux, la souveraineté cachée de l'État. Si de multiples exemples[2586] traduisent cela, nous nous concentrerons davantage sur trois cas représentatifs. Nous étudierons donc l'intérêt général lié à la souveraineté cachée de l'État en matière fiscale (A), dans la responsabilité sans faute (B) et encore à travers les moyens juridiques de l'action administrative (C).

2582 *Ibid.*

2583 O. Beaud, « La souveraineté dans la contribution à la théorie générale de Carré de Malberg », RDP, 1994, p. 1251 s. ; O. Beaud, *La puissance de l'État*, Thèse, Paris, PUF, 1994, coll. « Léviathan ».

2584 S. Rials, « La puissance étatique et le droit dans l'organisation internationale », APD, 1987, t. 32, p. 197.

2585 L. Duguit, *Traité de droit constitutionnel*, 1re éd., 1923, t. 1, Paris, De Boccard, p. 402.

2586 V. par ex. le contentieux relatif à la domanialité publique. Dans le cadre du régime des utilisations privatives par ex., l'octroi ou le refus des autorisations peut être édicté dans l'intérêt du domaine public (CE, 26 mai 1989, *Commune de Saint-Martin*, n° 70697, inédit – CE, 28 juillet 1993, *SARL Provincia*, n° 105198, inédit). V. encore le contentieux de l'expropriation et les buts d'utilité publique liés à la défense nationale : CE, 12 juillet 1950, *Cazentre et Castex*, T. Rec., p. 774 – CE, 24 avril 1988, *Cayrol*, RDI 1988, 3, p. 280 – CE, 1 juin 1973, *Abraham et a.*, Rec., p. 394 – CE, 7 mars 1975, *Association Amis abbaye Fontevraud et Groupement défense interdépartemental de la forêt de Fontevraud*, Rec., p. 179 ; AJDA, 1976, p. 208, note Hostiou – CE, 5 mars 1976, *Tarlier et a*, Rec., p. 132 ; JCP G, 1977.II.18650, note Truchet ; AJDA, 1976, p. 198, chron. Nauwalaers et Boyon et p. 253, note Colson. Ces questions contentieuses ne font pas l'objet d'une sous-partie en tant que telle. Néanmoins, elles seront présentes dans l'ensemble des développements. Ces questions seront donc bien traités mais en liaison avec d'autres notions au cours du présent chapitre et de la présente section.

A. Intérêt général et souveraineté cachée de l'État en matière fiscale

950. Dans le *Traité élémentaire de Science et de législation financières*, J. LAFERRIÈRE et M. WALINE définissent l'impôt de la manière suivante : « un prélèvement pécuniaire, qu'en vue de subvenir aux besoins publics, l'État opère par voie de contrainte sur les ressources des particuliers, à raison de leurs facultés contributives, sans que ce prélèvement corresponde à des services déterminés procurés à qui y est astreint »[2587]. Cette définition, qui repose sur des justifications « d'intérêt général »[2588], fait écho à la position de G. JÈZE estimant que l'impôt est « une prestation pécuniaire perçue par voie d'autorité, établie selon des règles fixes en vue de la couverture des "dépenses d'intérêt général"[2589] »[2590]. Cette idée est reprise par la doctrine contemporaine selon laquelle, « dans la pratique, l'impôt constitue la ressource financière assurée à l'État afin de lui octroyer les moyens matériels et humains destinés à lui permettre de répondre aux besoins de l'intérêt public ; il est donc, par voie de conséquence, la contribution des citoyens aux charges exposées par l'État dans un souci d'intérêt collectif et national »[2591]. L'impôt est en effet « nécessaire à l'accomplissement des missions de l'État »[2592] qui impliquent de prendre en compte des considérations d'intérêt général qui ne sont pas la « somme des intérêts particuliers »[2593].

951. Néanmoins, aujourd'hui, cette vision finaliste de l'impôt n'est plus seulement destinée à assurer le financement des dépenses régaliennes de

---

[2587] J. Laferrière et M. Waline, *Traité élémentaire de Science et de législation financières*, Paris, LGDJ, 1952, p. 219.

[2588] *Ibid.*, p. 222.

[2589] D'autres auteurs se réfèrent à la notion de dépenses d'intérêt général pour définir l'impôt : E. Allix, *Traité élémentaire de la Science des Finances*, 6e éd., Paris, Rousseau, 1931, p. 396 ; L. Mehl, *Science et technique fiscales*, Paris, PUF, coll. « Thémis », 1959, p. 55.

[2590] G. Jèze, *Cours de finances publiques*, Paris, LGDJ, 1930, p. 445 s. V. également sur la définition de l'impôt, G. Jèze, *Théories générales sur les phénomènes financiers, les dépenses publiques, le crédit public ; les taxes ; l'impôt*, Paris, Marcel Giard, 1931, p. 3 s., 47 s. 68 s. et 445 s.

[2591] M. Betch, *Droit fiscal*, 2e éd., Paris, Vuibert, 2010, Dyna'sup Droit, p. 9.

[2592] J. Grosclaude et P. Marchessou, *Droit fiscal général*, Paris, Cours Dalloz, 8e éd., 2011, p. 4.

[2593] M. Lauré, *Traité de politique fiscale*, Paris, PUF, 1956, p. 27 s.

l'État[2594]. Avec l'interventionnisme étatique[2595], de « nouvelles catégories d'impositions »[2596] apparaissent comme « l'imposition contributive[2597] affectées au financement de dépenses d'intérêt général »[2598]. Dans ce cas, ce sont des considérations d'intérêt général, qui permettent de distinguer l'impôt de la redevance[2599]. L'intérêt général constitue donc, en certains cas, un « critère »[2600] de définition de l'impôt.

952. Néanmoins, si l'impôt repose sur des considérations d'intérêt général, il demeure un prélèvement pécuniaire imposé par « voie d'autorité »[2601]. Il s'agit en effet d'un « acte de la puissance publique »[2602],

---

[2594] J.-B. Geffroy, « Impôt (Grandes doctrines) », dans *Dictionnaire de la culture juridique*, *op. cit.*, p. 805 s., spéc. p. 809 ; M. Collet, *Droit fiscal*, Paris, PUF, coll. « Thémis droit », 2e éd., 2009, p. 4.

[2595] J.-B. Geffroy, « Impôt (Grandes doctrines) », art. cit., p. 805 s., spéc. p. 809.

[2596] Y. Moubachir, *Imposition et régime fiscal. Vers de nouvelles catégories d'impositions*, Thèse, Paris, LGDJ, coll. « Bibliothèque de Science financière », t. 45, 2007.

[2597] V. sur les fonctions économiques et sociales de l'impôt, G. Tournié, *La politique fiscale sous la 5e République, Introduction à l'étude du système fiscal français*, Privat, coll. « Societas », 1985, p. 35.

[2598] Y. Moubachir, *Imposition et régime fiscal. Vers de nouvelles catégories d'impositions*, *op. cit.* p. 125 s.

[2599] CE, Ass., 21 nov. 1958, *Syndicat national des transporteurs aériens*, Rec., p. 572 – CE, 22 déc. 1978, *Syndicat des Hautes Graves de Bordeaux*, Rec., p. 525 ; D. 1979, p. 125, note P. Delvolvé ; RJF, 11/79, n° 655, et concl. Genevois, p. 370. En l'espèce, le prélèvement « n'a pas été institué dans le seul intérêt des producteurs qui ont revendiqué le bénéfice de ces appellations, mais a essentiellement pour objet un intérêt général de protection des consommateurs ; qu'ainsi, le paiement imposé par l'article 3 aux viticulteurs, des frais occasionnés par des opérations de contrôle auxquelles ils sont assujettis, ne correspond pas à la simple rémunération d'un service rendu auxdits viticulteurs et ne saurait être mis à la charge de ceux-ci que par la loi » – CE, 10 déc. 1982, *Chambre syndicale des centres agréés d'abattage et de conditionnement des produits de basse-cour*, Rec., p. 414 – CE, 18 janvier 1985, *Mme d'Antin de Vaillac et Syndicat des sylviculteurs du Sud-Ouest*, Rec., p. 12 ; EDP, 1985, p. 804, note J.-M. Auby – CE, Avis, 11 juillet 2011, *Société Candia*, n° 346698, à paraître aux T. du Rec. ; concl. P. Collin, RJEP, 1/3/2012, n° 695, p. 27 – Cons. const., 16 nov. 1977, n° 77-100 L, *Nature juridique de dispositions du code de l'urbanisme et de l'habitation et divers textes relatifs à la construction et au logement*, Rec., p. 65.

[2600] Y. Moubachir, *Imposition et régime fiscal. Vers de nouvelles catégories d'impositions*, *op. cit.*, p. 129.

[2601] J.-J. Bienvenu et T. Lambert, *Droit fiscal*, 4e éd., Paris, PUF, coll. « Droit fondamental », 2010, p. 30.

[2602] M. Betch, *Droit fiscal*, 2e éd., Vuibert, 2010, Dyna'sup Droit, p. 11 ; M. Bouvier, *Introduction au droit fiscal général et à la théorie de l'impôt*, 3e éd., Paris, LGDJ, 2000, p. 20. V. également : « L'impôt est une prestation pécuniaire requise par des personnes physiques ou morales de droit privé et, éventuellement de droit public, d'après leurs facultés contributives, par voie d'autorité, à titre définitif et sans

« imposé par l'État au moyen de son pouvoir de contrainte »[2603] qui constitue « une manifestation de la souveraineté de l'État »[2604]. Cette conception de l'impôt est ancienne. Elle a déjà été affirmée par les légistes et théologiens français[2605]. Aujourd'hui, la doctrine contemporaine s'y réfère encore. Par exemple, selon E. DE CROUY-CHANEL, l'impôt est « une créance pécuniaire, sans caractère pénal, qui n'a pas d'autre cause que la volonté du souverain »[2606]. Ainsi, l'intérêt général[2607], qui est lié à la légitimation et à la définition de l'impôt, exprime indirectement la souveraineté de l'État qui est supérieur à la société civile. L'intérêt général transcendant s'impose alors prioritairement face aux intérêts des particuliers. Selon K. SID AHMED, cette situation s'explique par le fait que le droit fiscal prend par nature davantage en compte les intérêts du créancier que ceux du débiteur car « il n'est pas ici

---

contrepartie déterminée, en vue de la couverture des charges publiques de l'État [...] ou de l'intervention de la puissance publique » (L. Mehl, *Science et technique fiscales*, Paris, PUF, coll. « Thémis », 1959, t. 1, p. 49) ; l'impôt est « un prélèvement opéré par voie de contrainte par la puissance publique et ayant pour objectif essentiel de couvrir les charges publiques et de les répartir en fonction des capacités contributives des citoyens » (P.-M. Gaudemet et J. Molinier, *Finances publiques. Fiscalité*, Paris, Montchrestien, coll. « Précis Domat », 1997, p. 23) ; « L'impôt est une prestation pécuniaire, requise des contribuables d'après leurs facultés contributives et qui opère, par voie d'autorité, un transfert patrimonial définitif et sans contrepartie déterminée, en vue de la réalisation des objectifs fixés par la puissance publique (P. Beltrame, *Fiscalité en France*, Paris, Hachette supérieur, coll. « Les fondamentaux », (2000, p. 12).

2603 M. Duverger, *Finances publiques*, 10e éd., Paris, PUF, coll. « Thémis », 1984, p. 125.

2604 J. Laferrière et M. Waline, *Traité élémentaire de Science et de législation financières*, *op. cit.*, p. 221.

2605 J.-B. Geffroy, « Impôt » (Grandes doctrines), dans *Dictionnaire de la culture juridique précit.* p. 805 s. spéc., p. 806. V. sur Cardin le Bret, G. Picot, *Cardin Le Bret (1558-1655) et la doctrine de la souveraineté*, Thèse, Nancy, Société d'impression typographiques, 1848. V. sur J. Bodin : J.-M. Servet, G.-A. Pérousse et N. Dockès-Lallement, *L'œuvre de Jean Bodin.* Actes du colloque tenu à Lyon à l'occasion du quatrième centenaire de sa mort, Paris, Champion, 2004. V. également sur la souveraineté, D. Quadriglioni, *I limiti della sovranità. Il pensiero di Jean Bodin nella cultura politica e giuridica dell'età moderna*, Padoue, CEDAM, 1992.

2606 E. de Crouy-Chanel, « La définition juridique de l'impôt. Doctrine française », dans T. Berns, J.-C. K. Dupont et M. Xifaras, *Philosophie de l'impôt*, Bruxelles, Bruylant, coll. « Penser le droit », 2006, p. 135 s., spéc., p. 164. V. également sur la souveraineté et l'impôt aujourd'hui, T. Bers, « L'impôt au seuil des Temps Modernes : souveraineté, propriété et gouvernement », dans T. Berns, J.-C. K. Dupont et M. Xifaras, *Philosophie de l'impôt*, *op. cit.*, p. 19 s.

2607 La nécessité de prélever l'impôt est d'ailleurs un intérêt général, CE, 10 juin 2011, M. Jean-Bernard A, n° 347630, inédit.

question d'un créancier ordinaire, mais de la puissance publique »[2608]. En effet, l'État, pour faire face aux charges qui lui incombent, doit pouvoir faire prévaloir parfois « l'intérêt général sur les intérêts des particuliers »[2609].

953. Cette priorité de l'intérêt général ressort de l'analyse de la jurisprudence[2610] à l'occasion du contrôle des validations législatives en matière fiscale[2611]. En effet, pour être conforme à la Constitution et à la Convention européenne des droits de l'homme, la loi rétroactive doit poursuivre un impérieux motif d'intérêt général[2612]. Des considérations d'intérêt général supérieur permettent ainsi à l'État de prendre des mesures législatives fiscales à portée rétroactive. Ces considérations d'intérêt général peuvent alors tendre à la préservation des intérêts des contribuables[2613] comme des intérêts de l'État[2614]. S'agissant de ces derniers intérêts, les jurisprudences administrative[2615] et constitutionnelle[2616] refusent d'admettre que l'intérêt

---

[2608] K. Sid Ahmed, *Droits fondamentaux du contribuable et procédures fiscales*, *op. cit.*, p. 259.

[2609] *Ibid.*

[2610] C. de La Mardière, *Recours pour excès de pouvoir et contentieux administratif de l'impôt*, Paris, LGDJ, 2002, p. 113 s.

[2611] O. Fouquet, « La rétroactivité des lois fiscales », Rev. adm., 1994, p. 140 s. ; L. Lamarque, « La rétroactivité de la loi fiscale : une nécessité en matière de procédures », dans Mélanges Y. Madiot, Bruxelles, Bruylant, 2000, p. 331 s. ; E. Mignon, « Validations législatives : vers l'équilibre jurisprudentiel ? », RJF 2/00, p. 90 s. ; L. Philip, « Le contrôle de la constitutionnalité des lois fiscales en France », RFFP, 1999, n° 68, p. 159 ; O. Debat, *La rétroactivité et le droit fiscal*, Defrénois, 2006 ; F. Douet, *Contribution à l'étude de la sécurité juridique en droit fiscal français*, Thèse, Paris, LGDJ, 1997 ; F. Layer, « La rétroactivité fiscale : une exception française menacée ? », BF Lefebvre, 2002, n° 6, p. 439 s. ; A. Lièvre-Gravereaux, *La rétroactivité de la loi fiscale : une nécessité en matière de procédures*, Thèse, Paris, L'Harmattan, coll. « Finances publiques », 2007.

[2612] J. Massot, « Validation législative », Réper. cont. adm., juin 2012, n° 27 s.

[2613] F. Douet, *Contribution à l'étude de la sécurité juridique en droit fiscal français*, *op. cit.*, p. 130. ; J. Turot, « Moins de laine ou moins de moutons ? », Dr. fiscal 1996, n° 3, art. cit., p. 107 s.

[2614] *Opus cit.*, p. 130 ; J. Tutot, « Moins de laine ou moins de moutons ? », DF, 1996, n° 3, p. 107 s.

[2615] CE, 16 juill. 2010, *Sté plombinoise de casino*, n° 339899, inédit ; Droit fiscal, n° 36, 9 sept. 2010, comm. 463, concl. P. Collin – L'intérêt financier ne suffit pas : CE, Ass. 8 février 2007, *Gardedieu*, n° 279522, Rec., p. 78, concl. Derepas.

[2616] Cons. conts. n° 95-369 DC du 28 déc. 1995, *Loi de finances pour 1996*, Rec., p. 257 ; LPA, 13 mars 1996 (32), p. 4, note B. Mathieu ; JCP 1996.II.22636, note F. Van Tuong ; note O. Schrameck, AJDA, 1996, p. 369 ; note J.-P. Lay, Dalloz, 1996, p. 193 ; RFDC, 1996, p. 119, note L. Philip ; note C. Champaud, Vie judiciaire, (2607) 31 mars 1996, p. 1 s. ; Dallos 1997, Somm., p. 140, note F. Mélin-Soucramanien ; LPA, 22 janvier 1996 (10), p. 4, note J. Coillot ; RFFP, 1996 (55), p. 191 s., note X. Prétot.

général ne repose que sur des intérêts exclusivement financiers[2617]. Toutefois, la remise en cause de l'équilibre financier du budget concerné semble être une « considération distincte de l'intérêt financier banal »[2618]. Dès lors, l'intérêt général permet de préserver l'État de conséquences dommageables[2619] ou gravement dommageables[2620]. Tel est le cas par exemple lorsqu'il s'agit « d'éviter que ne se développent, pour un motif tenant à la compétence du pouvoir réglementaire, des contestations dont l'aboutissement, eu égard aux montants financiers en jeu, auraient pu entraîner, pour l'État et les autres bénéficiaires des produits en cause, des conséquences gravement dommageables »[2621], lorsqu'il s'agit de préserver « l'objectif constitutionnel de lutte contre l'évasion et la fraude fiscales »[2622], ou encore, lorsqu'il est question de ne pas compromettre la situation financière fragile d'un secteur d'activité jouant un rôle important pour « l'économie nationale et pour l'emploi »[2623]. Il en est de même lorsque « le législateur a entendu prévenir le

---

[2617] La Cour tend à revenir sur ce point : CEDH, 23 juill. 2009, aff. 30345/05, *Joubert c/ France ;* Dr. fisc. 2009, n° 38, comm. 474, note É. J. Van Brustem ; Procédures, 2009, comm. 315, note N. Fricero ; Procédures, 2009, comm. 345, note L. Ayrault ; RJF 11/2009, n° 1041. V. également l'étude de L. Ayrault, « Droit fiscal européen des droits de l'homme : chronique de l'année 2011 », Droit fiscal n° 9, 1er Mars 2012, p. 166 s.

[2618] J. Massot, « Validation législative », Rép. cont. adm., juin 2012, n° 27 s.

[2619] Cons. const., n° 88-250 DC, 29 déc. 1988, *Loi de finances rectificative pour 1988*, Rec., p. 267 ; Ann. inter. de justice constit., 1988, p. 402 s., note B. Genevois ; note B. Mathieu, RFDA, 1988, p. 862 s. – Cons. const., n° 91-298 DC, 24 juillet 1991, *Loi portant diverses dispositions d'ordre économique et financier*, Rec., p. 82 ; JO du 26 juillet 1991, p. 9920 ; RFDC, 1991, p. 722, note L. Philip ; Pouvoirs, 1992 (60), p. 204, 216 et 217, note . Avril et J. Gicquel ; RDP, 1992, p. 50 s., note D. Rousseau.

[2620] Cons. const. n° 99-425 DC du 29 déc. 1999, *Loi de finances rectificative pour 1999*, Rec., p. 168 ; note J.-E. Schoettl, AJDA, 2000, p.43 ; RFDC, 2000, p.137, note L. Philip ; Ann. inter. justice constit., 1999, p. 597, note S. de Cacqueray ; comm. J.-L. Pissaloux, Revue du Trésor, 2000, p. 180 ; note B. Mathieu, RFDA, 2000 (2), p. 289 ; note E. Mignon, RJF, 2/00, p. 90.

[2621] Cons. const., déc. 14 oct. 2010, n° 2010-53 QPC, *Société PLOMBINOISE DE CASINO [Prélèvements sur le produit des jeux]*, Rec., p. 286 ; note E. Meier, RDF, n° 44, 4 nov. 2010, p. 3 s. ; note P. Deumier, RTD civ., 2010, n° 3, p. 499 s. ; note A. Barilari, Constitutions, janvier-mars 2011, n° 1, p. 97 s.

[2622] Cons. const., déc. 23 sept. 2011, n° 2011-166 QPC, *M. Noah* ; note G.-H. Boucheron et E. Meier, Revue de Droit Fiscal, 6 oct. 2011, n° 40, p. 4 s. ; note F. Perrotin, LPA, 14 oct. 2011, n° 205, p. 3.

[2623] Cons. conts. n° 2006-544 DC du 14 déc. 2006, *Loi de financement de la sécurité sociale pour 2007*, Rec., p. 129 ; note B. Mathieu, JCP G, 2007 (1-2), p. 3 s. ; note M. Disant, LPA, 2 mars 2007 (45), p. 3 s. ; note J.-E. Schoettl, RFDA, 2007 (1), p. 134 s. ; note S. Marasco, Le Courrier juridique des finances et de l'industrie, 2007 (43), p. 28 s. ; note J.-P. Camby, RDP, *2007 (2)*, p. 571 s. ; note J.-L. Pissaloux, La Revue du Trésor, 2007 (5), p. 443 s. ; note P. Luppi, RFDC, 2007 (72), p. 749 s. ; note

développement de nombreuses contestations dont l'aboutissement aurait sensiblement aggravé le déséquilibre de la branche santé des régimes obligatoires de sécurité sociale »[2624]. Il peut s'agir également de conséquences relatives à la remise en cause de l'équilibre budgétaire[2625]. Dans ce cas, « l'intérêt général qui s'attache à une telle validation l'emporte sur la mise en cause des droits des contribuables qui résulterait de l'irrégularité de pure forme que la validation a pour effet de faire disparaître »[2626].

954. Il y a donc bien ici l'idée que l'intérêt général supérieur prime sur les intérêts particuliers dans l'objectif d'éviter des troubles à la « continuité des services publics fiscaux et juridictionnels concernés »[2627]. Cette référence à la continuité du service public rappelle les jurisprudences *Winkell*[2628] et *Dehaene*[2629]. J.-F. LACHAUME, C. BOITEAU et H. PAULIAT mettent d'ailleurs en avant que « le premier fondement de la continuité des services publics n'est pas innocent. Il doit être recherché dans l'idée selon laquelle sans la continuité d'un certain nombre de services publics [...], il n'y a plus de continuité de l'État et sans continuité de l'État, il n'y a plus d'État »[2630]. Ainsi, la sauvegarde de la continuité du service public trouve son fondement dans l'exercice de « la souveraineté de l'État »[2631] et la « nécessaire continuité de

---

X. Prétot, RFFP, 2007 (97), p. 266 s.

[2624] Cons. const., n° 97-393 DC du 18 déc. 1997, *Loi de financement de la sécurité sociale pour 1998*, Rec., p. 320 ; AJDA, 1998, p. 127, note J.-E. Schoettl ; note X. Prétot, Droit social, 1998, p. 164 ; note B. Mathieu, RFDA, 1998, p. 155 ; Dalloz 1998, jur., p. 523, note V. Champeil-Desplats ; note L. Philip, RFDC, 1998, p. 167 ; Dalloz, 1999, p. 234, note L. Favoreu ; RTD san. et soc., 1998, p. 114, note P.-Y. Verkindt.

[2625] Cons. const. n° 99-425 DC du 29 déc. 1999, *Loi de finances rectificative pour 1999, précit.* – Cons. const., n° 2001-458 DC du 7 février 2002 *Loi organique portant validation de l'impôt foncier sur les propriétés bâties en Polynésie française*, Rec., p. 80 ; note B. Mathieu, Dalloz, 2002 (18), p. 1439 s. ; note J.-E. Schoettl, LPA, 19 février 2002 (36), p. 16 s. ; RFDC, 2002 (50), p. 385 s., note L. Gay ; LPA, 25 sept. 2002 (192), p. 16, note B. Mathieu ; note F. Layer, Bulletin fiscal (Francis Lefebvre) », 2002 (6), p. 439 s. ; Dalloz, 2003 (16), p. 1069 s. ; Ann. inter. justice constit., 2002, p. 627 s., note W. Mastor.

[2626] Cons. const. n° 99-425 DC du 29 déc. 1999, *Loi de finances rectificative pour 1999, précit.*

[2627] Cons. const. n° 99-425 DC du 29 déc. 1999, *précit.* – Cons. const., n° 2001-458 DC du 7 février 2002, *précit.*

[2628] L'agent qui se met en grève s'exclut par la même du service et, par voie de conséquence, du bénéfice des garanties disciplinaires : CE, 7 août 1909, *Winkell*, Rec., p. 826 et 1296, concl. Tardieu ; S. 1909.3.145, concl. Tardieu, note Hauriou ; RDP, 1909, p. 494, note Jèze.

[2629] CE, Ass. 7 juillet 1950, *Dehaene, précit.*

[2630] J.-F. Lachaume, C. Boiteau et H. Pauliat, *Grands services publics*, 2e éd., Paris, Armand Colin, 2000, p. 276 et 277.

[2631] *Ibid.*

l'État »[2632]. Un tel parallèle entre continuité du service public et souveraineté de l'État a encore été développé par O. BEAUD à l'occasion de l'étude « étatique »[2633] de la jurisprudence *Dehaene*. Selon l'auteur, la continuité de l'État porte en réalité sur « l'unité de l'État qui peut être menacée par des forces centripètes émanant de la société »[2634]. Des considérations d'intérêt général ou d'ordre public justifient alors la limitation du droit de grève parce que l'État est « souverain »[2635]. L'intérêt général est donc lié à la mise en œuvre de moyens qui expriment la supériorité de l'État par rapport à la société civile. En effet, historiquement, « la continuité des services publics a d'abord été imposée par la jurisprudence pour assurer la continuité de l'État et de son action ainsi que celle des autres personnes publiques »[2636]. Ainsi, « consciemment ou non »[2637], le juge accomplit là « une démarche non dépourvue de signification politique[2638] »[2639].

955. C'est en ce sens, selon nous, que l'intérêt général permet de révéler la souveraineté cachée de l'État en matière fiscale. La même logique est observable dans le domaine de la responsabilité administrative sans faute.

B. Intérêt général et souveraineté cachée de l'État à travers la responsabilité sans faute

956. La souveraineté cachée de l'État à travers la notion d'intérêt général est présente dans de nombreux domaines liés au contentieux de la responsabilité sans faute[2640]. Toutefois, par souci de clarté, nous nous concentrerons davantage sur le rôle de l'intérêt général dans la responsabilité du fait des lois (1) et dans la responsabilité du fait des décisions administratives légales (2).

2632 *Ibid.*

2633 O. Beaud, « L'État », dans P. Gonod, F. Melleray et P. Yolka (dirs), *Traité de droit administratif*, Paris, Dalloz, 2011, t. 1, p. 207 s., spéc. p. 244 s.

2634 *Ibid.*

2635 *Ibid.*

2636 J.-F. Lachaume, C. Boiteau et H. Pauliat, *Grands services publics*, *op. cit.*, p. 276 et 277.

2637 *Ibid.*

2638 A. Dupré, « Le principe de continuité des services publics », dans M.-J. Guédon, *Sur les services publics*, Paris, Economica, 1982, p. 47 s. Référence citée par J.-F. Lachaume, *op. cit.*, p. 277.

2639 J.-F. Lachaume, C. Boiteau et H. Pauliat, *Grands services publics*, *op. cit.*, p. 276 et 277.

2640 M. Deguergue, « L'exorbitance du droit de la responsabilité administrative », dans F. Melleray, *L'exorbitance du droit administratif en question(s)*, *op. cit*, p. 201 s., spéc., p. 213.

1. Intérêt général et souveraineté cachée de l'État à travers la responsabilité sans faute du fait des lois

957. Si au cours du XIXe siècle, la responsabilité de la puissance publique a été consacrée[2641], l'immunité juridictionnelle de « l'État législateur »[2642] a été préservée parce que la loi est l'œuvre d'un « Parlement souverain »[2643]. Ainsi, dans le silence de la loi, le Conseil d'État conclut à l'irresponsabilité « totale »[2644] de l'État législateur. Pour se faire, il se fonde sur le but d'intérêt général[2645] prévu par la loi tel que « la défense nationale »[2646] ou la « protection de la santé publique »[2647].

958. Toutefois, C. BROYELLE fait remarquer que si certains rapporteurs publics[2648] se fondent sur le principe de la « souveraineté du législateur »[2649] pour exclure la responsabilité de l'État, le Conseil d'État semble davantage justifier son rejet par « la nature particulière du but poursuivi par le législateur dans la loi »[2650]. Néanmoins, si le juge ne se réfère

---

[2641] TC 8 février 1873, *Blanco, précit.*

[2642] G. Morange, « L'irresponsabilité de l'État législateur », D. 1962, chron. 163 s. ; O. Gohin, « La responsabilité de l'État en tant que législateur », Rev. inter. dr. comp., Vol. 50, n° 2, avril-juin 1998, p. 595 s.

[2643] E. Laferrière, *Traité de la juridiction administrative*, 2e éd., t. II, p. 12 s. ; L. Michoud, « De la responsabilité de l'État », RDP, 1895, n° 38, p. 254 s. ; G. Teisier, *La responsabilité de la puissance publique*, Paris, Paul Dupont, 1906, rééd. Paris, La Mémoire du droit Éd., coll. « Faculté Jean Monnet », 2009, p. 15.

[2644] M. Long, P. Weil, G. Braibant, P. Delvolvé et B. Genevois, *Les grands arrêts de la jurisprudence administrative*, Paris, Dalloz, 18e éd., 2011, p. 312.

[2645] CE, 11 janvier 1838, *Duchâtellier*, Rec., p. 7 – CE, 5 février 1875, *Moroge*, Rec., p. 89.

[2646] CE, 13 juillet 1923, *Sieurs Fleury et Hauguel*, Rec., p. 576.

[2647] CE, 29 avril 1921, *Société E. Premier et C. Henry*, Rec., p. 424.

[2648] Concl. Ripert sous CE, 14 nov. 1923, *Ch. synd. des march. de reconn. du Mont-de-Piété*, Rec., p. 726. Réf. citée par C. Broyelle, *La responsabilité de l'État du fait des lois*, Paris, LGDJ, coll. « Bibliothèque de droit public », t. 236, 2003, p. 29, note 29.

[2649] E. Laferrière, *Traité de la juridiction administrative*, 2e éd. Paris, Berger-Levrault, 1888, t. 2, p. 12 ; R. Carré de Malberg, *Contribution à la théorie générale de l'État*, Paris, Sirey, 1920, t. 1, p. 214 s. V. sur l'irresponsabilité des services de souveraineté, M. Deguergue, *Jurisprudence et doctrine dans l'élaboration du droit de la responsabilité administrative*, *op. cit.*, p. 82 et 83 s. V. sur les critiques doctrinales, G. Jèze, note sous CE, 6 déc. 1906, Compagnie des chemins de fer de l'Est ; P. Duez, *La responsabilité de la puissance publique précit.*, p. 212 ; R. Despax, *De la responsabilité de l'État en matière d'actes législatifs et réglementaires*, Thèse Lille, 1909, p. 107 ; G. Scelle, « Étude sur la responsabilité de l'État législateur », RDP, 1913, p. 637 s.

[2650] C. Broyelle, *La responsabilité de l'État du fait des lois*, *op. cit.*, p. 29.

pas directement à la théorie de la souveraineté, cette théorie qui règne dans la doctrine est implicitement mise en cause. En effet, le but d'intérêt général poursuivi par le législateur est tel qu'il ne peut permettre l'engagement de la responsabilité de l'État. G. JÈZE explique alors que « l'argument capital »[2651] invoqué pendant longtemps afin de justifier le refus d'indemnisation du préjudice causé par une loi était celui de la « non responsabilité de la souveraineté »[2652]. L'utilisation de l'intérêt général traduit donc, au niveau juridique, une conception de l'État puissance souveraine qui est supérieure aux administrés[2653]. Cette puissance étatique peut ainsi leur imposer, dans l'intérêt général, des charges sans même leur donner droit à indemnisation. Les conclusions ROUJOU[2654] rappellent d'ailleurs que lorsqu'un préjudice est né de la loi ou du règlement, en l'absence de faute de l'administration, la responsabilité de la puissance publique trouve son fondement dans le principe de l'égalité des citoyens devant les charges publiques[2655]. Toutefois, dans la pratique, divers tempéraments y ont été apportés, en cas de silence du législateur s'agissant de l'indemnisation des victimes des dommages causés par une loi. Des conditions particulières conduisent à interpréter ce silence « comme une manifestation formelle de sa volonté de ne point accorder d'indemnités »[2656]. Il tient alors compte d'un « intérêt général supérieur »[2657] qui s'oppose à toute réparation du préjudice.

959. Cependant, depuis l'affaire *La Fleurette*, dans le silence du législateur, la loi cesse d'être interprétée dans le sens d'un refus. Cette évolution, qui s'explique par des raisons idéologiques et politiques[2658], conduit

---

2651 Expression de G. Jèze dans une note de jurisprudence consacrée à l'affaire *La Fleurette*, RDP, 1938, p. 87 s., spéc., p. 88.

2652 G. Jèze, art. cit., RDP, 1938, p. 88.

2653 Attention, aujourd'hui, de plus en plus, l'administration prend en charge le préjudice indemnisable, J. Travard, *La victime et la puissance publique, réflexions sur l'évolution de la responsabilité administrative extracontractuelle*, Thèse, Lyon 3, 2008.

2654 CE, Ass. 14 janvier 1938, *Société Anonyme des produits laitiers « la Fleurette »*, Rec., p. 5 ; S. 1938.3.25, concl. Roujou, note P. Laroque ; D. 1938.3.41, concl. Roujou, note Rolland ; RDP, 1938, p. 87, concl. Roujou, note Jèze.

2655 D. 1938.3.41, concl. Roujou. V. sur le principe d'égalité devant les charges publiques, P. Delvolvé, *Le principe d'égalité devant les charges publiques*, Thèse, LGDJ, 1969.

2656 Concl. Roujou, *précit.*, p. 44.

2657 *Ibid.*

2658 C. Broyelle, *précit.*, p. 24 ; J. Moreau, *La responsabilité administrative*, 3e éd., Paris, PUF, coll. « Que sais-je ? », 1996, p. 9 ; R. Savatier, « Vers la socialisation de la responsabilité et des risques individuels », D. 1931, chron., p. 9 ; L. Bourgeois, *Solidarité*, 7e éd., Paris, Colin, 1912 ; C. Bouglé, *Solidarisme et libéralisme. Réflexions sur le mouvement politique et l'éducation morale*, Paris, L'Harmattan 2009, reproduction de l'édition de Paris, E. Cornély & Cie, 1904.

cependant à une responsabilité conditionnelle[2659]. En effet, « la responsabilité de l'État législateur n'est admise que si le texte même de la loi et ses travaux ne permettent pas de penser que le législateur a entendu exclure toute indemnisation »[2660]. Or, toute loi intervenue dans un « intérêt général et prééminent »[2661] contient une telle exclusion. Ainsi, relève le Conseil d'État, la loi sur le fondement de laquelle un décret qui a eu « pour objet de protéger la monnaie[2662] ou encore l'organisation des déchets et la récupération des matériaux en vue de protéger l'environnement[2663], ne saurait engager la responsabilité de l'État, sur le fondement du principe d'égalité devant les charges publiques »[2664].

960. Ce faisant, l'intérêt général nous emmène, là encore, dans les plus profonds paradoxes. En effet, il « ne saurait en principe motiver le rejet de la responsabilité, puisqu'il est au contraire la condition de la légalité des discriminations qui ouvrent droit à indemnisation »[2665]. La charge imposée à l'intéressé, créée dans un intérêt général, « doit être supportée par la collectivité »[2666]. Elle justifie la responsabilité de l'État et donc une indemnisation. Or, dans le silence de la loi, le juge se fonde sur les objectifs poursuivis par le législateur (objectifs d'intérêt général et prééminent) pour faire obstacle à toute indemnisation. Dès lors, le passage de l'État légal à l'État

---

[2659] La responsabilité est soumise à la volonté du législateur et aux caractères du préjudice (C. Cormier, *Le préjudice en droit administratif français. Étude sur la responsabilité extra-contractuelle de personnes publiques*, Thèse, LGDJ, 2002, p 200 s.). V. sur le débat renouvelé relatif à la place de l'intérêt général par rapport à ces deux critères, C. Broyelle, *La responsabilité de l'État du fait des lois*, *précit.*, p. 152 s. V. aussi D. Truchet, *Les fonctions de la notion d'intérêt général dans la jurisprudence du Conseil d'État*, *op. cit.*, p. 190 ; C. Chaumont, « La responsabilité extra-contractuelle de l'État dans l'exercice de la Fonction législative », RDP, 1940, p. 200 s. ; P. Delvolvé, *Le principe d'égalité devant les charges publiques*, *op. cit.*, p. 257).

[2660] *GAJA*, *précit.*, p. 315. V. aussi, CE, Sect. 22 nov. 1957, *Compagnie de navigation Fraissinet*, Rec., p. 635.

[2661] *GAJA*, *précit.*, p. 315. R. Chapus, *Droit administratif général*, *op. cit.*, p. 1378.

[2662] CE, 14 déc. 1984, *Rouillon*, Rec., p. 423 ; D. 1986, IR, p. 249, obs. F. Moderne et P. Bon ; RA, 1985, p. 45, note B. Pacteau ; EDP, 1985, p. 1397.

[2663] CE, 9 mai 2001, *Entreprise personnelle de Transports Frymuth*, n° 210944, T. Rec., p. 865 et 1151 ; note P. Raimbault, RRJ. Droit prospectif, 1/1/2003, n° 1, p. 411 s. ; note P. Trouilly, Environ., 1/1/2002, n° 1, p. 22 s. ; Note E. Saulnier-Cassia, Europe, 1/8/2001, n° 8, p. 11 s. V. dans le même sens mais à propos de la protection de la monnaie, CE, 23 déc. 1988, *Martin et Société Michel Martin*, Rec., p. 470 .

[2664] C. Broyelle, *précit.*, p. 24 s.

[2665] G. Pellissier, *Le contrôle des atteintes au principe d'égalité au nom de l'intérêt général par le juge de l'excès de pouvoir*, *op. cit.*, p. 263.

[2666] CE, Ass. 14 janvier 1938, *Société Anonyme des produits laitiers « la Fleurette »*, *précit.*

de droit[2667] ne met pas fin à la traditionnelle fonction « trans-frontière » de l'intérêt général qui rend compte de la puissance souveraine de l'État. P.-L. FRIER et J. PETIT soulignent d'ailleurs que « le rôle ainsi reconnu à la volonté de l'auteur du dommage, qui est lié au statut d'acte souverain de la loi, donne à la responsabilité sans faute de l'État législateur une réelle spécificité »[2668].

961. Par ailleurs, l'examen de ces intérêts généraux prééminents poursuivis accentue l'originalité du travail du juge dans le domaine de la responsabilité du fait des lois. C. BROYELLE considère en effet que « c'est le regard fixé sur la norme législative et non sur le préjudice qui décide du sort de la demande indemnitaire »[2669]. L'auteur met en avant les « considérations politiques du juge dans la mise en œuvre du régime de responsabilité »[2670]. Ces considérations ressortent d'un « regard ascendant du juge »[2671] lié à l'objectif, c'est-à-dire à l'intérêt général visé par le législateur. Selon B. JEANNEAU[2672], c'est l'objet de la loi qui va conduire ou non à l'indemnisation des victimes. Or, c'est à l'occasion de l'examen de ces intérêts généraux préservés que le juge fait ressortir les objectifs « de nécessité publique »[2673] qui s'imposent dans un État souverain.

962. Ces objectifs sont en effet liés à l'unité et à la supériorité de la puissance étatique. Cette supériorité implique que certains intérêts généraux, essentiels à la nation, priment sur les besoins des particuliers. C'est le cas par exemple lorsqu'il est question de préserver les finances publiques. En effet, le Conseil d'État estime que la loi qui a eu pour objet « de rationaliser le marché des alcools et de limiter la charge pesant sur les finances publiques du fait du monopole de l'État sur les échanges d'alcool »[2674] ne saurait engager la responsabilité de l'État « en l'absence de disposition expresse prévoyant une indemnisation des dépositaires d'alcool et eu égard aux objectifs d'intérêt général » poursuivis par la loi. Le même raisonnement est opéré par la Cour administrative d'appel concernant une loi ayant des objectifs d'intérêt général

---

2667 M.-J. Redor, *De l'État légal à l'État de droit. L'évolution des Conceptions de la Doctrine Publiciste Française 1879-1914*, Economica, PUAM, coll. « Droit public positif », 1992, p. 254.
2668 P.-L. Frier et J. Petit, *Droit administratif*, *op. cit.*, p. 523.
2669 C. Broyelle, *op. cit.*
2670 *Ibid.*
2671 *Ibid.*
2672 B. Jeanneau, « La responsabilité du fait des règlements légalement pris », dans Mélanges R. Savatier, Paris, Dalloz, 1965, p. 375 s.
2673 Expression de C. Broyelle, *La responsabilité de l'État du fait des lois*, *op. cit.*, p. 173.
2674 CE, 4 janvier 1995, *Soc. Etabliss. Guillier*, T. Rec., p. 1020 ; D. 1996, SC, p. 50, obs. P. Bon et P. Terneyre.

tenant à la limitation des finances publiques[2675]. Il en est de même pour la loi tendant à alléger les charges de la sécurité sociale qui est intervenue « dans un objectif d'intérêt général »[2676].

963. De plus, les objectifs d'intérêt général prééminents visés par le législateur peuvent être liés à la satisfaction des obligations internationales. Dans l'affaire *Société Établissement Guillier* par exemple, le juge estime que la loi, qui a modifié les dispositions du code général des impôts relatives au régime de l'alcool de betterave et a eu pour objet d'assurer « le respect des engagements internationaux de la France et des obligations résultant du traité de Rome », ne saurait engager la responsabilité de l'État « en l'absence de disposition expresse prévoyant une indemnisation des dépositaires d'alcool et eu égard aux objectifs d'intérêt général »[2677]. La même logique est présente lorsqu'il s'agit de respecter « des engagements internationaux »[2678], de « satisfaire les obligations de l'article 37 du Traité de Rome »[2679] ou encore de « préserver l'objet d'intérêt général d'une législation portant sur le commerce extérieur »[2680].

964. De même, dans l'optique de préserver les fonctions régaliennes de l'État, le Conseil d'État estime que la loi qui a eu « pour objet de restreindre le transfert de capitaux à l'étranger en vue de la protection de la monnaie (...) ne saurait engager la responsabilité de l'État »[2681]. Dans une logique similaire, la Haute juridiction a jugé qu'une loi relative à la fixation des modalités de calcul des indemnités d'expropriation est intervenue dans un but d'intérêt général afin de lutter contre la hausse excessive du prix des terrains. Par suite, la société requérante n'est pas fondée à soutenir que la responsabilité de l'État se trouve engagée du fait de ses conséquences sur la fixation du montant des indemnités d'expropriation »[2682]. MM. FRANC et BOYON notent que « les agissements administratifs en cause relevaient de l'exercice d'une fonction essentiellement régalienne dont le juge administratif doit par définition connaître »[2683]. La mesure d'expropriation est en effet « une opération complexe où interviennent en général trois acteurs, l'État d'abord [...], la

---

[2675] CAA Nancy 13 nov. 1990, *SARL Beirneart-Toulemonde*, DA 1991, n° 100.
[2676] CAA Lyon 10 oct. 1990, *Autard*, Rec., p. 469 ; JCP 1991, II, n° 21761, note Lavialle.
[2677] CE, 4 janvier 1995, *Soc. Établiss. Guillier*, *précit.*
[2678] CAA Nancy 13 nov. 1990, *SARL Beirneart-Toulemonde*, DA 1991, n° 100.
[2679] CAA Nantes, 19 nov. 1992, *Société Distillerie Hauguel* ; DA mars 1993, n° 132.
[2680] CE, Sect., 16 nov. 1960, *Société d'exploitation des chantiers d'Ajaccio*, Rec., p. 621 ; AJ 1960, 1, p. 190, chron. J.-M. Galabert et M. Gento ; Droit social 1961, p. 205, concl. J.-F. Henry – CE, 31mai 1961, *Cie française des cuirs*, Rec., p. 358.
[2681] CE, 23 déc. 1988, *Martin et Société Michel Martin*, Rec., p. 470.
[2682] CE, Sect. 14 mars 1975, *SCI de la Vallée de Chevreuse*, Rec., p. 197, concl. Dondoux ; JCP 1975.II.18077, note Homont ; AJ 1975, p. 224, chron. Franc et Boyon.
[2683] AJDA, 1975, p. 224, chron. Franc et Boyon *précit.*

collectivité expropriante qui peut être l'État mais pas toujours et enfin, une personne publique ou privée dite bénéficiaire de l'opération »[2684]. Ainsi, l'objectif d'intérêt général poursuivi par la loi est bien essentiel à l'activité publique.

965. Dans le même sens, le juge est particulièrement sensible à « la solidarité sociale qui impose au requérant de supporter les préjudices que peuvent infliger [...] des mesures législatives prises afin de prévenir des désastres importants »[2685]. La jurisprudence privilégie ainsi l'intérêt général visant à « garantir l'ensemble de la population contre les hausses excessives que pouvait entraîner l'état de guerre »[2686]. Le juge préserve également les intérêts généraux liés à la protection de la « défense nationale »[2687] ou ceux qui permettent d' « affronter une situation de crise nationale »[2688] comme la crise de l'énergie[2689]. Or, la prévention de crises nationales répond à un besoin de stabilité politique lié « à la nécessité d'empêcher les entraves de la bonne marche de l'État »[2690]. Cela fait indirectement écho à la notion d'« ordre public »[2691] qui « participe des instruments juridiques par lesquels est structuré

2684 Concl. Dondoux, Rec., CE, 1975, p. 197 s.

2685 C. Broyelle, *La responsabilité de l'État du fait des lois*, *op. cit.*, p. 174.

2686 CE, 15 juillet 1949, *Ville d'Elboeuf*, Rec., p. 359 ; D. 1950, p. 60, note C. Blaevoet – CE, 13 février 1952, *Sieur Costa*, Rec., p. 104 – CE, Sect., 8 janvier 1960, *Société laitière Saint-Cyprien*, Rec., p. 10. V. également sur l'intérêt du ravitaillement en raison de circonstances créées par l'état de guerre CE, Sect., 26 mai 1950, *Société laitière provençale*, Rec., p. 314.

2687 CE, Sect., 14 mars 1952, *Sieur Amiaux*, Rec., p. 166.

2688 C. Broyelle, *La responsabilité de l'État du fait des lois*, *op. cit.*, p. 174.

2689 CE, 24 oct. 1924, *Société Claude Publicité*, Rec., p. 338 ; CJEG, 1985.51, note Dupiellet ; RA, 1985.45, note Pacteau ; D. 1986.IR.249, obs. Bon et Moderne.

2690 P. Bernard, *La notion d'ordre public en droit administratif*, Thèse, Paris, LGDJ, 1962, p. 70.

2691 R. Polin (dir.), *L'ordre public*, Paris, PUF, 1996 ; M.-J. Redor (dir.), *L'ordre public : ordre public ou ordres publics, ordre public et droits fondamentaux*, Bruxelles, Bruylant, 2001 ; Th. Revet (dir.), *L'ordre public à la fin du XX*e *siècle*, Paris, Dalloz, 1996 ; M.-C. Vincent-Legoux, *L'ordre public. Étude de droit comparé interne*, Paris, PUF, 2001 ; A. Bucher, « L'ordre public et le but social des lois », RCADI, 1993.II, p. 1 s. ; J.-Y. Cherot, « La notion d'ordre public dans la théorie de l'action administrative », dans D. Linotte (textes réunis par), *La Police administrative existe-t-elle ?*, Paris, Economica, 1985, p. 29 s.

le groupe social »[2692]. Il demeure de ce fait, depuis longtemps[2693], intimement lié à « l'organisation étatique »[2694].

966. Cette étude du rôle de l'intérêt général révélateur de la souveraineté cachée de l'État dans la responsabilité du fait des lois est certes largement remise en cause par la jurisprudence constitutionnelle[2695] ou administrative[2696]. Aujourd'hui, « le silence observé par la loi ne saurait exclure toute responsabilité de l'État législateur pour rupture d'égalité devant les charges publiques »[2697]. Toutefois, l'étude de l'intérêt général prééminent

---

[2692] *Dictionnaire de la culture juridique*, *op. cit.*, V. « ordre public », p. 1119 s.

[2693] Dans la conception canonique, l'ordre public est déjà considéré comme un instrument lié à l'existence de l'État et de l'Eglise (M. Claps-Lienhart, *L'ordre public. Essai*. Thèse, Lyon, Bosc Frères, M. et L. Riou, imprimeurs-éditeurs, 1934, p. 37). V. aussi pour la doctrine du début du XXe siècle, M. Claps-Lienhart, *op. cit.*, p. 198 s. ; A. Colin et H. Capitant, *Cours élémentaire de droit civil français*, t. 1, Paris, Dalloz, 1931, p. 63 ; A. Weiss, *Manuel de droit international privé*, 9e éd., Paris, Sirey, 1925-1928, p. 245 s. ; P. Fiore, *Le droit international privé*, Paris, 1891-1903, p. 54 ; P. Lerebours-Pigeonnière, *Précis de droit international privé*, Paris, Dalloz, 1933, p. 251 ; R. Octavio, *Le droit international privé dans la législation brésilienne*, Paris, Librairie de la société du Recueil Sirey, 1915, référence citée par M. Claps-Lienhart, *op. cit.*, p. 198 s.

[2694] P. Bernard, *La notion d'ordre public en droit administratif*, Thèse, Paris, LGDJ, 1962, p. 70. Aujourd'hui, la notion d'ordre public demeure encore liée à une certaine vision de la politique nationale. Par ex., en droit public international, l'ordre public peut-être lié à un ensemble de valeurs fondamentales ou à la « sauvagarde d'une politique législative » : B. Audit, *Droit international privé*, Paris, Economica, coll. « Corpus droit privé », 2010, p. 279 ; D. Gutmann, *Droit international privé*, Paris, Cours Dalloz, 2009, p. 114 s. ; S. Clavel, *Droit international privé*, Paris, Hypercours Dalloz, 2010, p. 136 s., spéc. p. 137, n° 262 ; M.-L. Niboyet et G. de Geouffre de La Pradelle, *Droit international privé*, LGDJ, 2011, p. 326 s. ; P. Mayer et V. Heuzé, *Droit international privé*, Paris, Montchrestien, coll. « Domat droit pruvé », 2010, p. 150Y. Loussouarn, P. Bourel et P. de Vareilles-Sommières, *Droit international privé*, Paris, Précis, Dalloz, 2007, p. 333 s. ; B. Remy, *Exception d'ordre public et mécanisme des lois de police en droit international privé*, Thèse, Paris, Dalloz, coll. « Nouvelle Bibliothèque de Thèses », 2008, p. 190 et 191.

[2695] Cons. const., 2000-440 DC, 10 janvier 2001, *Loi portant diverses dispositions d'adaptation au droit communautaire dans le domaine des transports*, Rec., p. 39 ; note J.-E. Schoettl, LPA, 16 février 2001 (34), p. 13 s. ; note J. Trémeau, RFDC, 2001 (46), p. 354 s. ; note L. Baghestani-Perrey, LPA, 28 déc. 2007 (259), p. 10 s. ; note J.-C. Car, Dalloz, 2002 (24), p. 1946 s.

[2696] CE, Sect., 30 juillet 2003, *Ass. Développement de l'aquaculture en région-Centre*, Rec., p. 367 ; RFDA, 2004, p. 144, concl. Lamy. V. également CE, 2 nov. 2005, Société coopérative agricole Ax'ion, Rec., p. 468 ; AJDA, 2006, p. 142, chron. C. Landais et F. lenica ; DA 2006, n° 34 ; RDP, 2007, p. 1427, note C. Broyelle, concl. M. Guyomar ; RFDA, 2006, p. 214 et 349, concl. M. Guyomar, note C. Guettier. En l'espèce, le silence du législateur ne saurait exclure toute indemnisation.

[2697] CE, 2 nov. 2005, *Société coopérative agricole Ax'ion*, *précit.* V. également, *GAJA*,

dans ce domaine était nécessaire puisqu'elle concerne encore des jurisprudences récentes[2698] et permet d'expliquer une logique qui tend à perdurer, malgré tout, à travers la question des validations législatives[2699].

967. Autrement dit, malgré les évolutions et les adjectifs accolés à la notion d'intérêt général (supérieur, prééminent, impérieux), celle-ci traduit juridiquement la souveraineté cachée de l'État législateur. Le même phénomène s'observe s'agissant de la responsabilité du fait des décisions administratives régulières.

2. Intérêt général et responsabilité du fait des décisions administratives régulières : le cas du refus de concours de la force publique

968. La responsabilité du fait des décisions administratives régulières est « fondée sur l'idée que certaines décisions individuelles comme réglementaires peuvent tout à la fois être régulières et causer des préjudices ouvrant droit à réparation »[2700]. Cette responsabilité trouve son origine, s'agissant du fait des décisions individuelles régulières, dans la jurisprudence *Couitéas*[2701] qui concerne le refus d'exécuter les décisions de justice. En l'espèce, deux requêtes tendent à faire condamner l'État français à payer au sieur Couitéas « diverses indemnités pour le préjudice que lui aurait causé une série d'actes et de mesures ayant eu pour effet de le priver tant de la propriété que de la jouissance du domaine de Tabia et Houbira »[2702]. Plus précisément, le Conseil d'État rappelle que « par jugements en date du 13 février 1908, le tribunal civil de Sousse a ordonné le maintien en possession du sieur X… des parcelles de terrain du domaine de Tabia et Houbira dont la possession lui

---

précit., p. 317.

2698 CE, 21 janvier 1998, *Ministre de l'environnement c. M. Plan*, Rec., p. 19 ; D. 2000, SC, p. 255, obs. P. Bon et D. de Béchillon ; DA, 1998, n° 137, note M. Paillet ; JCP 1998, n° 10164, note J. de Malafosse ; RFDA, 1998, p. 565, note P. Bon – CE, Sect. 30 juillet 2003, *Association pour le développement de l'aquaculture en région centre*, ADARC, Rec., p. 367 ; RFDA, 2004, p. 114, concl. Lamy, note Bon ; RFDA, 2004, p. 156, note Pouyaud ; AJ 2003, p. 1815, chron. Domas et Casas ; D. 2003.2527, note Guillard ; JCP 2003.II.10173, note Jobart ; Revue droit rural 2004, p. 112, note M. C – CE, 9 mai 2001, *Entreprise personnelle Transports Frymuth*, n° 210944, *précit.*

2699 CE, Ass. 8 février 2007, *Gardedieu*, n° 279522, Rec., p. 78, concl. Derepas.

2700 S. Hennette-Vauchez « Responsabilité sans faute », Rép. Resp. puiss. Pub. Dalloz, dernière mise à jour, juin 2012, n° 81, p. 29.

2701 V. sur l'évolution de cette jurisprudence, J. Andriantsimbazovina, « Quel avenir pour la jurisprudence Couitéas ? », DA, 1998, chron. 17 ; J.-C. Bonichot, « Devoir d'agir ou droit de ne pas agir : l'État entre les exigences de l'ordre public et celles du droit européen », AJDA, 1999, n° spécial, p. 86 s.

2702 CE, 30 nov. 1923, *Couitéas*, Rec., p. 789 ; D. 1923.3.59, concl. Rivet ; RDP, 1924.75 et 208, concl. Rivet, note Jèze ; S. 1923.3.57, note Hauriou ; concl. Rivet.

avait été reconnue par l'État et lui a conféré le droit d'en faire expulser tous occupants »[2703]. Le requérant a demandé à plusieurs reprises « aux autorités compétentes l'exécution de ces décisions »[2704]. Toutefois, « le gouvernement français s'est toujours refusé à autoriser le concours de la force militaire d'occupation reconnu indispensable pour réaliser cette opération de justice, à raison des troubles graves que susciterait l'expulsion de nombreux indigènes des territoires dont ils s'estimaient légitimes occupants, depuis un temps immémorial »[2705]. En conséquence, « le sieur Couitéas réclame à l'État français une indemnité de 4 600 000 francs en fondant cette prétention exclusivement sur le préjudice qu'il avait subi [...] du fait, par le gouvernement, d'avoir refusé de prêter mainforte à l'exécution de jugements rendus à son profit par le tribunal civil de Sousse »[2706].

969. Dans cette affaire, le Conseil d'État estime que « le justiciable nanti d'une sentence judiciaire [...] est en droit de compter sur l'appui de la force publique pour assurer l'exécution du titre qui lui a été ainsi délivré ». Si « le gouvernement a le devoir d'apprécier les conditions de cette exécution et le droit de refuser le concours de la force armée, tant qu'il estime qu'il y a danger pour l'ordre et la sécurité, le préjudice, qui peut résulter de ce refus, ne saurait, s'il excède une certaine durée, être regardé comme une charge incombant normalement à l'intéressé »[2707]. Ainsi, « la privation de jouissance totale et sans limitation de durée résultant, pour le requérant, de la mesure prise à son égard, lui a imposé, dans l'intérêt général, un préjudice pour lequel il est fondé à demander une réparation pécuniaire »[2708].

970. Ce faisant, la responsabilité de l'administration est engagée sans faute « lorsque, pour des motifs d'intérêt général, elle ne prend pas les dispositions qu'elle devrait normalement adopter »[2709]. En principe, l'administration doit respecter les jugements rendus contre elle et prêter son concours à leur exécution. Toutefois, lorsque le concours de la force publique[2710] « risque d'entraîner des troubles plus graves que celui que fait naître l'inexécution de la décision de justice, l'administration est en droit de

---

[2703] Jurisprudence *Couitéas*, *précit.*

[2704] *Ibid.*

[2705] *Ibid.*

[2706] *Ibid.*

[2707] *Ibid.*

[2708] *Ibid.*

[2709] *GAJA*, *précit.*, p. 244.

[2710] V. sur le refus de concours de la force publique, R. Vandermeeren, « Force publique (Refus de concours de la force publique) », Rép. Imm. Dalloz, janvier 2009 ; R. Vandermeeren, « Un contentieux en pleine mutation : le refus de concours de la force publique devant le juge administratif », dans *Le dialogue des juges*, Mélanges en l'honneur du président Bruno Genevois, Paris, Dalloz, 2009, p. 1063 s.

le refuser »[2711]. Ces troubles graves justifiant le refus de la force publique sont liés à des considérations d'intérêt général. Le Conseil d'État l'a bien rappelé lorsqu'il évoque que le préjudice du requérant lui a été imposé « dans l'intérêt général »[2712]. L'intérêt général a donc un rôle préjudiciable pour le Sieur Couitéas, malgré l'existence d'une réparation pécuniaire.

971. Ce rôle rappelle combien l'intérêt général fait supporter des charges (refus de concours de la force publique) aux particuliers, dans l'intérêt de tous. Les conclusions RIVET précisent bien que si le gouvernement s'est refusé à mettre en mouvement la force publique pour assurer l'exécution du jugement rendu au profit du sieur Couitéas, c'est « parce qu'une résistance très sérieuse était à craindre, qui eût pu exiger une expédition véritable et avoir des répercussions dangereuses sur la situation de notre protectorat »[2713]. Selon le commissaire du gouvernement, il s'agit là d'un « moyen de défense tiré des nécessités vitales du pays »[2714]. En effet, il n'est « pas douteux que le gouvernement pouvait se considérer comme exposé à une levée en masse, qui mettrait, en face de ses troupes, un bloc compact d'indigènes solidaires, résolus à défendre chèrement le sol dont on voudrait les déposséder »[2715]. Ainsi, l'absence de recours à la force publique tient son origine dans l'intérêt général, c'est-à-dire dans le « sacrifice opposé à l'individu isolé au nom de l'intérêt de tous »[2716]. Le refus de recours à la force publique crée donc un préjudice qui résulte « des nécessités de la vie en société »[2717], de « considérations d'utilités sociales »[2718] ou encore de « l'intérêt de la paix »[2719] et de la « sécurité sociale »[2720]. De telles considérations d'intérêt général mettent l'accent sur l'idée développée par M. HAURIOU de légitime défense de l'État[2721]. L'intérêt général est donc lié à la souveraineté cachée de l'État dans la mesure où il s'agit de préserver l'unité de l'État qui peut être menacée par les actions de force des tribus (8 000 autochtones environ occupaient le domaine concerné) s'opposant à l'exécution du jugement qui « nécessitait l'organisation d'une véritable expédition militaire »[2722]. Ce sont alors

---

[2711] *GAJA*, *précit.*, p. 244.
[2712] Jurisprudence *Couitéas*, *précit.*
[2713] Concl. Rivet, *précit.* RDP, 1924, p. 75 s.
[2714] Les concl. Rivet se réfèrent à l'article 3 de la loi constitutionnelle du 25 février 1875 selon lequel le Président de la République « dispose de la force armée », mais une raison majeure peut s'opposer à la mise en action de la force armée, à titre exceptionnel. Concl. Rivet, *précit.* RDP, 1924, p. 92.
[2715] Concl. Rivet, *précit.*
[2716] Concl. Rivet, *précit.*, RDP, 1924, p. 89.
[2717] *Ibid.*
[2718] Note G. Jèze, *précit.*, RDP, 1924, p. 211.
[2719] *Ibid.*, p. 213.
[2720] *Ibid.*, p. 211.
[2721] Note de M. Hauriou sur CE, 30 nov. 1923, *Couitéas*, S.1923.3.57.
[2722] *GAJA*, *précit.*, p. 243.

« d'impérieuses nécessités politiques »[2723] qui expliquent le refus de recourir à la force publique. L'intérêt général est donc bien lié à des nécessités politiques qui reflètent la supériorité du pouvoir étatique au détriment du justiciable (sieur Couitéas) afin de préserver « l'ordre et la sécurité »[2724].

972. Après l'affaire *Couitéas*, des considérations d'ordre public « permettent à l'administration de différer son intervention pour l'exécution d'un jugement non seulement lorsque celle-ci implique une véritable "expédition militaire"[2725] »[2726], mais aussi lorsqu'elle implique par exemple « l'expulsion de grévistes dans une usine »[2727] ou « l'expulsion de locataires occupant un appartement »[2728]. Dans ces différents cas, l'ordre public renvoie à des « troubles matériels (manifestations, bagarres) »[2729] incompatibles « avec le maintien de "l'ordre dans la rue" et la tranquillité »[2730]. L'ordre public est alors intrinsèquement lié au politique ou aux « bases de l'État »[2731]. Il fait référence à la défense intérieure du territoire qui a pour « objet de protéger, en vue du maintien de l'ordre, l'ensemble de la nation [...] et les installations indispensables au maintien de l'activité et à la sauvegarde de la population »[2732]. C'est pourquoi le juge estime que ce motif (aujourd'hui

---

[2723] *Ibid.*

[2724] Affaire *Couitéas précit.*

[2725] CE, Sect., 23 mars 1945, *Époux de Richemont*, Rec., p. 60.

[2726] *GAJA, précit.*, p. 244.

[2727] CE, Ass., 1938, *Sté La cartonnerie et imprimerie Saint-Charles*, Rec., p. 521, concl. Dayras. V. également, CE, 11 juil. 1939, *Sté anonyme, « La soie »*, Rec., p. 471 – CE, 11 juin 1943, *Sté fr. de Transports et de Camionnages*, T. Rec., p. 409 – CE, 7 mai 1947, *Sté des Brasseries de la Meuse*, Rec., p. 180 – CE, 28 mai 1947, *La Mutuelle du comm. de l'ind.*, Rec., p. 223 – CE, Ass. 21 nov. 1947, *Barthélémy*, Rec., p. 434 - CE, 21 déc. 1951, *Sté Verreries Charbonneaux*, Rec., p. 607 ; CAA Bordeaux, 22 mai 1990, *Société Prodelis*, n° 89BX00474, T. Rec., p. 986 – CAA Douai, 28 avril 2005, *Sté Nortene SA*, n° 03DA00114, inédit.

[2728] CE, Ass. 22 janvier 1943, *Braut*, Rec., p. 19 ; S. 1944.3.41, note Mathiot. V. indirectement sur ce point, C. Gabolde, « La responsabilité de l'administration au cas de refus de prêter main-forte à l'expulsion de l'occupant sans titre d'un local d'habitation », D. 1955, chron. 77 ; J.-B. Auby, « Les procédures civiles d'exécution et la puissance publique. L'exécution avec le concours de la force publique », RTD civ., n° spécial, 1993, p. 123 ; P. Schnep, « Le recours contre le refus de l'administration d'exécuter une décision d'expulsion », AJPI, 1985, p. 456 ; P. Soubelet, L'inexécution des décisions d'expulsions locatives », AJDA, 1985, p. 726.

[2729] R. Vandermeeren, « Force publique (...) », Rép. Imm. Dalloz, janvier 2009, n° 39, p. 6, *précit.*

[2730] *Ibid.*

[2731] P. Bernard, *La notion d'ordre public en droit administratif*, Thèse, Paris, LGDJ, 1962, p. 70.

[2732] *Ibid.*, p. 71.

admis par le législateur[2733], le Conseil constitutionnel[2734] ou encore la Cour européenne[2735]), justifie le refus de concours de la force publique s'agissant des débordements liés à « l'évacuation d'une église occupée par des catholiques traditionnalistes »[2736] ou à « l'expulsion d'un immeuble de plusieurs familles »[2737] ou d'une seule[2738]

973. Ce faisant, on peut établir un lien, à l'instar de P. BERNARD entre la « notion d'ordre social qui a pour but la stabilité dans l'état social, la défense des fondements de la société et [...] l'intérêt général de la collectivité »[2739]. En effet, cette conscience de l'ordre public correspond « aux exigences fondamentales de la nature de l'homme et de la société »[2740]. C'est d'ailleurs en référence au respect de la nature de l'homme que le Conseil d'État a admis, dans la justification du refus du concours de la force publique, l'atteinte à la dignité de la personne humaine[2741].

[2733] Loi n° 91-650 du 9 juillet 1991, *Loi portant réforme des procédures civiles d'exécution*, JO n° 163 du 14 juillet 1991 p. 9228.

[2734] Cons. const., n° 98-403 DC du 29 juillet 1998, *Loi d'orientation relative à la lutte contre les exclusions*, Rec., p. 276.

[2735] CEDH, 19 mars 1997, *Hornsby c. Grèce, précit.* – CEDH, 28 juillet 1999, *Immobiliare Saffi c. Italie*, aff. n° 22774/93, JCP 2000.I.203, chron. F. Sudre, spéc. n° 12 et 33 – CEDH, 31 mars 2005, Matheus c. France, aff. n° 62740/00, RDP, 2006, p. 785 ; AJDA, 2005, p. 1886, chron. J.-F. Flauss ; AJDI 2005, p. 928, obs. J. Raynaud ; JCP 2005.I.159, chron. F. Sudre, spéc. N° 11 ; JCP 2005.I.181, chron. H. Périnet-Marquet, spéc. n° 1 ; Europe 2005, n° 234, note N. Deffains.

[2736] TA Paris, 12 oct. 1982, *Bellego*, n° 16327, inédit – CE, 6 mars 1987, *Bellego*, n° 47815, inédit. Par ailleurs, v. sur le contentieux résultant de l'occupation d'une église, R. Vandermeeren, « Les occupations d'églises : petite histoire et problématique juridique », AJDA, 2003, p. 417 s.

[2737] CE, 21 déc. 1949, *Wallaert*, Rec., p. 560.

[2738] CE, Ass. 10 février 1961, *Ministre de l'Intérieur c. Cts Chauche*, Rec., p. 108 – CE, 22 février 1961, *Painssecq*, Rec., p. 1173 – CE, 27 avril 1983, *Ministre de l'intérieur c. Sté SIRAP*, RDP, 1984.387.

[2739] P. Bernard, *La notion d'ordre public en droit administratif, précit.*, p. 75.

[2740] *Ibid.*

[2741] CE, 30 juin 2010, *Ministre de l'intérieur, de l'outre-mer et des collectivités territoriales* c/ *Ben Amour (Epx)*, n° 332259, Rec., p. 225 ; BJCL, 2010, p. 625, concl. Thiellay, obs. Poujade ; Note J. Le Gars, AJDA, 2011 p. 568 ; Chron. F. Zitouni, AJDI, 2011, p. 421 s. ; note A. Leborgne, Recueil Dalloz, 2011, p. 1509. La Cour de justice a par ailleurs reconnu la dignité humaine faisant partie de la notion d'ordre public (restriction à la liberté d'établissement s'agissant d'une activité contraire au principe de la dignité de la personne humaine) : CJCE, 14 oct. 2004, *Omega Spielhallen- und Automatenaufstellungs-GmbH c. Oberbürgermeisterin der Bundesstadt Bonn*, aff. C-36/02, Rec., p. 9609, point 32 s. ; DA, janvier 2005, p. 29, comm. P. Cassia.

974. Ainsi, « par-delà la contingence des applications et des circonstances, la notion d'ordre public s'impose pareillement à toutes les sociétés car elle vise à assurer le respect du *substratum* social, c'est-à-dire à faire respecter toutes les valeurs inscrites au cœur de toute collectivité humaine »[2742]. L'ordre public est donc un composant de l'intérêt général entendu comme l'intérêt de la collectivité. Ce dernier, lié au respect de la collectivité humaine justifie le sacrifice des intérêts particuliers. Une jurisprudence récente illustre encore comment la notion d'intérêt général permet de différer l'action des autorités administratives. L'intérêt général peut ainsi justifier l'abstention de l'administration qui cause un préjudice, sans nécessairement ouvrir droit à réparation[2743] ; le préjudice devant être considéré comme anormal[2744].

975. L'intérêt général est donc une fois de plus lié à la sauvegarde[2745] de la collectivité publique. Il dévoile sa supériorité par rapport à la société civile qui la compose. S'il permet l'indemnisation du préjudice subi par la victime, l'intérêt général dans la jurisprudence administrative traduit encore la souveraineté cachée de l'État, souveraineté liée à l'unité et à la supériorité de ses moyens : le refus de recours à la force publique étant fondé, quoi qu'il arrive, sur des fins d'intérêt général, au détriment de l'intérêt du justiciable.

976. Cette hypothèse relative à la souveraineté cachée de l'État se confirme encore à travers l'analyse des moyens juridiques de l'action administrative.

[2742] P. Bernard, *La notion d'ordre public en droit administratif*, *op. cit.*, p. 75.

[2743] TA Lille 5 avr. 2005, *Mme Bleitrach*, n° 034644, AJDA, 2005, p. 807 – CAA Douai 12 déc. 2006, *Mme Bleitrach*, n° 05DA00663, AJDA, 2007, p. 436, concl. J. Lepers.

[2744] Dans un arrêt en date du 22 oct. 2010, le Conseil d'État a censuré les juges (TA et CAA, *précit.* dans l'affaire *Bleitrach*) en estimant que le préjudice était anormal. Ainsi, « pour des motifs légitimes d'intérêt général, l'État a pu étaler dans le temps la réalisation des aménagements raisonnables destinés à permettre de satisfaire aux exigences d'accessibilité des locaux des palais de justice aux personnes handicapées ». L'intérêt général est ici lié à des difficultés d'exécution matérielles et financières dues à « l'importance du patrimoine immobilier judiciaire, au grand nombre et à la diversité des édifices répartis sur l'ensemble du territoire national » (CE, Ass., 22 oct. 2010, *Mme Bleitrach*, *précit.*). Néanmoins, le préjudice anormal causé à Madame Bleitrach lui ouvre droit à des indemnités, dans le prolongement de la jurisprudence *Couitéas* (sur le fondement de la responsabilité sans faute).

[2745] Sauvegarde liée à la nécessité de préserver les finances de l'État. V. sur ce point, CE, Ass., 22 oct. 2010, *Mme Bleitrach*, *précit.*

C. Intérêt général et souveraineté cachée de l'État à travers les moyens juridiques de l'action administrative

977. Dans la jurisprudence administrative, l'intérêt général permet de révéler la souveraineté cachée de l'État à travers la question des moyens juridiques de l'action administrative. Nous étudierons donc ce problème avec l'analyse de l'acte administratif unilatéral (1) et la question du déséquilibre du contrat administratif au profit de la puissance publique (2).

1. Intérêt général et souveraineté cachée de l'État à travers l'acte administratif unilatéral

978. Dans la doctrine, la fonction administrative peut être considérée comme l'une des trois fonctions juridiques de l'État[2746]. Cette fonction étatique est « définie d'après la nature juridique des actes accomplis pour les réaliser »[2747], c'est-à-dire les actes administratifs[2748]. Comme tout acte juridique[2749], l'acte administratif est « un acte de volonté destiné à introduire

---

[2746] V. sur les fonctions juridiques de l'État, R. Carré de Malberg, *Contribution à la théorie générale de l'État*, Paris, CNRS, 1962 ; J. Bodin, *Les Six livres de la République*, Paris, Fayard, 1986, I, 10, p. 298 s. et 309 s. ; III, 5, p. 120 ; H. Kelsen, « La garantie juridictionnelle de la constitution », RDP, 1928, p. 197 s. ; J. Locke, *Two treatises of gouvernment*, Londres, Everyman Library, 1993, trad. fr., Paris, Garnier-Flammarion, 1984 ; C. L. Montesquieu, *Esprit des lois*, dans Œuvres complètes, vol. 2, Paris Pléiade, 1956. V. également, C. Eisenmann, « Fonctions de l'État », dans Encyclopédie française, 2e éd., t. X, p. 291 ; M. Troper, *Pour une théorie juridique de l'État*, Paris, 1994 ; P. Lavaux et C.-M. Pimentel, « Fonctions juridiques de l'État », dans *Dictionnaire de la culture juridique*, *op. cit.*, p. 733 ; L. Duguit, *Traité de droit constitutionnel*, t. II, 3e éd., Paris, Ancienne Librairie Fontemoing et Cie, Éditeurs, 1928, p. 151 s.

[2747] Y. Gaudemet, *Traité de droit administratif*, 16e éd., t. 1., Paris, LGDJ, Droit administratif général, 2001, p. 511, n° 1097 s. V. aussi F.-P. Bénoit, *Le droit administratif français*, *op. cit.*

[2748] V. sur l'acte administratif, P. Delvolvé, *L'acte administratif*, Paris, Sirey, 1983 ; G. Dupuis, *Les privilèges de l'administration*, Thèse, Paris, 1962 ; P. Amselek, « Autopsie de la contrainte associée aux normes juridiques », RRJ, 2008, p. 1847 s. V. dans une perspective historique, F. Blancpain, *La formation historique de l'acte administratif unilatéral*, Thèse, Paris, 1979 ; A.-L. Girard, *La formation historique de l'acte administratif unilatéral*, Thèse, Paris 2 ; M. Verpeaux, *La naissance du pouvoir réglementaire*, 1789-1799, Paris, PUF, 1991.

[2749] V. sur l'acte juridique, J. Hauser, « Acte », dans *Dictionnaire de la culture juridique*, *op. cit.*, p. 7 s. ; J.-M. Bahans, *Théorie générale de l'acte juridique et droit économique*, Thèse, droit, Bordeaux 4, 1998, Lille ANRT, 2003 ; J. Martin de La Moutte, *L'acte juridique unilatéral*, 1951 ; G. Roujou de Boubée, *Essai sur l'acte*

un changement dans les rapports de droit qui existent au moment où il intervient, ou mieux, à modifier l'ordonnancement juridique »[2750]. Toutefois, l'acte administratif doit également être considéré « dans ses effets qui font apparaître un ensemble de privilèges et de sujétions »[2751]. L'effet le plus remarquable de celui-ci est de « faire naître au profit et à la charge des tiers des droits et des obligations sans leur consentement »[2752]. Ce pouvoir d'agir unilatéralement[2753], considéré comme « l'exemple typique des rapports de droit public »[2754] ou comme la « caractéristique du droit public »[2755], est censé exprimer « l'inégalité entre l'administration et les administrés »[2756]. Il est le « symbole de l'action administrative »[2757], « inhérent à l'institution publique »[2758].

979. A.-F.-A. VIVIEN DE GOUBERT a d'ailleurs déjà mis en avant le lien originel qui lie l'acte administratif avec l'exercice de la puissance publique[2759]. La doctrine du XIXe siècle a en effet « déceler dans l'acte administratif une manifestation de la puissance qui se situe dans l'exécutif »[2760]. D'une autre manière, M. HAURIOU estime que « la puissance

---

juridique collectif, 1961 ; G. Wicker, *Les fictions juridiques, contributions à l'analyse de l'acte juridique*, Paris, LGDJ, 1997.

2750 J. Waline, *Droit administratif*, Paris, Précis, Dallos, coll. « Droit public Science politique », 2008, p. 375.

2751 J.-L. de Corail, « Acte administratif », *Dictionnaire de la culture juridique*, *op. cit.*, p. 11 s.

2752 *Ibid.*

2753 Pour la définition de l'acte unilatéral, v. G. Dupuis, « Définition de l'acte unilatéral », dans Mélanges Eisenmann, 1975, *op. cit.*, p. 205 s.

2754 H. Kelsen, *Théorie pure du droit*, trad. de la 2e éd. par C. Eisenmann, Paris, Dalloz, 1962, p. 372.

2755 A. de Laubadère, *Traité élémentaire de droit administratif*, 2e éd., Paris, LGDJ, 1957, p. 21, n° 17.

2756 C. Debbasch et F. Colin, *Droit administratif*, 9e éd., Paris, Economica, 2010, p. 329.

2757 J.-M. Pontier, « L'intérêt général existe-t-il encore ? », D. 1998, chron. 327.

2758 P.-L. Frier et J. Petit, *Droit administratif*, *op. cit.*, p. 279.

2759 A.-F.-A. Vivien de Goubert, *Études administratives*, 3e éd., Paris, Librairie de Guillaumin et Cie, 1859, t. premier, p. 6. L'auteur explique également que « l'administration s'exprime par différents types d'actes qui impriment le mouvement aux affaires publiques », p. 307.

2760 J.-L. de Corail, « Acte administratif », *Dictionnaire de la culture juridique*, *op. cit.*, p. 11 s. Cela s'explique par les relations interdépendantes au XIXe entre les autorités gouvernementales et administratives (G. Bigot, « Les bases constitutionnelles du droit administratif avant 1875, (Définir le droit administratif /1) », RFDA, 2003 p. 218 s.) V. également G. Bigot, « La dictature administrative au XIXe siècle : théorie historique du droit administratif, (Définir le droit administratif /2) », RFDA, 2003 p. 435 s. ; A. Chauveau, *Principes de compétence et de juridiction administrative*, Paris, Cotillon, 1841-1843, t. I, Préface, p. XIX ; Proudhon, *Traité du*

publique qui se charge d'exercer les droits des administrations publiques est une forme du pouvoir exécutif, lequel est essentiellement un pouvoir de décision exécutoire[2761] qui passe d'office, en principe, à l'exécution de ses propres décisions par ses propres agents »[2762]. Ainsi, l'acte administratif unilatéral[2763] constitue l'expression juridique des décisions politiques de l'État.

980. Cette idée est encore largement présente dans la doctrine au cours du XXe siècle. Par exemple, M. STASSINOPOULOS montre dans le *Traité des actes administratifs* publié en 1954 que l'acte administratif, « pris dans son sens général, devance, au point de vue historique, toute autre manifestation étatique »[2764]. L'auteur rappelle que l'administration est « l'action vivante qui complète » la vie de l'État[2765]. Il s'agit d'une

---

domaine public ou de la distinction des biens considérés principalement par rapport au domaine public, Dijon, V. Lagier, 2 éd., 1843, t. I, p. 115 ; E.-V. Foucart, *Éléments de droit public et administratif, ou Exposition des principes du droit public positif avec l'indication des lois à l'appui*, Paris, Videcoq, 1834-1835, t. II, p. 555 ; F. Laferrière, *Cours théorique et pratique de droit public et administratif mis en rapport avec la constitution de 1848*, Paris, Cotillon, 3 éd., 1850, t. I, p. 6 et 39 ; M. Block, *Dictionnaire de l'administration publique*, Paris, Berger-Levrault, 1862, v° « Juridiction administrative », p. 1026 et 1027 ; A. Batbie, Traité *théorique et pratique de droit public administratif*, Paris, Cotillon, 1861, t. I, p. 94 ; D. Serrigny, *Traité de l'organisation de la compétence et de la procédure en matière contentieuse administrative dans leurs rapports avec le droit civil*, Paris, Aug. Durand, 2 éd., 1865, t. I, p. 28 s. ; L. Aucoc, *Conférences sur l'Administration et le droit administratif*, *op. cit.*, 1869, t. 1, p. 271 s.

2761 V. sur la décision exécutoire, G. Darcy, « La décision exécutoire, esquisse méthodologique », AJDA, 1994, p. 663 ; C. Lavialle, *L'évolution de la conception de la décision exécutoire en droit administratif français*, Paris, LGDJ, 1974.

2762 M. Hauriou, *Précis de droit administratif*, Paris, Sirey, 1927, 11e éd., t. I, p. 350.

2763 V. sur l'acte administratif unilatéral, G. Dupuis, *Recherche sur le régime juridique de l'acte administratif unilatéral*, Université Paris 1, 1980-1981 ; M. Lefèbure, *Le pouvoir d'action unilatéral de l'administration en droit anglais et français*, Paris, LGDJ, 1961 ; R. Hostiou, *Procédures et formes de l'acte administratif unilatéral en droit français*, Paris, LGDJ, 1975 ; F. Vincent, *Le pouvoir de décision unilatérale des autorités administratives*, Paris, LGDJ, 1966 ; X. Dupré de Boulois, *Le pouvoir de décision unilatéral*, Bibliothèque de droit public, 2006 ; C. Eisenmann, *Les actes de l'administration, Les actes juridiques du droit administratif, Le régime des actes administratifs unilatéraux*, Cours de doctorat, Paris, LGDJ, 1983, t. II, p. 497 s. ; Y. Madiot, « Aux frontières du contrat et de l'acte administratif unilatéral, Thèse,1971.

2764 M. Stassinopoulos, *Traité des actes administratifs*, Paris, Librairie du Recueil Sirey, coll. De L'Institut français d'Athènes, 1954, p. 17.

2765 V. sur ce point, G. Jellinek, *Allgemeine*, p. 612. Référence citée par M. Stassinopoulos, *Traité des actes administratifs*, *op. cit.*, p. 17, note 1.

« suprématie naturelle »[2766] qui explique son rôle majeur joué au sein de « l'État policier »[2767] puis ensuite au sein de « l'État de droit »[2768] qui soumet « l'exécutif à la loi »[2769]. Dès lors, « l'action de l'exécutif prend pour la première fois le nom d'acte administratif et acquiert un intérêt juridique spécial, devenant l'objet d'une nouvelle branche du droit public, le droit administratif »[2770]. C'est ainsi à travers la notion de l'État de droit que l'auteur délimite les contours de l'acte administratif unilatéral. Dans une logique analogue, G. DUPUIS rappelle que l'acte unilatéral est essentiel à l'action publique[2771]. Il met en avant, à l'occasion de la définition de l'acte unilatéral, que le caractère « unilatéral » de l'acte administratif est « l'expression juridique d'un pouvoir »[2772]. En effet, l'acte est lié « au fonctionnement d'un groupe », il permet « le "commandement" inévitable dans toute société, même si elle se veut démocratique »[2773]. C. EISENMANN développe encore la même idée lorsqu'il mentionne l'« élément étatique »[2774] parmi les composantes de la définition de l'acte administratif unilatéral. Cet élément étatique se traduit « par le fait que les normes posées par l'acte » ne concernent en définitive, pas l'agent administratif personnellement, « comme individu agissant pour son propre compte, mais concernant le groupement dont il est l'agent »[2775]. Une telle conception n'est pas surprenante dans la mesure où certaines autorités administratives, auteurs d'actes administratifs unilatéraux, sont également des autorités politiques[2776].

981. En définitive, l'idée selon laquelle l'acte administratif unilatéral[2777] est le reflet d'une inégalité justifiée par la puissance de l'activité publique, étatique, est encore présente dans l'œuvre de nombreux auteurs récents[2778]. É. SAILLANT rappelle, dans une thèse consacrée à *L'exorbitance*

2766 *Ibid.*, p. 17.
2767 *Ibid.*
2768 *Ibid.*
2769 *Ibid.*
2770 *Ibid.*
2771 G. Dupuis, M.-J. Guédon et P. Chrétien, *Droit administratif*, 12e éd., Paris, Sirey, Dalloz, 2011, p. 480.
2772 G. Dupuis, « Définition de l'acte unilatéral », dans Mélanges Eisenmann, 1975, p. 205 s. spéc. p. 206.
2773 *Ibid.*
2774 C. Eisenmann, *Cours de droit administratif*, t. II, Paris, LGDJ, 1983, p. 691 s.
2775 *Ibid.*, p. 691.
2776 V. par ex. Premier ministre, Président de la République.
2777 V. sur l'acte administratif unilatéral, G. Lebreton (Doc. Réunis et commentés par), *L'acte administratif unilatéral*, Documents d'études, La documentation française, n° 2.04, sept. 1989.
2778 P.-L. Frier et J Petit, *Droit administratif*, *op. cit.*, 2010, p. 279 ; G. Dupuis, M.-J. Guédon et P. Chrétien, *Droit administratif*, 12e éd., Paris, Sirey, Dalloz, 2011, p. 480 ; Y. Gaudemet, *Traité de droit administratif*, Paris, LGDJ, t. 1, 2001, p. 511 s. ;

en droit public, que l'acte administratif unilatéral « est le monopole de la relation politique ». Il « participe ainsi de la construction de la représentation juridique d'un pouvoir politique distinct des particuliers et supérieur à eux. Si l'acte unilatéral obligatoire est le monopole du pouvoir politique, cela indique bien que les rapports d'inégalité sont le monopole de la relation politique : seul le pouvoir politique est supérieur aux particuliers, égaux entre eux »[2779]. Or, l'existence d'un tel privilège traduisant juridiquement la supériorité de l'État, marque de sa souveraineté, ne peut se justifier, selon la doctrine et la jurisprudence, que par « l'empreinte de l'intérêt général »[2780].

982. En effet, depuis le XIXe, il est classiquement admis que le procédé de droit public « repose lui-même sur l'idée d'inégalité des intérêts en conflit ; l'intérêt général doit l'emporter sur les intérêts privés »[2781]. Le droit administratif implique l'inégalité entre les parties parce qu'un intérêt supérieur, celui de l'État pour la collectivité, doit prédominer[2782]. Dit autrement, la « législation administrative, c'est l'intérêt public qui impose des sacrifices à l'intérêt privé »[2783]. Aujourd'hui, la doctrine admet largement que l'acte administratif unilatéral « constitue le moyen essentiel d'assurer la prééminence de l'intérêt général sur les intérêts privés »[2784]. Comme le

---

C. Debbasch et F. Colin, *Droit administratif*, Paris, Economica, 9e éd., 2010, p. 6 s. combiné avec p. 329 s.

[2779] E. Saillant, *L'exorbitance en droit public*, Thèse, *op. cit.*, p. 286.

[2780] V. par ex. sur la conception finaliste de l'acte administratif unilatéral, F. Blancpain, *La formation historique de la théorie de l'acte administratif unilatéral*, *op. cit.*, p. 229 s.

[2781] G. Jèze, *Le service public*, *Revista de drept public*, Roumanie, Bucuresti, Institutul de Stiinte Administrative
1926, p. 169.

[2782] C'est d'ailleurs l'intérêt général qui justifie pour L. Aucoc la dichotomie opérée entre les actes de gestion et d'autorité, L. Aucoc, *Conférences*, *op. cit.*, t. 1, 3e éd., 1885, p. 21 s.

[2783] *Ibid.*, p. 438, n° 269.

[2784] G. Lebreton (doc. réun. et comm. par), *L'acte administratif unilatéral*, Documents d'études, La documentation française, n° 2.04, sept. 1989, p. 2. V. dans le même sens, « L'activité de l'administration, comme toute activité humaine, emprunte deux voies : celle de la décision, celle de l'opération. Administrer, c'est tout à la fois, faire les actes juridiques qui fixent les droits et les obligations respectives des personnes publiques et des particuliers, et accomplir la masse des opérations tant matérielles qu'intellectuelles qu'exige la satisfaction de l'intérêt général » J. Waline, *Droit administratif*, *op. cit.*, p. 375 ; « Ce pouvoir propre est la caractéristique essentielle de ce que l'on appelle le "privilège du préalable". Il est exercé au nom de l'intérêt général, et est ainsi, sans aucun doute, l'un des aspects qui différencie le plus les "besoins du service" des "rapports de particulier à particulier" » ; M. Delamarre et T. Paris, *Droit administratif*, Paris, éd. Ellipses, Optimum, 2009, p. 261 ; « l'administration a la garde de l'intérêt général ; elle n'en a pas la libre disposition. Renoncer à une partie de son pouvoir serait faillir à sa mission », R.-

rappelle B. SEILLER, « la place centrale occupée par les actes administratifs unilatéraux au sein du droit public français se justifie par le souci de faire prévaloir l'intérêt général sur les intérêts particuliers. Pour mener à bien leur fonction de promotion de l'intérêt général, les autorités administratives doivent disposer de moyens juridiques leur permettant d'outrepasser la résistance des intérêts privés »[2785]. Dans le même sens, le rapport public du Conseil d'État estime que « plus caractéristique encore que le privilège qui s'exprime dans les conditions de son édiction, serait « la charge d'intérêt général que contient l'acte unilatéral ». En effet, « l'acte unilatéral est implicitement imprégné de l'idéologie de l'intérêt général qui peut seule rendre tolérable les nombreux privilèges qui accompagnent cet acte : privilège du préalable, complété, dans certaines hypothèses – il est vrai restrictives – par la procédure d'exécution forcée, à quoi s'ajoute les conséquences de l'autorité de chose décidée qui s'attache à la décision »[2786].

983. De telles considérations sur l'intérêt général s'expliquent eu égard à son rôle spécifique dans la définition[2787], le régime[2788] et le contrôle de la légalité[2789] (par exemple : détournement de pouvoir[2790]/violation de la

---

G. Schwartzenberg, *L'autorité de chose décidée*, BDP, t. 93, LGDJ, 1969, p. 63.

2785 B. Seiller, « L'exorbitance du droit des actes administratifs unilatéraux », art. cit., p. 108.

2786 Rapport public, Conseil d'État, 1999, *op. cit.*, p. 277.

2787 À travers la notion de service public notamment. Voir par ex. pour tous les détails d'éléments déjà connus et largement expliqués dans les manuels, B. Seiller, Acte administratif (I – Identification), Rép. Cont. adm., Dalloz, 2010, dernière mise à jour, 2012, n° 88, p. 13.

2788 Rapport public du Conseil d'État, 1999, *op. cit.*, p. 277 et 278.

2789 J. Belin, *Recherches sur la notion d'utilité publique*, *op. cit.*, p. 249 s. L'auteur considère que l'intérêt général peut s'identifier au motif de l'acte administratif. G. Vedel (*Essai sur la notion de cause*, *op. cit.*, p. 444) rejette toutefois l'idée selon laquelle il y aurait une identification complète entre l'intérêt général et le motif de l'acte. V. globalement sur le rôle de l'intérêt général dans la légalité interne de l'acte administratif, les thèses de D. Truchet, *op. cit.*, D. Linotte, *Recherche sur la notion d'intérêt général*, *op. cit.*, Thèse, p. 205 s. et G. Pellissier, *op. cit. ;* M. Delamarre et T. Paris, *Droit administratif*, Paris, éd. Ellipses, Optimum, 2009, p. 261.

2790 CE, 25 février 1864, *Lesbats*, Rec., p. 209 (nouveau cas d'ouverture du recours pour excès de pouvoir : le détournement de pouvoir) – CE, 26 nov. 1875, *Pariset*, Rec., p. 934. Le juge admet qu'il y a détournement de pouvoir lorsque l'acte est étranger à tout intérêt public (CE, 23 juillet 1909, *Fabrègue*, Rec., p. 727 – CE, 14 mars 1934, *Delle Rault*, Rec., p. 337 – CE, 25 janvier 1991, *Brasseur*, Rec., p. 23 – CAA Bordeaux, 21 déc. 2010, *Commune de Cilaos*, n° 09BX02340, inédit ; JCP A 2011.2247, obs. Maublanc) ou lorsque l'acte administratif est pris dans un intérêt public mais n'est pas de celui pour lequel les pouvoirs nécessaires pour rendre l'acte ont été conférés à son auteur (CE, 20 mars 1953, *Bluteau*, Rec., p. 691). V. également, M. Beurdeley, *Le détournement de pouvoir dans l'intérêt financier*, Thèse, Paris, Recueil Sirey, 1928 ; J. Coutelan, *Détournement de pouvoir de police dans l'intérêt*

loi[2791]) de l'acte administratif unilatéral.

984. Nous retiendrons donc que l'intérêt général est un élément structurant de l'acte administratif unilatéral[2792]. Il justifie, malgré les critiques et les profondes remises en cause[2793], l'exorbitance persistante de l'acte administratif unilatéral (exorbitance largement admise par la majorité de la doctrine administrative[2794]) qui constitue la marque de la supériorité de la

---

financier, Thèse, Paris, 1947 ; C. J. P. Eurieult, *Buts et motifs des actes administratifs*, Thèse, Paris 1, 1972 ; R. Hostiou, *Procédure et formes de l'acte administratif en droit français*, Thèse, Paris, LGDJ, 1974 ; C. Teitgen-Colly, *La légalité de l'intérêt financier dans l'action administrative*, Thèse, Paris, Economica, 1981 ; H. Welter, *Le contrôle juridictionnel de la moralité administrative*, Thèse, Paris, Librairie du Recueil Sirey, 1929 ; H. Ebren, *Théorie du détournement de pouvoir*, Thèse, Valence, Typographie et lithographie, A. Ducros, 1901 ; L. V. Fernandez-Maubalnc, « Le prétendu déclin du détournement de pouvoir », Mélanges J.-M. Auby, Dalloz, 1992, p. 239 s. ; M. Gros, « Fonctions manifestes et latentes du détournement de pouvoir », RDP, 1997, p. 1237 ; G. Jèze, « Essai d'une théorie générale sur l'influence des motifs déterminants sur la validité des actes juridiques en droit administratif français », RDP, 1922, p. 377 ; R. Vidal, « L'évolution du détournement de pouvoir dans la jurisprudence administrative », RDP, 1952, p. 275 s.

2791 L'intérêt général sert ici à annuler l'acte administratif non sur le fondement du détournement de pouvoir mais pour violation de la loi et spécialement pour erreur dans les motifs qui ont servi de base à la décision. V. pour quelques ex., CE, 3 avril 1987, *Consorts Métayer et Époux Lacour*, Rec., p. 121 – CE, 28 mai 1971, *Ville nouvelle Est précit.* – CE, 30 juin 1989, *Ville de Paris c. Lévy* – CE, Ass. 9 juillet 1943, *Tabouret et Laroche*, Rec., p. 182 – CE, Ass. 28 juillet 1944, *Dame Constantin*, Rec., p. 219.

2792 Ce point ne nécessite pas plus de développement dans la mesure où les thèses de D. Linotte *précit.* et de D. Truchet, *op. cit.*, ont déjà largement traité le problème.

2793 Nous n'expliquerons pas davantage pourquoi l'acte administratif unilatéral est exorbitant dans la mesure où cette étude a été récemment étudiée : B. Seiller, « L'exorbitance du droit des actes administratifs unilatéraux », dans colloque relatif à l'exorbitance du droit administratif en question, 2004, précit. p. 107 s. ; B. Seiller, « L'exorbitance du droit des actes administratifs unilatéraux », RDP, 2004, p. 481 s. V. aussi É. Saillant, *L'exorbitance en droit public*, Thèse *précit.*, p. 274 s. ; C. Eisenmann, « Régimes de droit public et régimes de droit privé », 1954-55, dans *Cours de droit administratif*, t. 1, Paris, LGDJ, 1982, p. 412 s., spéc. p. 429 ; N. Chifflot, *Le droit administratif de Charles Eisenmann*, Thèse, Strasbourg III, 2007, Paris, Dalloz, 2009, p. 202 s. ; G. Dupuis, *Les privilèges de l'administration*, *précit.*, p. 58 s. ; M. Rousset, *L'idée de puissance publique en droit administratif*, Paris, LGDJ, 1960, p. 77 s. ; A. Aynès, « Rapport introductif », dans C. Jamin et D. Mazeau (dirs), *L'unilatéralisme et le droit des obligations*, Paris, Economica, 1999, p. 3. V. également les thèses classiques en droit privé sur l'acte unilatéral en droit privé, J. Martin de la Moutte, *L'acte juridique unilatéral. Essai sur sa notion et sa technique en droit civil*, Paris, Sirey, 1951 ; R. Encinas de Munagorri, *L'acte unilatéral dans les rapports contractuels*, Paris, LGDJ, 1955).

2794 Pour la majorité des auteurs, l'acte unilatéral est le propre du droit public

puissance publique face aux administrés. L'intérêt général reflète donc encore, la supériorité des moyens d'action de l'État à travers la fonction administrative, supériorité qui est liée à la souveraineté cachée de l'État. L'intérêt général demeure donc encore quoi qu'il arrive, à la frontière entre le juridique et le politique. Il permet d'inscrire le premier dans l'action du second. Cette analyse peut se poursuivre s'agissant de la question du déséquilibre du contrat administratif au profit de la puissance publique.

2. L'intérêt général, source de déséquilibre du contrat administratif au profit de la puissance publique

985. Il est traditionnellement admis que le contrat peut être administratif en raison notamment de ses clauses, dites exorbitantes. Si la clause exorbitante est difficilement définissable[2795], une partie de la doctrine la décrit comme celle qui révèle la volonté de la personne publique de se soustraire au droit public[2796]. Liée à l'interprétation de certaines solutions jurisprudentielles[2797], cette acception s'avère « fort peu satisfaisante » car l'intention est « rarement délibérée et consciente »[2798]. Plus encore, elle ne

---

(F. Moderne, *Recherche sur la puissance publique et ses prérogatives en droit administratif français*, Thèse, Bordeaux, 1960, p. 99 ; J. Brethe de La Gressaye, « Droit administratif et droit privé », dans *Le droit privé français au milieu du XXe siècle*, Études offertes à Georges Ripert, t. 1, Paris, LGDJ, 1950, p. 314 ; É. Saillant, *L'exorbitance en droit public*, *op. cit.*, p. 284 s. spéc. p. 285 à 287).

2795 R. Chapus, *Droit administratif général*, *op. cit.*, t. 1, p. 552 s., n° 725 ; L. Richer, *Droit des contrats administratifs*, LGDJ, 2012, n° 143 s., spéc., n° 145, p. 99. V. aussi, M.-E. André et J. Raynard, « Regards dubitatifs de juristes de droit privé sur la clause exorbitante », *Contrats publics*, Mélanges Guibal, Presses universitaires de Montpellier, 2006, p. 783 s. ; N. Dantonel-Cor, « Le critère de la clause exorbitante : un janus à deux visages » JCP A, 2008, 2047.

2796 J.-Rivero et J. Waline, *Droit administratif*, 21e éd., Paris, Dalloz, 2006, n° 438, p. 384 ; P. Amselek, « La qualification des contrats de l'Administration par la jurisprudence », AJDA, 1983, p. 3 s. ; U. F. Koechlin, *Compétence administrative et judiciaire de 1800 à 1830*, Thèse, Paris, Rousseau et Cie, 1950, p. 240 : « La personne morale de droit public a passé un contrat ne contenant aucune clause exorbitante de droit commun, elle s'est par suite volontairement placée sous l'autorité des tribunaux judicaires ».

2797 V. par ex., CE, 2 juin 1975, *Sieur Solas c. OPHLM ville de Toulouse*, Rec., p. 796 – CE, 12 mai 1933, *Compagnie Générale des Eaux*, Rec., p. 508 – CE, 31 mai 1907, *Deplanque*, Rec., p. 513, concl. Romieu.

2798 J. Lamarque, « Le déclin du critère de la clause exorbitante », dans *Le juge et le droit public*, Mélanges M. Waline précit., t. 2, 1974, Paris, LGDJ, p. 497 s. V. Aussi pour la critique de la volonté, J.-M. Rainaud, « Le contrat administratif : volonté des parties ou loi de service public ? », RDP, 1985, p. 1183 s.

rend pas compte de la cause objective (au-delà de la volonté subjective ici) ou du fondement de cette exorbitance.

986. Ainsi, d'autres auteurs expliquent que l'exorbitance de la clause révèle la personne publique au contrat. En effet, selon, R. CHAPUS, la « clause exorbitante peut être celle qui est créatrice d'inégalités, en conférant à la personne publique une position de supériorité par rapport au cocontractant »[2799] : « qu'elle place le cocontractant sous son contrôle »[2800], ou « sous son autorité ». J. LAMARQUE relève alors que « la présence de la personne publique au contrat peut impliquer l'utilisation de moyens de puissance publique »[2801]. Dans le même sens, P.-L. FRIER et J. PETIT considèrent qu'une telle clause « traduit le caractère inégalitaire des rapports entre la puissance publique et la personne privée »[2802]. Est ainsi exorbitante par exemple, « la clause qui autorise la résiliation unilatérale »[2803] d'un contrat ou « le contrôle de ses résultats financiers »[2804]. La présence de la personne publique rend donc compte du « déséquilibre » du contrat lorsque le particulier est face à l'action de la puissance publique[2805]. Récemment encore, É. SAILLANT rappelle que « la clause exorbitante est celle qui ménage des relations contractuelles déséquilibrées »[2806] en raison de « la présence d'une personne publique qui peut user de prérogatives de puissance publique »[2807].

987. Or, aujourd'hui, l'existence d'un déséquilibre ou d'une inégalité, source de la singularité du contrat administratif est remise en cause[2808]. J.-

---

[2799] R. Chapus, *Droit administratif général*, *op. cit.*, p. 552.

[2800] V. par ex. CE, 29 juin 2012, *Société PRO 2C*, n° 357976, à paraître au Rec.

[2801] J. Lamarque, « Le déclin du critère de la clause exorbitante », art. cit., p. 497 s.

[2802] P.-L. Frier et J. Petit, *Précis de droit administratif*, *op. cit.*, p. 353.

[2803] CE, Ass., 2 mai 1958, *Distillerie de Magnac-Laval*, Rec., p. 246 ; D. 1958, 730, note A. de Laubadère ; AJDA, 1958, II, 282, concl. Kahn – CE, Ass., 2 février 1987, *Société TV 6*, Rec., p. 29 ; RFDA, 1987, p. 29 concl. Fornacciari ; AJDA, 1987, p. 314, chron. Azibert et Boisdeffre.

[2804] CE, Ass., 26 février 1965, *Soc. Vélodrome du Parc des Princes*, Rec., p. 133 ; RDP, 1965, p. 506, concl. Bertrand. V. aussi, C. Cass., civ 3e, 2 février 2005, *Office national des forêts*, AJDA, 2005, p. 1125, note G. Clamour.

[2805] G. Vedel considère que le régime de puissance publique est lié à des prérogatives et des sujétions (G. Vedel, « Remarques sur la notion de clause exorbitante », dans *L'évolution du droit public*, Études en l'honneur d'Achille Mestre, Sirey, 1956, p. 527 s.).

[2806] É. Saillant, *L'exorbitance en droit public*, *op. cit.*, p. 96 s.

[2807] J. Lamarque a déjà recensé ces clauses (« Le déclin du critère […] », *précit.* p. 497 s.). V. par ex, TC, 14 nov. 1960, *Sté Vandroy-Jaspar*, Rec., p. 867 ; AJDA, 1961, p. 89, note A. de Laubadère – TC, 14 nov. 1960, *SA commer. et agr.*, Rec., p. 868 – CE, 10 mai 1963, *Sté coopérative agr. de product. à prospérité fermière*, Rec., p. 289.

[2808] V. sur l'étendue de ce débat, M. Canedo, « L'exorbitance du droit des contrats administratifs », dans *L'exorbitance du droit administratif en question(s)*,

C. VENEZIA explique déjà en 1979 que « des phénomènes de domination sont de plus en plus fréquents dans les relations entre personnes privées au point que l'on se prend parfois à douter que la frontière qui sépare le droit des relations entre personnes privées et [...] publiques, délimite deux systèmes juridiques véritablement distincts l'un de l'autre »[2809]. En effet, « l'unilatéralisme n'est pas exclu des contrats privés »[2810] et peut se traduire par « l'existence d'un pouvoir de modification unilatéral »[2811] ou d'un « pouvoir de résiliation unilatérale »[2812].

988. C'est ici que l'intérêt général[2813] réapparaît. En effet, si les contrats de droit privé sont aussi régis par l'unilatéralisme, ils ne sont pas liés,

---

op. cit. p. 125 s.

2809 J.-C. Venezia, « Réflexions sur le rôle de la volonté en Droit administratif », dans Études offertes à P. Kayser, Presses universitaires d'Aix-Marseille, 1979, *op. cit.*, p. 383 s., spéc. p. 384.

2810 R. Encicas de Munagorri, *L'acte unilatéral dans les rapports contractuels*, Bibl. de droit privé, t. 254, Paris, LGDJ, 1996 ; C. Jamin et D. Mazeaud (dirs), *L'unilatéralisme et le droit des obligations*, Paris, Economica, coll. « Études juridiques », 1999 ; J. Antoine, « Les pouvoirs de sanction du cocontractant défaillant. Approche comparée entre droit des contrats administratifs et droit privé des obligations », LPA, 2002, n° 200, p. 4 ; B. Fages, *Droit des obligations*, Paris ; LGDJ, Manuel, 2007, n° 368 s. (l'auteur développe plusieurs ex. de résolutions unilatérales dans les contrats de droit privé) ; M.-O. Barbaud, *La notion de contrat unilatéral : analyse fonctionnelle*, Thèse, Paris 2, 2012.

2811 M. Canedo, *op. cit.*, p. 146. L'auteur précise que le « débiteur d'une obligation contractuelle peut, lors de l'exécution, s'abstenir de bonne foi de respecter à la lettre les stipulations du contrat à condition que le but fixé par les parties soit néanmoins atteint » : C. Cass., 31 janvier 1887, S. 1887, I, p. 420. V. également, H. Lecuyer, « La modification unilatérale du contrat », dans C. Jamin et D. Mazeau (dirs), *L'unilatéralisme et le droit des obligations*, Paris, Economica, coll. « Études juridiques », 1999, p. 61. Référence citée par M. Canedo, *op. cit.*

2812 C. Cass., civ. 1re, 28 avril 1987, DS, 1988, p. 1, note P. Delebecque – C. Cass., civ. 1re, 13 octobre 1998, D. 1999, p. 197, note C. Jamin – C. Cass., Civ. 1re, 20 février 2001, D. 2001, p. 1568, note C. Jamin. M. Canedo insiste sur « le rapprochement avec le régime du contrat administratif dans la mesure où le droit des contrats privés connait également la résiliation unilatérale, soit à titre de sanction, soit pour des motifs d'intérêt général » (M. Canedo, *op. cit.*, p. 146). V. également, P. Delebecque, « L'anéantissement unilatéral du contrat », dans *L'unilatéralisme et le droit des obligations*, *op. cit.*, p. 61 ; J.-B. Seube, « Contrats privés-contrats administratifs : points de convergence ? », dans *Contrats publics*, Mélanges en l'honneur du Professeur Michel Guibal, vol. I, Montpellier, Presses de la Faculté de Droit, 2006, p. 367 s., spéc. p. 374-375, note 30.

2813 Certains auteurs ont une vision restrictive de l'intérêt général et justifient l'exorbitance de la clause par le service public : G. Jèze, *Les contrats administratifs de l'État, des départements, des communes et des établissements publics*, t. 2, Paris, LGDJ, 1932, p. 366 ; Y. Gaudemet, *Droit administratif*, 19e éd., Paris, LGDJ, 2010,

dans l'absolu, à la satisfaction de l'intérêt général. C'est donc bien l'intérêt général qui permet d'identifier les rapports inégalitaires entre l'administration cocontractante et les particuliers[2814]. Ce rapport constitue encore pour beaucoup, « la marque d'originalité »[2815] du régime juridique du contrat administratif, par la présence de la personne publique au contrat en tant qu'elle peut exercer des prérogatives de puissance publique. En effet, l'intérêt général justifie l'existence de contrôle, de « direction »[2816], de « modification »[2817] ou

---

p. 321 ; A. de Laubadère, « Du pouvoir de l'administration d'imposer unilatéralement des changements aux dispositions des contrats administratifs », RDP, 1954, p. 36 s., spéc., p. 63 ; A. de Laubadère, F. Moderne et P. Delvolvé, *Traité des contrats administratifs*, t. 2, 2e éd., LGDJ, 1984, p. 402 ; J.-M. Rainaud, « Le contrat administratif : volonté des parties ou loi de service public ? », RDP, 1985, p. 1183 s. Cette conception ne sera pas retenue ici car l'intérêt général dépasse le service public. Selon nous, il révèle le déséquilibre de la personne publique au contrat.

2814 Selon M. Waline, « la clause exorbitante révèle les préoccupations d'intérêt public qui sont étrangères aux personnes de droit privé » : M. Waline, *Précis de droit administratif*, Paris, Montchrestien, 1969, p. 394 ; note M. Waline sous CE, 26 juin 1956, *Société du vélodrome du parc des Princes*, RDP, 1965, p. 1185. De même, G. Cornu considère que « la clause exorbitante du droit commun désigne une clause qui, traduisant des exigences d'intérêt public normalement étrangères aux conventions de droit privé, contribue à la qualification des contrats administratifs » (G. Cornu, *Vocabulaire juridique*, *op. cit.*, v° exorbitant). V. aussi, F. Brenet, « Les contrats administratifs », dans P. Gonod, F. Melleray et P. Yolka (dirs), *Traité de droit administratif*, Paris, Dalloz, t. 2, 2011, p. 217 s. spéc., p. 245.

2815 F. Brenet, *op. cit.*, p. 244.

2816 C'est « la nature juridique du service public qui est le fondement juridique du pouvoir de contrôle », et donc indirectement à travers la notion de service public, la notion d'intérêt général : G. Jèze, *Les contrats administratifs de l'État, des départements, des communes et des établissements publics*, t. 2, Paris, LGDJ, 1932, p. 366. V. également, F. Brenet : « c'est plus vraisemblablement une notion plus large, celle de l'intérêt général, qui justifie implicitement l'existence de cette prérogative de l'administration contractante » : F. Brenet, *op. cit.*, p. 245. V. aussi, A. Roblot-Troizier, « Le pouvoir de contrôle de l'administration à l'égard de son cocontractant », RFDA, 2007, p. 990 s.

2817 Ph. Vegleri, *Des modifications apportées par l'administration à ses contrats*, Thèse Paris, 1927 ; L. Roubier, *Influence du changement de circonstances sur les contrats de droit public*, Thèse, Lyon, 1925 ; F. Delmas, *Du pouvoir de l'administration de modifier les prévisions du marché du travail public*, Thèse Paris, 1945 ; F. Llorens, *Contrat d'entreprise et marché et travaux publics*, Paris, LGDJ, 1981, p. 244 s. ; H. Hoepffner, *La modification du contrat administratif*, Paris, LGDJ, 2009 ; L. Rolland, « De la modification du contrat par voie d'autorité », RDP, 1910, p. 309 s. ; J. L'Huillier, « Les contrats administratifs tiennent-ils lieu de loi à l'administration ? », D. 1953, p. 87 s. ; J. Dufau, « Le pouvoir de modification unilatérale de l'administration et les contrats de concession de service public », AJDA, 1955.I, p. 65 s. ; F.-P. Bénoit, « De l'inexistence d'un pouvoir de modification unilatérale dans les contrats administratifs », JCP 1963.I.1775 ; G. Eckert, « les

de « résiliation unilatérale »[2818] de l'administration. La Cour de Cassation rappelle par exemple, dans une affaire en date du 26 septembre 2012, que « l'accord-cadre d'un contrat qui contient en faveur de l'association des dispositions exorbitantes du droit privé, dont le pouvoir de résiliation unilatéral sans indemnisation pour motif d'intérêt général, en l'absence de tout manquement du cocontractant à ses obligations contractuelles, constitue une prérogative de puissance publique »[2819]. Par ailleurs, s'agissant de la modification unilatérale[2820], L. BLUM, dans ses conclusions dans *L'affaire Compagnie des Tramways,* explique que « les pouvoirs de la collectivité publique à l'égard du concessionnaire sont liés au pouvoir d'organisation du service public. Ainsi, l'État interviendra donc nécessairement pour imposer, le cas échant, au concessionnaire, une prestation supérieure à celle qui était prévue strictement [...], en usant non plus des pouvoirs que lui confèrent la convention, mais un pouvoir qui lui appartient en tant que personne publique »[2821].

989. La doctrine se réfère ainsi souvent à la justification d'intérêt général. Par exemple, C. GHETTIER caractérise le caractère exorbitant du contrat administratif par « l'existence de prérogatives spécifiques [de l'administration] destinées à lui permettre de faire face aux nécessités d'intérêt général »[2822]. Ce régime « commande un certain nombre de possibilités d'interventions unilatérales de l'administration dans l'exécution du contrat ». Dans le même sens, L. FOLLIOT-LALLIOT, explique que « les pouvoirs de l'administration au contrat ont pour finalité d'assurer le respect de l'intérêt

---

pouvoirs de l'administration dans l'exécution du contrat et la théorie générale des contrats administratifs », Contrats et marchés publics, 2010, chron. 9. ; H. Lecuyer, « La modification unilatérale du contrat », dans C. Jamin et D. Mazeau (dirs), *L'unilatéralisme et le droit des obligations*, Economica, Etudes juridiques, 1999, p. 61 s.

2818 L. Richer, « La résiliation unilatérale : motifs et procédures de rupture », ACCP, 2002, n° 16, p. 27 s. ; D. Costa, « Le droit administratif entre mutabilité et sécurité », dans *Terres du droit*, Mélanges en l'honneur de Yves Jégouzo, Paris, Dalloz, 2009, p. 431 s. ; S. Braconnier, « L'indemnisation des préjudices nés de la rupture anticipée d'un contrat public d'affaire pour motif d'intérêt général », AJDA, 2009, p. 2035 s. V. aussi, F. Moderne, *Recherches sur la puissance publique et ses prérogatives en droit administratif français*, Thèse, Bordeaux, 1960, t. III, p. 183 s.

2819 C. Cass., civ. 1re, 26 sept. 2012, n° 11-20733 11-22923, non publié au bulletin.

2820 V. par ex, sur la modification unilatérale, CE, 11 juil. 1941, *Hôpital-Hospice de Chauny*, Rec., p. 192 – CE, 10 janvier 1910, *Cie gén. franç. des tramways*, Rec., p. 219, concl. L. Blum ; S. 1911.3.1 – CE, 2 février 1983, *Union des transports publics urbains et régionaux*, Rec., p. 33.

2821 Concl. Léon Blum sous CE, 11 mars 1910, *Cie gén. franç. des tramways*, *précit.*

2822 C. Ghettier, *Droit des contrats administratifs*, Paris, PUF, coll. « Thémis droit », 3e éd., 2011, p. 423.

général. Or, cet impératif commande la reconnaissance de pouvoirs exorbitants »[2823] qui s'expliquent par la puissance de la collectivité.

990. Dès lors, la clause est « exorbitante en raison du but d'intérêt général pour lequel le contrat a été signé »[2824] ; but révélant la personne publique au contrat. Le juge judiciaire estime alors que « la clause exorbitante peut être celle qui est intervenue pour cause d'intérêt public à l'occasion de l'exercice de la souveraineté » de l'État. Ainsi, l'acte en cause, qui a donné lieu au litige participe, « par sa nature ou sa finalité, à l'exercice de la souveraineté [...] et n'est donc pas un acte de gestion »[2825], mais d'autorité.

991. Toutefois, l'intérêt général dont il est question en l'espèce n'est ni lié à la satisfaction d'une personne publique en particulier (son intérêt privé)[2826], ni uniquement lié à la satisfaction du plus grand service (besoins du public)[2827]. Est en cause ici l'intérêt général lié à la satisfaction des besoins de la personne publique en tant qu'elle peut user de prérogatives de puissance publique. C'est donc l'intérêt général fin/moyen et non l'intérêt général fin/fin qui révèle l'exorbitance de la clause contractuelle. Autrement dit, l'intérêt

---

[2823] L. Folliot-Lalliot, « Exécution du contrat administratif », Obligations contractuelles et Pouvoirs de l'Administration, J.-Cl. Administratif, 2009, fasc. 608.

[2824] P.-L. Frier et J. Petit, *Précis de droit administratif*, *op. cit.*, p. 353.

[2825] C. Cass., ch. mixte, 20 juin 2003, n° 00-45629 00-45630, Bulletin 2003 MIXT. N° 4 p. 9.

[2826] Dans une affaire en date du 18 avril 2013, la Cour rappelle que les différentes clauses liées au contrôle du cocontractant par la personne publique ne sont pas destinées à satisfaire l'intérêt privé de l'État, mais bien l'intérêt général lié au développement de l'économie guyanaise (CAA, 18 avril 2013, *Etablissement public d'aménagement en Guyane*, n° 12BX00187, inédit. V. pour une logique similaire, CAA de Bordeaux, 9 juillet 2009, *M. Michel X.*, n°08BX02506, inédit). L'intérêt de la personne publique ne s'assimile donc pas à l'intérêt général. V. aussi C. Cass., civ 1re, 12 mai 2010, n° 09-10634, non publié au bulletin : le contrat de nettoyage et entretien de parties communes d'un immeuble d'habitation « est certes d'intérêt collectif mais non d'intérêt général ». Le contrat peut être exécuté dans des conditions en tous points identiques, selon que le propriétaire des lieux les loue à une population aux caractéristiques légales ou réglementaires, ou les loue à des particuliers dénués de ces caractéristiques. De telles clauses ne sont ni liées à l'exercice d'une mission de service public, ni à l'existence d'aucune clause exorbitante. Le contrat est donc un contrat de droit privé. Le juge distingue donc bien les intérêts généraux (à fin collective ou privée) et les intérêts généraux réels ou supérieurs.

[2827] C. Fardet évoque la notion de l'intérêt général prioritaire (C. Fardet, « La clause exorbitante et la réalisation de l'intérêt général. À propos de l'arrêt du TC 5 juillet 1999, UGAP) », AJDA, 2000, p. 115 s. Toutefois, l'auteur évoque davantage l'intérêt général lié à la satisfaction du plus grand service par opposition à la satisfaction du plus grand profit (R. Chapus, *précit.*, p. 583, n° 754 s.). Pour notre part, l'intérêt général supérieur n'est pas uniquement lié au plus grand service, il est un intérêt général/moyen qui permet de révéler l'existence d'une puissance politique qui se traduit par l'inégalité du contrat.

général est « la justification du pouvoir de la personne publique de contracter de manière déséquilibrée et d'exercer ses prérogatives dans l'exécution du contrat »[2828]. Dans ce cas alors, peu importe les critiques selon lesquelles d'une part les personnes privées peuvent contracter dans l'intérêt général et d'autre part, les personnes publiques agissant dans l'intérêt général, peuvent ne pas être soumises à un régime exorbitant. En effet, l'intérêt général fin/moyen peut constituer, selon nous, un critère matériel sérieux d'administrativité du contrat dans la mesure où il ne vise que l'action déséquilibrée de la personne publique en vue d'exercer différentes politiques publiques[2829].

992. Ainsi, l'intérêt général est bien lié à la satisfaction des besoins de la puissance étatique. Néanmoins, l'analyse de l'intérêt général au service d'une puissance pourrait être remise en cause aujourd'hui en raison développement du droit de l'Union européenne. Au contraire, nous considérons que l'Union européenne n'est pas un frein à la conception de l'intérêt général au service d'une puissance. Plus, elle l'alimente de l'intérieur. En effet, l'intérêt général supranational sert l'intégration de l'Union européenne. En tant que puissance politique et normative, elle va progressivement mettre en place, par la notion d'intérêt général, des règles propres à son organisation et à son fonctionnement. Ainsi, ce qui reste à travers ce qui change, c'est la dichotomie de l'intérêt général qui ne sert pas uniquement les besoins de la population. En effet, dans une organisation politique, l'intérêt général doit aussi être lié à la survie et à la stabilité de la puissance « autoritaire » de cette collectivité ; puissance sans laquelle la collectivité politique, on l'a vu, n'existerait pas.

[2828] Nous rejoignons sur ce point la position d'É. Saillant, Thèse, *op. cit.*, p. 101.

[2829] La Cour relève dans une affaire en date du 16 mai 2012 que les « différentes conventions intervenues entre la commune et l'association étaient l'instrument de la politique sportive de la collectivité publique, que le contrat de bail réalisait en fait une subvention municipale par la mise à disposition d'installations spécialement aménagées pour la pratique d'un sport et devant être regardées comme étant affectées à un service public et que ce contrat contenait des clauses exorbitantes du droit commun » : C. Cass., civ. 1re, 16 mai 2012, n° 10-21624, non publié au bulletin.

SECTION 2.

LA SATISFACTION DES BESOINS DE LA PUISSANCE EUROPÉENNE

993. La puissance européenne fait naturellement écho à la notion de puissance publique. Toutefois, la notion de puissance publique[2830] ne doit pas être confondue avec la souveraineté lorsqu'il est question d'une entité supra-étatique. Si une telle assimilation était admissible s'agissant de la puissance de l'État, elle ne peut convenir dans le cadre de la puissance européenne. En effet, l'Union européenne « n'est pas une puissance souveraine »[2831] si on entend par souveraineté « la puissance publique suprême qui a le droit et/ou la capacité de faire prévaloir en dernière instance son autorité »[2832].

994. Néanmoins, « si elle ne possède pas la souveraineté étatique, unique et indivisible »[2833], l'Union européenne peut être comprise comme une puissance politique et normative. En effet, « elle dispose d'un pouvoir juridique qui permet à ses organes de prendre des décisions qui s'imposent aux sujets de droit (État/particulier) »[2834]. Ainsi « dotée d'un véritable pouvoir de commandement »[2835], l'Union européenne exprime sa puissance à travers des normes juridiques : c'est une « puissance normative » qui sera identifiée par la notion d'intérêt général (I). Cette puissance normative constitue alors le moyen juridique lié à la mise en place d'une politique européenne spécifique. Ainsi, là encore, comme en droit interne, l'intérêt général, instrument frontière, constitue un moyen d'identification de la puissance politique européenne (II).

[2830] V. pour une définition claire de la puissance publique, J.-A. Mazères, « Qu'est-ce que la puissance publique ? », dans P. Raimbault (dirs), *La puissance publique à l'heure européenne, op. cit.*, p. 9 s.

[2831] V. sur ce point R. Gosalbo Bono, « Sur la théorie de la souveraineté et son application à (et dans) l'Union européenne », dans Liber Amicorum en l'honneur de J.-C. Piris, *A Man for All Treaties*, Bruylant, Bruxelles, 2012, p. 195 s., spéc., p. 235 s. ; O. Dubos, « L'union européenne est-elle une puissance publique ? », art. cit., p. 53 s.

[2832] R. Gosalbo Bono, « Sur la théorie de la souveraineté (...) », *précit.*, p. 195 s., spéc., p. 234.

[2833] *Ibid.*, p. 195 s., spéc., p. 295 s.

[2834] C. Denizeau, *L'idée de puissance publique à l'épreuve de l'Union européenne, op. cit.*, p. 24.

[2835] *Ibid.*, p. 24.

I. L'intérêt général, moyen d'identification de la puissance politique européenne

995. La satisfaction des besoins de la puissance européenne peut être découverte à travers la transcendance de l'intérêt général de l'Union, fruit d'un processus politique (A). En effet, de la même manière qu'en droit interne, l'intérêt général supranational demeure ontologiquement transcendant. C'est ce caractère transcendant qui permet alors de déceler la supériorité du pouvoir politique européen. L'étude de l'élaboration institutionnelle et politique de l'intérêt général de l'Union (B) permet ainsi de rendre compte de ce phénomène qui transparaît dans la jurisprudence supranationale.

A. La transcendance de l'intérêt général de l'Union, fruit d'un processus politique

996. En signant les traités constitutifs, D. SIMON rappelle que les « États membres se sont d'abord engagés à exercer en commun certaines compétences qu'ils mettaient en œuvre antérieurement de manière unilatérale »[2836]. Cette entreprise suppose l'existence d'un « accord initial sur l'existence d'un intérêt commun »[2837] pouvant être « poursuivi de manière efficace »[2838]. Plus précisément, l'auteur explique que ce « contrat social »[2839] fondateur suppose « la reconnaissance d'un intérêt général autonome de la Communauté, qui ne se réduise pas au seul ajustement des intérêts particuliers de chacune de ses composantes »[2840]. Cette logique fondatrice de l'intérêt de l'Union a donc conduit à la reconnaissance progressive d'un « intérêt commun »[2841] qui transcende à la fois les intérêts particuliers[2842] et

[2836] D. Simon, *Le système juridique communautaire*, 3e éd., Paris, PUF, coll. « Droit fondamental », 2001, p. 92.
[2837] *Ibid.*, p. 92.
[2838] Selon R. Kovar, il n'incombe pas seulement « de ne pas gêner l'application du droit communautaire mais de contribuer à l'efficacité de sa mise en œuvre », R. Kovar, « La contribution de la Cour de justice des Communautés à l'édification de l'ordre juridique communautaire », RCADE, 1993, vol. IV-1, p. 15 s.
[2839] D. Simon, *Le système juridique communautaire*, *op. cit.*, p. 92.
[2840] *Ibid.*, p. 92.
[2841] CJCE, 26 juin 1958, *Chambre syndicale de la sidérurgie française*, aff. 9/57, Rec., 365 – CJCE, 18 mars 1980, *Valsabbia*, 154, 205, 206, 226 à 228, 263 et 264/78, 31, 39, 83 et 85/79, Rec., 907 – CJCE, 10 juillet 1980, *Commission c. Royaume-Uni*, aff. 32/79, Rec., 2403.
[2842] S'agissant des intérêts particuliers des entreprises par ex., v. CJCE, 10 mai 1960, *Compagnie des Hauts Fourneaux et Fonderies de Givors*, aff. 27 0 29/58, Rec., 503.

collectifs[2843], mais aussi les intérêts nationaux[2844].

997. S'agissant des intérêts particuliers et collectifs, la Cour estime par exemple que « l'intérêt commun ne se limite pas à la somme des intérêts particuliers des entreprises de la Communauté. Il déborde le cercle de ces intérêts particuliers en se définissant par rapport aux buts généraux de cette Communauté »[2845]. Dès lors, l'existence d'un intérêt commun transcendant implique « sa primauté »[2846] sur l'intérêt particulier ou collectif ainsi que des « sacrifices inhérents à toute société démocratique en contrepartie des avantages découlant de l'appartenance à une société »[2847].

998. S'agissant des intérêts nationaux, la Cour explique par exemple, que « lors de l'adoption d'un nouveau régime uniforme à l'échelle de la Communauté, le Conseil n'avait pas à prendre en compte les intérêts particuliers des différents États membres, mais l'intérêt général de la Communauté dans son ensemble »[2848]. Ainsi, l'intérêt national ne saurait être assimilé à l'intérêt de la communauté. L'intérêt de cette dernière est bien

---

[2843] V. sur les intérêts collectifs d'un groupe déterminé d'opérateurs économiques, CJCE, 13 juin 1972, *Grands Moulin de Paris*, aff. 9 et 11/71, Rec., 391 – CJCE, 24 oct. 1973, *Merkur*, aff. 43/72, Rec., 1055.

[2844] Les États membres doivent prendre « pleinement en compte l'intérêt communautaire », CJCE, 20 sept. 1990, *Commission c. Allemagne*, C-5/89, Rec., I-3437. Cela suppose « de s'abstenir de toute mesure contraire à l'intérêt commun » (CJCE, 24 février 1987, *Deufil*, aff. 310/85, Rec., 901) et « d'agir comme gestionnaire de l'intérêt commun » (CJCE, 16 déc. 1981, *Tymen*, aff. 269/80, Rec., 3079 – CJCE, 5 mai 1981, *Commission c. Royaume-Uni*, aff. 804/79, Rec., 1045).

[2845] CJCE, 10 mai 1960, *Compagnie des Hauts Fourneaux et Fonderies de Givors*, aff. 27 0 29/58, Rec., 503.

[2846] V. sur le principe de primauté, C.-E. Delvallez, *Le juge administratif et la primauté du droit communautaire*, Thèse, Paris, L'Harmattan, coll. « Logiques juridiques », 2011. V. aussi D. Simon, « L'intérêt général national vu par les droits européens », dans B. Mathieu et M. Verpeaux (dirs), *L'intérêt général, norme constitutionnelle*, Cahiers constitutionnels de Paris 1, Paris, Dalloz, 2007, p. 47 s. ; B. de Witte, « Retour à Costa, la primauté du droit communautaire à la lumière du droit international », RTDE, 1984, p. 425 s. ; R. Kovar, « La contribution de la Cour de justice à l'édification de l'ordre juridique communautaire », RCADE, IV-1, 15 ; J. Mertens de Wilmars, « Réflexions sur le système d'articulation du droit communautaire et du droit des États membres », dans mélanges Boulouis, *op. cit.*, p. 391 s.

[2847] Cela justifie par ex. les « conditions rigoureuses de mise en jeu de la responsabilité extracontractuelle de la Communauté du fait des actes normatifs » (F. Kauff-Gazin, *La notion d'intérêt général en droit communautaire*, *op. cit.*, p. 206). V. sur ce point, CJCE, 25 mai 1978, *Bayerische HNL*, aff. 83 et 94/76, Rec., 1209 – CJCE, 5 mars 1996, *Brasserie du pêcheur et Factortame III*, aff. C-46 et 48/93, Rec., I-1029 – CJCE, 26 mars 1996, *British Télécommunications*, aff. C-392/93, Rec., I-1631.

[2848] CJCE, 19 nov. 1998, *Royaume-Uni c. Conseil*, aff. C-150/94, Rec., I-7235, point 62.

transcendant, c'est-à-dire qu'il dépasse la somme des intérêts des États-membres.

999. Or, cette construction de l'intérêt commun transcendant est intimement liée au développement des différentes politiques européennes[2849]. En effet, « les transferts de compétences des États membres ont entraîné le renouvellement de la notion d'intérêt général. Dès lors, même s'il constitue le prolongement d'intérêts généraux relevant de politiques nationales préexistantes, l'intérêt général communautaire ne saurait être simplement appréhendé comme un "relèvement" de l'exercice de ces politiques à un échelon géographique et institutionnel supérieur, au motif que la protection d'intérêts collectifs y serait assurée de manière plus efficace »[2850]. Ainsi, « les politiques »[2851] de l'Union ne sauraient se résumer à « une simple addition ou à une résultante de politiques nationales »[2852] car l'intérêt général européen constitue un « véritable projet commun qui repose sur des valeurs communes »[2853] et qui « s'expriment par un esprit communautaire »[2854].

1000. D'ailleurs, E. HONORAT explique que « dans les secteurs où l'intérêt général est dit par communauté, d'amples pouvoirs sont reconnus aux institutions communautaires[2855] : ce sont des pouvoirs propres à assurer l'élaboration et la poursuite d'une véritable politique »[2856]. F. KAUFF-GAZIN note dans le même sens que « la définition de l'intérêt général suppose la

---

[2849] V. sur le rôle de l'intérêt général dans la légitimation des politiques de l'Union, C. Boutayeb, « Une recherche sur la place et les fonctions de l'intérêt général en droit communautaire », RTDE, n°4, 2003, p. 587 s.

[2850] F. Kauff-Gazin, *La notion d'intérêt général en droit communautaire*, *précit*, p. 204 s.

[2851] V. sur les politiques européennes, J.-L. Quermonne, *Le système politique de l'union européenne*, 8e éd. Paris, Montchrestien, coll. « Clefs politique », 2010.

[2852] F. Kauff-Gazin, *La notion d'intérêt général en droit communautaire*, *précit*, p. 204 s.

[2853] D. Simon, *Le système juridique communautaire*, *précit.*, p. 92. D'autres auteurs évoquent des « principes fondateurs » (J. Molinier, « D'un traité à l'autre : les principes fondateurs de l'Union européenne, de Maastricht à Amsterdam », dans *Pouvoir et liberté*, Études offertes à J. Mourgeon, Bruylant, Bruxelles, 1998, p. 439 s., spéc. p. 442) ou de « principes directeurs (F. Sudre, « Le renforcement des droits de l'homme au sein de l'Union européenne », dans J. Rideau (dir.), *De la Communauté de droit à l'Union de droit, continuités et avatars européens*, Paris, LGDJ, 2000, p. 207 s., spéc. p. 214).

[2854] C. Durand et F. Borella, « Les risques de chevauchements et d'imbrications de structures », dans *Limits and problems of european integration*, Grotius seminarium, may 30 june, 1961, Nijhoff, The Hague, 1963, p. 103.

[2855] Aujourd'hui, le Traité de Lisbonne a supprimé les différents piliers.

[2856] E. Honorat, « La notion d'intérêt général dans la jurisprudence de la Cour de justice des Communautés européennes », dans rapport du Conseil d'État EDCE, n° 50, 1999, *op. cit.*, p. 387 s., spéc. p. 389.

reconnaissance d'une large marge d'appréciation et de manœuvre du législateur, caractérisée par un pouvoir discrétionnaire ainsi que des pouvoirs d'arbitrage et de choix des moyens de mise en œuvre d'une politique »[2857]. Cette vision des choses est corroborée par la jurisprudence de la Cour qui admet « un large pouvoir d'appréciation à la Commission lorsqu'il s'agit d'examiner la compatibilité d'une aide publique »[2858] avec l'intérêt commun[2859].

1001. Ainsi, la nature transcendantale et volontariste de l'intérêt de l'Union est le fruit d'un processus politique. Il suppose, afin d'être mis en œuvre, d'être élaboré par des institutions qui ont une vision politique spécifique de l'intérêt général.

B. L'élaboration institutionnelle et politique de l'intérêt général de l'Union

1002. « Là où le droit constitutionnel interne limite, en règle générale, le jeu politique au tandem législatif et exécutif, le droit de l'Union se montre plus riche et fait apparaître un scénario à trois[2860], voire quatre acteurs aujourd'hui : le Parlement européen, le Conseil, le Conseil européen et la Commission »[2861]. Ainsi, « à la différence d'un État où la source politique du pouvoir procède d'une seule et même légitimité, les institutions communautaires tirent leur pouvoir de titres de légitimités distincts »[2862] : une légitimité « intégrative »[2863] pour la Commission, interétatique pour le Conseil et démocratique[2864] pour le parlement européen. Or, ces sources de légitimité

[2857] F. Kauff-Gazin, *La notion d'intérêt général en droit communautaire, précit*, p. 210.

[2858] V. sur les aides d'État et l'intérêt général, J.-Y. Chérot, *Les aides d'État dans les Communautés européennes*, Paris, Economica, 1998, p. 68 s.

[2859] CJCE, 17 sept. 1980, *Philipp Morris c. Commission*, aff. 730/79, Rec., 2671 – CJCE, 24 février 1987, *Deufils c. Commission*, aff. 310/85, Rec., 901.

[2860] S. Rolland, *Le triangle décisionnel communautaire à l'aune de la séparation des pouvoirs*, Bruxelles, Bruylant, coll. « Droit de l'Union européenne », 2008.

[2861] C. Blumann et L. Dubouis, *Droit institutionnel de l'Union européenne*, Paris, Litec, 4e éd., 2010, p. 220.

[2862] F. Kauff-Gazin, *La notion d'intérêt général en droit communautaire, op. cit.*, p. 216.

[2863] D. Simon, *Le système juridique communautaire*, Paris, PUF, coll. « Droit fondamental », 3e éd., 2001, p. 183.

[2864] V. sur ce point, B. Paulin et J. Forman, « L'élection du Parlement européen au suffrage universel direct », CDE 1976, p. 506 s. ; J.-V. Louis et M. Waelbroeck (dirs), *Le Parlement européen dans l'évolution institutionnelle*, ULB, Bruxelles, 1988 ; C. Touret, « L'exercice du droit de suffrage des citoyens de l'union aux élections européennes », RFD const., n° 23/1995, p. 503 s.

véhiculent « des forces et des intérêts différents entrant dans la composition de la volonté générale européenne »[2865], c'est-à-dire dans la composition d'un intérêt général européen transcendant les intérêts des États-membres. Ainsi, selon R.-J. DUPUY, « l'articulation organique des Communautés fait [...] participer au dégagement de l'intérêt général des institutions qui procèdent de philosophies politiques différentes : la tradition de l'inter-étatisme, le parlementarisme et le gouvernement des techniciens »[2866]. L'intérêt général de l'Union est ainsi lié à un « processus osmotique »[2867] qui a pour finalité de « mettre en place un espace public autonome, distinct des espaces étatiques préexistants »[2868].

1003. Plus précisément, cette création de l'intérêt général de l'Union transcendant est d'abord liée « au rôle de la Commission européenne »[2869] dont la mission est « de représenter voire d'incarner l'intérêt général de l'Europe »[2870]. Grâce notamment à son indépendance[2871], elle fait entendre « la voix de l'Europe, celle de l'intérêt commun qui transcende les intérêts individuels des États »[2872]. En effet, selon l'article 17 nouveau du TUE, « La Commission promeut l'intérêt général de l'Union et prend les initiatives appropriées à cette fin ». Ainsi, J. BOULOUIS déclare que « la vocation institutionnelle de la Commission est de dégager l'intérêt communautaire, d'en promouvoir la satisfaction, de veiller sur son respect. Sa légitimité s'identifie à son indépendance »[2873]. De même P. PESCATORE estime que « la réelle raison d'être de cette institution consiste dans la reconnaissance de ces intérêts généraux »[2874].

[2865] F. Kauff-Gazin, *La notion d'intérêt général en droit communautaire*, *op. cit.*, p. 216.

[2866] J.-R. Dupuy, *Dialectiques du droit international. Souveraineté des États, communauté internationale et droits de l'humanité*, Pédone, Paris, 1999, p. 71 s. (Démocratie et société internationale, p. 71 à 86).

[2867] F. Kauff-Gazin, *La notion d'intérêt général en droit communautaire*, *op. cit.*, p. 217.

[2868] *Ibid.*

[2869] V. sur la Commission, J.-V. Louis et D. Waelbroeck (dirs), *La commission au cœur du système institutionnel des Communautés européennes*, ULB, Bruxelles, 1989.

[2870] C. Blumann et L. Dubouis, *Droit institutionnel de l'Union européenne*, Paris, Litec, 4e éd., 2010, p. 221.

[2871] Article 245 TFUE.

[2872] C. Blumann et L. Dubouis, *Droit institutionnel de l'Union européenne*, *op. cit.*, p. 221.

[2873] J. Boulouis, « À propos des dispositions institutionnelles du traité sur l'Union européenne », RAE, n° 4/92, p. 5 s.

[2874] « The very raison d'être and de title of legitimacy of this institution (the Commission) consists in the recognition of this interest (common interest), conversely, the failure to recognise this interest and its dissolution in the clash of

1004. La Commission doit donc se laisser guider « dans ses actions »[2875] par « la nécessité de réaliser un intérêt commun qui se situe dans le contexte des objectifs du traité »[2876]. En effet, dotée de forts pouvoirs normatifs[2877], elle a joué un rôle « moteur »[2878] dans « l'autonomisation de l'idéologie communautaire »[2879] et dans la mise en place de politiques d'intérêt général. Par exemple, « la Commission est habilitée à définir le contenu de l'intérêt général dans le domaine de la politique de la concurrence »[2880] (aide l'État[2881], contrôle des concentrations[2882], interprétation de l'intérêt général dans le cadre de l'article 106 § 2 TFUE[2883], contrôle des règles de passation des marchés publics[2884]) mais aussi dans le domaine de multiples politiques d'intérêt général[2885] (voir par exemple la stratégie politique de la Commission

---

national interests leads to a failure to recognise the real nature of the Commission », P. Pescatore, *The law of integration, emergence of a new phenomenon in international relations based on the experience of the EC*, Sijthoff, Leiden, 1974, p. 10.

2875 V. plus précisément sur « le rôle de la Commission en tant que gardienne de l'intérêt communautaire à travers le pouvoir de surveillance et le pouvoir normatif de la Commission » : D. Pichoustre, *L'intérêt communautaire*, Thèse, Université des Sciences sociales de Toulouse, 2004, p. 569 s.

2876 E. Gazzo, « Le pouvoir d'initiative de la Commission », dans *La Commission des Communautés européennes et l'élargissement de l'Europe*, Colloque de Bruxelles des 23-24 et 25 nov. 1972, éd. de l'université de Bruxelles, 1974, p. 117 s., spéc. p. 124.

2877 Pouvoir d'initiative, de négociation des traités, de gardienne des traités. Elle dispose également d'un pouvoir règlementaire.

2878 C. Blumann et L. Dubouis, *Droit institutionnel de l'Union européenne*, Paris, Litec, 4e éd., 2010, p. 237.

2879 C. Lequesne, « La Commission européenne entre autonomie et dépendance », RFSP, n° 3/96, p. 10.

2880 V. sur le droit communautaire de la concurrence et l'intérêt général, A. Met-Domestici, *Le droit communautaire de la concurrence et l'intérêt général*, Thèse, Université Paul Cezanne, Aix-Marseille III, 2004 ; G. Clamour, *Intérêt général et concurrence*, *op. cit.*

2881 V. pour le rôle de la Commission et la détermination de l'intérêt général, J.-Y. Chérot, *Les aides d'État dans les Communautés européenne*, Economica, coll. « Droit des affaires de l'entreprise », 1998, spéc. p. 69 s.

2882 C.-E. Gudin, « La négociation Commission – entreprises dans le contrôle des concentrations », dans L'entreprise et le marché unique européen, Travaux de la CEDECE, La documentation française, 1994, p. 56.

2883 V. également sur l'interprétation de la notion de l'intérêt de l'Union comme limite à la dérogation prévue à l'article 106 § 2 TFUE, F. Tesson, *Les limites de l'influence du droit du marché intérieur sur les activités administratives françaises*, Thèse, Université de Pau et des Pays de l'Adour, 2010, p. 253 s.

2884 V. pour davantage de précisions sur ce point, A. Met-Domestici, *Le droit communautaire de la concurrence et l'intérêt général*, *op. cit.*, p. 140 s.

2885 V. sur le rôle de l'intérêt général de l'Union dans la légalité des politiques nouvelles et son contrôle par la Cour de justice, T. Hamoniaux, *L'intérêt général et le*

pour les consommateurs ou pour l'environnement)[2886]. La Commission joue également le rôle d'arbitre entre les différents intérêts généraux. Si elle doit prendre en compte les intérêts nationaux, c'est au final l'intérêt commun qui prévaut. Tel est le cas dans le domaine de la politique agricole commune. La Cour de justice estime, s'agissant « du régime de la dénaturation du sucre destiné à l'alimentation des animaux »[2887], qu'il est « conforme à la notion même de communauté que, dans le cadre des mécanismes de la politique agricole commune, les États membres fassent valoir leurs intérêts alors qu'il appartient à la Commission d'arbitrer [...] les éventuels conflits dans l'intérêt général »[2888]. Dès lors, si pour certains auteurs, « l'intérêt général ne saurait, par sa seule invocation permettre d'affirmer une puissance particulière en raison de l'insaisissabilité de la notion »[2889], nous partageons au contraire avec d'autres l'idée selon laquelle l'intérêt général européen constitue « une ressource stratégique pour les agents de la Commission dans la mesure où les valeurs de "bien commun à construire" entourant sa définition la rendent assez difficilement contestable par les autres acteurs du système politique européen »[2890]. L'action de la Commission pourrait alors « s'inscrire globalement dans une poursuite de l'intérêt général communautaire volontariste »[2891], transcendant la collection des volontés étatistes[2892].

---

juge communautaire, Paris, LGDJ, coll. « Système », 2001, p. 59 s.

2886 V. pour davantage de précisions, C. Boutayeb, « Une recherche sur la place et les fonctions de l'intérêt général en droit communautaire », RTDE, n°4, 2003, p. 587 s. V. plus largement sur la capacité de l'Union européenne à produire des politiques publiques, O. Dubos, « L'union européenne est-elle une puissance publique ? », dans P. Raimbault (dir.), *La puissance publique à l'aune européenne*, Actes du colloque organisé les 29 et 30 sept. 2005 par le laboratoire des sciences sociales du politique (SSP) de l'IEP de Toulouse, Dalloz, 2006, p. 53 s., spéc. p. 59 s.

2887 Concls. de l'avocat général H. Mayras présentées le 20 février 1973, aff. 57/82, Rec., p. 345, à propos de l'affaire, CJCE, 14 mars 1973, *Westzucker*, aff. 57/72, Rec., 321.

2888 CJCE, 14 mars 1973, *Westzucker*, aff. 57/72, Rec., 321.

2889 M. Abélès, « L'Europe en trois dimensions », Esprit, juin 1994, p. 105.

2890 C. Lequesne, « La Commission européenne entre autonomie et dépendance », RFSP, n° 3/96, p. 11.

2891 F. Kauff-Gazin, *La notion d'intérêt général en droit communautaire*, *op. cit.*, p. 226. V. aussi pour le même point de vue, D. Simon, *Le système communautaire*, Paris, PUF, 1998, n° 106.

2892 L'intérêt général européen se saurait se résumer à « la somme, à la résultante d'intérêts nationaux simplement conciliés », J. Amphoux, « La Commission », dans J. Mégret, *Le droit de la Communauté économique européenne*, vol. 9, ULB, Éd. de l'Université de Bruxelles, 1979, p. 308. V. dans le même sens, J.-L. Dewost, « La Commission ou comment s'en débarrasser », Mélanges Boulouis, *L'Europe et le droit*, Paris, Litec, 1991, p. 181.

1005. Paradoxalement, cette conception transcendante de l'intérêt général de l'Union ressort également lorsqu'il s'agit d'examiner l'action normative et politique du Conseil. Véritable « incarnation de la légitimité interétatique de l'Union, il est souvent représenté comme l'organe représentatif des États par excellence »[2893]. Toutefois, « s'il est longtemps resté l'organe permettant la construction d'une volonté générale communautaire à partir du réel, des contingences et du maintien de l'existence des intérêts nationaux »[2894], il apparait néanmoins qu' « il a permis l'émergence de la volonté générale communautaire »[2895]. La confrontation des intérêts généraux et nationaux aurait en effet permis l'émergence d'un intérêt général transcendantal. J. MÉGRET considère par exemple qu'une « confrontation entre États membres est [...] indispensable pour que se dégage un sentiment commun, du moins pour que grâce à la connaissance réciproque des différents points de vue nationaux, les délibérations du Conseil s'engagent dans des conditions qui permettent d'aboutir »[2896]. Ainsi, l'intérêt des États membres constituerait, *in fine*, le moyen d'accéder à la construction de l'intérêt général de l'Union (distinct de l'intérêt national)[2897], légitimant la construction d'une politique européenne spécifique. La Cour de Justice considère par exemple en ce sens qu'on ne saurait « reprocher au Conseil de ne pas tenir compte des options commerciales et de la politique interne de

---

[2893] C. Blumann et L. Dubouis, *Droit institutionnel de l'Union européenne*, *op. cit.*, p. 242.

[2894] F. Kauff-Gazin, *La notion d'intérêt général en droit communautaire*, *op. cit.*, p. 238.

[2895] F. Kauff-Gazin, thèse, *op. cit.*., p. 238.

[2896] J. Mégret, « les Conseils des Communautés européennes », AFDI, 1961, p. 632 s., spéc., p. 643. V. pour un point de vue similaire, M. Blanquet, *L'article 5 du traité CEE, Recherche sur les obligations de fidélité des États membres de la Communauté*, Paris, LGDJ, 1994, p. 336.

[2897] De nombreux auteurs partagent cette position. V. par ex., P.-H. Teitgen, *Droit institutionnel communautaire*, 1977-1978, Paris, Les Cours de Droit, 1977-1978, p. 341 (« Le Conseil n'est pas mandataire des États membres essentiellement chargés de la confrontation de la défense de leurs intérêts à l'encontre de la Communauté, mais une institution de la Communauté chargée de la mise en œuvre des traités et du développement de l'intégration dans une conciliation raisonnable des intérêts nationaux et de l'intérêt commun »). V. dans le même sens, C. A. Colliard, *Cours de droit administratif européen*, Paris, Les Cours de droit, 1969, p. 69 ; R. Joliet, *Le droit institutionnel des Communautés européennes*, Faculté de droit, d'économie et de sciences sociales de Liège, 1983, p. 19 ; K. Cartens, « Das politische Element in den europaïschen Gemeinschaften », dans Ernst Von Caemmerer et a. (éd.), *Probleme des europaïschen Rechts*, Festschrift für W. Hallstein, Francfort-sur-le-main, 1966, p. 113 (« L'intérêt national de chaque État membre doit être mis en balance avec les intérêts des autres États membres et intégrés dans l'intérêt commun ») ; F. Kauff-Gazin, *La notion d'intérêt général en droit communautaire*, *op. cit.*, p. 238.

chaque entreprise individuelle lorsqu'il arrête des mesures d'intérêt général en vue d'éviter qu'une production non contrôlée d'isoglucose ne mette en péril la politique sucrière de la Communauté »[2898].

1006. Dès lors, la Commission comme le Conseil « attestent de la mise en place de véritables politiques communautaires »[2899], indépendantes de l'intérêt des États membres. Outil de légitimation politique, l'intérêt général européen renvoie également « à un mode d'action normatif qui s'inscrit globalement dans une poursuite sincère de l'intérêt général communautaire »[2900]. Dans la poursuite de cet intérêt commun, le rôle du Parlement européen n'est pas négligeable, eu égard à sa dimension démocratique. Disposant avec le Conseil de « fonctions législative et budgétaire, il exerce des fonctions de contrôle politique[2901], et consultatives conformément aux conditions prévues par le traité »[2902]. Il participe alors, eu égard à son pouvoir de contrôle[2903], à l'élaboration d'un « intérêt général européen transcendant »[2904].

1007. Ainsi, l'intérêt général transcendant, volontariste de l'Union, révèle l'existence d'une puissance politique européenne. Cette puissance politique nécessite alors de s'exprimer par des actes normatifs soumis à un régime spécifique. De ce point de vue, l'intérêt général permet d'identifier les actes de la puissance normative européenne.

[2898] CJCE, 29 oct. 1980, *Roquette*, aff. 138/79, Rec., 3333 – CJCE, 29 oct. 1980, *Maizena*, aff. 139/79, Rec., 3393.

[2899] F. Kauff-Gazin, *La notion d'intérêt général en droit communautaire*, *op. cit.*, p. 224.

[2900] *Ibid.*

[2901] V. sur ce point, M. Chauchat, *Le contrôle politique du Parlement européen sur les exécutifs communautaires*, Paris, LGDJ, coll. « Bibliothèque de droit international », t. 98, 1989.

[2902] Article 14 § 1er nouveau du TUE.

[2903] V. par ex. le rôle du Parlement dans l'affaire de la « vache folle ». Un rapport de la commission d'enquête sur l'ESB a mis en cause les autorités britanniques mais aussi la Commission qui aurait accordé la priorité à l'intérêt du marché. Ce rapport a abouti au dépôt d'une motion de censure, signe « de la volonté du Parlement Européen de participer à la protection de l'intérêt général communautaire » (F. Kauff-Gazin, *La notion d'intérêt général en droit communautaire*, *op. cit.*, p. 237). V. sur ce point, S. Rodrigues, « Quelques réflexions juridiques à propos de la démission de la Commission européenne », RMC, 1999, p. 472 ; R. Dehousse, « 1999 : an I du parlementarisme européen », Pouvoirs, n° 93, 2000, p. 197. V. aussi C. Blumann et V. Adam, « La PAC dans la tourmente de la vache folle », RTDE, 19997, p. 239 s.

[2904] V. pour des précisions sur ce point, F. Kauff-Gazin, *La notion d'intérêt général en droit communautaire*, *op. cit.*, p. 233 s.

II. L'intérêt général, moyen d'identification de la puissance normative européenne

1008. Si l'Union européenne ne possède pas, comme on l'a déjà vu, « la souveraineté étatique entendue comme une puissance unique et indivisible »[2905], elle dispose néanmoins d'un « pouvoir juridique qui permet à ses organes de prendre des décisions qui s'imposent aux sujets de droit »[2906]. Ainsi dotée « d'un véritable pouvoir de commandement »[2907], l'Union européenne exprime sa puissance à travers des normes juridiques : c'est une « puissance normative ». Ce faisant, O. DUBOS considère que « l'union européenne [...] est une fabrique de droit » qui permet de réussir son « objectif d'intégration "économico-juridique" »[2908]. À l'instar de F. RIGAUX, il estime que « la meilleure définition des Communautés consiste [...] à y voir un ordre juridique, c'est-à-dire un ensemble organisé et structuré, possédant ses propres sources de droit, doté d'organes aptes à les émettre et les interpréter, au profit de destinataires qu'on peut appeler les sujets du droit communautaire »[2909]. Elle a ainsi le pouvoir « d'élaborer des normes de manière autonome[2910] qui s'imposent aux États et aux particuliers »[2911] pour la nécessaire mise en œuvre d'une politique européenne spécifique. Or, de tels moyens de puissance publique justifient l'existence de règles exorbitantes permettant de faire prévaloir, dans des limites raisonnables, l'intérêt général de l'Union qui est au service de la mise en place d'une politique européenne. L'intérêt général de l'Union, comme l'intérêt général en droit interne, permet donc de traduire la supériorité de ce pouvoir politique à travers la puissance des normes des institutions européennes. Ce mécanisme aura donc des répercutions logiques sur les règles du droit administratif européen. En effet, loin d'être limité, dilué

[2905] V. sur ce point, R. Gosalbo Bono, « Sur la théorie de la souveraineté et son application à (et dans) l'Union européenne », *op. cit.*, p. 195 s., spéc., p. 295 s.

[2906] C. Denizeau, *L'idée de puissance publique à l'épreuve de l'Union européenne*, *op. cit.*, p. 24.

[2907] *Ibid.*

[2908] O. Dubos, « L'union européenne est-elle une puissance publique ? », art. cit. p. 53 s., spéc., p. 56.

[2909] F. Rigaux, « Nature juridique des Communautés », dans W. J. Ganshof van der Meersch (dir.), *Droit des Communautés européennes*, Bruxelles, Larcier, 1969, p. 97 s., référence citée par O. Dubos, « L'union européenne est-elle une puissance publique ? », art. cit., p. 53 s., spéc., p. 56, note 11.

[2910] V. sur l'autonomie de ces normes, D. Simon, « Les fondements de l'autonomie du droit communautaire », dans J.-C. Gautron et L. Grard (dirs), *Droit international et droit communautaire : perspectives actuelles*, Société française pour le droit international, colloque de Bordeaux, Paris, Pedone, 2000, p. 207 s.

[2911] O. Dubos, « L'Union européenne est-elle une puissance publique ? », art. cit., p. 53 s., spéc., p. 56.

ou diminué dans sa substance par le droit supranational, l'intérêt général transcendant, lié à la mise en place de règles exorbitantes, est renforcé par le droit administratif européen. Ainsi, nous verrons que l'intérêt général de l'Union justifie à la fois l'exorbitance du régime des actes[2912] de la puissance normative européenne (A) et la responsabilité extracontractuelle déséquilibrée de la Communauté, du fait de tels actes (B).

A. L'exorbitance des actes de la puissance normative justifiée par l'intérêt de l'Union

1009. Dans une thèse consacrée à l'étude du juge de l'Union européenne, B. BERTRAND rend compte de l'importance de la notion d'intérêt général dans l'élaboration du droit administratif européen. L'auteur explique plus précisément que « comme juge administratif, la conscience d'être le complément de l'administration active implique une mise en œuvre du contrôle intégrant les spécificités et les difficultés propres à l'exercice de la puissance publique ». L'intérêt général est ainsi « au cœur de la mission confiée au juge administratif de l'Union européenne. Cette modulation du contrôle ne se fait pas, bien entendu, systématiquement au détriment de l'administré, mais il suppose parfois de faire porter au justiciable, le poids de l'intérêt général »[2913].

1010. Tel est le cas par exemple lorsque les institutions européennes doivent mettre en place des politiques spécifiques à travers des mesures normatives comme des règlements[2914] (véritable « actes législatifs de la Communauté »[2915]), des directives[2916] ou encore des décisions qui se

---

[2912] Nous nous concentrerons en l'espèce uniquement sur le régime exorbitant des actes de l'Union sur le fondement de l'intérêt général. Il ne s'agira pas d'évoquer dans quelle mesure l'intérêt général de l'Union est omniprésent dans la construction des actes normatifs de la Communauté, à travers notamment la question du contrôle de ses actes par rapport à l'intérêt général. En effet, ce travail a déjà été réalisé par de nombreux auteurs (F. Kauff-Gazin, *La notion d'intérêt général en droit communautaire*, *op. cit.*, p. 443 s. ; V. aussi sur le contrôle juridictionnel des actes au regard de l'intérêt général, C. Boutayeb, « Une recherche sur la place et les fonctions de l'intérêt général en droit communautaire », RTDE, n° 4, 2003, p. 587 s.). Nous considérons ce point comme acquis puisqu'il ne soulève pas de difficultés particulières.

[2913] B. Bertrand, *Le juge de l'Union européenne, juge administratif*, Thèse, Bruxelles, Bruylant, coll. « Droit de l'Union européenne », 2012, p. 71.

[2914] V. sur le règlement, J.-V. Louis, *Les règlements de la Communauté économique européenne*, Thèse, Bruxelles, Presses universitaires de Bruxelles, 1969.

[2915] F. de Quadros, *Droit de l'Union européenne. Droit constitutionnel et administratif de l'Union européenne*, Bruxelles, Bruylant, 2008, p. 319.

[2916] V. sur la directive, D. Simon, *La directive européenne*, Paris, Dalloz, coll.

rapprochent, selon la doctrine, « de l'acte faisant grief »[2917] du droit administratif français[2918]. P. REUTER et J. COMBACAU considèrent d'ailleurs que « les Communautés européennes adoptent des règles obligatoires pour les États auxquelles non seulement ils n'ont pas à donner d'acceptation expresse, (...), mais cette acceptation, donnée une fois pour toutes, les laisse sans résistance devant les actes concrets et parfois inattendus des organes ainsi investis »[2919]. On retrouve là, selon O. DUBOS, les « caractéristiques fondamentales de l'action unilatérale qui est en droit administratif le prototype même de la prérogative de puissance publique »[2920].

1011. Or, l'utilisation de prérogatives de puissance publique est liée à la mise en œuvre de l'intérêt général de l'Union (politique européenne qui se traduit par des actes normatifs). Cela explique que lorsque les institutions

---

« Connaissance du droit », 1997 ; F. Capelli, *Le direttive comunitarie*, Milan, Giuffrè, 1983 ; R. Kovar, « Observation sur l'intensité normative des directives », dans Liber amicorum, P. Pescatore, Baden Baden Nomos, 1987, p. 425 s. ; H. Pongérard, *L'application des directives communautaires en droit interne, aspects normatifs*, Thèse, Île de la Réunion, 2000. Globalement, « la directive poursuit deux finalités d'intérêt général : l'une consistant à assurer la mise en œuvre du programme de libéralisation de la circulation et l'autre à harmoniser des ordres juridiques nationaux avec le droit communautaire dans les différents domaines où cette harmonisation est nécessaire en vertu de l'évolution de l'intégration économique » (F. de Quadros, *Droit de l'Union européenne. Droit constitutionnel et administratif de l'Union européenne*, Bruxelles, Bruylant, 2008, p. 322). Or, pour mettre en œuvre de telles politiques, la directive s'impose de manière obligatoire aux États membres quant au résultat à atteindre.

[2917] M. Waelbroeck, « La notion d'acte susceptible de recours dans la jurisprudence de la CJCE », CDE, 1965, p. 225 s.

[2918] Le droit français a en effet inspiré le droit de l'Union sur la question des actes. V. par ex., J. Rivero, « Vers un droit commun européen : nouvelles perspectives en droit administratif », dans M. Cappelletti (éd. par), *New perspectives for a common law of Europe*, Bruxelles, Bruylant, 1978, p. 398 s. L'article de J. Rivero est également publié dans *Pages de doctrines*, 1980, t. II, p. 489 s. V. aussi, G. Della Cananea, « Sur le droit administratif européen », RDP, n° 3, 2008, p. 731 s. ; J. Schwarze, « Introduction », dans J. Schwarze (éd.), *Le droit administratif sous l'influence de l'Europe. Une étude sur la convergence des ordres juridiques nationaux et dans l'Union européenne*, Bruxelles, Bruylant, 1996, p. 11 s. V. aussi sur les « Modes d'élaboration du droit communautaire », Conseil d'État, *Études et documents*, n° 33, 1981-1982, p. 223 s. Néanmoins, le droit administratif européen a ses propres spécificités, sa propre autonomie (G. Greco, « Il dirrito comunitario propulsore del diritto amministrativo europea », Riv. trim. dir. publ., 1/1993, p. 85 s.).

[2919] P. Reuter et J. Combacau, *Institutions et relations internationales*, Paris, PUF, 1985, p. 295 s. Référence citée par O. Dubos, « L'union européenne est-elle une puissance publique ? », art. cit., p. 53 s.

[2920] O. Dubos, « L'union européenne est-elle une puissance publique ? », art. cit., p. 53 s., spéc., p. 58.

européennes agissent par la voie normative (en tant que législateur ou administrateur), l'intérêt général visé par les besoins de la mise en place des différentes politiques européennes (intérêt global de l'Union), prime sur les intérêts particuliers. S'agissant de l'administration européenne[2921], B. BERTRAND rapporte ainsi que « dans l'intérêt général, son action jouit d'une supériorité sur les intérêts particuliers, même fondamentaux »[2922]. En effet, « le fondement et la légitimité d'une organisation sociétale, l'essence même du pouvoir politique, de direction de la société, consiste en un statut donné à la prévalence des intérêts généraux sur les intérêts partiels, particuliers ou individuels »[2923].

1012. À travers la question des actes de la puissance normative européenne, c'est encore la question de l'intérêt général transcendant qui va permettre d'imposer aux tiers des droits et des obligations sans leur consentement. Ce faisant, comme en droit interne, l'intérêt général, loin d'être mis à mal par le droit supranational, est renforcé dans sa dimension « inégalitaire », c'est-à-dire exorbitante du droit commun. D'ailleurs, J. SCHWARZE précise bien que « l'objectif du juge administratif de l'Union est d'établir un équilibre adéquat entre une administration puissante et efficace, d'une part, et les droits subjectifs et les revendications de protection juridique de l'individu, d'autre part »[2924]. Il est « le gardien d'un certain équilibre entre les besoins inhérents de l'administration et le nécessaire droit de réaction des particuliers »[2925]. Dit autrement, la Cour de justice souligne que « l'administration doit agir en appréciant les différents intérêts, en évitant les conséquences dommageables, si la décision à prendre le permet raisonnablement. La Commission peut, dans l'intérêt commun, user de son pouvoir de décision selon les exigences des circonstances, même au préjudice de certains intérêts particuliers »[2926]. Dès lors, les droits des particuliers, « loin d'apparaître comme des prérogatives absolues, doivent être considérés en vue de la fonction sociale des biens et activités protégés ». Ils ne sont garantis

---

[2921] La législation européenne met davantage en jeu les rapports entre l'intérêt national et l'intérêt supranational. Nous nous concentrerons sur l'activité de l'administration européenne qui permet d'analyser les rapports entre l'intérêt général et l'intérêt particulier.

[2922] B. Bertrand, *Le juge de l'Union européenne, juge administratif*, Thèse, *op. cit.*, p. 377.

[2923] M. Blanquet, « L'acquis constitutionnel », dans F. Picod (dir.), *L'acquis de l'Union européenne*, RAE, n° 7, 2001-2002, p. 941, spéc., p. 961.

[2924] J. Schwarze, *Droit administratif européen*, *op. cit.*, p. 13 s.

[2925] P. Cassia, *L'accès des personnes physiques ou morales au juge de la légalité des actes communautaires*, Dalloz, coll. « Nouvelle bibliothèque de thèses », 2002, p. 71 s. V. pour la même position, J. Lassalle, *Le principe de bonne administration en droit communautaire*, Thèse, Paris 2, 2008, p. 543.

[2926] CJCE, 18 mars 1980, *Valsabbia c. Commission*, aff. jointes 154, 205, 206, 226 à 228, 263 et 264/78, 39, 31, 83 et 85/79, Rec., p. 907, point 49.

régulièrement que « sous réserve de limitations prévues en fonction de l'intérêt public »[2927].

1013. L'intérêt général est ainsi au cœur des actes de la puissance normative européenne. Ces actes traduisent sa puissance, son exorbitance car ils sont liés à la mise en place d'une politique européenne. Or, si l'activité normative de l'Union peut donner lieu, comme en droit interne, à une « responsabilité de la puissance publique »[2928], les considérations d'intérêt général conduiront indirectement à durcir les conditions d'indemnisations, dans l'intérêt de la puissance normative européenne et dans l'objectif de mener à bien les différentes politiques publiques européennes. Celles-ci nécessitent, en effet, une certaine dose de sacrifice, dans l'intérêt de cette puissance européenne.

B. L'exorbitance du régime de la responsabilité extracontractuelle du fait des actes de la Communauté fondée sur l'intérêt de l'Union

1014. Le recours en « responsabilité extracontractuelle »[2929] tend, « non à la suppression d'une mesure déterminée, mais à la réparation du préjudice causé par une institution dans l'exercice de ses fonctions »[2930]. Sa finalité est donc « la reconnaissance d'un droit à réparation »[2931]. Or, ce droit à réparation demeure, pour partie, conditionné par des considérations d'intérêt général. L'exemple de la « responsabilité du fait des actes normatifs »[2932]

2927 CJCE, 14 mai 1974, Nold c. Commission, aff. 4/73, Rec., p. 491, point 14.

2928 D. Simon, *Le système juridique communautaire*, *op. cit.*, p. 578.

2929 V. sur l'action en responsabilité extracontractuelle, T. Debard, *L'action en responsabilité extracontractuelle devant la Cour de justice de Communautés européennes*, Thèse, Lyon, 1984 ; J.-M. Favret, *Les influences réciproques du droit communautaire et du droit national de la responsabilité publique extracontractuelle*, Thèse Paris, Pédone, 2000 ; F. Fines, *Etudes de la responsabilité extracontractuelle de la CEE*, Paris, LGDJ, t. 101, 1991 ; L.-J. Constantinesco, *Les problèmes résultants de la responsabilité extracontractuelle concomitante de la Communauté et d'un État membre*, Luxembourg, OPOCE, 1980 ; G. Venturini, *La responsabilità extracontrattuale delle CE*, Milan, Giuffrè, 1980 ; B. du Ban, « Les principes généraux communs et la responsabilité non contractuelle de la Communauté », CDE, 1977, p. 397 s. ; P. Cahier, « Les éléments constitutifs de la responsabilité extracontractuelle de la CEE », dans Mélanges Reuter, *op. cit.*, p. 127 s.

2930 B. Bertrand, *Le juge de l'Union européenne, juge administratif*, *op. cit.*, p. 810.

2931 À partir de l'article 340 al. 2 TFUE, la Cour de justice a construit un régime spécifique de responsabilité. V. sur ce point, G. Isaac et M. Blanquet, *Droit général de l'Union européenne*, 10e éd., Paris, Sirey, 2012, p. 599 s.. ; J. Schwarze, *Droit administratif européen*, *op. cit.*, p. 536.

2932 V. sur ce point, T. Graffin, « La responsabilité extracontractuelle de la

illicites de la communauté est représentatif. En effet, la responsabilité de la Communauté du « fait de sa fonction législative »[2933] suppose des « conditions particulières »[2934]. Outre la réalité du préjudice et l'existence d'un lien de causalité entre l'acte et le préjudice invoqué, « la violation du droit par une institution ne suffit pas, en elle-même, pour engager la responsabilité non contractuelle de la communauté pour le préjudice que les particuliers auraient subi »[2935]. Afin de « restreindre […] le cercle de personnes pouvant prétendre à une indemnisation »[2936], la Cour de justice exige un élément supplémentaire consistant dans « la violation suffisamment caractérisée »[2937] d'une règle supérieure de droit protégeant les particuliers[2938]. Ainsi, par exemple, lorsque sont en cause certains choix de politique économique, « une simple illégalité ne suffit pas »[2939] à engager la responsabilité de la Communauté[2940]. B. BERTRAND rappelle que « pour les actes normatifs qui impliquent de tels choix politiques et donc l'exercice d'un pouvoir discrétionnaire, la responsabilité de la Communauté ne pouvait être engagée que de manière exceptionnelle »[2941], c'est-à-dire « dans les cas où l'institution concernée devait méconnaître, de manière manifeste et grave, les limites qui s'imposaient à l'exercice de ses pouvoirs »[2942].

Communauté européenne après l'arrêt Bergaderm », RAE, 2001/2002, n° 7, p. 862 s. ; B. Bertrand, *Le juge de l'Union européenne, juge administratif*, *op. cit.*, p. 823 s.

[2933] CJCE, 8 déc. 1987, *Grands Moulins de Paris c. Conseil et Commission*, aff. 50/86, Rec., p. 4833.

[2934] V. sur ce point, F. Picod et L. Coutron, « La responsabilité de la Communauté européenne du fait de son activité administrative », dans J.-B. Auby, J. Dutheil de la Rochière (dirs), *Droit administratif européen*, Bruxelles, Bruylant, 2007, p. 171 s.

[2935] B. Bertrand, *Le juge de l'Union européenne, juge administratif*, *op. cit.*, p. 819.

[2936] J. Schwarze, *Droit administratif européen*, *op. cit.*, p. 558.

[2937] CJCE, 5 déc. 1979, *Amylum c. Conseil et Commission*, aff. jointes 116 et 124/77, Rec., p. 3497 – CJCE, 5 déc. 1979, *Koninklijke Scholten-Honig c. Conseil et Commission*, aff. 143/77, Rec., p. 3583.

[2938] V. sur ce point, J.-N. Billard, « L'exigence de transgression d'une norme protectrice des particuliers-Principe énigmatique de droit de la responsabilité extracontractuelle des Communautés européennes », dans *Les mutations contemporaines du droit public*, Mélanges en l'honneur de B. Jeanneau, Paris, Dalloz, 2002, p. 625 s. ; A. Barav, « "injustice normative", et fondement de la responsabilité extra-contractuelle de la Communauté économique européenne », CDE, 1976, p. 439 s.

[2939] TPI, 14 sept. 1995, *Antillean Rice Mills c. Commission*, aff. T-480/93 et T-483/93, Rec., II, p. 2305.

[2940] « Les actes normatifs dans lesquels se traduisent des options de politique économique n'engagent qu'exceptionnellement et dans des circonstances singulières la responsabilité des pouvoirs publics », CJCE, 9 sept. 2008, *FIAMM c. Conseil et Commission*, aff. jointes C-120/06 et C-121/06 P, Rec., I, p. 6513, point 171.

[2941] B. Bertrand, *Le juge de l'Union européenne, juge administratif*, *op. cit.*, p. 820.

[2942] CJCE, 8 déc. 1987, *Grands Moulins de Paris c. Conseil et Commission*, *précit.*

1015. Néanmoins, lorsque la violation est suffisamment caractérisée (les institutions méconnaissent de manière manifeste et grave les limites de leur pouvoir d'appréciation), des considérations d'intérêt général supérieur permettent encore d'éviter l'engagement de la responsabilité de la Communauté. En effet, des considérations « d'intérêt public supérieur »[2943] peuvent justifier de telles atteintes[2944]. Ainsi, dans l'affaire *Bayerische HNL Vermehrungsbetriebe*, la Cour souligne que « les actes normatifs dans lesquels se traduisent des options de politique économique n'engagent qu'exceptionnellement et dans des circonstances singulières la responsabilité des pouvoirs publics ; que cette conception restrictive s'explique par la considération que le pouvoir législatif, même là où existe un contrôle juridictionnel sur la validité de ses actes, ne doit pas être entravé dans ses dispositions par la perspective d'actions en dommages-intérêts chaque fois qu'il est dans le cas de prendre, dans l'intérêt général, des mesures normatives susceptibles de porter atteinte aux intérêts de particuliers »[2945]. Ainsi, des considérations d'intérêt général justifient « qu'il peut être exigé du particulier qu'il supporte, dans des limites raisonnables, sans pouvoir se faire indemniser par des fonds publics, certains effets préjudiciables à ses intérêts économiques, engendrés par un acte normatif, même si celui-ci est reconnu non valide »[2946].

1016. La même logique est poursuivie avec l'intérêt général dans le domaine de la responsabilité sans faute du fait des actions légales de la puissance normative européenne[2947]. La reconnaissance d'une telle responsabilité a d'abord été « très ambiguë »[2948] s'agissant d'un acte normatif légal[2949]. Dans une telle hypothèse, le juge exigeait un « préjudice anormal et spécial »[2950]. Néanmoins, là encore, l'acte dommageable ne doit pas être « justifié par un intérêt économique général »[2951]. Ainsi, dans l'affaire

---

[2943] « Il y a violation suffisamment caractérisée d'une règle supérieure de droit quand les institutions méconnaissent de façon manifeste et grave les limites de leur pouvoir d'appréciation sans faire état d'un intérêt public supérieur », TPI, 9 déc. 1997, *Quiller et Heusmann c. Conseil et Commission*, aff. T-195/94 et T-202/94, Rec., II, p. 2247.

[2944] TPI, 9 déc. 1997, *Quiller et Heusmann c. Conseil et Commission*, aff. T-195/94 et T-202/94, Rec., II, p. 2247.

[2945] CJCE, 25 mai 1978, *Bayerische HNL Vermehrungsbetriebe c. Conseil et Commission*, aff. jointes 83 et 94/76, 4, 15 et 40/77, Rec., p. 1209 s.

[2946] CJCE, 25 mai 1978, *Bayerische HNL Vermehrungsbetriebe c. précit.*

[2947] B. Bertrand, *Le juge de l'Union*, *op. cit.*, p. 829.

[2948] B. Bertrand, *Le juge de l'Union*, *op. cit.*, p. 829.

[2949] CJCE, 13 juin 1972, *Grands Moulins de Paris c. Commission*, aff. jointes 9 et 11/71, Rec., p. 391, point 46.

[2950] TPI, 28 avril 1998, *Dorsch Consult c. Conseil et Commission*, aff. T-184/95, Rec., II, p. 667, point 59 – CJCE, 15 juin 2000, *Dorsch Consult c. Conseil et Commission*, aff. C-237/98 P, Rec., I, p. 4549, point 18.

[2951] TPI, 28 avril 1998, *Dorsch Consult*, *précit.*, point 80.

Compagnie d'approvisionnement et al. contre Commission, les requérants réclament devant la Cour de justice « l'indemnisation de pertes qu'ils ont subies en raison d'une fixation à un niveau insuffisant de subventions destinées à compenser les effets de mesures monétaires ». Plus précisément, ils font valoir « que la responsabilité de la Communauté serait engagée même en l'absence d'illégalité, les requérants ayant subi un préjudice anormal et spécial du fait qu'elles auraient été défavorisées par rapport, d'abord aux importateurs des États membres autres que la France et ensuite, aux exportateurs allemands et néerlandais ». La Cour estime au final « qu'une responsabilité éventuelle du chef d'un acte normatif légal ne saurait être envisagée dans une situation telle que celle de l'espèce, compte tenu du fait que les mesures prises par la Commission ne visaient, dans un intérêt économique général, qu'à atténuer les conséquences résultant [...] de la décision nationale de procéder à l'évaluation du franc »[2952].

1017. Ainsi, des considérations d'intérêt général supérieur permettent l'exclusion de l'engagement de la responsabilité de la puissance normative européenne du fait de ses actes normatifs licites. Si aujourd'hui, l'existence de cette responsabilité est remise en cause par la jurisprudence[2953], l'intérêt général permet encore de faire supporter au justiciable des charges exorbitantes pour l'application d'une politique européenne (économique ici). L'intérêt général demeure alors toujours à la frontière du politique et du juridique. Véritable instrument de l'action de la puissance politique, il pénètre l'acte normatif juridique et le dote d'un régime spécifique ; un régime qui tient compte de l'importance et de la nécessité d'appliquer les actes de la puissance normative européenne.

Conclusion du Chapitre 1.

1018. L'intérêt général est bien lié à la satisfaction des besoins de la puissance étatique. La satisfaction de ces besoins trouve ses origines dans la nature transcendantale de l'intérêt général. En effet, malgré les critiques ouvertes à propos de l'assimilation de l'intérêt général à des intérêts privés

---

[2952] CJCE, 13 juin 1972, *Compagnie d'approvisionnement, de transport et de crédit SA et Grands Moulins de Paris SA contre Commission des Communautés européennes*, aff. 9 et 11/71, Rec., p. 391 s.

[2953] En 2008, la Cour semble refuser de dégager l'existence d'un régime communautaire de responsabilité sans faute (CJCE, 9 sept. 2008, *FIAMM c. Conseil et Commission*, aff. jointes C-120/06 P et C-121/06 P, Rec., I, p. 6513 ; chron. E. Broussy, F. Donnat, C. Lambert, AJDA, 2008, p. 2327 ; Note D. Simon, Europe, novembre 2008, comm. 352, p. 22). Cette solution semble cependant remise en cause par une autre affaire récente (CJUE, 25 mars 2010, *Sviluppo Italia*, aff. C-414/08 P, Rec., p. I-2559, point 141).

dans la jurisprudence administrative, il ressort que l'intérêt général demeure, en dépit des apparences, transcendant, conformément à la vision volontariste traditionnelle française. Maintenant, cette transcendance exprime la véritable nature de l'intérêt général (ce qui reste à travers le contenu matériel qui change) qui, en réalité, est liée à l'identification du pouvoir politique. Ainsi, l'intérêt général reste une notion à la frontière du juridique et du politique.

1019. Nous avons fait le choix en l'espèce d'aller au-delà du juridique pour expliquer ce que cache en réalité l'emploi du terme « intérêt général » par le juge. Cette démarche conduit alors à penser l'intérêt général comme le reflet de l'idée de puissance publique étatique comprise comme un pouvoir de commandement unilatéral et qui permet à l'État d'imposer ses décisions aux sujets de droit. Finalement nous estimons que, parfois, dans la jurisprudence, c'est l'idée de la souveraineté cachée de l'État qui est en jeu et qu'il s'agit de mettre en lumière. Maintenant, il est apparu que la notion d'intérêt général aurait pu souffrir de la montée en puissance de l'Union européenne. La puissance étatique cachée à travers l'intérêt général serait remise en cause par le droit supranational[2954].

1020. Or, il n'en est rien. Bien au contraire, l'intérêt général de l'Union se substitue à l'intérêt général national. Ainsi, l'intérêt général de l'Union joue, au sein de cet organisme intégratif, à peu près les mêmes fonctions qu'en droit interne. En effet, malgré l'absence de souveraineté (pleine), de nombreux auteurs reconnaissent l'Union européenne comme une puissance politique et normative. Dès lors, si la vision et la conception de l'État est mise à mal, le rôle de l'intérêt général sort renforcé par l'ensemble des transferts de compétence. En effet, l'intérêt général sert une puissance publique, qu'elle soit étatique ou européenne. Le droit de l'Union ne remet alors pas en cause la vision verticale de l'intérêt général. Elle lui redonne, au contraire, un souffle de vie.

1021. Cependant, l'intérêt général n'est pas uniquement lié la satisfaction des besoins de la puissance de la collectivité (nationale ou supranationale). Il prend également en compte les activités de la collectivité.

[2954] V. par ex. la question de la « désouverainisation » de l'État, dans J. Cl. Groshens, « À propos du Conseil constitutionnel », RDP, n° 3, 2009, p. 588 s.

Chapitre 2.

Les activités de la collectivité

1022. Examiner les activités de la collectivité revient en réalité à rendre compte des finalités d'intérêt général (intérêt général fin/fin) de « l'action administrative qui constitue l'instrument de réalisation des choix politiques »[2955]. En effet, il ne s'agit plus d'analyser l'intérêt général « fin/moyen » lié à l'existence d'une puissance publique (Chapitre 1). Il est au contraire question d'examiner l'intérêt général « fin/fin » tel qu'il résulte de « l'action produite par cette puissance »[2956].

1023. Plus précisément, on verra que si l'administration publique est censée exécuter, avec plus ou moins d'autonomie, les commandements d'un pouvoir politique, elle « est toujours représentative de la politique qui est censée être mise en place dans une société organisée »[2957]. L'administration « ne peut donc être, par principe, que subordonnée aux institutions politiques »[2958]. VIVIEN énonçait déjà en 1859 que « l'administration n'a qu'un rôle subordonné »[2959]. Néanmoins, elle « imprime le mouvement aux affaires publiques »[2960].

1024. Aujourd'hui, des raisons théoriques expliquent que le pouvoir de décision est d'abord donné à des organes politiques[2961]. C. DEBBASCH et

---

[2955] C. Debbasch et F. Colin, *Administration publique*, 6e éd., Paris, Economica, 2005, p. 43. Elles sont « le reflet des missions de l'État ». V. aussi, C. Eisenmann, *Cours de droit administratif*, Paris, LGDJ, t. 2, 1983, p. 26 ; O. Beaud, « L'État », dans P. Gonod, F. Melleray, P. Yolka (dirs), *Traité de droit administratif*, *op. cit.*, t. 1, p. 207.

[2956] C. Godin, *Dictionnaire de philosophie*, Paris, Fayard, Éd. du Temps, 2004, p. 36.

[2957] C. Debbasch et F. Colin, *Administration publique*, 6e éd., Paris, Economica, 2005, p. 42.

[2958] C. Debbasch et F. Colin, *Droit administratif*, 10e éd., Paris, Economica, 2011, p. 6.

[2959] Vivien, *Études administratives*, *op. cit.*, p. 6.

[2960] *Ibid.*

[2961] V. sur ce point, C. Schaegis, *Dictionnaire de droit administratif*, Paris, Ellipses, 2008, coll. « Dictionnaires de droit », v. « Administration », p. 15 ; A. Van Lang, G. Gondouin et V. Inserguet-Brisset, *Dictionnaire de droit administratif*, 6e éd., Paris,

F. COLIN rappellent que ceci « résulte des conceptions de la souveraineté. En France, certains organes politiques sont chargés de représenter la souveraineté nationale »[2962]. Ils sont amenés à déterminer la politique de la Nation. Enfin, selon l'article 20 alinéa premier de la Constitution, « le Gouvernement détermine et conduit la politique de la nation ». Dans l'alinéa deux du même article, la Constitution révèle que « le Gouvernement dispose, pour se faire, de l'administration ». Ainsi, « l'administration publique doit se conformer aux choix effectués par les organes délégataires de la souveraineté »[2963]. Par ailleurs, « cette subordination des institutions administratives s'explique en raison de l'intérêt général »[2964] qui est censé être défini par les organes politiques.

1025. On retrouve donc, là encore, la notion d'intérêt général qui demeure à la frontière du politique et du juridique ; l'explication du premier (politique) conditionnant le second (juridique). D'un point de vue politique, le but d'intérêt général des missions administratives « peut être appréhendé de façon plus ou moins minimaliste en fonction du rôle de l'État »[2965]. Cependant, « tout au long du XXe siècle, les interventions de l'État ont eu tendance à s'accroître partout »[2966]. Aujourd'hui, en France, la doctrine dresse différents classements des missions de l'administration[2967]. Il ressort toutefois que la

---

Sirey, 2012, v. « Administration », p. 20 et 21 ; M. de Villiers et A. Le Divellec, *Dictionnaire du droit constitutionnel*, 8e éd., Paris ; Sirey, 2011, v. « Administration », p. 5 et 6.

2962 C. Debbasch et F. Colin, *Droit administratif*, *op. cit.*, p. 7.

2963 *Ibid.*

2964 B. Seiller, *Droit administratif*, 1. Les sources et le juge, 4e éd., Champs Université, 2011, p. 17.

2965 V. sur ce point, P. Legendre, *Trésor historique de l'État en France*, Paris, Fayard, 1992, p. 319 ; F. Burdeau, *Histoire de l'administration française*, Paris, Montchrestien, 1994, p. 109. V. aussi sur le rôle de l'État aujourd'hui, P. Aghion et A. Roulet, *Repenser l'État. Pour une sociale-démocratie de l'innovation*, Paris, Le Seuil, coll. « La République des Idées », 2011 ; J. Chavallier, *L'État*, Paris, Dalloz, 2011, coll. « Connaissance du droit » ; J. Chevallier, *L'État post-moderne*, Paris, LGDJ, 2008, coll. « Droit et société » ; P. Rosanvallon, *La crise de l'État providence*, Paris, Le Seuil, 1981 ; P. Rosanvallon, *L'État en France de 1789 à nos jours*, Paris, Le Seuil, 1990 ; P. Rosanvallon, *La nouvelle question sociale. Repenser l'État-Providence*, Paris, Le Seuil, 1995. V. aussi, J. Chevallier, « L'État post-moderne : retour sur une hypothèse », Droits, 39, 2004, p. 107 s. ; J. Caillosse, « Une approche "tranquilisante" de la post-modernité ? L'économie du droit post-moderne selon Jacques chevallier », Droits, 39, 2004, p. 122 s. ; P. Vennesson, « L'État "post-moderne", la mondialisation et la guerre. Quelques réflexions sur Jacques Chavallier, L'État post-moderne », Droits, 39, 2004, p. 141 s.

2966 P. Chrétien et N. Chifflot, *Droit administratif*, 13e éd., Paris, Sirey Université, 2012, p. 17.

2967 Elle se réfère par ex. « à des classifications en fonction du rayonnement géographique, de l'utilisation de la puissance publique, de l'objet ou des destinataires

classification en fonction du but ou de la finalité de la mission d'intérêt général est privilégiée.

1026. R. CHAPUS considère par exemple que « l'activité administrative doit d'abord être considérée dans ses fins »[2968]. Elle est donc exercée « en fonction de deux objectifs : la satisfaction d'une fonction normative (la soumission de la vie sociale à un ordre juridique déterminé : à une réglementation) et à une fonction de prestation »[2969]. P. DELVOLVE estime pour sa part que « l'action administrative est liée à deux buts principaux : assurer la police et répondre par des prestations aux besoins d'intérêt général »[2970]. G. BRAIBANT et B. STIRN distinguent « les activités régaliennes de l'État, (les missions qui se rattachent à la notion de souveraineté dans les domaines de l'armée, de la police, des affaires étrangères, c'est-à-dire de la défense, la diplomatie et le maintien de l'ordre), celles qui relèvent de l'organisation de la vie en société (réglementation de la vie sociale, autorisations, agréments, contrôle des activités des particuliers, interventionnisme économique et social) et celles qui assurent la construction d'ouvrages ou la fournitures de services considérés comme utiles à la société »[2971]. D'autres distinguent « les finalités liées à l'ordre public des autres finalités d'intérêt général »[2972]. Enfin, C. DEBBASCH et F. COLIN distinguent « les missions externes de l'administration qui sont entreprises directement à l'intention du public des missions internes qui tendent à assurer le meilleur fonctionnement de l'administration et à lui procurer les moyens essentiels pour lui permettre d'assurer ses missions externes (organisation de la formation, du recrutement et de la gestion du personnel). Entrent ainsi dans les attributions externes, les missions de souveraineté (c'est-à-dire par exemple, la défense, la représentation extérieure, la mission de police), les missions économiques, éducatives, culturelles et sociales »[2973].

1027. Pour notre part, l'examen de la jurisprudence administrative nous conduit à distinguer deux principales activités : les activités essentielles de l'État, expression de sa souveraineté liée à la défense des fonctions régaliennes (Section 1) et les autres activités nécessaires au public (Section 2).

---

des missions administratives » : C. Debbasch et F. Colin, *Administration publique*, *op. cit.*, p. 48 s.

[2968] R. Chapus, *Droit administratif général*, t. 1, *op. cit.*, p. 469.

[2969] *Ibid.*

[2970] P. Delvolvé, *Le droit administratif*, 5e éd., Paris, Dalloz, coll. « Connaissance du droit », 2010, p. 33.

[2971] G. Braibant et B. Stirn, *Le droit administratif français*, 7e éd., Paris, Presses de Sciences po et Dalloz, 2005, p. 23.

[2972] P. Chrétien et N. Chifflot, *Droit administratif*, 13e éd., Paris, Sirey Université, 2012, p. 2. V. aussi, G. Dupuis, M.-J. Guédon et P. Chrétien, *Droit administratif*, 12e éd., Paris, Sirey Université, 2011, p. 3.

[2973] C. Debbasch et F. Colin, *Administration publique*, *op. cit.*, p. 50 et 51.

- *Section 1. Les activités essentielles de l'État*
- *Section 2. Les activités nécessaires au public*

SECTION 1.

LES ACTIVITÉS ESSENTIELLES DE L'ÉTAT

1028. Dans un article consacré au concept d'identité constitutionnelle, A. VIALA associe la notion d'identité à l'ipséité. L'ipséité, renvoie « au caractère fondamental de l'être, c'est-à-dire au fait qu'il est lui-même et non autre chose »[2974]. Qu'elle soit étatique ou européenne, l'ipséité désigne, selon l'auteur, « dans les deux cas une spécificité, en l'occurrence une étaticité ou une unionicité constitutionnelle »[2975].

1029. Cette idée d'unicité est liée aux fonctions de l'intérêt général dans ses rapports entre le droit interne et externe. Si de nombreuses études ont déjà démontré « l'harmonisation des intérêts généraux nationaux et supranationaux »[2976], l'objectif sera de revenir ici sur le rôle de l'intérêt général en tant qu'il constitue « un facteur d'autonomisation du droit, qu'il s'agisse du droit supranational »[2977] ou du droit national. En effet, en principe, en cas de conflit, « l'intérêt supranational prévaut sur l'intérêt national »[2978]. Néanmoins, il existe encore des hypothèses dans lesquelles l'intérêt général national s'imposera face à l'intérêt supranational, mais uniquement lorsque l'intérêt général est supérieur, c'est-à-dire lié à la sauvegarde des activités essentielles de l'État (« définition matérielle de la souveraineté de J. BODIN »[2979]). Si la sauvegarde des activités essentielles de l'État est

---

[2974] A. Viala, « Le concept d'identité constitutionnelle : approche théorique », dans L. Burgorgue-Larsen (dir.), *L'identité constitutionnelle saisie par les juges en Europe*, Paris 1, éd. Pedone, 2011, Cahiers Européens, n° 1 p. 7 s., spéc., p. 9.

[2975] *Ibid.*

[2976] V. sur ce point largement traité, F. Kauff Gazin, Thèse, *op. cit.*, p. 503 s.

[2977] Nous ne développerons toutefois pas l'autonomisation de l'intérêt supranational car ce point a déjà été largement traité : F. Kauff-Gazin, Thèse, *op. cit.*, p. 286 s.

[2978] Là encore, nous ne reviendrons pas sur point point déjà longuement traité par la doctrine. V. par ex., D. Simon, *Le système juridique communautaire*, *op. cit.*, p. 92 s.

[2979] Sur la conception de la souveraineté de J. Bodin, J.-A. Mazères explique qu'il s'agit d'une « définition formelle fondée sur la puissance de commandement, renvoyant directement à l'idée de puissance publique et une définition substantielle renvoyant à la notion bien connue des droits régaliens » (J.-A. Mazères, « Qu'est-ce que la puissance publique ? », dans P. Raimbault (dir.), *La puissance publique à l'heure européenne*, *op. cit.*, p. 9 s.).

présente dans de nombreux domaines[2980], nous concentrerons notre étude sur les rapports entre l'intérêt général national et supranational dans la mesure où ce conflit de normes constitue le cœur des activités essentielles de l'État. Nous verrons ainsi que pour s'imposer face à l'intérêt supranational, l'intérêt général national simple est insuffisant. Seules des considérations d'intérêt général nationales prééminentes permettent de déroger (I) à l'intérêt supranational, voire de l'exclure[2981] (II).

I. L'intérêt général national supérieur, facteur dérogatoire à l'intérêt de l'Union

1030. De nombreuses dispositions dérogatoires au Traité permettent aux États membres de protéger « les activités essentielles de l'État »[2982] en se fondant sur des considérations d'intérêt général. Toutefois, les dérogations sont généralement appréciées restrictivement en raison d'une violation à une règle fondamentale du traité. Cela explique que de simples intérêts généraux nationaux, comme des intérêts purement économiques ou administratifs (A) sont insuffisants « pour restreindre l'application des règles du Traité »[2983]. Seuls des intérêts généraux supérieurs, liés à l'activité essentielle de l'État membre permettent de déroger à l'intérêt de l'Union (B).

A. L'insuffisance des intérêts purement économiques ou administratifs

1031. En vertu du principe d'interprétation restrictive[2984], la Cour adopte « une définition stricte des intérêts légitimes dérogatoires »[2985]. L'intérêt général permettant les dérogations au traité doit alors faire face à d'autres intérêts. Dans ce cas, généralement, la Cour de justice refuse que la

[2980] V. par ex., le Chapitre 1. du présent Titre. Ces domaines ayant déjà été traités, nous nous concentrerons alors sur les rapports entre l'intérêt général national et supranational.

[2981] Cette dichotomie se justifie car dans un second cas, l'intérêt général est apprécié plus restrictivement.

[2982] CJCE, 18 mars 1997, *Diego Cali et Figli*, aff. 343/95, Rec., I-1547, point 22.

[2983] V. pour « la différence entre l'exception d'intérêt général et l'obstacle d'intérêt général au Traité », T. Hamoniaux, *L'intérêt général et le juge communautaire, op. cit.*, p. 97 s.

[2984] V. par ex. en matière de libre circulation des travailleurs, CJCE, 28 oct. 1975, *Rutili c. Ministre de l'intérieur*, 36/75, Rec., p. 1219, point 27.

[2985] M. R. Tinç, *Le contrôle de proportionnalité des mesures nationales restrictives des échanges. Un instrument de légalité au service de l'intégration*, Thèse, Université de Strasbourg, 2009, p. 58.

poursuite d'un intérêt purement économique puisse justifier une dérogation au traité. Par exemple, s'agissant de la libre circulation des travailleurs[2986], des restrictions liées à l'ordre public, la sécurité publique ou encore la santé publique peuvent être imposées. Or, dans l'affaire *Rutili contre Ministre de l'intérieur*, la Cour de justice précise bien que « les raisons d'ordre public ne sauraient être détournées de leur fonction propre par le fait qu'elles soient invoquées à des fins économiques »[2987]. La même logique s'opère lorsqu'il est question d'apprécier les dérogations relatives à la libre circulation des capitaux et des paiements. Selon la Cour, « un objectif de nature purement économique ne peut constituer une raison impérieuse d'intérêt général de nature à justifier une restriction à une liberté fondamentale garantie par le Traité »[2988]. La même démarche est adoptée dans de nombreuses restrictions comme celles liées à la libre prestation de service[2989], à la libre circulation des marchandises[2990] ou encore au droit d'établissement[2991].

[2986] Article 45 § 3 TFUE.

[2987] CJCE, 28 oct. 1975, *Rutili c. Ministre de l'intérieur*, 36/75, Rec., p. 1219, point 30.

[2988] CJCE, 6 juin 2000, *Staatssecretaris van Financiën contre B.G.M. Verkooijen*, C-35/98, Rec., p. I-4071, point 48.

[2989] CJCE, 28 avril 1998, *Kohll c. Union des caisses de maladie*, C-158/96, Rec., I-1931, point 41 : « des objectifs de nature purement économique ne peuvent justifier une entrave au principe fondamental de libre prestation des services ». V. également, CJCE, 5 juin 1997, *Syndesmos ton en Elladi Touristikon kai Taxidiotikon Grafeion (SETTG) c. Ypourgos Ergasias*, C-398/95, Rec., p. I-3091, point 23.

[2990] CJCE, 28 avril 1998, *Decker c. Caisse de maladie des employés privés*, C-120/95, Rec., p. I-1831, point 39 : « des objectifs de nature purement économique ne peuvent justifier une entrave au principe fondamental de la libre circulation des marchandises ». V. plus précisément sur l'interdiction des restrictions quantitatives entre les États membres (nouvel article 36 TFUE), CJCE, 9 juin 1982, *Commission c. Italie*, aff. 95/81, Rec., 2187, point 27 – CJCE, 10 juillet 1984, *Campus Oil*, aff. 72/83, Rec., p. I-2727, point 35 : « l'article 36 vise à sauvegarder des intérêts de nature non économique. En effet, un État membre ne saurait être autorisé à se soustraire aux effets des mesures prévues par le traité sous prétexte des difficultés économiques occasionnées par l'élimination des entraves au commerce intracommunautaire ».

[2991] CJCE, 11 mars 2004, *De Lasteyrie du Saillant*, C-9/02, Rec., p. I-2409, point 60 : « le simple manque à gagner subi par un État membre du fait du transfert du domicile fiscal d'un contribuable dans un autre État membre, dans lequel la réglementation fiscale est différentes et, le cas échéant, plus avantageuse pour ce contribuable, ne saurait en soi justifier une restriction du droit d'établissement ». V. pour une application en droit interne : CE, 2 juin 2006, *Chauderlot*, n° 275416, Rec., p. 275 (« quelle que soit la modestie de l'entrave ainsi apportée à l'exercice de la liberté d'établissement consacrée par l'article 52 du traité instituant la Communauté européenne (devenu, après modification, article 43 CE) [aujourd'hui devenu l'article 49 TFUE], celui-ci s'oppose clairement à ce qu'un État membre institue un mécanisme d'imposition des plus-values latentes en cas de transfert du domicile fiscal

1032. En droit interne, le juge administratif rejette, « comme le juge de l'Union européenne, les motifs purement économiques pour justifier des dérogations aux règles du traité ; qu'elles soient d'origines textuelles ou jurisprudentielles »[2992]. S'agissant des dérogations jurisprudentielles (dégagées par le juge au-delà du traité), dans l'affaire *Société Serc Fun Radio*, le Conseil d'État estime que « l'obligation pour les stations de radio de diffuser un certain pourcentage (40 %) de chansons d'expression française dont la moitié provenant de nouveaux talents, ne poursuit pas un objectif de nature économique »[2993]. C'est en effet sur un autre motif impérieux d'intérêt général (culturel) que le juge a justifié l'absence de violation du traité (restrictions quantitatives à l'importation/restriction à la libre prestation des services).

1033. Toutefois, il est vrai que les exceptions jurisprudentielles d'intérêt général supérieur (impérieux/impératif) peuvent être appréciées plus largement par le juge (de l'Union et national). Ainsi par exemple, « dans la mesure où un État membre peut justifier son exigence d'une autorisation préalable en invoquant un objectif d'aménagement du territoire tel que le maintien, dans l'intérêt général, d'une population permanente et d'une activité économique autonome par rapport au secteur touristique dans certaines régions, la mesure restrictive que constitue une telle exigence ne peut être admise que si elle n'est pas appliquée de manière discriminatoire et si d'autres procédures moins contraignantes ne permettent pas de parvenir au même résultat »[2994]. Dans la même lignée, le Conseil d'État estime « que les limitations à l'implantation ou l'extension de commerces de détail [...] répondent à des motifs d'intérêt général, liés notamment à la préservation des petites entreprises, à l'emploi et à l'aménagement du territoire (...). De tels motifs constituent des raisons impérieuses d'intérêt général de nature à justifier une limitation à la liberté d'établissement »[2995].

---

tel que celui décrit ci-dessus ; que, par suite, M. A est fondé à soutenir que les instructions attaquées de 1997, 1998 et 2004 sont illégales en tant qu'elles réitèrent des dispositions législatives qui, dans la mesure où elles s'appliquent aux contribuables qui transfèrent dans un autre État membre de la Communauté européenne leur domicile fiscal, méconnaissent les stipulations de l'article 43 du traité CE ».

[2992] V. pour une explication sur les différentes dérogations au traité (textuelles ou jurisprudentielles), F. Tesson, *Les limites de l'influence du droit du marché intérieur sur les activités administratives françaises*, Thèse, Université de Pau et des pays de l'Adour, 2010, p. 134 s.

[2993] CE, Ass. 8 avril 1998, *Sté Serc Fun Radio*, n° 161411, Rec., p. 138 ; RFDA, 1999, p. 194, concl. S. Hubac.

[2994] CJCE, 1er juin 1999, *Klaus Konle c. Republik Österreich*, aff. 302/97, Rec., p. 3099, point 40.

[2995] CE, 5 mars 2003, *Sté Immaldi et Compagnie*, n° 225470, T. Rec., p. 687 et 701.

1034. Néanmoins, la jurisprudence semble encore refuser l'unique motif économique pour justifier, dans l'intérêt général supérieur, une restriction aux règles du traité[2996]. Tel est le cas par exemple en matière de liberté d'établissement. En effet, dans l'affaire *Union générale des Syndicats de Grossistes du marché d'Intérêt National de Paris-Rungis (UNIGROS)*, le Conseil d'État rappelle que « l'atteinte à la liberté d'établissement portée par une législation nationale peut être admise au titre, tout d'abord, des mesures dérogatoires prévues par le traité qui admettent les restrictions justifiées par la participation, même à titre occasionnel à l'exercice de l'autorité publique ou par des raisons d'ordre public, de sécurité publique ou de santé publique ; qu'en outre, les entraves à la liberté d'établissement qui découlent de mesures nationales indistinctement applicables peuvent être acceptées également si ces mesures sont justifiées par des raisons impérieuses d'intérêt général, si elles sont propres à garantir la réalisation de l'objectif qu'elles visent et si elles ne vont pas au-delà de ce qui est nécessaire pour l'atteindre »[2997]. En l'espèce, la Haute juridiction estime que « des dérogations d'intérêt général peuvent être accordées à ces interdictions dès lors qu'elles sont de nature à améliorer la productivité de la distribution et que les installations qu'elles concernent sont satisfaisantes au point de vue de l'urbanisme, de l'hygiène et de la sécurité ». Néanmoins, cet argument lié à des considérations économiques et ensuite complété par des considérations d'ordre public. Le juge estime en effet que « l'institution des marchés d'intérêt national a notamment pour objet d'assurer, dans des conditions qui garantissent la sécurité sanitaire, l'approvisionnement des grandes agglomérations en produits agricoles et alimentaires ; que la réglementation de ces marchés répond à des considérations d'ordre public, liées aux conditions de circulation et de stationnement des véhicules transportant les produits concernés ainsi qu'à des considérations d'urbanisme et d'environnement ; que ces motifs constituent des raisons impérieuses d'intérêt général de nature à justifier [...] une limitation à la liberté d'établissement ». Ainsi, nous rejoignons la position de F. TESSON selon laquelle « de pures considérations économiques semblent insuffisantes pour justifier une limitation à la liberté d'établissement »[2998]. Le même raisonnement peut être adopté pour des considérations d'ordre purement administratif[2999].

[2996] Même lorsque les mesures nationales n'instaurent pas d'inégalité de traitement.

[2997] CE, 15 déc. 2000, *Union générale des Syndicats de Grossistes du Marché d'Intérêt National de Paris-Rungis (UNIGROS)*, n°195054, Rec., 619 ; Europe, mars 2001, comm. P. Cassia ; RFDA, 2001, p. 884, concl. C. Bergeal.

[2998] V. les remarques de F. Tesson, *Les limites de l'influence du droit du marché intérieur sur les activités administratives françaises*, *op. cit.*, p. 135.

[2999] Le juge de l'Union européenne a par ex. jugé, dans le cadre de l'interdiction des restrictions quantitatives entre les États membres, que « les autorités nationales ne peuvent introduire de dérogations aux libertés garanties par le traité pour justifier des

1035. Ainsi, l'intérêt général supérieur permettant de déroger aux règles du traité ne saurait être déterminé par des motifs purement économiques ou administratifs. L'intérêt général s'apprécie en effet de manière restrictive (davantage encore lorsque la dérogation est explicitement prévue par le traité, non d'origine jurisprudentielle). Il ressort alors que seuls des intérêts généraux nationaux supérieurs, liés aux « fonctions essentielles de l'État »[3000], peuvent justifier les dérogations aux règles du traité.

B. L'exigence d'un intérêt général supérieur de l'État

1036. Quelles sont ces intérêts généraux supérieurs qui peuvent être invoqués par les États membres pour déroger aux règles fondamentales du traité ? À cette interrogation, la Cour de justice et le Conseil d'État français mettent en évidence deux types d'intérêts généraux supérieurs : ceux qui sont traditionnellement liés aux missions indispensables de l'État (1) et ceux qui relèvent des missions prioritaires de l'État (2). Ces deux types d'intérêts généraux supérieurs doivent être examinés séparément. L'un, traditionnel, est « fixé par les règles du traité et fait l'objet d'une appréciation extrêmement restrictive »[3001]. L'autre, élaboré par la jurisprudence, « contribue davantage à élargir le champ des missions dites prioritaires de l'État »[3002]. Ce sont les exceptions fondées sur des raisons « impérieuses » d'intérêt général.

---

réglementations ou pratiques, même utiles, mais dont les éléments restrictifs s'expliquent essentiellement par le souci de réduire la charge administrative » : CJCE, 20 mai 1976, *De Peijper*, aff. 104/75, Rec., p. 613. Le même raisonnement est transposable à de nombreuses dérogations aux règles du traité, comme dans le cadre des restrictions à la libre prestation des services : CJCE, 23 nov. 1999, *Arblade*, C-369/96, Rec., p.I-8453, point 35 à 37 : « Des considérations d'ordre purement administratif ne sauraient justifier une dérogation, par un État membre, aux règles du droit communautaire, et ce d'autant plus lorsque la dérogation en cause revient à exclure ou à restreindre l'exercice d'une des libertés fondamentales du droit communautaire ». V. pour plus de précisions sur ce point, F. Tesson, *opus cit.*

[3000] CJCE, 18 mars 1997, *Diego Cali et Figli*, aff. 343/95, Rec., I-1547, point 22.

[3001] T. Hamoniaux explique que cette appréciation restrictive se justifie en raison d'une possible discrimination. Tel est le cas par ex. pour la dérogation prévue à l'article 106 § 2 TFUE qui sera étudié dans cette partie. V. sur ce point, T. Hamoniaux, *L'intérêt général et le juge communautaire*, *op. cit.*, p. 98.

[3002] T. Hamoniaux, *opus cit.*

1. Les missions indispensables de l'État

1037. La plupart des dispositions dérogatoires du traité permettent de « protéger des activités liées à l'exercice directe de la souveraineté »[3003]. De nombreux auteurs, comme T. HAMONIAUX, précisent en ce sens que « les principales exceptions à l'application du traité portent sur l'exercice par les États membres de leurs fonctions régaliennes et sur les personnels que leur exercice requiert »[3004]. En effet, les principales dérogations au traité portent sur des considérations d'intérêt général supérieur liées à l'exercice de l'autorité publique[3005] (a) et à des considérations d'ordre public[3006] et de sécurité publique[3007] (b).

- *a. L'autorité publique et les activités régaliennes de l'État*

1038. En raison de « la mise en œuvre de la souveraineté directe de l'État membre, l'exercice d'une « mission d'autorité publique »[3008] peut conduire à l'inapplication des règles du traité »[3009]. Tel est en tout cas le raisonnement de la Cour de justice lorsqu'elle détermine le champ d'application de la dérogation spéciale à la libre circulation des travailleurs. L'article 45 § 4 TFUE reconnaît en effet que « certains emplois dans l'administration publique »[3010] peuvent être réservés aux nationaux. Cependant, la Cour de justice, avec la Commission, ont fixé des critères d'identification restrictifs à cette réserve. Ainsi, « sont considérés comme des

---

3003 S. Pignon, *La prise en compte de l'intérêt général par le droit communautaire*, *opus cit.*, p. 28.

3004 T. Hamoniaux, *L'intérêt général et le juge communautaire*, *opus cit.*, p. 105 et 106.

3005 V. par ex. les articles 51 et 54 TFUE.

3006 V. par ex. les articles 36, 45 § 3, 52 § 1 et 65 TFUE.

3007 V. par ex. les articles 36, 45 § 3, 52 § 1 et 65 TFUE.

3008 Attention, pour notre part, l'autorité n'est pas prise au sens de la puissance publique (Chapitre 1 du présent titre). Cette autorité publique est liée à la mise en œuvre des activités régaliennes de l'État. Ainsi, l'intérêt général sera examiné dans le sens des activités et non de la puissance en tant que telle. J. Bodin distinguait d'ailleurs la souveraineté puissance des activités régaliennes de l'État (certes qui nécessite d'être mise en place par la puissance publique). C'est à cette seconde définition de la souveraineté que l'on fait référence ici.

3009 S. Pignon, *La prise en compte de l'intérêt général par le droit communautaire*, *op. cit.*, p. 28.

3010 V. sur ce point, J. Bomstain, *Le système français de fonction publique face à la construction européenne*, Thèse, Université Toulouse 1, Capitole, 2009, p. 92 s. V. aussi, P.-Y. Moreau, « La jurisprudence de la Cour de justice des Communautés européennes relative aux liens entre fonction publique et nationalité », AJFP, 2001, p. 9 s.

emplois dans l'administration publique, un ensemble d'emplois qui comportent une participation, directe ou indirecte, à l'exercice de la puissance publique et aux fonctions qui ont pour objet la sauvegarde des intérêts généraux de l'État ou des autres collectivités publiques. De tels emplois supposent de la part de leurs titulaires, l'existence d'un rapport particulier de solidarité à l'égard de l'État ainsi que la réciprocité de droits et devoirs qui sont le fondement du lien de nationalité »[3011]. Ce faisant, à l'occasion « d'une interprétation fonctionnelle de la notion d'emploi dans l'administration publique »[3012], la Cour retient deux conditions cumulatives : « l'exercice de prérogatives de puissance publique et la sauvegarde des intérêts généraux de l'État »[3013].

1039. Mais plus précisément, quels sont ces emplois qui permettent de sauvegarder les intérêts généraux de l'État ? La Cour de justice semble faire référence à « l'exercice des fonctions "régaliennes" de l'État »[3014]. En effet, elle a jugé que « font partie de l'exercice de l'autorité publique, l'appréciation de l'autorité judiciaire et l'exercice du pouvoir juridictionnel »[3015], les « fonctions de police et autres forces et corps de sécurité investis de pouvoirs de contrainte »[3016] ou encore « les activités en matière notariale et d'état civil »[3017]. Dans le même sens, la Commission a fixé une liste des fonctions auxquelles la dérogation s'applique. Elle vise « les fonctions spécifiques de l'État et des collectivités assimilables telles que les forces armées, la police et les autres forces de l'ordre, la magistrature, l'administration fiscale et la diplomatie »[3018]. La Commission fait alors référence « à une conception de

---

3011 CJCE, 17 déc. 1980, *Commission/Belgique*, aff. 149/79, Rec., p. 3881, point 10. V. aussi pour la même position, la Communication de la Commission Européenne en date du 11 déc. 2002, COM (2002) 694, p. 19, « Libre circulation des travailleurs, en tirer pleinement les avantages et les potentialités ».

3012 L. Dubouis et C. Blumann, *Droit matériel de l'Union européenne, précit.*, p. 98, n° 167.

3013 CJCE, 2 juillet 1996, *Commission c. Belgique*, aff. C-173/94, Rec., p. I-3265 – CJCE, 2 juillet 1996, *Commission c. République Hellénique*, aff. C-290/94, Rec., p. I-3285 – CJCE, 2 juillet 1996, *Commission c. Grand-duché du Luxembourg*, aff. C-473/93, Rec., p. 3207.

3014 J. Lotarski, « Fonction publique nationale », Rép. dr. comm., janvier 2012, n° 43 s.

3015 CJCE, 21 juin 1974, *Reyners c/ Belgique*, aff. 2/74, Rec., 631, point 53.

3016 CJCE, 29 oct. 1998, *Commission c/ Espagne*, aff. C-114/97, Rec., I. 6717, points 37 et 38.

3017 CJCE, 30 sept. 2003, *Colegio de Oficiales de la Marina Mercante Española*, aff. C-405/01, Rec., I. 10391, point 42.

3018 V. la Communication de la Commission Européenne en date du 11 déc. 2002 *précit.* et la Communication en date du 5 janvier 1988, « liberté de circulation des travailleurs et d'accès à l'emploi dans les services publics d'États membres, action de la commission en application de l'article 48 § 4 du traité CEE [actuel 45 § 4 TFUE] », JOCE, C-72/2 du 18 mars 1988. Toutefois, la Commission, à l'instar de la Cour de

l'intérêt étatique substantiel qui rappelle, selon certains auteurs, la conception minimaliste de l'État du Moyen-Âge[3019] »[3020].

1040. C'est cette conception que le Conseil d'État semble avoir adopté. En effet, sont considérées comme des emplois dans la fonction publique, les missions régaliennes de l'État, c'est-à-dire « les missions confiées aux ministères de la défense, du budget, de l'économie et des finances, de la justice, de l'intérieur (tout au moins dans son respect du maintien de l'ordre et des forces de police) et des affaires étrangères »[3021]. Ces emplois doivent plus précisément être regardés « comme inséparables de l'exercice de la souveraineté ou comme participant directement ou indirectement à l'exercice d'une prérogative de puissance publique, la participation, à titre principal, au sein d'une personne publique, à l'élaboration d'actes juridiques, au contrôle de leur application, à la sanction de leur violation, à l'accomplissement de mesures impliquant un recours possible à l'usage de la contrainte, enfin à la tutelle »[3022]. Ainsi, la notion d'intérêt général ne peut être dissociée du critère relatif aux prérogatives de puissance publique, c'est-à-dire ici aux prérogatives « qui excèdent celles que tout un chacun peut exercer, en particulier – en tant que manifestation de l'essence même du pouvoir souverain de l'État »[3023]. Comme le souligne justement J. BOMSTAIN, cette approche de l'emploi public rappelle la « traditionnelle dichotomie entre les fonctions d'autorité (actes de commandement ou de puissance publique) et de gestion[3024] »[3025] ; l'une relevant de la compétence

---

justice, rappelle que « si les fonctions administratives et décisionnelles qui impliquent l'exercice de la puissance publique et la responsabilité de la sauvegarde des intérêts généraux de l'État peuvent être réservés à des ressortissants nationaux », ce n'est pas le cas dans l'intégralité des domaines. Sont par ex. exclues, des tâches administratives ou la consultation technique. V. sur ce point, J. Lotarski, « Fonction publique nationale », Rép. dr. comm, janvier 2012, n° 43 s.

[3019] J.-M. Lemoyne de Forges, « L'adaptation de la fonction publique française au droit communautaire », Paris, Dalloz, 2003, Thèmes et Commentaires, p. 1. Référence citée par J. Bomstain, *Le système français de fonction publique face à la construction européenne*, *op. cit.*, p. 101, note 293.

[3020] J. Bomstain, *Le système français de fonction publique face à la construction européenne*, *op. cit.*, p. 101.

[3021] CE, Avis, 31 janvier 2002 relatif aux conditions et modalités d'ouverture des corps, cadres d'emplois et emplois de la fonction publique française aux ressortissants des États memb. de la comm. europ. ou d'un autre État partie à l'accord sur l'espace économique européen, n° 366.313, EDCE, n° 54, p. 185.

[3022] *Ibid.*

[3023] J. Lotarski, « Fonction publique nationale », Rép. dr. comm., janvier 2012, n° 49.

[3024] V. par ex., E. Laferrière, *Traité de la juridiction administrative et des recours contentieux*, t. II, Paris, Berger-Levrault,1896, p. 186 et 187.

[3025] J. Bomstain, *opus cit.,* p. 123.

administrative, l'autre de l'autorité judicaire[3026]. L'intérêt de la distinction est alors de placer les « agents dans une situation de droit public justifiée par la nécessité de les protéger par un statut exorbitant du droit commun »[3027].

1041. S'il n'est pas directement question des compétences des autorités administratives ou judiciaires ici, il ressort que l'existence d'un intérêt général supérieur lié à la préservation des activités indispensables au fonctionnement de la collectivité étatique permet d'éviter l'application des règles du traité. Le contentieux de ces actes d'intérêt général supérieur relèvera donc bien de la compétence du juge administratif, ces actes devront donc être soumis à un régime de droit public, régime exorbitant nécessaire à toute puissance publique ; qu'elle soit nationale ou supra-nationale.

1042. Cette vision des choses peut aussi être transposée à d'autres dérogations d'intérêt général liées à l'exercice de l'autorité publique. Tel est le cas par exemple de l'article 51 TFUE[3028] qui soustrait aux dispositions relatives au droit d'établissement « les activités participant, dans cet État, même à titre occasionnel, à l'exercice de l'autorité publique »[3029]. En effet, les conclusions M. MAYRAS expliquent, à propos de l'affaire *Reyners contre État Belge,* que « la dérogation à la liberté d'établissement s'apparente à celle qui exclut les travailleurs du libre accès aux emplois dans l'administration publique »[3030]. Au-delà de l'interprétation stricte de la dérogation qui porte atteinte à une liberté fondamentale du traité, l'avocat général explique que « l'autorité publique est celle qui découle de l'*imperium* de l'État ; elle implique, pour celui qui l'exerce, la faculté d'user de prérogatives exorbitantes du droit commun, de privilèges de puissance publique, de pouvoir de coercition qui s'imposent aux citoyens. La participation à l'exercice de cette autorité ne peut donc procéder que de l'État lui-même, directement ou par délégation donnée à certaines personnes, même étrangères à la fonction publique »[3031].

1043. En l'espèce, il s'agissait de savoir si la profession d'avocat pouvait échapper aux règles régissant le principe de la liberté d'établissement. D'après les conclusions, « les avocats disposent du monopole de la plaidoirie

---

[3026] V. sur ce point, H. Nézard, *Théorie juridique de la fonction publique*, Thèse, paris, Librairie de la société du recueil général des lois et des arrêts, 1901, p. 459.

[3027] J. Bomstain, *Le système français de fonction publique face à la construction européenne*, *op. cit.*, p. 123.

[3028] « Sont exceptées de l'application des dispositions du présent chapitre, en ce qui concerne l'État membre intéressé, les activités participant dans cet État, même à titre occasionnel, à l'exercice de l'autorité publique » : article 51 TFUE.

[3029] La même restriction s'applique à la libre prestation de service à raison du renvoi qu'opère l'article 62 TFUE (ex article 55 CE) à la disposition précédente.

[3030] Concl. M. Mayras, Rec., 1974 p. 657 s., spéc. p. 664 sous CJCE, 21 juin 1974, *Reyners c. État Belge*, aff. C-2/74, Rec., 631.

[3031] *Op. cit.*, Rec., p. 665.

(...). Ils sont liés à leurs clients par le mandat "*ad litem*" (...). De plus, ils peuvent être commis d'office et sont appelés à assurer la charge de l'assistance ou de l'aide judiciaire ». Or l'avocat général estime qu'aucune de ces considérations ne suffisent « à emporter la conviction que les avocats participent, en raison de telles activités, à l'exercice de l'autorité publique ».

1044. Plus loin, il explique que « les activités de l'avocat impliquent une collaboration au service public de la justice ». Néanmoins, « si le pouvoir judiciaire dévolu aux magistrats relève de l'autorité publique, de celle de l'État, les avocats apportent au juge une coopération pour laquelle leur indépendance [...] les qualifie tout particulièrement (...). Ainsi, les avocats, qui doivent satisfaire des intérêts particuliers (la défense de leurs clients), n'ont pas pour charge de faire prévaloir l'intérêt de la puissance publique »[3032]. Le même raisonnement s'opère à propos de la « Commission d'office qui, pas plus que l'assistance judiciaire, ne procède de l'exercice de l'autorité publique. Il s'agit au contraire, de charges imposées aux avocats dans l'intérêt de la défense en justice des droits de particuliers »[3033].

1045. Ainsi, l'intérêt général supérieur, celui qui est lié à l'exercice de l'autorité publique fait indirectement référence aux activités régaliennes de l'État. Le Conseil avait déjà, dans un avis relatif à la dérogation à la libre circulation des travailleurs estimé que la dérogation d'intérêt général était liée à la préservation des activités régaliennes de l'État comme les fonctions juridictionnelles. Or, en l'espèce, dans l'affaire *Reyners*, l'activité des avocats n'est pas liée à des considérations d'intérêt général supérieur, mais bien à la satisfaction des intérêts privés. L'exercice de l'autorité publique est donc intimement lié à la satisfaction des besoins essentiels, voire indispensables de l'État.

1046. Dès lors, la dérogation liée explicitement (dans le traité) à l'exercice de l'autorité publique révèle la prise en compte d'une activité d'intérêt général supérieur, c'est-à-dire liée aux activités indispensables de l'État. La même démarche peut être opérée s'agissant des dérogations liées d'ordre public et de sécurité publique (composants de l'intérêt général).

- *b. L'ordre public et la sécurité publique*

1047. De nombreuses dispositions dérogatoires au Traité permettent « aux États membres de protéger des activités indispensables, c'est-à-dire régaliennes de l'État »[3034] en se fondant implicitement sur des considérations

---

[3032] *Ibid.*

[3033] *Ibid.*

[3034] T. Hamoniaux, *L'intérêt général et le juge communautaire*, *op. cit.*, p. 105 ; S. Pignon, *La prise en compte de l'intérêt général par le droit communautaire*, *op. cit.*, p. 27 s. Ces activités dites régaliennes ont longtemps été considérées comme l'expression même de l'intérêt général. V. par ex., M. Hauriou, note sous TC 9 déc. 1899, *Association syndicale du canal de Gignac*, S. 1900.3.49 ; R. Chapus, *Droit*

d'intérêt général supérieur qui peuvent être prises en compte à travers « l'ordre public »[3035] et la « sécurité publique »[3036]. Plus précisément, la Cour de justice estime que « les circonstances spécifiques qui pourraient justifier d'avoir recours à la notion d'ordre public peuvent varier d'un pays à l'autre et d'une époque à l'autre »[3037]. Ainsi, il faut reconnaître « aux autorités nationales compétentes une marge d'appréciation dans les limites imposées par le traité »[3038]. Néanmoins, « les notions d'ordre public et de sécurité publique ne sauraient être fixées unilatéralement par les États ; [...] la notion d'ordre public dans l'ordre communautaire, et notamment en tant que justification d'une dérogation au principe fondamental de libre circulation des travailleurs, doit être entendue strictement, de sorte que sa portée ne saurait être entendue unilatéralement par chacun des États membres sans contrôle des institutions communautaires »[3039]. La Cour relève alors que « le comportement justifiant l'interdiction doit être propre à la personne visée en ce sens qu'il a spécifiquement et directement porté atteinte à la sécurité et à l'ordre public »[3040]. De plus, « ces agissements doivent constituer une menace réelle et suffisamment grave affectant un intérêt fondamental de la société »[3041], c'est-à-dire un « intérêt prééminent de l'État lié aux missions indispensables au bon fonctionnement de la collectivité toute entière »[3042].

1048. Par exemple, la « détection et la répression des trafics de véhicules volés »[3043] peuvent être liées à des considérations d'ordre public, de

---

administratif général, 2001, *op. cit.*, p. 587, n° 761.

[3035] V. par ex. les articles 36, 45 § 3, 52 § 1 et 65 TFUE.

[3036] V. les articles 52 § 1, 65, 36, 45 § 3 TFUE.

[3037] CJCE, 4 déc. 1974, *Van Duyn c. Home Office*, aff. C-41/74, Rec., p. 1337. V. également, CJCE, 10 mai 1982, *Adoui et Cornuaille*, aff. C-115 et 116/81, Rec., p. 1665, point 8 : « le droit communautaire n'impose pas aux États membres une échelle uniforme de valeurs pouvant être considérées comme contraires à l'ordre public ».

[3038] CJCE, 4 déc. 1974, *Van Duyn, précit.* V. également, D. Simon, « Ordre public et libertés publiques dans les Communautés européennes. À propos de l'arrêt Rutili », RMCUE, 1976, p. 205 s.

[3039] CJCE, 4 déc. 1974, *Van Duyn c. Home Office*, aff. C-41/74, Rec., p. 1337.

[3040] CJCE, 26 février 1975, *Carmelo Angelo Bonsignore contre Oberstadtdirektor der Stadt Köln*, aff. 67/74, Rec., p. 297.

[3041] CJCE, 28 oct. 1975, *Roland Rutili c. Ministre de l'intérieur*, aff. 36/75, Rec., p. 1219 – CJCE, *Régina c. Bouchereau*, aff. 30/77, Rec., p. 1999, point 35 (en matière de libre circulation des travailleurs). La même logique s'applique pour les autres libertés, par ex. en matière de libre circulation des capitaux, CJCE, 14 mars 2000, *Église de Scientologie*, C-54/99, Rec., I-1335, point 17.

[3042] A. Mattera, *Le marché unique européen*, Paris, Éd. Jupiter, 1990, p. 589.

[3043] En l'espèce toutefois, « il ne résulte ni des pièces du dossier, ni des débats menés devant la Cour que la multiplication des exigences posées, tant pour les véhicules

même que « la protection de la monnaie »[3044] lorsque cette compétence n'avait pas été transférée à l'Union européenne. Toutefois, « la protection des consommateurs ou la loyauté des transactions commerciales ne sauraient faire partie de la notion d'ordre public »[3045]. Comme on l'a vu précédemment, « de simples considérations économiques[3046] ne sauraient non plus permettre une dérogation sur le fondement de l'ordre public ni de la sécurité publique »[3047]. Sur ce dernier point, dans l'affaire *Campus Oil*, concernant une législation irlandaise imposant des obligations spécifiques aux importateurs de pétrole, la Cour estime que « l'article 36 vise à sauvegarder des intérêts de nature non économique. En effet, un État membre ne saurait être autorisé à se soustraire aux effets des mesures prévues par le traité sous prétexte des difficultés économiques occasionnées par l'élimination des entraves au commerce intracommunautaire ». Toutefois, « compte tenu de l'ampleur des conséquences que peut avoir une interruption de l'approvisionnement en produits pétroliers pour l'existence d'un État, il y a lieu de considérer que le but d'assurer, en tout temps, un approvisionnement minimal en produits pétroliers dépasse des considérations de nature purement économique et peut donc constituer un objectif couvert par la notion de sécurité publique »[3048].

1049. Par ailleurs, la notion de sécurité publique peut également être invoquée s'agissant de la dérogation qui figure à l'article 106 § 2 TFUE[3049]. Si l'article en cause ne se réfère pas explicitement à la sécurité publique, la

---

neufs que pour les véhicules déjà immatriculés dans l'État membre d'exportation, puisse être regardée comme nécessaire à la détection et la répression des trafics de véhicules volés » (CJCE, 17 juin 1987, *Commission c. Italie*, aff. 154/85, Rec., p. 2717). L'interdiction de restrictions quantitatives ne saurait donc être justifiée sur le fondement de l'ordre public.

3044 CJCE, 23 nov. 1978, *Thompson*, aff. 7/78, Rec., p. 2247.

3045 CJCE, 17 juin 1981, *Commission c. Irlande*, aff. 113/81, Rec., p. 1625, point 8. V. également sur le refus de voir dans la protection des consommateurs une composante de l'ordre public, CJCE, 6 nov. 1984, *Th. Kohl KG contre Ringelhan & Rennett SA et Ringelhan Einrichtungs GmbH*, aff. 177/83, Rec., p. 3651.

3046 V. par ex., CJCE, 14 mars 2000, *Église de Scientologie, précit.*

3047 F. Tesson, *Les limites de l'influence du droit du marché intérieur sur les activités administratives françaises*, Thèse, *op. cit.*, p. 230 s.

3048 CJCE, Aff. *Campus Oil précit.*

3049 V. sur cette dérogation particulière mettant largement en cause la notion d'intérêt général, A. Meyer-Heine, « Les interactions entre le droit communautaire de la concurrence et la conception française du service public », dans J.-C. Escarras, Liber Amicomum, *La communicabilité entre les systèmes juridiques*, Bruylant, 2005, p. 623 s., spéc. p. 634 s. ; G. Tesauro, « Une lecture de la jurisprudence communautaire sur l'article 90 § 2, du traité [nouveau 106 § 2 TFUE] », dans R. Kovar et D. Simon (dirs), *Service public et Communauté européenne : entre l'intérêt général et le marché*, t. II : approche transversale et conclusions, Actes du colloques de strasbourg 17-19 octobre 1996, Paris, La Documentation française, 1998, p. 323 s.

jurisprudence la prend en compte pour justifier des dérogations aux règles de la concurrence et permettre à un État membre d'accorder des droits spéciaux ou exclusifs à une entreprise à qui il a confié la gestion d'un « service d'intérêt économique général »[3050]. Dans l'affaire *Corsica Ferries France SA* par exemple, la Cour estime que « les opérations de lamanage revêtent un intérêt économique général qui présente des caractères spécifiques par rapport à celui que revêtent d'autres activités économiques et qui est susceptible de les faire entrer dans le champ d'application de l'article 90 § 2 du traité [nouveau 106 § 2 TFUE]. En effet, les lamaneurs sont tenus de fournir à tout moment et à tout usager, un service universel de lamanage, et ce, pour des raisons de sécurité dans les eaux portuaires. En tout état de cause, la République italienne a pu considérer qu'il était nécessaire, à des fins de sécurité publique, d'octroyer à des groupes locaux d'opérateurs, le droit exclusif d'assurer le service universel de lamanage »[3051]. La même logique est appliquée en droit interne[3052] pour prendre en compte les besoins essentiels de l'État.

[3050] V. sur les services d'intérêt économique général, J.-L. Dewost (coord.), *Les services d'intérêt économique général et le marché intérieur : régimes nationaux et cadre juridique européen*, actes du colloque du 14 oct. 2011, Conseil d'État, Paris, éd. Société de législation comparée, coll. « Colloques », vol. 16, 2012 (V. notamment la communication de J.-M. Sauvé, « La notion de service d'intérêt économique général », p. 13 s.) ; J.-V Louis et S. Rodrigues (dirs), *Les services d'intérêt économique général et l'Union européenne*, Bruxelles, Bruylant, 2006 ; C. Blumann, « Quelques variations sur le thème du service public en droit de l'Union européenne », dans Mélanges en l'honneur de J.-F. Lachaume, *Le droit administratif : permanence et convergences*, Paris, Dalloz, 2007, p. 45 s.

[3051] CJCE, 18 juin 1998, *Corsica Ferries France SA c. Gruppo Antichi Ormeggiatori del porto di Genova Coop. arl, Gruppo Ormeggiatori del Golfo di La Spezia Coop. arl et Ministero dei Trasporti e della Navigazione*, aff. C 266/96, Rec., p. I-3949, point 45.

[3052] V. pour la prise en compte des besoins essentiels de l'État dans l'appréciation de l'article 106 § 2 : « que ce référentiel répond à des besoins propres de l'État, notamment en matière de défense nationale et de prévention des risques, en sorte que sa réalisation est nécessaire à la conduite des missions d'intérêt général assurée pour l'État et ses établissements publics ; que la cohérence d'ensemble du dispositif, l'ampleur et l'urgence du projet ainsi que l'investissement qu'il représente et la rentabilité économique incertaine de certains de ses constituants justifient la concentration des moyens financiers et humains nécessaires à cette réalisation sur un seul opérateur ; qu'enfin les services de l'État et ceux de ses établissements publics ne sont tenus d'y recourir que lorsque les données qu'il contient correspondent à leurs besoins ; que, par suite, le droit exclusif ainsi conféré à l'Institut géographique national n'excède pas les nécessités des services d'intérêt général auxquels l'outil est destiné » CE, 26 janvier 2007, *Syndicat professionnel de la géomatique*, n° 276928, Rec., p 20.

1050. Ainsi, l'intérêt général supérieur vise à préserver les intérêts indispensables de l'État. Il vise également à prendre en compte les intérêts prioritaires de ceux-ci.

2. Les missions prioritaires de l'État

1051. S'agissant des dérogations jurisprudentielles d'intérêt général aux règles du traité, « l'appréciation de la Cour de justice, appliquée par le juge administratif français, s'avère plus souple »[3053]. En effet, « au-delà des traditionnelles activités régaliennes défendues indirectement par la notion d'intérêt général dans le traité, la Cour a admis que des considérations d'intérêt général supérieur puissent faire obstacle aux règles du traité »[3054] : par exemple, à la libre circulation des travailleurs, des marchandises, des capitaux[3055]. Ce faisant, la Cour semble combler « l'interprétation restrictive des exceptions prévues dans le traité »[3056]. Cela s'explique notamment, selon T. HAMONIAUX, par « l'élargissement des compétences des institutions de l'Union qui dépassent les actions menées en matière économique »[3057]. Dans cette optique, la dérogation d'intérêt général jurisprudentielle va prendre en compte les missions prioritaires de l'État, c'est-à-dire les missions nécessaires qui dépassent le cadre des activités régaliennes. Cela explique que ces dérogations d'intérêt général sont bien plus nombreuses.

1052. Peuvent alors être considérées comme des missions prioritaires de l'État[3058], les mesures d'autorité[3059] nationale visant à préserver « la loyauté des transactions commerciales »[3060], « la défense des consommateurs »[3061], la « prévention de la fraude et de l'incitation des citoyens à une dépense

[3053] T. Hamoniaux, *L'intérêt général et le juge communautaire*, *op. cit.*, p. 105 s.
[3054] *Ibid.*, p. 114.
[3055] Encore faut-il, en pareil cas, que « l'application d'une telle mesure soit propre à garantir la réalisation de l'objectif en cause et n'aille pas au-delà de ce qui est nécessaire pour atteindre cet objectif » (voir pour deux rappels récents de cette exigence constante : CJCE, 16 mars 2010, *Olympique Lyonnais*, C-325/08, Rec., p. I-2177, point 38 – CJUE, 8 nov. 2012, *Radziejewski,* C-461/11, non encore publié au Rec., point 33).
[3056] T. Hamoniaux, *L'intérêt général et le juge communautaire*, *opus. cit.*, p. 114.
[3057] *Opus. cit.*, p. 114.
[3058] La liste présentée est représentative et non exhaustive. V. pour une liste précise de ces intérêts généraux, M. R. Tinç, *Le contrôle de proportionnalité des mesures nationales restrictives des échanges*, *op. cit.*, p. 509 s.
[3059] C'est-à-dire les règlementations nationales qui permettent de satisfaire les exigences d'une politique nationale.
[3060] CJCE, 20 février 1979, *Rewe-Zentral AG contre Bundesmonopolverwaltung für Branntwein*, C-120/78, « Cassis de Dijon », Rec., p. 649, point 8.
[3061] CJCE, 20 février 1979, *Rewe-Zentral, précit.*

excessive liée au jeu »[3062], la « défense des destinataires de services »[3063], la « protection des travailleurs »[3064] et des « associés minoritaires d'une société »[3065], « l'efficacité des contrôles fiscaux »[3066], la « protection de l'administration fiscale »[3067], la « cohérence du régime fiscal »[3068], la « lutte contre l'évasion fiscale »[3069], la « répartition équilibrée du pouvoir d'imposition entre les États membres »[3070], le « maintien de l'équilibre financier du système de sécurité sociale »[3071], l'organisation du marché du travail dont la « prévention de la perte de main d'œuvre qualifiée »[3072], la « survie des petites et moyennes entreprises »[3073], la « fiabilité de la communication du dentiste avec son patient ainsi qu'avec les autorités administratives et organismes professionnels »[3074], le « maintien de la bonne réputation du secteur financier national »[3075], la « protection de l'environnement »[3076], la « nécessité d'éviter une détérioration des conditions d'approvisionnement de proximité dans des régions relativement isolées »[3077],

---

[3062] CJUE, 19 juillet 2012, *SIA Garkalns c. Rīgas dome*, l'affaire C-470/11, non publié encore au Recueil, point 39.

[3063] CJCE, 18 janvier 1979, *Van Wesemael*, aff. 110/78 et 111/78, Rec., p. 35, point 28.

[3064] CJCE, 14 juillet 1981, *Oebel*, aff. 155/80, Rec., p. 1993, point 12 – CJCE, 27 mars 1990, *Rush Portuguesa*, aff. C-215/01, Rec., p. I-14847, point 35.

[3065] CJCE, 8 nov. 2002, *Überseering BV*, C-208/00, Rec., p. I-9919, point 92.

[3066] CJCE, 20 février 1979, *Rewe-Zentral*, *précit.*, point 8.

[3067] CJCE, 8 nov. 2002, *Überseering BV*, *précit.*

[3068] CJCE, 28 janvier 1992, *Bachmann*, aff. C-204/90, Rec., p. I-249, point 21 – CJCE, 26 juin 2003, *Ramstedt*, aff. C-422/01, Rec., p. I-6817, point 33.

[3069] CJCE, 8 mars 2001, *Metallgesellschaft*, aff. C-397/98 et C-410/98, Rec., p. I-1727, point 57.

[3070] CJCE, 13 déc. 2005, *Marks et Spencer*, aff. C-446/03, Rec., p. I-10837, point 51 – CJCE, 18 juillet 2007, *Oy AA*, aff. C-231/05, Rec., p. I-6373, point 60 – CJUE (gd ch.), 29 nov. 2011, *National Grid Indus BV c. Inspecteur van de Belastingdienst Rijnmond/kantoor Rotterdam*, affaire C-371/10, non encore publié au Rec., point 45.

[3071] CJCE, 7 février 1984, Duphar, aff. 238/82, Rec., p. 523, point 16 – CJUE, 5 mars 2009, *Kattner Stahlbau GmbH c. Maschinenbau- und Metall- Berufsgenossenschaft.*, aff. C-350/07, Rec., p. I-1513, point 85.

[3072] CJCE, 11 janvier 2007, *ITC Innovative Technology Center GmbH c. Bundesagentur für Arbeit*, aff. C-208/05, Rec., p. I-181, point 44.

[3073] CJCE, 25 oct. 2007, *Maria Geurts et Dennis Vogten contre Administratie van de BTW, registratie en domeinen et Belgische Staat*, aff. C-464/05, Rec., p. I-9325, point 26.

[3074] CJCE, 4 juillet 2000, *Haim*, aff. C-424/97, Rec., p. I-5123, point 59.

[3075] CJCE, 10 mai 1995, *Alpine Investmens*, C-384/93, Rec., p. I-1141, point 44.

[3076] CJCE, 28 sept. 1988, *Commission c. Danemark*, aff. 302/86, Rec., p. I-4607, point 9.

[3077] CJCE, 13 janvier 2000, *Schutzverband*, aff. C-254/98, Rec., p. I-151, point 34.

le « bon fonctionnement du réseau public de télécommunication »[3078], la « protection cinématographique »[3079], la « protection du livre en tant que bien culturel »[3080], « l'aide au développement »[3081] ou encore « la régularité des compétitions sportives »[3082].

1053. Ainsi, l'intérêt général dérogatoire permet de prendre en compte les intérêts essentiels de l'État, à savoir ses activités régaliennes mais aussi ses missions définies par la jurisprudence comme prioritaires. Or, l'intérêt essentiel de l'État est également pris en compte lorsqu'il s'agit cette fois-ci d'exclure le droit supranational.

II. L'intérêt général national supérieur, facteur d'exclusion de l'intérêt supranational

1054. Comme pour la dérogation d'intérêt général national, l'exclusion de l'intérêt supranational nécessite d'être justifiée par des motifs suffisamment importants pour tenir en échec les règles fondamentales supranationales (droit de l'Union/droit européen). Toutefois, le champ d'inapplication du droit supranational étant moins étendu, l'exclusion d'intérêt général s'apprécie plus strictement. Ainsi, seules des considérations supérieures d'intérêt général permettent de tenir en échec à la fois l'intérêt de l'Union (A) et l'intérêt européen (B).

A. À l'égard de l'intérêt de l'Union

1055. S'agissant de l'exclusion de l'intérêt de l'Union par l'intérêt général national, nous concentrerons notre étude sur le cas d'exclusion le plus représentatif, celui lié à la qualification d'entreprise au sens de l'article 106 TFUE. En effet, pour pouvoir appliquer certaines règles de concurrence[3083], les activités visées par le traité doivent avoir une nature économique. Or, des

---

[3078] CJCE, 13 déc. 1991, *Régie des télégraphes et des téléphones*, aff. C-18/88, Rec., p. I-5941, point 31.

[3079] CJCE, 11 juillet 1985, *Cinéthèque SA*, aff. 60 et 61/84, Rec., p. 2605, point 23.

[3080] CJCE, 30 avril 2009, *Fachverband der Buch- und Medienwirtschaft contre LIBRO Handelsgesellschaft mbH*, aff. C-531/07, Rec., p. I-3717, point 34.

[3081] CJUE, 28 février 2013, *Helga Petersen, Peter Petersen contre Finanzamt Ludwigshafen*, aff. C-544/11, non encore publié au Rec., point 54.

[3082] CJCE, 13 avril 2000, *Jyri Lehtonen et Castors Canada Dry Namur-Braine ASBL c. Fédération royale belge des sociétés de basket-ball ASBL (FRBSB)*, aff. C-176/96, Rec., p. I-3681, point 54 s.

[3083] Toutes les règles de concurrence ne sont pas exclues, v. sur ce point, A. Antoine, *Prérogatives de puissance publique et droit de la concurrence*, *op. cit.*, p. 52 s.

motifs d'intérêt général supérieur permettent d'éviter une telle qualification qui entraine l'exclusion partielle des règles du traité (2). Toutefois, de simples considérations d'intérêt général ne sauraient éviter une telle qualification, eu égard à l'importance des règles du traité (1).

1. L'insuffisance de l'intérêt général

1056. L'intérêt général ne suffit pas à exclure la qualification d'activité économique liée à la reconnaissance de la notion d'entreprise. En effet, l'entreprise, soumise à un régime spécifique, est régie par le droit de la concurrence de l'Union européenne. De jurisprudence constante, « la notion d'entreprise comprend toute entité exerçant une « activité économique »[3084], indépendamment du statut juridique de cette entité et de son mode de financement »[3085]. *A contrario*, toute activité d'intérêt non économique général permet l'exclusion de la notion d'entreprise et évite l'application de certaines règles de la concurrence.

1057. Ainsi, malgré l'existence d'un intérêt public, de nombreuses activités ont été qualifiées d'activités économiques. Ont par exemple été qualifiés d'activités économiques, des services qui, « sans relever de l'exercice de prérogatives de puissance publique, sont assurés dans l'intérêt public et sans but lucratif et qui se trouvent en concurrence avec ceux proposés par des opérateurs poursuivant un but lucratif »[3086]. Tel est le cas dans l'affaire *Höfner et Elser*. En l'espèce, le gouvernement allemand estimait que les « activités d'un office pour l'emploi ne relevaient plus du champ d'application des règles de concurrence dès lors qu'elles étaient exercées par un organisme public »[3087]. Le gouvernement allemand précisait que « l'office pour l'emploi ne pouvait être qualifié d'entreprise, au sens de l'article 86 du traité (nouvel

---

[3084] Constitue une activité économique toute activité consistant à offrir des biens ou des services sur un marché donné (CJCE, 24 oct. 2002, *Aéroports de Paris/Commission*, C-82/01, Rec., p. I-9297, point 79 ; CJCE, 1er juillet 2008, *MOTOE*, C-49/07, Rec., p. I-4863, point 22 ; CJUE 3 mars 2011, *AG2R Prévoyance*, C-437/09, non encore publié au Rec., point 42). Ainsi, l'État lui-même ou une entité étatique peut agir en tant qu'entreprise (CJCE, 20 mars 1985, *Italie/Commission*, 41/83, Rec., p. 873, points 16 à 20).

[3085] CJCE, 23 avril 1991 *Höfner et Elser*, Aff. C-41/90, Rec., p. I-1979, point 21 – CJCE, 17 février 1993, *Poucet et Pistre*, C-159/91 et C-160/91, Rec., p. I-637, point 17 – CJCE, 19 février 2002, *Wouters e.a.*, aff. C-309/99, Rec., p. I-1577, point 46 – CJUE, 28 février 2013, *Ordem dos Técnicos Oficiais de Contas c. Autoridade da Concorrência*, affaire C-1/12, point 35, à paraître au Rec.

[3086] CJUE (Gd ch.), 6 sept. 2011, *Ivana Scattolon c. Ministero dell'Istruzione, dell'Università e della Ricerca*, aff. C-108/10, à paraître au Rec., point 44.

[3087] CJCE, du 23 avril 1991, *Höfner et Elser c. Macrotron*, C-41/90, Rec., p. I-1979, point 19.

article 106 TFUE), dans la mesure où les services de placement étaient fournis à titre gratuit ». Or, selon la Cour, « la circonstance que des activités de placement sont normalement confiées à des offices publics ne saurait affecter la nature économique de ces activités (...). Il s'ensuit qu'une entité, telle qu'un office public pour l'emploi exerçant des activités de placement peut être qualifiée d'entreprise aux fins d'application des règles de concurrence communautaire »[3088].

1058. D'une autre manière, dans l'affaire *Cassa di Risparmio di Firenze e.a.* en date du 10 janvier 2006, la Cour estime que « lorsqu'une fondation bancaire, agissant elle-même, dans les domaines d'intérêt public et d'utilité sociale, utilise l'habilitation qui lui est donnée par le législateur national d'effectuer des opérations financières, commerciales, immobilières et mobilières nécessaires ou opportunes en vue de la réalisation des buts qui lui sont fixés, elle est susceptible d'offrir des biens ou des services sur le marché en concurrence avec d'autres opérateurs, par exemple dans des domaines comme la recherche scientifique, l'éducation, l'art ou la santé »[3089]. Dans cette hypothèse, « soumise à l'appréciation du juge national, la fondation bancaire doit être considérée comme une entreprise, en tant qu'elle exerce une activité économique, nonobstant la circonstance que l'offre de biens ou de services est faite sans but lucratif, dès lors que cette offre se trouve en concurrence avec celles d'opérateurs poursuivant un tel but »[3090]. Par conséquent, l'article 87 § 1 du Traité CE (nouvel article 107 § 1 TFUE), relatif aux aides d'État, doit s'appliquer, malgré la présence d'un intérêt général.

1059. Ainsi, les considérations d'intérêt général, voire d'utilité sociale, ne peuvent suffire à justifier l'exclusion du droit de l'Union européenne même lorsque l'activité dont il est question est dénuée de but lucratif, « en raison de l'interprétation extensive de la notion d'entreprise »[3091].

1060. C'est pourquoi le Conseil d'État, dans la lignée de la Cour de justice[3092], estime « qu'un organisme à but non lucratif, gérant un régime d'assurance vieillesse destiné à compléter un régime de base obligatoire, institué par la loi à titre facultatif et fonctionnant, dans le respect des règles définies par le pouvoir réglementaire, notamment en ce qui concerne les conditions d'adhésion, les cotisations et les prestations, selon le principe de la capitalisation, est une entreprise au sens des articles 85 et suivants du traité

[3088] Affaire *Höfner et Elser c. Macrotron, précit.*, point 23.

[3089] CJCE, 10 janvier 2006, *Cassa di Risparmio di Firenze e.a.*, C-222/04, Rec., p. I-289, point 122.

[3090] CJCE, 10 janvier 2006, *Cassa di Risparmio di Firenze e.a.*, *précit.*, point 123.

[3091] En effet, « la définition de l'entreprise est autonome par rapport aux définitionx nationales » : L. Dubouis et C. Blumann, *Droit matériel de l'Union européenne, précit*, p. 541.

[3092] CJCE, 16 nov. 1995, *Fédération française des sociétés d'assurance*, aff. C-244/94, Rec., I-4013.

instituant la Communauté européenne [nouvel article 107 s. TFUE] »[3093]. Dans la même lignée, la Haute juridiction estime que « malgré son statut d'établissement public à caractère administratif, l'Institut national de recherches archéologiques préventives constitue [...], une entreprise »[3094]. En effet, « à la différence des activités par lesquelles l'État d'une part prescrit les mesures visant à la détection, à la conservation ou à la sauvegarde du patrimoine archéologique, d'autre part contrôle et évalue les opérations d'archéologie préventive, qui sont des missions de police administrative, les diagnostics et opérations de fouilles d'archéologie préventive doivent être regardés comme des activités économiques ». Le juge administratif distingue alors, comme le juge de l'Union, les différentes activités qui peuvent être exercées par un organisme. En fonction de « leur nature et de leur objet »[3095], il exercera tantôt des activités économiques, tantôt des activités qui excluent l'application des règles du droit de l'Union en raison de l'absence de leurs effets sur le marché. La Cour de justice et le Conseil d'État adopte donc une appréciation casuistique et restrictive consistant à rechercher si la nature de l'activité et son objet peuvent avoir un effet sur le marché.

1061. Si tel est le cas, de simples considérations d'intérêt général ne suffisent pas à rendre inapplicables les règles du traité. L'exigence d'un intérêt général supérieur est au contraire davantage pris en compte pour l'inapplication des règles du traité dans la mesure où par principe, il n'est pas susceptible d'avoir d'effet sur le marché.

2. L'exigence d'un intérêt général supérieur

1062. Si la jurisprudence estime « qu'un organisme à but non lucratif, gérant un régime d'assurance vieillesse destiné à compléter un régime de base obligatoire, constitue une entreprise »[3096], tel n'est pas le cas des activités à caractère exclusivement social. En effet, dans l'affaire *Poucet et Pistre*, la Cour a exclu du champ de l'application de l'article 86 (nouvel article 106 TFUE) « les organismes concourant à la gestion du service de

---

[3093] CE, Sect., 8 nov. 1996, *Fédération française des sociétés d'assurance*, n° 122644, Rec., p. 441. V. pour une logique comparable dans la jurisprudence judiciaire : « le régime juridique des mutuelles comme le caractère non lucratif de leur activité n'est pas de nature à les exclure du champ d'application de l'ordonnance du 1er décembre 1986 dès lors qu'elles procèdent, comme en l'espèce, par la commercialisation de médicaments, à une activité de production, de distribution et de services », Cass. com., 21 oct. 1997, *Mutualité de L'Anjou*, Civ.IV, n° 270.

[3094] CE, 30 avril 2003, *Union nationale des industries de carrières et des matériaux de construction (UNICEM)*, n° 244139, Rec., p. 192.

[3095] CJCE, 21 sept. 1999, *Albany International BV c. Stichting Berdijfspensioenfonds Textielindustrie*, aff. C-67/96, Rec., p. I-5751.

[3096] CE, Sect., 8 nov. 1996, *Fédération française des sociétés d'assurance, précit.*

sécurité sociale ». L'organisme en question « n'exerce pas une activité économique mais remplit une fonction de caractère exclusivement sociale fondée sur le principe de la solidarité qui se matérialise par le fait que tous les membres bénéficient du même niveau de prestations »[3097]. Néanmoins, le principe de solidarité ne saurait suffire à lui seul pour exclure le caractère économique d'une activité donnée : « l'activité en cause doit aussi être soumise au contrôle de l'État »[3098]. Tel est le cas par exemple d'un « organisme tel que la caisse professionnelle en cause au principal, auprès de laquelle les entreprises, relevant d'une branche d'activité et d'un territoire déterminés, ont l'obligation de s'affilier au titre de l'assurance contre les accidents du travail et les maladies professionnelles »[3099].

1063. Ainsi, l'intérêt général supérieur permettant l'exclusion du caractère économique peut être lié à une activité purement sociale. Une telle exclusion peut également s'appliquer aux activités purement régaliennes. En effet, l'exigence d'un intérêt général supérieur permettant d'éviter la qualification d'activité économique peut être liée à « l'exercice d'activités typiquement de puissance publique »[3100], c'est-à-dire « des activités propres à l'autorité publique »[3101]. Ces activités sont celles qui sont nécessaires au bon fonctionnement de l'État (les activités régaliennes). Elles sont placées en dehors du champ d'application des règles concurrentielles. Par exemple, dans l'affaire *Diego Cali et Figli*, la Cour de justice estime qu' « une société à laquelle l'autorité gestionnaire d'un port a concédé la surveillance antipollution de celui-ci remplit une mission d'intérêt général qui relève des fonctions essentielles de l'État en matière de protection de l'environnement du domaine maritime »[3102]. Il s'agit « d'une activité de surveillance qui, par sa nature, son objet et les règles auxquelles elle est soumise, se rattache à l'exercice de prérogatives relatives à la protection de l'environnement qui sont typiquement des prérogatives de puissance publique »[3103]. Elle ne présente donc pas « un caractère économique justifiant l'application des règles de

---

[3097] CJCE, 17 février 1993, *Poucet et Pistre*, C-159/91 et C-160/91, Rec., p. I-637, point 17 s.

[3098] V. par ex., CJUE, 5 mars 2009, *Kattner Sahlbau*, C-350/07, Rec., I-1513.

[3099] CJUE, 5 mars 2009, *Kattner Sahlbau*, C-350/07, Rec., I-1513.

[3100] D. Pichoustre, *L'intérêt communautaire, op. cit.*, p. 476.

[3101] V. sur ce point A. Raclet, *Droit communautaire des affaires et prérogatives de puissance publique nationales*, Paris, Dalloz, coll. « Nouvelle bibliothèque de thèses », 2002, p. 310 s. ; A. Antoine, *Prérogatives de puissance publique et droit de la concurrence, précit.*, p. 53 s.

[3102] CJCE, 18 mars 1997, *Diego Calì & Figli Srl contre Servizi ecologici porto di Genova SpA (SEPG)*, aff. C-343/95, Rec., I-1547, point 22.

[3103] CJCE, 18 mars 1997, Diego *Calì & Figli précit.*, point 23. Voir également CJCE, 19 janvier 1994, *SAT Fluggesellschaft mbH c. Eurocontrol*, C-364/92, Rec., p.1-43, point 30.

concurrence du traité »[3104]. L'avocat général G. COSMAS précise d'ailleurs qu'en l'espèce, « l'activité typiquement de puissance publique est une activité d'intérêt général supérieur (...). En effet, la surveillance et le contrôle qui ont pour but de vérifier dans quelle mesure la législation visant à la prévention de tels accidents est observée, constituent des activités relevant de la puissance publique et sont exercées en vue de satisfaire un intérêt public impératif »[3105]. Les activités d'intérêt général supérieur « servent [ainsi] d'instrument à une politique d'intérêt public »[3106] (supérieur) qui nécessite (en raison de son importance notamment) la jouissance de privilèges de puissance publique liés à l'accomplissement propre de l'autorité publique. Tel est le cas de « l'activité de collecte de données relatives à des entreprises, sur le fondement d'une obligation légale de déclaration imposée à ces dernières et des pouvoirs coercitifs y afférents »[3107]. Cette activité « relève de l'exercice de prérogatives de puissance publique et ne constitue pas une activité économique ».

1064. La même démarche est remarquable dans de nombreuses jurisprudences de la Cour de justice. Ainsi, dans l'affaire *SAT Fluggesellschaft GmbH contre Eurocontrol*, la Cour rappelle qu' « une entité agit au titre d'autorité publique lorsque ses activités, par leur nature, leur objet et les règles auxquelles elles sont soumises se rattachent à l'exercice de prérogatives de puissance publique »[3108]. En l'espèce, « l'organisation européenne pour la sécurité de la navigation aérienne (Eurocontrol) se voit contester le droit de percevoir des redevances sur les compagnies aériennes, sur le fondement de l'article 90 du traité (nouvel article 106 TFUE) ». Or, la Cour de justice estime qu' « Eurocontrol assure pour le compte des États contractants, des missions d'intérêt général dont l'objet est de contribuer au maintien et à l'amélioration de la sécurité de la navigation aérienne »[3109]. Plus précisément, cet organisme ne pouvait constituer une entreprise en raison de cette mission d'intérêt général régalienne (sécurité publique). Cette fonction de contrôle se rattache ici à la police aérienne par sa nature et son objet. Elle relève « typiquement de prérogatives de puissance publique ». La Cour estime que « toutes les activités d'Eurocontrol, y compris la perception de redevances pour le compte des États, sont indispensables à la fonction de ce contrôle et ne présentent donc pas de caractère économique ». Les conclusions de l'avocat général G. TESAURO expliquent ici que « l'activité de contrôle de la

---

[3104] CJCE, 18 mars 1997, D*iego Calì & Figli précit.*, point 23.

[3105] Concls. de l'avocat général G. Cosmas présentées le 10 déc. 1996, Rec., CJCE, 1997, p. I-1549 s., n° 62, à propos de l'affaire *Diego Calì, précit.*

[3106] D. Pichoustre, *L'intérêt communautaire, op. cit.*, p. 478.

[3107] CJUE, 12 juillet 2012, aff. C-138/11, *Compass-Datenbank GmbH c. Republik Österreich*, à paraître au Rec., point 40.

[3108] CJCE, 19 janvier 1994, *SAT Fluggesellschaft mbH c. Eurocontrol*, C-364/92, Rec., p.1-43, point 30.

[3109] CJCE, *SAT Fluggesellschaft mbH c. Eurocontrol, précit.*, point 27.

navigation aérienne (liée à la sécurité des passagers et de la population survolée) n'induit pas de transfert de souveraineté des États. Cette activité éminemment liée la souveraineté étatique ne peut être exercée que par une autorité publique, indépendamment de la forme choisie pour son organisation et sa gestion. Si en l'espèce, une telle mission a été confiée à une société privée, les États en conservent un contrôle total : Eurocontrol ne détient par exemple aucune autonomie dans la fixation du niveau des redevances »[3110].

1065. Cette logique jurisprudentielle est transposée en droit interne. Ainsi, le juge administratif examine la nature, l'objet et les règles par lesquelles les activités pourraient se rattacher à l'exercice de puissance publique. Dans le cadre d'un contrôle restrictif, il distingue les différentes activités des entités. Dans l'affaire *Union nationale des industries de carrières et des matériaux de construction* précitée, le juge distingue les différentes activités afin d'examiner *in concreto* si elles peuvent être qualifiées d'activités économiques[3111]. Cependant, si l'exercice de prérogatives de puissance publique s'avère nécessaire à l'exclusion du droit de la concurrence, il n'est pas suffisant. Dans l'affaire *Aéroports de Paris contre Commission*, la Cour estime par exemple que la « circonstance qu'une entité dispose, pour l'exercice d'une partie de ses activités, de prérogatives de puissance publique n'empêche pas, à elle seule, de la qualifier d'entreprise au sens de l'article 86 du traité [nouvel article 106 TFUE] »[3112]. En effet, « pour déterminer si les activités en cause sont celles d'une entreprise [...], il faut rechercher quelle est la nature de ces activités ». La Cour estime alors que « si les missions de police peuvent exclure la qualification d'activité économique, tel n'est pas le cas des activités de gestion et d'exploitation des aéroports parisiens qui sont rémunérés par des redevances commerciales variant selon le chiffre d'affaires

---

[3110] Concls. de l'avocat général G. Tesauro présentées le 10 nov. 1993, Rec., I-45 s. dans l'affaire *SAT Fluggesellschaft mbH c. Eurocontrol précit.*

[3111] « À la différence des activités par lesquelles l'État d'une part prescrit les mesures visant à la détection, à la conservation ou à la sauvegarde du patrimoine archéologique, d'autre part contrôle et évalue les opérations d'archéologie préventive, qui sont des missions de police administrative, les diagnostics et opérations de fouilles d'archéologie préventive doivent être regardés comme des activités économiques ; que, malgré son statut d'établissement public à caractère administratif, l'Institut national de recherches archéologiques préventives constitue donc, du fait de l'exercice de telles activités, une entreprise au sens des articles précités du traité instituant la communauté européenne » : CE, 30 avril 2003, *Union nationale des industries de carrières et des matériaux de construction (UNICEM), précit.* Toutefois, si le Conseil d'État estime que les opérations de diagnostics et de fouilles archéologiques préventives constituent une activité économique, de telles activités d'intérêt général (protection du patrimoine archéologique), contrôlées par l'État, nécessitent, pour l'accomplissement de leur mise en œuvre, de l'octroi de droits exclusifs.

[3112] CJCE, 24 oct. 2002, Aéroports de Paris/Commission, C-82/01 P, Rec., p. I-9297, point 82.

réalisé ». Ce faisant, cette solution rappelle la distinction établie par la Cour dans l'affaire *Commission contre Italie*[3113]. En effet, à l'occasion de l'interprétation de la directive 80/723/CEE de la Commission en date du 25 juin 1980, relative à la transparence des relations financières entre les États membres et les entreprises publiques[3114], la Cour sépare « l'activité de l'État qui agit en exerçant l'autorité publique de l'activité de l'État qui agit en exerçant des activités économiques de caractère industriel et commercial ». Autrement dit, selon R. KOVAR, « il faut distinguer les activités exercées *jure gestionis* des activités *jure imperium* »[3115].

1066. Toutefois, cette référence à la puissance publique comme facteur d'exclusion de certaines règles du traité ne saurait être interprétée de la même manière qu'en droit interne. En effet, nous rejoignons l'idée de C. DENIZEAU selon laquelle, « dans l'ordre communautaire, conçu comme critère dérogatoire ou d'exclusion, l'idée de puissance publique ne désigne pas un mode d'action exorbitant, ni le pouvoir d'État, mais un ensemble d'activités régaliennes qui permettent de représenter le cœur de l'activité étatique, inaliénable et irréductible qui résiste aux libertés fondamentales du traité »[3116]. Une telle logique est également applicable lorsqu'il s'agit d'exclure l'application du droit européen.

B. À l'égard de l'intérêt européen

1067. Si l'article 6 § 1 « apparaît comme l'arme la plus efficace pour la protection des droits et libertés des individus, son champ d'application peut néanmoins être limité »[3117]. En effet, l'alinéa premier de l'article 6 § 1 « circonscrit le domaine de la garantie aux contestations sur les droits et obligations de caractère civile et aux accusations en matière pénale »[3118]. Or, des considérations d'intérêt général supérieur (en raison de la violation grave aux droits des justiciables) peuvent permettre de restreindre le champ

---

[3113] CJCE, 16 juin 1987, *Commission c. République italienne*, aff. 118/85, Rec., p. 2599.

[3114] JOCE, L 195 du 29 juillet 1980, p. 35.

[3115] R. Kovar, « La Cour de justice et les entreprises chargées de la gestion d'un service d'intérêt économique général. Un pas dans le bon sens vers une dérégulation réglée », Europe, 1994, chron. n° 6 p. 1 s.

[3116] C. Denizeau, *L'idée de puissance publique à l'épreuve de l'Union européenne*, *op. cit.*, p. 127.

[3117] L. Milano, *Le droit à un tribunal au sens de la Convention européenne des droits de l'homme*, Paris, Dalloz, coll. « Nouvelle bibliothèque des thèses », 2006, p. 97, n° 135.

[3118] V. sur ces notions, L. Milano, *Le droit à un tribunal au sens de la Convention (...)*, *op. cit.*, p. 97 s.

d'application de l'article 6 § 1 lorsqu'est en cause la notion de « contestation sur des droits et obligations de caractère civil »[3119].

1068. Ainsi, les jurisprudences administratives et européennes s'accordent à exclure du champ d'application de l'article 6 de la Convention divers contentieux[3120]. En l'espèce, nous nous concentrons sur le « contentieux de la fonction publique »[3121] qui permet de mettre en lumière, de manière patente, le rôle de l'intérêt général supérieur lorsqu'il s'agit d'exclure l'article 6 § 1.

1069. En effet, dans l'affaire *Pellegrin*[3122], la Cour « souhaite mettre fin à l'incertitude qui entoure les garanties de l'article 6 § 1 aux litiges entre l'État et ses agents ». Il importe donc de dégager à cette fin « une notion autonome de la fonction publique permettant d'assurer un traitement égal à des agents publics occupant des fonctions équivalentes ou similaires dans les États parties à la Convention, indépendamment du système d'emploi pratiqué sur le plan national et quelle que soit en particulier la nature juridique entre l'agent et l'administration (relation contractuelle ou statutaire) »[3123]. Dans cette perspective, pour déterminer l'applicabilité de l'article 6 § 1 aux agents publics, la Cour adopte « un critère fonctionnel fondé sur la nature des fonctions et des responsabilités exercées par l'agent »[3124]. Toutefois, si elle adopte « une interprétation restrictive »[3125] des exceptions aux garanties offertes par l'article 6 § 1, la Cour relève « qu'au sein des administrations nationales, certains postes comportent une mission d'intérêt général ou une participation à l'exercice de la puissance publique. Leurs titulaires détiennent

---

[3119] C. Pettiti, « La notion autonome de droit de caractère civil : vers une conception restrictive ? », dans Institut des droits de l'homme des avocats européens (éd.), *Le procès équitable et la protection juridictionnelle du citoyen*, UAE, Bruylant, Bruxelles, 2001, p. 41 s. V. aussi, S. de La Rosa, « L'article 6 § 1 de la Convention européenne, le Conseil constitutionnel et la question préjudicielle de constitutionnalité », RFDC, 2009, n° 80, p. 817 s.

[3120] V. pour plus de développements sur le champ d'exclusion de l'article 6 § 1 : L. Potvin-Solis, *L'effet des jurisprudences européennes sur la jurisprudence du Conseil d'État français*, Paris, LGDJ, coll. « Bibliothèque de droit public », 1999, p. 333 s.

[3121] V. sur ce point, M. Puechavy, « Les fonctionnaires et l'article 6 § 1 de la CEDH », dans Mélanges P. Lambert, *Les droits de l'homme au seuil du troisième millénaire*, Bruxelles, Bruylant, 2000, pp. 674 s. ; P. Wachsmann, « Un nouveau critère de l'applicabilité de l'article 6 de la CEDH au contentieux de la fonction publique », RTDH, 2000, p. 838 s.

[3122] CEDH, 8 déc. 1999, *Pellegrin c. France*, Rec., n° 28541/95 ; affaire reproduite dans LPA, 17 mai 2000, n° 98, p. 7 s. ; LPA, 17 mai 000, n° 98, p. 10 s., note F. Melleray.

[3123] CEDH, 8 déc. 1999, *Pellegrin c. France, précit.*, point 63.

[3124] CEDH, *Pellegrin c. France, précit.*, point 64.

[3125] CEDH, *Pellegrin c. France, précit.*, point 64.

ainsi une parcelle de la souveraineté de l'État qui a un intérêt légitime à exiger de ces agents un lien spécial de confiance et de loyauté »[3126].

1070. Autrement dit, sont exclus du champ d'application de l'article 6 § 1, les litiges des agents publics dont l'emploi est « caractéristique des activités spécifiques de l'administration publique dans la mesure où celle-ci agit comme détentrice de la puissance publique chargée de la sauvegarde des intérêts généraux de l'État ou des autres collectivités publiques ».

1071. L'intérêt général supérieur vise alors les activités régaliennes, indispensables de l'État. Elles peuvent être constituées, selon la Cour, par « des activités liées aux domaines des forces armées ou de la police ». Cependant, la Cour opte pour une appréciation casuistique. Elle vérifiera dans chaque cas, si l'emploi du requérant implique, « compte tenu de la nature des fonctions et des responsabilités qu'il comporte, une participation directe ou indirecte à l'exercice de puissance publique et aux fonctions visant à sauvegarder les intérêts généraux de l'État ». En l'espèce, dans l'affaire *Pellegrin*, la Cour a estimé que « les tâches assignées au requérant lui conféraient d'importantes responsabilités dans le domaine des finances publiques de l'État, domaine régalien par excellence. Il a ainsi été amené à participer directement à l'exercice de la puissance publique et à l'accomplissement de fonctions ayant pour objet la sauvegarde des intérêts généraux de l'État ». Ainsi, la considération d'intérêt général supérieur s'avère déterminante dans l'exclusion de l'article 6 § 1. En l'espèce, un intérêt général aurait été insuffisant au regard de la violation portée aux droits des justiciables. Seuls des intérêts généraux régaliens, c'est-à-dire indispensables au fonctionnement de l'État, permettent de violer à ce point les droits des justiciables. C'est donc ici l'intérêt de la collectivité étatique qui est préservé par l'intérêt général supérieur au détriment des droits des justiciables.

1072. Cette jurisprudence a été largement appliquée en France. Ainsi, les « attributions des personnels enseignants et hospitaliers des CHU ne comportent pas de participation à l'exercice de puissance publique et aux fonctions visant à sauvegarder les intérêts généraux de l'État ou des autres personnes publiques »[3127]. Au contraire, l'article 6 § 1 « ne concerne pas le régime disciplinaire applicable à des personnes qui, comme les magistrats de l'ordre judiciaire »[3128], ou les « magistrats qui ont obtenu le bénéfice de

---

[3126] CEDH, *Pellegrin c. France, précit.*, point 64.

[3127] CE, 23 février 2000, *L'Hermite*, n° 192480, Rec., p. 101 ; LPA, n° 20, 29 janvier 2001, p. 10, note J. Fialaire. V. aussi, E. Aubin, « L'application de l'article 6 § 1 de la Convention européenne des droits de l'homme au droit disciplinaire », AJFP, 2000, p. 4 s.

[3128] CE, Sect., 6 nov. 2002, *M. Benoît Wargniez*, n° 225341, Rec., p. 385 ; AJDA, 2002, p. 1443 s., note F. Donnat et D. Cassas ; LPA, n° 43, 28 février 2003, p. 15, note G. Gonzalez. V. aussi, D. Dokhan, « Le Conseil d'État, garant de la déontologie des magistrats de l'ordre judiciaire », RFDA, 2002, p. 768 s.

l'honorariat attaché à la juridiction à laquelle il appartenait, participent, de par leurs fonctions, à l'exercice de la puissance publique et à la sauvegarde des intérêts généraux de l'État »[3129].

1073. Toutefois, cette jurisprudence permettant la sauvegarde des fonctions régaliennes de l'État (justice par exemple) doit être relativisée. En effet, l'affaire *Vilho Eskelinen et autres c/ Finlande*, opère « un revirement de jurisprudence dans l'appréciation renforcée des conditions permettant l'exclusion du bénéfice de l'article 6 § 1 »[3130]. La première condition est que le droit interne concerné doit avoir expressément exclu l'accès à un tribunal s'agissant du poste ou de la catégorie de salariés en question. L'autre concerne une dérogation qui « doit reposer sur des motifs objectifs liés à l'intérêt de l'État qui peuvent être identifiés par le parlement national concerné lorsque les secteurs de la fonction publique implique l'exercice de prérogatives discrétionnaires inhérentes à la souveraineté de l'État où les intérêts de l'individu doivent céder »[3131]. Autrement dit, « le simple fait que l'intéressé relève d'un secteur ou d'un service qui participe à l'exercice de la puissance publique n'est pas en soi déterminant (...). Un lien spécial de confiance et de loyauté entre l'intéressé et l'État employeur ne suffit pas. Il faut aussi que l'État montre que l'objet du litige est lié à l'exercice de l'autorité étatique ou remet en cause le lien spécial susmentionné »[3132]. Plus précisément, la Cour européenne suit la logique de la Cour de justice dans « une approche plus large » en faveur du contrôle juridictionnel lorsqu'elle énonce qu'il y aura « présomption que l'article 6 trouve à s'appliquer, et il appartiendra à l'État défendeur de montrer […] que l'exclusion des droits garantis […] est fondée »[3133].

1074. Ainsi, l'intérêt général supérieur susceptible d'exclure l'intérêt européen lié à l'application des règles fondamentales de la Convention

---

[3129] CE, 25 juin 2003, *Decheix*, n° 236090, T. Rec., p. 780 et 849 ; LPA, n° 254, 22 déc. 2003, p. 13, concl. M. Guyomar. V. sur ce point, J. Andriantsimbazovina, « Droit administratif et Convention européenne des droits de l'homme. Jurisprudence administrative et Convention européenne des droits de l'homme », RFDA, 2004, p. 991 s.

[3130] G. Gonzalez, « Nouveau revirement jurisprudentiel en matière d'applicabilité de l'article 6-1 de la Convention, dans son volet civil, aux fonctionnaires, Cour européenne des droits de l'homme, Grande Chambre, 19 avril 2007, *Vilho Eskelinen et autres c/ Finlande* », RFDA, 2007, p. 1031 s.

[3131] CEDH, gr. ch., 19 avr. 2007, *Vilho Eskelinen c/ Finlande*, AJDA, 2007. 1360, note Rolin ; AJDA, 2007. 1921, chron. Flauss ; JCP 2007. I. 182, obs. Sudre.

[3132] CEDH, gr. ch., 19 avr. 2007, *Vilho Eskelinen c/ Finlande, précit.*, point 61 et 62.

[3133] CJCE, 15 mai 1986, *Marguerite Johnston c. Chief Constable of the Royal Ulster Constabulary*, aff. 222/84, Rec., p. 1651, point 18 – CJCE, 16 nov. 2004, *Lili Georgieva Panayotova et autres c. Minister voor Vreemdelingenzaken en Integratie*, aff. C-327/02, Rec., p. I-11055, § 27. Ces références sont citées par la CEDH dans l'affaire *Vilho précit.*, point 60.

(article 6 § 1) s'apprécie restrictivement. Intimement lié à la mise en œuvre de l'autorité publique, l'intérêt général vise les fonctions les plus essentielles de l'État lorsque celui-ci agit comme une autorité pour la défense de sa souveraineté entendue à la fois comme une puissance et comme la défense des activités essentielles de l'État[3134].

1075. Cette défense d'un « noyau dur étatique » fait indirectement penser aux développements récents liés à « l'identité constitutionnelle »[3135] de la France. Par cette formule « souverainiste »[3136], le Conseil constitutionnel[3137] vise à assurer une certaine « suprématie »[3138] de la norme constitutionnelle face au droit de l'Union. Cette suprématie, dont le contenu est difficilement définissable peut, selon D. ROUSSEAU[3139], faire écho à l'article 4 § 2 du nouveau TUE selon lequel « l'Union respecte l'égalité des États membres devant les traités ainsi que leur identité nationale, inhérente à leurs structures fondamentales politiques et constitutionnelles, y compris en ce qui concerne l'autonomie locale et régionale. Elle respecte les fonctions essentielles de l'État, notamment celles qui ont pour objet d'assurer son intégrité territoriale, de maintenir l'ordre public et de sauvegarder la sécurité nationale. En

---

3134 J. Bodin, *op. cit*

3135 V. par ex., D. Ritleng, « Le droit au respect de l'identité constitutionnelle nationale », dans J.-C. Barbato et J.-D. Mouton (dirs), *Vers la reconnaissance de droits fondamentaux aux États membres de l'Union européenne ? Réflexions à partir des notions d'identité et de solidarité*, Bruxelles, Bruylant, 2010, p. 21 s. ; M. Blanquet, « De l'identité constitutionnelle des États membres à l'identité constitutionnelle de l'Union européenne », JCP G, 04/06/2012, n° 23, p. 1142 ; E. Dubout, « Les règles ou principes inhérents à l'identité constitutionnelle de la France : une ## supra-constitutionnalité ? », RFDA, 01/07/2010, n° 83, p. 451 s. ; L. Eck, « Réflexions sur "Les règles ou principes inhérents à l'identité constitutionnelle de la France" à la lumière de la pensée de Ronald Dworkin », RRJ, Droit prospectif, 01/04/2008, n° 2008/2, p. 1061 s. ; G. Tusseau, « Le constitutionnalisme européen aux prises avec la "désobéissance institutionnelle" des juges nationaux », RFDA, 01/01/2013, n° 1, p. 149 s.

3136 D. Rousseau, « L'identité constitutionnelle, bouclier de l'identité nationale ou branche de l'étoile européenne ? », dans L. Burgorgue-Larsen (dir.), *L'identité constitutionnelle saisie par les juges en Europe*, éd. Pedone, Paris 1, 2011, Cahiers Européens, n° 1 p. 89 s.

3137 Cons. const., n° 2006-540 DC, 27 juillet 2006, *Loi relative au droit d'auteur et aux droits voisins dans la société de l'information*, Rec., p. 88 – Cons. const., n° 2008-564 DC, 19 juin 2008, *Loi relative aux organismes génétiquement modifiés*, Rec., p. 313 ; JCP G, 2008-30, p. 37 s. – Cons. Const., n° 2010-605 DC, 12 mai 2010, *Loi relative à l'ouverture à la concurrence et à la régulation du secteur des jeux d'argent et de hasard en ligne*, Rec., p. 78 ; Rec. Dal. 2010 (21), note A. Levade ; Europe 2010 (6), p. 1 ., note D. Simon.

3138 D. Rousseau, « L'identité constitutionnelle, bouclier de l'identité nationale ou branche de l'étoile européenne ? », *art. cit.*, p. 89 s.

3139 *Ibid.*

particulier, la sécurité nationale reste de la seule responsabilité de chaque État membre ».

1076. Ainsi, la réserve d'intérêt général invoquée par les juges nationaux et supranationaux rappelle cette idée de la défense de l'ordre et de la sécurité nationale. C'est donc bien, en réalité, la souveraineté de l'État entendue comme la défense de ses activités régaliennes (J. BODIN[3140]) qui est visée par l'intérêt général.

1077. Finalement, le contenu matériel de l'intérêt général renvoie aux activités essentielles de l'État qui peuvent être liées à la souveraineté entendue matériellement comme la défense des activités régaliennes (J. BODIN). Néanmoins, dans un État de droit, démocratique, la souveraineté est attribuée au peuple ou à la nation[3141]. Cela explique alors naturellement que l'intérêt général vise avant tout à satisfaire les activités du public.

SECTION 2.

LES ACTIVITÉS NÉCESSAIRES AU PUBLIC

1078. L'intérêt général, rappelons-le, est ontologiquement prédéterminé. Il est doté d'une nature politique qui rend compte de ses finalités multiples dans la jurisprudence administrative. Il est donc la traduction juridique d'une certaine idée de l'État et de la politique qu'il met en œuvre.

1079. Les finalités de l'intérêt général révèlent alors l'action politique des pouvoirs publics mais aussi, plus largement, une certaine vision de la souveraineté de l'État. Or, la souveraineté a plusieurs sens. Elle désigne tout

---

[3140] Sur la conception de la souveraineté de J. Bodin, J.-A. Mazères explique qu'il s'agit d'une « définition formelle fondée sur la puissance de commandement, renvoyant directement à l'idée de puissance publique et une définition substantielle renvoyant à la notion bien connue des droits régaliens » (J.-A. Mazères, « Qu'est-ce que la puissance publique ? », p. 9 s.

[3141] J. Gicquel et J.-É. Gicquel, *Droit constitutionnel et institutions politiques*, 26e éd., Paris, Montchrestien, coll. « Domat droit public », 2012, p. 232 s. ; L. Favoreu, P. Gaïa, R. Ghevontian, J.-L. Mestre, O. Pfersmann, A. Roux et G. Scoffoni, *Droit constitutionnel*, 15e éd., Paris, Précis., Dalloz, coll. « Droit public science politique », 2013, p. 45. V. aussi R. Gosalbo Bono, « Sur la théorie de la souveraineté et son application », art. cit., spéc., p. 218 s. ; M. Troper, La *théorie du droit, le droit, l'État*, Paris, PUF, 2001, p. 302 ; G. Bacot, *Carré de Malberg et l'origine de la distinction entre souveraineté du peuple et souveraineté nationale*, Paris, CNRS, 1985 ; F. Luchaire, « La souveraineté », RFDC, 2000, p. 451.

d'abord « le caractère suprême d'une puissance pleinement indépendante et l'ensemble des pouvoirs compris comme la puissance d'État »[3142]. L'intérêt général supérieur justifie ainsi, parfois, la violation des droits des justiciables au profit de la protection des activités indispensables au bon fonctionnement de l'État (sens matériel de la souveraineté, J. BODIN).

1080. Cependant, la souveraineté renvoie également à un troisième sens, celui qui désigne le « titulaire de la souveraineté »[3143], c'est-à-dire, en France, « au peuple qui l'exerce par ses représentants et par la voie du référendum »[3144]. L'intérêt général simple doit alors naturellement satisfaire les besoins du public, les activités du public (population/peuple).

1081. La satisfaction des besoins du public constitue donc le versant transcendantal de la satisfaction des besoins des justiciables. Simplement, au lieu d'évoquer les intérêts ou les droits de tel justiciable en particulier[3145], l'intérêt général est lié à la mise en œuvre d'une politique générale. Il fait partie d'une collectivité politique qui transcende les intérêts de chacun pour répondre aux besoins de tous.

1082. Dans ce cadre, il sera question de déterminer le contenu de l'intérêt général qui vise à satisfaire le peuple. Ainsi, l'intérêt général « normal » (et non supérieur) est lié, en principe, à la satisfaction naturelle des besoins du public (I) qui participe, selon nous, à la crise du droit administratif (II).

I. La signification matérielle de la satisfaction des besoins du public

1083. La satisfaction de l'intérêt général renvoie à une quantité luxuriante d'objets[3146]. Cependant, l'étude de la jurisprudence administrative permet de déceler deux axes principaux de lecture lorsqu'il est question des besoins du public. La satisfaction des besoins du public renvoie tout d'abord aux besoins d'une population déterminée (A). Elle permet également de

---

[3142] R. Carré de Malberg, *Contribution à la théorie générale de l'Etat*, Tome 1, *précit.*, p. 79 . V. sur ce point, Partie 2. Titre 2. Chapitre 1.

[3143] R. Carré de Malberg, *Contribution à la théorie générale de l'Etat*, Tome 1, *précit.*, p. 79

[3144] Article 3 de la Constitution.

[3145] Partie 2. Titre 1.

[3146] Par exemple, l'intérêt général peut faire référence à la protection des animaux. V. par ex. l'intérêt général qui est lié à « l'exercice de l'activité de refuge, c'est-à-dire d'accueil et de prise en charge des animaux soit en provenance d'une fourrière [...] soit donnés par leurs propriétaires, aux seules fondations et association de protection des animaux agissant dans un but non lucratif », CE, 13 juillet 2012, *Commune d'Aix-en-Provence*, n° 358512, à paraître aux T. du Rec.

remarquer que l'intérêt du public désigne aussi des besoins qui dépassent les intérêts d'une population déterminée (B).

A. La satisfaction des besoins d'une population déterminée

1084. Dans la jurisprudence, le juge administratif se réfère parfois aux besoins de la population de manière explicite (1) ou implicite (2).

1. La référence explicite aux besoins de la population par l'intérêt général

1085. La référence explicite aux besoins de la population pour désigner la notion d'intérêt général est fortement présente dans la doctrine administrative. J. RIVERO, par exemple, estime que « l'intérêt général n'est pas l'intérêt de la Communauté considérée comme une entité distincte de ceux qui la composent et supérieure à eux ; c'est plus simplement un ensemble de nécessités humaines »[3147] qui peuvent être liées à la satisfaction des besoins de la population. De même G. VEDEL explique que « la première erreur serait de croire que l'intérêt public n'est que la somme des intérêts particuliers [...]. La seconde erreur, plus subtile, serait de croire que l'intérêt public n'a rien à voir avec les individus ou avec les groupes composant la Nation [...]. Finalement, l'intérêt public n'est pas par essence distinct de l'intérêt des personnes ou des groupes ; il est un arbitrage entre les divers intérêts particuliers »[3148]. L'intérêt général n'étant pas distinct des personnes ou des groupes, il peut alors indirectement être lié à la satisfaction des besoins de la population. Dans la doctrine, cette pensée est représentée aujourd'hui par D. TRUCHET. Selon l'auteur, l'intérêt général « n'est pas juridiquement définissable autrement que comme les "besoins de la population" »[3149] dans la mesure où il « fait le lien entre la détermination démocratique (autrement dit, par les organes compétents en vertu de la Constitution et de la loi pour ce faire) de ces besoins et leur satisfaction par l'administration »[3150]. Cette définition

---

[3147] J. Rivero, *Précis de droit administratif*, Paris, Dalloz, 1971, p. 10.

[3148] G. Vedel, *Droit administratif*, Paris, PUF, coll. « Thémis », 1973, p. 311.

[3149] D. Truchet, « Avons-nous encore besoin du droit administratif ? », dans *Le droit administratif : permanences et convergences*, Mélanges en l'honneur de J.-F. Lachaume, Paris, Dalloz 2007, p. 1039 s., spéc. p. 1048. V. dans le même sens, D. Truchet, *Le droit public*, Paris, PUF, 2e éd., 2010, coll. « Que sais-je ? », p. 101 ; D. Truchet, *Droit administratif*, *op. cit.*, p. 70 ; D. Truchet, « L'intérêt général dans la jurisprudence du Conseil d'État : retour aux sources et équilibre », dans Rapport public du Conseil d'État, 1999, *op. cit.*, p. 361 s., spéc., p. 370.

[3150] *Ibid.*

de l'intérêt général comme la satisfaction des besoins de la population est reprise aujourd'hui par la doctrine administrative contemporaine[3151].

1086. Si nous avons montré précédemment que l'intérêt général ne renvoyait pas uniquement à la satisfaction des besoins de la population mais aussi à la satisfaction des besoins de la puissance étatique, nous considérons, dans la lignée de D. TRUCHET que le juge administratif se réfère aussi, directement aux besoins de la population à travers la notion d'intérêt général. Cette position jurisprudentielle trouve son fondement idéologique dans l'idée selon laquelle la souveraineté appartient au peuple qui l'exerce par ses représentants et par la voie du référendum (article 3 de la Constitution). Dépositaire de la souveraineté, le peuple doit donc être la finalité ultime du pouvoir politique. Juridiquement, cette idée se traduit par la satisfaction des besoins de la population.

1087. Ainsi, là encore, l'intérêt général demeure transcendant et ne s'assimile ni à un droit subjectif, ni à un intérêt particulier. Ontologiquement politique, il constitue la force capable de traduire juridiquement la volonté politique des autorités publiques. Les « personnes publiques doivent donc assurer la satisfaction des besoins de la population, à travers la gestion de différentes missions de service public (exercées directement par les personnes publiques ou déléguées aux personnes privées) »[3152].

1088. La satisfaction des besoins de la population peut alors être liée à la satisfaction des besoins des usagers du service. Par exemple, statuant sur le caractère sérieux de la question relative à la constitutionnalité de la loi du 13 mars 1937, le Conseil d'État estime que « le législateur n'a pas porté à la liberté d'entreprendre une atteinte disproportionnée au regard de l'intérêt qui s'attache à la préservation de la commodité des usagers et de la sécurité de la circulation sur les voies publiques dans les circonscriptions concernées »[3153].

1089. La satisfaction des besoins des usagers est également présente dans le domaine de la domanialité publique, notamment lorsqu'il s'agit d'évoquer le régime des « utilisations privatives du domaine public »[3154] qui

---

[3151] V. par ex., Y. Broussolle, *La participation des personnes privées aux activités d'intérêt général*, Thèse, Université Panthéon-Assas (Paris II), 1993, p. 11. ; P.-L. Frier et J. Petit, *Précis de droit administratif*, *op. cit.*, p. 190 : « Ainsi, à l'heure actuelle, il est d'intérêt général de répondre aux besoins […] de la population ». Le même point de vue est présent dans l'ensemble des ouvrages de droit administratif contemporains. V. pour un ex. représentatif, P. Gonod, F. Melleray et P. Yolka, *Traité de droit administratif*, *op. cit.*, p. 130 : « Ce but [d'intérêt général] est donc de satisfaire les besoins de la population par l'intervention publique ».

[3152] Cette idée est reprise de D. Truchet, *Le droit public*, *op. cit.*, p. 101.

[3153] CE, 14 oct. 2010, *M. A.*, n° 337005, inédit.

[3154] V. sur les utilisations privatives du domaine public, V. Genot, *De l'utilisation privative du domaine public*, Bruxelles, Bruylant, 1928 ; S. Fourmond, *Occupations privatives du domaine public et droit des patrimoines*, Thèse, Nantes, 2000 ;

sont subordonnées à une autorisation. Lorsque « les utilisations sont fondées sur un acte administratif unilatéral, l'administration dispose de pouvoirs très étendus »[3155]. Néanmoins, le Conseil d'État précise que « lorsque l'Administration accorde ou refuse une permission de voirie, elle doit rechercher non seulement si les intérêts proprement dits du domaine dont elle a la garde sont ou non conciliables avec l'admission de la demande dont elle est saisie, mais encore si cette admission ne serait pas de nature à compromettre la sauvegarde d'autres intérêts de caractère général »[3156]. Or, parmi ces intérêts généraux, la jurisprudence révèle que « l'intérêt du public usager »[3157] est pris en compte. L'intérêt du public usager peut alors être satisfait à travers « la fixation d'un tarif obligatoire »[3158], « l'obligation d'utiliser des véhicules répondant à certaines normes »[3159] ou encore « l'utilisation d'une plaque de contrôle indiquant l'heure de rentrée réglementaire au garage »[3160].

1090. Toutefois, dans d'autres cas, le juge administratif se réfère directement aux besoins de la population ou de l'ensemble des habitants d'une zone géographique déterminée. Tel est le cas par exemple dans le contentieux relatif au « contrôle de l'utilité publique dans la procédure d'expropriation »[3161]. Dans ce cas, le Conseil d'État reconnaît, dans le cadre

---

P. Pradignac, *Les utilisations privatives du domaine public maritime*, Thèse, Aix-Marseille, 1949 ; L. Trotabas, *De l'utilisation du domaine public par les particuliers*, Thèse, Paris, Librairie Dalloz, 1924 ; A. Gervais, *Le retrait des autorisations d'utilisation privative du domaine public*, Thèse, Montpellier, imprimerie de la Charité, 1942.

[3155] J. Dufau, « Domaine public », Juris-Classeurs, 1994, fasc. 45, n° 83, p. 11.

[3156] CE, 5 nov. 1937, *Société industrielle des schistes et dérivés*, Rec., p. 897.

[3157] J. Dufau, « Domaine public », Juris-Classeurs, 1994, fasc. 45, n° 90, p. 11.

[3158] CE, 14 janvier 1938, *Société de location automobile*, Rec., p. 26.

[3159] CE, 8 février 1961, *Chambre syndicale des cochers chauffeurs de voitures de place*, RDP, 1961, p. 689.

[3160] CE, 22 janvier 1937, *Belleau*, Rec., p. 89.

[3161] V. sur l'expropriation pour cause d'utilité publique, G. Ganez-Lopez, *L'expropriation pour cause d'utilité publique*, Paris, L'Harmattan, coll. « La justice au quotidien », 2003 ; Conseil d'État, Section du Rapport et études, *L'utilité publique aujourd'hui*, La documentation française, 1999 ; A. Homont, *L'expropriation pour cause d'utilité publique*, Paris, Litec, 1975 ; M.-C. Chabé, *L'expropriation pour cause d'utilité publique*, Paris, Berger-Lebrault, 2000 ; R. Bauny de Récy, *Théorie de l'expropriation pour cause d'utilité publique*, Thèse, Paris, A. Durand et Pédone-Lauriel, 1871 ; R. Goma Mackoundi Loembet, *L'expropriation pour cause d'utilité publique de 1833 à 1935*, Thèse, Nancy 2, 2010 ; B. Betsch, *L'expropriation pour cause d'utilité publique : mode d'emploi*, Voiron, La lettre du cadre territorial, coll. « Dossiers experts », 2000 ; G. Iacono, *L'expropriation pour cause d'utilité publique : contribution à une étude méthodologique d'une institution juridique*, Thèse, Lyon 2, 1993.

de « la théorie du bilan »[3162], que l'utilité publique peut être liée à « l'amélioration du fonctionnement des services publics »[3163], dans l'objectif de « répondre aux besoins de la population de la commune expropriante »[3164]. La jurisprudence est constante sur ce point. Elle permet encore en 2006 de prendre en compte les « besoins collectifs de la population »[3165] qui répondent à des objectifs législatifs liés à « l'enseignement public, l'assistance et l'hygiène sociale »[3166]. De même le Conseil d'État estime qu'eu « égard à l'intérêt général qui s'attache à la protection des populations contre le risque d'effondrement des carrières souterraines, l'atteinte portée à la propriété privée et le coût de l'opération ne sont pas de nature à retirer à l'expropriation contestée son caractère d'utilité publique »[3167]. Dans le même sens, la satisfaction des besoins de la population peut être liée « aux services publics de l'eau »[3168]. Il s'agira ainsi de justifier l'expropriation présentant un caractère d'utilité publique « dans l'objectif d'assurer l'alimentation en eau d'une collectivité territoriale »[3169], « de remédier aux risques d'inondation dans les communes membres d'un syndicat »[3170] ou encore « de permettre à un syndicat intercommunal d'acquérir le terrain sur lequel il capte l'eau nécessaire à l'alimentation de la population des communes membres et établir ainsi un périmètre de protection du captage »[3171].

1091. La référence aux besoins de la population est encore présente dans la jurisprudence dans de nombreux domaines. Dans le contentieux lié au « classement forêt protection », l'intérêt général peut être lié à « un intérêt suffisant tant d'un point de vue écologique que pour le bien-être de la population pour justifier leur classement comme forêt de protection »[3172]. De même, dans le contentieux lié aux dérogations d'intérêt général au principe d'égalité, le juge estime que « l'intérêt général peut s'attacher à ce que les

---

3162 V. sur la théorie du bilan, Partie 1. Titre 2. Chapitre 1. Section 1.

3163 CE, 28 avril 1976, *Cts Jouve*, Rec., p. 212.

3164 CE, 1er avril 1977, *Grignard*, Rec., p. 174 ; AJDA, 1977, p. 360, obs. Nauwalaers et Fabius.

3165 CE, 18 oct. 2006, *SCI « Les Tamaris »*, n° 275643, T. Rec., p. 791 et 908.

3166 CE, 18 oct. 2006, *SCI « Les Tamaris », précit.*

3167 CE, 27 juillet 2005, *Mme X*, n° 267195, inédit.

3168 V. sur ce point, Jurisclasseur, « Expropriation », 2011, fasc. 10, n° 84, p. 29.

3169 CE, 13 déc. 1978, *Syndicat intercommunal distribution eau cornice Maures*, Rec., p. 506 – CE, 23 février 1979, *Demaizières*, DA 1979, comm. 132 – CE, 21 janvier 1983, *Comité défense expropriés deux rives Frémur*, T. Rec., p. 756 ; Gaz-Pal. 1983, 2, pan. DA, p. 450 – CE, 4 juillet 1994, *M. X.*, n° 140077, inédit – CAA Lyon, 16 mars 2010, *Colombier*, n° 07LY02957, inédit.

3170 CE, 4 nov. 1991, *Bazin et Société Horti Sylva*, n° 51001 et 51002, inédit.

3171 CAA Nancy, 29 sept. 2005, *Syndicat intercommunal des eaux de Piennes*, n° 02NC00297 et 02NC00307, inédit.

3172 CE, 22 mai 2012, *Association de défense des propriétaires privés fonciers*, n° 333654, à paraître aux T. Rec.

agents publics soient répartis sur le territoire en fonction des besoins de la population et des nécessités du service »[3173]. La même logique se poursuit dans l'ensemble du contentieux. Ainsi encore, s'agissant des atteintes à la libre concurrence, « l'intérêt général peut s'attacher à l'objectif qui implique que les collectivités territoriales disposent des informations nécessaires à la gestion efficace des infrastructures et réseaux de communications électroniques sur leur territoire, notamment en vue d'améliorer l'accès de leurs habitants au très haut débit »[3174]. Le même processus s'applique chaque fois qu'il est question d'examiner les différentes « missions de service public »[3175].

1092. Ce faisant, le juge administratif prend directement en compte, dans la détermination de l'intérêt général, la satisfaction des besoins de la population. Toutefois, même lorsque le juge ne se réfère pas explicitement aux besoins de la population, ceux-ci constituent encore la finalité ultime de la notion d'intérêt général (simple/naturel).

[3173] CE, 9 nov. 2011, *Syndicat national force ouvrière des personnels de préfectures*, n° 345694, à paraître aux T. Rec.

[3174] CE, 8 juin 2010, *Fédération française des télécommunications et des communications électroniques*, n° 327062, à paraître aux T. Rec.

[3175] CE, 30 avril 2004, *M. X*, n° 244143, *précit.*

2. La référence implicite aux besoins de la population par l'intérêt général

1093. Même si le juge ne se réfère pas explicitement à « la population » pour déterminer les finalités concrètes de l'intérêt général, celle-ci est implicitement en cause lorsqu'il s'agit de satisfaire certains besoins en matière « sportive »[3176], « touristique »[3177], « informative »[3178] ou « environnementale »[3179].

[3176] CE, 8 mars 2012, *Association Nice-Volley-Ball*, n° 352959, à paraître aux T. Rec., (« l'organisation d'activités physiques et sportives » présentent un caractère d'intérêt général) – CE, 30 mars 2011, *Société Betclic enterprises limited*, n° 342142, à paraître aux T. Rec., (« l'objectif d'intérêt général de faire bénéficier au développement du mouvement sportif les flux économiques qu'ils induisent ») – CE, 28 nov. 2007, *Fédération française de mua thaï et disciplines associées (FFDMA)*, n° 298510, inédit (« au respect de l'intérêt général qui s'attache à la promotion et au développement des activités physiques et sportives »).

[3177] V. par ex., CE, 18 mai 2005, *Territoire de la Polynésie française*, n° 254199, T. Rec., p. 748, 769 et 983 (« la bonne desserte aérienne de la Polynésie française, indispensable à ses relations avec le reste du monde et à son développement, constitue un intérêt public local ; qu'en jugeant que l'intérêt public ne pouvait s'apprécier au regard des besoins futurs du développement touristique et que seule l'insuffisance de l'initiative privée était susceptible de justifier les délibérations litigieuses, la cour administrative d'appel de Paris a commis une erreur de droit ; qu'ainsi le Territoire de la Polynésie Française est fondé à demander l'annulation de l'arrêt attaqué ») – CE, Ass., 19 juillet 2011, *Fédération de la libre pensée et de l'action sociale du Rhône et M. A.*, n° 308817, à paraître au Rec.

[3178] CE, 7 août 2008, *Sté éditions Pole*, n° 307075, inédit : « Considérant que les articles 72 de l'annexe III au code général des impôts et D. 18 du code des postes et télécommunications électroniques prévoient des avantages fiscaux dont ils réservent le bénéfice aux journaux et publications électroniques, périodiques qui présentent un « caractère d'intérêt général quant à la diffusion de la pensée : instruction, éducation, information, récréation du public ». L'intérêt général quant à la diffusion de la pensée est ainsi lié à la satisfaction des besoins de la population en matière d'instruction d'éducation, d'information ou de récréation du public. Pour d'autres ex. jurisprudentiels relatifs à la satisfaction de ces intérêts : CE, 7 août 2007, *Société Lyon Mag*, n° 298828, Rec., p. 397, concl. C. Landais – CE, 15 mai 2006, *Département de Paris*, n° 280236, T. Rec., p. 993 – CE, 10 nov. 2006, *Ass. intern. de sc. po.*, n° 282125, T. Rec., p. 859 et 994 – CE, 29 mars 2006, *Agence publi expo communication*, n° 281688, T. Rec., p. 858 et 989 – CE, 25 mai 2005, *Sté Mediafit*, n° 270109, T. Rec., p. 700 et 1004 – CE, 20 avril 2005, *Sté groupe des Éd. sport. intern.*, n° 263445, T. Rec., p. 1005 – CE, Sect., 17 mars 1995, *Ass. Littera*, n° 152982, Rec., p. 133 – CE, Sect., 19 février 1971, *Union nat. des ass. de tourisme*, n° 65919, inédit – CE, Ass., 18 avril 1969, *Sté pour la construct. et l'expl. du marché-gare d'intérêt nat. d'Avignon*, n° 62202, Rec., p. 213.

[3179] Les besoins de la population peuvent être présents à travers la notion d'intérêt général lorsque celle-ci renvoie à la « défense de l'environnement » (CE, 21 mars

1094. La satisfaction des besoins d'une population déterminée s'observe également à travers « les besoins des contribuables »[3180], « des justiciables »[3181], « des consommateurs »[3182], « de la population dans le milieu carcéral, notamment lorsqu'il s'agit de la prévention des risques suicidaires en détention »[3183], « des débiteurs contre le risque d'aggravation de leur

---

2011, *Union des importateurs indépendants pétroliers*, n° 341623, inédit – CE, 11 juin 2012, *Cnes de Hiers-Brouage et autres*, n° 357452, inédit – CE, 30 déc. 2011, *M. B.*, n° 324310, à paraître aux T. Rec. – CE, 23 déc. 2011, *Sté Dialog*, n° 353113, inédit – CE, 21 mai 2010, *Sté polynésienne des eaux et de l'assainissement*, n° 309734, inédit – CE, 17 mars 2010, *Ass. ornithologique et mammologique de Saône-et-Loire*, n° 318476, inédit). On peut retrouver la présence de la satisfaction des besoins de l'environnement dans le contentieux administratif à travers la théorie du bilan dans l'appréciation de l'urgence (CE, juge des réf., 19 mars 2008, n° 313547, *Ass. gén. des prod. de maïs*, inédit – CE, 5 févr. 2007, *Cne de Correns*, n° 294594, inédit) ou encore dans le contrôle de l'utilité publique en matière d'expropriation (CE, 24 avril 2012, *Min. de la culture et de la communication*, n° 346952, à paraître au Rec., – CE, 22 mai 2012, *Ass. déf. des propr. privés fonciers*, n° 333654, à par. aux T. Rec.). Dans cette dernière hypothèse, le juge « a tendance à conclure à un bilan positif lorsque l'expropriation a pour but la défense de l'environnement » (Jurisclasseur, « Expropriation », *précit.*, n° 85, p. 29). Dans d'autres domaines l'intérêt général est régulièrement lié à la satisfaction des besoins de l'environnement qui se concrétise par la défense de l'intérêt de l' « écologie » pour le « bien-être de la population » (CE, 22 mai 2012, *Ass. déf. des propr. privés fonciers, précit.*), la défense de la « cohérence de la politique forestière nationale » et de « mise en valeur de la forêt et de ses produits dans des conditions économiques satisfaisantes pour ses propriétaires » (CE, 1 févr. 2012, *Présid. de la CAA de Marseille*, n° 353945, à par. aux T. Rec.), « la prévention de la pratique désordonnée de la chasse dans le but de favoriser une gestion rationnelle du patrimoine cynégétique » (CE, 16 avril 2012, *Ass. de chasse privée de bonne rencontre*, n° 355919, à par. aux T. Rec.), « l'organisation sur le territoire national de la collecte sélective, du tri, du recyclage et de la valorisation énergétique ou encore de la préservation des espaces boisés » (CE, 17 févr. 2011, *M. A.*, n° 344445, à par. aux T. Rec.).

[3180] F. Douet, *Contribution à l'étude de la sécurité juridique en droit fiscal français*, *précit.*, p. 130. ; J. Turot, « Moins de laine ou moins de moutons ? » : Dr. fiscal 1996, n° 3, *précit.*, p. 107 s.

[3181] CE, 22 janvier 2010, *Syndicat des avocats de France*, n° 326835, inédit.

[3182] Les « engagements impliqués par l'adhésion à la charte des bonnes pratiques d'élevage reprennent pour l'essentiel des obligations légales imposées aux producteurs, visent à assurer la production d'une viande et de produits laitiers de qualité et concourent ainsi à l'intérêt général ». Indirectement, les obligations imposées sont liées à l'intérêt du consommateur : CE, 6 avril 2007, *Confédération paysanne*, n° 285989, T. Rec., p. 717, 727 et 738.

[3183] CE, 4 juin 2012, *Section française de l'observatoire des prisons*, n° 334777, à paraître aux T. Rec.

situation par l'acquittement de frais de recouvrement excessifs »[3184] ou encore « des riverains des aérodromes victimes de nuisances sonores »[3185].

1095. Néanmoins, la satisfaction implicite des besoins de la population déterminée est cantonnée à l'activité d'une mission de service public spécifique. Tel est le cas par exemple lorsqu'il est question de satisfaire à « l'éducation »[3186], « l'enseignement »[3187] ou « la recherche »[3188]. Ici, les besoins de la population sont liés aux besoins d'une population déterminée et sont limités à une mission de service public précise, celle de l'éducation.

1096. Le même mécanisme est mis en place concernant la satisfaction des besoins en matière de sécurité publique. Dans ce cas, l'intérêt général peut se concrétiser dans « la lutte contre les atteintes à la sécurité routière »[3189], dans « la préservation de la commodité des usagers et de la sécurité de la circulation sur les voies publiques dans les circonscriptions concernées »[3190], dans « l'amélioration de la sécurité des usagers de la route »[3191] ou encore dans la « nécessité de garantir la sécurité routière »[3192].

1097. Dans une logique similaire, l'intérêt général vise également implicitement une population déterminée dans un milieu caractérisé lorsqu'il s'agit de préserver les besoins de l'hygiène et de la santé publique. De tels besoins ressortent par exemple du contentieux relatif au contrôle de l'utilité publique en matière d'expropriation. En effet, « une opération qui a pour but la protection de l'hygiène et de la santé publique est en principe d'utilité publique »[3193]. Tel est le cas lorsque la procédure d'expropriation vise à assurer le relogement dans des conditions d'hygiène et de salubrité meilleures d'un grand nombre d'habitants d'une ville[3194]. Il s'agit donc, là encore, à travers la notion d'intérêt général, de prendre indirectement en compte la population ou les habitants concernés par le projet d'utilité publique.

[3184] CE, 10 mai 2012, *Société Euroacting*, n° 357043, inédit au Rec.

[3185] CE, 7 déc. 2005, *Société Ryanair*, n° 270427, inédit.

[3186] CE, 6 déc. 2006, *Union syndicale solidaire ISERE*, n° 285740, T. Rec., p. 576.

[3187] L'intérêt général peut être lié à « l'affectation des enseignants dans les établissements Eclair pour la rentrée 2012 » CE, 10 avril 2012, juge des référés, *Syndicat national des enseignements de second degré (SNES)*, n° 357417, inédit au Rec.

[3188] V. sur « les intérêts généraux de la recherche scientifique » CE, juge des référés, 28 avril 2006, *M. François Z*, n° 291795, inédit.

[3189] CE, 26 juillet 2011, *M. A.*, n° 347208, inédit – CE, 26 juillet 2011, *M. A. et autre*, n° 347547, inédit – CE, 4 oct. 2010, *Mme A.*, n° 341845, à paraître au Rec.

[3190] CE, 14 oct.2010, M. A., n° 337005, inédit.

[3191] CE, 15 juin 2007, *Centre d'éducation routière Gargan gare*, n° 284773, inédit.

[3192] CE, 29 juin 2012, *Société Signature*, n° 357617, inédit

[3193] Jurisclasseur, « Expropriation », *précit.*, n° 81, p. 27.

[3194] CE, 13 juillet 1967, *Syndicat des propriétaires commerçants et habitants quartier charité et a.*, *précit.* ; CJEG 1968, p. 129, note Magnier.

1098. Par ailleurs, la jurisprudence visant la satisfaction des besoins de la santé publique à travers l'intérêt général est luxuriante. Elle se concrétise dans les expressions suivantes : « protection de la santé publique »[3195], « sauvegarde de la santé publique »[3196], « objectif de santé publique »[3197] ou encore « exigences de la santé et de la salubrité publique »[3198]. Dans ces différents cas, les objectifs poursuivis par l'intérêt général peuvent être multiples. Il peut s'agir de s'assurer de « la qualité des soins assurés dans les établissements hospitaliers »[3199], de « la qualité du suivi médical des personnes âgées dépendantes »[3200], du « bon fonctionnement du service public hospitalier »[3201], de « la déontologie médicale »[3202], de « la lutte contre le dopage, notamment dans l'objectif de protection de la santé des sportifs »[3203] ou encore de « la protection de la santé et de la sécurité des occupants de locaux impropres à l'habitation »[3204].

1099. Le même processus s'observe s'agissant de la satisfaction des besoins de la construction et du logement. En effet, l'intérêt général peut s'attacher « à la cohérence et à l'efficacité des politiques nationales de rénovation urbaine et d'amélioration de l'habitat »[3205]. Le plus souvent, de tels besoins relatifs à la construction et au logement sont présents dans la jurisprudence à l'occasion du contrôle de l'utilité publique d'une expropriation. Ainsi, peuvent présenter un caractère d'utilité publique, « la création d'une réserve foncière en vue de la réalisation ultérieure d'autres programmes de construction de logements »[3206], « la création de lotissements

---

[3195] CE, juge des référés, 7 nov. 2006, *Fédération française de Muaythai et disciplines associées*, n° 298511, inédit – CE, juge des référés, 6 oct. 2006, *Sté Ferring*, n° 297042, inédit – CE, juge des référés, 28 oct., 2004, *Sté Centrale Canine*, n° 272890, inédit – CE, 12 février 2007, *Fédération de l'hospitalisation privée*, n° 285464, *précit.*

[3196] CE, juge des référés, 16 déc. 2006, *OM. Pharma*, n° 286853, inédit.

[3197] CE, 22 mars 2006, *SARL Sajega et autres*, n° 288757, T. Rec., p. 967.

[3198] CE, 2 juin 2010 *Ministre de l'agriculture et de la pêche*, n° 318752, à paraître aux T. Rec.

[3199] CE, 26 juillet 2011, *Mme A. et autre*, n° 336114, à paraître aux T. Rec.

[3200] CE, 20 mai 2011, *Conseil national de l'ordre des médecins*, n° 347098, inédit.

[3201] CE, 17 juin 2011, *Centre hospitalier de l'agglomération de Nevers*, n° 343225, inédit.

[3202] CE, 17 nov. 2010, *Syndicat français des ostéopathes*, n° 332771, à paraître aux T. Rec.

[3203] CE, 24 février 2011, *Union nat. des footballeurs prof. et autres*, n° 340122, à paraître aux T. Rec.

[3204] CE, 9 mai 2011, *M. A.*, n° 346785, à paraître aux T. Rec.

[3205] CE, 9 juillet 2012, *Union d'économie sociale du logement (UESL)*, n° 359157, inédit.

[3206] CE, 4 nov. 1970, *SCI « les héritiers A. Caubrière »*, Rec., p. 646 ; DA 1970, comm. 362 ; AJDA, 1971, p. 360, note Homont.

communaux »[3207], « la création d'établissements ou d'équipements destinés à l'accueil de personnes âgées »[3208], « la création d'une aire d'accueil réservée aux gens du voyage »[3209], « la création de logements sociaux »[3210], « la construction et l'aménagement d'une autoroute »[3211], « la construction d'une route nationale »[3212], « la construction d'une rocade »[3213], « la construction d'une voie rapide »[3214], « l'aménagement d'un boulevard périphérique »[3215], « la création d'une route expresse »[3216], « la construction d'une voie de liaison »[3217], « l'aménagement d'un boulevard de corniche »[3218], « la réalisation d'un chemin départemental »[3219], « l'aménagement d'un chemin communal »[3220], « l'aménagement d'un chemin rural »[3221], « la construction

---

3207 CE, 9 janvier 1981, *Rullmann et a.*, Rec., p. 11 – CE, 22 janvier 1982, *Cts Barbary*, T. Rec., p. 641 – CE, 19 mai 1983, *Bertrand et Baronnet*, Rec., p. 206 – CE, 27 sept. 1989, *Delerue*, n° 68429, inédit – CE, 18 oct. 1995, *Cts Sagnard*, n° 105703, inédit – CE, 28 juin 1996, *Chatelain*, n° 119100, inédit.

3208 CE, 21 janvier 1983, *Epoux Lebrun et a.* Gaz. Pal. 1983, 2, pan. Dr. adm., p. 356.

3209 CE, 18 juin 1997, *Ass. quartier la chambrée, l'Oisonnière, la Gemmetrie, la Moricerie*, n° 15487, inédit.

3210 CE, 15 mars 1999, *Synd. copr. Immeuble 57-67 rue Emile Deschanel*, n° 163427, inédit – CE, 30 oct. 1996, *Duverger et a.*, n° 119508, inédit – CE, 20 déc. 2006, *Muratori*, n° 285591, inédit – CAA paris, 5 mars 2009, *Sté auxiliaire d'investissements*, n° 06PA00269, inédit – CAA Nancy, 1er juillet 2010, *Vervy*, n° 09NC01188, inédit.

3211 CE, 21 mars 2001, *Ass. c. extens. et nuis. aéroport Lyon Satolas*, n° 211461, inédit – CE, 28 déc. 2001, *Ass. déf. riverains et usagers RN 165 Savenay-Sautron et RN 171 secteur Savenay*, n° 225218, inédit – CE, 22 nov. 2002, *Comité fédératif pour mise à 2X2voies RN 60*, n° 200294, T. Rec., p. 958 – CE, 25 juin 2003, *Ass. déf. prot. env. et tissu économique et social axe Falaise-Sées*, n° 242656, inédit – CE, 27 février 2006, *Ass. Alcaly*, n ° 257688, T. Rec., p. 871, 1110 et 1113 – CE, 7 mai 2008, *Ass. ornit. et mamm. Saône-et-Loire*, n° 309285, inédit – CE, 21 mai 2008, *Féd. Sepanso et a.*, n° 301688, inédit.

3212 CE, 15 mars 1996, *Ch. Agr. Alpes-Maritimes et a.*, n° 161963, T. Rec., p. 950 – CE, 6 nov. 2000, *Cne Emerainville*, n° 210695, inédit.

3213 CE, 23 juin 1997, *Ville Vaucresson et a.*, T. Rec., p. 872 – CE, 27 février 2003, *Sté Rungis Delta*, n° 228883, inédit.

3214 CE, 17 mai 2000, *Salaun et Ass. déf. env. et du cadre de vie épi d'or*, n° 203032, inédit.

3215 CE, 16 juin 2007, *Ass. sauvegarde Vallée de la Choisille*, n° 289204, inédit.

3216 CE, 26 oct. 2007, *Union fédérale cons. Que choisir Côte-dOr et a.*, n° 291109, 291143 et 291144, inédit.

3217 CAA Douai, 29 juillet 2004, *Min. délégué aux libertés locales*, n° 04DA00046, inédit.

3218 CE, Sect., 30 mai 1980, *Ludger*, Rec., p. 255 ; D. 1980, p. 538, chron. P. Bon.

3219 CE, 20 mai 1994, *Ass. propr. et copr. Clos de Roquelaure*, T. Rec., p. 984.

3220 CE, 29 juin 1990, *Poncin et a.*, T. Rec., p. 818.

3221 CE, 22 avril 1988, *Bignes*, n° 75930, inédit.

d'un pont qui a pour objectif de permettre à ses habitants un meilleur accès aux services du continent »[3222], « la construction d'un aérodrome »[3223] ou encore « la construction d'un barrage lié à la satisfaction des habitants en eau potable »[3224]. L'intérêt général s'identifie alors comme la satisfaction des besoins d'une population déterminée, celle qui est concernée par le projet d'utilité publique.

1100. Le même objectif de satisfaire indirectement les besoins d'une population déterminée dans un lieu déterminé s'observe encore lorsque l'intérêt général est lié aux besoins de « l'économie », de « l'emploi », de « la réinsertion professionnelle » et de « la protection sociale des travailleurs ». S'agissant de l'économie et de l'emploi, l'intérêt général peut être lié à « la représentation des professions médicales au titre de leur seul exercice libéral »[3225], à « la mise en place immédiate d'une protection sociale complémentaire en faveur de l'ensemble des salariés de la branche »[3226], à l'amélioration de « l'exploitation agricole des biens qui y sont soumis »[3227], à l'intérêt « de la profession d'avocat »[3228], à « la préservation des petites entreprises »[3229] ou encore à la « sauvegarde de l'économie nationale »[3230]. S'agissant de la protection des travailleurs, l'objectif poursuivi par le législateur le plus souvent, à travers la notion d'intérêt général, est lié à « l'emploi et l'insertion professionnelle des travailleurs handicapés »[3231], à ce que « les jeunes travailleurs qui commencent leur insertion dans la vie professionnelle au sortir de leurs études ou après une période de formation soient encouragés à exercer durablement une activité professionnelle et à

[3222] « Considérant que le pont reliant le continent à l'île de Ré offre aux habitants de l'île un meilleur accès aux activités et services installés sur le continent ; qu'il permet un transport plus fluide, plus régulier et plus sûr des personnes et des marchandises ; qu'ainsi, il présente un caractère d'utilité publique », CE, 23 juillet 1993, *Comité sauvegarde et promotion du Bois-plage-en-Ré*, n° 106577, inédit.

[3223] CE, 18 juillet 1973, *Epoux Clamens*, T. Rec., p. 1002 – CE, 31 juillet 2009, *Ass. cit. intercom. de po. concernées par le projet d'aéroport Notre-Dame-des-Landes*, n° 314955, inédit.

[3224] CE, 29 juillet 1998, *Min. d'État, min. de l'Int. et de l'Aménag. terr.*, n° 162061, inédit.

[3225] CE, 2 déc. 2011, *L'union collégiale*, n° 342053, inédit.

[3226] CE, 16 nov. 2011, *Union des syndicats de l'immobilier (UNIS)*, n° 353541, à par. aux T. Rec.

[3227] CE, 14 sept. 2011, *M. A.*, n° 348394, à par. au Rec., – CE, 22 oct. 2010, *M. E. et autres*, n° 341869, à par. au Rec.

[3228] CE, juge des référés, 26 déc. 2011, *SELARL B et Associés*, n° 354614, inédit.

[3229] CE, 19 nov. 2010, *SCI Start Immo*, n° 314366, inédit.

[3230] CE, référé suspension, 22 juillet 2004, *Ass. gén. des prod. de maïs*, n° 269104, inédit.

[3231] CE, 30 mai 2012, *CAA Paris*, n° 351551, à par. aux T. Rec.

s'intégrer ainsi dans le monde du travail »[3232], au « départ anticipé à la retraite des travailleurs » exposés aux risques de « l'amiante »[3233]. En l'espèce, là encore, l'objectif de l'intérêt général de l'emploi, de l'entreprise et des travailleurs, est destiné à satisfaire les besoins d'une population particulière.

1101. Ainsi, dans de nombreuses hypothèses, l'intérêt général est lié à la satisfaction explicite ou implicite des besoins d'une population déterminée. Toutefois, d'autres exemples jurisprudentiels démontrent que cette analyse est nécessaire mais insuffisante. L'intérêt général a également pour finalité de satisfaire des besoins qui dépassent une population déterminée.

B. La satisfaction des besoins dépassant les intérêts d'une population déterminée

1102. Dans la jurisprudence administrative, l'intérêt général peut être lié à la satisfaction des besoins dans les domaines de la culture, de la mise en valeurs des terroirs, de la préservation du patrimoine historique et de l'art.

1103. À la fin du XIXe siècle, « divers mouvements d'opinion se sont mobilisés pour sauver des monuments naturels menacés »[3234]. Ils ont « favorisé l'émergence d'une législation[3235] spécifique sur la protection des monuments naturels et des sites »[3236]. Cette législation est aujourd'hui codifiée à l'article L. 341-1 du code de l'environnement selon lequel « dans chaque département, une liste des monuments naturels et des sites dont la conservation ou la préservation présente, au point de vue artistique, historique, scientifique, légendaire ou pittoresque, un intérêt général ». L'inscription entraîne, « sur les terrains compris dans les limites fixées par arrêté, l'obligation pour les intéressés de ne pas procéder à des travaux autres que ceux d'exploitation courante en ce qui concerne les fonds ruraux et l'entretien normal, en ce qui concerne les constructions sans avoir avisé, quatre mois d'avance, l'administration de leur intention ». Cette législation, qui donne un

---

[3232] CE, 27 oct. 2011, *Confédération française démocratique du travail (CFDT)*, n° 343943, *précit.*

[3233] CE, 1er juillet 2011, *Société européenne des produits réfractaires (SEPR)*, n° 345938, *précit.*

[3234] M. Turlin, « L'évolution des politiques de sauvegarde », AJDA, 2006, p. 1993 s. V. aussi J. Makowiak, « La protection des sites : analyse comparative et efficacité des instruments », AJDA, 2006, p. 2001 s. ; J. Morand-Deviller, « L'identification des sites protégés », AJDA, 2006, p 1986 s.

[3235] La loi Beauquier du 21 avril 1906 a été adoptée dans cette optique, puis modifiée par la loi du 2 mai 1930 qui sera codifiée aux articles L. 341-1 à L. 341-22 et R. 341-1 à R. 341-31 du code de l'environnement.

[3236] M. Turlin, « L'évolution des politiques de sauvegarde », AJDA, 2006, p. 1993 s.

rôle fondamental à la notion d'intérêt général, est liée « à la prise de conscience de la valeur patrimoniale et de la fragilité des paysages naturels »[3237].

1104. Dès lors, l'intérêt général qui permet le classement et « la protection juridique d'un site »[3238] est intimement lié à l'objectif de « trouver un équilibre entre le développement des activités humaines et la protection d'une nature, source de ressource et de vie »[3239]. En effet, comme le souligne M. TURLIN, « sur un territoire perçu comme limité, il ne fallait pas "tout" donner au développement, mais savoir conserver pour les générations futures, les lieux les plus exceptionnels, uniques et irremplaçables, que la nature et nos ancêtres avaient façonnés et que l'histoire nous avait légués »[3240]. Ainsi, l'intérêt général n'est pas assimilable à un besoin d'une population déterminée en tant que telle mais à un besoin de « l'humanité qui dépasse les générations ». Autrement dit, l'intérêt général est davantage lié, en l'espèce, à la préservation « d'une nature reconnue, vécue, appropriée et finalement protégée par l'homme »[3241].

1105. C'est alors que de nombreux sites présentent, au point de vue artistique, historique, scientifique, légendaire ou pittoresque, un intérêt général au sens de l'article L. 341-1 du code de l'environnement. Tel est le cas par exemple récemment :

- de la « Grotte des Demoiselles et ses abords sur le territoire de la commune de Saint-Bauzille-de-Putois »[3242],
- de « l'ensemble dénommé "Pegasus Bridge" situé sur le territoire des communes de Bénouville et de Ranville »[3243],

---

3237 M. Turlin, « L'évolution des politiques de sauvegarde », AJDA, 2006, p. 1993 s.

3238 V. sur la sauvegarde des sites, D. Audrerie, *Recherches sur la sauvegarde des sites*, Thèse, Bordeaux I, 1980 ; D. Audrerie, *La notion et la protection du patrimoine*, Paris, PUF, 1997, coll. « Que-sais-je ? » ; R. Brichet, « Protection des sites », J.-Cl. adm., fasc. 467-10 et 467-30 ; J.-C. Car et J. Tremeau, « Les aménagements légers dans les espaces remarquables du littoral », BJDU, 4/2004, p. 246 et s. ; L. Le Corre, « Protection des monuments naturels et sites », J.-Cl. env., fasc. 542 ; J. Makowiak, *Esthétique et droit*, Paris, LGDJ, coll. « Droit de l'urbanisme et de l'environnement », 2004 ; G. Monédiaire, « La prise en compte du paysage dans les instruments de planification en droit français », REDE, 3/2003, p. 278 ; J. Morand-Deviller, « Les secteurs sauvegardés : acte II », BJDU, 6/2005, p. 398.

3239 M. Turlin, « L'évolution des politiques de sauvegarde », AJDA, 2006, p. 1993 s.

3240 *Ibid.*

3241 A.-H. Mesnard, « Protection de l'environnement (Protection du patrimoine culturel immobilier des collectivités locales) », Rép. dr. imm., mars 2007, n° 211.

3242 CE, 24 avril 2012, *Mme A.*, n° 344583, inédit au Rec.

3243 CE, 11 avril 2012, *Ass. pour un port de plaisance à Benouville*, n° 343769, inédit au Rec.

- de « l'ensemble formé, dans le département de la Vienne, par la vallée de la Gartempe sur le territoire des communes de Joubet et Pindray » ainsi que « la rivière de la Gartempe, les plateaux, les prairies naturelles et les massifs qui l'entourent »[3244],
- du « site de la butte de Turenne et ses environs sur le territoire des communes de Ligneyrac, Noailhac et Turenne »[3245],
- des « sites du département du Var, l'ensemble formé par la presqu'île de Giens, les îles et îlots avoisinants, l'étang et les salins des Pesquiers et les Vieux Salins sur le territoire des communes d'Hyères-les-Palmiers et de La Londe-les-Maures »[3246],
- du « site du Haras du Pin dans six communes du département de l'Orne »[3247],
- de « l'ensemble, d'une superficie de 200 hectares environ, formé par l'abbaye d'Ardenne et les terrains à vocation agricole avoisinants sur les territoires des communes d'Authie, de Caen et de Saint-Germain-la-Blanche-Herbe »[3248],
- du « site de la vallée de l'Ysieux et de la Thève »[3249],
- du « site du Lac de Longemer et de sa vallée »[3250],
- des « parcelles de la commune de Saint-Clément-des-Baleines au lieu-dit La salle »[3251],
- du « coteau de la Jonchère, situé sur le territoire des communes de Bougival et de la Celle-Saint-Cloud (Yvelines) »[3252],
- de l'« ensemble formé, sur le territoire des communes de Pelvoux et de Puy-Saint-André, par le massif du Pelvoux »[3253],

---

3244 CE, 17 mars 2008, *M. et Mme Michel A.*, n° 304050, inédit.
3245 CE, 26 juillet 2011, *Ass. déf. et liberté pour la butte de Turenne*, n° 341001, inédit.
3246 CE, 13 juillet 2007, *M. Yves Coulomb, Comité d'intérêt local pour la déf. de la Presqu'île de Giens et autres*, n° 290963, 290970, inédit ; note J.-M. Février, Env., 01/10/2007, n° 10, p ; 22 ; Concl. Y. Aguila, AJDA, 2007 p. 1882 s.
3247 CE, Ass., 16 déc. 2005, *Groupt. forestier des ventes de Nonant*, n° 261646, Rec., p. 583 ; Concl. Y. Aguila, AJDA, 2006 p. 320. V. aussi, C. Ballandras-Rozet, « L'annulation des exclusions par le juge administratif, l'apport de l'analyse logique à la compréhension des mécanismes contentieux », RRJ, Droit prospectif, 01/01/2007, n° 2007/1, p. 327 s.
3248 CE, 8 juillet 2005, *Sté Immochan*, n° 260513, inédit.
3249 CE, 5 avril 2004, *Ch. Interdépartementale d'agriculture de l'Ile de France*, n° 247645, inédit.
3250 CE, 31 mars 2004, *SA Blanchiment de Xonrupt*, n° 247924, T. Rec., p. 774.
3251 CE, 27 février 2004, *Féd. départ. de l'hôtellerie de plein air de Charente-Maritime*, n° 227377, inédit.
3252 CE, 29 sept. 2003, *M. Jacques* Bernière n° 237909, T. Rec., p 869.
3253 CE, 2 avril 2003, *Cne de Pelvoux* n° 197408, T. Rec., p 869.

- de « l'ensemble formé sur le territoire des communes d'Auberville, de Gonneville-sur-mer, d'Houlgate et de Villers-sur-Mer par les falaises des Vaches Noires, par le rivage sur une bande littorale d'environ 500 mètres de profondeur et par le paysage du bocage à l'intérieur des terres »[3254],
- des « secteurs bâtis de Piale et l'anse de la Catena » qui, « même s'ils comportent des possibilités de construction et d'activités, s'inscrivent par leur qualité paysagère dans l'ensemble homogène formé par le plateau et les falaises de Bonifacio »[3255],
- de « l'Anse des rivières, située sur les rives de la Rance à proximité de l'usine marémotrice »[3256],
- des « dunes du Jaunay et de la Sauzaie qui constituent, sur près de quatre cents hectares, le plus grand massif dunaire d'un seul tenant de la région des pays de la Loire dans lesquels ont été découverts de nombreux vestiges archéologiques et que l'abondance des espèces botaniques y offre une flore d'une valeur exceptionnelle »[3257],
- des « deux terrils d'Haveluy n° 157 et 158 qui constituent, avec deux fermes à cour carrée et un calvaire, un site représentatif du paysage rural traditionnel et du paysage minier de la région du Nord »[3258]
- ou encore par exemple, de la « basse vallée de la Clarée, depuis le village de Val-des-Prés jusqu'au nord-ouest du village de Névache qui constitue un paysage homogène enserré sur ses deux côtés par des montagnes se rattachant aux massifs de la Haute-Vallée et de la Vallée Étroite, parsemé de bois, de caractère exclusivement rural, dépourvu de construction en dehors des villages et parcouru sur toute sa longueur par la rivière, qui a conservé son caractère naturel »[3259].

[3254] CE, 27 sept. 1999, *Mme Y*, n° 168849, inédit.
[3255] CE, 27 sept. 1999, *M. A*, n° 183047, *précit.*
[3256] CE, 17 mai 1999, *Cne de la Richardais*, n° 148333, inédit.
[3257] CE, 22 février 1999, *Consorts de X et SCI la Sauzaie*, n° 188556, inédit.
[3258] CE 18 déc. 1996, *Houillères du Bassin du Nord et du Pas-de-Calais*, n° 129625, *précit.*
[3259] CE 19 janv. 1996, *Synd. mixte d'études pour le tunnel de Montgenèvre*, n° 141915, 141916, Rec., p. 11.

1106. Néanmoins, l'intérêt général qui s'attache à la préservation des sites protégés peut évoluer dans le temps[3260] et doit être « mis en balance »[3261] avec d'autres intérêts généraux et privés. Dans la jurisprudence, l'intérêt général du site préservé l'emporte généralement face à l'intérêt particulier[3262].

1107. Dès lors, dans la jurisprudence administrative, l'intérêt général dépasse la satisfaction des besoins d'une population déterminée. Par le classement de sites protégés ou encore par la reconnaissance d'une « appellation d'origine contrôlée »[3263], l'intérêt général satisfait aux besoins d'une certaine vision de la nature, de l'homme et de l'humanité.

[3260] Le juge prend en compte les nécessités de rénovation du site protégé. Des rénovations majeures peuvent permettre le déclassement d'un site : « la pose de pare-soleil en aluminium sur les panneaux de résine polyester de la façade et la dégradation de ces panneaux ont profondément altéré l'aspect de la réalisation ; que les travaux nécessaires pour remédier à l'extrême vulnérabilité de l'immeuble aux risques d'incendie, en imposant notamment d'enrober l'ossature métallique dans un coffrage de plâtre, de modifier le dessin de la façade par la pose de châssis permettant l'intervention éventuelle des services de lutte contre l'incendie et de modifier la conception même du mur rideau pour empêcher la propagation d'un feu d'un étage à l'autre, auront pour effet d'altérer profondément, voire de faire disparaître les éléments faisant l'originalité du bâtiment ; qu'il en résulte que l'ensemble des modifications qui ont été ou devront nécessairement être apportées à l'immeuble en cause est tel que celui-ci ne peut être regardé comme présentant un intérêt d'art et d'histoire suffisant pour justifier son inscription à l'inventaire supplémentaire des monuments historiques », CE, 29 sept. 2002, *Caisse d'allocations familiales de Paris*, n° 222907, Rec., p. 301 ; note P.-L. Frier, AJDA, 2002 p. 1023. V. également V. Négri, « Architecture du XXe siècle », RJE, 01/06/2004, n° 2, p. 157 ; C. Maugüé, « L'inscription à l'inventaire supplémentaire des monuments historiques de la Tour Lopez était-elle justifiée ? », LPA, 07/02/2003, n° 28, p. 14 ; P. Benoit-Cattin, « Inscription à l'inventaire supplémentaire », Construction-Urbanisme, 01/11/2002, n° 11, p. 21.

[3261] V. sur la théorie du bilan en matière de sites protégés, G. Brovelli, « La théorie du bilan et la protection de la propriété privée. Note sous CAA Nantes, 27 sept. 2005, Mlle Savelli », RFDA, 2006, p. 1004 s.

[3262] Le caractère d'intérêt général d'un site inscrit de la Montagnette permet de refuser un permis de construire un hangar : CE, 26 oct. 2011, *Groupt agricole d'expl. en commun (GAEC) Lefebvre et fils*, n° 328241, à par. aux T. Rec. – CE, 26 oct. 2011, *M. A.*, n° 328242, inédit.

[3263] Le juge fait par ex. application de l'article L. 646-1 du code rural aux termes duquel « La reconnaissance d'une appellation d'origine contrôlée est proposée par l'Institut national de l'origine et de la qualité (INAO), après avis de l'organisme de défense et de gestion prévu à l'article L. 642-17 ». De même, aux termes de l'article L. 642-22 du même code : « L'organisme de défense et de gestion contribue à la mission d'intérêt général de préservation et de mise en valeur des terroirs, des traditions locales et des savoir-faire ainsi que des produits qui en sont issus ». V. sur ce point, CE, 23 déc. 2011, *M. A.*, n° 333974, à par. aux T. Rec.

1108. Ainsi, l'intérêt général renvoie bien, dans son contenu, à la satisfaction des besoins du public. Ces besoins sont liés à la défense d'activités nécessaires à une population plus ou moins déterminée. Toutefois, l'intérêt général compris en ce sens pose problème. Il est selon nous, à l'origine de la crise du droit administratif. En effet, dans le présent titre, nous avons clairement opté pour une conception dualiste de l'intérêt général. Celui-ci renvoyant tantôt à la satisfaction des besoins de la puissance étatique tantôt à la satisfaction des besoins du public. Or, une telle distinction conduit à révéler, *in fine*, que l'intérêt général (entendu comme la satisfaction des besoins du public) joue un rôle majeur dans la crise du droit administratif.

II. La satisfaction des besoins du public et la crise du droit administratif

1109. Souvent, la crise du droit administratif est associée à la crise de la notion d'intérêt général. Or, le problème réside dans la définition même de l'intérêt général. En effet, il est couramment admis aujourd'hui qu'il ne peut se définir autrement que par la satisfaction des besoins de la population[3264]. Une telle conception tend à refuser le dualisme de l'intérêt général. Or, c'est dans un tel refus que se situe le problème du rôle de l'intérêt général par rapport à la crise du droit administratif. Nous considérons, en effet, que l'intérêt général entendu comme la satisfaction des besoins du public constitue l'une des causes de la crise du droit administratif (A). Pour répondre à cette crise, nous proposons alors de distinguer les intérêts généraux (B).

A. Les besoins du public, causes de la crise du droit administratif

1110. Tout d'abord, il est nécessaire de rappeler comment la notion d'intérêt général elle-même a traversé et traverse encore une crise profonde (1). Cette crise de l'intérêt général n'est pas sans effet sur la crise du droit administratif (2).

[3264] D. Truchet, *opus. cit.*

1. La crise de l'intérêt général

1111. La question de la crise de l'intérêt général a fait l'objet de nombreuses études[3265]. Nous retiendrons particulièrement celle de J.-M. PONTIER qui souligne que cette crise est d'abord idéologique car « divers courants de pensée remettent en question la notion d'intérêt général »[3266]. Tel est le cas par exemple de la « pensée néo-libérale »[3267] qui dénonce « la vanité et l'inconsistance d'une représentation de l'intérêt général, entendu comme intérêt de tous, en insistant sur les risques politiques encourus par la société civile. Celle-ci ne peut avoir d'intérêt propre, distinct de celui de ses membres car elle n'est qu'un ordre spontané qui permet aux individus de parer à leurs besoins »[3268]. De plus, aux critiques néo-libérales, s'ajoutent les « critiques marxistes »[3269]. Ces dernières « consistent à faire valoir que l'intérêt général ne peut exister dans une société qui connaît des antagonismes de classe »[3270]. L'intérêt général « s'identifie alors à l'intérêt de l'État au service de la classe bourgeoise »[3271]. D'une manière différente, J.-M. PONTIER fait remarquer qu'A. DE TOCQUEVILLE[3272] remet également en cause l'idéologie de l'intérêt général en montrant comment « les progrès de la démocratie

---

3265 V. par ex., C. Legrand, F. Rangeon et J.-F. Vasseur, « Contribution à l'analyse de l'idéologie de l'intérêt général », dans Centre univ. recher. adm. po. – Amiens, *Discours et idéologie*, Paris, PUF, 1980, p. 181 s., spéc. p. 207 s. ; J. Chevallier, « Réflexions sur l'idéologie de l'intérêt général », dans *Variation autour de l'idéologie de l'intérêt général*, vol. 1, Paris, PUF, 1978, p. 11 s., spéc. p. 41 s. ; Rapp. publ. du CE 1999, *op. cit.*, « Mutation et renouveau de l'intérêt général », p. 313 s. ; J. M. Pontier, « L'intérêt général existe-t-il encore ? », Paris, Rec. Dalloz 1998, p. 327 s. ; A. Teyssier, « Heurs et malheurs de l'intérêt général au miroir de l'État », dans *L'intérêt général aux XIXe et XXe siècles*, Les cahiers pour l'histoire de l'épargne, Actes de la Journée d'étude organisées à la Caisse nationale des Caisses d'Épargne le 21 oct. 2008, n° 12, avril 2009, p. 35 s., spéc. p. 42 s. ; F. Rangeon, *L'idéologie de l'intérêt général*, *précit.*, p. 155 s. et 180 s.

3266 J. M. Pontier, « L'intérêt général existe-t-il encore ? », *art. cit.*

3267 V. sur la critique néo-libérale de l'intérêt général, F. Rangeon, *L'idéologie de l'intérêt général*, *op. cit.*, p. 200 s.

3268 « Mutations et renouveau de l'intérêt général », dans Rapport public du CE, 1999, *op. cit.*, p. 313 s.

3269 V. sur la critique marxiste de l'intérêt général, F. Rangeon, *L'idéologie de l'intérêt général*, *op. cit.*, p. 180 s.

3270 J.-M. Pontier, « L'intérêt général existe-t-il encore ? », *art. cit.*

3271 Rapport public du CE 1999, *op. cit.*, p. 314.

3272 V. sur A. de Tocqueville, Y. Miyashiro, *La philosophie libérale-républicaine de la démocratie chez Alexis de Tocqueville*, Thèse philosophie, Paris 4, 2010 ; Y. Couture, *Philosophie politique et modernité : l'exemple de Tocqueville*, Thèse Science politique, Paris 1, 1998 ; L. Guellec, *Tocqueville et les langages de la démocratie*, texte remanié d'une thèse, Paris, H. Champion, 2004.

s'accompagnent de ceux de l'individualisme »[3273]. Plus précisément, selon TOCQUEVILLE, guidé par un « amour plus ardent et plus durable pour l'égalité que pour la liberté »[3274], l'homme se désintéresse de la sphère étatique « parce qu'il comprend mal l'influence que la destinée de l'État peut exercer sur son sort »[3275]. Dans ce cas, la recherche de l'intérêt général semble vaine[3276].

1112. La critique de l'intérêt général peut ensuite être dite « sociologique » car « l'intérêt général serait introuvable »[3277]. J.-M. PONTIER souligne en effet que « l'intérêt poursuivi à un moment donné par les dirigeants n'est qu'un compromis ou un équilibre entre une pluralité d'intérêts, ou la victoire momentanée de l'un de ces intérêts »[3278]. Enfin, la crise de l'intérêt général est aussi économique dans la mesure où « il est dégagé par l'État et justifie donc le dépassement des intérêts des particuliers »[3279] et des grandes « libertés économiques »[3280].

1113. Ainsi, l'intérêt général est remis en cause. Toutefois, malgré les différents points de vue, un point de convergence existe entre ces critiques. Ce point est lié au rôle traditionnel que détient l'État sur l'intérêt général. J.-M. PONTIER rappelle d'ailleurs que « dans la conception classique du droit administratif, l'intérêt général légitime est défini par l'État car ce dernier bénéficie d'une présomption d'agir dans l'intérêt de tous. Seul l'État dispose de l'objectivité nécessaire pour édicter des normes et c'est pourquoi, seul, il peut exprimer l'intérêt général »[3281]. Ainsi, la « crise de l'intérêt général »[3282]

3273 J.-M. Pontier, « L'intérêt général existe-t-il encore ? », *art. cit.*

3274 A. de Tocqueville (1805-1859), *De la démocratie en Amérique II*, Paris, rééd. Gallimard, coll. « Folio/histoire », 1961, p. 137.

3275 *Ibid.*, p. 150.

3276 Néanmoins, l'auteur montre qu'en « chargeant les citoyens de l'administration des petites affaires, bien plus qu'en leur livrant le gouvernement des grandes, on peut les intéresser au bien public », *ibid.*, p. 151.

3277 J.-M. Pontier, *art. cit.*, p. 327 s.

3278 J.-M. Pontier, *art. cit.* L'auteur souligne que « l'intérêt général serait lié au rôle prééminent de l'État qui a conduit à sacrifier, de manière abusive, de nombreux intérêts particuliers ». V. aussi sur les dérives de l'intérêt général, M. Crozier, *État modeste, État moderne*, Paris, Fayard, 1987, p. 125. Réf. citée par J.-M. Pontier, *art. cit.*, p. 327 s.

3279 J.-M. Pontier, *art. cit.*

3280 *Ibid.*

3281 J.-M. Pontier, « L'intérêt général existe-t-il encore ? », *art. cit.*

3282 Les auteurs se référant à la crise de l'intérêt général lient généralement cette crise à la crise de l'État : C. Legrand, F. Rangeon et J.-F. Vasseur, « Contribution à l'analyse de l'idéologie de l'intérêt général », art. cit., p. 181 s., spéc., p. 207 s. ; J. Chevallier, « Réflexions sur l'idéologie de l'intérêt général », art. cit., p. 11 s., spéc. p. 41 s. ; Rapport public CE 1999, *op. cit.*, « Mutation et renouveau de l'intérêt général », p. 313 s. ; A. Teyssier, « Heurs et malheurs de l'intérêt général au miroir de l'État »,

qui est transcendant, c'est-à-dire, lié au pouvoir politique est en étroite relation avec « la crise de l'État »[3283]. En effet, l'État est considéré en France comme le « garant de l'intérêt général »[3284]. Or, c'est « l'intensité de cette relation avec l'État qui est à l'origine des mutations profondes qui affectent aujourd'hui la notion d'intérêt général »[3285]. La crise de l'État, soulève le rapport public du Conseil d'État, « qui le fragilise, et la crise de la représentation qui touche l'ensemble des institutions françaises, ne pouvaient manquer, en effet, d'emporter des conséquences importantes sur les modes traditionnels de formulation de l'intérêt général »[3286].

1114. Ainsi, la crise de l'intérêt général est liée à la crise de l'État. Une telle remise en cause de la notion d'intérêt général n'est pas sans effet sur la crise du droit administratif.

2. Les effets de la crise de l'intérêt général sur le droit administratif

1115. En même temps que l'intérêt général est censé péricliter, la doctrine administrative s'unit autour de l'idée de « crise du droit administratif ». La principale épreuve que subit le droit administratif est saisissante dans la mesure où il est question de remettre en cause « l'existence même de ce droit »[3287]. Celui-ci ne serait en effet plus « exorbitant du droit

---

art. cit.

3283 V. par ex. sur la crise de l'État, P. Rosanvallon, *La crise de l'État providence*, Paris, Seuil, 1992 ; J. Chevallier, *L'État post-moderne*, Paris, LGDJ, coll. « Droit et société » , 2004 ; A. Guéry, *La construction de l'État. L'historien, la crise et l'État*, Paris, Armand Colin, 1997 ; J. Duchastel et R. Canet (dirs), *Crise de l'État, revanche des sociétés*, Outremont, Athéna Éd., Québec, Chaire de recherche du Canada en mondialisation, citoyenneté et démocratie, 2006 ; G. Fomerand, *Crise des valeurs et mutation de l'État : vers une alternative locale ?*, Paris, Éd. Loysel, 1994 ; P. Aghion et A. Roulet, *Repenser l'État : pour une sociale-démocratie de l'innovation, précit.* ; N. Poulantzas (dir.), *La crise de l'État*, Paris, PUF, 1977 ; J. Grévy (dir.), *Sortir de cris, précit.* ; D. Olivennes et N. Baverez, *L'impuissance publique, précit.* ; C. Denizeau, *L'idée de puissance publique à l'épreuve de l'Union européenne, précit.*, p. 531 s.

3284 Rapport public CE, 1999, *op. cit.*, p. 316.

3285 *Ibid.*

3286 *Ibid.*

3287 J. Caillosse, « Quel Droit administratif enseigner aujourd'hui ? », RA, n° 328, 2002, p. 343 s. ; J. Caillosse, « Quel Droit administratif enseigner aujourd'hui ? », RA, n° 329, 2002, p. 454 s. ; J.-J. Bienvenu, « Le droit administratif : une crise sans catastrophe », Droits, 1986, p. 93 s. ; B. Oppétit, « L'hypothèse du déclin du droit », Droits, Paris, PUF, 1985, n° 4, p. 9 s. ; J. Caillosse, R. Drago, « Réflexions sur l'état du droit administratif », dans *Clés pour le siècle*, Paris, Dalloz, 2000, université Panthéon-Assas, Paris II, p. 436 s.

commun » (spécifique par rapport au droit privé)[3288]. De telles positions, parfois relativisées[3289], ont également contribué à remettre en cause l'existence du dualisme juridictionnel[3290].

1116. Si la notion de crise du droit administratif n'est pas novatrice[3291], elle a toutefois pris une dimension singulière, eu égard aux modifications de l'intérêt général. En effet, ce dernier demeure « la notion phare du droit administratif. Il constitue encore à la fois la finalité et la limite de l'action administrative »[3292]. Par conséquent, l'affaiblissement de l'intérêt général a des répercutions sur le droit administratif[3293]. Néanmoins, concrètement, comment le droit administratif a-t-il pu s'affaiblir notamment[3294] à cause de la notion d'intérêt général ?

3288 F. Melleray, « L'exorbitance du droit administratif en question(s) », AJDA, 2003, p. 1961 ; F. Melleray (dir.), *L'exorbitance du droit administratif en question(s)*, *op. cit.*

3289 J.-J. Bienvenu, « Le droit administratif : une crise sans catastrophe », Droits, 1986, p. 93 s. ; J. Chevallier, « L'évolution du droit administratif », RDP, 1998, p. 1794 s. ; D. Truchet, « Avons-nous encore besoin du droit administratif ? », *art. cit.*, p. 1039 s. ; J.-B. Auby, « La bataille de San Romano. Réflexions sur les évolutions récentes du droit administratif », AJDA, 2001, p. 921 ; J.-M. Pontier, « Qu'est-ce que le droit administratif ? », art. cit., p. 1937 s. ; B. Seiller, « L'érosion de la distinction SPA-SPIC », AJDA, 2005, p. 417 s. ; F. Béroujon, « Évolution du droit administratif : avancées vers la modernité ou retour aux Temps modernes ? », RFDA, 2008, p. 449 s. ; B. Ferrari, « Le déclin du droit administratif français entre chimère et réalité », AJDA, 2006, p. 1021 s.

3290 V. par ex., M. Bazex, « L'implosion du dualisme de juridiction », dans *Droit administratif. Bilan critique*, Pouvoirs, 1988, n° 46, p. 35 s. ; D. Truchet, « fusionner les juridictions administrative et judiciaire ? », dans Études offertes à J.-M. Auby, Paris, Dalloz, 1992, p. 335 s. ; D. Truchet, « la structure du droit administratif peut-elle demeurer binaire ? », dans *Clés pour le siècle*, Paris, Dalloz, 2000, Université Panthéon-Assas/Paris II, p. 443 s. ; L. Cohen-Tanugi, « L'avenir de la justice administrative », Pouvoirs, 1988, n° 46, p. 13 s.

3291 Le thème relatif à la crise du droit administratif est récurent : A. de Laubadère, « Réflexions sur la crise du droit administratif français », Paris, Recueil Dalloz, 1952, p. 5 ; J. Boulouis, « Supprimer le droit administratif ? », Pouvoirs, n° 46, 1988, p. 5 s. V. également sur le dualisme juridictionnel, le « Dossier », dans AJDA, 20 sept. 1990, p. 579 s. ; M. D'alberti, *Diritto amministrativo comparato*, Bologne, Mulino, 1992, p. 36 s. ; S. Cassese, *Construction du droit administratif. France et Royaume-Uni*, Paris, Montchrestien, 2000, p. 105 s.

3292 Rapport public CE, 1999, *op. cit.*, p. 271 s.

3293 J.-M. Pontier, *op. cit.*, p. 327 s.

3294 La crise du droit administratif ne s'explique pas uniquement par la crise que traverse la notion d'intérêt général. V. par ex. sur la crise du droit administratif français, A. de Laubadère, « Réflexions sur la crise du droit administratif français », dans *Pages de doctrine*, Paris, LGDJ, 1980, T. 2, p. 177 s. Il faut noter que d'autres facteurs interviennent dans cette crise. V. par ex. sur la banalisation des personnes

1117. Pour répondre à cette interrogation, il faut rappeler, à l'instar de J.-M. PONTIER, qu' « au cours du XIXe jusqu'au début du XXe siècle, la formulation du droit administratif a coïncidé avec l'assimilation de l'intérêt général à la puissance publique »[3295], c'est-à-dire l'État. On retrouve donc là encore la problématique de l'État qui est liée à la notion d'intérêt général. En effet si l'État « se trouvait soumis à un régime juridique distinct de celui applicable aux personnes privées[3296], si la loi était considérée comme l'expression de la volonté générale, si l'acte administratif pouvait donner lieu à la manifestation de prérogatives de puissance publique »[3297], c'est, parce qu'un « intérêt à part, au-dessus des autres intérêts justifiait de telles dérogations »[3298]. En effet, n'était-ce pas, poursuit J.-M. PONTIER « la noblesse de la finalité poursuivie [c'est-à-dire l'intérêt général] qui légitimait cette différence, les intérêts privés étant considérés comme des intérêts, sinon méprisables, du moins n'ayant pas la grandeur, l'incontestabilité, l'irrécusabilité de l'intérêt général ? »[3299].

1118. Or, au début du XXe siècle, la dislocation de l'intérêt général est liée à la « dé-consistance du droit administratif »[3300]. L'intérêt général n'est alors plus assimilé à l'idée de puissance publique[3301]. Cela s'explique, note encore J.-M. PONTIER, par la reconnaissance de la capacité des personnes privées à gérer un service public[3302] et à édicter des actes pouvant avoir la qualité d'actes administratifs[3303]. Ce faisant, le juge admet que « des personnes privées peuvent, elles aussi, poursuivre l'intérêt général »[3304]. L'intérêt général ne justifie donc plus l'application du droit administratif par le juge

---

publiques (J.-B. Auby, « Le mouvement de banalisation du droit des personnes publiques et ses limites », dans Études offertes à J.-M. Auby, Dalloz, 1992, p. 3 s.), la contractualisation « des actions et des moyens publics d'intervention » (M. Hecquard-Théron, « la contractualisation des actions et des moyens publics d'intervention », AJDA, 1993, p. 451 s.), la question de la modernisation de l'État « à des fins d'efficacité » (J. Caillosse, « Le droit, verrou de la modernisation ? », dans P. Muller (dir.), *L'administration française est-elle en crise ?*, Paris, L'Harmattan, 1992, p. 256) ou encore la question de la complexité du droit administratif (F. Burdeau, « La complexité n'est-elle pas inhérente au droit administratif ? », *art. cit.*, p. 417 s.).

3295 J.-M. Pontier, *Opus cit.*, p. 327 s.

3296 TC 8 février 1873, *Blanco*, Rec., 1er supplt 61, concl. David.

3297 J.-M. Pontier, *op. cit.*, p. 327 s.

3298 *Ibid.*

3299 *Ibid.*

3300 *Ibid.*

3301 *Ibid.*

3302 CE, Ass. 13 mai 1938, *Caisse primaire « Aide et protection »*, Rec., p. 417.

3303 CE, Ass. 31 juillet 1942, *Montpeurt*, Rec., p. 239 – CE, Sect., 13 janvier 1961, Magnier, Rec., p. 33.

3304 J.-M. Pontier, *op. cit.*, p. 327 s.

administratif. Les personnes privées[3305] peuvent ainsi poursuivre l'intérêt général qui pourra, dans certains cas, être contrôlé par le juge judiciaire[3306] appliquant les règles du droit privé. Ce phénomène s'accentue avec l'interventionnisme croissant des personnes publiques[3307] dans « la sphère marchande »[3308] qui s'est accompagnée « de la possibilité offerte à des personnes privées de prendre en charge des activités d'intérêt général »[3309].

1119. Parallèlement à cela, si l'intérêt général peut être poursuivi par une personne privée, il peut ne plus être poursuivi, parfois, par la personne publique[3310]. Ce faisant, « un doute subsiste entre la liaison droit administratif-intérêt général. Ce doute obscurcit l'image de la production de l'intérêt général et conduit à sa dilution (aggravée en matière économique[3311]) »[3312] ; et ce, d'autant plus que l'intérêt général demeure, pour une grande partie de la doctrine, une notion particulièrment floue et indéterminée.

1120. Ainsi, l'intérêt général simple (non supérieur/activité du public), s'il peut être poursuivi par une personne privée et relever du droit commun, ne perd pas pour autant son caractère transcendant[3313]. Néanmoins,

---

3305 V. sur la participation des personnes privées aux activités d'intérêt général, Y. Broussolle, *La participation des personnes privées aux activités d'intérêt général, précit. ;* M. Drapier, « Entre personnes privées et mission d'intérêt général, la fondation du patrimoine », D. 1997, chron., p. 212 s.

3306 TC 22 janvier 1921, *Société commerciale de l'ouest africain*, Rec., p. 91 ; D. 1921.3.1, concl. Matter.

3307 Multiplication des interventions de l'État dans des activités non régaliennes. V. sur ce point, la note de M. Hauriou sous TC 9 déc. 1899, *Ass. synd. du canal de Gignac*, S. 1900.3.49.

3308 En cas de carence de l'initiative privée notamment : CE, 30 nov. 1930, *Ch. synd. comm. en détail de Nevers, précit.*

3309 Rapport public CE, 1999, *op. cit.*, p. 334.

3310 D. Truchet, *Les fonctions de la notion d'intérêt général (...), op. cit.*, p. 43. Pour l'auteur, certains litiges sont « étrangers à tout intérêt général ». Toutefois, ces jurisprudences sont rares. V. également, J.-M. Pontier, *op. cit.*, p. 327 s.

3311 En effet, en matière économique, lorsqu'une personne publique intervient sur le marché elle doit se comporter comme une personne privée (CE, Avis, 8 nov. 2000, *Sté Jean-Louis Bernard Consultants*, n° 222208, Rec., p. 492, concl. Bergeal). La gestion de l'intérêt général par les personnes publiques ou privées est alors indifférente. V. sur l'intérêt général en matière économique, Rapport public CE, 1999, *op. cit.*, p. 333 (« Les mutations dans les modes d'exercice de l'intérêt général : vers une meilleure conciliation entre service public et marché) ; G. Clamour, *Intérêt général et concurrence, op. cit.*

3312 J.-M. Pontier, *op. cit.*, p. 327 s.

3313 Notre position rejoint celle de G. Clamour. Selon l'auteur, l'intérêt général, en matière économique ne perd pas son caractère transcendant. Au contraire, il est lié à une redéfinition de l'action publique. En effet, « l'intérêt objectivé du marché n'est pas l'intérêt subjectif d'un ou des concurrents, le droit de la concurrence n'est pas le droit des concurrents. Comprendre le droit de la concurrence en ces termes ouvre

il ne peut plus servir de critère fiable d'application du droit administratif spécifique (exorbitant). Le droit administratif, construit sur les bases idéologiques de l'intérêt général[3314] justifiant son exorbitance (spécificité par rapport au droit privé), perd alors sa raison d'être, d'autant plus que la doctrine estime parfois que l'intérêt général s'assimile aux intérêts privés[3315]. De telles considérations contribuent à alimenter, selon nous, la crise du droit administratif.

1121. Ainsi, la crise de l'intérêt général est liée à la crise que traverse le droit administratif. Mais à ce stade, la crise de l'intérêt général ne permet pas de répondre à la nécessité de préserver un juge spécifique, ni un droit spécifique, c'est-à-dire exorbitant du droit commun. Un tel constat est le produit de la confusion des intérêts généraux ; confusion que nous proposons de remettre en cause.

B. La distinction des intérêts généraux, réponse à la crise du droit administratif

1122. L'étude de la jurisprudence administrative nous permet de proposer l'idée selon laquelle la confusion des intérêts généraux est un facteur d'enlisement de la crise du droit administratif (1). La distinction des intérêts généraux constituera alors un facteur de résolution de la crise du droit administratif (2).

1. La confusion des intérêts généraux, facteur d'enlisement de la crise du droit administratif

1123. Pour rappel, le principal facteur de trouble est lié à la dilution de l'intérêt général qui n'est plus un critère satisfaisant de compétence juridictionnelle administrative, ni d'application du droit administratif.

---

indéniablement de nouvelles perspectives et donne à voir une logique fonctionnelle comparable à celle de la notion publiciste d'intérêt général », G. Clamour, *Intérêt général et concurrence*, Thèse, *op. cit.*, p. 793. V. également sur ce point, « évoquer des difficultés de conciliation entre exigences traditionnelles d'intérêt public et principes d'ordre économique et commercial, masque mal en réalité une volonté de conserver son intégrité à la conception classique de l'intérêt général, censé être irréductible à toute préoccupation de type économique. Bien au contraire, la prise en compte de ces exigences par le pouvoir politique ne fait que traduire l'évolution des préoccupations politiques », É. Saillant, *L'exorbitance en droit public*, *op. cit.*, p. 388.

[3314] J. Chevallier, « Les fondements idéologiques du droit administratif français », art. cit., p. 3 s.

[3315] J.-J. Laffont, « intérêt général et intérêts particuliers », dans Rapport public du Conseil d'État, 1999, *op. cit.*, p. 421 s.

L'intérêt général est en effet omniprésent dans la jurisprudence judiciaire[3316]. La jurisprudence européenne[3317] a d'ailleurs accentué ce phénomène[3318]. Ainsi, le juge judiciaire, à l'instar du juge administratif, se livre à une appréciation de l'intérêt général. Le juge administratif n'a donc plus le monopole de l'intérêt général. La similitude est telle que le juge judiciaire se réfère lui aussi au même contenu matériel que le juge administratif. Il se réfère par exemple à l'intérêt général de la population[3319] ou encore à l'intérêt général qui est lié à la satisfaction des besoins des consommateurs[3320], de la santé publique[3321] ou de la sécurité publique[3322]. Un tel constat peut alors légitimement semer le trouble. L'intérêt général ne constitue pas le monopole de la compétence administrative juridictionnelle. Il ne permet pas non plus de constituer un critère satisfaisant d'application du droit administratif.

[3316] V. par ex. le contentieux relatif à la protection de l'intimité de la vie d'autrui, C. Cass. civ. 1re, 6 oct. 2011, n° 10-21822, à par. au Bulletin.

[3317] C. Cass., ch. soc., 21 mars 2012, n° de pourvoi : 04-47532, à par. au bull. – C. Cass. ch. Crim., 29 mars 2011, n° 10-85887, Bull. crim. 2011, n° 61.

[3318] L'intérêt général européen s'applique en effet devant les juridictions administratives et judiciaires. V. pour davantage de précision sur ce point, le chapitre 2 du présent titre.

[3319] C. Cass., civ. 3e, 25 nov. 1980, n° 79-12562, Bull. des arrêts Cour de Cass. Ch. civ. 3, N. 184 : « que, des lors, en décidant que l'interdiction de modifier l'affectation des lots serait justifiée par la destination du centre commercial, la cour d'appel n'a pas conféré de base légale à sa décision, alors que, d'autre part, Besse avait fait valoir dans ses conclusions délaissées par la cour d'appel que les commerces initialement prévus par le règlement de copropriété avaient été remplacés par de nouvelles activités qui répondaient davantage aux besoins et aux aspirations des habitants ; que, des lors, la destination du centre n'impliquait nullement l'existence d'activités stables, mais rendait au contraire nécessaire la mutation des commerces, afin de satisfaire aux besoins réels de la population ; que, de ce fait, la restriction apportée en l'espèce, aux droits des copropriétaires était illégale ». V. également s'agissant de « l'intérêt général de la population », C. Cass. ch. Crim., 23 janvier 2007, n° 06-83128, non publié au bull., « s'il est loisible au législateur, dans le respect des libertés constitutionnelles garanties, d'imposer aux opérateurs de réseaux de télécommunications de mettre en place et de faire fonctionner les dispositifs techniques permettant les interceptions justifiées par les nécessités de la sécurité publique, le concours ainsi apporté à la sauvegarde de l'ordre public dans l'intérêt général de la population est étranger à l'exploitation des réseaux de télécommunications ». V. également, C. Cass. ch. Crim., 14 nov. 2006, n° 06-83104, Bull. crim. 2006 N° 282 p. 1022.

[3320] C. Cass. ch. Crim., 20 juillet 2011, n° 10-85572, non publié au Bull.

[3321] C. Cass. ch. Crim., 24 janvier 2012, n° 11-90119, non publié au bull. – C. Cass., civ. 2e, 16 février 2012, n° 10-26695, non publié au bull. – C. Cass. ch. Com., 14 février 2012, n° 10-27873, non publié au Bull.

[3322] C. Cass. ch. Crim. 11 avril 2012, n° 11-83007, Bull. crim. 2012, n° 91 – C. Cass. ch. Crim., 25 oct. 2011, n° 11-80017, Bull. crim. 2011, n° 218.

1124. Or, nous ne souhaitons pas nous arrêter à un tel constat d'échec. Cette analyse liée à la dilution de l'intérêt général qui deviendrait presque inutile ou inopérant en droit public n'est pas satisfaisante. En effet, ce qui sème le trouble en réalité, c'est la confusion des intérêts généraux[3323].

2. La distinction des intérêts généraux, facteur de résolution de la crise du droit administratif

1125. Le juge administratif, comme le juge judiciaire, statuent sur des considérations d'intérêt général. Or, au regard de l'analyse de la jurisprudence, il apparaît, selon nous, des intérêts généraux qui demeurent, par nature, liés à l'application du droit administratif : ce sont les intérêts liés à la satisfaction des besoins essentiels de la puissance étatique (l'intérêt général supérieur). En effet, ce qui reste aujourd'hui à travers ce qui change, c'est le caractère transcendant de l'intérêt général qui rappelle la liaison entre le pouvoir politique et le droit administratif. L'intérêt général, nous l'avons déjà vu, est l'expression, en certains cas, de la souveraineté cachée de l'État dans la jurisprudence administrative[3324]. Or, lorsque l'intérêt général est lié à l'exercice de cette souveraineté, il nécessite l'application d'un droit exorbitant, c'est-à-dire inégalitaire ici au profit de la collectivité et au détriment parfois du justiciable. L'intérêt général n'est alors plus seulement au service d'une fin spéciale, mais d'un moyen[3325] spécifique, nécessaire à l'action publique : c'est l'intérêt général fin-moyen (Chapitre 1 du présent titre).

1126. Cette exorbitance, qui a fait l'objet de nombreux débats[3326], a certes été remise en cause, mais non niée. On constate d'ailleurs que l'exorbitance du droit administratif est liée à la nécessité de satisfaire les besoins inhérents de la puissance publique. C'est donc l'idée de l'État, de puissance étatique, qui justifie, fonde cette exorbitance. Celle-ci est donc liée à la présence d'une autorité politique qui nécessite de mettre en place des règles différentes du droit commun. Or, l'intérêt général étant la marque de la

---

[3323] Pour rappel, selon D. Truchet, l'intérêt général ne peut renvoyer qu'à la satisfaction des besoins de la population (D. Truchet, « Avons-nous encore besoin du droit administratif ? », art. cit., p. 1039 s., spéc. p. 1048 ; D. Truchet, *Le droit public, précit.*, p. 101 ; D. Truchet, *Droit administratif, op. cit.*, p. 70). V. dans le même sens, Y. Broussolle, *La participation des personnes privées aux activités d'intérêt général, précit.,* p. 11. ; P.-L. Frier et J. Petit, *Précis de droit administratif, op. cit.*, p. 190 ; P. Gonod, F. Melleray et P. Yolka, *Traité de droit administratif, op. cit.*, p. 130.

[3324] V. sur ce point la section 1 du présent chapitre.

[3325] V. sur le rôle de l'intérêt général qui est lié aux fins et aux moyens, D. Linotte, thèse, *op. cit.*, p. 410 : « le dualisme d'appréciation de l'intérêt général ».

[3326] V. sur ce point, F. Melleray (études réunies par), *L'exorbitance du droit administratif en question(s), op. cit.*

présence de cette autorité politique, il nécessite parfois, lorsqu'il est supérieur (intérêt général fin-moyen), l'application d'un droit spécial. Nous avons déjà démontré cela dans le domaine de la responsabilité, de la fiscalité ou encore à travers les moyens de l'action administrative (actes administratifs unilatéraux et contrats). Dans les différents cas évoqués, l'intérêt de la collectivité prime sur les intérêts des particuliers et du public. L'intérêt général, lié à la supériorité de la puissance étatique impose alors des contraintes exorbitantes, c'est-à-dire inégalitaires. De tels besoins, liés à la souveraineté de l'État, sont essentiellement liés « aux activités régaliennes »[3327] de celui-ci ; activités considérées par M. HAURIOU comme « l'expression même de l'intérêt général »[3328].

1127. Cela explique sans doute pourquoi certaines activités échappent à la compétence du juge judiciaire car « par nature », elles ressortent de la compétence du juge administratif. En effet, si certaines activités d'intérêt général « non essentielles »[3329] peuvent être qualifiées de service public administratif[3330], ce sont les activités régaliennes liées à l'exercice de prérogatives de puissance publique qui constituent des services publics par nature, régis par les règles spécifiques du droit public[3331]. L'idée de service public par nature a déjà été développée dans les conclusions MATTER dans l'affaire *Bac d'Eloka*. Le rapporteur public explique en effet que « certains services sont de la nature, de l'essence même de l'État ou de l'administration publique ; il est nécessaire que le principe de séparation des pouvoirs en garantisse le plein exercice, et leur contentieux sera de la compétence administrative. D'autres services, au contraire, sont de nature privée, et s'ils sont entrepris par l'État, ce n'est qu'occasionnellement, accidentellement, parce que nul particulier ne s'en est chargé, et qu'il importe de les assurer dans un intérêt général ; les contestations que soulève leur exploitation ressortent naturellement de la juridiction de droit commun »[3332].

1128. L'idée du service par nature (lié aux fonctions régaliennes de l'État) est présente dans la jurisprudence administrative[3333]. Cette idée selon

---

[3327] V. pour des précisions sur ce point, la section 1 du présent chapitre.

[3328] « Si l'État entreprend de satisfaire, en plus des intérêts politiques dont il a naturellement la charge, des intérêts d'ordre économique, si des entreprises agricoles et industrielles deviennent des membres de l'État, nous disons que c'est grave, parce qu'on nous change notre État », note M. Hauriou sou TC 9 déc. 1899, *Ass. synd. du canal de Gignac*, S. 1900.3.49 ; R. Chapus, *Droit administratif général*, t. 1., *op. cit.*, p. 535 s.

[3329] Non régaliennes.

[3330] CE, Sect., 6 avril 2007, *Cne d'Aix-en-Provence*, Rec., p. 155.

[3331] C. Boiteau, « L'exorbitance du droit des services publics », *art. cit.*, p. 179 s.

[3332] D. 1921.3.1, concl. Matter, *précit.*

[3333] CE, 17 déc. 1997, *Ordre des avocats à la cour de Paris*, n° 181611, Rec., p. 491 : « la mise à disposition et la diffusion de textes, décisions et documents juridiques de

laquelle les activités d'intérêt général essentielles aux fonctions de l'État doivent être régies par le droit public ressort également dans la jurisprudence récente lorsque sont en cause « les activités qui, telles la réglementation, la police ou le contrôle, ressortent par leur nature de prérogatives de puissance publique »[3334]. Cela signifie que le « caractère administratif de certains services publics est d'abord lié à leur objet qui se rattache aux fonctions essentielles de l'État et des autres personnes publiques »[3335] ; et ce, malgré la qualification donnée par la loi.

1129. Ainsi, seul l'intérêt général lié à la satisfaction des besoins inhérents/essentiels de la puissance publique peut, selon nous, participer à la résolution de la crise du droit administratif dans la mesure où il justifie à la fois la compétence administrative juridictionnelle mais surtout l'existence d'un droit administratif spécifique, c'est-à-dire exorbitant. Autrement dit, l'intérêt général supérieur peut constituer le cœur de l'exorbitance d'un droit administratif défini comme le droit de l'Administration (critère institutionnel) lié à la satisfaction des besoins supérieurs de la collectivité (critère matériel).

1130. *A contrario*, si le droit administratif est défini comme le droit de l'Administration lié à la satisfaction de l'ensemble des activités administratives[3336], c'est-à-dire si l'on englobe l'ensemble des intérêts généraux, dans ce cas, l'intérêt général ne peut pas être un critère satisfaisant de compétence administrative juridictionnelle ni d'application du droit administratif spécial. D. TRUCHET précise d'ailleurs que le droit administratif ainsi défini, « contient [...], au sein du droit public, les règles de toute origine qui s'appliquent à l'activité administrative, dans sa double

---

la nature de ceux mentionnés à l'article 1er, précité, du décret attaqué, dans des conditions adaptées à l'état des techniques, s'appliquant, sans exclusive ni distinction, à l'ensemble de ces textes, décisions et documents – et notamment de ceux dont la diffusion ne serait pas économiquement viable – et répondant aux exigences d'égalité d'accès, de neutralité et d'objectivité découlant du caractère de ces textes, constituent, par nature, une mission de service public au bon accomplissement de laquelle il appartient à l'État de veiller » – CE, 26 nov. 2001, *M. X.*, n° 236947, inédit : les litiges relatifs à la suspension de la participation des caisses au financement de ses cotisations de sécurité sociale, « décidées conjointement par les organismes représentant les caisses signataires de la convention susmentionnée, en vertu de prérogatives de puissance publique qu'elles exercent en vue de l'accomplissement de la mission de service public dont elles sont chargées, relèvent par nature de la compétence de la juridiction administrative » – CE, Ass. 24 mars 2006, *Ordre des avocats au barreau de Paris*, Rec., p. 272.

[3334] TC 29 déc. 2004, *Époux Blanckeman c. Voie navigables de France*, Rec., p. 526 – CE, 16 oct. 2006 *Caisse centrale de réassurance c. Mutuelle des architectes français*, Rec., p. 640.

[3335] *GAJA, précit.*, p. 224.

[3336] T. Truchet, *Droit administratif, op. cit.*, p. 52.

composante institutionnelle et matérielle »[3337]. L'intérêt général simple est donc un indice parmi d'autres[3338] ou un critère insuffisant d'application du droit administratif spécial[3339].

1131. Maintenant, limiter le droit administratif au droit de l'Administration lié à la satisfaction des besoins supérieurs de la collectivité pourrait sembler excessif. De trop nombreuses situations nécessitent l'application du droit administratif spécial alors qu'il n'est pas directement question de défendre la souveraineté de l'État au sens matériel. La reconnaissance d'un véritable critère matériel permettant de justifier l'application du droit administratif paraît plus raisonnable. Ainsi, nous pourrions dire qu'en présence de l'intérêt général supérieur, le droit administratif spécial s'applique devant le juge administratif. Toutefois, le droit administratif spécial ne se résume pas à l'existence de cet intérêt général supérieur. Enfin, l'intérêt général simple, trop dilué, ne constitue pas un véritable critère de compétence administrative juridictionnelle ni d'application du droit administratif spécial. Il est un simple indice, qui, combiné avec d'autres[3340] peut permettre l'application du droit administratif devant le juge administratif.

1132. Dès lors, comme critère d'application du droit administratif spécial, l'intérêt général supérieur renforce indirectement le critère « dérivé de l'idée de puissance publique »[3341]. Or, comme on l'a vu, loin d'être remise en cause par le droit de l'Union européenne, la puissance publique peut également être « communautaire »[3342] et pas seulement « étatique ». Ce faisant, la remise en cause de l'État ne remet pas en question l'exercice d'un pouvoir politique lié à l'existence de la puissance publique. C. DENIZEAU constate d'ailleurs que dans ce cas, les « institutions communautaires exercent des

---

[3337] *Ibid.*, p. 53.

[3338] V. par ex. sur le rôle des missions d'intérêt général dans la définition du droit administratif, P. Gonod, F. Melleray et P. Yolka, *Traité de droit administratif*, t. 1, *op. cit.*, p. 130 s.

[3339] Nous proposons ici de définir le droit administratif au sens strict pour en retenir sa spécificité. Mais la doctrine partage largement l'idée selon laquelle le droit administratif est un mélange de règles spécifiques et de règles de droit commun. Une telle démarche ne permet cependant pas, dans notre cas, de répondre à la fonction de l'intérêt général dans la définition du droit administratif tel qu'il est lié, selon nous, à l'application de règles qui traduisent la supériorité du pouvoir politique et nécessite donc l'application de règles spécifiques, inégalitaires par rapport aux justiciables.

[3340] V. pour les autres critères à prendre en compte dans la définition du droit administratif, P. Gonod, F. Melleray et P. Yolka, *Traité de droit administratif*, t. 1, *op. cit.*, p. 130 s.

[3341] Y. Gaudemet, *Droit administratif*, 20e éd., Paris, LGDJ, Lextenso-Editions, 2012, p. 41, n° 54.

[3342] C. Denizeau, *L'idée de puissance publique à l'épreuve de l'Union européenne, op. cit.*, p. 570.

prérogatives exorbitantes »[3343]. C'est donc bien le signe que la puissance publique, étatique ou non, suppose l'application de règles spécifiques. Le droit de l'Union européenne ne remet pas cela en cause. C'est le centre d'impulsion qui varie, mais pas les moyens nécessaires à l'exercice du pouvoir politique. L'intérêt général préservant ainsi les besoins inhérents de la puissance publique (étatique ou supra-étatique) a donc de beaux jours devant lui ; l'exercice du pouvoir politique nécessitant, quoi qu'il arrive[3344], des prérogatives exorbitantes, justifiées par des considérations d'intérêt général.

1133. Cette explication est satisfaisante car elle répond aux exigences du droit de l'Union européenne. En effet, le droit de l'Union, comme le droit européen qui s'applique devant les juridictions administrative et judiciaire, a participé à la dilution de l'intérêt général. Les mêmes règles devant s'imposer dans chaque juridiction. Néanmoins, S. PIGNON a mis en avant comment, s'agissant des activités étatiques, l'État membre pouvait « déroger aux règles communautaires »[3345]. En effet, les activités régaliennes de l'État, liées « à la souveraineté de l'État [...] apparaissent comme naturellement de compétence étatique »[3346]. Ainsi, la primauté du droit de l'Union ne remet pas en cause l'existence d'un droit spécifique justifié par les besoins de la puissance publique.

1134. Dès lors, si la dilution de l'intérêt général a conduit à remettre en cause l'existence du droit administratif, la satisfaction des besoins essentiels de la puissance publique permet de reconstruire un critère satisfaisant d'application du droit administratif spécial et de compétence administrative juridictionnelle : l'intérêt général supérieur.

[3343] C. Denizeau, *op. cit*, p. 570. V. également, D. Berlin, « Droit communautaire et régimes exorbitants du droit commun », dans *Droit administratif et droit communautaire*, AJDA, n° spécial, 1996, p. 39 s.

[3344] Cela explique la nécessité d'un droit administratif, même au Royaume-Uni. : S. Cassese, *Construction du droit administratif. France et Royaume-Uni*, Paris, Montchrestien, 2000, p. 70 s.

[3345] S. Pignon, *La prise en compte de l'intérêt général par le droit communautaire, précit.*, p. 27.

[3346] S. Pignon, *op. cit.*, p. 27 ; E. Honorat, « La notion d'intérêt général dans la jurisprudence de la Cour de justice des Communautés européennes », dans Rapport public CE, 1999, *op. cit.*, p. 387 s. ; T. Bernard, « Les conceptions de l'intérêt général dans l'Union européenne », dans Rapport public CE, 1999, *op. cit.*, p. 397.

Conclusion du chapitre 2.

1135. Les activités de la collectivité rendent compte des finalités d'intérêt général (fin/fin) de l'action administrative qui constitue « l'instrument de réalisation des choix politiques »[3347]. En effet, il ne s'agit plus d'analyser l'intérêt général « fin/moyen » lié à l'existence d'une puissance publique (Chapitre 1), mais d'analyser l'intérêt général « fin/fin » tel qu'il résulte de « l'action produite » par cette puissance.

1136. Ainsi, les finalités de l'intérêt général entendu comme l'activité produite par l'action publique sont liées à deux objectifs. D'une part, il s'agit de préserver les activités régaliennes de l'État qui se rattachent à la notion matérielle de la souveraineté dans les domaines de l'armée, de la police, des affaires étrangères (défense et diplomatie) et le maintien de l'ordre. D'autre part, il est question de développer les activités nécessaires au public. Globalement, ce sera l'intérêt général nécessaire à la satisfaction des besoins de la population qui s'exprimera.

Conclusion du titre 2.

1137. Selon R. CARRÉ DE MALBERG, la souveraineté de l'État s'exprime en trois sens. Le premier renvoie « au caractère suprême d'une puissance pleinement indépendante ». Le deuxième fait référence « à l'ensemble des pouvoirs compris comme la puissance d'État ». Le troisième est quant à lui davantage caractérisé par « le titulaire de la souveraineté ».

1138. Finalement, les finalités de l'intérêt général, lorsqu'elles sont liées à la prise en compte des besoins de la collectivité, renvoient à ces différents sens de la souveraineté car l'intérêt général est d'abord ontologiquement transcendant (Partie 1). Cette ontologie ou essence du politique se traduit en pratique par un intérêt général qui exprime une certaine vision de l'État et de la souveraineté.

1139. Par exemple, s'agissant du titulaire de la souveraineté, l'article 3 de la Constitution française pose qu'elle appartient au peuple qui l'exerce par ses représentants ou par la voie du référendum. Juridiquement, cela se traduit par la satisfaction des besoins de la population. L'intérêt général

---

[3347] C. Debbasch et F. Colin, *Administration publique*, 6e éd., Paris, Economica, 2005, p. 43 ; C. Eisenmann, *Cours de droit administratif*, Paris, LGDJ, t. 2, 1983, p. 26 ; O. Beaud, « L'État », dans P. Gonod, F. Melleray, P. Yolka (dirs), *Traité de droit administratif*, *op. cit.*, t. 1, p. 207.

vise donc, à satisfaire les besoins du public, sachant que le peuple est titulaire de la souveraineté.

1140. Néanmoins, contrairement à l'idée défendue par la doctrine contemporaine, nous considérons que l'intérêt général n'est pas toujours compris comme visant à satisfaire directement les besoins de la population (qui renvoie au titulaire de la souveraineté) car l'intérêt général est aussi une fin-moyen. Il participe en effet à une autre acception de la souveraineté, à savoir une puissance d'État indépendante. De cette manière l'intérêt général est alors au service de la puissance politique (qu'elle soit nationale ou supranationale).

Conclusion de la partie 2.

1141. Les finalités de l'intérêt général renvoient à une certaine vision de l'État car rappelons-le, l'intérêt général est doté d'un statut ontologique qui le lie intimement au pouvoir politique. Ce statut essentialiste guidera alors naturellement ses finalités dans la jurisprudence. Plus précisément, si aujourd'hui on constate que l'intérêt général prend en compte, de manière croissante, les intérêts des justiciables dans la jurisprudence, conformément à l'idéologie individualiste, il ne se limite jamais à la satisfaction de leurs intérêts propres. En effet, comme on l'a vu dans la partie précédente, l'intérêt général est naturellement politique et transcendant. Cela implique que s'il prend en compte les intérêts particuliers, il ne s'assimile jamais totalement à eux. En effet, *in fine*, l'intérêt général sert la satisfaction des besoins de la collectivité dans son ensemble. Il peut alors faire obstacle aux droits des justiciables.

1142. Plus précisément, la transcendance de l'intérêt général exprime sa nature politique. La jurisprudence administrative traduit donc juridiquement une certaine vision de l'État et de la souveraineté. De ce point de vue, l'intérêt général vise constamment à satisfaire les besoins de la collectivité ; qu'il s'agisse de sa puissance ou de ses activités.

Conclusion générale

1143. L'intérêt général est multiple. Dans la jurisprudence administrative, ses déterminations matérielles sont en effet luxuriantes et contradictoires. Néanmoins, pour étudier son rôle dans la jurisprudence, nous souhaitons questionner cette notion. C'est en effet à travers la redécouverte de son unité conceptuelle que nous proposons de revisiter ses fonctions.

1144. Cette unité renvoie d'abord à sa valeur normative. En effet, si l'intérêt général est évolutif et permet d'expliquer le renouvellement des différentes finalités du droit administratif, c'est *in fine* parce qu'il est une norme. L'intérêt général se comprend alors comme une « fonction-objet »[3348] qui permet d'expliquer et de mettre en lumière l'origine du changement. La norme « intérêt général » est néanmoins singulière. Façonnée par le juge administratif, elle s'exprime le plus souvent comme une norme non-autonome (standard) mais aussi comme une norme juridique à part entière avec la technique de la dérogation.

1145. Par ailleurs, son essence est également ontologique car l'intérêt général est doté d'une nature politique. Il existe alors quelque chose qui reste à travers ce qui change, un critère fixe et immuable qui conditionne ses finalités multiples dans la jurisprudence. De ce point de vue, l'intérêt général relève des « fonctions-fins » et sa nature politique est un facteur rationnel d'explication du changement. C'est elle qui conditionne les finalités de l'intérêt général et, à travers lui, de l'ensemble du droit public contemporain. On observe alors dans la jurisprudence que si l'intérêt général prend en compte, de manière croissante, les intérêts des justiciables, conformément à la logique individualiste, il ne s'assimile jamais totalement à un intérêt particulier car il est transcendant. Il satisfait donc les besoins de la collectivité. Plus précisément, l'intérêt général dans la jurisprudence administrative est la traduction juridique d'une certaine idée de l'État et de la politique qu'il met en œuvre. L. NIZARD rappelle d'ailleurs que « l'intérêt général donne une image idéologique de l'État »[3349]. Dans le même sens, J. CHEVALLIER souligne que « l'intérêt général apparaît bien comme une couverture indispensable à

[3348] Ch. Eisenmann, *Droit administratif approfondi*, Paris, Cours de droit, 1953-1954, p. 67 à 70.

[3349] L. Nizard, « À propos de la notion de service public : mythes étatiques et représentations sociales », dans Recueil d'Etudes en hommage à Charles Eisenmann, Ed. Cujas, 1975, p. 91 s., spéc. p. 91. V. aussi, F. Rangeon, *L'idéologie de l'intérêt général, précit.*, p. 21.

l'exercice du pouvoir étatique »[3350]. Une telle idée est intimement liée à l'approche transcendante de l'intérêt général qui participe au « principe de totalisation de l'État »[3351], c'est-à-dire à « l'unité de la société [qui] s'incarne dans une personne juridique abstraite, à qui tous les actes de puissance seront rapportés et imputés »[3352].

1146. Ainsi, les finalités de l'intérêt général dans la jurisprudence révèlent l'action politique des pouvoirs publics mais aussi, plus largement, une certaine vision de la souveraineté de l'État. Plus précisément, l'intérêt général vise d'abord à satisfaire les besoins des justiciables et de la population dans son ensemble. Or, la satisfaction de tels besoins renvoie au titulaire de la souveraineté, c'est-à-dire « au peuple qui l'exerce par ses représentants et par la voie du référendum »[3353].

1147. Néanmoins, l'examen du droit positif met en évidence que l'intérêt général est aussi au service de la puissance politique, qu'elle soit étatique ou supra-étatique[3354]. De cette manière, l'intérêt général révèle un autre sens de la souveraineté, un sens lié à la supériorité du pouvoir politique qui implique, pour s'imposer, une puissance de commandement représentée par la puissance publique[3355].

1148. L'intérêt général marque donc la présence d'une puissance politique. Il rappelle insidieusement que le droit administratif est le droit de l'État, droit politique, qui nécessite l'existence d'un droit exorbitant[3356]. L'intérêt général est alors bien une notion trans-frontière[3357], entre le juridique et le politique. C'est la raison pour laquelle le premier est expliqué au regard du second.

[3350] J. Chevallier, « Réflexions sur l'idéologie de l'intérêt général », *dans* Centre universitaire de recherches administratives et politiques, Amiens, *Variation autour de l'idéologie de l'intérêt général*, Vol. 1, PUF, 1978, p. 11 s., spéc. p. 12.

[3351] *Opus cit.*, p. 12. V. également, V. Bolgar, « L'intérêt général dans la théorie et dans la pratique », Revue internationale de droit comparé, Vol. 17, n° 2, avril-juin 1965, p. 329 s.

[3352] *Opus cit.*, p. 12.

[3353] Article 3 de la Constitution.

[3354] C. Denizeau, *L'idée de puissance publique à l'épreuve de l'Union européenne, précit.*, p. 24.

[3355] R. Carré de Malberg, *Contribution à la théorie générale de l'Etat*, Tome 1, *précit.*, p. 79 ; O. Beaud, *La puissance de l'Etat*, Thèse, Paris, PUF, 1994, p. 18 s.

[3356] É. Saillant, *L'exorbitance en droit public*, Paris, Dalloz, Nouvelle Bibliothèque de Thèses, vol. 109.

[3357] F. Rangeon, *L'idéologie de l'intérêt général, précit.*, p. 14 et 19.

Bibliographie[3358]

I. Ouvrages généraux et spécialisés

A. Philosophie et théorie du Droit

AARNIO A., *The rational as reasonable. Treatise on Legal Justification*, Dordrecht, Boston, D. Reidel, 1986.

AMSELEK P., *Cheminements philosophiques dans le monde du droit et des règles en général*, Paris, Armand Colin, 2012.

AMSELEK P. (Dir.),

- *La pensée de Charles Eisenmann,* Journées d'études, Strasbourg, 27-28 septembre 1985, organisé par le Centre de droit public interne de Strasbourg et le Centre de philosophie du droit de Paris, Paris, Economica.
- *Interprétation et Droit*, Bruylant, Bruxelles, 1995.

AMSELEK P. et GRZEGORCZYK C. (Dir.), *Controverses autour de l'ontologie du droit*, Paris, PUF, 1989.

ANTALFFY G., Le *concept de la souveraineté dans la théorie générale de l'État et du droit*, 1968, Hongrie, Szeged.

ARISTOTE,

- *Catégories*, Trad. et com. F. Ildefonse et J. Lallot, Paris, Seuil, 2002.
- *Métaphysique*, Nouvelle Ed. refondue, Paris, J. Vrin, 1974.
- *Physique*, nouvelle Ed., par P. Pellegrin, Paris, Flammarion 2002.
- *Ethique à Eudème*, Trad. Viannery Décarie, Paris, Montréal, Librairie philosophique J. Vrin/Les presses de l'Université de Montréal, 1978.
- *Ethique à Nicomaque*, Textes imprimés, Paris, Garnier Flammarion 2004.
- *Les Politiques*, Trad. P. Pellegrin, Paris, GF-Glammarion, 1993.
- *Seconds Analytiques,* trad. et notes P. Pellegrin, Paris, Flammarion, 2005.

ARNAUD A.-J.,

- *Les juristes face à la société du XIXème siècle à nos jours*, Paris, PUF, 1975.

[3358] Cette bibliographie ne regroupe pas l'ensemble des travaux consultés. Elle privilégie les ouvrages, articles, conclusions, chroniques et notes de jurisprudence qui nous sont apparus indispensables pour mener à bien cette étude.

- *Critique de la raison juridique*, Paris, LGDJ, 1981.

ATIAS C.,
- *Philosophie du droit*, Paris, PUF, 2004.
- *Epistémologie juridique*, Paris, PUF, 1985.

AUSTIN J.-L., *Quand dire, c'est faire*, trad. Française, Paris, Seuil, 1970.

BARILARI A., *L'État de droit : réflexion sur les limites du juridisme*, Paris, LGDJ, 2000.

BATIFFOL H.,
- *La Philosophie du droit*, Paris, PUF, 1993.
- *Problèmes de base de philosophie du droit*, Paris, LGDJ, 1979.

BECHILLON D. DE, *Qu'est-ce qu'une règle de Droit ?*, Paris, Ed. Odile Jacob, 1997.

BENOIT J.-P., *Les idéologies politiques modernes, le temps de Hegel*, Paris, PUF, 1980.

BENTHAM J., *Introduction aux principes de morale et de législation* (1789), trad. du centre Bentham, M. Bozzo-Rey et A. Brunon-Ernst, Paris, J. Vrin, 2011.

BERGEL J.-L., *Théorie générale du droit*, 5ème Ed., Paris, Dalloz, 2012.

BERGSON H.,
- *La Pensée et le mouvant : Essais et conférences*, 1959, Paris, Alcan.
- *L'Evolution créatrice*, Paris, PUF, 1959.

BERNS T., DUPONT J.-C. K. et XIFARAS M., *Philosophie de l'impôt*, Bruxelles, Bruylant, 2006.

BOBBIO N.,
- *Teoria della scienza giuridica*, Torino, Giappichelli, 1950.
- *Teoria dell' ordinamento giuridico*, Torino, Giapppichelli, 1960.

BODIN J., *Les six livres de la République* (1576), Paris, Fayard, 1986.

BONNECASE J., *La pensée juridique française de 1904 à nos jours. Ses variations et ses traits essentiels*, Bordeaux, Delmas, 1933.

BOURGEOIS L., *Solidarité*, Paris, Colin, 1912.

BRETHE DE LA GRESSAYE J. et LABORDE-LACOSTE M., *Introduction à l'étude générale du droit*, Paris, Recueil Sirey, 1947.

BRETHIER E., *Histoire de la philosophie*, Paris, PUF, 2012.

BRIMO A., *Les grands courants de la philosophie du droit et de l'État*, Paris, Ed. Pedone, 1968.

BURDEAU G., *Traité de science politique*, Paris, LGDJ, R. Pichon et R. Durand-Auzias, 1969.

BURLAMAQUI J.-J., *Principes du droit politique*, Amsterdam, chez Zacharie Chatelain, 1751.

CARBONNIER J., *Flexible droit : pour une sociologie du droit sans rigueur*, Paris, LGDJ, 1992.

CARRE DE MALBERG R.,

- *Contribution à la théorie générale de l'État*, Paris, Sirey, 1920, Réédition CNRS 1962.
- *La loi, expression de la volonté générale*, Paris, Sirey, 1931, rééd. Paris, Economica, 1984.

CHEVALLIER J.,
- *L'État post-moderne*, Paris, LGDJ, 2008.
- *L'État de droit*, Paris, Montchrestien, Clefs, 2010.
- *L'État*, Paris, Dalloz, 2011.

CLEMENT M., *Le sens de l'histoire*, Paris, Nouvelles éd. Latines, 1958.

COMTE A.,
- *Cours de philosophie positive*, rééd., Hermann, Paris, 1998.
- *Système de politique positive*, rééd., Paris, société positiviste, 1929.

COTTA S., *Le droit dans l'existence. Eléments d'une ontophénoménologie juridique*, Bordeaux, Ed. Bière, 1996, Bibliothèque de philosophie comparée.

CROZIER M., *État modeste, État moderne*, Paris, Fayard, 1987.

CRUET J., *La vie du droit et l'impuissance des lois*, Paris, Ed. E. Flammarion, 1908.

DABIN J.,
- *La philosophie de l'ordre juridique positif spécialement dans les rapports de droit privé*, Paris, Librairie du Recueil Sirey, 1929.
- *Théorie générale du droit*, Paris, Dalloz, 1969.

DERRIDA J.,
- *Marges de la philosophie*, Paris, Ed. de Minuit, 1972.
- *Limited Inc.*, présentation et trad. E. Weber, Paris, Galilée, 1990.

DIJON X., *Méthodologie juridique. L'application de la norme*, Bruxelles, E. Story-Scientia, 1990.

DUGUIT L.,
- *Les transformations de l'État*, Paris, A. Colin, 1913, rééd. Paris, La Mémoire du droit, 1999.
- *Traité de droit constitutionnel*, Paris, Ancienne librairie Fontemoing et Cie Ed., 1930.
- *La séparation des pouvoirs et l'assemblée nationale de 1789*, Paris, Larose, 1893.

DU PASQUIER C. *Introduction à la théorie générale et à la philosophie du Droit*, Delachaux et Niestlé SA, Neuchatel et Paris, 1942.

DONZELOT J., *L'invention du social. Essai sur le déclin des passions politiques*, 1994, Paris, Seuils.

DUMONT L., *Essais sur l'individualisme*, Paris, Le Seuil, 1983.

DURKHEIM E., *Les règles de la méthode sociologique*, (1894), rééd., Paris, Flammarion, 2010.

DWORKIN R., *L'Empire du droit*, PUF, Paris, 1994.

ESMEIN A., *Cours élémentaire d'Histoire du droit français*, Paris, Recueil Sirey, 1920.

FECUGIS H., *Les étapes du droit, Des origines à nos jours*, Paris, Librairie du Recueil Sirey, 1942

FISH S., *Respecter le sens commun*, trad. par O. Nerthot, Diegem (BE), E. Story-Scientia, Paris, LGDJ, 1995.

GADAMER H.-D., *Vérité et méthode*, édition intégrale revue et corrigée par P. Fruchon, J. Grondin et G. Merlio, Seuil, Paris, 1996.

GAUCHET M., La révolution des pouvoirs. La souveraineté et la représentation (1789-1799), Paris, Gallimard, 1995.

GENY F.,

- *Méthode d'interprétation et sources en droit privé positif, essai critique*, Paris, LGDJ, 1932.
- *Science et technique en droit privé positif, nouvelle contribution à la critique de la méthode juridique*, 1914-1924, Paris, Société du Recueil Sirey.

GRZEGORCZYK C., *La théorie générale des valeurs et le droit. Essai sur les prémisses axiologiques de la pensée juridique*, Paris, LGDJ, 1982.

GUASTINI R., *L'interpretazione dei documenti normativi,* Giufrè, Milan, 2004.

GUERY A., *La construction de l'État. L'historien, la crise et l'État*, Paris, Armand Colin, 1997.

HABERMAS J.,

- *De l'éthique à la discussion*, Paris, Ed. du Cerf, 1992.
- *L'espace public. Archéologie de la publicité comme dimension constitutive de la société bourgeoise*, Paris, Payot, 1988.
- *Raison et légitimité*, trad. J. Lacoste, Paris, Ed. Payot, 1978.

HART H. L. A., *Le concept de droit*, trad. de l'anglais par M. Van De Kerchove, Bruxelles, Facultés Universitaires Saint-Louis, 2005.

HAURIOU M.,

- *Aux sources du droit. Le pouvoir l'ordre et la liberté*, Paris, Blond et Gay, 1933, Cahiers de la nouvelle journée, rééd. 1986, Centre de philosophie politique et juridique, Bibliothèque de Philosophie politique et juridique
- *Principes de droit public*, 2ème Ed., Paris, Sirey, 1916.
- *La cité moderne et les transformations du droit*, Paris, Librairie Bloud et Gay, 1925.

HUME D., *Traité sur la nature humaine. Essai pour introduire la méthode expérimentale dans les sujets moraux, Tome II,* , Trad. A. Leroy, Paris, Aubier, 1946.

IMBERT J., *Histoire des idées politiques jusqu'à la fin du XVIIIe siècle.* Paris, Les cours de droit, 1968/69.

JAUME L., *L'individu effacé ou le paradoxe du libéralisme français*, Paris, Fayard, 1997.

JELLINEK G., *Allgemeine Staatslehre*, Berlin, J. Springer, 1922.

JESTAZ P. et JAMIN C., *La Doctrine*, Paris, Dalloz, 2004.
JOUANJAN O. (textes réunis par), Présentation de l'ouvrage de F. Müller, *Discours de la méthode juridique*, Paris, PUF, 1994.
KALINOWSKI G.,
- *La logique des normes*, Paris, PUF, 1972.
- *Etudes de logique déontique I.* (1953-1969), Paris, LGDJ, 1972.
- *Introduction à la logique juridique. Eléments de sémiotique juridique, logique des normes et logique juridique*, LGDJ, Paris, 1965.

KELSEN H.,
- *Théorie pure du droit,* Trad. française de la 2ème Ed. de la *Reine Rechtslehre* par Ch. Eisenmann, Paris, Dalloz, 1962.
- *Théorie générale des normes*, 1979, traduit de l'allemand par O. Beaud et F. Malkani, Léviathan, Paris, PUF, 1996.

KORSGAARD C., *The Sources of Normativity*, Cambridge, Univ, Press, 1996.
LABBE X., *Les critères de la norme juridique*, Presse universitaire de Lille, 1994.
LAPIERRE J.-W., *Essai sur le fondement du pouvoir politique*, Publications des annales de la Faculté des Lettres Aix-en-Provence, Ed. Ophrys, Nouvelle Série n° 63, 1968.
LEGENDRE P.,
- *Trésor historique de l'État en France. L'administration classique*, Paris, Fayard, 1992.
- *Histoire de l'administration de 1750 à nos jours*, Paris, PUF, 1968.

LIBERA A. DE, *La querelle des universaux. De Platon à la fin du Moyen-âge*, Paris, Ed. du Seuil, 1996.
METZLER L., *L'humanisme juridique. L'évolution du droit sous l'angle culturel,* Bruxelles, Etablissements Elime Bruylant, 1952.
MEYER M., *De la métaphysique à la rhétorique. Essai à la mémoire de Ch. Perelman*, Ed. de l'Univerité de Bruxelles, 1986
MILL J. S.,
- *De la liberté*, trad. Dupont-White, L. Lenglet, Folio Essais, 1990.
- *L'utilitarisme. Essai sur Bentham*. Présentation, trad. et notes par C. Audard et P. Thierry, Paris, PUF, 1998.

MONTESQUIEU, *L'esprit des Lois*, Texte établi et présenté par J. Brethe de la Gressaye, 1955, Paris, Les Belles Lettres.
MORAND C.-A. (Ed. sc.), *L'État propulsif, contribution à l'étude des instruments d'action de l'État,* Paris, Publisud, 1991.
MORIN E., *La Méthode*, tome 1, *La Nature de la Nature*, Paris, Le Seuil, 1977.
MÜLLER F., *Discours de la méthode juridique*, Paris, PUF, 1994.
OST F. et VAN DE KERCHOVE M.,

- *Jalons pour une théorie critique du Droit*, Bruxelles, Facultés Universitaires Saint-Louis, 1987.
- *De la pyramide au réseau ? Pour une théorie dialectique du droit,* Rééd, Bruxelles, Facultés universitaires Saint-Louis, 2010.

PERELMAN C., (Études publiées par), *La règle de droit,* Travaux du centre national de recherches de logique, Bruxelles, Bruylant, 1971.

PERELMAN C.,

- *Ethique et droit,* Bruxelles, Ed. de l'Université de Bruxelles, 1990.
- *Rhétoriques*, Ed. de l'Université de Bruxelles, 1989.
- *Rhétorique et philosophie pour une théorie de l'argumentation en philosophie*, Paris, PUF, 1952.
- *Le raisonnable et le déraisonnable en droit. Au-delà du positivisme juridique*, Paris, LGDJ, 1984.
- *L'empire rhétorique. Rhétorique et argumentation*, Paris, Vrin, 1977.
- *Droit, morale et philosophie*, Paris, LGDJ, vol. VIII, 1968.
- *Justice et Raison*, Bruxelles, Presses universitaires de Bruxelles, 1963, tome 25.
- *Logique juridique, Nouvelle rhétorique*, Paris, Dalloz, 2ème Ed., 1979.

PERELMAN C. et OLBRECHTS-TYTECA L., *Traité de l'argumentation juridique. La nouvelle rhétorique*, Ed. de l'Université de Bruxelles, 1983.

PERELMAN C. et VANDER ELST R. (Dir.), *Les notions à contenu variable en droit*, Travaux du centre national de recherche de logique, Bruxelles, Bruylant, 1984.

PERRIN J.-F., *Pour une théorie de la connaissance juridique*, Genève, Droz, Paris, 1979.

PICARD E., *Le Droit Pur*, Paris, E. Flammarion, 1919.

PLATON,

- *Œuvres complètes*, Les Belles Lettres, Paris, 1925.

POUND R.,

- *Social control through law*, New Haven : Yale University press (the Printing office of the Yale University press), 1942.
- *An Introduction to the Philosophy of law, revised edition*, New Haven : Yale University Press, 1955.

QUADRIGLIONI D., *I limiti della sovranità. Il pensiero di Jean Bodin nella cultura politica e giuridica dell'età moderna*, Padoue, CEDAM, 1992.

RANGEON F., *L'idéologie de l'intérêt général*, Paris, Economica, 1986.

RENARD G.,

- *La théorie de l'institution,* Paris, Sirey, 1930.
- *La philosophie de l'institution*, Paris, Librairie du Recueil Sirey, 1939.

RICŒUR P., *Interprétation Theory. Discourse and the Surplus of Meaning*, The Texas Christian University Press, Forth Worth, 1976.

RIPERT G.,
- *Les forces créatrices du Droit*, Paris, LGDJ, 1955.
- *La règle morale dans les obligations civiles*, Paris, LGDJ, 1949.

ROHAN H. DE, *De l'interest des princes et Estats de la chrestienté*, 1646 publiée à Paris, Edition établie, introduite et annotée par C. Lazzeri, *L'intérêt des princes et des États de la chrétienté,* Paris, PUF 1995.

ROMANO S., *L'ordre juridique*, Trad. L. François et P. Gothot, Paris, Dalloz, 1975.

ROSANVALLON P.,
- *La crise de l'État providence*, Paris, Ed. du Seuil, 1992.
- *L'État en France de 1789 à nos jours*, Paris, Seuil, 1990.
- *La nouvelle question sociale. Repenser l'État-Providence*, Paris, Seuil, 1995.
- *Le capitalisme utopique. Histoire de l'idée de marché*, Paris, Ed. du Seuil, 1999.
- *Le libéralisme économique*, Paris, Seuil, 1979.

ROSS A., *Directives and Norms*, London, Routledge & Kegan Paul, 1968.

ROUBIER P.,
- *Théorie générale du droit. Histoire des doctrines juridiques et des valeurs sociales*, 2ème Ed., Paris, Librairie du Recueil Sirey, 1951, réimpr., Paris, Dalloz, 2005.
- *Le droit transitoire. Conflits de lois dans le temps,* Paris, Dalloz, Sirey, 1960, réimp. Paris, Dalloz, 2008.

ROUSSEAU J.-J.,
- *Œuvres complètes*, Bibliothèque de la Pléiade, 5 vol. 1959-1995, Paris.

RUI S., *La démocratie en débat, Les citoyens face à l'action publique*, Paris, Armand Colin-SEJER, 2004.

SCARPELLI U., *Contributo alle semantica del linguaggio normativo* (1959), Milano, Giuffrè, 1985.

SCHUBERT G., *The public interest : A Critique of the Theory of a Political Concept*, Glencoe, Free Press, 1960.

SEARLE J.-R., *Les actes de langage*, Trad. Française, Paris, Hermann, 1972.

THIBIERGE C. (Dir.), *La force normative, Naissance d'un concept*, Paris, LGDJ, 2009.

TOURET D., La *violence du Droit : une introduction bio-juridique*, Montegeron, La Tournelle, 1980.

TROPER M.,
- *Pour une théorie juridique de l'État*, Paris, PUF, 1994.
- *La théorie du droit, le droit, l'État*, Paris, PUF, 2001.

TROPER M., CHAMPEIL-DESPLATS V. et GRZEGORCZYK C. (Dir.), *Théorie des contraintes juridiques*, Bruxelles, Bruylant, LGDJ, 2005.

THUAU E., *Raison d'État et pensée politique à l'époque de Richelieu*, Paris, A. Colin, 1966.

VAN DE KERCHOVE M. (Dir.), *L'interprétation en Droit, Approche pluridisciplinaire*, Bruxelles, Pub. St. Louis, n° 13, 1978.

VAN DE KERCHOVE M. et OST F., *Le système juridique. Entre ordre et désordre*, Paris, PUF, 1988.

VICO G., *Opere giuridiche. Il diritto universale*, Firenze, Sansoni, 1974.

VILLEY M.,

- *Philosophie du droit*, Tome 1 (définitions et fins du droit), Paris, Dalloz, 1986.
- *La formation de la pensée juridique moderne*, Léviathan, Paris, PUF, 2003.
- *Critique de la pensée juridique moderne. Douze autres essais*, Paris, Dalloz 1976.
- *Leçons d'histoire de la philosophie du droit*, Paris, Librairie Dalloz, 1957.

VIRALLY M., *La pensée juridique*, Paris, Montchrestien, 1960.

VIROLI M., *From politics to reason of state, Cambridge* University Press, 1992.

WALINE M., *L'individualisme et le droit*, 2ème Ed., Paris, Montchrestien, 1949.

B. Droit administratif

AUBY J.-B. et DRAGO R., *Traité de contentieux administratif*, Paris, LGDJ, 1984.

AUBY J.-M. et DUCOS-ADER R., *Droit administratif*, Paris, Précis Dalloz, 1973.

AUCOC L., *Conférences sur l'Administration et le droit administratif faites à l'école impériale des Ponts et Chaussées,* Paris, Dunod Editeur, Librairie corps impériaux des Ponts et Chaussées et des Mines, 3ème Ed., 1885.

BATBIE A.,

- *Traité théorique et pratique de droit public administratif*, Paris, Cotillon, 1861.
- *Introduction générale au droit public et administratif*, Paris, Cotillon, 1861.

BENOIT F.-P., *Le droit administratif français*, Paris, Dalloz, 1968.

BERTHELEMY H., *Traité élémentaire de Droit administratif*, 1933, Paris, Rousseau.

BIGOT G., *Introduction historique au droit administratif français depuis 1789*, Paris, PUF, 2002.

BONNARD R.,

- *Précis de droit administratif*, 4ème Ed., Paris, LGDJ, 1943.

- *Le contrôle juridictionnel de l'administration*, Delagrave, 1934.

BRAIBANT G. et STIRN B., *Le droit administratif français*, Paris, Dalloz, 2005.

BURDEAU F., *Histoire de l'administration française*, Paris, Montchrestien, 1994.

CASSESE S., *La Construction du droit administratif. France et Royaume-Uni*, Paris, Montchrestien, 2000.

CHAPUS R.,

- *Droit administratif général*, Paris, Montchrestien 2001.
- *Droit du contentieux administratif*, Paris, Montchrestien, 2008.

CHAUVEAU A., *Principes de compétence et de juridiction administrative*, Paris, Cotillon, 1841-1844.

CHEVALLIER J. et LOSCHAK D., *Science administrative*, Paris, LGDJ, 1978.

COLLIARD C. A., *Cours de droit administratif européen*, Les Cours de droit, Paris, 1969.

DELVOLVE P.,

- *Droit public de l'économie*, Précis, Ed. Dalloz, 1998.
- *Le droit administratif*, 5ème Ed., Dalloz, coll. « Connaissance du droit », 2010
- *L'acte administratif*, Paris, Sirey, 1983

DEMICHEL A., *Le droit administratif. Essai de réflexion théorique*, Paris, LGDJ, 1978.

DUCROCQ T., *Cours de droit administratif et de législation française des finances*, 7ème Ed., Paris, A. Fontemoing, 1904.

DUEZ P., *La responsabilité de la puissance publique,* Paris, Dalloz, 1938, rééd., Paris Dalloz, 2012.

DUFOUR G. M., *Traité général de droit administratif appliqué ou Exposé de la doctrine et de la jurisprudence,* t. 1, Paris, Cotillon, 1854.

DUPUIS G., *Recherche sur le régime juridique de l'acte administratif unilatéral*, Paris, Université Paris 1, Centre de polycopie, 1980-1981.

EISENMANN C.,

- *Cours de droit administratif*, Tome 1 et 2, Paris, LGDJ, 1982 et 1983.
- *Les actes de l'administration, Les actes juridiques du droit administratif, Le régime des actes administratifs unilatéraux*, Cours de doctorat, Paris, LGDJ, 1983.

FORSTHOFF E., *Traité de droit administratif allemand*, traduit par M. Fromont, Bruxelles, Bruylant, 1969.

FOUCART E.-V., *Éléments de droit public et administratif, ou Exposition des principes du droit public positif avec l'indication des lois à l'appui*, Paris, Videcoq, 1834-1835.

GONOD P., MELLERAY F. et YOLKA P. (Dir.), *Traité de droit administratif*, Paris, Dalloz, 2011.

HAURIOU M.,
- *Précis élémentaire de Droit administratif*, Paris, Librairie du Recueil Sirey, 1943.

JEZE G.,
- *Les principes généraux du droit administratif*, 3ème Ed., Paris, Marcel Giard, 1930.
- *Les contrats administratifs de l'État, des départements, des communes et des établissements publics*, (tome 2 : Formation, exécution des contrats administratifs), Paris, Marcel Giard, 1932.
- *Éléments du droit public et administratif à l'usage des étudiants en droit*, Paris, Giard et Brière, 1910.

KADA N. (Dir.), *L'intérêt public local. Regards croisés sur une notion juridique incertaine*, Paris, PUG, 2009.

LABAND P., *Le Droit public de l'empire allemand*, Paris, V. Giard & E. Brière, 1900-1904.

LACHAUME J.-F., BOITEAU C. et PAULIAT H., *Grands services publics*, Armand Colin, 2000.

LAFERRIERE E., *Traité de la juridiction administrative et des recours contentieux*, Paris, Berger-Levrault, 1887, rééd., Paris, LGDJ, tome 1.

LAFERRIERE F., *Cours théorique et pratique de droit public et administratif mis en rapport avec la constitution de 1848*, Paris, Cotillon, 1850.

LAUBADERE A. DE, *Traité élémentaire de droit administratif*, 2ème Ed., Paris, LGDJ, 1957.

LAUBADERE A. DE, MODERNE F. et DELVOLVE P., *Traité des contrats administratifs*, Paris, LGDJ, 1984.

LAUBADERE A. DE, VENEZIA J.-C.et GAUDEMET Y., *Traité de droit administratif*, Paris, LGDJ 1983.

LAUBADERE A. DE, MATHIOT A., RIVERO J. et VEDEL G., *Pages de doctrines*, Paris, LGDJ, 1980.

LEURQUIN-DE-VISSCHER F., *La dérogation en droit public*, Bruylant Bruxelles, 1991.

MACAREL L. A., *Cours de droit administratif*, 2ème Ed., 1848, Paris, G. Thorel.

MARIE L., *Le droit positif et la juridiction administrative (Conseil d'État et Conseils de préfecture). Etude critique de législation et de jurisprudence*, Paris, Librairie Marescq Ainé, 1903.

MESTRE J.-L., *Introduction historique au droit administratif français*, Paris, PUF, 1985.

MOREAU J.,
- *Droit administratif*, Paris, PUF, 1989.
- *Administration régionale, départementale et municipale*, Paris, Dalloz, 1999.

- *La responsabilité administrative*, Paris, PUF, 1996.

NICINSKI S., *Droit public des affaires*, Paris, Montchrestien, 2012.

ODENT R., *Contentieux administratif*, Les cours de droit, 1976-1981, fasc. VI, Les cours de droit, Institut d'études politiques de Paris, 1981.

OLIVENNES D. et BAVEREZ N., *L'impuissance publique*, Paris, Ed. du Seuil, 1990.

PRIEUX H., *Traité pratique du droit des travaux publics et des marchés publics*, T. I. 1968, Paris, Ed. du Moniteur des travaux publics.

RIVERO J., *Précis de droit administratif*, Paris, Dalloz, 1971.

ROLLAND L., *Précis de droit administratif*, 1957, Paris, Dalloz.

SCHWARZE J. (Ed.), *Le droit administratif sous l'influence de l'Europe. Une étude sur la convergence des ordres juridiques nationaux et dans l'Union européenne*, Bruylant, Bruxelles, 1996.

SCHWARZE J., *Droit administratif européen*, Bruxelles, Bruylant, 2009.

SERRIGNY D., *Traité de l'organisation de la compétence et de la procédure en matière contentieuse administrative dans leurs rapports avec le droit civil*, Paris, Aug. Durand, 2 éd., 1865.

STASSINOPOULOS M., *Traité des actes administratifs*, Athènes, Institut français d'Athènes, 1954.

TEISSIER G., *La responsabilité de la puissance publique*, Paris, Paul Dupont, 1906, rééd. Paris 2009, Ed. La Mémoire du droit.

TRUCHET D.,

- *Droit administratif*, Paris, PUF, 2013.
- *Le droit public*, Paris, PUF, 2ème Ed., 2010, coll. « Que sais-je ? ».

VEDEL G., *Droit administratif*, Paris, PUF, 1973.

VEDEL G. et DELVOLVE P.,

- *Droit administratif*, Paris, PUF, 1992.
- *Le système français de protection des administrés contre l'administration*, Paris, Sirey, 1991.

VIVIEN DE GOUBERT A.-F.-A., *Études administratives*, Paris, Librairie de Guillaumin et Cie, 1859, Tome premier.

WALINE M.,

- *Manuel élémentaire de droit administratif*, Paris, Sirey, 1936.
- *Précis de droit administratif*, Paris, Montchrestien, 1969.

C. Droit comparé[3359]

ALLIX E., *Traité élémentaire de la Science des Finances*, 6ème Ed., 1931, Paris, Rousseau.

[3359] Le droit comparé renvoie à l'étude du droit privé, du droit constitutionnel, du droit fiscal, du droit de l'Union européenne, du droit européen et des droits étrangers.

AUBERT J.-L., *Introduction au droit et thèmes fondamentaux du droit civil*, Paris, Armand Colin, 1984.
BONNECASE J., *L'école de l'Exégèse en droit civil. Les traits distinctifs de sa doctrine et de ses méthodes d'après la profession de foi de ses plus illustres représentants*, Paris, E. Boccard, 1924.
COLIN A. et CAPITANT H., *Cours élémentaire de droit civil français*, Tome 1, Paris, Dalloz, 1931.
D'ALBERTI M., *Diritto amministrativo comparato*, Bologna, Il Mulino, 1992.
DELMAS-MARTY M., *Le flou du droit. Du Code pénal aux droits de l'homme*, Paris, PUF, 2004.
DEWOST J.-L., (Coord.), *Les services d'intérêt économique général et le marché intérieur : régimes nationaux et cadre juridique européen*, actes du colloque du 14 octobre 2011, (Conseil d'État, Paris), Ed. Société de législation comparée, vol. 16, 2012.
DUPUY R.-J., *Dialectiques du droit international. Souveraineté des États, communauté internationale et droits de l'humanité*, Paris, A. Pédone, 1999.
DUVERGER M., *Finances publiques*, Paris, PUF, 1984.
ESMEIN A., *Eléments de droit constitutionnel français et comparé,* rééd., Paris, Panthéon-Assas, 2001.
EISENMANN C., *Droit public, Droit privé, en marge d'un livre sur l'évolution du droit civil français du XIXe au XXe siècle*, Paris, LGDJ, 1952.
FIORE P., *Le droit international privé*, 2ème Ed., Paris, G. Pedone, 1891-1903.
FLEINER F., *Les principes généraux du droit administratif allemand*, trad. de Ch. Eisenmann, Paris, Delagrave, 1933.
FORSTHOFF E., *Traité de droit administratif allemand*, traduit par M. Fromont, Bruxelles, E. Bruylant, 1969.
HAMONIAUX T., *L'intérêt général et le juge communautaire*, Paris, LGDJ, 2001.
HAURIOU M., *Précis de droit constitutionnel*, Paris, Ed. du CNRS, 1965.
JAMIN C. et MAZEAUD D. (Dir.), *L'unilatéralisme et le droit des obligations*, Economica, 1999.
JEZE G., *Cours de finances publiques*, Paris, M. Giard, 1930.
KOVAR R. et SIMON D. (Dir.), *Service public et Communauté européenne : entre l'intérêt général et le marché*, Tome II : approche transversale et conclusions, Actes du colloques de strasbourg 17-19 octobre 1996, La Documentation française, Paris, 1998.
LA BIGNE DE VILLENEUVE M. DE, *La fin du principe de séparation des pouvoirs. Les nouvelles formules de la statologie sociale*, Paris, Librairie du Recueil Sirey, 1934.
LABAND P., *Le Droit public de l'empire allemand*, Trad. Française, II, Paris, V. Giard & E. Brière, 1900-1904.

LAFERRIERE J. et WALINE M., *Traité élémentaire de Science et de législation financières*, Paris, LGDJ, 1952.

LAURE M., *Traité de politique fiscale*, Paris, PUF, 1956.

LEREBOURS-PIGEONNIERE P., *Précis de droit international privé*, Paris, Dalloz, 1933.

MATHIEU B. et VERPEAUX M. (Dir.), *L'intérêt général, norme constitutionnelle*, Cahiers constitutionnels de Paris 1, Paris, Dalloz, 2007.

MAYER O., *Le Droit administratif allemand*, Trad. Française II, Paris, V. Giard & Brière, 1903-1906.

MAZEAU D. (Dir.), *L'unilatéralisme et le droit des obligations*, Paris, Economica, 1999.

MELLERAY F. (Dir.), *L'exorbitance du droit administratif en question(s),* Colloque des 11 et 12 décembre 2003 à Poitiers, Paris, LGDJ, 2004.

QUADROS F. DE, *Droit de l'Union européenne. Droit constitutionnel et administratif de l'Union européenne*, Bruylant, Bruxelles, 2008.

RAIMBAULT P. (Dir.), *La puissance publique à l'heure européenne*, Paris, Dalloz, 2006.

RENUCCI J.-F., *Traité de droit européen des droits de l'homme*, Paris, LGDJ, 2012.

REUTER P. et COMBACAU J., *Institutions et relations internationales*, Paris, PUF, 1985.

REVET T. (Dir.), *L'ordre public à la fin du XXe siècle*, Paris, Dalloz, 1996.

RIDEAU J. (Dir.), *De la Communauté de droit à l'Union de droit, continuités et avatars européens*, Paris, LGDJ, 2000.

RIGAUX F.,

- *Droit international privé*, t. 1er, 2ème Ed., Bruxelles, Larcier, 1987.
- *Droit public et droit privé dans les relations internationales*, Paris, Pedone, 1977.

ROUSSEAU C., *L'indépendance de l'État dans l'ordre international*, Paris, Sirey, 1949.

SIMON D.,

- *La directive européenne*, Paris, Dalloz, 1997.
- *Le système juridique communautaire*, Paris, PUF, 2001..

VENTURINI G., *La responsabilità extracontrattuale delle Cmunità europee*, Milano, Giuffrè, 1980.

WEISS A., *Manuel de droit international privé*, 9ème Ed., Paris, Sirey, 1925-1928.

II. Thèses

A. Philosophie et théorie du droit

AMSELEK P., *Méthode phénoménologique et théorie du droit*, texte remanié d'une thèse, Paris, LGDJ, 1964.
BEAUD O., *La puissance de l'État*, Thèse, Paris, PUF, 1994.
BECHILLON D. DE, *Hiérarchie des normes et hiérarchie des fonctions normatives de l'État*, Thèse, Paris, Economica, 1996.
BELAID S., *Essai sur le pouvoir créateur et normatif du juge*, thèse, Paris, LGDJ, 1974.
BOLAÑOS B., *Attentes normatives et proportionnalité. Eléments de théorie de la décision juridique*, Thèse, Université Paris I Panthéon-Sorbonne, UFR de Philosophie, 2007.
BOURCIER D., *Analyse des standards de la police municipale. Approche décisionnelle*, Thèse, Université de Paris 1, Panthéon Sorbonne, 1988.
CAYLA O., *La notion de « signification » en droit*, Thèse, Paris II, 1992.
CAPITANT R., *Introduction à l'étude de l'illicite : l'impératif juridique*, Thèse, Paris, Dalloz, 1928.
DESQUEYRAT A., *L'institution, le droit objectif et la technique positive. Essai théorique et doctrinal*, Thèse Paris, 1933.
GUILLIEN R., *L'acte juridictionnel et l'autorité de la chose jugée*, Thèse, Bordeaux, 1931.
HERAUD G., *L'ordre juridique et le pouvoir originaire*, Thèse, Recueil Sirey, 1946.
LARRERE C., *L'invention de l'économie au XVIIIe siècle. Du droit naturel à la physiocratie*, Thèse, Paris, PUF, 1992.
LAVAL C., *Les sociologies classiques et l'utilitarisme. Du lien humain dans les sociétés d'Occident*, Thèse, Paris 10, 2000.
LOUREAU R., *L'analyse institutionnelle*, Thèse Paris 10, 1969.
NEZARD H., *Théorie juridique de la fonction publique*, Thèse, paris, Librairie de la société du recueil général des lois et des arrêts, 1901.
NOYER B., *Essai sur la contribution du doyen Bonnard au Droit public français. Etude d'une étape de la participation de l'école de Bordeaux à la construction de l'État de droit*, Thèse, Bordeaux I, 1984.
PERRIN F., *L'intérêt général et le libéralisme politique. Entre droits et intérêts particuliers (XVIIe-XIXe siècle)*, Thèse, philosophie, Paris, LGDJ, coll. des Thèses, Fondation Varenne, 2012.
PICOT G., *Cardin Le Bret (1558-1655) et la doctrine de la souveraineté*, Thèse, Nancy, Société d'impression typographiques, 1848.
PISIER-KOUCHNER E., *Le service public dans la théorie de l'État de Léon Duguit*, Thèse, Paris, LGDJ, 1972.

REDOR M.-J., *De l'État légal à l'État de droit. L'évolution des conceptions de la doctrine publiciste française (1879-1914)*, Thèse, Paris, Economica, 1992.
STATI M. O., *Le standard juridique*, Thèse, Paris, Librairie de jurisprudence ancienne et moderne, E. Duchemin, 1927.
TOUTSAKOVITCH M., *Elaboration scientifique du droit positif dans la conception de François Gény*, Thèse, Paris, P. Bossuet, 1939.

B. Droit administratif

ANTOINE A., *Prérogatives de puissance publique et droit de la concurrence*, Paris, LGDJ, coll. « Bibliothèque de droit public », 2009.
AUBY J.-B., *La notion de personne publique en droit administratif*, Thèse, Bordeaux 1, 1979.
BAHANS J.-M., *Théorie générale de l'acte juridique et droit économique*, Thèse, droit, Bordeaux 4, 1998, Lille ANRT, 2003.
BAILLEUL D., *L'efficacité comparée des recours pour excès de pouvoir et de plein contentieux objectif en droit public français*, Thèse, Paris, LGDJ, 2002.
BELIN J., *Recherches sur la notion d'utilité publique en droit administratif français,* Thèse, Paris, Dalloz, 1933.
BERNARD P., *La notion d'ordre public en droit administratif*, Thèse, Paris, LGDJ, 1962.
BIENVENU J.-J., *L'interprétation juridictionnelle des actes et des Lois, sa nature et sa fonction dans l'élaboration du Droit administratif*, Thèse, Paris 2, 1979.
BLANCO F., *Pouvoir du juge et contentieux administratif de la légalité. Contribution à l'étude de l'évolution et du renouveau des techniques juridictionnelles dans le contentieux de l'excès de pouvoir*, Texte remanié d'une thèse, Aix-en-Provence, Presses universitaires Aix-Marseille, 2010.
BLANCPAIN F., *La formation historique de l'acte administratif unilatéral*, Thèse, Paris, 1979.
BOHL L., *L'équité dans la jurisprudence administrative*, Université Paris sud XI, Faculté « Jean Monnet » à Sceaux, Droit – économie – gestion, 2000.
BOUSTA R., *Essai sur la notion de bonne administration en droit public*, Paris, Ed. L'Harmattan, 2010.
BROYELLE C., *La responsabilité de l'État du fait des lois*, LGDJ, 2003.
CAILLOSSE J., *L'intérêt général, la croissance, les avatars du droit administratif des biens*, thèse, Rennes, 1978.
CHEVALLIER J., *L'élaboration historique du principe de séparation de la juridiction administrative et de l'administration active*, Thèse, Paris, LGDJ, 1970, coll. « Bibliothèque de droit public », t. 97.

CLAMOUR G., *Intérêt général et concurrence. Essai sur la pérennité du droit public en économie de marché*, Paris, Dalloz, coll. « Nouvelle bibliothèque de thèses », 2006.
CLAYS A., *L'évolution de la protection juridictionnelle de l'administré au moyen du recours pour excès de pouvoir*, Thèse, Université de Poitiers, 2005.
CRUCIS H.-M., *Les combinaisons de normes dans la jurisprudence administrative française. Contribution à l'étude du pouvoir normatif du juge de l'excès de pouvoir*, Texte remanié d'une thèse, Paris, LGDJ, 1991.
CRUET J., *Etude juridique de l'arbitraire administratif*, Thèse Paris, Librairie nouvelle de droit et de jurisprudence, Arthur Rousseau Editeur, 1906.
DELVALLEZ C.-E., *Le juge administratif et la primauté du droit communautaire*, Thèse, L'Harmattan, 2011.
DELVOLVE P., *Le principe d'égalité devant les charges publiques*, Thèse, LGDJ, 1969.
DEGUERGUE M., *Jurisprudence et doctrine dans l'élaboration du droit de la responsabilité administrative*, Thèse, LGDJ, 1994.
DI QUAL L., *La compétence liée*, Thèse, Paris, LGDJ, 1964.
FORTSAKIS T., *Conceptualisme et empirisme en droit administratif français*, Thèse, Paris, LGDJ, 1978.
FOULQUIER N., *Les droits publics subjectifs des administrés. Emergence d'un concept en droit administratif français du XIXe au XXe siècle*, Paris, Dalloz, 2003.
FRAYSSINET M.-H., *La notion d'intérêt en droit administratif*, Université Toulouse I, 2000.
GIRARD A.-L., *La formation historique de l'acte administratif unilatéral*, Paris 2
GOLDENBERG L., *Le Conseil d'État, juge du fait, étude sur l'administration des juges*, thèse, Paris, Dalloz 1932.
HOSTIOU R., *Procédure et formes de l'acte administratif en droit français*, Paris, LGDJ, 1974.
IDOUX P., *La contradiction en droit administratif français*, Thèse, Montpellier 1, 2003.
JEANNEAU B., Les principes généraux du droit dans la jurisprudence administrative, Thèse, Sirey, 1954.
LACHARRIERE R. L. DE, *Le contrôle hiérarchique de l'administration dans la forme juridictionnelle*, Paris, Thèse, Librairie du Recueil Sirey 1937.
LAFAIX J.-F., *Essai sur le traitement des irrégularités dans les contrats de l'Administration*, Thèse, Dalloz, Coll. « Nouvelle Bibliothèque de Thèses, 2009.
LAGASSE D., *L'erreur manifeste d'appréciation en droit administratif, Essai sur les limites du pouvoir discrétionnaire de l'administration*, Thèse, Bruylant, Bruxelles, 1986.

LAVIALLE C., *L'évolution de la conception de la décision exécutoire en droit administratif français*, Texte remanié d'une thèse, LGDJ, 1974.

LECOCQ P.-A., *Le pouvoir de dérogation de l'administration*, Université de Droit et de la Santé de Lille, 1971.

LINOTTE D., *Recherche sur la notion d'intérêt général en droit administratif français*, Thèse, 1975, Université de Bordeaux I.

LOCHAK D., *Le rôle politique du juge administratif français*, Thèse, Paris, LGDJ, 1972.

LODOVICI J., *L'Evolution de la Notion de Pouvoir Discrétionnaire*, Université de Lille, Imp. Douriez – Bataille, Lille, 1937.

MADIOT Y., *Aux frontières du contrat et de l'acte administratif unilatéral. Recherches sur la notion d'acte mixte en droit public français*, Thèse, Paris, LGDJ, 1971.

MODERNE F., *Recherche sur la puissance publique et ses prérogatives en droit administratif français*, Thèse, Bordeaux, 1960.

PACTEAU B., *Le juge de l'excès de pouvoir et les motifs de l'acte administratif*, Paris, LGDJ, 1977.

PELLISSIER G., *Le contrôle des atteintes au principe d'égalité au nom de l'intérêt général par le juge de l'excès de pouvoir*, Université, Panthéon-Sorbonne, Paris, thèse, 1995.

PONTIER J.-M., *L'État et les collectivités locales – La répartition des compétences*, Thèse, Paris, LGDJ, 1978.

PY P., *Le rôle de la volonté dans les actes administratifs unilatéraux*, Paris, LGDJ, 1976.

RIALS S., *Le juge administratif français et la technique du standard, (essai sur le traitement juridictionnel de l'idée de normalité)*, Thèse LGDJ, Paris, 1980.

RAIMBAULT P., *Recherche sur la sécurité juridique en droit administratif français*, Paris, LGDJ, 2009.

ROUSSET M., *L'idée de puissance publique en droit administratif*, Thèse, Paris, Dalloz, 1960.

ROUYERE A., *Recherche sur la dérogation en droit public*, Thèse Bordeaux 1, 1993.

SAILLANT E., *L'exorbitance en droit public*, Thèse, Dalloz, 2011, volume 109.

SCHWARTZENBERG R.-G., *L'autorité de chose décidée*, Thèse, Paris, LGDJ-R. Pichon et R. Durand-Auzias, 1969.

TARDIVEL B., *Recherche sur le finalisme en droit administratif français*, Thèse, Montpellier 1, 2002.

TIMSIT G., *Le rôle de la notion de fonction administrative en droit administratif français*, Thèse, Paris, LGDJ.

TRUCHET D., Les *fonctions de la notion d'intérêt général dans la jurisprudence du Conseil d'État,* Paris, LGDJ, 1977.

VEDEL G., *Essai sur la notion de cause en droit administratif français,* Paris, Librairie du Recueil Sirey, 1934.
VENEZIA J.-C., *Le pouvoir discrétionnaire*, Paris, LGDJ, 1959.
VERPEAUX M., *La naissance du pouvoir réglementaire*, 1789-1799, Paris, PUF, 1991.
WALINE M., *Les mutations domaniales*, Thèse, Paris, Dalloz, 1925.

C. Droit comparé

BECQUART J., *Les mots à sens multiples en droit civil français. Contribution au perfectionnement du vocabulaire juridique*, Thèse, Lille, 1928.
BERTRAND B., *Le juge de l'Union européenne, juge administratif,* Bruylant, 2012.
BERNARD E., *La spécificité du standard juridique en droit communautaire*, Bruylant, 2010.
BUI-XUAN O., *Le droit public français entre universalisme et différencialisme*, Paris, Economica, 2004, coll. Corpus Essais.
CASTETS-RENARD C., *Notions à contenu variable et droit d'auteur*, Thèse, L'Harmattan, 2003.
CHASSAGNARD S., *La notion de normalité en droit privé français*, Thèse, Toulouse, 2000.
CLAPS-LIENHART M., *L'ordre public. Essai.* Thèse, Lyon, Bosc Frères, M. et L. Riou, imprimeurs-éditeurs, 1934.
COUSIN G., *Intérêt général et propriété industrielle*, Thèse, Université de Nantes, Faculté de droit et des sciences politiques, 2006.
DENIZEAU C., *L'idée de puissance publique à l'épreuve de l'Union européenne,* thèse, LGDJ, coll. « Bibliothèque de droit public », tome 239, 2004.
DUPRE DE BOULOIS X., *Le pouvoir de décision unilatéral. Etude de droit comparé interne,* Paris, LGDJ, 2006.
ENCINAS DE MUNAGORRI R., *L'acte unilatéral dans les rapports contractuels*, Texte remanié d'une thèse, Paris, LGDJ, 1995.
EVEILLARD G., *Les dispositions transitoires en droit public français*, Paris, Dalloz, 2007.
FAVRE J.-M., *Essai sur la notion de standard dans la jurisprudence internationale*, Paris 1, 1994.
GUINARD D., *Réflexions sur la construction d'une notion juridique : l'exemple de la notion de services d'intérêt général,* Paris, L'Harmattan, 2012.
JOUANJAN O., Le *principe d'égalité devant la loi en droit allemand*, Paris, Economica, 1992.
KAUFF-GAZIN F., *La notion d'intérêt général en droit communautaire*, Strasbourg, 2001.

LAGELLE A., *Les standards en droit international économique*, Nice, 2012.
LETURCQ S., *Standards et droits fondamentaux devant le Conseil constitutionnel français et de la Cour européenne des droits de l'homme*, Paris, LGDJ, 2005.
MARTY G., *La distinction du droit et du fait : essai sur le pouvoir de contrôle de la Cour de Cassation sur les juges du fait,* Paris, Recueil Sirey, 1929.
MATHIEU B., *Les "Validations" législatives. Pratique législative et jurisprudence constitutionnelle*, Paris, Economica, 1987.
MEKKI M., *L'intérêt général et le contrat. Contribution à une étude de la hiérarchie des intérêts en droit privé*, LGDJ, 2004.
MERLAND G., *L'intérêt général dans la jurisprudence constitutionnelle*, Paris, LGDJ, 2004.
MET-DOMESTICI A., *Le droit communautaire de la concurrence et l'intérêt général,* Université Paul Cezanne, Aix-Marseille III, 2004.
MILANO L., *Le droit à un tribunal au sens de la Convention européenne des droits de l'homme*, Thèse, Dalloz, 2006.
PHILIPPE X., *Le contrôle de proportionnalité dans les jurisprudences constitutionnelles et administratives françaises*, Paris, Economica, 1990.
PICHOUSTRE D., *L'intérêt communautaire*, Université des Sc. soc. de Toulouse, 2004.
PIGNON S., *La prise en compte de l'intérêt général par le droit communautaire*, Université de Nice-Sophia Antipolis, 1998.
RACLET A., *Droit communautaire des affaires et prérogatives de puissance publique nationales*, Dalloz, 2002.
ROUJOU DE BOUBEE G., *Essai sur l'acte juridique collectif*, Thèse, Paris, LGDJ, 1961.
VINCENT-LEGOUX M.-C., *L'ordre public. Etude de droit comparé interne*, Paris, PUF, 2001.

III. Articles

A. Philosophie et théorie du droit

AL-SANHOURY A. A., « Le standard juridique », Mélanges F. Gény, 2, *Les sources générales des systèmes juridiques actuels*, Paris, Librairie du Recueil Sirey, 1934, p. 144 s.
AMSELEK P.,

- « Le droit technique de direction publique des conduites humaines », Droits, 1989, n° 10, p. 7
- « Lois juridiques et lois scientifiques », Droits, 1987, n° 6, p. 131 s.
- « Autopsie de la contrainte associée aux normes juridiques », RRJ, 2008, p. 1847 s.

- « La phénoménologie et le droit », APD, 1972, p. 221.

BATIFFOL H., « Problèmes de frontières : Droit et politique », *Le Droit investi par la Politique*, APD, Sirey, tome 16, 1971, p. 1 s.

BEAUD O., « La souveraineté dans la contribution à la théorie générale de Carré de Malberg », RDP 1994, p. 1251 s.

BECHILLON D. DE,
- « Réflexions critiques », RRJ, 1994, n° 1, p. 251.
- « L'ordre de la hiérarchie des normes et la théorie réaliste de l'interprétation », RRJ, 1994-1, p. 248 s.

BOBBIO N., « Nouvelles réflexions sur les normes primaires et secondaires », dans *Essais de théorie du droit*, traduit par M. Guerret, Bruylant, LGDJ, 1998, p. 159 s.

BOLGAR V., « L'intérêt général dans la théorie et dans la pratique », Revue internationale de droit comparé, Vol. 17, n° 2, avril-juin 1965, p. 329 s.

BORELLA F., « Le système métrique et la problématique des normes », Droits, 17, 1993, p. 91.

BUCH H.,
- « Le droit et le fait dans la jurisprudence du Conseil d'État de Belgique », dans *Le fait et le droit*, Logique juridique, Bruylant, 1961, p. 149 s.
- « La règle de droit en droit administratif », dans Ch. Perelman, (Etudes publiées par), *La règle de droit*, Travaux du centre national de recherches de logique, Bruxelles, Bruylant, 1971, p. 260 s.

BUCHER A., « L'ordre public et le but social des lois », RCADI, 1993.II, p. 1 s.

BUYDENS M., « Introduction. L'intérêt général, une notion protéiforme », dans M. Buydens et S. Dusollier (Eds.), *L'intérêt général et l'accès à l'information en propriété intellectuelle*, Bruylant, 2008, p. 1 s.

CANIVET G., « Le juge et la force normative », dans C. Thibierge et alii, La *force normative, Naissance d'un contept, précit.*, p. 23 s.

CARBONNIER J., « Les notions à contenu variable dans le droit français de la famille » dans Ch. Perelman et R. Vander Elst (Etudes publiées par), *Les notions à contenu variable en droit*, Bruxelles, Bruylant, 1984, p. 99 s.

CAYLA O.,
- « La théorie de la signification de l'acte dans la pensée normativiste », Droits, n° 7, 1988, p. 59 s.
- « La qualification ou la vérité du droit », Droits, 1993, n° 18, p. 3 s.

CHARLIER R.-E., « Les fins du droit public moderne », RDP 1947, p. 127 s.

CHEVALLIER J.,
- « La normativité, Etudes et doctrines », Cahiers du Cons. const. 2006, n° 21

- « L'État post-moderne : retour sur une hypothèse », Droits, 39, 2004, p. 107 s.
- « L'État de droit », RDP 1998, p. 313
- « Les fondements idéologiques du droit administratif français », dans J. Chavallier (Dir.), *Variations autour de l'idéologie de l'intérêt général*, vol. 2, PUF, 1979, p. 3 s.
- « Réflexions sur l'idéologie de l'intérêt général », *Variations autour de l'idéologie de l'intérêt général*, Vol. 1, Paris, PUF, 1978, p. 11 s.

COHENDET M.-A., « Légitimité, effectivité et validité », dans Mélanges P. Avril, *La République*, Ed. Montchrestien, 2001, p. 201 s.

COMBACAU J., « Interpréter des textes, réaliser des normes : la notion d'interprétation dans la musique et dans le droit », *dans* Mélanges P. Amselek Bruxelles, Bruylant, 2005, p. 261 s.

CROUZATIER-DURAND F., « Le pouvoir normatif du juge administratif », AJDA 2008, p. 1504.

DABIN J., « Droit et politique », dans Mélanges R. Savatier, Dalloz 1965, p. 183 s.

DELEBECQUE P., « Les standards dans les droits romano-germaniques » dans *Les standards dans les divers systèmes juridiques,* RRJ, Droit prospectif, 1988-4, p. 871 s.

DELMAS-MARTY M., *Pour un droit commun*, Paris, Ed. du Seuil, 1994, coll. « La librairie du XXème siècle »,

DESWARTE M.-P., « Intérêt général, bien commun », RDP 1988, p. 1289 s.

DUMON F., « La formation des règles de droit dans les communautés européennes », dans Ch. Perelman, (Etudes publiées par), *La règle de droit,* Travaux du centre national de recherches de logique, Bruxelles, Bruylant, 1971, p. 159 s.

DUPEYROUX H., « Les grands problèmes du Droit, quelques réflexions personnelles en marge », APDSJ, 1938, p. 37.

DUPEYROUX O., « La doctrine française et le problème de la jurisprudence source de droit », Mél. Marty, Toulouse, 1979, p. 463 s.

DURAND C. et BORELLA F., « Les risques de chevauchements et d'imbrications de structures », dans *Limits and problems of european integration*, Grotius seminarium, may 30 june, 1961, Nijhoff, The Hague, 1963, p. 103.

DWORKIN R., « Les contraintes argumentatives dans l'interprétation juridique 2. Y-a-t-il une bonne réponse en matière d'interprétation juridique ? », dans P. Amselek, *Interprétation et Droit*, Bruylant, Bruxelles, 1995, p. 227 s.

EISENMANN C., « Juridiction et logique », Mél. G. Marty, Toulouse,Université des Sciences sociales, 1978, p. 477

ESMEIN A., « La jurisprudence et la loi », Revue Trimestrielle du droit, 1902, p. 19

FORIERS P., « Règles de droit. Essai d'une problématique », dans Ch. Perelman, (Etudes publiées par), *La règle de droit,* Bruxelles, Bruylant, 1971, p. 7 s.

GENIAUT B., « La force normative des standards juridiques », dans C. Thibierge et alii (Dir.), *La force normative, Naissance d'un concept*, Paris, LGDJ, 2009, p. 183 s.

GHESTIN J.,

- « L'autorité de chose jugée des motifs d'une décision judiciaire en droit privé », dans Mélanges M. Waline, Dalloz 2002, p. 575
- « Les données positives du droit », RTD Civ. 2002, p. 11 s.
- « L'utile et le juste dans le droit des contrats », APD, T. XXVI, 1981, p. 35 s.

GOSALBO BONO R., « Sur la théorie de la souveraineté et son application à (et dans) l'Union européenne », dans *A Man for All Treaties,* Liber Amicorum en l'honneur de J.-C. Piris, Bruylant, Bruxelles, 2012, p. 195 s.

GROULIER C.,

- « La distinction de la force contraignante et de la force obligatoire des normes juridiques. Pour une approche duale de la force normative », dans *La force normative. Naissance d'un concept précit.*, p. 199 s.
- « Peut-on penser la norme juridique sans l'impératif ? », Droits, 50, 2009, p. 247 s.

GUASTINI R.,

- « Interprétation et description de normes », dans P. Amselek, *Interprétation et Droit*, 1995, Bruylant, Presses universitaires d'Aix-Marseille, p.89 s.
- « Théorie de l'interprétation : réalisme et anti-réalisme », dans P. Amselek, *Interprétation et Droit*, 1995, Bruylant, Presses universitaires d'Aix-Marseille, p.432.

HAQUET A., « La (re)définition du principe de souveraineté », pouvoirs, n° 94, 2000, p. 141 s.

HEBRAUD P., « Le juge et la jurisprudence », Mél. Couzinet, Toulouse, 1974, p. 329 s.

HERON J., « Localisation de l'autorité de la chose jugée ou rejet de l'autorité positive de la chose jugée », dans Mélanges Perrot, Dalloz 1996, p. 131 s.

JEAMMAUD A., « La règle de droit comme modèle », Recueil Dalloz, Sirey, 1990, 28ème cahier, chron. XXXIV, p. 199 s.

KALINOWSKI G.,

- « Le syllogisme d'application du droit », Archives de philosophie du droit, 1964, p. 274 s.
- « L'interprétation du Droit, ses règles juridiques et logiques », APD, 1985-30, p. 172.

KANAYAMA N., « Intérêt général : Le pays de Rousseau aujourd'hui », dans *L'intérêt général au Japon et en France*, Société de législation comparée, Dalloz, 2008, p. 53 s.,

KELSEN H.,

- « Derogation », dans *Essays in Jurisprudence in Honor of Roscoe Pound*, R. A. Newman (Ed. sc.), Indianapolis – Bobbs Merrill, 1962, p. 339.
- « La théorie de l'interprétation et la structure de l'Ordre juridique », Rev. int. de philosophie, 1981, n° 136, p. 518

LAFFONT J.-J., « intérêt général et intérêts particuliers », dans *L'intérêt général*, Rapport public du Conseil d'État, EDCE, 1999, p. 421 s.

LEGENDRE P., « La royauté du droit administratif. Recherche sur les fondements traditionnels de l'État centraliste en France », Revue historique de droit français et étranger, 1974, reproduit dans P. Legendre, *Trésor historique de l'État en France. L'administration classique*, Paris, Fayard, 1992, p. 607.

LEGRAND C., RANGEON F. et VASSEUR J.-F., « Contribution à l'analyse de l'idéologie de l'intérêt général », dans *Discours et idéologie*, Paris, PUF, 1980, p. 181 s.

LOSCHAK D., « Le droit à l'épreuve des bonnes moeurs. Puissance et impuissance de la norme juridique », dans *Les Bonnes moeurs*, Paris, PUF, 1994 p. 15 s.

LUCHAIRE F., « La souveraineté », RFDC, 2000, p. 451.

MACCKAY E., « Les notions floues en droit ou l'économie de l'imprécision », Langages, mars 1979, n° 53, p. 33.

MACCORMICK N., « Les contraintes argumentatives dans l'interprétation juridique », dans P. Amselek (Dir.), *Interprétation et Droit,* Bruxelles, Bruylant, 1995, p. 213 s.

MASPETIOL R., « Le droit et le politique : deux vsions partielles et fragmentaires d'une même réalité sociale », *Le Droit investi par la Politique*, APD, Sirey, 1971, p. 37 s.

MAZERES J. A.,

- « Qu'est-ce que la puissance publique ? », dans P. Raimbault (Dir.), *La puissance publique à l'heure européenne,* Paris, Dalloz, 2006, p. 9 s.
- « L'un et le multiple dans la dialectique marché-nation », dans B. Stirn (Dir.), *Marché et Nation – Regards croisés*, Paris, Montchrestien, 1995, p. 126.

NAVARRO J.-S., « Standards et règles de droit », dans *Les standards dans les divers systèmes juridiques,* RRJ, Droit prospectif, 1988-4, p. 833 s.

NIZARD L., « A propos de la notion de service public : mythes étatiques et représentations sociales », dans Recueil d'Etudes en hommage à Charles Eisenmann, Ed. Cujas, 1975, p. 91 s.

OPPETIT B., « L'hypothèse du déclin du droit », Droits, Rev. franç. th. jur., PUF, 1985, n° 4, p. 9 s.
PATTARO E., « Les dimensions éthiques de la notion de standard juridique », RRJ, Droit prospectif, Cahiers de méthodologie juridique n° 3, *Les standards dans les divers systèmes juridiques*, Presses universitaires d'Aix-Marseille, 1988-4, p. 813 s.
PERELMAN C.,
- « L'idéal de rationalité et la règle de justice », 1961, ED, p. 170
- « Egalité et intérêt général », dans Ch. Perelman (Dir), *L'égalité, vol.* VIII, Bruxelles, Bruylant, 1982, p. 615 s.

PERRIN J.-F., « Règle », *Vocabulaire fondamental du droit*, APD, 1990, p. 245 s.
PASBECQ C., « De la frontière entre la légalité et l'opportunité dans la jurisprudence du juge de l'excès de pouvoir », RDP 1980, p. 803 s.
PETEV V., « Standards et principes généraux du droit », dans *Les standards dans les divers systèmes juridiques*, RRJ, Droit prospectif, 1988-4, PUAM, p. 825 s.
PFERSMANN O., « Le statut de la volonté dans la définition positiviste de la norme juridique », Droits, n° 28, 1999, p. 86 s.
POIROT-MAZERES I., « Les décisions d'espèce », RDP 1992, p. 443 s.
PUIGELIER C.,
- « Mots à sens multiple et règle de droit », ADP, t. 48, 2004, p. 381 s.
- « Temps et création jurisprudentielle », APD, 50 (2006), p. 89 s.

RIALS S.,
- « Les standards, notions critiques du droit », dans Ch. Perelman et R. Vander Elst, *Les notions à contenu variable en droit*, Travaux du centre national de recherche de logique, Bruxelles, Bruylant, 1984, p. 39.
- « Sur une distinction contestable et un trop réel déclin », AJDA 1981, p. 115 s.

RICŒUR P., « Le problème de la liberté de l'interprète en herméneutique générale et en herméneutique juridique », dans P. Amselek, *Interprétation et Droit*, Bruylant, Bruxelles, 1995, p. 177 s.
RIGAUX F., « Le juge, ministre du sens », dans *Justice et argumentation*, Essais à la mémoire de Ch. Perelman, Bruxelles, Ed. de l'Université de Bruxelles, 1986, p. 79.
ROGERS G., «Vers une solution scientifique du problème de la libre décision judiciaire », Recueil Gény, t. 2, p. 552 s.
ROUVILLOIS F., « Le raisonnement finaliste du juge administratif », RDP 1990, p. 1817.
SAINT-BONNET F., « L'intérêt général dans l'ancien droit constitutionnel », dans B. Mathieu et M. Verpeaux (Dir.), *L'intérêt général,*

norme constitutionnelle, Dalloz, 2007, coll. « Cahiers constitutionnels de paris 1 », p. 9 s.
STOCKINGER P., « Possibilités d'une représentation conceptuelle de la situation normative », Droits et Société, Revue internationale de théorie du droit et de sociologie juridique, n° 8, 1988, p. 29 s.
TERRE F., « Un juge créateur de droit ? Non merci ! », Arch. Philo. Du droit, 2007, n° 50, p. 305 s.
TEYSSIER A., « Heurs et malheurs de l'intérêt général au miroir de l'État », dans *L'intérêt général aux XIX*[e] *et XX*[e] *siècle*, Les cahiers pour l'histoire de l'épargne, n° 12, avril 2009, p. 35 s.
THIBIERGE C., « Au cœur de la norme : le tracé et la mesure, Pour une distinction entre normes et règles de droit », dans *L'égalité*, APD, tome 51, Dalloz 2008, p. 341 s.
TIMSIT G., « Sur l'engendrement du droit », RDP, 1988, n° 1, p. 39 s.
TORRIONE H., « Peut-on se passer de la notion de bien dans la pensée juridique et politique ? », dans A. Gavric et G. W. Sienkiewicz (eds.), *État et bien commun : perspectives historiques et enjeux éthico-politiques*, Peter Lang SA, Ed. sc. inter., Berne, 2008, p. 85 s.
TROPER M.,

- « La liberté d'interprétation du juge constitutionnel », dans P. Amselek, *Interprétation et Droit*, Bruylant, Bruxelles, 1992, p.235 s.
- « Une théorie réaliste de l'interprétation », dans *La Théorie du droit, le droit, l'État*, Paris, PUF, 2001, p. 69
- « Le problème de l'interprétation et la théorie de la supra-légalité constitutionnelle », dans Mélanges Eisenmann, Cujas, 1975, p. 143.

TUNC A., « Standards juridiques et unification du droit », RIDC, 1970, p. 247 s.
TUSSEAU G., « Critiques d'une métanotion fonctionnelle. la notion (trop fonctionnelle de "notion fonctionnelle"», RFDA, 2009, p. 641 s.
VIALA A., « Le concept d'identité constitutionnelle : approche théorique », dans L. Burgorgue-Larsen, (Dir.), *L'identité constitutionnelle saisie par les juges en Europe*, Ed. Pedone, Paris 1, 2011, Cahiers Européens, n° 1 p. 7 s.
WALINE M., « Le pouvoir normatif de la jurisprudence », Mél. Scelle, LGDJ, 1950, t. 2, p. 613.
WROBLEWSKI J.,

- « La règle de décision dans l'application judiciaire du droit », dans Ch. Perelman, (Etudes publiées par), *La règle de droit,* Bruxelles, Bruylant, 1971, p. 68 s.
- « Les standards juridiques : problèmes théoriques de la législation et de l'application du droit », RRJ, Droit prospectif, 1988-4, PUAM, p. 847 s.

ZAKI M. S., « Définir l'équité », APD, Sirey 1990, p. 87 s.

B. Droit administratif

AUBY J.-B.,

- « La bataille de San Romano. Réflexions sur les évolutions récentes du droit administratif », AJDA 2001, p. 921
- « Le mouvement de banalisation du droit des personnes publiques et ses limites », dans Etudes offertes à J.-M. Auby, Dalloz, 1992, p. 3 s.

BAILLEUL D., « Les nouvelles méthodes du juge administraif », AJDA 2004, p. 1626.

BALLANDRAS-ROZET C., « L'annulation des exclusions par le juge administratif, l'apport de l'analyse logique à la compréhension des mécanismes contentieux », RRJ, 01/01/2007, n° 2007/1, p. 327 s.

BARON A., « Action sociale et intérêt public local, entre complexité et adaptabilité », dans N. Kada (Dir.), *L'intérêt public local. Regards croisés sur une notion juridique incertainte*, Presses universitaires de Granobme, 2009, p. 137 s.

BEROUJON F., « Évolution du droit administratif : avancées vers la modernité ou retour aux Temps modernes ? », RFDA 2008, p. 449 s.

BERTHELEMY H., « Défense de quelques vieux principes », Mélanges M. Hauriou, Paris, Librairie du Recueil Sirey, 1929, p. 811 s.

BIENVENU J.-J., « Le droit administratif : une crise sans catastrophe », Droits, 1986, p. 93 s.

BIGOT G.,

- « La dictature administrative au XIXe siècle : théorie historique du droit administratif, (Définir le droit administratif /2) », RFDA 2003 p. 435
- « Les bases constitutionnelles du droit administratif avant 1875 », RFDA 2003, p. 218 s.

BOCKEL A., « Contribution à l'étude du pouvoir discrétionnaire de l'administration », AJDA 1978, p. 355

BOITEAU C., « L'exorbitance du droit des services publics », dans F. Melleray (Dir.), *L'exorbitance du droit administratif en question(s),* Colloque des 11 et 12 décembre 2003 à Poitiers, Paris, LGDJ, 2004, p. 179 s.

BONNARD R., « Le pouvoir discrétionnaire des autorités administratives », RDP, 1924, p. 388 s.

BOULOUIS J., « Supprimer le droit administratif ? », Pouvoirs, 1988, n° 46, p. 12.

BRENET F.,

- « Les réserves d'intérêt général », dans Mélanges J.-F. Lachaume, *Le droit administratif : permanences et convergences*, Dalloz 2007, p. 139.

- « Répartition des rôles entre le juge de l'exécution et le juge du contrat », DA, 1/5/2011, n° 5, p. 31.

BRETHE DE LA GRESSAYE J., « Droit administratif et droit privé », dans *Le droit privé français au milieu du XXe siècle.* Études offertes à Georges Ripert, Tome 1, Paris, LGDJ, 1950, p. 314.

BURDEAU F., « La complexité n'est-elle pas inhérente au droit administratif ? », dans *Clés pour le siècle*, Dalloz, 2000, université Panthéon-Assas/Paris II, p. 417 s.

CADEAU E., « Intérêt public local et intérêts catégoriels. A propos du subventionnement des syndicats de salariés par les collectivités territoriales », RFDA 2006, p. 51 s.

CAILLOSSE J. et DRAGO R., « Réflexions sur l'état du droit administratif », dans *Clés pour le siècle*, Dalloz, 2000, université Panthéon-Assas, Paris II, p. 436 s.

CAILLOSSE J.,

- « Sur les enjeux idéologiques et politiques du droit administratif. Aperçus du problème, à la lumière du "changement" », RA 1982, p. 361 s.
- « Sous le droit administratif, quelle(s) administration(s) ? Réflexions sur l'enseignement actuel du droit administratif », dans Mélanges G. Peiser, PUF, 1995, p. 63 s.
- « Le droit, verrou de la modernisation ? », dans P. Muller (Dir.), *L'administration française est-elle en crise ?,* Paris, L'Harmattan, 1992, p. 256
- « Quel Droit administratif enseigner aujourd'hui ? », RA, n° 328, 2002, p. 343 s.

CANEDO M., « L'exorbitance du droit des contrats administratifs », dans F. Melleray (Dir.), *L'exorbitance du droit administratif en question(s)*, Paris, LGDJ, 2004, p. 125 s.

CASSIA P., « La sécurité juridique, un « nouveau » principe général du droit aux multiples facettes », D. 2006, n° 18, p. 1190 s.

CAVIGLIOLI B., « Le recours au bilan dans l'appréciation de l'urgence », AJDA 2003 p. 642 s.

CHAPUISAT L.-J., « Le droit administratif à l'épreuve de l'urbanisme dérogatoire », AJDA 1974, p. 3.

CHAPUS R., « Le service public et la puissance publique », RDP, 1968, p. 235 s.

CHARLIER P.-E., « La technique de notre droit public est-elle appropriée à sa fonction ? », EDCE, 1951, n° 5, p. 32 s.

CHAUMONT C., « La responsabilité extra-contractuelle de l'État dans l'exercice de la Fonction législative », RDP 1940, p. 200 s.

CHEROT J.-Y., « La notion d'ordre public dans la théorie de l'action administrative », dans D. Linotte (Textes réunis par), *La Police administrative existe-t-elle ?,* Paris, Economica, 1985, p. 29 s.

CHEVALLIER J.,

- « La transformation de la relation administrative : mythe ou réalité ? A propos de la loi du 12 avril 2000 relative au droits des citoyens dans leurs relations avec les administrations », D. 2000, chron. P. 575.
- « La dimension symbolique du principe de légalité », RDP 1990, p. 1651
- « Le Conseil d'État, au cœur de l'État », Pouvoirs, Revue française d'études constitutionnelles et pouvoirs politiques, *le Conseil d'État*, nov. 2007, n° 123, p. 5 s.
- « Changement politique et droit administratif », dans Centre universitaire de recherches administratives et politiques de Picardie (CURAPP), *Les usages sociaux du droit*, PUF, 1989, p. 293 s.
- « L'évolution du droit administratif », RDP 1998, p. 1794 s.
- « Essai sur la notion juridique de service public », dans *Publications de la faculté de droit et des sciences politiques et sociales d'Amiens*, vol. 7, 1976-1977, p. 137 s.

COSTA J.-P., « L'exécution des décisions de justice », AJDA, 1995, n° spécial, p. 227.

DARCY G., « La décision exécutoire, esquisse méthodologique », AJDA 1994, p. 663

DEGUERGUE M., « L'exorbitance du droit de la responsabilité administrative », dans F. Melleray (Dir.), *L'exorbitance du droit administratif en question(s),* Colloque des 11 et 12 décembre 2003 à Poitiers, Paris, LGDJ, 2004, p. 201 s.

DELVOLVE P., « Propos introductifs. Droits publics subjectifs des administrés et subjectivisation du droit administratif », AFDA, *Les droits publics subjectifs des administrés*, Colloque organisé les 10 et 11 juin 2010, Paris, Litec, 2011, p. 3 s.

DEVES C., « Le juge administratif et l'intérêt public économique local », dans N. Kada, L'intérêt public local, Regards croisés sur une notion juridique incertaine, PUG, Centre d'études et de Recherche sur le Droit, l'Histoire et l'Administration Publique, 2009, p. 183 s.

DUPUIS G., « Définition de l'acte unilatéral », dans Mélanges Eisenmann, 1975, p. 205 s.

ECKERT G., « les pouvoirs de l'administration dans l'exécution du contrat et la théorie générale des contrats administratifs », Contrats et marchés publics, 2010, chron. 9.

EISENMANN C., « Le droit administratif et le principe de légalité », EDCE 1957, n° 11, p. 25.

GABARDA O., « L'intérêt d'une bonne administration de la justice ». Etude de droit du contentieux administratif », RDP, n° 1, 2006, p. 153 s.
GIRAUD E., « Éude sur la notion de pouvoir discrétionnaire », Rev. Gén. Admin. 1924, vol. 47 p. 298.
GOHIN O., « La responsabilité de l'État en tant que législateur », Rev. inter. dr. comp., Vol. 50, n° 2, avril-juin 1998, p. 595 s.
HAURIOU M.,
- « La théorie de l'institution et de la fondation », dans M. Hauriou, *La cité moderne et les transformations du droit*, Paris, Librairie Bloud et Gay, 1925.
- « Police juridique et fond du droit. A propos du livre d'Al Sanhoury : les restrictions contractuelles à la liberté du travail dans la jurisprudence anglaise et à propos des travaux de l'Institut de droit comparé de Lyon », RTD Civ., 1926, p. 265 s., spéc. p. 265. Texte reproduit dans, M. Hauriou, *Aux sources du droit. Le pouvoir l'ordre et la liberté*, Paris, Blond et Gay, 1933, Cahiers de la nouvelle journée, rééd. 1986, Centre de philosophie politique et juridique, Bibliothèque de Philosophie politique et juridique, p. 147 s.
- « Le pouvoir discrétionnaire et sa justification », dans Mélanges R. Carré de Malberg, Paris, Recueil Sirey, 1933, p. 231 s.

HECQUARD-THERON M., « La contractualisation des actions et des moyens publics d'intervention », AJDA 1993, p. 451 s.
HEYMANN-DOAT A. et LOCHAK D., « Les fonctions du droit administratif », dans *L'administratif dans son droit. Genèse et mutation du droit administratif français*, Paris, Publisud, 1985, p. 154
JEZE G.,
- « Essai d'une théorie générale de la sanction des irrégularités qui entachent les actes juridiques », RDP 1913, p. 294.
- « Essai d'une théorie générale sur l'influence des motifs déterminants sur la validité des actes juridiques en droit administratif français », RDP, 1922, p. 377
- « De l'utilité pratique des études théoriques de jurisprudence pour l'élaboration et le développement de la science du droit public », RDP 1914, p. 311

KORNPROBST B., « L'erreur manifeste », D. 1965, chron. XIX.
L'HUILLIER J., « Les contrats administratifs tiennent-ils lieu de loi à l'administration ? », D. 1953, p. 87 s.
LABETOULLE D., « Principe de légalité et principe de sécurité », Mélanges Braibant, Paris, Dalloz, 1996, p. 403.
LAFAIX J.-F.,
- « La nouvelle directive « recours » ou l'esquisse d'une exigence de « sanction adaptée » », Contrats et Marchés publics, n° 4, avril 2008, étude 4.

- « Le juge du contrat face à la diversité des contentieux contractuels », RFDA 2011, p. 1089 s.
- « La systématisation inachevée du contentieux de la commande publique », CMP, n° 7, juillet 2009, étude 8.

LAGET-ANNAMAYER A., « Occupation du domaine public et intérêt général. D'un pouvoir de gestion étendu des autorités domaniales à une liberté d'action encadrée », AJDA 2003 p. 1201 s.

LAGRANGE P., « Reconnaissance d'un motif d'intérêt général justifiant qu'il soit dérogé à l'obligation statutaire de protection », AJDA 2011, p. 1441 s.

LAMARQUE J., « Le déclin du critère de la clause exorbitante », dans *Le juge et le droit public*, Mélanges M. Waline, Tome 2, 1974, Paris, LGDJ, p. 497 s.

LATOURNERIE R., « Essai sur les méthodes juridictionnelles du Conseil d'État », dans *Le Conseil d'État. Livre jubilaire publié pour commémorer son cent-cinquantième anniversaire, 4 nivôse an VIII-24 décembre 1949*, Paris, R. Sirey, 1952, p. 177.

LAUBADERE A. DE,

- « Du pouvoir de l'administration d'imposer unilatéralement des changemetns aux dispositions des contrats administratifs », RDP 1954, p. 36 s.
- « Réflexions sur la crise du droit administratif français », Recueil Dalloz, 1952, p. 5. V. aussi dans *Pages de doctrine*, Paris, LGDJ, 1980, T. 2, p. 177 s.
- « Le contrôle juridictionnel du pouvoir discrétionnaire dans la jurisprudence du Conseil d'État français », dans Mélanges M. Waline, Paris, LGDJ, 1974, t. 2, p. 531 s.
- « Domanialité publique, propriété administrative et affectation », RDP, 1950, p. 5 s.

LE CORNEC E., « Le clair-obscur des projets d'intérêt général », Droit et ville, 1998, n° 45, p. 252 s.

LEFAS A., « Rôle de l'administration dans l'exécution des décisions de justice et responsabilité découlant de ce rôle », EDCE, 1949, p. 73 s.

LEGRAND C., RANGEON F. et VASSEUR J.-F., « Contribution à l'analyse de l'idéologie de l'intérêt général », Dans Centre universitaire de recherches administratives et politiques – Aliens, *Discours et idéologie*, Paris, PUF, 1980, p. 181 s.

LETOURNEUR M.,

- « L'étendue du contrôle du juge de l'excès de pouvoir », EDCE, 1962, p. 51 s.
- « le contrôle de l'erreur manifeste d'appréciation dans la jurisprudence du Conseil d'État de France », dans Mélanges Ganshof van der Meersch, Bruxelles, Paris, Bruylant, LGDJ, 1972, t. 3, p. 576

- « Les progrès récents de la jurisprudence du Conseil d'État », dans *Etudes juridiques en l'honneur du professeur Colmeiro*, La Coruna, Moret, 1950, p. 115 s.

LONG M.,
- « Le principe d'égalité et les étrangers », rapport public du Conseil d'État pour 1996, p. 355.
- « Les enjeux juridiques : clause générale de compétence et intérêt public », dans dans N. Kada (Dir.), *L'intérêt public local, Regards croisés sur une notion juridique incertaine*, PUG, Centre d'études et de Recherche sur le Droit, l'Histoire et l'Administration Publique, 2009, p. 27 s.
- « Service public, services publics : déclin ou renouveau ? », RFDA 1995, p. 497 s.

LOSCHAK D., « Le principe de légalité. Mythes et mystifications », AJDA 1981, p. 387

MARIE L., « De l'avenir du recours pour excès de pouvoir en matière administrative », 1er article, RDP, 1901, p. 265 s. ; 2ème article, RDP 1901, p. 476 s.

MATHIOT A., « La théorie des circonstances exceptionnelles », dans Mélanges Mestre, Paris, Sirey, 1956, p. 413.

MAUBLANC J.-P., « L'intérêt du service dans le droit de la fonction publique », Etudes offertes à P. Jaubert, Presses universitaires de Bordeaux, 1992, p. 524.

MAZERES J.-A., « Qu'est-ce que la puissance publique ? », dans P. Raimbault (Dir.), *La puissance publique à l'heure européenne, précit.*, p. 9 s.

MELLERAY F., « L'exorbitance du droit administratif en question(s) », AJDA 2003 p. 1961 s.

MICHOUD L.,
- « De la responsabilité de l'État », RDP, 1895, n° 38, p. 254 s.
- « Études sur le pouvoir discrétionnaire de l'administration », Rev. gén. adm., sept.-déc. 1914, p. 11 s.

MODERNE F., « Les projets d'intérêt général dans le droit de l'urbanisme », CJEG 1996-301.

MOOR P.,
- « Définir l'intérêt public : une mission impossible », dans J. Ruegg, S. Decoutère et N. Mettan (Dir.), *Le partenariat public-privé, un atout pour l'aménagement du territoire et la protection de l'environnement*, Lausanne, Presses polytechniques et universitaires romandes 1994, p. 217 s.
- « Intérêts publics et intérêts privés », dans Ch.-A. Morand (Ed. sc.), *La pesée globale des intérêts. Droit de l'environnement et de l'aménagement du territoire*, Bâle, Francfort-sur-le-Main, Helbing et Lichtenhahn, Genève, Faculté de droit, 1996, coll. genevoise, p. 17 s.

NOVARINA G., « L'intérêt général : de nouvelles exigences. Débat autour d'une autoroute », dans *Intercommunalité et intérêt général*, Les recherches annales de la recherche urbaine, n° 99, décembre 2005, p. 7 s.

PACTEAU B.,

- « La sécurité juridique, un principe qui nous manque ? », AJDA 1995, n° spécial, p. 151.
- « Vicissitudes (et vérification... ?) de l'adage ''Juger l'administration, c'est encore l'administrer'' », dans Mél. F. Moderne, Dalloz 2004, p. 317 s.

PASBECQ C., « De la frontière entre la légalité et l'opportunité dans la jurisprudence du juge de l'excès de pouvoir », RDP 1980, p. 803 s.

PISSALOUX J.-L., « L'intérêt public local face à l'intérêt général dans la subventionnement des associations », dans N. Kada (Dir.), *L'intérêt public local. Regards croisés sur une notion juridique incertaine*, PUG, 2009, p. 197 s.

PONTIER J.-M.,

- « Le service public culturel existe-t-il ? », AJDA, n° spécial, *Culture et Service Public*, 20 septembre 2000, p. 8
- « La notion de compétence régalienne dans la problématique de la répartition des compétences entre collectivités publiques », RDP, 2003, p. 193 s.
- « Qu'est-ce que le droit administratif ? », AJDA 2006, p. 1937 s.
- « L'intérêt général existe-t-il encore ? », D. 1998, chron. 327.
- « La conception française du service public », D. 1996, chron. p. 9.

PROTIERE G., « Intérêt public local et politique », dans N. Kada (Dir.), *L'intérêt public local. Regards croisés sur une notion juridique incertaine*, PUG, Centre d'Etudes et de Recherche sur le droit, l'Histoire et l'Administration Publique, 2009, p. 51 s.

RANGEON F. et SANSON N., « Le maire et l'intérêt public local », dans N. Kada (Dir.), *L'intérêt public local. Regards croisés sur une notion juridique incertaine*, PUG, Centre d'Etudes et de Recherche sur le droit, l'Histoire et l'Administration Publique, 2009, p. 71 s.

RIALS S., « Pouvoir discrétionnaire », Répertoire du contentieux administratif, Ed. Dalloz 2011.

RIVERO J.,

- « Vers un droit commun européen : nouvelles perspectives en droit administratif », dans M. Cappelletti (Ed. par), *New perspectives for a common law of Europe*, Bruxelles, Bruylant, 1978, p. 398 s. L'article de J. Rivero est également publié dans *Pages de doctrines*, 1980, T. II, p. 489 s.
- « Le juge administratif : gardien de la légalité administrative ou gardien administratif de la légalité », Mél. M. Waline, Paris, LGDJ, 1974, p. 701

- « Le Huron au Palais-Royal, ou réflexions naïves sur le recours pour excès de pouvoir », Dalloz 1962, chron. p. 37 s.
- « Nouveaux propos naïfs d'un Huron sur le contentieux administratif », EDCE, 1979-1980, n° 31, p. 27 s.
- « Existe-t-il un critère du droit administratif ? », RDP 1953, p. 279 s.
- « Apologie pour les faiseurs de sytèmes », *D.* 1951, chron. 23, p. 99 s.
- « Droit public et droit privé : Conquête, ou statu quo ? », D. 1947, chron. p. 69 s.
- « La distinction du droit et du fait dans la jurisprudence du Conseil d'État français », dans *Le fait et le droit*, 1961, Etude de Logique juridique sous la direction de Ch. Perelman, Bruylant, p. 132 s.

ROBLOT-TROIZIER A., « Le pouvoir de contrôle de l'administration à l'égard de son cocontractant », RFDA, 2007, p. 990 s.

ROLLAND L., « De la modification du contrat par voie d'autorité », RDP 1910, p. 309 s.

SCELLE G., « Etude sur la responsabilité de l'État législateur », RDP 1913, p. 637 s.

SEILLER B.,

- « L'exorbitance du droit des actes administratifs unilatéraux », dans F. Melleray (Dir.), *L'exorbitance du droit administratif en question(s),* Colloque des 11 et 12 décembre 2003 à Poitiers, Paris, LGDJ, 2004, p. 107 s.
- « Droit publics subjectifs des administrés et transformations contemporaines du contentieux », dans Travaux de l'AFDA, colloques et débats, *Les droits publics subjectifs des administrés*, Lexis-Nexis, Litec, 2011, p. 191 s.

TESTU F.-X., « La distinction du droit public et du droit privé est-elle idéologique ? », D. 1998, chron. 345.

TRUCHET D.,

- « Avons-nous encore besoin du droit administratif ? », dans *Le droit administratif : permanences et convergences,* Mélanges en l'honneur de J.-F. Lachaume, Dalloz 2007, p. 1039 s., spéc. p. 1048
- « Label de service public et statut de service public », AJDA 1982, p. 427.
- « Fusionner les juridictions administrative et judiciaire ? », dans Etudes offertes à J.-M. Auby, Dalloz, 1992, p. 335 s.
- « Nouvelles récentes d'un illustre vieillard. Label de service public et statut de service public », AJDA 1982, p. 427 s.
- « La structure du droit administratif peut-elle demeurer binaire ? », dans *Clés pour le siècle*, Dalloz, 2000, Université Panthéon-Assas/Paris II, p. 443 s.

- « L'intérêt général dans la jurisprudence du Conseil d'État : retour aux sources et équilibre », *L'intérêt général*, Rapport public 1999, EDCE, n° 50, p. 361.

VAN LANG A., « De l'usage du bilan dans l'après-jugment », dans *Mélanges* J.-F. Lachaume, Le *droit administratif : permanences et convergences*, Dalloz 2007, p. 1053 s.

VEDEL G.,

- « Discontinuité du droit constitutionnel et continuité du droit administratif », dans Mélanges M. Waline, LGDJ, 1974, p. 177 s.
- « Les bases constitutionnelles du droit administratif », EDCE, 1954, n° 8, p. 21 s. ; rééd. *Pages de Doctrines*, LGDJ, 1980, tome II, p. 129 s.
- « Remarques sur la notion de clause exorbitante », dans *L'évolution du droit public*, Etudes en l'honneur d'Achille Mestre, Sirey, 1956, p. 527 s.

VENEZIA J.-C., « Réflexions sur le rôle de la volonté en Droit administratif », dans Etudes offertes à P. Kayser, Presses universitaires d'Aix-Marseille, 1979, p. 383 s.

WALINE M.,

- « Le pouvoir discrétionnaire de l'administration et sa limitation par le contrôle juridictionnel », RDP 1930, p. 198.
- « Étendue et limites du contrôle du juge administratif », EDCE, 1956, p. 31
- « Vicissitudes récentes de la notion de service public », Rec. adm. 1948, p. 23 s.

C. Droit comparé

ANDRE M.-E.et RAYNARD J., « Regards dubitatifs de juristes de droit privé sur la clause exorbitante », *Contrats publics*, Mélanges Guibal, Presses universitaires de Montpellier, 2006, p. 783 s.

BERLIN D., « Droit communautaire et régimes exorbitants du droit commun », dans *Droit administratif et droit communautaire*, AJDA, n° spécial, 1996, p. 39 s.

BERNARD T., « Les conceptions de l'intérêt général dans l'Union européenne », dans *L'intérêt général*, Rapport public du Conseil d'État, EDCE, 1999, p. 397.

BONICHOT J.-C., « Devoir d'agir ou droit de ne pas agir : l'État entre les exigences de l'ordre public et celles du droit européen », AJDA 1999, n° spécial, p. 86 s.

BOUTAYEB C., « Une recherche sur la place et les fonctions de l'intérêt général en droit communautaire », RTDE, n° 4, 2003, p. 587 s.

BÜRGE A., « Le Code civil et son évolution vers un droit imprégné d'individualisme libéral », RTD civ., janvier-mars 2000, p. 1

DABIN J., « Autonomie de la volonté et lois impératives, ordre public et bonnes mœurs, sanction de la dérogation aux lois en droit privé interne », Ann. Dr. Sc. Pol., 1940, p. 202.

DELMAS-MARTY M., « Les standards en droit criminel », dans *Les standards dans les divers systèmes juridiques*, RRJ, Droit prospectif, 1988-4, p. 1019 s.

DUBOS O., « L'union européenne est-elle une puissance publique ? », dans P. Raimbault (Dir.), *La puissance publique à l'aune européenne*, Paris, Dalloz, 2006, p. 53 s.

GAUTIER C. et VALLUY J., « Générations futures et intérêt général. Eléments de réflexion à partir du débat sur le « développement durable », dans *Définir l'intérêt général*, Politix, n° 42, 1998, p. 7 s.

GRECO G., « Il dirrito comunitario propulsore del diritto amministrativo europea », Riv. trim. dir. pubbl., 1/1993, p. 85 s.

HONORAT E., « La notion d'intérêt général dans la jurisprudence de la Cour de justice des Communautés européennes », dans *L'intérêt général*, rapport du Conseil d'État EDCE, n° 50, 1999, p. 387 s.

KOVAR R.,

- « La Cour de justice et les entreprises chargées de la gestion d'un service d'intérêt économique général. Un pas dans le bon sens vers une dérégulation réglée », Europe, 1994, chron. n° 6 p. 1 s.
- « La contribution de la Cour de justice des Communautés à l'édification de l'ordre juridique communautaire », RCADE, 1993, vol. IV-1, p. 15 s.
- « Observation sur l'intensité normative des directives », dans Liber amicorum, P. Pescatore, Baden Baden Nomos, 1987, p. 425 s.

MELLERAY F., « La notion judiciaire de service public. Développements récent », AJDA 2003, p. 114 s.

MERLAND G.,

- « L'intérêt général, instrument efficace de protection des droits fondamentaux ? », Cahiers du Conseil constitutionnel, n° 16, juin 2004.
- « L'intérêt général dans la jurisprudence du Conseil constitutionnel », dans B. Mathieu et M. Verpeaux (Dir.), *L'intérêt général, norme constitutionnelle*, Cahiers constitutionnels de Paris 1, Thèmes et commentaires, Paris, Dalloz, 2007, p. 35 s.,

RIEZLER E., « Oblitération des frontières entre le droit privé et le droit public », dans *Introduction à l'étude du droit comparé, 5ème partie : le droit comparé comme science sociale*, Etudes E. Lambert, Sirey, LGDJ, 1938, p. 117 s.

RIGAUX F., « Nature juridique des Communautés », dans W. J. Ganshof van der Meersch (Dir.), *Droit des Communautés européennes, Bruxelles*, Larcier, 1969, p. 97 s.
ROUSSEAU D., « L'identité constitutionnelle, bouclier de l'identité nationale ou branche de l'étoile européenne ? », dans L. Burgorgue-Larsen, (Dir.), *L'identité constitutionnelle saisie par les juges en Europe*, Ed. Pedone, Paris 1, 2011, Cahiers Européens, n° 1 p. 89 s.
SAUVE J.-M., « La notion de service d'intérêt économique général », dans J.-L. Dewost, (Coord.), *Les services d'intérêt économique général et le marché intérieur : régimes nationaux et cadre juridique européen*, Ed. Société de législation comparée, 2012, p. 13 s.
SIMON D.,

- « L'intérêt général national vu par les droits européens », dans B. Mathieu et M. Verpeaux (Dir.), *L'intérêt général, norme constitutionnelle*, Cahiers constitutionnels de Paris 1, Paris, Dalloz, 2007, p. 47 s.
- « Usage des concepts élastiques dans la jurisprudence international : impressionnime ou réalisme ? », dans G. Lüke (Ed. sc.), *Rechtsvergleichung, Europarecht und Staatenintegration*, Gedächtnisschrift für L. J. Constantinesco, Köln, Berlin, Bonn, München, Heymanns, 1983, p. 707 s.
- « Les fondements de l'autonomie du droit communautaire », dans J.-C. Gautron et L. Grard (Dir.), *Droit international et droit communautaire : perspectives actuelles*, Société française pour le droit international, Paris, Pedone, 2000, p. 207 s.
- « Ordre public et libertés publiques dans les Communautés européennes. A propos de l'arrêt Rutili », RMCUE, 1976, p. 205 s.

SURREL H., « L'appréciation contingente des justifications », dans F. Sudre et H. Surrel, *Le droit à la non-discrimination au sens de la Convention européenne des droits de l'homme,* Bruxelles, Bruylant, 2008, p. 123.
WACHSMANN P., « De la légitimité de l'atteinte à un droit individuel pour des motifs d'intérêt général », AJDA, 1991, p. 382 s.

IV. Notes, chroniques et commentaires de jurisprudence

ACH N., note sous CE 13 février 2009, *Cté de Communes du Canton de Saint-Malo de la Lande*, Revue Lamy CT, 1/5/2009, n° 46, p. 45.
APPLETON J.,

- note sous, CE, 27 juillet 1923, *Gheusi*, D. 1923.3.57
- note sous CE Ass., 3 juin 1938, *Société La cartonnerie et imprimerie Saint-Charles*, D. 1938.3.65.

AUBIN E.,
- étude sous CE, 23 février 2000, *L'Hermite*, AJFP, juillet-août 2000, p. 4.
- note sous CE, 9 février 2005, *Syndicat national unitaire et indépendant des officiers de police, SNUIP*, AJDA 2005, n° 22, p. 1238.

AUBY J.-B.,
- note sous CE, 19 mai 1983, *Ministre de la Santé c/ Thévenot*, D. 1985. p.45.
- note sous CE 3 février 1987, *Ministre de l'Urbanisme et du Logement c/ association pour la protection de l'environnement et des habitants de Châteauneuf-de-Grasse*, AJDA 1987, p.695.
- obs. sous CE, 28 sept. 1988, *ONF c. Mlle Dupouy*, AJDA 1989, p. 47.

AUBY J.-M.,
- note sous CE, 2 février 1983, *Union des transports publics urbains et régionaux*, RDP 1984, p. 212.
- note sous CE 18 janvier 1985, *Mme d'Antin de Vaillac et Syndicat des sylviculteurs du Sud-Ouest*, EDP 1985, p. 804.
- obs. sous CE, 19 nov. 1980, *M. Wendling*, RDSS, 1981, p. 65.
- obs. sous CE, 3 juin 1983, *Mme Gommez-Vaez*, RDSS, 1984, p. 199.
- obs. sous CE, 30 janvier 1981, *Michalet*, RDSS 1981, p. 427.
- note sous TC, 4 juillet 1983, *Gambini, c. ville de Puteaux*, RDP 1983, p. 1381.

AZIBERT M. et BOISDEFFRE M. DE,
- *chron. sous CE 9 oct. 1987, Ministre du travail, de l'emploi et de la formation professionnelle c. Société Corning France*, AJDA 1987, p. 729.
- chron. sous CE, Ass., 2 février 1987, *Société TV 6,* AJDA 1987, p. 314.

BAILLEUL D.,
- note sous CE 13 février 2009, *Cté de Communes du Canton de Saint-Malo de la Lande*, AJDA, 25/5/2009, n° 19, p. 1057.
- note sous CE, 12 décembre 2007, *M. Sire*, DA, 1/2/2008, n° 2, p. 37.

BAZEX M., comm. sous CE, 26 janvier 2007, *Syndicat professionnel de la Géomatique, Contrats concurrence Consommation,* n° 5, Mai 2007, comm. 127.

BAZEX M. et BLAZY S.,
- note sous CE Sect., 25 février 2005, *France Télécom*, DA 2005, n° 57, p. 26.
- note sous CE Sect., 6 avril 2007, *Cne d'Aix-en-Provence*, DA juin 2007, n° 95.

- comm. sous CE 30 avril 2003, *Union nationale des industries de carrières et des matériaux de construction (UNICEM)*, DA, 01/08/2003, n° 8, p. 17.

BENOIT F.-P., note sous CE, 22 nov. 1946, *Cne de Saint-Priest-La Plaine*, S. 1947.3.105.

BENOIT-CATTIN P., comm. sous CE 31 janvier 2007, *Consorts MAIA*, Répertoire du Notariat Defrénois, 30/1/2008, n° 2, p. 221.

BIGOT J., note sous CE Ass. 11 mai 2004, *Ass. AC ! et autres*, JCP A, 2004, n° 1826.

BILLET P.,

- note sous CE 25 juin 2008, *Cne de Grandfontaine*, JCP A, 22/9/2008, n° 39, p. 32.
- note sous CE 10 juillet 2006, *Ass. interdépartementale et intercommunale pour la protection du lac de Sainte-Croix, des lacs et sites du Verdon*, JCP A 2006, n° 1256.
- note sous CE, Ass., 3 oct. 2008, *Cne d'Annecy*, JCP A, 2008, 2279.

BLAEVOET C.,

- note sous CE 15 juillet 1949, *Ville d'Elboeuf*, D. 1950, p. 60.
- note sous CE, 22 novembre 1946, *Cne de Saint-Priest-La Plaine*, D. 1947, p. 375.
- note sous TC, 28 mars 1955, *Effimieff*, JCP 1955.II.8786.

BLAISE J.-B. et **IDOT** L., chron. sous CE, 5 mars 2003, *Société Immaldi et Compagnie*, RTDE, 2004, p. 680.

BLANCHET D., chron. sous CE, 8 janv. 1999, *Lavaurs*, LPA, 23/02/2000, n° 38, p. 7.

BLANCO F.,

- chron. sous CE 27 juil. 2001, RRJ 2003, n° 2, vol. II, p. 1513.
- chron. sous CE Ass. 29 juin 2001, *Vassilikiotis*, RRJ, 2003, n° 2, vol. II, p. 1513.

BON P.,

- note sous CE, Sect. 18 nov. 2005, *Sté fermière de Campoloro*, RFDA, 1/3/2006, n° 2, p. 341.
- note sous CE Sect. 30 juillet 2003, *Ass. pour le développement de l'aquaculture en région centre,* RFDA 2004, p. 114.

BONICHOT J.-C., note sous CE Sect., 3 juillet 1998, *Bitouzet*, BJDU, 4/1998, p. 300.

BONNET B., note sous CE Ass. 8 avril 2009, *Cie générale des eaux c. Commune d'Olivet*, JCP A, 29/6/2009, n° 27, p. 35.

BORDEREAUX L., note sous CE 20 mai 2011, *Cté d'agglomération du Lac du Bourget*, Droit maritime français, 1/11/2011, n° 730, p. 921.

BORGETTO M., note sous CE Sect. 29 déc. 1997, *Cne de Gennevilliers*, RDP 1998, p. 899.

BORNE-BENNETT A., note sous CE Sect., 8 nov. 1996, *Fédération française des sociétés d'assurance*, Concurrence et consommation, 01/03/1997, n° 96, p. 34.

BOTTEGHI D. et LALLET A., comm. sous CE Ass., 22 oct. 2010, *Mme Bleitrach*, AJDA 2010, p. 2207.

BOUCHET-LE-MAPPIAN E., note sous CE 17 juin 2011, *Société Canal + Distribution,* Revue Lamy droit de l'immatériel, 1/8/2011, n° 74, p. 12.

BOUJEKA A., note sous CE Ass., 22 oct. 2010, *Mme Bleitrach*, Recueil Dalloz 2011, p. 1299.

BRACONNIER S.,

- note sous CE, 10 avril 2002, *Somatour*, JCP G, 2002, I, p. 169.
- note sous CE, 21 juin 2000, *Sarl Plage « Chez Joseph »,* DA 2000, n° 248.

BREEN E., note sous CE Sect., 25 février 2005, *France Télécom*, JCP A 2005, n° 1162, p. 1101.

BRENET F., note sous CE, 21 février 2011, *Société Ophrys*, DA, 1/5/2011, n° 5, p. 31.

BROYELLE C.,

- note sous CE 2 nov. 2005, *Société coopérative agricole Ax'ion*, RDP 2007, p. 1427.
- note sous CE Ass. 8 février 2007, *Gardedieu*, JCP A 2007.2083.

BUSSON E., note sous CE 11 mai 2011, *Sté Lyonnaise des eaux de France*, JCP A, 14/6/2011, n° 24, p. 21.

BYK C., note sous CE 24 juillet 2009, *Comité de recherche et d'informations indépendantes sur le génie génétique (CRII GEN)*, JCP G, 15/3/2010, n° 11, p. 557.

CABANES P. et LEGER D., note sous CE ass. 18 juill. 1973, *Ville de Limoges*, AJDA 1973. 480.

CADEAU E., note sous CE, 4 avril 2005, n° 264596, *Commune d'Argentan*, RFDA 2006, p. 51.

CADIET L., note sous CE, Sect. 30 déc. 2010, *M. B.*, JCP G, 30/5/2011, n° 22, p. 1114.

CAILLOUX J.-C., note sous CE, 25 sept. 1998, *Ass. Greenpeace France*, Droit 1999, p. 339.

CASSAGNABERE H., note sous CE 8 mars 2006, *Onesto et autres*, RJEP, 01/07/2006, n° 633, p. 307.

CASSIA P.,

- chron. sous CE Ass. 24 mars 2006, *Société KPMG et Société Ernst et Young et autres*, D. 2006, p. 1190.
- comm. sous CE, 15 déc. 2000, *Union générale des Syndicats de Grossistes du Marché d'Intérêt National de Paris-Rungis (UNIGROS),* Europe, mars 2001.

CHAHID-NOURAÏ N. et LAHAMI-DEPINAY C., note sous CE 19 janvier 2001, *Confédération nationale des radios libres*, LPA 2001, n° 30, p. 10.
CHARRET J., note sous CE, 11 sept. 2006, *M. Agopyan*, D. 2007, Jur. 129.
COMBET L., note sous CE Ass. 30 nov. 2001, *Ministre de la Défense contre Diop*, AJFP 2002 p. 29 .
COSSALTER P., note sous CE Sect. 21 mars 2011, *Cne de Béziers (II)*, RJEP, 1/10/2011, n° 690, p. 26.
DAMAREY S., note sous CE Ass. 29 juin 2001, *Vassilikiotis*, LPA 24 oct. 2001, n° 121, p. 12.
DEFFIGIER C., note sous CE 13 mars 2002, n° 177509, *Union Fédérale des consommateurs*, RFDA, 2003, n° 4, p. 772.
DEGOFFE M., note sous CE 19 mars 2003, *M. Ferrand*, BJCL 2003, p. 340.
DEGUERGUE M., note sous CE Sect., 31 mars 1995, *Lavaud*, Quot. Jur. 1er août 1995.
DELACOUR E., note sous CE 13 mars 2002, *Union Fédérale des consommateurs*, CMP, 01/06/2002, n° 6, p. 23.
DELAUNAY B.,
- note sous CE, 27 avril 2009, *Sté Bouygues Télécom*, AJDA, 29/06/2009, n° 23, p. 1248.
- note sous CE 16 oct. 2006 *Caisse centrale de réassurance c. Mutuelle des architectes français*, RFDA 2007, p. 284.

DELELIS P., note sous CE, 10 avril 2002, *Somatour*, CMP 2002, n° 148.
DELHOSTE M.-F., note sous CE 10 juillet 2006, *Ass. interd. et intercommunale pour la protection du lac de Sainte-Croix, des lacs et sites du Verdon*, RFDA 2006, p. 990.
DELVOLVE P.,
- note sous CE 22 déc. 1978, *Synd. des Hautes Graves de Bordeaux*, D. 1979, p. 125.
- note sous CE Ass 10 juillet 1996, *Cayzeele*, RFDA 1997, p. 89.
- obs. sous CE, 4 février 1981, *Fédération CFDT des personnels de l'environnement, de l'équipement et du logement, des transports et du tourisme*, D. 1981.IR.286.

DEUMIER P.,
- note sous CE Ass. 8 avril 2009, *Cie générale des eaux c. Commune d'Olivet*, RTD civ., 1/1/2010, n° 1, p. 58.
- note sous CE Sect. 13 déc. 2006, *Mme Lacroix*, RTD civ. 2007, p. 72.

DEYGAS S.,
- note sous CE Ass. 28 déc. 2009, *Cne de Béziers*, Procédures, 1/2/2010, n° 2, p. 32.
- note sous CE Ass. 11 mai 2004, *Ass. AC ! et autres*, Procédures 2004, n° 167, p. 29.
- note sous CE Sect., 25 février 2005, *France Télécom*, Procédures, 2005, n° 113, p. 32.

➢ note sous CE Sect., 29 janvier 2003, *Synd. départemental de l'électricité et du gaz des Alpes-Maritimes et de la Cne de Clans*, Procédures 2003, n° 155, p. 25.

DOMINO X., note sous CE, Ass., 12 avril 2013, *Fédération Force Ouvrière Energie et Mines*, AJDA 2013, p. 1052.

DONNAT F. et CASAS D.,

➢ chron. sous CE, Sect. 26 février 2003, *M. et Mme Bour*, AJDA 2003, p. 729.
➢ note sous CE, Ass., avis, 6 déc. 2002, *Synd. intercommunal des établissements du second cycle du second degré du district de l'Hay-les-Roses*, AJDA 2003, p. 208.
➢ note sous CE, Sect., 6 nov. 2002, *M. Benoît Wargniez*, AJDA 2002, p. 1443 s.
➢ chron. sous CE Sect. 30 juillet 2003, *Ass. pour le développement de l'aquaculture en région centre*, AJ 2003, p. 1815.

DOUENCE J.-C., note sous CE Sect., 6 avril 2007, *Cne d'Aix-en-Provence*, RFDA 2007, p. 821.

DREYFUS J.-D.,

➢ note sous CE 5 octobre 2007, *Sté UGC-Ciné-cité*, AJDA 2007 p. 2260.
➢ note sous CE, 11 sept. 2006, *M. Agopyan*, AJDA 2006, p. 2189.
➢ note sous CAA Versailles, 12 mars 2009, *Cne de Clichy-la-Garenne*, AJDA 2009, p. 1201
➢ note sous CE, 10 déc. 2003, *Institut de recherche pour le développement*, AJDA 2004, p. 394.

DREYFUS J.-D. et NOEL M., note sous CE, 26 sept. 2005, *Mutuelle générale des services publics,* AJDA 2005, p. 2298.

DROBENKO B., note sous CE 13 février 2009, *Cté de Cnes du Canton de Saint-Malo de la Lande*, RJE, 1/9/2009, n° 3, p. 389.

DUBOUIS L., note sous CE 3 février 1975, *Ministre de l'intérieur c. Pardov*, Rev. Crit. DI priv. 1976, p. 301.

DUFAU J.,

➢ obs. sous CE, 15 février 1989, *Mignot*, AJDA 1989, p. 403.
➢ note sous CE Sect., 29 janvier 2003, *Synd. départemental de l'électricité et du gaz des Alpes-Maritimes et de la Cne de Clans*, JCP A, 2003, n° 1342, p. 480.

DUPIELLET G., note sous CE 24 oct. 1984, *Société Claude Publicité*, CJEG 1985.51.

DUQUESNE F., note sous CE, 11 juin 2010, *Syndicat Sud RATP*, Droit social, 1/11/2010, n° 11, p. 1099.

ECKERT G.,

➢ note sous CE, Ass., 31 mai 2006, *Ordre des avocats au barreau de Paris*, Contrats et Marchés publics, juillet 2006, n° 7, p. 12.

- note sous CE Sect., 6 avril 2007, *Cne d'Aix-en-Provence*, CMP juin 2007, n° 151.

EISENMANN C.,
- note sous CE sect. 22 oct. 1937, *Demoiselle Minaire et autres*, D. 1938. 3. 49
- note sous TC, 22 janvier 1955, *Naliato*, D. 1956.58

ENRICINAS DE MUNAGORRI R., obs. sous CE Ass. 24 mars 2006, *Société KPMG et Société Ernst et Young et autres,* RTD civ. 2006, p. 527.

ERSTEIN L.,
- note sous CE, 21 février 2011, *Société Ophrys*, JCP G, 7/3/2011, n° 10, p. 482.
- note sous CE, Sect. 18 nov. 2005, *Sté fermière de Campoloro,* Collectivités Territoriales Intercommunalité, 1/1/2006, n° 1, p. 9.

EVEILLARD G.,
- note sous CE, Sect. 30 décembre 2010, *M. B.,* JCP G, 2/5/2011, n° 18.
- note sous CE 23 déc. 2010, *Ministre d'État, Ministres de l'économie, du développement et de l'aménagement durables*, JCP G, 2/5/2011, n° 18, p. 887.

FATÔME E., note sous CE, Sect. 26 février 2003, *M. et Mme Bour*, BJDU 2003, n° 3, p. 168.

FEVRIER J.-M., comm. sous CE, Ass., 16 déc. 2005, *Groupement forestier des ventes de Nonant*, Environnement n° 2, Février 2006, comm. 19.

FIALAIRE J., note sous CE, 23 février 2000, *L'Hermite,* LPA, n° 20, 29 janvier 2001, p. 10.

FINES F., note sous CE, Ass., 3 mars 1993 *Ministre de l'équipement, du logement et des transports contre Cne de Saint-Germain en Laye,* Recueil Dalloz 1995, n° 24, p. 335.

FOMBEUR P. et GUYOMAR M., chron. sous CE Sect., 27 oct. 1999, *Rolin*, AJDA 1999, p. 1008.

FONBAUSTIER L., note sous CE 10 juillet 2006, *Ass. interdépartementale et intercommunale pour la protection du lac de Sainte-Croix, des lacs et sites du Verdon*, RDI 2006, p. 367.

FORSTER F.,
- note sous CE, 27 avril 2009, *Sté Bouygues Télécom*, La Gazette du Palais, 21/10/2009, n° 294-295, p. 38.
- note sous CE, 8 juin 2010, *Féd. fr. des télécommunications et des communications électroniques,* La Gazette du Palais, 22/10/2010, n° 295-296, p. 44.

FOULQUIER N., note sous CE, 18 juin 2003, *Sté Tiscali Télécom*, AJDA 2003, p. 1888.

FOURNIER et BRAIBANT, chron. sous CE, 14 mars 1956, *Hublin*, AJDA 1956, p. 222.

FRANC et BOYON,

- chron. sous CE Ass. 20 mars 1974, *Navarra*, AJDA 1974, p. 303
- chron. sous CE Sect. 14 mars 1975, *SCI de la Vallée de Chevreuse*, AJ 1975, p. 224.
- chron. sous CE Sect., 4 octobre 1974, *Grimaldi*, AJ 1975, p. 128.
- note sous CE ass. 24 janv. 1975, *Gorlier et Bonnifay*, AJDA 1975. 128
- chron. sous CE 3 février 1975, *Ministre de l'intérieur c. Pardov*, AJ 1975, p. 131
- chron. sous CE Sect. 22 nov. 1974, *Féd. des industries françaises d'articles de sport,* AJDA 1975, p. 19.

FRIER P.-L.,

- note sous CE 30 avril 2003, *Union nationale des industries de carrières et des matériaux de construction (UNICEM)*, AJDA, 01/09/2003, n° 28, p. 1508.
- chron. sous CE Ass. 11 mai 2004, *Association AC ! et autres*, Dalloz 2005, p. 30.

G. L. C., obs. sous CE 31 janvier 2000, n° 201907, *Ajolet*, DA 2000, n° 66.

GALABERT J.-M., chron. sous CE Sect., 16 novembre 1960, *Société d'exploitation des chantiers d'Ajaccio,* AJ 1960, 1, p. 190.

GAURIOU B., note sous CE 8 mars 2006, *Onesto et autres*, JCP S, 18/04/2006, n° 16, p. 34.

GERVAIS A., note sous CE, Ass. 7 juillet 1950, *Dehaene*, D. 1950, p. 538

GESLOT C., note sous CE, 8 janv. 1999, *Lavaurs*, RDP, 01/09/1999, n° 5, p. 1515.

GHEBALI-BAILLY M., note sous CE, 29 juin 2001, n° 193 716, *Cne de Mons-en-Baroeul*, RDSS, 2002, p. 81.

GLASER E.,

- note sous CE 16 nov. 2009, *Ministre de l'immigration, de l'intégration, de l'identité nat. et du dvpt solidaire*, Revue Lamy CT, 1/1/2010, n° 53, p. 43.
- GLASER E., note sous CE Ass. 8 avril 2009, *Cie gén. des eaux c. Cne d'Olivet*, Revue Lamy CT, 1/10/2009, n° 50, p. 38.
- note sous CE Avis 11 mai 2011, *Sté Rebillon Schmit Prevot*, Revue Lamy CT, 1/7/2011, n° 70, p. 41.
- note sous CE Sect. 3 oct. 2008, *Synd. mixte inter. de réalisation et de gestion pour l'élimination des ordures ménagères du secteur Est de la Sarthe (Smirgeomes)*, RLCT 2008/41, n° 1178.

GLATT J.-M.,

- note sous CE 5 oct. 2007, *Sté UGC-Ciné-cité*, LPA 18 déc. 2007, n° 252.19.
- note sous CE, 26 janvier 2007, *Synd. prof. de la Géomatique*, LPA, 16/03/2007, n° 55, p. 14.

GODFRIN G., note sous CE 31 janvier 2007, *Consorts MAIA*, Constr. Urb., 1/5/2007, n° 5, p. 25.

GONZALEZ G., note sous CE, Sect., 6 nov. 2002, *M. Benoît Wargniez*, LPA, n° 43, 28 février 2003, p. 15.

GOURDOU J. et TERNEYRE P., note sous CE Ass. 28 déc. 2009, *Cne de Béziers*, RJEP, 1/6/2010, n° 676, p. 19.

GRAND D'ESNON J., note sous CAA Versailles, 12 mars 2009, *Cne de Clichy-la-Garenne*, AJDA 2009, p. 1433

GRAND R., obs. sous CE 3 oct. 2011, *Synd. mixte des transports en commun Tisseo et Sté de la mobilité de l'agglomération toulousaine,* AJDA 2011, p. 1929.

GRAVELEAU P., note sous CE, 13 juillet 2007, *Coulomb*, La Gazette du Palais, 21/12/2007, n° 355, p. 46.

GUETTIER C.,

- note sous CE, 9 juin 2004, *Cne de Peille*, Responsabilité civile et assurances, 1/4/2005, n° 4, p. 25.
- chron. sous CE Ass. 11 mai 2004, *Association AC ! et autres*, RDP 2005, p. 536.
- chron. sous CE Ass. 29 juin 2001, *Vassilikiotis*, RDP 2002, p. 748.
- note sous CE 2 nov. 2005, *Sté coopérative agricole Ax'ion*, RFDA 2006, p. 349.

GUILLARD C., note sous CE Sect. 30 juillet 2003, *Ass. pour le développement de l'aquaculture en région centre*, D. 2003.2527.

GUILLAUMONT O., note sous CE, 16 mars 2005, *Ministre de l'Outre-mer c. Gouvernement de la Polynésie française,* RFDC, 2005/3 n° 63, p. 631.

GUYOMAR M. et COLLIN P.,

- chron. sous CE 28 février 2001, *Préfet des Alpes-Maritimes c/ Sté Sud-Est Assainissement*, AJDA 2001, p. 461.
- chron. sous CE Ass. 30 nov. 2001, *Ministre de la Défense contre Diop*, AJDA 2001, p.1045 .

HAURIOU M.,

- note sous CE 7 août 1909, *Winkell et Rosier*, S. 1909. 3. 14
- note sous CE, 10 janvier 1910, *Cie générale française des tramways*, S. 1911.3.
- note sous TC, 9 déc. 1899, *Ass. synd. du canal de Gignac*, S. 1900.3.49.
- note sous, CE, 30 nov. 1923, *Couités,* S. 1923.3.57.

HAUSER J., note sous CE 5 juin 2002, *Mlle Berthet*, RTD Civ. 2002 p. 496.

HERMON C., note sous CE, 25 septembre 1998, *Ass. Greenpeace France*, RJE 1999, n° 4, p. 561.

HERVOUET, note sous CE 20 février 1987, *Cne de Lozane*, JCP 1988.II.20.982.

HOMONT A.,
- note sous CE 4 nov. 1970, *SCI « les héritiers A. Caubrière »,* AJDA 1971, p. 360
- note sous CE Ass. 23 janvier 1970, *Époux Neel*, AJ 1970, p. 298.
- note sous CE Ass. 28 mai 1971, *Ministre de l'équipement et du logement c/ Fédération de défense des personnes concernées par le projet actuellement dénommé « Ville nouvelle Est »*, JCP 1971.II.16873
- note sous CE Sect. 14 mars 1975, *SCI de la Vallée de Chevreuse*, JCP 1975.II.18077.

HOSTIOU R.,
- note sous CE 13 février 2009, *Cté de Cnes du Canton de Saint-Malo de la Lande*, RDI, 1/6/2009, n°6, p. 350.
- note sous CE, 2 juillet 1999, *Cne Volvic*, RFDA 1999, p. 1185.
- note sous CE 19 mai 1983, *Bertrand et Baronnet*, AJDA 1983, p. 488.
- note sous CE 22 oct. 2003, *Ass. SOS Rivières et environnement*, AJDA 2004, p. 1193.
- note sous CE 7 mars 1975, *Association Amis de abbaye Fontevraud et Groupement défense interdépartemental de la forêt de Fontevraud*, AJDA 1976, p. 208.

HOSTIOU R., GLOGOWSKI S. et SAINT LAURENT J., note sous CE, Ass., 3 mars 1993, n° 142226, *Ministre de l'équipement, du logement et des transports contre Commune de Saint Germain en Laye et autres*, AJDA, 14/06/2004, n° 22, p. 1193.

HUBAC S. et SCHOETTL J.-E., chron. sous CE, 26 avril 1985, *Ville de Tarbes*, AJDA, 1985, p. 409 s.

HUBRECHT H.-G. et MELLERAY G., note sous CE, 10 mai 1985, *SA Boussac Saint-Frères*, RFDA 1986, p. 74.

IDOT L.,
- comm. sous CE, 5 mars 2003, *Sté Immaldi et Compagnie*, Europe, juin 2003, p. 23.
- comm. sous CE, ass., 8 avr. 1998, *Sté Serc Fun Radio*, DA 1998, no 198, Europe 1998, no 277.

IDOUX P., note sous CE Sect., 25 février 2005, *France Télécom*, RFP 2005, p. 1634.

ILIOPOULOU A. et JAUREGUIBERRY A., note sous CE 6 oct. 2008, *Cie des architectes en chef des monuments historiques*, RFDA 2009, p. 132.

IZEMBARD A., note sous CE 20 mai 2011, *Cté d'agglomération du Lac du Bourget,* JCP A, 12/9/2011, n° 37, p. 33.

JEANNENEY P.-A., note sous CE, Avis, 29 avril 2010, *M. et Mme Béligaud*, AJDA 2010, p. 1916.

JEAN-PIERRE D.,

- note sous CE, 25 oct. 2004, *Préfet de Police c. Mme S.*, JCP A, 13/12/2004, n° 51, p. 1640.

JEGOUZO Y.,

- note sous CE, 29 juin 2001, n° 193 716, *Cne de Mons-en-Baroeul*, AJDA 2002, p. 42.
- note sous CE, sect., 30 oct. 1992, *Min. des Affaires étrangères c/ Assoc. de sauvegarde du site Alma Champ de Mars*, AJDA 1992. 821.

JEZE G.,

- note sous CE 7 août 1909, *Winkell et Rosier*, RD publ. 1909. 494
- note sous, CE, 30 nov. 1923, *Couités*, RDP 1923.208
- note sous CE Ass. 14 janvier 1938, *Société Anonyme des produits laitiers « la Fleurette »,* RDP 1938, p. 87.
- note sous CE Ass., 3 juin 1938, *Sté La cartonnerie et imprimerie Saint-Charles,* RDP 1938, p. 375.

JOBART J.-C., note sous CE Sect. 30 juillet 2003, *Ass. pour le dvpt de l'aquaculture en région centre*, JCP 2003.II.10173.

JOSSE P.-L., note sous CE Ass. 30 juin 1961, *Groupement de défense des riverains de la route de l'intérieur*, D. 1961.663

JURIE G., note sous TC, 22 sept. 2003, *Grandidier c. Cne de Juiville*, AJDA 2004, p. 930.

LABETOULLE D., chron. sous CE Ass. 28 mai 1971, *Ministre de l'équipement et du logement c/ Fédération de défense des personnes concernées par le projet actuellement dénommé « Ville nouvelle Est »,* AJ 1971, p. 404

LAFAIX J.-F., note sous CAA Versailles, 12 mars 2009, *Comune de Clichy-la-Garenne*, RFDA 2010, p. 85

LAGRANGE P., note sous CE, 20 avril 2011, *M. Bertrand*, AJDA 2011.

LANDAIS C. et LENICA F.,

- chron. sous CE Ass. 11 mai 2004, *Ass. AC ! et autres*, AJDA 2004, p. 1193.
- note sous CE, Ass. 31 mai 2006, *GISTI*, AJDA 2006, p. 1830.
- chron. sous CE Ass. 24 mars 2006, *Ordre des avocats au barreau de Paris*, AJDA 2006, p. 1592.
- chron. sous CE Sect., 25 février 2005, *France Télécom*, AJDA, 16 mai 2005, p. 997.
- chron. sous CE Sect., 29 déc. 2004, *Société d'aménagement des coteaux de Saint-Blaine,* AJDA, 28/02/2005, n° 8, p. 423.
- chron. sous CE, sect., 11 févr. 2005, *M. Marcel*, AJDA 2005, p. 656.
- note sous CE 2 nov. 2005, *Sté coopérative agricole Ax'ion*, AJDA 2006, p. 142.
- chron. sous CE 16 oct. 2006 *Caisse centrale de réassurance c. Mutuelle des architectes français*, AJ 2006, p. 2382.

LAQUIEZE A., note sous CE, Sect. 26 février 2003, *M. et Mme Bour*, DA 2003, n° 140, p. 43.

LAVIALLE C., note sous CE Sect., 29 janvier 2003, *Syndicat départemental de l'électricité et du gaz des Alpes-Maritimes et de la Commune de Clans*, RFDA 2003, p. 477.

LE BERRE C., chron. sous CE, 27 avril 2009, *Sté Bouygues Télécom*, La Gazette du Palais, 04/12/2009, n° 338-339, p. 44.

LE BOT O., note sous. CE 24 juillet 2009, *Comité de recherche et d'informations indépendantes sur le génie génétique (CRII GEN)*, Constitutions 2010, p. 117.

LE GARS J.,

- note sous CE 23 déc. 2010, *Ministre d'État, Ministres de l'économie, du développement et de l'aménagement durables*, AJDA, 11/4/2011, n° 13, p. 730.
- note sous CE, 30 juin 2010, *Ministre de l'intérieur, de l'outre-mer et des collectivités territoriales c/ Ben Amour (Epx),* AJDA 2011 p. 568.

LEBIAN H., note sous CE, 21 février 2011, *Sté Ophrys*, Revue Lamy CT, 1/6/2011, n° 69, p. 47.

LEBORGNE A., note sous CE, 30 juin 2010, *Ministre de l'intérieur, de l'outre-mer et des collectivités territoriales c/ Ben Amour (Epx)*, Recueil Dalloz, 2011, p. 1509.

LEMAIRE F., note sous CE Ass. 8 février 2007, *Gardedieu*, RTDH 2007, p. 907.

LENICA F. et BOUCHER J., chron. sous CE Sect. 13 déc. 2006, *Mme Lacroix*, AJDA 2007, p. 358.

LEONE J., comm. sous CE, 25 sept. 1998, *Ass. Greenpeace France*, LPA, 18 août 1999, n° 164, p. 12.

LIEBER S.-J. et BOTTEGHI D.,

- note sous CE 24 juillet 2009, *Comité de recherche et d'informations indépendantes sur le génie génétique (CRII GEN),* AJDA, 12/10/2009, n° 33, p. 1818.
- note sous CE Ass. 8 avril 2009, *Cie générale des eaux c. Commune d'Olivet*, AJDA, 8/6/2009, n° 20, p. 1090.

LIET-VEAUX G.,

- note sous CE, Sect. 20 nov. 1964, *Ville de Nanterre*, RA 1965, p. 31.
- note sous TC, 28 mars 1955, *Effimieff*, RA 1955, p. 285
- note sous CE Ass. 20 mars 1974, *Navarra*, JCP 1974, n° 1752
- note sous CE, Ass. 7 juillet 1950, *Dehaene*, RA 1950.366

LINDITCH F.,

- note sous CE 16 nov. 2009, *Ministre de l'immigration, de l'intégration, de l'identité nationale et du développement solidaire*, JCP A, 18/1/2010, n° 3, p. 27.

- note sous CE Sect., 6 avril 2007, *Cne d'Aix-en-Provence*, JCP A 2007.2125.

LINOTTE D., note sous CE, Sect. 18 nov. 2005, *Sté fermière de Campoloro*, La Gazette du Palais, 12/3/2006, n° 71, p. 30.

LLORENS F., note sous CE, 2 février 1983, *Union des transports publics urbains et régionaux*, RFDA 1984, p. 45.

LLORENS G., note sous CE, 21 février 2011, *Sté Ophrys,* Environnement, 1/8/2011, n° 8-9, p. 20.

LOMBARD M.,

- note sous CE, 10 nov. 2004, n° 250423, *Union des industries utilisatrices d'énergie (UNIDEN)*, DA, 01/01/2005, n° 1, p. 31.

LUCAS A., note sous CE 17 juin 2011, *Société Canal + Distribution*, Propriétés Intellectuelles, 1/10/2011, n° 41, p. 401.

MACHELON J.-P., note sous CE Ass. 5 mai 1976, *Sté d'aménagement foncier et d'établissement rural d'Auvergne et minitre de l'agriculture c. Bernette*, JCP 1976.II.18429.

MAGNIER P., note sous CE 13 juillet 1967, *Synd. des propriétaires commerçants et habitants quartier charité et a.*, CJEG 1968, p. 129.

MAHERZI D., note sous CE 13 février 2009, *Cté de Cnes du Canton de Saint-Malo de la Lande*, JCPA, 31/8/2009, n° 36, p. 33.

MALAFOSSE J. DE,

- note sous CE 21 janvier 1998, *Ministre de l'environnement c. M. Plan*, JCP 1998, n° 10164.
- note sous CE, 25 sept. 1998, *Ass. Greenpeace France*, JDPG 1998, II, 10216.

MARIS B. DU, note sous CE, 8 juin 2010, *Fédération française des télécommunications et des communications électroniques*, La Gazette du Palais, 01/10/2010, n° 274-275, p. 43.

MARKUS J.-P., note sous CE 17 déc. 2003, *Meyet et autres*, AJDA 2004, p. 712.

MARSON G., comm. sous CE, 26 janvier 2007, *Synd. prof. de la Géomatique*, DA, n° 5, Mai 2007, comm. 67.

MAUBLANC J.-P.,

- obs. sous CAA Bordeaux, 22 mai 1990, *Société Prodelis*, RFDA 1991, p. 431.
- obs. sous CAA Bordeaux, 21 déc. 2010, *Commune de Cilaos*, JCP A 2011.2247.

MAUGÜE C. et TOUVET L.,

- chron. sous CE Ass. 29 avril 1994, *Association Unimate 65*, AJ 1994, p. 367.
- note sous CE, Ass., 3 mars 1993 *Ministre de l'équipement, du logement et des transports contre Commune de Saint-Germain en Laye*, AJDA 1993 p. 340.

MELLERAY F.,

- chron. sous CE Ass. 11 mai 2004, *Association AC ! et autres*, LPA 18 octobre 2004, n° 208, p. 15.
- note sous CE 11 juillet 2001, *Syndicat départemental CFDT de la DDE du Gard*, LPA, 11/12/2001, n° 246, p. 11.
- note sous CE Ass. 8 avril 2009, *Compagnie générale des eaux c. Commune d'Olivet*, DA, 1/6/2009, n° 6, p. 23.
- note sous CE Sect., 25 février 2005, *France Télécom*, LPA, 10 octobre 2005, n° 201, p. 8.
- note sous TA Amiens, 24 mai 2005, *Dubruques et autres*, AJDA 2005, p. 2416 s.

MENEMENIS A.,

- note sous CE, 10 décembre 2003, *Institut de recherche pour le développement,* DA, 01/03/2004, n° 3, p. 19.
- note sous CE 5 oct. 2007, *Sté UGC-Ciné-cité*, DA déc. 2007 n° 165.

MERLE P., note sous CE Ass. 24 mars 2006, *Société KPMG et Société Ernst et Young et autres*, Rev. sociétés 2006, p. 583.

MIHURA J., note sous CE Ass., 3 juin 1938, *Société La cartonnerie et imprimerie Saint-Charles,* JCP 1938.II.834.

MIMIN P., note sous CE, 20 décembre 1957, *Société nationale d'Editions cinématographiques*, JCP 1959, II, n° 10913.

MODERNE F.,

- note sous CE 9 oct. 1987, *Ministre du travail, de l'emploi et de la formation professionnelle c. Société Corning France*, JCP 1988.II.20964.
- note sous CE Ass. 24 mars 2006, *Société KPMG et Société Ernst et Young et autres*, RFDA 2006, p. 483.
- obs. sous CE, 3 nov. 1982, *Dame Dambass,* LPA, 28 oct. 1983, p.7.
- obs. sur CE, 15 nov. 1985, *Mme Papocchia*, LPA, 16 juillet 1986, p. 5.
- note sous CE Ass. 5 mai 1976, *Sté d'aménagement foncier et d'établissement rural d'Auvergne et minitre de l'agriculture c. Bernette*, Gaz. Pal. 1976.2 doctr. 520.
- note sous CE, 19 déc. 1969, *Etabl. Delannoy*, RTDSS, 1970, I, p. 178.

MODERNE F. et BON P., obs. sous CE 14 déc. 1984, *Rouillon*, D. 1986, IR, p. 249.

MONIOLLE C.,

- note sous CE, 23 février 2000, *L'Hermite*, JCP G, II, 2000, 10371.
- obs. sous CE Ass. 30 nov. 2001, *Ministre de la Déf. c. Diop*, AJFP 2002 p. 29 .

MONTECLERC M.-C., note sous CE 5 juin 2002, *Choukroun*, AJDA 2002, p. 639.

MOQUET-ANGER M.-L.,
- comm. sous CE, 30 déc. 2009, *Conf. des praticiens des hôpitaux,* AJDA 2010 p. 1276.
- obs. sous CE 26 juin 2009, *M. Raffi, M. Quarello*, JCP Adm. 2010. 21.

MORAND-DEVILLER J.,
- note sous CE, Ass., 3 mars 1993 *Ministre de l'équipement, du logement et des transports c. Cne de Saint-Germain en Laye*, RFDA 1994 p. 310.
- note sous CE 3 déc. 1990, *Ville d'Amiens*, LPA 19 juin 1991.

MORANGE G.,
- note sous CE Ass. 28 juillet 1944, *Dame Constantin*, D. 1945, p. 163.
- note sous CE 29 juil. 1953, *Lingois*, D. 1954, p. 99.

MOREAU J.,
- note sous CE, Sect. 18 nov. 2005, *Sté fermière de Campoloro*, JCP A, 19/12/2005, n° 51, p. 1869.
- note sous CE 30 avril 2003, *Union nationale des industries de carrières et des matériaux de construction (UNICEM)*, JCP A, 26/05/2003, n° 22, 1516.
- note sous CE, Sect. 30 déc. 2010, *M. B.*, JCP A, 14/3/2011, n° 11, p. 50.
- note sous CE, Sect. 30 décembre 2010, *M. B.*, JCP A, 14/3/2011, n° 11, p. 50.
- note sous TC, 12 avril 2010, Ele*ctricité réseau distribution de France (ERDF) c/ Michel,* JCP A 2010, n° 2173.

MOUTOUH H., note sous CE 13 nov. 2002, *Association Alliance pour les droits de la vie*, D. 2003, Jur. p. 89.

NAUWELAERS M. et DUTHEILLET DE LAMOTHE O.,
- note sous CE sect. 8 juill. 1977, D*ame Rié*, AJDA 1977. 620.
- chron. sous CE, Ass. 18 novembre 1977, *Communes de Fontenay-sous-Bois et autres*, AJDA 1978, p. 209.

NAUWELAERS M. et FABIUS L.,
- chron. sous CE Ass. 5 mai 1976, *Société d'aménagement foncier et d'établissement rural d'Auvergne et minitre de l'agriculture c. Bernette*, AJ 1976, p. 304
- note sous CE, sect., 18 févr. 1977, Abellan, AJDA 1977. 248.
- obs. sous CE 1er avril 1977, Grignard, AJDA 1977, p. 360.

NEAU-LEDUC P., note sous CE 10 nov. 2006, *Association internationale de science politique,* Communication Commerce Electronic, 01/05/2007, n° 5, p. 55.

NICINSKI S.,
- note sous CAA Marseille, ch. Réun., 7 novembre 2011, *Société Corsica Ferries*, AJDA, 26/12/2011, n° 44, p. 2508.

- note sous CE, 26 janvier 2007, *Syndicat professionnel de la Géomatique*, AJDA, 09/04/2007, n° 14, p. 744.

NOGUELLOU R.,
- note sous CE Ass. 28 décembre 2009, *Commune de Béziers*, RDI, 1/5/2010, n° 5, p. 265.
- note sous CE Avis 11 mai 2011, *Société Rebillon Schmit Prevot*, RDI, 1/7/2011, n° 7, p. 397.

NORMAND-BODARD X., note sous CE Sect., 10 avril 2008, *Conseil national des Barreaux*, Gaz. Pal., n° 117, 26 avril 2008, p. 2.

ODENT D., note sous CE Ass. 20 octobre 1972, *Société civile Sainte Marie de l'assomption*, JCP 1973.II.17470

ORSONI G.,
- chron. sous CE, Ass. 31 mai 2006, *GISTI*, RTD com., 2006, p. 776.
- note sous CE 13 mars 2002, n° 177509, *Union Fédérale des consommateurs*, RTD com., 01/10/2002, n° 04, p. 669.
- note sous CE Ass. 28 décembre 2009, *Commune de Béziers*, RTD com., 1/7/2010, n° 3, p. 548.
- note sous CE Ass. 8 avril 2009, *Compagnie générale des eaux c. Commune d'Olivet*, RTD com., 1/10/2009, n° 4, p. 699 .

PACTEAU B.,
- note sous CE Sect., 7 décembre 1979, *Société Les fils de H. Ramel*, JCP 1981, n° 19500.
- note sous CE, Ass., avis, 6 décembre 2002, *Syndicat intercommunal des établissements du second cycle du second degré du district de l'Hay-les-Roses*, RFDA 2003, p. 302.
- note sous CE 20 février 1987, *Commune de Lozane*, RFDA 1987, p. 533
- note sous CE 24 octobre 1924, *Société Claude Publicité*, RA 1985.45
- note sous CE 3 avril 1987, *Consorts Métayer et Epoux Lacour*, RFDA 1987, p. 531.

PEISER G., note sous CE 26 juin 2009, M. *Raffi, M. Quarello*, AJDA 2009, p. 2009

PELLISSIER G., note sous CE, 8 juin 2010, *Fédération française des télécommunications et des communications électroniques*, RJEP, n° 680, novembre 2010, p. 19.

PIETRI J.-P.,
- note sous CE 16 novembre 2009, *Ministre de l'immigration, de l'intégration, de l'identité nationale et du développement solidaire*, CMP, 1/1/2010, n° 1, p. 44.
- note sous CE, 10 décembre 2003, Ins*titut de recherche pour le développement*, Contrats et Marchés publics, 01/02/2004, n° 2, p. 177.
- note sous CE, 21 février 2011, *Société Ophrys, Contrats et Marchés publics*, 1/8/2011, n° 8-9, p. 17.

PILATE J.-M., note sous CE 10 juillet 2006, *Association interdépartementale et intercommunale pour la protection du lac de Sainte-Croix, des lacs et sites du Verdon*, RJEP 2006, p. 456.

PISSALOUX J.-L.,

- note sous CE Ass. 28 décembre 2009, *Commune de Béziers*, La Gazette du Palais, 2/4/2010, n° 92-93, p. 15.
- note sous CE, 4 avril 2005, n° 264596, *Commune d'Argentan*, Rev. Trésor, n° 12, décembre 2005, p. 716.
- note sous CE, Avis, 29 avril 2010, *M. et Mme Béligaud*, DA, n° 10, octobre 2010, p. 38.

PLANCHET P., note sous CE, 25 oct. 2004, *Préfet de Police contre Mme S.*, AJDA 16/05/2005, n° 18, p. 1016.

PLESSIX B., note sous CE Ass. 8 avril 2009, *Cie générale des eaux c. Cne d'Olivet*, RJEP, 1/10/2009, n° 668, p. 19.

PONTIER J.-M., note sous CE Sect., 6 avril 2007, *Cne d'Aix-en-Provence*, JCP A 2007.2128.

POUYAUD D.,

- note sous CE Ass. 28 déc. 2009, *Cne de Béziers*, RFDA, 1/5/2010, n° 3, p. 519.
- note sous CE Sect. 30 juillet 2003, *Ass. pour le dvpt de l'aquaculture en région centre,* RFDA 2004, p. 156.

PRETOT X.,

- note sous CE 30 juin 1989, *Ville de Paris et Bureau d'aide sociale de Paris c/ Lévy*, Dr. soc. 1989. 767.
- obs. sous CE, 20 janvier 1989, *Centre communal d'action social de La Rochelle*, AJDA 1989, p. 399.
- note sous CE Ass. 11 mai 2004, *Ass. AC ! et autres*, Droit social 2004, p. 766.
- obs. sous CE 3 avril 1987, *Consorts Métayer et Epoux Lacour*, AJDA 1987, p. 549.

PUYBASSET M. et PUISSOCHET J.-L., chron. sous CE, Sect. 20 nov. 1964, *Ville de Nanterre*, AJDA 1964, p. 686.

QUIOT G., note sous CE 13 déc. 1978, *Synd. inter. distribution eau cornice Maures*, D. 1979, jurisp., p. 497.

RAIMBAULT P., note sous CE 9 mai 2001, *Entreprise personnelle de Transports Frymuth*, RRJ. Droit prospectif, 1/1/2003, n° 1, p. 411 s.

RAYNAUD F. et FOMBEUR P.,

- chron. sous CE Sect., 3 juillet 1998, *Bitouzet,* AJDA 1998, p. 570.
- chron. sous CE Ass. 13 nov. 1998, *Cne d'Armoy et autres Amalric, Le Déaut, Cne de Saint-Denis et Dpt de la Réunion,* AJDA 1998, p. 977.

REES P., note sous CE Ass. 28 déc. 2009, *Cne de Béziers*, CMP, 1/3/2010, n° 3, p. 38.

REMOND-GOUILLOUD M., note sous CE, 25 sept. 1998, *Ass. Greenpeace France*, Gaz. Al. 1999, I, p. 140.

RIHAL H., note sous CE Ass., 22 oct. 2010, *Mme Bleitrach*, RDSS 2011, p. 151.

ROBERT J., note sous CE, Sect. 12 juin 1959, *Synd. des exploitants de cinématographe de l'Oranie,* D. 196, p. 402.

ROLLIN F., note sous CE 8 oct. 2004, *Union fr. pour la cohésion nat.*, AJDA 2005, p. 43.

ROSSILLION C., note sous CE, 30 sept. 1955, *Caisse régionale de Sécurité sociale de Nantes,* AJDA 1955, p. 456.

ROUAULT M.-C.,

- note sous CE Ass. 8 février 2007, *Gardedieu*, JCP 2007.II.10045.
- note sous CE Sect. 22 février 2007, *Association du personnel relevant des établissements pour inadaptés (APREI),* JCP A 2007.2066.
- note sous CE, Ass., 16 déc. 2005, *Groupement forestier des ventes de Nonant*, Droit rural n° 339, Janvier 2006, comm. 40.
- note sous CE, Ass., 3 mars 1993, *Ministre de l'équipement, du logement et des transports contre Commune de Saint Germain en Laye et autres*, LPA, 30 avril 1993, n° 52, p. 16
- obs. sous CE Ass. 29 juin 2001, *Vassilikiotis*, JCP G, 2002, IV, n° 1562.

ROUGET D., chron. sous CE Sect., 9 juillet 1997, *Association Ekin*, RUDH 1997, p. 169.

ROUGEVIN-BAVILLE M., note sous CE Ass. 24 janv. 1975, *Association française des hémophiles,* RDSS 1975, p. 381.

ROUX A., note sous CE, 8 janv. 1999, *Lavaurs*, RGCT, 01/03/1999, n° 4, p. 115.

ROUX C., note sous CE 20 mai 2011, *Communauté d'agglomération du Lac du Bourget*, DA, 1/8/2011, n° 8, p. 55.

RUIZ-FABRI H., note sous CE, ass., 21 déc. 1990, *Amicale des anciens élèves de l'ENS de Saint-Cloud et a., Assoc. des anciens élèves de l'ENA*, RA 1991, p. 34.

SABLIERE P., note sous CE Sect., 29 janvier 2003, *Syndicat départemental de l'électricité et du gaz des Alpes-Maritimes et de la Commune de Clans*, AJDA 2003, p. 784.

SALON S.,

- obs. sous CE 14 févr. 1990, *Fédération syndicaliste FO de la Défense des industries de l'armement et secteurs assimilés,* AJDA 1990, p. 650.
- note sous CE, 4 février 1981, *Fédération CFDT des personnels de l'environnement, de l'équipement et du logement, des transports et du tourisme*, AJDA 1981, p. 543.

SAULNIER E., comm. sous CE, 5 mars 2003, *Société Immaldi et Compagnie*, Europe, juin 2003, p. 20.

SAULNIER-CASSIA E.,

- note sous CE 9 mai 2001, *Entreprise personnelle de Transports Frymuth*, Europe, 1/8/2001, n° 8, p. 11 s.
- note sous CE Sect., 25 février 2005, *France Télécom*, JCP A 2005, n° 1162, p. 632.

SAUREL J.,

- note sous CE 20 avril 2005, *Société groupe des Editions sportives internationales, Cahiers de Droit du sport,* Centre de droit de sport Aix-Marseille, 01/10/2005, n° 2, p. 225
- note sous CE 29 mars 2006, *Agence publi expo communication, hier du droit du sport,* Centre de droit de sport Aix-Marseille, 01/10/2006, n° 4, p. 155.

SAVY R., note sous CE ass. 18 juill. 1973, *Ville de Limoges*, AJPI 1974. 782.

SCHWARTZ R.et MAUGÜE C.,

- chron. sous CE 1er mars 1991, *Le Cun*, RFDA 1991, p. 358.
- chron. sous CE 25 janvier 1991, *Brasseur,* AJDA 1991, p. 351.
- chron. sous CE 23 mars 1992, *Martin et Fraboulet*, AJDA1992. 334.
- chron. sous CE Sect. 26 juillet 1991, *Mlle Hadad*, AJ 1991, p. 695.

SEILLER B.,

- note sous CE 19 janvier 2001, *Confédération nationale des radios libres*, D. 2001, Jur. p. 1414.
- note sous CE Ass. 28 décembre 2009, *Commune de Béziers*, La Gazette du Palais, 14/3/2010, n° 73-75, p. 13.
- note sous CE, 21 février 2011, *Société Ophrys*, La Gazette du Palais, 29/5/2011, n° 149-151, p. 12.

STEFANSKI C., note sous CE 20 février 1987, *Commune de Lozane*, D. 1989.126

SUDRE F., note sous CE avis 15 avril 1996, *Doukouré*, RFDA 1997, p. 966.

TERNEYRE P.,

- note sous CE 8 mars 2006, *Onesto et autres*, RFDA, 01/05/2006, n° 3, p. 650.
- note sous CE, Sect. 18 novembre 2005, *Société fermière de Campoloro*, RFDA, 1/1/2006, n° 1, p. 193.

TERRAIL A. et LANOY L., note sous CE, 23 février 2000, *L'Hermite*, JCP G, 16/01/2002, n° 3, p. 136 s.

TERRIEN G., note sous CE, 11 juin 2010, *Syndicat Sud RATP*, JCP A, 14/6/2011, n 24, p. 37.

TINIERE R., note sous CE Sect., 10 avril 2008, *Conseil national des Barreaux*, JCP G, 2008.II.10125.

TOUVET L. et STAHL J.-H., chron. sous CE Sect., 31 mars 1995, *Lavaud*, AJDA 1995, p. 384.

TREBULLE F.-G., note sous CE 24 juillet 2009, *Comité de recherche et d'informations indépendantes sur le génie génétique (CRII GEN),* Recueil Dalloz Sirey, 28/10/2010, n° 37, p. 2468.

TROUILLY P.,

- note sous CE 24 juillet 2009, *Comité de recherche et d'informations indépendantes sur le génie génétique (CRII GEN),* Environnement, 1/10/2009, n° 10, p. 36.
- note sous CE 9 mai 2001, *Entreprise personnelle de Transports Frymuth,* Environnement, 1/1/2002, n° 1, p. 22 s.

VINCENT-LEGOUX M.-C., note sous CE 21 février 2011, *Société Véolia Propreté*, AJDA, 19/9/2011, n° 30, p. 1739.

WACHSMANN P., note sous CE Ass. 30 nov. 2001, *Ministre de la Défense contre Diop*, RTDH, 01/01/2003, n° 53, p. 299 .

WALINE M.,

- note sous CE, 1er octobre 1971, *Société nouvelle foncière du Cap-Ferret*, RDP 1972, p. 687.
- note sous CE, Ass. 7 juillet 1950, *Dehaene,* RDP 1950, p. 691
- note sous CE, Sect., 30 octobre 1953, *Bossuyt*, RDP 1954, p. 178.
- note sous CE, 19 décembre 1969, *Etablissements Delannoy*, RDP 1970, p. 1120.
- note sous CE ass. 18 juill. 1973, *Ville de Limoges*, RD publ. 1974. 259.

WICKERS T., études sous CE Sect., 10 avril 2008, *Conseil national des Barreaux*, Gaz. Pal., n° 113, nn avril 2008, p. 2.

YOLKA P., note sous CE 23 déc. 2010, *Ministre d'État, Ministres de l'économie, du développement et de l'aménagement durables,* JCP A, 31/1/2011, n° 5, p. 50.

ZARCA A., note sous CE, 9 février 2005, *Syndicat national unitaire et indépendant des officiers de police, SNUIP*, AJFP 2005, p. 13.

ZITOUNI F., chron. sous CE, 30 juin 2010, *Ministre de l'intérieur, de l'outre-mer et des collectivités territoriales c/ Ben Amour (Epx),* AJDI, 2011, p. 421.

V. Conclusions des Commissaires du Gouvernement (ou rapporteurs publics)

ABRAHAM R.,

- concl. sur CE 24 octobre 1990, *Ragusi*, AJ 1991, p. 322.
- concl. sur CE 4 juillet 1997, *Epoux Bourezak*, RFDA 1997, p. 815.
- concl. sur CE Sect., 27 mai 1994, *Oncul*, RFDA 1995, p. 124.
- concl. sur CE Sect., 3 juillet 1998, *Bitouzet,* RFDA 1998, p. 1243.

AGUILA Y.,
- concl. sur CE Ass. 24 mars 2006, Société KPMG et *Société Ernst et Young et autres*, RFDA 2006, p. 463.
- concl. sur CE, 13 juillet 2007, *Coulomb*, AJDA 2007 p. 1882.
- concl. sur CE, Ass., 16 déc. 2005, *Groupement forestier des ventes de Nonant*, AJDA 2006 p. 320.

BERGEAL C.,
- concl. sur CE, 15 décembre 2000, *Union générale des Syndicats de Grossistes du Marché d'Intérêt National de Paris-Rungis (UNIGROS),* RFDA, 2001, p. 884.
- concl. sur CE Avis, 8 novembre 2000, *Société Jean-Louis Bernard Consultants*, Rec. CE 2000, p. 492.
- concl. sur CE, 21 juin 2000, *Sarl Plage « Chez Joseph »,* CJEG 2000, p. 374.

BERNARD A., concl. sur CE, 19 novembre 1958, *Zagouatti*, AJDA, 1958.I.123.

BERTRAND, concl. sur CE, Ass., 26 février 1965, *Soc. Vélodrome du Parc des Princes*, RDP 1965, p. 506.

BLUM L., concl. sur CE, 10 janvier 1910, *Compagnie générale française des tramways*, Rec. CE 1910, p. 219 ; S. 1911.3.1.

BOISSARD S., concl. sur CE Ass. 21 janv. 2004, *Guinde,* AJDA 2004, p. 451.

BONICHOT J.-C.,
- concl. sur CE 31 mars 1995, *Cne de St-Bon-Tarentaise*, BJDU 1995. 238.
- concl. sur CE Sect., 31 mars 1995, *Lavaud*, LPA 5 juillet 1995, p. 4.
- concl. sur CE Sect., 8 nov. 1996, *Fédération française des sociétés d'assurance*, CJEG, 01/06/1997, n° 533, p. 232.

BOULOUIS N.,
- concl. sur CE Avis 11 mai 2011, *Société Rebillon Schmit Prevot*, BJCP, 1/5/2011, n° 76, p. 226.
- concl. sur CE 16 novembre 2009, *Ministre de l'immigration, de l'intégration, de l'identité nationale et du développement solidaire,* BJCP, 1/2/2010, n° 68, p. 49.
- concl. sur CE 31 juillet 2009, Vill*e de Grenoble et Société Gaz électricité de Grenoble (GEG)*, BJCP n° 67, 2009, p. 460 ; RJEP mars 2010, n° 13, p. 22.

BOURGEOIS-MACHUREAU B., concl. sur, CE 23 oct. 2009, *Normand,* BJCL n° 11/09, p. 764.

BRAIBANT G.,
- concl. sur CE Ass. 28 mai 1971, *Ministre de l'équipement et du logement c/ Fédération de défense des personnes concernées par le*

projet actuellement dénommé « Ville nouvelle Est », Rec. CE, 1971, p. 409

CASAS D.,

- concl. sur CE Ass., 16 juillet 2007, *Société Tropic travaux signalisation*, Rec. CE 2007, p. 360.
- concl. sur CE, 11 sept. 2006, *M. Agopyan*, BJDCP, déc. 2006, n° 49, p. 432.
- concl. sur CE, Ass. 31 mai 2006, *GISTI*, RFDA 2006, p. 1194.
- concl. sur CE Ass. 24 mars 2006, *Ordre des avocats au barreau de Paris*, RFDA 2006, p. 1046.

CAZIN D'HONINCTHUN A., concl. sur CE, 10 mai 1985*, SA Boussac Saint-Frères*, AJDA 1985, p. 434.

CHAUVAUX D.,

- concl. sur CE, 13 mars 2006, *Société télé Monte Carlo et Société Pathé régie*, RJEP, n° 633, juillet 2006, p. 303.
- concl. sur CE, Sect., 6 avril 2007, *Ministre de l'Agriculture et de la Pêche contre Bondeau*, RFDA, 2007, n° 4, p. 736.

COLLIN P.,

- concl. sur CE 16 juill. 2010, *Sté plombinoise de casino*, Droit fiscal, n° 36, 9 septembre 2010, comm. 463, concl. P. Collin
- concl. sur CE 30 septembre 2005, *Cacheux*, AJDA 2005, p. 2469.
- concl. sur CE, Avis, 11 juillet 2011, *Société Candia*, RJEP, 1/3/2012, n° 695, p. 27.

CORTOT-BOUCHER E., concl. sur CE Sect. 21 mars 2011, *Commune de Béziers (II),* BJCP, 1/5/2011, n° 76, p. 170.

COURTIAL J., concl. sur CE Ass. 30 nov. 2001, *Ministre de la Défense contre Diop*, RFDA 2002 p. 573 .

DACOSTA B., concl. sur CE, 21 février 2011, *Société Ophrys*, Bulletin juridique des contrats publics, 1/3/2011, n° 75, p. 133.

DANDELOT M., concl. sur CE, Sect., 7 février 1986, *Colombet,* RDP 1986, p. 1161.

DAUSSUN A.,

- concl. sur CE Sect., 27 octobre 1999, *Rolin*, RDP 6/1999, p. 1845.
- concl. sur CE, 8 janv. 1999, *Lavaurs*, AJDA, 20/05/1999, n° 5, p. 443.

DAYRAS, concl. sur CE Ass., 3 juin 1938, *Société La cartonnerie et imprimerie Saint-Charles,* Rec. p. 529 ; Droit social 1938, p. 241 ; S. 1939.3.9.

DENIS-LINDON M., concl. sur CE Sect. 10 avril 1992, *Aykan et Marzini*, RFDA 1993, p. 541.

DEREPAS L., concl. sur CE Ass. 8 février 2007, *Gardedieu*, RFDA 2007 p. 361.

DETTON H., concl. sur CE, 15 mars 1946, *Compagnie d'exportation de Madagascar*, Penant, 1947, p. 7.

DEVYS C.,

- concl. sur CE Ass. 11 mai 2004, *Association AC ! et autres*, RFDA 2004, p. 454.
- concl. sur CE, 6 février 2006, *Cne Lamoutte-Beuvron*, AJDA 2006, p. 775.
- concl. sur CE, Ass., avis, 27 mai 2005, *Provin*, RFDA 2005, p. 1003.

DONDOUX P.,

- concl. sur CE Ass. 5 mai 1976, *Société d'aménagement foncier et d'établissement rural d'Auvergne et minitre de l'agriculture c. Bernette*, Dr. soc. 1976, p. 345
- concl. sur CE Sect. 14 mars 1975, *SCI de la Vallée de Chevreuse*, Rec. CE 1975, p. 197.
- concl. sur CE, sect., 18 févr. 1977, *Abellan*, Dr. soc. 1977. 166

DONNAT F.,

- concl. sur CE 25 mai 2005, *Société Mediafit*, Bulletin des conclusions fiscales, 01/09/2005, n° 8, p. 75.
- concl. sur CE, 9 juin 2004, *Commune de Peille*, CJEG, 1/11/2004, n° 614, p. 494.

DUMORTIER G., concl. sur CE Ass. 23 décembre 2011, *M. Claude A. et autres*, non publiée à ce jour.

FOMBEUR P.,

- concl. sur CE 26 février 2003, *Mekhantar*, AJDA 2003, p. 1234.
- concl. sur CE 5 juin 2002, *Mlle Berthet*, AJDA 2002 p. 615.
- concl. sur CE, Sect. 26 février 2003, *M. et Mme Bour*, RJEP 2003, p. 346.

FORNACCIARI M., concl. sur CE, Ass., 2 février 1987, *Société TV 6*, RFDA 1987, p. 29.

FRANC M., concl. sur CE, Ass. 18 novembre 1977, *Communes de Fontenay-sous-Bois et autres*, RDP 1978, p. 526.

FRYDMAN F., concl. sur CE Ass. 29 avril 1994, *Association Unimate 65*, CJEG 1994, p. 443.

GAZIER F., concl. sur CE, Ass. 7 juillet 1950, *Dehaene*, RDP 1950, p. 691 ; JCP 1950.II.5681.

GEFFRAY E.,

- concl. sur CE 13 février 2009, Com*munauté de Communes du Canton de Saint-Malo de la Lande,* BJDU, 1/2/2009, n° 1, p. 31.
- concl. sur CE 24 juillet 2009, *Comité de recherche et d'informations indépendantes sur le génie génétique (CRII GEN),* RFDA, 1/9/2009, n° 5, p. 963.
- concl. sur CE Ass. 8 avril 2009, Co*mpagnie générale des eaux c. Commune d'Olivet,* BJCP, 1/8/2009, n° 65, p. 287.

GENEVOIS B.,

- concl. sur CE sect. 19 déc. 1980, *Revillod et a.*, Rec. CE 1980, p. 479

- concl. sur CE Sect., 7 décembre 1979, *Société Les fils de H. Ramel*, D. 198, p. 303
- concl. sur CE 22 décembre 1978, *Syndicat des Hautes Graves de Bordeaux*, RJF 11/79, n° 655, p. 370.
- concl. sur CE, 4 février 1981, *Fédération CFDT des personnels de l'environnement, de l'équipement et du logement, des transports et du tourisme,* Droit social 1981, p. 412.

GLASER E.,

- concl. sur CE, 4 avril 2005, n° 264596, *Commune d'Argentan*, AJDA 2005, p. 1295 ; BJCL, 7/05, p.448.
- concl. sur CE Ass. 28 décembre 2009, *Commune de Béziers*, RFDA, 1/5/2010, n° 3, p. 506.

GREVISSE S., concl. sur CE, 19 décembre 1969, *Etablissements Delannoy*, RDP 1970, p. 787.

GUILLENSCHMIDT DE M., concl. sur CE, 27 oct. 1989, *Cottrel*, RFDA 1990, p. 48.

GUYOMAR M.,

- Concl. sur CE, Avis, 29 avril 2010, *M. et Mme Béligaud*, RJEP, n° 680, novembre 2010, p. 29.
- concl. sur CE Sect., 10 avril 2008, *Conseil national des Barreaux*, RFDA 2008, p. 575.
- concl. sur CE, 12 décembre 2007, *M. Sire*, AJDA, 31/3/2008, n° 12, p. 638.
- concl. sur CE, 25 juin 2003, *Decheix*, LPA, n° 254, 22 déc. 2003, p. 13.
- concl. sur CE, 28 décembre 2009, *M. Christian Claude Guillot*, La Gazette du Palais, 17/03/2010, n° 76-77, p. 18.
- concl. sur CE, Sect. 30 déc. 2010, *M. B., La Gazette du Palais*, 19/1/2011, n° 19-20, p. 16.
- concl. sur CE 2 novembre 2005, *Société coopérative agricole Ax'ion*, RDP 2007, p. 1427 ; RFDA 2006, p. 214.
- concl. sur CE 28 mars 2011, *Collectif contre les nuisances du TGV de Chasseneuil, du poitou et de Migne-Auxances*, BJCL n° 5/11, p. 338.
- concl. sur CE Ass. 8 février 2007, *Société Arcelor Atlantique et Lorraine et autres,* Rec. CE 2007, p. 55.
- concl. sur CE Sect. 13 déc. 2006, *Mme Lacroix*, Rec. CE 2006, p. 541.

HENRY J.-F., concl. sur CE Sect., 16 novembre 1960, *Société d'exploitation des chantiers d'Ajaccio*, Droit social 1961, p. 205.

HUBAC S., concl. sur CE, ass., 8 avr. 1998, *Sté Serc Fun Radio*, RFDA 1999, p.194.

JOSSE P., concl. sur CE, Sect., 30 mai 1930, *Chambre syndicale de commerce en détail de Nevers,* RDP, 1930, p. 530.

KAHN J.,
- concl. sur CE Sect., 23 décembre 1970, *EDF c. Forsat*, AJDA 1971, p. 96.
- concl. sur CE Ass. 30 juin 1961, *Groupement de défense des riverains de la route de l'intérieur,* D. 1961.663

KELLER R.,
- concl. sur CE 5 décembre 2007, *M. et Mme Ghazal*, RFDA 2008, p. 529.
- concl. sur CE 8 mars 2006, *Onesto et autres*, RFDA 2006 p. 1236.
- concl. sur CE 8 oct. 2004, *Union française pour la cohésion nationale*, RFDA 2004, p. 977.

LAMY F.,
- concl. sur CE Ass. 29 juin 2001, *Vassilikiotis*, Rec. 2001, p. 303 ; RFDA 2001, p. 980.
- concl. sur CE, sect., 30 oct. 1992, *Min. des Affaires étrangères c/ Assoc. de sauvegarde du site Alma Champ de Mars,* AJDA 1992. 821.
- concl. sur CE 28 juin 2002, *Ministre de la justice contre Magiera,* RFDA 2002, p. 756.
- concl. sur CE Sect. 30 juillet 2003, *Association pour le développement de l'aquaculture en région centre,* RFDA 2004, p. 114.
- concl. sur CE Sect., 30 juillet 2003, *Ass. Développement de l'aquaculture en région-Centre,* RFDA 2004, p. 144.

LANDAIS C.,
- concl. sur CE 6 avril 2007, *Comité Harkis et Vérité*, AJDA 2007, p. 1408.
- concl. sur CE 7 août 2007, *Société Lyon Mag*, Bulletin des conclusions fiscales, 01/12/2007, n° 12, p. 66.

LASRY, concl. sur CE, Sect. 23 mars 1956, *Société Léon Claeys et Sieur Claeys*, AJDA 1956, p. 293.

LATOURNERIE M. A.,
- concl. sur CE, 16 décembre 1977, *Cluzeau*, AJDA 1978, p. 457.
- concl. sur CE Sect. 18 mai 1979, *Association urbanisme judaïque Saint-Seurin*, RDP 1979, p. 1481.

LATOURNERIE R., concl. sur CE, 1 avril 1938, *Société d'Alcool dénaturé de Coubert*, RDP 1939, p. 485.

LE CHATELIER G., concl. sur CE, Ass., avis, 6 décembre 2002, *Syndicat intercommunal des établissements du second cycle du second degré du district de l'Hay-les-Roses*, BJCP, 01/01/2003, n° 26, p. 54.

LENICA F.,
- concl. sur CE, 11 juin 2010, *Syndicat Sud RATP*, RJEP, 1/12/2010, n° 681, p. 23.
- concl. sur CE, 27 avril 2009, *Société Bouygues Télécom*, RJEP, juillet 2009, p. 26.

LEVIS D., concl. sur CE 30 juin 1989, *Ville de Paris et Bureau d'aide sociale de Paris c/ Lévy,* RFDA 1990. 575.
MARTIN P., concl. sur CE avis 15 avril 1996, *Doukouré,* RFDA 1986, p. 808.
MATTER, concl. sur TC 22 janvier 1921, *Société commerciale de l'ouest africain*, D. 1921.3.1 ; S. 1924.3.34, concl. Matter.
MAUGÜE C., concl. sur CE Sect., 29 janvier 2003, *Syndicat départemental de l'électricité et du gaz des Alpes-Maritimes et de la Commune de Clans,* RFDA 2003, p. 477 ; RJEP, avril 2003, n° 597, p. 243.
MAYRAS H., concl. sur CE, Sect. 12 juin 1959, *Syndicat des exploitants de cinématographe de l'Oranie,* AJ 1960 p. 86.
MITJAVILLE M.-H., concl. sur CE 30 avril 2003, *Union nationale des industries de carrières et des matériaux de construction (UNICEM)*, BJDU, 5/2003, p. 344.
MORISOT M., concl. sur CE Ass. 20 octobre 1972, *Société civile Sainte Marie de l'assomption*, RDP 1973, p. 843.
OLLEON L.,
- concl. sur CE 27 février 2006, *Krempff,* Revue de droit fiscal, 20/7/2006, n° 29, p. 1420.
- concl. sur CE, sect., 11 févr. 2005, *M. Marcel*, Rec. CE 2005, p. 56.

PIVETEAU D., concl. sur CE, 10 décembre 2003, *Institut de recherche pour le développement,* RJEP, 01/05/2004, n° 609, p. 246 ; JCP, 01/03/2004, n° 33, p. 136.
POCHARD M., concl. sur CE 20 juillet 1990, *Ville de Melun*, AJDA 1990 p. 820.
PRADA-BORDENAVE E., concl. sur CE Sect., 25 février 2005, *France Télécom*, RFDA 2005, p. 802.
REVERT M. concl. sur TA de Toulon, 26 août 2010, S*ociété nationale de protection de la nature et d'acclimatation de France (SNPN) et autres c/ Préfet du Var,* AJDA 2011, p. 620 s.
RIVET, concl. sur, CE, 30 nov. 1923, *Couités*, D. 1923.3.59 ; RDP 1923.75.
ROGER-LACAN C., concl. sur CE Ass., 22 octobre 2010, *Mme Bleitrach*, RFDA 2011, p. 141.
ROMIEU J., concl. sur CE, 31 mai 1907, *Deplanque*, Rec. p. 513.
ROUGEVIN-BAVILLE M,
- concl. sur CE ass. 18 juill. 1973, *Ville de Limoges*, RD publ. 1974. 559
- concl. sur CE Ass. 20 mars 1974, *Navarra*, Rec. CE, 1974, p. 200
- concl. sur CE ass. 24 janv. 1975, *Gorlier et Bonnifay*, CJEG 1975. 191
- concl. sur CE, Ass., 18 juillet 1976, *Ville de Limoges*, RDP 1974, p. 259

ROUJOU, concl. sur, CE Ass. 14 janvier 1938, *Société Anonyme des produits laitiers « la Fleurette »,* S. 1938.3.25.

SANSON M., concl. sur CE, Ass., 3 mars 1993, n° 142226, *Ministre de l'équipement, du logement et des transports contre Commune de Saint Germain en Laye et autres*, CJEG 1993, p. 360.

SAVOIE H., concl. sur CE, 11 mai 1998, *Mlle Aldige*, RFDA 1998. 1011.

SCANVIC F., concl. sur CE, Sect., 17 mars 1995, *Association Littera*, Droit fiscal, 1995, n° 30, p. 1239.

SCHWARTZ R.,

- concl. sur CE 13 mars 2002, n° 177509, *Union Fédérale des consommateurs*, BJCP, 01/05/2002, n° 22, p. 230.
- concl. sur CE 29 juillet 1998, *Syndicat des avocats de France*, AJDA 1998 p. 1010.
- concl. sur CE, ass., 27 mai 2002, *SA Guimatho*, AJDA 2002. 702.

SEBAN A., concl. sur CE 15 novembre 2000, Ch*ambre de commerce de Colmal et Comm. De Morschwiller-le-Bas,* CJEG 2001, p. 118.

SENERS F.,

- concl. sur CE Sect., 29 déc. 2004, *Société d'aménagement des coteaux de Saint-Blaine,* BJDU, 3/2005, p. 180.
- concl. sur CE Sect., 6 avril 2007, *Commune d'Aix-en-Provence*, RFDA 2007, p. 812.

SILVA I. DE,

- concl. sur CE, 17 décembre 2008, *Société Oddo,* Bull. Joly Bourse, n° 1, janvier-février 2009, p. 50.
- concl. sur CE, 25 juin 2007, *Syndicat CFDT du ministère des Affaires étrangères*, AJDA 2007, p. 1823 s.

STAHL J.-H.,

- concl. sur CE 4 juillet 1997, *Leveau*, RFDA 1997, p. 819.
- concl. sur CE Sect. 29 déc. 1997, *Commune de Gennevilliers*, RFDA 1998, p. 539.

TARDIEU J., concl. sur CE 7 août 1909, *Winkell*, D. 1911. 3. 17

THERY J., concl. sur CE Sect. 22 novembre 1974, *Fédération des industries françaises d'articles de sport,* Rec. CE, 1974, p. 577.

THIELLAY J.-P., concl. sur CE, 30 juin 2010, *Ministre de l'intérieur, de l'outre-mer et des collectivités territoriales c/ Ben Amour (Epx),* BJCL 2010, p. 625.

TOUVET L.,

- concl. sur CE 19 janvier 2001, *Confédération nationale des radios libres*, RFDA 2001, p. 378.
- concl. sur CE Ass. 13 nov. 1998, *Commune d'Armoy et autres Amalric, Le Déaut, Commune de Saint-Denis et Département de la Réunion*, RFDA 1999, p. 826.

TREMEAU J., concl. sur CE 20 mai 2011, *Communauté d'agglomération du Lac du Bourget*, BJDU, 1/11/2011, n° 5, p. 362.

VEROT C.,

- concl. sur CE 6 oct. 2008, Co*mpagnie des architectes en chef des monuments historiques,* RJEP, janv. 2009, p. 25.
- concl. sur CE Sect. 22 février 2007, *Association du personnel relevant des établissements pour inadaptés (APREI)*, JCP A 2007.2066.
- concl. sur CE 10 juillet 2006, *Association interdépartementale et intercommunale pour la protection du lac de Sainte-Croix, des lacs et sites du Verdon*, RJEP 2006, p. 456.

Index

(Les chiffres renvoient aux numéros des pages)

A

B

C

D

E

H

I

J

L

M

N

O

P

Q

R

S

T

U

V

Table des matières

Questions juridiques aux éditions L'Harmattan

Dernières parutions

DROIT ADMINISTRATIF
L'angle jurisprudentiel (5e édition)
Gros Manuel
Traitant du programme de 2e année en droit administratif général, cet ouvrage donne également un éclairage particulier au pouvoir du juge administratif sur la fixation du droit administratif français et sur son rôle prédominant dans l'essence même du droit administratif. Utilisable comme un manuel classique, voici également une réflexion approfondie sur l'évolution et l'adaptation d'un droit spécifique à son environnement.
(Coll. Logiques Juridiques, 36.50 euros, 374 p.)
ISBN : 978-2-343-03798-1, ISBN EBOOK : 978-2-336-35432-3

DROIT DE LA CHASSE ET DE LA PROTECTION DE LA FAUNE SAUVAGE
Guide des infractions (2e édition)
Redon Michel
Le droit de la chasse et de la protection de la faune sauvage est parfois complexe. Il est devenu difficile pour les non-spécialistes de se repérer dans une législation abondante, en constante évolution du fait de son imprégnation croissante par la réglementation européenne progressivement intégrée dans notre droit. Cet ouvrage, à jour de la jurisprudence et des textes les plus récents, propose une approche complète mais particulièrement aisée des dispositions pénales et des règles de procédure.
(Coll. La justice au quotidien, 16.00 euros, 162 p.)
ISBN : 978-2-343-03362-4, ISBN EBOOK : 978-2-336-35627-3

OPPOSABILITÉ (L') DES CONVENTIONS DE DROIT PRIVÉ EN DROIT FISCAL
Dal Vecchio Frédéric - Préface de Thierry Lambert
Les conventions, supports indispensables aux échanges économiques des sujets de droit privé, ont des conséquences en droit fiscal. Le concept d'opposabilité des conventions de droit privé oscille entre deux tendances opposées : le respect de la volonté des parties contractantes et leur sacrifice au nom de l'intérêt général. Dans quelle mesure les conditions et les effets de l'opposabilité des conventions de droit privé sont-ils transposables en droit fiscal ?
(Coll. Finances publiques, 46.00 euros, 472 p.)
ISBN : 978-2-343-03911-4, ISBN EBOOK : 978-2-336-35655-6

ARCHITECTURE (L') NORMATIVE DU RÉSEAU INTERNET
Esquisse d'une théorie
Bamdé Aurélien
Comment un réseau de la dimension d'Internet a-t-il pu être édifié sans maître d'œuvre ? Ses bâtisseurs, de nationalités différentes et donc soumis à des droits différents, ont malgré tout globalement œuvré dans le même sens, ce qui laisse à penser qu'ils ont observé les mêmes normes. Quelles sont ces normes ? Quelle est leur nature ? Peuvent-elles être qualifiées de juridiques ? Sont-elles en contradiction avec le droit des États ?
(Coll. Le Droit aujourd'hui, 49.00 euros, 624 p.)
ISBN : 978-2-343-03463-8, ISBN EBOOK : 978-2-336-35350-0

ÉTABLISSEMENTS (LES) PUBLICS D'AMÉNAGEMENT
Cocquière Alexandra - Préface de Jean-Pierre Lebreton
Les EPA, bras urbanistique de l'État, ont été créés dans les années 50 pour conduire des opérations d'urbanisme d'envergure. Avec le ralentissement de l'urbanisation, les EPA se sont mis au service de nouveaux objectifs. Ce livre dresse leur portrait, au regard des motifs divers conduisant au recours à l'EPA, et au regard des évolutions institutionnelles.
(Coll. Logiques Juridiques, 49.50 euros, 518 p.)
ISBN : 978-2-343-04166-7, ISBN EBOOK : 978-2-336-35683-9

ENFERMEMENTS, JUSTICE ET LIBERTÉS
Aujourd'hui et hier, ici et ailleurs
Sous la direction de Christian Chevandier, Jean-Manuel Larralde et Pierre V. Tournier
Les objectifs de l'enfermement, hier comme aujourd'hui, en France comme ailleurs, sont complexes et ambigus : entre inclusion et exclusion, ordre et insertion, soin et sanction. Dans des lieux aussi divers que les locaux de garde, les centres éducatifs fermés, les prisons, les centres médicaux fermés (etc.), la dignité des personnes peut être mise en cause, leurs droits fondamentaux non respectés, leur état physique et mental menacé.
(Coll. Criminologie, 32.00 euros, 316 p.)
ISBN : 978-2-343-04198-8, ISBN EBOOK : 978-2-336-35621-1

ÉVOLUTIONS (LES) DES MODES DE FINANCEMENT DE L'ACTION PUBLIQUE
Sous la direction de Fabien Bottini
La crise de 1929 avait conduit les États à faire preuve d'imagination pour pouvoir financer leur politique. Les chocs pétroliers des années 1970 et la crise de 2008 ayant fait peser des contraintes supplémentaires sur les budgets nationaux, la question se pose des évolutions qu'ont connues les modes de financement de l'action publique depuis près d'un siècle. Est-il possible, à partir de l'exemple français, de dégager des lignes de force permettant de redonner une cohérence d'ensemble à ces évolutions ?
(26.00 euros, 242 p.)
ISBN : 978-2-343-03655-7, ISBN EBOOK : 978-2-336-35507-8

POUVOIR (LE) DE PUNIR
Qu'est-ce qu'être frappé d'une peine ?
Ferri Tony
Qu'est-ce qu'être frappé d'une condamnation pénale aujourd'hui ? Quelles logiques président à sa mise en œuvre ? Ce livre décrit la réalité, les caractéristiques, les mécanismes et les rationalités des pénalités contemporaines afin d'en révéler les rouages, les structures, les dérives. Est-il désormais envisageable de déplacer la frontière entre le possible et l'impossible dans le champ pénal et donc d'explorer, dans ce champ, de nouvelles possibilités ?
(Coll. Logiques des pénalités contemporaines, 14.50 euros, 144 p.)
ISBN : 978-2-343-04004-2, ISBN EBOOK : 978-2-336-35440-8

CRIMINALITÉ (LA) FÉMININE
Ménabé Catherine
Malgré une égalité pénale formelle entre hommes et femmes, leurs criminalités ne se confondent pas. Pour autant, elles ne sont pas non plus totalement dissociables, les facteurs criminogènes étant semblables. Contrairement au droit pénal qui s'illustre par son indifférence au sexe des auteurs d'infractions, la réaction pénale à la criminalité n'est pas totalement neutre. L'homme et la femme font l'objet d'un traitement judiciaire et pénitentiaire différencié.
(Coll. Bibliothèques de droit, 40.00 euros, 424 p.)
ISBN : 978-2-343-04036-3, ISBN EBOOK : 978-2-336-35419-4

EUROCOPTER SAVAIT
La vérité sur un crash mortel
Henrion Blaise
En avril 2003, un hélicoptère s'écrase sur l'aérodrome de Tarbes, entraînant la mort d'un passager. Le pilote est inculpé d'homicide involontaire. Blaise Henrion, propriétaire de l'appareil, n'a cessé de

mettre en cause un vice caché. Il nous entraîne dans un musée des horreurs aéronautiques et nous fait découvrir un réseau institutionnel effarant de truquages administratifs, de connivences souterraines, de mensonges à la justice, de faux certificats, d'incompétence et de désinvolture criminelle...
(Coll. Questions contemporaines, 29.00 euros, 292 p.)
ISBN : 978-2-343-04324-1, ISBN EBOOK : 978-2-336-35700-3

PUNIR, AMNISTIER OU NIER : LE CRIME INTERNATIONAL DE NUREMBERG À LA HAYE
Lingane Zakaria
La diversité actuelle des mécanismes de répression pénale des crimes de droit international ou l'établissement de processus de justice transitionnelle témoignent incontestablement de l'érosion de la «culture de l'impunité». Dans cette réponse planétaire aux crimes graves, la compétence universelle connaît un renouveau juridique, où parfois le réalisme diplomatique le dispute à l'idéal judiciaire. Quelle place accorder à la justice, à la vérité, à l'État de droit, au pardon, à la réconciliation, à la mémoire, mais aussi à l'oubli ?
(36.00 euros, 344 p.)
ISBN : 978-2-343-01782-2, ISBN EBOOK : 978-2-336-35519-1

VERS UN DROIT INTERNATIONAL DES RÉFUGIÉS ÉCOLOGIQUES
Banwitiya Ntekangi Adrien - Préface de Mwayila Tshiyembe ; Postface de Juakaly Mbumba
La menace écologique pousse les individus à franchir la frontière internationale des États pour se mettre à l'abri du sort et sauver leur vie. Le droit international ignorant cette réalité, cet essai est un plaidoyer pour l'avènement d'un droit international des réfugiés écologiques. Il est également une invitation à une mobilisation générale en faveur de la protection des victimes des catastrophes écologiques.
(Coll. Géopolitique mondiale, 15.00 euros, 144 p.)
ISBN : 978-2-343-02551-3, ISBN EBOOK : 978-2-336-35409-5

DROIT (LE) DES SÛRETÉS DANS L'ESPACE OHADA
Amboulou Hygin Didace - Préface de Martin Ndendé
Ce livre aborde de manière claire l'étude du droit des sûretés suivant la pratique notariale dans l'espace OHADA : innovations principales dans le secteur, classification des sûretés, inscription des sûretés au registre du commerce etc.
(Coll. Études africaines, 15.50 euros, 142 p.)
ISBN : 978-2-343-04189-6, ISBN EBOOK : 978-2-336-35589-4

DROIT (LE) DU DÉVELOPPEMENT ET DE L'INTÉGRATION ÉCONOMIQUE DANS L'ESPACE OHADA
Amboulou Hygin Didace
Le débat sur le développement et l'intégration économique de l'Afrique n'a jamais autant pris d'ampleur. Ce livre classifie les nouveaux choix des politiques et clarifie les pistes de réussite. Il convainc sur la nécessité d'une réglementation adaptée aux enjeux et sur l'implication de tous les partenaires au plan intérieur et extérieur.
(Coll. Études africaines, 32.00 euros, 306 p.)
ISBN : 978-2-343-04188-9, ISBN EBOOK : 978-2-336-35590-0

DROITS (LES) FONDAMENTAUX DES PERSONNES MORALES DANS LA CONVENTION EUROPÉENNE DES DROITS DE L'HOMME
De l'impensable à l'indispensable (Tome 1)
Koki Hubert Kouamé
Les groupements sont partout et l'impact de leurs actions est considérable sur le mode de fonctionnement de la société. Les organes de surveillance de la Convention européenne l'ont intégré et érigent en ce sens une véritable protection des missions et des activités essentielles des personnes morales : les garanties liées à la naissance et à la subsistance des groupes et organisations sont assurées par le juge européen et les conditions d'exercice de leurs opinions et convictions sont rendues meilleures.
(30.00 euros, 294 p.)
ISBN : 978-2-343-02713-5, ISBN EBOOK : 978-2-336-35658-7

DROITS (LES) FONDAMENTAUX DES PERSONNES MORALES DANS LA CONVENTION EUROPÉENNE DES DROITS DE L'HOMME
Réalisme et activisme du juge européen (Tome 2)
Koki Hubert Kouamé
La Cour européenne séduit de par sa volonté farouche de garantir aux personnes morales des droits effectifs et concrets nécessaires aux fondations d'une société démocratique. Dans une approche pragmatique dont s'imprègne l'ouvrage, se distinguent les droits fondamentaux élémentaires des droits complémentaires des personnes morales. Les premiers, développés dans le volume précédent, garantissent l'existence et la raison d'être des groupements. Quant aux autres droits, procéduraux principalement, ils assurent un complément de protection fort précieux.
(29.00 euros, 276 p.)
ISBN : 978-2-336-30130-3, ISBN EBOOK : 978-2-336-35657-0

QUESTION (LA) PÉNALE AU FIL DE L'ACTUALITÉ
Chroniques d'outre-nombre
Tournier Pierre V.
Pierre V. Tournier a assuré, pendant la campagne présidentielle de 2012, une veille régulière sur les questions de sécurité, de justice et de prison pour le site Le Plus Nouvelobs.com. Ses chroniques mises en ligne sont le point de départ de cet ouvrage, complété par d'autres textes diffusés entre juillet 2011 et fin 2013. Cinq semestres donnant lieu à cinq chapitres qui vont rythmer la conception hésitante du projet de loi porté par Christiane Taubira, sur la prévention de la récidive et l'individualisation des peines.
(Coll. Criminologie, 31.00 euros, 320 p.)
ISBN : 978-2-343-04169-8, ISBN EBOOK : 978-2-336-35470-5

CRIMINALITÉ, POLICE ET SÉCURITÉ PUBLIQUE EN RÉPUBLIQUE D'IRLANDE
Meynard Eric
La politisation de la question sécuritaire en Irlande est ici resituée dans le contexte de «panique morale» provoquée par les assassinats, à quelques jours d'intervalle, de la journaliste Veronica Guérin et du policier Jerry McCabe en juin 1996. Les circonstances politiques depuis la création de l'État irlandais ont fait de la défense des institutions son objectif central ; il s'agit désormais de revisiter cette posture pour mieux relever le défi de la sécurité des Irlandais.
(Coll. Logiques Juridiques, 15.50 euros, 152 p.)
ISBN : 978-2-343-03899-5, ISBN EBOOK : 978-2-336-35427-9

DROIT (LE) DE L'EXÉCUTION DES PEINES
Espoirs ou désillusions ?
Sous la direction de Fabienne Ghelfi
Les contributions proposent une analyse du droit actuel de l'exécution des peines et apportent une réflexion pertinente sur la mise en œuvre de ce droit. La promotion des aménagements de peine, comme le bracelet électronique ou la libération conditionnelle, est-elle une solution appropriée ? Est-il opportun de faire sortir les condamnés avant l'heure, sachant qu'ils ne sont pas suffisamment suivis ? Le juge d'application des peines et le ministère public sont-ils en mesure de prendre les «bonnes décisions» ?
(Coll. Droit privé et sciences criminelles, 17.50 euros, 160 p.)
ISBN : 978-2-343-03378-5, ISBN EBOOK : 978-2-336-35313-5

MÉDECINE (LA) À L'ÉPREUVE DU RISQUE PÉNAL
Sous la direction de Lina Williatte-Pellitteri
L'exercice médical offre un fort potentiel de contentieux pénal. Ce potentiel, les professionnels du droit comme les professionnels de la santé en ont conscience. Les premiers dénoncent l'absence de procédure pénale propre au monde de la santé, les seconds dénoncent une justice qu'ils ne comprennent pas. Le contexte rendant difficile une discussion efficace et constructive, ces réflexions s'efforcent de renouer le dialogue et de construire une communication intelligible pour tous.
(Coll. Droit, Société et Risque, 13.50 euros, 126 p.)
ISBN : 978-2-343-00774-8, ISBN EBOOK : 978-2-336-35266-4

L'HARMATTAN ITALIA
Via Degli Artisti 15; 10124 Torino

L'HARMATTAN HONGRIE
Könyvesbolt ; Kossuth L. u. 14-16
1053 Budapest

L'HARMATTAN KINSHASA
185, avenue Nyangwe
Commune de Lingwala
Kinshasa, R.D. Congo
(00243) 998697603 ou (00243) 999229662

L'HARMATTAN CONGO
67, av. E. P. Lumumba
Bât. – Congo Pharmacie (Bib. Nat.)
BP2874 Brazzaville
harmattan.congo@yahoo.fr

L'HARMATTAN GUINÉE
Almamya Rue KA 028, en face
du restaurant Le Cèdre
OKB agency BP 3470 Conakry
(00224) 657 20 85 08 / 664 28 91 96
harmattanguinee@yahoo.fr

L'HARMATTAN MALI
Rue 73, Porte 536, Niamakoro,
Cité Unicef, Bamako
Tél. 00 (223) 20205724 / +(223) 76378082
poudiougopaul@yahoo.fr
pp.harmattan@gmail.com

L'HARMATTAN CAMEROUN
BP 11486
Face à la SNI, immeuble Don Bosco
Yaoundé
(00237) 99 76 61 66
harmattancam@yahoo.fr

L'HARMATTAN CÔTE D'IVOIRE
Résidence Karl / cité des arts
Abidjan-Cocody 03 BP 1588 Abidjan 03
(00225) 05 77 87 31
etien_nda@yahoo.fr

L'HARMATTAN BURKINA
Penou Achille Some
Ouagadougou
(+226) 70 26 88 27

L'HARMATTAN SÉNÉGAL
10 VDN en face Mermoz, après le pont de Fann
BP 45034 Dakar Fann
33 825 98 58 / 33 860 9858
senharmattan@gmail.com / senlibraire@gmail.com
www.harmattansenegal.com

L'HARMATTAN BÉNIN
ISOR-BENIN
01 BP 359 COTONOU-RP
Quartier Gbèdjromèdé,
Rue Agbélenco, Lot 1247 I
Tél : 00 229 21 32 53 79
christian_dablaka123@yahoo.fr

637874 - Janvier 2016
Achevé d'imprimer par

1livre.com
du rêve à la réalité !

www.ingramcontent.com/pod-product-compliance
Lightning Source LLC
LaVergne TN
LVHW011217061026
849535LV00001BA/67
* 9 7 8 2 3 4 3 0 5 0 8 9 8 *